Windows Scripting

Holger Schwichtenberg

Windows Scripting

Automatisierte Systemadministration mit
Visual Basic 6.0 und Visual Basic .NET unter COM
und dem .NET Framework

3., aktualisierte und erweiterte Auflage

An imprint of Pearson Education

München • Boston • San Francisco • Harlow, England
Don Mills, Ontario • Sydney • Mexico City
Madrid • Amsterdam

Bibliografische Information Der Deutschen Bibliothek

Die Deutsche Bibliothek verzeichnet diese Publikation in der Deutschen Nationalbibliografie; detaillierte bibliografische Daten sind im Internet über <http://dnb.ddb.de> abrufbar.

© 2003 Addison-Wesley Verlag,
ein Imprint der Pearson Education Deutschland GmbH
Martin-Kollar-Straße 10–12, D-81829 München/Germany
Alle Rechte vorbehalten

Einbandgestaltung: vierviertel gestaltung, Köln
Korrektorat: Astrid Schürmann, Petra Kienle
Lektorat: Sylvia Hasselbach, shasselbach@pearson.de

Satz: reemers publishing services gmbh, www.reemers.de.
Gesetzt aus der Minion 9,5/12 pt.

Druck: Bercker Graphischer Betrieb, Kevelaer

Printed in Germany

Die Informationen in diesem Produkt werden ohne Rücksicht auf einen eventuellen Patentschutz veröffentlicht.
Warennamen werden ohne Gewährleistung der freien Verwendbarkeit benutzt.
Bei der Zusammenstellung von Texten und Abbildungen wurde mit größter Sorgfalt vorgegangen.
Trotzdem können Fehler nicht vollständig ausgeschlossen werden.
Verlag, Herausgeber und Autoren können für fehlerhafte Angaben und deren Folgen weder eine juristische Verantwortung noch irgendeine Haftung übernehmen.
Für Verbesserungsvorschläge und Hinweise auf Fehler sind Verlag und Herausgeber dankbar.

Alle Rechte vorbehalten, auch die der fotomechanischen Wiedergabe und der Speicherung in elektronischen Medien.
Die gewerbliche Nutzung der in diesem Produkt gezeigten Modelle und Arbeiten ist nicht zulässig.

Fast alle Hardware- und Softwarebezeichnungen, die in diesem Buch erwähnt werden, sind gleichzeitig auch eingetragene Warenzeichen oder sollten als solche betrachtet werden.

Umwelthinweis:
Dieses Produkt wurde auf chlorfrei gebleichtem Papier gedruckt.
Die Einschrumpffolie – zum Schutz vor Verschmutzung – ist aus umweltverträglichem und recyclingfähigem PE-Material.

10 9 8 7 6 5 4 3 2 1

04 03

ISBN 3-8273-2061-5

Inhaltsverzeichnis

Vorwort zur 3. Auflage		29
Auszug aus dem Feedback zur 1. und 2. Auflage		33
Auszug aus dem Vorwort zur 2. Auflage (2001)		35
Auszug aus dem Vorwort zur 1. Auflage (2000)		37

1 Einführung — 39

- 1.1 Der Automatisierungsbedarf — 39
- 1.2 Die DOS-Batchsprache — 40
- 1.3 Was ist Scripting? — 40
- 1.4 Active Scripting-Architektur für Windows — 41
  - 1.4.1 Scripting Hosts — 43
  - 1.4.2 Scripting Engines — 44
  - 1.4.3 COM-Komponenten — 45
  - 1.4.4 Werkzeugunterstützung — 46
  - 1.4.5 Active Scripting vs. VBA — 47
- 1.5 Scripting im .NET Framework — 47
- 1.6 Scripting-Schnellstart — 48
  - 1.6.1 Ein einfaches WSH-Skript — 48
  - 1.6.2 Ein komplexeres Skript mit zwei Sprachen für den Internet Explorer — 49
- 1.7 Komponentenüberblick — 50
  - 1.7.1 Benutzeroberfläche — 50
  - 1.7.2 Systemmanagement — 50
  - 1.7.3 Ereignisprotokolle — 51
  - 1.7.4 Leistungsindikatoren — 51
  - 1.7.5 Dienste — 51
  - 1.7.6 Prozesse — 52
  - 1.7.7 Registry — 52
  - 1.7.8 Zeitplandienste (Scheduler) — 52
  - 1.7.9 Komponentenkonfiguration — 52
  - 1.7.10 Dateisystem — 52
  - 1.7.11 Netzwerkkonfiguration — 53
  - 1.7.12 Netzwerkkommunikation — 53

Inhaltsverzeichnis

1.7.13	Messaging und Groupware	53
1.7.14	Textdateien	53
1.7.15	Datenbanken und andere Datenquellen	54
1.7.16	Verzeichnisdienste	54
1.7.17	Internet Information Server (IIS)	55
1.7.18	Exchange Server 5.5	55
1.7.19	Exchange Server 2000	56
1.7.20	SQL Server	57
1.7.21	Microsoft Office	57
1.7.22	SAP R/3	58

2 Das Component Object Model (COM) — 59

2.1	Binärstandard	59
2.2	Programmiersprachen für COM	59
2.3	Laufzeitumgebungen	60
2.4	COM-Bausteine	62
2.4.1	Die wichtigsten Bausteine im Kurzüberblick	63
2.4.2	Global Unique Identifier (GUIDs)	64
2.4.3	Moniker	66
2.5	COM-Dienste	66
2.6	COM-Konfigurationsdaten	67
2.6.1	Die Registry als Konfigurationsspeicher	67
2.6.2	XML-Konfigurationsdateien	68
2.7	Komponentenarten	69
2.8	Verpackungsform	71
2.8.1	EXE-Server im Vergleich zu DLL-Server	73
2.8.2	Der Zusammenhang zwischen Komponentenart und Verpackungsform	73
2.8.3	Zusatzinformationen	74
2.9	Registrierung von Komponenten	75
2.10	COM-Klassen	76
2.10.1	Klassen-Identifikation mit CLSIDs	76
2.10.2	Programmatic Identifier	77
2.10.3	Friendly Class Name	77
2.10.4	Klassen in der Registry	78
2.11	COM-Schnittstellen	79
2.11.1	Standardschnittstelle einer COM-Klasse	80
2.11.2	Namensgebung	80
2.11.3	Schnittstellen in der Registry	80

Inhaltsverzeichnis

2.11.4	Virtuelle Tabellen	81
2.11.5	Die Grauzone zwischen Klasse und Schnittstelle	81
2.11.6	Mangelnde Selbsterkenntnis bei den Schnittstellen	83
2.11.7	Bullet-and-Stick-Diagramme	84
2.12	Klassen-Mitglieder	85
2.13	Typinformationen	86
2.13.1	Interface Definition Language (IDL)	87
2.13.2	Typbibliotheken	90
2.14	Statischer Aufruf versus Automation	93
2.15	COM-Standardschnittstellen	94
2.15.1	Statisches Binden mit IUnknown	95
2.15.2	Automation mit IDispatch	96
2.15.3	Duale Schnittstellen	98
2.15.4	IDispatchEx	99
2.16	Distributed COM	99
2.16.1	DCOM-Protokoll	100
2.16.2	DCOM-Installation und -Konfiguration	101
2.16.3	DCOM im Internet	102
2.17	Objektaktivierung	103
2.17.1	Service Control Manager (SCM)	104
2.17.2	Erzeugung neuer Instanzen	104
2.17.3	Zugriff auf bestehende Instanzen	107
2.17.4	Aktivierungsfehler	109
2.18	COM-Anwendungen	109
2.19	COM-Assemblies	111
2.20	COM-Kategorien	115
2.21	Persistenz und Structured Storage	117
2.22	COM-Sicherheit	118
2.22.1	Authentifizierung	119
2.22.2	Identität	120
2.22.3	Impersonifizierung	121
2.22.4	Zugriffsberechtigungen	122
2.23	Active Scripting	124
2.23.1	Entwicklung von Scripting Engines	125
2.23.2	Installierte Scripting Engines	125
2.23.3	Entwicklung von Scripting Hosts	126
2.23.4	COM-Komponenten beim Active Scripting	126
2.23.5	Intrinsic Objects (Eingebaute Objekte)	126

2.24		Microsoft Transaction Server (MTS)	127
	2.24.1	MTS-Administration	127
	2.24.2	Interception	128
	2.24.3	Packages	128
	2.24.4	Programmierung	129
2.25		COM+	129
	2.25.1	Änderungen gegenüber dem MTS	130
	2.25.2	Neue Dienste in COM+	131
	2.25.3	COM+-Administration	132
2.26		Objektmodelle in COM-Komponenten	132
	2.26.1	Objektorientierte Konzepte in COM	132
		2.26.1.1 Polymorphismus in COM	133
		2.26.1.2 Mehrfachschnittstellen und Versionierung	133
		2.26.1.3 Vererbung	133
	2.26.2	Bausteine von COM-Objektmodellen	134
	2.26.3	Best Practice für Objektmodelle	135
	2.26.4	Meta-Objektmodelle	136
2.27		Bewertung von COM	140
	2.27.1	Vorteile von COM	141
	2.27.2	COM auf anderen Plattformen	141
	2.27.3	Unzulänglichkeiten von COM	141
		2.27.3.1 Schlechte Objektmodelle	142
		2.27.3.2 Schlechte Typbibliotheken	144
2.28		.NET Framework (»DOTNET«)	144

3 Die Visual Basic-Sprachfamilie   145

3.1		Die Visual Basic-Sprachfamilie	147
	3.1.1	Visual Basic for Applications (VBA)	148
	3.1.2	Visual Basic Script (VBS)	148
	3.1.3	Embedded Visual Basic (eVB)	150
	3.1.4	Visual Basic .NET	150
	3.1.5	Anwendungsgebiete	150
3.2		Grundlagen	150
	3.2.1	Grundlegendes zur Syntax	150
	3.2.2	Speicherung des Programmcodes	152
	3.2.3	Startpunkt eines Programms	152

Inhaltsverzeichnis

3.3	Einfache Ein- und Ausgabefunktionen		152
	3.3.1	Ausgaben mit MsgBox()	153
	3.3.2	Eingaben mit InputBox() empfangen	154
3.4	Variablen		155
	3.4.1	Gültigkeitsbereich von Variablen	155
	3.4.2	Benennung von Variablen	156
3.5	Datentypen		157
	3.5.1	Datentypen in VBS	157
	3.5.2	Datentypen in VB6/VBA	158
	3.5.3	Startwerte von Variablen	160
3.6	Darstellung von Werten		161
	3.6.1	Literale	161
	3.6.2	Symbolische Konstanten	162
3.7	Operatoren		165
3.8	Typkonversion		167
3.9	Arrays		169
	3.9.1	Statische Arrays	169
	3.9.2	Dynamische Arrays	170
	3.9.3	Array-Operationen	170
		3.9.3.1 Füllen eines Arrays	171
		3.9.3.2 Typbestimmung	172
		3.9.3.3 Wertzuweisungen	172
		3.9.3.4 Arrays vergleichen	173
		3.9.3.5 Arrays als Funktionsrückgabewerte	173
3.10	Bedingte Programmausführung		175
	3.10.1	If...Then	175
	3.10.2	Select...Case	176
3.11	Schleifen		178
	3.11.1	For...Next	178
	3.11.2	For Each...Next	181
	3.11.3	Do...Loop	182
3.12	Unterroutinen		184
	3.12.1	Prozeduren	185
	3.12.2	Funktionen	186
	3.12.3	Die Last mit den Parametern	187
3.13	Codegenerierung zur Laufzeit		189

3.14		Objektbasierte Programmierung	191
	3.14.1	Definition von Klassen in VBS	191
	3.14.2	Definition von Klassen in VB6/VBA	193
	3.14.3	Objektvariablen	194
	3.14.4	Instanziierung	195
	3.14.5	Objektverwendung	195
	3.14.6	Objektoperationen	197
	3.14.7	Property-Routinen	199
	3.14.8	Objektvernichtung	203
	3.14.9	Objektmengen (Collections)	204
	3.14.10	Ereignisse	206
	3.14.11	Vererbung und Mehrfachschnittstellen	208
3.15		Visual Basic und COM/DCOM	212
	3.15.1	Instanziierung von COM-Komponenten	212
	3.15.2	Zugriff auf bestehende Instanzen	215
	3.15.3	Verwendung von COM-Objekten	216
	3.15.4	Mehrfachschnittstellen	216
	3.15.5	Datentypprobleme	217
3.16		Eingebaute Funktionen und Klassen	218
3.17		Fehlerbehandlung	218
3.18		Hilfreiche Routinen	220
	3.18.1	Skripteinbindung	221
	3.18.2	Umwandlungsroutinen	221
	3.18.3	Rückumwandlung von Konstanten	222
	3.18.4	Ausgabe	223
	3.18.5	Schreiben in eine Log-Datei	225
	3.18.6	Fehlerüberprüfung	225
	3.18.7	COM-Funktionen	225

4 Scripting Hosts 229

4.1		Windows Script Host (WSH)	232
	4.1.1	Verfügbare Versionen	233
	4.1.2	WSH-Installation	234
	4.1.3	WSH-Konfiguration	235
	4.1.4	WScript versus CScript	238
	4.1.5	Skriptdateien	241
		4.1.5.1 Einfache WSH-Skriptdateien	242
		4.1.5.2 XML-strukturierte WSF-Dateien	242
		4.1.5.3 WSH-Konfigurationsdateien	248

Inhaltsverzeichnis

	4.1.6	Start eines Skripts	249
	4.1.7	Befehlszeilenparameter für Skripte	251
	4.1.8	Einbinden von anderen Skriptdateien	255
	4.1.9	Statische Objekte und Einbinden von Typbibliotheken	256
	4.1.10	Die Intrinsic Objects des WSH	257
		4.1.10.1 Basisfunktionen im WScript-Objekt	259
		4.1.10.2 Zugriff auf die Befehlszeilenparameter	262
		4.1.10.3 Zugriff auf externe COM-Komponenten	265
	4.1.11	Bildschirmmasken für den WSH	268
	4.1.12	Sicherheitseinstellungen	269
		4.1.12.1 Zugriffsrechte	269
		4.1.12.2 Deaktivierung des WSH	269
		4.1.12.3 Selektive Ausführung mit Software Restriktion Policies (SRP)	270
		4.1.12.4 Identität	274
4.2	DHTML-Scripting im Internet Explorer		275
	4.2.1	Grundlagen des Browser-Scriptings	275
	4.2.2	Einbindung von Skriptcode	277
	4.2.3	Hello World im Browser	278
	4.2.4	Sicherheitseinstellungen	279
	4.2.5	DOM-Ereignisbehandlung	282
	4.2.6	Intrinsic Objects	285
		4.2.6.1 Zugriff auf das Webbrowser-Objektmodell	285
		4.2.6.2 Zugriff auf das Document Object Model (DOM)	285
	4.2.7	Zugriff auf externe COM-Komponenten	288
	4.2.8	HTML-Applications (HTA)	290
4.3	Active Server Pages (ASP)		291
	4.3.1	Grundlagen dynamischer Webserveranwendungen	291
		4.3.1.1 Statische versus dynamische Webanwendungen	292
		4.3.1.2 Kommunikation zwischen Webclient und Webserver	292
		4.3.1.3 Kommunikation zwischen Webserver und Middleware	296
		4.3.1.4 State Management	298
		4.3.1.5 Überblick über dynamische Technologien	299
		4.3.1.6 Bewertung von ASP	300
	4.3.2	Installation von ASP	300
	4.3.3	IIS-Konfiguration	301
	4.3.4	Aufbau von ASP-Seiten	302

	4.3.5	Start einer ASP-Seite	303
	4.3.6	Ausgaben in ASP	304
	4.3.7	Render-Funktionen	306
		4.3.7.1 Unterroutinen mit HTML	306
	4.3.8	Intrinsic Objects	306
		4.3.8.1 Request-Objekt	308
		4.3.8.2 Response-Objekt	312
		4.3.8.3 Server-Objekt	317
		4.3.8.4 Session-Objekt und Application-Objekt	320
	4.3.9	Global.asa und ASP-Ereignisse	323
	4.3.10	Einbinden von Dateien	327
	4.3.11	Einbinden von Typbibliotheken	329
	4.3.12	Fehlermeldungen	330
	4.3.13	Sicherheitseinstellungen	331
	4.3.14	Transaktionssteuerung	332
4.4		Job Scripting im SQL Server 7.0/2000	332
	4.4.1	Überblick über den SQL Server-Agent	333
	4.4.2	Definition von Aufträgen	334
	4.4.3	Erstellung von Job Scripts	337
	4.4.4	Intrinsic Objects	339
4.5		Data Transformation Service im SQL Server 7.0/2000	340
	4.5.1	DTS-Pakete	341
		4.5.1.1 Bausteine von DTS-Paketen	342
		4.5.1.2 Erstellung von DTS-Paketen	344
		4.5.1.3 Speicherung von DTS-Paketen	345
		4.5.1.4 Ausführung von DTS-Paketen	345
		4.5.1.5 Sicherheitseinstellungen	347
	4.5.2	Datentransformationen mit dem DTS	347
	4.5.3	ActiveX Script-Transformation	352
	4.5.4	ActiveX ScriptTasks	354
4.6		Scripting im Microsoft Operations Manager (MOM)	356
	4.6.1	Bausteine	356
	4.6.2	Management Packs	356
	4.6.3	Architektur	357
	4.6.4	Überblick über das Regelsystem	359
	4.6.5	Computer-Gruppierungsregeln	359

	4.6.6	Verarbeitungsregeln		362
		4.6.6.1	Ereignis-Regeln	364
		4.6.6.2	Leistungsdaten-Regeln	366
		4.6.6.3	Alarm-Regeln	367
		4.6.6.4	Zuordnung von Regeln	368
	4.6.7	Antworten auf die Erfüllung von Regeln		369
	4.6.8	Scripting im MOM		370
		4.6.8.1	Skripte verwalten	370
		4.6.8.2	Definition von neuen Skripten	374
		4.6.8.3	Verwendung von Skripten	376
		4.6.8.4	Intrinsic Objects	377
		4.6.8.5	Fehlersuche und Debugging	380
		4.6.8.6	Beispiel	381
4.7	Event Scripting Agent im Exchange Server 5.5/2000			383
	4.7.1	Überblick über den Exchange Event Service		384
		4.7.1.1	Event Agents	384
		4.7.1.2	Konfiguration des Exchange Event Services	385
	4.7.2	Exchange Event Scripting		387
		4.7.2.1	Intrinsic Objects	387
		4.7.2.2	Installation eines Skripts	388
		4.7.2.3	Erstes Beispiel	390
		4.7.2.4	Debugging	392
		4.7.2.5	Nützliche Hilfsroutinen	393
4.8	Microsoft Outlook Forms			396
	4.8.1	Formulardesigner		397
	4.8.2	Steuerelemente und Felder		398
	4.8.3	Intrinsic Objects		399
	4.8.4	Ereignisse in Outlook Forms		399
		4.8.4.1	Formularereignisse	400
		4.8.4.2	Steuerelementereignisse	400
4.9	Windows Installer Custom Actions			401
4.10	XSLT-Scripting			401
4.11	Scripting Hosts anderer Anbieter			402
	4.11.1	System Script Host (SSH)		402
	4.11.2	HyperHost		404
	4.11.3	TextPipe		404

5 COM-Komponenten 405

			5.1 WSH Runtime Library 1.0/2.0/5.6	406
	5.1.1		Objektmodelle der WSH Runtime Library	407
	5.1.2		WSHNetwork und untergeordnete Klassen	415
		5.1.2.1	Druckerverbindungen verwalten	415
		5.1.2.2	Netzlaufwerke verwalten	417
	5.1.3		WSHShell und untergeordnete Klassen	418
		5.1.3.1	Aktuelles Arbeitsverzeichnis	418
		5.1.3.2	Zeitgesteuerte Dialogboxen	418
		5.1.3.3	Zugriff auf die Registry	419
		5.1.3.4	Schreiben in das Anwendungsprotokoll	422
		5.1.3.5	Programme ausführen	423
		5.1.3.6	Beispiel 1: Ausgaben des Prozesses auswerten	425
		5.1.3.7	Fernsteuerung von Windows-Fenstern	428
		5.1.3.8	Umgebungsvariablen lesen und bearbeiten	430
		5.1.3.9	Zugriff auf Sonderordner	431
		5.1.3.10	Verknüpfungen erstellen	432
5.2	Scripting Runtime Library			435
	5.2.1		Die Dictionary-Klasse	435
	5.2.2		File System Objects (FSO)	438
		5.2.2.1	Funktionsüberblick	439
		5.2.2.2	FSO-Objektmodell	440
		5.2.2.3	Lesezugriff auf das Dateisystem	441
		5.2.2.4	Dateisystemoperationen	445
	5.2.3		Arbeit mit Textstreams	447
5.3	Scripting Password-Komponente			451
5.4	Microsoft Shell Objects			452
	5.4.1		Objektmodell der Shell Objects	453
	5.4.2		Arbeit mit Explorer-Fenstern	455
	5.4.3		Arbeit mit Ordnern und Dateien	457
5.5	Microsoft Internet Controls			460
	5.5.1		Objektmodell des Webbrowser Controls	461
	5.5.2		Anwendungsbeispiele	462
5.6	Active Directory Service Interface (ADSI)			463
	5.6.1		Verzeichnisdienste	464
		5.6.1.1	Aufbau eines Verzeichnisbaums	464
		5.6.1.2	Verzeichnisdienstschemata	466

	5.6.1.3	Objektidentifikation	466
	5.6.1.4	Meta-Directories	467
	5.6.1.5	Lightweight Directory Access Protocol (LDAP)	467
5.6.2	Die ADSI-Grundlagen		470
	5.6.2.1	Architektur	471
	5.6.2.2	Installation	471
	5.6.2.3	Verfügbare ADSI-Provider	472
	5.6.2.4	ADSI Software Development Kit	472
5.6.3	Das ADSI-Meta-Objektmodell		473
	5.6.3.1	Überblick über die ADSI-Standardschnittstellen	475
	5.6.3.2	Die Meta-Schnittstellen IADs und IADsContainer	478
5.6.4	Grundlagen der ADSI-Programmierung		480
	5.6.4.1	Objektidentifikation und Bindung	480
	5.6.4.2	Methodenaufrufe und Attributzugriffe	482
	5.6.4.3	Zugriff auf Container-Objekte	485
	5.6.4.4	Instanzenverwaltung	486
	5.6.4.5	ADSI-Sicherheit	488
	5.6.4.6	Schemazugriff	490
	5.6.4.7	ADSI-Queries	492
5.6.5	ADS Namespaces Container		497
5.6.6	ADSI-Provider für Windows NT 4.0 (WinNT)		499
	5.6.6.1	WinNT-Objektmodell	499
	5.6.6.2	Identifikation und Bindung	501
	5.6.6.3	Verwaltung von NT-Domänen	502
	5.6.6.4	Die WinNT-Klasse »Computer«	504
	5.6.6.5	Benutzerkonten verwalten mit der »User«-Klasse	504
	5.6.6.6	Terminalserver-Einstellungen	509
	5.6.6.7	Gruppenverwaltung mit der Group-Klasse	509
	5.6.6.8	Verwaltung von NT-Diensten mit der »Service«-Klasse	511
	5.6.6.9	Verzeichnisfreigaben verwalten	512
	5.6.6.10	Benutzersitzungen und geöffnete Ressourcen	513
	5.6.6.11	Druckersteuerung	514
5.6.7	Active Directory-Administration mit ADSI		515
	5.6.7.1	ADS Version 2 in Windows .NET Server	516
	5.6.7.2	ADS-Objektmodell	517
	5.6.7.3	Identifikation und Bindung	518
	5.6.7.4	Datentypen	521
	5.6.7.5	Vergleich zum WinNT-Provider	522

	5.6.7.6	Benutzerverwaltung	522
	5.6.7.7	Gruppen verwalten	532
	5.6.7.8	Organisationseinheiten verwalten	536
	5.6.7.9	Authentifizierung	536
	5.6.7.10	Computerverwaltung	537
	5.6.7.11	Gruppenrichtlinien	539
5.6.8	Exchange Server-Administration mit ADSI		540
	5.6.8.1	LDAP-Konfiguration	540
	5.6.8.2	Exchange-Objektmodell	542
	5.6.8.3	Identifikation und Bindung	544
	5.6.8.4	Das Exchange-Schema	545
	5.6.8.5	Empfänger auflisten	547
	5.6.8.6	Erzeugung neuer Empfängereinträge	548
	5.6.8.7	Erzeugung von E-Mail-Verteilern	551
	5.6.8.8	Zugriff auf Konfigurationsinformationen	552
5.6.9	Internet Information Server-Administration mit ADSI		553
	5.6.9.1	IIS-Objektmodell	554
	5.6.9.2	Identifikation und Bindung	555
	5.6.9.3	Arbeit mit virtuellen Webservern	555
	5.6.9.4	Sicherung der IIS-Metabase	560
5.6.10	System-Info-Klassen für ADSI		560
	5.6.10.1	WinNTSystem	561
	5.6.10.2	ADSystemInfo	561
5.6.11	Zusatzkomponenten für ADSI		562
	5.6.11.1	ADSI-Versionsabfrage mit ADsVersion	562
	5.6.11.2	Detaillierte Fehlermeldungen mit ADsError	563
	5.6.11.3	GetObject() durch die Hintertür mit ADsFactory	564
	5.6.11.4	RAS-Konfiguration mit ADsRAS	565
	5.6.11.5	Zugriff auf Sicherheitseinstellungen mit ADsSecurity	567
	5.6.11.6	Beispiel	579
	5.6.11.7	IADsTools	580
5.7 Windows Management Instrumentation (WMI)			581
5.7.1	WMI-Grundlagen		582
	5.7.1.1	WMI-Funktionsumfang	582
	5.7.1.2	Installation und Konfiguration	584
	5.7.1.3	Wichtige WMI-Konzepte im Überblick	586

5.7.2	Metaobjektmodell in der WMI-COM-Komponente		602
	5.7.2.1	Programmiermöglichkeiten	604
	5.7.2.2	Bindung an Managed Objects	605
	5.7.2.3	Objektmodell der WMI-Komponente	607
	5.7.2.4	Die Meta-Klasse SWbemObject	610
	5.7.2.5	SWbemServices	612
5.7.3	Arbeit mit der WMI-Komponente		612
	5.7.3.1	Zugriff auf lokale Managed Objects	612
	5.7.3.2	Systemattribute ausgeben	614
	5.7.3.3	Alle Attribute ausgeben	614
	5.7.3.4	Zugriff auf entfernte Systeme (WMI-Remoting)	616
	5.7.3.5	Änderung von Attributwerten	617
	5.7.3.6	Aufruf von Methoden	617
	5.7.3.7	Ausgabe eines ObjectSets	620
	5.7.3.8	Zugriff auf Schemainformationen	621
	5.7.3.9	Tipps zur Objektbindung	625
5.7.4	Abfragen mit WQL		626
	5.7.4.1	Typen von WQL-Anfragen	627
	5.7.4.2	Datenabfragen (Data Queries)	627
	5.7.4.3	Schemaabfragen (Schema-Queries)	629
	5.7.4.4	Ereignisabfragen (Event Queries)	629
5.7.5	Computerverwaltung mit WMI		632
	5.7.5.1	Informationen über Computer	632
	5.7.5.2	Abmelden, Herunterfahren, Neustarten	633
	5.7.5.3	Computer umbenennen	633
	5.7.5.4	Einer Domäne beitreten	634
	5.7.5.5	Hardware inventarisieren	634
	5.7.5.6	WMI-ADSI-Integration	635
5.7.6	Netzwerkkonfiguration mit WMI		636
	5.7.6.1	Erreichbarkeit eines Computers prüfen	637
	5.7.6.2	Konfigurierte IP-Adressen abfragen	637
	5.7.6.3	IP-Adressen einstellen	638
	5.7.6.4	Andere Aktionen	638
5.7.7	Dateisystemverwaltung mit WMI		639
	5.7.7.1	Ordner komprimieren, dekomprimieren, umbenennen	639
	5.7.7.2	Dateien zählen	640
	5.7.7.3	Security Descriptors zusammensetzen	640

	5.7.7.4	Rechte auf Dateisystemeinträge vergeben	642
	5.7.7.5	Freigaben auflisten	644
	5.7.7.6	Erzeugung einer Freigabe mit Rechteeinstellung	644
5.7.8		Benutzer und Gruppen verwalten mit WMI	645
	5.7.8.1	Alle Benutzerkonten auflisten	645
	5.7.8.2	Aktionen auf Benutzerkonten	646
	5.7.8.3	Benutzersitzungen	646
	5.7.8.4	Desktop-Einstellungen anzeigen	647
5.7.9		Druckerverwaltung mit WMI	647
	5.7.9.1	Standarddrucker und Test	647
	5.7.9.2	Druckerstatus	648
	5.7.9.3	Druckaufträge verwalten	648
	5.7.9.4	Druckertreiber installieren	649
5.7.10		Registryzugriff mit WMI	649
	5.7.10.1	Beispiel 1	651
	5.7.10.2	Beispiel 2	652
	5.7.10.3	Beispiel 3	652
	5.7.10.4	Rekursives Löschen von Schlüsseln (Löschen über beliebig viele Ebenen)	653
5.7.11		Software verwalten mit WMI	653
	5.7.11.1	Programme auflisten	654
	5.7.11.2	Installierte Hotfixes (Patches)	655
	5.7.11.3	WMI-Provider	655
	5.7.11.4	Programme installieren	656
	5.7.11.5	Programme deinstallieren	657
5.7.12		Leistungsdaten abfragen mit WMI	657
5.7.13		Weitere WMI-Features	658
	5.7.13.1	WMI ODBC-Treiber	658
	5.7.13.2	ActiveScriptEventConsumer	659
5.7.14		Ihre Expedition in die WMI	660
5.8 WindowsScripting-Komponente			661
5.8.1		Klasse »IniFile«	662
5.8.2		Klasse »WinNTUser«	662
5.8.3		Klasse »Util«	663
5.8.4		Klasse »ADSI«	664
5.8.5		Klasse »CSV«	664

Inhaltsverzeichnis

	5.9	Microsoft Office-Komponenten	665
	5.10	API-Funktionsaufrufe mit DynaCall	665
	5.11	Weitere Komponenten	668
		5.11.1 Komponenten von Microsoft	668
		5.11.2 Komponenten anderer Hersteller	671

6 Fortgeschrittene Techniken 673

	6.1	Fehlersuche in Skripten (Debugging)	673
		6.1.1 Fehlerarten	673
		6.1.2 Active Scripting-Debugger	674
		6.1.3 Auswahl des Debuggers	675
		6.1.4 Aufruf des Debuggers	675
		6.1.5 Aktivierung des Debuggings	675
	6.2	Skriptkodierung mit dem Script Encoder	677
		6.2.1 Kodierung per Kommandozeile	679
		6.2.2 Kodierung per Skript mit der Klasse Scripting.Encoder	681
	6.3	Digitale Signaturen für Skripte	682
		6.3.1 Grundlagen digitaler Signaturen	683
		6.3.2 CryptoAPI-Tools	685
		6.3.2.1 Der Signcode-Wizard	685
		6.3.2.2 Prüfen der Signaturen mit ChkTrust	687
		6.3.2.3 Zertifikate verwalten mit dem Zertifikatsmanager	689
		6.3.3 Aktivierung der automatischen Prüfung	690
		6.3.4 Digitale Signaturen und Software Restriction Policies	692
	6.4	Login- und Logoff-Skripte	693
	6.5	Ausführung entfernter Skripte	694
		6.5.1 Remote Scripting mit dem WSH	694
		6.5.1.1 Voraussetzungen	695
		6.5.1.2 Objektmodell	696
		6.5.1.3 Beispiel	697
		6.5.1.4 Identitätseinstellungen	701
		6.5.1.5 Mögliche Fehler	703
		6.5.2 Remote Scripting im Web	704
		6.5.3 Remote Scripting mit Windows Script Components (WSC)	704
	6.6	Nutzung entfernter COM-Komponenten	704
		6.6.1 Standard-DCOM	705
		6.6.2 Remote Data Service (RDS)	707

6.7	Entwicklung von Automatisierungslösungen in Visual Basic 6	708
6.7.1	VB-EXE versus Scripting	709
6.7.2	Erstellung einer VB-EXE	712
6.7.3	Eingabehilfen	715
6.7.4	Einbindung von Typbibliotheken	717
6.7.5	Debugging	718
6.7.6	Eingebaute Objekte (Intrinsic Objects)	719
6.7.7	Grafische Benutzeroberflächen mit VB-Forms	721
6.7.8	WSH-kompatible Programmierung in VB	722
6.8	Die VBA-Hosts in Microsoft Office	725
6.8.1	Entwicklungsumgebung	727
6.8.2	Start einer VBA-Routine	728
6.8.3	Intrinsic Objects	729
6.8.4	VBA-UserForms	729
6.8.5	Microsoft Office Developer Edition	730
6.9	Prototyping von Exchange Event Agents innerhalb der VB 6.0-IDE	731
6.10	Erzeugung eigener COM-Komponenten	737
6.10.1	Erzeugung von Komponenten mit VB6	737
6.10.2	Windows Script Components (WSCs)	744
6.11	Programmierung eigener Scripting Hosts	752
6.12	Komponentenerforschung	755
6.12.1	Suche nach Komponenten	755
6.12.2	Analyse von Komponenten	759

7 Das .NET Framework 765

7.1	Die .NET-Initiative	765
7.2	Grundlagen des .NET Frameworks	769
7.2.1	Geschichte	769
7.2.2	Produkte	770
7.2.3	Verfügbarkeit	770
7.2.4	Versionsnummern	771
7.2.5	Standardisierung	772
7.2.6	Andere Plattformen	772
7.3	Vorteile von .NET gegenüber COM	773
7.4	Neuerungen im Detail	775
7.4.1	.NET-Intermediation-Konzept	775
7.4.2	Common Language Specification (CLS)	777
7.4.3	Common Language Runtime (CLR)	779

	7.4.4	.NET Framework Class Library (FCL)	781
	7.4.5	.NET-Komponentenmodell	782
	7.4.6	Anwendungstypen	785
	7.4.7	Fernaufruf (Remoting)	787
	7.4.8	Code Access Security (CAS)	788
	7.4.9	Application Domains (AppDomains)	789
	7.4.10	C# (CSharp)	789
7.5	Technische Bausteine des .NET Frameworks		790
	7.5.1	Managed Modules	790
	7.5.2	Assemblies	790
		7.5.2.1 Assembly-Manifeste	794
		7.5.2.2 Assembly-Typen	795
		7.5.2.3 Side-by-Side-Execution und Versionierung	798
		7.5.2.4 Festlegung weiterer Dateieigenschaften	799
		7.5.2.5 Nutzung von Assemblies	799
	7.5.3	Typen	800
		7.5.3.1 Klassen	800
		7.5.3.2 Schnittstelle (Interface)	803
		7.5.3.3 Strukturen (Werteklassen)	803
		7.5.3.4 Aufzählungstypen (Enumerationen)	805
		7.5.3.5 Typnamen und Namespaces	805
		7.5.3.6 Typhierarchien	807
		7.5.3.7 Typinformationen (Metadaten)	808
	7.5.4	Konfigurationsdateien	809
7.6	Visual Basic .NET (VB 7.0)		811
	7.6.1	Compiler	812
	7.6.2	Überblick über die Änderungen	812
	7.6.3	Integration in das .NET Framework	813
	7.6.4	Verbesserte Objektorientierung	814
	7.6.5	Veränderung bei den Sprachkonstrukten	814
	7.6.6	Neue Konstrukte	816
	7.6.7	Bewertung	817
7.7	Entwicklung von VB.NET-Programmen mit dem VB.NET-Kommandozeilen-Compiler		817
	7.7.1	Erstellung einer Hello-World-Anwendung	818
		7.7.1.1 Code	818
		7.7.1.2 Übersetzung	819
	7.7.2	Entwicklung einer DOS-Anwendung	819

	7.7.3	Nutzung von anderen Assemblies (Assembly-Referenzen)	820
		7.7.3.1 Imports-Anweisung	821
		7.7.3.2 Beispiel	822
		7.7.3.3 Instanziierung	822
		7.7.3.4 Vererbung von Klassen	823
	7.7.4	Erstellung einer Shared Assembly	823
	7.7.5	Festlegung von Assembly-Eigenschaften	825
7.8		Entwicklung von VB.NET-Programmen mit Visual Studio .NET	826
	7.8.1	Erstellung einer fensterlosen Anwendung in VS.NET	827
	7.8.2	Entwicklung einer Windows Forms-Anwendung mit Visual Studio .NET	829

8 .NET-Scripting 835

8.1		Grundlagen des .NET-Scripting	836
	8.1.1	Script for .NET (VSA-Laufzeitumgebung)	836
	8.1.2	VSA-Entwicklungsumgebung	836
	8.1.3	VSA-Einsatz	837
	8.1.4	VSA-Lizenzierung	837
8.2		DOTNET Scripting Host (DSH) 1.0	837
	8.2.1	Dateiformat	838
	8.2.2	Aufbau des Skripts	842
	8.2.3	Start eines Skripts	842
	8.2.4	Kommandozeilenparameter	842
	8.2.5	Eingebaute Objekte	843
	8.2.6	Assembly-Referenzen	843
	8.2.7	Assembly-Persistenz	844
	8.2.8	Fernausführung von Skripten	844
	8.2.9	Limitationen	846
8.3		Active Server Pages.NET (ASP.NET)	846
8.4		Überblick über die .NET-Klassenbibliothek	848
8.5		Dateisystemzugriff im .NET Framework	853
	8.5.1	Zugriff auf die Struktur des Dateisystems	854
		8.5.1.1 Objektmodell	854
		8.5.1.2 Verzeichnisse auflisten	855
	8.5.2	Verzeichnisse anlegen und löschen	856
	8.5.3	Kopieren und Verschieben	857
	8.5.4	Dateisystem überwachen	858

Inhaltsverzeichnis

		8.5.4.1	Unterstützte Plattformen	858
		8.5.4.2	Klasse FileSystemWatcher	858
		8.5.4.3	Attribute	859
		8.5.4.4	Bindung der Ereignisse	859
		8.5.4.5	Start der Überwachung	860
		8.5.4.6	Beispiel	860
8.6	ADSI im .NET Framework			862
	8.6.1	Architektur		862
	8.6.2	Objektmodell		864
		8.6.2.1	Allgemeine Klassen	864
		8.6.2.2	Klassen für die Ausführung von Suchanfragen	866
		8.6.2.3	Vergleich zwischen .NET-ADSI und COM-ADSI	866
	8.6.3	Überblick über die Programmiermechanismen		867
		8.6.3.1	Objektidentifikation und Bindung	867
		8.6.3.2	Zugriff auf Attribute und Methoden	868
		8.6.3.3	Zugriff auf Container-Objekte	872
		8.6.3.4	Instanzenverwaltung	873
	8.6.4	Beispiele zum Active Directory		875
		8.6.4.1	Benutzer anlegen	875
		8.6.4.2	Kennwort des Benutzers setzen	876
		8.6.4.3	Authentifizierung	877
		8.6.4.4	Benutzer löschen	877
		8.6.4.5	Benutzer umbenennen	878
		8.6.4.6	Benutzer verschieben	878
		8.6.4.7	Gruppenverwaltung	879
		8.6.4.8	Containerinhalt auflisten	879
		8.6.4.9	Computerkonto anlegen	880
		8.6.4.10	Suche im Active Directory	881
		8.6.4.11	Suche nach Benutzer mit NT4-Anmeldename	883
8.7	WMI im .NET Framework			883
	8.7.1	Programmieren mit dem Meta-Objektmodell		884
		8.7.1.1	Überblick über das Objektmodell	884
		8.7.1.2	Objektbindung	886
		8.7.1.3	Zugriff auf Attribute und Methoden	887
		8.7.1.4	Lesezugriff	888
		8.7.1.5	Schreibzugriff	890

Inhaltsverzeichnis

		8.7.1.6	Methodenaufrufe	890
		8.7.1.7	Informationen über WMI-Objekte	891
		8.7.1.8	Auflisten von Objektmengen	892
	8.7.2		Programmieren mit Wrapper-Klassen	893
		8.7.2.1	Erzeugung einer Wrapper-Klasse	893
		8.7.2.2	Verwendung der erzeugten Klasse	894
		8.7.2.3	Verwendung der erzeugten Objektmengen	894
	8.7.3		WQL-Abfragen	895
		8.7.3.1	Ausführung einer WQL-Datenabfrage in .NET	895
		8.7.3.2	Ausführen von WQL-Ereignisabfragen in .NET	897
	8.7.4		WMI im Visual Studio .NET Server Explorer	899
8.8			Erzeugung eigener Klassenbibliotheken mit VB.NET	901
	8.8.1		Kodierung einer .NET-Komponente	902
		8.8.1.1	Sichtbarkeit und Zugriff	903
	8.8.2		Erzeugung eines Clients für die .NET-Komponente	903
	8.8.3		Bereitstellung als COM-Komponente	904
	8.8.4		Automatisierte Erstellung durch eine Batch-Datei	906
	8.8.5		Erzeugung einer Multi-File-Assembly	908
	8.8.6		Namespaces über mehrere Komponenten	909

9 Werkzeuge 913

9.1			Editoren und Entwicklungsumgebungen	913
	9.1.1		Visual InterDev	913
	9.1.2		Skripteditor in Office 2000	916
	9.1.3		PrimalScript	916
	9.1.4		Scripting Spy Professional 3.0	919
	9.1.5		Visual Basic 6- und VBA-IDE	921
	9.1.6		Visual Studio .NET	922
		9.1.6.1	Versionen	922
		9.1.6.2	Editoren	923
		9.1.6.3	Debugger	925
		9.1.6.4	Designer	925
		9.1.6.5	Projektmappen und Projekte	926
		9.1.6.6	Ausgaben in der VS.NET-Entwicklungsumgebung	931
		9.1.6.7	Unterstützung für DHTML- und ASP-Dateien	931
		9.1.6.8	Unterstützung für WSH-Dateien	931
		9.1.6.9	Visual Studio .NET-Objektbrowser	932
	9.1.7		Notepad und Notepad Plus	932
	9.1.8		Weitere Editoren	934

9.2		Skript-Debugger	934
	9.2.1	Microsoft Script Debugger	934
	9.2.2	Visual InterDev Debugger	935
	9.2.3	Visual Basic Debugger	936
9.3		COM-Werkzeuge	936
	9.3.1	Microsoft Registry-Editoren	936
	9.3.2	Registry Crawler	937
	9.3.3	Regsvr32, SWBregsvr und CliReg	938
	9.3.4	COM-Viewer	939
	9.3.5	COM-Explorer	943
	9.3.6	Dependency Walker	944
	9.3.7	Objektkatalog	945
	9.3.8	comTLBrowser	947
	9.3.9	DCOM-Konfigurationswerkzeug	949
	9.3.10	MTS Explorer	951
	9.3.11	Snap-In »Komponentendienste«	953
	9.3.12	ROT-Viewer	954
	9.3.13	Scripting Spy 2.11	955
9.4		.NET-Werkzeuge	958
	9.4.1	.NET Framework Configuration Tool	959
	9.4.2	Compiler	959
	9.4.3	Debugger	960
	9.4.4	Intermediation Language Disassembler (ILDasm)	960
	9.4.5	Type Library Importer (TlbImp.exe)	962
	9.4.6	Assembly Registration Tool (regams.exe)	962
	9.4.7	Assembly Generation Utility (al.exe)	963
	9.4.8	Strong Name Utility (sn.exe)	963
	9.4.9	Global Assembly Cache Utility (gacutil.exe)	963
9.5		WMI-Werkzeuge	964
	9.5.1	WMI Object Browser	964
	9.5.2	WMI CIM Studio	966
	9.5.3	WMI Event Registration Tool	969
	9.5.4	WMI Event Viewer	970
	9.5.5	WMI Command Line Utility (WMIC)	970
	9.5.6	VBInstance	971
	9.5.7	WMI-Testprogramm	972
	9.5.8	MOF Compiler	972

9.6	ADSI-Werkzeuge		972
	9.6.1	MMC-Snap-In »Active Directory-Benutzer und -Computer«	972
	9.6.2	Active Directory Service Browser (ADB)	973
	9.6.3	ADSI Explorer	974
	9.6.4	ADSI Edit	975
	9.6.5	ADSISchemaBrowser	977
9.7	MAPI-/CDO-Werkzeuge		977
	9.7.1	Script Director	977
	9.7.2	MAPI Explorer	978
9.8	XML-Werkzeuge		979
	9.8.1	XML Notepad	979
	9.8.2	XLST-Transformationen mit MSXSL.EXE	980
	9.8.3	IE Tools for Validating XML and Viewing XSLT Output	980

10 Fallbeispiele 983

10.1	BulkUserInsert		983
	10.1.1	Aufgabenstellung	983
	10.1.2	Lösung	984
10.2	Login-Skript		986
	10.2.1	Aufgabenstellung	986
	10.2.2	Lösung	987
10.3	RemoteExec per E-Mail		989
	10.3.1	Aufgabenstellung	989
	10.3.2	Lösung	991
10.4	WebPrinterManager		994
	10.4.1	Aufgabenstellung	994
	10.4.2	Lösung	996
10.5	WBEM Multi Server Disk Viewer (WMSDV)		1000
	10.5.1	Aufgabenstellung	1000
	10.5.2	Lösung	1001
10.6	Hardware-Inventarisierung		1005
	10.6.1	Aufgabenstellung	1005
	10.6.2	Lösung	1006
10.7	Active Directory Dokumentations-Tool		1010
	10.7.1	Aufgabenstellung	1010
	10.7.2	Lösung	1012
10.8	DemoHost		1012
	10.8.1	Aufgabenstellung	1012
	10.8.2	Lösung	1013

10.9		Weitere Beispiele	1014
	10.9.1	Group-Maker	1014
	10.9.2	DTS-Anwendung	1015
	10.9.3	Character Map Viewer	1016
	10.9.4	WebUserManager	1016

A Grundlagen objektorientierter Komponentenarchitekturen — 1019

A.1		Objektorientierung	1019
	A.1.1	Objekte	1019
	A.1.2	Schnittstellen (Interfaces)	1020
	A.1.3	Klassen	1021
	A.1.4	Vererbung (Inheritance)	1024
	A.1.5	Beziehungen zwischen Objekten und Klassen	1025
	A.1.6	Objektmodelle	1029
	A.1.7	Polymorphismus	1030
	A.1.8	Dynamische Bindung	1031
A.2		Komponentenarchitekturen	1031
A.3		Verfügbare Komponentenarchitekturen	1036

B Kurzeinführung in XML — 1039

B.1	Elemente und Attribute	1039
B.2	Processing Instructions (PIs)	1040
B.3	Wohlgeformtheit und Gültigkeit	1041
B.4	Zeichensätze	1043
B.5	XML-Namespaces	1044
B.6	Datentypen	1044
B.7	XML-Beispiele	1046
B.8	Darstellung von XML-Dokumenten	1049
B.9	XML und Scripting	1055

C Visual Basic-Funktionen — 1057

C.1	Numerische Funktionen	1057
C.2	Finanzmathematische Funktionen	1058
C.3	Formatierungs-Funktionen	1059
C.4	String-Funktionen	1060
C.5	Datum/Uhrzeit	1061
C.6	Arrayfunktionen	1062

	C.7	Funktionen zur Arbeit mit COM	1062
	C.8	Systemfunktionen und Ein-/Ausgabe	1063
	C.9	Typprüfung und -umwandlung	1065
	C.10	Sonstige Funktionen	1066

D CD-ROM und Website 1069

D.1	Der Inhalt der CD-ROM	1069
D.2	Die Website zu diesem Buch	1069

E Hinweise zum Buch 1071

E.1		Sprachliche Konventionen	1071
E.2		Hinweise zur Formatierung des Textes	1072
E.3		Hinweise zu Querverweisen	1073
E.4		Grafische Notation in den Objektdiagrammen	1073
	E.4.1	Knoten (geometrische Formen)	1074
	E.4.2	Zusätze	1075
	E.4.3	Kanten (Verbindungslinien)	1075
E.5		Komponenten-Schnellinfo	1078
E.6		Hinweise zu den Listings	1079
	E.6.1	Die Code-Beispiele auf der CD-ROM	1079
	E.6.2	Konventionen in den Code-Beispielen	1079
	E.6.3	Die Umgebung für dieses Buch	1081

F Literaturverzeichnis 1085

F.1	Gedruckte Literatur	1085
F.2	Quellen im Internet	1088
F.3	Requests for Comment (RFCs)	1093
F.4	Newsgroups	1094
F.5	Andere Quellenangaben	1094

G Abkürzungsverzeichnis 1097

Stichwortverzeichnis 1105

Vorwort zur 3. Auflage

6000 verkaufte Exemplare in zwei Jahren und der kontinuierliche Platz als Bestseller unter den Scripting-Büchern bei *Amazon.de* haben mich sehr erfreut. Gerne hätte ich mich bei meinen Lesern mit einer um 400 zusätzliche Seiten erweiterten 3. Auflage bedankt – genug Material schlummert auf meinem Fileserver. Aus wirtschaftlichen und produktionstechnischen Gründen sind der Ausdehnung eines Werkes leider Grenzen gesetzt. Auf den ersten Blick hat die 3. Auflage nur 130 Seiten mehr als die vorherige Auflage, auf den zweiten Blick werden Sie jedoch feststellen, dass durch einen geänderten Satzspiegel erheblich mehr Inhalt auf den gleichen Raum gedruckt werden konnte. Den Verkaufspreis hat der Verlag dadurch für diese Auflage nicht erhöht. Die Vermeidung einer Preiserhöhung erfreut auch mich als Autor, denn in meinem Interesse ist eine möglichst hohe verkaufte Auflage und nicht ein hoher Verkaufspreis.

Motivation

Was neu ist

Seit den ersten beiden Auflagen dieses Buchs in den Jahren 2000 und 2001 hat sich im Bereich des Windows Scripting eine Menge getan.

Die Windows Management Instrumentation (WMI) ist viel mächtiger geworden und bieten neben der Abfrage von Systeminformationen auch immer mehr Möglichkeiten der Veränderung von Einstellungen. Daneben gibt es eine Vielzahl neuer spezialisierter COM-Komponenten, die abgrenzte Bereiche besser und (noch) mächtiger ansteuern können als die Allround-Komponente WMI.

WMI

Mit dem .NET Framework hat Microsoft inzwischen eine neue Programmierplattform veröffentlicht, die nicht nur für »große«« Anwendung, sondern auch für »kleine« Skripte neue Möglichkeiten bietet. Dementsprechend hat das .NET Framework mehr Raum in diesem Buch bekommen.

.NET Framework

WMI & Co. bieten dennoch weit mehr, als in diesem Buch explizit erwähnt werden kann. Umso wichtiger sehe ich meinen Ansatz, Ihnen das Handwerk zur Selbsthilfe zu vermitteln. Referenztabellen finden Sie in diesem Buch nur selten. Vielmehr versuche ich Ihnen zu vermitteln, wie Sie selbst die Objekte, die Attribute, die Methoden und die notwendigen Parameter finden.

Hilfe zur Selbsthilfe

Trotzdem bietet die 3. Auflage vor allem mehr Beispiele. Besonders die Bereiche ADSI, WMI und .NET Framework wurden ausgebaut mit vielen Skripten aus dem Bereich Benutzerverwaltung, Computerverwaltung, Netzwerkkonfiguration, Registryzugriff, Dateisystemverwaltung, Druckerverwaltung, Leistungsdatenerfassung und Softwareinstallation. Diese Skripte bieten Ihnen einen idealen Ausgangspunkt für Ihre individuellen Skripting-Lösungen.

Für wen dieses Buch geeignet ist

Voraussetzungen Dieses Buch ist für System- und Netzwerkadministratoren, (Web-)Programmierer und fortgeschrittene Endanwender gleichermaßen geeignet. Sie sollten jedoch Vorkenntnisse in zwei Gebieten mitbringen, um dieses Buch effektiv einsetzen zu können:

- Grundlegende Programmierkenntnisse in einer beliebigen Programmiersprache sind vorteilhaft, da dieses Buch nicht den Raum bietet, die Grundzüge des Programmierens und der Realisierung von Standardalgorithmen zu erläutern. Sie müssen allerdings nicht Visual Basic bzw. VBScript beherrschen, denn diese Sprachfamilie wird in Kapitel 3 ausführlich vorgestellt.

- Zum zweiten sollten Sie die Installation und Administration von Windows beherrschen. Das Buch setzt an dem Punkt an, wo Sie die Administration dieser Umgebungen verinnerlicht haben und nunmehr durch (Skript-)Programmierung mehr erreichen möchten. Dabei ist die Erfahrung mit BackOffice-Produkten keine notwendige Voraussetzung: Wenn Sie nur das Betriebssystem automatisieren wollen, können Sie die BackOffice-bezogenen Kapitel ohne Nachteile einfach überspringen.

Wie Sie dieses Buch lesen sollten

Die Gliederung des Buchs orientiert sich sehr stark an den Konzepten der Windows Scripting-Architektur. Sie müssen dieses Buch nicht sequenziell lesen. Auf unvermeidliche Abhängigkeiten zwischen den Kapiteln wird hingewiesen. Kommen Sie aber bitte zu einem späteren Zeitpunkt auf die übersprungenen Kapitel zurück, denn jedes Kapitel ist ein Teil des Puzzles »Komponentenbasiertes Scripting«.

Kapitel 1 und 2 Dennoch lege ich allen Lesern nahe, die Einführung in das Active Scripting in Kapitel 1 zu Beginn zu lesen. Kapitel 2 behandelt das Component Object Model (COM) zunächst eher theoretisch und liefert noch keine Scripting-Beispiele. Mit ein wenig Vorkenntnissen auf diesem Gebiet können Sie das ausführliche Studium dieses Kapitels auf einen späteren Zeitpunkt verlagern.

Kapitel 3 Das Kapitel über Visual Basic und Visual Basic Script (Kapitel 3) sollten Sie nur dann überspringen, wenn Sie schon viel in einem Visual Basic-Dialekt programmiert haben.

Kapitel 4 und 5 Die Reihenfolge, in der Sie die einzelnen Unterkapitel in Kapitel 4 (Scripting Hosts) und 5 (Vorstellung konkreter Komponenten) lesen, ist frei wählbar, da jeder Host bzw. jede Komponente ein in sich abgeschlossenes Unterkapitel ausmacht. Wenn Sie also hier auf Funktionalitäten stoßen, die für Sie nicht interessant sind, dann können Sie die zugehörigen Seiten erst einmal überblättern. Lediglich das Kapitel 4.1 über den Windows Scripting Host (WSH) sollten Sie vor Kapitel 5 gelesen haben, da der WSH die einfachste Möglichkeit ist, die Skripte aus Kapitel 5 zu testen.

Kapitel 6 Die Auseinandersetzung mit den fortgeschrittenen Techniken (Kapitel 6) setzt dagegen die Lektüre der vorhergehenden Kapitel voraus.

Kapitel 7 und 8 Kapitel 7 und 8 behandeln das Scripting im .NET Framework. Kapitel 8 behandelt zunächst allgemeine Grundlagen des .NET Framework. Im darauf folgenden Kapitel werden der DOTNET Scripting Host (DSH) und konkrete Automatisierungslösungen vorgestellt.

Kapitel 9 Eine Referenz der wichtigsten Werkzeuge für das Scripting unter COM und .NET liefert Kapitel 9.

Vorwort zur 3. Auflage

Größere Fallbeispiele für Automatisierungslösungen finden Sie in Kapitel 10. **Kapitel 10**

Bitte schauen Sie auch in den Anhang: Dort werden Sie eine Einführung in das objektorientierte Programmieren und Komponentenarchitekturen, eine Liste der Visual Basic-Funktionen sowie einige hilfreiche Erläuterungen zu den in diesem Buch verwendeten (Sprach-) Konventionen und zur grafischen Notation finden. **Anhang**

Weiterführende Literatur

Das »COM-Komponenten-Handbuch« kann ich Ihnen als Ergänzung zu diesem Buch nahe legen: Dort werden zahlreiche weitere Klassen behandelt, die Ihnen das Leben als Administrator oder systemnahen Softwareentwickler leichter machen.

Wenn Sie lieber weiter mit dem .NET Framework arbeiten wollen, dann gibt es für Sie mit dem Buch »Programmieren mit der .NET-Klassenbibliothek« auch schon die richtige Antwort.

Gerade mit dem .NET Framework sind die Möglichkeiten der automatisierten Systemadministration noch vielfältiger geworden. Das Windows Scripting-Buch entwickelt sich immer mehr zu einem Nachschlagewerk, das einen systematischen und weniger eine didaktischen Aufbau hat. Daher finden Sie z.B. die Darstellung aller relevanten Werkzeuge vereint in einem Kapitel, statt verstreut über das ganze Buch. Wenn Sie einen didaktischen Aufbau bevorzugen, habe ich auch eine Lösung für Sie: »Windows Scripting Lernen« ist ein weiteres Buch mit didaktischer Aufbereitung für Einsteiger, das Ende des Jahres 2002 bei Addison-Wesley erscheinen wird.

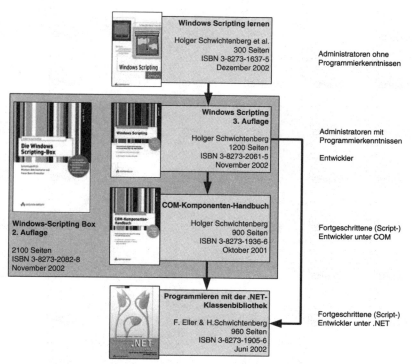

Abbildung 0.1: Die Produktfamilie der Windows Scripting-Bücher bei Addison-Wesley

Leser-Website

Über Ihr Feedback freue ich mich auf der Leser-Website *http://www.Windows-Scripting.de/Leser*. Sofern Fehler in diesem Buch gefunden werden, werden diese dort dokumentiert. Ergänzungen und Änderungen in den Programmbeispielen finden Sie im Download-Bereich. Auf der Leser-Website können Sie auch Ihre Meinung zu diesem Buch abgeben und verbliebene Fragen in ein Diskussionsforum setzen.

Die 2. Auflage hat sich in Rekordzeit verkauft. Ich hoffe, auch diese 3. Auflage kommt so gut bei Ihnen an.

Ihr

Holger Schwichtenberg

Essen-Byfang im Oktober 2002

Auszug aus dem Feedback zur 1. und 2. Auflage

Wer Windows-Server und -Workstations administriert, kommt an Windows- und BackOffice-Scripting kaum vorbei. Man spürt die praktische Erfahrung des Autors, ebenso wie seine journalistische Erfahrung.

Frank Müller (Amazon.de), Oktober 2000

Das Buch ist eine wertvolle Ressource für alle, die Windows NT4- und Windows 2000-Systeme verwalten müssen. Es liefert überdurchschnittlich viel Know-how und bereitet das Wissen sehr strukturiert und verständlich auf. Darüber hinaus ist es ein hervorragendes Nachschlagewerk, wenn es um COM-Details oder den Einsatz der enthaltenen Komponenten geht. Ein vergleichbares Werk, das eine so große Anzahl von Komponenten übersichtlich und detailliert behandelt, ist in deutscher Sprache sonst nicht erhältlich. Dadurch wird es auch für Programmierer interessant, die »nur« Visual Basic nutzen und keine Administrationsaufgaben haben.

Rezension in BasicPro – Das Fachmagazin für Basic-Profis, Ausgabe 4/2000

wow – wenn es nur mehr so Bücher gäbe... Nach wenigen Seiten wird einem klar, daß man hier übersichtlich und absolut verständlich quer durch die aktuellen COM-Komponenten geführt wird.

Eine Leserin oder ein Leser aus Feldkirch (Austria), bei Amazon.de, 2.4.2001

Nach der ersten Durchsicht Ihres Buchs kann ich nur sagen: SEHR GUT! Vergleichbares habe ich weder auf dem deutschen noch englischsprachigen Markt gefunden! Ein Meilenstein, der hoffentlich allen Scripting-Ignoranten die Augen öffnen wird!

Thomas Sohnrey (GE CompuNet, Frankfurt), per E-Mail, 5.8.2000

Zu groß, zu dick, zu viel drin! Was andere in mehreren Büchern unterbringen, findet man hier endlich mal zusammengefaßt in knapp 1000 Seiten. Das Buch gehört zu den Besten, die ich bisher gelesen habe!

c.polzin@chripo.de, bei Amazon.de, 3.1.2001

Geniales Buch für professionelles Scripting. Der Autor bringt die Sachen verständlich auf den Punkt. Trotzdem sind es 950 Seiten – in dem Buch steht verdammt viel drin!

Eine Leserin oder ein Leser aus Stuttgart, bei Amazon.de, 11.10.2000

So wie bei den Kleinkindern beginnt man ja auch mit kleinen Schritten, dass selbe habe ich bei Ihrem Buch entdeckt und als das erste Script funktionierte war die Begeisterung noch viel größer.

Loreto Di Salvatore (MPK, Zürich), per E-Mail, 8.1.2001

Auszug aus dem Feedback zur 1. und 2. Auflage

In dieser Konstellation einzigartiges Buch, welches ausgenommen von Grundlagen, ein sehr breites Know-How vermittelt. Der Stil ist sehr fachliche orientiert, und vermeidet weitgehend inhaltslose Passagen. Die einzelnen Kapitel vermeiden geschickt den zusammenhaltslosen Aufbau vieler anderer Bücher.

Ein Leser in der Leserumfrage auf www.windows-scripting.de, 19.9.2002

Sehr gute Übersicht + Hintergrundinfo zu den einzelnen Themen; Hervorragend strukturiert! gut visualisiert! Grundlegende Beispiele für jedes Modul geben guten Einstieg.

Ein Leser in der Leserumfrage auf www.windows-scripting.de, 13.5.2002

Sehr übersichtlich, das einzige seiner Art (in deutsch), auch für Einsteiger gut geeignet, sehr gut erklärende Grafiken.

Ein Leser in der Leserumfrage auf www.windows-scripting.de, 8.5.2002

Sehr gute Einleitung, guter Aufbau der Themen. der einstieg ins Scripting gelingt einfach und trotzdem kann man sich sehr viel Backgroundinformationen holen.

Ein Leser in der Leserumfrage auf www.windows-scripting.de, 8.5.2002

Auszug aus dem Vorwort zur 2. Auflage (2001)

Im Juli 2000 ist mein Buch »Windows- und BackOffice-Scripting« erschienen. Die guten Verkaufszahlen und das durchweg positive Feedback in Rezensionen und in zahlreichen E-Mails von Lesern haben mich motiviert, das Buch schon nach weniger als einem Jahr zu aktualisieren und erheblich zu erweitern. Microsoft hat seit dem Erscheinen von »Windows- und BackOffice-Scripting« nicht nur einige neue Scripting Hosts und einige neue COM-Komponenten veröffentlicht, sondern mit .NET (sprich »DOTNET«) ein völlig neues Programmierkonzept vorgestellt. Der Themenkomplex Scripting/Automatisierte Administration ist dadurch so umfangreich geworden, dass mein Buch vom Umfang her aus der Bindung geplatzt wäre.

Die Lösung dieser Herausforderung lag darin, zwei Bücher daraus zu machen, die beide ihren etwas eigenen Weg gehen:

▶ Das Buch »**Windows-Scripting**« umfasst weiterhin alles um das Active Scripting. Das Buch habe ich erweitert um die aktuelle Version des Windows Scripting Host (WSH 5.6), den SQL Server 2000, den Exchange Server 2000 und den neuen Microsoft Operations Manager (MOM) 2000. Neu sind auch die Themen Remote Scripting, digitale Signierung von Skripten und das Prototyping für Exchange Ereignis-Skripte. Ebenso berücksichtigt sind die Änderungen in Windows Whistler (Windows XP und Windows.NET) sowie neue COM- und Scripting-Werkzeuge. **Alles rund um das Scripting**

Völlig neu ist auch ein umfangreiches Kapitel zu Microsoft .NET. Das .NET-Framework wird nicht nur die Arbeit der Softwareentwickler, sondern auch die Arbeit der Administratoren verändern. Das Kapitel behandelt die Grundlagen der .NET-Laufzeitumgebung und liefert Beispiele in Visual Basic.NET. **.NET**

Bezüglich der COM-Komponenten beschränkt sich dieses Buch jetzt auf die Kernkomponenten für das Scripting (WSHRuntime, FSO, ADSI, WMI und WSHController).

▶ Parallel dazu erscheint als Auskopplung das Buch »**COM-Komponentenhandbuch**«. Dieses Buch stellt eine Vielzahl von existierenden COM-Komponenten von Microsoft und anderen Anbietern dar. Gegenüber dem Komponententeil des alten Buchs ist es aktualisiert und erweitert: ADO 2.7, CDO 3.0, CDO for Exchange Management, MSXML 4 sowie das Common Dialog Control und die OnePoint-Komponenten des Microsoft Operations Managers (MOM). Das Komponentenhandbuch ist die ideale Ergänzung zu diesem Scripting-Buch – sowohl für Administratoren als auch Softwareentwickler. Bestimmte Redundanzen zwischen beiden Büchern sind jedoch notwendig, damit jedes der beide Bücher auch für sich allein ein abgeschlossenes Werk ergibt. Addison-Wesley will beide Bücher zu einem günstigen Paketpreis anbieten. **Komponenten**

Auszug aus dem Vorwort zur 2. Auflage (2001)

...

Scripting-Community

Scripting-Community

Wenn Sie selbst interessante Skripte und Automatisierungs-Anwendungen haben oder suchen, dann lade ich Sie herzlich ein, auf

http://www.windows-scripting.de

- Ihre Arbeiten in der Scripting-Community zu veröffentlichen,
- dort nach weiteren Lösungen zu suchen, die ihre tägliche Arbeit erleichtern
- und sich beim Stöbern in den Archiven zu neuen Scripting-Ideen inspirieren zu lassen.

Viel Spaß und Erfolg mit diesem Buch wünscht Ihnen

Holger Schwichtenberg

Essen, im August 2001

Auszug aus dem Vorwort zur 1. Auflage (2000)

Motivation

Mussten Sie schon einmal einhundert NT-User gleichzeitig einrichten? Sollen nach der Benutzeranmeldung bestimmte Aktionen automatisch ausgeführt werden? Haben Sie tagtäglich Dateien zu aktualisieren? Dann sollten Sie das komponentenbasierte Active Scripting (kennen) lernen!

Aus meiner Praxis als Administrator einer Farm von NT-basierten (Internet-)Servern weiß ich einerseits die funktionale Benutzeroberfläche von Windows zu schätzen und kenne andererseits den Bedarf nach Automatisierung. Leider hat Microsoft die Automatisierung administrativer Aufgaben in seinen Betriebssystemen und Anwendungen lange Zeit kaum unterstützt.

Mit Active Scripts beschäftige ich mich intensiv seit den Anfängen dieser noch jungen Microsoft-Technologie und ich habe mich stets darüber geärgert, dass es in der Fachliteratur nur einige isolierte Darstellungen von ASP, DHTML und dem WSH gab. Unberücksichtigt blieben die zahlreichen anderen Scripting Hosts und die gemeinsame Basis aller Scripting Hosts, die es möglich macht, Skripte und Komponenten zwischen verschiedenen Umgebungen auszutauschen. Der Windows Script Host (WSH) hat unter den Windows-Nutzern (nicht zuletzt durch den Love-Letter-Virus) eine gewisse Bekanntheit erreicht; selbst viele Windows-Profis wissen aber nicht, dass der WSH nur einer von vielen Scripting Hosts ist.

Nach einer Serie von Veröffentlichungen in der iX habe ich mich dazu entschlossen, selbst das erste Buch zu schreiben, das die breite Palette der Automatisierungsmöglichkeiten auf Basis von Skripten und Komponenten dokumentiert. Sie finden in diesem Buch daher zahlreiche verschiedene Scripting Hosts und werden lernen, die für Ihre Automatisierungsaufgabe passende Umgebung auszuwählen.

Was dieses Buch erreichen will

COM

Da die gesamte Scripting-Architektur auf dem Component Object Model (COM) basiert, ist COM ein zentrales Thema in diesem Buch. Man kann unter Windows Skripte erstellen, ohne COM zu verstehen; wenn man aber die Grundgedanken von COM und die in Komponenten gekapselten (Meta-)Objektmodelle versteht, dann eröffnen sich zusätzliche Möglichkeiten. Selbst wenn Sie schon Skripte geschrieben haben, werden die ersten beiden Kapitel dieses Buchs bei Ihnen eine Serie von Groschen fallen lassen.

Komponenten

Sie finden in diesem Buch eine interessante Auswahl von Komponenten für die Erstellung von Automatisierungslösungen unter Windows NT, 9x und Windows 2000 sowie für die Microsoft Backoffice-Produkte. Systematisch werde ich Ihnen die Grundideen und Anwendungsgebiete jeder einzelnen Komponente darlegen. Durch grafische Darstellung der Objektmodelle und insgesamt über 500 Codebeispiele werde ich die Arbeitsweise der Komponenten erläutern. Viele Skripte in diesem Buch sind didaktischer Natur: Sie sind bewusst kurz gehalten und fokussieren auf einen bestimmten Aspekt. Das ermöglicht ein besseres Erlernen der Techniken als Mammut-Beispiele, die zwar viel Funktionalität bieten, aber schwer durchschaubar sind. Umfangreiche Automatisierungslösungen, die auf dem Zusammenspiel mehrerer Komponenten beruhen, finden Sie in Kapitel 10 »Fallbeispiele«.

Auszug aus dem Vorwort zur 1. Auflage (2000)

Dieses Buch ist jedoch keine vollständige Referenz für die einzelnen Komponenten und nicht zu jedem Attribut oder jeder Methode gibt es ein Beispiel. Viele der hier vorgestellten Komponenten sind so umfangreich, dass eine Referenz ein eigenes 1000-seitiges Buch füllen würde.

Hilfe zur Selbsthilfe Der Schwerpunkt dieses Buchs liegt vielmehr darauf, Ihnen Hilfe zur Selbsthilfe zu geben: Auf einem Markt, auf dem fast täglich neue Softwarekomponenten erscheinen, ist es wichtiger, ein Grundverständnis für die Technologie zu entwickeln, als Ihnen eine Referenz für Komponenten zu liefern, welche sowieso ständig aktualisiert werden. Dieses Buch zeigt zu jeder Komponente die Anwendungsmöglichkeiten auf und liefert Ihnen einen Einstieg, so dass Sie nachher mit beiden Beinen fest in der Materie stehen. Wenn Sie ganz in einer Komponente versinken möchten, dann sind das Studium der MSDN Library bzw. der jeweiligen Dokumentation des Herstellers und eine intensive Recherche im Web unerlässlich. Gehören Sie zu den Leuten, die nicht gerne in die MSDN Library schauen, so wird Ihnen dieses Buch den Weg dorthin ebnen. Zusätzlich liefert Ihnen Kapitel 6 ein Vorgehensmodell zur Suche und Erforschung von Komponenten.

VB und VBA Das Buch spannt einen Bogen zwischen dem echten Scripting und der Erstellung von Automatisierungslösungen auf Basis von kompilierten Visual Basic-Anwendungen und selbsterstellten COM-Komponenten. Daher wird dieses Buch nicht nur VBScript behandeln, sondern Ihnen auch VBA und die Visual Basic-Vollversion näher bringen.

...

Ein neues Wort

MINFU Sie werden in diesem Buch eine Ihnen sicherlich bisher nicht bekannte Buchstabenkombination finden: MINFU. MINFU steht für **MI**crosoft **N**omenclature **F**oul-**U**p und bezeichnet Fälle, in denen Microsoft Probleme mit der adäquaten Benennung der eigenen Produkte und Konzepte hat. Urheber dieses Begriffs ist der amerikanische Autor David S. Platt, der sich um die Aufnahme von MINFU als *Wort* in das Oxford English Dictionary (OED) bemüht. Jede Verwendung von MINFU bringt ihn ein Stückchen näher an die Verewigung im OED.

...

Zum Schluss

Ich wünsche Ihnen viel Spaß bei der Lektüre und möchte Sie auf die Website zu diesem Buch einladen:

HTTP://WWW.WINDOWS-SCRIPTING.DE.

Dort finden Sie auch ein Forum für Ihre weiterführenden Fragen.

Holger Schwichtenberg

Essen, im Juli 2000

1 Einführung

1.1 Der Automatisierungsbedarf

Microsoft spielt auf dem Weltmarkt der Betriebssysteme eine zentrale Rolle. Das gilt nicht nur für den Heimbereich (mit Windows 95, Windows 98, Windows ME und z.T. auch NT-Workstation), sondern inzwischen auch für den professionellen Anwendungsbereich mit der NT-Produktreihe. Windows NT/Windows 2000 hat sich in den letzten Jahren auch als Serverbetriebssystem gegenüber Unix in einigen Bereichen durchgesetzt – ein Trend, den der Windows .NET Server 2003 weiterfördern will. Ein Grund für den Siegeszug von Windows sind die grafischen Benutzeroberflächen (engl. Graphical User Interfaces, kurz GUI), die eine sehr einfache Bedienung ermöglichen. Fast alle administrativen Funktionen des Windows-Betriebssystems lassen sich durch ein GUI verwalten. Die Windows-GUIs zeichnen sich durch eine hohe Konsistenz aus, d.h., sie sind nach dem gleichen Prinzip aufgebaut; sie haben alle ähnliche Menüs, Symbolleisten und Dialogfenster.

GUIs

Die Installation und Konfiguration eines Windows-Systems ist daher vergleichsweise einfach und intuitiv. Sofern grundsätzliche Erfahrung in der Administration eines Windows-Systems besteht, ist die Einarbeitung in neue Aufgaben einfach. Auch Personen, die nur selten administrative Aufgaben ausführen müssen, können diese schnell erledigen, ohne komplexe Befehle beherrschen zu müssen.

Ein gutes GUI ist aber nur ein Aspekt der Administration. Auf der anderen Seite der Medaille stehen Aufgaben, die sich nicht oder nur schlecht durch ein GUI lösen lassen:

Automatisierungsbedarf

- Zum einen sind dies Aufgaben, die unbeaufsichtigt, d.h. ohne Beisein eines Menschen von der Maschine automatisch ausgeführt werden sollen (z.B. Überwachungsaufgaben, Systemstart-Skripte, rechenintensive Prozesse, die nur nachts ausgeführt werden können).

- Zum zweiten sind dies wiederkehrende Administrationsaufgaben, die in definierten Intervallen ausgeführt werden sollen (z.B. Backup, Datenabgleich, Login-Skripte).

- In die dritte Gruppe gehören Administrationsaufgaben, die zu einem bestimmten Zeitpunkt in großer Menge anfallen (z.B. Benutzereinrichtung bei einer Systemumstellung).

- Viertens will ein Administrator auch bestimmte Aufgaben an andere Personen delegieren. Diesen Personen möchte er eine Routine zur Verfügung stellen, die abseits der vielfältigen Möglichkeiten eines GUIs in einem fest vorgeschriebenen Dialogpfad eine bestimmte isolierte Aufgabe erledigt.

- Schließlich wird es immer wichtiger, Anpassbarkeit und Erweiterbarkeit in Betriebssysteme und Anwendungen zu integrieren, da es immer komplexere und individuellere Wünsche der Anwender und Administratoren gibt, die man als Softwareanbieter nicht alle in die Softwareprodukte integrieren kann.

Einführung

Derartige Aufgaben können unter Windows durch DOS-Batch-Prozesse oder Skripte automatisiert werden.

1.2 Die DOS-Batchsprache

DOS-Batch Die DOS-Batchsprache, die in Einzelbefehlen im Befehlszeilenfenster oder in Form von .BAT-Dateien ausgeführt werden kann, gibt es seit den Anfängen von MS-DOS. Sie war damals – zu einer Zeit, als es noch keine grafische Benutzeroberfläche namens Windows gab – ein adäquates Instrument zur Systemadministration. Sie ist auch heute noch in allen Windows-Versionen integriert. Die DOS-Batchsprache hat in all diesen Jahren allerdings nur wenige Veränderungen erfahren, obwohl die Anforderungen stets gestiegen sind. Windows war daher in diesem Bereich gegenüber Unix lange Zeit im Nachteil. In Unix gibt es mächtige Shells, in denen so genannte Shell-Scripts ausgeführt werden können, mit denen sich alle administrativen Aufgaben durchführen lassen.

Schwachpunkte Die wesentlichen Schwachpunkte der DOS-Batchprogrammierung sind:

- Die DOS-Batchsprache ist keine vollständige Programmiersprache.
- Es gibt keine Funktionen zur Verarbeitung von numerischen Werten und Zeichenketten.
- Die Ein- und Ausgabe ist zeilenorientiert.
- Es gibt keine Möglichkeit, Programmierschnittstellen (weder komponentenbasierte noch nichtkomponentenbasierte) anzusprechen.
- Die Sprache ist nur über neue .CMD- oder .EXE-Dateien erweiterbar.
- Die DOS-Befehle decken zwar die Anforderungen der DOS-Ebene ab, auf viele GUI-Funktionen gibt es jedoch keinen Zugriff.

APIs Sofern die zu automatisierenden Softwareprodukte überhaupt ein Application Programming Interface (API) boten, mussten die Zugriffe auf diese proprietären, heterogenen APIs in DOS-Befehle oder eigenständige Anwendungen (.EXE) gekapselt werden. Die Kommunikation mit einer Batchdatei erfolgte dann über Textzeilen.

Lange Zeit wurden diese Schwachstellen in den Windows-Betriebssystemen von Microsoft gar nicht beachtet. Skriptsprachen für Windows waren nur von Drittanbietern (z.B. KiXtart32, PERL und REXX) verfügbar. Interessanterweise hat sich Microsoft des Themas Windows Scripting erst im Zuge der Besinnung auf das Internet und der dortigen Popularität von Skriptsprachen angenommen. Inzwischen stellt Microsoft jedoch eine eigene modulare Scripting-Architektur für Windows bereit.

1.3 Was ist Scripting?

Scripting und Skriptsprachen Scripting ist das Schreiben eines Programms mit Hilfe einer Skriptsprache; das Programm wird in diesem Zusammenhang Skript genannt. Diese Definition führt zu der Frage, was eine Skriptsprache ist. Die Antwort darauf ist jedoch nicht einfach. [FIS99] nennt folgende Kriterien zur Unterscheidung einer Skriptsprache von anderen Sprachen:

- Die Sprache dient dem Ad-hoc-Gebrauch.
- Die Sprache wird interpretiert (keine Kompilierung notwendig).
- Die Syntax ist einfach zu verwenden und zu erlernen.
- Es gibt nur ein sehr schwaches Typsystem.
- Die Abstraktion von technischen Details wie z.B. Zeigern und Speicherverwaltung ist hoch.
- Eine Skriptsprache ist der Maschinensprache und der Computer-Hardware ferner als eine normale Programmiersprache und kann daher einen Computer nicht so leicht zum Absturz bringen.

Beispiele für Skriptsprachen sind REXX, Perl, Python, AppleScript, PHP, JavaScript/JScript und VBScript. Gemäß obiger Definition sind auch die Unix-Shellsprachen wie *sh* und *csh* als Skriptsprachen zu betrachten.

Skriptsprachen kommt in Zusammenhang mit komponentenorientierter Softwareentwicklung oft die Rolle zu, als Verbindung (so genannter *Glue Code*) zwischen Komponenten zu fungieren. Diese Rolle nehmen die Skriptsprachen auch beim ActiveX Scripting ein.

Glue Code für Komponenten

> Oftmals sprechen Fachleute auch von *Scripting*, wenn keine Skriptsprache im engeren (oben definierten) Sinne eingesetzt wird. Dann wird Scripting mit Automatisierung gleichgesetzt, selbst wenn zur Implementierung der Automatisierungslösung eine Sprache eingesetzt wird, die keine Skriptsprache ist.

Eine Anwendung wird *automatisierbar* (synonym *fernsteuerbar*, *programmierbar* oder *scriptable*) genannt, wenn es möglich ist, die Anwendung durch Programmcode zu steuern.

Automatisierbarkeit

1.4 Active Scripting-Architektur für Windows

Die Windows Scripting-Architektur heißt bei Microsoft auch *ActiveX Scripting*, *Active Scripting* oder *Windows Script*. In diesem Buch wird vorzugsweise der Begriff Windows Scripting verwendet. Grundlage der gesamten Architektur ist Microsofts Komponentenarchitektur – das *Component Object Model (COM)*.

ActiveX Scripting

> Das *Component Object Model* ist Microsofts Technologie für die Entwicklung und Nutzung von objektorientierten Softwarekomponenten, die *COM-Komponenten* genannt werden. ActiveX ist ein Marketingbegriff für einen Teil dieser Komponentenarchitektur. COM wird ausführlich in Kapitel 2 vorgestellt. COM ist objektbasiert. Daher dreht sich auch beim Active Scripting alles um Objekte und Klassen.

Die Windows Scripting-Architektur besteht aus folgenden drei Bausteinen:

- **ActiveX Scripting Hosts** sind die Ablaufumgebungen für Skripte.

Einführung

- **ActiveX Scripting Engines** stellen einen Sprachinterpreter für eine bestimmte Skriptsprache bereit.
- **Automationsfähige COM-Komponenten** ermöglichen den Zugriff auf Systemkomponenten oder stellen in gekapselter Form bestimmte Funktionalitäten bereit.

Active Script

> Ein Skript, das innerhalb der ActiveX Scripting-Architektur ausgeführt wird, heißt *Active Script*.

Abbildung 1.1: Die ActiveX Scripting-Architektur von Microsoft

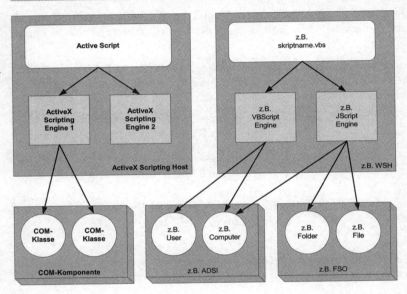

Plug&Play

Die Scripting-Architektur ist so konzipiert, dass die einzelnen Bausteine untereinander austauschbar sind: Jeder Scripting Host kann jede Scripting Engine verwenden. Jede automationsfähige COM-Komponente kann von jedem Scripting Host und jeder Skriptsprache benutzt werden. Dies wird über wohldefinierte Schnittstellen sichergestellt. Damit ist Plug&Play zwischen Hosts und Engines verschiedener Hersteller möglich. Die Skriptsprache kann auch innerhalb eines einzigen Skripts variieren; so können etwa einzelne Unterroutinen in einer anderen Sprache als das Hauptprogramm geschrieben werden, wenn die besten Features der jeweiligen Sprache genutzt werden sollen.

COM versus ActiveX

Auch Scripting Hosts und Scripting Engines sind COM-Komponenten, die spezielle Schnittstellen implementieren. Dass die Architektur *ActiveX Scripting* und nicht *COM Scripting* heißt, beruht darauf, dass Microsoft aus Marketinggründen den Begriff ActiveX gefördert hat. ActiveX wurde eine Zeit lang mit dem Begriff COM sogar völlig gleichgesetzt. In Kapitel 2 erhalten Sie eine detaillierte Einführung in COM.

> Die Trennung in Host und Sprache ist in vielen Skriptsprachen nicht gegeben. So steht der Begriff *Personal Home Page Tools* (PHP) sowohl für eine Sprache als auch für einen Scripting Host. Gleiches gilt für die Unix-Shells.

Active Scripting-Architektur für Windows

Die neuen Möglichkeiten der NT-Automatisierung sind vielfältig, deshalb kommt es besonders auf die Auswahl von Skriptsprache und Komponenten an, wenn es um die Frage geht, wie aufwendig ein Automatisierungsprojekt wird. Eine intensive Recherche nach vorhandenen COM-Komponenten ist ein entscheidender Erfolgsfaktor. Mit der zunehmenden Verbreitung des Komponentengedankens werden Make-or-Buy-Entscheidungen zu einem ständigen Begleiter im Softwareentwicklungsprozess. Entwickler werden sich fragen lassen müssen, ob es notwendig war, eigene Routinen zu entwickeln, anstatt auf dem Markt verfügbare Komponenten zu einer Anwendung zusammenzubauen. Gerade der Windows Scripting-Bereich zeigt, dass eine unterlassene Internetrecherche dazu führt, dass man sich tagelang mit Problemen beschäftigt, die andere mit wesentlich geringeren Kosten längst gelöst haben.

Vielfältige Möglichkeiten

1.4.1 Scripting Hosts

Ein Scripting Host ist die Ablaufumgebung für ein Skript und insofern vergleichbar mit den Shells unter Unix. Der Internet Explorer war der erste Scripting Host überhaupt; mit dem Windows Scripting Host (WSH) gibt es inzwischen einen eigenständigen Scripting Host für die Windows-Plattform. Der Windows Scripting Host (WSH) sollte keineswegs mit dem allgemeinen Begriff Scripting Host verwechselt werden. Der WSH ist nur einer von vielen ActiveX Scripting Hosts. Wohl aus Gründen der besseren namentlichen Abgrenzbarkeit nennt Microsoft diesen Scripting Host seit Version 2.0 *Windows Script Host*.

Ablaufumgebung

Microsoft integriert Scripting Hosts in immer mehr Produkte, insbesondere in solche aus der BackOffice-Reihe:

Verfügbare Scripting Hosts

- Active Server Pages im Internet Information Server (IIS) ab Version 3.0
- Event Scripting Agent im Exchange Server ab Version 5.5
- Server-Agent im SQL Server 7.0
- Data Transformation Scripts im SQL 7.0-Data Transformation Service
- Dynamic HTML-Scripting im Internet Explorer ab Version 3.0
- Outlook Forms in Microsoft Outlook ab Version 8.0
- XSL-Scripting im Microsoft XSL-Processor
- Installer Scripts im Windows Installer
- Transformationsskripte im Microsoft BizTalk Server
- Scriptor Component im Microsoft Commerce Server
- Skripte im Microsoft Operations Manager (MOM)

Scripting Hosts werden inzwischen auch von anderen Anbietern bereitgestellt. Mit dem *Script Control* bietet Microsoft zudem die Möglichkeit, auf einfache Weise in eigene Anwendungen einen Scripting Host zu integrieren.

Script Control

Zwar sind die VBA-Umgebungen (VBA steht für *Visual Basic for Applications*) nicht nach der Windows Scripting-Architektur konstruiert, in der Praxis sind sich die Architekturen aber sehr nahe: Ein Skriptprogrammierer, der auf Visual Basic Script (VBScript) setzt, kann

VBA

Einführung

mit Cut&Paste des Quelltexts sowie mit ein paar einfachen Änderungen seine Skripte auch in VBA laufen lassen. Mit anderen Skriptsprachen geht das allerdings nicht.

1.4.2 Scripting Engines

Sprachinterpreter

Eine ActiveX Scripting Engine ist ein Sprachinterpreter für eine Skriptsprache mit der Nebenbedingung, dass der Interpreter

- in Form einer COM-Komponente vorliegt,
- bestimmte Schnittstellen implementiert und
- für eine der entsprechenden Komponentenkategorien registriert ist.

COM-fähige Sprache versus ActiveX-Skriptsprache

Diese Anforderung ist abzugrenzen von einer COM-fähigen Programmiersprache (Microsoft spricht von »COM-enabled Languages« – ins Deutsche zum Teil mit »COM-aktivierten Sprachen« übersetzt). Eine COM-fähige Sprache unterstützt die Nutzung von COM-Komponenten. Nicht jede COM-fähige Sprache ist auch eine Active Scripting-fähige Sprache. Beispielsweise unterstützen auch Delphi und PHP4 die Nutzung von COM-Komponenten. Dennoch sind beide Sprachen nicht im Rahmen des Active Scripting als Skriptsprache einsetzbar.

Verfügbare Skriptsprachen

Microsoft selbst hat bislang zwei ActiveX Scripting Engines veröffentlicht:

VBScript
- *VBScript* (eine abgespeckte Version der Programmiersprache Visual Basic)

JScript
- *JScript* (eine Erweiterung der auf Netscape JavaScript basierenden Sprachspezifikation ECMA 262, die auch ECMAScript genannt wird)

Es gibt weitere Sprachen von anderen Anbietern (zum Großteil als Free- oder Shareware):

Perl
- *PerlScript*, Active Scripting-fähige Perl-Implementierung der Firma ActiveState (siehe [ACT00])

REXX
- *PScript*, Active Scripting-fähige Perl-Implementierung der Firma MKS (siehe [MKS00])
- IBM unterstützt im Rahmen seiner REXX-Implementierung unter dem Namen *Object REXX* Active Scripting. Object REXX ist seit Version 2.1 eine ActiveX Scripting Engine (siehe [IBM01] und [CAW01]).

Python
- *PythonScript*, Active Scripting-fähige Version von *Python* (siehe [PYT00a] und [PYT00b])

Haskell
- *HaskellScript*, ActiveX Scripting-fähige Version der funktionalen Skriptsprache Haskell (siehe [HAS00])

Ruby
- *ActiveScriptRuby*, Active Scripting-fähige Implementierung der objektorientierten Skriptsprache *Ruby* (siehe [RUB01a] und [RUB01b])

LUA
- *LUAScript*, Active Scripting-fähige Implementierung der in Brasilien entwickelten Sprache LUA (siehe [LUA01a] und [LUA01b]).

Gerüchte um die ActiveX Scripting-fähigen Implementierungen von Lisp und TCL konnten zum Zeitpunkt des Redaktionsschlusses dieser Auflage nicht bestätigt werden.

Welche Skriptsprachen auf einem System installiert sind, erfährt man aus der Registry. Details dazu erfahren Sie in Kapitel 2.

> In diesem Buch wird durchgängig VBScript benutzt. VBScript ist die am häufigsten verwendete Sprache beim Windows Scripting. Auch auf Grund der weitgehenden Kompatibilität mit der Vollversion von Visual Basic ist VBScript die erste Wahl bei den Skriptsprachen unter Windows. Kapitel 3 stellt die Sprache ausführlich vor.

VBScript

1.4.3 COM-Komponenten

Ein Skript benötigt den Zugriff auf das das Skript umgebende System, um administrative Aufgaben und die Interaktion mit dem Anwender durchzuführen. Grundsätzlich gibt es für eine Skriptsprache zwei Möglichkeiten, wie sie diesen Zugriff herstellen kann: Zum einen können in der Sprache selbst Sprachkonstrukte und Funktionen integriert sein, die den Zugriff auf das System ermöglichen. Zum anderen kann die Sprache aber auch einen Mechanismus bereitstellen, um vorhandene Programmierschnittstellen (Application Programming Interfaces – APIs) anzusprechen.

Verfahren für den System-Zugriff

Die erste Möglichkeit wird von fast allen Skriptsprachen hinsichtlich rudimentärer Ein- und Ausgabebefehle genutzt. Die Bereitstellung darüber hinausgehender Systemfunktionen bereitet jedoch Unannehmlichkeiten. Zum einen kann die Sprache kaum plattformunabhängig sein, da jedes Betriebssystem seine eigenen spezifischen Systemfunktionen bereitstellt. Zum anderen muss die Sprache ständig erweitert werden, um mit den Veränderungen der System-APIs Schritt halten zu können. Beliebter ist daher die zweite Möglichkeit (Bereitstellung eines API-Zugriffsmechanismus), die jedoch dann beschwerlich ist, wenn unterschiedliche Arten von Programmierschnittstellen unterstützt werden müssen. Microsoft geht in der ActiveX Scripting-Architektur den zweiten Weg, mit der Prämisse der Einschränkung auf eine einzige Art von Programmierschnittstellen, nämlich *automationsfähige COM-Komponenten*.

Zugriffsmöglichkeiten auf APIs

Sie werden in Kapitel 2 den Unterschied zwischen automationsfähigen und nicht-automationsfähigen COM-Komponenten genauer kennen lernen. So viel vorweg: COM-Automation ist in etwa gleichzusetzen mit einem späten Binden zur Laufzeit.

COM-Komponenten

Das Active Scripting mit COM ist objektbasiert (»COM-Objekte«) mit instanziierbaren Klassen, die aus Methoden und Attributen bestehen. Die Klassen sind in der Regel in hierarchischen Objektmodellen angeordnet, für das Skript ist die Komponente eine Objektbibliothek. Auf einen Zugriff auf Nicht-COM-APIs (z.B. DLLs, die keine COM-Komponenten sind) hat Microsoft ausdrücklich verzichtet. Es gibt jedoch inzwischen Ansätze, dies zu ermöglichen (vgl. die Ausführungen zu DynaWrap in Kapitel 5).

Die Arbeit mit COM-Objekten verlangt einer Programmiersprache die Unterstützung einiger grundlegender Mechanismen ab. Sofern diese jedoch implementiert sind, kann die Sprache mit einer Vielzahl unterschiedlicher COM-Objekte aus unterschiedlichen COM-Komponenten zusammenarbeiten. Dies wird in Kapitel 2 erklärt.

Auch wenn viele COM-Komponenten COM-Automation unterstützen, gibt es dennoch auch Komponenten, die den Dienst nicht anbieten und daher im Windows Scripting nicht verwendbar sind.

Komponententypen

Typisierung Komponenten erweitern die eingebauten Funktionen der Skriptsprachen und lassen sich aus Scripting-Sicht in zwei Typen einteilen:

- Einige Komponenten kapseln den Zugriff auf bestehende APIs von Betriebssystem und Anwendungen. Die Komponenten sind hier Stellvertreter, die die (komplexen) API-Funktionen kapseln. Als positiver Nebeneffekt entsteht dabei in der Regel ein einfaches Objektmodell als Ersatz für komplexe Reihen von API-Aufrufen.

- Andere Komponenten implementieren eigenständige Funktionalitäten, für die keine weiteren Anwendungen nötig sind.

Zahlreiche Komponenten Es sind bereits zahlreiche Komponenten für den Zugriff auf unterschiedliche Betriebssystem- und Anwendungsfunktionen verfügbar: So ermöglichen COM-Komponenten unter Windows beispielsweise den Zugriff auf

- Betriebssystemfunktionen wie Windows-Benutzeroberfläche, Verzeichnisdienste, Dateisystem, Registry, Eventlog, Hardware, Scheduler, MTS/COM+, Dokumente (z.B. Text, HTML, XML) und Netzwerkprotokolle (z.B. TCP, IP, HTTP, FTP),

- Anwendungen wie Microsoft Office, Microsoft Exchange Server, Microsoft SQL Server, Internet Information Server, aber auch auf Produkte wie Lotus Notes, Corel Draw und SAP R/3.

Nicht alle Komponenten stammen von Microsoft selbst: Es gibt inzwischen unzählige Komponenten anderer Anbieter – zum Teil auch als Share- und Freeware. Auch selbstentwickelte COM-Komponenten können unabhängig von der Programmiersprache, in der sie implementiert wurden, verwendet werden. Anwendungen, die direkt komponentenbasiert entwickelt werden, lassen sich sehr einfach per Skript ansteuern. Kapitel 0 liefert einen Überblick über die wichtigsten Komponenten.

WSC *Windows Script Components (WSCs)* sind in Skriptsprachen geschriebene COM-Komponenten. Der Begriff WSC steht weder allgemein für Komponenten, die von Skripten aus genutzt werden können, noch für die Bausteine der Windows Scripting-Architektur. WSCs werden in Kapitel 6 behandelt.

1.4.4 Werkzeugunterstützung

Editoren, Debugger und Tools Die Werkzeugunterstützung der Skriptentwicklung unter Windows ist noch verbesserungswürdig. Mit Visual InterDev liefert Microsoft zwar eine Skriptentwicklungsumgebung; diese unterstützt aber bislang fast nur die Skriptprogrammierung im Web. In vielen Scripting Hosts (z.B. SQL Server Agent, Microsoft Outlook) stehen nur sehr primitive Editoren bereit, so dass die Skriptprogrammierung sehr mühsam ist.

Auch hinsichtlich des Debuggings ist die Werkzeugunterstützung noch nicht optimal, wenn man die Entwicklungsumgebungen wie Visual C++ 6.0 und Visual Basic 6.0 als Maßstab nimmt. Inzwischen gibt es zum Teil bessere Lösungen von Drittanbietern. Einen Überblick über die verfügbaren Werkzeuge liefert Kapitel 9.

1.4.5 Active Scripting vs. VBA

Das in Microsoft Office und vielen anderen Anwendungen anderer Hersteller enthaltene Visual Basic for Applications (VBA) kann zum Teil als eine Konkurrenztechnologie zum Active Scripting angesehen werden. Auch VBA ist eine Interpreter-Sprache, die es ermöglicht, auf einfache Weise Anwendungen um Automatisierungsfähigkeit zu erweitern.

Die Unterschiede zwischen VBA und Active Scripting zeigt die folgende Tabelle.

Visual Basic for Applications (VBA)	Active Scripting
▶ nur eine Programmiersprache (Visual Basic for Applications)	▶ viele Programmiersprachen (alle Active Scripting-fähigen Sprachen)
▶ komfortable Entwicklungsumgebung wird von Microsoft bereitgestellt	▶ keine Entwicklungsumgebung (musste gegebenenfalls vom Softwarehersteller selbst erstellt werden)
▶ Softwarehersteller zahlt an Microsoft	▶ kostenlos

Tabelle 1.1: VBA versus Active Scripting aus der Sicht eines Softwareherstellers, der seine Software anpassbar und erweiterbar machen möchte

1.5 Scripting im .NET Framework

Auch im .NET Framework ist Scripting möglich. Das .NET Framework bietet in seiner riesigen Klassenbibliothek einige sehr schöne Klassen für die automatisierte Systemadministration. Aus didaktischen Gründen wird das Scripting im .NET Framework aber hier noch nicht behandelt. Dies ist Thema in Kapitel 7 und 8. Werkzeuge zum .NET Scripting finden Sie auch in Kapitel 9. Ein Fallbeispiel gibt es in Kapitel 10.

.NET-Scripting

Die Hauptvorteile des Scripting im .NET Framework sind:

▶ höhere Geschwindigkeit

▶ bessere Sicherheitseinstellungen

▶ viele, mächtige Klassen

▶ alle Programmierschnittstellen können verwendet werden

Einführung

1.6 Scripting-Schnellstart

Wenn Sie noch nie ein Skript unter Windows erstellt haben, werden Ihnen die folgenden beiden Beispiele erste Erfolgserlebnisse bereiten.

WSH 2.0 und IE ab 4.0 Voraussetzung für das erste Beispiel ist, dass Sie den Windows Scripting Host installiert haben. Sie sollten in Ihrem Windows-Verzeichnis eine Datei WSCRIPT.EXE finden. Wenn Sie Windows 2000 benutzen, können Sie fast sicher sein, dass Sie den WSH 2.0 auf Ihrem System haben. Unter Windows 98 ist der WSH in der Version 1.0 eine Installationsoption, unter NT4 gibt es den WSH nur als separates Add-on. Windows XP und .NET Server enthalten den WSH 5.6. Wenn der WSH 2.0 nicht vorhanden ist, installieren Sie ihn bitte von der Buch-CD aus dem Verzeichnis /INSTALL/HOSTS/WSH. Voraussetzung für das zweite Beispiel ist ein installierter Internet Explorer ab der Version 5.0.

> Die beiden Skripte befinden sich natürlich auch auf der Buch-CD [CD:/code/kapitel01/]. Jedoch sollten Sie sich an dieser Stelle durchaus die Mühe machen, die Skriptdateien selbst zu erstellen.

1.6.1 Ein einfaches WSH-Skript

Ihr erstes Skript So erstellen Sie Ihr erstes Skript für den Windows Scripting Host in der Sprache Visual Basic Script:

- Legen Sie eine Textdatei an, indem Sie irgendwo auf dem Desktop oder in einem Verzeichnis im Dateisystem im Kontextmenü NEU| TEXTDATEI wählen. Es erscheint eine Datei NEUE TEXTDATEI.TXT.

- Benennen Sie die Datei in ERSTESSKRIPT.VBS um. Bestätigen Sie die Nachfrage des Betriebssystems, ob die Dateiextension wirklich geändert werden soll.

- Wählen Sie aus dem Kontextmenü der Datei BEARBEITEN, so dass sich der Notepad öffnet. (Sofern Sie einen anderen Editor installiert haben, mag jetzt dieser gestartet werden.)

- Geben Sie Folgendes in die erste Zeile ein:

  ```
  MsgBox "Ab heute kann ich skripten!"
  ```

- Speichern Sie die Änderungen ab. Sie können den Editor schließen, müssen es aber nicht.

- Doppelklicken Sie auf die Datei ERSTESSKRIPT.VBS. Wenn Sie alles richtig gemacht haben und das System Ihnen wohlgesonnen ist, wird die nachstehend abgebildete Dialogbox erscheinen.

Abbildung 1.2: Ausgabe des Skripts »ErstesSkript.vbs«

1.6.2 Ein komplexeres Skript mit zwei Sprachen für den Internet Explorer

Das zweite Beispiel wird Ihnen bereits zeigen, wie Sie zwei Skriptsprachen innerhalb einer Skriptdatei mischen können. Als Scripting Host wird der Internet Explorer eingesetzt.

Ihr zweites Skript

▶ Legen Sie eine Textdatei an, indem Sie irgendwo auf dem Desktop oder in einem Verzeichnis im Dateisystem im Kontextmenü NEU|TEXTDATEI wählen. Es erscheint eine Datei NEUE TEXTDATEI.TXT.

▶ Benennen Sie die Datei um in ZWEITESSKRIPT.HTM. Bestätigen Sie die Nachfrage des Betriebssystems, ob die Dateiextension wirklich geändert werden soll.

▶ Wählen Sie aus dem Kontextmenü ÖFFNEN MIT und dort NOTEPAD. (Wenn Sie einen HTML-Quellcodeeditor auf Ihrem System haben, können Sie auch diesen nutzen.)

▶ Geben Sie die folgenden Zeilen ein:

```
<HTML>Beispiel für die Mischung von ActiveX-Sprachen
<SCRIPT language="JavaScript">
// ----- Unterroutine in JScript
function jadd(a,b)
{ return(a+b) }
</script>
<script language="VBScript">
' ------ Hauptprogramm in VBScript
x = 5
y = 6
Ergebnis = jadd(x,y)  ' JScript zur Addition nutzen
msgbox x & " + " & y & " = " & ergebnis
</SCRIPT></HTML>"
```

▶ Speichern Sie die Änderungen ab. Sie können den Editor schließen, müssen es aber nicht.

▶ Doppelklicken Sie auf die Datei ZWEITESSKRIPT.HTM. Wenn Sie alles richtig gemacht haben und das System Ihnen wohlgesonnen ist, wird der Internet Explorer mit nachstehend abgebildeter Dialogbox erscheinen.

Abbildung 1.3: Ausgabe des Skripts im Internet Explorer

Einführung

1.7 Komponentenüberblick

Überblick — Dieses Kapitel unternimmt einen Streifzug durch die administrativen Aufgaben, die derzeit durch Komponenten automatisiert werden können. Dabei soll – auch wenn das .NET Framework erst später in diesem Buch behandelt wird – ein Querverweis zu den entsprechenden Klassen in der .NET-Klassenbibliothek erfolgen.

COM-Komponenten-Handbuch — Sofern die Komponenten in diesem Buch besprochen werden, finden Sie die entsprechenden Kapitelnummern in Klammern. Die Dokumentation weiterer COM-Komponenten einschließlich einiger Komponenten von Drittanbietern finden Sie in folgendem Buch, das ein zweiter Band zu dem vorliegenden Buch ist:

> **Buchtipp**
>
> Holger Schwichtenberg:
> COM-Komponenten-Handbuch
> Systemprogrammierung und Scripting mit COM-Komponenten
> Addison-Wesley 2001, ISBN 3-8273-1936-6

Weitere Informationen über dieses Buch finden Sie unter HTTP://WWW.WINDOWS-SCRIPTING.DE.

Programmieren mit der .NET-Klassenbibliothek — Ein äquivalentes Buch gibt es bereits für das .NET Framework:

> **Buchtipp**
>
> Frank Eller, Holger Schwichtenberg:
> Programmieren mit der .NET-Klassenbibliothek
> Zugriff auf das Windows-Betriebssystem mit Visual Basic .NET und C#
> 950 Seiten, Addison-Wesley 2002, ISBN 3-8273-1905-6

1.7.1 Benutzeroberfläche

WSH Runtime, MSHTML, Internet Controls — Für die Manipulation der Benutzeroberfläche ist in erster Linie die *WSH Runtime-Komponente* (Kapitel 5.1) zuständig. Ergänzende Funktionen bieten die *Shell Objects* (siehe Kapitel 5.4). Hilfreich ist oft der Einsatz der *Microsoft Internet Controls-Komponente* (Kapitel 5.5) und der *MSHTML-Komponente* (für beide: siehe COM-Komponenten-Handbuch), die zusammen die Funktionalität des Internet Explorers verkörpern.

1.7.2 Systemmanagement

WMI — Die *Windows Management Instrumentation (WMI)* ist ein übergreifender Ansatz für den Zugriff auf alle möglichen Arten von System- und Netzwerkinformationen (Kapitel 5.7). WMI ermöglicht auch den Zugriff auf Informationen aus Quellen wie Registry, Dateisystem und Ereignisprotokollen, die durch andere Einzelkomponenten bereits abgedeckt sind. Während WMI den Vorteil der Einheitlichkeit bietet, sind die speziellen Komponenten im

Komponentenüberblick

konkreten Anwendungsfall oft etwas einfacher zu handhaben. Eine bunte Mischung ausgewählter Funktionen bieten auch die in drei Komponenten aufgeteilten *OnePoint Utility Objects* (beschrieben im COM-Komponenten-Handbuch).

Im .NET Framework findet man WMI im Namespace `System.Management` (siehe Kapitel 8).

1.7.3 Ereignisprotokolle

Die *WSH Runtime-Komponente* (Kapitel 5.1) kann Einträge nur erzeugen und dies auch nur im Anwendungsprotokoll (nicht in anderen Protokollen). WMI (Kapitel 5.7) bietet den universellen Zugriff.

WSH Runtime, STMAdmin, ACES, OnePoint

Die Freeware-Komponente *STMAdmin* kann Einträge über ein Objektmodell in jedes beliebige NT-Ereignisprotokoll schreiben und auch Einträge lesen. Die Firma ACES bietet im Rahmen des *ACES WinNT Automation Kit* auch die Möglichkeit, auf das EventLog wie auf eine Datenbanktabelle zuzugreifen. In den *OnePoint Utility Objects for Scripting*, die mit dem Microsoft Operations Manager (MOM) mitgeliefert werden, gibt es eine Klasse, mit der man ein Ereignisprotokoll in eine Datei sichern und danach leeren kann. Die vier letztgenannten Komponenten werden im COM-Komponenten-Handbuch vorgestellt.

> Im .NET Framework findet man diese Funktionalität in Namespace `System.Diagnostics`. Dort kann man auch eigene Ereignisprotokolle anlegen (vgl. »Programmieren mit der .NET-Klassenbibliothek«).

1.7.4 Leistungsindikatoren

Daten aus den Leistungsindikatoren der NT-Produktfamilie kann man mit WMI lesen. Beispiele dazu erhalten Sie in Kapitel 5.7.

> Im .NET Framework findet man diese Funktionalität in Namespace `System.Diagnostics` (vgl. »Programmieren mit der .NET-Klassenbibliothek«).

1.7.5 Dienste

NT-Dienste können gestartet, gestoppt, angehalten und fortgesetzt werden. Sie haben einen aktuellen Status und einen Starttyp. Den Zustand auslesen und ändern können:

ADSI, WMI, OnePoint

▶ das *Active Directory Service Interface (ADSI)* (Kapitel 5.6)
▶ die *Windows Management Instrumentation (WMI)* (Kapitel 5.7)
▶ die *OnePoint Utility Objects for Scripting* (siehe COM-Komponenten-Handbuch)

> Im .NET Framework findet man diese Funktionalität in Namespace `System.ServiceProcess`, siehe »Programmieren mit der .NET-Klassenbibliothek«.

1.7.6 Prozesse

Prozesse verwalten kann man beim Active Scripting mit *WMI* (Kapitel 5.7). Externe Programme lassen sich auch mit der *WSH Runtime* starten (Kapitel 5.1).

 Im .NET Framework findet man diese Funktionalität in Namespace `System.Diagnostics` (vgl. »Programmieren mit der .NET-Klassenbibliothek«).

1.7.7 Registry

Dienste Wieder bietet die *WSH Runtime-Komponente* (Kapitel 5.1) nur rudimentäre Zugriffsmöglichkeiten auf die Registry. Als bessere Alternative wird im COM-Komponenten-Handbuch die Komponente *RegCol* vorgestellt. Rechte auf Registry-Schlüssel können nur mit der *ADsSecurity-Komponente* (Kapitel 5.6) geändert werden.

Im .NET Framework findet man diese Funktionalität in Namespace `Microsoft.Win32`, siehe »Programmieren mit der .NET-Klassenbibliothek«.

1.7.8 Zeitplandienste (Scheduler)

Taskscheduler-Komponente Auch der Windows-Schedule-Dienst kann durch WMI automatisiert werden; einfacher in der Benutzung ist jedoch die *Taskscheduler-Komponente* (siehe COM-Komponenten-Handbuch) aus dem Site Server 3.0.

1.7.9 Komponentenkonfiguration

WMI, MTS Objects, COM+ Objects Die Basiskonfiguration der auf dem System installierten COM-Komponenten ist entweder über direkte Registry-Manipulation oder durch WMI möglich. Für die erweiterten Einstellungen in Zusammenhang mit dem Microsoft Transaction Server und COM+ gibt es eigene Komponenten (siehe COM-Komponenten-Handbuch).

1.7.10 Dateisystem

FSO, Internet Transfer Den Zugriff auf das Dateisystem ermöglichen in erster Linie die *File System Objects (FSO)*, vorgestellt in Kapitel 5.2. Zum Teil ergänzt, zum Teil redundant abgebildet werden die Funktionen von FSO in den *Shell Objects* (siehe COM-Komponenten-Handbuch). Zum Zugriff auf die Rechte in NTFS-Dateisystemen benötigen Sie die *ADsSecurity-Komponente* (Kapitel 5.6). Auch WMI (Kapitel 5.6) kann das. Freigaben anlegen kann man mit ADSI (Kapitel 5.6), aber die Rechte auf Freigaben setzen kann nur WMI (Kapitel 5.7).

Das Dateisystem überwachen kann man mit WMI (Kapitel 5.7) oder unter dem .NET Framework mit der Klasse `System.IO.FileSystemWatcher` (Kapitel 8).

Zum Zugriff auf entfernte Dateisysteme via FTP gibt es neben der *Internet-Transfer-Komponente* von Microsoft zahlreiche interessante Lösungen von Drittanbietern (siehe COM-Komponenten-Handbuch).

Im .NET Framework findet man die Dateisystemzugriffe in Namespace System.IO (Kapitel 8).

1.7.11 Netzwerkkonfiguration

Die Konfiguration der Netzwerkkarten ermöglicht WMI (siehe Kapitel 5.7). Für den Windows DHCP-Dienst bietet Microsoft mit den *DHCP Objects* im Resource Kit zu Windows 2000 eine spezielle Lösung.

1.7.12 Netzwerkkommunikation

TCP/IP-Kommunikation auf Transportebene ermöglicht die *Microsoft Winsock-Komponente*. Auf Anwendungsebene bietet Microsoft die *Internet Transfer-Komponente* zur HTTP- und FTP-Kommunikation. Gerade in diesem Bereich gibt es auch viele andere Anbieter, z.B. *ASPInet*, Mabry *FTPX* und die *OnePoint Utility Objects for Scripting*.
Winsock, ASPInet, FTPX, OnePoint

Komponenten zur SMTP-Kommunikation gibt es zahlreiche, z.B. *JMAIL*, *CDONTS*, *CDO SYS*.
JMAIL, CDONTS

Alle diese Komponenten werden im COM-Komponenten-Handbuch beschrieben.

Im .NET Framework findet man diese Funktionalität in Namespace System.Net, siehe »Programmieren mit der .NET-Klassenbibliothek«.

1.7.13 Messaging und Groupware

Für die Verarbeitung von elektronischen Nachrichten stellt Microsoft mit den *Collaboration Data Objects (CDO)* inzwischen eine ganze Familie von Komponenten zur Verfügung (siehe COM-Komponenten-Handbuch). Es gibt auf dem Free- und Shareware-Markt zahlreiche Komponenten für das Handling von SMTP-Nachrichten (z.B. *JMAIL*, siehe COM-Komponenten-Handbuch). Einige CDO-Versionen beherrschen darüber hinaus aber die Nachrichtenkommunikation via MAPI. Auch die Firma Lotus bietet mit den *Notes OLE Objects* (für Notes 4.x) und den *Domino Collaboration Objects* (DCO, für Notes 5.x) zwei COM-Komponenten für den Zugriff auf ihr Groupware-System an.
CDO, Notes Objects

Im Gegensatz zu den großen Brüdern Microsoft Outlook 97/98/2000/2002 kann keine bisher veröffentlichte Version von Outlook Express automatisiert werden, da es kein in einer COM-Komponente implementiertes Objektmodell dafür gibt.
Outlook Express

1.7.14 Textdateien

Beliebige Textdateien können mit der *Scripting Runtime-Komponente* (Kapitel 5.2) bearbeitet werden. Für INI- und CSV-Dateien gibt es u.a. die Komponente *WindowsScripting* (Kapitel 5.8). Die *ActiveX Data Objects (ADO)* können auf strukturierte Textdateien zugreifen (siehe COM-Komponenten-Handbuch). XML-strukturierte Textdateien werden mit
ADO, MSXML, TOM

Einführung

Hilfe der *MSXML-Komponente* verarbeitet (siehe COM-Komponenten-Handbuch). ADO kann Datenbanktabellen in XML-Dateien umwandeln. Das *Text Object Model (TOM)* für den Zugriff auf Rich-Text-Dateien wird in diesem Buch nicht vorgestellt.

Im .NET Framework findet man diese Funktionalität in den Namespaces System.Xml und System.Text, siehe »Programmieren mit der .NET-Klassenbibliothek«.

1.7.15 Datenbanken und andere Datenquellen

ADO, ADOX, ADOMD

Die *ActiveX Data Objects (ADO)* ist die allgemeine Komponente für den Zugriff auf Datenquellen (siehe COM-Komponenten-Handbuch). Dazu gehören neben Datenbanken auch Textdateien und Verzeichnisdienste. Neben der ADO-Kernkomponente gibt es inzwischen zwei Erweiterungen: *Microsoft ADO Extensions for DDL and Security (ADOX)* und *ADO Multi Dimensional (ADOMD)* für die OLAP-Dienste.

Im .NET Framework findet man diese Funktionalität in Namespace System.Data, siehe »Programmieren mit der .NET-Klassenbibliothek«.

1.7.16 Verzeichnisdienste

ADSI

Eine der wichtigsten Komponenten ist das *Active Directory Service Interface (ADSI)* (*Kapitel 5.6*), mit dem Verzeichnisdienste unterschiedlicher Art (z.B. Active Directory, Exchange Server, IIS) verwaltet werden können. Neben der Verwaltung des Active Directory unter Windows 2000 gehört dazu auch die Benutzer- und Ressourcenverwaltung unter NT4. Ausgewählte Funktionen zum Umgang mit dem Active Directory bietet auch die Komponente *OnePoint Utility Objects for Active Directory* (siehe COM-Komponenten-Handbuch). Funktionen zur Benutzerverwaltung findet man auch in WMI (*Kapitel 5.7*).

Das Scripting von Active Directory-Gruppenrichtlinien ist mit ADSI nicht möglich. Microsoft bietet zusammen mit dem Windows .NET Server ein neues Tool mit dem Namen »Group Policy Management Console«. Dieses Werkzeug ermöglicht eine viel komfortablere Zuordnung von Gruppenrichtlinien zu Verzeichniseinträgen, als dies mit dem MMC-Snap-In »Active Directory-Benutzer und -Computer« möglich war. Das Werkzeug ist komplett »scriptable«. Allerdings können Gruppenrichtlinien weiterhin nicht per Skript definiert werden. Die Komponente ermöglicht nur die Zuordnung von vordefinierten Gruppenrichtlinien.

ADSI kann auch den Domain Name Service (DNS) in Windows nicht verwalten. Diese Fähigkeit besitzt aber die *ISPSignup-Komponente* aus dem IIS Resource Kit.

Im .NET Framework findet man den Zugriff auf Verzeichnisdienste in Namespace System.DirectoryServices (*Kapitel 8*).

1.7.17 Internet Information Server (IIS)

Der IIS wird über seine Metabase konfiguriert, die wie ein Verzeichnisdienst behandelt wird; die Automatisierung erfolgt hier also über das *Active Directory Service Interface (ADSI) – siehe Kapitel 5.6*. Ab dem IIS 6.0 steht auch ein WMI-Provider zur Verfügung. Die Admin Base Objects (ABO), die allen Programmierschnittstellen des IIS zu Grunde liegen, können nur von C++ aus genutzt werden. Die Admin Base Object sind nicht mit dem Begriff *IIS Admin Objects* zu verwechseln, der synonym zum ADSI-Provider für den IIS verwendet wird.

ADSI

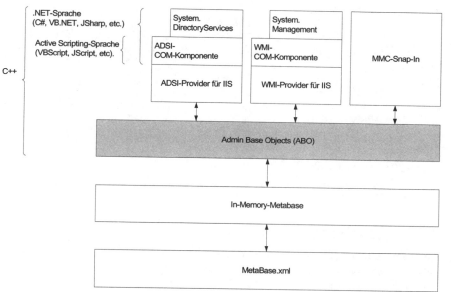

Abbildung 1.4: Programmierschnittstellen des IIS

1.7.18 Exchange Server 5.5

Für den Zugriff auf den Exchange Server gibt es inzwischen mehrere Lösungen, die zum Teil redundant sind. Da der Exchange-Verzeichnisdienst LDAP-fähig ist, kann auch hier das *Active Directory Service Interface (ADSI)* (Kapitel 5.6) eingesetzt werden.

ADSI

Für die Konfiguration der Rechte auf Exchange-Verzeichnisobjekte benötigen Sie die *ADs-Security-Komponente* (Kapitel 5.6). Eine Ausnahme bilden auch hier die öffentlichen Ordner, deren Rechte Sie nur über die *ACL-Komponente* aus dem Exchange Resource Kit setzen können. Die ebenfalls mit dem Exchange Resource Kit gelieferte *AcctCrt-Komponente* bietet dagegen nur Funktionen, die sich auch mit ADSI und der *ADsSecurity-Komponente* erledigen lassen.

ADsSecurity, ACL

Primär auf die Inhalte, also den Message Store, fokussiert die Komponente *Collaboration Data Objects (CDO)* (siehe COM-Komponenten-Handbuch). Zum Teil kann CDO aber auch auf den Verzeichnisdienst zugreifen. Für spezielle, versteckte Nachrichten wie Regeln und Event Agents gibt es eigene Automatisierungskomponenten in Form der *Rule-Komponente* sowie der *ESConfig-Komponente*. Öffentliche Ordner können nur mit CDO, nicht aber mit ADSI eingerichtet werden.

CDO, Rule, ESConfig

Einführung

OnePoint Die *OnePoint Utility Objects for Exchange* (siehe COM-Komponenten-Handbuch) bieten eine wichtige Funktion, die man in allen Microsoft-Automatisierungskomponenten vergeblich sucht: Mit dieser Komponente kann man ermitteln, wie groß die einzelnen Postfächer und öffentlichen Ordner auf einem Exchange Server sind.

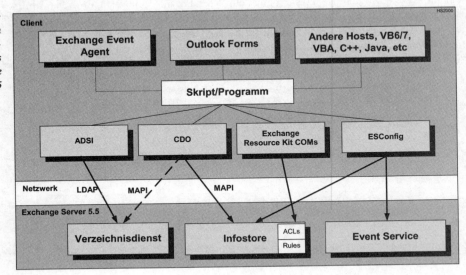

Abbildung 1.5: Komponenten für die Automatisierung des Exchange Servers 5.5

1.7.19 Exchange Server 2000

CDO 3.0, ADSI, ADO, CDOEXM, CDOWF, WMI

An dieser Aufteilung der Automatisierungsschnittstellen hat sich mit Exchange 2000 einiges geändert. Die *Collaboration Data Objects 3.0* haben sich gegenüber den CDO-Versionen für Exchange 5.5 deutlich verändert (siehe COM-Komponenten-Handbuch). Das Active Directory Service Interface (ADSI) spielt auf Grund der Integration von Exchange 2000 in das Active Directory weiterhin eine zentrale Rolle. Hinzugekommen ist einerseits der Zugriff auf den Exchange Infostore via *ActiveX Data Objects (ADO)* und zum anderen eine neue Komponente mit dem Namen *CDO for Exchange Management (CDOEXM)*. Für den Bereich der Workflow-Funktionen bietet Exchange 2000 die Komponente *Microsoft CDO Workflow Objects for Microsoft Exchange (CDOWF)*. Einige Funktionen von Exchange 2000 können auch über WMI überwacht und gesteuert werden. Das komplexe Thema der Automatisierung von Exchange 2000 wird im COM-Komponenten-Handbuch zusammenhängend behandelt.

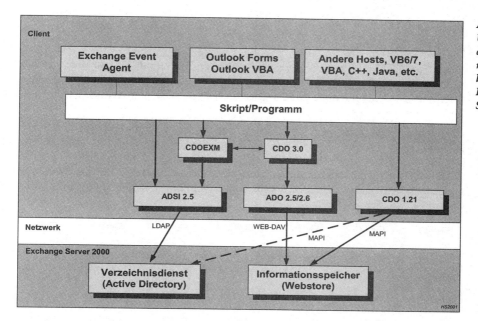

Abbildung 1.6: Überblick über die Programmierschnittstellen des Exchange Server 2000

1.7.20 SQL Server

Der Zugriff auf den Inhalt von SQL Server-Datenbanken ist mit den *ActiveX Data Objects (ADO)* möglich (siehe COM-Komponenten-Handbuch). Die Konfiguration des SQL Servers und der Datenbanken selbst wird dagegen durch die *SQL Server Distributed Management Objects (SQL-DMO)* abgebildet. Für die Administration der OLAP-Dienste gibt es die *Decision Support Objects (DSO)*.
ADO, ADOX, ADOMD, DMO, DSO

Ein weiterer abgeschlossener Bereich innerhalb des SQL Servers ist der *Data Transformation Service (DTS)*. Dieser lässt sich über die *Microsoft DTSPackage Object Library* automatisieren.
DTS

SQL-DMO und DTS werden im COM-Komponenten-Handbuch behandelt.

1.7.21 Microsoft Office

Die Produkte der Microsoft Office-Produktfamilie sind heute das Vorzeigeobjekt hinsichtlich der Automatisierbarkeit durch COM-Komponenten. Nicht nur die großen Produkte wie
Office-Komponenten

- Microsoft Excel,
- Microsoft Word,
- Microsoft PowerPoint,
- Microsoft Access,

- Microsoft Outlook und
- Microsoft FrontPage

können per COM gesteuert werden, sondern auch Hilfsanwendungen wie Microsoft Graph und der Microsoft Agent. Die Dokumentation der Automatisierungskomponenten von Microsoft Office füllt mehrere dicke Bücher, die bei verschiedenen Verlagen erhältlich sind.

1.7.22 SAP R/3

SAP DCOM Connector Die Firma SAP bietet mit dem *SAP DCOM Connector* eine COM-Komponente an, die den Zugriff auf Daten und Transaktionen im SAP-System ermöglicht. Der SAP DCOM Connector ist naturgemäß eine sehr komplexe Komponente. Empfehlenswerte Lektüre zu diesem Thema ist das Buch [SAP99].

2 Das Component Object Model (COM)

Dieses Kapitel stellt die Aspekte von COM dar, die aus der Sicht eines Komponentennutzers wichtig sind. Dazu gehört auch ein gewisses Maß an Theorie. Die in diesem Zuge vermittelten theoretischen Grundlagen werden Sie in den Stand versetzen, COM-Komponenten wesentlich besser verstehen und gebrauchen zu können. Außerdem werden Sie lernen, die Dokumentationen von Komponenten besser zu verstehen.

Inhalt

Das Kapitel beginnt mit einer zunächst kurzen Erklärung grundlegender Begriffe wie *Binärstandard, Laufzeitumgebungen, Komponente, Klasse, Schnittstelle, Typbibliothek, GUID, Moniker* etc. Auf diesen knappen Definitionen aufbauend folgt die ausführlichere Darstellung aller wichtigen Bausteine und Konzepte von COM. Das Kapitel ist eher referenzartig aufgebaut – scheuen Sie sich nicht, einen der zahlreichen Querverweise zu folgen, wenn sie nähere Erläuterungen zu einem Begriff benötigen.

Aufbau

Wenn Sie darüber hinaus mehr über die Interna von COM oder die Komponentenprogrammierung mit C++ erfahren wollen, so sind das Buch des COM-Experten Don Box [BOX98], das aktuelle COM+-Werk von Eddon und Eddon [EDD00] sowie das DCOM-Buch von Victor Sirotin [SIR99] zu empfehlen. Detaillierte Informationen erhalten Sie auch auf der Microsoft COM-Site [MCO00], in der MSDN Library [MSD01d] und bei der Open Group [ATX00].

Weitere Informationen

2.1 Binärstandard

COM ist ein Binärstandard für Komponenten und daher programmiersprachenunabhängig. Binärstandard bedeutet, dass

Binärstandard

- es einen definierten Satz von Datentypen gibt
- es eine definierte Umsetzung dieser Datentypen in Bytefolgen gibt (z.B. wie ein String im Speicher abgelegt wird)
- es einen festgelegten Mechanismus gibt, wie ein bestimmter Block von Programmcode lokalisiert und aufgerufen wird.

2.2 Programmiersprachen für COM

COM ist grundsätzlich programmiersprachenunabhängig. Die Arbeit mit COM-Komponenten verlangt einer Programmiersprache die Unterstützung des COM-Binärstandards ab. Sofern diese Unterstützung implementiert ist, kann die Sprache mit einer Vielzahl unterschiedlicher COM-Objekte aus verschiedenen COM-Komponenten zusammenarbeiten.

Es sind inzwischen viele Sprachen verfügbar, die COM unterstützen. Diese Sprachen werden als COM-fähige Sprachen (engl. COM-enabled languages) bezeichnet.

Das Component Object Model (COM)

Dabei bieten die meisten Sprachen eine Zwei-Wege-Unterstützung. Das bedeutet, dass es sowohl möglich ist, bestehende Komponenten zu nutzen als auch in dieser Sprache eigene Komponenten zu erzeugen.

Verfügbare Sprachen

Die folgende Liste zeigt eine Auswahl der COM-fähigen Sprachen. Bei einigen dieser Sprachen ist die COM-Fähigkeit allerdings nicht integraler Bestandteil, sondern ein Add-on, das zusätzlich installiert werden muss.

- Visual Basic
- VBScript
- Visual Basic for Applications
- Delphi
- Visual C++ (Microsoft C++-Variante)
- Visual J++ (Microsoft Java-Variante)
- JScript
- Haskell
- Perl
- REXX
- PHP4
- DialogAPL
- alle .NET-Sprachen (C#, VB.NET, JScript.NET etc.)

Skriptsprachen

> Früher boten die ActiveX-Skriptsprachen wie VBScript und JScript nur eine Ein-Weg-Unterstützung für COM. Durch das Konzept der Scriptlets können aber inzwischen auch in Skriptsprachen neue COM-Komponenten geschaffen werden.

2.3 Laufzeitumgebungen

Vereinfachungen für COM

COM ist ein komplexes Modell und der direkte Zugriff auf COM ist entsprechend anspruchsvoll. Als Entwickler ist eine bessere Unterstützung bei der Nutzung und Erstellung von Komponenten wünschenswert. Dies fasst Griffel in dem Satz »DCOM liefert ... kein Komponentenframework im eigentlichen Sinne« [GRI98, Seite 84] zusammen.

Daher existieren für verschiedene Programmiersprachen Laufzeitumgebungen, die den Zugriff auf die Funktionen der COM-Bibliothek und den Umgang mit einzelnen COM-Komponenten ebenso wie die Implementierung neuer COM-Komponenten vereinfachen. Diese Laufzeitumgebungen bieten Implementierungen für verschiedene COM-Standardschnittstellen (insbesondere IUnknown und IDispatch) und ermöglichen somit die einfache Nutzung zahlreicher COM-Dienste.

Laufzeitumgebungen

Die Laufzeitumgebungen der verschiedenen COM-fähigen Programmiersprachen sind nicht zu verwechseln mit der COM-Bibliothek, welche das Application Programming Interface (API) von COM verkörpert (siehe Kapitel 2.15).

Leider hat bisher jede COM-fähige Sprache ihre eigene Laufzeitumgebung und daher ihre eigene Weise der COM-Programmierung. Eine einheitliche Laufzeitumgebung für COM-Komponenten ist bislang nicht vorhanden. Der COM-Standard definiert nur, wie Komponenten auf binärer Ebene genutzt werden sollen; aus der Sicht des Programmierers ergeben sich jedoch je nach Sprache, in der der COM-Client implementiert werden soll, große Unterschiede in der Art des Umgangs mit den Komponenten.

Uneinheitlichkeit

Die *VB Runtime* für Visual Basic und *Active Template Library (ATL)* für Visual C++ sind zwei Ansätze für eine Laufzeitumgebung. Die ATL befreit den C++-Entwickler beispielsweise davon, den QueryInterface()-Mechanismus und die Referenzzählung mit AddRef() und Release() für jede COM-Klasse selbst zu implementieren. (Diese Funktionen werden in Kapitel 2.15 erläutert!)

VB Runtime, ATL

Es wäre wünschenswert, wenn COM selbst eine solche Laufzeitumgebung bereitstellen würde, damit diese Laufzeitumgebung für alle Sprachen gleich wäre. Dieses Feature war ursprünglich für COM+ angekündigt (vgl. die inzwischen berühmte Ankündigung einer COM+-Laufzeitumgebung von Mary Kirtland aus dem Microsoft Systems Journal [KIR98]), wurde jedoch nicht realisiert.

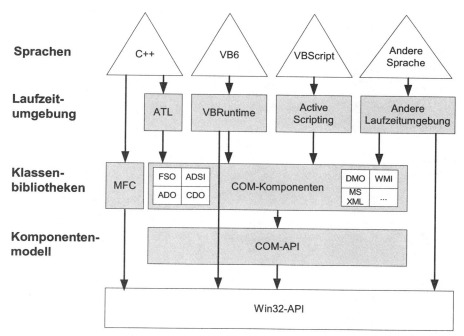

Abbildung 2.1: Verschiedene Laufzeitumgebungen in COM

Das Component Object Model (COM)

2.4 COM-Bausteine

Bausteine Die COM-Spezifikation definiert eine Reihe von Bausteinen (hier sollte man nicht von »Objekten« sprechen, weil der Begriff Objekt in der objektorienierten Programmierung bereits als Bezeichnung für die Instanz einer Klasse benutzt wird – vgl. Anhang A). Diese Bausteine betreffen einerseits den Aufbau einer Komponente, andererseits auch die mit einer Komponente in Beziehung stehenden Konfigurationsdaten. Die wichtigsten COM-Bausteine und ihre Beziehungen zueinander sind in der folgenden Grafik in Form eines aus der Datenmodellierung bekannten Entity-Relationship-Diagramms (ER-Diagramm) dargestellt. Das ER-Diagramm zeigt auch weitere COM-spezifische Konzepte, die in diesem Kapitel noch erläutert werden (siehe folgende Abbildung).

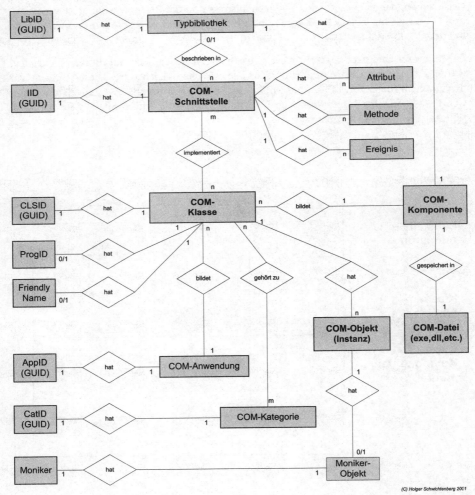

Abbildung 2.2: ER-Diagramm der Bausteine von COM (Windows 9x/ME/2000)

COM-Bausteine

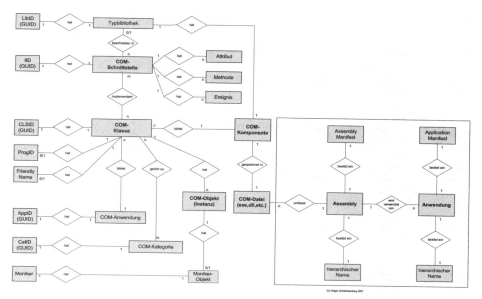

Abbildung 2.3:
ER-Diagramm
der Bausteine
von COM
(Windows XP
und Windows
.NET Server)

2.4.1 Die wichtigsten Bausteine im Kurzüberblick

COM-Komponenten sind objektorientierte Komponenten in dem in Anhang A beschriebenen Sinne. Sie sind die binäre Form einer Menge von COM-Klassen.

Komponente

Nicht jede Ansammlung von Klassen im objektorientierten Sinne ist aber eine (COM-)Komponente. So kann eine Visual Basic-Anwendung auf Klassen basieren, die mangels der Implementierung von COM-Standardschnittstellen keine COM-Klassen sind und daher auch keine COM-Komponente bilden.

Eine weitere Verwirrung in der COM-Begrifflichkeit entsteht dadurch, dass zum Teil die Begriffe Klassenbibliothek, Objektbibliothek oder COM-Bibliothek synonym mit COM-Komponente benutzt werden. Dabei ist der Begriff COM-Bibliothek natürlich besonders ungeeignet, da er in Konflikt mit der eigentlichen COM-Bibliothek, die Teil der Standardimplementierung von COM ist, steht.

Klassenbibliothek

Eine COM-Komponente fasst COM-Klassen zu einer Einheit zusammen. Eine COM-Komponente enthält mindestens eine COM-Klasse; in der Regel sind es jedoch mehrere Klassen. Weitere Informationen zu COM-Klassen finden Sie in Kapitel 2.10.

Klasse

Wenn eine COM-Klasse instanziiert wird, entsteht ein COM-Objekt (Instanz der Klasse).

Objekt

Eine COM-Klasse ist die Implementierung einer oder mehrerer COM-Schnittstellen, wobei jede Schnittstelle eine beliebige Anzahl von Methoden umfasst. Weitere Informationen zu COM-Schnittstellen finden Sie in Kapitel 2.11.

Schnittstelle

Eine Typbibliothek (engl. Type Library, kurz: TypeLib) enthält eine formale Beschreibung der Klassen und ihrer Schnittstellen und deren Mitglieder. Eine COM-Komponente kann

Typbibliothek

eine Typbibliothek haben, sie muss aber keine haben. Typinformationen sind Thema in Kapitel 2.13.

COM-Anwendungen Eine COM-Anwendung fasst eine oder mehrere COM-Klassen zusammen und ermöglicht die gemeinsame Konfiguration dieser Klassen. Zahlreiche Einstellungen (z. B. Sicherheitseinstellungen) sind nur auf Anwendungsebene, nicht jedoch für eine einzelne Klasse konfigurierbar. Jede COM-Klasse kann nur einer COM-Anwendung angehören. Alle Einstellungen einer COM-Anwendung gelten für alle zugehörigen Klassen. Mehr Informationen zu COM-Anwendungen finden Sie in Kapitel 2.18.

Komponentenkategorien COM-Kategorien stellen eine Möglichkeit dar, COM-Klassen zu kategorisieren. Die Kategorisierung dient dazu, leichter feststellen zu können, ob ein COM-Client und ein COM-Server zusammenpassen. Mehr Informationen zu COM-Komponentenkategorien finden Sie in Kapitel 2.19.

Assembly Eine Assembly ist eine feste Ansammlung von einer oder mehreren Komponentendateien, die zum Zwecke der Versionierung zusammengefasst werden. Eine Assembly besitzt eine Konfigurationsdatei, die Assembly Manifest heißt. Ein Assembly Manifest ist eine XML-Datei.

Eine Assembly soll einen hierarchischen Namen besitzen in der Form

```
Firmenname.Anwendungsname.Anwendungsteil.Komponentenname
```

Das Konzept der Assemblies wurde erst mit Windows Whistler (Windows XP und Windows .NET Server) eingeführt. Assemblies und Manifeste in COM sind ähnlich, aber nicht gleich den Assemblies und Manifesten im .NET-Framework.

COM-Server und COM-Client

Client und Server Oft wird auch der Begriff *COM-Server* für eine Komponente verwendet. Dieser Begriff stellt in den Vordergrund, dass eine Komponente ein Dienstanbieter ist. In Abgrenzung dazu heißt der Nutzer *COM-Client*. Ein COM-Client kann eine »normale« Anwendung, ein Skript oder wiederum eine Komponente sein.

Die Begriffe *COM-Server* und *COM-Client* werden immer dann benutzt, wenn klar abgegrenzt werden soll, wer Dienstnutzer und wer Dienstanbieter ist. Ein COM-Client kann natürlich selbst wiederum ein COM-Server für einen anderen COM-Client sein. Aus der Sicht eines COM-Clients ist ein COM-Server lokal (d. h. auf dem gleichen Rechnersystem) oder entfernt (engl. remote, d. h. auf einem anderen physikalischen Rechner).

Oft werden die Begriffe COM-Server und COM-Client auch für einzelne COM-Objekte und nicht nur für ganze COM-Komponenten verwendet.

2.4.2 Global Unique Identifier (GUIDs)

GUIDs Die Spezifikation von COM verlangt, dass zentrale Bausteine der Komponentenarchitektur eindeutig identifizierbar sind. Diese Kennung soll nicht nur innerhalb eines Systems, sondern über Raum und Zeit eindeutig sein. Derartige Kennungen werden in COM *Global Uni-*

que Identifier (kurz: *GUIDs*) genannt. Einige Autoren sprechen auch von Universal Unique Identifier (kurz: *UUID*). Der Nummernraum soll theoretisch ausreichen, um in der Zukunft auch über unseren eigenen Planeten hinaus Eindeutigkeit zu gewährleisten.

GUIDs werden mit Hilfe eines im *Distributed Computing Environment (DCE)* der *Open Software Foundation (OSF)* spezifizierten Algorithmus aus dem Netzwerknamen des Computers und der genauen aktuellen Uhrzeit gebildet. Sofern der Computer über keinen Netzwerknamen verfügt, wird eine Zufallszahl gebildet, die höchstwahrscheinlich eindeutig ist. Die Eindeutigkeit ist wahrscheinlich aufgrund der Größe der GUIDs: Sie umfasst 16 Byte (128 Bit), also einen Bereich von rund 3,4028236e+38 Werten (2 hoch 128). Im Kontext mit einem bestimmten Baustein haben die GUIDs besondere Namen (vgl. Tabelle 2.1).

DCE-Algorithmus

> Die OSF ist ein Konsortium von Soft- und Hardwareherstellern. DCE definiert eine Umgebung für verteilte Systeme mit Werkzeugen und Diensten für verteilte Anwendungen. Zentraler Dienst im DCE ist der Remote Procedure Call (RPC), der entfernte Aufruf von Unterroutinen.

COM-Baustein	GUID-Name
COM-Klasse	Class Identifier (CLSID)
COM-Schnittstelle	Interface Identifier (IID) oder Interface Pointer Identifier (IPID)
COM-Typbibliothek	Library Identifier (LibID)
COM-Komponentenkategorie	Category Identifier (CatID)
COM-Anwendung	Application Identifier (AppID)

Tabelle 2.1: Verschiedene Typen von GUIDs in COM

GUIDs werden in der Regel als eine 16-stellige hexadezimale Zahl, eingerahmt in geschweifte Klammern, dargestellt. GUIDs können mit dem Werkzeug GUIDGEN (GUIDGEN.EXE) erzeugt werden. GUIDGEN wird u. a. mit Visual Studio 6.0 ausgeliefert.

GUIDGEN

Beispiel	GUID
VBScript Scripting Engine	{B54F3741-5B07-11cf-A4B0-00AA004A55E8}
Microsoft Word 2000	{000209FF-0000-0000-C000-000000000046}
Klasse für LDAP Namespace	{228D9A82-C302-11cf-9AA4-00AA004A5691}
IUnknown-Schnittstelle	{00000000-0000-0000-C000-000000000046}
IDispatch-Schnittstelle	{00020400-0000-0000-C000-000000000046}

Tabelle 2.2: Beispiele für GUIDs in COM

> Folgende Identifikatoren in Zusammenhang mit COM sind keine GUIDs:
> ▶ so genannte *Local Identifier (LCID)*, die Regionen bezeichnen
> ▶ Dispatch-IDs (vgl. Kapitel 2.14) ProgIDs (vgl. Kapitel 2.10)

2.4.3 Moniker

Moniker Die Namen für Instanzen heißen in der COM-Welt *Moniker* (engl.: Spitzname). Moniker sind eine textliche Repräsentation der Pfadangabe zu einem Objekt. Sie sind keine GUIDs. Es ist keine Pflicht für eine Instanz, einen Moniker zu haben.

Moniker haben die Form eines im Internet gebräuchlichen Uniform Resource Locators (URL). Ein URL hat die allgemeine Form

```
Protokoll:Protokoll-spezifischer Teil
```

Ein Moniker hat die Form

```
Moniker-Typ:Moniker-Typ-spezifischer Teil
```

Ein Moniker-Typ wird auch als Moniker-ProgID bezeichnet.

Tabelle 2.3: Ausgewählte Beispiele für Moniker-Typen

Moniker-Typ	Erläuterung
File://	Datei oder Ordner im Dateisystem
WinNT://	Objekt im NT4-Verzeichnisdienst
LDAP://	Objekt in einem LDAP-Verzeichnisdienst
HTTP://	Objekt in einem Webordner bzw. im Exchange2000-Webstore

Tabelle 2.4: Beispiele für Moniker

Objekt	Moniker-Beispiel
Moniker für eine Word-Datei	FILE://SERVER/FREIGABE/VERZEICHNIS/DATEI.XLS
Moniker für einen Registrierungs-Schlüssel	RGY://HKEY_LOCAL_MACHINE\SOFTWARE\IT-VISIONS
Moniker für ein Verzeichnisobjekt	LDAP://SONNE2000/CN=HS,CN=USERS,DC=IT-VISIONS,DC=DE
Moniker für eine WWW-Adresse	HTTP://WWW.WINDOWS-SCRIPTING.DE/BOOK

Weitere Informationen zu Monikern finden Sie in der MSDN Library [MSD01b].

2.5 COM-Dienste

Dienste Während Dienste im Rahmen der CORBA-Architektur eine zentrale Rolle einnehmen, ist der Begriff *Dienst* in der COM-Spezifikation unscharf. Folglich kommt es zu sehr unterschiedlichen Abgrenzungen der COM-Dienste. Diese sind keineswegs NT-Dienste, sondern basieren darauf, dass COM-Klassen bestimmte COM-Standardschnittstellen implementieren. Ein COM-Objekt kann einen Dienst nutzen, wenn seine Klasse die für den Dienst notwendigen Schnittstellen implementiert. Als COM-Dienste werden in der Regel betrachtet:

- Statischer Methodenaufruf via Standardschnittstelle `IUnknown` (siehe Kapitel 2.14)
- Automation: dynamischer Methodenaufruf über die Standardschnittstelle `IDispatch` (siehe Kapitel 2.14)
- Namensdienst: Identifizierung bestehender Instanzen (siehe Kapitel 2.17.3)
- Sicherheit: Sicherheitseinstellungen für Komponenten (siehe Kapitel 2.22)
- Ereignisse: Objekte melden das Eintreten von Zuständen an ihren Client (siehe Kapitel 2.12)
- ActiveX-Steuerelemente: visuelle Elemente
- ActiveX-Dokumente (Object Linking and Embedding): Zusammensetzung von Dokumenten aus unterschiedlichen Dokumententypen
- Structured Storage: Persistenz für Objekte (siehe Kapitel 2.21)
- Distributed COM (DCOM): Zugriff auf entfernte Komponenten (siehe Kapitel 2.16)

Der Microsoft Transaction Server und COM+ erweitern COM um einige weitere Dienste (siehe Kapitel 2.24 und 2.25).

2.6 COM-Konfigurationsdaten

Die Informationen über die Komponenten und deren Konfiguration müssen an einem zentralen Ort gespeichert werden. Konfigurationsspeicher für COM war bis Windows XP allein die Registry. Ab Windows XP können Konfigurationsdaten auch in XML-Konfigurationsdateien im Pfad der Anwendung gespeichert werden. Die ursprünglichen Pläne eines in den Active Directory-Verzeichnisdienst integrierten *Class Store* sind bisher entgegen anders lautender Vorankündigungen nicht umgesetzt worden.

COM in der Registry

2.6.1 Die Registry als Konfigurationsspeicher

Folgende Orte in der Registry enthalten für COM relevante Informationen:

- HKEY_CLASSES_ROOT (äquivalent zu HKEY_LOCAL_MACHINE\ SOFTWARE \CLASSES) ist der Hauptstandort für COM-Informationen.
- HKEY_LOCAL_MACHINE\SOFTWARE\MICROSOFT\OLE enthält globale COM-Konfigurationseinstellungen.
- HKEY_LOCAL_MACHINE\SOFTWARE\MICROSOFT\RPC enthält die Konfiguration der DCOM-Netzwerkprotokolle.

> Dieses Buch dokumentiert nur ausgewählte Schlüssel und Unterschlüssel. Die MSDN Library enthält eine komplette Referenz der COM-Registry-Schlüssel [MSD01e]. Allgemeine Informationen zur Registry als Informationsspeicher für COM gibt es in [MS01f].

Referenz

HKEY_CLASSES_ROOT

HKEY_CLASSES_ROOT Der Inhalt des Registry-Wurzelschlüssels HKEY_CLASSES_ROOT ist sehr unübersichtlich, weil dort verschiedenartige Informationen abgelegt sind:

- Dateiextensionen (File Extension Keys): Da diese mit einem Punkt beginnen, stehen sie am Anfang der Liste (z. B. .WRI).

- die den Dateiextensionen zugeordneten Dateitypen (z. B. *wrifile* für die Extension .WRI)

- ProgIDs der COM-Klassen (z. B. Word.Document.8)

- Moniker-Typen, z. B. HTTP://, FTP://, LDAP://, OUTLOOK://

- Unterschlüssel, in denen andere COM-Bausteine registriert sind (CLSID, INTERFACE, APPID, CATID, TYPELIB). Es wäre besser gewesen, für alle diese Informationstypen solche Unterschlüssel zu bilden, weil die Registry dann übersichtlicher wäre.

2.6.2 XML-Konfigurationsdateien

Manifest Windows Whistler (Windows XP und Windows .NET Server) unterstützen auch die Ablage von COM-Konfigurationsdaten in XML-Dateien. Diese XML-Dateien heißen *Manifeste*.

Assembly Gleichzeitig wird ein neues Konzept in COM eingeführt: Eine Assembly ist eine feste Ansammlung von einer oder mehreren Komponentendateien. Eine *Assembly* hat eine Konfigurationsdatei, die *Assembly Manifest* heißt. Ein *Assembly Manifest* umfasst folgende Daten:

- Ein Name der Assembly.
- Eine Versionsnummer
- Die Typangabe »win32«
- Liste der Komponentendateien, die zu der Assembly gehören
- COM-Konfigurationsdaten, die COM für die Lokalisierung und Aktivierung dieser Komponenten benötigt
- Liste der abhängigen Assemblies – jeweils mit Versionsnummer

Application Manifest Eine Anwendung besitzt eine XML-Datei, die *Application Manifest* heißt. Ein *Application Manifest* umfasst folgende Daten:

- Ein Name der Anwendung.
- Eine Versionsnummer
- Liste der abhängigen Assemblies – jeweils mit Versionsnummer

Ein ähnliches Konzept wird auch im .NET-Framework verfolgt. Dort werden auch die Namen Assembly und Manifest verwendet. Das kann zu Verwirrung führen, da ein .NET-Manifest anders ist als ein COM-Manifest.

2.7 Komponentenarten

Bezüglich der Art und Weise, wie und wo COM-Komponenten gestartet werden, unterscheidet man verschiedene Arten von COM-Komponenten:

- prozessintern (engl. in-process, kurz: in-proc)
- prozessextern (engl. out-process, kurz: out-proc)
- lokal (engl. local)
- entfernt (engl. remote)

Prozess**interne** Komponenten laufen im Prozess des COM-Clients, während prozess**externe** Komponenten in einem separaten Prozess mit einem eigenen Adressraum ausgeführt werden. Da prozessexterne COM-Komponenten keinen gemeinsamen Adressraum mit dem COM-Client besitzen, ist der Datenaustausch zwischen COM-Client und COM-Server sehr viel aufwendiger und damit langsamer als bei prozessinternen Komponenten. Prozessexterne Komponenten haben jedoch auch Vorteile: Ein Absturz der Komponente reißt nicht zwangsläufig auch den gesamten COM-Client in den Abgrund. Prozessexterne Komponenten sind also robuster. Außerdem können sie unabhängig von einem Client gestartet werden. **Prozessintern versus prozessextern**

Eine lokale Komponente läuft auf demselben Rechner wie der COM-Client, eine entfernte Komponente auf einem anderen System. Eine Komponente, die ein entfernter COM-Server ist, muss natürlich immer in einem eigenen Prozess laufen, da ein Prozess mit einem rechnerübergreifenden Adressraum nicht möglich ist. **Lokal versus entfernt**

Arten des Prozeduraufrufs

Der direkte Aufruf einer Unterroutine ist nur dann standardmäßig möglich, wenn die Unterroutine im gleichen Adressraum wie die aufrufende Routine liegt. Man spricht dann von einem *Local Procedure Call (LPC)*. Nur In-process-Komponenten erfüllen diese Anforderung. Sobald die aufzurufende Unterroutine in einem anderen Prozess liegt, läuft sie in einem anderen Adressraum und ist daher über LPC nicht mehr erreichbar. **LPC**

Der Aufruf einer Unterroutine in einem anderen Adressraum wird *Remote Procedure Call (RPC)* genannt. Dabei wird üblicherweise davon ausgegangen, dass diese Unterroutine sich auch auf einem anderen Rechner befindet. **RPC**

In COM wird ein RPC aber auch bei der Verwendung von Objekten in Out-process-Komponenten auf dem selben Rechner und zwischen verschiedenen Threads innerhalb eines Prozesses eingesetzt. Da allerdings die Inter-process-Kommunikation noch wesentlich einfacher ist als die Inter-system-Kommunikation, spricht man in solchen Fällen von einem *Lightweight RPC (LRPC)* oder *unechtem RPC*. Die grundsätzlichen Herausforderungen sind aber ähnlich wie beim *echten RPC*. Zusätzlich gilt es beim echten RPC jedoch, die Netzwerklast möglichst gering zu halten. **LRPC**

Marshalling

Der Funktionsaufruf erfolgt beim RPC/LRPC durch Nachrichtenaustausch. Der Vorgang ist aber für den Aufrufer und Empfänger transparent, d.h., er unterscheidet sich in der Form nicht von dem Aufruf der gleichen Funktion auf dem lokalen Rechner. Die Verteiltheit soll allenfalls am Performance-Unterschied erkennbar sein. **Marshalling**

Proxy und Stub

Um einen RPC/LRPC auszuführen, ist es notwendig, den Funktionsnamen und die Parameter in eine Nachricht (Paket) zu verpacken, die über das Netzwerk dem entfernten System bzw. dem anderen Prozess zugestellt wird. Ebenso müssen die Rückgabewerte nach Ende der Prozedur an den Aufrufer zurückgegeben werden. Eine besondere Herausforderung sind dabei Zeiger. Hier müssen Speicherbereiche übergeben werden, da eine Übergabe eines Zeigers zwischen Prozess- und Systemgrenzen hinweg sinnlos wäre. Der Vorgang der Parameterübergabe wird als *Marshalling* bezeichnet und findet im so genannten *Proxy* statt. Auf der Gegenseite erfolgt im *Stub* ein DeMarshalling. Das Format, in dem die Daten übertragen werden, heißt Network Data Representation (NDR).

Für Proxy und Stub sind auch einige andere Bedeutungen im Umlauf. So wird der Marshaller auf der Client-Seite auch *Client-Stub* oder *Server-Proxy* (Stellvertreter des Servers) genannt, während die Gegenseite jeweils analog *Server-Stub* oder *Client-Proxy* genannt wird.

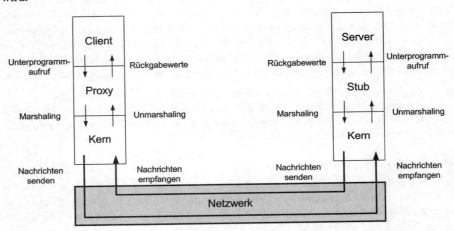

Abbildung 2.4: Ablauf eines RPCs

Proxy- und Stub-Objekte

Proxys und Stubs

Proxys bzw. Stubs sind in COM/DCOM selbst COM-Objekte. Die COM-Bibliothek OLE32.DLL enthält für die meisten COM-Standardschnittstellen bereits fertige Proxy- und Stub-Objekte.

Es gibt drei Möglichkeiten des Marshallings für benutzerdefinierte Schnittstellen (siehe auch [GRM97]):

▶ **Standard Marshalling**

IDL-basiert

Bei diesem Verfahren wird der so genannte MIDL-Compiler eingesetzt, um Proxy und Stub automatisch zu generieren. Dazu wird eine Schnittstellenbeschreibung in der Interface Definition Language (IDL) benötigt (zu IDL und MIDL siehe Kapitel 2.13).

▶ **TypLib Marshalling**

IDispatch-basiert

Für das Marshalling von IDispatch-Schnittstellenzeigern sind keine eigenen Proxy-/Stub-Objekte nötig, da der so genannte *Automations-Marshaller* (auch: *Universal Marshaller*) von COM diese Aufgabe übernimmt. Er wird von Microsoft in Form der OLEAUT32.DLL bereitgestellt.

▶ **Custom Marshaller**

Für spezielle Anwendungsfälle besteht auch die Möglichkeit, das Marshalling selbst zu implementieren. Custom Marshaller können bislang allerdings ausschließlich in C++ implementiert werden. Für einige wichtige Klassen liefern die Hersteller jedoch *Custom Marshaller* mit. Microsoft liefert im Rahmen der Data Access Components einen Custom Marshaller für die Klasse `ADODB.Recordset`, die relationale Tabellen speichern kann.

individuell

Proxy und Stub in Visual Basic

Hochsprachen wie Visual Basic erzeugen Proxy- und Stub-Objekte automatisch. Ein Skriptprogrammierer braucht sich um das Marshalling nicht zu sorgen, da er sowieso nur `IDispatch` nutzen kann.

2.8 Verpackungsform

Eine sich aus COM-Klassen zusammensetzende COM-Komponente bildet eine abgeschlossene Einheit, die als solche in binärer Form in einer Datei im Dateisystem gespeichert wird.

COM-Dateien

Eine solche Komponentendatei enthält die Definition der Klassen und den Programmcode. Hier können jedoch keine Instanzen der Klassen gespeichert werden.

Es gibt inzwischen vier Dateiformen (Physical Packaging), die COM-Komponenten enthalten können:

Dateiarten

▶ Dynamic Linking Libraries (.DLL / .OCX)

▶ ausführbare Windows-Dateien (.EXE)

▶ Java-Klassen (.CLASS)

▶ Skriptdateien (*Scriptlets* oder *Windows Script Components*) genannt (.SCT und .WSC)

Dabei ist .DLL die häufigste Verpackungsform. Nicht jede .EXE-, .DLL- oder .CLASS-Datei ist jedoch eine COM-Komponente. Die Dateiextension .OCX wird dagegen nur für COM-DLLs verwendet, die ActiveX-Steuerelemente enthalten.

Windows Script Components (WSCs) sind in Skriptsprachen geschriebene COM-Komponenten. Der Begriff WSC steht jedoch weder allgemein für Komponenten, die von Skripten aus genutzt werden können, noch für die Bausteine der Windows Scripting-Architektur.

Script Components

Nur mit Microsoft Visual J++ können Java-Klassen erzeugt werden, die auch COM-Komponenten sind. Da Microsoft die Weiterentwicklung von J++ nach einem Rechtsstreit mit Sun eingestellt hat, ist diese Variante von COM-Komponenten unwichtig. Microsoft bietet aber einen Migrationspfad von J++ zu Microsoft .NET unter dem Namen *JUMP* an.

J++

> In Anlehnung an den Begriff COM-Server spricht man auch von EXE-Servern für eine Komponente in einer .EXE-Datei bzw. von DLL-Servern für eine Komponente in einer .DLL-Datei.

Das Component Object Model (COM)

Inhalt einer COM-DLL

Eine COM-DLL erkennt man daran, dass sie die vier folgenden DLL-Funktionen (DLL-Einsprungpunkte) exportiert:

▶ DllRegisterServer

Registrierung Diese Funktion dient der Registrierung (d.h. der Eintrag in die Registry) der Komponente. Sie wird von der COM-Bibliothek aufgerufen. Es ist Aufgabe der Komponente, die Registrierung selbst zu implementieren.

Deregistrierung ▶ DllUnregisterServer

Diese Funktion dient der Deregistrierung (d.h. die Entfernung aus der Registry) der Komponente. Sie wird von der COM-Bibliothek aufgerufen. Es ist Aufgabe der Komponente, die Deregistrierung selbst zu implementieren.

Instanz erzeugen ▶ DllGetClassObject

Diese Funktion liefert einen Zeiger auf die Class Factory (siehe Kapitel 2.17) für eine bestimmte COM-Klasse zurück. Der Client kann danach die Class Factory aufrufen, die im Auftrag des Clients eine Instanz der COM-Klasse erzeugt.

▶ DllCanUnloadNow

Entfernbarkeit Mit dieser Funktion kann die COM-Bibliothek erfragen, ob die DLL nicht mehr gebraucht wird. Dies ist dann der Fall, wenn keine Instanzen von COM-Klassen in dieser Komponente mehr benutzt werden. Dazu gibt es in jeder Instanz eine Referenzzählung. Diese wird später im Zusammenhang mit der Standardschnittstelle IUnknown erläutert (Kapitel 2.14).

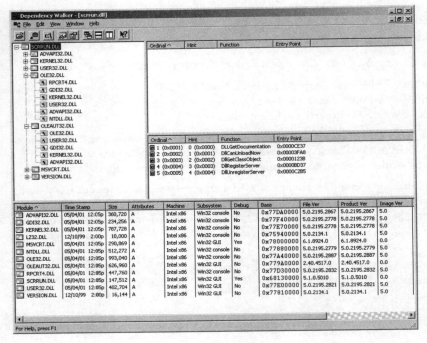

Abbildung 2.5: Betrachtung einer COM-DLL mit dem Werkzeug »Dependency Walker« (DEPENDS.EXE)

Verpackungsform

Bei einer COM-EXE findet man diese Funktionen nicht.

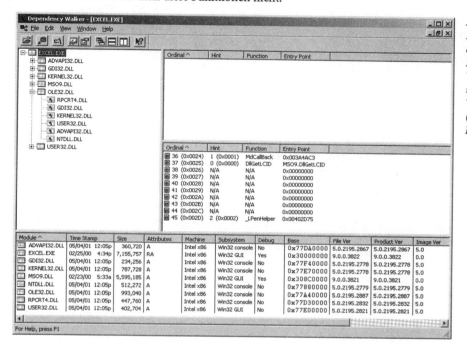

Abbildung 2.6: Betrachtung einer COM-EXE mit dem Werkzeug »Dependency Walker« (DEPENDS.EXE)

2.8.1 EXE-Server im Vergleich zu DLL-Server

Ein EXE-Server hat gegenüber einem DLL-Server den Vorteil, dass die COM-Komponente unabhängig von einem Client gestartet und beendet werden kann. So kann ein EXE-Server schon gestartet werden, bevor es einen Client gibt. Bei der ersten Instanziierung eines Clients erfolgt der Aufruf dann wesentlich schneller als wenn die Komponente erst dann geladen werden müsste. Eine Komponente in Form einer COM-EXE kann auch als Windows NT-Dienst laufen. Der Nachteil von EXE-Servern ist jedoch, dass diese immer in einem eigenen Prozess laufen, was Performance-Nachteile bei jedem einzelnen Methodenaufruf mit sich bringt.

EXE vs. DLL

2.8.2 Der Zusammenhang zwischen Komponentenart und Verpackungsform

Die Verpackungsform der Komponente hat Einfluss auf die Komponentenart:

▶ Scriptlets sind immer prozess**intern**.

▶ Eine COM-**EXE** ist immer eine prozess**externe** Komponente.

▶ Eine COM-**DLL** ist normalerweise eine prozess**interne** Komponente. Allerdings kann eine COM-DLL mit Hilfe eines so genannten Surrogat-Prozesses auch in einem eigenen Prozess laufen. Ein *Surrogat-Prozess* ermöglicht es einem DLL-Server, in einem eigenständigen Prozess zu laufen.

Versionsnummer und andere Meta-Informationen

Abbildung 2.7:
Zusammenhang zwischen Komponentenart und Verpackungsform

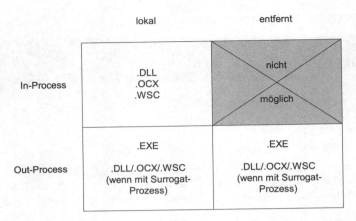

| COM-EXEs sollen aussterben | Es ist Zielsetzung von Microsoft, die Verpackungsform und die Aktivierungsform zunehmend voneinander zu trennen. Die Zukunft soll den COM-DLLs gehören – COM-EXEs sind eine von Microsoft zum Aussterben verdammte Art. |

2.8.3 Zusatzinformationen

Es ist üblich, in den erweiterten Dateiattributen der .DLL- und .EXE-Dateien Informationen über die Datei zu speichern, z.B. den Hersteller, die Versionsnummer und weitere Kommentare. Diese Informationen werden von den Werkzeugen wie dem Microsoft COM-Viewer allerdings nicht angezeigt. Sie können diese Daten entweder über die Eigenschaften der Komponentendatei selbst oder aber über das Werkzeug COM-Explorer (siehe Kapitel »Werkzeuge«) einsehen.

Abbildung 2.8: Attribute einer typischen COM-DLL (Eigenschaftsfenster der Datei)

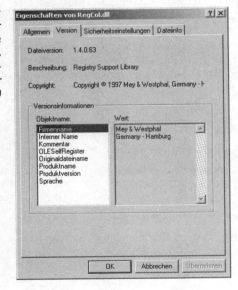

2.9 Registrierung von Komponenten

Bevor Komponenten auf einem Rechnersystem benutzt werden können, müssen sie registriert werden, d.h., es müssen die passenden Einträge für Objekte, Schnittstellen etc. in der Registry erzeugt werden. Die Registrierung erfolgt bei den verschiedenen Komponenten-Dateitypen unterschiedlich:

Komponentenregistrierung

- COM-EXE-Dateien sollten sich beim ersten Aufruf selbst registrieren. Einige erwarten für den Registrierungsvorgang die Kommandozeilenoption /REGSERVER. Mit /UNREGSERVER wird die Registrierung aufgehoben.
- Komponenten in .DLL- und .OCX-Dateien sowie .SCT- und .WSC-Dateien werden mit dem Kommandozeilentool REGSVR32.EXE registriert. REGSVR32.EXE stößt den Aufruf der exportierten DLL-Funktionen DllRegisterServer bzw. DllUnRegisterServer in der Komponenten-DLL an.

Fehlerursachen

Die erfolgreiche Registrierung der Komponente ist eine notwendige, aber nicht hinreichende Bedingung für das Funktionieren der Komponente. So kann eine Komponente andere Komponenten benötigen, die nicht vorhanden sind. Eine häufige Ursache für das Fehlschlagen der Komponentenregistrierung besteht darin, dass DLLs, von denen die Komponenten abhängig sind, nicht vorhanden sind.

Abhängige Komponenten

> Eine Hilfe bei der Suche nach Abhängigkeitsproblemen ist das Werkzeug *Dependency Walker* (siehe Kapitel »Werkzeuge«). Der Dependency Walker zeigt die Abhängigkeiten zwischen DLLs, wobei die Abhängigkeitsinformationen in so genannten Importlisten innerhalb jeder DLL gespeichert sind. Zu beachten ist aber, dass die DLL-Importlisten keine COM-Technologie sind. Man kann anhand der Listen nur erkennen, welche Abhängigkeiten zu Nicht-COM-DLLs existieren. Dagegen kann man aber nicht erkennen, welche COM-DLLs oder anderen COM-Komponenten eine DLL benutzt, weil diese Funktionalität innerhalb der COM-Spezifikation nicht vorgesehen ist.

Einige Komponenten können nur funktionieren, wenn unter HKEY_CLASSES_ROOT\LICENSES eine entsprechende Lizenz eingetragen ist.

Lizenz

Zukunft

Es gab Gerüchte, dass Microsoft die Registry in Windows2000 durch einen Class Store im Active Directory ablösen wollte. Dies wurde nicht realisiert. Im .NET-Framework wird die Registry nicht mehr benötigt: ein pfadbasierter Suchmechanismus und Konfigurationsdateien im XML-Format übernehmen die Aufgaben der Registry im .NET-Komponentenmodell.

Class Store und DOTNET

2.10 COM-Klassen

COM-Klassen Es gibt in COM zwei Arten von Klassen. Sie unterscheiden sich darin, wer eine Instanz der Klasse erzeugen kann:

- (Öffentlich) erzeugbare Klassen (creatable classes) können direkt durch einen COM-Client erzeugt werden.
- Nicht (öffentlich) erzeugbare Klassen (non-creatable classes) können nur von Instanzen anderer COM-Klassen der gleichen Komponente erzeugt werden.

Man setzt gelegentlich *öffentlich* vor die Begriffe erzeugbare/nicht-erzeugbare Klasse, um klarzustellen, dass sich die Erzeugbarkeit nur auf den COM-Client bezieht. Selbstverständlich sollte eine Klasse zumindest immer durch eine andere Klasse derselben Komponente selbst erzeugbar sein. Eine Klasse, die weder durch den COM-Client noch innerhalb der Komponente selbst erzeugbar ist, ist nicht sinnvoll, weil sie nicht verwendet werden kann.

Erzeugbare Klassen In der Regel verfügt eine Komponente nur über sehr wenige erzeugbare Klassen. Die meisten Klassen einer Komponente sind von bestimmten Initialisierungen abhängig, die durch die Instanziierung bzw. durch die Initialisierung in Folge der Instanziierung einer zentralen Stammklasse vorgenommen werden. Erzeugbare Klassen sind oft die Stammklassen von Objektmodellen (vgl. Kapitel 2.26).

> Ein COM-Objekt ist eine Instanz einer COM-Klasse. Dabei ist in der Regel gewünscht, dass es mehr als nur eine Instanz jeder Klasse geben kann.

Bezeichner für Klassen

Es gibt drei verschiedene Arten von Bezeichnern für Klassen, wobei eine einzelne COM-Klasse alle drei Arten von Bezeichnern haben kann:

- ein Class Identifier (CLSID)
- ein Programmatic Identifier (kurz: ProgID)
- ein Friendly Class Name

Diese Konzepte werden im Folgenden beschrieben.

2.10.1 Klassen-Identifikation mit CLSIDs

CLSIDs, CoClass Ein Class Identifier (CLSID) ist eine GUID für eine Klasse. Nicht jede COM-Klasse verfügt jedoch über eine CLSID. CLSIDs werden nur für so genannte *CoClasses* vergeben, für die in der Interface-Definition (vgl. Kapitel 2.13) eine explizite Klassendefinition (*CoClass* genannt) vorliegt. Da, wie in Kapitel 2.11 beschrieben, Schnittstellen und nicht Klassen das Element für den Zugriff auf Objekte in COM sind, ist eine explizite Klassendefinition via CoClass mit CLSID nur für zwei Arten von Klassen notwendig:

- für erzeugbare Klassen
- für Klassen, die Ereignisse aussenden

Alle anderen Klassen können, müssen aber nicht als CoClass definiert werden.

2.10.2 Programmatic Identifier

Ein Programmatic Identifier (kurz: ProgID) ist eine Zeichenkette, die mit einer CLSID assoziiert werden kann. Die ProgID kann ebenso wie die CLSID benutzt werden, um auf eine Klasse zuzugreifen. Die COM-Bibliothek setzt eine ProgID mit Hilfe der Funktion `CLSIDFromProgID()` in eine CLSID um. Eine ProgID hat die Form `KomponentenName.KlassenName.Version`. Die Angabe einer Versionsnummer ist dabei optional. Eine ProgID ohne Versionsnummer heißt VersionIndependentProgID. Die Namensvergabe der ProgID ist leider nur eine Konvention, kein Automatismus. Daher gibt es auch ProgIDs, die nur aus dem Klassennamen bestehen (z.B. `ADsSecurity`, `ADsSID`, vgl. Kapitel 5).

ProgIDs

Eine ProgID kann man sich wesentlich einfacher merken als eine lange CLSID. Zweck der ProgID ist es, dem Benutzer (Programmierer) den Zugriff auf COM-Klassen zu vereinfachen. Eine ProgID ist jedoch weniger präzise als eine CLSID: Sie ist nicht weltweit eindeutig. Die ProgID kann jeder COM-Programmierer frei wählen; es besteht die Gefahr, dass mehrere Programmierer für unterschiedliche Klassen die gleiche ProgID verwenden!

Leider gibt es keine Konsistenzprüfung bezüglich des Aufbaus einer ProgID. Komponentenerzeuger sind daher nicht gezwungen, sich an die oben genannte Konvention `KomponentenName.KlassenName` zu halten.

- So kann eine Klasse in der ProgID einen Namen bekommen, der nicht dem Namen in der Typbibliothek entspricht.

- Es ist auch möglich, dass Klassen, die in einer Datei (also in einer Komponente) enthalten sind, in der ProgID verschiedene Komponentennamen erhalten.

- Manche ProgIDs bestehen auch nur aus einem Klassennamen (z.B. eine ProgID wie `ADsSID`).

- Der COM Runtime sind diese Inkonsistenzen egal, weil intern sowieso nur mit eindeutigen CLSIDs gearbeitet wird. Sie sollten sich jedoch bei selbst erstellten Komponenten an die Konvention halten, dass jede COM-Datei genau einen Komponentennamen hat und der Klassenname der Typdefinition entspricht. Sie machen es damit dem Anwender leichter. Es gibt leider viele Komponentenprogrammierer, die sich nicht an diese Konvention halten.

2.10.3 Friendly Class Name

Neben der CLSID und der ProgID kann es noch eine weitere Bezeichnung für eine Klasse geben. Dieser Bezeichnung ist ein beliebiger Text und heißt *Friendly Class Name*.

Friendly Class Name

Dieser *Friendly Class Name* weicht leider häufig von der ProgID ab. So ist beispielsweise die Klasse {3FA7DEB3-6438-101B-ACC1-00AA00423326} der ProgID `MAPI.Session` zugeordnet, als Friendly Class Name ist jedoch `Active Messaging Session Object` eingetragen. Dieser Friendly Class Name wird vom *Microsoft COM-Viewer* (siehe Kapitel »Werkzeuge«) zur Anzeige verwendet.

2.10.4 Klassen in der Registry

CLSIDs sind im Registry-Schlüssel HKEY_CLASSES_ROOT\CLSID abgelegt. Es würde dem Anwender das Verständnis der Zusammenhänge erleichtern, wenn für jede COM-Klasse eine CoClass existierte.

Komponentendatei

LocalServer32 und InProcServer32

Wichtigste Aufgabe des CLSID-Schlüssels ist die Bindung an eine COM-Komponentendatei sowie an eine Typbibliothek. Bei In-process-Komponenten steht der Verweis auf die implementierende Datei im Unterschlüssel INPROCSERVER32. Bei Out-process-Komponenten steht der Verweis auf die implementierende Datei im Unterschlüssel LOCALSERVER32. Sofern beide Einträge angegeben sind, wird die Out-process-Komponente bevorzugt. Es ist nicht möglich, dass der Pfad zu der Datei als UNC-Pfad angegeben wird, selbst dann nicht, wenn der UNC-Pfad auf das lokale System verweist.

ProgIDs in der Registry

ProgIDs

Die ProgIDs befinden sich direkt unterhalb von HKEY_CLASSES_ROOT und machen diesen Hauptordner daher sehr unübersichtlich. Ein ProgID-Schlüssel enthält als einzigen Pflichteintrag den Verweis auf die zugehörige CLSID. Eine *VersionIndependentProgID* (eine ProgID ohne Versionsnummer) enthält, sofern mehrere Versionen der COM-Klasse installiert sind, im Unterschlüssel CURVER die ProgID der aktuellsten Version dieser Klasse.

Friendly Class Name in der Registry

Friendly Class Name

Der Friendly Class Name ist als Standardattribut des CLSID-Schlüssels gespeichert.

Weitere Werte

Weiterhin enthält ein CLSID-Schlüssel die in nachstehender Tabelle aufgelisteten Werte.

Tabelle 2.5: Unterschlüssel einer CLSID

Schlüssel	Erläuterung
AppID	AppID der COM-Anwendung, zu der die Klasse gehört
AutoConvertTo	CLSID der Klasse, an die alle Aufrufe weitergeleitet werden sollen
AuxUserType	Kurzname der Klasse
Control	Identifiziert eine Klasse als ein ActiveX-Steuerelement
DefaultIcon	Verweis auf ein Icon zur grafischen Repräsentation von Instanzen der Klasse
ImplementedCategories	Liste der COM-Kategorien, zu denen die Klasse gehört
InprocHandler	Verweis auf In-process-Handler (16 Bit)
InprocHandler32	Verweis auf In-process-Handler (32 Bit)
InprocServer	Verweis auf In-process-Komponente (16 Bit)
InprocServer32	Verweis auf In-process-Komponente (32 Bit)
Insertable	Zeigt an, dass diese Klasse per OLE in Dokumente eingefügt werden kann

Schlüssel	Erläuterung
Interface	Liste der implementierten Interfaces in Form von IIDs. Dieser Unterschlüssel wird leider in der Praxis nicht verwendet.
LocalServer	Verweis auf implementierende Out-process-Komponente (16 oder 32 Bit)
LocalServer32	Verweis auf implementierende Out-process-Komponente (32 Bit)
ProgID	Programmatic Identifier (ein Alias für eine CLSID in Form einer Zeichenkette)
RequiredCategories	Liste der COM-Kategorien, zu denen der aufrufende Client gehören muss
TypeLib	LibID der zugehörigen Typbibliothek
ToolBoxBitmap32	Verweis auf eine Bitmap zur Darstellung der Klasse in einer Toolbox (gilt hauptsächlich für visuelle, also ActiveX-Komponenten)
TreatAs	CLSID einer Klasse, die diese Klasse emulieren kann
Verb	Liste zu dieser Klasse gehörender Menüeinträge
Version	Versionsnummer

Schlüssel wie *Insertable* und *Control* stellen eine Kategorisierung dar, die jedoch veraltet ist. Heute ist es üblich, COM-Kategorien zu verwenden.

Für die Abbildung der n-zu-m-Verknüpfung zwischen Klassen und Schnittstellen ist unterhalb der CLSID ein Unterschlüssel mit dem Namen *Interface* vorgesehen. In der Praxis wird dieser Schlüssel jedoch nicht benutzt. Die implementierten Interfaces einer Klasse können durch IUnknown::QueryInterface() erfragt werden.

Interfaces

2.11 COM-Schnittstellen

Das zentrale Element in der COM-Architektur sind nicht die Klassen, sondern die Schnittstellen. Eine Schnittstelle definiert eine Menge von Attributen, Methoden und Ereignissen. Eine COM-Schnittstelle ist ein abstraktes Gebilde. Sie wird implementiert durch eine COM-Klasse. COM-Klassen implementieren eine oder mehrere COM-Schnittstellen; COM unterstützt also Mehrfachschnittstellen. Klassen sind bildlich gesehen eine Klammer um eine Menge von Schnittstellen. Man bezeichnet COM auch als *schnittstellenbasiertes Programmieren*.

Schnittstellen als zentrales Element in COM

Als Instanz einer Klasse erhält ein COM-Objekt ausnahmslos alle Schnittstellen, die die COM-Klasse implementiert. Die Funktionalität eines COM-Objekts ergibt sich also aus der Gesamtfunktionalität aller Schnittstellen.

Der *Objektkatalog* in Visual Basic 6.0 und VBA erzeugt durch die Verheimlichung der Existenz von Schnittstellen bzw. durch die Erhebung aller Nichtstandardschnittstellen zu »Klassen« Verwirrung. Der *comTLBrowser* unterscheidet konsequent zwischen Klassen und Schnittstellen. Weitere Informationen zu diesen beiden Tools finden Sie im Kapitel »Werkzeuge«.

2.11.1 Standardschnittstelle einer COM-Klasse

Jede Klasse besitzt eine Standardschnittstelle, die verwendet wird, wenn keine Schnittstelle explizit verlangt wird. Leider verbirgt der Microsoft Objektkatalog (vgl. Kapitel »Werkzeuge«) diese Standardschnittstelle vor dem Entwickler. Einige Sprachen (z.B. Visual Basic) fragen bei der Objektaktivierung immer nach dieser Standardschnittstelle.

Die Bezeichnung *Standardschnittstelle einer Klasse* sollte nicht mit den so genannten *COM-Standardschnittstellen* (siehe Kapitel 2.15) verwechselt werden. Viele Mechanismen basieren auf der Implementierung bestimmter, von Microsoft vorgegebener Schnittstellen (z.B. `IUnknown`, `IDispatch`, `IPersist`). Diese COM-Standardschnittstellen müssen in Bezug auf eine konkrete Klasse keineswegs zwingend die Standardschnittstelle dieser Klasse sein.

2.11.2 Namensgebung

IID Jede Schnittstelle besitzt eine GUID, die Interface Identifier (IID) genannt wird, sowie einen textlichen Namen.

Namensgebung Bei der Namensgebung ist es üblich, die Namen der Schnittstellen mit einem großen I beginnen zu lassen. Sofern die Interfacenamen vor Attributen und Methoden genannt werden, werden diese durch zwei Doppelpunkte getrennt vorangestellt (z.B.: ISchnittstelle1::Methode()). Die Standardschnittstelle sollte den Namen der Klasse mit einem vorangestellten großen I tragen (Beispiel: die Klasse `File` verfügt über die Standardschnittstelle `IFile`).

Mit Visual Basic 6.0 erstellte Komponenten bilden den Namen der Standardschnittstelle einer Klasse mit einem vorangestellten Unterstrich aus dem Klassennamen (Bsp.: `File` hat die Standardschnittstelle `_File`). In der Entwicklungsumgebung der Visual Basic-Vollversion werden die führenden Unterstriche jedoch verborgen, so dass auch hier der Unterschied zwischen Klasse und Schnittstelle verwischt wird. Sichtbar sind alle Schnittstellen im *comTLBrowser* (siehe Kapitel »Werkzeuge«),

2.11.3 Schnittstellen in der Registry

Interface-IDs Schnittstellen werden ebenfalls in der Registry verzeichnet. Unterhalb von HKEY_CLASSES_ROOT\INTERFACE befindet sich eine Liste der Interface-IDs (IIDs) aller installierten Komponenten. Zu einem Interface werden in der Registry nur wenige Informationen abgelegt:

▶ die CLSID der zugehörigen Proxy- und Stubklasse

COM-Schnittstellen

▶ optional die Anzahl der Methoden, die die Schnittstelle definiert

▶ optional die LibID der zugehörigen Typbibliothek

2.11.4 Virtuelle Tabellen

In der binären Form sind Schnittstellen die aus der C++-Welt bekannten »Tabellen virtueller Funktionen« (kurz: vTable oder VTBL). Eine vTable-Struktur ist eine Liste von Zeigern auf die Implementierung von Funktionen (vgl. folgende Abbildung). Zwischen dem Zeiger auf eine Schnittstelle und der vTable liegt eine weitere Zwischenstufe. Das, was der COM-Client als Schnittstellenzeiger besitzt, ist nicht der Zeiger auf die vTable, sondern ein Zeiger auf einen Zeiger auf eine vTable. Die Position einer Methode innerhalb der vTable wird über einen Funktionsoffset ermittelt, der die relative Position innerhalb der vTable angibt.

Liste von Zeigern

Die vTables in COM entsprechen den vTables des Microsoft C++-Compilers (vgl. [GRU00], Seite 262). Eine vTable ist das bestimmende Element des Binärstandards von COM. Diese vTable-Struktur macht COM programmiersprachenunabhängig, da jede Sprache COM nutzen kann, die diese vTable-Struktur verwenden kann.

Binärstandard

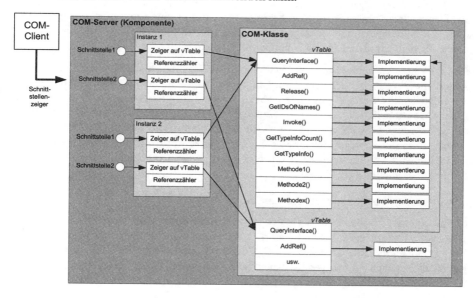

Abbildung 2.9: Interner Aufbau einer Komponente aus vTables

2.11.5 Die Grauzone zwischen Klasse und Schnittstelle

Während es in der Komponententheorie und auch in der COM-Spezifikation eine klare Abgrenzung zwischen Klasse und Schnittstelle gibt, wird dieser Unterschied in der Praxis der COM-Programmierung stark verwischt. Dabei muss man zwei Blickrichtungen unterscheiden: die Sicht der Implementierung des COM-Servers und die Sicht der Implementierung des COM-Clients.

Klasse versus Schnittstelle

Sicht des Servers

Sicht des Servers Von der Implementierung der Komponente aus betrachtet gibt es in der Regel nur Klassen. Programmiersprachen wie C, C++, Java und Visual Basic kennen nämlich das Konzept der expliziten Schnittstellendefinition nicht. Die Sprachen verfügen nicht über ein Schlüsselwort, um eine Schnittstelle explizit zu definieren. In den Sprachen können nur Klassen definiert werden, deren Mitglieder genau eine Schnittstelle bilden. Mehrfachschnittstellen können nicht definiert werden. Dennoch existiert in jeder dieser Sprachen die Möglichkeit, im Zuge der Erzeugung von COM-Komponenten Mehrfachschnittstellen zu generieren. Schnittstellen werden dabei als abstrakte Basisklassen definiert (d.h. also als Klassen mit Funktionsrümpfen, aber ohne Implementierung). Eine Klasse x, die Mehrfachschnittstellen besitzen soll, erbt von einer oder mehreren dieser abstrakten Basisklassen (y und z). Die Klassen y und z bilden dann jeweils eine Schnittstelle in der Klasse x. Dieser umständliche Weg wurde gewählt, um Programmiersprachen COM-implementierungsfähig zu machen, unter der Bedingung, dass der Sprachumfang nicht oder nur gering erweitert werden muss.

Sicht des Clients

Sicht des Clients Der COM-Client dagegen sieht nichts von der Implementierung einer Komponente. Er sieht lediglich das binäre Format der Komponente und ggf. eine Typinformation (vgl. Kapitel 2.13). Diese sprachunabhängigen Darstellungsformen kennen sehr wohl das Konzept von expliziten Schnittstellen und Mehrfachschnittstellen.

Programmiersprachen besitzen zur Verwaltung von Objekten Objektvariablen oder Objektzeiger. Diese zeigen bei der Arbeit mit COM aber nicht auf Objekte, sondern auf einzelne Schnittstellen. Dabei ist jeweils nur eine Schnittstelle (d.h. eine bestimmte Untermenge der Gesamtfunktionalität) zu einem bestimmten Zeitpunkt im Zugriff. Um auf andere Schnittstellen zugreifen zu können, muss die Schnittstelle gewechselt werden (*Interface Casting*). Sofern nicht die Programmiersprache ein besonderes Konstrukt für Schnittstellenzeiger anbietet, merkt der Programmierer nicht, ob er mit Objekten oder Schnittstellen arbeitet. Er merkt das allenfalls am Namen.

Schnittstellenwechsel (Interface Casting)

Schnittstellenwechsel COM unterstützt den Wechsel der Schnittstelle mit dem Standardmechanismus `IUnknown::QueryInterface()` (vgl. Kapitel 2.15). Einige Programmiersprachen können diesen Mechanismus bedienen, andere – z.B. Skriptsprachen – nicht. Eine Klasse hat immer die Möglichkeit, neben dem vorgeschriebenen Standardmechanismus zum Schnittstellenwechsel auch einen benutzerdefinierten Mechanismus anzubieten. Dabei bietet die Klasse ein Attribut oder eine Methode an, die einen Zeiger auf die andere Schnittstelle liefert (aus der Sicht des Programmierers ist der Zeiger – wie oben erläutert – ein Zeiger auf ein Objekt, nicht auf eine Schnittstelle). Dieses Verfahren kann selbstverständlich jeder COM-Client – also auch eine Skriptsprache – nutzen, der überhaupt in der Lage ist, auf Attribute und Methoden von COM-Objekten zuzugreifen. Für den Programmierer der Komponente bedeutet dies jedoch zusätzlichen Aufwand. Die Komponente *Collaboration Data Objects (CDO)* in der Version 3.0 besitzt einen solchen benutzerdefinierten Mechanismus zum Schnittstellenwechsel.

2.11.6 Mangelnde Selbsterkenntnis bei den Schnittstellen

Den Namen der Klasse, zu der das Objekt gehört, kennt eine COM-Schnittstelle nicht. Die Abbildung der 1-zu-n-Beziehung zwischen Klasse/Objekt und Schnittstellen kann nicht von einer Komponente erfragt werden. Wenn ein COM-Client also von einem bestehenden Objekt einen Schnittstellenzeiger bekommt, dann kann der Client nicht ohne weiteres erkennen, ob es sich dabei um den Zeiger auf eine andere Schnittstelle des gleichen Objekts oder um den Zeiger auf eine Schnittstelle eines anderen Objekts handelt. Der Client, der den IUnknown-Standardmechanismus zum Schnittstellenwechsel verwendet, könnte höchstens den Typ des neuen Schnittstellenzeigers dazu verwenden, auf einem anderen Schnittstellenzeiger mit IUnknown::QueryInterface() nach diesem Typ zu fragen. Sofern der dann ermittelte Schnittstellenzeiger mit dem zuvor von einem Objekt gelieferten Schnittstellenzeiger identisch ist, weiß der COM-Client, dass es sich um zwei Schnittstellen ein und desselben Objekts handelt. Dies ist ein komplizierter Weg, der zudem voraussetzt, dass der COM-Client den Typ des neuen Schnittstellenzeigers kennt.

Schnittstellen ohne Zusammenhang

Sie werden sich jetzt fragen, warum es denn nachteilig ist, dass eine Schnittstelle nichts über die Klasse, die sie implementiert, weiß. Das Problem liegt nicht auf technischer Ebene, denn COM selbst benötigt den Zusammenhang zwischen Klasse und Schnittstelle nicht. Das Problem liegt allein bei dem Menschen, der einen COM-Client für diese Komponente schreiben will. Ein Programmierer muss wissen, über welche COM-Klasse eine bestimmte COM-Schnittstelle erreichbar ist, sonst erhält er nämlich keinen Schnittstellenzeiger zu dieser Schnittstelle.

Der Mensch ist der Leidtragende

Typinformationen

Die COM-Schöpfer haben mit den Typinformationen, die in Kapitel 2.13 vorgestellt werden, eine Möglichkeit vorgesehen, den Zusammenhang zwischen Klassen und Schnittstellen auf formelle Art zu beschreiben. Leider ist es weder zwingend, alle Klassen und Schnittstellen vollständig zu beschreiben, noch überhaupt Typinformationen zu liefern. So beschränken sich viele Typinformationen darauf, die Schnittstellen der instanziierbaren Klassen zu listen; alle anderen Schnittstellen sind oft ohne die Klassennamen definiert. Leidtragender ist der Komponentennutzer, der im Zweifel durch Ausprobieren herausbekommen muss, wie er einen Zeiger zu einer bestimmten Schnittstelle bekommt.

Typinformationen

Spätestens an diesem Punkt ist eine absolut saubere Dokumentation einer COM-Komponente notwendig, da es sonst zu großen Begriffsverwirrungen kommt. Leider findet man solche Dokumentationen heute noch sehr selten mit der Konsequenz, dass die Einarbeitung in die meisten Komponenten unnötig verlängert wird.

Registry

Die Registry stellt zwar mit dem Unterschlüssel INTERFACES einer CLSID grundsätzlich eine Möglichkeit bereit, die implementierten Schnittstellen einer Klasse zu listen, jedoch wird von dieser Möglichkeit in der Praxis kein Gebrauch gemacht, zumal dies ja auch nur für die CoClasses von Nutzen wäre, da andere COM-Komponenten nicht in der Registry verzeichnet werden. Ein Client könnte auch versuchen, alle in der Registry gelisteten IIDs durch Ausprobieren mit IUnknown::QueryInterface() gegen eine Instanz einer bestimmten Klasse zu testen. Dies ist jedoch eine sehr langwierige Aufgabe (zu QueryInterface() siehe Kapitel 2.15.1).

Die Registry hilft nicht weiter

Das Component Object Model (COM)

Skriptsprachen sehen nur Klassen

Schnittstellen in Skriptsprachen

Das Ganze wird etwas einfacher, wenn man Sprachen betrachtet, die den Wechsel der Schnittstelle mit dem COM-Standardmechanismus gar nicht unterstützen. Zu diesem Typus von Programmiersprachen gehören die bislang vorhandenen ActiveX-Skriptsprachen. Diese Sprachen können immer nur das Standardinterface einer COM-Klasse sehen. Da sie keine weiteren Schnittstellen sehen können, ist aus der Blickrichtung dieser Sprachen ein Objekt das gleiche wie eine Schnittstelle. Die Standardschnittstelle muss zudem eine bestimmte Form haben; sie muss nämlich eine direkte Implementierung der Standardschnittstelle IDispatch sein oder aber von IDispatch abgeleitet sein. Der dahinterstehende Mechanismus heißt *COM-Automation* (vgl. Kapitel 2.14 und 2.15.2).

Interface Casting in Skriptsprachen

Interface Casting in Skriptsprachen

Sofern alle beteiligten Schnittstellen IDispatch unterstützen, können auch Skriptsprachen dazu gebracht werden, die Schnittstelle zu wechseln. Es gibt dazu zwei Möglichkeiten:

- Das Objekt selbst stellt einen eigenen Mechanismus bereit, der dem Aufrufer einen Zeiger auf eine andere Schnittstelle liefert. Aus der Sicht der Skriptsprache besteht kein Unterschied darin, ob der Zeiger ein Zeiger auf ein neues Objekt oder ein Teil des alten Objekts ist. Wie bereits erwähnt ist dies in CDO 3.0 genau auf diese Weise implementiert.

- Active Scripting-Sprachen können mit einer einzigen Zusatzkomponente durchaus dazu gebracht werden, bei allen COM-Klassen mit Mehrfachschnittstellen die Schnittstelle zu wechseln (vgl. [WES99c]). Diese Zusatzkomponente muss dann aber auf allen Systemen, auf denen ein derart geschriebenes Skript eingesetzt werden soll, existieren.

2.11.7 Bullet-and-Stick-Diagramme

Grafische Darstellung

Wenn die Zuordnung zwischen Klassen und Schnittstellen grafisch dargestellt werden soll, werden so genannte Bullet-and-Stick-Diagramme (siehe folgende Abbildung) verwendet. Solche Bullet-and-Stick-Diagramme können beispielsweise mit der Diagramming-Software Microsoft Visio erstellt werden. Leider gibt es in der üblichen grafischen Notation keine Unterscheidung zwischen Klasse und Objekt: Beide werden als ein Kasten dargestellt. Da – wie oben geschildert – aus der Sicht des Scriptings die Schnittstellen eine untergeordnete Rolle spielen, wird in der Darstellung der Objektmodelle auf die explizite Darstellung der Schnittstellen verzichtet.

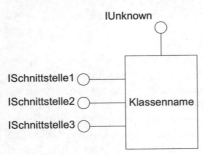

Abbildung 2.10: Bullet-and-Stick-Diagramm einer COM-Klasse mit Standardschnittstelle IUnknown und drei benutzerdefinierten Schnittstellen

2.12 Klassen-Mitglieder

Eine Klasse bzw. eine Schnittstelle besitzt Mitglieder. In COM gibt es drei verschiedene Typen: Attribute, Methoden und Ereignisse.

Auch wenn COM-Clients einen Unterschied zwischen Attributen, Methoden und Ereignissen sehen, so sind doch alle diese Mitglieder intern in Form von Methoden implementiert. So ist der Attributzugriff aus der Sicht von COM der Zugriff auf ein Paar von zwei Methoden, wobei die eine den Attributwert ausliest (die »Get«-Methode) und die andere den Attributwert setzt (die »Set«-Methode). Dies ist die einzig mögliche Implementierung, da sonst der COM-Client immer die Möglichkeit haben müsste, direkt in den Adressraum des COM-Servers zu schreiben.

Die Klassenmitglieder näher betrachtet

Entwicklungsumgebungen wie Visual Studio bieten dem Programmierer dennoch eine Attribut-Sicht auf Basis von Typinformationen (vgl. Kapitel 2.13). Vom Programmierer kodierte Attribute werden automatisch in ein passendes Paar von Methoden umgewandelt. Wenn im Folgenden also nur noch von Methoden die Rede ist, sind die Attribute keineswegs vergessen worden.

Attribute werden in Methoden umgesetzt

Attribute mit Parametern

Verwirrend ist es für den Entwickler, Attribute mit Parametern zu sehen, denn es gibt in der objektorientierten Lehre normalerweise keine Attribute mit Parametern. In COM ist dies jedoch möglich und an einer Stelle auch sehr gebräuchlich: Collections (Objektmengen) enthalten ein Attribut `Item` für den direkten Zugriff auf die enthaltenen Objekte (im Einzelfall auch auf die elementaren Datentypen). `Item` hat dabei einen Parameter zur Spezifikation des gewünschten Objekts anhand eines Schlüssels. Vorzufinden sind sowohl numerische als auch alphanumerische Schlüssel. Sehen Sie `Item` eher wie ein Array, dann können Sie das Vorgehen besser mit dem objektorientierten Weltbild vereinen.

Item-Attribut mit Parametern

> **Reduzierung der Round Trips**
>
> Bei prozessexternen Komponenten besteht eine enorme Optimierungsmöglichkeit darin, die Anzahl der Methodenaufrufe zu minimieren: Da auch jeder Zugriff auf ein Attribut in einen Methodenaufruf umgesetzt wird, ist es günstiger, eine einzige Methode mit n Parametern aufzurufen, anstatt zunächst n Attribute zu setzen und dann eine Methode ohne Parameter aufzurufen. Dieser Aspekt ist jedoch irrelevant, wenn COM-Client und COM-Server im gleichen Adressraum liegen.

Ereignisse

COM unterstützt das Aussenden von Ereignissen durch COM-Server und die Behandlung von Ereignissen durch COM-Clients. COM-Events werden beispielsweise eingesetzt zur Meldung von Zwischenständen bei länger andauernden Operationen oder zur Realisierung asynchroner Methodenaufrufe, bei denen der COM-Client direkt nach dem Aufruf einer Methode die Kontrolle zurückerhält. Über das Ergebnis der von ihm aufgerufenen Methode wird er nach Abschluss der Verarbeitung per Ereignis informiert.

Events

Das Component Object Model (COM)

Publisher, Subscriber und Event Sink

In Zusammenhang mit COM-Events wird folgende Terminologie verwendet:

- *Event Publisher* (Ereignisanbieter) ist ein Objekt, das ein Ereignis aussendet. Man kann den Publisher auch den Event Server nennen.

- *Event Subscriber* (Event Client, Ereigniskonsument) ist ein Objekt, das auf das Eintreten eines Ereignisses in einem Event Publisher wartet.

- *Event Sink* ist die Ereignisbehandlungsroutine im Event Subscriber, die in Reaktion auf das Ereignis Programmcode ausführt.

Connection Points

Die Realisierung von Ereignissen basiert ebenfalls auf Methoden und der Unterstützung bestimmter Standardschnittstellen im COM-Client und im COM-Server. Der COM-Client liefert dem COM-Server einen Zeiger auf eine bestimmte Schnittstelle. Wenn im COM-Server ein Ereignis ausgelöst wird, ruft der COM-Server eine Methode der ihm gelieferten Schnittstelle auf. In diesem Zusammenhang sind auch Verbindungspunkte und die Standardschnittstellen `IConnectionPoint` und `IConnectionPointContainer` zu nennen; sie sollen hier nicht näher betrachtet werden.

Event Subscriber beim Scripting

COM-Clients, die Events abfangen wollen, müssen selbst COM-Komponenten sein. Scripting Hosts unterstützen in der Regel nur Ereignisse ihrer Intrinsic Objects. Eine Ausnahme bilden bisher nur der Windows Script Host (WSH) und der System Scripting Host (SSH), die Ereignisse beliebiger automationsfähiger Komponenten abfangen können.

COM+-Events

Der *Connection Point*-Mechanismus ist ein Ereignismechanismus mit fester Kopplung, bei dem sowohl COM-Client als auch COM-Server zu allen Zeiten ausgeführt werden müssen. Lose gekoppelte Ereignisse werden erst durch COM+ in Windows2000 möglich.

2.13 Typinformationen

Typinformationen

Typinformationen sind eine formale Beschreibung der Klassen mit ihren Schnittstellen und deren Mitgliedern. Typinformationen umfassen insbesondere:

- Namen der Klassen
- Namen der Schnittstellen
- die von einer Klasse implementierten Schnittstellen
- Namen der Mitglieder einer Schnittstelle
- Attribute mit ihrem Datentyp
- Methoden und Ereignisse mit den zugehörigen Parametern sowie dem Rückgabewert (jeweils inkl. Datentyp)

Für das statische Binden werden Typinformationen benötigt, um die Einsprungadressen zu ermitteln. Das dynamische Binden kommt dagegen ohne Typinformationen aus. Gleichwohl bilden Typinformationen auch beim dynamischen Binden die Grundlage für die Eingabehilfen, welche von modernen Entwicklungsumgebungen (z. B. Visual Studio 6.0) zur Verfügung gestellt werden. Schließlich kann ein COM-Client eine Komponente durch Typinformationen auch zur Laufzeit erforschen.

Typinformationen

Leider sind aus der Sicht von COM selbst nicht alle oben genannten Typinformationen zwingend notwendig. Sie sind allesamt hilfreich für den Menschen, der eine Komponente nutzen will. Daran denken jedoch viele Komponentenentwickler nicht, die nur unvollständige Typinformationen zu ihren Komponenten liefern.

Speicherformen

Es gibt drei Formen der Speicherung von Typinformationen: IDL-Dateien, Header-Dateien und Typbibliotheken. Ein COM-Client bedient sich entweder einer Header-Datei oder einer Typbibliothek, um an Typinformation zu kommen. Eine IDL-Datei kann er nicht verwenden. IDL-Dateien werden eingesetzt, um daraus Header-Dateien und Typbibliotheken automatisch zu erzeugen.

Speicherformen

Header-Dateien werden von C/C++ verwendet und enthalten die notwendigen Deklarationen in Form von Quellcode im C/C++-Stil. Visual Basic und Skriptsprachen verwenden Typbibliotheken.

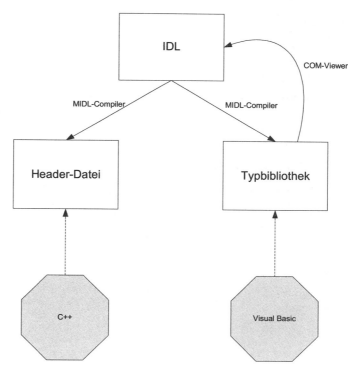

Abbildung 2.11: Speicherformen für Typinformationen

2.13.1 Interface Definition Language (IDL)

Es gibt eine formale Sprache zur Beschreibung von Typinformationen – die Interface Definition Language (IDL); sie wurde von der Open Software Foundation (OSF) entwickelt und garantiert eine programmiersprachenunabhängige Definition von Schnittstellen. IDL basiert auf der Syntax der Programmiersprache C. Microsoft verwendet eine erweiterte

IDL

Das Component Object Model (COM)

Form, die Microsoft Interface Definition Language (MIDL). Eine ältere Bezeichnung dafür ist auch Object Definition Language (ODL). Eine IDL-Datei kann Informationen über alle kompletten Komponenten enthalten. Sie hat die Dateiextension .IDL. IDL-Dateien können problemlos mit Visual C++ erstellt werden.

Typinformation, Schema und Objektmodell

> Die Ausdrucksfähigkeit von IDL reicht aus, um das Schema einer Komponente komplett zu beschreiben. Allerdings werden in der COM-Praxis die Typinformationen in der Regel nur dazu benutzt, die Schnittstellen zu beschreiben. Die Typinformationen beschreiben nur das, was der Client von der Komponente sehen soll. Die in der Komponente enthaltenen Objektmodelle sind nicht immer anhand der Typinformationen erkennbar. Grundsätzlich jedoch ermöglichen Typinformationen unter Einsatz eines entsprechenden Tools wie dem Microsoft Objektkatalog die Navigation in den Objektmodellen einer Komponente.

Beispiele

Beispiel 1 Es folgen einige IDL-Beispiele. Das erste Beispiel zeigt die Definition einer von IDispatch abgeleiteten Schnittstelle mit Namen IWSHShell.

```
[
  odl,
  uuid(F935DC21-1CF0-11D0-ADB9-00C04FD58A0B),
  helpstring("Shell Object Interface"),
  hidden,
  dual,
  oleautomation
]
interface IWSHShell : IDispatch {
    [id(0x00000064), propget]
    HRESULT SpecialFolders([out, retval] IWSHCollection** out_Folders);
    [id(0x000000c8), propget]
    HRESULT Environment(
                [in, optional] VARIANT* Type,
                [out, retval] IWSHEnvironment** out_Env);
    [id(0xC00003e8)]
    HRESULT Run(
                [in] BSTR Command,
                [in, optional] VARIANT* WindowStyle,
                [in, optional] VARIANT* WaitOnReturn,
                [out, retval] int* out_ExitCode);
    [id(0x000003e9)]
    HRESULT Popup(
                [in] BSTR Text,
                [in, optional] VARIANT* SecondsToWait,
                [in, optional] VARIANT* Title,
                [in, optional] VARIANT* Type,
                [out, retval] int* out_Button);
    [id(0x000003ea)]
    HRESULT CreateShortcut(
                [in] BSTR PathLink,
                [out, retval] IDispatch** out_Shortcut);
```

Typinformationen

```
    [id(0x000003ee)]
    HRESULT ExpandEnvironmentStrings(
                [in] BSTR Src,
                [out, retval] BSTR* out_Dst);
    [id(0x000007d0)]
    HRESULT RegRead(
                [in] BSTR Name,
                [out, retval] VARIANT* out_Value);
    [id(0x000007d1)]
    HRESULT RegWrite(
                [in] BSTR Name,
                [in] VARIANT* Value,
                [in, optional] VARIANT* Type);
    [id(0x000007d2)]
    HRESULT RegDelete([in] BSTR Name);
};
```

Listing 2.1: IDL-Beispiel 1: Eine IDL-Schnittstellendefinition

Das zweite Beispiel demonstriert Versionierung: IWSHShell2 ist eine neuere Version von **Beispiel 2** IWSHShell. IWSHShell2 **erbt daher von** IWSHShell.

```
[
    odl,
    uuid(24BE5A30-EDFE-11D2-B933-00104B365C9F),
    helpstring("Shell Object Interface"),
    hidden,
    dual,
    oleautomation
]
interface IWSHShell2 : IWSHShell {
    [id(0x00000bb8)]
    HRESULT LogEvent(
                [in] VARIANT* Type,
                [in] BSTR Message,
                [in, optional] BSTR Target,
                [out, retval] VARIANT_BOOL* out_Success);
    [id(0x00000bc2)]
    HRESULT AppActivate(
                [in] VARIANT* App,
                [in, optional] VARIANT* Wait,
                [out, retval] VARIANT_BOOL* out_Success);
    [id(0x00000bc3)]
    HRESULT SendKeys(
                [in] BSTR Keys,
                [in, optional] VARIANT* Wait);
};
```

Listing 2.2: IDL-Beispiel 2: Eine abgeleitete IDL-Schnittstellendefinition

Beispiel 3 Im dritten Beispiel wird eine Klasse WSHShell definiert, die genau eine Schnittstelle IWSHShell2 hat.

```
[
    uuid(72C24DD5-D70A-438B-8A42-98424B88AFB8),
    helpstring("Shell Object")
]
coclass WSHShell {
    [default] interface IWSHShell2;
};
```

Listing 2.3: IDL-Beispiel 3: Eine IDL-Klassendefinition mit einer Schnittstelle

Beispiel 4 Eine Klasse mit mehreren Schnittstellen sieht man im vierten Beispiel. Eine der Schnittstellen ist dabei die Standardschnittstelle.

```
[
    uuid(DFC33154-69A3-43EC-9EE7-BB12C9609E1F),
    version(1.0)
]
coclass AllInOne {
    [default] interface _AllInOne;
    interface _IPrinter;
    interface _IFax;
    interface _IScanner;
};
```

Listing 2.4: IDL-Beispiel 4: Eine IDL-Klassendefinition mit vier Schnittstellen

Mit Hilfe des Werkzeugs COM-Viewer können die im Folgenden beschriebenen Typbibliotheken in IDL zurückgewandelt werden.

2.13.2 Typbibliotheken

TypeLibs Eine Typbibliothek (engl. Type Library, kurz: TypeLib) ist die kompilierte Version einer IDL-Datei, die binär gespeicherte Typinformationen enthält. Eine Typbibliothek kann als eigenständige Datei (Dateiextensionen .TLB und .OLB, zum Teil auch .OCA oder .RLL) oder als Bestandteil einer .DLL-, .OCX- oder .EXE-Datei realisiert werden. Eine derartige Datei kann mehrere Typbibliotheken enthalten, allerdings unterstützen nicht alle Umgebungen dieses Feature. Der MicrosoftObjektkatalog unterstützt dieses Feature nicht.

Anwendungsgebiete Typbibliotheken sind für das Funktionieren von COM nicht unbedingt notwendig, bieten jedoch wertvolle Zusatzdienste. Sie wurden für Visual Basic geschaffen, um dieser Sprache, die keine Header-Dateien einbinden kann, das frühe Binden zu ermöglichen. Ebenso basieren viele Eingabehilfen und Werkzeuge (wie der Microsoft Objektkatalog und der in diesem Buch vorgestellte *comTLBrowser* – siehe Kapitel »Werkzeuge«) auf Typbibliotheken. Leider können Typbibliotheken nicht den kompletten IDL-Sprachumfang wiedergeben.

Konvertierungen **Werkzeuge**

Header-Dateien und Typbibliotheken können mit Hilfe des *Microsoft IDL-Compilers* (*MIDL-Compiler*) aus IDL-Dateien erzeugt werden. Typbibliotheken lassen sich mit Hilfe

Typinformationen

des Microsoft COM-Viewers in IDL zurückverwandeln. Der COM-Viewer enthält dazu eine spezielle Funktion mit dem Namen »View TypeLib«, die ein Fenster mit dem Titel »ITypeLib Viewer« öffnet.

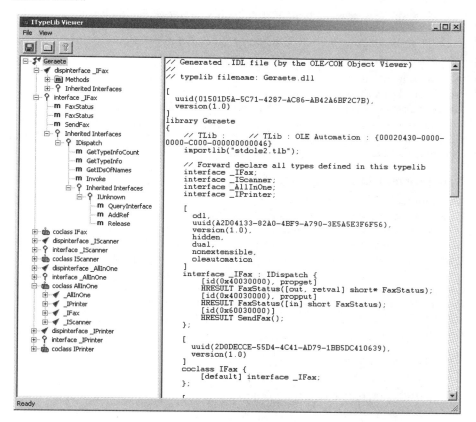

Abbildung 2.12: Anzeige einer Typbibliothek mit dem Type-Lib Viewer des COM-Viewers

Konstantenlisten

Eine Typbibliothek kann neben den Definitionen von Klassen, Schnittstellen und deren Mitgliedern auch symbolische Konstanten enthalten. Symbolische Konstanten (auch *Konstantenbezeichnungen* genannt) sind Zeichenketten, die einen beliebigen Wert repräsentieren (in der Regel eine Zahl) und als Alias für diesen Wert benutzt werden. Während der eigentliche (numerische) Konstantenwert aus der Sicht des Systems auf das Wesentliche fokussiert, nämlich sich von anderen Werten eindeutig zu unterscheiden, dabei aber wenig Speicherplatz zu verbrauchen, richtet sich eine symbolische Konstante an das Erinnerungsvermögen des Programmierers. Ein Mensch kann sich einen sprechenden Namen besser merken als Zahlen oder Abkürzungen. So repräsentiert beispielsweise die symbolische Konstante vbYes die Zahl 6, die die Visual Basic-Funktion MsgBox() zurückliefert, wenn der Benutzer auf den Button JA geklickt hat. Der Programmcode wird durch symbolische Konstanten lesbarer.

Symbolische Konstanten

Das Component Object Model (COM)

Constant Enumerations Symbolische Konstanten sind in Konstantenlisten (*Constant Enumerations*) angeordnet, was sinnvoll ist, da es in der Regel einen Block zusammenhängender Konstantenwerte gibt, die in einer bestimmten Methode oder in einem bestimmten Attribut verwendet werden. Dabei sind die Konstanten aus einer Konstantenliste nicht immer als alternative Werte zu sehen. Wenn ein Methodenparameter bzw. ein Attribut Mehrfachwerte erlaubt, spricht man von einem Flag. Ein solches Flag verwendet beispielsweise die VB-Funktion MsgBox() für den Parameter Buttons.

Konstantendefinitionen in Typbibliotheken Voraussetzung für die Nutzung symbolischer Konstanten ist, dass die jeweilige Umgebung Typbibliotheken auslesen kann. Leider verfügen noch nicht alle Scripting Hosts über diese Fähigkeit. In diesem Fall bleibt dem Entwickler nichts anderes übrig, als die symbolischen Konstanten selbst im Quellcode zu definieren. Während Sie mit dem Microsoft Objektkatalog jede symbolische Konstante nur einzeln in die Zwischenablage übernehmen können, ermöglicht der comTLBrowser die Übernahme ganzer Konstantenlisten.

Typbibliotheken in der Registry

TypeLib-Schlüssel Die Informationen zu den Typbibliotheken befinden sich unterhalb des Schlüssels HKEY_CLASSES_ROOT/TYPELIB. Dort sehen Sie eine Liste der LibIDs der installierten Typbibliotheken. Es können mehrere Versionen einer Typbibliothek auf einem System parallel bestehen, wobei die Versionsnummer die erste Ebene unterhalb der LibID bildet. Unterhalb der jeweiligen Versionsnummer finden Sie im Standardattribut des Schlüssels / Win32 den Pfad zur Typbibliothek. Die zweite wichtige Information ist das Standardattribut der Versionsnummer. Hier steht eine kurze textliche Beschreibung der Typbibliothek, die als Friendly Name (d.h., es ist eine für einen Menschen bestimmte Information, vgl. Kapitel 2.10.4) der Typbibliothek dient. Dieser String wird in der IDL als so genannter *Helpstring* definiert.

Abbildung 2.13: Aufbau der TypeLib-Informationen in der Registry anhand der Word-Komponente; die interne Versionsnummer der Typbibliothek entspricht nicht immer der Produktversionsnummer (hier 8.1 = 9.0)

```
TypeLib =
    {00020905-0000-0000-C000-000000000046}
        8.0 = Microsoft Word 8.0 Object Library
            409
                win32 = E:\msoffice\Office\MSWORD8.OLB
            FLAGS = 0
            HELPDIR = E:\msoffice\Office\
        8.1 = Microsoft Word 9.0 Object Library
            0
                win32 = E:\office200\Office\MSWORD9.OLB
            FLAGS = 0
            HELPDIR = E:\office200\Office\
```

Dynamische Typinformationen Der Mechanismus der COM-Automation (siehe Kapitel 2.14 und 2.15.2) stellt Methoden bereit, um Typinformationen aus Typbibliotheken zur Laufzeit zu ermitteln. Dadurch kann ein COM-Client zur Laufzeit den COM-Server erforschen und »interessante« Methoden aufrufen.

2.14 Statischer Aufruf versus Automation

COM kennt – wie andere Verteilungsplattformen auch – zwei Formen des Methodenaufrufs:

- **Statischer Aufruf** (engl. Static Method Invocation): Bereits zur Zeit der Kompilierung ist festgelegt, welche Methoden aufgerufen werden.
- **Dynamischer Aufruf** (engl. Dynamic Method Invocation, COM-Automation): Die Entscheidung über den konkreten Methodenaufruf fällt erst zur Laufzeit. Dies ist immer dann nötig, wenn zur Zeit der Kompilierung nicht bestimmt werden kann, welche Methode aufgerufen werden soll. Dies ist insbesondere beim Einsatz von Polymorphismus gegeben und bei interpretierten Sprachen (wie Skriptsprachen), die nicht kompiliert werden.

<small>Statischer Aufruf versus dynamischer Aufruf</small>

Begriffe

Der dynamische Aufruf wird in COM *Automation* genannt. Ein COM-Server, der Automation unterstützt, ist ein *Automation Server*. Man spricht auch von automationsfähigen Klassen und automationsfähigen Komponenten, sofern eine Komponente automationsfähige Klassen unterstützt. Ein COM-Client, der Automation nutzt, heißt Automation Client oder Automation Controller. Frühere Begriffe, die Sie aber nicht mehr verwenden sollten, waren OLE Automation, OLE Server und OLE Client/OLE Controler.

<small>Automation Server und Clients</small>

Statt des Begriffs *Automation* werden Sie in anderen Büchern auch *Automatisierung* lesen. Im Englischen heißt die Technologie *Automation*. In diesem Buch wird durch Verwendung des Begriffs *Automation* eine Abgrenzung zum allgemeinen Begriff *Automatisierung* vollzogen. *Automatisierung* steht hier allgemein für die programmgesteuerte Ausführung von administrativen Aufgaben.

<small>Automation versus Automatisierung</small>

> Der Begriff *Automation* stammt aus der Zeit, in der *Dynamic Data Exchange (DDE)* und die erste Version von OLE zum Datenaustausch bzw. zur Fernsteuerung von Office-Anwendungen wie Word und Excel verwendet wurden. Die heutige COM-Automation ist eine Weiterentwicklung der Techniken, die bereits bei OLE eingesetzt wurden. Der Name ist geblieben, obwohl COM-Automation längst in anderen Bereichen als nur in der Fernsteuerung von Office-Anwendungen eingesetzt wird.

<small>Geschichte des Begriffs Automation</small>

Binden

Binden bedeutet in COM die Zuordnung eines Methodenaufrufs zu einer Adresse in der vTable einer Schnittstelle (zum Begriff »Binden« siehe auch Anhang A). Der Aufruf ist der folgende Schritt. Ein statischer Aufruf erfordert statisches Binden (frühes Binden, Early Binding), ein dynamischer Aufruf erfordert dynamisches Binden (spätes Binden, Late Binding). Die Unterscheidung zwischen dynamischem und statischem Binden ist Standard in objektorientierten Sprachen.

<small>Statisches und dynamisches Binden in COM</small>

Beim *statischen Binden* kennt der COM-Client zur Entwicklungszeit die Position (*Offset*) einer Funktion innerhalb der vTable. Der Offset ist im Binärcode des COM-Clients festgelegt. Der statische Aufruf einer Methode erfolgt zur Laufzeit also über die Startadresse der vTable und den hinterlegten Offset. Die Startadresse der vTable der gewünschten Schnittstelle muss freilich auch beim statischen Binden zur Laufzeit bei der Komponente erfragt werden (vgl. den Abschnitt zu IUnknown im folgenden Kapitel). Aufgrund des direkten Zugriffs auf die vTable heißt das statische Binden auch *VTBL Binding*. Beim *dynamischen Binden* ist dagegen der Offset nicht bekannt. Die Bindung erfolgt durch verschiedene Mechanismen erst zur Laufzeit (vgl. den Abschnitt zu IDispatch in Kapitel 2.15).

Ausnahme in COM

Allerdings bildet COM durch die Konzeption der Mehrfachschnittstellen eine Ausnahme. Hier ist ein dynamischer Methodenaufruf mit dem Ziel, Polymorphismus zu realisieren, auch durch statisches Binden möglich.

Wenn durch einen Methodenaufruf auf zwei Instanzen unterschiedlicher COM-Klassen, die die gleiche Schnittstelle unterstützen, zugegriffen werden soll, muss der Bindungsvorgang nicht dynamisch erfolgen, da der Funktionsoffset (relativ zur vTable der Schnittstelle) zur Entwicklungszeit ermittelt werden kann. Die Bindung ist also statisch möglich; der Methodenaufruf ist dennoch als dynamisch anzusehen, da zur Entwicklungszeit noch nicht feststeht, welche Implementierung aus welcher der beiden Klassen aufgerufen werden wird. Sobald zwei Klassen zwar die gleichen Methoden, diese aber in unterschiedlichen Schnittstellen unterstützen, ist immer dynamisches Binden notwendig, da die Funktionsoffsets verschieden sind.

Hiermit haben Sie wieder ein Beispiel kennen gelernt, wie komplex die Welt der Objekte und Komponenten in COM sein kann.

Bewertung

Der Vorteil des statischen Aufrufs durch dynamisches Binden ist eindeutig die sehr viel höhere Geschwindigkeit, da der COM-Client die Funktion direkt aufrufen kann. Allerdings ist der statische Aufruf durch statisches Binden unflexibel: Ein COM-Client muss bereits zur Entwicklungszeit wissen, welchen Objekttyp er vor sich hat. Wenn Polymorphismus eingesetzt werden soll, ist statisches Binden normalerweise nicht möglich.

2.15 COM-Standardschnittstellen

Standardschnittstellen

Microsoft hat inzwischen rund 200 Standardschnittstellen definiert, einen Teil davon bereits im Rahmen der COM-Spezifikation. Standardschnittstellen sind die Basis zur Erbringung von COM-Diensten: Ein COM-Dienst kann nur dann funktionieren, wenn die daran beteiligten Komponenten einheitliche Schnittstellen bieten. Alle Nichtstandard-Schnittstellen heißen *benutzerdefinierte Schnittstellen*.

COM liefert für die Mehrheit der Standardschnittstellen (noch) keine Implementierung. Standardschnittstellen sind in der Regel nur abstrakte Schnittstellendefinitionen; sie müssen also in jedem COM-Client neu implementiert werden. Nur für ausgewählte Standardschnittstellen enthält die COM-Bibliothek Standardimplementierungen. Entwicklungsumgebungen und programmiersprachenspezifische Laufzeitumgebungen stellen auf verschiedene Weisen (z. B. die Visual Basic-Laufzeitumgebung, die Active Template Library in Visual C++) Implementierungen bereit, die übernommen werden können, so dass der Programmierer diese Schnittstellen nicht selbst kodieren muss.

COM-Standardschnittstellen

Die wichtigste Standardschnittstelle ist `IUnknown`. Ob etwas eine COM-Klasse ist, kann daran festgemacht werden, ob sie `IUnknown` unterstützt oder nicht. Auf dem zweiten Platz dieser Hitliste liegt `IDispatch`. Danach kommt lange erst einmal nichts mehr, weshalb dieses Buch sich auf die Darstellung dieser beiden zum Verständnis von COM wichtigsten Schnittstellen beschränkt. Mehr über diese und andere Standardschnittstellen erfahren Sie bei [BOX99] und [EDD00]. Die Typinformationen zu den Standardschnittstellen `IUnknown` und `IDispatch` müssen nicht in jede IDL-Datei aufgenommen werden. Dazu kann die Typbibliothek `STDOLE32.TLB` importiert werden. Sie können die Datei im COM-Viewer (vgl. Kapitel »Werkzeuge«) öffnen, um sich die »rohe« Definition der beiden Standardschnittstellen anzusehen.

IUnknown und IDispatch

2.15.1 Statisches Binden mit IUnknown

`IUnknown` (IID= {00000000-0000-0000-C000-000000000046}) ist die wichtigste Schnittstelle in COM. Mit Hilfe dieser Schnittstelle können die Zeiger auf die vTables anderer Schnittstellen ermittelt werden. Dabei ist `IUnknown` die Basis für den statischen Methodenaufruf (*VTBL Binding*). Im Bullet-and-Stick-Diagramm wird die Schnittstelle `IUnknown` üblicherweise an exponierter Stelle (oben) auf der Komponente dargestellt, um der Besonderheit dieser Schnittstelle Ausdruck zu verleihen. Es gilt:

IUnknown

- Jede COM-Klasse muss eine `IUnknown`-Schnittstelle besitzen.
- Alle COM-Schnittstellen sind von `IUnknown` abgeleitet. Das gilt sowohl für Standard- als auch für benutzerdefinierte Schnittstellen. Daher kann auf die Methoden von `IUnknown` von jeder Schnittstelle aus zugegriffen werden.

Die IUnknown-Methoden

Die drei von `IUnknown` definierten virtuellen Methoden müssen daher von jeder einzelnen COM-Schnittstelle bereitgestellt werden. Sie stehen am Anfang der vTable einer jeden Schnittstelle. Üblicherweise erfolgt die Implementierung aber nur einmal pro Klasse. Die Funktionszeiger jeder einzelnen Schnittstelle verweisen dann auf diese Implementierung.

- `QueryInterface()` ermöglicht die Anfrage an ein COM-Objekt, ob das Objekt eine bestimmte Schnittstelle unterstützt. Wenn das Objekt das Interface anbietet, liefert `QueryInterface()` einen Zeiger auf die Schnittstelle zurück, sonst den Wert 0.

QueryInterface()

- Jede Schnittstelle benötigt einen Referenzzähler, der angibt, wie oft eine Schnittstelle zum aktuellen Zeitpunkt benutzt wird. Der Aufruf von `AddRef()` erhöht diesen Referenzzähler um eins. `AddRef()` wird automatisch aufgerufen, wenn `QueryInterface()` Erfolg hat. Ein manueller Aufruf von `AddRef()` ist nur notwendig, wenn der COM-Client selbst einen Schnittstellenzeiger dupliziert und die Laufzeitumgebung der betreffenden Sprache den Aufruf von `AddRef()` nicht automatisch vornimmt. Der COM-Server kann die Zählung in diesem Fall nicht vornehmen, da er an der Duplizierung nicht beteiligt ist.

AddRef()

- Der Aufruf von `Release()` vermindert den Referenzzähler der Schnittstelle um eins. `Release()` entfernt nicht automatisch das Objekt aus dem Speicher. Ein Objekt kann erst gelöscht werden, wenn der Referenzzähler der Schnittstelle, für die `Release()` aufgerufen wurde, auf 0 steht und die Referenzzähler aller anderen Schnittstellen auch auf 0 stehen.

Release()

Das Component Object Model (COM)

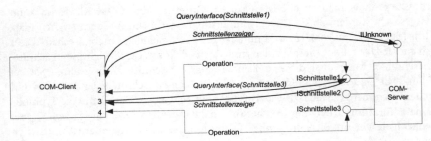

Abbildung 2.14: Darstellung des QueryInterface()-Mechanismus

Einschränkungen

vTable-Fähigkeit

Ergebnis der Instanziierung einer Klasse ist in COM immer, dass der COM-Client einen Zeiger auf die IUnknown-Schnittstelle des erzeugten Objekts erhält. Für C++- und Java-Programmierer ist IUnknown der zentrale Dreh- und Angelpunkt der COM-Programmierung. Das große Visual Basic und VBA nutzen zwar IUnknown (diese Fähigkeit hat Visual Basic seit Version 4.0), verbergen dies jedoch vor dem Programmierer. Skriptsprachen können IUnknown nicht benutzen, weil sie üblicherweise nicht »vTable-fähig« sind. vTable-Fähigkeit bedeutet die Unterstützung des komplizierten Mechanismus, um von einem Schnittstellenzeiger über einen Zeiger auf einen weiteren Zeiger zu den Methodenimplementierungen zu gelangen. Nicht vTable-fähig ist gleichbedeutend mit der Unfähigkeit, verschiedene Schnittstellen eines Objekts voneinander unterscheiden zu können und damit auch der Unfähigkeit, Mehrfachschnittstellen zu nutzen.

 Das große Visual Basic und VBA können IUnknown aber nur nutzen, wenn es für die Klasse und ihre Schnittstellen eine Typbibliotheksdefinition gibt. In der Regel kompilieren Komponentenentwickler eine Typbibliothek leider nur für automationsfähige Komponenten.

2.15.2 Automation mit IDispatch

IDispatch

Die bisherigen Ausführungen haben gezeigt, dass Skriptsprachen COM gar nicht nutzen könnten, wenn es nur IUnknown gäbe. Die Lösung heißt IDispatch (IID = {00020400-0000-0000-C000-000000000046}). Diese Standardschnittstelle ist die Basis für die COM-Automation, auf der das Active Scripting (siehe Kapitel 2.23) beruht. IDispatch ermöglicht den Aufruf einer Methode über ihren Namen in Textform. Ein Automation-Client muss keinen anderen Schnittstellenzeiger als den von IDispatch kennen und keine anderen Funktionsoffsets als diejenigen der wenigen IDispatch-Methoden. Diese Informationen sind fest in der Laufzeitumgebung der jeweiligen Sprache hinterlegt. IDispatch ist eine Form des dynamischen (späten) Bindens.

Der IDispatch-Mechanismus

Genauer betrachtet funktioniert der Mechanismus folgendermaßen:

▶ Der Automation-Client beschafft sich zunächst einen Zeiger auf die Standardschnittstelle der Klasse. Dieser Mechanismus ist fest hinterlegt. Der Automation-Client kann nur mit diesem Schnittstellenzeiger arbeiten, sofern die Schnittstelle IDispatch entspricht oder zumindest von IDispatch abgeleitet ist.

COM-Standardschnittstellen

▶ Der Automation-Client ruft zunächst die `IDispatch`-Methode `GetIDsOfNames()` auf. Dabei übergibt der Client den Namen der gewünschten Methode in Form eines Strings. `GetIDsOfNames()` liefert dem Automation-Client eine so genannte *Dispatch-ID (DispID)* zurück. Eine DispID ist eine eindeutige Zahl für eine Methode innerhalb einer COM-Schnittstelle. DispIDs sind jedoch keine GUIDs und daher nicht über Schnittstellen hinweg eindeutig.

GetIDsOfNames()

▶ Der Methodenaufruf erfolgt dann mit `IDispatch::Invoke()`, wobei die DispID und die Parameter für die Methode übergeben werden müssen. Die Parameter werden in Form eines *Arrays of Variants* übergeben.

Invoke()

> Der Datentyp *Variant* geht auf die Sprache Visual Basic zurück. Ein Variant ist ein universeller Behälter für prinzipiell alle Datentypen. Eine Variant-Variable kann zur Laufzeit zu jedem beliebigen Zeitpunkt ihren Inhaltstyp ändern. Sie trägt auch dazu bei, COM für (Skript-) Sprachen zu vereinfachen, die keine strengen Datentypen kennen.

Variant

Typinformationen zur Laufzeit

Weiterhin bietet `IDispatch` zwei Methoden, um zur Laufzeit Typinformationen auszulesen:

▶ Mit der Methode `IDispatch::GetTypeInfoCount()` kann ermittelt werden, ob für die Klasse Typinformationen verfügbar sind. Der Rückgabewert *1* bedeutet, dass Typinformationen zur Verfügung stehen. *0* bedeutet, dass keine Typinformationen verfügbar sind.

GetTypeInfoCount()

▶ `IDispatch::GetTypeInfo()` liefert bei vorhandenen Typinformationen einen Zeiger auf die Schnittstelle `ITypeInfo()`, die ihrerseits dazu dient, Namen und Parameter der implementierten Mitglieder dieser Klasse zu ermitteln.

GetTypeInfo()

`GetTypeInfoCount()` und `GetTypeInfo()` sind für die Funktionsfähigkeit des `IDispatch`-Ablaufs nicht notwendig. Diese beiden Methoden werden nur dazu benutzt, dem Entwickler zur Entwicklungszeit Informationen über die verfügbaren Methoden und Attribute bereitzustellen. Die Eingabehilfen verschiedener Entwicklungsumgebungen greifen auf `GetTypeInfoCount()` und `GetTypeInfo()` zurück.

> Da alle Schnittstellen von `IUnknown` abgeleitet sein müssen, besitzt natürlich auch eine `IDispatch`-Schnittstelle die drei `IUnknown`-Methoden. Diese sind aber für einen Automation-Client ohne Bedeutung. Natürlich können auch vTable-fähige Sprachen `IDispatch` verwenden. Sie sollten es jedoch nicht tun: Der geschilderte Weg des Methodenaufrufs über die `IDispatch`-Schnittstelle macht deutlich, dass COM-Automation wesentlich langsamer ist als VTBL Binding.

Binden mit bekannter DispID

Es gibt einen Weg, die Verwendung von `IDispatch` etwas zu beschleunigen: Wenn der COM-Client die DispID einer Methode bereits kennt, dann entfällt der Aufruf von `GetIDsOfNames()`, und `Invoke()` kann direkt verwendet werden. Interpretersprachen, die nur zur Entwicklungszeit binden können, sind dazu angehalten, einmal zur Laufzeit ermittelte DispIDs in einem Cache zu halten und somit eine zweite Anfrage an `GetIDsOfNames()` zu vermeiden. Kompilierte Sprachen können eine DispID auch schon zur Entwicklungszeit aus einer Typ-

ID Binding

bibliothek ermitteln und in die Binärform eines Clients hineinkompilieren. Dieses Verfahren wird auch als *ID Binding* bezeichnet. Da ID Binding eine Form des frühen Bindens ist, wird das VTBL Binding zur Abgrenzung vom ID Binding auch als *sehr frühes Binden* bezeichnet.

Grenzen von IDispatch

Ein COM-Server kann natürlich neben IDispatch auch benutzerdefinierte Schnittstellen unterstützen. Über die COM-Automation sind jedoch in jedem Fall nur jene Methoden erreichbar, die in IDispatch unterstützt werden. Sofern die benutzerdefinierten Schnittstellen weitere Methoden unterstützen, sind diese nur via IUnknown und VTBL Binding erreichbar. IDispatch konterkariert also den Vorteil der Mehrfachschnittstellen – das ist der Tribut, den man beim Windows Scripting zahlen muss.

Automations-MINFU

Viele verwirrende Begriffe

Leider betreibt Microsoft auch an dieser Stelle wieder ein MIcrosoft Nomenclature Foul-Up (MINFU, vgl. Erläuterungen in Anhang B) und zeigt sich sehr einfallsreich und wenig konsistent darin, den Unterschied zwischen automationsfähigen und nichtautomationsfähigen Schnittstellen einer Komponente zu dokumentieren.

So findet man in der MSDN Library für automationsfähige Schnittstellen z. B. die Begriffe:

- *ActiveX Programming Objects* (XML Reference im Web Workshop)
- *Scripting API* (WMI Reference)
- *Visual Basic Object Model* (ASP Reference)

Dagegen heißen die nichtautomationsfähigen Schnittstellen oft:

- *COM Programming Interfaces* (XML Reference)
- *COM API* (WMI Reference)
- *Non-Automation Interfaces* (ADSI Reference)

Grundsätzlich können Sie als Anhaltspunkt nehmen: Die Verwendung des Begriffs Interface deutet eher auf nichtautomationsfähige Schnittstellen hin, während Objekte über IDispatch angesprochen werden können. Dies entspricht der eher auf Klassen bzw. Objekte gerichteten Sicht der Automation. Aber auch das ist nicht allgemein gültig, denn oft fehlt jeglicher Hinweis auf die IDispatch-Unterstützung. Als wäre es so schwer, jeder Komponentenreferenz IDispatch: Ja|Nein voranzustellen!

2.15.3 Duale Schnittstellen

Duale Schnittstellen

Ein guter Ansatz ist die Implementierung aller Schnittstellen als so genannte *duale Schnittstellen*. Eine duale Schnittstelle ist eine benutzerdefinierte Schnittstelle, die nicht direkt von IUnknown, sondern von IDispatch abgeleitet wird. Da IDispatch von IUnknown abgeleitet ist, verfügt eine duale Schnittstelle natürlich auch über die nötige IUnknown-Implementierung. Die vTable einer dualen Schnittstelle besteht also aus mindestens sieben Methoden (drei von IUnknown, vier von IDispatch). Die weiteren Positionen der vTable enthalten dann direkte Zeiger auf die Methoden der Schnittstelle. Eine Klasse kann über mehrere duale Schnittstellen verfügen. Die `IDispatch`-Implementierung sollte jedoch jeweils dieselbe sein, und natürlich sollten über jedes `IDispatch::Invoke()` alle benutzerdefinierten Methoden aller Schnittstellen zur Verfügung stehen.

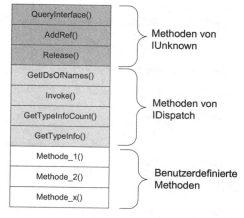

Abbildung 2.15: vTable einer dualen Schnittstelle

COM-Clients haben dann die Auswahl, über die vTable direkt auf die benutzerdefinierten Methoden zuzugreifen oder aber über `IDispatch::Invoke()` den dynamischen Aufruf zu benutzen. Natürlich sollte ein entsprechend mächtiger Client immer den benutzerdefinierten Teil der Schnittstelle verwenden!

In der Regel werden heute COM-Objekte mit dualen Schnittstellen generiert. Beispielsweise erzeugt Visual Basic immer duale Schnittstellen für in VB erstellte COM-Klassen.

2.15.4 IDispatchEx

`IDispatchEx` ist eine verbesserte Version von `IDispatch`, die zusätzlich folgende Features unterstützt:

Erweiterte Version von IDispatch

- Ermittlung der Namen der von der Klasse bereitgestellten Methoden zur Laufzeit – auch ohne Typbibliothek
- Hinzufügen von Methoden zur Laufzeit
- Entfernen von Methoden zur Laufzeit

`IDispatchEx` wird bisher leider nur von wenigen COM-Klassen implementiert.

2.16 Distributed COM

Das *Distributed Component Object Model* (DCOM) ist ein Zusatzdienst zum Component Object Model (COM), der es ermöglicht, COM-Komponenten nicht nur auf dem lokalen Rechner, sondern auch auf entfernten Systemen zu benutzen (Fernaufruf oder engl. Remoting). Ein früherer Name von DCOM ist *Network OLE*. DCOM wurde mit NT4 ausgeliefert,

DCOM

später aber auch als Add-on zu Windows 95 verfügbar gemacht. Seitdem gehört DCOM zum Standard jeder Betriebssystemversion bei Microsoft.

OSF DCE Dem Component Object Model und dem DCOM-Dienst liegt die Distributed Computing Environment (DCE) der Open Software Foundation (OSF) zu Grunde. DCE definiert eine Umgebung für verteilte Systeme mit Werkzeugen und Diensten für verteilte Anwendungen. Zentraler Dienst im DCE ist der Remote Procedure Call (RPC).

Eigenschaften Fernaktivierung Jede COM-Komponente kann ohne Veränderungen sofort mit DCOM eingesetzt werden. Es müssen lediglich die Sicherheitseinstellungen entsprechend konfiguriert werden. DCOM unterscheidet:

- ausgehende Fernaktivierung – ein lokaler Client nutzt eine entfernte Komponente
- eingehende Fernaktivierung – ein entfernter Client benutzt eine lokale Komponente

2.16.1 DCOM-Protokoll

DCOM-Protokoll DCOM ist ein Dienst, der mit Hilfe des *DCOM-Protokolls* realisiert wird. Das DCOM-Protokoll basiert auf den im Distributed Computing Environment (DCE) spezifizierten Remote Procedure Calls (RPC) und wird auch Object RPC (ORPC) genannt. Es ist im ISO/OSI-Referenzmodell auf der Schicht 7 (Anwendungsebene) angesiedelt und transportprotokollunabhängig; es kann auf verschiedenen Transportprotokollen (z.B. TCP/IP, UDP/IP, IPX/SPX, AppleTalk), aber auch auf Anwendungsprotokollen wie HTTP aufsetzen.

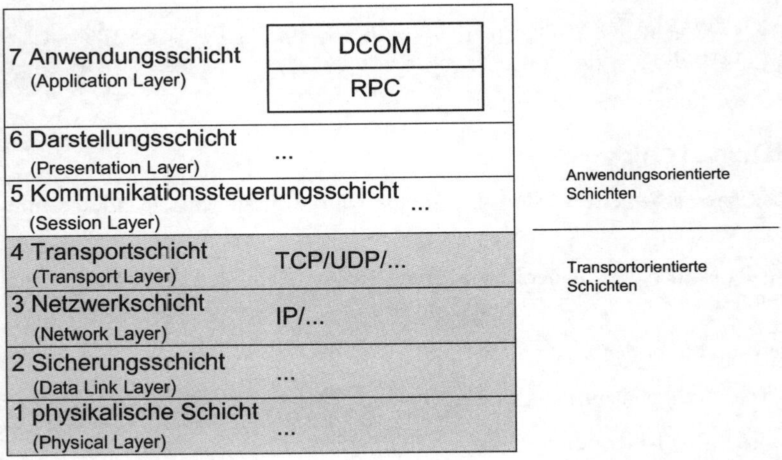

Abbildung 2.16: Einordnung von DCOM in das ISO/OSI-Referenzmodell

Schicht	Protokoll	
7 Anwendungsschicht (Application Layer)	DCOM	Anwendungsorientierte Schichten
	RPC	
6 Darstellungsschicht (Presentation Layer)	...	
5 Kommunikationssteuerungsschicht (Session Layer)	...	
4 Transportschicht (Transport Layer)	TCP/UDP/...	Transportorientierte Schichten
3 Netzwerkschicht (Network Layer)	IP/...	
2 Sicherungsschicht (Data Link Layer)	...	
1 physikalische Schicht (Physical Layer)	...	

Eigenschaften

Ping Zu den Features von DCOM gehört eine Distributed Garbage Collection, die über einen *Ping*-Mechanismus realisiert wird. Ein COM-Client muss regelmäßig eine kurze Nachricht an den Computer senden, der den COM-Server hostet. Wenn dieser Ping mehrmals nicht eintrifft, dann reduziert COM den Referenzzähler der verwendeten Instanz des COM-Servers. Wenn der Referenzzähler den Wert 0 erreicht hat, verwirft COM die Instanz des COM-

Servers. Der DCOM-Ping-Mechanismus ist nicht mit dem auf dem ICMP-Protokoll basierenden Netzwerk-Ping im TCP/IP-Protokollstack zu verwechseln.

Methodenaufrufe sind in COM/DCOM immer synchron. Zwar gibt es auch eine asynchrone Form des RPC, diese wird von DCOM jedoch nicht verwendet.

Synchron

2.16.2 DCOM-Installation und -Konfiguration

DCOM gehört zum Basisumfang von NT4, Windows2000, Windows 98 und Windows ME. Auf Windows 95 kann DCOM durch Installation des Internet Explorers ab Version 4.0 oder durch ein spezielles DCOM-Add-on für Windows 95 ermöglicht werden. Für das in Windows 98 enthaltene DCOM gibt es ein Update.

Installation und Konfiguration

> Alte 16-Bit-Windows-Betriebssysteme können über die alte Remote Automation-Technik auf COM-Komponenten zugreifen.

DCOM-Konfiguration

Um DCOM auf einem PC zu ermöglichen, muss der Registry-Schlüssel HKEY_LOCAL_MACHINE \ SOFTWARE\MICROSOFT \ OLE \ ENABLEDCOM auf den Wert Y (für Yes) gesetzt sein. Mit einem anderen Wert sind weder eingehende noch ausgehende Fernaktivierungen möglich. Lokale Aktivierungen sind dennoch erlaubt, sofern die der Klasse zugeordneten Startberechtigungen dies für den Benutzerkontext des Clients erlauben.

DCOM zulassen

Auf einem Windows 95/98/ME-System muss zusätzlich der Schlüssel HKEY_LOCAL_MACHINE \ SOFTWARE \ MICROSOFT \ OLE \ ENABLEREMOTECONNECTIONS auf Y gesetzt werden, damit COM-Objekte angesprochen werden können.

Die für die DCOM-Kommunikation zu verwendenden Protokolle befinden sich im Registry-Schlüssel HKEY_LOCAL_MACHINE\SOFTWARE\MICROSOFT\RPC.

Jeder Prozess, der ein COM-Objekt enthält, erhält dynamisch eine Portnummer zwischen 1024 und 65535. Das nachfolgende REGEDIT4-Listing zeigt die notwendigen Registry-Einträge, um die Ports einzuschränken. Im folgenden Beispiel werden nur die Ports 4000-6000 erlaubt.

Ports

```
REGEDIT4
[HKEY_LOCAL_MACHINE\Software\Microsoft\Rpc\Internet]
"Ports"="4000-6000"
"PortsInternetAvailable"="Y"
"UseInternetPorts"="Y"
```

Listing 2.5: Registry-Einstellungen zur Einschränkung der DCOM-Ports [CD: /install/com/portbeschraenkung.reg]

> Alle zuvor genannten Einstellungen können auch über das DCOM Configuration Utility (DCOMCNFG) vorgenommen werden.

2.16.3 DCOM im Internet

DCOM kann nicht nur im LAN und WAN, sondern prinzipiell auch im Internet genutzt werden, da TCP/IP als Netzwerkprotokoll unterstützt wird. Dem stehen jedoch Firewalls entgegen, welche die für das DCOM-Protokoll notwendigen TCP-Ports sperren oder IP-Adressen aus Sicherheitsgründen umsetzen (DCOM-Stubs speichern die IP-Adressen). Oft kann oder will man aber die Konfiguration einer Firewall nicht ändern, um DCOM den Weg freizumachen.

COM Internet Service (CIS) Microsofts Lösung dafür heißt *COM Internet Service (CIS)* (in der deutschen Version: *COM-Internetdienste*). CIS meint das Tunneling des DCOM-Protokolls im Hypertext Transfer Protocol (HTTP). Dabei wird jedoch nur die erste DCOM-Nachricht in eine HTTP-Nachricht verpackt. Alle weiteren DCOM-Nachrichten werden direkt via Port 80 versendet. Auch das wird von einigen Firewalls nicht erlaubt. Eine weitere Einschränkung ist, dass CIS nur in Verbindung mit einem Internet Information Server ab Version 4.0 auf dem CIS-Server funktioniert. Ein Windows 9x/ME-Rechner kann also kein CIS-Server sein.

RDS Die COM-Komponente, die auf CIS aufsetzt, heißt *Remote Data Service (RDS)*. RDS wird in diesem Buch nicht weiter behandelt. Nähere Informationen hierzu finden Sie in der MSDN Library [MSL00].

CIS-Installation

CIS-Installation CIS ist in folgenden Systemen enthalten:

- NT4 durch Installation von Service Pack 4
- Windows 95 ab DCOM Version 1.2
- Windows 98 ab DCOM Version 1.3
- Windows ME
- Windows2000 (Installationsoption)
- Windows XP (Installationsoption)
- Windows .NET Server (Installationsoption)

CIS-Konfiguration unter Windows2000

CIS-Konfiguration Auf einem Windows2000-Server erfolgt durch Auswahl der Installationsoption NETZWERKDIENSTE/COM INTERNETDIENSTEPROXY nicht nur die Installation von CIS, sondern auch die korrekte Konfiguration des IIS. Auf einem NT4-Server müssen Sie selbst sicherstellen, dass

- der ISAPI-Filter RPCPROXY.DLL aktiviert ist;
- unterhalb der Standardwebsite ein virtueller Pfad mit Namen RPC existiert, der eine Kopie der RPCPROXY.DLL enthält und auf dem Ausführungsrechte aktiviert sind;
- CIS aktiviert ist (in DCOMCNFG müssen Sie die Option INTERNETDIENSTE AUF DIESEM RECHNER GRUNDSÄTZLICH AKTIVIEREN auf der Registerkarte STANDARDEIGENSCHAFTEN aktivieren);

Objektaktivierung

▶ CIS den Standardprotokollen hinzugefügt ist (der Eintrag TUNNELING TCP/IP auf der Registerkarte STANDARDPROTOKOLLE muss hinzugefügt sein, siehe folgende Abbildung).

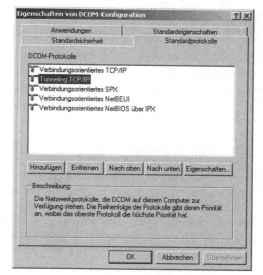

Abbildung 2.17: Aktivierung von CIS mit Hilfe von DCOM-CNFG auf einem NT-Client

Im Windows .NET Server heißt die Installationsoption »RPC over HTTP-Proxy«.

Auf dem CIS-Client müssen nur die letzten beiden Schritte durchgeführt werden. Unter Windows 95/98/ME gibt es dafür das Kommandozeilentool CISCNFG.EXE.

ciscnfg.exe

Simple Object Access Protocol (SOAP)

Die Zukunft der Inter-process-Kommunikation im Internet wird aber nicht DCOM gehören, sondern wahrscheinlich einem Protokoll mit dem Namen *Simple Object Access Protocol (SOAP)*. SOAP realisiert einen RPC auf Basis des Austauschs von XML-Daten via HTTP. SOAP will unabhängig von Plattformen, Komponentenarchitekturen, Sprachen und Firewalls sein. SOAP wird im .NET-Framework verwendet. Weitere Informationen zu SOAP finden Sie bei [SOA01a], [SOA01b] und [DVM00]. XML RPC ist ein alternativer, wenn auch sehr ähnlicher Ansatz zu SOAP [XRP00], der sich nicht durchgesetzt hat.

SOAP und XML RPC

2.17 Objektaktivierung

Wesentliche Voraussetzung für die Ausführung eines Methodenaufrufs in einer Komponente ist die ordnungsgemäße Aktivierung des Objekts. Das ist notwendig, um einem COM-Client einen Schnittstellenzeiger auf einen bisher von ihm nicht benutzten COM-Server zu liefern. Diese Vorgänge sind sehr komplex und sollen hier nur in Grundzügen erläutert werden.

Aktivierung

COM unterstützt drei Formen der Aktivierung:

▶ Erzeugung neuer Objekte durch Instanziierung von Klassen

- Zugriff auf bestehende Instanzen im Speicher
- Zugriff auf persistente Objektinstanzen

2.17.1 Service Control Manager (SCM)

SCM Der *Service Control Manager (SCM)* ist derjenige Teil der COM-Implementierung, der dafür zuständig ist, Anfragen von COM-Clients nach Schnittstellen entgegenzunehmen und mit einem Zeiger auf die entsprechende Schnittstelle zu antworten. COM-Client und COM-Server kommunizieren aber nicht direkt mit dem SCM; sie rufen Methoden in der COM-Bibliothek auf, die ihrerseits den SCM ansprechen.

> Der SCM ist kein *Object Trader*, der in der Lage wäre, eine Anforderung der Form »Liefere mir irgendeine Komponente, die eine Textdatei lesen und schreiben kann und Unicode unterstützt« zu bearbeiten. Die Auswahl der Komponente muss der Client treffen. Das Component Object Model stellt bislang neben der Kategorisierung von Klassen in Component Categories (siehe Kapitel 2.20) keinen Trading-Mechanismus bereit. Auch der Standort der Komponente muss dem Client bekannt sein. Oft werden daher selbst programmierte Trader-Objekte zwischen Client und Server geschaltet.

RPCSS.EXE Der SCM ist in RPCSS.EXE implementiert und im Task-Manager sichtbar, da er automatisch gestartet wird. Der SCM verwendet als festen TCP-/UDP-Port den Port Nummer 135. Nur so weiß ein SCM immer, wie er den SCM-»Kollegen« auf einem entfernten Rechner erreichen kann. Sofern ein Client eine Remote-Instanziierung fordert, hat diese Anforderung für den SCM Vorrang vor den in der Registry konfigurierten lokalen Komponenten.

2.17.2 Erzeugung neuer Instanzen

CoCreate-Instance() Die Funktion der COM-Bibliothek, mit der eine neue Instanz angefordert werden kann, heißt CoCreateInstance(). Wichtigste Parameter von CoCreateInstance() sind die CLSID der gewünschten Klasse und die IID der gewünschten Schnittstelle; optional ist der Name des Computers, von dem das Objekt angefordert werden soll. Sofern ein Client eine ProgID statt einer CLSID übergibt, muss diese vorher umgewandelt werden. Skriptsprachen fordern natürlich immer IDispatch an und erledigen die Umwandlung von der ProgID in die CLSID automatisch. Der Computername kann sowohl der NetBIOS-Name des Rechners als auch der DNS-Name oder die IP-Adresse sein.

Eine wichtige Fragestellung im Rahmen von DCOM ist stets, auf welchem Computer eine COM-Klasse instanziiert werden soll. Es gibt zwei Möglichkeiten, den Aktivierungsort zu spezifizieren:

RemoteServer-Name
- **Über einen Eintrag in der Registry:** In der Registry kann in einem AppID-Schlüssel REMOTESERVERNAME der DNS-Name des Rechners eingetragen werden, auf dem die Instanziierung erfolgen soll.

Parameter bei der Instanziierung
- **Als expliziter Parameter beim Aufruf der Instanziierungsroutine innerhalb des COM-Clients:** Die Angabe in der Registry ist ein Instrument, um Ortstransparenz herzustellen; ein COM-Client muss nicht wissen, wo sich das aufzurufende Objekt befindet. Dies ist in den Fällen von Nachteil, in denen der Client einen bestimmten Rechner anspre-

Objektaktivierung

chen will. Der Client müsste dann vor der Instanziierung die Registry ändern. Dies birgt die Gefahr von Wechselwirkungen mit anderen Programmen, die ebenfalls dieses Objekt benutzen.

Viele Hochsprachen kapseln `CoCreateInstance()` hinter eigenen Funktionen:

- VBScript kapselt den Aufruf in `CreateObject()`.
- Visual Basic kapselt den Aufruf in `new` oder `CreateObject()`.
- JScript verwendet `new ActiveXObject()`.

```
Dim Objektvariable
set Objektvariable = CreateObject("Komponente.Klasse")
```

Listing 2.6: Instanziierung einer COM-Klasse in allen Visual Basic-Dialekten

```
Dim Objektvariable As Komponente.Klasse
set Objektvariable = new Komponente.Klasse
```

Listing 2.7: alternative Möglichkeit zur Instanziierung einer COM-Klasse in Visual Basic 6.0/VBA

```
var Objektvariable;
Objektvariable = new ActiveXObject("Komponente.Klasse");
```

Listing 2.8: Instanziierung einer COM-Klasse in JScript

Dabei stehen jeweils weniger Optionen zur Verfügung als bei dem ursprünglichen `CoCreateInstance()`. Die verfügbaren Optionen reichen aber für die Skriptprogrammierung aus und verbergen viel von der Komplexität einer Instanziierung in COM.

Aktivierungsvorgang

Durch einen Aufruf von `CoCreateInstance()` führt der SCM folgende Schritte aus: **Ablauf**

1. Der SCM sucht in der Registry nach einem entsprechenden Eintrag für die gewünschte CLSID.

2. Der SCM stellt fest, ob die Komponente auf dem lokalen System oder auf einem entfernten System instanziiert werden soll. Dabei hat ein bei `CoCreateInstance()` übergebener Rechnername das größte Gewicht. Fehlt dieser, prüft der SCM in der Registry, ob dort für die AppID, zu der die Klasse gehört, ein `RemoteServer`-Eintrag besteht. Fällt auch diese Überprüfung negativ aus, erfolgt die lokale Instanziierung. Sofern eine Fernaktivierung gewünscht ist, leitet der SCM die Anfrage über DCOM an den SCM des entfernten Systems weiter.

3. Der betroffene (lokale oder entfernte) SCM stellt fest, welche Datei die Komponente implementiert. Er lädt diese Datei und startet – wenn nötig – einen Prozess für die Komponente.

4. Jede COM-Komponente besitzt für jede Klasse eine so genannte *Class Factory* in Form eines `ClassFactory`-Objekts (auch `ClassObject` genannt) mit einer Standardschnittstelle `IClassFactory`. Einen Zeiger auf die Class Factory erhält der SCM über die DLL-Funktion `DllGetClassObject()`, die von jeder COM-DLL bereitgestellt wird. Der SCM ruft die Methode `IClassFactory::CreateInstance()` auf. Die Class Factory erzeugt daraufhin eine neue Instanz der gewünschten COM-Klasse.

5. Das `ClassFactory`-Objekt übergibt dem SCM nach erfolgreicher Instanziierung einen Zeiger auf die gewünschte Schnittstelle des neuen Objekts.

6. Der SCM leitet diesen Schnittstellenzeiger an den Client weiter.

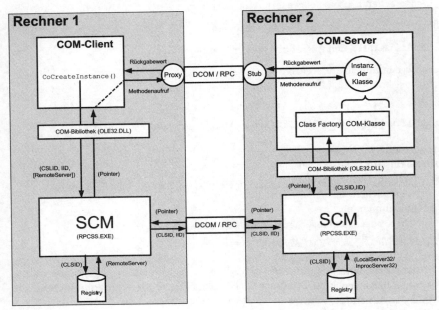

Abbildung 2.18: Ablauf der Aktivierung auf einem entfernten Rechner

Danach kann der Client ohne weitere Einschaltung des SCMs direkt – über Proxy- und Stub-Objekte – mit der Komponente kommunizieren, da jede Schnittstelle `IUnknown::QueryInterface()` unterstützt und so zur weiteren Anfrage nach Schnittstellen verwendet werden kann.

Surrogat-Prozesse

Ausführung von DLLs in einem eigenen Prozess

Eine EXE-Datei wird entfernt aufgerufen, indem sie auf dem entfernten Rechner gestartet wird. Dies ist mit DLLs nicht möglich.

Damit eine prozessinterne Komponente von einem anderen Rechner aus aufgerufen werden kann, ist ein so genannter *Surrogat-Prozess* (engl. *Surrogate Process*) notwendig, der die prozessinterne Komponente aufnimmt und ausführt.

Microsoft liefert zwei Standard-Surrogat-Prozesse: DLLHOST.EXE und MTS.EXE. Dabei wird MTS.EXE nur innerhalb des Microsoft Transaction Servers unter NT4 verwendet. Unter COM+ in Windows 2000/XP/.NET ist DLLHOST.EXE der Standard-Surrogat-Prozess. DLLHOST.EXE stand auch schon in NT4 zur Verfügung, wenn eine Aufnahme in den MTS nicht gewünscht war. Sie konfigurieren eine Klasse einer In-process-Komponente für die Out-process-Verwendung, indem Sie die Klasse in ein MTS-Package (vgl. Kapitel 2.24) oder in eine COM+-Anwendung (vgl. Kapitel 2.25) integrieren. C++-Programmierer können einen solchen Surrogat-Prozess auch selbst schreiben.

Objektaktivierung

> Komponenten, die auf Windows 9x/ME-Plattformen laufen, können nicht fernaktiviert werden. Diese Plattformen machen es lediglich möglich, eine Fernverbindung zu bereits laufenden Objekten herzustellen. COM-Server müssen also auf diesen Systemen manuell gestartet werden.

Windows 95/98/ME

2.17.3 Zugriff auf bestehende Instanzen

Die Basis für den Zugriff auf bestehende Instanzen ist der COM-Namensdienst. Mit diesem Namensdienst können einzelne Instanzen einer Klasse von anderen Instanzen unterschieden werden.

COM-Namensdienst

Moniker

Instanzen haben in COM keine GUIDs, sondern Moniker (siehe Kapitel 2.4). Moniker werden intern selbst in Objekten (`Moniker`-Objekten mit der Schnittstelle `IMoniker`) gespeichert. Ein COM-Server kann einem COM-Client ein Moniker-Objekt übergeben, um dem Client zu ermöglichen, zu einem späteren Zeitpunkt wieder eine Verbindung zu dieser Instanz aufzunehmen, nachdem die Objektreferenz zwischenzeitlich gelöscht wurde.

Running Objects Table (ROT)

Die Running Objects Table ist eine globale Tabelle auf einem Rechnersystem, in der instanziierte Objekte verzeichnet werden können. Es gibt nur genau eine ROT pro Rechner. COM-Clients können Instanzen aus der ROT mitverwenden. So kann beispielsweise erreicht werden, dass neu zu öffnende Dateien einer Anwendung mit Multi-Document-Interface (MDI; z.B. Word 97) in einem bestehenden Fenster geöffnet werden können. Die Aufnahme einer Instanz in die ROT erfolgt keineswegs automatisch, sondern ist eine Option, die das Objekt selbst wahrnehmen oder eben nicht wahrnehmen kann. Ein Objekt meldet sich beim SCM über ein Moniker-Objekt an oder ab. Natürlich kann ein COM-Server die Entscheidung für oder gegen eine Anmeldung dem COM-Client überlassen. Die ROT kann mit Hilfe des in Visual Studio enthaltenen ROT-Viewers (siehe Kapitel »Werkzeuge«) eingesehen werden.

ROT

> Als Skriptprogrammierer haben Sie ebenso wenig wie ein Visual Basic-Programmierer die Möglichkeit, Instanzen an die ROT zu melden. Zumindest scheint sich noch niemand die Arbeit gemacht zu haben, eine COM-Komponente zu schreiben, die die entsprechenden API-Aufrufe kapselt.

Aktivierung persistenter Instanzen aus Dateien

Mit Hilfe von File Monikern der Form

File Moniker

```
file://pfad/dateiname.extension
```

besteht eine Zugriffsmöglichkeit auf im Dateisystem persistent gemachte Objektinstanzen. Dazu dient die COM-Bibliotheksfunktion `CoGetInstanceFromFile()`.

Die Dokumente der Microsoft Office-Produktfamilie sind beispielsweise persistente Instanzen von COM-Klassen in Form von Compound Documents.

CoGetInstanceFromFile()

Wenn ein Client mit Hilfe der COM-Bibliotheksfunktion `CoGetInstanceFrom_File()` (in Visual Basic und JScript: `GetObject()`) auf eine Datei zugreift, werden folgende Schritte vom SCM ausgeführt:

1. Anhand des Headers der Datei bzw. der Dateiextension bestimmt der SCM die CLSID der COM-Klasse, die zur Verwaltung der angeforderten Datei fähig ist. Es ist auch möglich, bei `CoGetInstanceFromFile()` bzw. `GetObject()` eine CLSID (oder ProgID) für eine Klasse anzugeben, die zur Aktivierung verwendet werden soll.

2. Anschließend überprüft der SCM zunächst in der ROT, ob diese Objektinstanz bereits aktiviert wurde. Ist der zugehörige Moniker in der ROT eingetragen, so liefert der SCM den Schnittstellenzeiger an den Client.

3. War die Instanz nicht schon in Benutzung, so aktiviert der SCM eine neue Instanz der Klasse und fordert die Schnittstelle `IPersistFile` an.

4. Der SCM übergibt `IPersistFile::Load()` die Anforderung zum Laden der Datei und überlässt das weitere Vorgehen (also die Übernahme der Daten aus den Streams des Compound Documents in die internen Speicherstrukturen) der Objektinstanz der Klasse selbst. Dazu gehört auch der Eintrag in die ROT nach erfolgtem Laden der Datei.

Moniker oder nicht Moniker

Auslegungssache

Die Frage, ob irgendetwas als eine bestehende Instanz angesehen wird oder erst eine Instanz erzeugt werden muss, ist eine philosophische Frage, die jeder Komponentenprogrammierer für sich selbst beantworten muss. Während viele Komponenten den Zugriff via Moniker ermöglichen, wird in anderen Fällen zunächst eine »leere« Instanz einer Klasse erzeugt und diese dann per Methodenaufruf an eine Entität gebunden. Wie die folgende Tabelle zeigt, gibt es keine konsistente Sichtweise darauf, ob etwas direkt per Moniker angesprochen werden kann oder instanziiert werden muss.

Tabelle 2.6: Unterschiedliche Semantik hinsichtlich der Persistenz von Objekten in verschiedenen Komponenten

Instanz wird als persistent angesehen (Moniker-Zugriff via GetObject())	Instanz muss erzeugt werden (Indirekter Zugriff via CreateObject())
▶ Word-Datei	▶ Access-Tabelle
▶ Verzeichnisobjekt	▶ SQL-Server-Tabelle
▶ WMI-Objekt	▶ Ereignisprotokoll
▶ Registry-Schlüssel in der Komponente »ADsSecurity«	▶ Klasse im COM+-Katalog
	▶ Registry-Schlüssel in der Komponente »REGCOL«

Teilweise gibt es auch für gleiche Entitäten der Realwelt zwischen verschiedenen Komponenten unterschiedliche Vorgehensweisen: So wird in der *ADsSecurity-Komponente* ein Registry-Schlüssel via Moniker angesprochen, in der Komponente *REGCOL* jedoch indirekt per Methodenaufruf.

2.17.4 Aktivierungsfehler

Es gibt eine Reihe möglicher Ursachen, warum eine Aktivierung fehlschlägt:

Mögliche Fehlerquellen

- Die Klasse ist gar nicht installiert.
- Die Klasse ist nicht richtig registriert.
- Die angegebene ProgID ist nicht mit der entsprechenden CLSID verbunden.
- Der Benutzer besitzt keine Rechte für die Nutzung der Klasse.

Bei einer Fernaktivierung kommen weitere Gründe hinzu:

- Der angesprochene Rechner existiert nicht oder ist nicht erreichbar.
- Auf dem angesprochenen Rechner ist DCOM deaktiviert.
- Für eine COM-DLL gibt es keinen Surrogat-Prozess.
- Die benötigten lokalen Registry-Einträge sind nicht vorhanden.

Leider differenzieren viele Sprachen bzw. Hosts nicht genau zwischen all diesen Fehlerursachen. Mit Vorliebe melden sie einfach »Objekterstellung durch ActiveX-Komponente nicht möglich« (VB6) oder »ActiveX-Komponenten kann kein Objekt erstellen« (WSH). Ganz abgesehen davon, dass die letzte Meldung grammatikalisch falsch ist, sind beides unglückliche Formulierungen, die einen Anfänger verwirren. Wieso will eine ActiveX-Komponente ein Objekt erstellen? Gemeint ist wohl, dass innerhalb einer Komponente eine bestimmte Klasse nicht instanziiert werden kann.

Abbildung 2.19: Wenig aussagekräftige Fehlermeldung beim Windows Scripting Host

2.18 COM-Anwendungen

Eine COM-Anwendung fasst eine oder mehrere COM-Klassen zusammen und ermöglicht die gemeinsame Konfiguration dieser Klassen. Zahlreiche Einstellungen (z. B. Sicherheitseinstellungen) sind nur auf Anwendungsebene, nicht jedoch für eine einzelne Klasse konfigurierbar. Jede COM-Klasse kann nur einer COM-Anwendung angehören. Alle Einstellungen einer COM-Anwendung gelten für alle zugehörigen Klassen.

COM-Anwendungen

Jede COM-Anwendung verfügt über eine so genannte Anwendungskennung, kurz AppID. AppIDs können mit einer CLSID identisch sein. Oft wird die erste CLSID einer Komponente auch als AppID benutzt.

AppIDs

Eine COM-Anwendung ist nicht mit einer COM-Komponente gleichzusetzen. Eine COM-Anwendung kann Klassen aus mehreren COM-Komponenten umfassen. Allerdings müssen alle COM-Klassen, die in einer COM-EXE enthalten sind, auch zur gleichen COM-Anwendung gehören. Diese Beschränkung gilt nicht für COM-DLLs.

COM-Objekte, die Instanzen von Klassen mit derselben AppID sind, werden im gleichen Prozess ausgeführt. Die AppIDs befinden sich in der Registry unter HKEY_LOCAL_MACHINE\SOFTWARE\CLASSES\APPID\. Unterhalb einer AppID können die in der folgenden Tabelle genannten Einstellungen festgelegt werden.

Tabelle 2.7: Einstellungen für COM-Anwendungen

Schlüssel	Erläuterung
AuthenticationLevel	Individuelle Authentifizierungsstufe für diese COM-Anwendung
RemoteServerName	Hier kann ein Rechner oder eine IP-Adresse des Computers eingegeben werden, auf die die COM-Klassen instanziiert werden sollen (DCOM). Dieser Wert wird vom Service Control Manager (SCM) ausgelesen, wenn der Client bei den Instanziierungsaufforderungen keinen expliziten RemoteServer angegeben hat. Ist auch RemoteServerName nicht gesetzt, wird die Klasse vom SCM lokal installiert.
AccessPermission	Zugriffsrechte in Form einer ACL
RunAs	Identitätseinstellung
LaunchPermission	Startberechtigungen in Form einer ACL
Endpoints	Zu verwendende Protokolle und Portnummern bzw. Pfade

Globale Einstellungen

Ein Wertname ist in der Registry nur vorhanden, wenn ein Wert existiert. Ist ein Wert nicht belegt, gelten die unter HKEY_LOCAL_MACHINE\ SOFTWARE\MICROSOFT\OLE festgelegten Standardeinstellungen.

AppID-Konfiguration

Tools Kompliziert aufgebaute ACLs direkt in der Registry zu manipulieren ist kaum möglich. Die einfachste Möglichkeit der Konfiguration von bestehenden COM-Anwendungen ist das *DCOM Configuration Utility* (DCOMCNFG, vgl. Kapitel »Werkzeuge«). Auch der *Microsoft COM-Viewer* bietet viele Einstellungsmöglichkeiten für COM-Anwendungen. Beim Anlegen neuer COM-Anwendungen bzw. der Änderung der zu einer Anwendung gehörenden Klassen lassen Sie obige Tools weitgehend im Stich: Sie können mit dem DCOMCNFG keine COM-Anwendungen erzeugen oder Klassenzuordnungen vornehmen.

Mit dem COM-Viewer können Sie nur COM-Anwendungen erzeugen, die aus genau einer Klasse bestehen. Es bleibt also nur der manuelle Eingriff in die Registry: Dazu nehmen Sie die CLSID einer der Klassen, die zur Anwendung gehören soll, und erzeugen einen neuen AppID-Schlüssel mit der gleichen GUID. Danach tragen Sie diese AppID bei allen Klassen, die zur Anwendung gehören sollen, als AppID-Wert in deren CLSID-Schlüssel ein.

> DCOMCNFG ermöglicht auch eine Einstellung KONFIGURATIONSBERECHTIGUNGEN, die Sie nicht als Unterschlüssel einer AppID finden werden. Diese Berechtigungen sind die Rechte auf den AppID-Schlüssel selbst, die sonst nur mit dem älteren RegEdt32-Registry-Editor eingesehen werden können.

Konfigurationsberechtigungen

2.19 COM-Assemblies

COM hatte lange mit der DLL-Hölle zu kämpfen. Die DLL-Hölle entsteht im klassischen COM durch zwei Faktoren:

▶ Es kann nur eine Version einer bestimmten Komponente in der Registry registriert sein.

> Dies bezieht sich insbesondere auf Unter-Versionen (Patches). Natürlich kann eine COM-Komponente grundsätzlich in zwei verschiedenen Versionen auf einem System existieren, wenn die beiden Versionen verschiedene GUIDs verwenden und andere Dateinamen haben. Dann handelt es sich nämlich aus der Sicht von COM um zwei verschiedene Komponenten.
>
> Sobald aber von einer Komponente eine überarbeitete Version erscheint, die aus Kompatibilitätsgründen keine neuen GUIDs bekommen hat, kann nur eine der beiden Versionen auf dem System registriert sein.

▶ Eine Komponente, die in Benutzung ist, kann nicht aktualisiert werden. Beim Austausch der Komponentendatei (DLL, EXE etc.) kommt es zu einer Fehlermeldung. Komponenten sind teilweise auch noch lange nach ihrem tatsächlichen Nutzungsende vom System gesperrt.

Side-by-Side-Execution

Grundsätzlich wurde in Windows2000 die DLL-Hölle dadurch entschärft, dass nach DLLs zunächst im gleichen Verzeichnis gesucht wird, aus dem auch die EXE gestartet wurde. Allerdings funktionierte das Verfahren nicht mit COM-Komponenten.

Windows2000

Assemblies

In Windows XP und Windows .NET Server gibt es das neue Konzept der *Assemblies*, das es erlaubt, mehrere verschiedene Versionen einer Komponente parallel auf einem System zu verwenden, auch wenn die Komponenten den gleichen Dateinamen und die gleichen GUIDs verwenden. Weil Assemblies diese ermöglichen, spricht Microsoft auch von *Side by Side Assemblies*. Die Installation einer neuen Version einer Assembly beeinflusst die vorhandenen Anwendungen nicht mehr, so dass Anwendungen besser als bisher voneinander isoliert sind.

Windows XP und Windows .NET Server

Eine Assembly ist eine feste Ansammlung einer oder mehrerer Komponentendateien. Wie die folgende Grafik veranschaulicht, unterscheidet sich das Konzept der COM-Assembly von dem Konzept der COM-Anwendung. Eine COM-Anwendung muss nicht die gleichen Komponenten zusammenfassen wie eine COM-Anwendung.

Assembly Manifest

Das Component Object Model (COM)

Die COM-Anwendung ist ein Instrument zur Zusammenfassung von Komponenten zu Prozessen und zur Konfiguration von Komponenten. Eine Assembly ist ein Instrument, um einen starken Zusammenhang zwischen verschiedenen Komponenten zu bilden, die sich gegenseitig nutzen. In vielen Fällen wird es aber sinnvoll sein, in COM-Anwendung und COM-Assembly die gleichen Komponenten zusammenzuschnüren.

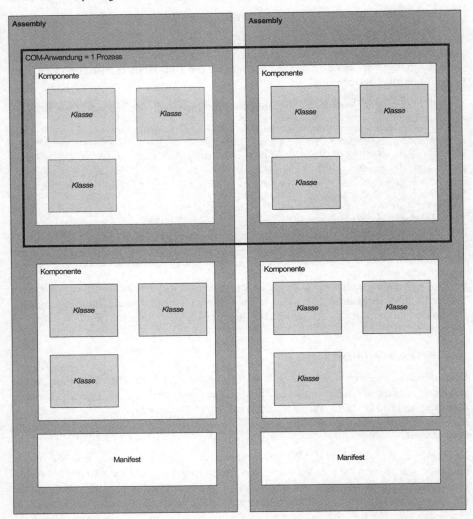

Abbildung 2.20: COM-Anwendung vs. COM-Assembly

Manifeste

Eine *Assembly* hat eine Konfigurationsdatei namens *Assembly Manifest*. Ein *Assembly Manifest* umfasst folgende Daten:

▶ Name der Assembly

▶ Jede Assembly hat eine viergliedrige Versionsnummer (a.b.c.d), z. B. 1.8.19.72.

▶ Die Typangabe *win32*

▶ Liste der Komponentendateien, die zu der Assembly gehören

▶ COM-Konfigurationsdaten, die COM für die Lokalisierung und Aktivierung dieser Komponenten benötigt

▶ Liste der abhängigen Assemblies – jeweils mit Versionsnummer

Das folgende Listing zeigt ein Beispiel für ein in Windows XP mitgeliefertes Manifest für die MFC-Bibliothek (Microsoft Foundation Classes – die Laufzeitumgebung für Visual C++) in der Version 6.0. Die Assembly umfasst die Dateien MFC42.DLL, ATL.DLL und MFC42U.DLL.

```xml
<?xml version="1.0" encoding="UTF-8" standalone="yes"?>
<assembly xmlns="urn:schemas-microsoft-com:asm.v1" manifestVersion="1.0">
    <assemblyIdentity type="win32" name="Microsoft.Tools.VisualCPlusPlus.Runtime-Libraries" version="6.0.0.0" processorArchitecture="x86" publicKeyToken="6595b64144ccf1df"/>

    <dependency optional="yes">
        <dependentAssembly>
            <assemblyIdentity type="win32" name="Microsoft.Tools.VisualCPlusPlus.Runtime-Libraries.Resources" version="6.0.0.0" processorArchitecture="x86" publicKeyToken="6595b64144ccf1df" language="*"/>
        </dependentAssembly>
    </dependency>

    <file name="mfc42u.dll" hash="d9357dbe54a1f754cd8d662323acdeb100a0b0d1" hashalg="SHA1">
        <comClass description="Font Property Page" clsid="{0BE35200-8F91-11CE-9DE3-00AA004BB851}"/>
        <comClass description="Color Property Page" clsid="{0BE35201-8F91-11CE-9DE3-00AA004BB851}"/>
        <comClass description="Picture Property Page" clsid="{0BE35202-8F91-11CE-9DE3-00AA004BB851}"/>
    </file>
    <file name="mfc42.dll" hash="138a2057b090678d865720ed22276b00ede39168" hashalg="SHA1"/>
    <file name="atl.dll" hash="60f116cba40bf191e78dd71177de8de79d79c50b" hashalg="SHA1">
        <comClass description="Registrar Class" clsid="{44EC053A-400F-11D0-9DCD-00A0C90391D3}" progid="ATL.Registrar"/>
        <typelib tlbid="{44EC0535-400F-11D0-9DCD-
```

```
00A0C90391D3}" version="1.0" helpdir=""/>
    </file>
    <file name="msvcp60.dll" hash="0d48860c3fdc649067ae29ef95635443d9d7064d" hash
alg="SHA1"/>
      <comInterfaceExternalProxyStub name="IAxWinAmbientDispatch" iid="{B6EA2051-
048A-11D1-82B9-00C04FB9942E}" proxyStubClsid32="{00020424-0000-0000-C000-
000000000046}" numMethods="35" baseInterface="{00000000-0000-0000-C000-
000000000046}"/>

</assembly>
```

Listing 2.9: Beispiel für ein Manifest

Anwendungen

Application Manifest Eine Anwendung ist ein COM-Client, der eine oder mehrere Assemblies verwendet. Eine Anwendung besitzt im neuen Konzept ebenfalls eine XML-Datei, die *Application Manifest* heißt. Ein *Application Manifest* umfasst folgende Daten:

- Name der Anwendung
- Eine viergliedrige Versionsnummer
- Liste der abhängigen Assemblies – jeweils mit Versionsnummer

Finden einer Komponente

Global Side-By-Side-Store Die Versionsnummer und Abhängigkeitsdaten sind die zentrale Neuerung. COM sucht für den Client eine Komponente, die die angegebenen Bedingungen erfüllt. Gesucht wird im Pfad der Anwendung und in einem globalen Komponentenverzeichnis mit dem Namen *Global Side-By-Side-Store* (WinSXS). Der Global Side-By-Side-Store liegt unter \WINDOWS\WINSXS. Dieses Verzeichnis gab es vor Windows XP nicht.

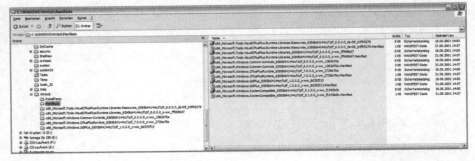

Abbildung 2.21: Verzeichnis WinSXS unter Windows XP

Das Assembly-Konzept erfordert keine Änderung an der Implementierung der Komponente selbst. Es ist lediglich das Erstellen von Manifesten erforderlich. So kann eine Anwendung auch zu einem späteren Zeitpunkt durch einen Administrator umkonfiguriert werden, so dass die Anwendung andere Versionen bestimmter Komponenten verwendet.

Name

Eine Assembly soll einen hierarchischen Namen besitzen in der Form

```
Firmenname.Anwendungsname.Anwendungsteil.Komponentenname
```

Ein Beispiel dafür ist

```
PearsonEducation.AddisonWesley.BuecherVerwaltung.Buch
```

Assembly-Typen

Windows XP/.NET unterscheiden zwei Typen von Assemblies:

- Private Assemblies, die nur von einer einzigen Anwendung verwendet werden und die im Verzeichnis bzw. einem Unterverzeichnis der Anwendung gespeichert sind. Sie werden anhand ihres Dateinamens identifiziert und können einfach über das Kopieren per Dateisystem installiert werden. Microsoft spricht in diesem Zusammenhang von XCOPY-Deployment. **Private Assemblies**

- Eine Shared Assembly kann – wie jede COM-Komponente bisher – von mehreren Anwendungen genutzt werden. Sie müssen digital signiert werden und im Global Side-By-Side-Store (WinSXS) liegen. Shared Assemblies müssen mit Windows Installer 2.0 oder höher installiert werden. Im WinSXS gibt es für jede Assembly ein Manifest im Unterverzeichnis /MANIFESTS und ein Unterverzeichnis, das den Namen der Assembly zusammen mit dem öffentlichen Schlüssel trägt (z. B. X86_MICROSOFT.TOOLS.VISUAL CPLUSPLUS.RUNTIME-LIBRARIES_6595B64144CCF1DF_6.0.0.0_X-WW_FF9986D7). In diesem Verzeichnis werden die Komponentendateien dieser Assembly gespeichert. So sind die einzelnen Assemblies voneinander isoliert und gleichnamige Dateien stellen kein Problem mehr dar. **Shared Assemblies**

COM und .NET

Assemblies und Manifeste in COM sind ähnlich, aber nicht gleich den Assemblies und Manifesten im .NET-Framework. So heißt zum Beispiel der Global Side-By-Side-Store dort Global Assembly Cache (GAC). Der Aufbau der XML-Dateien ist anders.

2.20 COM-Kategorien

COM-Kategorien stellen eine Möglichkeit dar, COM-Klassen zu kategorisieren. Die Kategorisierung dient dazu, leichter feststellen zu können, ob ein COM-Client und ein COM-Server zusammenpassen. Obwohl es Klassen betrifft, die kategorisiert werden, heißt dieses Feature *Komponentenkategorien (Component Categories)* – ein typischer Fall von großem MINFU (vgl. Vorwort). **Komponentenkategorien**

Ein Client, der eine bestimmte Schnittstelle benötigt, aber keine COM-Klasse kennt, die diese implementiert, müsste normalerweise jede Klasse instanziieren und mit Hilfe von QueryInterface() anfragen, ob die betreffende Schnittstelle implementiert wird. Sofern der

Client nicht nur eine einzelne Schnittstelle, sondern einen Satz von Schnittstellen benötigt, müsste er `QueryInterface()` bei jeder Klasse entsprechend oft aufrufen.

Durch die Zuordnung einer COM-Klasse zu einer Kategorie kann in der Registry hinterlegt werden, dass eine COM-Klasse einen bestimmten Satz von Schnittstellen implementiert. Ein Client muss dann lediglich in der Registry nach der entsprechenden Kategorie suchen.

Weitere Informationen finden Sie in der MSDN Library [MSD01c].

Benötigte und implementierte Kategorien

Required Categories und Implemented Categories

Eine COM-Klasse kann zu beliebig vielen Kategorien gehören; diese Zuordnung wird *Implemented Categories* genannt. Eine Komponente kann aber auch selbst mit Hilfe von *Required Categories* fordern, dass ein COM-Client zu einer bestimmten Komponentenkategorie gehört. Dies ist eine wichtige Funktion, wenn COM-Server Funktionen innerhalb eines COM-Clients aufrufen sollen.

Jede Komponentenkategorie besitzt eine GUID, *CategoryID (CATID)* genannt. Eine Liste der definierten COM-Kategorien befindet sich in der Registry unter dem Schlüssel HKEY_CLASSES_ROOT\COMPONENT CATEGORIES.

Einsatzgebiete

Einsatzgebiete

COM-Kategorien können eingesetzt werden, wenn Clients nicht auf eine bestimmte COM-Klasse festgelegt sind, sondern jede COM-Klasse akzeptieren würden, die eine bestimmte Funktionalität erbringt. Damit ließe sich ein einfacher Trader für COM-Komponenten realisieren (vgl. [NNI00]). Leider werden COM-Kategorien so heute noch nicht benutzt. Sie werden bislang nur verwendet, um eine grobe Einteilung in verschiedene Komponentenarten herzustellen. Entwicklungsumgebungen, die eine Liste von verfügbaren Komponenten anbieten, haben auf diese Weise einen schnellen Zugriff auf die Komponenten eines Typs. Denn es sollten in einer Dialogbox, die die verfügbaren ActiveX-Steuerelemente zeigt, keine nichtvisuellen COM-Komponenten angezeigt werden.

Standardkategorien

Im Standard installierte Komponentenkategorien auf einem Windows-System sind beispielsweise:

- Controls
- Controls that are safely scriptable
- Document Objects
- Embeddable Objects
- Java Classes
- Active Scripting Engines
- Automation Objects.

Persistenz

Durch Komponentenkategorien kann auch beschrieben werden, welchen Mechanismus eine Klasse verwendet, um Objekte persistent zu machen (siehe Tabelle). Ein Objektcontainer (z.B. ein Web-Browser oder ein Windows-Fenster) sollte eine Klasse, die einen Persistenzmechanismus verlangt, der von dem Container und seiner Umgebung nicht unterstützt wird, nicht erzeugen.

Name der Kategorie	CATID
RequiresDataPathHost	0de86a50-2baa-11cf-a229-00aa003d7352
PersistsToMoniker	0de86a51-2baa-11cf-a229-00aa003d7352
PersistsToStorage	0de86a52-2baa-11cf-a229-00aa003d7352
PersistsToStreamInit	0de86a53-2baa-11cf-a229-00aa003d7352
PersistsToStream	0de86a54-2baa-11cf-a229-00aa003d7352
PersistsToMemory	0de86a55-2baa-11cf-a229-00aa003d7352
PersistsToFile	0de86a56-2baa-11cf-a229-00aa003d7352
PersistsToPropertyBag	0de86a57-2baa-11cf-a229-00aa003d7352

Tabelle 2.8: Komponentenkategorien für Objektpersistenz in COM

Als Skriptentwickler sollten Sie sich besonders die verschiedenen, mit dem Begriff Active Scripting beginnenden Komponentenkategorien anschauen. Dort können Sie die installierten Scripting Engines entnehmen! Weiterhin ist natürlich die Liste der Automation Objects interessant. Benutzen Sie zur Betrachtung den Microsoft COM-Viewer.

2.21 Persistenz und Structured Storage

Unter dem Begriff *Structured Storage* bietet COM ein Verfahren an, um Objekte und Objektmengen in strukturierter Form in Dateien zu speichern (Objektpersistenz). Die Persistenz erfolgt jedoch nicht automatisch oder durch eine einfache Deklaration. Sowohl der Programmierer des COM-Servers als auch der Programmierer des COM-Clients müssen die Persistenz explizit programmieren. *Structured Storage* definiert eine Reihe von Standardschnittstellen und damit Regeln, wie die Speicherung erfolgen kann.

Compound Files

Ein so genanntes *Compound File* ist eine Datei, die eine Sammlung von *Storages* und *Streams* enthält. Ein Compound File besteht aus einem Storage, der beliebig viele Sub-Storages enthalten kann. Jedes Storage kann aus Streams und weiteren Sub-Storages bestehen. Ein Compound File ist daher vergleichbar mit einem Dateisystem: Storages sind Verzeichnisse, Streams sind Dateien.

Der große Vorteil von Structured Storage besteht in der Möglichkeit, unterschiedliche Arten von Daten in einer Datei zu speichern und einzelne Teile zu ändern, ohne das gesamte Compound File ändern zu müssen. COM definiert für Structured Storage die Standardschnittstellen IPersist, IStorage, IStream und IRootStorage und liefert Standardimplementierungen im Rahmen der COM-Bibliothek.

Persistenz-Schnittstellen

Viele Windows-Anwendungen (z.B. Word-Dateien (.DOC) ab Version 6.0, Data Transformation Service-Dateien (.DTS)) speichern ihre Daten in Compound Files. Die Structured Storage-Technologie ist auch die Basis für die Speicherung von Zusatzattributen zu Dateien (z.B. Autorenname, Firmenname, Kategorien, Versionsnummer).

Anwendungsgebiete

Das Component Object Model (COM)

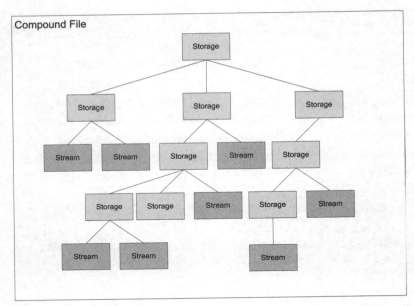

Abbildung 2.22: Eine durch Structured Storage gegliederte Datei

Structured Storage ist nicht zu verwechseln mit NTFS-Streams. Compound Files können auch im FAT-Dateisystem gespeichert werden.

Dateitypen Ein Stream kann auch die CLSID der COM-Klasse enthalten, mit der die Datei geöffnet werden soll. In diesem Fall öffnet Windows eine Word-Datei auch dann mit Microsoft Word, wenn diese keine oder eine andere Dateiextension als .DOC hat. Windows schaut bei einer Datei, die einen Stream mit einer CLSID besitzt, gar nicht in der Registry nach der Dateiextension nach.

2.22 COM-Sicherheit

Sicherheitsfunktionen COM benutzt für die Realisierung von Sicherheitsfunktionen die RPC-Sicherheitsinfrastruktur. Diese basiert auf den so genannten Security Support Providern (SSP). Ein SSP ist in Form einer DLL installiert.

NT4 unterstützt standardmäßig nur den NT LAN-Manager Security Support Provider (NTLMSSP), implementiert in SECUR32.DLL. Windows2000 unterstützt zusätzlich Kerberos. Kerberos ist allerdings nur für entfernte, nicht für lokale Aufrufe verfügbar. Die Installation zusätzlicher SSPs ist jeweils möglich.

Weitere Informationen zur COM-Sicherheit finden Sie in der MSDN Library [MSD01a].

Das DCOM Configuration Utility (DCOMCNFG) ermöglicht eine einfachere und komfortablere Anzeige und Einstellung der Sicherheitsinformationen, als dies über eine direkte Manipulation der Registry möglich wäre.

COM-Sicherheit

Im Rahmen der COM-Sicherheit sind folgende Punkte konfigurierbar:

Konfiguration der COM-Sicherheit

- Die Authentifizierungsstufe legt fest, wie stark die Kommunikation zwischen COM-Client und COM-Server gesichert wird. Die Authentifizierungsstufe umfasst in COM nicht nur die Authentifizierung, sondern auch den Schutz der Integrität und Vertraulichkeit.

- Die Identität einer Klasse bestimmt, unter welchem Benutzerkontext (»Principal«) die Instanzen einer Klasse agieren. Mit einem Benutzerkontext ist eine bestimmte Menge von Benutzerrechten verbunden. Ein COM-Objekt kann alle Aktionen ausführen, die den Benutzerrechten des Principals entsprechen.

- Die Impersonifizierungsstufe legt fest, inwiefern die Benutzerrechte des COM-Clients auf den COM-Server übertragen werden können.

- Im Rahmen der Zugriffskontrolle ist konfigurierbar, wer eine COM-Klasse aktivieren, nutzen oder konfigurieren kann.

> All diese Einstellungen werden auf der Ebene einer COM-Anwendung konfiguriert und gelten damit für alle zu der COM-Anwendung gehörenden Klassen. Die Einstellungen können nicht direkt auf Klassenebene vorgenommen werden.

Mit Ausnahme der Identität können die Sicherheitseinstellungen auch global vorgegeben werden. Diese Standardeinstellungen gelten für alle nicht näher konfigurierten Komponenten. Die Standardeinstellungen liegen in der Registry unter HKEY_LOCAL_MACHINE\SOFTWARE\MICROSOFT\OLE\.

> Neben der deklarativen Sicherheit, also der Vorkonfiguration der Sicherheitseinstellungen, unterstützt COM auch programmatische Sicherheit, also das Lesen und Ändern von Sicherheitseinstellungen zur Laufzeit eines Programms. Diese Möglichkeit wird jedoch nur von wenigen Komponenten genutzt. Einen kompletten Zugriff auf die DCOM-Sicherheit bietet derzeit nur die WMI-Komponente.

Programmatische Sicherheit

2.22.1 Authentifizierung

Die folgende Tabelle zeigt die verfügbaren Authentifizierungsstufen.

Name	Bedeutung	Wert
Default (Standard)	Es wird die gegenwärtige Verbindungsauthentifizierung verwendet.	0
None (kein)	Keine Authentifizierung	1
Connect (Verbinden)	Authentifizierung beim ersten Methodenaufruf, später kein Austausch mehr. Ein Angriff durch Nachrichtenwiederholung ist möglich.	2
Call (Aufruf)	Authentifizierung bei jedem RPC	3

Tabelle 2.9: COM-Authentifizierungsstufen

Name	Bedeutung	Wert
Packet (Paket)	Zusätzlich: Verschlüsselung jedes einzelnen Netzwerkpakets (verbesserter Schutz gegen Nachrichtenwiederholung)	4
Packet Integrity (Paketintegrität)	Zusätzlich: Prüfsumme über Paketinhalt schützt vor Verfälschung der Nachrichten	5
Privacy (Paketvertraulichkeit)	Zusätzlich: Verschlüsselung des Paketinhalts (schützt Vertraulichkeit)	6

Die Stufen *Packet Integrity* und *Privacy* bieten zwar deutlich mehr Sicherheit, führen aber zu einer Verschlechterung der Performance und einer Erhöhung der Netzwerklast, da jedes übertragene Byte von dem Security Support Provider (SSP) verarbeitet werden muss.

2.22.2 Identität

Identitätseinstellungen Für jede einzelne COM-Anwendung kann in dem zugehörigen APPID-Schlüssel im Unterschlüssel RUNAS spezifiziert werden, unter welchem Benutzerkontext die COM-Anwendung ausgeführt werden soll.

Für die Identität gibt es drei Möglichkeiten:

- **Interaktiver Benutzer:** Interaktiver Benutzer ist der Benutzer, der sich gerade an dem jeweiligen System angemeldet hat. Für den Client ist also nicht determinierbar, unter welchem Benutzer die Komponente ausgeführt wird. RUNAS muss auf »InteractiveUser« gesetzt werden. Wenn sich kein Benutzer angemeldet hat, kann die Komponente nicht ausgeführt werden.

- **Benutzer, der die Anwendung startet:** Dies ist die Standardeinstellung (RUNAS ist nicht gesetzt). Das COM-Objekt benutzt während der Ausführung den Benutzerkontext, unter dem auch der aufrufende Client ausgeführt wird. Für jeden Benutzer, der sich mit einer COM-Anwendung verbindet, muss Windows NT eine neue *Interactive Window-Session* eröffnen.

- **Dezidierter Benutzer:** Das COM-Objekt wird unter einem bestimmten Benutzerkonto ausgeführt, unabhängig davon, wer das Objekt nutzt. Eine Sonderform gibt es für NT-Dienste, die auch unter dem Systemkonto laufen dürfen.

  Auch in diesem Fall wird für jeden Benutzer eine interaktive Window-Session benötigt. Allerdings ist hier die Anzahl der nötigen Window-Sessions auf dem COM-Server bestimmbar und unabhängig von der Anzahl der aufrufenden Clients.

  Diese Einstellung ermöglicht es auch, Zugriffsrechte zu kapseln. Indem die Komponente durch Zuweisung eines entsprechenden dezidierten Benutzerkontos mehr Rechte erhält, kann ein Benutzer über wohldefinierte Schnittstellen einzelne Aktionen ausführen, die über seine eigenen Rechte hinausgehen.

COM-Sicherheit

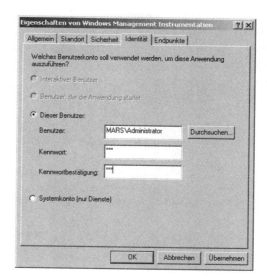

Abbildung 2.23: Identitätseinstellung in DCOMCNFG für die WMI-Komponente

Einem Benutzerkonto, das als dezidiertes Benutzerkonto für COM-Anwendungen verwendet wird, muss im Benutzermanager bzw. in den Windows2000-Sicherheitsrichtlinien das Recht ANMELDEN ALS STAPELVERARBEITUNGSAUFTRAG zugewiesen werden.

2.22.3 Impersonifizierung

De Impersonifizierungsstufe bestimmt, inwiefern ein Objekt Informationen über den Aufrufer erhält und inwiefern es unter dessen Benutzerrechten agieren kann.

Benutzerkontextwechsel

Impersonifizierung (engl. Impersonation) bezeichnet die Fähigkeit einer Softwareroutine, den Benutzerkontext, unter dem sie agiert, zu wechseln. Einige Autoren benutzen statt des Kunstwortes »Impersonifikation« auch die Begriffe »Imitation« oder »Identitätswechsel«.

Die nachfolgende Tabelle zeigt die möglichen Impersonifizierungsstufen. Standard ist die Stufe *Identify*. *Delegate* wird erst ab Windows2000 unterstützt, sofern Kerberos als SSP verwendet wird. Das Problem mit diesem Modus ist, dass die Rechte über eine endlose Kette weitergegeben werden können, so dass Aktionen, die unter dem Recht des Benutzers aufgerufen werden, kaum mehr kontrollierbar sind.

Das Component Object Model (COM)

Abbildung 2.24: Impersonifizierung

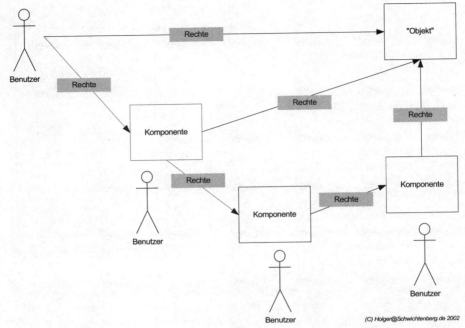

Tabelle 2.10: Impersonifizierungsstufen

Name	Bedeutung	Wert
Anonymous	Das COM-Objekt hat keinen Zugriff auf die Anmeldedaten des Aufrufers. Es hat keine Möglichkeit, in Erfahrung zu bringen, wer das Objekt aufgerufen hat.	1
Identify	Das COM-Objekt kann die Anmeldedaten abfragen.	2
Impersonate	Das COM-Objekt kann die Anmeldedaten ermitteln und auf Betriebssystemebene Operationen unter Verwendung des Benutzerkontextes des Aufrufers ausführen.	3
Delegate	Das COM-Objekt kann auf alle Ressourcen unter Verwendung des Benutzerkontextes des Aufrufers zugreifen.	4

Eine Aufrufkette kann beliebig lang werden, da COM-Klassen wiederum COM-Klassen aufrufen können.

2.22.4 Zugriffsberechtigungen

Im Rahmen der Zugriffskontrolle ist konfigurierbar, wer die zu einer COM-Anwendung gehörenden COM-Klassen aktivieren, nutzen oder konfigurieren kann. COM unterscheidet folgende Sicherheitseinstellungen zu einer COM-Anwendung:

Startberechtigungen
▶ Die Startberechtigungen legen fest, wer Instanzen der Klassen einer COM-Anwendung erzeugen darf. Mögliche Rechte sind *Starten zulassen* und *Starten verweigern*.

COM-Sicherheit

▶ Die Zugriffsberechtigungen bestimmen, wer auf die laufenden Instanzen der Klassen einer COM-Anwendung zugreifen darf. Mögliche Rechte sind *Zugriff erlauben* und *Zugriff verweigern*.

Zugriffsberechtigungen

▶ Die Konfigurationsberechtigungen regeln, wer die Sicherheitseinstellungen einer COM-Anwendung verändern darf. Mögliche Rechte sind *Lesen* und *Uneingeschränkter Zugriff*.

Konfigurationsberechtigungen

Start- und Zugriffsberechtigungen werden für jede COM-Anwendung in der Registry unterhalb ihres AppID-Eintrags in Form von drei Access Control Lists (ACLs) abgespeichert. Die Konfigurationsberechtigungen entsprechen der ACL des AppID-Eintrags in der Registry selbst. Diese Zugriffsrechte sind über die erweiterten Sicherheitseinstellungen RegEdt32 in feinerer Granularität konfigurierbar als über DCOMCNFG, das nur die Stufen *Lesen* und *Uneingeschränkter Zugriff* (in RegEdt32 *Vollzugriff* genannt) zulässt.

Zugriffsrechte auf Schnittstellen- und Methodenebene

Programmgesteuert können die Zugriffsrechte auch auf Schnittstellenebene geprüft werden. Dazu dienen die Standardschnittstellen IClientSecurity *und* IServerSecurity. In COM+ unter Windows2000 und Folgeversionen ist die Konfiguration von Zugriffsrechten auf Methodenebene möglich.

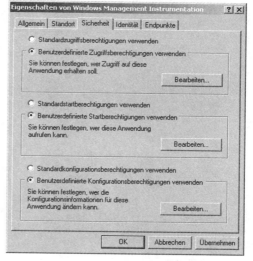

Abbildung 2.25: Sicherheitseinstellungen in DCOMCNFG

Sicherheit unter Windows 95/98/ME

Unter Windows 95/98/ME gibt es keine COM-Sicherheit bei der Nutzung lokaler Komponenten. Die Sicherheitsfunktionen greifen nur für die Fernnutzung und auch nur dann, wenn sich das Betriebssystem im Sicherheitsmodus »Zugriffskontrolle auf Benutzerebene« befindet. Die Zugriffskontrolle auf Ressourcenebene wird nicht unterstützt. Sofern die Zugriffskontrolle auf Ressourcenebene eingestellt ist, besteht nur die Möglichkeit, die Fernaktivierung von Komponenten grundsätzlich zu erlauben oder zu verbieten. Auch im Modus »Zugriffskontrolle auf Benutzerebene« sind nur die Standardzugriffsberechtigungen konfigurierbar. Die Authentifizierungs-Unterstützung in Windows 95/98/ME ist eingeschränkt, da eingehende Aufrufe höchstens bis zur Stufe »Connect« entgegengenommen

Windows 9x/ ME

Das Component Object Model (COM)

werden können. Aufrufe mit einer höheren Stufe werden abgewiesen. Weitere Informationen dazu finden Sie im COM Security FAQ [Q158508].

2.23 Active Scripting

Das Grundkonzept des Active Scripting wurde bereits in Kapitel 1 erläutert. Die folgende Grafik stellt eine detailliierte Erläuterung des Zusammenhangs zwischen Scripten und COM-Komponenten dar. Die COM-Komponenten, die für Active Scripting verwendet werden sollen, müssen COM-Automation (IDispatch-Schnittstelle) unterstützen.

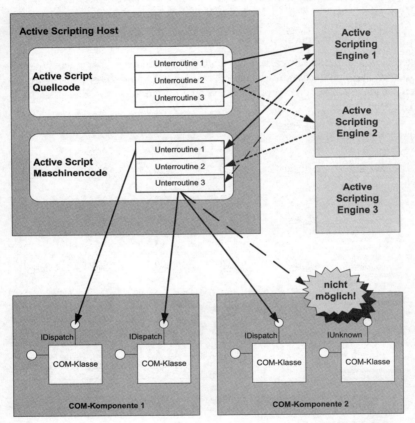

Abbildung 2.26: Die Active Scripting-Architektur

Auch Scripting Hosts und Scripting Engines sind COM-Komponenten, die spezielle Schnittstellen implementieren.

Active Scripting

2.23.1 Entwicklung von Scripting Engines

Die Implementierung einer Skriptsprache ist dann kompatibel mit der Active Scripting-Architektur, wenn folgende Voraussetzungen erfüllt sind:

IActiveScript-Parse

- Die Sprache ist in Form einer COM-Klasse implementiert.
- Die COM-Klasse unterstützt die COM-Schnittstellen IActiveScript, IActiveScript Parse.

Mit Sprachen, die COM-Komponenten mit Mehrfachschnittstellen implementieren können, kann man eigene Active Scripting Engines erstellen. Dies ist jedoch nicht Thema dieses Buchs.

2.23.2 Installierte Scripting Engines

Skriptsprachen werden bei der Installation in der Registry unter einer speziellen Kategorie von Komponenten registriert. Am einfachsten kann man die auf einem System installierten Skriptsprachen mit Hilfe des Tools COM-Viewer (siehe Kapitel »Werkzeuge«) einsehen. Dort existieren mehrere Einträge unter ACTIVE SCRIPTING ENGINE, die die Sprachen nach ihren Fähigkeiten kategorisieren.

Ansicht der installierten Skriptsprachen

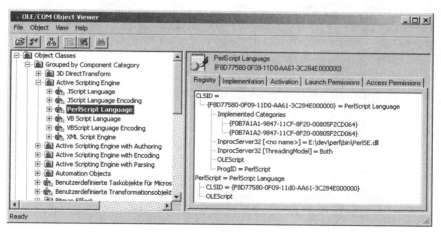

Abbildung 2.27: Anzeige der installierten Skriptsprachen im COM Object Viewer

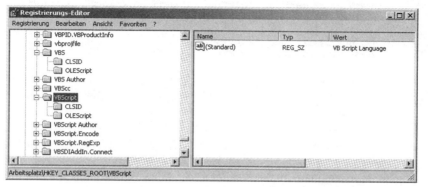

Abbildung 2.28: VBScript-ProgID in der Registry

Das Component Object Model (COM)

ProgID der Sprache

Zu jeder Sprache werden Sie einen Eintrag PROGID finden. Diese ProgID (Programmatic Identifier) ist in einigen Scripting Hosts wichtig zur Identifizierung der Skriptsprache. Visual Basic Script hat die ProgID *VBScript* und die Sprache JScript die ProgID JScript. Über einen Registry-Schlüssel der Form HKEY_CLASSES_ROOT\ProgID wird der Zusammenhang zwischen der Sprache und der Binärdatei hergestellt, die die Sprache implementiert.

2.23.3 Entwicklung von Scripting Hosts

Ein Active Scripting Host in eine COM-Klasse, die die Schnittstelle IActiveScriptSite implementiert. Eine einfachere Möglichkeit ist die Verwendung des Microsoft Script Control (vgl. Kapitel 6).

2.23.4 COM-Komponenten beim Active Scripting

Nur COM-Automation

Die Active Scripting-Architektur ermöglicht es allen Active Scripting-Sprachen, auf alle COM-Komponenten zuzugreifen, die COM-Automation unterstützen. COM-Klassen, die keine IDispatch-Schnittstelle haben, können nicht genutzt werden. Zwar unterstützen viele COM-Komponenten COM-Automation, jedoch gibt es Komponenten, die den Dienst nicht anbieten und daher im Windows Scripting nicht verwendbar sind.

Auf einen Zugriff auf Nicht-COM-APIs (z.B. DLLs, die keine COM-Komponenten sind) hat Microsoft ausdrücklich verzichtet. Es gibt jedoch inzwischen Ansätze, dies zu ermöglichen (DynaWrap, siehe [BOR00]).

2.23.5 Intrinsic Objects (Eingebaute Objekte)

Eingebaute Objekte

Viele Scripting Hosts besitzen so genannte *Intrinsic Objects* (auch *Built-In Objects* oder *Internal Objects*) für den Zugriff auf den Scripting Host und dessen direkte Umgebung. Intrinsic Objects sind COM-Objekte, die beim Start des Scripting Hosts oder beim Start eines konkreten Skripts automatisch durch den Scripting Host instanziiert werden. Dem Skript steht die so erzeugte Instanz in Form eines bestimmten Bezeichners als Intrinsic Object zur Verfügung.

Beispiele für Intrinsic Objects in verschiedenen Scripting Hosts

- Die *Active Server Pages (ASP)* stellen eine Reihe von Intrinsic Objects zur Kommunikation mit dem Webserver zur Verfügung (z.B. Request, Response, Server).

- Der *Windows Scripting Host (WSH)* liefert ein WScript-Objekt zum Zugriff auf den Host und Informationen über das aufgerufene Skript.

- Der *Exchange Event Agent* bekommt über das Objekt EventDetails Zugriff auf die E-Mail, die seinen Aufruf getriggert hat, und auf den Ordner, in dem die Nachricht steht.

- Ein *Transformation Script* im Data Transformation Service (DTS) hat über die Objekte DTSSource und DTSDestination die nötigen Informationen über die an der Transformation beteiligten Daten.

Jeder Scripting Host hat andere Intrinsic Objects. Oft stehen die dazugehörigen Klassen nur diesem Scripting Host zur Verfügung, so dass eine Instanziierung durch andere Scripting Hosts oder Anwendungen unmöglich ist. Es kann aber natürlich auch vorkommen, dass eine Klasse, welche in einem Scripting Host ein Intrinsic Object ist, in einem anderen Scripting Host durch explizite Instanziierung erzeugt wird.

2.24 Microsoft Transaction Server (MTS)

Den *Microsoft Transaction Server* (MTS), früherer Codename *Viper*, hätte man besser *Microsoft Component Server* nennen sollen, denn den wesentlichen Mehrwert bietet er in der Bereitstellung einer Umgebung für COM-Komponenten und erst in zweiter Linie für die Transaktionsverarbeitung. Marketingtechnisch war der Name MTS aber sicherlich erste Wahl, denn Microsoft wollte das imageträchtige Feld der Transaktionsverarbeitung mit einem eigenen Produkt besetzen.

MTS

Der MTS Version 2.0 kann unter NT4 im Rahmen des Option Packs installiert werden. Unter Windows 95/98/ME erhalten Sie den MTS durch Installation des Personal Webservers. In Windows 2000/XP/.NET ist die MTS-Funktionalität ein Teil von COM+ und damit fest im Betriebssystem verankert.

Zur Verwendung der MTS-Funktionalität unter Windows2000 beachten Sie bitte auch die Ausführungen zu COM+ im nächsten Kapitel, da sich einige Aspekte des MTS in Windows2000 geändert haben.

Microsofts *Distributed InterNet Applications Architecture (DNA)* sieht eine moderne Unterteilung in Präsentationsschicht, Anwendungsschicht und Datenzugriffsschicht vor. Diese Architektur heißt auch Three-Tier-Architecture, die Anwendungsschicht, auf der der MTS zuhause ist, wird auch Middle-Tier genannt. Die Anwendungsschicht beherbergt Geschäftsobjekte, die die von der Präsentationsschicht kommenden Benutzereingaben verarbeiten. Dabei sind in der Regel Zugriffe auf Datenbanken über die Datenzugriffsschicht notwendig.

DNA

Die Transaktionssteuerungsfunktion des MTS soll hier nicht thematisiert werden, da dies vor allem die Programmierung von eigenen COM-Servern betrifft. Zum Thema Transaktionsprogrammierung mit dem MTS sei auf [SCH00a] verwiesen. Der MTS wird hier aus drei Gründen behandelt:

▶ Der MTS übernimmt für COM-DLLs die Funktion eines Surrogat-Prozesses, was die Möglichkeit eröffnet, COM-DLLs als Out-process- oder Remote-Komponenten zu nutzen.

▶ Mit Hilfe des MTS sind erweiterte, rollenbasierte Sicherheitseinstellungen für Komponenten möglich.

▶ Der MTS kann per Programmcode administriert werden.

2.24.1 MTS-Administration

Die Administration des MTS erfolgt unter NT4 über ein Snap-In für die Microsoft Management Console (MMC) mit dem Namen Transaction Server Explorer. Den MTS Explorer gibt es auch als Stand-alone-Anwendung (MTXEXP.EXE) für Windows 95/98/ME – allerdings mit anderer Oberfläche und eingeschränkten Möglichkeiten.

MTS Explorer

Der MTS-Explorer wird im Kapitel »Werkzeuge« behandelt.

2.24.2 Interception

Interception Der MTS arbeitet nach dem Interception-Prinzip: COM-Client und COM-Server kommunizieren nicht direkt, sondern über ein Interceptor-Objekt miteinander. Das Interceptor-Objekt ist wie ein Mantel um ein COM-Objekt gelegt, der die Methodenaufrufe des COM-Clients entgegennimmt und an das angesprochene COM-Objekt weiterleitet. Interception wird auch *Objektkontext* genannt, das Interceptor-Objekt heißt auch *Kontextobjekt* oder *Context-Wrapper-Objekt*. Interception erfolgt auf Klassenebene, nicht auf Komponentenebene.

mtx.exe Der MTS fügt dazu zwischen den Server-Stub und die Klasse ein Context-Wrapper-Objekt ein, wobei dies deutliche Spuren in der Registry hinterlässt: Der LOCALSERVER32-Eintrag unterhalb der CLSIDs der Klassen weist nicht mehr auf die DLL, sondern auf einen Eintrag der Form C:\WINDOWS\ SYSTEM\mtx.exe /p:{8FBA079C-B9A4-11D2-978B-0008C73ADEC0}. Hinter MTX.EXE verbirgt sich der Context-Wrapper, der gleichzeitig ein Surrogat-Prozess ist. Der MTS startet pro Package eine Instanz von MTX.EXE; alle Objekte eines Packages laufen also im gleichen Prozess.

Zusätzliche Dienste Neben den bereits erwähnten Transaktionsdiensten, dem Surrogat-Prozess und den erweiterten, rollenbasierten Sicherheitseinstellungen bietet der MTS auf Basis der Interception auch noch folgende Dienste an:

- **Connection Pooling für Datenbankverbindungen**: Wenn ein MTS-Objekt eine Datenbankverbindung verwirft, wird diese durch den Objektkontext nicht wirklich geschlossen, sondern für die weitere Verwendung vorgehalten.

- **Shared Properties**: Der Shared Property Manager ermöglicht gemeinsame Datenbereiche für alle Instanzen (auch verschiedener Klassen) innerhalb eines Packages.

- **Just-in-Time-Activation**: Der MTS 2.0 kennt einen Object Caching-Mechanismus (Just-in-Time-Activation) – Komponenten verbleiben auch nach Deaktivierung der letzten Objektinstanz noch für eine bestimmte, definierbare Zeit im Speicher, um bei einer erneuten Anfrage schneller neue Instanzen bilden zu können. Dieser Mechanismus ist auch der Grund dafür, dass Entwickler oft vergeblich versuchen, COM-DLLs zu ersetzen. Solange die pro Package einstellbare Caching-Zeit seit der letzten Verwendung nicht verstrichen ist, muss das Package im MTS Explorer manuell – mit Hilfe des Kontextmenüeintrags HERUNTERFAHREN – entladen werden. Object Caching ist kein Object Pooling, bei dem die einzelnen Instanzen erhalten bleiben. Dies ist erst in COM+ implementiert. Just-in-Time-Activation kann seine Wirkung erst in Zusammenhang mit zustandslosen Komponenten voll entfalten.

2.24.3 Packages

MTS-Packages Der MTS unterscheidet zwischen nichtkonfigurierten und konfigurierten Klassen. Erstere sind Klassen, die lediglich installiert, also in der Registry als COM-Klasse registriert sind. Sie sind jedoch nicht Teil eines MTS-Packages. Konfigurierte Klassen sind in einem so genannten MTS-Package enthalten.

Ein Package ist die zentrale Organisationseinheit des MTS. Es besteht aus einer oder mehreren COM-Klassen. Unterstützt werden nur Klassen aus COM-In-process-Komponenten (d.h. COM-DLLs). Jede Klasse gehört zu höchstens einem Package. Nur Klassen, die in einem Package eingetragen sind, können die MTS-Zusatzdienste nutzen.

Es gibt zwei Arten von Packages:

- ▶ Bei **Library Packages** laufen die Klassen im Prozess des Aufrufers, was voraussetzt, dass sich der aufrufende Prozess auf dem gleichen Computer befindet.   **Library Packages**

- ▶ Der Normalfall sind jedoch die **Server Packages**, die in einem eigenen Prozess laufen. Nur dieser Typ unterstützt alle Features.   **Server Packages**

> Der gesamte Datenspeicher des MTS heißt *MTS-Katalog*.

2.24.4 Programmierung

Die Instanzen einer Klasse, die im MTS bzw. als COM+-Anwendung laufen, können Zugriff auf die Interception-Umgebung erhalten: Nach Einbindung der Microsoft Transaction Server Type Library (MTXAS.DLL) steht die globale Funktion `GetObjectContext()` zur Verfügung, die einen Zeiger auf ein `ObjectContext`-Objekt mit einer `IObjectContext`-Schnittstelle liefert.   **GetObject-Context()**

Die Schnittstelle bietet hauptsächlich Funktionen zur Transaktionssteuerung (`SetComplete`, `SetAbort`, `EnableCommit`, `EnableAbort`, `IsInTransaction`) an. Während `SetComplete` und `SetAbort` das endgültige Ende einer Transaktion festlegen, kann mit `EnableCommit` und `EnableAbort` ein Zwischenstatus gesetzt werden. Zusätzlich kann der Komponentenprogrammierer Sicherheitsinformationen auslesen.

Die zuvor beschriebene Form der Sicherheitseinstellung wird in COM auch als deklarative Sicherheit bezeichnet, bei der programmatischen Sicherheit wird dagegen innerhalb der COM-Objekte auf Sicherheitsfunktionen zugegriffen. MTS stellt das Rollenkonzept auch für die programmatische Sicherheit bereit. Innerhalb einer Klasse kann der Komponentenprogrammierer über die `IObjectContext`-Schnittstelle auf die Sicherheitsinformationen zugreifen. `IObjectContext` bietet die Methoden `IsSecurityEnabled()` und `IsCallerInRole()` sowie das Unterobjekt `Security` vom Typ `Security Property`.

2.25 COM+

COM+ ist die Weiterentwicklung von COM, die mit Windows2000 eingeführt wurde. COM+ umfasst COM und den Microsoft Transaction Server sowie weitere Dienste. Weitere Informationen zu COM+ finden Sie in [SCH00a] und [PLA99].   **COM+ in Windows2000**

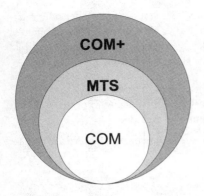

Abbildung 2.29:
Verhältnis von
COM, MTS
und COM+

2.25.1 Änderungen gegenüber dem MTS

Die Funktionen des MTS 2.0 wurden aber nicht eins zu eins in COM+ übernommen. Folgende Dinge sind anders:

MTS versus COM+

Application
- Das, was im MTS *Package* genannt wurde, heißt nun *COM+-Anwendung*. Der Name Application ist natürlich sehr ungünstig gewählt, da es dafür in der COM-Welt mindestens schon zwei Bedeutungen gibt.

Interception
- In COM+ unterliegt jede Klasse automatisch dem Interception-Modell. COM+ benötigt daher keine zwischengeschaltete MTX.EXE mehr. Die Interception findet hier bereits vor dem Client-Proxy und vor dem Server-Stub statt. Die Erhebung einer DLL in einen eigenen Prozess leistet das bereits seit NT4 Service Pack 2 ausgelieferte Standard-Surrogat DLLHOST.EXE. Für Anwendungen, die drei GB Speicher unterstützen, wird DLLHST3G.EXE verwendet. Für den Komponentenprogrammierer vereinfachen sich durch die automatische Interception einige Funktionen.

Datenspeicher
- Der *COM+ Catalog* (der zentrale Datenspeicher von COM+, der dem MTS Catalog entspricht) wird nicht in der Registry, sondern in der so genannten COM+ Registration Database (RegDB) gespeichert. Die RegDB befindet sich im Verzeichnis /WINNT/REGISTRATION.

Administration
- Die Administration erfolgt über ein geändertes Snap-In, das im Rahmen der MMC-Konfiguration KOMPONENTENDIENSTE im Verwaltungsordner im Startmenü zu finden ist.

Rollen
- Bei der rollenbasierten Sicherheit unterstützt COM+ nun sogar die Zuordnung von Rollen auf Methodenebene.

Aufrufketten
- Die Möglichkeiten des Zugriffs auf die Identität der Aufrufer in einer Kette von Objektaufrufen wurde verbessert: Während bei MTS nur die Identität des direkten und die des ursprünglichen Aufrufers in einer Kette von Objektaufrufen ermittelbar ist, besteht unter COM+ Zugriff auf die komplette Liste der Benutzerkontexte, über die ein Aufruf gelaufen ist. COM+ bietet ein eigenes Objektmodell für den Zugriff auf die Sicherheitsinformationen. Den Einstieg bildet ein SecurityCallContext-Objekt, das wie das ObjectContext-Objekt über eine globale Methode (GetSecurityCallContext()) im Zugriff ist.

COM+

- COM+-Anwendungen können als ein Microsoft Windows Installer-Paket (.MSI) exportiert werden. — **MSI**

- Das Objektmodell für den Zugriff auf den Objektkontext hat sich geändert und heißt jetzt COM+ Service Type Library (COMSVCS.DLL). Unter COM+ verfügt das `ObjectContext`-Objekt über weitere Schnittstellen (`IObjectContextInfo`, `IContextState` und `ISecurityCallContext`), die den Zugriff auf Detailinformationen und ein Feintuning von Transaktionen ermöglichen. — **Objektmodelle**

- Ebenso hat sich das Objektmodell für die automatisierte Administration geändert. Es gibt nun eine Komponente mit Namen *COM+ Administration Objects*.

2.25.2 Neue Dienste in COM+

COM+ unterstützt die folgenden neuen Dienste:

- **Object Pooling:** Das Object Pooling geisterte schon in Zusammenhang mit dem MTS 2.0 durch die Fachwelt, war jedoch nicht implementiert. Object Pooling ist die Möglichkeit, einen bestimmten Vorrat an Instanzen dieser Ressourcen im Speicher vorzuhalten, die dann bei Bedarf aktiviert werden. In COM+ gibt es für das Object Pooling nun ein Eigenschaftsfenster, in dem eine Unter- und eine Obermenge von Instanzen einer jeden Klasse definiert werden können, die im Speicher gehalten werden. Allerdings funktioniert Object Pooling nur mit Objekten im Multithreaded oder Neutral Apartment – also nicht mit Visual Basic 6.0-Klassen. — **Object Pooling**

  Jede Instanz hat selbst die Möglichkeit zu kontrollieren, ob sie in den Pool aufgenommen werden möchte. Dazu dient die Schnittstelle `IObjectControl`.

- **Object Construction String:** Eine einfache Möglichkeit zur Übergabe von Informationen an Klassen besteht in COM+ mit dem so genannten *Object Construction String*. Im Komponentendienste-Snap-In kann zu jeder Klasse ein beliebiger String eingegeben werden, der der Klasse bei der Aktivierung übergeben wird, sofern sie die Schnittstelle `IObjectConstructionString` implementiert. — **Object Construction String**

- **Compensating Resource Manager:** Der Compensating Resource Manager ermöglicht es, Ressourcen, für die kein eigener Resource Manager zur Verfügung steht, in Transaktionen zu integrieren. So kann auch das Ergebnis eines Verarbeitungsprozesses, der gar nicht auf Datenbanken beruht, Teil einer Gesamttransaktion sein. — **Compensating Resource Manager**

- **COM+ Queued Components:** Queued Components sind eine Integration des Microsoft Message Queue Servers (MSMQ) und ermöglichen den asynchronen Aufruf von Methoden. — **Queued Components**

- **COM+ Events:** In Abänderung zum klassischen COM ermöglicht ein spezieller NT-Dienst, der COM+ Event Service, die Realisierung von lose gekoppelten Ereignissen. Dabei ist im Gegensatz zum Connection Point-Mechanismus (vgl. Kapitel 2.12) eine Filterung der Ereignisse möglich. — **Lose gekoppelte Ereignisse**

> **Nicht in Windows2000 enthaltene Dienste**
>
> Einige Dienste, die ursprünglich für COM+ Version 1.0 angekündigt waren, haben nicht Einzug in Windows2000 gehalten.
>
> CLB
> ▶ Component Load Balancing (CLB)
> Die Lastverteilung zwischen verschiedenen Servern mit denselben installierten Komponenten war ursprünglich in Windows2000 implementiert, wurde aber im Zuge der Beta-Phase herausgenommen. Dieser Dienst ist nun für ein zukünftiges Add-on (Application Center Server) angekündigt.
>
> IMDB
> ▶ In-Memory-Database (IMDB)
> Die Möglichkeit, eine relationale Datenbank im Hauptspeicher zu führen, ist ebenso wie das CLB nicht im ersten Release von Windows2000 enthalten.

Laufzeitumgebung

Laufzeit-umgebung
Aus der ursprünglich in [KIR98] angekündigten einheitlichen Laufzeitumgebung für Komponenten und aus dem Class Store (Speicherung der Komponenteninformationen im Active Directory) ist in den COM+ Versionen 1.0 (Windows2000) und 1.5 (Windows XP) nichts geworden.

COM+ und .NET
> Der Nachfolger von COM+ sollte ursprünglich COM+ Version 2.0 oder 3.0 heißen. Daraus wurde das .NET-Framework. Einige Dienste von COM+ leben aber auch im .NET-Framework weiter.

2.25.3 COM+-Administration

Zusammensetzung einer COM+-Anwendung
Die Konfiguration von COM+-Anwendungen erfolgt über das Komponentendienste-Snap-In in der Management Console. Über das Snap-In kann auf entfernte COM+-Kataloge zugegriffen werden. Das Snap-In wird im Kapitel »Werkzeuge« beschrieben.

2.26 Objektmodelle in COM-Komponenten

COM-Objektmodelle
Unter den Entwicklern von COM-Komponenten ist die Verwendung von Objektmodellen sehr verbreitet. Die folgenden Ausführungen sind eine wichtige Grundlage für das Verständnis der in diesem Buch beschriebenen Objektmodelle administrativer Komponenten. Bitte beachten Sie auch die grafische Notation, die in Anhang B erläutert wird.

2.26.1 Objektorientierte Konzepte in COM

Hier soll kurz dargestellt werden, wie Polymorphismus, Mehrfachschnittstellen und Vererbung durch COM realisiert werden.

2.26.1.1 Polymorphismus in COM

COM unterstützt Polymorphismus in drei Formen:

Polymorphismus

- Zwei Schnittstellen, die von der gleichen Schnittstelle abgeleitet sind, verhalten sich polymorph zueinander. So ist es möglich, dass ein Aufruf von `QueryInterface()` auf jeder von IUnknown abgeleiteten Klasse funktioniert.

- Zwei Klassen (und damit deren Instanzen) sind hinsichtlich jener Schnittstellen polymorph (siehe Anhang A), die beide Klassen implementieren. So kann auch ein früh bindender COM-Client Instanzen unterschiedlicher Klassen verwenden.

- Schließlich sind zwei Klassen auch dann polymorph, wenn sie über IDispatch-Schnittstellen verfügen, die jeweils eine Methode mit dem gleichen Namen und der exakt gleichen Signatur bereitstellen. So kann ein COM-Client via Automation eine Methode `TueEtwas(was,wann)` auch dann erfolgreich in zwei Instanzen unterschiedlicher Klassen ausführen, wenn die Methode `TueEtwas()` in beiden Klassen zu verschiedenen benutzerdefinierten Interfaces gehört. Voraussetzung ist lediglich, dass beide Methoden über die Parameter `was` und `wann` verfügen und die Datentypen gleich oder zumindest implizit konvertierbar sind.

Letzteres kann einen vTable-fähigen Client dazu veranlassen, freiwillig auf die langsamere COM-Automation zurückzugreifen.

2.26.1.2 Mehrfachschnittstellen und Versionierung

Die Mehrfachschnittstellen in COM sind Grundlage der Versionierung (Versionierung bedeutet die parallele Bereitstellung verschiedener Versionen). Bei einer Änderung der Schnittstelle kann ein COM-Server neben der neuen auch die alte Schnittstelle unterstützen. Dadurch kann ein alter Client die Komponente weiterhin nutzen. Neuere Versionen einer Schnittstelle werden in COM oft durch Versionsnummern (z.B. IMachWas2) oder den Zusatz Ex für Extended (z.B. IMachWasEx) bezeichnet. Es ist dabei natürlich möglich, dass für Methoden, deren Implementierung unverändert geblieben ist, sowohl die Methode IAltesInterface::MethodeX als auch die Methode INeuesInterface::MethodeX auf die gleiche Implementierung verweist.

Mehrfachschnittstellen

Dieses Verfahren wird üblicherweise bei der Standardmethode `IUnknown::QueryInterface()` angewendet, die von jeder Schnittstelle implementiert werden und per definitionem die gleiche Aufgabe erfüllen muss. Es ist auch möglich, `IUnknown::QueryInterface()` so zu implementieren, dass die Anfrage nach einer veralteten Schnittstelle automatisch einen Zeiger auf die vTable einer neueren Schnittstelle liefert.

2.26.1.3 Vererbung

COM unterstützt keine Implementierungsvererbung, sondern nur die Schnittstellenvererbung. Die Wiederverwendung von Komponenten ist dennoch durch Aggregation und Delegation möglich. Da dies jedoch sehr weit in den Bereich des Komponentenentwurfs hineingeht, soll es an dieser Stelle bei dieser Erwähnung belassen werden. Mit der Vererbung in Visual Basic.NET (7.0) wird auch das Erben von COM-Klassen möglich. Diese Funktion wird allerdings nicht durch COM selbst, sondern durch den Visual Basic-Compiler bzw. die Visual Basic-Laufzeitumgebung bereitgestellt.

Vererbung

2.26.2 Bausteine von COM-Objektmodellen

Eine COM-Komponente kann beliebig viele Objektmodelle enthalten. Viele Komponenten bestehen jedoch aus nur einem einzigen großen Objektmodell. In COM bestehen Klassendefinitionen aus Attributen, Methoden und Ereignissen. Objektmodelle entstehen, indem Attribute auf andere Objekte verweisen oder Methoden Zeiger auf andere Objekte zurückliefern.

Klassentypen In COM-Objektmodellen gibt es üblicherweise vier Typen von Klassen, die aufgrund von zwei Kriterien gebildet werden:

- Einerseits unterscheidet man Klassen, die einen Behälter für eine Menge von Objekten darstellen (so genannte Collections), und Klassen, die Einzelobjekte repräsentieren.

- Andererseits unterscheidet man, ob eine Klasse von außen durch den Komponentenbenutzer instanziierbar ist oder nur intern von Instanzen anderer Klassen instanziiert werden kann.

Collectionklassen versus Einzelklassen

Collections In COM wird die in Anhang A diskutierte Unterscheidung zwischen Set, Bag und Collection nicht vorgenommen. In der COM-Welt werden Objektmengen unabhängig davon, ob die enthaltenen Instanzen homogen oder heterogen sind, Collections genannt. Man sagt auch, eine Objekthierarchie bestehe aus Objekten und Collections (obwohl letztere natürlich auch Objekte sind). In der Regel ist die Anzahl der Unterobjekte einer Collection variabel. Häufig gibt es in COM-Komponenten auch Collections, die die Aufnahme von Unterobjekten auf Instanzen einer bestimmten Klasse beschränken (was in der Theorie ein *Set* genannt wird).

Collectionklassen versus Einzelklassen Collections in COM besitzen in der Regel eine Verwaltungsklasse. Diese Verwaltungsklassen werden in Abgrenzung zu Einzelklassen *Collectionklassen* genannt. Einzelklassen sind nicht in der Lage, eine Menge von Objekten zu verwalten. Der Begriff Collection wird insofern doppeldeutig verwendet, als damit einerseits nur die Verwalterklasse bezeichnet wird, andererseits auch alle in der Objektmenge enthaltenen Objekte.

Zirkuläre Referenzen In COM kommen n-zu-m-Beziehungen eher selten vor, da dies zirkuläre Referenzen bedingt. Zirkuläre Referenzen bringen Probleme bei der Freigabe von Speicherplatz mit sich.

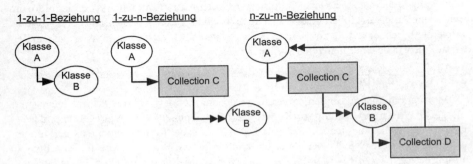

Abbildung 2.30: Modellierung der Nutzungsbeziehungen mit verschiedenen Kardinalitäten in COM

> Es ist möglich, dass ein Objektmodell sich über Klassen aus mehreren Komponenten erstreckt. Dies kommt jedoch selten vor. Die *Microsoft Shell Objects* sind ein Beispiel dafür (siehe Kapitel 5).

Instanziierbare versus nicht-instanziierbare Klassen

COM-Komponenten verfügen in der Regel nur über wenige instanziierbare Klassen. In einigen Fällen ist nur das Stammobjekt selbst instanziierbar. Eine Komponente mit einer einzigen Stammklasse schließt die eigenständige Instanziierbarkeit von untergeordneten Klassen nicht aus. In diesem Fall wird in dem Objektbaum nicht an der Wurzel begonnen, sondern an einem Ast, Zweig oder Blatt. Dann sollte jedoch eine Navigationsmöglichkeit zurück zu den in dem Objektmodell übergeordneten Objekten angeboten werden.

Instanziierbarkeit

2.26.3 Best Practice für Objektmodelle

Microsoft hat mit den COM-Objektmodellen aus Collections und Objekten ein Rahmenwerk geschaffen, das eine große Bandbreite möglicher Realweltsituationen abbilden kann. Es gibt einige Empfehlungen, wie diese Objektmodelle verwendet werden sollten:

Gutes Objektmodelldesign

- Ein Objektmodell sollte genau eine Stammklasse besitzen, über deren Instanz der Zugriff auf die Instanzen der anderen Klassen möglich ist. Sofern es sich bei der COM-Komponente um eine eigenständige Anwendung handelt, sollte die Stammklasse `Application` heißen (vgl. [MIC98], S. 718).

  Stammklasse

- Der Weg von einem Objekt zu einem untergeordneten Objekt oder einer Collection sollte über ein Attribut erfolgen, das den gleichen Namen trägt wie der Klassenname des Objekts bzw. der Collection.

  Attributnamen

- Als Weg zurück von einem untergeordneten Objekt zu Objekten, die in der Objekthierarchie darüber liegen, werden folgende Möglichkeiten verwendet:

    - Über ein Attribut hält jede Klasse einen Verweis auf das Stammobjekt bereit. Dieses Attribut hat den Namen der Stammklasse (also meistens `Application`). Der Anwender kann dann vom Stamm aus zu allen Objekten navigieren.

    - Über ein Attribut `Parent` hält jede Klasse einen Verweis auf das im Baum nächsthöhere Objekt bereit. Dadurch ist eine schrittweise Navigation von den Blättern des Baums bis zurück zum Stamm möglich.

- Eine homogene Collection sollte den gleichen Namen haben wie die Klasse der Objekte, die sie enthält, jedoch im Plural (Beispiel: Eine Collection von `File`-Objekten heißt `Files`). Nur wenn Singular und Plural des Begriffs gleich sind (z.B. `Fenster`), sollte die Collection durch ein Suffix (z.B. `FensterListe`) kenntlich gemacht werden (vgl. [MIC98], S. 706f.).

  Benennung von Collections

- Eine Collection sollte die Methoden `Add()`, `Insert()` und `Remove()` sowie das Attribut `Item()` anbieten. Außerdem sollte sie die zur Unterstützung von `For...Each` benötigte Methode `_NewEnum` besitzen. `_NewEnum` soll eine versteckte Methode sein ([MIC98], S. 716ff.).

  Collection-Methoden

- In einer Collection sollte eine Methode, die ein extern erstelltes Objekt in eine Collection aufnimmt, `Insert()` heißen. Die Methode `Add()` sollte selbst eine Instanz der gewünschten Klasse erzeugen und zurückgeben.

- `Item()` sollte den Zugriff sowohl über einen fortlaufenden numerischen Index als auch über einen alphanumerischen Schlüssel unterstützen. Da `Item()` immer einen Parameter erwartet, müsste es sich eigentlich um eine Methode und nicht um ein Attribut handeln.

Attribut oder Methode?

> **Item()-Attribut oder Item()-Methode?**
>
> Die Frage, ob `Item()` ein Attribut oder eine Methode ist, ist nicht trivial. Die Tatsache, dass `Item()` einen Parameter hat, spricht für eine Methode. Die Tatsache, dass in vielen Komponenten Zuweisungen an `Item()` erfolgen können (z.B. `objDic.Item(key) = Wert` in der Klasse `Scripting.Dictionary`), spricht dagegen für ein Attribut. Microsoft selbst ist nicht ganz eindeutig: Einerseits spricht man von `Item()` als Methode (z.B. [MIC98, S. 717], [MSD01i], [MSD01k]), andererseits von einem Attribut (z.B. [MSD01h], [MSD01g]). Dass Microsoft sich nicht einig ist, wird ganz deutlich in [MSD01j]: Das Dokument heißt vbmthItemMethodActiveXControls.asp, die Überschrift lautet aber **Item Property**.
>
> Der Microsoft Objektkatalog zeigt, dass in einigen Collection-Klassen `Item()` als Attribut definiert ist (z.B. `Scripting.Drives`, `ADODB.Parameters` oder `MAPI.Folders`), während in anderen Collection-Klassen `Item()` eine Methode ist (z.B. `SQLDMO.Jobs`, `WbemScripting.SWbemObjectSet` oder `SHDocVw.ShellWindows`). Für COM selbst ist der Unterschied egal, da es in COM auf der Binärebene nur Methoden gibt.

2.26.4 Meta-Objektmodelle

Probleme mit Objektmodellen

Die Definition eines Objektmodells kann durch zwei Umstände erschwert werden:

- **Komplexität:** Oft ist der durch Objektmodelle abgebildete Realweltausschnitt sehr komplex. Wenn es sehr viele Elementtypen in der Realwelt gibt, dann sind in der Regel auch viele Klassen nötig, um diese Welt zu modellieren.

- **Erweiterbarkeit:** Wenn es in der Realität vorkommt, dass Elementtypen sich in einem Zeitablauf in ihrem Aufbau ändern oder neue Elementtypen hinzukommen können, dann muss das Schema der Komponente (insbesondere das Objektmodell) angepasst werden. COM ist jedoch nicht darauf ausgelegt, dass sich das Schema einer Komponente zur Laufzeit ändert. Jede Änderung bedeutet also eine Neukompilierung der Komponente.

Meta-Objektmodelle

Diesen Anforderungen wird inzwischen in einigen Fällen durch ein Konzept begegnet, das hier *Meta-Objektmodell* genannt werden soll. Ein Meta-Objektmodell ist eine Abstraktion von einem konkreten Objektmodell. Ein solches Meta-Objektmodell definiert einen allgemeinen Satz von *(Universal-) Klassen* (auch: *Meta-Klassen*), mit denen ein Zugriff auf ein anderes Objektmodell möglich ist. Dabei findet eine Abbildung statt: Eine Klasse des Meta-Objektmodells wird auf n Klassen des Basis-Objektmodells abgebildet. Diese Meta-Klasse bietet Funktionen, um auf die Schnittstellen der Basis-Klasse zuzugreifen.

Objektmodelle in COM-Komponenten

Eine Sonderform bilden Meta-Objektmodelle, die eine 1-zu-n-Abbildung nur auf Ebene von Attributen und Methoden realisieren. Es gibt in diesen Objektmodellen zu jeder Basis-Klasse auch genau eine Klasse im Meta-Objektmodell. Allerdings kann es in der Basis-Klasse mehr Mitglieder geben als in der Meta-Klasse. Für die zusätzlichen Mitglieder bietet die Meta-Klasse ein Konstrukt an.

> Wie auch schon bei dem Begriff Objektmodell ist an dieser Stelle der Hinweis notwendig, dass der Begriff Meta-Objektmodell auf Modellierungsebene anders verwendet wird. Dort ist ein Meta-Objektmodell eine weitere Abstraktionsebene über einer Beschreibung der Elemente einer objektorientierten Modellierung.

Andere Definition

Auch ein Meta-Objektmodell wird in einer COM-Komponente implementiert. Dabei unterscheidet sich eine solche Meta-Komponente aus der Sicht von COM in keinster Weise von einer anderen Komponente. Der Unterschied liegt in der Semantik des implementierten Objektmodells. Ein Basis-Objektmodell kann auch wieder in Form einer COM-Komponente implementiert sein, muss es aber nicht. In der Praxis sind die Basis-Objektmodelle meist in anderer Form realisierte Objektmodelle.

Bindung in Meta-Objektmodellen

In der Regel ist vorgesehen, dass der Client nur mit dem Meta-Objektmodell, nicht auch mit dem konkreten Objektmodell arbeitet. Er instanziiert eine Klasse aus dem Meta-Objektmodell und *bindet* diese Instanz dann an ein Objekt aus dem Basis-Objektmodell, wobei die Bindung in der Regel an konkrete Instanzen dieses Modells erfolgt. Danach ermöglicht das Meta-Objekt den Zugriff auf die Attribute und Methoden des konkreten Objekts.

Bindung

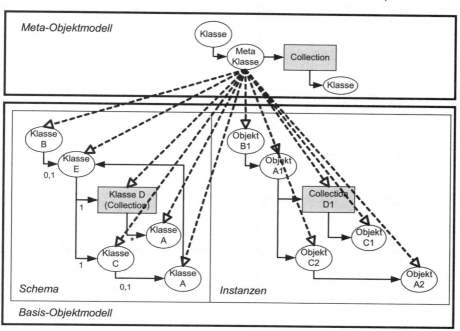

Abbildung 2.31: Eine Meta-Klasse in einem Meta-Objektmodell bildet eine Vielzahl von Klassen und Instanzen in einem konkreten Objektmodell ab.

Sofern das Basis-Objektmodell jedoch über ein transparentes Schema verfügt, ist es üblich, dass das Meta-Objektmodell nicht nur eine Abbildung der Instanzen des Basis-Objektmodells, sondern auch eine Abbildung der Schema-Informationen zulässt. Beide Möglichkeiten zeigt Abbildung 2.27. In einem Meta-Objektmodell-Konzept ist eine Klasse des Meta-Objektmodells auch dafür zuständig, Instanzen im Basis-Objektmodell zu erzeugen bzw. zu vernichten.

Meta-Objektmodelle in COM

Verfügbare Meta-Objektmodelle Es gibt inzwischen im Bereich der COM-Komponenten für Windows einige Meta-Objektmodelle, z.B. das *Active Directory Service Interface (ADSI)* und das *Windows Management Instrumentarium Scripting API*. Die *ActiveX Data Objects (ADO)* sind ein Meta-Objektmodell auf Attributebene.

Unzureichende Dokumentation Komponenten für Architekturen, die ein Provider-Konzept besitzen (z.B. ADSI, WMI, ADO, CDO/MAPI), sind geeignete Kandidaten für Meta-Objektmodelle, da die Programmierschnittstelle mit unterschiedlichen Providern zusammenarbeiten kann. Allerdings zeigen die Dokumentationen dieser Komponenten, dass deren Autoren sich über die Unterschiede zwischen den Meta-Objektmodellen und den Basis-Objektmodellen wenig Gedanken gemacht haben; in der Regel wird dieser Unterschied stillschweigend übergangen. Dabei ist eine saubere Trennung der beiden Konzepte für das Verständnis einer COM-Komponente sehr wichtig.

Hinsichtlich der Frage, wie die Abbildung eines konkreten Basis-Objekts auf Meta-Objekte erfolgt, kann man verschiedene Typen unterscheiden:

Typ 1 ▶ Typ 1: Attribute und Methoden werden selbst wieder durch Meta-Objekte repräsentiert. Für die Attribute gibt es eine Collection von Attribut-Meta-Objekten, für die Methoden eine Collection von Methoden-Meta-Objekten. Die Attribut-Meta-Klasse stellt Methoden wie Get() und Set() bereit, um die Eigenschaften des konkreten Objekts zu modifizieren. Die Methoden-Meta-Klasse stellt eine Methode wie Execute() bereit, um eine Methode auf dem konkreten Objekt aufzurufen. Diese Vorgehensweise führt zu einer sehr aufwendigen und widersinnig wirkenden Kodierung. Der Vorteil besteht darin, dass die Attribut- und Methoden-Meta-Objekte gleichzeitig Schemainformationen bereitstellen können. Ein Client kann so zur Laufzeit erforschen, welche Attribute und Methoden das konkrete Objekt besitzt.

Typ 2 ▶ Typ 2: Eine Modifikation von Typ 1 besteht darin, Attribute und Klassen nicht durch eine eigene Meta-Klasse abzubilden, sondern die o.g. Zugriffsmethoden direkt in der Meta-Klasse abzubilden, die das konkrete Objekt als Ganzes repräsentiert.

Typ 3 ▶ Typ 3: (*Direct Access*): Die dritte Möglichkeit ist, dass sich das Meta-Objekt in Abhängigkeit von der aktuellen Bindung verwandelt, so dass der Nutzer keinen Unterschied zwischen dem Meta-Objekt und dem konkreten Objekt bemerkt. Das bedeutet, dass eine Meta-Klasse wie CIMObject nach der Bindung an ein Grundobjekt die Mitglieder des Grundobjekts so in seine IDispatch-Schnittstelle einbindet, dass Attribute und Methoden doch wieder über die übliche Mitglieder-Zugriffsnotation (z.B. obj.Methode) aufgerufen werden können. Eine solche Meta-Klasse ist also in der Lage, zur Laufzeit ihre IDispatch-Schnittstelle zu erweitern und die Grundklasse zu emulieren. Der Programmierer sieht keinen Unterschied mehr zwischen Meta- und Basis-Objekt und kann auf natürliche Weise programmieren. Dieses Verfahren hat im Gegensatz zu den anderen Typen einen Namen: *Direct Access*.

Der Nachteil des Direct Access ist, dass der Nutzer nicht mehr unterscheiden kann, welche Mitglieder der Meta-Klasse und welche der konkreten (emulierten) Klasse angehören. Kritisch könnte es bei Namensüberschneidungen werden. Es empfiehlt sich daher, per Namenskonvention eine Überschneidung zu verhindern.

▶ **Typ 4**: Während alle oben beschriebenen Typen in der COM-Welt bereits vorkommen, ist dem Autor kein Meta-Objektmodell bekannt, das eine Emulation über eine Mehrfachschnittstelle realisiert. Ein Meta-Objekt würde neben der eigenen Standardschnittstelle, die unverändert bleibt, eine weitere Schnittstelle mit den Mitgliedern der Klasse des Basis-Objektmodells anbieten. Damit COM-Automation-Clients davon Gebrauch machen können, müsste die Standardschnittstelle ein Attribut anbieten, um zu der zweiten Schnittstelle zu navigieren. Wenn das konkrete Objekt selbst Mehrfachschnittstellen besitzt, könnte das Meta-Objekt auch diese abbilden: Für ein konkretes Objekt mit n Schnittstellen würde das Meta-Objekt dann n+1 Schnittstellen anbieten. Das Meta-Objekt ändert auch dabei seine Standardschnittstelle nicht, sondern fügt die Schnittstellen des konkreten Objekts hinzu. Damit COM-Automation-Clients davon Gebrauch machen können, müsste die Standardschnittstelle eine Methode `GetInterface()` anbieten, die die Navigation zu n Schnittstellen ermöglicht.

Typ 4

Probleme bei den Eingabehilfen

Meta-Objektmodelle besitzen hinsichtlich der Unterstützung bei der Programmcodeeingabe den Nachteil, dass das Konzept der Typbibliotheken nur für die direkt angesprochene Komponente, also das Meta-Objektmodell, nicht aber für das Basis-Objektmodell funktioniert. Meta-Objektmodelle sind eine Form des späten Bindens; der bisherige Mechanismus zur Typermittlung auf Basis der Typdeklaration kann also nicht wirken, da die Typdeklaration stets für die Meta-Klasse erfolgt. Eine Unterstützung für die Funktionen der Grundklassen wäre zwar denkbar (z. B. durch den Zugriff auf das Schema des Basis-Objektmodells), ist aber heute noch an keiner Stelle implementiert.

Beispiele für Meta-Objektmodelle

Im Folgenden sollen drei Beispiele für die Realisierung von Meta-Objektmodellen vorgestellt werden. Die Realisierung ist dabei jeweils sehr unterschiedlich.

▶ **Beispiel 1: WMI**

Die Windows Management Instrumentation (WMI) abstrahiert am weitesten von den eigentlichen Klassen. Die WMI-COM-Komponente definiert nur Meta-Klassen wie `SWbemObject`, `SWbemMethod` und `SWbemProperty`, deren Instanzen an Basis-Objekte gebunden werden können. Attributzugriffe und Methodenaufrufe sehen in WMI dann folgendermaßen aus:

WMI

```
wert = Obj.Properties_("Attributname") und
Obj.Properties_("Attributname") = wert.

Set method = process.Methods_("Create")
Set inParam = method.inParameters.SpawnInstance_()
```

```
inParam.CommandLine = "calc.exe"
Set outParam = process.ExecMethod_("Create", inParam)
```

Unterscheidung per Unterstrich

Da aber zusätzlich auch der direkte Zugriff angeboten wird, ist WMI ein Meta-Objektmodell sowohl von Typ 1 als auch von Typ 3. WMI verwendet zur Trennung der Mitglieder der Meta-Klasse von den emulierten Mitgliedern einen Unterstrich nach den Namen der Meta-Klassen-Mitglieder.

▶ **Beispiel 2: ADSI**

ADSI

Das Active Directory Service Interface (ADSI) definiert einen Satz von Standardschnittstellen. ADSI-Provider können Klassen aus diesen Standardschnittstellen zusammensetzen, aber auch neue Schnittstellen implementieren. Jede Klasse muss jedoch über eine bestimmte Standardschnittstelle verfügen, die Methoden zur Erweiterbarkeit bereitstellt. Im Fall von ADSI sind dies u.a. die Methoden Put() und Get().

```
obj.Put("Attributname") = Wert
Wert = obj.Get("Attributname")
```

ADSI ist also ein Meta-Objektmodell vom Typ 2. Ein dynamischer Methodenaufruf ist nicht vorgesehen.

▶ **Beispiel 3: DMO und ADO**

DMO und ADO

Die *Distributed Management Objects (DMO)* und die *ActiveX Data Objects (ADO)* bieten einen direkten Zugriff auf die Grundobjekte und zusätzlich eine Erweiterbarkeit hinsichtlich der Attribute. Jede Klasse verfügt über eine Properties-Collection mit Property-Objekten, die jeweils ein Attribut repräsentieren. Ein Property-Objekt liefert Informationen über Name, Typ, Wert sowie Eigenschaften des Attributs und kann auch zur Veränderung des Werts verwendet werden. Somit lassen sich dynamische Attribute realisieren. Die Art des Zugriffs entspricht Typ 1.

Leider gibt es auch bei diesem Typ von dynamischen Objektmodellen keinen Standard. So verfügt ein Property-Objekt in ADO über die Attribute Name, Type, Value und Attributes. DMO verwendet dagegen Name, Type, Value, Get und Set.

2.27 Bewertung von COM

COM-Kritik

Die COM-Welt könnte so schön sein, wenn es nicht einige Unzulänglichkeiten gäbe. Zunächst werden in diesem Unterkapitel Unzulänglichkeiten der COM-Spezifikation bzw. der COM-Implementierung angesprochen. Anhand einiger real existierender Objektmodelle sollen dann Beispiele für schlechte Objektmodelle und Typbibliotheken aufgezeigt werden. Dies ist jedoch nur eine beispielhafte Auflistung, um Sie grundsätzlich für Problembereiche zu sensibilisieren. Weitere Informationen erhalten Sie im Rahmen der detaillierten Beschreibung der Komponenten in den folgenden Kapiteln.

2.27.1 Vorteile von COM

Zunächst zu den unbestreitbaren Vorteilen von COM:

- COM ist ein Binärstandard für Komponenten und weitestgehend sprachunabhängig.
- COM ist in der Windows-Welt sehr weit verbreitet.
- COM unterstützt Mehrfachschnittstellen und bietet damit ein Instrument zur Versionierung (Versionierung bedeutet die parallele Bereitstellung verschiedener Versionen) von Komponenten.
- COM ist integriert in die Windows-Sicherheit.
- COM bietet mit dem Dienst Distributed COM (DCOM) eine transportprotokollneutrale Middleware zur entfernten Nutzung von Komponenten.
- COM ist ein objektorientierter Ansatz, der verschiedene Konzepte der Objektorientierung unterstützt.

2.27.2 COM auf anderen Plattformen

Auf anderen Plattformen hat COM bislang kaum Bedeutung. Neben *COMSource*, der COM-Referenzportierung der Open Group für Solaris und True64UNIX [COS00], gibt es jedoch inzwischen auch Ansätze von Softwareherstellern, COM auf anderen Plattformen verfügbar zu machen (z. B. *EntireX* von der Software AG). **COMSource**

Die COM-Spezifikation hat Microsoft im Jahre 1996 offiziell in die Verantwortung der Active Group, einem Zusammenschluss im Rahmen der Open Group, übergeben. Allerdings wird die Active Group ihrem Namen nicht gerecht und ist äußerst passiv – wie ein Blick auf die seit Jahren nicht mehr gewartete Homepage schnell enthüllt [AGR00]. COM ist faktisch weiterhin eine proprietäre Architektur, deren Weiterentwicklung allein Microsoft bestimmt. Diese Bewertung wird von Gruhn/Thiel [GRU00, Seite 260] und Chappell [CHA97, Seite 56] unterstützt. **Active Group**

Immerhin gibt es auf den Webseiten der Open Group inzwischen eine COM-Referenz unter dem Namen »ActiveX Core Technology Reference« [ATX00]. Auch hier wird also ActiveX nicht klar von COM abgegrenzt.

2.27.3 Unzulänglichkeiten von COM

Dieses Unterkapitel listet zunächst einige grundsätzliche Unzulänglichkeiten von COM auf. Danach folgt eine genauere Kritik an den Objektmodellen und Typbibliotheken vieler Komponenten.

Die allgemeinen Unzulänglichkeiten von COM sind:

- Nicht alle COM-Sprachen können alle COM-Komponenten nutzen, da es zwei unterschiedliche Mechanismen zum Methodenaufruf (`IUnknown` und `IDispatch`) gibt. Leider unterstützen nicht alle COM-Komponenten beide Verfahren. **IDispatch**
- Nicht alle Klassen verfügen über eine ProgID oder einen Friendly Class Name, die dem Komponentennutzer die Bedeutung der Klasse offen legen. **Namen**

DLL-Hölle	▶ COM ermöglicht die Versionierung innerhalb einer Komponente durch Mehrfachschnittstellen. COM ermöglicht – zumindest vor Windows Whister – aber nicht die parallele Installation einer Komponente in verschiedenen (Unter-)Versionen und die eindeutige Zuordnung dieser Komponenten zu COM-Clients. So kommt es zur so genannten »DLL-Hölle« (engl.: DLL Hell), wenn verschiedene COM-Clients jeweils eine andere Version einer Komponente für den korrekten Betrieb benötigen. Dieses Problem ist aber in Windows Whistler (Windows XP/Windows .NET Server) durch die so genannten *Side by Side Assemblies* gelöst.
Registry	▶ Die Einstellungsmöglichkeiten in der Registry sind zu unstrukturiert bzw. zu flexibel. Beispielsweise kann ein Entwickler gegen die Konventionen zum Aufbau einer ProgID verstoßen und den Anwender durch Inkonsistenzen zwischen ProgID, Typbibliotheksname, Typbibliothek-Helpstring und Friendly Name einer Klasse vollkommen verwirren.
Komponentenrepository	▶ COM fehlt es an einem Komponentenrepository, das Meta-Informationen über Komponenten in strukturierter Form speichert. Die COM-Informationen in der Registry werden den Anforderungen an Meta-Informationen über Komponenten nicht gerecht.
Object Trader	▶ Es fehlt ein Object Trader, der auf Anfrage nach bestimmten Fähigkeiten eine entsprechende Klasse ermittelt. Die Möglichkeit der Zuordnung zu Komponentenkategorien ist unzureichend.
Laufzeitumgebung	▶ Eine einheitliche Laufzeitumgebung für COM-Komponenten ist bislang nicht vorhanden. Es ist definiert, wie Komponenten auf binärer Ebene genutzt werden sollen; aus der Sicht des Programmierers ergeben sich jedoch je nach Sprache, in der der COM-Client implementiert werden soll, große Unterschiede in der Art des Umgangs mit den Komponenten.
Vererbung	▶ COM bietet keine Mechanismen zur Implementationsvererbung. Diese kann bislang allenfalls durch eine sprachspezifische Laufzeitumgebung (z.B. Visual Basic 7.0) geschaffen werden.
Dokumentation	▶ Nicht alle COM-Komponenten sind dokumentiert. Ohne Dokumentation bleibt nur die Selbsterforschung auf Basis von Typbibliotheken.
Typbibliothek	▶ Nicht alle COM-Komponenten verfügen über eine Typbibliothek. Ohne eine solche ist die Erforschung einer (undokumentierten) Komponente allerdings nicht möglich. Ebenso stehen die Unterstützungsfunktionen zur Codeeingabe ohne Typbibliothek nicht zur Verfügung.
Objektmodelle	▶ Die Objektmodelle in den COM-Komponenten sind oft so uneinheitlich, dass keine intuitive Nutzung möglich ist.

2.27.3.1 Schlechte Objektmodelle

Kritik an bestehenden Objektmodellen

Der letzte der o.g. Punkte wiegt besonders schwer aus der Sicht von Programmierern und Administratoren, die sich ständig in neue Komponenten einarbeiten sollen. Außer den wenigen Empfehlungen von Microsoft gibt es keine Richtlinien für die Umsetzung von Objektmodellen. Leider verstößt Microsoft selbst häufig gegen die eigenen Empfehlungen, wie folgende Beispiele für von Microsoft herausgegebene Komponenten zeigen:

Bewertung von COM

- Einige Collections (z. B. in der *WSH Runtime Library*) enthalten keine Objekte, sondern eine Menge elementarer Datentypen. Die Effizienz mag höher sein, wenn sowieso nur ein Attribut pro Objekt zu verwalten ist. Die Konsistenz leidet allerdings darunter.

  Im Fall der Klasse WSHNetwork gibt es zwei Collections, bei denen jeweils ein Unterobjekt mit zwei Attributen notwendig gewesen wäre. Statt einer korrekten Implementierung mit Unterobjekten hat sich Microsoft jedoch unverständlicherweise für eine Liste von String-Werten entschieden, in der die beiden notwendigen Attribute abwechselnd enthalten sind.

- Nicht immer heißt ein Attribut, das auf ein Unterobjekt verweist, wie die Klasse des Unterobjekts. Einen identischen Namen zu wählen ist zwar grundsätzlich nur dann möglich, wenn maximal ein Objekt dieser Klasse existiert; dennoch hält sich Microsoft auch dann nicht daran, wenn es möglich wäre.

- Bei ADSI spricht Microsoft nicht von Collections, sondern verwendet die aus der Welt der Verzeichnisdienste stammende Bezeichnung Container. Die Methode zur Erzeugung neuer Instanzen in einem Container heißt Create() und nicht Add(). Das Löschen erfolgt über Delete() statt über Remove().

- Die Klassen SecurityCallContext und SecurityIdentity in der *COM+ Services Library* wurden als Collections implementiert, obwohl es nur eine feste Anzahl von Attributen bzw. Unterobjekten gibt. Dies führt dazu, dass Attribute nicht mehr über die übliche Punktnotation, sondern völlig untypisch über den Zugriff auf die Item()-Methode angesprochen werden können.

- In den *COM+ Administration Objects* sind alle Collections beim ersten Zugriff zunächst einmal leer. Erst der Aufruf der Methode Populate() ermöglicht den Zugriff auf die enthaltenen Objekte.

- Und noch einmal die *COM+ Administration Objects*: Der Zugriff auf Collections erfolgt nicht über Attribute des übergeordneten Objekts, sondern über die Methode GetCollection() auf der Ebene der Collection, die über dem übergeordneten Objekt liegt. GetCollection() benötigt dazu einen eindeutigen Bezeichner für das übergeordnete Objekt und den Namen der diesem Objekt untergeordneten Collection, auf die zugegriffen werden soll.

- Die unterschiedliche Art und Weise, Meta-Objektmodelle zu implementieren, wurde schon im vorherigen Kapitel ausführlich besprochen.

- Leider kann man bei den Microsoft-Objektmodellen oft vom Namen eines Mitglieds nicht darauf schließen, ob es sich um ein Attribut oder eine Methode handelt: So ist GetFolder() in der Klasse Shell32.FolderItem ein Attribut; die Verweise auf untergeordnete Collections sind dagegen in der gleichen Komponente als Attribute deklariert.

- Die vorhandenen Komponenten-Dokumentationen in der MSDN Library sind nicht einheitlich und oft zu wenig strukturiert. Die Art der Auflistung der Klassen, ihrer Schnittstellen, Methoden, Attribute und Ereignisse ist von Komponente zu Komponente grundverschieden. Zudem gibt es selten eine grafische Darstellung der Objektmodelle in der Dokumentation. Das erschwert die Einarbeitung in neue Komponenten und stellt den Microsoft-Kunden vor die Frage, wie es sein kann, dass ein solches Unternehmen keine Standards für die Dokumentation von Software hat.

Das Component Object Model (COM)

Zukunft

Zukunft

Leider werden diese schlechten Objektmodelle die Windows-Programmierer auf sehr lange Zeit verfolgen: aus Kompatibilitätsgründen erfolgt ein grundsätzlicher Umbau von Objektmodellen nur selten. Umso wichtiger wäre es, Objektmodelle von Beginn an nach den festgesetzten Prinzipien zu erstellen. Man merkt, dass Microsoft zwar das Prinzip der Arbeitsteilung bei der Entwicklung der Komponenten beherrscht, jedoch nicht in der Lage ist, zwischen den Entwicklungsteams eine gute Kommunikation herzustellen.

Ein wichtiger Tipp: Halten Sie sich bei Ihren selbst erstellten Objektmodellen an die Modellierungsempfehlungen!

2.27.3.2 Schlechte Typbibliotheken

Kritik an bestehenden Typbibliotheken

Kritikpunkte finden sich auch bei den COM-Typbibliotheken:

- Die Typbibliotheken geben manchmal nur einen Teil der vorhandenen Schnittstellen wieder.

- Anstatt Klassen und ihre Schnittstellen zu definieren, beschränken sich viele Typbibliotheken auf die Schnittstellen. Viele Typbibliotheken enthalten Klassenbeschreibungen nur für die instanziierbaren Klassen. Der Objektkatalog zeigt in diesem Fall die nichtzugeordneten Schnittstellen mit Namen der Form IName als Klassen an (z.B. MSXML.DLL, siehe [SCH01c]).

- Einige Klassennamen in den Typbibliotheken verhalten sich zu den Registry-Einträgen inkonsistent (z.B. bei der *WSH Runtime Library*, *MSHTML* und der *Taskscheduler-Komponente*).

- In einigen Typbibliotheken werden die Namenskonventionen verletzt. Zum Beispiel heißen Klassen in der *WSH Runtime Library* IWSHShell_Class und IWSHNetwork_Class. Ein anderes Beispiel sind die Schnittstellennamen in den *Collaboration Data Objects (CDO)*, die nicht mit einem großen I beginnen. In der *Taskscheduler-Komponente* heißen einige Schnittstellen Idisp[Name]. Das »disp« soll dabei auf die Existenz einer IDispatch-Schnittstelle verweisen. Das ist insofern zu kritisieren, als dies entweder durchgängig bei allen Komponenten erfolgen sollte oder gar nicht.

Positivbeispiel

Um auch ein Beispiel zu nennen, in dem es richtig gemacht wurde: SCRRUN.DLL (*Scripting Runtime Library*). Hier besitzt eine Klasse wie File eine Schnittstelle IFile.

2.28 .NET Framework (»DOTNET«)

Das Microsoft .NET Framework ist die Weiterentwicklung von COM und dennoch ein völlig neues Komponentenmodell. Das .NET Framework wird in Kapitel 7 und 8 behandelt.

3 Die Visual Basic-Sprachfamilie

Dieses Kapitel liefert Ihnen eine kompakte Einführung in die Programmiersprache Visual Basic, wobei der Schwerpunkt auf dem kleinsten Mitglied der Sprachfamilie, VBScript (VBS), liegt. Aber auch die großen Brüder, die »Vollversion« Visual Basic 6.0 (VB6) und Visual Basic for Applications (VBA), finden Berücksichtigung. Soweit nicht anders erwähnt sind alle Beispiele in diesem Buch in VBScript geschrieben, aber auch in den anderen Dialekten lauffähig.

VBS, VBA, VB6.0, VB.NET

Das neue Visual Basic .NET (VB.NET) ist in vielen Punkten anders als die anderen Mitglieder der Sprachfamilie. Die Aussagen in diesem Kapitel lassen sich nicht unbedingt auf VB.NET übertragen. Zur automatisierten Administration mit VB.NET wird Ende des Jahres 2001 ein separates Buch bei Addison-Wesley erscheinen.

VB.NET

Auf die Darstellung anderer (Skript-)Sprachen wird an dieser Stelle bewusst verzichtet, um die Komplexität der Komponentendokumentation und der Automatisierungslösungen nicht durch den Wechsel zwischen verschiedenen Sprachen zu erhöhen. VBScript ist die verbreitetste Skriptsprache im Windows-Bereich und bietet sich auf Grund der starken Synergieeffekte mit VB6 und VBA als zentrale Sprache in diesem Buch an.

> Bewusst werden die Unterschiede zu VBA und der VB-Vollversion herausgearbeitet, die geringer sind, als oft vermutet wird. In der Praxis werden viele von Ihnen zwischen den verschiedenen Dialekten wechseln, denn die VB-Vollversion und VBA sind ernstzunehmende Umgebungen für Automationslösungen und auch für das Prototyping von Skripten eine gute Wahl. Sie sollten also die Unterschiede zwischen VB6, VBA und VBS gut kennen. Das gilt auch dann, wenn Sie nur Skripte programmieren wollen, denn Sie werden immer wieder Codebeispiele in VB6 und VBA finden, die Sie in VBS umsetzen möchten.

Die großen Brüder sind beachtenswert

Sprachregelungen in diesem Buch

Der Begriff Visual Basic wird in der Fachwelt in drei unterschiedlichen Bedeutungen verwendet:

Begriffsabgrenzung

- Visual Basic meint eine Programmiersprache.
- Visual Basic bezeichnet eine Entwicklungsumgebung im Rahmen von Visual Studio.
- Visual Basic dient als Oberbegriff über die VB-Sprachfamilie.

Diese Mehrfachbedeutung macht es schwierig, sich eindeutig auszudrücken. In diesem Buch werden folgende Sprachregelungen verwendet:

- Visual Basic (oder kurz »VB«) wird als Oberbegriff über die Sprachfamilie verwendet. **VB**
- Die Bezeichnung »VB-Vollversion« wird für die kompilierungsfähige Programmiersprache im Rahmen von Visual Studio verwendet, VB6 für die Version 6.0 der VB-Vollversion. Zur Vereinfachung wird an einigen Stellen VB6 synonym zu »VB-Vollversion« **VB6**

Die Visual Basic-Sprachfamilie

verwendet. Auf die Kompatibilität zu früheren Versionen wird nicht eingegangen. Grundsätzlich kann allerdings festgehalten werden, dass sich von VB5 zu VB6 an der Sprache selbst nicht viel geändert hat. Der Schritt von VB 6.0 zu VB.NET ist wesentlich größer.

VB6/VBA ▶ Das Kürzel VB6/A bedeutet: VB6 und VBA. Dies ist sinnvoll, weil die meisten Aussagen für die VB-Vollversion häufig auch für VBA gelten.

VBS ▶ Die Ausdrücke Visual Basic Script, VBScript und VBS bezeichnen die Skriptsprache.

Beispiele in diesem Kapitel

Beispiele Die Beispiele in diesem Kapitel wurden in der Regel in VBScript für den *Windows Script Host (WSH)* geschrieben, weil dieser Scripting Host am einfachsten zu beherrschen ist. Wenn Sie noch keine Erfahrungen mit dem WSH haben, sollten Sie einen Blick in das Kapitel 4 werfen.

> Die Beispiele zu diesem Kapitel finden Sie als WSH-Dateien mit der Extension .VBS auf der Buch-CD [CD:/code/sprachen/vbs/]. Die Beispiele, die nicht in VBS lauffähig sind, finden Sie in einem VB6-Projekt [CD:/code/sprachen/_alle/vb-beispiele.vbp]. Soweit dies auf Grund der Sprachunterschiede möglich ist, ist in dieser Projektdatei auch eine Kopie der VBS-Beispiele enthalten.

Die meisten Beispiele sind ohne weiteres auch in VB6/VBA lauffähig, wenn Sie beachten, dass anders als in VBS alle Befehle Teile einer Unterroutine sein müssen. Außerhalb einer Unterroutine dürfen nur Variablen und Typen deklariert werden.

Dazu ein Beispiel:

```
ausgabe = "Hallo"
MsgBox ausgabe
```

Listing 3.1: Ein VBS-Skript für den WSH [helloworld.vbs]

Umsetzung in VB6/VBA Dieses Skript müssen Sie in VB6/VBA in folgenden Code umsetzen und dann die Unterroutine main() starten:

```
Sub main()
  ausgabe = "Hallo"
  MsgBox ausgabe
End Sub
```
— Jede Programmzeile muss Teil einer Unterroutine sein.

Listing 3.2: Umsetzung des vorherigen Skripts in VB6/VBA

Sub Main() Wenn Sie eine VB6-Anwendung starten, wird automatisch das Unterprogramm Sub Main() oder ein in der Projektkonfiguration ausgewähltes Formular aufgerufen. Aus der Entwicklungsumgebung heraus haben Sie die Möglichkeit, die Ausführung auch bei anderen Unterroutinen beginnen zu lassen.

3.1 Die Visual Basic-Sprachfamilie

Visual Basic ist Microsofts Weiterentwicklung der Programmiersprache Basic. Visual Basic ist inzwischen die beliebteste Programmiersprache in der Microsoft-Windows-Welt [CWO99]. Sie zeichnet sich durch das *Rapid Application Development (RAD)* aus: die Fähigkeit, einfach und schnell Anwendungen zu entwickeln.

> Basic wurde 1965 entwickelt und ist die Abkürzung für Beginners All Purpose Symbolic Instruction Code. Diese Sprache war bei Computer-Einsteigern beliebt, unter Profis jedoch auf Grund ihrer mangelnden Strukturiertheit (Stichwort: Goto-Anweisung) verrufen. Microsoft hat Basic mit Visual Basic aus der Schmuddelecke unter den Programmiersprachen geholt und um Konstrukte der Objektorientierung erweitert.

Geschichte

Visual Basic war bis einschließlich Version 6.0 nur eine klassenbasierte, nicht jedoch eine objektorientierte Programmiersprache, da das wesentliche objektorientierte Prinzip der Vererbung nicht vorhanden war (Klassifikation nach Wegner, siehe [WEG89], S. 245ff. und [WEG90]). Visual Basic .NET (VB7.0) unterstützt jedoch Vererbung und die darauf aufbauenden Formen des Polymorphismus. Visual Basic bleibt aber weiterhin eine hybride Programmiersprache, da es ähnlich wie in C++ möglich ist, auch rein prozedural zu programmieren. Java und Smalltalk sind dagegen Sprachen aus der Gruppe der reinen objektorientierten Programmiersprachen. Auch wurde mit der VB-Version 7.0 (VB.NET) endlich das letzte Einsatzgebiet der Goto-Anweisung eliminiert.

Objektorientierung

Visual Basic hat inzwischen zwei kleine Brüder bekommen: *Visual Basic for Applications* (VBA) und *Visual Basic Script* (VBS oder VBScript). Die folgende Grafik veranschaulicht den Umfang der Sprachdefinition in den verschiedenen VB-Dialekten in verschiedenen Versionen.

VBA und VBS

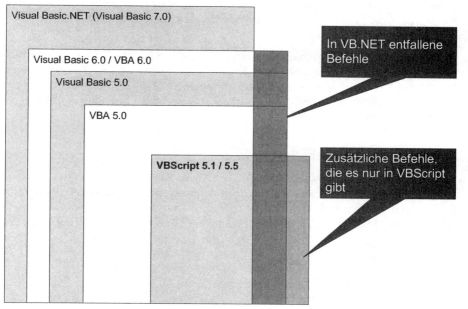

Abbildung 3.1: Sprachumfang der VB-Dialekte

3.1.1 Visual Basic for Applications (VBA)

Visual Basic for Applications (VBA) ist eine Interpretersprache zur Automatisierung der Bedienung einer Anwendung und ersetzt in vielen Fällen die früheren Makrosprachen der Anwendungen. Ein VBA-Programm läuft stets innerhalb eines VBA-Hosts. Dieser ist eine VBA-fähige Anwendung. Vorreiter bei der Integration von VBA in Anwendungen ist Microsoft mit seiner Office-Produktfamilie. Darüber hinaus unterstützen aber auch noch viele andere Anwendungen VBA:

- WordPerfect Office 2000
- CorelDraw ab Version 9.0
- AGRESSO 5
- TurboCAD Professional
- IntelliCAD 2000
- Micrografx iGrafx Professional
- Psipenta
- Rational Rose

Eine Liste aller VBA-fähigen Produkte findet man unter [VBA01].

VBA in MS Office In früheren Versionen der Microsoft Office-Produktfamilie hatten die Kernprodukte ihre eigenen Basic-Dialekte: Excel VBA, Word Basic, Access Basic. Mit Microsoft Office 97 erfolgte eine Vereinheitlichung hinsichtlich der Sprachsyntax. Außerdem wurde Powerpoint ebenfalls VBA-fähig. In Office 97 trägt VBA die Versionsnummer 5.0, in Office 2000 6.0. Office 2001 enthält VBA 6.3. VBA 6.0 ist hinsichtlich der Sprachkonstrukte kompatibel zur Visual Basic 6.0-Vollversion. Uneinheitlich blieb jedoch die Entwicklungsumgebung. Die Features der VBA-Entwicklungsumgebung werden im Rahmen der fortgeschrittenen Techniken in Kapitel 6 besprochen.

Interpretation und Kompilierung Grundsätzlich gilt, dass VBA interpretiert wird. Während es in Office 97 keine Möglichkeit gab, VBA zu kompilieren, ist dieser Grundsatz in Office 2000 in einigen Fällen aufgeweicht worden. Mit VBA können nun in zwei abgegrenzten Fällen COM-DLLs erstellt werden: zum einen bei der Erstellung von COM-Add-Ins, zum anderen bei der Erstellung von so genannten Datenumgebungen.

3.1.2 Visual Basic Script (VBS)

»Light«-Version Visual Basic Script ist eine »Light«-Version von Visual Basic. Bewusstes Entwicklungsziel war es, eine einfache und speicherschonende Interpretersprache zu schaffen. Microsoft nennt Visual Basic Script in Dokumentationen auch häufig *Visual Basic Scripting Edition*. Gebräuchliche Abkürzungen sind VBScript und VBS. Die Kernunterschiede zu VB 6.0 und VBA sind:

- eingeschränkte Fehlerbehandlung
- keine Datentypen (daher keine Typisierung)

Die Visual Basic-Sprachfamilie

- keine direkten Aufrufe von durch DLLs exportierten Funktionen (»API-Calls«)
- lediglich Unterstützung des späten Bindens via `IDispatch` bei der Nutzung von COM-Komponenten
- weniger eingebaute Funktionen

> Allerdings gibt es – wie die Abbildung 3.1 darstellt – auch einige Befehle in VBScript, die in anderen Dialekten von VB noch nicht auftreten. Dies sind insbesondere die Schlüsselwörter `Execute`, `Eval`, `ExecuteGlobal` und `Class`.

Zusätzliche Features

Der erste Einsatzort von Visual Basic Script war der Microsoft Internet Explorer 3.0 als Microsofts Antwort auf das von Netscape entwickelte JavaScript. Dabei sollte VBScript schon damals zwei Aufgabengebiete abdecken: die Herstellung der Verbindung verschiedener ActiveX-Steuerelemente in Webseiten und die Erledigung kleinerer dynamischer Aufgaben innerhalb des Browsers. Naheliegend war das nächste Einsatzgebiet der Webserver innerhalb der Active Server Pages (ASP). Microsoft erkannte aber bald, dass VBScript mehr Potenzial bietet. Die Darstellung in diesem Buch basiert auf der Version 5.6, die sich von Version 5.1 nur um Erweiterungen bei der mitgelieferten Komponente *RegExp* zur Verarbeitung von regulären Ausdrücken unterscheidet. Die Version 5.6 ist vom Funktionsumfang her identisch zur Version 5.5.

Einsatzgebiete

VBScript-Version	Ausgeliefert mit
1.0	▶ Internet Explorer 3.0
2.0	▶ Internet Information Server 3.0
3.0	▶ Internet Explorer 4.0
	▶ Internet Information Server 4.0
	▶ Windows Scripting Host 1.0
	▶ Outlook 98
4.0	▶ Visual Studio 6.0
5.0	▶ Internet Explorer 5.0
5.1	▶ Windows 2000
5.5	▶ Separates Add-on, siehe [MSS00]
5.6	▶ Windows.XP (»Whistler«)
	▶ Windows .NET Server
	▶ Internet Explorer 6.0
	▶ Teil des WSH 5.6-Add-ons für Windows NT4/98/ME/2000, siehe [MSS00]

Tabelle 3.1: Auslieferung verschiedener VBS-Versionen

149

Ermittlung der Sprachversion

Eingebaute Versionskonstanten

Mit den folgenden Codezeilen können Sie innerhalb eines Skripts die Versionsnummer von VBScript ermitteln. VBScript stellt dazu vier eingebaute Konstanten bereit. Diese sind in anderen VB-Dialekten allerdings nicht verfügbar.

```
MsgBox "Dies ist die Sprache " & ScriptEngine _
& " Version " & ScriptEngineMajorVersion & _
"." & ScriptEngineMinorVersion & "." & _
ScriptEngineBuildVersion
```

Listing 3.3: *Ermittlung der VBS-Version [_Sprachversion.vbs]*

3.1.3 Embedded Visual Basic (eVB)

eVB Embedded Visual Basic ist ein Visual Basic-Dialekt zur Entwicklung von Anwendungen für Windows CE. Die Sprache eMbedded Visual Basic hat Microsoft mit der Version 3.0 sterben lassen und empfiehlt die Migration auf Visual Basic .NET, das auch für das .NET Compact Framework für Windows CE/Pocket PC 2002 verfügbar ist.

3.1.4 Visual Basic .NET

.NET Im Zuge von Visual Basic .NET (VB.NET) fusioniert Microsoft die drei Geschwister Visual Basic 6.0, Visual Basic for Applications (VBA) und VBScript zu einer Sprache. VB.NET wird in Kapitel 7 behandelt.

3.1.5 Anwendungsgebiete

Die Abbildung 3.2 auf Seite 151 zeigt die Anwendungsgebiete der verschiedenen Visual Basic-Dialekte.

3.2 Grundlagen

Dieses Kapitel beschäftigt sich mit grundlegenden Syntaxregeln und dem Aufbau von Programmen in den verschiedenen VB-Dialekten.

3.2.1 Grundlegendes zur Syntax

Grundregeln Zu Beginn die wichtigsten Regeln zur Visual Basic-Syntax im Überblick:

- ▶ Grundsätzlich enthält jede Zeile genau einen Befehl.
- ▶ Es ist möglich, mehrere Befehle getrennt durch einen Doppelpunkt in eine Zeile zu schreiben. Von dieser Möglichkeit sollten Sie aber aus Gründen der Übersichtlichkeit keinen Gebrauch machen.
- ▶ Wenn Befehle sich über mehr als eine Zeile erstrecken sollen, müssen alle Zeilen mit nicht abgeschlossenen Befehlen mit einem Unterstrich »_« enden.

Grundlagen

- Leerzeilen, Leerzeichen und Tabulatoren werden ignoriert.
- Visual Basic ist **nicht** case-sensitive: Die Groß- und Kleinschreibung der Schlüsselwörter ist also ebenso ohne Bedeutung wie die Schreibweise Ihrer selbstgewählten Bezeichner für Variablen, Unterroutinen, etc.
- Für Bezeichner gibt es folgende Regeln: **Bezeichner**
    - Sie müssen mit einem Buchstaben beginnen.
    - Sie dürfen nicht länger als 255 Zeichen sein.
    - Sie dürfen nicht mit Schlüsselwörtern der Sprache identisch sein.
    - Sie dürfen außer dem Unterstrich keine Satz- oder Sonderzeichen enthalten.
- Kommentarzeilen werden mit einem Hochkomma (') eingeleitet. Alternativ können Sie **Kommentare** als Markierung für Kommentare das Schlüsselwort REM verwenden.

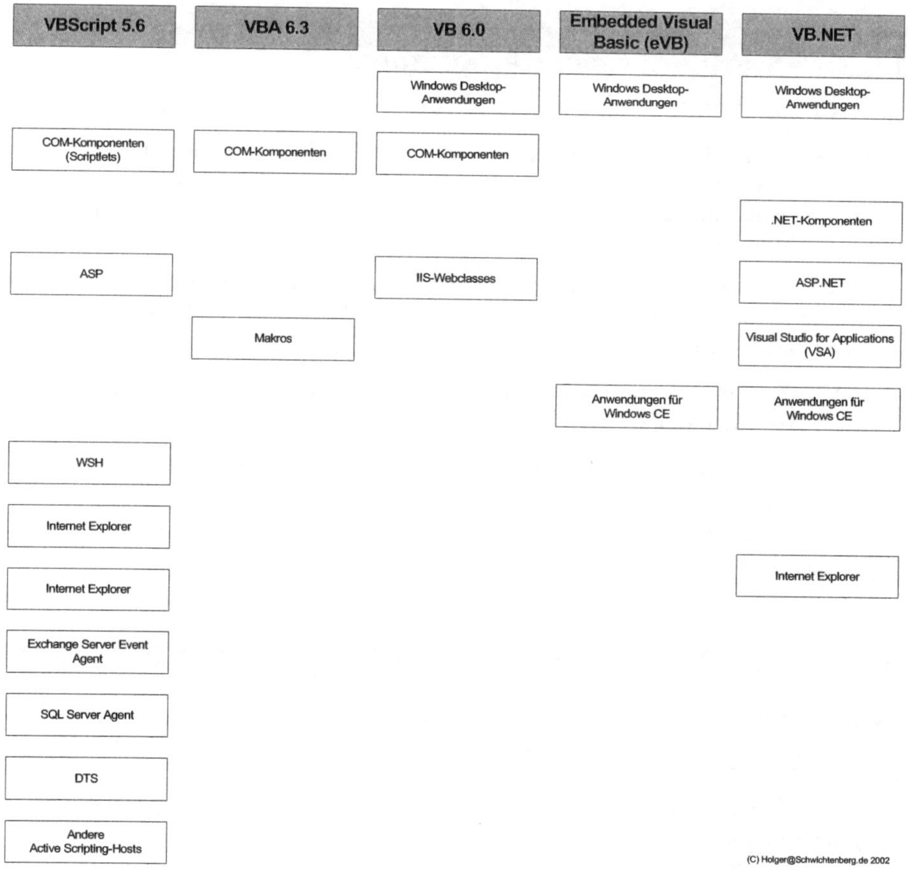

Abbildung 3.2: Anwendungsgebiete der verschiedenen Visual Basic-Dialekte

3.2.2 Speicherung des Programmcodes

Module und Projekte In VB6/VBA wird Visual Basic Code in Modulen (bzw. Forms und Klassenmodulen) angeordnet, wobei jedes Modul entweder in einer eigenen Datei (VB6) gespeichert wird oder alle Module in einer Dokumentdatei (VBA). Bei VB6 gibt es zusätzlich eine Projektdatei, die die Information enthält, welche Moduldateien zum Projekt gehören. In VBA hält die Dokumentendatei die einzelnen Moduldateien zusammen.

Skripte In Zusammenhang mit VBS sind die Begriffe Modul und Projekt nicht gebräuchlich. Vielmehr spricht man von *Skripten*. Ein Skript entspricht in etwa einem Modul. Die Anordnung und Speicherung der Skripte ist stark vom Scripting Host abhängig: In einigen Fällen sind die Skripte in eigenständigen Dateien abgelegt (z.B. beim Windows Scripting Host), in anderen Fällen sind sie nur Mitbewohner in anderen Dateien (z.B. ASP, DHTML). In einigen Umgebungen können Skripte andere Skripte einbinden, um Skriptcode wiederzuverwenden.

3.2.3 Startpunkt eines Programms

Programmstart Die verschiedenen VB-Dialekte unterscheiden sich auch darin, wo ein Programm startet:

- In VB6/VBA muss jede Zeile Programmcode Teil einer Unterroutine sein. Beim Aufruf des Programms in VB6 wird die Ausführung mit der Unterroutine begonnen, die Sub Main() heißt. Alternativ dazu kann die Ausführung in VB6 auch mit dem Start eines Formulars beginnen.

- In VBA ist die Ausführung komplett ereignisbasiert. Sie beginnt mit der Ereignisbehandlungsroutine, deren Ereignis zuerst getriggert wird. Manuell kann jede beliebige Unterroutine gestartet werden.

- In VBS kann es Programmcode geben, der nicht Teil einer Unterroutine ist. In Abhängigkeit vom Scripting Host gibt es zwei Möglichkeiten zum Start:

    - Üblicherweise beginnt die Ausführung bei der ersten Programmzeile, die nicht Teil einer Unterroutine ist.

    - Einige Scripting Hosts arbeiten jedoch ausschließlich ereignisgesteuert und starten das Skript mit einer bestimmten Ereignisbehandlungsroutine.

3.3 Einfache Ein- und Ausgabefunktionen

Hello World Wenn man sich neu mit einer Programmiersprache beschäftigt, dann interessieren zunächst nicht die mächtigen Sprachkonstrukte, sondern eine ganz einfache Funktion: Wie kann ich eine Ausgabe machen? Das erste Programm heißt dann traditionell »Hello World« und steht daher auch hier am Anfang. Nach der Erläuterung der Funktion MsgBox() folgt die Beschreibung der Funktion InputBox().

Einfache Ein- und Ausgabefunktionen

Bitte beachten Sie, dass nicht alle Scripting Hosts die Ausführung von MsgBox() und InputBox() zulassen: Serverseitige Skripte, die unbeaufsichtigt laufen, sollten keine Dialogboxen ausgeben und auf keinen Fall modale Dialogboxen, die darauf warten, dass ein nicht vorhandener Benutzer sie wegklickt. Es gibt auch serverseitige Scripting Hosts (z. B. SQL7 Server Agent Job Scripting), die bei Verwendung von MsgBox() und InputBox() leider nicht protestieren. Sie laufen leicht in die Falle, dass Ihr Skript »hängt«, weil niemand die Dialogbox beenden kann.

MsgBox() und InputBox() werden in den folgenden Beispielen zur Vorstellung der einzelnen Sprachkonstrukte immer wieder gute Dienste leisten.

3.3.1 Ausgaben mit MsgBox()

Die einfachste Ausgabeprozedur, die in allen Visual Basic-Dialekten zur Verfügung steht, heißt MsgBox().

MsgBox()

MsgBox "Hello World"

Listing 3.4: Ihr erstes VB-Programm

Die Ausgabe erfolgt in einer einfachen Dialogbox. MsgBox() hat weitere Parameter, mit denen das Aussehen der Ausgabe beeinflusst werden kann.

MsgBox text[,buttons][,titel]

Erforderlich ist nur der eigentliche Dialogboxtext. Mit Hilfe des Parameters Buttons können die darzustellenden Schaltflächen und das die Dialogbox zierende Symbol festgelegt werden. Für Buttons kann ein Wert angegeben werden, der sich aus der Addition von mehreren Werten aus Tabelle 3.2 und Tabelle 3.3 ergibt. Zusätzlich kann die Konstante 4096 (*vbSystem Modal*) hinzuaddiert werden. Dadurch steht das Meldungsfenster immer im Vordergrund.

Buttons

Wert	Symbolische Konstante	Bedeutung
0	vbOKOnly	\<OK\>
1	vbOKCancel	\<OK\> + \<Abbrechen\>
2	vbAbortRetryIgnore	\<Beenden\> + \<Wiederholen\> + \<Ignorieren\>
3	vbYesNoCancel	\<Ja\> + \<Nein\> + \<Abbrechen\>
4	vbYesNo	\<Ja\> + \<Nein\>
5	vbRetryCancel	\<Wiederholen\> + \<Abbrechen\>

Tabelle 3.2: Konstanten für MsgBox()-Buttons

Wert	Konstante	Symbol
16	vbCritical	rotes Kreuz
32	vbQuestion	Fragezeichen
48	vbExclamation	Ausrufezeichen in gelbem Dreieck
64	vbInformation	Normales Ausrufezeichen

Tabelle 3.3: Konstanten für die MsgBox()-Icons

Die Visual Basic-Sprachfamilie

Sprache

Die Sprache, in der die Schaltflächen beschriftet werden, hängt immer von der Sprachversion des Betriebssystems ab. So werden Sie auf einem englischen Betriebssystem immer »Cancel« statt »Abbrechen« lesen müssen, auch wenn Sie einen deutschen Text ausgeben wollen.

Rückgabewerte

Wenn `MsgBox()` mit mehr als nur einer Schaltfläche dargestellt wurde, interessiert es natürlich, welche Schaltfläche der Anwender gewählt hat. Dafür steht `MsgBox()` auch noch in einer Variante als Funktion mit Rückgabewert zur Verfügung.

```
antwort = MsgBox(text[,buttons][,titel])
```

Bitte beachten Sie dabei die Verwendung der Klammern im Gegensatz zu der Verwendung von `MsgBox()` ohne Rückgabewert. Diese Spitzfindigkeit wird in Kapitel 0 näher erläutert. Es gibt für jeden der sieben Schaltflächen-Typen einen Rückgabewert (siehe folgende Tabelle).

Tabelle 3.4: Konstanten für die `MsgBox()`-Rückgabewerte

Wert	Konstante	Gedrückter Button
1	vbOK	OK
2	vbCancel	Abbrechen
3	vbAbort	Beenden
4	vbRetry	Wiederholen
5	vbIgnore	Ignorieren
6	vbYes	Ja
7	vbNo	Nein

»Hello World« in einer verbesserten Version könnte dann folgendermaßen aussehen:

```
antwort = MsgBox("Macht Ihnen das Lesen dieses Buches Spaß?",_
vbYesNo + vbQuestion, "Hallo Leser")
MsgBox "Die Antwort war: " & antwort
```

Listing 3.5: »Hello World« mit Antwort

3.3.2 Eingaben mit InputBox() empfangen

InputBox()

Wenn das Klicken auf einen von sieben verschiedenen Buttons als Antwort des Benutzers nicht reicht, können Sie auf die eingebaute `InputBox()`-Funktion zurückgreifen und erhalten eine Dialogbox mit Eingabezeile.

```
antwort = InputBox(text[,titel][,vorgabewert])
```

Pflicht ist die Angabe des Fragetextes. Optional sind Dialogboxtitel und Vorgabewerte für die Eingabezeile.

```
antwort = InputBox("Wie heißen Sie?", _
"Wichtige Frage", "Holger Schwichtenberg")
MsgBox "Sie heißen " & antwort
```

Listing 3.6: InputBox mit Vorgabewert [hello_world_3.vbs]

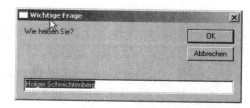

Abbildung 3.3: InputBox mit Vorgabewert

3.4 Variablen

Variablennamen unterliegen den erwähnten Regeln für Bezeichner. Es ist in keinem der VB-Dialekte Pflicht, Variablen zu deklarieren. Im Standardmodus ist die Deklaration optional. Sie erfolgt mit dem Schlüsselwort DIM, gefolgt vom Namen der Variablen. Weitere Variablen können durch Kommata abgetrennt werden.

Variablen

```
DIM a
DIM name,vorname,strasse,ort
```

Jedoch kann der Programmierer sich selbst die Pflicht auferlegen, alle Variablen deklarieren zu müssen. Dazu dient die Anweisung Option Explicit, die zu Beginn eines jeden Code-Moduls bzw. Skripts stehen muss. Nach einem Option Explicit führt jeder Zugriff auf eine nicht deklarierte Variable zu einem Fehler.

Option Explicit

```
Option Explicit
Dim a
Dim b
a = 1
b = 2
' Fehler: c nicht deklariert!
c = b + a
```

Listing 3.7: *Verwendung von* Option Explicit *[explicitDemo.vbs]*

Ohne die Verwendung von Option Explicit kann es leicht zu schweren Fehlern kommen. Im folgenden Beispiel führt ein Tippfehler (vergessenes t bei start) dazu, dass VB 1000 minus 0 statt 1000 minus 500 errechnet.

```
start = 500
ende = 1000         Hier fehlt ein "t".
dauer = ende - sart
MsgBox ende & " - " & start & " = " & dauer
```

Listing 3.8: *Ein Tippfehler kann schwere Folgen haben.*

3.4.1 Gültigkeitsbereich von Variablen

Visual Basic kennt drei unterschiedliche Gültigkeitsbereiche (engl. Scope) von Variablen:

Scope

- Lokale (prozedurweite) Variablen gelten nur in einer Unterroutine.
- Modul-globale (modulweite) Variablen gelten in allen Unterroutinen eines Moduls.
- Globale (programmweite) Variablen gelten in allen Modulen eines Projekts.

Die Visual Basic-Sprachfamilie

Dies ist die Sichtweise von VB6/VBA. In VBS laufen die Uhren – wie so oft – etwas anders:

- Da VBS keine Module kennt, sind alle globalen Variablen auch programmweite Variablen.
- Da in VBS Programmcode außerhalb von Unterroutinen existieren darf, besitzt das Hauptprogramm keine eigenen lokalen Variablen. Alle lokalen Variablen des Hauptprogramms sind globale Variablen.

Überlappung von Variablendeklarationen

Für alle VB-Dialekte gilt jedoch, dass lokale Variablen in Unterroutinen den gleichen Namen haben dürfen wie globale Variablen oder lokale Variablen in anderen Unterroutinen. Lokale Variablen überlagern globale Variablen, ohne diese zu beschädigen. Wenn also eine globale Variable x existiert und in einer Unterroutine eine lokale Variable x deklariert wird, so ist das globale x von dem lokalen x verdeckt. Jeder Zugriff auf x ist ein lokaler Zugriff. Nach dem Verlassen der Routine hat das globale x den gleichen Wert wie vorher.

Public und Private

Visual Basic Script kennt ebenso wie die anderen VB-Dialekte die Einschränkung des Gültigkeitsbereichs mit den Schlüsselwörtern Private und Public. Dabei treten diese Schlüsselwörter an die Stelle des Dim. Allerdings hat die Einschränkung auf Private in den meisten Scripting Hosts keine Bedeutung, da es in der Regel nur ein Skript in einer Datei gibt. Innerhalb eines Skripts sind ebenso wie in VB6/VBA innerhalb eines Moduls alle Variablen öffentlich.

3.4.2 Benennung von Variablen

Ungarische Notation

Gemäß der *ungarischen Notation* gibt es in Visual Basic einen Vorschlag zur Benennung von Variablen anhand des Datentyps. Dabei steht jeweils zu Beginn des Variablennamens in Kleinschrift ein dreibuchstabiges Präfix.

Tabelle 3.5: Vorschläge für Variablennamen gemäß ungarischer Notation

(Unter-)Typ	Präfix	Beispiel
Boolean	bln	blnAktiviert
Byte	byt	bytAlter
Date	dtm	dtmGeburtstag
Double	dbl	dblUmsatz
Integer	int	intEinwohnerzahl
Long	lng	lngEinwohnerzahl
Single	sng	sngUmsatz
String	str	strBuchtitel
Object	obj	objBenutzer

3.5 Datentypen

Ein wichtiges Kriterium für eine Programmiersprache ist der Grad der Typisierung. Er gibt an, inwieweit eine Variable an einen Datentyp gebunden wird und wie streng der Compiler oder Interpreter der Sprache es mit Zuweisungen an solche Variablen hält, die nicht dem zugewiesenen Datentyp entsprechen.

Typisierungsgrad

3.5.1 Datentypen in VBS

Visual Basic Script ist eine sehr schwach typisierte Sprache: Es gibt in VBScript nur einen Datentyp mit Namen *Variant*, der alle möglichen Arten von Daten aufnehmen kann. Ein und dieselbe Variable kann während des Programmablaufs Daten unterschiedlichen Typs speichern. Je nach dem aktuellen Inhalt wird die Variable jedoch einem von zwölf so genannten *Subtypen* zugeordnet.

Schwache Typisierung in VBS

(Unter-)Typ	Beschreibung	Symbolische Typkonstante	TypID
Boolean	Wahrheitswert; *True* oder *False*	vbBoolean	11
Byte	Ganzzahl (8 Bit); 0 bis 255	vbByte	17
Integer	Ganzzahl (16 Bit); –32.768 bis 32.767	vbInteger	2
Currency	Fließkommazahl; –922.337.203.685.477,5808 bis 922.337.203.685.477,5807	vbCurrency	3
Long	Ganzzahl (32 Bit); –2.147.483.648 bis 2.147.483.647	vbLong	4
Single	Fließkommazahl; –3,402823E38 bis –1,401298E–45 für negative Werte und von 1,401298E–45 bis 3,402823E38 für positive Werte	vbSingle	5
Double	Fließkommazahl; 1,79769313486232E308 bis –4,94065645841247E–324 für negative Werte und von 4,94065645841247E–324 bis 1.79769313486232E308 für positive Werte	vbDouble	6
Date	Datums- und Uhrzeitangaben; Speicherung in Form einer Fließkommazahl, die die Anzahl der Tage relativ zum 31.12.1899 angibt. Durch negative Werte können auch Daten vor diesem Bezugspunkt angegeben werden.	vbDate	7
String	Zeichenfolge mit variabler Länge	vbString	8
Object	Zeiger auf ein Objekt (siehe Kapitel 0)	vbObject	9
Variant	Kann einen beliebigen Wert aufnehmen	vbVariant	12

Tabelle 3.6: Datentypen in VB6/VBA bzw. Subtypen in VBS

Die Visual Basic-Sprachfamilie

Informationen über den aktuellen Subtyp

Typinforma-tionen Mit den Funktionen `TypeName(varname)` und `VarType(varname)` kann ermittelt werden, welchen Subtyp eine Variable oder ein Wert aktuell hat. Während `TypeName()` den Namen des Datentyps als String liefert, gibt `VarType()` eine Typkonstante (vgl. Tabelle 3.6) zurück.

```
x = 2000
MsgBox typename(x) & "," & VarType(x)   ' liefert Integer, 2
x = "Holger Schwichtenberg"
MsgBox typename(x) & "," & VarType(x)   ' liefert String, 8
x = #8/1/1972#
MsgBox typename(x) & "," & VarType(x)   ' liefert Date, 7
MsgBox typename("1.8.72")    ' liefert String
MsgBox typename(1234.56)     ' liefert Double
```

Listing 3.9: Ermittlung des Datentyps einer Variablen [Datentypen1.vbs]

Für einzelne Datentypen kann auch mit Hilfe spezieller Funktionen direkt geprüft werden, ob eine Variable einen bestimmten Wertetyp enthält:

- `isNumeric(varname)`
- `isDate(varname)`

3.5.2 Datentypen in VB6/VBA

Starke Typisierung in VB6/VBA Einer der wesentlichen Unterschiede von VB6/VBA zu VBS ist die Möglichkeit, Variablen explizit einem Datentyp zuzuweisen. Damit kann der Programmierer eine strenge (obschon im Vergleich zu anderen Sprachen wie C/C++ und Java immer noch lockere) Form der Typisierung erreichen.

Typkonvertierung Wenn einer Variablen ein Typ zugewiesen wurde, dann kann diese Variable innerhalb ihres Gültigkeitszeitraums nur Werte des vorgegebenen Typs aufnehmen. Eine Missachtung führt zu einem Laufzeitfehler. Allerdings wird bei der Zuweisung von Variablen bzw. Werten unterschiedlichen Typs keine Fehlermeldung generiert, sondern eine automatische Typkonvertierung durchgeführt.

Schlüsselwort »As« Eine Typangabe erfolgt mit dem Schlüsselwort `As` im Rahmen einer Variablendeklaration. Da VBS keine Typisierung kennt, führt jegliche Verwendung des Schlüsselwortes `As` in VBS zu einem Fehler!

```
Dim s As String
Dim x As Integer
Dim z As Long
Dim c As Currency
```

Wählbarer Typisierungsgrad In VB6/VBA gibt es aber auch den Datentyp *Variant*, der genauso flexibel ist wie *Variant* aus VBS. Die strengere Typisierung ist eine Option in VB6/VBA, von der viele Entwickler gerne Gebrauch machen, um den Programmcode übersichtlicher und robuster zu gestalten. In VB6/VBA gibt es drei Möglichkeiten, eine Variable vom Typ *Variant* zu erhalten:

Datentypen

- Die Variable wird gar nicht deklariert.
- Die Variable wird nur mit `DIM varname` deklariert.
- Die Variable wird mit `DIM varname As Variant` deklariert.

> Eine beliebte Falle bei VB-Anfängern ist die Deklaration von mehreren Variablen in einer Zeile. Dabei muss zu jeder Variablen der Datentyp einzeln angegeben werden!
>
> ```
> ' In dieser Zeile sind a und b Variants!
> Dim a, b, c As Integer
> ' Nur so sind alle drei Integer!
> Dim a As Integer, b As Integer, c As Integer
> ```

Definition eigener Datentypen

Eigene, zusammengesetzte Datentypen (in anderen Sprachen »Strukturen« genannt) können in VBA und VB6 mit `Type...End Type` definiert werden. Diese Möglichkeit gibt es in VBS nicht, da dafür eine stärkere Typisierung der Sprache notwendig ist.

Type

```
Type Person
    Name As String
    Geb As Date
    Kinderanzahl As Byte
    Verheiratet As Boolean
End Type

' === Nutzung eines eigenen Datentyps
Sub EigenerTyp()
Dim HS As Person
HS.Name = "Holger Schwichtenberg"
HS.Geb = #8/1/1972#
HS.Kinderanzahl = 0
HS.Verheiratet = False

MsgBox HS.Name & Chr(13) & _
"ist am " & HS.Geb & " geboren," & Chr(13) & _
"ist " & IIf(Not HS.Verheiratet, "nicht ", "") & _
"verheiratet " & Chr(13) & _
"und hat " & HS.Kinderanzahl & " Kinder!"
End Sub
```

Listing 3.10: Definition und Nutzung eines eigenen Datentyps

Abbildung 3.4: Ausgabe des obigen Beispiels

Zusammengesetzte Typen können wie jeder elementare Datentyp zum Aufbau von Arrays oder zur Übergabe an Unterroutinen verwendet werden.

Den Unterschied zwischen einem Typ und einer Klasse (Klassen werden in Kapitel 0 behandelt) zeigt die folgende Tabelle.

Tabelle 3.7:
Typ versus
Klasse

Eigenschaft	Typ	Klasse
Öffentliche Mitglieder	Ja	Ja
Private Mitglieder	Nein	Ja
Methoden	Nein	Ja
Ereignisse	Nein	Ja
Instanziierung	Wie elementarer Datentyp	Mit New-Operator
Möglich in VBS	Nein	Ja
Möglich in VB6	Ja	Ja
Möglich in VBA	Ja	Ja

3.5.3 Startwerte von Variablen

Startwerte Visual Basic belegt Variablen automatisch mit einem Startwert. Eine typisierte Variable hat zu Beginn den jeweiligen Grundwert des Typs (0, Leerstring oder 00:00:00).

Empty Für Variant-Variablen kennt VB einen besonderen Startzustand: *Empty*. *Empty* bedeutet, dass eine Variant-Variable noch nicht mit einem Wert belegt wurde. Ob eine Variant-Variable bereits belegt wurde, kann mit `isempty (variablenname)` überprüft werden. Der Zustand *Empty* kann einer Variant-Variablen aber auch nach Gebrauch wieder explizit zugewiesen werden. Eine Variable im Zustand *Empty*, die in einem Ausdruck verwendet wird, nimmt dort den Wert 0 oder Leerstring an, jeweils passend zu dem Ausdruck.

```
MsgBox typename(x)    ' liefert Empty
If IsEmpty(y) Then MsgBox "y ist Empty!"
MsgBox x              ' liefert Leerstring
MsgBox x + 5          ' liefert 5
If x = 0 Then MsgBox "x ist 0"  ' liefert 5
If x = "" Then MsgBox "x ist Leerstring"  ' liefert 5
x = 5 ' liefert Integer
MsgBox typename(x)
x = Empty
MsgBox typename(x)    ' liefert Empty
```

Listing 3.11: Beispiel für den Wert Empty [datentypen2.vbs]

3.6 Darstellung von Werten

Statische Werte können in Visual Basic in zwei Formen vorkommen:

▶ Als **Literale**, also als direkte Angabe von Werten innerhalb eines Ausdrucks

   Beispiel: `MsgBox "Sie heißen:" & Name`

   Hier ist die Zeichenkette »*Sie heißen:*« ein Literal.

▶ Als **symbolische Konstanten**, die Literale repräsentieren

```
Beispiel:
Const AUSGABE = "Sie heißen: "
MsgBox AUSGABE & Name.
```

   Hier ist `AUSGABE` eine symbolische Konstante für das Literal »*Sie heißen: «*.

Literale und symbolische Konstanten

3.6.1 Literale

Literale sind alle statischen Werte, die direkt im Programmcode hinterlegt, also nicht in Variablen oder symbolischen Konstanten (siehe nächstes Kapitel) gespeichert sind. In Visual Basic werden Literale wie folgt dargestellt:

▶ Ganzzahlige numerische Werte werden einfach durch die Aneinanderreihung von Ziffern dargestellt. — *Zahlen*

▶ Bei Fließkommazahlen (nicht-ganzzahlige numerische Werte) wird das Dezimaltrennzeichen nicht durch ein Komma dargestellt, sondern – amerikanisch – durch einen Punkt.

▶ Hexadezimalzahlen werden durch ein vorangestelltes `&h`, Oktalzahlen durch ein `&o` kenntlich gemacht. — *Andere Zahlensysteme*

▶ Begrenzer für Zeichenketten ist das doppelte Anführungszeichen. Zeichenketten innerhalb von Zeichenketten können durch zweifache doppelte Anführungszeichen dargestellt werden. — *Strings*

   ▶ `MsgBox "Hallo"`
   ▶ `Execute "MsgBox ""Hallo"""`

Manche Umgebungen (z.B. HTML) und Komponenten (z.B. WMI) erlauben auch einfache Anführungszeichen als Alternative zu den unübersichtlichen zweifachen doppelten Anführungszeichen.

▶ Der Sonderzustand »Variable ist leer« wird durch das Wort *Empty* angezeigt, der Sonderzustand »Variable hat keinen gültigen Wert« durch das Wort *Null*. *Null* kann ebenso wie *Empty* nur Variant-Variablen zugewiesen werden. — *Empty und Null*

Zur Überprüfung auf diese Werte sollte nicht das Gleichheitszeichen verwendet werden, sondern die eingebauten Funktionen `isNull()` und `isEmpty()`. Sofern eine Variant-Variable die Werte *Empty* oder *Null* enthält, werden als Typen »*Empty*« (vbEmpty = 0) oder »*Null*« (vbNull = 1) zurückgeliefert.

Die Visual Basic-Sprachfamilie

Datum und Uhrzeit	▶ Datums- und Uhrzeitangaben werden mit dem Nummer-Zeichen (#) begrenzt und sind im amerikanischen Stil anzugeben (siehe Tabelle 3.8).
True und False	▶ Boolsche Werte (also die Wahrheitswerte wahr und falsch) werden durch die Konstanten *True* und *False* repräsentiert. Aber Achtung: Die Konstante *True* steht nicht – wie man vermuten könnte – für den Wert 1, sondern für -1. Zum Glück ist *False* wenigstens 0. 0 und -1 können alternativ zu den Konstanten *True* und *False* verwendet werden.
Währungs-angaben	▶ VB sieht auch explizit einen Wertetyp für Währungen vor, die sich nach der jeweiligen Ländereinstellung des Systems richten. In Deutschland besteht ein gültiger Währungstyp aus einer Fließkommazahl mit nachgestelltem Währungssymbol DM. Dabei ist das Dezimaltrennzeichen ein Komma und zusätzlich ist als Tausendertrennzeichen ein Punkt erlaubt. Das Ganze wird wie ein String in Hochkommata gesetzt.

> Auf Grund der Abhängigkeit von den Systemeinstellungen sollten Sie den Datentyp *Currency* (Währung) nicht verwenden. Sie können auch intern mit Fließkommazahlen arbeiten und dann für die Ausgabe das Währungssymbol anhängen bzw. eine der eingebauten Formatierungsfunktionen von VB nutzen.

Tabelle 3.8: Darstellung von Literalen in VB

Wertetyp	Beispiel
Ganzzahlige Zahl	1234
Fließkommazahl	1234.5678
Hexadezimalzahl	&h0AE1 (entspricht 2785)
Oktalzahl	&o77 (entspricht 63)
Zeichenkette (String)	"Holger Schwichtenberg"
Datum und/oder Uhrzeit	#8/1/1972# #2:30:00 PM# #12/30/1999 1:20:00 AM#
Wahrheitswerte	True, False, -1, 0
Währung	"22345,80 DM"
Sonderzustände	Null, Empty

3.6.2 Symbolische Konstanten

Const   Literale, die in einem Programm mehrfach vorkommen, sollten in Form von symbolischen Konstanten (auch *benannte Konstanten* genannt) definiert werden, so dass man sie an einem zentralen Ort ändern kann. Dazu dient in allen VB-Dialekten das Schlüsselwort const.

```
Const KonstantenName = Wert
```

Danach kann eine Konstante wie eine Variable verwendet werden, aber nur lesend. Eine Veränderung ist nicht gestattet. In VB6/VBA kann in der Konstantendefinition als Wert auch ein Ausdruck angegeben werden. VBS unterstützt nur Literale.

Darstellung von Werten

> Symbolische Konstanten sollten Sie immer dann anwenden, wenn Werte entweder wiederholt verwendet werden oder aber die Werte besonders lang sind. Sie erhöhen mit symbolischen Konstanten die Verständlichkeit und Wartbarkeit Ihrer Skripte. Mit der gleichzeitigen Erzwingung der Variablendeklaration mit Option Explicit vermeiden Sie Fehler, da falsch geschriebene symbolische Konstanten dem Sprachinterpreter auffallen – Literale werden dagegen nicht überprüft.

Enum

VB6/VBA unterstützen die Definition von Konstantenlisten (Enumerationen). Dazu dient das Schlüsselwort Enum. Enum definiert eine Konstantenliste mit n Konstanten. Das Schlüsselwort wird in VBScript nicht unterstützt.

Konstantenlisten

```
[Public | Private] Enum LISTENNAME
NAME [= WERT]
NAME [= WERT]
...
End Enum
```

Die Angabe eines Wertes für die einzelnen Konstanten ist optional. Ohne diese Angabe werden die Konstanten automatisch mit fortlaufenden Zahlen belegt, wobei die erste Zahl 0 ist.

Das erste Beispiel zeigt die Definition einer Konstantenliste mit expliziten Werten.

Beispiel 1

```
Enum MitarbeiterTypen
    Professor = 3
    Wissenschaftlicher Mitarbeiter = 2
    StudentischeHilfskraft = 1
    Sonstiger = 0
End Enum
```

Erlaubt sind nur Werte vom Typ *Long*, keine Zeichenketten oder Datumsangaben.

Im zweiten Beispiel werden keine Werte explizit genannt. *Gelb* erhält daher den Wert 0, *schwarz* den Wert 3.

Beispiel 2

```
Enum GrundFarben
    gelb
    rot
    gruen
    schwarz
End Enum
```

Beide Formen können gemischt werden. Visual Basic zählt nach einer expliziten Wertzuweisung von dem Wert aus weiter hoch. Grau ist also 0, rosa 101 und orange 102.

Beispiel 3

```
Enum AndereFarben
    grau
    lila = 100
    rosa
    orange
End Enum
```

Verwendung Die folgende VB6-Unterroutine zeigt die Anwendung der Konstantenlisten:

- Die Konstantenliste ist ein Datentyp, der zur Deklaration von Variablen verwendet werden kann.
- Die einzelnen Konstanten der Konstantenliste können an beliebiger Stelle verwendet werden.
- Den mit dem Namen einer Konstantenliste typisierten Variablen kann auch direkt eine Zahl zugewiesen werden, auch eine Zahl, die nicht in der Konstantenliste vorkommt.

```
Sub teste_enum()
Dim dieserMitarbeiter As MitarbeiterTypen
' --- Zuweisung mit Konstantennamen
dieserMitarbeiter = Professor
' --- Zuweisung mit Wert
dieserMitarbeiter = 3
' --- Zuweisung mit Wert
' außerhalb der Konstantenliste
dieserMitarbeiter = 9
' --- Verwendung
If dieserMitarbeiter <> StudentischeHilfskraft Then_
    MsgBox "Keine studentische Hilfskraft!"

MsgBox gruen ' ergibt 2
MsgBox orange ' ergibt 102
End Sub
```

> Führt nicht zum Fehler!

Listing 3.12: Verwendung von mit »Enum« definierten Konstantenlisten [modEnum.bas]

Vordefinierte Konstanten

Vordefinierte Konstanten Alle VB-Dialekte kennen eine Reihe von vordefinierten symbolischen Konstanten, beispielsweise die Konstanten für die MsgBox()-Funktion (vgl. Kapitel 3.3) oder die Datentypkonstanten (vgl. Tabelle 3.4). Auf diese Konstanten kann ohne weitere Definition zugegriffen werden. Je nach Umgebung gibt es verschiedene Möglichkeiten, weitere Konstanten verfügbar zu machen:

- Immer besteht die Möglichkeit, Konstantendefinitionen mit dem Schlüsselwort const in den Quelltext zu übernehmen.
- Scripting Hosts ermöglichen die Einbindung externer Quellcode-Dateien, die Konstantendefinitionen enthalten können. Gegenüber der ersten Möglichkeit entfällt die Doppelspeicherung der Konstantendefinitionen.
- Entwicklungsumgebungen wie die von VB6/VBA, aber auch bereits einige Scripting Hosts (z.B. WSH ab Version 2.0) gestatten die Einbindung von Typbibliotheken. Dadurch stehen die dort in Konstantenlisten definierten symbolischen Konstanten zur Verfügung.

3.7 Operatoren

Die nachfolgende Tabelle zeigt die wichtigsten Visual Basic-Operatoren. Eine Erläuterung der Operatoren auf Objektvariablen finden Sie in Kapitel 0.

Operatoren

Zweck	VB-Dialekte	Verfügbare Operatoren

Wertzuweisung unter elementaren Datentypen	VBS/VBA/VB6	`A = B`
		oder
		`Let A = B`

Zuweisungen von Objektvariablen	VBS/VBA/VB6	`Set O1 = O2`
Grundrechenarten	alle	`+` (Addition) `-` (Subtraktion) `*` (Multiplikation) `/` (Division)
Potenzierung	alle	`^`
Division ganzzahlig	alle	`\`
Divisionsrest	alle	`mod`

Vergleich unter elementaren Datentypen	alle	`=`
		`<`
		`<=`
		`>=`
		`>`
		`<>`

Vergleich von Objektvariablen	alle	`O1 is O2` `O1 is Nothing`

Logische Operatoren	VBS/VBA/VB6	`and`
		`or`
		`not`
		`xor`
		`eqv`
		`imp`

Bitweise Operatoren	VBS/VBA/VB6	`and`
		`or`
		`not`
		`xor`

Zeichenverkettung	alle	`&` (Zeichenverkettung ist auch mit dem Pluszeichen möglich, sollte aber nicht verwendet werden!)

Tabelle 3.9: Operatoren in VB

Rechenoperationen sind sowohl mit Währungs- als auch mit Datumsangaben möglich. Bei den Datumsangaben ist die Grundeinheit immer ein Tag. Um beispielsweise die Datumsangabe um eine Stunde zu erhöhen, müssen Sie 1/24 addieren. Die folgende Tabelle zeigt einige Beispiele. Für die Arbeit mit Datumsangaben gibt es jedoch auch einfachere Datums-/Uhrzeitfunktionen (siehe Anhang C).

Rechnen mit Datumsangaben

Tabelle 3.10:
Berechnungen
mit Datums-
und Währungs-
werten

Berechnung	Ergebnis
#5/1/2000 6:49:00 PM# + 1	02.05.00 18:49:00
#5/1/2000 6:49:00 PM# – 1 / 24	01.05.00 17:49:00
#5/1/2000 6:49:00 PM# + (1 / 24 / 60) * 50	01.05.00 19:39:00
"1234,56 DM" – 100	1134,56
"10,10 DM" * "20 DM"	202

Vollständige Auswertung

In VBS/VB6/VBA wird jeder Teilausdruck in einem logischen Ausdruck ausgewertet, auch wenn das Ergebnis durch einen vorherigen Teilausdruck bereits feststeht. Die folgenden Code-Beispiele würden in VBS/VB6/VBA mit einem »Division durch 0«-Fehler (Fehlernummer 11) abbrechen.

```
Sub short_circuit_demo1()
Dim a, b
a = 1
b = 0
If b = 0 Or a / b > 1 Then MsgBox "Bedingung erfüllt!"
End Sub
```

Führt zum "Division durch 0"-Fehler.

Listing 3.13: [short_circuit_demo1.wsf]

Beispiel 2 Das zweite Beispiel zeigt dies mit einer AND-Verknüpfung. Hier werden unter VB6/VBA/VBS beide Teilausdrücke ausgewertet, obwohl der erste (x <> 0) bereits falsch ist. Folge ist ein »Division durch 0«-Fehler beim Ausdruck y / x > 0.

```
Sub short_circuit_demo2()
    Dim x ' As Integer
    Dim y ' As Integer
    x = 0
    y = 5
    If (x <> 0) And y / x > 0 Then
        say ("Richtig!")
    Else
        say ("Falsch")
    End If
End Sub
```

Führt zum "Division durch 0"-Fehler.

Listing 3.14: [short_circuit_demo2.wsf]

Doppeldeutiges Gleichheitszeichen

Gleichheitszeichen Das Gleichheitszeichen hat, wie in vielen anderen Sprachen auch, eine Doppelfunktion als Zuweisungs- und Vergleichsoperator. Einige Sprachen (z.B. C, C++, Java) trennen diese beiden Operatoren jedoch sauber, indem sie ein einfaches Gleichheitszeichen als Zuweisungsoperator und ein doppeltes Gleichheitszeichen (==) als Vergleichsoperator nutzen.

Typkonversion

> **Kleines Rätsel**
>
> Zu den Aufgaben, die der Autor in seinen Schulungen am liebsten stellt, gehört das folgende Beispiel:
>
> ```
> a = 5
> b = 6
> c = a = b
> MsgBox c
> ```
>
> Welcher Wert wird hier ausgegeben? Nun, für c wird der Wert *False* bzw. 0 ausgegeben. Überrascht? Hatten Sie vermutet, c wäre 6? Dass dies falsch ist, liegt daran, dass VB nur das erste Gleichheitszeichen einer Anweisung als Zuweisungsoperator interpretiert. Das zweite Gleichheitszeichen ist ein Vergleichsoperator. c wird also das Ergebnis des Vergleichs von a mit b zugewiesen. Da a und b verschiedene Werte haben, ist c also *False*.

3.8 Typkonversion

Visual Basic besitzt eine implizite Datentypkonversion, die viele »unsaubere« Anweisungen erlaubt, die in anderen Sprachen verpönt sind. Es ist unter VB-Programmierern an vielen Stellen jedoch Usus, die implizite Typkonversion zu nutzen, anstatt die Werte vorher mit einer der eingebauten Konvertierungsfunktionen umzuwandeln.

Implizite Typkonversion

```
Dim s, d, a
s = "Holger Schwichtenberg"
d = #8/1/1972#
a = 28
ausgabe = s & " ist am " & d & _
" geboren und daher jetzt " & a & " Jahre alt!"
MsgBox ausgabe
```

Listing 3.15: Beispiel zur impliziten Typkonversion

Die Verkettung von Stringvariablen, Zeichenkonstanten, Datumsangaben und Zahlen funktioniert problemlos. Dabei wäre es besser gewesen, die Konvertierung von Datums- und Zahlenwerten explizit mit der Funktion CStr() vorzunehmen:

Explizite Typkonversion

```
ausgabe = s & " ist am " & CStr(d) & _
" geboren und daher jetzt " & _ CStr(a) & " Jahre alt!"
```

Listing 3.16: Beispiel zur expliziten Typkonversion [typkonv_1.vbs]

Während das vorherige Beispiel ja vielleicht gerade noch hinnehmbar gewesen ist, werden sich jetzt bei allen erfahrenen Programmierern die Haare sträuben:

```
Dim a As String
Dim b As String
Dim c As String
a = 10
b = 20.33
c = a + b           "1020,33"
MsgBox c
```

Listing 3.17: Unsauberes Programmieren in VB [typkonv_2.vbs]

Obwohl in dem Listing alle drei Variablen als String deklariert wurden, können Zahlen zugewiesen werden. Das Ergebnis ist dann aber nicht das, was der Programmierer sich wohl erhofft hat, denn das Pluszeichen addiert in diesem Fall nicht die Zahlen, sondern verbindet die Zeichenketten. Das Ergebnis ist also »1020,33«. Auf Grund der Tatsache, dass VBS keine Deklaration von Variablen mit einem bestimmten Datentyp kennt, würde das Beispiel dann so aussehen:

```
Dim a
Dim b
Dim c
a = 10
b = 20.33
c = a + b
MsgBox c
```

Listing 3.18: Analog zum vorherigen Listing in VBS, aber mit anderem Ergebnis [typkonv_3.vbs]

Hier ist das Ergebnis dann 30,33. Der Subtyp der Variablen a, b und c wird ja jeweils über die letzte Wertzuweisung festgelegt. Dabei erhielten alle Variablen einen Zahlentyp als Subtyp. Um hier die Stringverkettung zu erreichen, muss das kaufmännische Und (&) statt des Pluszeichens verwendet werden.

> Verwenden Sie nie das Pluszeichen zur Stringverkettung, wenn Sie zwei Variablen miteinander verketten wollen, bei denen Sie davon ausgehen, dass Strings enthalten sind. Wenn nämlich durch Zufall beide Variablen eine Zahl enthalten, wird Visual Basic addieren und nicht verketten!

Explizite Typumwandlung

Explizite Typumwandlung

Die folgende Tabelle zeigt Funktionen zur expliziten Typumwandlung. In VB6/VBA gibt es darüber hinaus auch noch ältere Versionen der Konvertierfunktionen (Str(), Value(), ...), die Sie aber nicht mehr verwenden sollten. Im Gegensatz zu CStr() fügt die ältere Funktion Str(), die in VB6/VBA verfügbar ist, immer noch ein führendes Leerzeichen hinzu.

Tabelle 3.11: Funktionen zur Typumwandlung

Ergebnistyp	Funktion
Boolean	CBool()
Byte	CByte()
Currency	CCur()
Date	CDate()
Single	CSng()
Double	CDbl()
Integer	CInt()
Long	CLng()
String	CStr()

3.9 Arrays

Arrays sind Datenfelder in Form von Mengen von Variablen. Ein solches Datenfeld kann in VB bis zu 60 Dimensionen haben. Für jede Dimension kann jeweils eine Ausdehnung festgelegt werden.

VB kennt zwei Formen von Arrays:

Statische versus dynamische Arrays

- *statische Arrays*, bei denen Dimensionen und deren Ausdehnung fest zur Entwicklungszeit vorgegeben werden
- *dynamische Arrays*, bei denen die Anzahl der Dimensionen und deren Ausdehnung zur Laufzeit verändert werden können

Ein Array unterscheidet sich in VB von einer einfach skalaren Variablen durch an den Namen angehängte runde Klammern. Die runden Klammern enthalten den Index des Eintrags, auf den zugegriffen werden soll.

a(5,10,8) bezeichnet zum Beispiel in einem dreidimensionalen Array das Feld mit den Koordinaten 5,10 und 8. Die Verwendung erfolgt analog zu normalen Variablen.

```
a(5,10,8) = wert
wert = a(5,10,8)
```

Ein Array muss – in allen VB-Dialekten, auch VBScript – immer deklariert werden. d. h., Sie müssen die Variable mit Dim deklarieren. Wenn Sie auf eine nicht deklarierte Variable unter Angabe der runden Klammern zugreifen, erhalten Sie einen Fehler.

Wann und wie die Dimensionierung, d. h. die Festlegung der Anzahl der Dimensionen des Datenfeldes und die Ausdehnung jeder Dimension definiert wird, ist unterschiedlich zwischen dynamischen und statischen Arrays.

Deklaration	VBS	VB6/VBA
statisches Array	Dim arrayname (x,y,z,...)	Dim arrayname ([x1 to] x2, [y1 to] y2, [z1 to] z2, ...) [As Datentyp]
dynamisches Array ohne Vorgabewerte	Dim arrayname()	Dim arrayname() [As Datentyp]
dynamisches Array mit Vorgabewerten	nicht unterstützt	nicht unterstützt

Tabelle 3.12: Array-Deklarationen in den VB-Dialekten

3.9.1 Statische Arrays

Bei der Deklaration wird zumindest die Anzahl der Dimensionen und die Obergrenze für jede Dimension angegeben. Standarduntergrenze ist 0.

Grenzen

Dim a(x) deklariert also ein Array von 0 bis x mit x+1 Feldern.

In VB6/VBA kann jedoch optional die Untergrenze gesetzt und ein Datentyp angegeben werden:

```
Dim Lottozahlen(1 to 7) As Byte
```

In VBS ist 0 als untere Grenze jeder Dimension vorgegeben.

3.9.2 Dynamische Arrays

VBS/VBA/VB6 Bei der Deklaration in VBS/VBA/VB6 werden weder die Anzahl der Dimensionen noch die Grenzen für jede Dimension angegeben.

```
Dim arrayname() ' dynamisches Array
```

Redimensionierung dynamischer Arrays

ReDim Ein dynamisches Array kann mit dem Befehl ReDim zur Laufzeit dimensioniert werden: z.B.: ReDim d(10,10,10). Die Ausführung von ReDim auf einem statischen Array führt zu einem Fehler.

ReDim Preserve ReDim kann auf ein und demselben Array mehrfach ausgeführt werden. Dabei können alle Eigenschaften (Dimensionen und deren Obergrenzen und – außer in VBS – auch deren Untergrenzen) verändert werden. In der Regel geht dabei jedoch der Inhalt des Arrays verloren. Mit dem Zusatz Preserve kann der Inhalt bewahrt werden, dann ist die Redimensionierung jedoch darauf beschränkt, die Obergrenze der letzten Dimension zu verändern. Mit ReDim Preserve können weder die Anzahl der Dimensionen noch die Grenzen anderer Dimensionen verändert werden.

```
' Dynamisches Array deklarieren
Dim domains()
' Erste Dimensionierung
ReDim domains(10, 10, 10)
' Wert setzen
domains(1, 1, 1) = "www.it-visions.de"
' 1. Umdimensionierung
ReDim Preserve domains(10, 10, 20)
' Wert ist noch da
MsgBox domains(1, 1, 1)
' 2. Umdimensionierung
ReDim domains(10, 20, 20)
' Wert ist weg
MsgBox domains(1, 1, 1)
```

Listing 3.19: Redimensionierung dynamischer Arrays in VBScript [array1.vbs]

3.9.3 Array-Operationen

Dieses Kapitel behandelt die Verwendung von Arrays.

3.9.3.1 Füllen eines Arrays

Ein Array kann auf zwei Weisen gefüllt werden:

- elementweise (wie schon im vorherigen Kapitel dargestellt)
- durch die eingebaute Funktion Array().

Array()

Array() erwartet als Parameter eine beliebig lange Liste von Werten und erzeugt daraus ein eindimensionales Array. Die Werte können Werte eines beliebigen elementaren Datentyps (Zahlen, Zeichenketten, Datumsangaben, Boolean) und auch Objektzeiger sein. Die Variable, die den Rückgabewert von Array() aufnimmt, muss in VBS als Variant deklariert sein. In VB6 und VBA kann die Variable auch als Array gekennzeichnet sein. Das Array muss aber ein dynamisches Array vom Typ *Variant* sein.

```
' ### Arrays füllen
Sub array_fuellen()
Dim domains1(6)
Dim domains2
Dim domain

Dim x As New Collection
' --- Elementweises Füllen
domains1(0) = "www.it-visions.de"
domains1(1) = "www.windows-scripting.de"
domains1(2) = "www.it-objects.de"
domains1(3) = "www.Schwichtenberg.de"
domains1(4) = "www.HolgerSchwichtenberg.de"
domains1(5) = "www.net-komponenten.de"
' --- Array ausgeben
For Each domain In domains1
MsgBox domain
Next
' --- Füllen per Array-Funktion
domains2 = Array("www.IT-Visions.de", _
"www.windows-scripting.de", "www.it-objects.de", _
"www.Schwichtenberg.de", "www.HolgerSchwichtenberg.de", _
"www.net-komponenten.de")
' --- Array ausgeben
For Each domain In domains2
MsgBox domain
Next

If IsArray(Domains1) Then MsgBox "Domains1 ist ein Array!"
If IsArray(domains2) Then MsgBox "Domains2 ist ein Array!"

End Sub
```

Listing 3.20: [array_fuellen.wsf]

3.9.3.2 Typbestimmung

isArray() Ob eine Variable ein Array enthält, kann mit der eingebauten Funktion isArray() geprüft werden.

```
If IsArray(Domains1) Then MsgBox "Domains1 ist ein Array!"
If IsArray(domains2) Then MsgBox "Domains2 ist ein Array!"
```

Listing 3.21: Ausschnitt aus [array_fuellen.wsf]

TypeName() und VarType() bei Arrays

TypeName() und VarType() Sofern die übergebene Variable ein Array ist, hängt TypeName() an den Typnamen ein Klammernpaar »()« an. VarType() addiert den Wert 8192 hinzu.

```
Dim z(10)
MsgBox TypeName(z)   ' liefert Variant()
MsgBox VarType(z)    ' liefert 8204
z(1) = "test"
MsgBox TypeName(z(1)) ' liefert String()
MsgBox VarType(z(1))  ' liefert 8
Dim y() As String ' nur in VB6/VBA!
MsgBox TypeName(y)   ' liefert String()
MsgBox VarType(y)    ' liefert 8200 (8192 + 8)
```

Listing 3.22: Datentypen bei Arrays [datentypen3.vbs]

3.9.3.3 Wertzuweisungen

Kopieren Bei einer Zuweisung eines Arrays an ein anderes Array (oder eine Variant-Variable) mit dem Zuweisungsoperator (Gleichheitszeichen) wird das Array kopiert. Anders als bei Objekten wird also hier nicht ein Verweis kopiert, sondern tatsächlich die Inhalte. Dies beweist das folgende Beispiel, in dem nach dem Zuweisen des Arrays ein Element in der Kopie geändert wird. Dadurch bleibt das ursprüngliche Array unverändert.

```
' === Array kopieren
Sub array_kopie()
Dim domains1
Dim domains2
Dim domain

domains1 = Array("www.IT-Visions.de", _
"www.windows-scripting.de", "www.it-objects.de", _
"www.Schwichtenberg.de", "www.HolgerSchwichtenberg.de", _
"www.net-komponenten.de")

' --- Kopie erzeugen
domains2 = domains1

If IsArray(domains1) Then MsgBox "Domains1 ist ein Array!"
If IsArray(domains2) Then MsgBox "Domains2 ist ein Array!"

MsgBox "--- Inhalt von domains2:"
' --- ausgeben
For Each domain In domains2
```

Arrays

```
MsgBox domain
Next


' --- Ändern in der Kopie
domains2(1) = "www.windows-scripting.com"

' --- Vergleich der beiden Arrays
MsgBox "--- Vergleich der Arrays nach Änderung an domains2():"
MsgBox "domains1(1)=" & domains1(1)
MsgBox "domains2(1)=" & domains2(1)


' --- Das geht nicht!
'If Domains1 = domains2 Then MsgBox "gleich"

End Sub
```

Listing 3.23: Arrays kopieren [array_kopien.wsf]

```
Domains1 ist ein Array!
Domains2 ist ein Array!
--- Inhalt von domains2:
www.IT-Visions.de
www.windows-scripting.de
www.it-objects.de
www.Schwichtenberg.de
www.HolgerSchwichtenberg.de
www.net-komponenten.de
--- Vergleich der Arrays nach Änderung an domains2():
domains1(1)=www.windows-scripting.de
domains2(1)=www.windows-scripting.com
```

Listing 3.24: Ausgabe des obigen Skripts

3.9.3.4 Arrays vergleichen

Arrays können nicht mit dem Gleichheitszeichen verglichen werden. Sie können selbst eine Routine schreiben, die die Inhalte elementweise vergleicht.

```
' --- Das geht nicht!
'If Domains1 = domains2 Then MsgBox "gleich"
```

3.9.3.5 Arrays als Funktionsrückgabewerte

Eine Funktion kann ein Array als Rückgabewert liefern. Dabei ist unter VBS zu beachten, dass die Variable, die den Rückgabewert aufnehmen soll, nicht als Array, sondern als einfacher Variant-Typ definiert werden muss.

Beispiel VBS

```
Dim domain
Dim domains
domains = get_Domains
For Each domain In domains
MsgBox domain
Next
```

> In VBS ist hier kein Klammernpaar erlaubt!

Die Visual Basic-Sprachfamilie

```
Function get_Domains()
Dim domains(5)
domains(0) = "www.it-visions.de"
domains(1) = "www.windows-scripting.de"
domains(2) = "www.it-objects.de"
domains(3) = "www.Schwichtenberg.de"
domains(4) = "www.HolgerSchwichtenberg.de"
domains(5) = "www.net-komponenten.de"
get_Domains = domains
End Function
```

Listing 3.25: [_array_als_Funktionsrueckgabewert.vbs]

Beispiel 2

Beispiel VB6 untypisiert In VB6 und VBA kann die Variable auch als Array gekennzeichnet sein. Das Array muss aber ein dynamisches Array vom Typ *Variant* sein.

```
' === Arrays als Rückgabewerte von Funktionen (untypisiert)
Sub array_funktionen1()
Dim domain
Dim domains()
domains = get_Domains1
For Each domain In domains
MsgBox domain
Next
End Sub
```

In VB6/VBA sind hier die Klammern erlaubt!

```
' ### Diese Funktion liefert ein Array als Rückgabewert
Function get_Domains1()
ReDim domains(5)
domains(0) = "www.it-visions.de"
domains(1) = "www.windows-scripting.de"
domains(2) = "www.it-objects.de"
domains(3) = "www.Schwichtenberg.de"
domains(4) = "www.HolgerSchwichtenberg.de"
domains(5) = "www.net-komponenten.de"
get_Domains1 = domains
End Function
```

Beispiel 3

Beispiel VB6 typisiert Natürlich kann das Array in VB6 und VBA auch typisiert werden. In dem folgenden Beispiel enthält das Array Elemente des Typs *String*.

```
' === Arrays als Rückgabewerte von Funktionen (typisiert)
Sub array_funktionen2()
Dim domain As Variant
Dim domains() As String
domains = get_Domains2
For Each domain In domains
MsgBox domain
Next
End Sub
' ### Diese Funktion liefert ein Array als Rückgabewert
```

```
Function get_Domains2() As String()
ReDim domains(5) As String
domains(0) = "www.it-visions.de"
domains(1) = "www.windows-scripting.de"
domains(2) = "www.it-objects.de"
domains(3) = "www.Schwichtenberg.de"
domains(4) = "www.HolgerSchwichtenberg.de"
domains(5) = "www.net-komponenten.de"
get_Domains2 = domains
End Function
```

3.10 Bedingte Programmausführung

VB kennt zwei typische Sprachkonstrukte zur bedingten Ausführung von Programmteilen auf der Grundlage von Fallunterscheidungen:

Fallunterscheidungen

- If...Then
- Case...Select

3.10.1 If...Then

Die Grundstruktur von If...Then ist:

If...Then

```
If Bedingung Then Anweisung
```

Wenn anstelle einer einzelnen Anweisung ein ganzer Anweisungsblock bedingt ausgeführt werden soll,

- darf direkt nach Then kein Befehl stehen;
- muss das Ende des Anweisungsblocks mit End If gekennzeichnet werden.

```
If Bedingung Then
    Anweisung1
    Anweisung2
    ...
End If
```

Als Bedingung ist jeder Ausdruck erlaubt, der *True* oder *False* ergibt.

```
If Geschlecht = "w" Then MsgBox "Sie sind eine Frau!"
```

Bei Boolean-Werten, die sowieso *True* oder *False* enthalten, ist die Ausformulierung der Bedingung mit = *True* oder = *False* optional. Beide nachfolgenden Statements sind erlaubt.

```
If DebugMode = True Then MsgBox "Schritt 2 ausgeführt".
If DebugMode Then MsgBox "Schritt 2 ausgeführt".
```

Die typische Struktur If...Then kann mit den Schlüsselwörtern Else und ElseIf so erweitert werden, dass insgesamt mehrere Fälle in einer Struktur abgeprüft werden können. Sie können auch mehrere If...Then-Strukturen ineinander verschachteln.

Else, ElseIf

Die Visual Basic-Sprachfamilie

```
If Bedingung Then
    Anweisungsblock
[ElseIf Bedingung2 Then
    Anweisungsblock]
[Else
    Anweisungsblock]
End If
```

```
Geschlecht = "n"
...
If Geschlecht = "w" Then
    Artikel = "die"
ElseIf Geschlecht = "m" Then
    Artikel = "der"
ElseIf Geschlecht = "n" Then
    Artikel = "das"
Else
    MsgBox "Fehler!"
End If
```

Listing 3.26: Beispiel zu If...Then...Else [if_beispiel2.vbs]

3.10.2 Select...Case

Select...Case Mit Select...Case können auf übersichtliche Art und Weise mehrere Fälle behandelt werden. Der Vorteil von Select...Case gegenüber verschachtelten If...Then-Ausdrücken ist die größere Übersichtlichkeit. Das Grundgerüst lautet:

```
Select Case Ausdruck
Case Wert1: Anweisungsblock
Case Wert2, Wert 3: Anweisungsblock
...
Case Bedingung n
[Case Else: Anweisungsblock]
End Select
```

Case-Blöcke Dabei ist Ausdruck üblicherweise eine Variable oder Konstante, die mit den folgenden Case-Anweisungen auf verschiedene Werte abgeprüft wird. Sofern eine Case-Anweisung zutrifft, wird der nach dem Doppelpunkt stehende Anweisungsblock ausgeführt. Wenn mehrere Bedingungen zutreffen, wird nur der erste zutreffende Case-Block ausgeführt. Wenn keine Bedingung zutrifft, wird der optionale Case-Else-Block ausgeführt. Wenn dieser nicht angegeben ist, wird keine Anweisung ausgeführt.

```
Dim x
x = 10
'...
Select Case x
Case 0: text = "keine Person"
Case 1: text = "eine Person"
```

```
Case 2: text = "zwei Personen"
Case 3, 4, 5: text = "eine kleine Gruppe"
Case Else: text = "zu viele Leute!"
End Select
MsgBox text
```

Listing 3.27: Beispiel zu Select...Case [selcase.vbs]

Ein `Case`-Statement kann mehrere Werte enthalten. In Visual Basic Script kann das `Case`-Statement nur auf Gleichheit überprüfen. Operatoren wie < und > sind nicht erlaubt. VB6/VBA gestatten auch andere Operatoren. Dies muss jedoch mit dem Schlüsselwort `Is` angezeigt werden.

Unterschiede zu VB6/VBA

```
Case Is <= 5: text = "eine kleine Gruppe"
```

Ebenso erlauben nur VB6/VBA die Angabe eines Wertebereichs mit `To`.

```
Case 3 To 5: text = "eine kleine Gruppe"
```

> Auf keinen Fall darf der zu überprüfende Ausdruck in der Bedingung wiederholt werden. Dies ist zwar syntaktisch korrekt, hat jedoch logisch eine andere Bedeutung. Das folgende Programm ergibt unerwarteterweise den Wert »zu viele Leute«:

```
x = 1
'...
Select Case x
Case x = 0: text = "keine Person"
Case x = 1: text = "eine Person"
Case x = 2: text = "zwei Personen"
Case x <= 5: text = "eine kleine Gruppe"
Case Else: text = "zu viele Leute!"
End Select
```

Listing 3.28: Falsche Anwendung von Select...Case [selcase_falsch.vbs]

Hier wird jede der Bedingungen nach `Case` logisch ausgewertet und ergibt einen Boolschen Wert, also *True* oder *False*. Danach erfolgt der Vergleich mit dem hinter `Select...Case` angegebenen x. Da dieses x weder den Wert *True* noch den Wert *False* hat, wird der Anweisungsblock nach `Case Else` ausgeführt.

> Es gibt jedoch einen Trick, `Select...Case` etwas vielseitiger zu verwenden. Dabei wird als zu überprüfender Ausdruck einfach *True* eingetragen. Jede `Case`-Anweisung darf dann eine komplette Bedingung enthalten. Die erste wahre Bedingung liefert *True*, was auf den zu überprüfenden Ausdruck zutrifft, so dass der korrekte `Case`-Block ausgeführt wird. Wenn keine Bedingung zutrifft, wird `Case...Else` ausgeführt.

```
Dim x
x = 6
Limit = 5
'...
Select Case True
Case x = 0: text = "keine Person"
Case x = 1: text = "eine Person"
Case x = 2: text = "zwei Personen"
Case x <= Limit and Limit < 10: text = "eine kleine Gruppe"
Case Else: text = "zu viele Leute!"
End Select
```

Diese – zugegebenermaßen etwas quergedachte Möglichkeit – erlaubt:

- den Einsatz anderer Operatoren auch in VBS
- die Verwendung von Variablennamen in der Bedingung
- die Verwendung komplexer, mehrgliedriger logischer Bedingungen (so können auch in VBS Wertebereiche abgeprüft werden)

3.11 Schleifen

Wiederholungen Wie andere Sprachen kennt auch Visual Basic zählergesteuerte und bedingungsgesteuerte Schleifen.

3.11.1 For...Next

For...Next Diese Schleifenkonstruktion wird in der Regel dann eingesetzt, wenn die Anzahl der Schleifendurchläufe bereits bei Eintritt in die Schleife bekannt ist.

```
For Laufvariable = Start To Ende [Step Schrittweite]
    Anweisungsblock
Next
```

Im nachfolgenden Listing werden also die Zahlen von 5 bis 10 ausgegeben.

```
For x = 5 To 10
    MsgBox x
Next
```

Listing 3.29: Einfaches Beispiel für For...Next [for_1.vbs]

Mit dem optionalen Schlüsselwort Step kann die Schrittweite festgelegt werden. Im zweiten Beispiel wird die Zahlenreihe 1,4,7,10 ausgegeben.

Schleifen

```
For x = 1 To 10 Step 3
    MsgBox x
Next
```

Listing 3.30: *Beispiel für For...Next mit Schrittweite [for_2.vbs]*

Die Angaben für Start, Ende und Schrittweite müssen keine Konstanten sein, sondern können auch zuvor festgelegte Variablen sein.

```
von = 1
bis = 10
Schritt = 3
For x = von To bis Step Schritt
    MsgBox x
Next
```

Listing 3.31: *Beispiel für For...Next mit Variablen im Schleifenkopf [for_3.vbs]*

Obwohl For...Next eigentlich für Anwendungsfälle gedacht ist, in denen die Anzahl der Schleifendurchläufe bekannt ist, bestehen auch folgende Möglichkeiten: **Exit For**

- vorzeitiger Abbruch der Schleife mit dem Schlüsselwort Exit For
- Verlängern der Schleife durch Manipulation der Laufvariablen
- Verkürzen der Schleife durch Manipulation der Laufvariablen

Die nachfolgende Schleife wird abgebrochen, sobald eine glatt durch sieben teilbare Zahl gefunden wurde. Das wäre in diesem Fall 504.

```
For x = 500 To 100000
    If x Mod 7 = 0 Then Exit For
Next
MsgBox "Erste durch 7 glatt teilbare Zahl: " & x
```

Die Verkürzung einer Zählschleife demonstriert das nachstehende Beispiel. Bei jeder glatt durch sieben teilbaren Zahl wird die Laufvariable um sechs erhöht. Somit gibt die Schleife nach der ersten gefundenen Zahl nur noch die weiteren glatt durch sieben teilbaren Zahlen aus. Alle anderen Zahlen werden übersprungen. Die Schleife hat 13 statt 50 Durchläufe und gibt die Zahlenreihe 1,2,3,4,5,6,7,14,21,28,35,42, 49 aus.

```
For x = 1 To 100
    MsgBox x
    If x Mod 7 = 0 Then
        x = x + 6
    End If
Next
```

Listing 3.32: *Verkürzung einer Zählschleife [for_4.vbs]*

Achtung: Sie können die Schleifenlänge nicht verändern, indem Sie innerhalb der Schleife eine für das obere Ende angegebene Variable verändern.

```
Ende = 100
For x = 1 To Ende
  MsgBox x
  Ende = 50
Next
```

Listing 3.33: Das nachträgliche Verändern der Obergrenze ist nicht möglich: Diese Schleife läuft 100 Mal durch. [for_5.vbs]

Iteration über ein Array

Arrays Ein Array kann mit For...Next durchlaufen werden. Wenn die Unter- und Obergrenzen nicht bekannt sind, können Sie diese mit LBound() und UBound() ermitteln. Der folgende Lottozahlengenerator, der Zufallszahlen erzeugt und verhindert, dass eine Kugel doppelt »gezogen« wird, zeigt die Anwendung von Arrays.

```
' === Lottozahlengenerator
Dim lotto()         ' Array der Lottozahlen
Dim wochen          ' Obergrenzen
Dim w, k, i         ' Laufvariablen
Dim Doppelt         ' Flag
Dim Zahl            ' Zwischenspeicher

Const kugeln = 7

' --- Array erzeugen
wochen = InputBox("Anzahl der Wochen", , 52)
ReDim lotto(wochen - 1, kugeln - 1)

' --- Array füllen und ausgeben
' --- für jede Woche...
For w = LBound(lotto, 1) To UBound(lotto, 1)
    ' --- für jede Kugel...
    For k = LBound(lotto, 2) To UBound(lotto, 2)
        ' --- Suche eindeutige Zufallszahlen von 1 bis 49
        Do
            Zahl = Int((Rnd() * 48) + 1)
            Doppelt = False
            ' --- Wurde die Kugel schon gezogen?
            For i = 1 To k - 1
                Doppelt = Doppelt Or (Zahl = lotto(w, i))
            Next
            ' Wiederhole, wenn Ziehung doppelt
        Loop While Doppelt
        lotto(w, k) = Zahl
    Next
Next
MsgBox "Lottozahlen wurden für " & wochen & " Wochen generiert!"

' ---Anzeige
w = InputBox("Welche Woche soll ausgegeben werden?")
For k = LBound(lotto, 2) To UBound(lotto, 2)
    MsgBox lotto(w, k)
```

Schleifen

```
Next
say "Alle Lottozahlen:"
' --- Alle Lottozahlen ausgeben
For Each i In lotto
    MsgBox i
Next
```

Listing 3.34: Lottozahlengenerator [array_3.vbs]

3.11.2 For Each...Next

Die For Each...Next-Schleife ist eine elegante Sprachkonstruktion zur Iteration über eine Menge von Elementen, ohne dass die Anzahl der Elemente angegeben werden muss. For Each...Next kann verwendet werden zur Iteration über:

For Each-Schleife

- ein Array
- eine Objektmenge (vgl. den Abschnitt »Collections« in Kapitel 3.14.9).

Das Beispiel zeigt die Iteration über ein Array.

Beispiel

```
' === Arrays mit For...Each durchlaufen
Sub Array_ForEach()
Dim domains(5)
Dim domain ' As Variant ' NICHT As String !
domains(0) = "www.it-visions.de"
domains(1) = "www.windows-scripting.de"
domains(2) = "www.it-objects.de"
domains(3) = "www.Schwichtenberg.de"
domains(4) = "www.HolgerSchwichtenberg.de"
domains(5) = "www.net-komponenten.de"
For Each domain In domains
MsgBox domain
Next
End Sub
```

Listing 3.35: Iteration mit »For...Each« über ein Array [Array_ForEach.vbs]

Datentyp der Laufvariablen

In typisierten Umgebungen (VB6/VBA) muss die Laufvariable bei der Iteration über ein Array den Typ *Variant* haben. Bei der Iteration über eine Objektmenge muss ein Typ gewählt werden, der polymorph zu allen Elementen der Objektmenge ist. Im Zweifel kann der allgemeine Typ *Object* gewählt werden.

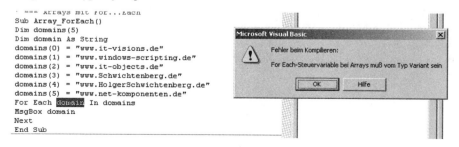

Abbildung 3.5: Bei der Iteration über ein Array muss die Laufvariable den Typ Variant haben.

3.11.3 Do...Loop

Do-Schleife Mit Do...Loop kann der VB-Programmierer bedingungsgesteuerte Schleifen erzeugen, bei denen die Anzahl der Durchläufe zu Beginn nicht bekannt ist. Eine Do...Loop-Schleife gibt es in drei Varianten:

- kopfgeprüfte Schleife
- fußgeprüfte Schleife
- mittengeprüfte Schleife

Eine Do...Loop-Schleife zählt im Gegensatz zu einer For...Next-Schleife nicht selbst. Wenn Sie eine Zählvariable als Bedingung verwenden, müssen Sie diese selber hochzählen, da Sie ansonsten eine Endlosschleife produzieren.

Kopfgeprüfte Schleife

Kopfgeprüfte Schleife Bei der kopfgeprüften Schleife wird der Anweisungsblock keinmal, einmal oder mehrmals ausgeführt. Der Anweisungsblock wird nämlich niemals ausgeführt, wenn die Bedingung zu Beginn bereits falsch ist.

```
Do While | Until Bedingung
    Anweisungen
Loop
```

Die Bedingung wird mit den Schlüsselwörtern While oder Until eingeleitet:

- Bei While wird der Anweisungsblock ausgeführt, wenn die Bedingung wahr ist.
- Bei Until wird der Anweisungsblock ausgeführt, wenn die Bedingung falsch ist.

Die folgenden beiden Schleifen sind äquivalent:

```
x = 1
Do While x < 10
    MsgBox x
    x = x + 1
Loop

x = 1
Do Until x = 10
    MsgBox x
    x = x + 1
Loop
```

Listing 3.36: While versus Until [while_1.vbs]

While..Wend Ein alternatives, äquivalentes Konstrukt zu Do While...Loop ist While...Wend.

Schleifen

Fußgeprüfte Schleife

Bei der fußgeprüften Schleife wird der Anweisungsblock mindestens einmal ausgeführt. Die Überprüfung der Bedingung erfolgt erst, nachdem der Anweisungsblock einmal ausgeführt wurde.

Fußgeprüfte Schleife

```
Do
    Anweisungen
Loop While | Until Bedingung
```

Die folgenden beiden Schleifen sind äquivalent zueinander und auch äquivalent zu den beiden kopfgeprüften Schleifen.

```
x = 1
Do
    MsgBox x
    x = x + 1
Loop While x < 10
x = 1
Do
    MsgBox x
    x = x + 1
Loop Until x = 10
```

Listing 3.37: Beispiele für eine fußgeprüfte Schleife [while_2.vbs]

Mittengeprüfte Schleife

Bei einer mittengeprüften Schleife enthält weder die `Do`- noch die `Loop`-Anweisung eine Bedingung. Diese wird vielmehr im Anweisungsblock selbst überprüft, und die Schleife wird mit dem Statement `Exit Do` beendet.

Mittengeprüfte Schleife

```
Do
    Anweisungen
    if Bedingung then
       Exit do
    End if
    Anweisungen
Loop
```

Endlosschleifen

Eine Endlosschleife bedeutet, dass Ihr Programm regulär niemals enden wird. Ein Programm gerät überraschend schnell in eine Endlosschleife. Hier drei typische Beispiele für Endlosschleifen. Im ersten Beispiel bleibt die Schleife immer auf dem Wert 1 stehen, weil die Schrittweite gleich 0 ist.

Endlosschleifen

```
Schritt = 0
For x = 1 To 10 Step Schritt
    MsgBox x
Next
```

Listing 3.38: Beispiel 1 für eine Endlosschleife [endlos_1.vbs]

Im zweiten Fall fängt die Schleife immer wieder von vorne zu zählen an, weil die Laufvariable immer wieder auf den Ausgangswert zurückgesetzt wird.

```
For x = 1 To 10
    MsgBox x
    If x = 10 Then x = 1
Next
```

Listing 3.39: *Beispiel 2 für eine Endlosschleife [endlos_2.vbs]*

Verbreiteter Fehler bei bedingungsgesteuerten Schleifen: Es wird vergessen, die Variable in der Bedingung in der Schleife zu modifizieren. Die Bedingung, die einmal wahr war, wird immer wahr sein.

```
x = 0
Do While x < 10
    MsgBox x
Loop
```

Listing 3.40: *Beispiel 3 für eine Endlosschleife [endlos_3.vbs]*

Programm-abbruch

Die Art und Weise, in der eine Endlosschleife beendet werden kann, hängt stark von der Ablaufumgebung ab.

- Einige Scripting Hosts haben einen Timeout, nach dessen Verstreichen ein Skript automatisch terminiert wird.
- Einige Scripting Hosts stellen auch eine manuelle Abbruchmethode zur Verfügung.
- Ein in der IDE von VB6/VBA interpretiertes Programm kann mit `Strg` `Pause` beendet werden.
- Ein kompiliertes VB-Programm und viele Skripte können nur durch die harte Methode »TASK BEENDEN« über den Task-Manager gestoppt werden.

3.12 Unterroutinen

Unterprogramme

Es gibt üblicherweise zwei Arten von Unterroutinen, die beide von Visual Basic unterstützt werden:

- Prozeduren sind Unterroutinen ohne Rückgabewert.
- Funktionen geben einen Wert zurück.

Signatur

Die Signatur einer Unterroutine besteht aus folgenden Informationen:

- Anzahl der Parameter
- Typen der Parameter
- Typ des Rückgabewärts

3.12.1 Prozeduren

Eine Prozedur wird mit dem Schlüsselwort Sub deklariert und endet mit dem Schlüsselwort **Sub**
End Sub. Mit Exit Sub kann sie vorzeitig verlassen werden.

```
Sub name (parameter1, parameter2, ... ,parameterN)
Anweisungsblock
End Sub
```

```
' Prozedur ohne Parameter
Sub sage_hallo()
MsgBox "Hallo Ayse Aruca!"
End Sub

' Prozedur mit einem Parameter
Sub sage_das(das)
MsgBox das
End Sub

' Prozedur mit zwei Parametern
Sub sage_dies_und_das(dies, das)
MsgBox dies & das
End Sub
```

Listing 3.41: Beispiele für Prozeduren [sage_dies_und_das.vbs]

Prozeduraufruf

Eine Prozedur wird mit dem Prozedurnamen und der Liste der zu übergebenden Parameter **Prozedur-**
aufgerufen. Im Gegensatz zu vielen anderen Programmiersprachen werden (in VBS/VBA/ **aufruf ohne**
VB6) *keine* Klammern um die Liste der Parameter gesetzt. Die Anzahl der Parameter muss **Klammern**
natürlich der Signatur der Prozedurdeklaration entsprechen.

```
' --- Hauptprogramm
sage_hallo
sage_das "Hallo Cemile, wie geht es Dir?"
sage_dies_und_das "Hallo Cemile", "Wie geht es Dir?"
```

Listing 3.42: Prozeduraufrufe [prozeduraufruf.vbs]

Wenn Sie die Schreibweise ohne Klammern merkwürdig finden, sind Sie damit nicht allein. **Call()**
Es besteht die Alternative, mit dem Schlüsselwort Call die Verwendung von Klammern zu ermöglichen.

```
call sage_dies_und_das("Hallo Cemile", "Wie geht es Dir?")
```

Wenn die Prozedur nur einen Parameter hat, dann funktioniert die Klammersetzung auch ohne vorangestelltes call.

```
sage_das("Hallo Cemile, wie geht es Dir?")
```

Allerdings laufen Sie damit unter Umständen in eine Falle (siehe Abschnitt »Die Ein-Parameter-Falle« in Kapitel 0).

Weitere Features in VB6/VBA

Typisierte Parameter nur in VB6/VBA

Nur VB6/VBA machen es möglich, den Typ der Parameter zu deklarieren.

```
Sub name (parameter1 As Typ, ... ,parameterN As Typ)
    Anweisungsblock
End Sub
```

Auch die Möglichkeit, optionale Parameter zu definieren oder eine beliebige Anzahl von Parametern zu übergeben, besteht nur in VB6/VBA mit den Schlüsselwörtern `optional` bzw. `paramarray`. In VB6/VBA kann ein optionaler Parameter einen Standardwert haben.

3.12.2 Funktionen

Function

Die Implementierung eigener Funktionen unterscheidet sich von den Prozeduren wie folgt:

- Es ist das Schlüsselwort `Function` statt `Sub` zu verwenden.
- Es ist möglich, innerhalb der Funktion einen Rückgabewert zu definieren. Dazu muss dem Funktionsnamen ein Wert zugewiesen werden. Es gibt in VBS/VB6/VBA nicht wie in anderen Sprachen ein explizites Schlüsselwort zur Übergabe des Rückgabewertes (z.B. `return()` in C/C++).
- Der Aufruf der Funktion muss mit Klammern um die Parameter erfolgen. Die Klammern sind hier Pflicht.

```
Function name (parameter1,parameter2,...,parameterN)
    Anweisungsblock
End Function
```

Ein Beispiel:

```
Function verbinde(vorname, nachname)
   verbinde = vorname & " " & nachname
End Function

' --- Hauptprogramm
MsgBox verbinde("Holger", "Schwichtenberg")
```

Listing 3.43: Definition und Aufruf einer Funktion [verbinde.vbs]

Exit Function

Die Zuweisung an den Funktionsnamen kann innerhalb einer Funktion mehrfach erfolgen, wenn sich der Rückgabewert ändert. Es wird immer der Wert zurückgegeben, der dem Funktionsnamen zuletzt zugewiesen wurde. Analog zu den Prozeduren ist ein vorzeitiger Rücksprung aus einer Funktion mit `Exit Function` möglich.

> Wie oben bereits erwähnt ist der Rückgabewert bei Funktionen eine Option, keine Pflicht. Bitte bedenken Sie jedoch, dass der Nutzer einer Funktion einen Rückgabewert erwartet. Er hat allerdings auch das Recht, den Rückgabewert zu ignorieren. Eine Funktion kann wie eine Prozedur aufgerufen werden, wenn die runden Klammern weggelassen werden.

Unterroutinen

In VB6/VBA ist es möglich, den Typ des Rückgabewertes durch ein an die schließende Klammer angehängtes As {Datentyp} zu deklarieren:

```
Function name (parameter1 As Datentyp, ... ,parameterN As Datentyp) As Typ
   Anweisungsblock
End Function
```

3.12.3 Die Last mit den Parametern

Visual Basic hat eine ungewöhnliche Eigenart hinsichtlich der Parameter. Dazu zunächst wieder ein kleines Rätsel. Was wird die Dialogbox in der letzten Zeile anzeigen?

Noch ein Rätsel

```
Function addiere(a, b)
a = a + b
addiere = a
End Function

' --- Hauptprogramm
Dim x, y, z
x = 4
y = 6
z = addiere (x, y)
MsgBox x & " + " & y & " = " & z
```

»Merkwürdiges« Ergebnis:
10 + 6 = 10

Listing 3.44: Beispiele zum Parameterproblem [addiere.vbs]

Viele erwarten hier die »korrekte« Ausgabe »4 + 6 = 10«. Leider steht in der Dialogbox aber »10 + 6 = 10«. Nein, VB hat sich nicht verrechnet, sondern sich gemäß seiner Vorgaben verhalten. Der Fehler ist durch die eigenwillige Art entstanden, die Funktion add() zu implementieren.

Call by Value versus Call by Reference

Zum Verständnis dieser Problematik ist etwas Programmiersprachentheorie notwendig. Es gibt verschiedene Möglichkeiten, Parameter an Unterroutinen zu übergeben. Die beiden wichtigsten sind:

▶ **Call by Value:** Es werden die Werte übergeben.

▶ **Call by Reference:** Es werden Zeiger auf die Werte übergeben.

Werte versus Zeiger auf Werte

Auf Basis dieser Verfahren unterscheidet man in Programmiersprachen bei Unterroutinenaufrufen zwischen IN- und OUT-Parametern.

▶ IN-Parameter enthalten Werte, die der Unterroutine übergeben werden. Dies entspricht einem Call by Value. Für IN-Parameter können bei einem Unterroutinenaufruf Variablen, symbolische Konstanten oder Literale angegeben werden.

IN

▶ Für einen OUT-Parameter erwartet die Unterroutine dagegen keinen Wert, sondern einen Platzhalter, den sie mit einem Wert belegen kann. Der Wert, der vorher in dem Platzhalter stand, wird ohne Beachtung überschrieben. Dies ist ein Call by Reference,

OUT

Die Visual Basic-Sprachfamilie

IN/OUT ▶ was bedingt, dass bei einem Unterroutinenaufruf eine Variable übergeben wird. Literale und Konstanten sind keine Platzhalter und können daher nicht als OUT-Parameter angegeben werden.

▶ Es gibt gemischte IN/OUT-Parameter, für die das zu OUT-Parametern Gesagte gilt – mit dem Unterschied, dass die Unterroutine den vorherigen Wert des Parameters berücksichtigt.

IN und OUT in VB

Standard ist Call by Reference

Visual Basic unterscheidet zwischen IN-Parametern auf Basis eines Call by Value und IN/OUT-Parametern auf Basis eines Call by Reference. Ein OUT-Parameter kann nicht explizit definiert werden, denn eine Unterroutine kann bei einem Call by Reference immer auch lesend auf die Parameter zugreifen. Im Gegensatz zu vielen anderen Sprachen, bei denen ein *Call by Value* der Standard ist, benutzen VBS/VBA/VB6 im Standardfall den *Call by Reference*, d. h. IN/OUT-Parameter.

VB hat also beim Aufruf `addiere(x,y)` der Funktion `addiere()` nicht die Werte 4 und 6 übergeben, sondern einen Zeiger auf die Variablen x und y aus der aufrufenden Routine. Innerhalb der Funktion `addiere()` wird nun der Parameter a an das x und b an das y gebunden. In dem Moment, in dem nun die Funktion `addiere()` dem übergebenen Parameter a einen neuen Wert zuweist, wird dieser Wert in den Speicherplatz für die Variable x im Hauptprogramm geschrieben. Daher hat x nach dem Verlassen von `addiere()` den Wert 10.

ByVal Sie vermeiden dieses Problem, indem Sie in einer Unterroutine nicht schreibend auf die übergebenen Parameter zugreifen oder indem Sie das Schltfüsselwort `ByVal` vor die Parameter setzen.

```
Function addiere (ByVal a, ByVal b)
a = a + b
addiere = a
End Function
```

Listing 3.45: Verbesserung zu Listing

Explizites ByRef

Analog dazu können Sie mit dem Schlüsselwort `ByRef` einen Call by Reference explizit definieren. Da dies aber der Standard ist, dient das Schlüsselwort nur der Verschönerung.

Sinnvoller Einsatz des Call by Reference

Natürlich können Sie sich dieses Feature von VB auch zu Nutze machen: Eine Funktion kann im Normalfall immer nur einen Rückgabewert zurückliefern. Wenn die Funktion aber mehrere Ergebniswerte hat, dann können Sie diese über den Call by Reference übergeben.

Beispiel:

```
Sub grundrechenarten(x, y, add, subt, mul, div)
add = x + y
subt = x - y
mul = x * y
div = x / y
End Sub
```

```
' --- Hauptprogramm
Dim x, y         ' In-Parameter (echte Parameter)
Dim a, s, m, d ' Out-Parameter (reine Platzhalter)
x = 4
y = 6
grundrechenarten x, y, a, s, m, d
MsgBox x & " + " & y & " = " & a
MsgBox x & " - " & y & " = " & s
MsgBox x & " * " & y & " = " & m
MsgBox x & " / " & y & " = " & d
```

Listing 3.46: Effektives Einsetzen des Call by Reference

Das Ganze hätte man auch über den Zugriff auf die globalen Variablen a, s, m und d lösen können, was aber weit weniger elegant gewesen wäre.

> **Die Ein-Parameter-Falle**
>
> Es gibt leider eine Ausnahme: Wenn beim Aufruf einer Prozedur (Sub) mit nur einem Parameter Klammern verwendet werden oder bei einer Funktion mit nur einem Parameter der Rückgabewert nicht verwertet wird, so ist das zwar ein gültiger Aufruf, allerdings wird der Unterroutine in diesem Fall nicht der Zeiger, sondern der Wert übergeben. Das liegt daran, dass in dem obigen Fall Visual Basic die in Klammern gesetzte Variable als einen Ausdruck interpretiert. Für diesen Ausdruck wird eine temporäre Variable auf dem Stack erzeugt. Die Unterroutine erhält nur eine Referenz auf diese temporäre Variable, so dass die Modifikation keine Auswirkungen auf das Hauptprogramm hat. Heikel wird das Ganze bei der Arbeit mit Objektvariablen (vgl. Kapitel 3.14).

3.13 Codegenerierung zur Laufzeit

Eine wichtige Neuerung seit VBS 5.0 sind drei Anweisungen (Execute(), Eval(), Execute Global()), die analog zur in JScript bereits bekannten Anweisung Eval() die Ausführung von zur Laufzeit hinzugefügtem Programmcode ermöglichen. Diese Anweisungen sind in VB6 und VBA 5.0 nicht verfügbar.

Execute()

Das Execute()-Statement erwartet einen String, in dem die verschiedenen Befehlszeilen durch einen Zeilenumbruch voneinander getrennt sind. Dieser wird zur Laufzeit mit chr(13) erzeugt; das gilt auch für andere Sonderzeichen, z.B. das Anführungszeichen chr(34). Das Beispiel zeigt, wie Befehle zur Laufzeit generiert und anschließend ausgeführt werden können.

Execute()

```
' Befehle definieren
befehl1 = "x = 1"
befehl2 = "y = 2"
befehl3 = "a = x + y"
befehl4 = "MsgBox " & chr(34) & "a = " & chr(34) &" & a"
```

```
' Befehle zusammensetzen
befehle = befehl1 & chr(13) & befehl2 & _
chr(13) & befehl3 & chr(13) & befehl4

' Befehle ausführen (Ausgabe ist: "a = 3")
Execute befehle
```

Listing 3.47: Einsatz von *Execute()* in VBS ab Version 5.0 [*_Execute.vbs*]

Eval()

Eval() Auf Grund der Tatsache, dass das Gleichheitszeichen als Operator eine doppelte Bedeutung hat (vgl. Kapitel 0), stellt Microsoft ein zweites Schlüsselwort zur Laufzeitinterpretation bereit. Mit Eval(befehle) wird ein im Befehlsstring übergebenes Gleichheitszeichen als Vergleich und nicht als Zuweisung interpretiert.

```
MsgBox eval ("1 = 2")
```

ergibt *False* und entspricht folgendem Befehl:

```
Execute "MsgBox (1=2)"
```

ExecuteGlobal()

Execute- ExecuteGlobal() führt die übergebenen Befehle im Gegensatz zu Execute() im globalen
Global() Namespace aus. Das bedeutet, dass alle in dem übergebenen Quelltext definierten globalen Variablen, Unterroutinen und Klassen ab sofort auch dem aufrufenden Skript zur Verfügung stehen. Dies ist bei Execute() nicht der Fall. Für Befehle, die außerhalb einer Unterroutine stehen, ergibt sich kein Unterschied zu Execute(). ExecuteGlobal() eignet sich zur Einbindung von Funktionsbibliotheken.

> Sofern der mit ExecuteGlobal() eingebundene Quellcode eine Unterroutine oder globale Variable definiert, die bereits in dem aufrufenden Skript vorhanden ist, ersetzt der eingebundene Quellcode die bestehende Implementierung!

Beispiel für ExecuteGlobal()

Das folgende Skript führt zunächst die alte Test()-Routine aus. Nach dem Ausführen der Befehle mit ExecuteGlobal() wird die bestehende Implementierung ersetzt. Ebenso steht die dort definierte Konstante x zur Verfügung.

```
' Befehle definieren
befehl1 = "const x = 5"
befehl2 = "Sub test"
befehl3 = "MsgBox " & chr(34) & " NEUE TEST() ROUTINE" & chr(34)
befehl4 = "End Sub"
' Befehle zusammensetzen
befehle = befehl1 & chr(13) & befehl2 & _
chr(13) & befehl3 & chr(13) & befehl4
test
ExecuteGlobal befehle ' Global einbinden
test
MsgBox x
```

```
' --- Unterroutine
Sub test
MsgBox "Alte test()-Routine"
End Sub
```

Listing 3.48: Beispiel für ExecuteGlobal() *[_ExecuteGlobal.vbs]*

3.14 Objektbasierte Programmierung

Visual Basic setzt Objektorientierung auf zwei Ebenen ein. Einerseits können innerhalb der Sprache Klassen definiert und Instanzen davon erzeugt werden. Diese VB-Klassen sind aber nicht automatisch auch COM-Klassen. Andererseits können extern implementierte COM-Klassen genutzt bzw. eigene COM-Klassen definiert werden. Damit beschäftigt sich Kapitel 3.15. Hier geht es zunächst nur um die Objektorientierung innerhalb von VB.

Klassen und Objekte in VB

3.14.1 Definition von Klassen in VBS

Visual Basic Script kann seit jeher Instanzen von COM-Klassen erzeugen und nutzen. VBS verfügt jedoch erst seit Version 5.0 über die Möglichkeit, selbst VB-Klassen zu definieren. Dies sind jedoch VBS-eigene Klassen, die keine COM-Klassen sind; sie sind nur innerhalb eines Skripts und nicht durch COM-Clients verwendbar. Um COM-Klassen mit VBS zu erstellen, benötigen Sie die Scriptlet-Technologie.

Die Definition einer Klasse erfolgt in VBS mit dem Schlüsselwort `Class`. Das Ende der Klassendefinition wird durch `End Class` gekennzeichnet. Die Klassendefinition ähnelt im Aufbau einer Skriptdatei:

Class

- Attribute werden durch die Deklaration von öffentlichen Variablen festgelegt.
- Methoden werden durch die Deklaration von öffentlichen Prozeduren und Funktionen festgelegt.

Im Standard werden diese Attribute und Methoden zu einer impliziten Standardschnittstelle zusammengefasst, die den Namen der Klasse mit einem vorangestellten Unterstrich trägt. Beispiel: Die Klasse `Mathe` bekommt automatisch von Visual Basic eine Standardschnittstelle `_IMathe`. Kapitel 0 behandelt auch die Möglichkeit, darüber hinaus zusätzliche Schnittstellen auf Basis abstrakter Klassen zu realisieren.

Standardschnittstelle

Kapselung

Mit den Schlüsselwörtern `Public` und `Private` wird gekennzeichnet, ob die Variable bzw. Unterroutine Teil der Schnittstelle der Klasse oder nur intern zugreifbar sein soll. Als `Public` deklarierte Unterroutinen sind Methoden der Klasse. Öffentliche globale Variablen sind Attribute der Klasse.

Public und Private

Die Visual Basic-Sprachfamilie

Tabelle 3.13: Syntax zur Definition verschiedener Mitglieder in VBS

Klassenbestandteil	VB-Dialekt	Deklaration
Attribut	alle	`Public Name [As Datentyp]`

Nichtöffentliche, globale Variable	alle	`Private Name [As Datentyp]`
		oder:
		`Dim Name`

Methode mit Rückgabewert	Alle	`Public Function FuncName() [As Datentyp]`
		oder:
		`Function FuncName() [As Datentyp]`

Methode ohne Rückgabewert	Alle	`Public Sub SubName()`
		oder:
		`Sub SubName()`

Nichtöffentliche Unterroutine mit Rückgabewert	Alle	`Private Function FuncName() [As Datentyp]`
Nichtöffentliche Unterroutine ohne Rückgabewert	Alle	`Private Sub SubName()`

Öffentliche Konstanten (nur in Form von Konstantenlisten erlaubt)	Alle	`Enum MitarbeiterTypen`
		    `Professor = 3`
		    `WissenschaftlicherMitarbeiter = 2`
		    `StudentischeHilfskraft = 1`
		    `Sonstiger = 0`
		`End Enum`

Nichtöffentliche Konstanten	VB6/VBA	`Const Name = Wert`

Dabei gibt es leider eine Inkonsistenz hinsichtlich der Syntax:

▶ Bei Unterroutinendefinitionen wird `Public` oder `Private` den Schlüsselwörtern `Sub` oder `Function` vorangestellt. Dabei ist `Public` optional: Eine nicht mit `Private` oder `Public` spezifizierte Unterroutine ist also `Public`.

▶ Bei Variablendefinitionen ersetzen `Public` oder `Private` das Schlüsselwort `Dim`. Dieses kann als Alternative zu `Private` verwendet werden. Es ist also nicht erlaubt, `Public Dim x` zu schreiben.

Bei der Benennung von Attributen und Methoden sollten Sie berücksichtigen, dass die Namen dann für den Anwender einprägsamer sind, wenn Sie für Attributnamen Adjektive und für Methodennamen Verben verwenden.

Beispiel

Beispiel Das nachfolgende Listing zeigt die Definition einer einfachen Mathe-Klasse mit

▶ zwei öffentlichen Attributen (x und y)

▶ einer privaten (internen) globalen Variable (count)

▶ zwei öffentlichen Methoden (add() und about())

▶ einer privaten (internen) Methode (Version).

Objektbasierte Programmierung

```
Class Mathe
' --- Öffentliche Attribute
Public x, y
' --- Private globale Variable
Private Count
' --- Private Konstanten in vbs nicht erlaubt!
'Const VersionID = "1.0"
' ---Öffentliche Methoden
Public Function Add()
    Add = x + y
Count = Count + 1
End Function
Sub About()
    MsgBox "Mathe-Klasse, " & Version & ", wurde " & _
        Count & " mal aufgerufen!"
End Sub
' --- Interne Unterroutinen
Private Function Version()
    Version = "Version 1.0"
End Function
End Class
```

Listing 3.49: Klassendefinition in VBS [_Mathe-Klasse.vbs]

Unterobjekte

Ein Objekt kann Unterobjekte besitzen, wenn ein Attribut eines Objekts einen Zeiger auf ein anderes Objekt darstellt. Da Visual Basic-Objektvariablen Objekte nicht enthalten können, sondern immer nur Zeiger auf Objekte sind, können in Visual Basic nur Assoziationen zwischen Objekten geschaffen werden, aber keine Aggregationen (vgl. Einführung in die Objektorientierung in Kapitel 2).

Objektassoziationen

Selbstreferenzierung

Jede Instanz kann über das Schlüsselwort Me einen Zeiger auf sich selbst erhalten. Me wird nicht benötigt, um Methoden des Objekts aus dem Objekt selbst heraus aufzurufen: Hier wird implizit ein Me vor den Aufruf gesetzt. Me kann aber benutzt werden, um anderen Instanzen einen Zeiger auf das aktuelle Objekt zu übermitteln.

Me

3.14.2 Definition von Klassen in VB6/VBA

In VB6 und VBA ist der Inhalt einer Klassendefinition der gleiche, die Hülle ist jedoch anders. Klassen werden in so genannten *Klassenmodulen* gespeichert, die in der jeweiligen Entwicklungsumgebung als eigenständige Codefenster angelegt und verwaltet werden. Die Klasse hat den Namen des Klassenmoduls. Die Angabe der Schlüsselwörter Class/End Class ist nicht nur nicht möglich, sondern auch nicht erlaubt. Die Entwicklungsumgebung speichert die Klassen in Form einer reinen Textdatei, deren Syntax Sie auch mit einem beliebigen Texteditor nachbilden könnten.

Klassenmodule

Bei der Definition einer Klasse müssen in VB6/VBA die Definitionen der Attribute und der internen globalen Variablen am Anfang stehen. In VBS können sie mit der Deklaration der Methoden gemischt werden. Nutzen Sie dieses Feature jedoch nicht, sondern trennen Sie auch in VBS sauber!

In VB6/VBA besteht zusätzlich die Möglichkeit, eine private Konstante für die Versionsnummer zu definieren. VBS erlaubt das leider nicht. Konstanten dürfen nicht `Public` sein. VB6/VBA melden ggf. einen Fehler. VBS Version 5.0 erlaubt auch keine privaten Konstanten in Klassen.

3.14.3 Objektvariablen

Zeiger auf Objekte Objektvariablen sind das Instrument in Visual Basic, um Objekte (also Instanzen von Klassen) zu verwenden. Genau genommen ist eine Objektvariable ein Zeiger auf ein Objekt. Dieser Umstand ist wichtig für das Verständnis von Operationen auf Objektvariablen. Im untypisierten VBS wird eine Objektvariable wie jede andere Variable auch deklariert. In VB6/VBA kann eine Objektvariable typisiert werden, indem bei der Deklaration der Klassenname angegeben wird. Dabei nimmt der Klassenname die Stelle des elementaren Datentyps ein (vgl. Kapitel 3.6).

Tabelle 3.14: Deklaration von Objektvariablen

	VBS	VB6/VBA
Untypisierte Objektvariable (spätes Binden)	Dim obj	Dim obj Dim obj as Variant Dim obj as Object
Typisierte Objektvariable (frühes Binden)	nicht möglich!	Dim obj As Klassenname

Frühes und spätes Binden

Bindungszeitpunkt Ob frühes oder spätes Binden angewendet wird, hängt von der Typisierung der Objektvariable ab. Wenn eine typisierte Variable verwendet wird, bedingt dies frühes Binden. Polymorphismus ist dann nicht möglich. Bei untypisierten Variablen werden die Aufrufe erst zur Laufzeit an die Implementierung gebunden (spätes Binden). Allerdings ist spätes Binden – wie üblich – erheblich langsamer als frühes Binden. Der Bindungszeitpunkt hat nichts damit zu tun, wann und wie die Instanziierung der Objekte durchgeführt wird.

Frühes Binden ist nur in VB6/VBA möglich. VBS verwendet immer spätes Binden!

Benennung

objX Die übliche Benennung von Objektvariablen nach der ungarischen Notation besteht aus dem Präfix `obj` und dem nachfolgenden Klassennamen. Oft wird auch einfach ein kleines o verwendet. Sofern mehrere Instanzen einer Klasse verwendet werden, gehen Entwickler auch dazu über, den Klassennamen in Form eines Präfixes abzukürzen und den Rest des Namens zur Unterscheidung der Instanzen zu verwenden.

3.14.4 Instanziierung

Instanzen einer VB-Klasse werden in allen Visual Basic-Dialekten mit dem `New`-Operator erzeugt. Nach der Instanziierung werden die Objekte in Objektvariablen gespeichert. Eine korrekte Vorgehensweise mit Deklaration und Instanziierung zeigt die folgende Tabelle.

New

	VBS	VB6/VBA
Deklaration	Dim obj	Dim obj As Klassenname
Instanziierung	Set obj As New Klassenname	Set obj As New Klassenname
Gleichzeitige Deklaration und Instanziierung	nicht verfügbar	Dim obj As New Klassenname

Tabelle 3.15: Deklaration und Instanziierung im Vergleich

Deklaration und Instanziierung

In VB6/VBA (nicht aber in VBScript) können diese beiden Statements zu einer Zeile verkürzt werden: `Dim obj As New Klassenname`.

Dim ... As New ...

Dabei gibt es aber einen Unterschied: Während bei der getrennten Schreibweise die Instanziierung in dem Moment stattfindet, in dem das `New`-Statement ausgeführt wird, ist dies bei der verkürzten Schreibweise nicht der Fall. Die Instanziierung findet erst beim ersten Attribut- oder Methodenzugriff statt. Das können Sie selbst mit Hilfe der später in diesem Kapitel vorgestellten Ereignisse `Class_Initialize()` und `Class_Terminate()` überprüfen.

In VB6 und VBA wird genau genommen bei jedem Zugriff auf ein Member geprüft, ob die Objektvariable gebunden ist oder nicht. Das führt zu der merkwürdigen Tatsache, dass nachfolgender Programmcode beim erneuten Zugriff auf die Objektvariable nach der Vernichtung des Objekts nicht abbricht.

```
Dim o As New Mathe
o.x = 1 ' Erst hier wird instanziiert!
o.y = 2
say o.Add
Set o = Nothing ' Vernichtung

o.x = 3 ' hier wird wieder instanziiert!
o.y = 4
say o.Add
```
Listing 3.50: Verhalten des »New«-Operators in VB6 und VBA

3.14.5 Objektverwendung

Erst nach der Instanziierung können Objekte verwendet werden. Alle Zugriffe erfolgen über die Objektvariable, die einen Zeiger auf das Objekt enthält. Die Objektvariable wird jeder Anweisung vorangestellt, danach folgt – getrennt durch einen Punkt (.) – der Name des Attributs oder der Methode.

Punktoperator

Methodenaufrufe

Methoden Für Methodenaufrufe gelten die gleichen Regeln wie für VB-Prozeduren und VB-Funktionen. Eine Methode ohne Rückgabewert wird aufgerufen, ohne die Parameter in Klammern zu setzen.

```
obj.Methodenname Parameter1,Parameter2,...
```

Die Angabe von runden Klammern zur Abgrenzung der Parameterliste führt zu einem Fehler. Wenn die Klammern verwendet werden, muss dem Methodenaufruf das Schlüsselwort Call vorangestellt werden.

```
Call obj.Methodenname(Parameter1,Parameter2,...)
```

Der Aufruf von Methoden mit Rückgabewerten muss immer mit Klammern erfolgen.

```
var = obj.Methodenname(Parameter1,Parameter2,...)
```

Attributzugriff

Attribute Der Zugriff auf Attribute erfolgt wie der Zugriff auf normale Variablen.

```
obj.Attributname = wert     ' Schreiben eines Attributs
var = obj.Attributname      ' Attribut lesen
```

Im folgenden Beispiel wird die zuvor definierte Mathe-Klasse verwendet:

```
' Test der Mathe-Klasse
Dim m   ' As Mathe
Set m = New Mathe
m.About
m.x = 5
m.y = 10
MsgBox m.Add
```

Listing 3.51: *Beispiel zur Verwendung der* Mathe-Klasse *[_Mathe-Klasse.vbs]*

Zugriff auf Unterobjekte

Unterobjekte Über die Punktnotation kann auch auf Unterobjekte zugegriffen werden. Wenn obj ein Zeiger auf ein Objekt ist, das ein Attribut UnterObj besitzt, welches wiederum ein Zeiger auf ein Objekt ist, dann kann auf die Methode TueEtwas() des UnterObj wie folgt zugegriffen werden:

```
obj.UnterObj.TueEtwas()
```

Dieses Verfahren ist über beliebig viele Hierarchieebenen in einem Objektmodell möglich:

```
obj.UnterObj.UnterUnterObj.UnterUnterUnterObj.TueEtwas()
```

> Wenn mehrfach auf ein Unterobjekt zugegriffen werden soll, dann ist es nicht empfehlenswert, jeweils von einem Oberobjekt zu dem Unterobjekt herunterzureichen. Dieses Vorgehen macht den Programmcode unübersichtlich und ist zudem aus Performance-Gesichtspunkten schlecht. Es ist besser für ein Unterobjekt, das mehrfach verwendet werden soll, eine eigene Objektvariable bereitzustellen und über diese zuzugreifen

```
set uo = o.UnterObj.UnterUnterObj.UnterUnterUnterObj
uo.TueEtwas()
```

Tipparbeit sparen und Übersichtlichkeit gewinnen

VB6, VBA und VBS ab Version 5.0 verfügen auch über ein Sprachkonstrukt, um eleganter mit (Unter-)Objekten arbeiten zu können: Das `With`-Statement setzt die nachfolgenden Objektzugriffe in den Kontext eines bestimmten Objekts.

With-Statement

```
With o.UnterObj.UnterUnterObj.UnterUnterUnterObj
    .TueEtwas()
    x = .Attribut
    .Attribut = wert
    MsgBox anderesObjekt.GibInformation()
End With
```

Listing 3.52: Beispiel zur Verkürzung mit With

Innerhalb eines `With`-Blocks beziehen sich alle Ausdrücke, die mit einem Punkt beginnen, auf das nach `With` bezeichnete Objekt. Innerhalb des `With`-Blocks dürfen auch andere Befehle vorkommen. Objektausdrücke, die nicht mit einem Punkt, sondern mit einer Objektvariablen beginnen, werden nicht auf das `With`-Statement bezogen. Ein `With`-Block sollte aber nicht mit einem Sprungbefehl verlassen werden.

3.14.6 Objektoperationen

Es sind folgende Operationen mit Objektvariablen möglich:

- Wertzuweisung
- Vergleich
- Typüberprüfung

Wertzuweisung

Eine Wertzuweisung erfolgt mit dem Gleichheitszeichen, erfordert aber im Gegensatz zur Wertzuweisung für den elementaren Datentyp ein zusätzliches Schlüsselwort: `Set`. Dieses Schlüsselwort ist notwendig, um den Zugriff auf das Objekt selbst von dem Zugriff auf das Default Property des Objekts (vgl. Kapitel 0) zu unterscheiden.

Wertzuweisung

```
Set obj2 = obj1
```

Wichtig: Diese Wertzuweisung verdoppelt nicht das Objekt, sondern kopiert nur den Zeiger. Es existiert anschließend nach wie vor nur ein Objekt, aber jetzt verweisen zwei Zeiger darauf. Eine Kopier-Operation für Objekt gibt es nicht. Diese muss der Entwickler bei Bedarf selbst für jede Klassen individuell (als eine Methode der Klasse) erstellen.

Objektvergleich

Vergleich Ein Vergleich kann mit dem Schlüssel Is durchgeführt werden. Dabei wird verglichen, ob die beiden Objektvariablen auf das gleiche Objekt zeigen.

```
if obj1 is cbj2 then ...
```

Typüberprüfung

TypeName() und VarType() Die Funktion TypeName() funktioniert auch mit Objektvariablen und liefert den Klassennamen der übergebenen Objektinstanz. TypeName() liefert Nothing, wenn die Objektvariable auf keine Instanz verweist. Die Funktion VarType() liefert bei Objektvariablen stets 9 (vbObject), da es nicht für jede Klasse eine Typkonstante geben kann.

```
Set o = New Mathe
MsgBox typename(o)' liefert "Mathe"
MsgBox vartype(o)' liefert 9 = vbObject
```

Listing 3.53: Ermittlung des Klassennamens einer Objektvariablen

TypeOf Nur in VB6/VBA gibt es zusätzlich den TypeOf-Operator, mit dem eine Typüberprüfung in Ausdrücken stattfinden kann:

```
If TypeOf obj Is KlassenName Then ...
```

Beispiel

Beispiel Das folgende Beispiel demonstriert alle drei Operationen. Die Funktion vergleiche() führt den Vergleich aus und gibt eine entsprechende Meldung aus. Im Hauptprogramm werden zuerst zwei Instanzen einer Klasse erzeugt, so dass der erste Vergleich natürlich eine Ungleichheit feststellt. Nachdem dann die Zeiger 01 und 02 gleichgesetzt wurden, liefert der zweite Vergleich nun das Ergebnis, dass die beiden Zeiger auf ein und dasselbe Objekt verweisen.

```
' Deklaration
Dim o1
Dim o2
' Zwei Instanzen erzeugen
Set o1 = New Mathe
Set o2 = New Mathe
' --- Erster Vergleich
vergleiche o1, o2' Ergebnis: sind ungleich!
' --- Wertzuweisung
Set o1 = o2
' -- Zweiter Vergleich
vergleiche o1, o2' Ergebnis: sind gleich!
```

```
' -- Typüberprüfung
If typename(o1) = "Mathe" Then MsgBox "ja!"
' If TypeOf o1 Is Mathe Then MsgBox "ja!" ' Nur VB6/VBA

' ### Vergleich zwischen zwei Objektvariablen
Function vergleiche(o1, o2)
If o1 Is o2 Then
    MsgBox "Zeiger weisen auf das gleiche Objekt!"
Else
    MsgBox "Zeiger weisen auf verschiedene Objekte!"
End If
End Function
```

Listing 3.54: *Beispiel zur Arbeit mit Objektvariablen [_Mathe-Klasse.vbs]*

3.14.7 Property-Routinen

Der Nachteil bei einer Attributdefinition, wie sie im vorherigen Abschnitt vorgestellt wurde, besteht darin, dass der Benutzer des Objekts das Attribut mit jedem beliebigen Wert aus dem Gültigkeitsbereich des Attributdatentyps beschreiben kann. Bei Variant-Attributen (also bei allen Attributen in VBS-Klassen) kann der Benutzer also jeden beliebigen Wert übergeben. Aber auch in typisierten Umgebungen wie VB6/VBA kann der Benutzer unerwünschte Werte schreiben, z. B.:

Gültigkeitsbereiche

- Ein Attribut `Alter`, das als Datentyp *Byte* deklariert ist, kann von dem Objektbenutzer ohne Probleme mit dem Wert 250 beschrieben werden, auch wenn bisher nur Methusalem mit seinen 969 Jahren dieses Alter erreicht hat.

- Ein Attribut `Kennwort`, das als *String* deklariert ist, kann von einem Benutzer mit jedem String belegt werden. Es gibt keine Möglichkeit, Kennwortrichtlinien (z. B. Mindestlänge) durchzusetzen.

> Ein weiterer, bisher nicht realisierbarer Punkt sind berechnete Attribute. Berechnete Attribute sind Eigenschaften, die nicht im Objekt gespeichert, sondern beim Zugriff jeweils erst aus dem internen Zustand des Objekts berechnet werden.

Berechnete Attribute

Eine Lösung dafür ist, Methodenaufrufe anstelle von Attributen zu verwenden. Dies führt jedoch dazu, dass immer zwei Methoden pro Eigenschaft benötigt werden (eine zum Lesen, eine zum Setzen). VB bietet eine Möglichkeit an, Attributzugriffe so in Methoden zu kapseln, dass der Benutzer der Klasse dies nicht bemerkt. Beim lesenden oder schreibenden Zugriff auf ein Attribut wird nicht direkt ein Speicherbereich beschrieben; vielmehr wird der Zugriff von einer Methode abgefangen. Der eigentliche Wert ist intern woanders, z. B. in einer privaten globalen Variablen gespeichert. Dies ist das übliche Vorgehen in COM, das aber auch für VB-Klassen angeboten wird.

Attributzugriffe kapseln

Das Instrument für die Attributkapselung sind so genannte Property-Routinen. Eine Property-Routine ist immer ein Codeblock, der mit dem Schlüsselwort `Property` beginnt und mit `End Property` abgeschlossen werden muss.

Property-Routinen

Varianten

In VBScript/VB6 und VBA gibt drei Varianten von Property-Routinen:

- `Property Get` zum Auslesen von Attributwerten
- `Property Let` zum Setzen von Attributen auf elementare Datentypen
- `Property Set` zum Setzen von Attributen auf Objektzeiger

Property Get

Lesen von Attributen

`Property Get` hat keine Parameter, aber einen Rückgabewert. Dieser wird aus einer privaten globalen Variablen ausgelesen. `Property Get` kann auch Zeiger auf Objekte zurückliefern; dann muss allerdings die Wertzuweisung an den Funktionsnamen mit `Set` erfolgen.

```
Public Property Get attributname() [As Variant]
    attributname = internesAttribut
End Property
```

Property Let und Property Set

Setzen von Attributen

Bei `Property Let` und `Property Set` erhält die Property-Routine den dem Attribut zugewiesenen Wert als Parameter, der dann – nach einer optionalen Prüfung – in die private globale Variable gespeichert werden kann. In VB6/VBA sollten die Schlüsselwörter `ByVal` und `As Variant` dabei angegeben werden. In VBS ist diese Spezifikation nicht erlaubt.

```
Public Property Let attributname([ByVal] NeuerWert [As Variant])
    internesAttribut = NeuerWert
End Property
```

`Property Set` ist ähnlich aufgebaut; bei der Wertzuweisung ist jedoch `Set` zu verwenden.

```
Public Property Set attributname (NeuerZeiger [As Object])
    set internesAttribut = NeuerZeiger
End Property
```

Mit Property-Routinen kann auch erreicht werden, dass ein Attribut nicht beschrieben (read-only) oder aber nicht gelesen (write-only) werden kann, da nicht zwingend vorgeschrieben ist, dass stets beide Property-Routinen implementiert werden müssen:

Read-only
- Wenn ein Attribut vom Objektnutzer nur gelesen werden, aber der Wert von dem Nutzer nicht veränderbar sein soll (read-only), implementieren Sie `Property Get`, aber nicht `Property Let/Set`.

Write-only
- Wenn ein Attribut vom Objektnutzer zwar geschrieben werden, aber er den Wert danach nicht mehr auslesen können soll (write-only), implementieren Sie `Property Let/Set`, aber nicht `Property Get`.

Anwendungsbeispiele

Ein Anwendungsfall für *Write-only-Attribute* ist beispielsweise die Versionsnummer einer Klasse. *Write-only-Attribute* sind seltener. Ein typischer Anwendungsfall sind Passwörter: Diese kann der Benutzer setzen, aber später nicht mehr auslesen, da sie nicht im Klartext

Objektbasierte Programmierung

abgespeichert, sondern üblicherweise in Form eines Hash-Codes abgelegt werden, aus dem das Klartext-Passwort nicht mehr ermittelbar ist.

Beispiel

Das Beispiel zur Veranschaulichung der Arbeitsweise der Property-Routinen ist naturgemäß etwas länger. Die VBS-Klasse Benutzer besitzt vier Attribute:

Die Klasse »Benutzer« ist mit Property-Routinen realisiert

- Name ist ein normales Attribut, das ohne Property-Routinen realisiert ist und daher beliebig gelesen und beschrieben werden kann.
- Geburtstag kann gelesen und beschrieben werden. Beim Schreibzugriff findet jedoch eine Konsistenzprüfung statt. Bei einem Alter von über 150 Jahren wird nachgefragt. Der Wert wird intern in der Variablen Intern_Geburtstag gespeichert.
- Alter ist ein berechnetes Attribut, das nur gelesen werden kann. Alter berechnet sich aus der Differenz des Geburtstags und des aktuellen Datums.
- Kennwort ist ein Attribut, das nur gesetzt werden kann. Es wird überprüft, ob das Kennwort mindestens drei Buchstaben lang ist.

Zusätzlich besitzt die Klasse eine Methode Info(), die Name und Alter ausgibt.

```
' === KLASSENDEFINITION
class Benutzer
' /// Interne Variablen
Private intern_Geburtstag ' As Date
Private intern_Kennwort ' As String
' /// Öffentliche Attribute (normale Attribute)
Public Name ' As String
' /// Öffentliche Attribute (Property-Routinen)
Public Property Get Geburtstag()
    Alter = intern_Alter
End Property
' --- Attribut Alter (write-only)
Public Property Let Geburtstag(ByVal vNewValue )
Dim Jahre
If Not IsDate(vNewValue) Then _
    MsgBox "Ungültiges Datum!": Exit Property
Const Nachfrage = _
    "Sie sind sicher, dass Sie älter als 150 Jahre sind?"
Jahre = DateDiff("yyyy", vNewValue, Now())
If Jahre > 150 Then
    If MsgBox(Nachfrage, vbyesno) = vbYes Then
        intern_Geburtstag = vNewValue
    Else
        intern_Geburtstag = Now
    End If
Else
    intern_Geburtstag = vNewValue
End If
End Property
' --- Attribut Alter (read-only)
Public Property Get Alter()
```

Die Visual Basic-Sprachfamilie

```
        Alter = DateDiff("yyyy", intern_Geburtstag, Now())
    End Property
    ' --- Attribut Kennwort (write-only)
    Public Property Let Kennwort(ByVal vNewValue )
    If Len(vNewValue) < 3 Then
        MsgBox "Kennwort zu kurz!"
    Else
        intern_Kennwort = vNewValue
    End If
    End Property
    ' /// Methoden
    Sub info()
    MsgBox "Benutzer " & Name & " ist " & Alter & " Jahre alt!"
    End Sub
    End class


    ' === Hauptprogramm
    Dim u
    set U = New Benutzer
    u.Name = "Methusalem"
    u.Geburtstag = #1/1/1031# ' Property Let
    MsgBox "Alter = " & u.Alter ' Property Get -> "Alter = 969"
    u.info   ' Methodenaufruf -> "Methusalem ist 969 Jahre alt!"
    u.Kennwort = '123' ' Property Set ' -> Kennwort zu kurz!
    'MsgBox u.Kennwort ' Property Get -> Nicht erlaubt!
```

Listing 3.55: Anwendungsbeispiel für Property-Routinen [_User-Klasse.vbs]

Das Default Property-Problem

Standard-attribut Property-Routinen bieten auch die Möglichkeit, ein Standardattribut festzulegen, das immer dann verwendet wird, wenn auf eine Objektvariable ohne Angabe eines Mitgliedsnamens zugegriffen und zugleich ein elementarer Datentyp erwartet wird. Dies ist jedoch sehr schlechter Stil, denn eine Objektvariable bezeichnet normalerweise das ganze Objekt und nicht nur ein Attribut. Als Zeiger auf das ganze Objekt wird eine Objektvariable bei der Zuweisung an eine andere Objektvariable und bei der Übergabe als Parameter an eine Unterroutine verstanden.

Beispiel Gegeben sei eine Klasse clsProblem mit dem Standardattribut Name und dem zusätzlichen Attribut Bemerkung. Folgendes Code-Beispiel macht die Verwirrung deutlich:

```
Sub attributausgabe(obj)
MsgBox obj
MsgBox obj.Bemerkung
End Sub
Sub teste_problem()
Dim p As New clsProblem
p.Name = "Default Property-Problem"
p.Bemerkung = "Bug oder Feature?"
MsgBox p ' Standardattribut
x = p ' Standardattribut
Set y = p ' Zeiger!
attributausgabe p ' Zeiger !
```

Objektbasierte Programmierung

```
Call attributausgabe(p)  ' Zeiger!
attributausgabe (p) ' Standardattribut
End Sub
' #### Unterroutine zum Default Property Problem
Sub attributausgabe(obj)
MsgBox obj
MsgBox obj.Bemerkung
End Sub
```

Listing 3.56: Veranschaulichung des Default Property-Problems [_Problem-Klasse.vbs]

MsgBox p und die Zuweisung x = p sind Zugriffe auf das Standardattribut, die Zuweisung mit Set und die beiden ersten Prozeduraufrufe verwenden den Objektzeiger. Die Prozedur attributausgabe() erhält dabei einen Zeiger auf den Zeiger. MsgBox obj greift also wieder auf das Standardattribut zu.

Erläuterung

Beim letzten Aufruf tritt allerdings wieder ein Problem zu Tage, das es in ähnlicher Form auch bei elementaren Datentypen gibt (vgl. Kapitel 3.12): Wenn eine Unterroutine nur einen Parameter hat, dieser Parameter in runden Klammern steht und das Unterprogramm keinen Rückgabewert liefert oder das Hauptprogramm den gelieferten Rückgabewert nicht empfängt, dann wird nicht der Zeiger übergeben, sondern das Standardattribut!

Das ist für den ersten Befehl MsgBox obj in der Prozedur attributausgabe() noch kein Problem, aber beim Zugriff auf obj.Bemerkung kommt es zum Programmabbruch, denn der übergebene String hat keine Attribute. Das kann in einer anderen Konstellation noch unangenehmer werden: Wenn das Standardattribut selbst wieder ein Zeiger auf ein Objekt ist, dann erhält die Unterroutine zwar einen Zeiger, aber den falschen!

Achten Sie genau auf die Regeln für die Klammersetzung bei Prozeduren und Funktionen. Sie können das Problem auch vermeiden, indem Sie sich die Mühe machen, Standardattribute immer explizit anzugeben.

3.14.8 Objektvernichtung

Alle Visual Basic-Dialekte verfügen über eine automatische Entsorgung des von Variablen belegten Speicherplatzes (Garbage Collection). Die Vernichtung einer Objektinstanz erfolgt, wenn es keinen Zeiger auf eine Objektinstanz mehr gibt. Nicht mehr benötigte Speicherbereiche werden so automatisch freigegeben, wenn der Gültigkeitsraum (Scope) einer Objektvariablen verlassen wird.

Garbage Collection

Auch wenn oft das Gegenteil behauptet wird: die explizite Vernichtung mit der Anweisung Set obj = Nothing ist optional (siehe dazu [WES99b]).

Sie können das Konstrukt Set obj = Nothing jedoch dazu nutzen, ein Objekt vor dem Verlassen des Gültigkeitsbereiches wieder freizugeben. Wenn mehrere Objektvariablen auf die betreffende Instanz verweisen, müssen all diese Objektvariablen auf »Nothing« gesetzt werden. Erst dann gibt Visual Basic die Instanz frei.

Set obj = Nothing

```
' Deklaration
Dim o1
Dim o2
Dim o3
' Zwei Instanzen erzeugen
Set o1 = New Mathe
' Wertzuweisungen
Set o2 = o1
Set o3 = o2
' Zeiger zurücksetzen...
Set o1 = Nothing
Set o2 = Nothing
' Objekt lebt noch!
o3.About
' Endgültige Objektvernichtung
Set o3 = Nothing
```

Listing 3.57: Beispiel zur Lebensdauer von Objekten [oo_vernichtung.vbs]

3.14.9 Objektmengen (Collections)

Objektmengen Alle Visual Basic-Dialekte können in COM-Komponenten definierte Collections nutzen. VB6/VBA können darüber hinaus eigene Collections erzeugen. Die Collections können heterogen sein, d.h., sie können Instanzen verschiedener Klassen enthalten. Ebenso kann ein und dieselbe Instanz mehrfach enthalten sein. In VBS können Sie zur Verwendung von Objektmengen die COM-Klasse `Scripting.Dictionary` verwenden (siehe Kapitel 5.2).

> Praktische Beispiele zur Arbeit mit Collections finden Sie in der Beschreibung der COM-Komponenten in Kapitel 5.

Lesezugriff auf Collections

Der Zugriff auf Collections ist in allen VB-Dialekten gleich. Es gibt zwei Möglichkeiten des Zugriffs auf die enthaltenen Objekte:

- Zugriff über ein Schlüsselfeld
- Zugriff über Iteration über alle Elemente

Item() Voraussetzung für den Zugriff über ein Schlüsselfeld ist, dass ein solches überhaupt existiert. VB-Collections besitzen ebenso wie die meisten COM-Collections die Methode `Item()` (leider wird `Item()` oft auch als Attribut implementiert, die Syntax bleibt jedoch gleich; siehe die Erläuterungen in Kapitel 2).

```
Set obj = col.Item("key")
```

Diese Schreibweise lässt sich in der Regel verkürzen auf `col("key")`, da `Item` das Standardattribut ist. In VB6/VBA ist eine weitere Verkürzung auf `col!key` möglich. Damit ist der Schlüsselname dann aber zur Entwicklungszeit vorgegeben. Bei der Schreibweise mit Klammern kann natürlich auch ein Variablenname angegeben werden.

Objektbasierte Programmierung

```
key = "ID"
set obj = col.Item(key)
```

Als Schlüsselwert kann in der Regel auch ein Wert angegeben werden, um die enthaltenen Objekte gemäß ihrer Reihenfolge anzusprechen.

```
set obj = col.Item(1)' Das erste Element
set obj = col.Item(7)' Das siebte Element
```

> VB-Collections beginnen bei 1 zu zählen. Viele Collections in COM-Objektmodellen starten dagegen bei 0!

Count() liefert die Anzahl der in einer Collection enthaltenen Elemente. **Count()**

Iteration über die Elemente einer Collection

Wenn die Schlüssel nicht bekannt sind und ein Element gesucht werden soll oder alle Elemente der Collection aufgelistet werden sollen, dann ist eine Iteration über alle Elemente notwendig. Visual Basic bietet mit For...Each eine sehr elegante Sprachkonstruktion an, um die Iteration über eine Collection durchzuführen. Diese Möglichkeit funktioniert oft auch dann, wenn die Collection keine oder unzuverlässige Informationen über die Anzahl der enthaltenen Objekte anbietet.

```
For each obj in col
    obj.DoSomething
Next
```
For...Each

Eine alternative Möglichkeit ist die Iteration mit For...Next, sofern die Collection ein Count()-Attribut besitzt und numerische Indizes unterstützt. **For...Next**

```
For i = 0 To col.Count-1
    col.item(i).DoSomething
Next
```

Veränderung einer Collection

Das Anfügen neuer Elemente erfolgt über die Methode Add(): **Add()**

```
col.Add obj,[key],[Before],[After]
```

Erster Parameter ist ein Zeiger auf das Objekt, das der Collection hinzugefügt werden soll. Optional ist die Angabe eines Schlüssels in Form einer Zeichenkette. Einige VB-Collections und einige COM-Collections bieten darüber hinaus auch die Möglichkeit, mit zwei weiteren Schlüsseln anzugeben, an welcher Stelle der Liste das Objekt eingefügt werden soll.

Zum Entfernen aus der Liste ist der Schlüssel notwendig. **Remove()**

```
col.Remove key
```

Erzeugung von Collections in VB6/VBA

VB6/VBA bringen eine vordefinierte Klasse `Collection` mit, von der Sie Instanzen erzeugen können. Im nachstehenden Beispiel wird eine Collection mit zehn Instanzen der Klasse `Mathe` gefüllt. Anschließend gibt es zwei Iterationen über die Collection. In der ersten Runde wird das Attribut x ausgelesen, in der zweiten Runde wird die Methode `Add()` bei allen ausgeführt.

```
Sub oo_newcollection()
Dim m As Mathe
Dim col As New Collection
' -- Aufbau der Collection
For a = 1 To 10
    Set m = New Mathe
    m.x = a
    m.y = a + 100
    col.Add m, CStr(a)
Next
' -- Iteration über Collection
For i = 1 To col.Count
    say col(i).x
Next
For Each obj In col
    say obj.Add
Next
End Sub
```

Listing 3.58: Beispiel zur Erzeugung und Verwendung einer Collection
[CD: /code/sprachen/_alle/vb-beispiele.vbp]

3.14.10 Ereignisse

Die Fähigkeit, als Event Publisher oder Event Subscriber zu agieren, ist in den verschiedenen Visual Basic-Dialekten unterschiedlich stark ausgeprägt:

Klassenevents
- Sowohl VB6 und VBA als auch VBS ermöglichen es Klassen, auf die Ereignisse `Class_Initialize()` und `Class_Terminate()` zu reagieren.

Event Publisher
- VB6/VBA-Klassen können Event Publisher sein, die eigene Ereignisse definieren und an ihre Umwelt aussenden. VBS-Klassen können keine Event Publisher sein.

Event Subscriber
- VB6/VBA-Klassen können Event Subscriber für VB- und COM-Klassen sein. VB6-Module können keine Event Subscriber sein. In VBS ist der Empfang von Events ein Feature, das vom Scripting Host bereitgestellt wird. Das Abonnement auf ein Ereignis wird in jedem Scripting Host anders definiert (siehe Kapitel 4).

Klassenereignisse

Class_Initialize() und Class_Terminate()

Oft ist es sinnvoll, dass bei der Erzeugung einer neuen Objektinstanz oder bei deren Vernichtung Vorgänge ausgeführt werden, z. B. die Initialisierung von Variablen bei der Objekterzeugung oder die Freigabe von Ressourcen bei der Objektvernichtung. Sicherlich ist es möglich, dafür jeweils eine Methode anzubieten. Jedoch ist das Objekt dann auf die Disziplin seines Nutzers angewiesen.

Dies kann mit den Ereignissen `Class_Initialize()` und `Class_Terminate()` besser gelöst werden. Diese beiden Ereignisse stellen einen Sonderfall dar, bei dem das Schlüsselwort `Class` für die Selbstreferenz auf die eigene Klasse steht. Event Publisher ist in diesem Fall die VB-Laufzeitumgebung.

```
Private Sub Class_Initialize
End Sub
Private Sub Class_Terminate
End Sub
```

Das nachfolgende Listing zeigt ein Beispiel: Nacheinander sollen die drei Dialogboxen »Hallo, ich bin jetzt hier!«, »Ich tue etwas...« und »Und Tschüss!« erscheinen.

```
Class clsHierUndWeg
' -- Ereignisbehandlung
Private Sub Class_Initialize()
MsgBox "Hallo, ich bin jetzt hier!"
End Sub
Private Sub Class_Terminate()
MsgBox "Und Tschüss!"
End Sub
' -- Methode
Sub dosomething()
MsgBox "Ich tue etwas..."
End Sub
End Class
' --- Hauptprogramm
Dim o
set o = new clsHierUndWeg
e.dosomething
Set o = Nothing
```

Listing 3.59: Beispiel für Klassen-Events in VBS [_hierundweg.vbs]

> Der `Class_Initialize`-Event ist nur ein Teil dessen, was in anderen objektorientierten Programmiersprachen als Konstruktor bezeichnet wird. Üblicherweise ist man in der Lage, bei der Objekterzeugung auch Parameter anzugeben, die dann einer bestimmten Routine, Konstruktor genannt, übergeben werden. Erst Visual Basic .NET unterstützt die Möglichkeit, bei der Instanziierung Parameter anzugeben, die `Class_Initialize` empfangen können.

Konstruktoren und Destruktoren

Eigene Ereignisse in VB6/VBA

Die Ereignisunterstützung in Skripten wird im Zusammenhang mit den jeweiligen Scripting Hosts beschrieben werden. Die Ausführungen in diesem Abschnitt beziehen sich ausschließlich auf VB6/VBA. Das grundsätzliche Vorgehen ist in VBS jedoch ähnlich.

Eine Klasse wird Event Publisher, indem sie ein Ereignis mit dem Schlüsselwort `Event` definiert und dieses Ereignis irgendwann mit `RaiseEvent()` auslöst.

Publisher

```
Event jetztistwaslos()
' ...
Sub dosomethirg()
' ...
RaiseEvent jetztistwaslos
' ...
End Sub
```

Listing 3.60: *Definition und Aussenden eines Ereignisses im großen VB und in VBA (nicht in VBS!)*

Subscriber Eine VB-Routine, die die Ereignisse von einem Event Publisher abonnieren will, gibt bei der Deklaration der Objektvariablen für diese Klasse an, dass sie sich für deren Ereignisse grundsätzlich interessiert. Sie wird dadurch Subscriber dieses Event Publishers. Der Subscriber definiert danach Ereignisbehandlungsroutinen für die Ereignisse, die ihn interessieren und die er behandeln möchte. Er ist nicht verpflichtet, alle Events des Publishers zu behandeln. Ereignisbehandlungsroutinen werden nicht wie Attribute und Methoden durch einen Punkt, sondern durch einen Unterstrich (»_«) von dem Namen der Objektvariablen getrennt.

```
Dim WithEvents o As clsEventServer
Private Sub o_jetztistwaslos()
   MsgBox "Da war was los!"
End Sub
```

Listing 3.61: *Abo eines Ereignisses in VB6/VBA (nicht in VBS!)*

3.14.11 Vererbung und Mehrfachschnittstellen

Schnittstellen-vererbung versus Implementierungs-vererbung Einer der Hauptkritikpunkte an der Umsetzung objektorientierter Prinzipien in Visual Basic war die fehlende Vererbung. VBS unterstützt keine Formen der Vererbung. Dieses Kapitel bezieht sich also nur auf VB6/VBA.

VB 6.0 und VBA 6.0 unterstützen nur Schnittstellenvererbung, d.h., eine Unterklasse wird gezwungen, alle Mitglieder einer Oberklasse ebenfalls zu implementieren. Damit kann erreicht werden, dass die beiden Klassen polymorph zueinander sind; es ist jedoch kein Instrument zur Wiederverwendung.

In VB ab Version 5.0 und VBA ab Version 5.0 können Mehrfachschnittstellen für Klassen implementiert werden. Da die Unterstützung von Mehrfachschnittstellen nachträglich in VB aufgenommen wurde, werden Schnittstellen auf kleinen Umwegen über die Definition von abstrakten Basisklassen erstellt.

> Visual Basic Script unterstützt weder die Definition noch die Nutzung von Mehrfachschnittstellen, da ein Schnittstellenwechsel in VBS nicht möglich ist. Dies ist aus sprachinterner Sicht kein Problem, denn wo keine Mehrfachschnittstellen definiert werden können, müssen sie auch nicht benutzt werden.

Implements Zunächst muss man für jede gewünschte Schnittstelle eine abstrakte Klasse definieren, also eine Klasse mit Attributdefinition und Methodenrümpfen, aber ohne Implementierung. Erst dann wird die eigentliche Klasse definiert, wobei mit Hilfe von Implements Bezug auf

Objektbasierte Programmierung

die zuvor fertig gestellten abstrakten Basisklassen genommen wird. Implements erzwingt, dass alle in den abstrakten Basisklassen definierten Attribute und Methoden hier implementiert werden müssen. Dabei ist syntaktisch Folgendes zu beachten:

- Die Attribute müssen mit Property-Routinen implementiert werden. Einfache Attributdefinitionen funktionieren hier leider nicht.

- Der Name der abstrakten Basisklasse, deren Attribut oder Methode implementiert werden soll, muss durch einen Unterstrich getrennt vorangestellt werden (leider gibt es damit neben der Verwendung in Ereignisbehandlungsroutinen eine zweite Bedeutung dieser Notation).

- Alle implementierten Attribute und Methoden müssen als privat (Private) deklariert sein. Wenn Sie sich darüber wundern, sind Sie nicht allein, denn diese Mitglieder sollen ja dem Objektnutzer zur Verfügung stehen. In diesem Fall sind die Mitglieder aber dann trotz der Private-Deklaration öffentlich. Ohne Auszeichnung als Private wären die implementierten Member zusätzlich Teil der Standardschnittstelle der Klasse – allerdings mit ihrem unnatürlichen Namen gemäß o.g. Namenskonvention. Hier zeigt sich deutlich, dass man versucht hat, mit der bisher bekannten Menge an Schlüsselwörtern neue Features zu realisieren, für die man besser ein neues Schlüsselwort eingeführt hätte.

Definition von Mehrfachschnittstellen

Das folgende Beispiel handelt von einem Multifunktionsgerät, das sowohl als Drucker als auch als Fax und Scanner verwendet werden kann. Das komplette Beispiel finden Sie auf der CD als VB-Projektdatei [CD:/code/sprachen/vb_mehrfachschnittstellen/geraete.vbp]. Dort sind drei abstrakte Basisklassen IFax, IScanner und IPrinter definiert.

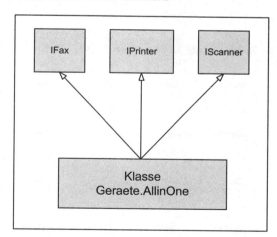

Abbildung 3.6: Mehrfachschnittstellen-Beispiel Multifunktionsgerät

*Abbildung 3.7:
Die Abbildung zeigt die Definition der drei Schnittstellen IFax, IPrinter und IScanner.*

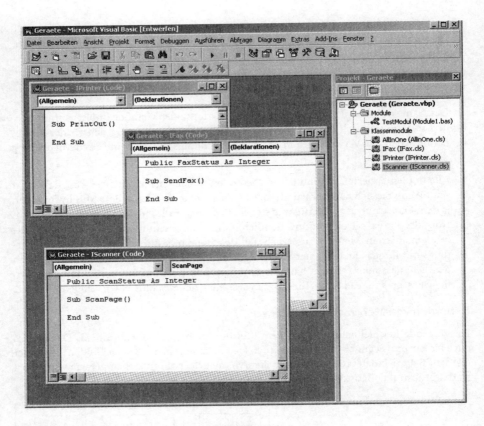

Definition einer Klasse mit mehreren Schnittstellen

Das folgende Listing zeigt die Klasse AllInOne:

```
' --- Festlegung der zu implementierenden Schnittstellen
Implements IFax
Implements IScanner
Implements IPrinter
' --- Private Variablen
Dim FaxStatus As Integer
Dim ScanStatus As Integer
' --- Implementierung der Scanner-Schnittstelle
Private Sub IScanner_ScanPage()
MsgBox "Seite wird gescannt..."
ScanStatus = 1
End Sub
Private Property Get IScanner_ScanStatus() As Integer
IScanner_ScanStatus = ScanStatus
End Property
Private Property Let IScanner_ScanStatus(ByVal vNewValue As Integer)
ScanStatus = vNewValue
End Property
```

```
' --- Implementierung der Fax-Schnittstelle
Private Sub IFax_SendFax()
MsgBox "Telefax wird gesendet..."
FaxStatus = 1
End Sub
Private Property Get IFax_FaxStatus() As Integer
IFax_FaxStatus = FaxStatus
End Property
Private Property Let IFax_FaxStatus(ByVal vNewValue As Integer)
FaxStatus = vNewValue
End Property
' --- Implementierung der Drucker-Schnittstelle
Private Sub IPrinter_PrintOut()
MsgBox "Dokument wird gedruckt!"
End Sub
```

Listing 3.62: *Implementierung einer Klasse mit Mehrfachschnittstellen (nicht möglich in VBS!)*

Nutzung von Objekten mit mehreren Schnittstellen

Außerdem soll hier noch gezeigt werden, wie Mehrfachschnittstellen benutzt werden. Wenn ein Objekt über mehrere Schnittstellen verfügt, dann hat VB immer die Schnittstelle im Zugriff, die dem Typ der Objektvariablen entspricht. Ein Wechsel der Schnittstelle erfolgt also mit:

Nutzung von Mehrfachschnittstellen

```
Dim x as neueSchnittstelle
set x = y
```

Hierbei ist y ein Zeiger auf die alte Schnittstelle, und x muss als eine Objektvariable vom Typ der neuen Schnittstelle deklariert worden sein.

```
Sub main()
Dim F As IFax
Dim S As IScanner
Dim P As IPrinter
Dim A As App
' Objekt instanziieren
Set F = New AllInOne
' Aufruf aus Interface IFax
F.SendFax
MsgBox F.FaxStatus
' Schnittstelle wechseln
Set P = F
P.PrintOut
' Schnittstelle wechseln
Set S = F
S.ScanPage
MsgBox S.ScanStatus
' Fehler: Methode nicht gefunden
S.SendFax
' Fehler: Typen unverträglich
```

```
Set A = F
End Sub
```

Listing 3.63: Verwendung der im vorherigen Listing definierten Mehrfachschnittstellen (nicht möglich in VBS!)

Der vorletzte Befehl führt zu einem Fehler, weil die Methode SendFax() über die Schnittstelle IScanner, auf die S zeigt, nicht im Zugriff ist. Der letzte Befehl führt zu einem Fehler, weil die Klasse AllInOne nicht über eine Schnittstelle App verfügt.

3.15 Visual Basic und COM/DCOM

Nutzung Alle Visual Basic-Dialekte verfügen über die Möglichkeit, auf dem System vorhandene COM-Komponenten zu nutzen. Allerdings gibt es einen entscheidenden Unterschied: VBS kann – wie andere Skriptsprachen auch – nur auf automationsfähige Komponenten via IDispatch-Schnittstelle zugreifen.

Erstellung Die Erzeugung neuer COM-Komponenten wird in den verschiedenen Visual Basic-Dialekten allerdings unterschiedlich unterstützt:

- Das große VB kann seit Version 4.0 die wichtigsten Typen von COM-Komponenten in Form von COM-DLLs und COM-EXEs erstellen.

- VBA kann seit der Version 5.0 einige wenige ausgewählte Arten von COM-Komponenten erstellen.

- Mit VBS können COM-Komponenten nur in Form von Scriptlets erstellt werden.

Tabelle 3.16: Aktivierungsmöglichkeiten von COM-Objekten in VB-Dialekten im Vergleich

	VB	VBA	VBS
New-Operator	Ja	Ja	Nein!
CreateObject() (lokal)	Ja	Ja	Ja
CreateObject() (entfernt)	Ja, ab v6.0	Ja, ab v6.0	Ja, ab v5.0
GetObject()	Ja	Ja	Ja

3.15.1 Instanziierung von COM-Komponenten

Für den Zugriff auf bestehende COM-Komponenten gibt es in Visual Basic zwei grundsätzliche Möglichkeiten:

- Erzeugung einer neuen Instanz einer COM-Klasse mit dem New-Operator oder der CreateObject()-Funktion

- Zugriff auf eine bestehende Instanz aus der Running Objects Table (ROT) oder auf eine persistente Instanz mit der GetObject()-Funktion

Visual Basic und COM/DCOM

Der Unterschied zwischen New und CreateObject() ist folgender: **New versus CreateObject()**

- In VBS kann zur Instanziierung von COM-Klassen nur CreateObject() verwendet werden. Mit New können in VBS nur VBS-Klassen oder COM-Klassen instanziiert werden. Ausnahmen bilden COM-Klassen, die in der gleichen Komponente wie die Scripting Engine selbst interpretiert sind. Eine solche Klasse ist RegExp (siehe Kapitel 5).

- Mit CreateObject() können nur COM-Klassen, aber keine VB-Klassen instanziiert werden.

- Bei New sind der Komponenten- und der Klassenname im Programmcode statisch festgelegt. CreateObject() erwartet einen String, für den auch eine zuvor zur Laufzeit belegte Variable verwendet werden kann.

```
Komponente = "Word"
Klasse = "Application"
ProgID = Komponente & "." & Klasse
Set o = CreateObject(ProgID)
```

- CreateObject() erlaubt auch die Angabe einer CLSID.

- CreateObject() sucht die angegebene ProgID bzw. CLSID direkt in der Registry unter HKEY_CLASSES_ROOT. New verlangt, dass die angegebene ProgID in einer in das VB6/VBA-Projekt eingebundenen Typbibliothek definiert ist. Sofern die Typbibliothek nicht den Registry-Einträgen entspricht (vgl. Ausführungen zum Taskscheduler im COM-Komponentenhandbuch), weicht die bei New zu verwendende ProgID von der ProgID bei CreateObject() ab. Sofern der Klassenname innerhalb der eingebundenen Typbibliothek eindeutig ist, ist die Angabe des Komponentennamens bei New nicht notwendig.

- Bei der Verwendung innerhalb eines Objekts, dessen Klasse im Microsoft Transaction Server 2.0 (siehe Kapitel 2) installiert ist, erzeugt CreateObject() eine Instanz in einem neuen Objektkontext und New eine Instanz ohne Objektkontext.

- Für COM-Klassen, die in mehreren Versionen installiert sind, kann mit CreateObject() explizit definiert werden, welche Version instanziiert werden soll. New verwendet immer die aktuelle Version.

- Mit CreateObject() können auch Instanzen auf entfernten Rechnern erzeugt werden.

Instanziieren mit CreateObject()

CreateObject() kann nur in Zusammenhang mit der Set-Anweisung benutzt werden. **CreateObject()**

```
set o = CreateObject
(komponente.klasse.version [,computername])
```

Beispiele:

```
Set o = CreateObject("Scripting.FileSystemObject")
Set o = CreateObject("MAPI.Session")
Set o = CreateObject("Word.Application")
Set o = CreateObject("Word.Application.8")
```

Listing 3.64: Beispiele für die lokale Instanziierung

Die Visual Basic-Sprachfamilie

Fernaktivierung

Fernaktivierung Ab VB 6/7, VBA 6.0 und VBS 5.0 unterstützt Visual Basic den zusätzlichen Parameter Computername. Somit ist es möglich, auf einfache Weise DCOM-Aufrufe zu realisieren.

```
set o = CreateObject("Word.Application","\\sonne2000")
set o = CreateObject("Scripting.FileSystemObject ","\\sonne2000")
```

Listing 3.65: Beispiele für die entfernte Instanziierung

Instanziieren mit dem New-Operator in VB6/VBA

New Der New-Operator kann zur Erzeugung neuer Instanzen von COM-Klassen nur in VB6/VBA benutzt werden. New benötigt immer Informationen aus der Typbibliothek der Komponente. Diese muss also zuvor eingebunden werden.

Dabei kann New entweder bei der Deklaration einer Variablen

```
Dim o as new Komponente.Klasse
```

oder mit einer Objektzuweisung mit Set verwendet werden.

```
Dim o As Komponente.Klasse
Set obj = new Komponente.Klasse
```

Die erste Variante ist marginal langsamer als die zweite, da Visual Basic intern bei jedem Objektzugriff eine zusätzliche Überprüfung der Objektvariablen durchführt.

Tabelle 3.17: Beispiele zur Anwendung des New-Operators

Verwendung in Deklaration	Dim obj As new Word.Application
Verwendung mit Set	Dim obj As Word.Application Set obj = new Word.Application

Frühes und spätes Binden

Bindungszeitpunkt Fälschlicherweise wird oft behauptet, der Unterschied zwischen dem New-Operator und der CreateObject()-Funktion sei der Bindungszeitpunkt. Der Bindungszeitpunkt wird in Visual Basic lediglich durch die Deklaration angegeben.

- Wird in der Deklaration der Variablen der Typ genannt, erfolgt frühe Bindung mit QueryInterface() und vTables.
- Nur wenn die Variable nicht typisiert (also vom Typ *Variant*) oder As Object deklariert ist, erfolgt späte Bindung mit IDispatch.

Visual Basic Script, das keine Typendeklaration kennt, verwendet folglich immer spätes Binden!

Die Typisierung einer Objektvariablen auf eine COM-Klasse erfordert immer die Einbindung der Typbibliothek der Komponente. Ohne eine Typbibliothek sind VB6/VBA nicht besser dran als VBS und können nur spät mit IDispatch binden.

Visual Basic und COM/DCOM

```
Dim obj As new TestKomponente.TestKlasse
Set obj = CreateObject("TestKomponente.TestKlasse")
```
Listing 3.66: Frühe Bindung mit `CreateObject()`

```
Dim obj As new TestKomponente.TestKlasse
Set obj = new TestKomponente.TestKlasse
```
Listing 3.67: Frühe Bindung mit `New`

```
Dim obj
Set obj = CreateObject("TestKomponente.TestKlasse")
```
Listing 3.68: Späte Bindung mit `CreateObject()`

```
Dim obj As Object
Set obj = new TestKomponente.TestKlasse
```
Listing 3.69: Späte Bindung mit `New`

TypeName()

Die VB-Funktion `TypeName()` funktioniert auch bei COM-Klassen und liefert den Klassennamen der COM-Klasse.

3.15.2 Zugriff auf bestehende Instanzen

Während `CreateObject()` eine neue Instanz einer Klasse erzeugt, ist mit `GetObject()` der Zugriff auf bereits bestehende Instanzen einer Klasse aus der Running Objects Table (ROT) oder einer persistenten Instanz (z. B. aus dem Dateisystem) möglich. `GetObject()` hat zwei Parameter, von denen mindestens einer angegeben sein muss: Entweder ein Moniker für die gewünschte Instanz oder eine ProgID für die gewünschte Klasse. **GetObject()**

```
set o = GetObject([moniker] [,class])
```

Wird nur ein Moniker angegeben, sucht `GetObject()` die entsprechende Instanz und gibt bei Erfolg einen Zeiger darauf zurück. Sofern bei `GetObject()` der optionale Parameter `ProgID` nicht angegeben ist, wird die Datei immer mit der Anwendung geöffnet, mit der die File-Extension verknüpft ist. Die Verknüpfung ist in der Registry (in HKEY_CLASSES_ROOT) hinterlegt. **Moniker**

Wird nur eine `class` angegeben, sucht `GetObject()` irgendeine Instanz dieser Klasse in der Running Objects Table. Wird eine Instanz gefunden, wird der Zeiger darauf zurückgeliefert. Wird keine Instanz gefunden, verhält sich `GetObject()` wie `CreateObject()` und erzeugt eine neue Instanz. **Class**

> Achtung: Dieses Feature funktioniert nicht in älteren VBScript-Implementierungen.

File-Extension Sofern bei GetObject() der optionale Parameter class nicht angegeben ist, wird die Datei immer mit der Anwendung geöffnet, mit der die File-Extension verknüpft ist. Die Verknüpfung ist in der Registry (in HKEY_CLASSES_ROOT) hinterlegt. Wenn sowohl ein Moniker als auch eine ProgID angegeben sind, wird die Instanz gesucht und mit der angegebenen Klasse gestartet – unabhängig davon, was in der Registry konfiguriert wurde. Soll die Datei durch eine andere als die in der Registry benannte Anwendung geöffnet werden, kann diese über die ProgID spezifiziert werden.

```
Set o = GetObject("d:\buch\docs\test.xls")
Set o = GetObject(, "Word.Application")
Set o = GetObject("d:\buch\docs\test.xls", "Excel.Sheet")
```

Listing 3.70: *Beispiele zur Verwendung von* GetObject() *[com_getobject.vbs]*

3.15.3 Verwendung von COM-Objekten

Die Verwendung von COM-Objekten entspricht der Arbeit mit Instanzen von VB-Klassen. Dies gilt sowohl für Attribute und Methoden als auch für Events. Zu beachten ist nur, dass nicht alle Scripting Hosts Ereignisse unterstützen und dass selbst die Scripting Hosts, die es können, nicht alle COM-Events behandeln können.

Beherzigen Sie bei der Verwendung von Objektmodellen aus COM-Komponenten den Tipp, der auch schon für VB-Objekte gilt: Für jeden Punkt in einem Statement müssen einmal QueryInterface() oder – noch schlimmer – die IDispatch-Methoden GetIDsofNames() und Invoke() aufgerufen werden. Vermeiden Sie also die Angabe von tiefen Pfaden.

3.15.4 Mehrfachschnittstellen

Mehrere COM-Schnittstellen Mehrfachschnittstellen sind unter COM ein wichtiges Thema. Ein Wechsel der Schnittstelle entspricht in der COM-Welt einem Aufruf von IUnknown::QueryInterface().

Da VBS nur IDispatch verwenden kann, bleibt die Welt der Mehrfachschnittstellen VBS auch hier vorenthalten. Das kann man positiv oder negativ sehen: Einerseits ist man von der Komplexität der Mehrfachschnittstellen entlastet, andererseits kann VBS nur automationsfähige COM-Klassen nutzen und innerhalb dieser Klassen auch nur die Methoden, die über IDispatch bereitgestellt werden. Sind nicht alle Methoden aller benutzerdefinierten Schnittstellen auch in IDispatch einbezogen, bleibt VBScript ein Teil der Funktionalität verborgen.

Anders bei VB6/VBA: Dort stehen alle benutzerdefinierten Schnittstellen zur Verfügung. Ein expliziter Aufruf von QueryInterface() ist jedoch nicht vorgesehen. Er wäre zwar über einen direkten Aufruf der entsprechenden API-Funktion aus der COM-Bibliothek möglich – dieser schwierige Weg ist jedoch nicht nötig. VB ruft QueryInterface() immer dann neu auf, wenn eine Objektzuweisung an eine Objektvariable erfolgt.

Zum Glück werden heute viele – aber leider nicht alle – COM-Klassen mit dualen Schnittstellen ausgestattet, die sowohl Aufrufe über IUnknown als auch über IDispatch unterstützen (vgl. Kapitel 2).

Visual Basic und COM/DCOM

Ausnahme: CDO 3.0

Mit CDO-Version 3.0 (siehe auch COM-Komponenten-Handbuch) ist Microsoft einen anderen Weg gegangen, um Skriptsprachen den Umgang mit Mehrfachschnittstellen zu ermöglichen: Dort hat jede Schnittstelle eine eigene Implementierung von IDispatch und besitzt darüber hinaus eine Methode, die einen Zeiger auf eine andere Schnittstelle zurückliefern kann. So kann auch eine nicht vTable-fähige Sprache Mehrfachschnittstellen nutzen. Microsoft preist dieses Vorgehen als Vereinheitlichung der COM-Nutzung zwischen verschiedenen Sprachen (VB, C++,...) an, allerdings auf Kosten der Konsistenz mit vielen anderen Komponenten.

Mehrfachschnittstellen beim Scripting

Der TypeOf-Operator

Den Test, ob ein Objekt eine bestimmte Schnittstelle unterstützt, können Sie nur unter VB6/VBA durchführen. Eine Möglichkeit besteht darin, den Schnittstellenwechsel mit Set zu versuchen und einen möglichen Fehler abzufangen. Eleganter ist die Verwendung des TypeOf-Operators, der sich durch das folgende Beispiel erklärt:

Schnittstellenprüfung

```
Set o = New IWSHNetwork_Class
say TypeName(o) ' IWSHNetwork2
If TypeOf o Is IWSHNetwork_Class Then say "IWSHNetwork_Class" ' Ja!
If TypeOf o Is IWSHNetwork Then say "IWSHNetwork" ' Ja!
If TypeOf o Is IWSHShell Then say "IWSHShell" ' Nein
```

Listing 3.71: Testen einer Instanz auf die Unterstützung von Schnittstellen

3.15.5 Datentypprobleme

In einigen Fällen kommt es bei der Verwendung von COM-Komponenten zu leichten Problemen mit Datentypen: Wenn ein Attribut oder eine Methode in Form eines Parameters einen bestimmten Datentyp erwarten, werden sie mit dem VBS-Variant nicht immer glücklich sein.

Typprobleme

Dazu ein Beispiel.

```
Const FTPSERVER = "ftp://1.1.1.20"
Set oiC = CreateObject("InetCtls.Inet")
oiC.Execute FTPSERVER, "DIR"
Do While oiC.StillExecuting
    DoEvents  ' WScript.Sleep()
Loop
```

Listing 3.72: Ein Beispiel aus der Komponente »Microsoft Internet Control«

Obige Befehle werden problemlos ausgeführt. Wenn jedoch der Aufruf von Execute() und die darauf folgende Warteschleife gekapselt werden sollen, kommt es zu einem Fehler.

```
Const FTPSERVER = "ftp://1.1.1.20"
inet_doit oiC, FTPSERVER, "DIR"
'--- Unterroutine
Sub inet_doit(oiC, url, command)
oiC.Execute url, command
Do While oiC.StillExecuting
```

```
        DoEvents    ' WScript.Sleep()
Loop
End Sub
```

Listing 3.73: Dieses Skript hat Probleme mit den Datentypen.
[CD: /code/komponenten/INET/inet_ftp.vbs]

Durch die Übergabe des Strings an eine Unterroutine geht die Information verloren, dass es sich um einen Untertyp String handelt, so dass `Execute()` den angegebenen URL als »falsch formatiert« zurückweist. Abhilfe schafft in solchen Fällen eine explizite Typumwandlung, hier mit `CStr()`.

```
oiC.Execute CStr(url), CStr(command)
```

3.16 Eingebaute Funktionen und Klassen

Funktionen Alle VB-Dialekte enthalten eine Reihe von eingebauten Funktionen für die Bereiche Mathematik, Stringbearbeitung, Datum/Uhrzeit sowie Typkonvertierung. Eine Tabelle finden Sie in Anhang C.

Reguläre Ausdrücke Außerdem bietet Visual Basic Script seit Version 5.0 eine eingebaute Klasse `RegExp`. Die Klasse wird nicht als Intrinsic Object bereitgestellt; der Programmierer muss sie selbst instanziieren. `RegExp` steht aber auch außerhalb von VBS als COM-Klasse `VBScript.RegExp` zur Verfügung.

3.17 Fehlerbehandlung

On Error GoTo Alle VB-Dialekte verfügen über eine Möglichkeit, Laufzeitfehler abzufangen. Diese ist in VB6/VBA jedoch deutlich besser als in VBS. Grundlegende Anweisung ist `On Error GoTo...`, mit der festgelegt werden kann, dass das Programm im Fehlerfall nicht mit einer Fehlermeldung stehen bleiben, sondern an anderer Stelle weiterarbeiten soll.

Tabelle 3.18: Befehle zur Aktivierung bzw. Deaktivierung der Laufzeitfehlerbehandlung

Befehl	Bedeutung	Unterstützung
On Error Resume Next	Schaltet das Abfangen von Laufzeitfehlern ein, so dass misslungene Befehle übersprungen werden. Die Programmausführung macht dann beim nächsten Befehl weiter.	Alle VB-Dialekte
On Error GoTo 0	Schaltet die Laufzeitfehlerbehandlung aus: Jeder Fehler führt wieder zum Abbruch.	Alle VB-Dialekte

Err-Objekt

Fehlerinformationen Nachdem Sie mit `On Error GoTo...` den Abbruch des Programms verhindert haben, können Sie über das eingebaute Objekt (Intrinsic Object) `err` (verfügbar in allen VB-Dialekten) Informationen über den Fehler erhalten. Das Intrinsic Object `Err` gehört zur Klasse `ErrObject` und verfügt u. a. über folgende Attribute:

Fehlerbehandlung

- Err.Number: **Fehlernummer des letzten aufgetretenen Fehlers**
- Err.Description: **textliche Beschreibung des Fehlers**
- Err.Source: **Quelle des Fehlers**

Nach einem On Error Resume Next können Sie mit Err.Number feststellen, ob ein Fehler aufgetreten ist.

```
On Error Resume Next
MsgBox 1 / 0
If Err.Number <> 0 Then
    MsgBox "Fehler #" & Err.Number & " (" & Err.Description & _
    ") ist in " & Err.Source & " aufgetreten."
    Err.Clear
Else
    MsgBox "Befehl war erfolgreich!"
End If
```

Listing 3.74: Abfangen eines Fehlers [error_1.vbs]

Dieses Listing wird natürlich immer einen »*Division durch Null*«-Fehler melden. Nach einer Abfrage des Fehlers sollten Sie err.Clear() aufrufen, um anschließend nicht durcheinander zu kommen.

Achtung: Wenn es zwischen der Überprüfung von Err.Number und der Ausgabe zu einem weiteren Fehler bzw. zu einem Folgefehler kommt, dann wird die eigentliche Fehlerinformation überschrieben.

Sie können das Err-Objekt über seine Raise()-Methode auch dazu nutzen, selbst einen Fehler zu erzeugen.

```
err.Raise(number, source, description)
```

Beispiel:

```
err.raise "12345","Mein Skript","Nur ein Test-Fehler"
```

Fehlerbehandlung in VB6/VBA

Die Fehlerbehandlung in VBS ist etwas unbefriedigend, weil man im Prinzip nach jedem Befehl den Inhalt des Err-Objekts manuell auf möglicherweise aufgetretene Fehler überprüfen muss. VB6/VBA können das besser.

VB6/VBA

Befehl	Bedeutung	Unterstützung
On Error GoTo Marke	Springt im Fehlerfall zu der mit Marke: spezifizierten Markierung innerhalb des gleichen Unterprogramms	Nur VB6/VBA
Resume	Fehlgeschlagenen Befehl erneut versuchen (nur innerhalb einer Fehlerbehandlungsroutine möglich)	Nur VB6/VBA

Tabelle 3.19: Zusätzliche Befehle zur Behandlung von Laufzeitfehlern in VB6/VBA

Die Visual Basic-Sprachfamilie

Befehl	Bedeutung	Unterstützung
Resume Next	Weiterarbeiten bei dem auf den fehlgeschlagenen folgenden Befehl (nur innerhalb einer Fehlerbehandlungsroutine möglich)	Nur VB6//VBA
Resume Marke	Weiterarbeiten bei Marke: (nur innerhalb einer Fehlerbehandlungsroutine möglich)	Nur VB6//VBA

Beispiel Die nachstehende Routine MachEinenFehler() definiert nach *Fehler:* eine Fehlerbehandlungsroutine. Dabei besteht die Wahl, den fehlerverursachenden Befehl mit Resume Next zu überspringen oder aber (nach Beseitigung der Fehlerursache) den gleichen Befehl erneut zu versuchen (Resume). Eine derartige Fehlerbehandlungsroutine pro Unterroutine genügt. Man muss nur auf eins achten: Da die Fehlerbehandlungsroutine keine wirklich eigenständige Routine, sondern ein Teil der Gesamtroutine ist, muss mit einem Exit Sub verhindert werden, dass die Programmausführung zwangsläufig in den Fehlerbehandlungsteil läuft.

```
x = 1
y = 0
On Error GoTo Fehler:
MsgBox x / y
Exit Sub 'Nicht vergessen!
' --- Fehlerbehandlung
Fehler:
MsgBox "Fehler #" & Err.Number & " (" & _
Err.Description & ") ist in " & Err.Source & " aufgetreten."
a = MsgBox("Nochmal versuchen?", vbYesNo, "Frage")
If a = vbYes Then
    y = 1
    Resume
Else
    Resume Next
End If
```

Listing 3.75: Beispiel zur Fehlerbehandlung (nur VB6/VBA) [error_2.vbs]

3.18 Hilfreiche Routinen

WS_scriptLIB Einige Hilfsroutinen werden Ihnen in den Beispielen immer wieder begegnen. Diese seien hier am Anfang zusammengestellt. Sie bilden die Funktionsbibliothek *WS_scriptLIB* [CD:/code/sprachen/_bibliotheken /WS_scriptLIB.vbs].

Sie können den Quelltext dieser Bibliothek in Ihre eigenen Skripte kopieren oder aber – besser – in Ihre eigenen Skriptdateien als externe Datei einbinden. Für die Scripting Hosts, die keine eigene Routine zur Einbindung liefern, wird im nächsten Unterkapitel eine Lösung vorgestellt. Einige der Routinen der *WS_ScriptLIB* sind auch in der Klasse Util der COM-Komponente *WindowsScripting* (vgl. Kapitel 5) enthalten.

3.18.1 Skripteinbindung

Nicht alle Scripting Hosts unterstützen die Einbindung externer Skriptdateien. In diesen Scripting Hosts müssten Sie also Funktionsbibliotheken extern immer durch Cut&Paste im Quellcode in Ihre Skripte übernehmen. Mit Hilfe der `ExecuteGlobal()`-Methode aus VBS 5.0 und der in Kapitel 5 vorgestellten *Scripting Runtime-Komponente* zum Dateisystemzugriff kann man sich jedoch eine eigene Einbindungsroutine bauen. Die in Listing 3.66 gezeigte Funktion `Include()` öffnet die einzubindende Skriptdatei mit Hilfe der Klasse `Scripting.TextStream` aus der Scripting Runtime-Komponente und führt den eingelesenen Quellcode dann mit `ExecuteGlobal()` aus. Auf Grund der Eigenschaft von `ExecuteGlobal()`, alle enthaltenen globalen Variablen und Unterroutinen im globalen Namespace des aufrufenden Skripts zur Verfügung zu stellen (vgl. Kapitel 3.13), eignet sich `Include()` also, um Funktionsbibliotheken einzubinden. Im Fehlerfall werden die Fehlerinformationen als String zurückgegeben.

Include()-Funktion für alle Scripting Hosts

```
' == Universelle Einbindung externer Skriptdateien
Function Include(skriptname)
dim fso ' As Scripting.FileSystemObject
dim oTX ' As Scripting.TextStream
On Error Resume Next
Set fso = CreateObject("Scripting.FileSystemObject")
If fso.FileExists(skriptname) Then
  Set oTX = fso.OpenTextFile(skriptname)
  ExecuteGlobal oTX.ReadAll
  If Err.Number <> 0 Then ' Fehler
    Include = Err.Number & ":" & Err.Description
  Else ' kein Fehler
    Include = ""
  End If
  oTX.Close
Else ' Datei nicht gefunden
  Include = "Datei existierte nicht!"
End If
End Function
```

Listing 3.76: Include-Funktion für alle Scripting Hosts [CD: /code/sprachen/_bibliotheken / WS_ScriptLIB.vbs]

Diese Routine läuft nicht in VB6/VBA!

Diese Routine ist die einzige, die Sie in den Quelltext jedes Ihrer Skripte duplizieren müssen. Alle anderen Routinen können Sie zentral in Dateien speichern und mit `Include()` einbinden.

3.18.2 Umwandlungsroutinen

Eine hilfreiche Funktion, die Sie immer wieder dann brauchen werden, wenn Attribute fallweise entweder einen elementaren Wert oder ein Array zurückgeben, ist `flat()`. Diese Hilfsroutine überprüft, ob der übergebene Wert ein Array ist. Wenn dies zutrifft, wird aus dem Array ein durch Semikola getrennter String erzeugt. `flat()` bedient sich der Hilfsroutine

Flat() und CSVadd()

`CSVadd()`, die einen String durch ein Semikolon getrennt an einen anderen String anhängt. Der Gesamtstring wird bewusst sowohl durch einen Call by Reference im ersten Parameter als auch über den Rückgabewert zurückgegeben; dies gibt dem Nutzer der Routine mehr Flexibilität in ihrem Gebrauch. Das Semikolon wird ausgelassen, wenn der erste String noch leer war.

```
Function CSVadd(s1, s2)  ' As String
If s1 <> "" Then s1 = s1 & ";"
s1 = s1 & s2
csvadd = s1
End Sub
```

Listing 3.77: Aufbau eines CSV-Strings

```
Function flat(var)  ' As String
On Error Resume Next
Dim i  ' As Integer
If IsArray(var) Then  ' Array flachklopfen
    flat = ""
    For i = LBound(var) To UBound(var)
        CSVadd flat, var(i)
    Next
Else                    ' War kein Array
    flat = var
End If
End Function
```

Listing 3.78: Macht aus einem Array einen CSV-String.
[CD: /code/sprachen/_bibliotheken /WS_ScriptLIB.vbs]

3.18.3 Rückumwandlung von Konstanten

Umwandlung numerischer Konstanten in Strings

Komponenten arbeiten in der Regel nicht mit symbolischen, sondern mit numerischen Konstanten. Eine Definition der Form `Const SymbolischerName = Wert` bietet dem Entwickler aber nur Unterstützung beim Setzen von Werten: Er kann bei der Wertzuweisung den symbolischen Konstantennamen statt eines numerischen Werts verwenden. Wenn jedoch eine Instanz einer Klasse einen numerischen Wert (zurück-)liefert, dann helfen die `Const`-Definitionen nicht, daraus eine symbolische Konstante oder einen sprechenden Begriff in Form eines Strings zu machen.

Auf Basis von Typbibliotheken gibt es Möglichkeiten, den symbolischen Konstantennamen zur Laufzeit durch das Auslesen der Typbibliothek zurückzugewinnen (vgl. [WES99a]). Dies ist jedoch entweder codeintensiv oder erfordert die Zusatzinstallation einer Komponente, die die Rückübersetzung kapselt. Außerdem funktioniert das Verfahren nur mit Typbibliotheken. In diesem Buch wird daher ein anderer, einfacherer Ansatz gewählt.

Parallel zu den Konstantendefinitionen werden zweidimensionale Arrays für die Konstantenlisten angelegt, wobei die erste Spalte jeweils den symbolischen Namen und die zweite Spalte den Wert enthält. Mit Hilfe der Routine `get_from_array(wert, feld)` wird aus einem bestimmten Feld anhand eines übergebenen Wertes der passende symbolische Name herausgesucht. Da es auch Flags gibt, bei denen ein numerischer Wert mehrere symbolische

Namen repräsentiert, existiert auch die Variante get_from_array_mult(wert, feld), die durch eine bitweise Und-Verknüpfung alle Teilwerte ermittelt, aus denen ein Gesamtwert besteht.

Die Eingabe des zur Füllung der Arrays nötigen Programmcodes kann sehr mühsam sein. Dabei unterstützt Sie der mit diesem Buch mitgelieferte *comTLBrowser* (siehe Kapitel 6): Er erzeugt aus einer Konstantenliste in einer Typbibliothek den passenden Code, um ein Array so zu füllen, dass mit get_from_array() bzw. get_from_array_mult() eine Rückumwandlung möglich ist.

> Der große Vorteil der Array-Methode ist, dass Sie die symbolischen Namen beliebig ändern können. Beim Zugriff auf die Typbibliothek bekommen Sie immer nur die dort definierten symbolischen Namen.

```
' ### Entnimmt aus einem zweidimensionalen Array einen passenden Wert
' ### Ermittelt Wert von Spalte1 anhand eines Wertes aus Spalte2
Function Get_From_Array(wert, feld)
Dim i ' As Integer
get_from_array = "n/a"
' -- Über alle Zeilen im Feld
For i = LBound(feld, 1) To UBound(feld, 1)
    If feld(i, 1) = wert Then ' gefunden!
        get_from_array = feld(i, 0)
        Exit For
    End If
Next
End Function


' ### Entnimmt aus einem zweidimensionalen Array passende Werte
' ### Ermittelt Werte von Spalte1 anhand eines Wertes aus Spalte2
Function get_from_array_mult(wert, feld)
Dim i ' As Integer
get_from_array_mult = ""
' -- Über alle Zeilen im Feld
For i = LBound(feld, 1) To UBound(feld, 1)
    If feld(i, 1) And wert Then
        If get_from_array_mult <> "" Then _
            get_from_array_mult = get_from_array_mult & ";"
        end if
        get_from_array_mult = get_from_array_mult & feld(i, 0)
    End If
Next
End Function
```

Listing 3.79: Standardroutinen zur Umwandlung einer numerischen Konstante in einen String

3.18.4 Ausgabe

Ein guter Skriptprogrammierer kapselt alle Ausgaben in Unterroutinen, um die Skripte schnell an die Scripting Host-spezifischen Ausgabeweisen anpassen zu können. Zentral ist die Routine say(), die einen übergebenen String ausgibt. Say() ist nicht Bestandteil der

Die Visual Basic-Sprachfamilie

WS_ScriptLIB, da say() hostspezifisch ist und damit nicht den host-neutralen Anspruch der WS_ScriptLIB erfüllt. Die WS_ScriptLIB liefert jedoch einige Routinen, die auf say() aufbauen, und erwartet also, dass das Hauptprogramm oder eine andere Bibliothek say() implementiert. Sie werden in Kapitel 4 einige hostspezifische Bibliotheken (WS_AspLIB, WS_VbWSHLIB, WS_ExAgLIB) finden, die dieser Anforderung gerecht werden.

Fehlerausgabe

sayerror () Hilfreich ist eine Routine, die neben dem übergebenen String auch den Zustand des Err-Objekts ausgibt.

```
Sub sayerror(s)
say "FEHLER: " & Err.Number & _
" (" & Err.Description & "): " & s
End Sub
```

Listing 3.80: Ausgabe eines Fehlers

Bedingte Ausgabe während des Debuggings

saydebug () Sie sollten berücksichtigen, dass Sie zur Entwicklungs- und Testzeit mehr Ausgaben benötigen als später im produktiven Einsatz. Dies können Sie über eine globale Konstante mit Namen DEBUGMODE steuern. Saydebug() macht nur eine Aussage, wenn dieser DEBUGMODE auf *True* gesetzt wurde.

```
Sub saydebug(s)
If DEBUGMODE Then say s
End Sub
```

Listing 3.81: Bedingte Ausgabe (nur im Debugmodus)

Ausführliche Ausgabe

sayex () Sayex() ist eine erweiterte Ausgabefunktion, die Ausgaben laufend durchzählt und zusammen mit Datum und Uhrzeit ausgibt. Dazu werden zwei globale Variablen benötigt. Die Möglichkeit statischer lokaler Variablen mit dem Schlüsselwort Static gibt es nur in VB6/VBA.

```
Dim sayall ' As String
Dim saycount ' As Integer
Sub sayex(s)
On Error Resume Next
Dim text ' As String
saycount = saycount + 1
text = saycount & ". (" & Now & "): " & s
sayall = sayall & text & vbCr & vbLf
say text
End Sub
```

Listing 3.82: Ausführliche Ausgabe

3.18.5 Schreiben in eine Log-Datei

Dem Schreiben von Logs in Textdateien dient die Routine `WriteTo(FilePath, Text)`. `WriteTo()` hängt den übergebenen Text an die bezeichnete Datei an. Die verwendeten COM-Klassen werden in Kapitel 5.2 erläutert werden.

WriteTo()

```
' ### Anhängen eines Strings an eine Datei
Sub WriteTo(FilePath, Text)
Dim oTX ' As Scripting.TextStream
Dim FSO ' As Scripting.FileSystemObject
On Error Resume Next
Set FSO = CreateObject("Scripting.FileSystemObject")
Set oTX = FSO.OpenTextFile(FilePath, 8, True)   ' 8 = ForAppending
oTX.WriteLine Text
oTX.Close
On Error GoTo 0
End Sub
```

Listing 3.83: Anhängen von Text an eine Logdatei

3.18.6 Fehlerüberprüfung

Wenn Sie die Fehlerüberprüfung mit `On Error Resume Next` ausgeschaltet haben, dann müssen Sie selbst regelmäßig den Status des `Err`-Objekts abfragen. Dies können Sie an eine Hilfsroutine delegieren, die Sie an zentralen Stellen in Ihren Skripten (Checkpoints) aufrufen. Eine von Ihnen übergebene Information über den zuletzt ausgeführten Vorgang wird bei der Protokollierung berücksichtigt.

Check()

```
Function Check(strStep)  ' As Boolean
If Err.Number <> 0 Then
 sayerror strStep
 Err.clear
 check = True
Else
 If DEBUGMODE Then say "STEP OK: " & strStep
 check = False
End If
End Function
```

Listing 3.84: Überprüfung, ob ein Fehler aufgetreten ist

3.18.7 COM-Funktionen

Sehr hilfreich sind Funktionen, die überprüfen, ob eine bestimmte Instanz existiert (per Zugriff über einen Moniker) oder ob eine bestimmte Klasse instanziiert werden kann (per ProgID oder CLSID).

ExistsObject()

```
' ### Existiert eine COM-Instanz?
Function existsObject(moniker)   ' As Boolean
Dim obj ' As Object
On Error Resume Next
Set obj = GetObject(moniker)
```

Die Visual Basic-Sprachfamilie

```
If obj Is Nothing Then
    ExistsObject = False
Else
    ExistsObject = True
End If
Err.Clear
On Error GoTo 0
End Function

' #### Testet, ob COM-Objekt mit CreateObject() instanziiert  werden kann
Function checkCreate(progid) ' As Boolean
Dim obj ' As Object
On Error Resume Next
Set obj = CreateObject(progid)
If obj Is Nothing Then
    CheckCreate = False
Else
    CheckCreate = True
End If
Err.Clear
On Error GoTo 0
End Function
```

Listing 3.85: COM-Hilfsroutinen

Ausgabe von Collections

GetCol() Bei der Erforschung von Komponenten wollen Sie häufig wissen, welche Objekte eine Collection enthält. Die folgende Hilfsroutine GetCol() liefert eine durch Semikolon getrennte Liste der Namen der Unterobjekte.

```
Function GetCol(objcol)
Dim o ' As Object
For Each o In objcol
    CSVadd getCol, o.Name
Next
End Function
```

Listing 3.86: CSV-Liste der Elemente einer Collection/eines Containers

sayCol() sayCol() gibt Informationen zu einer Collection aus. Dabei sind die Abfrage des Namens der Collection und der Zugriff auf das Count-Attribut bewusst fehlertolerant ausgelegt, da nicht alle Collections diese Fähigkeiten besitzen. Zur Ausgabe einer Liste der Unterobjekte wird die von GetCol() gelieferte CSV-Liste in eine durch Zeilenumbrüche getrennte Liste umgewandelt.

```
Sub sayCol(objcol)
Dim s ' As String
On Error Resume Next
say "Collection: " & objcol.Name
say "Anzahl Objekte: " & objcol.Count
On Error GoTo 0
s = GetCol(objcol)
```

Hilfreiche Routinen

```
say Replace(s, ";", Chr(13)) 'Zeilenumbruch statt Semikolon
End Sub
```

Listing 3.87: Universelle Ausgabe einer Collection/ eines Containers

Schöner wäre es, diese Routine noch etwas allgemeiner zu halten und auch das auszugebende Attribut variabel zu gestalten. Leider gibt es dafür keine Lösung, die in allen VB-Dialekten gleichermaßen funktioniert. VB6/VBA bieten die Funktion `CallByName()`, mit der auf ein Attribut bzw. eine Methode zugegriffen werden kann, deren Name in Form eines Strings übergeben wird. **GetColEX()**

```
Sub GetColEX(objcol, attribut)
Dim o ' As Object
For Each o In objcol
    CSVadd getColex, CallByName(o, attribut, VbGet)
Next
End Sub
```

Listing 3.88: Erweiterte Version von getCol() (nur VB6/VBA)

Unter VBS gibt es `CallByName()` nicht; hier kann das `eval`-Statement verwendet werden.

```
Function GetColEX(objcol, attribut) ' As String
Dim o ' As Object
For Each o In objcol
    CSVadd getColex, eval("o." & attribut)
Next
End Function
```

Listing 3.89: Erweiterte Version von getCol() (nur VB6/VBA)

Wenn Sie nicht wissen, ob es ein Element in einer Collection gibt, dann hilft Ihnen dieser fehlertolerante Zugriff auf ein durch einen Schlüssel spezifiziertes Unterobjekt. **GetItem()**

```
Function GetItem(Item, Key) ' As Variant
getItem = ""
On Error Resume Next
getItem = Item(Key)
End Function
```

Listing 3.90: Fehlertoleranter Zugriff auf ein Element einer Collection

4 Scripting Hosts

Dieses Kapitel stellt Ihnen verschiedene ActiveX Scripting Hosts vor. Da die Scripting Hosts anderer Anbieter einen vergleichsweise geringen Verbreitungsgrad haben, liegt der Schwerpunkt auf den Scripting Hosts von Microsoft.

Einführung in die Scripting Hosts

An einigen Stellen ist der Scripting Host ganz offensichtlich, an anderen Stellen verbirgt er sich im tiefen Inneren einer größeren Anwendung. Um Ihnen diese Scripting Hosts zu erläutern, ist eine – wenn auch knappe – Einführung in die Umgebung des Hosts unerlässlich.

> In Kapitel 6 werden Ihnen dann mit VBA und Visual Basic 6 zwei Umgebungen vorgestellt werden, die keine ActiveX Scripting Hosts, aber hinsichtlich der Entwicklung von Automatisierungslösungen ähnliche, wenngleich mächtigere Umgebungen sind.

Ausblick

Unterscheidungskriterien

Die ActiveX Scripting Hosts unterscheiden sich vor allem in drei Punkten:

Merkmale der Scripting Hosts

- Speicherung der Skripte
- Komplexität
- Ein- und Ausgabebefehle

Speicherform

Ein Skript kann entweder in einer eigenständigen (Text-)Datei angelegt werden oder aber in eine andere (Text-)Datei eingebettet sein. Eingebettete Skripte findet man in der überwiegenden Zahl der Hosts. Eigenständige Dateien verwendet beispielsweise der Windows Script Host. Neben Dateien sind aber auch andere Speicherorte vorzufinden: Der Exchange Server speichert Ereignisskripts in Nachrichten im Message Store, der SQL Server-Agent in einer Systemdatenbank. Diese Skripte können natürlich nur über die entsprechenden Rahmenanwendungen bearbeitet werden.

Dateien und andere Medien

Komplexität

Die Komplexität und damit auch die Bedienungsfreundlichkeit ist in den Scripting Hosts sehr verschieden. Die Unterschiede liegen vor allem darin, wie man ein Skript an den Host übergibt, wie man Rückmeldungen des Skripts empfängt und in welcher Form das Debugging stattfindet.

Bedienungsfreundlichkeit

Der Windows Script Host (WSH) ist der einfachste Host, wie Sie an der schnellen Erstellung Ihres ersten Skripts in Kapitel 1 gesehen haben. Etwas komplizierter sind bereits Internet Explorer und ASP, weil die Skripte hier korrekt in HTML-Seiten eingebaut werden müssen. Sehr komplex sind das SQL Server Job Scripting und der Exchange Event Service, weil keine Bildschirmausgaben möglich sind.

Ein- und Ausgabe

Ein- und Ausgabe
Die Unterschiede bei den Ein- und Ausgabebefehlen sind groß, da diese auf den Intrinsic Objects beruhen. So ist der Zugriff auf die an ein ASP-Skript übergebenen Parameter vollkommen anders als auf die E-Mail, die ein Exchange Event Agent getriggert hat. Während dies noch nachzuvollziehen ist, könnte es bei den Ausgabebefehlen eine Vereinheitlichung geben: Zurzeit erzeugt man Ausgaben im WSH mit `WScript.Echo()`, in ASP mit `Response.Write()`, im Internet Explorer mit `Document.Write()` und im Exchange Event Agent gar nicht über eine Methode, sondern über eine Wertzuweisung an das Attribut `Script.Response`.

say()
Ein guter Tipp an dieser Stelle ist es, alle Ausgaben in eine eigene Unterroutine zu kapseln; beim späteren Wechsel des Scripting Hosts ist dann nur an einer zentralen Stelle eine Änderung nötig. In diesem Buch werden Sie bei der Beschreibung der Komponenten in der Regel als Ausgabebefehl nur `say()` finden. `say()` ist in keiner der heute verfügbaren Sprachen oder Scripting Hosts vordefiniert. `say()` ist der Name der Kapselungsfunktion nach dem oben geschilderten Prinzip.

In `saynb()` steht nb für *No Break* und ist eine Version von `say()`, in der nach der Angabe kein automatischer Zeilenumbruch erfolgt. Das ist nur in einigen Umgebungen möglich; meistens erzeugen die Ausgabebefehle automatisch einen Zeilenumbruch.

Tabelle 4.1: say() in verschiedenen Scripting Hosts

Scripting Host	Gekapselte Ausgabefunktion(en)	Name der Funktionsbibliothek
Internet Explorer	Sub saynb(s) Document.Write s End Sub Sub say(s) Document.Write s & "\ " End Sub	WS_IELIB.VBS
Active Server Pages	Sub saynb(s) Response.Write s End Sub Sub say(s) Response.Write s & "\ " End Sub	WS_ASPLIB.VBS
Event Scripting Agent	Sub say(s) Script.Response = _ Script.Response & chr(13) & s End Sub	WS_EXAGLIB.VBS
Windows Script Host	Sub say(s) WScript.Echo s End Sub	WS_VBWSHLIB.VBS

Scripting Host	Gekapselte Ausgabefunktion(en)	Name der Funktionsbibliothek
Microsoft Outlook Forms	Es gibt keine spezifische Ausgabefunktion. Ausgaben können entweder über die Steuerelemente in Outlook Forms oder aber über sprachspezifische Ausgabemethoden (z. B. MsgBox()) erfolgen. Sub say(s) MsgBox s End Sub	Keine
SQL 7 Job Scripting	Sub say(s) SQLActiveScriptHost.Print(s) End Sub	Keine
Data Transformation Service (DTS)	Es gibt keine spezifische Ausgabefunktion. Ausgaben können nur über sprachspezifische Ausgabemethoden (z. B. MsgBox()) erfolgen. Sub say(s) MsgBox s End Sub	Keine
Visual Basic 6.0 und VBA (Ausgabe im Debug-Fenster)	Sub say(ausgabe) Debug.Print ausgabe End Sub	WS_vbwshLIB.vbs
Visual Basic 6.0 und VBA (Ausgabe als Dialog-Box)	Sub say(ausgabe) MsgBox ausgabe Sub	Keine
Visual Basic.NET (Ausgabe im Debug-Fenster)	Sub say(ausgabe) Debug.Writeline(ausgabe) End Sub	Keine
Visual Basic.NET (Ausgabe an der Kommandozeile)	Sub say(ausgabe) Console.Writeline(ausgabe) End Sub	Keine
Visual Basic.NET (Ausgabe als Dialog-Box)	Sub say(ausgabe) MsgBox(ausgabe) End Sub	Keine
Script Control	Hier müssen Sie Intrinsic Objects und die Ausgabefunktion individuell implementieren.	Keine

Einige Scripting Hosts (z. B. ASP, SQL Server Agent, Exchange Event Agent) sind darauf ausgelegt, als unbeaufsichtigte Serveranwendung zu laufen. Sie unterstützen keine Ausgabe von Dialogboxen (z. B. mit den VB-Befehlen MsgBox() oder InputBox()) und von anderen Bildschirmelementen zur direkten Interaktion mit dem Benutzer.

Keine Dialogboxen

Funktionsbibliotheken

Dieses Buch liefert Ihnen zu einigen Scripting Hosts vom Autor erstellte Funktionsbibliotheken. Darin ist auch say() definiert. Wenn Sie ein Skript zwischen zwei Scripting Hosts portieren wollen, müssen Sie manchmal nur die Funktionsbibliothek austauschen. Im Fall von VB6/VBA und dem WSH ist nicht einmal das nötig: Die Bibliothek ist darauf ausgelegt, in beiden Umgebungen zu arbeiten. Es müssen lediglich einzelne Zeilen aktiviert bzw. deaktiviert werden. Der Sinn dieser gemeinsamen Bibliothek liegt in der Verwendung von VB6/VBA als Prototypumgebung für WSH-Skripte. Dies wird in Kapitel 6 näher beschrieben werden.

In der Regel beruhen die Funktionsbibliotheken auf der WS_*scriptLIB*, die in Kapitel 3 beschrieben wurde. Letztere müssen Sie also auch mit einbinden.

4.1 Windows Script Host (WSH)

WSH Der *Windows Script Host (WSH)* ist der Scripting Host, der direkt auf dem Betriebssystem ausgeführt wird. Außer dem Scripting Host (zwei EXE-Dateien) und den zugehörigen DLLs ist keine weitere (BackOffice-)Anwendung notwendig. Der WSH ist daher der unkomplizierteste Scripting Host. Andererseits ist er der komplexeste, weil er viele Features (z.B. XML-Strukturierung, COM-Eventhandling) bietet, die in anderen Scripting Hosts (noch) nicht verfügbar sind.

Im Englischen werden Abkürzungen gerne mit Vokalen aufgefüllt, um sie aussprechen zu können. Insider nennen den WSH daher liebevoll »Wish«.

Oft wird WSH mit dem allgemeinen Begriff Scripting Host gleichgesetzt. Dies ist jedoch nicht korrekt: Der WSH ist nur einer von vielen Scripting Hosts gemäß der Windows Scripting-Architektur.

WSH 2.0 Microsoft bietet inzwischen die dritte Version des WSH an. Zwischen Version 1.0 und Version 2.0 hat Microsoft eine kleine, aber entscheidende Namensänderung von *Windows Scripting Host* zu *Windows Script Host* vollzogen, die wohl der Abgrenzung zwischen dem allgemeinen Begriff Scripting Host und dem WSH dienen soll.

WSH 5.6 Die Versionsnummer der dritten Version des WSH verwundert: Das Microsoft Einmaleins geht so: 1.0, 2.0, 5.6. Aber es gibt eine Erklärung: Schon der WSH 1.0 verstand sich intern als Version 5.0. Der WSH 2.0 antwortete auf eine Anfrage nach seiner Versionsnummer mit »WSH 5.5«. Jetzt hat Microsoft dieses Kuriosum aufgelöst: Das Produkt hat intern und extern die gleiche Versionsnummer.

4.1.1 Verfügbare Versionen

Die nachfolgende Tabelle zeigt die Verfügbarkeit des WSH für die 32-Bit-Windows-Systeme:

WSH-Versionen

Betriebssystem	WSH-Verfügbarkeit
Windows 95	WSH nicht enthalten; WSH 1.0, 2.0 oder 5.6 können nachträglich installiert werden
Windows 98	WSH 1.0, Update auf 2.0 oder 5.6 möglich
Windows ME	enthält WSH 2.0, Update auf 5.6 möglich
Windows NT 4	WSH nicht enthalten; WSH 1.0, 2.0 oder 5.6 können nachträglich installiert werden
Windows 2000	enthält WSH 2.0, Update auf 5.6 möglich
Windows XP	enthält WSH 5.6
Windows .NET Server	enthält WSH 5.6

Tabelle 4.2: Verfügbarkeit des WSH in verschiedenen Betriebssystemversionen

Vermittlung der WSH-Version per WSH-Skript

Der WSH kann mit einem Einzeiler getestet werden. Das Attribut Version aus dem Intrinsic Object WScript enthält die Versionsnummer. Das Codebeispiel ist in VBS geschrieben. Erstellen Sie eine Textdatei mit der Extension .VBS und hinterlegen Sie dort den nachfolgenden Code. Starten Sie das Skript dann per Doppelklick.

Versionsermittlung

```
' WSH-Test-Skript (VBS)
WScript.Echo "Dies ist der " & WScript.Name & _
        " Version " & WScript.Version
```

Listing 4.1: Ausgabe der Versionsnummer des WSH [WSH_test.vbs]

Neue Features im WSH 2.0

Gegenüber dem WSH 1.0 bietet der WSH 2.0 folgende neue Möglichkeiten bzw. Verbesserungen:

Features im WSH 2.0

- XML-Strukturierung der Dateien
- Mehrere Skripte pro Datei
- Mehrere Sprachen pro Skript
- Einbindung anderer Skriptdateien
- Einbindung von Typbibliotheken
- Drag&Drop-Unterstützung
- In dem Intrinsic Object WScript wurde Folgendes verbessert:
    - Warteschleife mit Sleep()
    - Zugriff auf Standard-I/O-Kanäle (StdIn, StdOut, StdErr)

Weitere Ergänzungen beziehen sich auf die *WSH Runtime Library*, die in Kapitel 5.1 besprochen wird.

Neue Features im WSH 5.6

WSH 5.6 Die Neuerungen im WSH 5.6 sind:

- Digitale Signierung von Skripten (siehe Kapitel 6)
- Entfernte Ausführung von Skripten (siehe Kapitel 6)
- Selbstbeschreibende Parameter für XML-strukturierte WSH-Dateien (erläutert in diesem Kapitel)

Signierung Der Autor dieses Buchs freut sich, dass Microsoft mit den digital signierten Skripten genau das realisiert hat, was er in einem früheren Beitrag zur Scripting-Sicherheit [SCH00c] gefordert hat.

4.1.2 WSH-Installation

Optionen zur unbeaufsichtigten Installation Das Setup zum WSH 2.0 und zum WSH 5.6 finden Sie auf der Buch-CD [CD:/install/hosts/WSH]. Die jeweils aktuelle Version des WSH kann von der Microsoft Scripting Website [MSS00] bezogen werden. Das Setup besteht jeweils aus einer einzigen Datei. Diese Installationsroutine bietet einige Kommandozeilenoptionen für die unbeaufsichtigte Installation. Das ist hilfreich, wenn man den WSH über ein DOS-Batch-Login-Skript oder einen Auftrag im Microsoft System Management Server (SMS) automatisiert an Workstations von Endbenutzern verteilen möchte. Die Installation des WSH ist dann hoffentlich die letzte Batch-Datei, die Sie erstellen mussten; in Zukunft können Sie den Anwendern WSH-Skripte liefern.

Tabelle 4.3: Kommandozeilenoptionen des WSH-Setups

Option	Bedeutung
/q	Softwarelizenzvertrag wird vor der Installation nicht angezeigt.
/q:a	Softwarelizenzvertrag wird vor der Installation nicht angezeigt, und die Fortschrittsanzeige unterbleibt. Der Anwender hat daher keinen Zugriff auf den ABBRUCH-Button und kann die Installation nicht verhindern.
/r:s	Wenn ein Neustart nötig ist, wird dieser ohne Nachfrage durchgeführt.
/r:n	Ein Neustart wird auf keinen Fall durchgeführt.

Windows Script 5.1 Das Installationspaket des WSH-2.0-Add-ons heißt Windows Script 5.1 und enthält neben dem WSH 2.0 folgende Komponenten:

- Visual Basic Script Version 5.1
- JScript Version 5.1
- Umgebung für Windows Script Components
- Windows Script Runtime Library Version 5.1

4.1.3 WSH-Konfiguration

In der Registry gibt es Konfigurationseinträge für den WSH. Die Einträge befinden sich unterhalb folgender Schlüssel: **Registry**

- HKEY_LOCAL_MACHINE\SOFTWARE\MICROSOFT\WINDOWS SCRIPT HOST
- HKEY_LOCAL_MACHINE\SOFTWARE\MICROSOFT\WINDOWS SCRIPTING HOST
- HKEY_CURRENT_USER\SOFTWARE\MICROSOFT\WINDOWS SCRIPT
- HKEY_CURRENT_USER\SOFTWARE\MICROSOFT\WINDOWS SCRIPT HOST

Systemweite vs. benutzerspezifische Einstellungen

Wie an den Schlüsselnamen zu erkennen ist, gibt es sowohl systemweite als auch benutzerspezifische Einstellungen. Der Eintrag HKEY_LOCAL_MACHINE\SOFTWARE\MICROSOFT\WINDOWS SCRIPT HOST\SETTINGS\IGNOREUSERSETTINGS legt fest, ob die benutzerspezifischen Einstellungen die systemweiten Einstellungen überlagern dürfen oder ob die benutzerspezifischen Einstellungen ignoriert werden. **Benutzerspezifische Einstellungen deaktivieren**

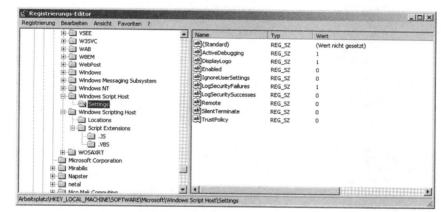

Abbildung 4.1: Systemweite Einstellungen für den WSH

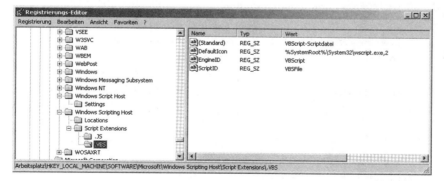

Abbildung 4.2: Systemweite Einstellungen für die Dateiextensionen

Abbildung 4.3:
Benutzerspezifische
Einstellungen

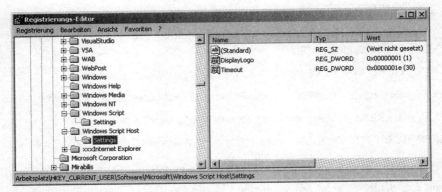

Abbildung 4.4:
Weitere benutzerspezifische
Einstellungen

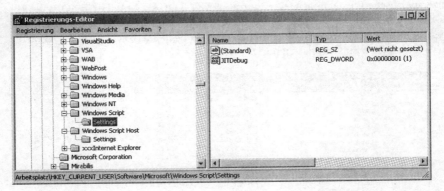

Tabelle 4.4:
WSH-Registry-Einträge

Eintrag	Erläuterung
ACTIVEDEBUGGING	Bei Fehlern wird der Debugger gestartet. (0 = Nein, 1 = Ja)
DISPLAYLOGO	Bestimmt, ob beim Start von CSCRIPT.EXE an der Kommandozeile ein Vorspann mit dem Namen und der Version des Scripting Hosts ausgegeben wird. (0 = Nein, 1 = Ja)
ENABLED	Deaktivierung des WSH (0 = WSH deaktiviert, 1 = WSH aktiviert)
IGNOREUSERSETTINGS	Bestimmt, ob die benutzerspezifischen Einstellungen die systemweiten Einstellungen überlagern. (0 = Ja, 1 = Nein)

Windows Script Host (WSH)

Eintrag	Erläuterung
LOGSECURITYFAILURES	Legt fest, ob erfolglose Versuche, ein Skript zu starten, protokolliert werden sollen. Grund für erfolglose Versuche sind die Deaktivierung des WSH mit dem Eintrag Enabled sowie die Einstellung für digital signierte Skripte (TrustPolicy). (0 = Nein, 1 = Ja)
LOGSECURITYSUCCESSES	Legt fest, ob erfolgreiche Skriptstarts protokolliert werden sollen. (0 = Nein, 1 = Ja)
REMOTE	Bestimmt, ob ein anderer Rechner Skripte auf diesen Rechner übertragen und hier ausführen darf. (0 = Nein, 1 = Ja)
TRUSTPOLICY	Einstellung für die digital signierten Skripte: 0 ist die Standardeinstellung und bedeutet, dass alle Skripte laufen. 1 lässt dem Benutzer bei unsignierten Skripten die Wahl. 2 bedeutet, dass grundsätzlich die Ausführung aller Skripte unterbunden wird, die unsigniert sind, deren Integrität verletzt ist oder bei denen es Unzulänglichkeiten hinsichtlich der Zertifizierungsstellen oder der Vertrauenskette gibt.
TIMEOUT	Anzahl der Sekunden, nach denen ein Skript automatisch beendet wird.
USEWINSAFER	Legt fest, ob die Software Restriction Policies (SRP) auf WSH-Skripte angewendet werden sollen (vgl. Unterkapitel zur WSH-Sicherheit) (0 = Nein, 1 = Ja)

Das Setup des WSH 5.6 legt alle Einträge mit dem Registry-Datentyp *REG_SZ* an. Einige dieser Einträge (z. B. REMOTE und TRUSTPOLICY) benötigen aber in Wirklichkeit den Typ *REG_DWORD*. Wenn eine Änderung eines Registry-Eintrags keine Wirkung hat, sollten Sie den Eintrag löschen und als *REG_DWORD* neu anlegen.

Den WSH deaktivieren

Mit dem Eintrag HKEY_LOCAL_MACHINE\SOFTWARE\MICROSOFT\WINDOWS SCRIPT HOST\SETTINGS\ENABLED lässt sich der WSH deaktivieren. Wenn dieser Eintrag auf 0 steht, kann kein WSH-Skript ausgeführt werden. Ein Aufruf von CSCRIPT.EXE oder WSCRIPT.EXE führt zu folgendem Fehler: »Windows Script Host access is disabled on this machine. Contact your administrator for details.«

Enabled

Abbildung 4.5: Protokollierung des Versuchs, trotz deaktiviertem WSH ein Skript zu starten

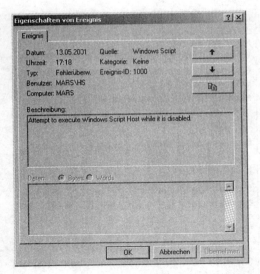

4.1.4 WScript versus CScript

Der WSH ist genau genommen nicht nur ein Scripting Host, sondern umfasst zwei eng verwandte Scripting Hosts: WScript und CScript. Beide Scripting Hosts sind hinsichtlich ihres Befehlsumfangs fast gleich. Sie unterscheiden sich lediglich darin, wohin die Ausgaben gehen. Außerdem sind die Intrinsic Objects von CScript ein klein wenig mächtiger als die von WScript.

WScript

WScript.exe Bei WScript (implementiert in WSCRIPT.EXE) erfolgt die Ausführung als Windows-Anwendung. Alle Ausgaben werden in Form von Dialogboxen dargestellt. Wenn das Skript viele Ausgaben macht, kann dies sehr lästig sein, da jede Dialogbox einzeln bestätigt werden muss. Zudem ist jede Dialogbox modal: Das Skript hält an und wartet auf die Bestätigung. WScript eignet sich also für die unbeaufsichtigte Ausführung nur dann, wenn das Skript keine Ausgaben macht. Gut geeignet ist WScript jedoch dann, wenn der Benutzer über jeden einzelnen Schritt informiert werden und dabei die jeweils erfolgten Veränderungen überprüfen möchte (also beispielsweise beim Debugging von Skripten).

Standard WScript ist der Standard: Bei der Installation des WSH werden die WSH-Dateiextensionen mit WScript verknüpft. Diese Verknüpfungen können in der Registry, in den Optionen des Windows Explorers oder mit der WSH-Kommandozeilenoption //H: geändert werden (siehe Tabelle 4.4).

CScript

CScript.exe Bei CScript (implementiert in CSCRIPT.EXE) erfolgt die Ausführung des Skripts im Kontext einer Kommandozeile (auch: Konsole oder DOS-Box). Die Form der Ausgabe hängt von den verwendeten Ausgabebefehlen ab: Alle Ausgaben über die Methode Echo() aus dem WSH-Intrinsic Object WScript erfolgen in die DOS-Box. Alle Ausgaben über die spracheigenen Ausgabemethoden (z.B. MsgBox() in VBScript) werden weiterhin als modale Dialog-

Windows Script Host (WSH)

boxen dargestellt. Ein Vorteil von CScript ist, dass es mit der Methode `WScript.StdIn.ReadLine()` das Einlesen von Eingaben des Benutzers im DOS-Fenster unterstützt. Ausgaben können mit dem DOS-Befehl für Umleitungen (>) in eine Textdatei oder an einen Drucker umgeleitet werden.

> CScript hat außerdem den Vorteil, dass die Skriptausführung mit [STRG]+[C] jederzeit vom Benutzer abgebrochen werden kann. Bei WScript hilft – wenn modale Dialogboxen angezeigt werden – nur das Beenden der Anwendung mit dem Windows Task-Manager.

Um CScript zum Standard für die Ausführung der Skripte zu machen, geben Sie nachfolgendes Kommando in der DOS-Box ein:

```
C:\>cscript //H:cscript
```

Darauf antwortet der WSH mit:

```
»CScript.exe« ist jetzt Script Host-Standard.
```

Normalerweise gibt CScript beim Skriptstart immer den Vorspann aus, der über den WSH informiert: **Logo**

```
Microsoft (R) Windows Script Host, Version 5.1 für Windows
Copyright (C) Microsoft Corporation 1996-1999. Alle Rechte vorbehalten.
```

> Sie können diesen Vorspann mit der Kommandozeilenoption `//Nologo` ausschalten. Die Grundeinstellung für die Anzeige des »Logos« lässt sich in der Registry ändern: HKEY_LOCAL_MACHINE\SOFTWARE\MICROSOFT\WINDOWS SCRIPT HOST\SETTINGS\DISPLAYLOGO. »1« bedeutet, das Logo wird angezeigt, »0« unterbindet die Anzeige.

> Diesem Irrtum unterliegen viele: Ein Skript wird nicht automatisch deshalb mit CScript gestartet, weil Sie es an der Kommandozeile starten. CScript muss entweder voreingestellt sein oder aber der Aufruf muss
>
> `CScript.exe <Skriptname>`
>
> lauten, sonst wird die Windows-Version gestartet.

Funktion	WScript.exe	CScript.exe
Anwendungstyp	Windows-Anwendung	DOS-Anwendung
Verhalten bei Start ohne Skriptname	Fenster zur Einstellung von Eigenschaften des WSH	Ausgabe eines Hilfe-Texts im DOS-Fenster
Ausgaben mit `WScript.Echo()` (Diese Methode wird in diesem Kapitel erklärt.)	Dialogfenster	DOS-Fenster
Länge der Ausgaben	begrenzt durch Dialogboxgröße	unbegrenzt

Tabelle 4.5: Zusammenfassung des Vergleichs zwischen WScript vs. CScript

Scripting Hosts

Funktion	WScript.exe	CScript.exe
Ausgaben mit MsgBox() (Diese Methode wird in Kapitel 3 erklärt.)	Dialogfenster	Dialogfenster
Ausgaben mit WScript.StdOut.WriteLine() (Diese Methode wird in diesem Kapitel erklärt.)	Nicht möglich	DOS-Fenster
Umleitung der Ausgaben von WScript.Echo() oder WScript.StdOut.WriteLine() an Drucker oder eine Textdatei (Diese Methode wird in diesem Kapitel erklärt.)	Nicht möglich	Möglich, z.B. cscript.exe >d:\ausgabe.txt
Eingaben mit WScript.StdIn.ReadLine() (Diese Methode wird in diesem Kapitel erklärt.)	Nicht möglich	DOS-Fenster
Versteckte Eingaben mit ScriptPW.GetPassword() (Diese Methode wird in Kapitel 5.3 »Scripting-Passwort-Komponente« erklärt.)	Nicht möglich	DOS-Fenster
Eingaben mit Inputbox() (Diese Methode wird in Kapitel 3 erklärt.)	Dialogfenster	Dialogfenster

WSH-Kommandozeilenoptionen

Kommandozeilenoptionen

Die folgende Tabelle zeigt alle Kommandozeilenoptionen, über die sowohl CScript als auch WScript verfügen. Bitte beachten Sie den doppelten Slash: Ein einfacher Schrägstrich wird dem Skript als Argument übergeben. Durch den Doppel-Schrägstrich weiß der WSH, dass die Option für ihn gilt.

Tabelle 4.6: Kommandozeilenoptionen für den WSH

Kommandozeilenoption	Bedeutung
//B	Batchmodus: Alle Ausgaben von WScript.Echo() werden unterdrückt. Dies gilt nicht für Ausgaben, die von Sprachen direkt erzeugt werden (z.B. MsgBox() in VBS).
//I	Interaktiver Modus: Ausgaben werden dargestellt. (Dies ist die Standardeinstellung.)
//D	Debugging wird aktiviert: Bei einem Fehler wird der Debugger gestartet, sofern einer installiert und das Debugging durch die Registry-Einstellungen grundsätzlich zugelassen ist (siehe dazu Kapitel 6).

Windows Script Host (WSH)

Kommandozeilenoption	Bedeutung
//X	Skript wird im Debugger gestartet. Der Unterschied zur Option //D besteht darin, dass das Skript in diesem Fall nicht auf einen Fehler wartet, sondern von der ersten Zeile an im Debugger startet.
//E:Engine	Unabhängig von der Dateiextension wird eine bestimmte Scripting Engine zur Ausführung der Skriptdatei verwendet.
//H:CScript	Einstellung der WSH-Variante, die verwendet wird, wenn ein Doppelklick oder Drag&Drop auf eine Datei erfolgt. Standard ist WScript. Diese Option verändert auf einfache Weise die Shell-Verknüpfung für zum WSH gehörende Dateiextensionen auf CScript.
//H:WScript	Zurücksetzung der Standardstartoption auf WScript.
//Job:jobname	Aus der angegebenen Skriptdatei wird nur ein bestimmter Job ausgeführt.
//T:nn	Timeout: Hinter //T: kann angegeben werden, wie viele Sekunden das Skript maximal laufen darf. Mit //T:2 wird das Skript nach 2 Sekunden – sofern es nicht vorher regulär beendet wurde – mit der Meldung »Die Skriptausführungszeit wurde überschritten« zwangsweise beendet.
//Logo	WSH-Version und der Copyright-Vermerk werden bei CScript angezeigt. (Dies ist die Standardeinstellung.)
//Nologo	Die Ausgabe der WSH-Version und des Copyright-Vermerks in der Kommandozeile wird bei CScript unterdrückt. Bei WScript hat diese Option keine Relevanz, da dort sowieso kein »Logo« gezeigt wird.
//S	Speicherung der aktuellen Kommandozeileneinstellungen für diesen Benutzer

Timeout bei Methodenaufrufen

Wenn das Skript eine Methode in einem COM-Objekt aufgerufen hat und währenddessen die mit //T gesetzte Zeitgrenze abläuft, wird das Skript nicht sofort abgebrochen, sondern erwartet die Rückkehr des Methodenaufrufs. Wenn ein COM-Methodenaufruf »hängt«, wird also ein Skript trotz gesetzter Timeout-Zeit nicht ohne manuellen Eingriff enden.

4.1.5 Skriptdateien

Ein Skript liegt beim WSH immer in einer ASCII-Datei im Dateisystem vor. Dabei gibt es seit WSH 2.0 drei Formen der Sprachidentifikation:

Verschiedene Formen

- Identifizierung der Skriptsprache über die Dateiextension
- Identifizierung der Skriptsprache über eine beim Start des Hosts angegebene Kommandozeileoption (//E)
- WSF-Datei mit Identifizierung der Skriptsprache innerhalb der Skriptdatei

Scripting Hosts

Abbildung 4.6:
WSH-Icons

WSH-Dateien werden entsprechend ihrer Dateiextension durch unterschiedliche Icons repräsentiert. Die Icons von WSCRIPT.EXE und CSCRIPT.EXE sehen aus wie ein Bullet-and-Stick-Diagramm (vgl. Kapitel 2): WSCRIPT.EXE hat die IUnknown-Schnittstelle oben, CSCRIPT.EXE unten.

4.1.5.1 Einfache WSH-Skriptdateien

Sprachidentifizierung per Dateiextension

Im WSH 1.0 konnte eine Skriptdatei nur genau ein Skript in einer Skriptsprache beinhalten. Die Skriptsprache wurde durch die Dateiextension festgelegt, z. B.:

- .VBS für Visual Basic Script
- .JS für JScript
- .PLS für PerlScript (sofern PerlScript installiert ist)

Sprachidentifizierung per Kommandozeilenoption

Wenn eine Datei eine andere Extension hat, können Sie sie dennoch mit einem bestimmten Sprachinterpreter starten. Dazu müssen Sie die Skriptdatei explizit mit einer der beiden Umgebungen (WSCRIPT.EXE oder CSCRIPT.EXE) starten und hinter der Kommandozeile //E die ProgID der gewünschten ActiveX Scripting Engine angeben.

```
WScript.exe "ich-bin-eine-Skriptdatei.txt" //E:VBScript
```

Sie finden dazu ein Beispiel auf der Buch-CD [CD:/code/hosts/WSH/Skriptdatei mit anderer Extension/], in dem eine Datei mit der Extension .TXT als VBS-Skript gestartet wird.

> Diese beiden Formen der Sprachidentifizierung werden in WSH 2.0 und WSH 5.6 auch weiterhin unterstützt.

4.1.5.2 XML-strukturierte WSF-Dateien

XML-strukturierte Skriptdateien

Im WSH 2.0 sind die allgemeinen WSH-Skriptdateien mit der Extension .WSF hinzugekommen (in der Beta-Version des WSH 2.0 trugen sie noch die aus zwei Buchstaben bestehende Extension .WS). WSF-Dateien können mehrere Skripte in verschiedenen Sprachen enthalten und werden durch die Extensible Markup Language (XML) auf der Grundlage eines Satzes vordefinierter Elemente strukturiert. Eine WSF-Datei enthält genau ein Package. Jedes

Windows Script Host (WSH)

Package besteht aus einem oder mehreren Jobs. Jeder Job umfasst einen oder mehrere Skriptblöcke.

Das nachfolgende Listing zeigt die Grundstruktur einer WSF-Datei.

```
<?xml version="1.0"?>
<package id="WSFGrundStruktur">
    <job id="Job_1">
        <script language="VBScript">
        </script>
    </job>
    <job id="Job_2">
        <script language="VBScript">
        </script>
    </job>
</package>
```

Listing 4.2: Grundstruktur XML-strukturierter WSH-Dateien im WSH 2.0

Regeln

Während die XML-Processing Instruction in der ersten Zeile und die Definition eines Packages optional sind, ist der Aufbau aus mindestens einem Job- und einem Skriptblock zwingend. Im letzteren Fall ist dann `<job>` das Root-Element. Ein Job kann beliebig viele Skriptblöcke enthalten, die in unterschiedlichen ActiveX Scripting Engines implementiert wurden. Gemäß den XML-Konventionen muss jedes geöffnete Element auch wieder geschlossen werden. Eine Ausnahme bildet nur die XML-Processing Instruction.

Jobs

Alle Elementnamen müssen klein geschrieben werden. Eine Ausnahme ist die Processing Instruction, die wahlweise in Groß- oder Kleinbuchstaben geschrieben werden kann. Wenn andere Elemente nicht komplett klein geschrieben werden, dann werden diese Elemente einfach ignoriert. So kommt der Ausgabebefehl in dem folgenden Skript nicht zur Ausführung, weil `<Script>` mit großem Anfangsbuchstaben geschrieben wurde. Der WSH liefert aber keine Fehlermeldung, weil die Bedingung erfüllt ist, dass Start- und Ende-Tag zueinander passen.

```
<?XML version="1.0"?>
<package id="falsche_Schreibweise">
    <job id="Job_1">
        <Script language="VBScript">
            msgbox "OK"
        </Script>
    </job>
</package>
```

Durch das Weglassen der Processing Instruction `<?xml version="1.0"?>` wird der WSH in einen Modus versetzt, der weniger strenge Anforderungen an die Wohlgeformtheit von XML stellt. So würde nachfolgende WSF-Datei akzeptiert, obwohl die Groß-/Kleinschreibung nicht stimmt und die Anführungszeichen bei der Attribut-Wert-Zuweisung fehlen.

```
<job ID="test">
<SCRIPT language=vbscript>
msgbox "OK'
</script>
</JOB>
```

Mehrere Jobs

Sofern von der Möglichkeit Gebrauch gemacht wird, durch die Definition eines Packages mehrere Jobs in einer WSF-Datei zu vereinen, kann der Skriptbenutzer über die Kommandozeilenoption //job:jobname den auszuführenden Job auswählen. Fehlt die Angabe, wird der erste in der WSF-Datei enthaltene Job gestartet.

Tabelle 4.7: XML-Elemente mit ihren Attributen in WSF-Dateien

XML-Element	Erläuterung
<?XML version="1.0" standalone="yes" ?>	Dieser Ausdruck ist immer gleich, da derzeit nur XML 1.0 und keine externe Document Type Definition für XML-strukturierte WSH-Dateien unterstützt wird.
<?job Error="flag" debug="flag" ?>	Diese Processing Instruction erlaubt die Deaktivierung des Debuggings, indem Debug="False" gesetzt wird. Das Flag Error funktioniert nicht.
<job [ID=JobID]> </job>	Definiert einen Job, optional kann eine JobID angegeben werden, die innerhalb einer Datei eindeutig sein muss
<script language="sprache" [src="datei"]> </script>	Definiert einen Skriptblock. Wenn das Attribut src angegeben ist, wird die angegebene Datei eingebunden.
<object id="name" [progid= "Komponente.Klasse" | classid="clsid:xx"> events="true|false" </object>	Dieses Tag dient der Instanziierung statischer Objekte, die von allen Skriptblöcken nutzbar sind. Angegeben werden muss entweder eine ProgID oder eine CLSID.
<reference [object=" Komponente.Klasse" |guid="xxx"] [version="version"]> </reference>	Zur Einbindung von Typbibliotheken mit dem Vorteil, dass alle darin definierten Konstanten im Skript verfügbar sind. Angegeben werden muss entweder die ProgID einer Klasse oder die LibID der Typbibliothek. Sofern mehrere Versionen der Typbibliothek installiert sind, kann durch version= die entsprechende Version spezifiziert werden.
<resource id="name"> wert </<resource>	Definiert globale Konstanten, die skriptblockübergreifend verfügbar sein sollen

XML-Element	Erläuterung

`<comment>`
Kommentar
`</comment>`
	Definiert einen Kommentar. Der Kommentartext ist innerhalb des Elements angegeben.

`<signature>` `</signature>`	Digitale Signatur für das Skript (siehe Kapitel 6).

Sonderzeichen

Es gibt einen Wermutstropfen bei den XML-strukturierten WSH-Dateien: XML-Dateien müssen durch und durch XML sein. Da XML aber einige Sonderzeichen mit speziellen Bedeutungen (z. B. &) definiert, führt ein Vorkommen dieser Sonderzeichen in einem Skript zu einem Fehler.

Um dies zu umgehen, müssen Sie das spezielle XML-Element <![CDATA[...]]> verwenden. Dabei wird der komplette Skriptblock an die Stelle der drei Punkte gesetzt und damit vom XML-Parser ignoriert (siehe auch die Kurzeinführung zu XML im Anhang A).

CDATA-Sektion

```
<script language="VBScript">
 <![CDATA[
   Function sayerror(s)
      MsgBox "Fehler: " & s
   End Function
 ]]>
 </script>
```

Listing 4.3: Einsatz einer CDATA-Sektion in WSF-Dateien

Mehrsprachigkeit

Ein XML-strukturiertes WSH-Skript kann in mehreren Sprachen geschrieben sein. Für jeden `<script>`-Block kann über das Attribut language eine Sprache definiert werden. Es kann beliebig viele `<script>`-Blöcke innerhalb eines `<job>`-Elements geben. Die einzelnen Skripte werden in der Reihenfolge ihres Vorkommens aufgerufen, d. h., alle Skripte eines Jobs werden beim Start des Jobs abgearbeitet (sofern es nicht zu einem Laufzeitfehler kommt).

```
<?xml version="1.0"?>
<job id="test">
      <script id="VBScript-Bsp" language="VBScript">
<![CDATA[
WScript.echo "Hello World / VBScript in WSF-Datei"
]]>
      </script>
      <script id="JScript-Bsp" language="JScript">
<![CDATA[
WScript.Echo("Hello World / JScript in WSF-Datei");
]]>
      </script>
      <script id="PerlScript-Bsp" language="PerlScript">
<![CDATA[
$WScript->Echo("Hello World / PerlScript in WSF-Datei");
```

```
        ]]>
    </script>
</job>
```

Listing 4.4: WSF-Datei mit Skripten in drei verschiedenen Sprachen

Es ist sogar möglich, eine Unterroutine in einem anderen Skriptblock aufzurufen, selbst wenn dieser Block eine andere Sprache verwendet. Wichtig ist aber, dass Sie nur Unterroutinen in vorgehenden Blöcken, nicht in nachfolgenden Blöcken aufrufen können.

```
<package id="TestPackage">
    <comment>
 Dies ist ein Skript von hs@windows-scripting.de
    </comment>
    <job id="Job1">

        <script language="JScript">

            // ----- Unterroutine in JScript
            function jadd(a,b)
            {
                return(a+b)
            }

        </script>
        <script language="VBScript">
msgbox "Berechnungsergebnis von JScript: "& jadd(1,2)

msgbox "Ende?", vbYESNO
        </script>
    </job>
    <job id="Job2">
        <script language="VBScript">
Msgbox "Job2"
        </script>
    </job>

</package>
```

Listing 4.5: Aufruf einer JScript-Routine von VBScript aus [Mehrsprachigkeit.wsf]

Kommentare

> Sie können Kommentarzeilen nicht nur mit dem `<comment>`-Element, sondern auch – wie in XML üblich – mit dem speziellen `<!--Text-->`-Element einfügen. Allerdings lässt sich dieses Element nicht innerhalb eines Skripts verwenden.

```
<!--- HEADER --->
<job id="Demo">
<?job error="true" debug="true" logo="false" validate="false" ?>
<comment>Hier koennte ein groeßerer Kommentar stehen!</comment>
<!--- /HEADER --->
<!--- JETZT KOMMT DAS SKRIPT --->
```

Windows Script Host (WSH)

```
<script id="demo" language="VBScript">
' Das Skript startet...
MsgBox "OK",,"Beispiel mit vielen Kommentaren"
</script>
<!--- FOOTER ---> </job> <!--- /FOOTER --->
```

Listing 4.6: Verwendung von verschiedenen Kommentarmöglichkeiten [vieleKommentare.wsf]

Neuerung im WSH 5.6

Im WSH 5.6 gibt es zahlreiche neue XML-Elemente. Alle diese nachstehend aufgeführten Elemente bis auf das Element `<signature>` dienen der Selbstbeschreibung eines Skripts, insbesondere der erwarteten Parameter.

XML-Element	Unterelement von	Erläuterung
`<runtime>` `</runtime>`	`<job>`	Dieses Element gruppiert die verschiedenen Elemente, die der Selbstbeschreibung des Skripts dienen. Es hat selbst keinen Inhalt.

`<named`
`name = "Name"`
`helpstring = "Hilfetext"`
`type = "string|boolean|simple"`
`required = boolean`
`/>`
	`<runtime>`	Beschreibung eines benannten Parameters, der in der Form `/argumentname:wert` übergeben wird.

`<unnamed`
`name = "Name"`
`helpstring = "Hilfetext"`
`Germany = boolean`
`required = boolean or integer`
`/>`
	`<runtime>`	Beschreibung eines unbenannten Parameters. Unbenannte Parameter sind alle Parameter, die nicht mit einem Slash beginnen.

`<description>`
`Beschreibung des Skripts`
`</description>`
	`<runtime>`	Beschreibungstext, in dem die Usage-Meldung vor der Liste der möglichen Parameter ausgegeben wird. In diesem Element enthaltene Leer- und Sonderzeichen werden bei der Ausgabe beachtet.

Tabelle 4.8: Neue XML-Elemente im WSH 5.6

Scripting Hosts

XML-Element	Unterelement von	Erläuterung
`<example>` Anwendungsbeispiel `</example>`	`<runtime>`	Beschreibungstext, in dem die Usage-Meldung nach der Liste der möglichen Parameter ausgegeben wird. Dies muss nicht zwingend ein Beispiel sein, sondern kann auch weiterer »normaler« Beschreibungstext sein. In diesem Element enthaltene Leer- und Sonderzeichen werden bei der Ausgabe beachtet.
`<usage>` Benutzerdefinierter Hilfe-Text `</usage>`	`<runtime>`	Wenn dieses Element gefüllt ist, wird nur dieser Inhalt bei der Ausgabe der Usage-Nachricht verwendet. Die anderen Unter-Elemente von `<runtime>` werden dann ignoriert. In diesem Element enthaltene Leer- und Sonderzeichen werden bei der Ausgabe beachtet.

Tabelle 4.9: Verfügbarkeit der XML-Elemente in den WSH-Versionen. Im WSH 1.0 gab es noch keine XML-Elemente.

XML-Element	WSH 1.0 (5.0)	WSH 2.0 (5.5)	WSH 5.6
`<?XML ?>`		x	x
`<?job ?>`		x	x
`<description>`			x
`<example>`			x
`<job>`		x	x
`<named>`			x
`<object>`		x	x
`<package>`		x	x
`<reference>`		x	x
`<resource>`			x
`<runtime>`			x
`<script>`		x	x
`<usage>`			x

4.1.5.3 WSH-Konfigurationsdateien

Skriptbezogene Einstellungen in WSH Dateien

Schon seit WSH 1.0 gibt es auch Dateien mit der Dateiextension .WSH. Dies sind Konfigurationsdateien für WSH-Skripte, ähnlich wie .PIF-Dateien für DOS-Batch-Dateien. Man erzeugt eine .WSH-Datei, indem man im Explorer oder auf dem Desktop die Eigenschaften einer Skriptdatei (.WSF, .VBS, .JS, .PLS, etc.) betrachtet. Sie sehen dann das in nachstehender Abbildung gezeigte Eigenschaftsfenster. Wenn Sie die Einstellungen für Timeout und Logo ändern, wird automatisch im selben Verzeichnis eine gleichnamige Datei mit der Extension .WSH mit einer Verknüpfung zu der Skriptdatei erzeugt. Diese Einstellungen sind äquivalent

Windows Script Host (WSH)

zu den WSH-Kommandozeilenoptionen //T, //LOGO und //NOLOGO. Zwar bestände die Möglichkeit, diese Einstellungen in Compound Files (siehe Kapitel 2) als erweiterte Dateiattribute abzulegen, davon macht der WSH 2.0 aber (noch) keinen Gebrauch.

```
[ScriptFile]
Path=D:\CD\code\Hosts\WSH\WSH-datei\x.vbs
[Options]
Timeout=1
DisplayLogo=1
```

Listing 4.7: Inhalt einer WSH-Konfigurationsdatei

Sie finden Beispiele für WSH-Konfigurationsdateien auf der Buch-CD [CD:/code/hosts/WSH/WSH-Konfigurationsdateien].

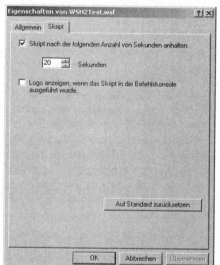

Abbildung 4.7: Eigenschaften eines WSH-Skripts, die in einer Datei mit der Extension .WSH gespeichert werden

Bitte beachten Sie aber, dass diese Einstellungen nur dann wirken, wenn Sie die .WSH-Datei starten. Wenn Sie die eigentliche Skriptdatei aufrufen, wird nicht nach einer .WSH-Datei im selben Verzeichnis gesucht!

Wenn ein Doppelklick direkt auf WSCRIPT.EXE ausgeführt wird, erscheint ein ähnlicher Konfigurationsdialog, der die Einstellungen global für alle Skripte ändert.

Globale Einstellungen

4.1.6 Start eines Skripts

Skripte können wie eine normale Anwendung gestartet werden, also:

Skripte starten

▶ an der Kommandozeile

▶ durch Doppelklick auf die Skriptdatei bzw. auf ÖFFNEN im Kontextmenü

249

- durch Drag&Drop beliebiger Dateien auf das Icon einer Skriptdatei (seit WSH 2.0)
- über das Kontextmenü einer jeden Datei im Windows Explorer oder auf dem Desktop
- automatisiert durch den Taskscheduler

Konfiguration An der Kommandozeile und im Taskscheduler hat der Benutzer die explizite Wahl, ob CSCRIPT.EXE oder WSCRIPT.EXE gestartet wird.

```
cscript scriptname.extension [option...] [arguments...]
wscript scriptname.extension [option...] [arguments...]
```

Welche Variante durch einen Doppelklick oder Drag&Drop gestartet wird, bestimmt die Anwendungsverknüpfung der zum WSH gehörenden Dateiextensionen. Diese sind in der Registry unter HKEY_CLASSES_ROOT definiert, können jedoch mit der //H-Kommandozeilenoption auf einfache Weise geändert werden (siehe Tabelle 4.6).

Drag&Drop Die Möglichkeit des Drag&Drop besteht erst seit WSH 2.0. Die Pfade der fallengelassenen Datei werden dem Skript in diesem Fall als Parameter (vgl. Kapitel 0) übergeben. Auf der gleichen Grundlage funktionieren die Möglichkeiten, ein Skript in das Kontextmenü einer Datei einzubauen. Sie haben einerseits die Möglichkeit, für einen bestimmten Dateityp einen neuen Kontextmenüeintrag zu registrieren. Dies können Sie über den entsprechenden Registry-Schlüssel für die Dateiextension unter HKEY_CLASSES_ROOT oder komfortabler über EXTRAS/ORDNEROPTIONEN/DATEITYPEN im Windows Explorer ausführen. Die zweite Möglichkeit ist, das Skript in den SENDEN AN-Eintrag anzufügen. Dazu müssen Sie das Skript (oder eine Verknüpfung zu dem Skript) in das SENDTO-Verzeichnis im Benutzerprofil des Benutzers legen. Diese Möglichkeit hat den Vorteil, dass das Skript sofort für alle Dateitypen zur Verfügung steht. Der Nachteil ist, dass das Skript für jeden Benutzer einzeln eingetragen werden muss, da es kein allgemeines SENDEN AN-Menü gibt (anders als das Startmenü, für das es auch eine benutzerunabhängige Definition in Form des ALL USERS-Verzeichnisses gibt).

Wenn Sie ein Skript über ein Icon mit einer Kommandozeilenoption starten wollen, dann müssen Sie eine Verknüpfung zu der Datei erstellen und dort die Kommandozeilenoption eintragen.

Prüfung auf die WSH-Variante

WScript oder CScript? Welche Variante des WSH das Skript ausführt, ist eine wichtige Frage, da einige Features (insbesondere der Zugriff auf die Standardein- und -ausgabe) nur in CScript zur Verfügung stehen. Leider gibt es kein Attribut, das direkt zwischen den beiden Varianten unterscheidet. Das Attribut FullName enthält aber den kompletten Pfad zum aktuellen Host. Durch Extraktion der letzten elf Zeichen der Zeichenkette kann geprüft werden, ob CSCRIPT.EXE oder WSCRIPT.EXE ausgeführt wird.

```
if UCASE(right(wscript.fullname,11)) = "CSCRIPT.EXE" then
        variante = "CScript"
else
        variante = "WScript"
end if
```

```
if variante = "CScript" then
      Msgbox "Dieses Skript läuft mit der
      Kommandozeilenversion des WSH!"
else
      Msgbox "Dieses Skript läuft mit der Windows-Version des
      WSH!"
end if
```

Listing 4.8: Ein nützlicher Code-Block, der in vielen Skripten Verwendung findet, um zu prüfen, ob das Skript mit der richtigen Variante des WSH gestartet wurde. [wsh_variante_pruefen.vbs]

Start mit Script erzwingen

Auf Basis des vorherigen Skripts und unter Vorgriff auf ein Objekt (WSHShell), das erst in Kapitel 5 behandelt wird, kann man auch erzwingen, dass ein Skript mit einer bestimmten der beiden WSH-Varianten gestartet wird.

```
If UCASE(right(wscript.fullname,11)) = "WSCRIPT.EXE" Then
    set WSHShell = CreateObject("WScript.Shell")
    Dim Befehl
    Befehl = "cscript.exe " & chr(34) & wscript.scriptfullname & chr(34)
    Msgbox "Start mit WSCRIPT.EXE nicht erlaubt. Skript startet daher nun mit
    CSCRIPT.EXE!"
    WSHShell.Run Befehl
else
    wscript.stdout.Writeline "Bitte ENTER drücken"
    wscript.stdin.readline
end if
```

Listing 4.9: Erzwingen des Starts mit CSCRIPT [CScript_erzwingen.vbs]

Entfernte Skriptausführung

Neu seit dem WSH 5.6 ist die Möglichkeit, ein Skript auf einen entfernten Rechner hochzuladen und dort zu starten. Diese Möglichkeit wird in Kapitel 6 beschrieben. — Remote Scripting

4.1.7 Befehlszeilenparameter für Skripte

Administrative Skripte benötigen oft Eingabedaten, die via Kommandozeilenparameter übergeben werden. WSH 1.0 und 2.0 besitzen zwar über die Arguments-Collection die Möglichkeit, auf die übergebenen Parameter zuzugreifen, die Prüfung und Auswertung der Parameter ist jedoch dem Skriptentwickler überlassen. Dabei ist gerade die Entwicklung der zugehörigen Prüfroutinen eine zeitraubende Aufgabe. — Parameter

Im WSH 5.6 hat Microsoft die Möglichkeit eingebaut, in .WSF-Dateien per XML die erwarteten Parameter zu definieren, so dass die Skripte selbstbeschreibend werden. Dabei können zu jedem Parameter folgende Angabe gemacht werden: — Neue Möglichkeiten im WSH 5.6

- Argument-Typ (benannt oder unbenannt)
- Name
- Datentyp (String, Boolean oder Simple)
- ob ein Parameter erforderlich oder optional ist

- ob ein Parameter gleichen Namens mehrfach vorkommen darf (nur für Parameter des Typs »unbenannt«)
- wie viele Parameter gleichen Namens benötigt werden (nur für Parameter des Typs »unbenannt«)

Prüfung und Usage-Informationen

Auf Basis dieser Informationen leistet der WSH zwei Dienste:

- Prüfung beim Start des Skripts, ob diese Bedingungen erfüllt sind
- Zusammenstellung einer Hilfe-Information (»Usage«), die dem Aufrufer mitteilt, welche Parameter erwartet werden

Einschränkung

Hinweis: Die automatische Prüfung der Parameter war zwar zwischenzeitlich im Gespräch, ist jedoch im WSH 5.6 nicht realisiert.

Benannte versus unbenannte Argumente

Der WSH unterstützt sowohl benannte als auch unbenannte Argumente:

Benannte Argumente

- Ein benanntes Argument beginnt mit einem Slash (»/«) und hat die allgemeine Form /Argumentname:Wert. Der WSH trennt beim Aufruf Argumentname und Wert, so dass der Zugriff für den Entwickler einfacher ist. Der Zugriff im Skript erfolgt über die Collection WScript.Arguments.Named.

Argumente, die Leerzeichen enthalten, müssen in Anführungszeichen stehen. Bei benannten Parametern ist sowohl die Form "/Argumentname:Wert" als auch /Argumentname:"Wert" erlaubt.

Es gibt folgende Sonderfälle:

/Argumentname:

übergibt einen Leerstring (»«).

/Argumentname

übergibt keinen Wert (isempty() liefert True).

/Argumentname+

übergibt den Boolean-Wert True.

/Argumentname-

übergibt den Boolean-Wert False.

Unbenannte Argumente

- Ein unbenanntes Argument ist jedes Argument, das nicht mit einem Slash beginnt. Der WSH lässt diese Argumente unberührt. Der Zugriff im Skript erfolgt über die Collection WScript.Arguments.Unnamed.

Zugriff auf die Argumente innerhalb des Skripts

Die aus WSH 1.0/2.0 bekannte Collection WScript.Arguments enthält weiterhin alle Argumente in unberührter Form. WScript.Arguments wird in WScript.Arguments.Unnamed und WScript.Arguments.Unnamed in zwei disjunkte Teile aufgespaltet.

Usage-Informationen

Die Usage-Informationen werden in drei Fällen angezeigt: **Usage**

- Der Aufrufer startet das Skript mit der Option /?.
- Die Prüfung der Parameter war nicht erfolgreich.
- Das Skript ruft selbst die Funktion `WScript.Arguments.ShowUsage()` auf.

Wenn in der XML-Datei das Element `<usage>` definiert ist, zeigt `ShowUsage()` dessen Inhalt. Sonst stellt der WSH den Hilfetext aus dem Inhalt der Elemente `<description>`, `<named>`, `<unnamed>` und `<example>` zusammen.

Beispiele

Das folgende Skript enthält eine Selbstbeschreibung. Es erwartet ein bis n Pfade zu Einga- **Beispiel** bedateien, einen Pfad zu einer Ausgabedatei und – optional – den Schalter /ueberschreiben.

```
<job id="MergeScript">
<Comment>
(C) Holger.Schwichtenberg@windows-scripting.de
</Comment>

<?job error="false" debug="false" logo="false" validate="false" ?>

<!-- ########### Selbstbeschreibung ########## -->
<runtime>

<description>
Dieses Skript kopiert den Inhalt von mehreren Textdateien in eine neue Textdatei
 zusammen!
Autor: Holger Schwichtenberg
für das Buch "Windows- und BackOffice-Scripting"
siehe http://www.windows-scripting.de
-----------------------------------------
</description>

<unnamed
name="Quelle"
many=true
required="true"
helpstring="Name und Pfad der zu lesenden Datei(en)"
/>

<named
name="Ziel"
required="true"
helpstring="Name und Pfad der Ausgabedatei"
/>

<named
name="ueberschreiben" required="false"
helpstring="Mit dieser Option wird eine eventuell schon bestehende Zieldatei
```

Scripting Hosts

```
überschrieben. Ohne diese Option werden die Quelldateien an die bestehende
Zieldatei angehängt!"
/>

<example>
--------------------------------------------
Anwendungsbeispiel:
merge_files.wsf c:\buch\WSH\datei1.txt c:\buch\WSH\datei2.txt e:\buch\WSH\datei3
.txt
/Ziel:c:\buch\WSH\datei_ausgabe.txt /ueberschreiben
</example>

</runtime>

<!-- ########## Hauptteil ########## -->
<script language="vbscript">
...
</script>
</job>
```

Listing 4.10: merge_file.wsf

Der Aufruf mit

```
merge_files.wsf /?
```

führt zu nachstehender Dialogbox. Die optionalen Parameter werden wie üblich durch eckige Klammern angedeutet.

Abbildung 4.8: Usage-Informationen von merge_files.wsf

Wenn ein `<usage>`-Tag vorhanden ist, wird der Inhalt dieses Elements ausgegeben. Die Selbstbeschreibung der Attribute wird dann ignoriert.

```
<job id="DemoScript" prompt="no">
    <?job error="false" debug="false" logo="false" validate="false" ?>
    <runtime>
        <unnamed helpstring="Name und Pfad der zu lesenden Datei"
```

```
name="Eingabedatei" many="false"/>
            <unnamed helpstring="Name und Pfad der Ausgabedatei"
name="Ausgabedatei" many="false"/>
            <named helpstring="0 = Skript macht keine Ausgaben, 1 = Skript macht
Ausgaben" name="0 = Skript macht keine Ausgaben, 1 = Skript macht Ausgaben"
required="true" type="boolean"/>
            <usage>
Dies ist die benutzerdefinierte Usage-Information!
            </usage>

        </runtime>
        <script language="vbscript">
wscript.arguments.showusage
        </script>
</job>
```

Listing 4.11: *Einsatz des <usage>-Elements [benutzerdefinierte_usage.wsf]*

Abbildung 4.9:
Ausgabe von
benutzerdefinier
te_usage.wsf

4.1.8 Einbinden von anderen Skriptdateien

Der WSH 2.0 bietet für .WSF-Dateien einen eleganten Weg der Einbindung anderer Skriptdateien. Allerdings können auf diesem Wege nur nicht-XML-strukturierte WSH-Dateien (.VBS, .JS, etc.) eingebunden werden. Man kann eine .WSF-Datei nicht in eine andere .WSF-Datei einbinden.

Include()

```
<script language="ProgID" src="pfad/datei">
</script>
```

Im folgenden Beispiel wird eine JScript-Skriptdatei eingebunden, die im selben Verzeichnis wie das einbindende Skript liegt. Das Vorgehen über das <script>-Tag entspricht dem Vorgehen in DHTML (siehe Kapitel zum Internet Explorer Scripting).

```
<package id="main">
<comment>Skript von HS@it-visions.de</comment>
        <job id="Job1">
            <script language="JScript" src="inc.js">
            </script>
            <script language="VBScript">
                msgbox "1 + 2 = " & jadd(1,2)
            </script>
        </job>
</package>
```

Listing 4.12: *main.wsf bindet die Datei inc.js ein.*

```
// ----- Unterroutine in JScript
function jadd(a,b)
{ return(a+b) }
```

Listing 4.13: Einzubindende Datei [inc.js]

 In nicht-XML-strukturierte .VBS-Skripte können Sie andere Skripte mit Hilfe der in Kapitel 3 vorgestellten Routine Include() einbinden, sofern Sie VBS 5.0 oder höher verwenden.

4.1.9 Statische Objekte und Einbinden von Typbibliotheken

Im Rahmen von .WSF-Dateien (also erst seit Version 2.0) unterstützt der WSH auch statische Objekte sowie die Einbindung von Typbibliotheken.

Statische Objekte

<OBJECT>- Element

Statische Objekte werden beim Start des Skripts durch den Scripting Host instanziiert. Jedem statischen Objekt wird ein Name zugewiesen. Über diesen Namen steht die Instanz allen Skripten eines Jobs zur Verfügung, so als wären sie Intrinsic Objects des Hosts. Ebenso wie bei Intrinsic Objects kann die Zuordnung durch ein Skript nicht geändert werden.

Statische Objekte werden mit dem <OBJECT>-Element erzeugt.

```
<object id="objID"
[classid="clsid:GUID"|progid="progID"]
events="true|false"/>
```

Das Element benötigt ein Attribut ID, das den Namen der Objektvariablen angibt, unter dem das instanziierte Objekt zur Verfügung stehen soll. Als zweites Attribut muss entweder die ProgID oder die CLSID der zu instanziierenden Klasse angegeben sein.

Ereignisse

Optional ist das dritte Attribut Events. Wenn dieses auf True gesetzt wird, achtet der WSH auf Ereignisse, die das Objekt erzeugt. Die Ereignisse können dann mit einer Unterroutine abgefangen werden, deren Name so aufgebaut ist:

```
ID_Ereignisname
```

Eine andere Alternative der Ereignisbindung bietet die Methode WScript.CreateObject(). Mehr dazu erfahren Sie im folgenden Kapitel.

Typbibliotheken

<REFE- RENCE>- Element

Die Einbindung von Typbibliotheken (allgemeine Erläuterungen zum Thema Typbibliotheken finden Sie in Kapitel 2) ist für die Erstellung von Skripten interessant, weil damit die in einer Typbibliothek definierten symbolischen Konstanten im Skript zur Verfügung stehen. Anders als bei VB6/VBA ermöglichen die Typbibliotheken jedoch nicht das frühe Binden; das ist in Skripten grundsätzlich unmöglich.

Windows Script Host (WSH)

```
<reference [object="progID"|guid="typelibGUID"] [version="version"] />
```

Angegeben werden muss entweder die ProgID einer Klasse oder die TypeLibID der Typbibliothek. Sofern mehrere Versionen der Typbibliothek installiert sind, kann durch `version=` die entsprechende Version spezifiziert werden.

Beispiel

Das folgende .WSF-Skript zeigt die Verwendung beider Möglichkeiten. Das `<object>`-Element erzeugt eine statische Instanz der Klasse `Scripting.FileSystemObject`, so dass das Objekt unter `FSO` dem Skript zur Verfügung steht. Außerdem bindet `<reference>` die passende Typbibliothek mit ein, so dass in der Methode `OpenTextFile()` die symbolischen Konstanten `ForAppending` und `TristateUseDefault` verwendet werden können. Mehr über diese Klasse erfahren Sie in Kapitel 5.2.

Beispiel

```
<job id="LoginJob">
<?job error="true" debug="true" logo="false" validate="false" ?>
<!--- Statische Objekte --->
<object id="FSO" progid="Scripting.FileSystemObject"/>
<!--- Typbibliotheken --->
<reference id="FSOLIB"
object="Scripting.FileSystemObject"/>
<!--- Skript --->
<script id="typelib_test" language="VBScript">
Dim tx ' As Scripting.TextStream
Set tx = FSO.OpenTextFile("d:\buch\docs\test2.txt", _
ForAppending, True, TristateUseDefault)
tx.WriteLine "Nur ein Test"
tx.Close
WScript.Echo "Gespeichert!"
</script> </job>
```

Listing 4.14: Statische Objekte und Typbibliotheken in WSF-Dateien [typelib_verwendung.wsf]

4.1.10 Die Intrinsic Objects des WSH

Der WSH besitzt einige Intrinsic Objects, die von dem Stammobjekt `WScript` ausgehen. Das `WScript`-Objekt und seine Unterobjekte stellen folgende Funktionen bereit:

Eingebaute Objekte im WSH

- Anzeige von Dialogboxen und Ausgabe in das DOS-Fenster
- Informationen über das Skript und den Scripting Host
- Anhalten des Skripts für eine bestimmte Zeit
- Zugriff auf die übergebenen Parameter (`Arguments`-Collection). Die untergeordneten Collections `NamedArguments` und `UnnamedArguments` sind erst ab WSH 5.6 verfügbar.
- Zugriff auf Standardeingabe und Standardausgabe (`StdIn`, `StdOut`, `StdErr`)
- Zugriff auf Instanzen von COM-Klassen.

Scripting Hosts

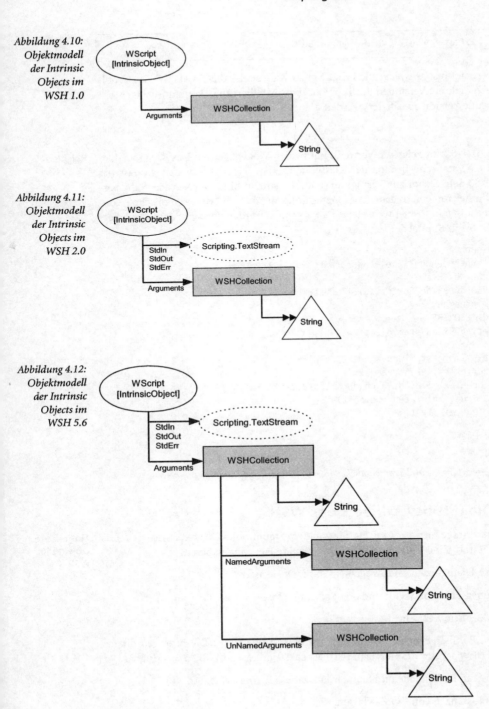

Abbildung 4.10: Objektmodell der Intrinsic Objects im WSH 1.0

Abbildung 4.11: Objektmodell der Intrinsic Objects im WSH 2.0

Abbildung 4.12: Objektmodell der Intrinsic Objects im WSH 5.6

Windows Script Host (WSH)

Die Typbibliothek für die eingebauten Objekte des WSH steckt in der WSCRIPT.EXE-Datei (»Library IHost«). Dies bedeutet aber nicht, dass die eingebauten Objekte auch aus anderen Anwendungen nutzbar wären. Die Typbibliothek dient lediglich dazu, Eingabehilfen in geeigneten Entwicklungsumgebungen bereitzustellen.

Typbibliothek

4.1.10.1 Basisfunktionen im WScript-Objekt

WScript ist keine instanziierbare COM-Klasse: Es kann daher innerhalb des WSH immer nur genau ein WScript-Objekt geben, und die Klasse kann nicht außerhalb des WSH genutzt werden. WScript muss nicht instanziiert werden, sondern ist automatisch verfügbar.

Objektmodell

Ausgaben mit Echo()

Die Methode Echo() ist der zentrale Ausgabebefehl des WSH.

Echo()

```
WScript.Echo Arg1, Arg2, Arg3, ...
```

Echo() erlaubt die Angabe mehrerer Stringvariablen oder Stringliterale, die nacheinander ausgegeben werden. Als Trennzeichen zwischen den Argumenten wird ein Leerzeichen eingefügt. Statt der Abtrennung der einzelnen Teile der Ausgabe in verschiedene Parameter wäre in Visual Basic auch eine Verknüpfung mit dem »&«-Operator möglich. Dann sind jedoch gewünschte Leerzeichen selbst zu setzen. Beide Möglichkeiten demonstriert das folgende Beispiel.

```
WScript.Echo "Heute ist der", date(), "!"
WScript.Echo "Heute ist der " & date() & " !"
```

Listing 4.15: Zwei äquivalente Verwendungen der Methode Echo() [echo_demo.vbs]

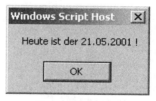

Abbildung 4.13: Ausgabe von Echo_Demo.vbs: Diese Dialogbox erscheint in gleicher Form zweimal.

Der Text in der Titelzeile der Dialogbox kann bei Echo() nicht beeinflusst werden. Er ist immer »Windows Script Host« (im WSH 2.0 und 5.6) bzw. »Windows Scripting Host« im WSH 1.0.

Titelzeile

Das Verhalten von Echo() unterscheidet sich bei WScript und CSCRIPT:

- WScript öffnet ein Dialogfenster (ähnlich wie der Befehl MsgBox() in Visual Basic). Im Gegensatz zu MsgBox() erlaubt Echo() keine weitere Spezifikation der Gestaltung des Fensters. Der Titel ist immer »Windows Script Host« bzw. »Windows Scripting Host« (s.o.), einziger Button ist immer der OK-Button. Dementsprechend gibt Echo() auch keinen Wert zurück, der Auskunft darüber liefert, welcher Button gedrückt wurde.

Echo() in WScript

- CScript schreibt die übergebenen Texte in die Standardausgabe. Diese ist üblicherweise das DOS-Fenster, in dem das Skript gestartet wurde. Die Standardausgabe kann jedoch mit dem »>«-Befehl umgeleitet werden. CScript sendet am Ende jedes Echo()-Befehls ein CR/LF (carriage return/line feed). Damit wird erreicht, dass jede Echo()-Ausgabe in einer neuen Zeile beginnt.

Echo() in CScript

Scripting Hosts

Wie bei anderen DOS-Befehlen auch ist es bei CScript möglich, die Ausgabe an einen Drucker oder in eine Datei umzuleiten.

```
cscript d:\buch\WSH\script1.vbs >prt
cscript d:\buch\WSH\script2.vbs >d:\buch\WSH\log.txt
```

Die Ausgaben von Skript1 werden direkt auf dem Drucker ausgegeben. Die Ausgaben von Skript2 werden in eine Textdatei geschrieben. In beiden Fällen gibt es keine Bildschirmausgabe!

Mehr Optionen als die Echo()-Methode bietet die Methode in der Klasse WSHShell.Popup() aus der *WSH Runtime Library*.

WScript öffnet bei jedem Echo()-Befehl ein neues Fenster. Das kann sehr lästig werden. Mit dem manuellen Einfügen eines chr(13) (alias vbCR; vbCR ist eine in allen VB-Dialekten vordefinierte Konstante) können Zeilenumbrüche bei WScript erzeugt werden, so dass mehrere Ausgaben übersichtlich in ein Fenster passen.

```
s = "Guten Tag!" & chr(13)
s = s & "Heute ist der " & date() & "!" & chr(13)
s = s & "Das Skript startet nach dem Klicken von OK..."
WScript.Echo s
```

Say()

Say() im WSH Die Kapselungsfunktion say() ist im WSH über WScript.Echo() definiert.

```
Sub say(s)
WScript.Echo s
End Sub
```

ShowUsage()

Die Methode ShowUsage() blendet ein Fenster ein, das Informationen über ein Skript zeigt. Wenn in der XML-Datei das Element <usage> definiert ist, zeigt ShowUsage() den Inhalt dieses Elements.

Abbildung 4.14: Ausgabe von ShowUsage()

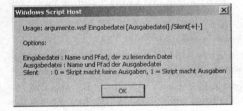

Einschränkung Die Methode ShowUsage() funktioniert auch bei nicht-XML-strukturierten WSH-Dateien, jedoch gibt die Dialogbox dann keine Parameter, sondern nur den Namen des Skripts selbst aus, da die Definition der erwarteten Parameter nur in WSF-Dateien möglich ist.

Informationen über den WSH und das Skript

Die Klasse `WScript` bietet sechs Attribute mit Informationen über den Scripting Host und das laufende Skript.

Informationen über die Umgebung

Attributname	Erläuterung
Name	Name liefert den Namen des Scripting Hosts zurück, also trivialerweise »Windows Script Host«, auch wenn das Skript mit CScript gestartet wurde. Unter WSH 1.0 erhalten Sie den String »Windows Scripting Host«.
FullName	FullName liefert den vollständigen Pfad zu dem Scripting Host, in dem das aktuelle Skript ausgeführt wird. Damit kann unterschieden werden, ob das Skript mit WScript oder CScript gestartet wurde.
Path	Path liefert den Pfad zu dem Scripting Host, unter dem das Skript ausgeführt wird. Es enthält die gleichen Informationen wie FullName, jedoch ohne den Namen der Programmdatei.
ScriptFullName	ScriptFullName liefert den vollständigen Pfad (inklusive Dateinamen) des Skripts, das gerade ausgeführt wird.
ScriptName	Im Gegensatz zu ScriptFullName liefert dieses Attribut nur den Namen der Skriptdatei.
Version	Dieses Attribut liefert die Version des Scripting Hosts, in dem das aktuelle Skript ausgeführt wird.

Tabelle 4.10: Attribute der Klasse `WScript`

```
WScript.Echo "Dieses Skript läuft in folgendem Scripting Host: ", WScript.Name
WScript.Echo  "Hier liegt der Scripting Host: ", 
WScript.Path
WScript.Echo "Hier liegt der Scripting Host (inkl. Dateiname):" _
WScript.FullName
WScript.Echo  "Version des Scripting Hosts: " & WScript.Version
WScript.Echo  "Hier liegt das Skript: " & WScript.ScriptFullName
WScript.Echo  "Dateiname des Skripts: " & WScript.ScriptName
```

Listing 4.16: Informationen über den Scripting Host und das Skript

Neu seit WSH 2.0 ist, dass das `WScript`-Intrinsic Object nun drei Unterobjekte besitzt: `StdIn`, `StdOut` und `StdErr` bieten Zugriff auf die Standardeingabe- und -ausgabegeräte. `WScript` bedient sich hier der Komponente *Scripting Runtime* (vgl. Kapitel 5.2). `StdIn`, `StdOut` und `StdErr` sind jeweils Instanzen der Klasse `Scripting.Textstream`.

StdIn, StdOut und StdErr

Diese Unterobjekte funktionieren aber nur, wenn das Skript durch CScript, also durch die Kommandozeilenversion des WSH, aufgerufen wurde. Beim Start mit WScript erscheint der Fehler 80070006: »Die Zugriffsnummer ist nicht definiert«. Unter Windows XP lautet der Fehlertext: »Das Handle ist ungültig«.

Scripting Hosts

Mit diesem Feature lassen sich WSH-Skripte nun auch in Umgebungen einsetzen, die nur über die Standard-I/O-Geräte kommunizieren können, beispielsweise als Common Gateway Interface (CGI)-Skripte für Webserver.

```
WScript.StdOut.WriteLine "Wie heissen Sie?"
name = WScript.StdIn.Readline
WScript.StdOut.WriteLine "Hallo " & name & "!"
WScript.StdErr.WriteLine "Kein Fehler!"
```

Listing 4.17: Beispiel zur Verwendung von StdIn, StdOut *und* StdErr *in der DOS-Box*

Das Skript mit Sleep() schlafen schicken

Sleep() Seit Version 2.0 unterstützt der WSH die Methode Sleep(ms) im Intrinsic Object WScript, die ein Skript für eine bestimmte Anzahl von Millisekunden anhält. Dies ist beispielsweise sinnvoll in Zusammenhang mit der SendKeys()-Funktion in der Klasse WSHShell aus der *WSH Runtime-Komponente* (vgl. Kapitel 5.1).

```
wscript.echo "Skript startet..."
wscript.sleep(3000)
wscript.echo '3 Sekunden sind vergangen..."
```

Listing 4.18: Beispiel für Sleep()

Ein weiteres wichtiges Anwendungsgebiet von Sleep() ist die ereignisgesteuerte Programmierung im WSH (siehe Abschnitt »Ereignisbehandlung«).

Skriptende

Quit() Die Quit()-Methode beendet die Ausführung des Skripts: WScript.Quit [ErrorCode]. Als optionaler Parameter kann ein Fehlercode als Zahl angegeben werden. Im Standardfall wird 0 zurückgegeben. Der Befehl end aus VB6/VBA steht in VBS nicht zur Verfügung und kann daher nicht zum Beenden eines WSH-Skripts verwendet werden.

4.1.10.2 Zugriff auf die Befehlszeilenparameter

Arguments-Collection Im WSH 1.0 und 2.0 gab es nur eine einfache Collection WScript.Arguments, die alle Befehlszeilenparameter enthält. Im WSH 5.6 sind die Parameter nun zusätzlich in die Collections WScript.Arguments.Named und WScript.Arguments.Unnamed aufgespaltet.

Die einfache Arguments-Collection

Das Attribut Arguments enthält einen Zeiger auf eine Collection vom Typ WSHCollection, die automatisch beim Start eines Skripts angelegt und mit den Kommandozeilenparametern gefüllt wird. Die Collection kann nur gelesen werden; es gibt keine Möglichkeit, eine eigene Instanz von WSHArguments anzulegen. Die Collection enthält Strings, keine Unterobjekte (diese Ausnahme wird in Kapitel 5.1 in Zusammenhang mit den Collections der *WSH Runtime Library* ausführlich erläutert). Die WSHArguments-Collection bietet die üblichen Member Count und Item an. Das zusätzliche Attribut Length hat die gleiche Funktion wie Count. Das nachfolgende Beispiel listet alle übergebenen Parameter auf.

Windows Script Host (WSH)

```
Set Args = WScript.Arguments
' Iteration über alle Argumente
For i = 0 to Args.Count - 1
      WScript.Echo Args(i)
Next
```

Listing 4.19: Liste der Parameter des WSH-Skripts [zieh_etwas_auf_mich.vbs]

Üblicherweise ist die Reihenfolge von Parametern bei Kommandozeilenbefehlen nicht relevant. Eine Prüfung auf das Bestehen von Schaltern in WSHArguments sollte daher unabhängig vom Index innerhalb der Collection erfolgen. Die VBS-Funktion inargs() löst dies auf elegante Weise.

inargs()

```
function inargs(s)
dim a
inargs = False
for a = 1 to wscript.arguments.Count
  If UCase(wscript.arguments(a-1)) = _
  UCase(s) Then inargs = True
next
end function
```

Listing 4.20: inargs() prüft auf die Existenz eines bestimmten Schalters.

Das Hauptprogramm des Skripts kann diese Funktion nun aufrufen und erfragen, ob ein Schalter in den Kommandozeilenparametern vorkommt.

```
If inargs("/h") Then
' Drucke Hilfetext
...
End If
```

Listing 4.21: Beispiel für den Einsatz von inargs()

Wenn das Skript dadurch gestartet wurde, dass eine oder mehrere Dateien per Drag&Drop auf das Icon des Skripts gezogen wurden, so enthält die Arguments-Collection die Pfade zu diesen Dateien, so dass das Skript mit diesen Dateien arbeiten kann. Gleiches gilt, wenn Sie das Skript über das SENDEN AN-Menü aufrufen.

Die NamedArguments- und die UnnamedArguments-Collection

Die NamedArguments-Collection enthält die Menge der benannten Parameter, während die UnnamedArguments-Collection die unbenannten Parameter umfasst. Beide Collections sind Unterobjekte der WScript.Arguments-Collection.

Zwei Einzellisten

Die Collections haben folgende Mitglieder:

- Item(Index) liefert ein bestimmtes Argument. Dabei ist zu beachten, dass in der UnnamedArguments-Collection Item() als Index eine Zahl zwischen 0 und n erwartet, während die NamedArguments-Collection als Index einen String mit dem Namen des gewünschten Befehlszeilenparameters erwartet.

- Count liefert die Anzahl der Befehlszeilenparameter in der Collection.
- Zusätzlich stellt die NamedArguments-Collection die Methode Exists(Name) bereit, mit der geprüft werden kann, ob ein bestimmter benannter Parameter übergeben wurde.

Beispiel

Beispiel Das bereits zuvor verwendete Beispiel wird nun um Routinen erweitert, die alle drei Collections ausgeben.

```
<job id="MergeScript">
<Comment>
(C) Holger.Schwichtenberg@windows-scripting.de
</Comment>

<?job error="false" debug="false" logo="false" validate="false" ?>

<!-- ########## Selbstbeschreibung ########## -->
<runtime>

<description>
Dieses Skript kopiert den Inhalt von mehreren Textdateien in eine neue Textdatei
  zusammen!
Autor: Holger Schwichtenberg
für das Buch 'Windows- und BackOffice-Scripting"
siehe http://www.windows-scripting.de
-------------------------------------------
</description>

<unnamed
name="Quelle"
many=true
required="true"
helpstring="Name und Pfad der zu lesenden Datei(en)"
/>

<named
name="Ziel"
required="true"
helpstring="Name und Pfad der Ausgabedatei"
/>

<named
name="ueberschreiben" required="false"
helpstring="Mit dieser Option wird eine eventuell schon bestehende Zieldatei
überschrieben. Ohne diese Option werden die Quelldateien an die bestehende
Zieldatei angehängt!"
/>

<example>
-------------------------------------------
Anwendungsbeispiel:
merge_files.wsf c:\buch\WSH\datei1.txt c:\buch\WSH\datei2.txt e:\buch\WSH\datei3
```

Windows Script Host (WSH)

```
    .txt

/Ziel:c:\buch\WSH\datei_ausgabe.txt /ueberschreiben
</example>

</runtime>
<!-- ########### Hauptteil ########## -->

<script language="vbscript">
Set WSHArguments = WScript.Arguments

WScript.Echo "--------------------"
WScript.Echo "Alle Parameter:"
WScript.Echo "--------------------"
For I = 0 to WSHArguments.Count - 1
   WScript.Echo WSHArguments (I)
Next
WScript.Echo "--------------------"
WScript.Echo "Unbenannte Parameter:"
WScript.Echo "--------------------"
Set UnnamedArguments = WScript.Arguments.Unnamed
For I = 0 to UnnamedArguments.Count - 1
   WScript.Echo UnnamedArguments (I)
Next
WScript.Echo "--------------------"
WScript.Echo "Benannte Parameter:"
WScript.Echo "--------------------"
Set NamedArguments = WScript.Arguments.Named
For each n in NamedArguments
   if isempty(NamedArguments.item(n)) then
          WScript.Echo n & " hat keinen Wert"
   else
          WScript.Echo n & " = " & NamedArguments (n)
   end if
Next

    </script>
</job>
```

Listing 4.22: Unterscheidung der verschiedenen Argumenttypen im WSH 5.6 [merge_files.wsf]

4.1.10.3 Zugriff auf externe COM-Komponenten

Das Intrinsic Object WScript verfügt über eine eigene Methode zur Instanziierung von automatisierungsfähigen COM-Klassen. Diese Methode bietet gegenüber den Standardfunktionen der jeweiligen Skriptsprachen (CreateObject() in VBScript, CreateActiveXObject() in JScript etc.) den Vorteil, dass eine Bindung an Ereignisbehandlungsroutinen möglich ist. Der WSH kann sich also im Gegensatz zu vielen anderen Scripting Hosts, die nur Ereignisse von Intrinsic Objects verarbeiten können, auf Ereignisse beliebiger COM-Klassen registrieren.

CreateObject()

```
WScript.CreateObject(ProgID, [Prefix])
```

Ein häufiger Fehler ist die Verwechslung der VB-Funktion CreateObject() mit der Methode CreateObject() aus dem WScript-Objekt. Beide Funktionen haben einen zweiten, optionalen Parameter. Bei der VB-Funktion erlaubt dieser Parameter jedoch die Angabe eines entfernten Rechners, auf dem die Instanziierung ausgeführt werden soll. Bei WScript.CreateObject() wird der zweite Parameter für die Ereignisbindung verwendet. Wenn Sie die beiden CreateObject() miteinander verwechseln, werden Sie unerwartete Ergebnisse erhalten.

Ereignisbehandlung im WSH

Ereignisse Neben der ProgID kann optional ein frei wählbarer Bezeichner angegeben werden, der Präfix genannt wird, weil er den entsprechenden Ereignisbehandlungsroutinen vorangestellt werden muss. Sofern das Objekt ein Ereignis auslöst, wird nach einer Ereignisroutine gesucht, die aus dem Präfix gefolgt vom Namen des ausgelösten Ereignisses besteht. Es ist üblich, aber nicht zwingend, das Präfix wie die Objektvariable zu nennen und auf einen Unterstrich »_« enden zu lassen, so dass eine typische VB-Ereignisbehandlungsroutine der Form »Objekt_Ereignis« entsteht. Natürlich ist man durch die Angabe des Präfix-Parameters nicht verpflichtet, zu allen Ereignissen, die das Objekt auslösen könnte, eine Ereignisbehandlung zu definieren.

Die Ereignisbindung kann in .WSF-Dateien auch über das <object>-Tag stattfinden. Wenn das Attribut Events auf True gesetzt wird, dann dient das ID-Attribut als Präfix für die Ereignisbehandlungsroutinen.

Warten auf Ereignisse Allerdings funktioniert die Ereignisverarbeitung im WSH nur solange, wie das Skript noch läuft. Wenn also ein Vorgang gestartet wird, der asynchrone Ereignisse liefert (also die Kontrolle an das Skript zurückgibt), muss in der Zwischenzeit das Skript beschäftigt werden. Jedoch darf das Skript auch nicht zu sehr beschäftigt sein, denn solange noch Befehle ausgeführt werden, können keine Ereignisbehandlungsroutinen abgearbeitet werden; der WSH kann Skriptbefehle nicht parallel ausführen. Das Skript mit einer Zählschleife am Laufen zu halten ist also kein Ausweg, weil dies dem WSH-Eventhandler keinen Platz lässt. Der Eventhandler kann nur in zwei Fällen Ereignisbehandlungsroutinen abarbeiten: Entweder zeigt das Skript eine Dialogbox an (Msgbox(), Inputbox(), WScript.Echo() etc.) oder es wartet mit WScript.Sleep().

Warten mit Dialogboxen Dabei ist die Anzeige einer Dialogbox meist kein guter Ausweg, und es besteht die Gefahr, dass die Dialogbox weggeklickt und damit das Skript entweder beendet wird oder wieder beschäftigt ist. Andererseits kann das Skript auch nach Abarbeitung aller Ereignisse erst enden, wenn die Dialogbox geschlossen wird.

Warten mit Sleep() Bei der Verwendung von Sleep() vermeiden Sie die lästige Anzeige einer Dialogbox. Der Nachteil von Sleep() scheint zu sein, dass man damit das Skript nur eine bestimmte Zeit ruhen lassen kann, man also vorhersehen muss, wie lange die Abarbeitung der Ereignisse wohl dauern wird. Wünschenswert ist ein bedingtes Warten: Das Skript soll dann weiterarbeiten oder beendet werden, wenn alle Ereignisse abgearbeitet wurden. Dies kann man auf geschickte Weise erreichen, indem man eine globale Variable definiert und solange Sleep() mit minimaler Zeitdauer (also eine Millisekunde) aufruft, bis die globale Variable einen bestimmten Wert einnimmt.

> **Hinweis zum Listing**
>
> Das folgende Listing ist Pseudocode. Sie finden konkrete Anwendungsbeispiele für die WSH-Ereignisbehandlung im COM-Komponenten-Handbuch.

```
' -- Globale Statusvariable
Dim fertig
' -- Ereignisbehandlung
Sub obj_Ereignis1()
   ...
End Sub
Sub obj_Ereignis2()
   ...
   If ... Then fertig = True ' Objekt ist fertig!
End Sub
' -- Hauptprogramm
ready = false
Set obj= WScript.CreateObject("ProgID","obj_")
...
obj.DoIt
' -- Warten...
do while not fertig
   WScript.sleep 1
loop
...
WScript.disconnectobject obj
Set obj = Nothing
```

Listing 4.23: Pseudocode-Beispiel für die Behandlung asynchroner Events im WSH

In Listing 4.15 werden über das frei wählbare Präfix `obj_` die beiden Ereignisbehandlungsroutinen an das instanziierte Objekt `obj` gebunden. Dabei wird die asynchrone Methode `DoIt()` gestartet, die später ein Ereignis auslöst. Das WSH-Skript erhält direkt nach dem Methodenaufruf die Kontrolle zurück. Würde sich das Skript jetzt beenden, könnte es keine Ereignisse mehr empfangen. Das Skript durchläuft solange eine Schleife mit `Sleep(1)`, bis von dem Objekt `obj` ein `Ereignis2` ausgelöst wurde, das die globale Variable `fertig` auf `True` setzt.

Intelligente Warteschlange

Ein WSH-Skript kann auch aus einer Ereignisbehandlungsroutine heraus mit `WScript.Quit()` abgebrochen werden. Im obigen Beispiel könnte man für den Fall, dass das Skript nach der Abarbeitung der Events sowieso beendet werden soll, auch die Ereignisbehandlungsroutine `obj_Ereignis2()` `WScript.Quit` aufrufen, anstatt der Hauptroutine die Abbruchbedingung zu signalisieren. Wenn jedoch die Hauptroutine danach noch andere Aufgaben zu erledigen hat, muss die Ereignisbehandlungsroutine den Weg der Signalisierung wählen.

Natürlich könnte das Skript in der Zwischenzeit auch noch andere Dinge erledigen – Hauptsache, es gibt mit einem regelmäßigen Aufruf von `Sleep()` dem WSH-Eventhandler etwas Luft zum Arbeiten.

Sofern das Ereignis Parameter übermittelt, muss dies bei der Definition der Ereignisbehandlungsroutine berücksichtigt werden. In untypisierten Umgebungen wie VBS muss die Anzahl der Parameter stimmen, in typisierten Umgebungen wie VB6/VBA zusätzlich auch die Datentypen der Parameter. Sind diese Voraussetzungen nicht erfüllt, wird die Ereignisbehandlungsroutine weder dem Ereignis zugeordnet noch ausgeführt.

Disconnect- WScript definiert auch eine eigene Methode, eine Verbindung zu trennen: `Disconnect`
Object() `Object()`. Beim WSH wird zusätzlich zu `set obj=Nothing` dieser Methodenaufruf empfohlen.

Zugriff auf persistente Instanzen

WScript. `WScript.GetObject()` ist die analoge Erweiterung der VB-Funktion `GetObject()` um das
GetObject() WSH-Eventhandling. Während `CreateObject()` eine neue Instanz einer COM-Klasse erzeugt, ist mit `GetObject()` der Zugriff auf bereits bestehende COM-Instanzen einer Klasse möglich.

`Set obj = WScript.GetObject(Moniker,[ProgID],[Prefix])`

4.1.11 Bildschirmmasken für den WSH

Der Dialog mit Eine Schwäche des Windows Script Hosts ist die fehlende Möglichkeit, Bildschirmmasken
dem Benutzer zu generieren und darzustellen. `WScript.Echo()` und die `PopUp()`-Methode in der Klasse `WSHShell` der WSH-Runtime Library (siehe Kapitel 5.1) vermögen nur einfache Dialogboxen mit ausgewählten Buttons darzustellen. VBScript bringt mit `InputBox()` wenigstens eine eingebaute Methode zur Darstellung einer einzeiligen Texteingabe mit. Von anderen Programmiersprachen wie JScript aus, die eine derartige Funktion nicht haben, können Sie gar keine Benutzereingaben empfangen. Grundsätzlich haben Sie folgende Möglichkeiten, diese Herausforderung zu meistern:

- Sie nutzen den Internet Explorer als Plattform zur Darstellung von Bildschirmmasken. Mit den Möglichkeiten der *Microsoft Internet Controls* und des *HTML Document Object Model (DOM)* können Sie HTML-Formulare fernsteuern.

- Sie können eigene ActiveX-Steuerelemente mit Visual Basic bzw. der Visual Basic Control Creation Edition erzeugen (siehe Kapitel 6).

- Clevere Programmierer haben den Bedarf inzwischen erkannt und bieten eigene COM-Komponenten an, die Bildschirmmasken generieren.

Komponenten Eine Besprechung dieser Oberflächenkomponenten würde den Rahmen dieses Buches
anderer sprengen, daher seien an dieser Stelle nur drei empfehlenswerte Komponenten genannt:
Anbieter

- *WSHForm ActiveX Control* ist Freeware von Günther Born [BOR00].

- *WSHLiteWeightForm* ist Freeware von J. Warrington [WAR00].

- *QuickPrompts* ist ein kommerzielles Produkt der Firma TopTenSoftware [TOP00]. Diese Komponente ist die leistungsstärkste der drei genannten.

Windows Script Host (WSH)

4.1.12 Sicherheitseinstellungen

Durch den Love-Letter-Virus ist die Sicherheit des Windows Script Host (WSH) in den Brennpunkt des Interesses gerückt. Dieses Kapitel beschäftigt sich mit folgenden Fragestellungen:

WSH-Sicherheit

- Wie kann man WSH-Skripte grundsätzlich deaktivieren?
- Wie kann man einzelne WSH-Skripte verbieten?
- Wie kann man steuern, unter welchen Benutzerrechten ein Skript ausgeführt wird?

4.1.12.1 Zugriffsrechte

Da WSH-Skripte normale Dateien im Dateisystem sind und die Scripting Hosts als eigenständige EXE-Dateien vorliegen, können Sie – sofern Sie das NTFS-Dateisystem verwenden – die Dateisystemsicherheit benutzen, um den Zugriff auf einzelne Skripte bzw. auf den WSH insgesamt zu reglementieren.

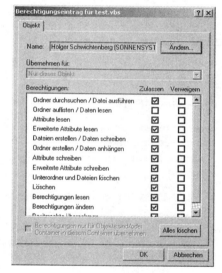

Abbildung 4.15: Rechteeinstellungen für eine .vbs-Datei im NTFS5-Dateisystem unter Windows 2000

Um einem Benutzer die Berechtigung zu entziehen, eine WSH-Datei zu starten, müssen Sie ihm das Recht »Datei lesen« nehmen, nicht das Recht »Datei ausführen«.

Da der WSH keine eigene Sicherheitskonfiguration besitzt, haben Sie unter Windows 9x/ME bzw. einem FAT-Dateisystem unter der NT-Produktfamilie keine Möglichkeit, die Zugriffsrechte zu regeln.

4.1.12.2 Deaktivierung des WSH

Den Zugriff auf den WSH insgesamt können Sie reglementieren, indem Sie die NTFS-Rechte auf die Dateien WSCRIPT.EXE und CSCRIPT.EXE beschränken. In diesem Fall müssen Sie die Startberechtigung über das Recht »Datei ausführen« steuern.

WSH komplett sperren

Scripting Hosts

Wenn Sie WSH-Skripte für alle Benutzer (auch lokale Administratoren) verbieten wollen, können Sie diese beiden Dateien auch einfach löschen.

Eine noch bessere Möglichkeit zur Deaktivierung des WSH ist der Registry-Schlüssel HKEY_LOCAL_MACHINE\SOFTWARE\MICROSOFT\WINDOWS SCRIPT HOST\SETTINGS\ENABLED. Mit der Zuweisung des Werts 0 ist der Start des WSH nicht mehr möglich – auch nicht, wenn der Benutzer sich WSCRIPT.EXE oder CSCRIPT.EXE an einem anderen Ort auf sein System gelegt hat, um die Sicherheitseinstellungen zu umgehen.

4.1.12.3 Selektive Ausführung mit Software Restriktion Policies (SRP)

Internet Explorer Sicherheit

Microsoft hat die Sicherheitseinstellungen des Internet Explorers als Muster für ein neues Sicherheitsfeature in Windows XP und Windows .NET Server verwendet. Der Internet Explorer erlaubt die Beschränkung von Programmcode (Skripte, ActiveX-Steuerelemente, Java) auf Basis der Herkunft des Programmcodes (Internet, Intranet, lokale Festplatte etc.).

Mit Windows XP wurde dann auch für Programmcode außerhalb des Internet Explorers eine Sicherheitskontrolle eingeführt: Mit Software Restriktion Policies (SRP) kann Programmcode auf Basis seiner Herkunft gesperrt werden. Per Lokaler Richtlinie oder Gruppenrichtlinie kann man Sicherheitsbeschränkungen für Programmcode einführen. Der Begriff *WinSafer* ist ein Alias für SRP.

Das Sicherheitssystem der SRP besteht aus genau einer Grundeinstellung und einer beliebigen Anzahl von Regeln.

Grundeinstellung

In der Grundeinstellung lässt sich zunächst festlegen, ob grundsätzlich jeder Programmcode erlaubt werden soll oder verboten sein soll. Als Programmcode gelten alle Arten von ausführbaren Dateien, einschließlich Skripte. Die Grundeinstellung ist, dass die Ausführung erlaubt ist.

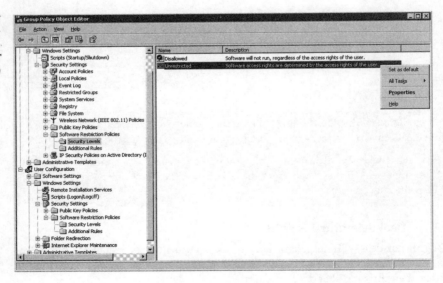

Abbildung 4.16: SRP-Grundeinstellung (Windows .NET Server)

Windows Script Host (WSH)

Die Grundeinstellung kann durch weitere Eigenschaften angepasst werden:

- Es kann festgelegt werden, ob die SRP auch für DLLs gelten soll.
- Es kann festgelegt werden, welche Dateitypen ausführbare Dateien enthalten.
- Es kann festgelegt werden, ob die SRP für Administratoren nicht gelten sollen.

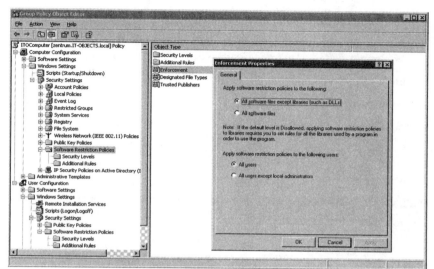

Abbildung 4.17: Feineinstellungen zur SRP (Windows.NET Server)

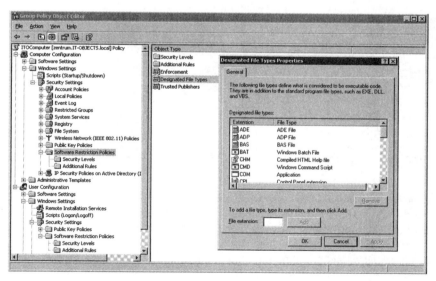

Abbildung 4.18: Festlegung der Dateitypen (Windows.NET Server)

Regeln

Alles verbieten/ einiges erlauben

Mit der Grundeinstellung »Disallowed« wäre es unmöglich, Windows zu benutzen, weil man keine Programme starten kann. Daher ist es notwendig, dass man Regeln definieren kann, für welche Software die Beschränkung nicht gelten soll.

Kriterien für die Beschränkung sind:

- Hash-Wert einer ausführbaren Datei
- In der ausführbaren Datei enthaltenes Zertifikat gemäß dem Microsoft Authenticode-Verfahren (vgl. Kapitel »Fortgeschrittene Techniken/Digitale Signatur für Skripte«)
- Internet Explorer-Zone
- Dateisystempfad
- Dateiextension

In Windows .NET Server sind vier Regeln vordefiniert, die die wichtigsten Pfade (Windows, System32, Programme) zum Start von Programmen zulassen. Man kann beliebig viele weitere Regeln hinterlegen.

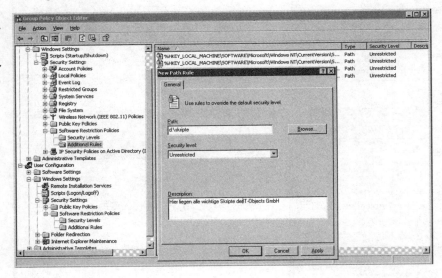

Abbildung 4.19: Definition einer neuen SRP-Regel (Windows .NET Server)

Alles erlauben/ einiges verbieten

Eine Regel kann auch den Start von Software aus einer bestimmten Quelle verbieten. Dies macht sind, wenn die Grundeinstellung »Alles erlauben« ist. Diese Variante hat den Vorteil, dass man weniger Regeln hinterlegen muss. Es besteht aber die Gefahr, dass man Quellen übersieht. Beispielsweise kann ein Benutzer eine SRP, die den Start von Anwendungen von Laufwerk D: verbietet, dadurch umgehen, dass er einen anderen Laufwerksbuchstaben der Platte zuordnet, sich mit dem DOS-Befehl subst einen Alias für das Laufwerk anlegt oder eine Laufwerksverknüpfung zu einer lokalen Freigabe auf seinem eigenen Rechner anlegt.

Windows Script Host (WSH)

Man kann bei der SRP nur zwischen »nicht erlaubt« und »nicht eingeschränkt« wählen, d.h., die Anwendung startet oder startet nicht. Es ist nicht möglich, einer Anwendung Zugriffsrechte auf einzelne Ressourcen zu geben oder zu entziehen.

Hash-Regeln

Mit einer Hash-Regel kann man einzelne Anwendungen/Skripte erlauben oder verbieten, unabhängig davon, wo sie liegen. Beim Anlegen einer Hash-Regel muss man eine Datei auswählen. Über diese Datei wird ein Hash-Wert gebildet. Der Algorithmus für den Hash-Wert ist so, dass jede kleinste Änderung an der Datei zu einem anderen Hash-Wert führt. Windows startet die Anwendung nur, wenn der Hash-Wert stimmt.

Dateien und Veränderungen an Dateien erkennen

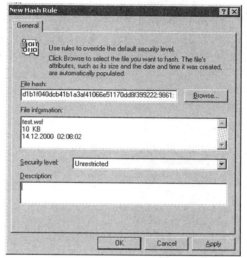

Abbildung 4.20: Anlegen einer Hash-Regel für SRP (Windows .NET Server)

Wenn man zahlreiche Anwendungen und Skripte im Unternehmen verwendet, ist es lästig, für jede dieser ausführbaren Dateien eine Hash-Regel anzulegen. Außerdem muss man bedenken, dass die Hash-Regel nach jeder Änderung an einem Skript erneuert werden muss. Es gibt noch keine Möglichkeit, das Anlegen von SRP-Regeln zu scripten. Eine Lösung für diese Herausforderung sind Zertifikats-Regeln.

Zertifikats-Regeln

Das Microsoft Authenticode-Verfahren ermöglicht es, ausführbare Dateien digital zu signieren. Mit einer Zertifikats-Regel kann man definieren, dass mit einem bestimmten digitalen Zertifikat signierte Anwendungen/Skripte ausgeführt werden dürfen. Damit entfällt die Definition für jede einzelne Datei.

Gruppen von Anwendungen

Im Kapitel »Fortgeschrittene Techniken« erfahren Sie, wie man WSH-Skripte digital signiert.

4.1.12.4 Identität

Benutzerkontext — Wie in Kapitel 2 vorgestellt, bezeichnet die »Identität« die Frage, unter welchem Benutzerkontext ein Skript bzw. eine Komponente operiert. Das Skript bzw. die Komponente besitzt dann alle Rechte auf Ressourcen, die auch der Benutzer auf diese Ressourcen hat.

Keine Impersonifizierung — Ein WSH-Skript, das von einem Benutzer manuell gestartet wird, läuft automatisch unter dessen Benutzerkontext. Der WSH selbst unterstützt nicht die Impersonifizierung, d.h. den Ablauf unter einem anderen Benutzerkontext als dem des Aufrufers.

Windows bietet jedoch verschiedene Möglichkeiten, eine ausführbare Datei unter einem anderen Benutzerkontext als unter dem des gerade angemeldeten Benutzers laufen zu lassen. Diese Möglichkeiten hat auch ein WSH-Skript:

Taskscheduler
- Das Skript läuft als geplanter Vorgang im Taskscheduler, dem ein dezidiertes Benutzerkonto zugewiesen wurde (nur unter NT4/Windows 2000).

su.exe
- Sie können das Tool su.exe aus den Resource Kits zu NT 4.0 bzw. Windows 2000 nutzen, um WSCRIPT.EXE bzw. CSCRIPT.EXE unter einem anderen Benutzerkontext auszuführen.

Windows 2000
- Schließlich bringt Windows 2000 eine eingebaute Möglichkeit mit, bei einer Verknüpfung zu einer ausführbaren Datei einen dezidierten Benutzernamen für die Ausführung festzulegen.

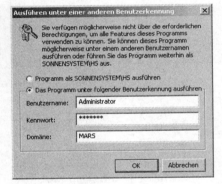

Abbildung 4.21: Impersonifizierung für ausführbare Dateien unter Windows 2000

Impersonifizierung

WSH kann nicht wechseln — In all diesen Fällen erfolgt die Festlegung des Benutzerkontextes statisch, d.h. einheitlich für das gesamte WSH-Skript. Ein WSH-Skript ist – genauso wie andere Scripting Hosts – nicht in der Lage, während seines Programmablaufs den Benutzerkontext zu wechseln.

> Einige Komponenten, z.B. das *Active Directory Service Interface* (siehe Kapitel 5.6), die *Windows Management Instrumentation* (siehe Kapitel 5.7) und die *ISPSignup-Komponente* (siehe IIS Resource Kit), unterstützen die Impersonifizierung für die Operationen auf diesen Komponenten. Diese Impersonifizierung gilt dann aber nur für alle Methodenaufrufe in diesen Komponenten. Alle anderen Operationen laufen weiterhin unter dem Benutzerkontext, unter dem das Skript gestartet wurde.

Sicherungen vor Einblicken in den Quellcode

Die optionale Impersonifizierung in den Komponenten (z.B. ADSI und WMI) erfordert, dass Benutzername und Kennwort im Quelltext des Skripts stehen.

Ein Kennwort im Klartext irgendwo abzulegen, ist grundsätzlich ein Sicherheitsrisiko – nicht nur für Administrator-Konten. Sofern das Skript nicht unbeaufsichtigt laufen muss, sollten Sie daher während der Skriptausführung nach dem Kennwort fragen (z.B. mit `InputBox()` – siehe Kapitel 3 – oder der *Scripting Password-Komponente* – siehe Kapitel 5.3).

Kennwortsicherung

Ungeeignet ist die Kennworteingabe natürlich dann, wenn das Skript entweder unbeaufsichtigt laufen soll oder aber im Kontext eines normalen Benutzers gestartet werden soll, dann aber eine Impersonifizierung als Administrator notwendig wird. Dann ist es natürlich keine Alternative, den Benutzer das Kennwort des Administrators eingeben zu lassen.

Leider kann man auch bei WSH-Dateien nicht zwischen den Rechten »Ausführung« und »Lesen« unterscheiden. Das Starten einer WSH-Datei erfordert immer Leserechte auf eine Datei und damit ist auch immer die Einsicht in den Quellcode möglich. Eine Möglichkeit – zumindest gegen weniger erfahrene Benutzer – ist dann nur das Script Encoding (vgl. Kapitel 6). Dabei wird der gesamte Quellcode einer Datei unkenntlich gemacht. Leider ist das Verfahren mit im Internet kursierenden Tools reversibel.

Script Encoding

Eine wirklich wirksame Sicherung vor dem Betrachten des Quellcodes bietet der WSH überhaupt nicht. Eine grundsätzliche Alternative sind ASP-Skripte: Sie laufen auf einem Webserver und der Benutzer kann den Quellcode nicht betrachten, sofern er keinen Zugriff auf das Dateisystem des Webservers hat. In der Vergangenheit gab es zwar einige Bugs im IIS, die die Anzeige des Quellcodes ermöglicht haben, doch diese Lücken sollten nach der Sicherheitsinitiative von Microsoft inzwischen gestopft sein.

ASP

4.2 DHTML-Scripting im Internet Explorer

Der Internet Explorer war der erste ActiveX Scripting Host. Seit Version 3.0 unterstützt er nicht nur JavaScript bzw. JScript, sondern auch alle ActiveX Scripting Engines. Das Scripting im Internet Explorer dient der Dynamisierung von Webseiten auf dem Client. Im Gegensatz dazu dynamisiert das im nächsten Kapitel dargestellte ASP auf dem Server.

4.2.1 Grundlagen des Browser-Scriptings

Im Internet ist die Verwendung von Skriptsprachen zur Erstellung dynamischer Webanwendungen inzwischen sowohl auf dem Client als auch auf dem Server populär. Grundsätzliche Motivation ist dabei, den Vorteil der Client-/Server-Architektur des Webs zu nutzen, indem Verarbeitungsprozesse sinnvoll zwischen Client und Server aufgeteilt werden. Es soll eben nicht die ganze Verarbeitung auf dem Server stattfinden, und der Browser soll nicht nur eine verbesserte Variante des »dummen« Green-Screens aus dem Host-Zeitalter sein – allein mit dem Unterschied, dass er jetzt Farbe darstellen kann und mit der Maus bedient wird. Wenn die Dynamik auf den Server beschränkt ist, bedeutet jede – wenn auch noch so kleine – Veränderung des Bildschirminhalts einen kostspieligen Roundtrip zum Server. Anwendungsfälle für clientseitige Webdynamik sind insbesondere:

Dynamische Webseiten

Scripting Hosts

Einsatzgebiete für Browser-Scripting
- Prüfung von Eingaben des Benutzers, bevor diese zum Server gesendet werden
- Erstellen von Navigationselementen, die Seitenbeschreibungssprachen wie HTML nicht bereitstellen (z. B. TreeViews)
- Animationen im weitesten Sinne. Damit sind Veränderungen des Bildschirminhalts gemeint, die vor allem aus ästhetischen Gesichtspunkten integriert werden sollen.
- Inzwischen sind die Möglichkeiten innerhalb des Webbrowsers so groß, dass auch komplette (Business-)Anwendungen im Browser laufen können, die auch stand-alone ohne Webserver arbeiten können.

Kriterien
Wichtigste Voraussetzung für alle clientseitigen dynamischen Techniken ist die Plattformunabhängigkeit – zumindest dann, wenn sich das Angebot an alle Internetnutzer richtet und nicht nur an den vergleichsweise eng umgrenzten Nutzerkreis eines Intranets, dem man Betriebssystem und Browsertyp von zentraler Stelle diktieren kann. An zweiter Stelle kommt die Sicherheit: Durch eine clientseitige Technik sollen weder die Integrität noch die Vertraulichkeit der Daten und Anwendungen eines Nutzers beeinträchtigt werden.

Java versus Scripting
Dabei ist der bekannteste Ansatz für clientseitige Webdynamik die Programmiersprache Java mit ihrem plattformunabhängigen Bytecode, die in Form von Java-Applets im Browser zum Einsatz kommt. Es gibt aber Gründe, warum Java in vielen Fällen nicht die erste Wahl ist. Java-Applets sind zu schwergewichtig. Viele Anwendungsfälle lassen sich mit einem Zwei- oder Dreizeiler erschlagen. Der Aufwand, dafür ein Java-Applet zu programmieren, ist vergleichsweise groß. Skriptcode lässt sich im Quelltext in eine HTML-Seite einbetten und ist damit für das Rapid Application Development (RAD) wesentlich besser geeignet. Außerdem ist die Java Virtual Machine, die zur Ausführung des Bytecodes benutzt wird, ein Speicherplatzfresser im Vergleich zu den Skriptinterpretern.

VBS im Webclient
VBS ist für die clientseitige Webprogrammierung nicht die erste Wahl, denn es erfüllt die Grundvoraussetzung der Plattformunabhängigkeit nicht. Lediglich der Internet Explorer – außer in der Macintosh-Version – unterstützt VBS standardmäßig. Die Netscape-Browser sind erst mit der Zusatzinstallation eines Plug-Ins der Firma ncompasslabs [NCL00] dazu zu bewegen, VBS zu akzeptieren. Im Rahmen eines Intranets, in dem alle relevanten Benutzer mit dem Microsoft-Browser arbeiten, ist VBS eine gute Wahl, denn Sie können wieder viele Routinen mit »Cut&Paste« aus VB und den Skripten anderer Scripting Hosts übernehmen.

Netscape Navigator
Der Netscape Navigator ist kein ActiveX Scripting Host, auch wenn er das clientseitige Scripting mit JavaScript unterstützt. Der Netscape Navigator kann keine COM-Komponenten ansprechen. Thema ist hier also nur der Internet Explorer, denn es soll eben aufgezeigt werden, wie man hilfreiche COM-Komponenten aus dem Browser heraus anspricht.

Integration des Internet Explorers

Outlook, InterDev und Frontpage
Der Internet Explorer kann in andere Anwendungen integriert werden. Beispiele dafür sind die Entwicklungsumgebungen Frontpage und Visual InterDev sowie Outlook Express 5.0 und Outlook 2000, die eine Darstellung von HTML-E-Mails ermöglichen. Mit Hilfe des *Microsoft Internet Controls* können Sie die Browser-Funktionalitäten in eigenen Anwendun-

gen bereitstellen. In all diesen auf dem Internet Explorer basierenden Umgebungen ist auch die Ausführung von in HTML-Seiten eingebetteten Skripten möglich.

Browser-Technologien

Browser-Scripting ist ein Teil der Technologie, die von einigen Herstellern – so auch von Microsoft – unter dem Begriff *Dynamic HTML (DHTML)* zusammengefasst wird. DHTML umfasst: **DHTML, CSS, DOM**

- die Seitenbeschreibungssprache HTML
- die Formatierungssprache Cascading Style Sheets (CSS)
- das Document Object Model (DOM)

DOM ist ein vom World Wide Web Consortium (W3C) [DOM00] standardisiertes Objektmodell für den Zugriff auf Dokumente vom Skriptcode aus. Auch HTML und CSS sind vom W3C standardisiert.

Natürlich gibt es – wie sollte es auch anders sein – ein *Microsoft DHTML*, eine Erweiterung der standardisierten Form. Zu Microsoft DHTML gehören auch noch die Techniken Data Binding (nicht Bestandteil dieses Buches) und DHTML-Scriptlets (kurze Erläuterung in Kapitel 2).

4.2.2 Einbindung von Skriptcode

Skriptcode kann in eine HTML-Seite auf drei verschiedene Weisen eingebunden werden:

1. In einem speziellen Skriptblock innerhalb der Seite: **Skriptblock**

   ```
   <script language="VBScript">
   ...
   </script>
   ```

2. In Form einer externen Datei, die von dem Browser zur Ladezeit mitgeladen und verknüpft wird: **Externe Skriptdateien**

   ```
   <script language="VBScript" src="Datei.vbs"></script>
   ```

3. In Form einer in ein Tag eingebundenen Ereignisbehandlungsroutine: **Inline in HTML**

   ```
   <INPUT type="button" language="vbscript" onclick="msgbox 'Hello World'" value="Drück mich! Variante (1)">
   ```

In den Fällen 1 und 2 wird ein Skript durch das Tag <SCRIPT> von dem üblichen Quelltext abgegrenzt. Das <SCRIPT>-Tag hat hier in DHTML seinen Ursprung. Microsoft hat sich dieses Tag später auch im Rahmen anderer Scripting Hosts zu Eigen gemacht.

> Achtung: Im Gegensatz zu allen anderen ActiveX Scripting Hosts ist VBS im Internet Explorer nicht die Standardsprache, sondern JScript. Sie müssen es also explizit definieren, wenn Sie VBS nutzen wollen.

Die Beispiele sind zunächst allesamt reine clientseitige Beispiele. Da keine Verknüpfung client- und serverseitiger Programmlogik stattfindet, brauchen Sie keinen Webserver, um die

Beispiele zu testen. Erstellen Sie einfach eine Textdatei mit der Extension .HTM (oder .HTML) in Ihrem Dateisystem und laden Sie diese in den Webbrowser. Um eine HTML-Datei im Internet Explorer anzuzeigen, haben Sie folgende Möglichkeiten:

- Drag&Drop der Datei in das Internet Explorer-Fenster
- Doppelklick auf die Datei (sofern der Internet Explorer Ihr Standardbrowser ist)
- Eingabe des Pfads zu der Datei in der URL-Zeile
- Auswahl der Datei im DATEI/ÖFFNEN-Dialog

4.2.3 Hello World im Browser

Erstes Beispiel Wie üblich soll das erste Beispiel nicht mehr leisten, als die allseits bekannte Dialogbox mit dem Gruß an die Welt auszugeben. Der komplette Quellcode der Webseite liegt innerhalb eines <HTML>-Tags. Darin eingebettet ist ein <SCRIPT>-Tag mit einer einsamen Befehlszeile. Die Position des Skriptblocks ist in diesem Fall entscheidend für die Reihenfolge der Ausgabe. Der Browser gibt zunächst »Diese Seite sagt Ihnen Hallo...« aus, danach erscheint die Dialogbox, und am Ende wird »Fertig.« an die obige Ausgabe angehängt.

```
<HTML>
Diese Seite sagt Ihnen HALLO...
<SCRIPT language=Vbscript>
Msgbox "Hello World!"
</SCRIPT>
Fertig.
</HTML>
```

Listing 4.24: DTHML-Seite für Hello World

Mischung von HTML und Skript Es kann beliebig viele Skriptblöcke in einem Dokument geben. Sofern diese Skriptblöcke nicht wie weiter unten beschrieben an ein Ereignis gebunden sind, werden sie sequenziell ausgeführt. HTML-Ausgaben zwischen den Skriptblöcken werden ebenso sequenziell dargestellt. In Skriptblöcken enthaltene Unterroutinen werden natürlich nicht sequenziell ausgeführt, sondern nur dann, wenn sie aufgerufen werden.

```
<HTML>
Erste Ausgabe...<p>
<SCRIPT language=Vbscript>
Msgbox "Erste Dialogbox."
</SCRIPT>
Zweite Ausgabe...<p>
<SCRIPT language=Vbscript>
Msgbox "Zweite Dialogbox."
</SCRIPT>
Dritte Ausgabe...<p>
<SCRIPT language=Vbscript>
Msgbox "Dritte Dialogbox."
</SCRIPT>
</HTML>
```

Listing 4.25: Skript- und HTML-Blöcke können sich abwechseln.

> Dieses Buch kann keinen Kurs in Hypertext Markup Language (HTML) enthalten. Wenn Sie nicht mit HTML vertraut sind, mögen Ihnen die folgenden Hinweise helfen:
>
> ▶ Die »Befehle« in HTML heißen *Tags*.
>
> ▶ Ein Tag ist immer durch < und > von dem Inhalt abgegrenzt.
>
> ▶ Der Befehlsteil des Tags ist nicht case-sensitive. Aus Gründen der Übersichtlichkeit schreibt man den Tagnamen aber oft nur in Großbuchstaben.
>
> ▶ Ein Zeilenumbruch im Quelltext ist kein Zeilenumbruch in der Ausgabe. Um einen Umbruch zu erzeugen, setzen Sie die Tags
 (einfacher Zeilenumbruch) oder <P> (Absatz).

HTML-Syntax

4.2.4 Sicherheitseinstellungen

Ein Skript im Internet Explorer läuft stets unter der Identität des angemeldeten Benutzers. Allerdings kann ein Skript nicht automatisch alle Aktionen ausführen, die der Benutzer auszuführen vermag. Es gibt detaillierte Sicherheitseinstellungen für die Zugriffsrechte des Skripts wie in keinem anderen Scripting Host. Besondere Bedeutung beim Browser Scripting kommt dem Schutz des Browsernutzers vor der Gefährdung der Geheimhaltung und Integrität seiner Daten zu. Da jede (aus dem Internet geladene) HTML-Seite Skript enthalten kann, besteht prinzipiell die Gefahr, bösartigen Programmcode durch den Aufruf einer Internetseite zu starten. Dies gilt auch für den Aufruf von E-Mails in E-Mail-Programmen wie Outlook 2000 und Outlook Express 5.0, die in HTML formatierte E-Mails mit Hilfe der gleichen Komponenten wie der Internet Explorer darstellen. Auch in HTML-formatierten E-Mails enthaltener Skriptcode wird ausgeführt. Dass Skript- und Makrosprachen sich zur Erstellung gefährlicher Viren und E-Mail-Würmer eignen, haben die Viren *Melissa* und *Love-Letter* gezeigt (vgl. [SCH00c]).

Gefährdung durch Viren und Würmer

Zum Schutz vor derartigem Missbrauch bieten Skriptsprachen wie VBScript und JScript bewusst keinerlei Funktionen zum Zugriff auf Systeminformationen, Dateisystem und Netzwerkfunktionen. Solche Funktionalitäten können nur durch COM-Komponenten bereitgestellt werden, die einem besonderen Schutz unterliegen.

Die Sicherheitseinstellungen des Internet Explorers, die auch für alle Programme gelten, die Funktionen des Internet Explorers nutzen, können über EXTRAS/INTERNETOPTIONEN/ SICHERHEIT innerhalb des Browsers oder über SYSTEMSTEUERUNG/INTERNETOPTIONEN/ SICHERHEIT aus dem Windows-Startmenü heraus erreicht werden.

Internetoptionen/ Sicherheit

Sicherheitszonen

Es gibt verschiedene vordefinierte Zonen und Sicherheitsstufen. Der Internet Explorer achtet darauf, woher ein Skript geladen wird. Dabei werden fünf Zonen unterschieden:

Zonen

▶ Arbeitsplatz (Zone 0)

▶ lokales Intranet (Zone 1)

▶ vertrauenswürdige Sites (Zone 2)

Scripting Hosts

- Internet (Zone 3)
- eingeschränkte Sites (Zone 4)

Diese Zonen finden Sie im IE5 unter EXTRAS/INTERNETOPTIONEN/SICHERHEIT und in der Registry unter HKEY_LOCAL_MACHINE\SOFTWARE\MICROSOFT\WINDOWS\CURRENT VERSION\INTERNET SETTINGS\ ZONES.

Die Zone 0, Arbeitsplatz, wird normalerweise nicht in den Internet Explorer-Sicherheitsoptionen angezeigt. Um diese Zone anzuzeigen, muss der Schlüssel HKEY_CURRENT_USER\SOFTWARE\MICROSOFT\WINDOWS\CURRENTVERSION\INTERNET SETTINGS\ZONES\0\FLAGS auf 1 gesetzt werden. Für alle Benutzer ändert das auf der CD enthaltene WSH-Skript ANZEIGE_DER_ZONE0.VBS diese Einstellung.

Zonen in den E-Mail-Programmen

In Outlook 2000 und Outlook Express kann jeweils unter den Sicherheitsoptionen festgelegt werden, ob für eingehende HTML-E-Mails die Zone »*Internet*« oder »*eingeschränkte Sites*« gelten soll (siehe [SCH00c]).

Sicherheitsstufen

Sicherheitsstufen

In den Internetsicherheitsoptionen werden zu jeder Zone vier vordefinierte Sicherheitsstufen angeboten: hoch, mittel, niedrig und sehr niedrig. Es gibt eine Vielzahl von Einzeleinstellungen, wobei jede der vier vordefinierten einer bestimmten Kombination der Einzeleinstellungen entspricht. Sie gelangen zu den Einzeleinstellungen über den Button STUFE ANPASSEN. In den meisten Sicherheitseinzeleinstellungen gibt es die Punkte AKTIVIEREN, DEAKTIVIEREN und EINGABEAUFFORDERUNG (siehe Abbildung 4.6).

Abbildung 4.22: Sicherheitseinzeloptionen im Internet Explorer 5.0

Aktivierung des Active Scripting

Scripting ist im Standard erlaubt

Im Standard ist für alle Zonen und alle Sicherheitsstufen das Scripting aktiviert. Sie können dies jedoch über die Anpassung der Sicherheitsstufen über den Punkt SCRIPTING/ACTIVE SCRIPTING deaktivieren bzw. eine Einzelbestätigung des Benutzers verlangen.

Sicherheitseinstellungen für COM-Komponenten

Ob bei aktiviertem Scripting aus einem Skript heraus eine konkrete COM-Klasse instanziiert werden kann, hängt von drei Faktoren ab:

Sicherheit

- Speicherort des Skripts (es gelten die oben genannten Zonen)
- Komponentenkategoriezugehörigkeit der Klasse
- Einstellungen für die Sicherheitszone entsprechend dem Speicherort des Skripts

> Im Internet Explorer ist stets von *ActiveX-Steuerelementen* die Rede. Dies ist jedoch der falsche Begriff: Die Einstellungen betreffen alle automatisierungsfähigen COM-Komponenten, nicht nur Steuerelemente mit GUI.

MINFU

Komponentenkategorie

Der Internet Explorer unterscheidet zwei Arten von COM-Klassen:

Sichere Komponenten

- COM-Klassen, die für Scripting sicher sind
- COM-Klassen, die nicht sicher sind

> Sicher bedeutet dabei nicht nur, dass die Klasse an sich kein Schädling ist, sondern auch, dass die Klasse nicht dazu missbraucht werden kann, Schaden anzurichten. Ein Beispiel für eine sichere Komponente ist die Klasse Scripting.Dictionary, die der temporären Speicherung von Informationen dient. Die Klasse Scripting.FileSystemObject, die den Zugriff auf das Dateisystem eröffnet, wird dagegen als *nicht sicher* registriert.

Was ist sicher?

Der Internet Explorer ist selbst nicht in der Lage zu entscheiden, ob eine COM-Klasse sicher ist oder nicht. Die Einstufung ist abhängig von der Zuordnung zu der Komponentenkategorie »*Controls safely scriptable*« {7DD95801-9882-11CF-9FA9-00AA006C42C4}. Diese Zuordnung kann eine Klasse natürlich bei ihrer Registrierung selbst vornehmen.

Zuordnung über die Komponentenkategorie

Ein Administrator kann jederzeit in der Registry einstellen, ob eine COM-Klasse als sicher gelten soll oder nicht. Beispielsweise macht die folgende Registrierungsdatei die erwähnte Klasse Scripting.FileSystemObject sicher. Bitte beachten Sie, dass die angegebene CLSID versionsabhängig ist. Prüfen Sie also vorher, welche CLSID die bei Ihnen installierte Version der *Scripting Runtime Library* ist (siehe Kapitel 5.2).

```
REGEDIT4
[HKEY_CLASSES_ROOT\CLSID\{0D43FE01-F093-11CF-8940-
00A0C9054228}\Implemented Categories\{7DD95801-9882-11CF-9FA9-00AA006C42C4}]
@=""
```

Listing 4.26: *Aufnahme der Klasse* Scripting.FileSystemObject *in die Menge der als sicher geltenden COM-Klassen*

> Achtung: Wenn Sie diese Änderung vornehmen, könnten aus einer HTML-Seite oder HTML-E-Mail heraus Dateien auf Rechnern gelesen oder verändert werden. Diese Änderung sollte einhergehen mit der Deaktivierung von Scripting für alle Zonen außerhalb des Arbeitsplatzes.

Sicherheitseinzeleinstellungen für COM-Komponenten

Internet-Optionen Im Browser sind die Sicherheitseinstellungen je Komponentenkategorie und Zone konfigurierbar (siehe Abbildung 4.6). Dabei ist einstellbar, ob COM-Objekte

- generell instanziiert werden dürfen
- generell nicht instanziiert werden dürfen
- nur nach Rückbestätigung durch den Benutzer instanziiert werden dürfen

Ist die Instanziierung generell verboten oder wurde sie vom Benutzer abgelehnt, dann führt jeder Aufruf von CreateObject() zu dem Fehler »ActiveX-Komponente kann kein Objekt erstellen.«. Leider ist dies die gleiche Fehlermeldung, die auch erscheint, wenn der Klassenname nicht stimmt oder die Registrierung der Komponente fehlerhaft ist.

Standardeinstellungen

Standardeinstellungen Im Auslieferungszustand sind in allen Stufen nur die sicheren Steuerelemente aktiviert. Außer in der Stufe »sehr niedrig« sind die nicht-sicheren Steuerelemente (»ACTIVEX-STEUERELEMENTE INITIALISIEREN UND AUSFÜHREN, DIE NICHT SICHER SIND«) deaktiviert. Die Deaktivierung der nicht-sicheren Steuerelemente gilt aber auch für Zone 0, ARBEITSPLATZ. Auch Sie als Administrator oder Programmierer können also von Ihrer lokalen Festplatte keine Automatisierungslösungen auf Basis von DHTML-Skripten nutzen, da diese in der Regel nicht-sichere Steuerelemente verwenden. Um dies für alle Komponenten für die lokale Ausführung zu aktivieren, benötigen Sie nachfolgende Registry-Einstellungen.

```
[HKEY_CURRENT_USER\Software\Microsoft\Windows\CurrentVersion\Internet
Settings\Zones\0]
@=""
"1201"=dword:00000000
"1405"=dword:00000000
```

Listing 4.27: Aktivierung aller COM-Komponenten in der Zone Arbeitsplatz [CD: /install/hosts/ie/zone0_alle_Komponenten_aktivieren.reg]

Die generelle Aktivierbarkeit der Klasse Scripting.FileSystemObject durch die Änderung der Komponentenkategoriezugehörigkeit oder der Sicherheitszoneneinstellungen für alle Browser-Benutzer in Ihrem Netzwerk zuzulassen ist kritisch. Denn während viele Benutzer bereits das Bewusstsein haben, dass eine lokal gestartete EXE-Datei prinzipiell auf alles zugreifen kann, vermuten die Benutzer beim Start einer HTML-Datei keine Gefahr. Mit der Beibehaltung dieser Beschränkung verbauen Sie sich aber auch nicht ganz die Möglichkeit, Automatisierungslösungen auf Basis von HTML-Skripten an Ihre Benutzer auszuliefern. Die in Kapitel 4.3.8 vorgestellten HTML-Applications (HTA) unterliegen nicht den Sicherheitseinstellungen des Browsers.

4.2.5 DOM-Ereignisbehandlung

DOM-Ereignisse Jedes Element eines Dokuments löst eine Vielzahl von Ereignissen im Document Object Model (z.B. bei Mausklick, Mausbewegung, Änderungen) aus, die mit einer Ereignisbehandlungsroutine belegt werden können. Es gibt verschiedene Möglichkeiten zur Definition einer DOM-Ereignisbehandlungsroutine:

▶ **Inline-Ereignisbehandlung**: Das Element kann mit einem Attribut versehen werden, das den Namen des Ereignisses trägt. Der diesem Attribut zugewiesene Wert wird aus Programmcode ausgeführt, wenn das Ereignis eintritt. Wenn mehr als ein Befehl ausgeführt werden soll, steht hier üblicherweise der Name einer in einem Skriptblock implementierten Unterroutine. Es ist aber in VBS auch möglich, jeweils durch Doppelpunkte getrennt weitere Befehle anzugeben:
`<ELEMENTNAME EREIGNISNAME="BEFEHL">`

Ereignisbehandlungsroutine

▶ **Externe Ereignisbehandlung**: Wenn dem Element ein eindeutiger Name über das Attribut ID zugewiesen wurde, dann gibt es zwei weitere Möglichkeiten zur Bindung einer Ereignisbehandlungsroutine an ein Ereignis:

▶ Über eine Unterroutine im Stil einer Ereignisbehandlungsroutine:
`Sub ID_EREIGNISNAME`

Dabei entspricht `id` der ID des Elements.

▶ Über einen Skriptblock mit den zusätzlichen Attributen `for` und `event`:
`<SCRIPT for="ID" event="EREIGNISNAME" language="SPRACHNAME">`

Dabei folgen nach `for=` die ID des Elements und nach `event=` der Ereignisname.

Beispiele für die Ereignisbehandlung

In dem nachfolgenden Listing werden alle vier Varianten gezeigt. Das Ergebnis ist für den Anwender immer das Gleiche: Er erhält nach dem Klicken eine Dialogbox. Bei den Inline-Ereignishandlern ist es grundsätzlich notwendig, die Skriptsprache anzugeben, sofern nicht die Standardsprache JScript verwendet wird. Dass Variante 2 auch ohne diese Angabe funktioniert, ist darauf zurückzuführen, dass der Befehl zum Aufruf einer Unterroutine in VBS und JScript gleich ist. Alternativ können Sie auch einen leeren Skriptblock der Form

Beispiele

```
<SCRIPT Language = "VBScript"> </SCRIPT>
```

an den Anfang des Dokuments setzen: Damit stellen Sie die Standardsprache auf VBS um.

```
<HTML>Inline... (kompletter Befehl)
<INPUT type="button" language="vbscript" onclick="msgbox 'Hello World -
 Variante 1'"
value="Drück mich! Variante (1)">
<p>Inline... (Funktionsaufruf)
<INPUT type="button" onclick="sageHallo1()" value="Drück mich! Variante (2)" id=
button1 name=button1>
<p>Extern... (über Prozedurnamen)
<INPUT type="button" id=link2
value="Drück mich! Variante (3)">
<p>Extern... (über <Script>-Tag)
<INPUT type="button" id=link3
value="Drück mich! Variante (4)"><p>
<SCRIPT Language = "VBScript">
SUB sageHallo1
msgbox "Hello World - Variante 2"
END SUB
SUB Link2_OnClick
```

```
msgbox "Hello World - Variante 3"
END SUB   </SCRIPT>
<SCRIPT for=link3 event=onclick language=vbscript>
msgbox "Hello World - Variante 4"
</SCRIPT></HTML>
```

Listing 4.28: Verschiedene Möglichkeiten für die Ereignisbehandlung in DHTML

Die obige Bemerkung zu Variante 2 hat Ihnen schon gezeigt: Es ist auch im Internet Explorer möglich, verschiedene Skriptsprachen zu mischen.

```
<HTML> <SCRIPT language="JavaScript">
// ----- Unterroutine in JScript
function jadd(a,b)
{ return(a+b) }
</script>
<script language="VBScript">
' ------ Hauptprogramm in VBScript
' JScript zur Addition nutzen
x = 5
y = 6
Ergebnis = jadd(x,y)
msgbox x & " + " & y & " = " & ergebnis
</SCRIPT> </HTML>
```

Listing 4.29: Mischung verschiedener Skriptsprachen in einer HTML-Seite

Allerdings existiert eine Begrenzung hinsichtlich der Ebenentiefe bei Rekursionen, wenn sich dabei Funktionen aus zwei verschiedenen Sprachen gegenseitig aufrufen. Es sind dann maximal vierzehn Wechsel der Sprache innerhalb einer Rekursion erlaubt.

```
<HTML><SCRIPT language=JScript>
function f1 (x)
{ If (x > 1) f2 (x-1); }
</SCRIPT>
<SCRIPT language=VBScript>
function f2 (y)
If (y > 1) Then f1 y-1
end function
</SCRIPT>
<SCRIPT language=VBScript>
Msgbox "14 Rekursionen..."
f1(14) ' ist OK
Msgbox "15 Rekursionen..."
f1(15) ' Stack overflow!!
</SCRIPT></HTML>
```

Listing 4.30: Veranschaulichung des Rekursionsproblems

4.2.6 Intrinsic Objects

In den bisherigen Beispielen leben HTML und Skript zwar im selben Haus, bemalen aber verschiedene Wände: Die Ausgaben von HTML landen im Browserfenster, das Skript muss sich mit schlichten Dialogboxen begnügen. Dabei haben Skripte im Internet Explorer zwei mächtige Objektmodelle über Intrinsic Objects im Zugriff:

Eingebaute Objekte

- das *Webbrowser-Objektmodell* für den Zugriff auf den Browser
- das *Document Object Model (DOM)* für den Zugriff auf den dargestellten Inhalt (»das Dokument«)

4.2.6.1 Zugriff auf das Webbrowser-Objektmodell

Das Intrinsic Object für den Zugriff auf das Webbrowser-Objektmodell heißt `Window`. Das Objekt `Window` ermöglicht u. a. den Zugriff auf:

Window-Objekt

- das DOM des gerade gezeigten Dokuments (Unterobjekt `document`)
- den URL, der zum aktuellen Dokument führte (Unterobjekt `location`); über dieses Unterobjekt kann die aktuell gezeigte Seite auch verändert werden (`location.assign(URL)`)
- die Eigenschaften der Bildschirmdarstellung (`height`, `width`, `colordepth` etc.)
- die Navigations-Historie (`Back`, `Forward`, etc.)
- Version und Features des Browsers über die Unterobjekte `Navigator` und `clientInformation`
- Befehle des Browsers (`Open`, `Print`, `Close`, etc.)
- die Zwischenablage (Unterobjekt `clipboarddata`)
- einfache Dialogboxen (`Alert` für eine MessageBox, `Confirm` für eine Inputbox)
- Ereignisse des Browsers (z. B. `onBeforePrint()`, `onAfterPrint()`, `onLoad()`, `onError()`, `onResize()`, etc.)

> `window.close()` warnt vor der Ausführung: »Die angezeigte Webseite versucht, das Fenster zu schließen. Soll das Fenster geschlossen werden?«.

Mehr über dieses Objektmodell erfahren Sie im COM-Komponenten-Handbuch [SCH01c].

4.2.6.2 Zugriff auf das Document Object Model (DOM)

Den Zugriff auf das DOM ermöglicht das Intrinsic Object `document`. `document` ist gleichzeitig über `window.document` erreichbar, so dass folgende Bedingung immer erfüllt ist:

document-Objekt

```
If document is window.document Then msgbox "immer wahr!"
```

Wenngleich eng mit dem Explorer verbunden, so ist das DOM dennoch auch von anderen Anwendungen aus verwendbar. Aus Platzgründen kann das DOM in diesem Buch nicht ausführlicher beschrieben werden. Das DOM wird genauer im COM-Komponenten-Handbuch [SCH01c] besprochen.

Nachfolgender Abschnitt stellt nur kurz die wichtigsten Ausgabemethoden des DOM vor.

Ausgaben direkt ins Dokument

document. write() und WriteLn() Der Internet Explorer ist ein Werkzeug zur Darstellung von Dokumenten, die auch dynamisch erzeugt werden können. In der Regel wollen Sie Ihre Ausgaben nicht per Dialogbox erzeugen, sondern direkt in das Dokumentenfenster schreiben.

Das document-Objekt bietet zur Ausgabe die Methoden Write() und WriteLn() an. Damit wird eine Ausgabe an der gerade aktuellen Stelle im Dokument erzeugt. Im Gegensatz zu Write() erzeugt WriteLn() auch einen Zeilenumbruch, allerdings im Quellcode. Es wird kein
- oder <p>-Tag erzeugt!

say() und saynb() Sie sollten neben einer Methode say() auch ein saynb() definieren, das keinen Zeilenumbruch in der Ausgabe erzeugt. Die Standardroutine say() sollte einen Zeilenumbruch setzen, um die Routine semantisch äquivalent zu Scripting Hosts zu halten, die automatisch einen Zeilenumbruch nach jedem Ausgabebefehl erzeugen. Das nb in saynb() steht für »no break«.

```
' ### Ausgabe ohne Zeilenumbruch
Sub saynb(s)
document.write s
End Sub
' ### Ausgabe mit Zeilenumbruch
Sub say(s)
document.write s & "<br>"
End Sub
```

Listing 4.31: Ausgabefunktionen für IE via DOM

WS_ieLIB Diese beiden Routinen sind in der Funktionsbibliothek WS_ieLIB enthalten [CD:/code/hosts/ie/WS_ieLIB.vbs].

Beispiel Das folgende Skript testet die Ausgaben mit say() und saynb(). Es zeigt auch, dass eine Ausgabe an einer gezielten Position erzeugt werden kann. Jedes HTML-Element, das ein ID-Attribut besitzt, ist aus der Sicht von DHTML ein Objekt. Es kann entweder über den bei id vergebenen Namen direkt verwendet werden oder aber über die document.all-Collection, wobei hier der Name als String übergeben wird. Das Attribut innerhtml ändert den ganzen Inhalt des Tags. Mit der Methode insertAdjacentHTML() wird an einer zu definierenden Stelle (hier: »beforeEnd«) Text an ein Tag angefügt. Auch können einzelne Attribute von benannten Elementen (hier das src-Attribut der <img>-Tags mit den Namen Foto und Logo) geändert werden, um die Anzeige zu beeinflussen.

```
<HTML><SCRIPT language=Vbscript src=ws_ielib.vbs></SCRIPT>
<font face=arial>
<!--- KOPFBEREICH --->
<img id=Foto align=right>
<DIV id="Ueberschrift"></DIV>
<!--- INHALT --->
```

DHTML-Scripting im Internet Explorer

```
        <p><ul>
        <SCRIPT language=Vbscript>
        ' --- Ausgabe an aktueller Position
        say "<li>Berater, Entwickler, Journalist, Dozent"
        saynb "<li>"
        saynb "Themenschwerpunkte: "
        say "Windows, BackOffice, Scripting, COM, DOTNET, Visual Basic und Internet"
        saynb "<li>"
        say "Wissenschaftlicher Mitarbeiter an der Universität Essen"
        saynb "<li>"
        say "Dozent an der Verwaltungs- und Wirtschaftsakademie Essen"
        say "<li>Leiter der Softwareenwicklung bei der IT-Objects GmbH"

        if date > #5/1/
        2000# then  say "<li>Herausgeber 'Praxishandbuch Windows 2000' (Interest Verlag)
        "
        say "<li>Buchautor für Addison Wesley"
        say "<li>Buchautor für Microsoft Press"
        say "<li>Ständiger Mitarbeiter der Zeitschrift 'iX'"
        say "<li>Ständiger Mitarbeiter der Zeitschrift 'DotNetPro'"
        say "<li>Sprecher auf Fachkonferenzen (BASTA!, WI, XML-in-
        Action, Windows Forum)"
        say "<li>Mitglied im Fachbeirat des Windows Forum"
        ' --- Ausgabe an einer gezielten Position
        Ueberschrift.innerhtml = "<h2>Aktuelle Tätigkeiten von Holger Schwichtenberg</
        h2>"
        </SCRIPT>
        <!--- FUSSBEREICH --->
        </ul>
        <img id=logo border=0 align=right width=250>
        Stand: <SPAN id="Stand"></SPAN>Kontakt: <SPAN id="Kontakt"></SPAN>

        <SCRIPT language=Vbscript>
        ' --- Ausgabe an einer gezielten Position
        document.all("Kontakt").insertAdjacentHTML "beforeEnd","<a href='hs@IT-
        Visions.de'>hs@IT-Visions.de</a>"
        document.all("Stand").insertAdjacentHTML "beforeEnd",date
        for a = 1 to 5   ' Leerzeichen einfügen
            document.all("Stand").insertAdjacentHTML "beforeEnd"," "
        next
        ' --- Attribut setzen, um Foto anzuzeigen
        foto.src="hs.jpg"
        logo.src="itvlogo.jpg"
        logo.outerHTML = "<a href='http://www.IT-Visions.de'>" & logo.outerHTML & "</a>"
        </SCRIPT>
        </HTML>
```

Listing 4.32: Ausgaben ins Browserfenster mit Hilfe des Document Object Models
[CD: /code/hosts/ie/domausgabe.htm]

Scripting Hosts

Abbildung 4.23: Screenshot der Seite domausgabe.html

4.2.7 Zugriff auf externe COM-Komponenten

Die Methode CreateObject() steht generell auch beim Internet Explorer Scripting zur Verfügung. Allerdings unterliegt die Verfügbarkeit des Befehls den Sicherheitseinstellungen des Browsers.

Instanziierung mit CreateObject()

CreateObject() Die Klasse Scripting.FileSystemObject wird im nachfolgenden Beispiel dazu verwendet, eine Datei anzulegen, zu beschreiben und anschließend wieder zu löschen. Der Löschbefehl kann aber auch ein Verzeichnis betreffen, das es vorher schon gab, z. B. Ihr Datenverzeichnis!

```
<HTML>
<title>Diese Seite testet COM im IE</title>
COM-Objekt wird erzeugt...<p>
<SCRIPT language=Vbscript>
const dateiname = "d:\buch\spionage.txt"
set fso = CreateObject("Scripting.FileSystemObject")
set tx = fso.CreateTextFile(dateiname)
tx.writeLine "Hier speichere ich jetzt Daten über Sie..."
tx.close
document.write "Eine Datei wurde angelegt!<p>"
fso.DeleteFile dateiname
</SCRIPT>
Die Datei wurde wieder gelöscht!<p>
Ein böser Geselle hätte mehr machen können...!<p>
</HTML>
```

Listing 4.33: Instanziierung einer COM-Klasse im DHTML-Skript

> Bitte beachten Sie, dass diese Gefahr aber nur besteht, wenn ein Benutzer die Sicherheitseinstellung im Browser herabsetzt oder die Klasse `Scripting.FileSystemObject` in der Registry als sicher markiert ist.

Statische Objekte

Der Internet Explorer unterstützt ebenso wie der WSH statische Objekte. Es wird dasselbe Tag (`<OBJECT>`) verwendet. Allerdings gibt es nicht die Möglichkeit, eine ProgID anzugeben; die Klasse muss über eine CLSID spezifiziert werden.

`<OBJECT>`

Die folgende Codezeile zeigt die Einbindung der Klasse `Scripting.FileSystemObject`:

```
<OBJECT ID="fso" classid="clsid:0D43FE01-F093-11CF-8940-00A0C9054228"> </OBJECT>
```

Das `<OBJECT>`-Tag wird im Internet Explorer auch zur Einbindung visueller ActiveX-Steuerelemente verwendet. Daher besitzt es auch Attribute wie BORDER, VSPACE, HEIGHT und WIDTH, die aber hier nicht von Bedeutung sind. Ein `<OBJECT>`-Tag kann Unterelemente `<PARAM>` enthalten, mit denen Attribute des instanziierten Objekts nach der Instanziierung gesetzt werden, z.B.

```
<OBJECT ID="name" classid="clsid:xxxx-xxxx-xxxx-xxxx-xxxxxxxxxxxx">
<PARAM NAME="ParameterName" VALUE="Wert">
</OBJECT>
```

Bindung mit GetObject()

Es ist im Internet Explorer unterbunden, auf bestehende Instanzen mit `GetObject()` zuzugreifen. Diese Funktion ist aus Sicherheitsgründen unabhängig von der Sicherheitseinstellung nicht verfügbar. Mit Hilfe der Komponente *ADsFactory* (vgl. Kapitel »Komponenten/ADSI«) haben Sie die Möglichkeit, dies zu umgehen.

GetObject()

Bei der Ausführung eines DHTML-Skripts innerhalb der Entwicklungsumgebung Visual InterDev funktioniert die Funktion `GetObject()` jedoch. Sie sollten Ihre Skripte also immer mit einem richtigen Browser testen.

InterDev

Ereignisbehandlung

Der Internet Explorer unterstützt die Behandlung von Ereignissen, die durch COM-Objekte ausgelöst wurden. Dies ist nicht zu verwechseln mit der Behandlung von Ereignissen aus dem Document Object Model. Voraussetzung für die Behandlung von COM-Ereignissen ist, dass die Instanz als statisches Objekt erzeugt wurde.

COM-Ereignisse

```
<object ID="objvar" CLASSID="CLSID:...> </object>
```

Für ein statisches Objekt können Ereignisbehandlungsroutinen der Form `objvar_ereignisname` definiert werden. Bei asynchronen Ereignissen, also Ereignissen, bei denen das Objekt die Kontrolle an den Aufrufer zurückgibt, bietet der Internet Explorer gegenüber dem Windows Script Host (WSH) den Vorteil, dass eine HTML-Seite im Internet Explorer fortwährend läuft und auf Ereignisse wartet. Es muss also nicht wie beim WSH das Skript künstlich am Leben erhalten werden.

4.2.8 HTML-Applications (HTA)

HTAs HTML-Applications (HTA) wurden mit dem Internet Explorer 5.0 eingeführt. HTAs sind HTML-Dateien, die zwar im Internet Explorer laufen, aber viele Features einer eigenständigen Anwendung besitzen. So können die Internet Explorer-Menüs, -Symbolleisten und sogar die -Fensterleiste ausgeblendet werden. Auch Icon und Linienstärke des Fensters sind veränderbar, so dass der Anwender die HTA-Anwendung für eine eigenständige Windows-Anwendung halten kann. In der Tat wird eine HTA auch in einem eigenständigen Prozess ausgeführt. Dafür sorgt MSHTA.EXE. Ein wichtiges Feature von HTAs ist, dass sie nicht wie HTML-Seiten den Sicherheitseinstellungen des Webbrowsers unterliegen. HTAs können auf alle COM-Objekte, auch auf die als nicht-sicher markierten, zugreifen. In HTAs können Sie alle Techniken verwenden, die Sie auch in einer HTML-Seite verwenden können (z.B. Skripte, Cascading Stylesheets, XML Data Island).

> HTML Applications sind eine gute Möglichkeit zur Umsetzung von Automatisierungslösungen, die eine reichhaltige grafische Benutzeroberfläche benötigen.

<HTA:APPLI CATION> Eine HTA hat die Dateiextension .HTA. Sie können jede HTML-Seite zu einer HTML Application machen, indem Sie die Dateiextension auf .HTA ändern. Das Erscheinungsbild des Fensters können Sie dann über das spezielle Tag <HTA:APPLICATION> beeinflussen.

```
<HTA:APPLICATION Caption="yes" BORDERSTYLE="normal"
BORDER="thin" SHOWINTASKBAR="no" windowstate="normal" sysmenu="no"
maximizebutton="no" minimizebutton="no">
```

Listing 4.34: Beispiel für ein <HTA:APPLICATION>-Tag

Das Beispiel eines Anmeldedialogs als HTA finden Sie auf der Buch-CD [CD:/code/hosts/ie/hta/anmeldedialog.hta].

Abbildung 4.24: Anmeldedialog als HTA

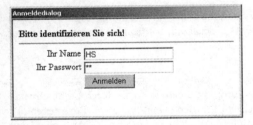

> Das <HTA:APPLICATION>-Tag bietet leider keine Möglichkeit, ein Fenster auf eine bestimmte Größe zu setzen. Dies können Sie nur über ein Skript erledigen, das automatisch beim Laden der HTA startet. Das Skript funktioniert natürlich auch mit normalen HTML-Seiten.

```
<SCRIPT Language = "VBScript">
Const gcLngAppWidth = 400
Const gcLngAppHeight = 200
Const gcLngAppTop = 100
```

```
Const gcLngAppLeft = 100
Sub window_onload
      Dim lngPosX, lngPosY
      ' -- Center on screen:
      lngPosX = screen.availWidth/2 - gcLngAppWidth/2
      lngPosY = screen.availHeight/2 - gcLngAppHeight/2
      window.moveTo lngPosX, lngPosY
      '-- Resize:
      window.resizeTo gcLngAppWidth, gcLngAppHeight
End Sub
</script>
```

Listing 4.35: *Fixierung der Fenstergröße und Platzierung in der Mitte des Bildschirms [CD: /code/hosts/ie/ hta/anmeldedialog.hta]*

4.3 Active Server Pages (ASP)

Active Server Pages – kurz ASP – ist die Bezeichnung für den Scripting Host innerhalb des Webservers im Microsoft Internet Information Server (IIS). ASP ist ein Verfahren zur Erzeugung serverseitiger dynamischer Webanwendungen (z.B. datenbankbasierte Produktkataloge und Webshops, aber auch administrative Webschnittstellen). **Entwicklung von Webserveranwendungen**

Eine ausführlichere Darstellung von ASP finden Sie in [KRA98]. Auf dem Weg zum ASP-Profi führt kein Weg vorbei an [HOM99].

4.3.1 Grundlagen dynamischer Webserveranwendungen

Der überwiegende Teil der Anwendungen im Web ist serverbasiert; das bedeutet, dass der Webserver bei jedem Abruf einer Webseite (oder einer anderen Ressource, z.B. einer Grafik) den Inhalt dynamisch generiert. Man spricht auch von *Server-Side-Programmierung*. Dabei muss jedoch nicht der gesamte Inhalt der Seite veränderbar sein. Oft werden nur einzelne Elemente der Seite (z.B. Datum, Uhrzeit oder ein Zähler) dynamisch in eine Schablone eingesetzt. Das Hauptanwendungsgebiet dynamischer Webserveranwendungen sind datenintensive Prozesse, bei denen eine Übertragung der notwendigen Daten zum Client nicht in Frage kommt. Beispiele für solch datenintensive Webanwendungen sind: **Einsatzgebiete von Webserveranwendungen**

- Produktkataloge / Warenkorbsysteme   **Beispiele**
- Dokumentenmanagementsysteme
- Online Banking
- Internet Bill Presentment and Payment
- webbasierte Messagingsysteme
- individuelle Informationssysteme (Profiling)

Ein weiteres Anwendungsgebiet serverseitiger Webanwendungen ist der Bereich der *Webbased Remote Administration*, also der Administration von Betriebssystemen und Anwendungen durch eine Webschnittstelle. Das ist auch der Bereich, auf den dieses Buch abzielt. **Remote Administration**

| Vor- und Nachteile | Neben der Möglichkeit, auf serverseitige Ressourcen zugreifen zu können ist ein weiterer großer Vorteil von Webserveranwendungen die Browserunabhängigkeit. Nachteilig ist, dass für jede Veränderung des Inhalts ein Roundtrip zum Server notwendig ist. Dies führt zu einer hohen Belastung für Netzwerk und Server und zu langen Wartezeiten für den Nutzer. In der Praxis ist daher die Kombination clientseitiger und serverseitiger Dynamik die beste Lösung. |

4.3.1.1 Statische versus dynamische Webanwendungen

Statisches Modell — Im Fall von statischen Webanwendungen besteht die zentrale Funktion des Webservers darin, eingehende Anfragen eines Clients mit Dateien zu beantworten, die der Webserver aus seinem lokalen Dateisystem entnimmt. Dazu bildet er auf Basis seiner Konfiguration den in der Anfrage übermittelten Uniform Resource Locator (URL) auf eine Datei im Dateisystem ab. Sofern vorhanden übermittelt der Webserver diese Datei ohne weitere Bearbeitung an den Client.

Dynamisches Modell — Im Fall einer dynamischen Technik wie ASP reicht der Webserver die gefundene Datei nicht unbearbeitet an den Client weiter. Vielmehr wird die Datei im Rahmen eines zusätzlichen Vorgangs bearbeitet. Im Fall von ASP enthält diese Datei ein Active Script, das von einem ActiveX Scripting Host ausgeführt wird. Die Ausgabe dieses Skripts, nicht die eigentliche Skriptdatei, wird an den Client übermittelt. Das Skript kann dabei auf beliebige automationsfähige COM-Komponenten zugreifen, um z.B. andere Datenquellen zu nutzen.

Middleware — Eine Technik wie ASP wird in diesem Zusammenhang auch als Middleware verstanden, weil sie in den Kommunikationsprozess zwischen Webclient und Webserver eingreift. Die Verwendung des Begriffs Middleware ist hier allgemeiner zu verstehen als bei der in Kapitel 2 gelieferten Definition.

Kommunikationsschnittstellen — Im Rahmen der zuvor dargestellten Architektur sind zwei Kommunikationsschnittstellen von zentraler Bedeutung:

▸ die Kommunikation zwischen Webclient und Webserver

▸ die Kommunikation zwischen Webserver und Middleware

4.3.1.2 Kommunikation zwischen Webclient und Webserver

HTTP — Da Webclient und Webserver normalerweise auf zwei verschiedenen Rechnern liegen, wird für den Datenaustausch ein Netzwerkprotokoll benötigt. Das Hypertext Transfer Protocol (HTTP) ist ein Anwendungsprotokoll (Schicht 7 im ISO/OSI-Referenzmodell) und basiert auf einem TCP/IP-Protokollstack.

Request und Response — Der Webclient stellt einen HTTP-Request an einen Webserver, in dem spezifiziert ist, welche Ressource (in diesem Zusammenhang auch Entity genannt) er von dem Webserver anfordern möchte. Der Webserver antwortet mit einer HTTP-Response, in der entweder die gewünschte Ressource (Code 200) oder eine Fehlermeldung (z.B. Code 404 »Ressource nicht gefunden« oder 302 »Ressource wurde verlegt«) übertragen wird. Jede HTTP-Übertragung besteht aus einem HTTP-Header und dem eigentlichen Inhalt. Der Header enthält einen HTTP-Befehl und die dazugehörigen Parameter. Ebenso wie andere Anwendungsprotokolle aus der TCP/IP-Protokollfamilie definiert HTTP eine Reihe von Befehlen, die in

Form von ASCII-Zeichenketten zwischen Client und Server ausgetauscht werden. Die HTTP-Befehle werden auch HTTP-Methoden genannt, was nicht mit den Methoden im objektorientierten Sinn zu verwechseln ist.

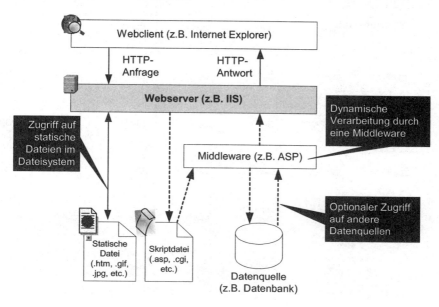

Abbildung 4.25: Statische versus dynamische Webserverarchitektur

GET versus POST

Beim HTTP-Request sind GET und POST die wichtigsten HTTP-Methoden.

▶ GET ist eine einfache Anforderung einer bestimmten Ressource von einem Webserver. Dabei wird außer dem URL der Ressource und Informationen über den Client (z.B. akzeptierte Dokumententypen) nichts weiter übertragen. **GET**

▶ POST ist eine Erweiterung von GET. Dabei kann der Client eine Entity an den Server übertragen. Diese Methode wird eingesetzt, um in HTML-Formularen eingegebene Daten an einen Webserver zu übertragen. **POST**

Querystrings

Auch die GET-Methode bietet eine Möglichkeit, zusätzliche Daten an den Webserver zu übertragen. Dies geschieht durch Anhängen dieser Information an den URL und wird Querystring genannt. Ein Querystring wird durch ein Fragezeichen (»?«) vom URL abgetrennt und besteht aus Attribut-Wert-Paaren. Attribut und Wert werden dabei durch ein Gleichheitszeichen getrennt; die einzelnen Attribut-Wert-Paare durch ein kaufmännisches Und (»&«). **An den URL angehängte Attribut-Wert-Paare**

Scripting Hosts

Abbildung 4.26:
Das Formular,
das obigen
Querystring
erzeugt hat

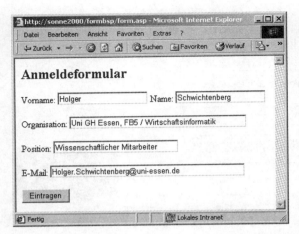

Querystring-Beispiel

Beispiel für einen URL mit Querystring mit vier Attribut-Wert-Paaren:

```
http://sonne2000/formbsp/eintragen.asp?
Vorname=Holger&Name=Schwichtenberg&
Organisation+Name=Uni+GH+Essen%2C+FB5+%2F+Wirtschaftsinformatik&
Organisation+Position=Wissenschaftlicher+Mitarbeiter&
email=Holger.Schwichtenberg@uni-essen.de&submit=Eintragen
```

Formulardatenübertragung

Zur Übermittlung von Formulareingaben besteht die Wahl zwischen GET und POST. Im Fall von POST sendet der Webbrowser die Formulardaten im Entity-Bereich des Requests, im Fall von GET erzeugt der Browser einen Querystring. Die Verwendung von GET hat dabei zwei Nachteile:

- Die Länge des Querystrings ist auf 255 Zeichen begrenzt.
- Alle übermittelten Daten (auch versteckte Formularfelder und Passwort-Felder) sind für den Benutzer im der Adresszeile des Browsers sichtbar.

Die Länge der Daten ist bei der Übertragung per POST unbegrenzt. Die Daten werden zwar auch hier nicht verschlüsselt, sind jedoch mit einem normalen Browser für den Benutzer nicht einsehbar.

Zusätzliche Daten in Links

POST kann aber nur in Formularen eingesetzt werden, die nach dem Auslösen eines HTML-Buttons des Typs »Submit« an den Webserver gesendet werden. Bei der Navigation per Link verwendet der Browser immer die GET-Methode. Wenn bei dieser Navigationsform zusätzliche Daten übertragen werden sollen, dann muss ein Querystring an den Ziel-URL angehängt werden.

URL-Kodierung

URL-Kodierung

URLs dürfen nicht alle beliebigen ASCII-Zeichen enthalten. Dies gilt insbesondere für Sonderzeichen wie »&« und »=«, die zur Abgrenzung der Attribut-Wert-Paare verwendet werden. [RFC1738] spezifiziert, welche Sonderzeichen (dazu gehört auch das Leerzeichen) kodiert werden müssen. Die Kodierung (genannt URL-Kodierung oder engl. »URL Encoding«) erfolgt in der Regel durch die Umwandlung in die Hexadezimaldarstellung mit vorangestelltem Prozentzeichen (%). Leerzeichen werden in ein »+« umgesetzt. Die Kodierung der Pfadangaben weicht etwas von der Kodierung von Attributnamen und Werten in Querystrings ab: In Pfadangaben wird ein Leerzeichen mit %20 kodiert, während in Querystrings ein Leerzeichen durch ein Pluszeichen ersetzt wird.

Bei der Übergabe von Formularfeldern über die HTTP-Methode GET erledigt der Browser die URL-Kodierung. Wenn Sie allerdings in einer HTML-Seite einen Link mit angehängtem Querystring haben – egal, ob dieser Link dynamisch erzeugt wird oder statisch ist –, dann müssen Sie die Kodierung der Werte selber vornehmen.

Manuelle Kodierung mit Server.UrlEncode()

In diese Falle laufen viele Webserver-Programmierer, zumal der Internet Explorer wesentlich toleranter ist als der Netscape Navigator. Letzterer schneidet den URL beim Auftreten eines Leerzeichens gnadenlos ab, während der Internet Explorer die fehlende Umwandlung hinnimmt.

Beispiel für die URL-Kodierung des Werts »Uni GH Essen, FB5 / Wirtschaftsinformatik« für das Attribut »Organisation Name«:

```
Organisation+Name=Uni+GH+Essen%2C+FB5+%2F+Wirtschaftsinformatik
```

Beispiel

Cookies

Eine weitere Möglichkeit des Datenaustauschs zwischen Webserver und Webclient sind Cookies. Der vollständige Name ist *Persistent Client State HTTP-Cookie*. Cookies sind kleine Informationseinheiten, die der Server im HTTP-Header an den Client überträgt und die der Client in Form von Textdateien in einem speziellen Verzeichnis auf seiner lokalen Festplatte sichert. Cookies sind einer Site bzw. Teilen einer Site zugeordnet. Beim nächsten Aufruf dieser Site werden alle von dieser Site gespeicherten Cookies im Header des HTTP-Requests wieder an den Server übertragen. Dies wird durch den Webbrowser erledigt, der bei jeder Anfrage überprüft, ob einer der lokal gespeicherten Cookies mitversandt werden muss. Der Webserver nutzt also die Festplatte des Clients als externen Speicher.

Funktionsweise von Cookies

Cookies werden von Webserver-Anwendungen erzeugt und – bei den nächsten Anfragen – ausgewertet. Aber auch Webclient-Anwendungen können mit Cookies arbeiten. Für einen Cookie kann neben einem Namen und einem Wert auch ein Verfallsdatum und ein Gültigkeitsbereich (Domain und Pfad) angegeben werden. Ein Cookie kann auch aus mehreren benannten Werten bestehen.

Cookie-Bestandteile

Der Sinn von Cookies liegt darin, die Verbindungs- und Zustandslosigkeit des HTTP-Protokolls zu überwinden (siehe Thema State Management).

Ziel

Scripting Hosts

Sicherheit

> Ein Wort zur Sicherheit von Cookies: Viele Leute haben Angst vor Cookies. Dies ist insofern berechtigt, als Cookies ein Instrument sind, um Nutzerprofile zu erstellen, in denen Interesse und Verhalten eines Benutzers aufgezeichnet werden. Die Angst davor, dass durch Cookies Viren oder andere böse Routinen auf den Rechner gelangen, ist jedoch unberechtigt, da Cookies nicht ausgeführt, sondern nur hin- und herübertragen werden. Außerdem ist die Erstellung von Nutzerprofilen nur innerhalb einer Site möglich, da Cookies von anderen Sites nicht an den Webserver übergeben werden. Werbeunternehmen, die Banner-Server für verschiedene Sites betreiben, können allerdings u.U. ein übergreifendes Profil erstellen.

Browser-Einstellung

Ein Benutzer kann in seinem Browser einstellen, ob er Cookies grundsätzlich zulassen, grundsätzlich unterbinden oder gefragt werden (vgl. folgende Abbildung) möchte.

Abbildung 4.27: Nachfrage des Internet Explorers 5.0

4.3.1.3 Kommunikation zwischen Webserver und Middleware

Standardein-/-ausgabe und Umgebungsvariablen

Für die Kommunikation zwischen Webserver und Web-Middleware gibt es kein Netzwerkprotokoll, da vorgesehen ist, dass die Web-Middleware auf dem gleichen Computer wie der Webserver läuft. In den meisten Fällen erfolgt die Kommunikation zwischen Webserver und Middleware auf einem der folgenden beiden Wege:

- über die Standardein- und -ausgabe
- über Umgebungsvariablen

Unterschiede zwischen Request und Response

Dabei sendet die Middleware ihre Antwort an den Webserver immer über die Standardausgabe, niemals über Umgebungsvariablen. Bei den Eingaben für die Middleware gibt es einen Unterschied zwischen HTTP-GET- und HTTP-POST-Request: Bei ersterem wird der Querystring mit Hilfe der Umgebungsvariablen QUERY_STRING übergeben. Bei POST dagegen werden die Attribut-Wert-Paare von dem Webserver über die Standardeingabe an die Middleware übermittelt.

Active Server Pages (ASP)

Umgebungsvariablen

Ein Webserver definiert eine Reihe von Umgebungsvariablen (Environment-Variablen). Diese lassen sich in drei Gruppen einteilen:

- Serverbezogene Variablen repräsentieren Informationen, die den Webserver betreffen und weder vom Client noch von der Anfrage abhängig sind. **Serverbezogen**
- Clientbezogene Variablen liefern Informationen über den Webclient, die auch zwischen zwei Anfragen gleich bleiben. **Clientbezogen**
- Anfragebezogene Variablen enthalten Informationen über eine konkrete Anfrage. **Anfragebezogen**

Typ	Umgebungsvariable	Erläuterung/Beispiel
serverbezogen	SERVER_PROTOCOL	z. B. HTTP/1.1
	SERVER_NAME	z. B. kom.wi-inf.uni-essen.de
	SERVER_SOFTWARE	z. B. Microsoft-IIS/5.0
	SERVER_PORT	z. B. 80
	LOCAL_ADDR	IP-Adresse des Webservers, z. B. 132.252.52.201
clientbezogen	REMOTE_ADDR	IP-Adresse des Clients
	AUTH_TYPE	Authentifizierungsmethode (z. B. »Basic«)
	HTTP_AUTHORIZATION	Benutzername und Passwort
	HTTP_USER_AGENT	Browser-Typ z. B. Mozilla/4.0 (compatible; MSIE 4.01; Windows 95; PCW0498)
	HTTP_ACCEPT	Liste der Dokument-Typen, die der aufrufende WWW-Browser akzeptiert
Anfragebezogen	PATH_INFO	Pfad relativ zum Root des Webservers z. B. /verzeichnis/file.htm
	PATH_TRANSLATED	Pfad lokal auf dem Webserver z. B. e:\webs\ws\verzeichnis\file.htm
	QUERY_STRING	an den URL angehängte Informationen http://xy.de/seite1.htm?Vorname=Max&Nachname=Meier
	REQUEST_METHOD	GET oder POST
	HTTP_REFERER	vorher besuchte Seite
	HTTP_COOKIE	z. B. http://altavista.digital.com/cgi-bin/query?pg=q&kl=de&q=Extranet Übermittelte Cookies

Tabelle 4.11: Ausgewählte Webserver-Umgebungsvariablen

Die oben beschriebenen Kommunikationswege über die Standardein- und -ausgabe sowie über die Umgebungsvariablen werden von jedem Webserver unterstützt. Darüber hinaus benutzen einige Middleware-Techniken andere Verfahren (Server-APIs), die aber zum Teil sehr tief in den Webserverprozess eingreifen und daher stark Webserverhersteller-abhängig sind. **Andere Techniken**

4.3.1.4 State Management

Verbindungs- und Zustandslosigkeit des HTTP-Protokolls

Das HTTP-Protokoll ist ein verbindungs- und zustandsloses Protokoll. Verbindungslos bedeutet, dass es keine implizite Sitzung zwischen dem Browser und dem Webserver gibt, in deren Kontext die einzelnen Seiten abgerufen werden. Zustandslos bedeutet, dass der Server zwischen zwei Anfragen keine Informationen über den Client erhält.

Dies hat folgende Konsequenzen: Jede Anfrage ist für den Server neu; er weiß nicht, ob dieser Client zuvor schon eine Seite abgerufen hat oder ob es ein anderer Client ist. Weder die Identifizierung über die IP-Adresse noch die Keep-Alive-Funktion in HTTP 1.1 sind geeignete Instrumente, um die Verbindungs- und Zustandslosigkeit zu überbrücken.

Keine globalen Variablen

Für die Webserver-Programmierung bedeutet dies im Grundsatz, dass es keine globalen skriptübergreifenden Variablen geben kann. Viele Webanwendungen, z.B. elektronische Warenkorbsysteme, benötigen aber eine Zustandshaftigkeit. Ein ohne Zustandshaftigkeit programmierter Webshop würde bedeuten, dass der Kunde immer nur die Produkte bestellen kann, die er gerade auf der aktuellen Bildschirmseite sieht. Ein Ablegen bzw. Erinnern von Produkten wäre nicht möglich, da der Webserver beim nächsten Seitenaufruf ja schon wieder vergessen hat, was man zuvor ausgewählt hat.

Es gibt grundsätzlich zwei verschiedene Ansätze zum State Management (d.h. zur Überbrückung der Zustandslosigkeit):

Übertragung durch Felder oder einen Querystring

▶ Alle seitenübergreifenden Variablen müssen in die HTML-Ausgabe einer Seite (ggf. in Form versteckter Eingabefelder) eingebaut werden. Beim nächsten Seitenaufruf müssen diese Inhalte über Formularfelder oder den Querystring wieder an den Server übertragen werden. Dabei muss sichergestellt werden, dass diese Inhalte wieder in die nächste Seite eingebaut werden. Dieser Weg ist sehr kompliziert und setzt voraus, dass jede einzelne Seite dynamisch generiert wird. Dies soll hier nicht weiter thematisiert werden.

Cookies

▶ Als einfachere Lösung wurden später Cookies eingeführt. Dadurch ist eine Webserver-Anwendung in der Lage, alle Werte, die zwischen zwei Aufrufen der Anwendung von einem Client aus erhalten bleiben sollen, an den Browser zu senden. Der Browser wird diese Werte dann beim nächsten Aufruf einer zu der Anwendung gehörenden Seite mitübertragen, so dass die Anwendung wieder in den vorherigen Zustand versetzt werden kann. Oft werden nicht alle Werte an den Client übertragen, sondern nur eine einzige eindeutige Identifikationsnummer, der dann innerhalb der Anwendung die Werte zugeordnet werden.

State Management in ASP

ASP bietet neben der Möglichkeit, Cookies explizit zu setzen, auch noch eine auf Cookies aufbauende einfachere Form des State Managements. Dabei erzeugt ASP die – oben bereits erwähnte – eindeutige Identifikationsnummer. Dies wird in Zusammenhang mit den Intrinsic Objects `Application` und `Session` erläutert werden.

Active Server Pages (ASP)

4.3.1.5 Überblick über dynamische Technologien

Die am weitesten verbreitetste Webserver-Middleware ist das *Common Gateway Interface* (*CGI*). CGI basiert allein auf der Kommunikation per Standardein-/-ausgabe und per Umgebungsvariablen. CGI ist keine Sprache, sondern lediglich die Bezeichnung für diese Form der Kommunikation mit einem Webserver. Die eigentliche Anwendung ist ein Skript oder ein kompiliertes Programm in jeder beliebigen Sprache, die nur über die Voraussetzung verfügen muss, auf die Standardein-/-ausgabe und auf Umgebungsvariablen zugreifen zu können. Eine solche Anwendung wird CGI-Programm oder CGI-Skript genannt. Nachteil von CGI ist, dass das CGI-Programm bzw. -Skript als eigenständiger Prozess läuft, was einen großen Overhead bedeutet.

Common Gateway Interface

Seit Version 2.0 kann ein WSH-Skript als CGI-Skript eingesetzt werden, da nunmehr der Zugriff auf die Standardein- und -ausgabe implementiert ist. Allerdings besteht dieser Zugriff nur bei Verwendung von CSCRIPT.EXE, nicht bei WSCRIPT.EXE. Ein WSH-Skript in der Funktion eines CGI-Skripts darf nicht verwechselt werden mit einem ASP-Skript.

WSH-Skript als CGI-Skript

Auf Grund der geringen Performance des CGI-Verfahrens besitzen Webserver ein `Application Programming Interface (API)`, mit dem eine direkte Einbindung von Anwendungen in den Webserverprozess möglich ist. Auf Server-APIs basierende Webserveranwendungen sind sehr schnell, aber stets Plattform- und Webserver-abhängig. Die Programmierung ist meist sehr aufwendig.

APIs

Auf Grund der Tatsache, dass sowohl die Programmierung von CGI-Routinen als auch die von Server-API-Programmen sehr aufwendig ist, wurden Platzhaltersprachen wie die *Server Side Includes (SSI)* und der *Internet Database Connector (IDC)* geschaffen. Dabei wird in einer HTML-Seite dem Webserver durch bestimmte Tags angezeigt, dass an dieser Stelle eine Ersetzung stattfinden soll, bevor die Seite an den Client weitergereicht wird. Diese Technik ermöglicht u. a. das Zusammenfügen von Dokumenten aus Teildokumenten.

SSI und IDC

Sowohl SSI als auch IDC sind keine vollständigen Programmiersprachen. Später erkannte man den Bedarf, eine Technologie zu entwickeln, die so einfach ist wie SSI und IDC und dennoch in der Lage, alle denkbaren Aufgaben zu erfüllen. Den letzten Anstoß zur Entwicklung der Active Server Pages (ASP) gab dann der Erfolg von clientseitigem Browser-Scripting: ASP ist die Übertragung der Philosophie von Browser-Scripting auf den Webserver.

Die Eltern von ASP

ASP basiert ebenso wie SSI und IDC auf besonderen Tags (<% %>), die vom Webserver vor dem Versand der HTTP-Response ersetzt werden. Dabei ist aber ASP ein ActiveX Scripting Host, der jede beliebige ActiveX Scripting Engine einbinden kann. Die beliebteste Sprache ist dabei VBScript.

ASP

Spätestens seit andere Hersteller ASP für andere Plattformen anbieten (*InstantASP* [HAL00], *ChiliASP* [CHI00] und die Freeware *OpenASP* [OAS]), steht der Begriff ASP nicht mehr nur für den konkreten Scripting Host innerhalb des IIS, sondern allgemein für ein Verfahren zur Webserverprogrammierung. Die ASP-Versionen dieser Hersteller sind zum Teil mächtiger als das Microsoft ASP, da sie auch Komponentenarchitekturen wie Java Beans und CORBA integrieren, während Microsoft allein auf das eigene Component Object Model (COM) setzt. Die folgenden Ausführungen basieren auf dem Microsoft-ASP.

ASP für andere Plattformen

PHP und JSP	Mit PHP und den *JavaScript Server Pages (JSP)* gibt es zwei weitere Technologien, die dem Platzhalterprinzip folgen. Allerdings sind diese beiden Technologien jeweils an genau eine Skriptsprache gebunden.
Java Servlets	Mit *Java Servlets* gibt es inzwischen auch den Ansatz, in Java geschriebene Anwendungen als Web-Middleware einzusetzen.

4.3.1.6 Bewertung von ASP

Pro und kontra ASP	Microsofts ASP hat innerhalb der Webentwickler-Szene einen uneinheitlichen Ruf erlangt. ASP gilt als eine Methode, um sehr schnell zu Ergebnissen zu kommen. Dafür lassen sich folgende Gründe nennen:

- ASP ist vergleichsweise einfach zu erlernen.
- Die Programmierung mit ASP ist übersichtlich.
- ASP bietet häufig benutzte Funktionalitäten über eine Reihe von Intrinsic Objects an.
- Es besteht ein Zugriff auf die ganze Welt der COM-Komponenten.

Auf der anderen Seite hat sich ASP im Internet Information Server als fehleranfällig erwiesen, was nicht verwundert, denn der ganze IIS hat Stabilitätsprobleme.

4.3.2 Installation von ASP

Windows 2000 Server	ASP 3.0 ist Teil des Internet Information Servers (IIS) 5.0 aus Windows 2000. Der IIS 5.0 selbst ist Teil von Windows 2000 Server und kann im Rahmen der Erstinstallation oder nachträglich über SYSTEMSTEUERUNG/SOFTWARE/WINDOWS KOMPONENTEN HINZUFÜGEN/INTERNET-INFORMATIONSDIENSTE installiert werden.
NT4 Server	Für Windows NT 4.0 ist nur ASP 2.0 verfügbar und zwar als Teil des IIS 4.0. Den IIS 4.0 installieren Sie mit dem Option Pack für Windows NT4 Server. Der durch das NT4 Server-Standardsetup installierbare IIS 2.0 unterstützt kein ASP. Der – ebenfalls nur als Add-on verfügbare – IIS 3.0 unterstützt ASP nur mit einer Zusatzinstallation. Sie sollten die Versionen 2.0 und 3.0 des IIS jedoch nicht mehr benutzen, da Microsoft die Herstellung von Webservern damals scheinbar noch geübt hat. Inzwischen gehört der IIS jedoch zu den beliebtesten Webservern unter Windows.
Windows 9x, NT4 Workstation, Windows 2000 Professional	Sie können ASP auch unter Windows 95/98 und NT-Workstation nutzen, indem Sie den *Personal Webserver (PWS)* zusätzlich installieren. Der PWS ist eine stark reduzierte Variante des IIS. Unter Windows 2000 Professional heißt diese Light-Version nicht mehr PWS, sondern auch Internet Information Server (IIS); der Funktionsumfang ist mächtiger als der des PWS, aber immer noch geringer als der des IIS für Windows 2000 Server. So unterstützt der IIS für Windows 2000 Professional nur eine einzige Website.
ASP.NET	Im Rahmen des .NET Framework heißt ASP nun ASP.NET. Zwischenzeitlich wurde ASP.NET auch ASP Next Generation (ASPng) und ASP+ genannt.

Active Server Pages (ASP)

Plattform	NT 4.0	Windows 95/98/ME	Windows 2000 Server und Professional	XP	.NET Server
Webserver	IIS 4.0	PWS	IIS 5.0	IIS 5.1	IIS 6.0
ASP-Version	ASP 2.0	ASP 2.0	ASP 3.0 oder ASP.NET	ASP 3.0 oder ASP.NET 1.0	ASP 3.0 oder ASP.NET 1.1
Komponentenmodell/-dienste	COM/ DCOM/ MTS	COM/ DCOM/ MTS	COM+ oder .NET-Komponenten	COM+ oder .NET-Komponenten	COM+ oder .NET-Komponenten

Tabelle 4.12: Übersicht über die ASP-Versionen

4.3.3 IIS-Konfiguration

Der Microsoft Internet Information Server (IIS) ist nicht nur ein Webserver, sondern auch ein FTP-, NNTP- und SMTP-Server. Alle Konfigurationsinformationen speichert der IIS in einer so genannten IIS Metabase. Der Webserver im IIS ist ein Windows NT-Dienst mit dem internen Namen *W3SVC*, dem Anzeigenamen *WWW-Publishingdienst* und der Implementierung in der Datei INETINFO.EXE. Der IIS wird über das MMC-Snap-In *Internet-Informationsdienste* verwaltet.

W3SVC, MMC

Die folgende Abbildung zeigt die Konfiguration eines Webservers unter dem Namen *windows-scripting.de* auf dem IIS-Server mit dem Namen *Sonne2000*. Das Basisverzeichnis (Wurzelverzeichnis) ist mit dem Dateisystempfad E:\WEBS\WS verbunden, der sich auf das lokale Dateisystem des Sonne2000-Servers bezieht.

MMC

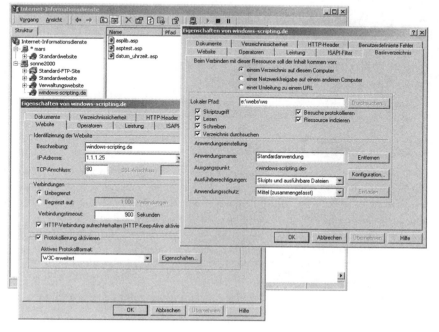

Abbildung 4.28: Eigenschaftsfenster einer Website im IIS-Snap-In unter Windows 2000

301

Scripting Hosts

Die innerhalb des Verzeichnisses E:\WEBS\WS abgelegten Dateien werden in der MMC im rechten Teilfenster angezeigt. Um die Datei ASPTEST.ASP aufzurufen, geben Sie im Browserfenster den URL HTTP://SONNE2000/TESTASP.ASP ein.

Im IIS werden Sie den Begriff *Anwendung* häufiger finden. Eine IIS-Anwendung ist jede Form von serverseitiger Verarbeitung; ASP ist nur eine Form, um eine IIS-Anwendung zu entwickeln. Andere im Standard installierte Formen von IIS-Anwendungen sind *Server Side Includes (SSI)* und der *Internet Database Connector (IDC)*. Sie finden Informationen über die konfigurierten Anwendungsarten unter KONFIGURIEREN/ANWENDUNGSZUORDNUNGEN im Eigenschaftsfenster einer Website.

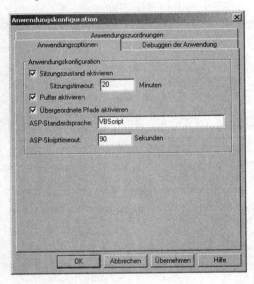

Abbildung 4.29: Unter den Konfigurationseinstellungen einer IIS-Anwendung legen Sie auch Einstellungen für den ASP-Scripting Host fest.

Man kann den Internet Information Server selbst per Skript administrieren. Ab dem IIS 4.0 steht dafür ein ADSI-Provider zur Verfügung (vgl. Kapitel 5.6, Unterkapitel »IIS«). Ab dem IIS 6.0 ist auch per WMI die automatisierte Administration möglich.

4.3.4 Aufbau von ASP-Seiten

In HTML-Seiten eingebetteter Skriptcode

Im Gegensatz zu CGI-Skripten, in denen jede einzelne HTML-Anweisung durch einen Ausgabebefehl erzeugt werden muss, ist ein ASP-Skript in erster Linie eine normale HTML-Seite, in die einzelne Skriptblöcke eingeschoben sind. So stehen die Bildschirmausgaben und nicht das Programm im Mittelpunkt. Skriptblöcke werden durch

```
<Script RUNAT="Server" language="VBScript"> ... </Script>
```

begrenzt. Die gebräuchliche Kurzform davon ist <% ... %>, wobei hier die Sprache durch die Anweisung <%@ language="VBScript" %> am Anfang der Seite gesetzt wird. Die lange

Active Server Pages (ASP)

Form hat jedoch den Vorteil, dass die Skriptsprache für einzelne Skriptblöcke gewechselt werden kann. Zwischen HTML-Blöcken und Skriptblöcken kann jederzeit gewechselt werden.

Eine ASP-Seite wird genau wie eine HTML-Seite über einen Uniform Resource Locator (URL) aufgerufen. Der Unterschied zwischen einem ASP-Skript und einer HTML-Datei definiert sich aus der Sicht des IIS über den Dateinamen: Jede Datei mit der Extension .ASP wird auf der Serverseite zusätzlich geparst, und dabei werden alle Skriptblöcke ausgeführt. Kommen in einer Datei mit einer anderen Extension ASP-Skriptblöcke vor, werden diese nicht interpretiert, sondern der Quelltext wird wie jeder andere Inhalt auch an den Client gesendet. Umgekehrt muss eine .ASP-Datei nicht zwingend auch ASP-Code enthalten – sie kann aus reinem HTML bestehen. Dies hat keinen negativen Effekt, außer dass man den Server etwas verlangsamt hat. Der IIS parst jede .ASP-Datei und sucht nach Skriptblöcken.

Extension .asp

4.3.5 Start einer ASP-Seite

Viele ASP-Einsteiger machen einen Fehler: Sie erzeugen eine Datei mit der Extension .ASP und öffnen diese dann wie eine HTML-Seite direkt im Webbrowser. Der Webbrowser wird bei diesem falschen Vorgehen den Dialog DATEIDOWNLOAD (vgl. folgende Abbildung) einblenden, weil er mit der Dateiextension nichts anfangen kann. Unter der Voraussetzung, dass ein ASP-Entwicklungswerkzeug installiert und die Dateiextension .ASP zum direkten Öffnen konfiguriert ist, kann auch statt des Dialogs direkt eine Anwendung erscheinen.

Ausführung immer über den Webserver

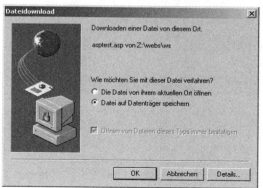

Abbildung 4.30: So reagiert der Internet Information Server, wenn man eine ASP-Datei direkt statt über den Webserver öffnet.

Um eine ASP-Datei korrekt zu verwenden, muss diese innerhalb der Verzeichnisstruktur eines Webservers stehen und über das Hypertext Transfer Protocol (HTTP) von diesem abgerufen werden. In diesem Fall holt der Webserver die Datei aus dem Dateisystem und erkennt anhand der Dateiextension .ASP, dass die Datei zunächst in dem Active Server Pages Scripting Host abgearbeitet werden muss. Das Ergebnis dieses Verarbeitungsprozesses leitet der Webserver dann an den Client weiter, wobei durch den übermittelten MIME-Typ die korrekte Darstellung erreicht wird. Es gibt also zwei Sichten auf eine Datei:

Ausführung versus Veränderung

- Um eine ASP-Datei anzulegen und zu verändern, verwenden Sie einen ganz normalen Dateisystempfad.

- Um eine ASP-Datei anzuzeigen, verwenden Sie einen HTTP-URL der Form HTTP://SERVERNAME/PFAD/DATEI.ASP.

Mit dem folgenden Skript können Sie testen, ob ASP läuft.

```
<%@ LANGUAGE="VBSCRIPT" %>
<!---asptest.asp--->
<HTML>
<BODY>
<h4>ASP TEST</h4><hr>
Wenn Sie NUR diesen Text sehen, läuft ASP nicht!<p>
<%="Wenn Sie diesen Text und die Uhrzeit sehen, läuft ASP! (Zeit: " & _
now() & ")"%>
</BODY> </HTML>
```

Listing 4.36: Eine einfache Ausgabe testet ASP

Wenn sich kein Fehler eingeschlichen hat, wird das Ergebnis der nächsten Abbildung erscheinen.

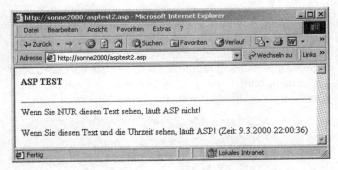

Abbildung 4.31: Erfolgreiche Ausführung der Datei asptest2.asp

4.3.6 Ausgaben in ASP

Das nachfolgende Listing enthält eine einfache ASP-Seite:

```
<%@ LANGUAGE="VBSCRIPT" %>
<HTML> <BODY>
<h4>Willkommen auf unseren WWW-Seiten!</h4>
Es ist jetzt <% Response.Write time%> am <%=date %>!<p>
</BODY> </HTML>
```

Listing 4.37: Datum und Uhrzeitausgabe in ASP

Response. Write() Das Listing zeigt zwei verschiedene Formen der Ausgabe in ASP. Response.Write() ist die vollständige Schreibweise, um Ausgaben an den Webclient zu senden. Die Schreibweise <%=Variablenname%> ist eine verkürzte Form, die aus Gründen der Übersichtlichkeit häufig angewendet wird. Zu beachten ist dabei, dass nach dem Variablennamen der Skriptkontext auf jeden Fall auch mit %> beendet werden muss; es ist also nicht möglich, durch einen einfachen Zeilenumbruch getrennt in der nächsten Zeile weitere ASP-Anweisungen zu setzen. Dies ist bei Response.Write() möglich. Das folgende Listing zeigt, was nicht erlaubt ist:

```
<%@ LANGUAGE="VBSCRIPT" %>
<HTML> <BODY>
<h4>Willkommen auf unseren WWW-Seiten!</h4>
```

Active Server Pages (ASP)

```
Es ist jetzt <%=date
Response.Write "Zeit: " & time
%> </BODY> </HTML>
```

Listing 4.38: Ungültige Verwendung des »<%=«-Konstrukts

Gestattet sind jedoch alle nachfolgend gezeigten Möglichkeiten:

```
Es ist jetzt <%=date%>
<%Response.Write "am " & date%>
Es ist jetzt <% Response.Write date%>
<%Response.Write "am " & date%>
```

Listing 4.39: Gültige ASP-Ausgaben

Ein <%...%> Abschnitt wird Render Block genannt. Im Kontrast dazu wird <%= %> als Display Block bezeichnet.

Beispiele

Folgendes Listing geht über die einfache Ausgabe von Werten hinaus und zeigt eine Schleife in ASP:

```
<%@ LANGUAGE="VBSCRIPT" %>
<HTML>Hier kommen 10 Zahlen:<br>
<% for i = 1 to 10 %>
        Zeile <%=i%> <br>
<% next %>
Wieder normales HTML<br></HTML>
```

Listing 4.40: Eine Schleife in ASP

Dies kann alternativ auch so implementiert werden:

```
<%@ LANGUAGE="VBSCRIPT" %>
<HTML>Hier kommen 10 Zahlen:<br>
<% for i = 1 to 10
  Response.Write "Zeile & " i & "<br>"
next %>
Wieder normales HTML<br></HTML>
```

Listing 4.41: Eine Schleife in ASP (Variante)

Say() in ASP

Die in diesem Buch verwendete universelle Ausgabefunktion say() muss also mit Response.Write() abgebildet werden. Bitte beachten Sie, dass Zeilenumbrüche im Quellcode keinen Einfluss auf die Darstellung haben. Sie müssen also die Zeilenumbrüche durch HTML-Tags selber erzeugen. Es bietet sich an, verschiedene Varianten von say() zu verwenden.

Say()

```
Dim DebugMode
' === Einfache Ausgabe ohne Umbruch
Sub saynb(s)
```

```
Response.Write s
End Sub
' === Ausgabe mit Zeilenwechsel
Sub say (s)
say s & "<br>"
End Sub
' === Ausgabe eines Fehlers
Sub error(s)
say "<hr><h2>Fehler: " & s & "!</h2><hr><p>"
End Sub
' === Bedingte Ausgabe
Sub debug(s)
If DebugMode = True Then say(s)
End Sub
```

Listing 4.42: Verschiedene Ausgabemethoden in ASP

WS_aspLIB — Diese und andere hier vorgestellte Routinen sind Teil der Funktionsbibliothek WS_aspLIB [CD:/code/hosts/asp/WS_aspLIB.vbs].

4.3.7 Render-Funktionen

4.3.7.1 Unterroutinen mit HTML

In ASP ist es möglich, Unterroutinen zu schreiben, die entweder reinen HTML-Code oder aber HTML-Code gemischt mit ASP-Anweisungen (Render-Funktionen genannt). Dadurch ist es möglich, flexible Textbausteine zu definieren, die innerhalb einer Seite beliebig oft wieder verwendet werden können. In Zusammenhang mit Include-Dateien ist auch seitenübergreifende Wiederverwendung möglich.

Eine Render-Funktion ist wie eine normale Funktion durch Sub…End Sub oder Function…End Function eingerahmt.

4.3.8 Intrinsic Objects

ASP stellt sechs Intrinsic Objects für die Kommunikation mit dem Webserver bereit:

- **Request** ▶ Request enthält Informationen über die HTTP-Anfrage des Browsers.
- **Response** ▶ Response nimmt die Informationen für die HTTP-Antwort des Webservers auf.
- **Server** ▶ Server stellt Funktionen bereit, die unabhängig von einer konkreten Anfrage sind. Ab ASP-Version 5.0 enthält Server ein Unterobjekt.
- **Session** ▶ Session ermöglicht State Management durch die Speicherung von Werten auf Sitzungsebene.
- **Application** ▶ Application dient der Speicherung sitzungsübergreifender Werte.
- **ObjectContext** ▶ ObjectContext dient dem Zugriff auf das Kontextobjekt, wenn die Seite im MTS läuft (vgl. Ausführungen zum MTS in Kapitel 2).

Active Server Pages (ASP)

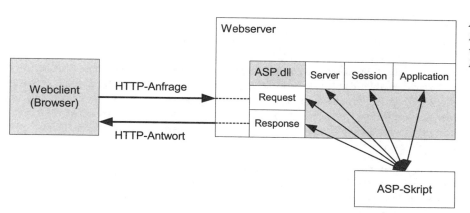

Abbildung 4.32: Darstellung der wichtigsten Intrinsic Objects

Diese Klassen sind in der Typbibliothek *ASPTypeLibrary* enthalten, so dass in einer geeigneten Entwicklungsumgebung (z.B. Visual InterDev) Eingabehilfen zur Verfügung stehen

Name und Abkürzung	Active Server Pages Objects
Name der Komponentendatei	ASP.DLL
Interner Name der Typbibliothek	ASPTypeLibrary
Helpstring der Typbibliothek	Microsoft Active Server Pages Object Library
Hersteller	Microsoft
Lizenzierung	Teil von Windows bzw. kostenloses Add-on
Besprochene Version	5.0 (Windows 2000 Server)
NT4	Version 4.0 im Internet Information Server 4.0 im NT4 Server Option Pack
Windows 2000	Teil des Internet Information Servers 5.0
Dokumentation	Plattform SDK|Web Services|Web Workshop|Internet Information Services SDK|Active Server Pages Guide [MSDN:IISRef.chm::/asp/aspguide.htm]

Tabelle 4.13: Schnellinfo ASP-Objects

> Die ASP-Intrinsic Objects stehen nicht nur in ASP selbst, sondern auch innerhalb von Objekten zur Verfügung, die aus ASP heraus instanziiert wurden. Die ASP.DLL definiert dazu eine weitere Klasse, ScriptingContext, die jedoch innerhalb von ASP nicht zur Verfügung steht, auch wenn Visual InterDev dafür Eingabehilfen anbietet. ScriptingContext enthält lediglich Zeiger auf fünf Intrinsic Objects und dient dazu, dass externe Komponenten, die ASP-Events (siehe Kapitel 0) abfangen, über ein globales Objekt auf die Intrinsic Objects zugreifen können. Diese Technik wird im vorliegenden Buch aber nicht näher besprochen. Die ASP-Objekte werden hier nur als Intrinsic Objects von ASP betrachtet.

Scripting-Context

Besondere Collections

Collections Die ASP-Intrinsic Objects verwenden zwei eigene Typen von Collections mit den Klassennamen IRequestDictionary und IVariantDictionary. Der erste Name lässt vermuten, dieser Typ von Collection könne nur unterhalb des Request-Objekts vorkommen. Das ist jedoch nicht richtig: Auch das Response-Objekt besitzt eine Collection dieses Typs. IVariantDictionary wird in Session- und Application-Objekten verwendet. Beide Collections sind Mengen von Variants, meistens Strings. IRequestDictionary unterstützt die Attribute Count und Key sowie die Methode Item(). IVariantDictionary unterstützt zusätzlich Remove() und RemoveAll().

Grundlage dieser Collections ist die Klasse Scripting.Dictionary (vgl. Kapitel 5.2.1). An dieser Stelle sei nur kurz erwähnt, dass die Iteration über ein Dictionary-Objekt keine Objekte liefert, sondern nur die Schlüssel in Stringform, die benötigt werden, um dann via Item() direkt auf die Objekte zuzugreifen.

4.3.8.1 Request-Objekt

Objekt für die Anfrage-Informationen Ein ASP-Skript kann grundsätzlich zwei Formen von Eingaben erhalten:

- Informationen, die der Webbrowser an den Server übermittelt hat
- Informationen über den Webserver und die Umgebung

Beide Typen von Informationen vereint das Request-Objekt. Es besitzt fünf untergeordnete Collections vom Typ IRequestDictionary:

- Sofern an den URL ein Querystring angehängt wurde, enthält die QueryString-Collection die übergebenen Attribute mit ihren Werten.

- Sofern die aufrufende Seite ein Formular enthielt und die Navigation zu dem aktuellen Skript mit einem SUBMIT-Button erfolgte, enthält die Form-Collection die Feldnamen und Feldwerte des aufrufenden Formulars.

- Die Cookie-Collection enthält die vom Client übergebenen Cookies für diese Site. Die Cookie-Collection besteht aus Objekten des Typs ReadCookie.

- Sofern der Browser Zertifikate übermittelt hat, sind diese über ClientCertificate einsehbar.

- Auf jeden Fall existiert die ServerVariables-Collection, die im Wesentlichen Informationen über den Webserver und die Umgebung, aber auch den HTTP-Request des Browsers liefert.

Item() Gleichzeitig ist das Request-Objekt selbst eine Collection vom Typ IRequestDictionary, das die in der Form- und QueryString-Collection enthaltenen Strings vereint.

Active Server Pages (ASP)

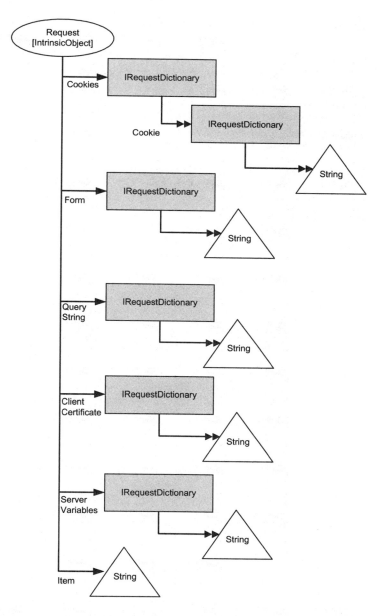

Abbildung 4.33:
Das vom
Intrinsic Object
»Request«
ausgehende
Objektmodell

Ausgaberoutinen für die Request-Collections

Die folgenden Unterroutinen zeigen, wie die einzelnen Collections ausgegeben werden können. Aus der Art schlägt dabei nur die Cookies-Collection, bei der zu berücksichtigen ist, dass ein Cookie aus einem einzigen String oder aus einer Menge von Strings bestehen kann. Die Unterscheidung ist möglich mit Hilfe des Attributs HasKeys der Klasse ReadCookie. Besonders inkonsequent ist dabei, dass Request.Cookies(key) einerseits einen Zeiger auf

Inhalte aller untergeordneten Collections ausgeben

eine ReadCookie-Collection liefert, andererseits aber auch den elementaren Stringwert, wenn es nur einen Wert gibt. Das liegt wieder an dem in Kapitel 3 besprochenen Problem der Standardmitglieder von COM-Klassen. In einem Kontext, in dem ein elementarer Wert erwartet wird, greift VBScript auf das Standardmitglied Item zurück.

```
' === Liste aller Servervariablen
Sub ListServerVars
say "<hr>ServerVariablen:"
For Each key In Request.ServerVariables
    say "- "& key & "= " & Request.ServerVariables(key)
Next
End Sub
' === Liste aller Clientzertifikate
Sub ListCert
say "<hr>ClientZertifikate:"
For Each key In Request.ClientCertificate
    say "- "& key & "= " & Request.ClientCertificate(key)
Next
End Sub
' === Liste aller Cookies
Sub ListCookies
say "<hr>Cookies:"
For Each key1 In Request.Cookies
set cookie = Request.Cookies(key1)
If Not cookie.HasKeys Then ' Cookie mit nur einem Wert
    say "- " & key1 & "= " & Request.Cookies(key1).Item
Else                        ' Cookie mit n Werten
  For Each key2 in Request.Cookies(key1)
    say "- " & key1 & "." & key2 & "= " & Request.Cookies(key1)(key2)
    Next
end if
next
End Sub
' === Liste aller übergebenen Formular-Felder
SUB ListForm
say "<hr>Form-Felder:"
for each key in request.form
    say "- "& key & "= " & Request.form(key)
next
End Sub
' === Liste aller übergebenen Attribut/Wert-Paare im Querystring
Sub ListQueryString
say "<hr>QueryString-Felder:"
for each key in Request.QueryString
    say "Feld "& key & "= " & Request.QueryString(key)
next
END SUB
```

Listing 4.43: Verschiedene Routinen zur Ausgabe der Inhalte eines Request-Objekts [WS_aspLIB.asp]

Active Server Pages (ASP)

Diese Routinen sind Teil der *WS_aspLIB*. Sie können verwendet werden, um die Übergabe von Werten zu testen.

```
<!--#include virtual="lib/ws_asplib.asp"-->

<html>
Alles, was dieses Skript an Eingaben bekommt:<p>
<%
say "/// Alle Eingaben"
say "-" & Request.Form.Item
say "-" & Request.QueryString.Item
say "-" & Request.Cookies.item

say "/// Detalliert"
ListCert
ListForm
ListQueryString
ListCookies
ListServerVars
%>

</html>
```

Listing 4.44: Test der verschiedenen *Request*-Ausgaberoutinen [AlleEingaben.ASP]

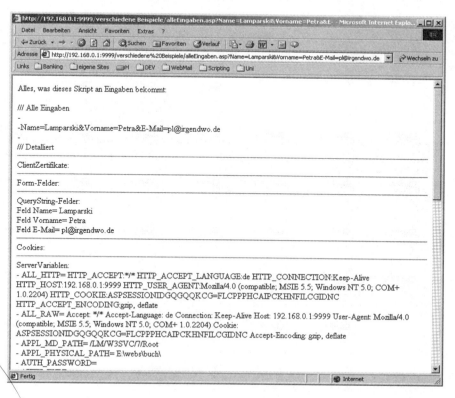

Abbildung 4.34: Ausgabe von [alleEingaben.asp]

311

Scripting Hosts

Sonderformen Bei den Collections Form, QueryString und Cookies liefert die Methode Item() bei Auslassung des Parameters einen String mit der Verkettung seiner Attribute und Werte.

```
say Request.Form.Item
say Request.QueryString.Item
say Request.Cookies.item
```

Listing 4.45: Beispiele für die Anwendung von Item()

Die Ausgabe hat in allen drei Fällen die übliche Form, bei der Attribut und Wert durch ein Gleichheitszeichen und die einzelnen Attribut-Wert-Paare durch ein kaufmännisches Und (»&«) getrennt sind.

Name=Schwichtenberg&Vorname=Holger&E-Mail=HS@IT-Visions.de

4.3.8.2 Response-Objekt

Antwort-Daten an den Client Response ist das Gegenstück zu Request: Über das Response-Objekt werden die Daten festgelegt, die der Client vom Server empfangen soll. Dies sind insbesondere:

- die an den Client zu übertragenden Daten. Dies ist in der Regel eine HTML-Seite, es können auch binäre Daten, z.B. Grafikdaten, gesendet werden. Die Ausgabe wird mit Response.Write() bzw. Response BinaryWrite() erzeugt und über einige zusätzliche Methoden in ihrem Verhalten gesteuert.
- der Auftrag zur Umlenkung auf eine andere Seite (Methode redirect())
- das Setzen von Cookies
- Meta-Informationen über die Seite (Verfallsdatum, PICS-Rating, Zeichensatz, MIME-Inhaltstyp)
- Kontrolle des Sendepuffers

> Es gibt zahlreiche Aktionen im Response-Objekt (z.B. Umleitung, Einrichtung des Puffers, Schreiben von Cookies), die nur vor der ersten Ausgabe des Skripts an den Client möglich sind, da diese Daten im HTTP-Header übertragen werden. Eine Missachtung dieser Bedingung führt zu dem Fehler 80004005: »Die HTTP-Header sind bereits in den Client Browser geschrieben. Änderungen am HTTP-Header müssen vorgenommen werden, bevor der Seiteninhalt geschrieben wird.«

Abbildung 4.35: Das vom Intrinsic Object »Response« ausgehende Objektmodell ist sehr flach.

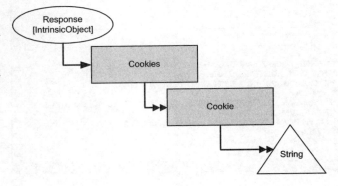

Ausgabe und Response.End()

Die Erzeugung von Ausgaben mit `Response.Write()` wurde schon besprochen. `Response.End()` dient dazu, das Skript abzubrechen und die Ausgabe an den Client sofort abzuschließen.

Response.End()

Ein Anwendungsbeispiel sind Fehler, bei denen das Skript nicht weiter abgearbeitet werden soll. Da `Response.End()` sich nicht um den ordnungsgemäßen Abschluss der HTML-Seite kümmert, sollten Sie wenigstens das <BODY>- und das <HTML>-Tag schließen.

Tödliche Fehler

```
' === Fehlerausgabe und Skriptende
Sub fatalerror(s)
error(s)
Response.Write "</BODY></HTML>"
Response.End
End Sub
```

Listing 4.46: Die Routine `FatalError` *aus der ASP-Skriptbibliothek*

Caching-Einstellungen

Sowohl Proxy-Server als auch Webbrowser verwalten einen Seitencache, um bei erneutem Abruf einer Seite diese schneller anzeigen zu können. Bei dynamischen Webseiten ist dies nicht immer gewünscht. Mit Hilfe des Attributs `CacheControl` steuern Sie das grundsätzliche Verhalten der Proxy-Server, mit `Expires` den Speicherzeitraum.

Caching in Browsern und Proxy-Servern

Befehl	Erläuterung
`Response.CacheControl = "public"`	Seiten dürfen in Browsern und Proxy-Servern gespeichert werden.
`Response.CacheControl = "private"`	Seiten dürfen in Browsern, nicht aber in Proxy-Servern gespeichert werden.
`Response.Expires = -1`	Seiteninhalt verfällt sofort.
`Response.Expires = 10`	Seiteninhalt verfällt in 10 Minuten.
`Response.ExpiresAbsolute = now+10`	Seiteninhalt verfällt in 10 Tagen.
`Response.AddHeader "Pragma", "no-cache"`	Dieser zusätzliche Befehl kann angewendet werden, um die Zuverlässigkeit der Cache-Verhinderung zu erhöhen.

Tabelle 4.14: Befehle für die Beeinflussung des Cachings

Umlenkung des Browsers

Die Methode `Redirect()` dient dazu, den HTTP-Code 301 »*Object Moved*« an den Client zu senden, damit dieser die Anfrage an eine andere Seite stellt. Die Syntax lautet:

Response.Redirect()

```
Response.Redirect URL
```

Der URL kann auch einen Querystring enthalten, in dem Sonderzeichen automatisch durch Hexadezimalcodes kodiert werden. Es ist auch möglich, einen absoluten URL inklusive Protokoll anzugeben.

Scripting Hosts

```
<!--#include virtual="scriptlib/ws_asplib.asp"-->
<% Response.redirect "alleeingaber.asp?Name=Holger Schwichtenberg" %>
<html>Das sehen Sie nicht!</html>
```

Listing 4.47: Beispiel für den Einsatz von Response.Redirect()

Der Nachteil von `Response.Redirect()` ist, dass die Kontrolle an den Client zurückgegeben wird, also ein Roundtrip zwischen Browser und Webserver notwendig ist. Die seit ASP 3.0 verfügbare Methode `Transfer()` in der Klasse `Server` vermeidet dies.

Cookies setzen

Response-Objekt ASP kann Cookies über das `Response`-Objekt an den Client senden. Cookies müssen vor der ersten Ausgabe gesetzt werden. Wie bereits beim `Request`-Objekt besprochen gibt es zwei Arten von Cookies: Cookies mit nur einem Wert und solche mit Unterwerten.

> Cookies können natürlich nur gesetzt werden, wenn die Browsereinstellungen dies zulassen. Eine Deaktivierung der Cookies bzw. eine Ablehnung durch den Benutzer führt jedoch nicht zu einem Fehler in ASP.

```
' -- Cookie mit einem Wert
Response.Cookies.Item("WS") = "Cookie für dieses Buch"
' -- Cookie mit n Werten und Verfallsdatum
Response.Cookies.Item("WSDetails")("Benutzer") = "HS"
Response.Cookies.Item("WSDetails")("Passwort") = "egal"
Response.Cookies.Item("WSDetails").Expires   = now +10
```

Listing 4.48: Setzen von Cookies [CD:/code/hosts/asp/cookie/cookie.asp]

Im obigen Beispiel ist »WS« ein Cookie mit einem Wert und »WSDetails« ein Cookie mit zwei Unterwerten. Bitte beachten Sie, dass Sie nicht einerseits Unterwerte anlegen und andererseits ein und demselben Cookienamen auch direkt einen Wert zuweisen können.

Expires Mit `Expires` geben Sie den Gültigkeitszeitraum an. Wie Ihnen die auf der Buch-CD enthaltene Datei COOKIE.ASP zeigen wird, ist es möglich, Cookies direkt nach dem Setzen mit `Request.Cookies` wieder abzufragen, obwohl es ja gar keine neue Anfrage gegeben hat. Um zu prüfen, ob Ihre Cookies wirklich gesetzt wurden, rufen Sie noch eine andere Seite (z.B. ALLEEINGABEN.ASP) auf.

Prüfung, ob der Benutzer Cookies zulässt Auf Webseiten, die von Cookies abhängig sind, ist es geboten, direkt zu Beginn abzuprüfen, ob der Benutzer Cookies zulässt. Dies leistet das Skript CHECKCOOKIE.ASP. Der Trick ist einfach: Auf einer Seite wird ein Cookie mit einem beliebigen Testwert gesetzt. Mit Hilfe der Browser-Umlenkung wird die Seite dann sofort wieder aufgerufen, wobei der Testwert als Parameter übergeben wird. Sofern die Seite einen Testwert empfängt, setzt sie keinen neuen Cookie, sondern versucht, einen Cookie zu lesen. Nur wenn der so ermittelte Wert dem übergebenen Wert entspricht, hat der Benutzer das Setzen des Cookies erlaubt.

```
<!--#include virtual="scriptlib/ws_asplib.asp"-->
<% CONST TESTWERT = "HolgersCookieTest"
   CONST TESTCOOKIENAME = "TestCookie"
If Request("TEST") = "" Then ' Seite wurde noch nicht besucht
     ' -- Testcookie setzen
```

```
            Response.Cookies.Item(TESTCOOKIENAME) = TESTWERT
            ' -- Erneut aufrufen
            Response.Redirect "cookiecheck.asp?Test=" & TESTWERT
     else
            say "<HTML>"' Cookie wurde schon gesetzt
            ' -- Cookie mit dem übergebenen Wert vergleichen
            wert = Request.Cookies(TESTCOOKIENAME)
            If Wert <> Request("TEST") Then
                   say "Um diese Website verwenden zu können, müssen Sie Cookies
                   zulassen!"
                   say "Nach Aktivierung <a href='cookiecheck.asp'>hier</a>
                   klicken!"
            else
                   say "Danke, dass Sie Ihr Cookie-Feature aktiviert haben!"
            end if
     end if
%>
</html>
```

Listing 4.49: *checkcookie.asp prüft, ob der Benutzer Cookies zulässt*
[CD:/code/hosts/asp/cookie/checkcookie.asp]

Kontrolle des Sendepuffers

Im Normalfall sendet der Webserver jede mit `Response.Write()` (oder dessen Kurzform `<%=...%>`) erzeugte Ausgabe sofort an den Client weiter. Der Anwender sieht dabei, wie sich die Seite zeilen- bzw. abschnittsweise aufbaut. Dies kann gerade bei komplex gestalteten HTML-Seiten zu unerwünschten Effekten führen. **Puffer-kontrolle**

Die Ausgaben lassen sich daher in einem Puffer zwischenspeichern, der später als Ganzes an den Client übertragen wird. Zur Aktivierung des Puffers muss vor der ersten Ausgabe (also auch vor dem `<HTML>`-Tag) das Attribut `Buffer` auf `True` gesetzt werden. Eine Verwendung dieser Anweisung zu einem späteren Zeitpunkt würde zu einem Fehler 80004005 führen: »Die HTTP-Header sind bereits in den Client Browser geschrieben. Änderungen am HTTP-Header müssen vorgenommen werden, bevor der Seiteninhalt geschrieben wird.« Die Methode `Response.Flush()` bewirkt, dass der Puffer an den Client übergeben wird. Danach können Sie den Puffer erneut füllen und auf diese Weise genau kontrollieren, in welchen Blöcken die Ausgaben im Browser erscheinen sollen. Beim Skriptende wird ein `Flush()` automatisch ausgelöst. Gerade bei Skripten mit einer langen Verarbeitungsdauer empfiehlt es sich nicht, den kompletten Puffer erst am Ende zu übergeben, da der Anwender nichts sieht und glauben könnte, der Server wäre nicht erreichbar. **Buffer und Flush()**

Im folgenden Beispiel wird der Puffer zu Beginn aktiviert. Die Überschrift wird mit `Response.Flush()` vorzeitig ausgegeben. Die folgenden Ausgaben werden zu Demonstrationszwecken durch eine Warteschleife verzögert. Wenn Sie `Response.Buffer()` und `Response.Flush()` in diesem Skript auskommentieren, werden Sie sehen, wie sich die Ausgaben zeilenweise aufbauen. **Beispiel**

```
<!--#include virtual="scriptlib/ws_asplib.asp"-->
<% Response.buffer = true %>
<html><h2>Bsp: Pufferung.</
h2>Bitte warten Sie, während die weiteren Ausgaben generiert werden.<p>
```

```
<% Response.Flush
' --- Ausgabe
for a = 1 to 30
        say "--------------" & a & "---------------"
        ' --- Warteschleife
        for b = 1 to 500000
        next
next %> </html>
```

Listing 4.50: Puffer.asp demonstriert die Verwendung des Puffers. [puffer.asp]

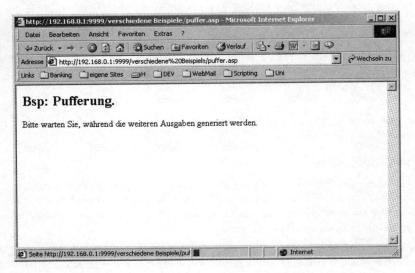

Abbildung 4.36: Zwischenergebnis von puffer.asp

Abbildung 4.37: Endergebnis von puffer.asp

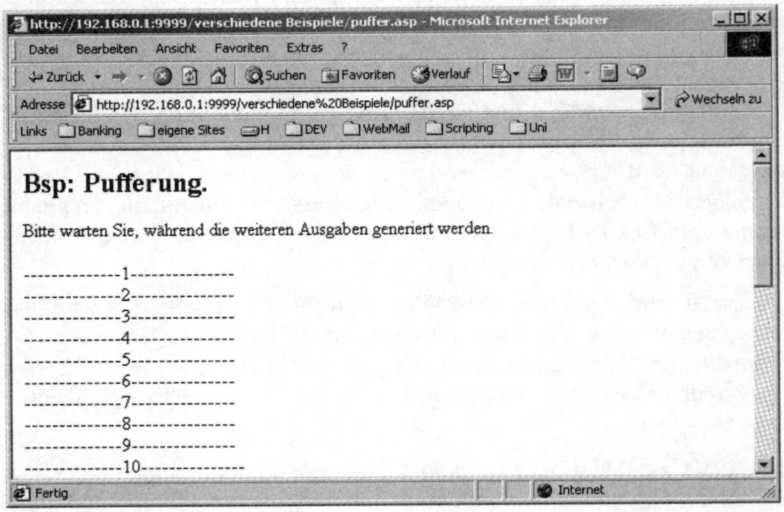

Active Server Pages (ASP)

Sie können den Puffer auch löschen (Response.Clear()) und damit bisherige Ausgaben (sofern sie noch nicht durch Response.Flush() an den Client übergeben wurden) wieder löschen.

4.3.8.3 Server-Objekt

Das Server-Objekt erfüllt folgende Aufgaben:

Features des Server-Objekts

- Unterstützung bei der URL-Kodierung (Methode URLEncode()) und Abbildung von Pfaden (Methode MapPath())
- Liefern eines Zeigers auf ein Fehlerobjekt. Die Methode GetLastError() liefert ein ASPError-Objekt.
- Festlegung der maximalen Laufzeit (Attribut Timeout für das Skript)
- Einbindung einer anderen Seite (Methode Execute()) bzw. die komplette Übergabe an eine andere Seite (Methode Transfer())
- Bei Transaktionsverarbeitung wird die Erzeugung einer neuen Instanz einer Klasse innerhalb des gleichen Transaktionskontexts ermöglicht (Methode CreateObject()).

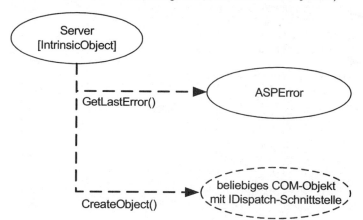

Abbildung 4.38: Objektmodell für das Server-Objekt

CreateObject()

ASP bietet über das Session-Objekt eine eigene Funktion zur Instanziierung von externen COM-Klassen an.

Instanziierung von COM-Klassen

Set obj = Server.CreateObject("ProgID")

Diese Funktion bietet nicht wie die Visual Basic-Funktion die Möglichkeit, Klassen entfernter Komponenten zu instanziieren. Dennoch ist in zwei Fällen die Verwendung von Server.CreateObject() geboten:

- wenn die ASP-Seite eine Transaktion bildet (vgl. Kapitel 3) und die neue Instanz Teil der Transaktion werden soll
- wenn die Instanz via ScriptingContext auf die Intrinsic Objects von ASP zurückgreifen möchte, beispielsweise um Ausgaben zu erzeugen

URL-Kodierung in Querystrings

Server.UrlEn-code() ASP stellt mit Server.UrlEncode() und Server.UrlPathEncode() zwei Hilfsfunktionen zur URL-Kodierung bereit. Erstere Funktion dient der Kodierung von Querystrings, die zweite Funktion übernimmt die Kodierung von Pfadangaben.

> Bitte beachten Sie aber, dass mit Server.UrlEncode() nicht die Pfadangabe in dem URL und auch nicht der ganze Querystring, sondern nur die Werte und gegebenenfalls Attributnamen einzeln URL-kodiert werden dürfen.

Das folgende Beispiel zeigt sowohl das richtige als auch das falsche Vorgehen. Ohne Kodierung wird der Firmenname nach dem »Meier« abgeschnitten und das Attribut »GF« bleibt leer.

```
<!--#include virtual="scriptlib/ws_asplib.asp"-->
<html>
<%
url1 = "encoding test.asp"
url2 = Server.URLPathEncode(url1)
qs1 = "Firma=Meier&müller&Gf=Herr Max Müller"
qs2 = "Firma=" & Server.URLEncode("Meier&Müller") _
 & "&Gf=" & Server.URLEncode("Herr Max Müller")
if Request("Firma") = "" then' -- Links ausgeben
%>
Test der Encoding-Funktionen:<hr><p>
<h2>So ist es falsch!</h2>
<%
        link = "<a href='" & url1 &"?" & qs1 &">"
        say Link & "'>falscher Link</a>" _
        & "<br>" & server.HTMLEncode(Link)
%>
<br>Der IE kann diese Pfadangabe verarbeiten,
nicht aber der Netscape, da die Kodierung fehlt!
Aber auch der IE wird die Werte falsch darstellen!<hr>
<h2> So ist es richtig!</h2>
<%
        Link = "<a href='" & url2 &"?" & qs2 & "'>"
        say Link & "richtiger Link</a>" _
        & "<br>" & server.HTMLEncode(Link)
else    ' übergebene Werte ausgeben
        Say "Willkommen, " & Request("Gf") _
        & " von der Firma " & Request("Firma")
        say "<a href='urlencode.asp'>zurück!</a><p>"
end if
%>
</html>
```

Listing 4.51: Beispiel zur URL-Kodierung [encoding test.asp]

Active Server Pages (ASP)

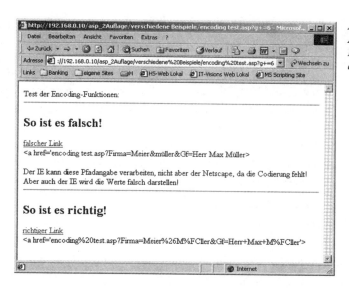

Abbildung 4.39:
Ausgabe des
Beispiels »encoding test.asp«

HTML-Kodierung

Das vorherige Beispiel hat noch eine Kodierungsfunktion des Server-Objekts verwendet: HTMLEncode(). Diese Funktion muss verwendet werden, wenn Inhalte ausgegeben werden sollen, die der Browser als HTML-Code missverstehen könnte. Im obigen Beispiel [encoding test.asp] sollte der HTML-Quelltext des Links ausgegeben werden. Ohne die Anwendung von HTMLEncode() hätte der Browser dies als einen Link dargestellt. Durch die Kodierung wurden jedoch die Größer-/Kleinerzeichen in die entsprechenden HTML-Umschreibungen umgesetzt. Ebenso setzt die Funktion deutsche Umlaute in die Umschreibungen um.

HTMLEncode()

Der folgende String

Beispiel

```
<a href='encoding test.asp?Firma=Meier&müller&Gf=Herr Max Müller>
```

wird so kodiert:

```
&lt;a href='encoding test.asp?
Firma=Meier&amp;m&#252;ller&amp;Gf=Herr Max M&#252;ller&gt;
```

Pfadumwandlung

Das Server-Objekt stellt mit MapPath() eine äußerst nützliche Methode bereit, um einen relativen Pfad innerhalb einer Website auf den physikalischen Pfad innerhalb des Dateisystems des Webservers abzubilden.

**Server.
MapPath()**

```
pfad = server.mappath("relativerPfad")
```

Diese Funktion wird beispielsweise dann benötigt, wenn Sie von ASP aus per ActiveX Data Objects (ADO) auf eine Datenbankdatei zugreifen wollen, die innerhalb des Webverzeichnisses abgelegt ist. Sie müssen dann den Pfad zur Datenbankdatei im ADO-Connectionstring angeben. Natürlich ist es möglich, den Pfad als Konstante im Skript zu kodieren. Besser ist es aber, den Pfad dynamisch zu ermitteln.

Scripting Hosts

In nur einer Zeile ermitteln Sie, wo das aktuelle Skript tatsächlich liegt:

say server.mappath(Request.ServerVariables("PATH_INFO"))

Sofern der übergebene relative Pfad mit einem Schrägstrich oder Backslash beginnt, wird der absolute Pfad nicht relativ zur aktuellen Skriptdatei, sondern relativ zum Wurzelverzeichnis der Site ermittelt.

Timeout

Server.Timeout — Sie können im Internet Information Server (IIS) einstellen, nach welcher Zeit ein Skript automatisch beendet werden soll. Sie können aber auch alternativ Server.Timeout auf die gewünschte Anzahl von Sekunden setzen und damit für einzelne Skripte von der Voreinstellung im Webserver abweichen. Diese Abweichung ist allerdings nur nach oben erlaubt. Die in der Metabase des IIS gespeicherte Zeit ist die Mindestlaufzeit, die jedem Skript zugestanden wird.

Execute() und Transfer()

Server.Execute() — Diese beiden Methoden sind neu in ASP 5.0, also nur im IIS 5.0 unter Windows 2000 verfügbar. Execute() ermöglicht die Einbindung anderer ASP-Seiten in eine Seite. Die Funktionalität entspricht der SSI-Anweisung Include.

```
<% server.execute "Kopf.asp" %>
<p> Das ist der Inhalt... <p>
<% server.execute "Fuß.asp" %>
```

Listing 4.52: GesamtSeite.asp bindet zwei andere ASP-Seiten ein.

Server.Transfer() — Transfer() ist hingegen ein Ersatz für Response.Redirect(), allerdings mit dem Unterschied, dass Transfer() keinen Status 302 »Object Moved« an den Browser zurückgibt, sondern die Umlenkung intern realisiert, so dass der Client davon nichts mitbekommt. Der Browser zeigt weiterhin die URL der aufrufenden Seite an, obwohl der Server eine andere Seite geliefert hat.

Server.Transfer() führt einen reinen serverseitigen Seitenübergang durch, indem die Programmausführung in einer anderen Datei fortgesetzt wird. Werte können hier allerdings **nicht** per Querystring, sondern nur durch die Möglichkeiten des State Managements (Session- und Application-Collection) übergeben werden. Es ist auch **nicht** möglich, in der vorgehenden Seite definierte globale Variablen auszulesen. Allerdings erhält die aufgerufene Seite die kompletten eingebauten Objekte (Response, Request, Server etc.) der aufrufenden Seite.

4.3.8.4 Session-Objekt und Application-Objekt

State Management mit Session- und Application-Variablen — In Kapitel 4.3.1.4 wurde das Thema State Management in Webanwendungen diskutiert. Ein Grund für den Erfolg von ASP ist der Umstand, dass ASP zwei Instrumente bietet, um das State Management weiter zu vereinfachen. Dies sind die Intrinsic Objects Session und Application, die globale, skriptübergreifende Variablen verwalten. Diese Variablen werden unter Web-Programmierern einfach Session- bzw. Application-Variablen genannt.

Active Server Pages (ASP)

Session-Variablen sind an eine Benutzersitzung innerhalb einer Site gebunden. Eine Benutzersitzung beginnt mit dem ersten Seitenabruf durch einen Benutzer und endet eine wohldefinierte Zeit nach dem letzten Seitenabruf. Zur Erinnerung: Auf Grund der Verbindungslosigkeit des HTTP-Protokolls muss sich ein Webclient bei einem Webserver nicht abmelden. Wenn also ein Benutzer die Site verlässt, erfährt der Server dies nicht. Er kann nur annehmen, dass dann, wenn innerhalb einer bestimmten Zeit kein weiterer Seitenabruf kommt, der Benutzer die Site verlassen hat.

Um eine Session definieren zu können, muss der Webserver den Client identifizieren können. Dies geschieht über einen Cookie. Wohlgemerkt: über genau einen Cookie. Das ASP-State Management macht es überflüssig, jede globale Variable als Cookie zum Client zu übertragen. Sofern dies nicht deaktiviert ist, weist ASP jedem neuen Besucher eine so genannte Session-ID zu, die eindeutig ist. Intern verwaltet ASP dann eine Datenbank, in der festgelegt ist, welche Variablen und Werte einer bestimmten Session-ID zugeordnet sind. Beim nächsten Seitenabruf erkennt das ASP-State Management den Benutzer anhand der Session-ID und stellt dem Skript die zugehörigen Variablen(-werte) bereit. Das ASP-State Management ist nichts, was man sich mit Hilfe von Cookies und einer Datenbank mit ASP nicht auch selbst programmieren könnte. Der Vorteil von ASP ist jedoch, dass dieses Feature schon eingebaut ist!

Grundlage ist ein Session-Cookie

Eine ASP-Session-ID verliert nach einem bestimmten Zeitraum ihre Gültigkeit. Diese Timeout-Zeit kann in der Konfiguration der Website oder durch das Attribut `Timeout` im `Session`-Objekt (nicht zu verwechseln mit `Server.Timeout`) gesetzt werden. Es wird stets in Minuten angegeben. Erfolgt über die eingestellte Anzahl von Minuten hinweg keine Anfrage von einem Client, so verliert die Session-ID ihre Gültigkeit, und alle Werte werden gelöscht. Sofern der Benutzer die Site dann doch wieder besucht, beginnt eine neue Benutzersitzung, und er erhält eine neue Session-ID. Das ASP-State Management ist also kein Instrument, um Benutzer über einen längeren Zeitraum hinweg wiederzuerkennen. Dazu müssen Sie selbst eine BenutzerID erzeugen und diese als Cookie an den Client senden.

Abbildung 4.40: Eine Session-ID wird durch einen Session-Cookie an den Browser gesendet.

Technisch gesehen sind *Session*-Variablen der Inhalt der `Contents`-Collection des `Session`-Objekts. Die `Contents`-Collection hat den Typ `IVariantDictionary` und kann sowohl numerische und alphanumerische Werte als auch Arrays und Objektzeiger aufnehmen.

Application-Variablen

Das `Application`-Objekt verwaltet Variablenwerte sitzungsübergreifend. Es lebt solange, wie der Webserver läuft. Ein Anwendungsgebiet sind z.B. Counter, die ja nicht pro Sitzung, sondern global gezählt werden sollen.

Scripting Hosts

```
<!--#include virtual="scriptlib/ws_asplib.asp"-->
<HTML> <h2>Setzen der Session-Variablen</h2>
<% ' --- Session-Variablen füllen
session("ISBN") = "3-8273-1637-5"
session("Titel") = "Windows- und BackOffice-Scripting"
session("Menge") = 2
session("Stichwörter") = Array("NT", "Scripting", "VBScript")
set session("FSO") = Server.CreateObject("Scripting.FileSystemObject")
' --- Application-Variablen füllen
application("counter") = application("counter")+1
%>
<p>erledigt!<P><a href="session2.asp">Weiter</a> </html>
```

Listing 4.53: Die Seite session1.asp setzt unterschiedliche Werte in das Session-Objekt und Application-Objekt.

SESSION2.ASP gibt zunächst einige ausgewählte der gesetzten Variablen wieder aus. List session() und listapp() sind zwei Routinen aus der Skriptbibliothek, die alle Session- und Application-Variablen ausgeben.

```
<!--#include virtual="scriptlib/ws_asplib.asp"-->
<HTML> <h2>Auslesen der Session-Variablen</h2>
Sie haben bestellt:<p>
<%=session("Menge")%> Exemplare des Buchs <b><%=session("Titel")%></b>
mit ISBN <b><%=session("ISBN")%></b>
<p>Das haben wir alles dazu gespeichert:<p>
<% listsession
   listapp %> </html>
```

Listing 4.54: Session2.asp

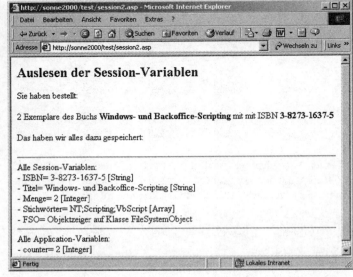

Abbildung 4.41: So sollte die Ausgabe von session2.asp aussehen, sofern das Session-Cookie zugelassen wurde und damit eine Benutzersitzung entstehen konnte.

Deaktivierung des State Managements

Sobald Sie ASP-Seiten verwenden, ist auch das ASP-State Management automatisch aktiv. Der Benutzer erhält also einen Session-Cookie auch dann, wenn Sie gar kein State Management benötigen. So könnten überängstliche Webnutzer verschreckt werden. Das ASP-State Management konnte bis IIS 4.0 gar nicht abgeschaltet werden. Seit ASP 4.0 ist dies möglich über eine @-Direktive:

ENABLESESSI-ONSSTATE

```
<%@ ENABLESESSIONSSTATE = False %>
```

Dieser Eintrag muss am Beginn jeder ASP-Seite stehen. Das Abschalten des State Managements erhöht die Ausführungsgeschwindigkeit von ASP-Seiten.

Einschränkung

Es erscheint oft sinnvoll, Objektinstanzen in Application-Variablen global zu speichern. Instanzen von Objekten aus Komponenten, die nach dem Appartment-Threading arbeiten (also alle mit Visual Basic 6.0 erzeugten Komponenten), könnten nicht an Application-Variablen zugewiesen werden. Es ist aber möglich, diese als statische Objekte einzubinden (vgl. Kapitel 0).

Keine VB-COM-Objekte in Application-Variablen

4.3.9 Global.asa und ASP-Ereignisse

GLOBAL.ASA ist eine besondere Datei für ASP. Hier können zwei Arten von Informationen hinterlegt werden:

Die Datei Global.asa

- Ereignisbehandlungsroutinen für vier im `Session`- bzw. `Application`-Objekt definierte Ereignisse (so genannte ASP-Events)
- Instanziierung statischer Objekte

Position der Global.ASA

Die GLOBAL.ASA muss direkt im Wurzelverzeichnis eines virtuellen Webservers liegen (siehe Screenshot). Wenn sich die Datei an einer anderen Stelle befindet, wird sie ignoriert. Jeder virtuelle Webserver kann demnach seine eigene GLOBAL.ASA haben.

ASP-Events

Die ASP-Intrinsic Objects `Session` und `Application` definieren insgesamt vier Ereignisse:

- `Application_OnStart`: Dieses Ereignis wird ausgelöst, wenn nach dem Start des Webservers die erste ASP-Seite aufgerufen wird. Dieses Ereignis wird noch nicht aufgerufen, wenn INETINFO.EXE gestartet wird oder wenn Nicht-ASP-Seiten aufgerufen werden.   **Serverstart**
- `Application_OnEnd`: Dieses Ereignis wird ausgelöst, wenn der Serverprozess heruntergefahren wird oder die Datei GLOBAL.ASA geändert wurde.   **Servershutdown**
- `Session_OnStart`: Dieses Ereignis wird ausgelöst, wenn eine neue Benutzersitzung beginnt.   **Sessionstart**
- `Session_OnEnd`: Dieses Ereignis wird ausgelöst, wenn eine Benutzersitzung endet. Leider arbeitet diese Routine unzuverlässig: Wenn der Server heruntergefahren wird, wird `Session_OnEnd` nicht für alle noch offenen Sessions ausgelöst.   **Sessionende**

Abbildung 4.42: Die Global.asa im Wurzelverzeichnis des virtuellen Webservers »Buch«

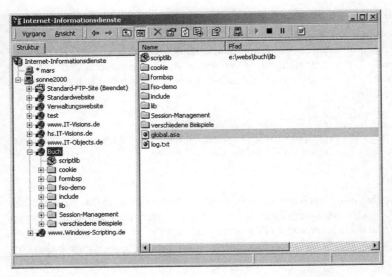

Anwendungsbeispiele für ASP-Events

Es gibt einige Anwendungsgebiete für diese Ereignisse, z.B.:

▶ Hochzählen eines Counters für die Anzahl der Benutzersitzungen in Session_OnStart. Der Counter muss dafür in einer Application-Variablen angelegt werden.

▶ Löschen von in Dateien oder Datenbanken gespeicherten, benutzerbezogenen Daten in Session_OnEnd

▶ Benachrichtigung des Webmasters oder Schreiben eines Protokolls, wenn der Server gestartet oder gestoppt wird (Application_OnStart und Application_OnEnd)

▶ In Application_OnEnd sollten alle Application-Variablen, die beim Wiederanlauf des Servers erneut benötigt werden (z.B. Counter), in externen Datenspeichern (z.B. in einer Datei oder Datenbank) persistent gemacht werden. In Application_OnStart können diese Werte wieder eingelesen werden.

▶ Session_OnStart kann dazu genutzt werden, einen neu ankommenden Besucher auf eine Startseite zu zwingen, auch wenn eine andere Seite direkt angesprungen wurde. Dies ist möglich, da alle Features der Request- und Response-Objekte (inkl. Response.Redirect()) in Session_OnStart zur Verfügung stehen.

Grundstruktur der Global.asa

Das Listing 4.55 zeigt die Grundstruktur einer GLOBAL.ASA. Das <SCRIPT>-Tag wird auch hier zur Begrenzung eingesetzt.

```
<SCRIPT LANGUAGE=VBScript RUNAT=Server>
' === Start des Servers
Sub Application_OnStart
End Sub
' === Ende der Servers
Sub Application_OnEnd
End Sub
```

Active Server Pages (ASP)

```
' === Start einer Sitzung
Sub Session_OnStart
End Sub
' === Ende einer Sitzung
Sub Session_OnEnd
End Sub
</SCRIPT>
```

Listing 4.55: Grundstruktur einer Global.asa

Die GLOBAL.ASA-Seite unterliegt einigen Beschränkungen:

- In den Application-Events sind nur die Objekte `Application` und `Server` verfügbar.
- Im `Session_OnEnd`-Event sind nur die Objekte `Application`, `Server` und `Session` verfügbar.
- GLOBAL.ASA darf keine Ausgaben an den Client erzeugen.
- Die Begrenzer `<%...%>` dürfen nicht verwendet werden.
- Es dürfen keine anderen ASP-Seiten mit der `Include`-Anweisung eingebunden werden.

Beispiel zu den ASP-Ereignissen

Im folgenden Beispiel werden die ASP-Events dazu verwendet, ein gesondertes Protokoll in einer Textdatei zu erstellen, in dem das Herauf- und Herunterfahren der Anwendung sowie Anfang und Ende der Benutzersitzungen dokumentiert sind. Zu jeder Benutzersitzung werden die IP-Adresse des Clients und die angewählte Startseite protokolliert. `Session_OnStart` zählt auch die Benutzersitzungen in einer Application-Variablen; die Anzahl wird beim Herunterfahren in die Protokolldatei geschrieben.

Beispiel

```
writeto(filepath, text)
On Error Resume Next
Set FSO = CreateObject("Scripting.FileSystemObject")
Set
<SCRIPT LANGUAGE=VBScript RUNAT=Server>
' === Anhängen an Datei
Sub ts = FSO.OpenTextFile(filepath, 8, True)   ' 8 = ForAppending
ts.WriteLine text
ts.Close
On Error GoTo 0
End Sub
const LOGFILE = "e:\webs\ws\log.txt"
' === Start des Servers
Sub Application_OnStart
writeto LOGFILE,now & ": Start der Site windows-scripting"
application("start") = now
application("sessions") = 0
End Sub
' === Ende des Servers
Sub Application_OnEnd
writeto LOGFILE,now & ": Site windows-scripting wird heruntergefahren."
writeto LOGFILE,"Start der Site war: " & application("start")
```

```
writeto LOGFILE,"Anzahl der Benutzersitzungen: " & _
application("sessions")
End Sub
' === Start einer Sitzung
Sub Session_OnStart
writeto LOGFILE,now & ": Start einer Session von " & _
Request.ServerVariables("REMOTE_ADDR")
application("sessions") = application("sessions")+1
End Sub
' === Ende einer Sitzung
Sub Session_OnEnd
writeto LOGFILE,now & ": Ende einer Session von " & _
Request.ServerVariables("REMOTE_ADDR")
End Sub
</SCRIPT>
```

Listing 4.56: Beispiel für eine global.asa

Die Datei LOG.TXT könnte etwa so aussehen:

```
10.3.2000 23:30:45: Start der Site windows-scripting
10.3.2000 23:30:45: Start der Session 194133755 von 1.1.1.200
Startseite: /test/session2.asp
10.3.2000 23:31:11: Site windows-scripting wird heruntergefahren.
Start der Site war: 10.3.2000 23:30:45
Anzahl der Benutzersitzungen: 1
10.3.2000 23:31:59: Start der Site windows-scripting
10.3.2000 23:31:59: Start der Session 194133755 von 1.1.1.200
Startseite: /test/alleEingaben.asp
```

Listing 4.57: Ausgabe des obigen Listings

Statische Objekte

<OBJECT>   Die GLOBAL.ASA bietet als zusätzliches Feature die Instanziierung globaler Objekte (sie werden *statische Objekte* genannt). Diese können mit Hilfe des <OBJECT>-Tags außerhalb des <SCRIPT>-Tags definiert werden.

```
<OBJECT RUNAT=Server SCOPE=Session|Application ID=objVar
PROGID="ProgID"|CLSID="CLSID">
</OBJECT>
```

Der Gültigkeitsbereich eines statischen Objekts ist entweder benutzersitzungsbezogen (SCOPE=Session) oder sitzungsübergreifend (SCOPE=Application). Die Klasse wird entweder über eine ProgID oder über eine CLSID spezifiziert. Die Instanz wird der nach ID= bezeichneten Objektvariablen zugewiesen. Jede ASP-Seite kann dann das statische Objekt über die Objektvariable direkt verwenden. Aus Sicht der ASP-Seite wird die Instanz zu einem Intrinsic Object.

```
<OBJECT RUNAT=Server SCOPE=Session ID=FSO
PROGID="Scripting.FileSystemObject">
</OBJECT>
```

Listing 4.58: Beispiel für eine sitzungsbezogene Objektinstanziierung in der global.asa für die Klasse Scripting.FileSystemObject. Jede Seite kann danach die Instanz mit der Objektvariablen FSO benutzen.

Über das Session- bzw. Application-Objekt ist es möglich, die vorhandenen statischen Objekte aufzulisten.

```
Sub list_StatObjects
say "<hr>Alle statischen Objekte auf Session-Ebene:"
For Each Key in Session.StaticObjects
  say Key & ": Instanz der Klasse " & _
  typename(Session.StaticObjects(key))
Next
say "<hr>Alle statischen Objekte auf Application-Ebene:"
For Each Key in Application.StaticObjects
  say Key & ": Instanz der Klasse " & _
  typename(Application.StaticObjects(key))
Next
End Sub
```

Listing 4.59: Die Methode `list_StatObjects()` *ist Teil der ws_aspLib.*

Für die obige Instanziierung von FSO würde folgende Ausgabe entstehen: **Ausgabe**

```
Alle statischen Objekte auf Session-Ebene:
FSO: Instanz der Klasse FileSystemObject
```

4.3.10 Einbinden von Dateien

Eine große Schwäche von HTML ist, dass es keine Befehle gibt, um eine einzelne HTML-Seite aus mehreren Dateien zusammenzubauen. Diese Funktion wird aber häufig für wiederkehrende Elemente (z.B. Fußzeilen) benötigt, deren Pflege viel einfacher wäre, wenn sie zentral in einer einzigen Datei als Textbaustein abgelegt werden könnten, anstatt sie in jeder HTML-Datei redundant zu halten. HTML-Framesets sind eine Möglichkeit diesen Mangel auszugleichen – jedoch kein sehr schöner und kein ausreichend flexibler Weg. Bei einem Frameset wird das Browserfenster in Rechtecke gegliedert und in jedes Rechteck eine andere HTML-Datei geladen. Auf Grund verschiedener Nachteile sind jedoch Framesets wenig beliebt und bieten wegen der Beschränkung auf Rechtecke auch nicht die notwendige Flexibilität. **Datei-einbindung**

Eine Lösung besteht darin, verschiedene Textbausteine bereits auf dem Server zu einer Datei zusammenzubauen, so dass der Client überhaupt nicht bemerkt, dass die Informationen aus verschiedenen Dateien stammen.

ASP selbst bietet erst ab Version 5.0 einen eigenen Befehl in Form von `Server.Execute(Pfad)`. In früheren ASP-Versionen kann jedoch auf ein *Server Side Includes*-Kommando zurückgegriffen werden. Das Kommando heißt `#include`. Die Syntax ist **Server.Execute (Pfad)**

```
<!--#include file|virtual="pfad/dateiname.extension"-->
```
Server-Side-Include

Der Unterschied zwischen der Angabe mit `file=` und der Angabe mit `virtual=` besteht darin, dass `file=` ein absoluter oder relativer Dateisystempfad ist, während `virtual=` sich auf die Pfade bezieht, die aus Sicht des Webserver-Prozesses verfügbar sind. Dazu gehören neben den direkten Unterverzeichnissen des Wurzelverzeichnisses des virtuellen Webservers auch alle konfigurierten virtuellen Verzeichnisse. Mit `virtual=` springen Sie also zu genau der Stelle im Dateisystem, zu der auch ein Webclient gelangen würde, wenn er diesen Pfad direkt nach dem Servernamen angeben würde.

Beispiele In einem Szenario, in dem der Webserver zwei Unterverzeichnisse /TEST und /LIB besitzt und letzteres als virtuelles Verzeichnis SCRIPTLIB gemappt ist, gibt es die in der nachstehenden Tabelle dargestellten Varianten des include-Befehls innerhalb einer Datei, die sich in /TEST befinden.

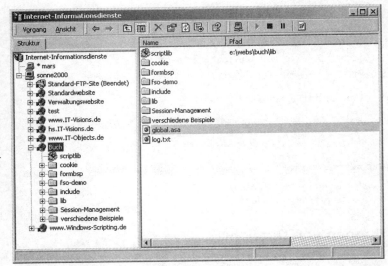

Abbildung 4.43: »Buch« ist ein virtueller Webserver für den Dateisystem-Pfad 2e:\webs\buch« auf dem IIS-Computer. Das virtuelle Verzeichnis »scriptlib« verweist auf das Unterverzeichnis »e:\webs\buch\lib«.

Tabelle 4.15: Verschiedene Varianten der Verwendung von Include

Include-Anweisung	Bemerkung
`<!--#include file="../lib/ws_asplib.asp"-->`	Ein gültiger Aufruf auf Basis eines relativen Pfads
`<!--#include file="/lib/ws_asplib.asp"-->`	Ein ungültiger Aufruf, da Include sich nicht mit dem vorangestellten Slash auf das Basisverzeichnis des Webservers beziehen darf
`<!--#include virtual="scriptlib/ws_asplib.asp"-->`	Ein gültiger Aufruf auf Basis des virtuellen Verzeichnisses SCRIPTLIB
`<!--#include virtual="lib/ws_asplib.asp"-->`	Auch dieser Aufruf ist erlaubt, da LIB ein direktes Unterverzeichnis des Wurzelverzeichnisses des Webservers ist.

Die Variante mit virtuellen Pfaden hat grundsätzlich den Vorteil, dass die einbindenden Dateien unabhängig von ihrem Standort den gleichen Pfad verwenden können.

Es können beliebige Textdateien eingebunden werden: Dateien, die nur HTML enthalten, reine Skriptdateien oder gemischte Dateien. Die Include-Anweisung kann allerdings nur innerhalb eines HTML-Blocks, aber nicht innerhalb eines Skriptblocks verwendet werden. Reine Skriptdateien müssen daher mit <%...%> begrenzt werden, da sonst der Programmcode als HTML-Inhalt betrachtet wird.

Neben der Einbindung von Textblöcken werden Include-Dateien häufig dazu verwendet, eine zentral abgelegte Bibliothek von Skript-Routinen in verschiedenen ASP-Seiten zu nutzen. In einer solchen zentralen Skriptbibliothek sollten Sie Funktionen wie say() ablegen.

Skriptbibliotheken

Die Buch-CD enthält in dem oben geschilderten Szenario auch die kleine Bibliothek WS_aspLIB, die die Hilfsroutinen zu den hier abgedruckten Beispielen enthält [CD:/code/hosts/asp/WS_aspLIB.asp].

4.3.11 Einbinden von Typbibliotheken

ASP bietet ein spezielles Tag, um Konstantenlisten aus COM-Typbibliotheken in ASP-Skripten verfügbar zu machen.

METADATA

```
<!--METADATA TYPE="TypeLib"
FILE="file"
UUID="type_library_uuid"
VERSION="majorversionnumber.minorversionnumber"
LCID="locale_id"
-->
```

Um eine Typbibliothek zu identifizieren, kann entweder die entsprechende LibID oder aber der Dateiname verwendet werden. Wenn die Datei nicht im %SYSTEM%-Verzeichnis liegt, muss der komplette Pfad angegeben werden.

Beispiel

Das Beispiel zeigt die Einbindung der Typbibliotheken der Komponenten

- ActiveX Data Objects (ADO) und
- Scripting Runtime Library (SCRRUN)

Aus jeder der beiden Komponenten wird jeweils eine Konstante ausgegeben.

```
<!--METADATA TYPE="typelib"
UUID="00000205-0000-0010-8000-00AA006D2EA4" -->
<!--METADATA TYPE="typelib"
file="scrrun.dll" -->

<html>

Einbinden von Typbibliotheken in ASP<p>
am Beispiel von Konstanten aus ADO und SCRRUN<hr>

<%
Response.Write "ADO:<br>adOpenDynamic = " & adOpenDynamic
Response.Write "<hr>"
Response.Write "SCRRUN:<br>ForAppending = " & ForAppending
%>

</html>
```

Listing 4.60: [typelibimport.asp]

Abbildung 4.44:
Ausgabe von
typelib-
import.asp

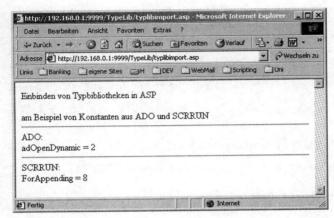

4.3.12 Fehlermeldungen

Wenn Sie ASP-Skripte entwickeln, wollen Sie verständlicherweise eventuell auftretende Fehler beseitigen. Dies geht am schnellsten, wenn man über detaillierte Fehlerinformationen verfügt. Im Normalfall gibt die ASP-Engine während des Parsen der Seite (Kompilierungsfehler) oder während der Ausführung (Laufzeitfehler) auftretende Fehler mit mindestens den folgenden Daten zurück:

- Fehlernummer
- Fehlerherkunft (verursachendes Modul)
- Fehlerbeschreibung
- Pfad und Name der Datei, in der der Fehler auftrat
- Fehlerverursachende Zeile

Zum Beispiel könnte eine solche Fehlermeldung wie folgt aussehen:

```
Laufzeitfehler in Microsoft VBScript- Fehler '800a0005'
Ungültiger Prozeduraufruf oder ungültiges Argument
/meineseite.asp, line 2
```

Wenn Sie mit dem Internet Explorer ab Version 5 arbeiten, kann es Ihnen aber passieren, dass Sie in etwa folgende Meldung sehen:

```
Die Seite kann nicht angezeigt werden.
... (weiterer Text)
HTTP 500 - Interner Serverfehler
```

Dies hat allerdings nichts damit zu tun, dass der Server diese Information sendet, sondern beruht auf der Tatsache, dass der Internet Explorer hier so genannte »Kurze HTTP-Fehlermeldungen« anzeigt. Das heißt, dass der Browser den Statuscode (hier 500), der vom Server geliefert wird, analysiert und dann eine bestimmte Seite mit Informationen zum Fehler anzeigt. Dies mag für den User selbst (also Ihre späteren Besucher) geeignet sein. Bei der Entwicklung stört dies aber ungemein.

Zum Glück kann man diese Einstellung deaktivieren. Gehen Sie hierzu in das Menü EXTRAS/INTERNETOPTIONEN/ERWEITERT und deaktivieren Sie dort das Häkchen bei dem Punkt KURZE HTTP-FEHLERMELDUNGEN ANZEIGEN. Dann sollte auch der Internet Explorer wieder wie gewohnt die detaillierten Fehlermeldungen vom Server anzeigen.

4.3.13 Sicherheitseinstellungen

Die Zugriffsrechte auf ein Skript und die Identität, unter der ein Skript läuft, hängen von dem Zusammenspiel zweier Einstellungen ab: einerseits von den Rechten auf der Skriptdatei (im NTFS-Dateisystem), andererseits von den Authentifizierungseinstellungen im Internetdienstemanager. Grundsätzlich unterscheidet man bei Webseiten den anonymen und den authentifizierten Zugriff.

Zugriffsrechte und Identität

Anonymer Zugriff bedeutet, dass sich der Webclient gegenüber dem Webserver nicht authentifizieren muss. Gleichwohl kann der Webserver nicht mit dem Dateisystem interagieren. Daher muss im Internetdienstemanager dem anonymen Zugriff ein spezielles Benutzerkonto zugeordnet werden. Dieses Konto heißt im Standard *IUSR_Servername*; es kann aber jedes beliebige andere NT-Konto zugeordnet werden.

Konfiguration des anonymen Zugriffs

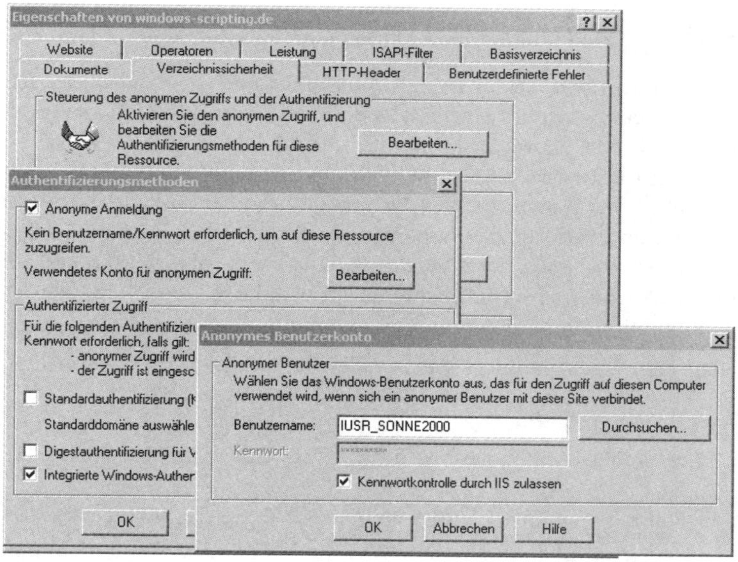

Abbildung 4.45: Sicherheitseinstellung für einen virtuellen Webserver im IIS 5.0

Wenn eine Anfrage eines Webclients eintrifft, prüft der IIS zunächst, ob der anonyme Zugriff grundsätzlich durch die im Internetdienstemanager für den jeweiligen virtuellen Webserver eingestellten Authentifizierungsmethoden erlaubt ist. Sofern »ANONYME ANMELDUNG« aktiviert ist, verwendet der IIS das dem anonymen Zugriff zugeordnete Benutzerkonto, um auf die angeforderte Datei zugreifen zu können. Dieser Zugriff kann nur

Anonymer Zugriff

dann erfolgreich sein, wenn der *IUSR_Servername* Zugriffsrechte auf die angeforderte (ASP-)Datei besitzt. Wenn dieses Benutzerkonto Zugriffsrechte hat, wird das in der ASP-Seite enthaltene Skript unter diesem Benutzerkontext ausgeführt.

Impersonifizierung durch Authentifizierung

Wenn *IUSR_Servername* keine Zugriffsrechte hat oder aber die anonyme Anmeldung deaktiviert ist, dann verlangt der IIS eine Authentifizierung von dem Webclient. Daher akzeptiert er die im Internetdienstemanager eingestellten Authentifizierungsmethoden (Basic-Authentication oder NTLM, unter Windows 2000 auch Kerberos). Sofern die Authentifizierung erfolgreich war und der authentifizierte Benutzer auch Zugriffsrechte auf die angeforderte Datei hat, wird das Skript unter diesem Benutzerkontext ausgeführt. Auf diese Weise ist eine Impersonifizierung des Skripts in verschiedenen Benutzerkontexten möglich.

4.3.14 Transaktionssteuerung

<@TRANSACTION>

ASP-Seiten können in Verbindung mit dem MTS bzw. mit COM+ eine Transaktion bilden. Die Transaktionssteuerung wird mit der @-Direktive aktiviert: `<%@ TRANSACTION=Typ %>` wobei `Typ = Required | Requires_New | Supported | Not_Supported`.

Dazu definiert das Intrinsic Object `ObjectContext` die Methoden `SetAbort()` sowie `SetComplete()` und stellt die Ereignisse `OnTransactionAbort` und `OnTransactionCommit` bereit.

4.4 Job Scripting im SQL Server 7.0/2000

Scripting-Möglichkeiten im Microsoft SQL Server 7.0

Der Microsoft SQL Server ist der Datenbankserver im Rahmen der BackOffice-Produktreihe. Während der auf einem Sybase-Kernel basierende SQL Server 6.5 von vielen noch belächelt wurde, hat Microsoft mit der Version 7.0 ein gutes Produkt entwickelt. Der SQL Server 7.0 ist eine komplette Neuentwicklung und unterscheidet sich von seiner Vorgängerversion 6.5 viel stärker, als dies die Versionsnummer auszudrücken vermag. Hinsichtlich Stabilität und Performance stößt der SQL Server 7.0 in die Klasse der etablierten Datenbankserver von Oracle und Informix vor und bleibt dabei billiger. Im Laufe des Jahres 2000 soll die nächste Version, SQL Server 2000, erscheinen.

SQL-Agent und DTS

Zu den Neuerungen im SQL Server 7.0 gehören auch zwei ActiveX Scripting Hosts. Beide haben keinen dezidierten Namen, sondern sind Teile einer Funktionalität.

- Der erste Scripting Host befindet sich im SQL Server-Agent.
- Der zweite Scripting Host ist Teil des Data Transformation Service (DTS).

Im Rahmen der Entwicklungsphase des SQL Servers 7.0 geisterte auch das Gerücht durch die Fachwelt, der Datenbankserver würde ActiveX Scripts als Trigger unterstützen. Diese Funktion ist jedoch im SQL Server 7.0 nicht verfügbar und auch für den SQL Server 2000 nicht vorgesehen.

4.4.1 Überblick über den SQL Server-Agent

Der SQL Server-Agent ist ein Teil des SQL Servers 7, der als eigenständiger Windows NT-Dienst läuft. Der Server-Agent findet sich im SQL Server Enterprise Manager unter MANAGEMENT/SQL SERVER-AGENT. Einsatzgebiete des Server-Agents sind:

Aufgaben des Server-Agents

- die Durchführung von regelmäßigen Wartungsaufgaben
- unbeaufsichtigte Ausführung von (einmaligen) Aufgaben
- automatische Reaktion auf Fehlerzustände (Alerts)

Da es auch noch den NT-Scheduler bzw. Windows Taskscheduler gibt, stellt sich die Frage, wozu man das SQL Server-Agent Job Scripting einsetzen sollte. Zunächst einmal gilt: Wenn Fehlerzustände im SQL Server abgefangen werden sollen, ist Server-Agent Job die einzige Möglichkeit. Aber auch für andere zeitgesteuerte Aufgaben bietet sich der Einsatz des SQL Server-Agents als Scripting Host an, denn er bietet gegenüber dem NT-Scheduler folgende Vorteile:

Vergleich zu anderen Schedulern

- mehrere unabhängige Job Steps
- Start von Jobs durch Fehlerereignisse (Alerts)
- einen integrierten Benachrichtigungsdienst
- mehrere Schedules zu einer Aufgabe (dieses Feature hat der neue Taskscheduler unter Windows 98 und 2000 jedoch auch)

Nachteilig ist die schlechte Editor-Unterstützung; die Eingabemaske für die Skripte erreicht nicht einmal das Niveau des Windows Notepad.

Nachteil

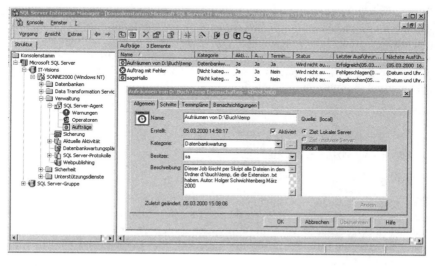

Abbildung 4.46: Anzeige der Jobs im Enterprise Manager

In obiger Abbildung des Enterprise Managers sind drei Jobs eingetragen. Der zweite Job ist bei der letzten Ausführung fehlgeschlagen. Das innere Fenster zeigt die Eigenschaften des Jobs »Aufräumen von D:\buch\temp«.

Begriffe Der Server-Agent verwendet folgende Begriffe:

- Ein *Auftrag (Job)* ist eine Folge von *Befehlsschritten (Job Steps)*.

- Eine *Warnung (Alert)* ist eine Fehlerüberwachung, die auf eine bestimmte Art von Fehlern achtet. Wenn der Fehler eintritt, dann wird der Alert ausgelöst. In der Folge eines Alerts wird ein Job gestartet oder eine Benachrichtigung an einen Operator gesendet.

- Ein *Operator* ist eine Person, die benachrichtigt werden soll.

- Eine *Benachrichtigung (Notification)* definiert eine Nachricht an einen Operator.

- Ein *Terminplan (Schedule)* definiert Zeitpunkte, zu denen ein Job automatisch gestartet werden soll.

Ein Operator wird definiert über seinen Namen und bis zu drei verschiedene Möglichkeiten, den Operator zu unterrichten: per E-Mail, per Pager oder per Net Send-Befehl.

4.4.2 Definition von Aufträgen

Job versus Job Step Zentrales Instrument im Server-Agent sind Jobs. Ein *Job* ist eine Sammlung von Aktionen, die zusammen ausgeführt werden sollen. Ein Server-Agent Job besteht aus einem oder mehreren Job Steps. Ein *Job Step* ist nicht ein einzelner Befehl; vielmehr ist jeder Job Step eine eigenständige Routine mit einer Abfolge von Befehlen. Ein Job Step kann in Transaction SQL, ActiveX Script oder einem Befehl für die DOS-Kommandozeile geschrieben sein. Zusätzlich gibt es vier Typen von Replikationskommandos, die hier nicht näher betrachtet werden sollen.

Übergänge zwischen Job Steps Die Job Steps werden im Normalfall sequenziell ausgeführt. Beim Start eines Jobs werden die Job Steps in der definierten Reihenfolge abgearbeitet. Die Reihenfolge kann aber jederzeit verändert werden. Sie können jedoch einen (kleinen) Workflow modellieren, da zu jedem Job Step festgelegt werden kann, was im Erfolgs- bzw. Fehlerfall passieren soll. Dabei gibt es vier Möglichkeiten:

- Ende des Jobs mit Fehlermeldung
- Ende des Jobs mit Erfolgsmeldung
- Weiter mit nächstem Job Step
- Fortsetzung bei einem bestimmten Job Step

Die folgende Abbildung zeigt einen Job, der aus zwei Skripten besteht. Bei der termingeplanten Ausführung beginnt der Job bei dem mit einem Fähnchen markierten Job Step. Beim manuellen Start des Jobs würde der Enterprise Manager nachfragen, wo begonnen werden soll. Die Einstellungen »Bei Erfolg« und »Bei Fehler« definieren das Vorgehen nach dem Ende eines Job Steps.

Job Scripting im SQL Server 7.0/2000

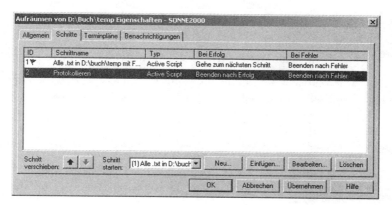

Abbildung 4.47: Registerkarte SCHRITTE

Ein Job kann auf vier Arten gestartet werden:

Start eines Auftrags

- manuell über den Enterprise Manager durch den Befehl START JOB aus dem Kontextmenü des Eintrags JOBS
- durch einen Schedule
- durch einen Alert
- durch ein externes Programm über die SQL Distributed Management Objects (DMO).

Die manuelle Ausführung eines Jobs ist ein asynchroner Vorgang. Der Enterprise Manager wartet nicht auf das Ende der Ausführung des Skripts. Sie können direkt weiterarbeiten. Über den Status der Ausführung werden Sie allerdings nur über die Spalten in der Job-Liste informiert.

Manuelle Ausführung

Schedules und Alerts werden in den Eigenschaften des Jobs im Reiter SCHEDULE definiert. Dabei können zu jedem Job mehrere Schedules und mehrere Alerts definiert werden.

Zeitpläne und Benachrichtigungen

Die Registerkarte TERMINPLÄNE eines Jobs zeigt nicht nur Termine, sondern Warnungen, die diesen Job auslösen. Der Job soll jeden Tag um 16.00 Uhr gestartet werden oder wenn es zu einem Speichermangel kommt. Es kann beliebig viele Termine und Warnungen zu einem Job geben.

Abbildung 4.48: Registerkarte TERMINPLÄNE

Terminpläne für Aufträge

Konfiguration von Zeitplänen

Ein Schedule besitzt eine der vier folgenden Startoptionen:

- einmalige Ausführung an einem bestimmten Tag zu einer bestimmten Uhrzeit
- wiederkehrende Ausführung im Minuten-, Stunden-, Tages-, Wochen- oder Monatsrhythmus, wobei Tag und Uhrzeit der ersten und der letzten Ausführung festgelegt werden können
- automatischer Start des Jobs beim Start des Server-Agents
- Start des Jobs, sobald die CPU nicht beschäftigt ist

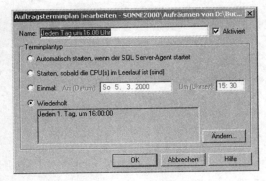

Abbildung 4.49: Bearbeitung eines Terminplaneintrags

Warnungen

Konfiguration von Warnungen

Ebenso kann eine Warnung (Alert) definiert werden. Über NEUE WARNUNG in der Registerkarte TERMINPLÄNE gelangen Sie zu dem gleichen Eigenschaftsfenster, das Sie erhalten, wenn Sie im Enterprise Manager im Kontextmenü des Astes WARNUNGEN den Punkt NEUE WARNUNG wählen.

> Hinsichtlich der Bindung eines Alerts an einen Job gibt es zwei identische Vorgehensweisen: Ein und dasselbe Ergebnis kann sowohl aus dem Eigenschaftsfenster eines Alerts als auch aus dem Eigenschaftsfenster eines Jobs heraus erreicht werden.

Benachrichtigungen

Konfiguration von Benachrichtigungen

Für die Benachrichtigung über E-Mail, Pager oder den DOS-Befehl Net Send bedarf es der Definition eines so genannten Operators innerhalb des Agents. Bei allen fünf Notifikationstypen besteht die Möglichkeit, zwischen drei Bedingungen zu wählen:

- Benachrichtigung, wenn der Job erfolgreich beendet wurde
- Benachrichtigung, wenn der Job einen Fehler meldete
- Benachrichtigung in jedem Fall nach Beendigung des Jobs

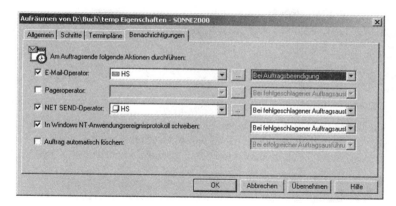

Abbildung 4.50:
Registerkarte
BENACH-
RICHTIGUNGEN

In obiger Abbildung ist zu einem Job definiert, dass im Fehlerfall ein Eintrag im Ereignisprotokoll erfolgen und eine Netzwerknachricht an den Operator HS gesendet werden soll. In jedem Fall (also auch im Erfolgsfall) wird eine E-Mail an HS gesendet.

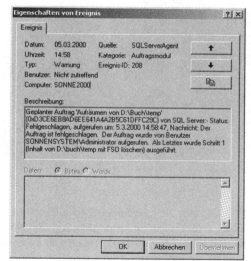

Abbildung 4.51: So erscheint ein fehlgeschlagener Job im Ereignisprotokoll. Leider werden die Fehlermeldungen des Skripts hier nicht übernommen.

4.4.3 Erstellung von Job Scripts

Leider bietet das Job Scripting nur einen sehr primitiven Editor, der zwar Schlüsselwörter in einer anderen Farbe darstellen kann, dessen Eingabefeld sich aber nicht in der Größe verändern lässt. Die Anbindung eines externen Editors ist nicht möglich, wohl aber können zuvor in einem anderen Editor gespeicherte Dateien über den Button ÖFFNEN eingelesen werden. Mit ANALYSIEREN können die eingegebenen Befehle auf ihre syntaktische Korrektheit hin überprüft werden.

Editor für Job-Skripte

Der Editor hat einen lästigen Bug: Wenn Sie mit einem einfachen Anführungszeichen einen Kommentar eingeben, zeigt der Editor alle darunter liegenden Zeilen rot an. Sie umgehen dies, indem Sie das Schlüsselwort REM statt des einfachen Anführungszeichens verwenden.

Beispiel

Dateien löschen

Die folgende Abbildung zeigt ein Skript zum Löschen der TXT-Dateien in einem Ordner, dargestellt in dem primitiven Skripteditor des SQL Server-Agents. Sie gelangen zu diesem Fenster, wenn Sie einen neuen Job Step eintragen oder einen bestehenden bearbeiten.

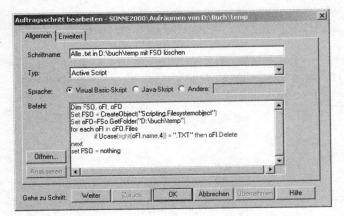

Abbildung 4.52: Editor im Job Agent

Achten Sie beim Erstellen eines Job Steps darauf, dass der Job-Step-Typ auf ACTIVE SCRIPT steht. Sonst erhalten Sie sehr verwirrende Fehlermeldungen!

Explizite Objektvernichtung

set obj = Nothing

Der Scripting Host weist eine Besonderheit auf: Mit CreateObject() instanziierte Objekte müssen mit set obj = Nothing explizit vernichtet werden. Wenn diese explizite Vernichtung nicht erfolgt, lehnt der Server-Agent eine Speicherung des Skripts mit der Fehlermeldung ab: »Fehler 14277: Das Befehlsskript zerstört nicht alle Objekte, die es erstellt hat. Ändern Sie das Befehlsskript. Der Auftrag wurde nicht gespeichert.«.

Diese Abfrage, die es in keinem anderen Scripting Host gibt, ist von zweifelhaftem Nutzen, denn der Host sollte mit dem Ende des Skripts alle Objekte automatisch vernichten. Hier war wohl einer der energischen »Man-braucht-Set-Nothing«-Hysteriker am Werk (siehe dazu [WES99b]). Allerdings erkennt der Host nicht, wenn ein Objektzeiger vervielfältigt wurde und ein Set...Nothing nicht reicht.

```
set x = CreateObject("Scripting.FileSystemObject")
set y = x
set x = Nothing
```

Listing 4.61: Dieses Skript lässt der Scripting Host zu, selbst wenn hier das Objekt auch nicht zerstört wird.

> **Fensterln**
>
> Auf keinen Fall darf ein Skript dialogorientierte Befehle wie `MsgBox` oder `InputBox` enthalten. Der Job Scripting Host ignoriert diese Befehle leider nicht, sondern führt sie im Hintergrund aus, ohne sie anzuzeigen. Da jedoch dann niemand die Dialogboxen bestätigen kann, hängt der Server-Agent, bis der Job manuell gestoppt oder der Timeout erreicht wird.

Startpunkt des Skripts

Das Skript startet beim ersten Befehl, der nicht in einer Unterroutine steht. Wenn Sie also alle Befehle in eine `Sub()` oder eine `Function()` setzen, wird nichts passieren.

Erster Befehl

4.4.4 Intrinsic Objects

Der Scripting Host besitzt nur ein Intrinsic Object (`SQLActiveScriptHost`) mit zwei Methoden:

SQLActive-ScriptHost

- `SQLActiveScriptHost.CreateObject()` ist für lokale Objektaktivierungen äquivalent zu den Instanziierungsbefehlen der Skriptsprachen (z.B. CreateObject() in VBS). Eine Fernaktivierung via DCOM ist allerdings nicht möglich.

- `SQLActiveScriptHost.Print()` veranlasst eine Ausgabe in die so genannte Schrittchronik. Die Schrittchronik eines Job Steps ist eine Tabelle in der MSDB, in der der Job Agent den Endzustand eines jeden Job Steps speichert. Die Schrittchronik ist etwas versteckt. Im Kontextmenü eines Jobs finden Sie den Eintrag AUFTRAGSCHRONIK ANZEIGEN. Über diesen Punkt gelangen Sie zu dem in folgender Abbildung dargestellten Fenster. Hier müssen Sie das Kontrollkästchen SCHRITTDETAIL ANZEIGEN aktivieren, um die Ausgaben der `Print()`-Methode betrachten zu können. Mehrere aufeinander folgende Aufrufe von `Print()` werden durch ein Leerzeichen getrennt aneinandergereiht. Die Anzeige ignoriert leider alle in der Ausgabe enthaltenen Zeilenumbrüche, so dass Sie keine Formatierungsmöglichkeiten haben.

Ausgabe in die Schrittchronik mit Print()

Beispiel

Dieses Skript nimmt unter Verwendung der SQL DMO-Komponente (siehe [SCH01c]) die Verbindung zu einem anderen Server auf und gibt im Erfolgsfall den Namen des Servers und dessen Versionsnummer in die Schrittchronik aus.

Verbindungstest

```
Dim  objServ
Const SNAME = "Sonne2000"
On Error Resume Next
say "Start:" & now
set  objServ = CreateObject("SQLDMO.SQLServer")
objServ.LoginSecure = True
objServ.Connect SNAME
If err.Number <> 0 Then
     say "Server " & SNAME & " nicht erreicht!"
else
     say "Verbunden mit   " & objServ.Name
```

Scripting Hosts

```
            say "ServerVersion: " & objServ.VersionMajor & "." & _
                objServ.VersionMinor
end if
objServ.Disconnect
Set  objServ = Nothing
say "Ende: " & now

' ### Hilfsroutine
Sub say(s)
SQLActiveScriptHost.Print(s & chr(13))
End Sub
```

Listing 4.62: Test der Verbindung zu einem SQL Server [CD: /code/hosts/SQLagent/verbindungsaufbau.vbs]

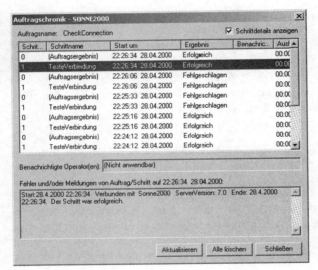

Abbildung 4.53: Beispiel für eine Auftragschronik mit eingeblendeter Schrittchronik

4.5 Data Transformation Service im SQL Server 7.0/2000

DTS im SQL Server

Der *Data Transformation Service* (kurz: DTS) ist ein Werkzeug zum Importieren, Exportieren, Konvertieren und Verändern von Daten; er wurde entwickelt für den Einsatz im Data Warehousing, um Daten aus unterschiedlichen Quellen automatisch zusammenzuführen und aufzubereiten. Ein so genanntes DTS-Paket besteht aus einer Reihe miteinander verknüpfter Aufgaben (Tasks). Es gibt unterschiedliche Typen von Tasks. Wichtigster Tasktyp ist die Datentransformation, die Daten aus einer Quelle zu einem Ziel transportiert und dabei Änderungen an den Daten vornehmen kann. Der DTS zeichnet sich insbesondere durch seine komfortable grafische Benutzeroberfläche, den DTS-Designer, aus. Der DTS-Designer ermöglicht es, die Tasks innerhalb eines DTS-Pakets grafisch in Form eines Daten-Workflows zu modellieren.

> Obwohl der DTS das Wort Service im Namen trägt, ist er kein echter NT-Dienst. Die Einzelinstallation des DTS ohne den SQL Server 7.0 ist ein schwieriges Unterfangen und bringt lizenzrechtlich keine Vorteile, denn es ist weiterhin eine volle SQL Server-Lizenz erforderlich. In zukünftigen Versionen soll auch eine Einzelinstallation möglich sein.

Neuerungen im DTS des SQL Server 2000

Der DTS wurde mit dem SQL Server 7.0 eingeführt und im SQL Server 2000 erweitert. Gegenüber dem DTS 7.0 unterstützt der DTS 2000 folgende Features:

Neue Funktionen

- Zahlreiche weitere Task-Typen
- Zahlreiche weitere Transformations-Typen
- Protokollierung der Paketausführung in SQL Server-Datenbanken oder Textdateien
- Umwandlung eines Pakets in Visual Basic 6-Code
- Eine Multi-Phasen-Daten-Pumpe, die eine genaue Kontrolle des Transformationsvorgangs einschließlich der Definition von Fehlerbehandlungsroutinen ermöglicht (erfordert Aktivierung in den Eigenschaften des DTS-Zweigs im Enterprise Manager)
- Unterstützung für parametrisierte Abfrage

ActiveX Scripting im DTS

Da der DTS an zwei Stellen ActiveX Scripting unterstützt, eignet er sich auch zur Entwicklung von Automatisierungslösungen:

DTS Scripting

- Skripte können innerhalb einer Datentransformation eingesetzt werden, um komplexe Transformationen durchzuführen.
- Skripte können auch eigenständige Aufgaben im Rahmen eines DTS-Pakets sein. Einzelne Skripte können durch Workflows miteinander verbunden werden. Diese Funktionalität entspricht im Wesentlichen den Workflows innerhalb des SQL-Agent Job Scriptings. Der DTS stellt die Zusammenhänge zwischen den einzelnen Skripten jedoch durch die grafische Modellierung wesentlich übersichtlicher dar.

> Ein DTS-Paket muss nicht notwendigerweise Datentransformationen ausführen. Sie können ein DTS-Paket auch nur dazu benutzen, Skripte und Anwendungen durch Workflows miteinander zu verbinden. DTS-Scripting eignet sich auch für andere Automatisierungsaufgaben – insbesondere dann, wenn diese aus vielen Teilaufgaben zusammengesetzt sind, zwischen denen eine starke Verzweigung besteht. In diesen Fällen zahlt sich die grafische Modellierung im DTS aus.

4.5.1 DTS-Pakete

Auf Grund der Komplexität des DTS im Vergleich zu anderen Scripting Hosts enthält dieses Unterkapitel einige grundlegende Informationen über die Arbeit mit DTS-Paketen.

Pakete speichern alle Daten für einen DTS-Lauf

4.5.1.1 Bausteine von DTS-Paketen

Ein DTS-Paket ist ein Behälter zur Speicherung von miteinander verbundenen Tasks und besteht aus

- Connections (Datenverbindungen)
- Tasks (Aufgaben)
- Workflows (Beziehungen zwischen Aufgaben)

Connections

Alle OLE DB-Datenverbindungen möglich

Als Datenquellen können gemäß dem Universal Data Access (UDA)-Konzept von Microsoft (vgl. Kapitel zu ActiveX Data Objects im COM-Komponentenhandbuch) nicht nur relationale Datenbanken, sondern auch Tabellenkalkulationen, Mailsysteme, Verzeichnisdienste und einfache Textdateien (bei Microsoft auch »ASCII Data Stores« genannt) verwendet werden. Der DTS kann auf alle Datenquellen zugreifen, für die ein OLE DB-Provider oder ein ODBC-Treiber auf dem SQL Server-Computer installiert ist. Verbindungen sind innerhalb eines Pakets auf dem Wege des Connection Poolings wiederverwendbar. Connections werden im DTS-Designer als Icons dargestellt.

Tasks

Verschiedene Aufgabentypen

Mit Tasks werden innerhalb eines Pakets Aktionen ausgeführt. Tabelle 4.10 zeigt die acht vordefinierten Tasktypen. Dabei führen nicht alle Tasks direkt Aktionen auf Daten aus. Es besteht die Möglichkeit, durch spezielle Add-ins eigene Tasks zu definieren (Komponentenkategorie »Custom Task Objects for Microsoft Data Transformation Service« {10020200-EB1C-11CF-AE6E-00AA004A34D5}). Tasks werden im DTS-Designer als Icons dargestellt.

Tabelle 4.16: DTS-Task-Typen

Tasktyp Deutscher Name	Tasktyp Englischer Name	Bedeutung
Daten transformieren	DataPump	Datentransformation auf Basis des SQL-Befehls Insert
Datengesteuerte Abfrage	DataDrivenQuery	Komplexere Datentransformation auf Basis von Update, Delete, Insert oder Stored Procedures
SQL Server-Objekte kopieren	TransferSQLServer-Objects	Transfer von Objekten zwischen Microsoft SQL Servern
Masseneinfügungstask	BulkInsert Task	Transact-SQL Bulk Insert-Operation
Prozess ausführen	ExecuteProcess Task	Ausführen eines beliebigen externen Programms
SQL ausführen	ExecuteSQL Task	Ausführen eines beliebigen SQL-Befehls
ActiveX-Skripttask	ScriptTask	Ausführung eines ActiveX-Skripts
Mail senden	SendMail Task	Senden einer E-Mail

Data Transformation Service im SQL Server 7.0/2000

Tasktyp Deutscher Name	Tasktyp Englischer Name	Bedeutung
FTP-Task	File Transfer Protocol Task	Herunterladen von Dateien von einem FTP-Server (diese können als Eingabedaten für die weiteren Schritte verwendet werden)
Message Queue-Task		Senden von Nachrichten zwischen verschiedenen DTS-Paketen (auf verschiedenen Rechnern) via MSMQ
Paket ausführen	Execute Package Task	Aufruf eines anderen DTS-Pakets
Dynamische Eigenschaften	Dynamic Properties Task	Manipulation der Tasks, Workflows und globalen Variablen eines Pakets zur Laufzeit. Als Werte sind Konstanten, globale Variablen, Werte aus INI-Dateien, die erste Zelle einer Abfrage, Umgebungsvariablen und eine (auch mehrzeilige) Textdatei
Datenbanken übertragen	Transfer Database Task	Verschieben oder Kopieren einer Datenbank von einem Microsoft SQL Server in einen anderen.
Fehlermeldungen übertragen	Transfer Error Messages Task	Kopieren von benutzerdefinierten Fehlermeldungen zwischen zwei Microsoft SQL Servern
Benutzernamen übertragen	Transfer Logins Task	Kopieren von Benutzernamen zwischen zwei Microsoft SQL Servern
Aufträge übertragen	Transfer Jobs Task	Kopieren von SQL Agent Jobs zwischen zwei Microsoft SQL Servern
In 'master' gespeicherte Prozeduren übertragen	Transfer Master Stored Procedures Task	Übertragen von Stored Procedures zwischen zwei Microsoft SQL Servern

Eine Inkonsistenz gibt es bei der Darstellung des Tasktyps Datentransformation (Data Pump). Eine Data Pump wird im DTS-Designer als durchgezogene Linie zwischen zwei Connections dargestellt und ist über das Menü WORKFLOW erreichbar, obwohl es sich dabei intern um einen Task handelt. Eine Data Pump kann ganz normal mit einem anderen Task zu einem Workflow verknüpft werden, indem die Ausgangsverbindung bzw. die Endverbindung mit dem Task verknüpft wird.

Es gibt noch einen weiteren Tasktyp, der Transformationen unterstützt: DataDriven Query. Instanzen dieses Typs werden jedoch im DTS-Designer inkonsistenterweise bzw. konsistenterweise (je nach dem Blickwinkel, den man auf die Data Pumps hat) wie alle anderen Tasks als Icons und nicht wie die Data Pump Tasks als Linien dargestellt.

Workflows

Übergang zwischen Tasks Ein Workflow verbindet zwei Tasks miteinander über eine der logischen Beziehungen

- bei Erfolg
- bei Beendigung
- bei Fehler

Der DTS-Designer stellt Workflows durch gestrichelte Linien dar; sie führen von einem Task-Icon zu einem anderen. Eine grüne Linie repräsentiert den Erfolgsfall, rot den Fehlerfall und blaue Workflows werden unabhängig vom Ergebnis der vorherigen Tasks ausgeführt.

4.5.1.2 Erstellung von DTS-Paketen

Paketerstellung Es gibt drei Möglichkeiten, DTS-Pakete zu erstellen:

- Über den Import-/Export-Wizard, der im SQL Enterprise Manager oder als Standalone-Application (DTSWIZ.EXE) gestartet werden kann
- Über den DTS-Designer; der DTS-Designer ist eine grafische Benutzeroberfläche zur komfortablen Modellierung von DTS-Abläufen. Dabei erfolgt die Anordnung der Icons und Linien per Drag&Drop.
- Per Programmcode über das DTS-Automatisierungs-Objektmodell; weitergehende Informationen dazu finden Sie im COM-Komponentenhandbuch.

Beispiel

ScriptingTestPaket Die folgende Abbildung zeigt das DTS-Paket »ScriptingTestPaket« im DTS-Designer. Nur wenn ein Dialog positiv beantwortet wird, wird die Datentransformation von einer Access-Tabelle mit Benutzerinformationen in eine CSV-Datei ausgeführt [CD:/code/hosts/dts/ScriptingTestPaket.dts].

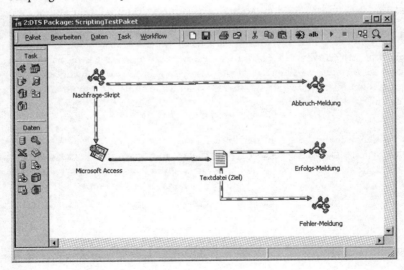

Abbildung 4.54: DTS-Designer

4.5.1.3 Speicherung von DTS-Paketen

Ein DTS-Paket kann in zwei Formen – in Form eines DTS-Pakets in der Systemdatenbank »MSDB« eines SQL Servers oder als ein Structured Storage File mit der Extension .DTS im Dateisystem – gespeichert werden. Mit DATEI/SPEICHERN wird das Paket in der MSDB des lokalen SQL Servers gespeichert. Die anderen Möglichkeiten erreichen Sie über DATEI/SPEICHERN UNTER. Alle Skripte werden innerhalb des DTS-Files gespeichert. Die Einbindung externer Skriptdateien muss eigens programmiert werden.

Speicherung

Umwandlung eines Pakets in Visual Basic 6 Code

Ein grandioses Feature des DTS 2000 ist die automatische Generierung von Visual Basic 6-Programmcode. Der DTS-Designer ermöglicht es, eine Paketdefinition als .BAS-Datei abzuspeichern. Dieses Modul enthält dann VB6-Code, der das Paket mit Hilfe des DTS-Automatisierungs-Objektmodells erstellt. Wenn das Modul in VB6-Projekt eingebunden werden soll, muss lediglich beachtet werden, dass der Code-Generator frühes Binden verwendet. Daher muss die DTS-Typbibliothek eingebunden werden. Der Code ist damit natürlich nicht VBS-kompatibel. Es entsteht der übliche Änderungsaufwand bei der Migration von VB6 zu VBS.

Generierung von VB6-Code

Der DTS-Code-Generator ist aber auf jeden Fall eine große Hilfe bei der Erstellung von dynamischen DTS-Paketen. Er ist auch zu Lernzwecken ähnlich wertvoll wie die Makro-Generatoren in Microsoft Word und Microsoft Excel.

4.5.1.4 Ausführung von DTS-Paketen

DTS-Pakete können auf vier Wegen ausgeführt werden:

Start eines DTS-Pakets

- manuell im SQL Server Enterprise Manager
- per Zeitplan durch den SQL Server-Agent
- über das Kommandozeilentool DTSRUN.EXE
  dtsrun /S Servername /U Username /P Password /N Packagename
- per Programmcode über das DTS-Automatisierungs-Objektmodell (siehe COM-Komponentenhandbuch)

Bei der manuellen Ausführung zeigt der Enterprise Manager ein Statusfenster an. DTSRUN.EXE wirft die Meldungen auf die Standardausgabe, bei der COM-Programmierung sind die Meldungen über das DTS-Objektmodell im Zugriff.

Abbildung 4.55: DTS-Status-fenster (DTS 7.0)

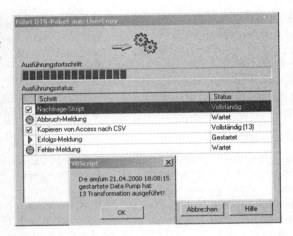

Die obige Abbildung zeigt das DTS-Statusfenster während der Ausführung des Testpakets. Das VBScript-Dialogfenster wird von dem Scripting-Task »Erfolgs-Meldung« erzeugt. Der DTS wartet, bis der Benutzer die Dialogbox bestätigt hat.

Abbildung 4.56: Einstellung der Protokollierung im DTS 2000 (Menü Datei/ Eigenschaften im DTS-Designer)

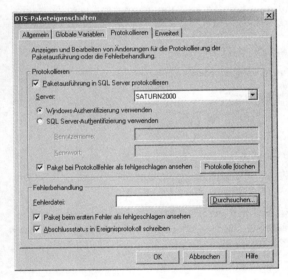

Stolperstein für viele Entwickler ist der Ausführungsort. Beim manuellen Start eines DTS-Pakets läuft der DTS auf dem lokalen System des Benutzers. Beim Start durch den SQL Server-Agent ist die Ausführungsumgebung jedoch der Server. Wenn dort nicht alle von dem DTS-Paket benötigten ODBC-Verbindungen und COM-Komponenten installiert sind, kann das Skript nicht zum Ziel kommen. Dieser Umstand muss auch bei den Datenpfaden Berücksichtigung finden.

Etwas misslungen ist die Benutzeroberfläche für das Scheduling: Terminierte DTS-Aufträge werden im Enterprise Manager nicht unterhalb des SQL Server-Agents angezeigt, sondern haben ihr eigenes Fenster – erreichbar über das Kontextmenü eines Pakets im Hauptfenster des Enterprise Managers.

4.5.1.5 Sicherheitseinstellungen

Die Sicherheitseinstellungen für DTS-Pakete fügen sich leider nicht in die viel beworbenen, mit NT integrierten SQL Server-Sicherheitsmechanismen ein. Für jedes Paket können lediglich zwei Passwörter gesetzt werden – ein Benutzerpasswort mit Ausführungsrechten und ein Besitzerpasswort mit Änderungsrechten. Eine Zuordnung von SQL Server-Logins oder NT-Benutzerkonten ist nicht möglich.

Keine integrierte NT-Sicherheit

4.5.2 Datentransformationen mit dem DTS

Beim datenorientierten Einsatz des DTS beginnt das Design eines Pakets in der Regel mit Datenquellen, zwischen denen Data Pumps gezeichnet werden. Während der DTS-Benutzer in den Datenquellen Typ und Standort der Daten angeben muss, sind in den Eigenschaften einer Data Pump folgende Punkte festzulegen:

Datentransformationen

▶ Welche Daten (Tabelle, Anfrage) aus der Quell-Connection sollen entnommen werden?

▶ In welche Tabelle in der Ziel-Connection sollen die Daten gespeichert werden?

▶ Wie sollen die Spalten aus der Quelle auf die Spalten des Ziels abgebildet werden?

Transformationstypen

Innerhalb einer Data Pump erfolgt die Abbildung der Spalten durch eine so genannte Transformation. Auch die verfügbaren Transformationen sind in COM-Klassen implementiert, so dass die Fähigkeiten des DTS auch an dieser Stelle erweiterbar sind. Der DTS-Designer bietet im GUI alle Transformationen zur Auswahl, die zur Komponentenkategorie »Custom Transformation Objects for Microsoft Data Transformation Service« {10010100-740B-11D0-AE7B-00AA004A34D5} gehören. Im SQL Server 7.0 liefert Microsoft zwei Transformationstypen:

Zwei eingebaute Transformationstypen

▶ Eine *Column Copy Transformation* (im deutschen SQL Server Enterprise Manager *Spalten kopieren*) kopiert den Inhalt einer Quellspalte in die zugeordnete Zielspalte, ohne ihn zu verändern. Dabei ist die Zuordnung der Spalten durch Verbindungslinien frei wählbar.

Spalten kopieren

▶ Eine *ActiveX Script Transformation* erlaubt es, für die Spaltenabbildung ein Skript zu hinterlegen.

Skript

Im SQL Server 2000 gibt es weitere sieben eingebaute Transformationstypen (siehe folgende Tabelle).

Tabelle 4.17:
Transformationstypen in
SQL Server 7.0
und 2000

Thema	SQL Server-Version	Beschreibung
Spalten-Kopieren-Transformation	SQL 7.0 SQL 2000	Kopieren ohne Veränderung
ActiveX-Skripttransformation	SQL 7.0 SQL 2000	Spaltenabbildung durch ein individuelles Skript
Datums-/Uhrzeit-Zeichenfolgen-Transformation	SQL 2000	Ändern des Formats einer Datums-/Uhrzeit-Zeichenfolge (z.B. deutsches in amerikanisches Format) unter Verwendung der aus der Visual Basic-Funktion Format() bekannten Notation
Großbuchstaben-Zeichenfolgen-Transformation	SQL 2000	Umwandeln einer Zeichenkette in Großbuchstaben
Kleinbuchstaben-Zeichenfolgen-Transformation	SQL 2000	Umwandeln einer Zeichenkette in Kleinbuchstaben
Teilzeichenfolge-Transformation	SQL 2000	Extraktion eines Teils einer Zeichenfolge. Optionale Änderung der Groß-/Kleinschreibung oder das Entfernen von Leerzeichen und anderen Zwischenräumen
Zeichenfolge-Kürzen-Transformation	SQL 2000	Entfernen aller Leerzeichen oder anderer Zwischenräume (Tabstopp, Zeilenvorschub, vertikaler Tabstopp, Seitenvorschub, Wagenrücklauf)
Datei-Lesen-Transformation	SQL 2000	Kopieren des Inhalts einer Datei, deren Name in einer Quellspalte angegeben ist, in die Zielspalte
Datei-Schreiben-Transformation	SQL 2000	Kopieren des Inhalts der Quellspalte in eine Datei. Die Transformation benötigt eine zweite Quellspalte, in der der Name der Datei steht. Die Inhalte können an die Datei angehängt werden oder aber der bisherige Inhalt kann überschrieben werden.

Linien Verschiedene Transformationen können Sie innerhalb einer Data Pump gleichzeitig verwenden. Jede Verbindungslinie im Eigenschaftsfenster der Data Pump gehört zu genau einem Transformationstyp. Leider ist an der Formatierung der Linien nicht erkennbar, welcher Transformationstyp hinterlegt ist. Dazu muss die Linie erst angeklickt werden.

Die folgende Abbildung zeigt Transformationen innerhalb einer Data Pump: Die markierte Transformation ist ein ActiveX-Skript, das aus Vor- und Nachnamen ein gemeinsames Feld erzeugt. Das Feld »UserPhoto« wird nicht in das Ziel übernommen.

Data Transformation Service im SQL Server 7.0/2000

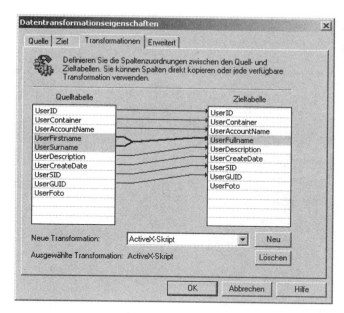

Abbildung 4.57:
Transformationseinstellungen im DTS 7.0

Die Bedienung hat sich im SQL 2000 etwas geändert: Während ein Doppelklick auf eine Verbindungslinie im SQL 7.0 direkt zum Eigenschaftsdialog des jeweiligen Transformationstyps führte, erscheint nun zunächst der Dialog »Transformationsoptionen«. Von dort führt der Button »Eigenschaften« zu den Eigenschaften der jeweiligen Transformation.

Transformationsoptionen im DTS 2000

Abbildung 4.58:
Eingebaute Transformationstypen im DTS 2000

Column Copy Transformations haben eine wesentlich höhere Performanz als ActiveX Script Transformations. Daher sollten Sie Scripting nur einsetzen, wenn dies wirklich notwendig ist.

Parametrisierte Abfrage

Abfrage mit Parametern

Abfragen die bei einer Datenpumpe oder einem Task vom Typ »SQL ausführen« verwendet werden, können im DTS 2000 parametrisiert werden. Dabei wird anstelle des Werts ein Fragezeichen in das SQL-Statement gesetzt. Zur Laufzeit werden die Fragezeichen durch Werte ersetzt, wobei die Werte aus festzulegenden globalen Variablen des DTS-Pakets kommen.

Der Task »Datengesteuerte Abfrage« kann Daten nicht nur Werte einer globalen Variablen, sondern auch den Inhalt einer Textdatei oder die Quellendaten als Eingabe für den einen Parameter verwenden.

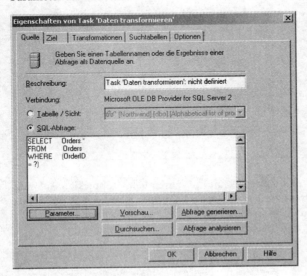

Abbildung 4.59: Datenpumpe mit einer parametrisierten Abfrage

Abbildung 4.60: Zuordnung von globalen Variablen zu Abfrageparametern

Multi-Phasen-Transformationen im DTS 2000

Wenn die Option »Multi-Phasen-Transformationen« im SQL Enterprise Manager aktiviert ist (Eigenschaftsfenster des DTS Zweigs, siehe Abbildung 4.61), dann erscheint im Fenster »Eigenschaften von Task 'Daten transformieren'« ein neues Auswahl-Fenster mit Namen Phasenfilter. Hier kann eine von 8 Phasen ausgewählt werden (Abbildung 4.62). Für jede Phase gibt es eigene Transformationen. Bei einer Transformation kann aber in den Transformationsoptionen in der Registerkarte »Phasen« jedoch eingestellt werden, dass die Transformation für mehrere Phasen gelten soll (Abbildung 4.63).

Feinere Steuerung einer Transformation

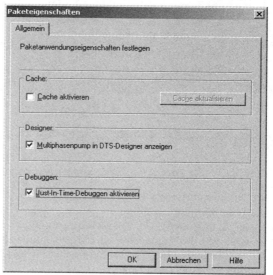

Abbildung 4.61: Aktivierung der Multi-Phasen-Transformationen im Eigenschaftsfenster des Zweigs »Data Transformation Services« im SQL Enterprise Manager

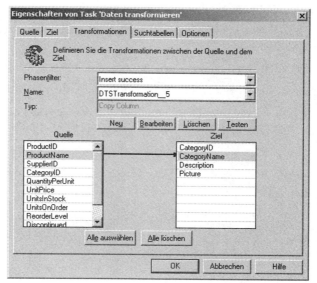

Abbildung 4.62: Auswahl der Phase bei der Definition der Transformationen in einer Datenpumpe.

Scripting Hosts

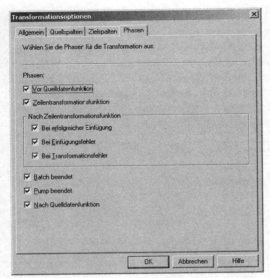

Abbildung 4.63:
Auswahl der
Phasen, für die
eine einzelne
Transformation
gelten soll

4.5.3 ActiveX Script-Transformation

Transformation durch ein Skript

Mit Hilfe einer ActiveX Script Transformation kann eine sehr individuelle Abbildung von Daten der Quelle auf die Felder des Ziels erfolgen. Es ist möglich, Skripte zu schreiben, die Daten aus mehreren Spalten entnehmen, verändern und wahl- und fallweise mehrere Spalten schreiben. Mit einem einzigen Skript könnten alle Transformationen einer Data Pump definiert werden. Eine Data Pump arbeitet die Quelltabelle zeilenweise ab und führt jede Transformation für jede Zeile aus.

Intrinsic Objects

Der ActiveX Script Transformation Host stellt vier Intrinsic Objects bereit, die alle Collections sind:

Eingebaute Objekte

- DTSDestination ermöglicht den Zugriff auf die Spalten des Ziels.
- DTSSource ermöglicht den Zugriff auf die Spalten der Quelle.
- Mit den obigen beiden Collections sind nur die Felder der aktuellen Zeile in Quelle und Ziel erreichbar. DTSLookups ermöglicht auch die Abfrage von anderen Zeilen.
- DTSGlobalVariables ermöglicht die Speicherung globaler transformations- und taskübergreifender Variablen.

Beispiel

```
' == VBS-Transformationsskript
Function Main()
On Error Resume Next
DTSDestination("UserFullname") = _
    DTSSource("UserFirstname") & " " & _
    DTSSource("UserSurname")
```

Data Transformation Service im SQL Server 7.0/2000

```
If err.number <> 0 Then       ' Fehler
      Main = DTSTransformStat_Error
Else                  ' kein Fehler
      ' -- Zähler
      DTSGlobalVariables("count").Value = _
            DTSGlobalVariables("count").Value +1
      Main = DTSTransformStat_OK
End If
END FUNCTION
```

Listing 4.63: Transformationsskript für die Zusammenführung von Vor- und Nachnamen. Das Skript ist Teil von UserCopy.DTS.

Abbildung 4.64: Eingabefenster für ActiveX Script-Transformationen (DTS 7.0)

Zugriff auf globale Variablen

Bei der Verwendung der DTSGlobalVariables-Collection zur Speicherung globaler Variablen müssen Sie beachten, dass das Standardattribut der DTSGlobalVariable-Klasse im Gegensatz zu den anderen beiden Collections nicht Value ist. Der Verweis auf einen Wert muss also mit DTSGlobal Variables("name").Value erfolgen. Im obigen Beispiel wird die Anzahl der transformierten Datensätze gezählt, die dann später bei der Erfolgsmeldung ausgegeben wird.

DTSGlobal-Variables

Rückgabewerte

Die Data Pump erwartet von jedem Transformationsskript eine Rückmeldung, ob die Transformation erfolgreich ausgeführt werden konnte. Die wichtigsten Rückgabewerte sind *DTSTransformStat_OK* (1) und *DTSTransformStat_Error* (8192). Daneben gibt es auch Rückgabewerte, die den DTS zu einer Aktion veranlassen, z.B. den aktuellen Datensatz nicht in die Zieltabelle zu übernehmen, wenn sich während der Skriptverarbeitung herausgestellt hat, dass der Datensatz im Ziel nicht gewünscht wird (*DTSTransformStat_SkipInsert* =8).

DTSTransform-Stat

4.5.4 ActiveX ScriptTasks

Eigenständige Skripte

Ein ActiveX ScriptTask ist eine eigenständige Aufgabe, die als Skriptcode formuliert ist. Im Gegensatz zur Datentransformation ist ein ScriptTask nicht mit zwei Datenquellen verknüpft: Nicht die Intrinsic Objects DTSDestination, DTSSource und DTSLookups, wohl aber DTSGlobalVariables stehen zur Verfügung. Natürlich haben alle Skripte im DTS vollen Zugriff auf das DTS-Objektmodell und auf alle anderen installierten automationsfähigen COM-Komponenten. Daher könnte ein ScriptTask theoretisch auch Datenänderungen durchführen; in der Regel wird dies allerdings über eine Data Pump schneller zu lösen sein. Der ScriptTask eignet sich aber für alles, was die Data Pump nicht kann, beispielsweise Dateisystemoperationen, Zugriff auf Systeminformationen oder die Interaktion mit dem Benutzer.

```
Function Main()
Dim a
DTSGlobalVariables("StartZeit").value = now
a = Msgbox ("BenutzerListe exportieren?",vbYesNo, _
"DTS User Export Paket")
If a = VBYes Then
      Main = DTSTaskExecResult_Success
Else
      Main = DTSTaskExecResult_Failure
End if
End Function
```

Listing 4.64: ScriptTask, der eine Frage an den Benutzer richtet

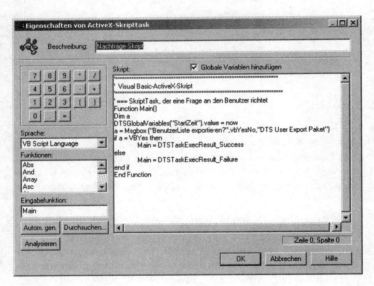

Abbildung 4.65: Eingabefenster für ActiveX ScriptTasks (DTS 7.0)

Rückgabewerte

Der Rückgabewert eines ScriptTasks bestimmt den nächsten Schritt im Workflow. Obiges Skript liefert im Fall der Ablehnung durch den Benutzer den Fehlerstatus an den DTS zurück und führt den Workflow damit zum ScriptTask ABBRUCH-MELDUNG.

354

Data Transformation Service im SQL Server 7.0/2000

Symbolische Konstante	Rückgabewert
DTSTaskExecResult_Success	0
DTSTaskExecResult_Failure	1
DTSTaskExecResult_RetryStep	2

Tabelle 4.18: Mögliche Rückgabewerte für ActiveX Script-Tasks im DTS

Verbesserter Editor im DTS 2000

Im DTS 2000 wurde das Eingabefenster um die Funktionen »Speichern« und »Rückgängig« erweitert. Außerdem gibt es eine Eingabeunterstützung für die eingebauten Konstanten.

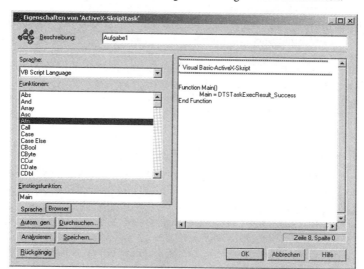

Abbildung 4.66: Registerkarte »Sprache« bei einer Skript-Transformation im DTS 2000

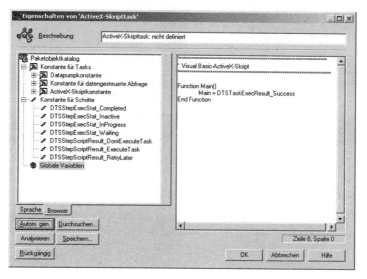

Abbildung 4.67: Registerkarte »Browser« bei einer Skript-Transformation im DTS 2000

4.6 Scripting im Microsoft Operations Manager (MOM)

MOM vs. SMS Der Microsoft Operations Manager (MOM) ist ein Werkzeug zum Netzwerkmanagement, das Funktionen zur Überwachung von Computersystemen, zur Fehlerdiagnose und zur Berichterstellung bereitstellt. Die Abgrenzung vom MOM zum Systems Management Server (SMS) besteht darin, dass der SMS dem Konfigurations- und Änderungsmanagement (engl.: Change and Configuration Management – CCM) von Windows-Systemen dient, während der MOM ein Werkzeug zur Überwachung der Systeme (Operations Management – OM) ist.

Grundprinzip Grundprinzip des MOM ist es, aus verschiedenen Quellen auf verschiedenen Computern Systeminformationen zu sammeln und auf Basis von Regeln in bestimmten Fällen zu reagieren. Der MOM ist dabei in der Lage, große Mengen von Computern gleichzeitig zu überwachen. Eine mögliche Reaktion ist die Ausführung von Active Scripts. Mögliche Datenquellen für den MOM sind insbesondere:

- die NT-Ereignisprotokolle
- die NT-Leistungsdaten
- andere dateibasierte Protokolldateien (z. B. HTTP-Log)
- alle über die Windows Management Instrumentation (WMI) bereitgestellten Daten.

NetIQ Der MOM basiert auf dem von der Firma NetIQ [NIQ01] entwickelten NetIQ Operations Manager (siehe Informationen zur Partnervereinbarung zwischen Microsoft und NetIQ vom 15.10.2000: [NIQ00]). Der MOM ist Teil der Microsoft Management Strategy [MMS01]. MOM 2000 ist die erste Version des Microsoft Operations Manager, die Mitte 2001 erschienen ist. Weitere Informationen findet man auf der MOM-Site [MOM01].

4.6.1 Bausteine

Der MOM besteht aus folgenden Bausteinen:

Dienst
- einem Windows NT-Service mit Namen »OnePoint« (ONEPOINTSERVICE.EXE)

Datenbank
- einer Datenbank auf einem SQL Server mit Namen »OnePoint«. Der SQL Server muss sich auf dem demselben Computer wie der MOM befinden.

GUIs
- einer MMC-basierten Verwaltungskonsole (»Microsoft Operations Manager«)
- einer webbasierten Administrationsschnittstelle mit Namen »OpsPortal«. Dieses Web ist unter HTTP://LOCALHOST/ONEPOINTOPERATIONS erreichbar.

4.6.2 Management Packs

Active Knowledge Module Der MOM basiert auf einer offenen Architektur, mit der grundsätzlich alle Microsoft Windows-Betriebssysteme und -Anwendungen überwacht werden können. Voraussetzung für die Überwachung ist ein so genanntes Management Pack. Dieses ist implementiert in einem Active Knowledge Module (AKM), das mit einem Datenbank-Treiber (ODBC-Treiber oder

Scripting im Microsoft Operations Manager (MOM)

OLE DB-Provider) vergleichbar ist. Ein AKM hat die Dateiextension .AKM. Mit dem MOM 2000 liefert Microsoft folgende AKM-Dateien:

- DEFAULT EVENT COLLECTION FOR MICROSOFT WINDOWS NT AND 2000.AKM
- MICROSOFT DISTRIBUTED TRANSACTION COORDINATOR (MSDTC).AKM
- MICROSOFT DOMAIN NAME SERVICE (DNS).AKM
- MICROSOFT DYNAMIC HOST CONFIGURATION PROTOCOL SERVICE (DHCP).AKM
- MICROSOFT EXCHANGE.AKM
- MICROSOFT INTERNET INFORMATION SERVER (IIS).AKM
- MICROSOFT MESSAGE QUEUE (MSMQ).AKM
- MICROSOFT OPERATIONS MANAGER.AKM
- MICROSOFT PROXY SERVER.AKM
- MICROSOFT ROUTING AND REMOTE ACCESS SERVICE (RRAS).AKM
- MICROSOFT SITE SERVER.AKM
- MICROSOFT SNA SERVER.AKM
- MICROSOFT SQL SERVER.AKM
- MICROSOFT SYSTEMS MANAGEMENT SERVER (SMS).AKM
- MICROSOFT TRANSACTION SERVER (MTS).AKM
- MICROSOFT WINDOWS 2000 ACTIVE DIRECTORY.AKM
- MICROSOFT WINDOWS 2000 OPERATING SYSTEM.AKM
- MICROSOFT WINDOWS INTERNET NAMING SERVICE (WINS).AKM
- MICROSOFT WINDOWS NT 4.0 BASE.AKM
- MICROSOFT WINDOWS TERMINAL SERVER.AKM

Die Firma NetIQ vertreibt zusätzliche Treiber, so genannte *Extended Management Packs* **Andere Treiber** *(XMP)*, zur Überwachung von Microsoft- und Nicht-Microsoft-Software [NIQ01].

4.6.3 Architektur

Der MOM 2000 basiert auf folgender Architektur:

- Ein *Agent* läuft auf einem zu überwachenden System und liefert Informationen über das System.
- Ein *Konsolidator* (Consolidator) fasst Informationen von mehreren Agents zusammen.
- Ein *Agent Manager* läuft immer auf demselben Computer wie ein Konsolidator. Der Agent Manager ist verantwortlich für die Installation der Agents auf allen vom Konsolidator zu überwachenden Computern.

Scripting Hosts

- Ein *Data Access Server (DAS)* speichert die Daten von einem oder mehreren Konsolidatoren in einer Datenbank.

Abbildung 4.68: Im MOM 2000 mitgelieferte AKMs

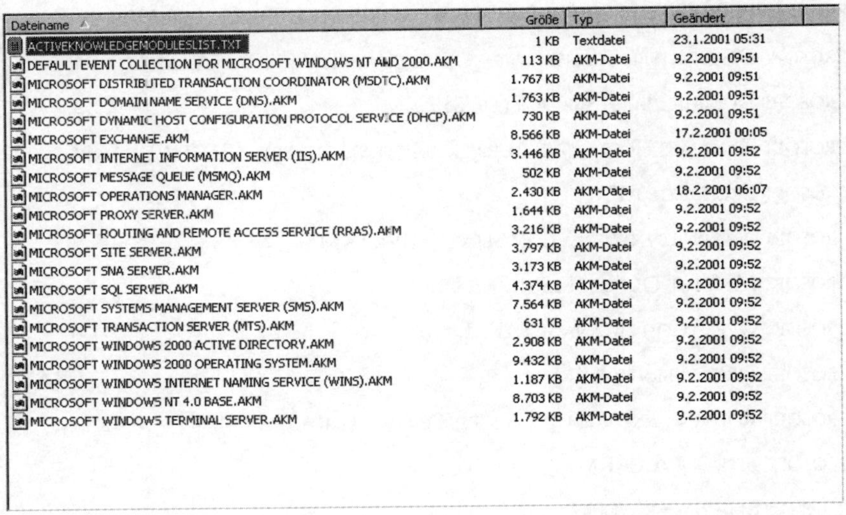

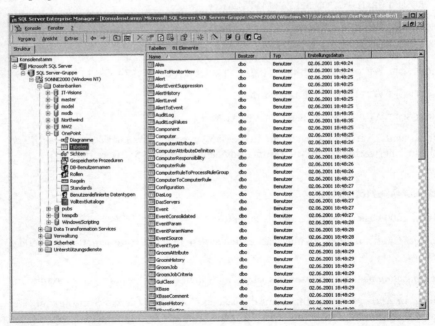

Datenbank Als Datenbank verwendet MOM den Microsoft SQL Server 7.0 oder 2000. MOM erwartet die Installation des SQL Servers auf dem Computer, auf dem ein DAS läuft. Das MOM-Setup legt automatisch eine Datenbank mit Namen »OnePoint« auf dem SQL Server an.

Abbildung 4.69: Ansicht der Tabellen der OnePoint-Datenbank

4.6.4 Überblick über das Regelsystem

Der MOM ist ein regelbasiertes System. Es gibt zahlreiche verschiedene Typen von Regeln, die sich in drei Obergruppen einteilen lassen:

Regeltypen

- Computer-Gruppierungsregeln (Computer Grouping Rules)
- Verarbeitungsregeln (Processing Rules)

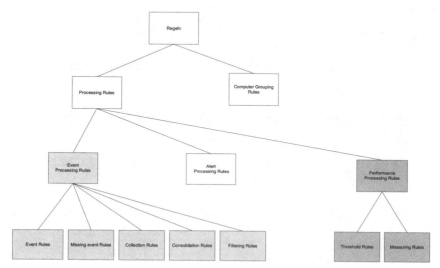

Abbildung 4.70: Überblick über die Typen von MOM-Regeln

4.6.5 Computer-Gruppierungsregeln

Diese Regeln gruppieren mehrere Computer zusammen mit der Zielsetzung, diese Computer zusammen zu überwachen.

Computer Grouping Rules

Beispiele für Computer-Gruppierungsregeln sind:

- Alle Computer, auf denen ein Exchange Server läuft
- Alle Windows 2000 Domain Controller
- Alle NT 4.0 Server mit installiertem DNS
- Alle Computer mit Internet Information Server 5.0

Verwaltung

Die Computer-Gruppierungsregeln werden im MMC-Snap-In unter RULES/COMPUTER GROUPS angezeigt.

Die folgenden Dialoge zeigen einige der möglichen Kriterien, nach denen Computer-Gruppen gebildet werden können. Dazu gehören:

- Domainnamen (auch mit Platzhaltern und auch mit Ausschlüssen bestimmter Domänen)

- Computernamen (auch mit Platzhaltern und auch mit Ausschlüssen bestimmter Computer)
- Systemtyp: Primärer Domänen Controller (PDC), Sicherungsdomänen Controller (BDC), Mitglieds-Server, Workstation
- Existenz von Registry-Schlüsseln auf einem Computer
- bestimmte Werte von Registry-Einträgen auf einem Computer

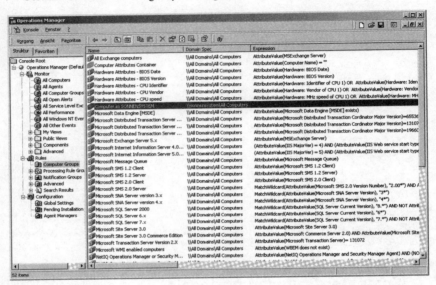

Abbildung 4.71: Liste aller Computer-Gruppierungsregeln

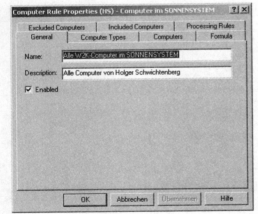

Abbildung 4.72: Basisdaten einer Computer-Gruppierungsregel

Scripting im Microsoft Operations Manager (MOM)

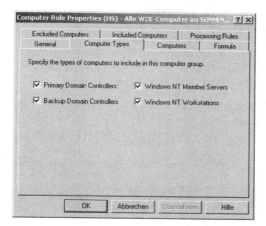

Abbildung 4.73:
Auswahl der
Computertypen

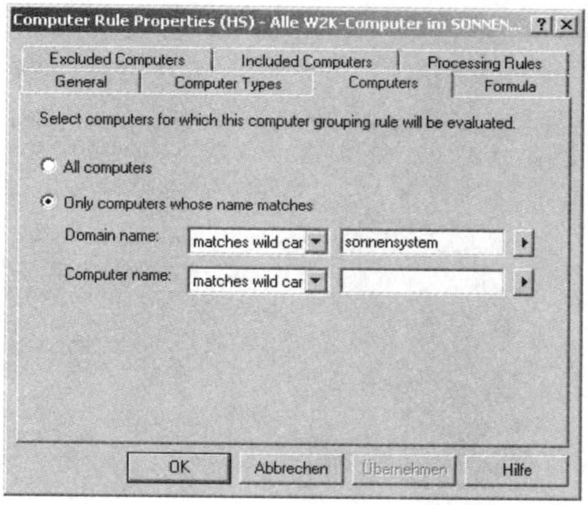

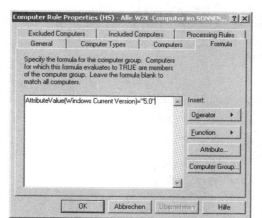

Abbildung 4.74:
Auswahl von
Domänenna-
men und Com-
puternamen

Abbildung 4.75:
Auf Registry-
Werten basie-
rende Formel

Scripting Hosts

Computer-Attribute

Computer Attributes

Formeln zur Bildung von Computer-Gruppen basieren auf so genannten Computer Attributes. Ein Computer-Attribut ist eine Bedingung für einen Registry-Schlüssel oder einen Registry-Wert. Computer-Attribute können in der MMC global unter RULES/ADVANCED/ COMPUTER ATTRIBUTES definiert werden.

Jede Bedingung bezieht sich auf genau einen Schlüssel oder einen Wert. Für einen Schlüssel kann geprüft werden:

- auf Existenz des Schlüssels
- auf den Inhalt des Standardwerts des Schlüssels.

Für einen Wert kann geprüft werden:

- auf Existenz des Wertes
- auf den Inhalt des Wertes.

Wenn auf den Inhalt geprüft wird, kann festgelegt werden, in welchem Datenformat das Computer-Attribut diesen Inhalt in die Formeln einbringen soll.

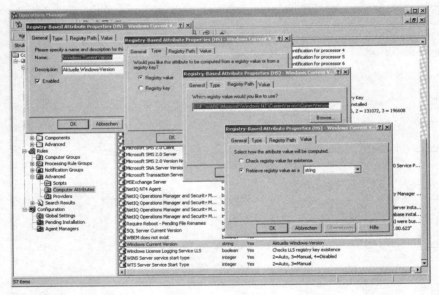

Abbildung 4.76: Liste der Computer Attributes und Registerkarten für das Computer-Attribut »Windows Current Version«

4.6.6 Verarbeitungsregeln

Processing Rules

Diese Regeln beschreiben, wie der Microsoft Operations Manager Daten sammelt und darauf reagiert. Es gibt drei Obertypen von Verarbeitungs-Regeln:

- Ereignis-Regeln (Event Processing Rules)
- Leistungsdaten-Regeln (Performance Processing Rules)
- Alarm-Regeln (Alert Processing Rules)

Scripting im Microsoft Operations Manager (MOM)

Zwei der Obertypen (Ereignis-Regeln und Leistungsdaten-Regeln) haben Untertypen (siehe Abbildung 4.70).

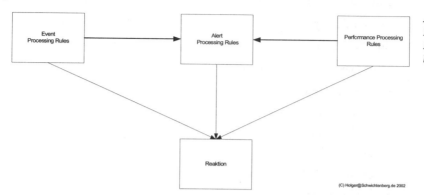

Abbildung 4.77: Regeln und Reaktionen beim MOM

Regel-Gruppen

Verarbeitungsregeln werden in Verarbeitungs-Regel-Gruppen angeordnet. Verarbeitungs-Regel-Gruppen können die o. g. Typen von Verarbeitungsregeln oder andere Verarbeitungs-Regel-Gruppen enthalten. So ergibt sich eine Hierarchie von Verarbeitungs-Regel-Gruppen. Bei der Installation eines Management Packs werden automatisch Verarbeitungs-Regel-Gruppen installiert.

Regel-Gruppen

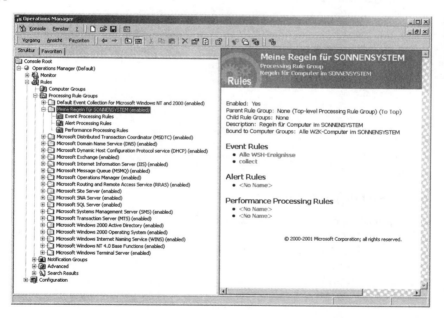

Abbildung 4.78: Hierarchie der Verarbeitungs-Regel-Gruppen

Die Regelgruppen dienen einerseits der übersichtlichen Anordnung der Regeln gemäß dem Zweck der Regeln und andererseits der Zuordnung zwischen Verarbeitungsregeln und Computer-Gruppierungsregeln.

363

4.6.6.1 Ereignis-Regeln

Regeln für Ereignisse

Ereignis-Regeln basieren auf verschiedenen Arten von Ereignissen:

- auf Einträgen in die Windows NT-Ereignisprotokolle
- auf WMI-Ereignissen auf Basis von WQL Event Queries (siehe Kapitel 5)
- auf zeitgesteuerten Ereignissen
- auf Einträgen in Protokoll-Dateien

   Folgende Arten von Protokoll-Dateien werden unterstützt:
   - Microsoft Internet Information Services (HTTP, FTP, Gopher)
   - Internet Locator Service
   - Microsoft SQL Server trace log
   - UNIX syslog-Dateien
   - Beliebige Logdateien, die ASCII-Textdateien sind und in denen ein Eintrag genau eine Zeile ist.

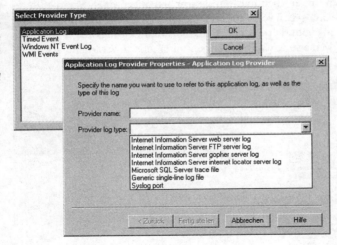

Abbildung 4.79: Auswahl der Ereignis-Quelle beim Anlegen einer Ereignis-Regel

Beispiel für Ereignis-Regeln

WSH-Ereignisse verarbeiten

Die folgenden Screenshots zeigen die Definition einer Ereignis-Regel für vom Windows Script Host Object Model (siehe Kapitel 5.1) erzeugte Einträge im Anwendungsprotokoll. Das WSH-Objektmodell bietet in der Klasse WScript.Shell die Methode LogEvent(), die einen Eintrag in das Anwendungsprotokoll schreibt. Dabei können der Typ des Eintrag (Warnung, Fehler, Information, etc.) und ein Text eingegeben werden. Die Quelle des Eintrags ist immer »WSH«.

```
set s = CreateObject("WScript.Shell")
s.logevent 1,"test"
```

Listing 4.65: Erzeugung eines Eintrags im Anwendungsprotokoll mit dem WSH-Objektmodell (siehe Kapitel 5.1)

Die im Folgenden definierte Ereignis-Regel »Alle WSH-Ereignisse« überwacht alle Einträge im Anwendungsprotokoll, bei denen die Quelle »WSH« ist.

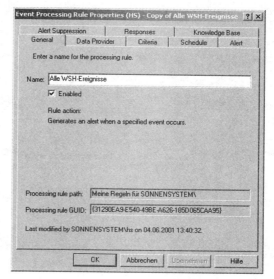

Abbildung 4.80: Basisdaten einer Ereignis-Regel

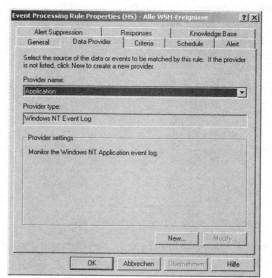

Abbildung 4.81: Auswahl des Ereignis-Providers

Auf ein Ereignis kann es zwei mögliche Reaktionen geben:

Reaktionen

- Auslösen eines Alarms (Alert)
- Ausführen einer Antwort (Response). Eine Antwort kann u.a. die Ausführung einer Anwendung oder eines MOM-Skripts sein.

Der folgende Screenshot zeigt die Definition eines Alarms. Die Definition eines Skripts als Antwort wird später besprochen.

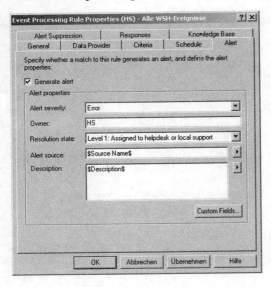

Abbildung 4.82: Definition eines Alarms als Reaktion auf ein Ereignis

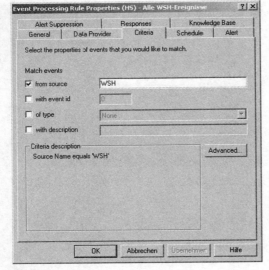

Abbildung 4.83: Einschränkung der zu überwachenden Ereignisse

4.6.6.2 Leistungsdaten-Regeln

Performance-Daten Leistungsdaten-Regeln überwachen Leistungsindikatoren. Leistungsindikatoren sind für den MOM:

- Windows NT-Performance Counter oder
- Attribute in beliebigen WMI-Objekten.

Scripting im Microsoft Operations Manager (MOM)

Es gibt zwei Untertypen von Leistungsdaten-Regeln: **Regeltypen**

▶ Measuring-Regeln

Diese Regeln sammeln in einem definierbaren Intervall Daten eines Leistungsindikators und speichern diese in der OnePoint-Datenbank. Es ist möglich, eine Antwort (Anwendung oder Skript) zu hinterlegen, die die Daten verarbeitet.

▶ Threshold-Regeln

Diese Regeln überwachen einen Leistungsindikator auf Überschreiten einer bestimmten Grenze. Dabei können mehrere Einzelwerte aggregiert werden. Auf die Überschreitung einer Grenze kann mit einem Alarm oder einer Antwort reagiert werden.

4.6.6.3 Alarm-Regeln

Ein Alarm kann im Falle eines wichtigen Ereignisses ausgelöst werden. Ein Alarm wird von anderen Regeln ausgelöst. Allerdings können nicht alle Regeltypen Alarme auslösen, sondern nur die folgenden: **Alarmquellen**

▶ Event rules

▶ Missing event rules

▶ Performance threshold rules

Was im Fall der Alarmauslösung zu tun ist, wird durch Alarm-Regeln definiert. Eine Alarm-Regel kann wieder eine Antwort (Response) auslösen. **Alarmantwort**

Die Alarme können in der MMC unterhalb des Astes MONITOR betrachtet werden. Hier stehen verschiedene Ansichten (z. B. computerweise oder alle Alarme) zur Verfügung. Eigene Ansichten können definiert werden. **Alarmlisten**

Ein Alarm hat einen Schweregrad (z. B. *Error, Warning, Information*) und einen Bearbeitungsstatus (z. B. *New, Acknowledged, Level 1-4, Resolved*).

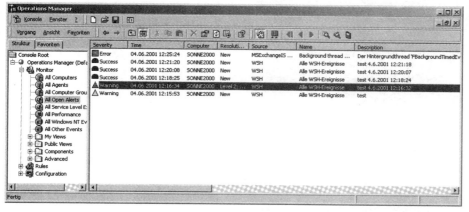

Abbildung 4.84: Ansicht der Alarme in der MMC

4.6.6.4 Zuordnung von Regeln

Bindung von Computer-Gruppen an Verarbeitungsgruppen

Eine Verarbeitungs-Regel-Gruppe kann einer oder mehreren Computer-Gruppierungsregeln zugeordnet werden. Dadurch werden alle Regeln dieser Verarbeitungsgruppe für alle Computer der Computer-Gruppe ausgeführt. Wenn die Verarbeitungsgruppe Untergruppe einer anderen Verarbeitungsgruppe ist, dann werden die Regeln auch für alle den übergeordneten Verarbeitungsgruppen zugeordneten Computer-Gruppen ausgeführt.

Nach der Installation gibt es zahlreiche vordefinierte Computer-Gruppen und vordefinierte Verarbeitungsgruppen. Die Anzahl der Gruppen ist abhängig von den installierten Management Packs. Es gibt im Standard aber keine Zuordnung zwischen Computer-Gruppen und Verarbeitungsgruppen.

> Die Namensgebung der Verarbeitungsgruppen ist frei und hat keinerlei zwingenden Bezug zu den Computer-Gruppen. So ist es möglich, innerhalb einer Verarbeitungsgruppe, die »Microsoft Site Server« heißt, eine Regel zu erstellen, die den SQL Server überwacht, und die Gruppe dann einer Computer-Gruppe »Microsoft Exchange Server« zuzuordnen, die alle Exchange Server enthält. Diese Zuordnung macht keinen Sinn, es gibt aber keine Konsistenzprüfung durch den MOM.

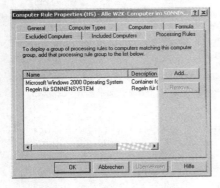

Abbildung 4.85: Zuordnung einer Computer-Gruppierungsregel zu einer oder mehreren Verarbeitungs-Regeln

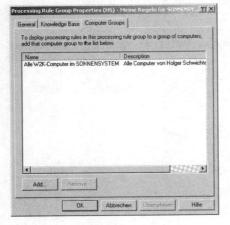

Abbildung 4.86: Zuordnung einer Verarbeitungs-Regel zu einer oder mehreren Computer-Gruppierungsregeln

4.6.7 Antworten auf die Erfüllung von Regeln

Als Reaktion auf eine Regel können verschiedene Antworten ausgeführt werden. Mögliche Antworten sind:

Antworttypen

- Start eines MOM-Skripts
- Senden eines SNMP Trap
- Senden einer Nachricht per E-Mail, Pager oder NT-Nachrichtendienst
- Start einer Anwendung, eines DOS-Batch-Files oder eines WSH-Skripts
- Aktualisierung einer globalen Variablen zur späteren Verwendung in einem Skript. Mögliche Aktualisierungsformen sind:
  - Erhöhung des Wertes um eins
  - Verringerung des Wertes um eins
  - Setzen auf einen String
  - Setzen auf eine Zahl
  - Setzen auf den Wert einer Umgebungsvariablen

Jede Regel kann mehrere Antworten (auch verschiedenen Typs) haben. Die Antworten werden synchron abgearbeitet. Das bedeutet, dass der Microsoft Operations Manager auf die Abarbeitung einer Antwortet wartet, bevor er die Regel weiter verarbeitet. Allerdings arbeitet der Microsoft Operations Manager Regeln nicht unbedingt sofort ab, wenn er mit anderen Dingen beschäftigt ist.

Mehrere Antworten

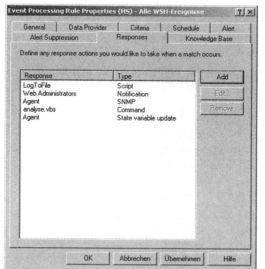

Abbildung 4.87: Aufruf eines MOM-Skripts als Reaktion auf ein Ereignis

Bei der Generierung einer Antwort kann auf die Daten der auslösenden Regel Bezug genommen werden. Dafür steht eine Reihe von Umgebungsvariablen zur Verfügung, die in $-Zeichen eingebettet werden (z.B. $Computer$, $Severity$) . Ein MOM-Skript kann über

Umgebungsvariablen

Intrinsic Objects auf die Umgebungsvariablen zugreifen. Dies wird in den folgenden Kapiteln behandelt.

```
Operations Manager $Severity$ Alert on $Domain$\$Computer$
```

Listing 4.66: *Beispiel für den Betreff einer E-Mail-Antwort*

```
Severity:    $Severity$
Status:      $%ResolutionState%53 $
Source:      $Alert Source$
Name:        $Alert Name$
Description: $Alert Description$
Domain:      $Domain$
Agent:       $Computer$
Time:        $Time$
Owner:       $Owner$
(view with $Alert URL$)
```

Listing 4.67: *Beispiel für den Inhalt einer E-Mail-Antwort*

```
analyse.vbs $Event Type$ $Computer$ $Description$
```

Listing 4.68: *Beispiel für den Aufruf einer Anwendung (WSH-Skript) mit Umgebungsvariablen als Parameter*

Von den möglichen Antworten verdient im Kontext dieses Buches die erstgenannte Möglichkeit eine nähere Besprechung.

4.6.8 Scripting im MOM

MOM-Skripte vs. WSH-Skripte
Der Microsoft Operations Manager (MOM) bietet die Möglichkeit, auf die Erfüllung einer Regel mit der Ausführung eines im MOM gespeicherten Skripts zu reagieren. Diese MOM-Skripte haben gegenüber WSH-Skripten, die als externe Anwendung gestartet werden, den Vorteil, dass sie über Intrinsic Objects einen einfacheren Zugriff auf die Daten der aufrufenden Regel haben. Beim Aufruf von WSH-Skripten müssten alle relevanten Umgebungsvariablen per Kommandozeilenparameter übergeben werden.

Komponentenzugriff
Ein MOM-Skript hat – wie alle Active Scripting Hosts – Zugriff auf alle COM-automationsfähigen Komponenten, darunter ADSI, WMI und die drei MOM-Hilfskomponenten, die in [SCH01c] beschrieben werden.

4.6.8.1 Skripte verwalten

Ansicht und Speicherung
Das MOM-Snap-In zeigt unter RULES/ADVANCED/SCRIPTS alle installierten Skripte an. Der Microsoft Operations Manager verwaltet alle Skripte in einer zentralen Tabelle mit Namen »Script« in der OnePoint-Datenbank im SQL Server. Die Quelltexte der Skripte liegen als Binary Large Object (BLOB) in der Spalte »Data« der Tabelle. Die Skripte werden also nicht als Dateien im Dateisystem gespeichert.

Vordefinierte Skripte
Nach der Installation enthält die OnePoint-Datenbank bereits zahlreiche vordefinierte Skripte. Deren Anzahl ist abhängig von der Anzahl der definierten Management Packs, da jedes Management Pack eigene Skripte enthalten kann.

Scripting im Microsoft Operations Manager (MOM)

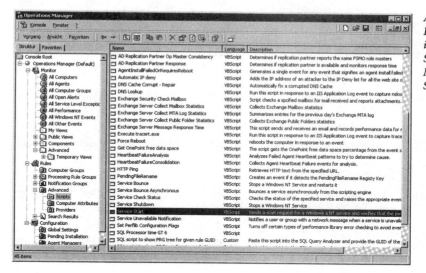

Abbildung 4.88: Liste aller installierten Skripte im MOM-MMC-Snap-In

```
'**************************************************************************
' Script Name  - Service Start
' Purpose      - Starts a service
' Assumptions  -
' Parameters   - Computer Name - leave blank for local computer
'                Service Name  - short name of registered Windows NT service
'                Number of retries
'                Number of seconds between retries
'
' (c) Copyright 1996-2000, NetIQ Corporation, All Rights Reserved
' Proprietary and confidential to NetIQ Corporation
'**************************************************************************
Option Explicit

Dim strComputerName, strServiceName, iNumAttempts, iSecsBetweenRetries
Dim oSCM, oUtil, oParams
Dim iAttempts

Set oParams          = ScriptContext.Parameters
strComputerName      = oParams.get ("ComputerName")
strServiceName       = oParams.get ("ServiceName")
iNumAttempts         = CInt(oParams.get ("NumAttempts"))
iSecsBetweenRetries  = CInt(oParams.get ("NumSecsBetweenRetries"))

set oSCM = CreateObject("OpScrUtil.SCManager")
set oUtil = CreateObject("OpScrUtil.Utility")

iAttempts = 0
Do
    If oSCM.StartService(strServiceName, strComputerName) Then
        oUtil.LogEvent  "Service start of " & strServiceName & " succeeded with "
& iAttempts & " retries.", "Information"
```

371

Scripting Hosts

```
        Exit Do
    End If
    iAttempts = iAttempts + 1
    oUtil.Sleep iSecsBetweenRetries
Loop While (iAttempts < iNumAttempts)

Set oSCM    = Nothing
Set oUtil   = Nothing
Set oParams = Nothing
```

Listing 4.69: Beispiel für ein vordefiniertes Skript: »Service Start« startet einen NT-Dienst

Skripteigenschaften

Basisdaten Ein Doppelklick auf ein Skript in der Skript-Liste zeigt den Eigenschaften-Dialog des Skripts. Dieser besteht aus drei Registerkarten.

Die erste Registerkarte enthält die Basisdaten des Skripts:

- Name des Skripts
- Beschreibungstext
- Sprache

Jedes Skript kann nur in genau einer Sprache geschrieben sein. Ein Sprachwechsel innerhalb des Skripts wie in anderen Scripting Hosts (z. B. WSH, ASP, IE) ist beim MOM nicht möglich.

Abbildung 4.89: Erste Registerkarte der Skripteigenschaften

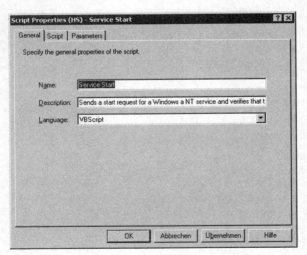

Skripteingabefeld

Quelltext Die zweite Registerkarte enthält den Quelltext des Skripts. Der »Skripteditor« ist so extrem primitiv, dass man besser nicht von einem Skripteditor, sondern von einem »Skripteingabefeld« sprechen sollte. Er besteht aus einem einfachen, mehrzeiligen Texteingabefeld – ohne

Farbunterscheidung und ohne jegliche Editor-Funktionen – mit Ausnahme der Zwischenablage.

Es ist daher zu empfehlen, das Skript in einem externen Editor (siehe Kapitel 9 zu schreiben und dann über die Zwischenablage in das Eingabefeld zu kopieren.

Der nachfolgende Screenshot zeigt den Quelltext des vordefinierten MOM-Skripts *ServiceStart*.

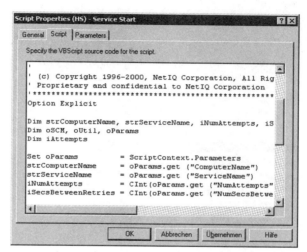

Abbildung 4.90: Zweite Registerkarte der Skripteigenschaften

Parameter

Die dritte Registerkarte erlaubt die Definition von Parametern, die das Skript erwartet. Dabei können Vorgabewerte gemacht werden. Durch einen Mausklick auf einen der Einträge in der Parameterliste erhält man ein Dialogfenster zur Änderung von Parameternamen, Beschreibung und Vorgabewert.

Parameter

Auf die Parameter kann das Skript über Intrinsic Objects des MOM-Scripting Host zugreifen. Bei der Verwendung eines MOM-Skripts als Antwort auf eine Regel können diese Parameter belegt werden. Diese Parameter werden aber nicht dazu benötigt, Informationen über die aufrufende Regel zu übergeben, da das MOM-Skript diese Informationen im komfortablen Zugriff über Intrinsic Objects hat. Mit diesen Parametern können zusätzliche Daten übergeben werden, die sich nicht aus der Regel ergeben. Im Beispiel des MOM-Skripts *ServiceStart* sind dies

- der Name des zu startenden Dienstes
- der Computer, auf dem gestartet werden soll
- die Anzahl der Startversuche
- die Zeit zwischen zwei Startversuchen.

Scripting Hosts

Abbildung 4.91:
Dritte Registerkarte der Skripteigenschaften

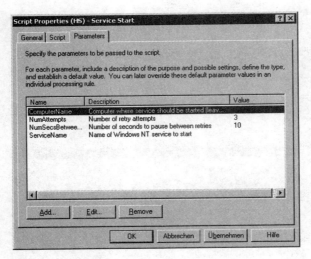

Abbildung 4.92:
Änderung eines Skript-Parameters

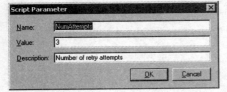

4.6.8.2 Definition von neuen Skripten

LogToFile Dieses Unterkapitel zeigt das Anlegen eines neuen Skripts im MOM. Angelegt werden soll das nachfolgende Skript, das einen Text an eine Textdatei anhängt.

```
Const ForAppending = 8
Const TristateTrue = -1
Dim fso 'As Scripting.FileSystemObject
Dim oTX ' As Scripting.TextStream
' --- Parameter auslesen
Set oParams = ScriptContext.Parameters
strPfad    = oParams.get ("Pfad")
strText    = oParams.get ("Text")
' --- FSO instanziieren
Set fso = CreateObject("Scripting.FileSystemObject")
' --- Datei öffnen, anhängen, schließen
Set oTX = fso.OpenTextFile(strPfad, ForAppending, True, TristateTrue)
oTX.WriteLine Now & ":" & strText
oTX.Close
```

Listing 4.70: Ein Skript für den MOM: LogToFile [CD:/code/hosts/mom/logtofile.vbs]

Scripting im Microsoft Operations Manager (MOM)

Wizard

Der Microsoft Operations Manager bietet einen Wizard zum Anlegen eines Skripts. Dieser besteht lediglich aus der sequenziellen Aneinanderreihung der Registerkarten des Skript-Eigenschaftsfensters. Der Wizard wird gestartet durch den Befehl CREATE NEW SCRIPT aus dem Kontextmenü des Astes RULES/ADVANCED/SCRIPTS im MOM-Snap-In.

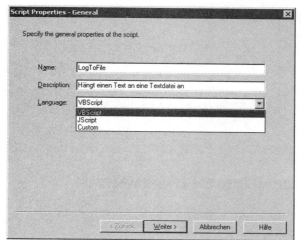

Abbildung 4.93: Schritt 1: Eingabe der Basisinformationen zu einem neuen Skript

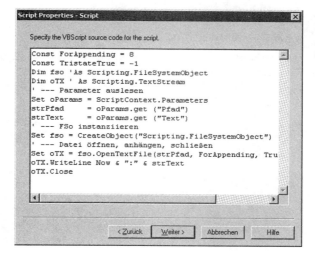

Abbildung 4.94: Schritt 2: Eingabe des Skripttexts

Abbildung 4.95: Schritt 3: Festlegung der Parameter zu einem Skript

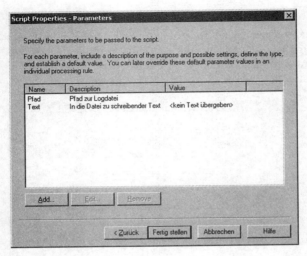

Abbildung 4.96: Definition eines neuen Parameters

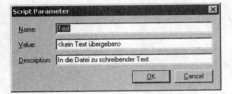

4.6.8.3 Verwendung von Skripten

Skriptauswahl MOM-Skripte können als Antworten auf jede beliebige Regel in der Registerkarte RESPONSE der Regel eingetragen werden. Über ADD/LAUNCH A SCRIPT gelangt man zu dem in nachfolgender Abbildung dargestellten Auswahldialog. Dieser Dialog zeigt in einem Drop-Down-Auswahlfeld alle installierten Skripte.

Parameter Im unteren Teil werden die Parameter angezeigt, die das ausgewählte Skript erwartet. Ein Doppelklick auf einen Parameter führt zu einem Dialogfenster, in dem ein Wert für den Parameter eingegeben werden kann.

> In den Werten für die Skriptparameter können keine Umgebungsvariablen (z.B. $Computer$) verwendet werden. Diese Parameter werden nicht ausgewertet. Die MOM-Skripte haben Zugriff auf die Übergebungsvariablen über das Intrinsic Object `Script Context` und dessen Unterobjekte `Alert`, `Event` und `PerfData`.

Scripting im Microsoft Operations Manager (MOM)

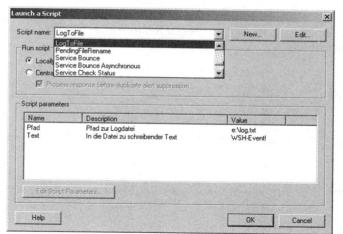

Abbildung 4.97:
Auswahl eines Reaktions-Skripts

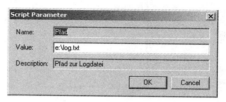

Abbildung 4.98:
Festlegung der Parameter, mit denen ein Skript aufgerufen werden soll

4.6.8.4 Intrinsic Objects

Der MOM Scripting Host enthält zwei Intrinsic Objects mit Namen ScriptContext und State. Von ScriptContext aus sind verschiedene Unterobjekte erreichbar:

ScriptContext

- Das Attribut Parameters führt zu einer Collection vom Typ VarSet. Diese Collection enthält Zeichenketten mit den übergebenen Parametern.

- Das Attribut Alert führt zu einem Unterobjekt Alert, wenn das Skript die Reaktion auf einen Alarm ist.

- Das Attribut Event führt zu einem Unterobjekt Event, wenn das Skript die Reaktion auf ein Ereignis ist.

- Das Attribut PerfData führt zu einem Unterobjekt PerfData, wenn das Skript die Reaktion auf eine Performance-Daten-Übermittlung ist.

- Die Methode GetScriptState() liefert ein Unterobjekt vom Typ ScriptState.

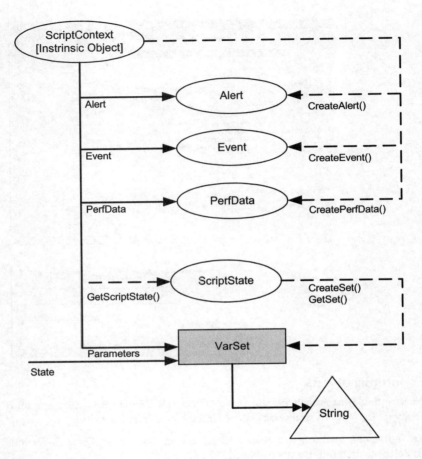

Abbildung 4.99: Objektmodell der Intrinsic Objects des MOM 2000 Scripting Host

Typbibliothek

EEMScript-Objects.dll Die MOM-Objekte sind in EEMSCRIPTOBJECTS.DLL implementiert. Diese COM-DLL enthält auch eine Typbibliothek mit Namen EEMSCRIPTOBJECTSLib (Helpstring: EEM ScriptObjects 1.0 Type Library).

Feststellung des Aufruf-Typs

Quelle Mit Hilfe der Methoden

- IsAlert()
- IsEvent()
- IsPerfData()

die jeweils *True* oder *False* zurückliefern, kann festgestellt werden, wodurch das Skript aufgerufen wurde. So kann das entsprechende Unterobjekt weiter analysiert werden.

> Wenn eine Ereignis- oder Leistungsdaten-Regel einen Alarm auslöst, dann hat das Skript nicht nur Zugriff auf die Daten der Ereignis- oder Leistungsdaten-Regel, sondern auch auf die Daten des Alarms.

Parameter

Das folgende Beispiel zeigt den Zugriff auf zwei Parameter. Deren Festlegung und Benennung erfolgt über das MOM-MMC-Snap-In.

```
' --- Parameter auslesen
Set oParams = ScriptContext.Parameters
strPfad    = oParams.get ("Pfad")
strText    = oParams.get ("Text")
```

Listing 4.71: Code-Ausschnitt: Zugriff auf die Parameter

Create()-Methoden

Mit den Methoden CreateEvent(), CreateAlert() und CreatePerfData() kann das Script Context-Objekt auch Ereignisse, Alarme und Leistungsdaten erzeugen. Diese Funktion ist besonders für zeitgesteuerte Skripte sinnvoll, die eine Überwachungsfunktion ausführen und via Ereignis, Alarm oder Leistungsdaten andere Prozesse im MOM anstoßen. Viele der vordefinierten Skripte sind keine Reaktions- sondern Überwachungsskripte.

Ereignisse, Alarme und Leistungsdaten erzeugen

State-Collection

Die State-Collection ist eine Objektmenge vom Typ VarSet. In Abgrenzung zu der Parameters-Collection enthält das State-Objekt nicht die Parameter, sondern die in der Regel verwendeten globalen Variablen. Eine der fünf möglichen Antworten auf die Erfüllung einer Regel ist die Änderung einer globalen Variablen (Erhöhung, Verringerung, Setzen auf einen String, Setzen auf eine Zahl, Setzen auf den Wert einer Umgebungsvariablen). Diese globalen Variablen können mit dem Intrinsic Object State gelesen und verändert werden.

State

```
wert = State.Get("Variablenname")
State.Put "Variablenname", Wert
```

Es folgt ein Beispiel für die globale Variable EreignisZaehler. Der Screenshot zeigt zunächst, wie eine Zustandsänderung in der Registerkarte RESPONSE einer Regel definiert wird. Danach folgt ein Code-Beispiel zur Verwendung der globalen Variablen in einem MOM-Skript.

Beispiel

```
wert = State.Get("EreignisZaehler")
if wert > 100 then
    wert = 0
        State.Put "EreignisZaehler", Wert
end if
```

Listing 4.72: Beispiel zur Verwendung des State-Objekts

Abbildung 4.100: Definition der Zustandsänderung einer globalen Variablen als Antwort auf die Erfüllung einer Regel

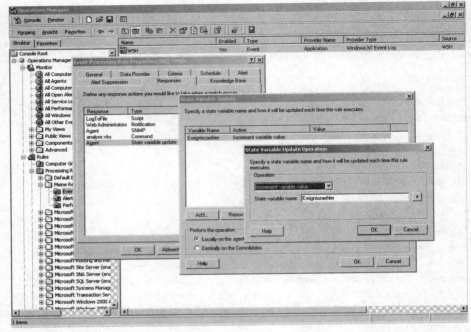

ScriptState-Objekt

Persistente VarSet-Collection

Das `ScriptState`-Objekt enthält keine Informationen über den Ausführungszustand des Skripts, sondern ermöglicht das Anlegen einer persistenten `VarSet`-Collection, in der beliebige Werte zwischen Skripten ausgetauscht werden können.

4.6.8.5 Fehlersuche und Debugging

Fehlermeldungen

Der MOM-Server protokolliert Skriptfehler in das NT-Anwendungsprotokoll (siehe nachfolgende Grafik als Beispiel). Die Fehlermeldung enthält zwar eine Zeilennummer, jedoch zeigt das primitive Skripteingabefeld des MOM keine Zeilennummern an. Es bleibt also nur die Möglichkeit, das Skript in einem externen Editor zu erstellen und dann mit Kopieren&Einfügen in den MOM zu übernehmen.

Jedem Skriptfehler folgt im Anwendungsprotokoll ein weiterer Eintrag vom Typ »Warnung« mit folgendem Text:

The response processor failed to execute a response. The response returned the error message: Eine Schnittstelle hat zu viele Methoden zum Auslösen von Ereignissen.

Response Details:
Alert or Event ID: {00000000-0000-0000-0000-000000000000}
Rule ID: {31290EA9-E540-49BE-A626-185D065CAA95}
Response description: Agent-side script

Scripting im Microsoft Operations Manager (MOM)

Abbildung 4.101: Beispiel für einen Skriptfehler in einem MOM-Skript

Die Fehlersuche im MOM ist extrem schwierig, da der Microsoft Operations Manager weder einen Debugger bietet noch die Möglichkeit, ein MOM-Skript manuell zu starten. Zum Testen eines Skripts muss man also das auslösende Ereignis manuell herbeiführen. Dies kann man im Zweifel mit den `Create()`-Methoden des `ScriptContext`-Objekts tun.

Kein Debugging

Die Fehlersuche wird auch dadurch erschwert, dass Änderungen an Skripten nicht sofort, sondern erst nach einigen Sekunden, manchmal sogar Minuten, wirken. Solange wird bei Ereignissen noch das alte Skript ausgeführt. Dies gilt selbst beim manuellen Aufruf der Funktion FORCE CONFIGURATION CHANGES NOW im Kontextmenü des Astes RULES in der MMC.

Verzögerung

4.6.8.6 Beispiel

Das Beispiel zeigt die erweiterte Form des bereits zuvor verwendeten MOM-Skripts *LogToFile*. Diese erweiterte Version analysiert die Quelle, die das Skript aufgerufen hat, und schreibt entsprechende Zusatzinformationen in die Protokolldatei.

LogToFile_Ex

```
' Dieses Skript läuft nur im Microsoft Operations Manager
' =======================================================
Const ForAppending = 8
Const TristateTrue = -1
Dim fso 'As Scripting.FileSystemObject
Dim oTX ' As Scripting.TextStream
Dim oAlert
Dim oEvent
Dim strText
Dim strParamPfad
Dim strParamText

' --- Parameter auslesen
Set oParams  = ScriptContext.Parameters
strParamPfad = oParams.Get("Pfad")
```

```
strParamText =   oParams.Get("Text")

' --- Header der Ausgabe
strText     = "==========" & vbCR & vbLF
strText     = strText & _
"Start des Skripts LogToFile am/um: " & now & vbCR & vbLF
strText     = strText & _
"Übergebener Text:" & strParamText & vbCR & vbLF

' --- Auswerten: Aufrufer = Event?
If ScriptContext.IsEvent then
Set oEvent = ScriptContext.Event
strText = strText & "EVENT"
strText = strText & ";" & oEvent.LoggingComputer
strText = strText & ";" & oEvent.Message
strText = strText & ";" & oEvent.EventType
strText = strText & ";" & oEvent.UTCTime & vbCR & vbLF
end if

' --- Auswerten: Aufrufer = Alert?
If ScriptContext.IsAlert then
Set oAlert = ScriptContext.Alert
strText = strText & "ALERT"
strText = strText & ";" & oAlert.Computer
strText = strText & ";" & oAlert.Description
strText = strText & ";" & oAlert.AlertLevel
strText = strText & ";" & oAlert.UTCTimeOfFirstEvent & _
vbCR & vbLF
End If

' --- Auswerten: Aufrufer = PerfData?
If ScriptContext.IsPerfData then
Set oPerfData = ScriptContext.PerfData
strText = strText & "PERFDATA"
strText = strText & ";" & oPerfData.SourceComputer
strText = strText & ";" & oPerfData.Objectname
strText = strText & ";" & oPerfData.InstanceName
strText = strText & ";" & oPerfData.Countername
strText = strText & ";" & oPerfData.Value
strText = strText & ";" & oPerfData.SampleUTCTime & _
vbCR & vbLF
End If

' --- In Datei schreiben!

' --- FSO instanziieren
Set fso = CreateObject("Scripting.FileSystemObject")
' --- Datei öffnen, anhängen, schließen
Set oTX = fso.OpenTextFile(strParamPfad, ForAppending, _ True, TristateTrue)
oTX.WriteLine strText
```

Listing 4.73: oTX.Close [CD:/code/hosts/mom/logtofile_ex.vbs]

Um dieses MOM-Skript zu testen, kann folgendes WSH-Skript verwendet werden, das einen WSH-Fehler vortäuscht.

```
set s = createObject("WScript.Shell.1")
s.logevent 2,"Künstlicher WSH-Fehler, erzeugt am/um: " & now
```

Listing 4.74: Erzeugung eines WSH-Fehlers im Anwendungsprotokoll

Die nachfolgenden Zeilen sind ein Ausschnitt aus der von dem Skript *LogToFile_Ex* erzeugten Protokolldatei. Auslöser war der mit obigem Skript künstlich erzeugte WSH-Anwendungsprotokolleintrag, der die Event Processing Rule »Alle WSH-Ereignisse« angestoßen hat, die in diesem Kapitel vorgestellt wurde. Die Event Processing Rule »Alle WSH-Ereignisse« löst das Skript *LogToSkript_Ex* und einen Alarm aus.

Ausführung

```
==========
Start des Skripts LogToFile am/um: 5.6.2001 12:11:20
Übergebener Text: WSH-Event!

EVENT;SONNE2000;
Künstlicher WSH-Fehler, erzeugt am/um: 5.6.2001 12:11:19 ;2;5.6.2001 10:11:19

ALERT;SONNE2000;
Künstlicher WSH-Fehler, erzeugt am/um: 5.6.2001 12:11:19 ;30;5.6.2001 10:11:19
```

Listing 4.75: Muster

Das Protokoll zeigt, dass das Skript sowohl die Daten des Ereignisses als auch die Daten des Alarms kennt, obwohl es keine dezidierte Alarmregel gibt. Das WSH-Skript wurde um 12:11:19 gestartet, wie die Fehlerbeschreibung zeigt. Das MOM-Skript wurde um 12:11:20 gestartet. Ereignis und Alarm wurden beide auf dem Rechner SONNE2000 gemeldet. Das Ereignis hatte den Typ 2 (»Warnung«). Auch der Alarm war eine Warnung (30 = Warnung). Der Microsoft Operations Manager verwendet aber andere Typkennziffern als der NT-Ereignisprotokolldienst. Die bei dem Ereignis und dem Alarm zuletzt genannten Zeiten sind Zeiten im Coordinated Universal Time (UTC)-Format und hinken daher zwei Stunden nach.

Analyse der Protokolldatei

4.7 Event Scripting Agent im Exchange Server 5.5/2000

Der Exchange Server ist Microsofts Messaging- und Groupware-Plattform. Während er im Bereich Messaging als ein hervorragendes Produkt gilt, wird dem direkten Konkurrenten Lotus Notes Überlegenheit im Bereich der Groupware-Funktionen zugesprochen. Ein Grund für diese Schwäche des Exchange Servers waren in der Vergangenheit die unzureichenden Programmiermöglichkeiten. Mit der Version 5.5 hat Microsoft den Exchange Server mit einem zusätzlichen mächtigen Feature zur Programmierung von Groupware-Anwendungen ausgestattet, dem *Exchange Event Service*.

Exchange Server

> Der Event Scripting Agent wird auch im Exchange Server 2000 unterstützt. Zusätzlich gibt es dort neben den asynchronen Scripting Agents auch synchrone Ereignisse.

Exchange 2000

4.7.1 Überblick über den Exchange Event Service

Exchange Event Service Der Exchange Event Service ist ein Windows NT-Dienst, der als Reaktion auf das Eintreten bestimmter Ereignisse so genannte Agents ausführen kann. Der NT-Dienst ist in der Anwendung EVENTS.EXE implementiert.

Die möglichen Ereignisse sind:

- das Eintreffen einer neuen Nachricht
- das Verändern einer bestehenden Nachricht
- das Löschen einer Nachricht
- der Ablauf eines bestimmten Zeitintervalls (Zeitplanereignis)

Dabei können diese Ereignisse sowohl in öffentlichen Ordnern als auch in privaten Postfächern, die auf dem Server gespeichert sind, abgefangen werden. Allerdings können keine Ereignisse in persönlichen Ordnern (.pst-Dateien) abgefangen werden!

Asynchrone Verarbeitung Der Event Service arbeitet asynchron. Der Exchange Information Store generiert die Ereignisse und speichert diese in einer Warteschlange. Der Event Service holt sie sequenziell aus der Warteschlange ab und verarbeitet sie. Die Verarbeitungsprozesse im Informationsspeicher werden also durch die Abarbeitung der Ereignisse nicht blockiert. Ereignisse werden auch in der Warteschlange gespeichert, wenn der Event Service nicht läuft. Beim Start des Dienstes werden die Ereignisse dann nachträglich abgearbeitet. Es besteht also die Möglichkeit, dass zwischen dem Auslösen des Ereignisses und dem Start des Event Agents einige Zeit vergeht, so dass die betreffende Nachricht bereits verändert und aus dem Ordner gelöscht sein könnte.

Erfahrungen haben gezeigt, dass der Event Service anfällig für Fehler ist und eine eher schlechte Performance hat. Der Exchange 2000 Event Service soll stabiler sein.

4.7.1.1 Event Agents

Event Agents Ein Exchange Event Agent ist eine COM-Klasse, die folgende Voraussetzungen erfüllt:

- Sie implementiert die Schnittstelle IExchangeEventHandler.
- Sie ist für die Komponentenkategorie *Exchange Event Handler Category* (GUID {50F45350-D0AF-11d0-9836-00AA006D27AB}) registriert.

Microsoft selbst liefert zwei Event Agents:

- den *Event Scripting Agent* (SS.DLL und SCRIPTO.DLL). Der interne Name dieser Klasse lautet SCRIPTHANDLER. Der Event Scripting Agent führt so genannte Ereignisskripte (engl. Event Scripts) aus.
- den *Exchange Routing Engine Agent* (EXRTENG.DLL)

In diesem Buch wird ausschließlich der Scripting Agent betrachtet.

> Der Begriff Agent ist in Exchange ein wenig doppeldeutig: Eigentlich sind Agents die nach Ereignissen gestarteten COM-Klassen. In Outlook, dem grafischen Benutzerinterface zur Konfiguration des Event Services, wird jedoch die Bindung eines Ereignisses an besagte COM-Klassen als Agent bezeichnet. Diese Bindung wird im vorliegenden Buch Aktion genannt.

MINFU

4.7.1.2 Konfiguration des Exchange Event Services

Damit Event Agents verwendet werden können, sind einige Konfigurationen nötig. Auf dem Exchange Server-Computer muss sichergestellt sein, dass

Serverkonfiguration

- der Exchange Event Service gestartet ist,
- der Exchange Event Service unter einem Benutzerkonto läuft, das die nötigen Rechte hat,
- die Verwendung des Event Services für die gewünschten Benutzer freigeschaltet ist.

Die ersten beiden Punkte werden – wie üblich – in der Systemsteuerung unter DIENSTE eingestellt. Die Freigabe des Event Services für einzelne Benutzer erfolgt jedoch im Exchange Admin-GUI. Der Event Service ist dort durch einen Systemordner mit dem Namen EVENTS ROOT repräsentiert. Sie finden diesen Systemordner unter ORGANISATION/ORDNER/SYSTEMORDNER (siehe Abbildung 4.30). Unterhalb von EVENTS ROOT gibt es für jeden Server in der Organisation einen Eintrag der Form EVENTCONFIG_SERVERNAME.

Events Root

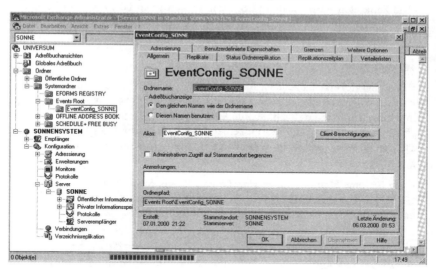

Abbildung 4.102: Konfiguration des Exchange Event Services (Exchange Server 5.5)

Sicherheitseinstellungen

Sie müssen in den Eigenschaften dieses Eintrags die Client-Berechtigungen für die Exchange-Benutzer setzen, die den Event Service nutzen sollen. Zur Verwendung des Dienstes benötigt ein Benutzer mindestens das Editor-Recht (Objekte erstellen und lesen, eigene Objekte bearbeiten und löschen).

Client-Berechtigungen

Scripting Hosts

Impersonifi- Ein Event Agent läuft unter dem Benutzerkontext, auf den der Event Service konfiguriert
zierung wurde. Um in einem Agent darüber hinausgehende Operationen zu ermöglichen, können
Sie die den Agent implementierende Komponente als MTS-Paket bzw. COM+-Anwendung
konfigurieren. Damit kann über die Identitätseinstellungen die Ausführung in einem anderen Benutzerkontext erzwungen werden.

Polling-Interval

Der Event Service fragt in einem bestimmten Intervall die Ereigniswarteschlange ab. Dieses Intervall liegt normalerweise bei 60 Sekunden. Sie können die Einstellungen über den Registry-Schlüssel HKEY_LOCAL_MACHINE\SYSTEM\CURRENTCONTROLSET\ SERVICES\MSEXCHANGEIS\PARAMETERSSYSTEM\ICS NOTIFICATION INTERVAL ändern. Dieser Schlüssel existiert normalerweise nicht. Tragen Sie hier die Anzahl der Sekunden ein. In einer Entwicklungsumgebung empfiehlt sich der Ein-Sekunden-Takt, um unverzüglich ein Feedback zu bekommen.

Speicherform

Speicherung Der Exchange Server speichert die Informationen über Aktionen an zwei verschiedenen
der Aktionen Orten:

- Im Systemordner EVENTS ROOT werden die Bindungen der Ereignisse an Agents gespeichert.

- Die konkreten Aktionsdaten (z.B. Skripte) werden in Form von Nachrichten in dem jeweiligen Ordner abgespeichert. Die Nachrichten sind jedoch versteckt und in Outlook nur über ein spezielles Add-in einsehbar.

Protokollierung

Logdatei Der Event Service erzeugt zu jeder Aktion ein Log. Dieses wird ebenfalls in einer versteckten Nachricht in dem jeweiligen Ordner gespeichert. Der Event Service selbst schreibt nur Fehlermeldungen in das Log (z.B. »03/06/00 03:44:42Ausführungsfehler in Zeile 84 Quelle: Laufzeitfehler in Microsoft VBScript Fehler: 800a01f4. Beschreibung: Variable ist nicht definiert: 'irgendwas'«). Ein Skript selbst kann mit Hilfe eines Intrinsic Objects Einträge in das Log vornehmen.

Ein Log hat eine Standardmaximalgröße von 32 KB. Sie können diese Obergrenze unter HKEY_LOCAL_MACHINE\SYSTEM\CURRENTCONTROLSET\SERVICES\MSEXCHANGEES\ PARAMETERS\MAXIMUM SIZE FOR AGENT LOG IN KB ändern.

NT-Ereignis- Der Event Service protokolliert auch im NT-Ereignisprotokoll. Der Umfang der Protokollierung
protokoll kann dabei über einen Registry-Schlüssel (HKEY_LOCAL_MACHINE\SYSTEM\ CURRENTCONTROLSET\SERVICE\ MSEXCHANGEES\PARAMETERS\LOGGING LEVEL) eingestellt werden. Der Wertebereich reicht von 0 (nur Ausführungsfehler werden protokolliert) bis 5 (sehr ausführliche Protokollierung).

4.7.2 Exchange Event Scripting

Der Event Scripting-Agent ist ein ActiveX Scripting Host, der als Event Agent auf vom Exchange Event Service abgefangene Ereignisse mit der Ausführung von Skripten reagieren kann. Ein Skript, das im Event Scripting Agent ausgeführt wird, wird einfach Ereignisskript (engl. *Event Script*) genannt. Entsprechend den Fähigkeiten des Event Services kann ein Ereignisskript folgende vier Ereignisbehandlungsroutinen implementieren:

Event Scripting Agent

- Folder_OnMessageCreated
- Message_OnChanged
- Folder_OnMessageDeleted
- Folder_OnTimer

Ereignistypen

Ein einzelnes Skript kann dabei mehrere dieser Ereignisbehandlungsroutinen gleichzeitig implementieren. Eine Ereignisbehandlungsroutine muss in jedem Fall implementiert sein, sonst macht der Agent gar nichts.

Die Skripte unterliegen einem Timeout: Wenn ein Skript nicht innerhalb dieses Zeitraums endet, wird es durch den Event Service abgebrochen. Die Timeout-Zeit kann in der Registry unter HKEY_LOCAL_MACHINE\SYSTEM\CurrentControlSet\Services\ MSExchangeES\Maximum execution time for scripts in seconds eingestellt werden.

Timeout

Die Performance und Absturzsicherheit des Event Agents kann erhöht werden, indem der Scripting Agent (SCRIPTO.DLL) als MTS-Package bzw. COM-Anwendung konfiguriert wird.

Zuverlässigkeit

4.7.2.1 Intrinsic Objects

Der Event Scripting Agent stellt zwei Intrinsic Objects bereit: EventDetails und Script.

EventDetails

Dabei ermöglicht EventDetails den Zugriff auf die Eingabedaten, also auf die auslösenden Ordner und ggf. die auslösende Nachricht. EventDetails stellt dazu drei Attribute bereit:

Intrinsic Object EventDetails

- EventDetails.Session enthält einen Zeiger auf eine CDO-Session (vgl. [SCH01c]) Sofern das Ereignis in einem Benutzerpostfach ausgelöst wurde, ist dies die Session des jeweiligen Benutzers.
- EventDetails.FolderID: ID des Ordners, in dem das Ereignis ausgelöst wurde
- EventDetails.MessageID: ID der Nachricht, die das Ereignis ausgelöst hat. Im Falle eines Timer-Events ist dieses Attribut leer.

Durch den Zugriff auf die CDO-Session kann das Skript auch Ausgaben in Form von Nachrichten erzeugen.

Script-Objekt

Das Script-Objekt dagegen ermöglicht die Ausgabe in eine Protokolldatei bzw. in das NT-Ereignisprotokoll. Script stellt nur ein Attribut mit dem Namen Response bereit. Dies ist verwunderlicherweise keine Methode, der man nacheinander verschiedene Zeichenketten übergeben könnte, die dann protokolliert werden. Response ist ein einfaches, einwertiges

Intrinsic Object Script

Scripting Hosts

Attribut. Es wird nur der Wert protokolliert, der zuletzt in das Attribut geschrieben wurde. Beim Setzen von Response werden also vorherige Werte wieder gelöscht.

```
...
Script.Response = "Schritt 1 war erfolgreich"
...
Script.Response = "Schritt 2 war erfolgreich"
...
Script.Response = "Schritt 3 war erfolgreich"
```

Das Protokoll enthält dann nur die letzte Nachricht.

Sofern eine schrittweise Protokollierung gewünscht ist, muss der aktuelle Wert von Response stets ausgelesen und mit dem anzufügenden Inhalt verknüpft werden. Sinnvollerweise setzt man zwischen verschiedene Meldungen einen Zeilenumbruch mit VBLF (Zeilenvorschub) und VBCR (Wagenrücklauf).

```
...
Script.Response = "Schritt 1 war erfolgreich"
...
Script.Response = Script.Response  & vbCR & vbLF & _
 "Schritt 2 war erfolgreich"
...
Script.Response = Script.Response  & vbCR & vbLF & _
 "Schritt 3 war erfolgreich"
```

Say() Es bietet sich an, eine eigene Protokollfunktion zu schreiben. Diese heißt natürlich wieder say().

```
Sub say(s)
Script.Response = Script.Response & s & vbCR & vbLF
End Sub
```

Ein Ereignisskript kann keine Dialogboxen ausgeben. Ein Skript, das einen solchen Befehl versucht, wird mit der Fehlermeldung 800a0046 »Erlaubnis verweigert« abgebrochen.

4.7.2.2 Installation eines Skripts

Skript-installation Die Exchange Event Agents können nicht über das Exchange Server-Administrationsprogramm ADMIN.EXE verwaltet werden. Um einem Ordner eine Skriptaktion zuweisen zu können, benötigt ein Benutzer als Client Microsoft Outlook 8.03 (oder höher). In Outlook muss das *Serverskript Add-in* aktiviert sein. Dies ist in keiner Outlook-Version standardmäßig aktiviert.

MINFU Auch wenn das Add-in den Begriff Skript im Namen führt: Damit können auch Aktionen für andere Agenten installiert werden. In diesem Buch werden aber nur die Skriptaktionen behandelt.

Aktivierung des Add-ins

Die Aktivierungsoption für das *Serverskript Add-in* ist etwas versteckt. Die folgenden Hinweise skizzieren das Vorgehen bei Microsoft Outlook 2000: Wählen Sie EXTRAS/OPTIONEN. Dort finden Sie auf der Registerkarte WEITERE einen Button ERWEITERTE OPTIONEN. In dem sich dann öffnenden Dialog wählen Sie ADD-IN-MANAGER. Aktivieren Sie dort das Add-in SERVERSKRIPTS.

Serverskript Add-in in Outlook

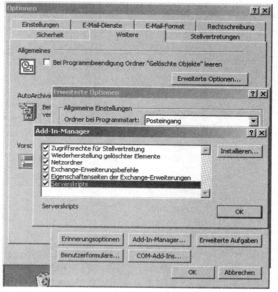

Abbildung 4.103: Die Aktivierung des Serverskript-Add-ins ist Voraussetzung zur Administration der Event Agents via Outlook.

Installation

Um mit Outlook eine Skriptaktion zu installieren, gehen Sie wie folgt vor:

Registerkarte Agenten

▷ Stellen Sie sicher, dass Sie das *Serverskript Add-in* aktiviert haben.

▷ Wählen Sie den Ordner aus, in dem Sie das Skript installieren möchten. Wählen Sie im Kontextmenü des Eintrags in der Ordnerliste EIGENSCHAFTEN und dort AGENTEN.

▷ Klicken Sie auf NEU. Danach erscheint das Dialogfenster NEUER AGENT.

> Bitte beachten Sie den bereits erwähnten Fehler in der Benennung: Sie installieren mit NEUER AGENT keine Agenten, sondern definieren eine Aktion für einen Agenten.

MINFU

▷ Vergeben Sie einen sinnvollen Namen für Ihr Skript und wählen Sie die Ereignisse aus, auf die der Agent reagieren soll.

▷ Wenn Sie das Zeitplanereignis angewählt haben, definieren Sie in dem unter ZEITPLAN erscheinenden Dialog das gewünschte Zeitintervall. Das minimale Intervall beträgt 15 Minuten.

Scripting Hosts

- Klicken Sie auf SKRIPT BEARBEITEN. Outlook öffnet den Notepad mit einer Musterdatei, in der die Rümpfe der vier Ereignisbehandlungsroutinen eingetragen sind. Geben Sie Ihren Programmcode dort ein bzw. kopieren Sie ihn aus einer vorher vorbereiteten Skriptdatei.

- Nachdem Sie den Notepad geschlossen und alle offenen Dialogboxen mit OK bestätigt haben, ist Ihr Skript aktiv.

Abbildung 4.104:
Dialogfenster
»Neuer Agent«

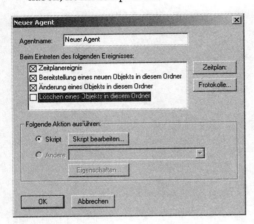

Test und Überwachung

Protokoll betrachten

Sie sollten nun Ihren Agent mit einem Ereignis »füttern«. Sehen Sie sich danach das Log an. Das Log erreichen Sie auf nahezu dem gleichen Weg, den Sie auch schon bei der Neuerstellung des Skripts gegangen sind. Wählen Sie die Eigenschaften des Ordners und dort AGENTEN. Sie erhalten eine Liste aller installierten Skripte. Wählen Sie das gewünschte Skript und klicken Sie auf BEARBEITEN. Wenn Sie dann auf PROTOKOLLE klicken, erscheint im Notepad das Log.

> Es ist inzwischen auch ein Drittanbieter-Werkzeug erhältlich, nämlich der Script Director von der Firma Micro Eye, der eine sehr viel komfortablere Verwaltung von Event Agents ermöglicht (siehe Kapitel 6). Außerdem gibt es mit der COM-Komponente Exchange Event Service Config eine Möglichkeit, die Skripte automatisiert zu verwalten. Diese Komponente wird im vorliegenden Buch jedoch nicht besprochen.

4.7.2.3   Erstes Beispiel

Einfaches Ereignisskript

Das erste Beispiel ist zugleich ein Testskript für Ihren Event Service. Das Skript tut im Kern nicht mehr, als alle eingetretenen Ereignisse im Log zu protokollieren. Die zusätzliche Routine Info() speichert auch den Benutzernamen der aktuellen CDO-Session, den Computernamen, auf dem das Skript läuft, und den Benutzerkontext, unter dem das Skript läuft.

```
<SCRIPT RunAt=Server Language=VBScript>
Option Explicit
Dim oCDO, oMes, oFol
Dim WSHnetwork
' === Neue Nachricht
```

```vbscript
Public Sub Folder_OnMessageCreated()
Set oCDO = EventDetails.Session
Set oFol = oCDO.GetFolder(EventDetails.FolderID, Null)
Set oMes = oCDO.GetMessage(EventDetails.MessageID, Null)
say "Neue Nachricht von " & OMes.Sender & _
" mit Betreff " & _ oMes.Subject & " in " & oFol.Name
info
End Sub
' === Nachricht geändert
Public Sub Message_OnChange()
Set oCDO = EventDetails.Session
Set oFol = oCDO.GetFolder(EventDetails.FolderID, Null)
Set oMes = oCDO.GetMessage(EventDetails.MessageID, Null)
say "Änderung Nachricht von " & OMes.Sender & _
" mit Betreff " & oMes.Subject & " in " & oFol.Name
info
End Sub
' === Löschen einer Nachricht
Public Sub Folder_OnMessageDeleted()
Set oCDO = EventDetails.Session
Set oFol = oCDO.GetFolder(EventDetails.FolderID, Null)
say "Löschen der Nachricht mit ID " & EventDetails.MessageID & _
" aus " & oFol.Name
info
End Sub
' === Zeitereignis
Public Sub Folder_OnTimer()
say "Timer Event: " & now
info
End Sub
' ### Hilfsroutine zur Ausgabe
Sub say(s)
Script.Response = Script.Response & s & vbCR & vbLF
End Sub
' ### Hilfsroutine zur Infosammlung
Sub info
On Error Resume Next
Set WSHNetwork = CreateObject("WScript.Network")
say "- Computer: " & WSHNetwork.ComputerName
say "- WinNT-User: " & WSHNetwork.UserDomain & _
"\" & WSHNetwork.Username
say "- CDO-CurrentUser: " & oCDO.CurrentUser
End Sub
</SCRIPT>
```

Listing 4.76: Einfaches Exchange-Ereignisskript [CD: /code/hosts/ExchangeAgent/einfacherAgent.vbs]

Das Skript wurde in der Buchumgebung auf dem Exchange Server *Sonne* im Posteingang des Benutzers *Holger Schwichtenberg* installiert. Alle Ereignisse wurden aktiviert und der Zeitplan auf 15 Minuten eingestellt. Nach dem Erzeugen, Ändern und Löschen einer Nachricht im Posteingang sollte das Log des Skripts wie folgt aussehen:

Installation

```
05/08/
00 14:56:37 Neue Nachricht von Holger Schwichtenberg mit Betreff Love Letter in
Posteingang
 - Computer: URANUS
 - WinNT-User: \ADMINEXCHANGE
 - CDO-CurrentUser: Schwichtenberg, Holger
05/08/00 15:00:10 Timer Event: 08.05.00 15:00:10
 - Computer: URANUS
 - WinNT-User: \ADMINEXCHANGE
05/08/
00 15:00:37 Änderung Nachricht vor Holger Schwichtenberg mit Betreff Love Letter
 in Posteingang
 - Computer: URANUS
 - WinNT-User: \ADMINEXCHANGE
 - CDO-CurrentUser: Schwichtenberg, Holger
05/08/00 15:15:10 Timer Event: 08.05.00 15:15:10
 - Computer: URANUS
 - WinNT-User: \ADMINEXCHANGE
05/08/00 15:19:37 Löschen der Nachricht mit ID
3E548E0B3952D211B13A00A0C9B5FD9100000001F19D aus TEST
 - Computer: URANUS
 - WinNT-User: \ADMINEXCHANGE
 - CDO-CurrentUser: Schwichtenberg, Holger
```

Listing 4.77: Ausschnitt aus dem Skript-Log. Neben dem Nachrichtenevent wurde auch ein Timer-Event ausgelöst.

oCDO.CurrentUser

Bei einem öffentlichen Ordner erscheint als aktueller Benutzer (ermittelt durch oCDO.CurrentUser) immer der Name des zuletzt angemeldeten Benutzers. Diese Angabe ist bei einem Zeitereignis aber nicht verfügbar.

4.7.2.4 Debugging

Problematisches Debugging

Das Debugging von Ereignisskripten ist eine Herausforderung! Durch die asynchrone Ausführung und die Unmöglichkeit, Dialogboxen auszugeben, ist ein fehlerhaftes Skript schlecht zu debuggen. Der Zugriff auf das Log eines Ereignisskripts ist kompliziert. Dazu kommen auch noch einige gewöhnungsbedürftige Verhaltensweisen:

Blockade
▶ Ein Skript, das einmal einen Fehler verursacht hat, wird kein zweites Mal in der Form ausgeführt werden. Der Event Service wartet darauf, dass es modifiziert wird. Dies dokumentiert der Event Service bei der ausführlichen Protokollierung so im Ereignisprotokoll: »Das Skript schlug mit Syntax- oder Runtime-Fehler beim letzten Ereignis fehl. Da das Skript seit dem letzten Fehler nicht modifiziert wurde, wird der Microsoft Exchange-Ereignisdienst dieses Skript nicht nochmals ausführen. Weitere Informationen über diesen Fehler finden Sie im Agentenprotokoll.«

Dieses Verhalten ist sehr lästig, denn das Skript muss nach jedem Fehler des Skripts neu gespeichert werden – auch dann, wenn es mit anderen Eingabeparametern (also mit anderen Werten in EventDetails) getestet werden soll.

- Das Nachrichtenereignis, das einen Skriptfehler verursacht hat, wird nicht verworfen, sondern nach einer Modifizierung des Skripts erneut ausgeführt. **Warteschlange**
- Die während einer Blockade des Skripts ausgelösten Ereignisse werden ebenfalls in der Warteschlange zwischengespeichert. Ein modifiziertes Skript verarbeitet also unter Umständen noch Nachrichten, die für die vorhergehende Version bestimmt waren.

Sie haben gute Gründe, einige Vorkehrungen zu treffen, um Ihre Debugging-Möglichkeiten zu verbessern:

- Fangen Sie alle Laufzeitfehler ab und erzeugen Sie eigene Fehlermeldungen im Log. Damit verhindern Sie, dass der Event Service Ihr Skript sperrt. Sie können dann ein Skript mit beliebig vielen Nachrichten testen, ohne bei einem Fehler immer wieder neu speichern zu müssen. **Fehler abfangen**
- Implementieren Sie eine eigene Protokollierung. Schreiben Sie zusätzlich alle Ausgaben in eine Textdatei Ihrer Wahl. Wenn Sie diese Textdatei dann in den Internet Explorer laden, können Sie entweder mit dem Button AKTUALISIEREN manuell den aktuellen Inhalt Ihrer Protokolldatei laden oder aber mit Hilfe eines Framesets einen automatischen Refresh programmieren. **Eigene Protokollierung**

Während der Entwicklungs- und Testphase sollten Sie auf Ihrem Testserver zudem folgende Einstellungen vornehmen: **Vorkehrungen auf einem Testrechner**

- Stellen Sie die Protokollierung auf den Grad 5 und das ICS Notification Interval auf 1.
- Starten Sie den Event Service (EVENTS.EXE) nicht als Dienst, sondern in einer DOS-Box. Da der Event Service alle Ausgaben, die er in das NT-Ereignisprotokoll schreibt, auch auf die Standardausgabe wirft, sehen Sie dann alle Verarbeitungsschritte schneller.
- Installieren Sie den Microsoft Script Debugger auf dem Exchange Server. Die Ereignisskripten unterstützen den Debugger, jedoch nicht entfernt, sondern nur auf dem lokalen Rechner.

> **Entwicklung und Debugging innerhalb der Visual Studio-IDE**
>
> Es ist möglich, Event Agents in der komfortablen Entwicklungsumgebung von VB6 zu entwickeln und zu testen. Dazu ist allerdings ein Trick notwendig: der VB6-Routine muss die Umgebung des Agents-Scripts mit Hilfe von eigenen Klassen vorgespielt werden. Details erfahren Sie in Kapitel 6.

4.7.2.5 Nützliche Hilfsroutinen

Gerade auf Grund des komplexen Debuggings bietet es sich an, häufige Aufgaben in eine Funktionsbibliothek zu kapseln. Dieses Buch liefert Ihnen die Bibliothek *WS_ExAgLIB* mit folgenden Routinen: **WS_ExAgLIB**

- Say() schreibt in das Log und parallel in eine zu bezeichnende Textdatei. Den Namen der Datei muss das nutzende Skript über eine Zuweisung an die globale Variable SAYLOG festlegen. Ebenso hat das nutzende Skript die Möglichkeit, eine VERSION anzugeben, die in jeder Ausgabe berücksichtigt wird. Damit wird es möglich, bei Änderungen des Skripts zu unterscheiden, welche Version des Skripts den Protokolleintrag erzeugt hat.

- SayStart() erzeugt beim Aufruf eines Ereignisskripts im Log eine Trennlinie und fügt den Namen des Computers und den des Benutzerkontos, unter dem das Skript läuft, ein.
- SayEnd() markiert das Ende eines Skriptdurchlaufs mit den Buchstaben »END«.
- Analyse() liefert auf Basis der Intrinsic Objects Zeiger auf die wichtigsten Objekte in Zusammenhang mit einer Nachricht, die das Skript getriggert hat.
- PutMessage(oFo,Betreff,Inhalt) erzeugt eine Nachricht in einem öffentlichen Ordner.
- SENDMail(Empfaenger, Betreff, Inhalt) sendet eine Nachricht an einen Empfänger.

```
' Exchange Event Scripting Agent-Funktionsbibliothek
' (C) Holger Schwichtenberg 2000
' Kontakt: hs@windows-scripting.de
' Version 1.1
' //////////////////////////////////////////////

' --- Konfigurationsoptionen, die das Skript belegen soll
Dim SAYLOG    ' Name der Protokolldatei für say()
Dim VERSION   ' Versionsnummer des Skripts

' --- Globale Objekte, die von Analyse() belegt werden
Dim oMessage ' Nachrichten-Objekt
Dim oFolder  ' Folder, in dem die Nachricht liegt
Dim oOutbox  ' Outbox des aktuellen Benutzers
Dim oSession ' Sitzung des aktuellen Benutzers
Dim oUser    ' AddressEntry-Objekt des aktuellen Nutzers
Dim oSender  ' AddressEntry-Objekt des Senders

'----------------------------------------
' Hilfsroutinen zur Protokollierung
'----------------------------------------

' ### Hilfsroutine: Protokolliert Text in Agent Log und Textdatei
Public Sub say(s)
Dim text
meldcount = meldcount + 1
text = meldcount & ". (" & now & "/ " & VERSION & "): " & _
    s & vbCR & vblf
meldtext = meldtext & text
Script.Response = meldtext
If SAYLOG <> "" Then Writeto SAYLOG,text
End Sub

' ### Protokollierung zu Skriptstart
Public Sub saystart(s)
dim WSHnetwork
On Error Resume Next
meldtext = "----- " & s & vbCR & vbLF  ' Erste Zeile
Set WSHNetwork = CreateObject("WScript.Network")
say "Running on " & WSHNetwork.ComputerName & _
    " as " & WSHNetwork.UserDomain & "\" & WSHNetwork.Username
```

```
End Sub

' #### ENDE-Markierung im Protokoll
Public Sub sayend
 say "END"
End Sub


'----------------------------------------------------
' Hilfsroutinen für die Arbeit mit CDO
'----------------------------------------------------
' #### Auswerten der Nachricht, die das Ereignis getriggert hat
function Analyse
On Error Resume Next
say "Analysiere Nachricht..." & now
' -- Zeiger auf relevante Elemente ermitteln
Set oSession = EventDetails.Session
check "Zugriff auf Session"
Set oFolder = _
oSession.GetFolder(EventDetails.FolderID, Null)
check "Zugriff auf Folder"
Set oMessage = _
oSession.GetMessage(EventDetails.MessageID,Null)
check "Zugriff auf Session"
Set oSender = oMessage.Sender
check "Zugriff auf Sender"
Set oOutbox = oSession.Outbox
check "Zugriff auf Outbox"
Set oUser = oSession.currentuser
check "Zugriff auf CurrentUser"
Analyse = "Nachricht von " & oSender.Name
Analyse = analyse & " in " & oFolder.Name
Analyse = analyse & " mit Betreff " & oMessage.Subject
saydebug "Event analysiert:" & analyse
End function

' #### Ablegen einer Nachricht in einem Ordner
Sub PutMessage(oFo,Betreff,Inhalt)
On Error Resume Next
Dim oM
' -- Neue Nachricht erzeugen
Set oM = oFo.Messages.Add
check "Erzeugen einer öffentlichen Nachricht in " & oFo.name
' -- Typ: Öffentliche Nachricht
'oM.Type = "IPM.Post"
' -- Absender setzen
'Set oM.Sender = oUser
' -- Betreff, Inhalt und Wichtigkeit
oM.Subject = Betreff
oM.text = Inhalt
oM.Unread = True ' Als ungelesen markieren
' -- Änderungen speichern
oM.Update
```

```
        check "Speichern der Nachricht"
        End Sub

        ' ### Senden einer E-Mail
        Sub SENDMail(Empfaenger, Betreff, Inhalt)
        Dim objM, objRR, objR
        On Error Resume Next
        ' -- Neue Nachricht
        Set objM = oOutbox.Messages.Add
        check "Erzeugen einer E-Mail für " & empfaenger
        ' -- Absender setzen
        Set objM.Sender = oUser
        ' -- Betreff, Inhalt und Wichtigkeit
        objM.Subject = Betreff
        objM.text = Inhalt
        objM.Unread = True  ' Als ungelesen markieren
        ' -- Empfänger erzeugen (im TO)
        Set objRR = objM.Recipients
        Set objR = objRR.Add(empfaenger, , 1) ' 1 = CdoTo
        objR.Resolve
        If objR Is Nothing Or objRR.Resolved = False Then
            sayerror "Namensauflösung nicht möglich für " & empfaenger
            exit sub
        End If
        ' -- Änderungen speichern
        objM.Update
        objM.Send 'showDialog:=False
        check "Senden der E-Mail"
        End Sub
```

Listing 4.78: Hilfsroutinen aus der WS_ExAgLib-Funktionsbibliothek

4.8 Microsoft Outlook Forms

VBS und VBA Microsoft Outlook ist innerhalb der Office-Produktfamilie ein Sonderling, was die Anwendungsentwicklung angeht: Outlook Forms sind ein ActiveX Scripting Host und keine VBA-Umgebung. Man kann jetzt darüber streiten, ob das positiv (weil flexibler) oder negativ (weil inkompatibel und weniger gut durch Werkzeuge unterstützt) ist. Outlook 2000 unterstützt jetzt auch VBA und VBA-UserForms, allerdings nur zur Behandlung von Ereignissen auf Anwendungsebene (z.B. StartUp, NewMail, Quit). Die Outlook Forms bilden weiterhin eine eigene Welt. Outlook Forms sind eine Ansicht für Nachrichten in einem Message Store.

Schlechter Editor Obwohl zum Lieferumfang von Microsoft Office seit Office 2000 ein Scripteditor (eine Lightversion des Visual InterDev 6.0) gehört, mutet Microsoft den Outlook-Forms-Entwicklern weiterhin eine abgewandelte Form des Notepads zu. Das ist ein Skandal, denn gerade Outlook hätte einen leistungsfähigen Editor nötig gehabt.

4.8.1 Formulardesigner

Der Skript-Code in Outlook ist so genannter *Code behind Forms (CBF)*; die Grundlage für die Programmierung ist also immer ein Outlook-Formular. Das Programmierprinzip ist ereignisgesteuert: Ein Outlook-Skript ist die Reaktion auf ein Ereignis in einem Formular.

Code behind Forms

Zur Erstellung eines Formulars haben Sie dabei die Wahl, ein komplett neues Formular zu entwerfen (Menü EXTRAS/FORMULARE/EIN FORMULAR ENTWERFEN) oder ein bestehendes Formular zu ändern (EXTRAS/FORMULARE/DIESES FORMULAR ENTWERFEN). Die letzte Option steht jedoch nicht aus der Hauptansicht zur Verfügung, sondern nur dann, wenn ein konkretes Formular angezeigt wird. Beim Erstellen neuer Formulare können Sie bestehende Formulare als Vorlage wählen.

Fenster

Der Form Designer bietet folgende Fenster an:

Fenster des Form Designers

- die Formularentwurfsfläche mit mehreren Registerkarten
- eine Werkzeugsammlung (Toolbox) zum Einfügen von Steuerelementen
- ein Fenster zur Auswahl von Standard-MAPI-Feldern bzw. Feldern aus anderen Formularen
- ein Eigenschaftsfenster, das der Konfiguration der einzelnen ActiveX-Steuerelemente dient
- ein Codefenster

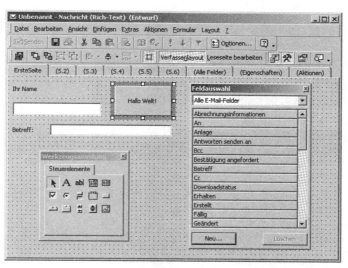

Abbildung 4.105: Outlook 2000 Form Designer [CD:/code/Hosts/Outlook/helloworld.oft]

Sie werden schnell feststellen, dass der Form Designer im Vergleich zu anderen Formularentwurfsumgebungen sehr umständlich zu handhaben ist. Beispielsweise können Sie nicht bei geöffnetem Eigenschaftsfenster das ausgewählte Steuerelement wechseln.

Speicherung

Formularspeicherung Outlook Forms können entweder in Form von .OFT-Dateien im Dateisystem oder in der Form-Bibliothek eines Mail-Stores gespeichert werden.

4.8.2 Steuerelemente und Felder

Einsteiger in die Outlook-Programmierung scheitern oft daran, dass Outlook streng zwischen den Steuerelementen in dem Formular und den Feldern in der Nachricht trennt. Diese Differenzierung gibt es beispielsweise auch in Microsoft Access, nicht aber in HTML-Formularen.

Steuerelemente Ein *gebundenes Steuerelement* ist ein Steuerelement, das mit einem MAPI-Feld verknüpft ist und daher in der Nachricht gespeichert wird. Ein *ungebundenes Steuerelement* ist nicht verknüpft und wird nicht gespeichert. Durch die Registerkarte ANZEIGE in den Eigenschaften eines Felds wird der Name des Steuerelements festgelegt. Die Bindung wird auf der Registerkarte WERT eingestellt.

Abbildung 4.106: Festlegung des Namens und der Gestaltung des Steuerelements. Das Steuerelement heißt »Element_Name«.

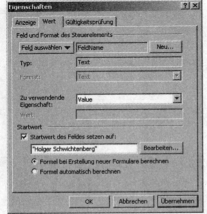

Abbildung 4.107: Festlegung der Bindung an ein MAPI-Feld und eines Startwerts. Hier erfolgt die Bindung an ein selbstdefiniertes Feld »FeldName«. Unterstriche sind in MAPI-Namen nicht erlaubt!

Auf der Registerkarte WERT kann das Steuerelement entweder an ein vorhandenes MAPI-Feld oder an ein selbstdefiniertes Feld gebunden werden.

Bindung an Felder

> Message Stores sind semi-strukturiert. Im Gegensatz zu relationalen Datenbanken kann in Nachrichten-Ordnern eines Message Stores jede Nachricht andere Felder besitzen (siehe dazu auch das Thema CDO im COM-Komponentenhandbuch).

4.8.3 Intrinsic Objects

Die Outlook Forms verfügen über zwei Intrinsic Objects:

Intrinsic Objects

- Application ist ein Verweis auf die Stammklasse der Outlook-Objekthierarchie.
- Item ist ein Verweis auf das Formular, das den Code enthält.

> Bitte beachten Sie, dass im Gegensatz zu anderen Formularumgebungen (z.B. VBA Forms, VB Forms, HTML Forms) die Steuerelemente nicht über ihren Objektnamen im direkten Zugriff sind. Sie können immer nur über das Item-Objekt, jedoch nicht direkt über Steuerelementname.Attribut oder Steuerelementname.Methode angesprochen werden. Eine Ausnahme bilden nur die bereits besprochenen Ereignisbehandlungsroutinen für Steuerelemente, die den Steuerelementnamen in der üblichen Notation verwenden können.

Beim Skriptzugriff muss zwischen dem Steuerelement und dem Feld differenziert werden:

Steuerelement versus Feld

- Der Zugriff auf das MAPI-Feld erfolgt über die UserProperties-Collection des Intrinsic Objects Item.

  ```
  msgbox "Zugriff auf MAPI-Feld: " & item.userproperties("FeldName")
  ```

- Komplizierter ist der Zugriff auf das Steuerelement. Dieser erfolgt über die Registerkarte (Collection ModifiedFormPages).

  ```
  set page = Item.GetInspector.ModifiedFormPages.Item("ErsteSeite")
  msgbox "Zugriff auf Steuerelement: " & _
  page.Controls("Element_Name").Value
  ```

  Die letzte Zeile kann unter Verwendung der Standardeigenschaften verkürzt werden auf:

  ```
  msgbox "Zugriff auf Steuerelement: " & page("Element_Name")
  ```

> Für einige Standardfelder gibt es die Möglichkeit des direkten Zugriffs über ein Attribut, z.B. Subject.

4.8.4 Ereignisse in Outlook Forms

Ereignisbehandlungsroutinen haben in Outlook die typische Form Objekt_Ereignisname. In den Outlook Forms können Ereignisse auf zwei Ebenen auftreten:

Ereignisse

- Ereignisse auf Formularebene

- Ereignisse auf Steuerelementebene

Outlook kann nur diese formularbezogenen Ereignisse, nicht jedoch beliebige COM-Ereignisse behandeln.

4.8.4.1 Formularereignisse

Ereignisse auf Formularebene

Diese Ereignisse sind zum Beispiel Read(), Write(), Close(), Send(), PropertyChange(). Sie erhalten die vollständige Liste der Ereignisse und Unterstützung bei der Anlage über den Menüpunkt SKRIPT/EREIGNISHANDLER im Script Editor. All diese Ereignisse beziehen sich auf das Intrinsic Object Item. Der Rumpf der Ereignisbehandlungsroutine für das Öffnen des Formulars sieht beispielsweise folgendermaßen aus:

```
Function Item_Open()
End Function
```

Viele Ereignisbehandlungsroutinen sind Funktionen, keine Prozeduren. Der Unterschied ist, dass bei Ereignisbehandlungsfunktionen ermöglicht wird, das Standardverhalten von Outlook auf dieses Ereignis zu unterbinden. Dies geschieht durch Rückgabe des Werts *False*.

```
Function Item_Close()
If msgbox("Wirklich beenden",vbYesNo) = vbNo Then
    item_close = False
else
    Msgbox "Auf Wiedersehen!"
end if
End Function
```

Listing 4.79: Die vorstehende Ereignisbehandlungsroutine erzeugt eine Sicherheitsabfrage, ob der Benutzer das Formular wirklich schließen will.

4.8.4.2 Steuerelementereignisse

Ereignisse auf Steuerelementebene

Es gibt auf Steuerelementebene in Outlook nur einen Ereignistyp, das Click()-Ereignis. Ereignisse werden über eine Ereignisbehandlungsroutine der Form Steuerelementname_Click abgefangen.

```
Sub btnHallo_click
...
exit sub
```

Listing 4.80: Ereignisbehandlungsroutine für einen Button mit dem Namen »btnHallo«

Suchen werden Sie Ereignisse, die bei der Änderung von Werten in Steuerelementen auftreten. Die Enttäuschung ist zunächst groß: Es gibt solche Ereignisse nicht. Jedoch gibt es auf Formularebene Ereignisse, die bei Änderungen von Feldwerten in der zu Grunde liegenden Nachricht auftreten. Diese Funktion steht also nur für gebundene Steuerelemente zur Verfügung. Dabei wird zwischen Standardfeldern und selbstdefinierten Feldern unterschieden.

```
Sub Item_CustomPropertyChange(ByVal Name)
msgbox "Wert von >" & name & "< hat sich geändert!"
End Sub

Sub Item_PropertyChange(ByVal Name)
```

```
msgbox "Wert von >" & name & "< hat sich geändert!"
End Sub
```

Listing 4.81: Formularereignisse bei der Änderung von Feldwerten

4.9 Windows Installer Custom Actions

Der Windows Installer ist ein NT-Dienst, der die Installation und Deinstallation von Software ausführt. Der Windows Installer wurde für Windows 2000 entwickelt, ist aber auch für die anderen 32-Bit-Betriebssysteme verfügbar. Ein Windows Installer-Paket ist eine Datei mit der Extension .MSI, die alle Informationen über den Installationsvorgang enthält. Eine Installation besteht aus verschiedenen Vorgängen (Actions), wobei es die Möglichkeit gibt, im Rahmen von benutzerdefinierten Aktionen ActiveX-Skripte ausführen. Weitere Informationen dazu finden Sie in [MSDN: MSI.chm::/hh/msi/cact_7asz.htm].

4.10 XSLT-Scripting

Die Microsoft XML-Komponente *MSXML* enthält einen XSL-Processor (vgl. XML-Schnellkurs im Anhang A), der ein ActiveX Scripting Host ist. Dies bedeutet, dass ein XSLT-Dokument ein Active Script enthalten kann, das im Rahmen einer Transformation vom XSLT-Processor ausgeführt wird. MSXML ist eine COM-Komponente, die unabhängig vom Internet Explorer verwendet werden kann. Daher ist der Scripting Host in MSXML auch nicht gleichzusetzen mit dem Scripting Host im Internet Explorer.

XSL-Processor in MSXML

Ein Skript wird mit Hilfe des `<xsl:script>`-Elements in ein XSL-Dokument eingebunden. Genau wie bei WSF-Dateien beim WSH sollte das Skript in eine CDATA-Sektion eingeschlossen sein.

`<xsl:script>`

Programmcode außerhalb von Unterroutinen wird im Rahmen der Abarbeitung der XSLT-Dateien ausgeführt. Ausgaben über Dialogboxen sind verboten. Neben der Möglichkeit, externe COM-Klassen zu instanziieren, besteht die Möglichkeit, mit `<xsl:eval>` die Ergebnisse von Ausdrücken oder Funktionsaufrufen in die Ausgabe der XSL-Transformation einzubauen.

`<xsl:eval>`

```
<?xml version='1.0'?>
<xsl:stylesheet xmlns:xsl="http://www.w3.org/TR/WD-xsl">

<!-- Globales Skript -->
<xsl:script xmlns:xsl="http://www.w3.org/TR/WD-xsl" language="VBScript">
<![CDATA[
start = now
function add(x,y)
add = x+y
end function
]]>
</xsl:script>

<!-- Transformation -->
<xsl:template match="/">
```

Scripting Hosts

```
<HTML>
Dieses Dokument wurde transformiert am/um:
<xsl:eval language="vbscript">start</xsl:eval>
<hr/>
Eine einfache Rechnung:
Add(1,2) =
<xsl:eval language="vbscript">add(1,2)</xsl:eval>
</HTML>
</xsl:template>
</xsl:stylesheet>
```

Listing 4.82: Verwendung von Skriptroutinen zur dynamischen Erzeugung von Ausgaben im Rahmen einer XSL-Transformation [CD: /code/Hosts/xsl/test.xsl]

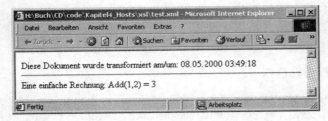

Abbildung 4.108: Ergebnis der obigen Transformation

Transformations-Trigger — Obige XSLT-Datei ist verbunden mit der XML-Datei TEST.XML. Die Transformation (und damit das Skript) wird ausgeführt, wenn Sie TEST.XML in den Internet Explorer laden. Das Skript wird aber auch angestoßen, wenn Sie unter der direkten Ansteuerung der MSXML-Komponente eine Transformation auslösen. Dies wird im COM-Komponentenhandbuch vorgestellt.

4.11 Scripting Hosts anderer Anbieter

Andere Scripting Hosts — Die ActiveX Scripting-Architektur ist eine offene Architektur, die es ermöglicht, dass auch andere Anbieter Scripting Hosts entwickeln. Die folgenden vier Hosts sollen hier kurz erwähnt werden:

- System Script Host (SSH)
- HyperHost
- TextPipe
- OnScript Host

4.11.1 System Script Host (SSH)

System Script Host — Hersteller des System Script Hosts (SSH) ist die Firma Netal [NET00]. Der SSH ist ein ganz normaler ActiveX Scripting Host, der wie üblich alle ActiveX-Skriptsprachen unterstützt. In der hier besprochenen Version 2.0 werden auch XML-strukturierte Skriptdateien unterstützt.

Das besondere am SSH ist, dass die Skripte im Rahmen eines NT-Dienstes ausgeführt werden, so dass Fernwartung und Überwachung ermöglicht werden. Die Verwaltung der Skripte erfolgt auf Basis eines MMC Snap-Ins. Skripte sind zu SSH-Anwendungen zusammengefasst. Eine SSH-Anwendung ist eine Umgebung für eine Reihe von einzelnen Skripten. Jede SSH-Anwendung ist mit einem Verzeichnis im Dateisystem verbunden. Dieses Verzeichnis enthält vier Unterverzeichnisse (/INCLUDE, /LOG, /PROFILE, /SCRIPT).

Architektur

Die Architektur des SSHs ist etwas komplexer als die des WSHs. Der SSH besteht aus folgenden Bausteinen:

Bausteine des SSHs

- Das *SSH Manager Snap-In* (SSHMMCSI.DLL) ist ein Snap-In für die MMC und dient der Verwaltung von SSH-Skripten.

- Der *SSH Application Manager* (SSHSVC.EXE) ist ein Windows NT-Dienst, der SSH-Anwendungen verwaltet. Der Manager startet, stoppt und überwacht die SSH-Anwendungen.

- Der *SSH Admin Service* (ebenfalls in SSHSVC.EXE implementiert) ist ein weiterer NT-Dienst, der die Kommunikation zwischen dem Snap-In einerseits und den SSH-Anwendungen bzw. dem SSH Application Manager andererseits ermöglicht.

- Der eigentliche Scripting Host ist implementiert in SSHAPP.EXE, wobei für jede SSH-Anwendung eine Instanz dieser EXE gestartet wird.

- Ein Skript ist eine Datei, die als Thread innerhalb einer SSH-Anwendung ausgeführt wird. Ein Skript wird entweder automatisch beim Systemstart durch den SSH Application Manager, durch ein anderes Skript oder manuell durch den Benutzer im SSH Manager Snap-In gestartet.

- Der SSH definiert zwei eigene Events OnStart() und OnEnd(), so dass beim Start bzw. bei Beendigung eines Skripts Programmcode ausgeführt werden kann.

Intrinsic Objects

Der SSH verfügt über eigene Funktionalitäten zum Zugriff auf Systeminformationen, insbesondere über ein Ereignissystem. Solche System-Ereignisse sind innovativ im Vergleich zu den meisten früheren Microsoft- COM-Komponenten. Durch WMI hat Microsoft aber aufgeholt. Die Funktionalitäten sind im SSH in Form von vier Intrinsic Objects implementiert, wobei die ersten drei Objekte Stammobjekte von zum Teil umfangreichen Objektmodellen sind.

Eingebaute Objekte

- Application: Mit diesem Intrinsic Object können die SSH-Anwendungen und deren Skripte verwaltet werden.

- SScript: Dieses Objekt ermöglicht den Zugriff auf die Daten des Skripts ähnlich wie WScript im WSH. Darüber hinaus ermöglicht das Objekt die Definition von Event Subscribern für Ereignisse aus den Bereichen Dateisystem, Registry, Performance Monitor, Ereignisprotokoll, Dienste, SNMP, SysLog, Inter-process-Communication und Zeit.

- EventDetails ermöglicht den Zugriff auf die Daten eines Ereignisses nach dessen Eintritt.

- SError liefert Fehlerinformationen.

Der SSH 2.0 kann auch Eventhandler für beliebige COM-Events sein.

SSH Admin-Komponente

Automatisierung der SSH-Verwaltung
Der SSH wird mit einer administrativen Komponente (*SSHMgrAO*) ausgeliefert, die es ermöglicht, die Funktionalitäten des SSH Manager Snap-Ins zu automatisieren. Das Stammobjekt hat die ProgID SSH.Manager.

4.11.2 HyperHost

HyperHost
Die Firma Dundas [DUN00] bietet mit dem HyperHost einen Scripting Host zur Integration in eigene Anwendungen an.

4.11.3 TextPipe

TextPipe
TextPipe ist ein professionelles Text-Transformationswerk [TXP00]. Mit Hilfe von Active Scripts können dabei eigene Filter implementiert werden.

5 COM-Komponenten

In diesem Kapitel werden verschiedene COM-Komponenten zur Automatisierung administrativer Aufgaben in den Windows-Betriebssystemen sowie in Produkten der Microsoft BackOffice-Produktfamilie beschrieben. Die Beschreibung weiterer Komponenten von Microsoft und von anderen Anbietern finden Sie im COM-Komponentenhandbuch (Siehe Vorwort). Die Ausführlichkeit der Darstellung in diesem Buch richtet sich vor allem nach Bedeutung und Komplexität der Komponenten. Das *Active Directory Service Interface (ADSI)* zur Verzeichnisdienstverwaltung und die *Windows Management Instrumentation (WMI)* als übergreifender Ansatz zum Systemmanagement nehmen daher den größten Raum ein. In Wichtigkeit und Umfang folgen die *Scripting Runtime Library* für den Dateisystemzugriff und die *WSH Runtime*. Die Reihenfolge der Darstellung der Komponenten in diesem Kapitel ist dagegen eher didaktischer Natur: Mit der *WSH Runtime Library* und der *Scripting Runtime Library* stehen zwei Komponenten am Anfang, die einfach zu handhaben sind.

Auswahl, Umfang und Reihenfolge

Gerade bei großen Komponenten kann an dieser Stelle nur ein repräsentativer Ausschnitt der Komponente besprochen werden. Besonderes Ziel ist es daher, Ihnen ein Grundverständnis jeder einzelnen Komponente zu geben, damit Sie sich anschließend selbst weiter orientieren können. Zur Veranschaulichung ist das Objektmodell in Form einer Grafik wiedergegeben. Hinweise zu der dort verwendeten Notation sowie zu den Listings finden Sie im Anhang.

Ein repräsentativer Ausschnitt

Mit Sicherheit werden Sie nach der Lektüre dieses Kapitels noch die eine oder andere Funktionalität vermissen. Auf der Suche nach Komponenten hilft Ihnen das in Kapitel 6 vorgestellte Vorgehensmodell.

Auf eigener Suche

Programmcode auf der Buch-CD-ROM

Die Buch-CD enthält im Verzeichnis /CODE/KOMPONENTEN/ alle Beispiele aus diesem Kapitel. Die Beispiele, die unabhängig von einem Scripting Host funktionieren, sind einerseits als .WSF-Dateien für den Windows Script Host (ab Version 2.0) und andererseits als Teil eines Visual Basic 6-Moduls (Dateiextension .BAS) abgelegt. Alle VB6-Module bilden zusammen eine VB6-Projektdatei, die unter /CODE/KOMPONENTEN/_ALLE/BUCH.VBP auf der CD abgelegt ist. Die Module liegen unter /CODE/KOMPONENTEN/_ALLE/MODULE. Die Projektdatei enthält auch Verweise zu allen verwendeten Komponenten.

Sie können die Skripte mit Hilfe des Direktfensters einzeln starten (siehe auch Kapitel 6). Wenn dabei der Fehler »*Projekt oder Bibliothek nicht gefunden*« auftritt, dann liegt dies daran, dass nicht alle in das Projekt eingebundenen Komponenten auf Ihrem System registriert sind. Diese Fehlermeldung heißt allerdings nicht, dass eine für das konkrete Skript notwendige Komponente fehlt: Es kann auch sein, dass irgendeine der eingebundenen Komponenten fehlt. Die Lösung: Deaktivieren Sie in diesem Fall unter PROJEKT/VERWEISE den Verweis auf die nicht vorhandenen Komponenten. Diese sind mit »NICHT VORHANDEN:« eindeutig gekennzeichnet.

Problem bei nicht vorhandenen Komponenten

Abbildung 5.1:
Fehlermeldung in der VB6-Entwicklungsumgebung, wenn irgendeine eingebundene COM-Komponente fehlt

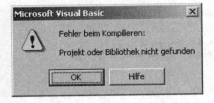

Abbildung 5.2: Anzeige der fehlenden COM-Komponenten im Verweise-Dialog

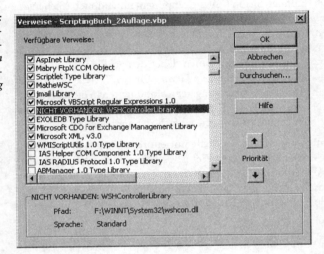

5.1 WSH Runtime Library 1.0/2.0/5.6

WSH-Laufzeitkomponente

In der Literatur zum Windows Scripting Host wird oft nur die *WSH Runtime Library* (kurz: *WSH Runtime*) vorgestellt. Die WSH Runtime ist eine wichtige, aber keineswegs die einzige Komponente für das Scripting. Ebenso wird in Darstellungen (auch in der MSDN Library) oftmals vergessen zu erwähnen, dass diese COM-Komponente keineswegs ein untrennbarer Teil des WSH ist, sondern sehr wohl wie jede andere COM-Komponente auch aus anderen COM-fähigen Umgebungen heraus verwendet werden kann. Oft werden die Begriffe *WSH Objects* oder *WSH-Komponente* synonym für *WSH Runtime Library* verwendet. Die Komponente wird in WSHOM.OCX implementiert, was für heutige COM-Komponenten eine ungewöhnliche Dateiextension ist, der Funktionalität aber nicht schadet. Die WSH Runtime Library existiert komplett unabhängig von dem Intrinsic Object WScript, das in WSCRIPT.EXE bzw. CSCRIPT.EXE implementiert wird.

Tabelle 5.1: Schnellinfo WSH Runtime Library

Name und Abkürzung	WSH Runtime Library (WSH Objects)
Name der Komponentendatei	WSHOM.OCX
Interner Name der Typbibliothek	IWSHRuntimeLibrary
Helpstring der Typbibliothek	Windows Script Host Object Model

406

Abweichende ProgID	WScript
Hersteller	Microsoft
Lizenzierung	Kostenloses Add-on
Besprochene Version	330 (Versionsnummer der Beta2-Version)
NT 4 und Windows 9x	Durch Installation eines Add-ons [CD:install/hosts/WSH]
Windows 2000	Version 2.0 enthalten; Version 5.6 als Add-on installierbar [CD:install/hosts/WSH]
Windows XP	Version 5.6.6626 enthalten
Windows .NET Server (RC1)	Version 5.6.7727 enthalten
Position der Original-Dokumentation in der MSDN-Library	Web Development|Scripting|Documentation|Windows Script Technologies|Windows Script Host|References|Objects

Die Typbibliothek zum WSH 2.0 hatte fälschlicherweise den Helpstring »Windows Script Host Object Model 1.0«.

5.1.1 Objektmodelle der WSH Runtime Library

Die WSH Runtime enthält nicht ein, sondern zwei unabhängige Objektmodelle. Stammobjekt ist einmal WSHNetwork und zum zweiten WSHShell. WSHShell hat die ProgID »*WScript.Shell*«, WSHNetwork die ProgID »*WScript.Network*«.

ProgIDs

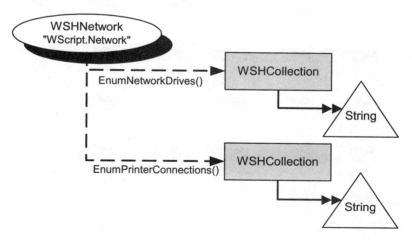

Abbildung 5.3: Objektmodell zu WScript.Network

Abbildung 5.4:
Objektmodell zu `WScript.Shell`

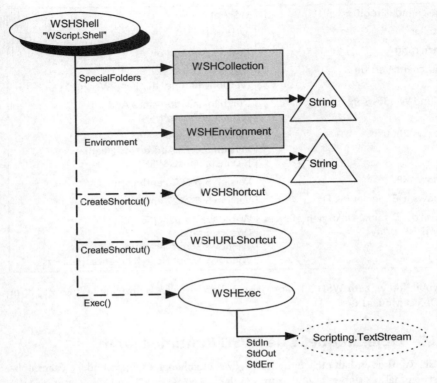

Klassen Die WSH Runtime umfasst die der folgenden Tabelle 5.2 dargestellten Klassen. Die Klasse WSHEXEC ist neu seit Version 5.6.

Tabelle 5.2:
Klassen der
WSH Runtime
Library

Klasse	Erläuterung
WSHCollection	Ein WSHCollection-Objekt ist ein Hilfsobjekt zur Verwaltung von Wertemengen, nicht wie üblich von Objekten. Die WSHCollection-Klasse ist nicht von außen instanziierbar, sondern wird von den Klassen WSHShell (im Attribut SpecialFolders) und WSHNetwork (EnumNetworkDrives, EnumPrinterConnections) verwendet.
WSHEnvironment	Dies ist eine Collection-Klasse mit mehr Ähnlichkeit zu WSHCollection als zu einer richtigen Collection-Klasse. Sie speichert Umgebungsvariablen.
WSHShell	Die WSHShell-Klasse ist inzwischen eine Mischung sehr verschiedener Funktionalitäten: Zugriff auf Umgebungsvariablen, Schreiben ins Ereignisprotokoll, Lesen und Schreiben der Registry, Senden von Tastendrücken an Fenster, Erzeugen und Verändern von Verknüpfungen im Dateisystem, Zugriff auf Spezialordner und Ausgabe von Dialogboxen.

WSH Runtime Library 1.0/2.0/5.6

Klasse	Erläuterung
WSHNetwork	Mit dieser Klasse wird der Zugriff auf Netzwerkverbindungen und Drucker möglich. Sie ist daher bestens dafür geeignet, die nötigen Verbindungen beim Anmelden eines Benutzers vorzunehmen. WSHNetwork gehört zu den Klassen, von denen eigene Instanzen angelegt werden können.
WSHShortcut	Ein WSHShortcut-Objekt repräsentiert eine Datei- oder Ordnerverknüpfung. Ein Objekt dieser Klasse wird durch die Methode WSHShell.CreateShortcut() erzeugt.
WSHURLShortcut	Ein WSHURLShortcut-Objekt repräsentiert eine spezielle Verknüpfung zu einem Uniform Resource Locator (URL). Ein Objekt dieser Klasse wird durch die Methode WSHShell.CreateShortcut() erzeugt.
WSHExec	Ein WSHExec-Objekt ist das Ergebnis der Methode Exec() auf einem WSHShell-Objekt.

Kuriose Typbibliothek in Version 2.0

In der Version 2.0 der Bibliothek hatte Microsoft alle eigenen Namenskonventionen gebrochen, indem den Klassen Namen der Form I[Name]_Class gegeben wurden. Anstatt die Klasse WSHShell zu nennen, heißt sie in der Typbibliothek IWSHShell_Class. Auch die Komponente selbst hat mit *IWSHRuntime Library* in der Typbibliothek einen ungewöhnlichen Namen.

Kuriose Typbibliothek in Version 2.0

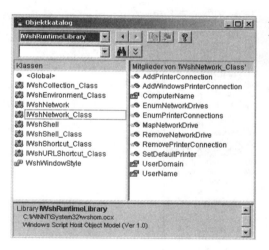

Abbildung 5.5: Ansicht der WSH 2.0-Typbibliothek im VB6-Objektkatalog

In der Typbibliothek erscheinen außer den genannten Klassen auch noch IWSHShell und IWSHNetwork. Dies sind keine Klassen, sondern zusätzliche Schnittstellen der Klassen IWSHShell_Class und IWSHShell_Network. Diese Schnittstellen sind die Schnittstellen der Klassen aus WSH Version 1.0, die aus Kompatibilitätsgründen übernommen wurden. Sie sehen hier ein gutes Beispiel für Versionierung und auch dafür, wie der Microsoft Objektkatalog (siehe Kapitel 9) durch eine eingeschränkte Sicht den Benutzer verwirren kann. Es wäre viel deutlicher, wenn der Objektkatalog anzeigen würde, dass die Klasse

Verwirrende Typbibliothek

COM-Komponenten

IWSHShell_Class zwei Schnittstellen IWSHShell und IWSHShell2 besitzt, anstatt die eine Schnittstelle zur Klasse zu erheben und die andere ganz zu verbergen.

Tabelle 5.3: Klassennamen in Version 5.6 versus Version 2.0

Klassenname in der Typbibliothek zur WSH Runtime 5.6	Klassenname in der Typbibliothek zur WSH Runtime 2.0
WSHCollection	IWSHCollection_Class
WSHEnvironment	IWSHEnvironment_Class
WSHShell	IWSHShell_Class
WSHNetwork	IWSHNetwork_Class
WSHShortcut	IWSHShortcut_Class
WSHURLShortcut	IWSHURLShortcut_Class
WSHExec	**nicht verfügbar**

Typbibliothek der WSH Runtime Version 5.6

Die Klassennamen sind in der Typbibliothek zur WSH Runtime 5.6 richtig, die Typbibliothek selbst heißt immer noch *IWSHRuntime Library*. Die Typbibliothek enthält nun auch die kompletten Typinformationen der Klassen der *Scripting Runtime Library*.

Abbildung 5.6: Ansicht der WSH 5.6-Typbibliothek im VB6-Objektkatalog

Collections in der WSH Runtime

Die WSH Runtime Library ist Microsofts Meisterstück hinsichtlich der inkonsistenten Implementierung von Collections. Anstatt die standardisierten Collections zu verwenden, führt Microsoft zwei neue Typen von Collections ein, die auch zueinander inkonsistent sind. Hier scheint eine »heiße Nadel« als Chefprogrammierer beschäftigt gewesen zu sein. Der neue Grundtyp ist dabei die `WSHCollection`: eine Collection, die keine Objekte, sondern String-Werte enthält. Ein `WSHCollection`-Objekt verfügt über drei Attribute:

WSHCollection

▶ `Item`: Ermöglicht den Zugriff auf ein Element der Collection über einen numerischen – in einigen Fällen auch alphanumerischen – Wert. Da Item das Standardattribut ist, kann es weggelassen werden.
```
wert = WSHCollection.Item(Index)
WSHCollection(Index) = Wert
```

Attribute

Bitte beachten Sie, dass ein Zugriff der Form
```
wert = WSHCollection.Item(Index).Value
```
jedoch falsch ist, weil die Elemente der Collection keine Objekte sind.

▶ `Count`: Anzahl der Elemente in der Collection

▶ `Length`: Äquivalent zu Count. In der Microsoft-Dokumentation heißt es, dieses Attribut sei »aus Kompatibilitätsgründen zu JScript« vorhanden. Natürlich kann JScript das Attribut Count nutzen, es ist einfach nur üblich, im JScript das Attribut Length zu nennen. Dem kritischen Microsoft-Nutzer stellt sich die Frage, warum Microsoft ausgerechnet an dieser Stelle so viel Wert auf Kompatibilität legt.

Die Enumeration mit `For...Each` wird unterstützt, jedoch – wie Sie an den einzelnen Collections sehen werden – mit zum Teil sehr unterschiedlichen Ergebnissen. Von der `WSHCollection` abgeleitet ist die Collection-Klasse `WSHEnvironment`, die zusätzlich die Methode `Remove()` unterstützt. Eine `Add()`-Methode fehlt immer. Das Hinzufügen wird in jedem Fall anders gehandhabt. Ein alphanumerischer Index existiert bei den Collections `WSHShell.Environment` und `WSHShell.SpecialFolders`. Ein numerischer Index existiert bei `WSHNetwork.EnumPrinterConnections` und `WSHNetwork.EnumNetworkDrives`.

Weitere Features

Verfügbarkeit von Elementen in verschiedenen Versionen

Die folgende Tabelle enthält alle Klassennamen, Attributnamen und Methodennamen und zeigt an, in welcher Version der WSH-Laufzeitbibliothek sie eingeführt wurden. In allen späteren Versionen sind die Elemente dann auch verfügbar, weil keine Elemente entfernt wurden. Die Liste ist alphabetisch sortiert. Sofern ein Mitglied in mehreren Klassen vorkommt, ist der Klassenname in Klammern genannt.

Element	Typ	WSH 1.0	WSH 2.0	WSH 5.6
AddWindowsPrinterConnection	Methode			x
AppActivate	Methode			x
Arguments	Attribut	x		
AtEndOfLine	Attribut		x	

Tabelle 5.4: Unterschiede zwischen den WSH-Versionen

Element	Typ	WSH 1.0	WSH 2.0	WSH 5.6
AtEndOfStream	Attribut		x	
Character	Attribut			x
Close	Methode		x	
Column	Attribut		x	
ComputerName	Attribut	x		
ConnectObject	Methode		x	
Count	Methode	x		
CreateObject	Methode	x		
CreateScript	Methode			x
CreateShortcut	Methode	x		
CurrentDirectory	Attribut			x
Description	Attribut	x		
Description (WSHRemote)	Attribut			x
DisconnectObject	Methode	x		
Echo	Methode	x		
EnumNetworkDrives	Methode	x		
EnumPrinterConnections	Methode	x		
Environment	Attribut	x		
Error (WSHRemote)	Attribut			x
Exec	Methode			x
Execute	Methode			x
Exists	Methode			x
ExitCode	Attribut			x
ExpandEnvironmentStrings	Methode	x		
FullName	Attribut	x		
GetObject	Methode	x		
GetResource	Methode		x	
HotKey	Attribut	x		
IconLocation	Attribut	x		
Item	Attribut	x		
Item (WSHNamed)	Attribut			x
Item (WSHUnnamed)	Attribut			x
Length	Attribut	x		

Element	Typ	WSH 1.0	WSH 2.0	WSH 5.6
Line	Attribut		x	
Line (WSHRemote)	Attribut			x
LogEvent	Methode		x	
MapNetworkDrive	Methode	x		
Name	Attribut	x		
Number	Attribut			x
Path	Attribut	x		
Popup	Methode	x		
ProcessID	Attribut			x
Quit	Methode	x		
Read	Methode		x	
ReadAll	Methode		x	
ReadLine	Methode		x	
RegDelete	Methode	x		
RegRead	Methode	x		
RegWrite	Methode	x		
Remove	Methode	x		
RemoveNetworkDrive	Methode	x		
RemovePrinterConnection	Methode	x		
Run	Methode	x		
Save	Methode	x		
ScriptFullName	Attribut	x		
ScriptName	Attribut	x		
SendKeys	Methode		x	
SetDefaultPrinter	Methode	x		
ShowUsage	Methode			x
Skip	Methode		x	
SkipLine	Methode		x	
Sleep	Methode		x	
Source	Attribut			x
SourceText	Attribut			x
SpecialFolders	Attribut	x		
Status (WSHRemote)	Attribut			x

COM-Komponenten

Element	Typ	WSH 1.0	WSH 2.0	WSH 5.6
Status (WSHScriptExec)	Attribut			x
StdErr	Attribut		x	
StdErr (WSHScriptExec)	Attribut			x
StdIn	Attribut		x	
StdIn (WSHScriptExec)	Attribut			x
StdOut	Attribut		x	
StdOut (WSHScriptExec)	Attribut			x
TargetPath	Attribut	x		
Terminate (WSHScriptExec)	Methode			x
UserDomain	Attribut	x		
UserName	Attribut	x		
Version	Attribut	x		
WindowStyle	Attribut	x		
WorkingDirectory	Attribut	x		
Write	Methode		x	
WriteBlankLines	Methode		x	
WriteLine	Methode		x	
WScript	Objekt	x		
WSHArguments	Objekt	x		
WSHController	Objekt			x
WSHEnvironment	Objekt	x		
WSHNamed	Objekt			x
WSHNetwork	Objekt	x		
WSHRemote	Objekt			x
WSHRemoteError	Objekt			x
WSHScriptExec	Objekt			x
WSHShell	Objekt	x		
WSHShortcut	Objekt	x		
WSHSpecialFolders	Objekt	x		
WSHUnnamed	Objekt			x
WSHUrlShortcut	Objekt	x		

5.1.2 WSHNetwork und untergeordnete Klassen

Mit der Klasse WSHNetwork wird der Zugriff auf Netzwerk- und Druckerverbindungen möglich. Sie ist daher dazu geeignet, die nötigen Verbindungen beim Anmelden eines Benutzers vorzunehmen.

WSHNetwork

Informationen über den Computer und den Benutzer

WSHNetwork bietet drei Attribute an, mit denen Sie Informationen über den Computer und den angemeldeten Benutzer erhalten:

▶ ComputerName: Diese Eigenschaft liefert den NetBIOS-Namen des Computersystems als Zeichenkette zurück.

Computername

▶ UserDomain: Diese Eigenschaft enthält den Namen der Anmeldedomäne des Benutzers.

Domäne

▶ UserName: Diese Eigenschaft enthält den Anmeldenamen des aktuellen Benutzers.

Benutzername

```
Set WSHNetwork = CreateObject("WScript.Network")
say "Dieser Computer heißt:", WSHNetwork.ComputerName
say "Der angemeldete Benutzer hat sich an folgender Domain angemeldet:", _
WSHNetwork.UserDomain
say "Der angemeldete Benutzer hat diesen Benutzernamen:", WSHNetwork.UserName
```

Listing 5.1: Informationen via WSHNetwork [WSH_networkinfos.wsf]

> Das Attribut UserDomain funktioniert nicht unter Windows 95/98/ME. Hier muss man diese Information aus der Registry auslesen: HKEY_LOCAL_MACHINE\SYSTEM\CURRENT CONTROLSET\SERVICES\MSNP32\ NETWORKPROVIDERREG_SZ AUTHENTICATINGAGENT. Wenn der Computer nicht in einer Domäne, sondern in einer Arbeitsgruppe ist, steht der Wert in HKEY_LOCAL_MACHINE\SYSTEM\CURRENTCONTROLSET\SERVICES\VXD\ VNETSUP REG_SZ WORKGROUP.

5.1.2.1 Druckerverbindungen verwalten

Mit WSHNetwork können Sie Folgendes tun:

Drucker

▶ die eingerichteten Drucker auflisten (die Methode EnumPrinterConnections() liefert einen Zeiger auf eine WSHCollection)

▶ neue Drucker einrichten (Methoden AddPrinterConnection() und AddWindowsPrinter Connection())

▶ eine Druckereinrichtung löschen (Methode RemovePrinterConnection())

▶ den Standarddrucker einstellen (Methode SetDefaultPrinter())

Druckerverbindungen auflisten

EnumPrinterConnections() liefert ein WSHCollection-Objekt, in dem abwechselnd die Druckerports und die Druckernamen enthalten sind. Dies führt zu einer vergleichsweise komplizierten Iteration. Die Definition einer eigenen Klasse WSHPrinter und der Einsatz einer echten Collection hätten die Verwendung intuitiver gemacht und zudem die Möglichkeit geboten, weitere druckerbezogene Attribute und Methoden zu implementieren.

EnumPrinter Connections()

Um die korrekte Anzahl der Druckerverbindungen zu ermitteln, muss der Wert der Count-Eigenschaft der WSHCollection durch zwei geteilt werden.

```
Dim WSHNetwork ' As IWSHNetwork_Class
Dim DruckerAnzahl ' As Integer
Dim DruckerListe ' As IWSHCollection_Class
Dim i ' As Integer
Set WSHNetwork = CreateObject("WScript.Network")
Set DruckerListe = WSHNetwork.EnumPrinterConnections
' -- Collection enthält abwechselnd Port und Druckername!
DruckerAnzahl = DruckerListe.Count / 2
If DruckerAnzahl = 0 Then
    say "Es gibt keine Druckerverbindungen!"
Else
    say "Anzahl der eingerichteten Netzdrucker: " & DruckerAnzahl
    For i = 0 To DruckerListe.Count - 1 Step 2
        say DruckerListe(i) & " " & DruckerListe(i + 1)
    Next
End If
Set WSHNetwork = Nothing
```

Listing 5.2: Liste der eingerichteten Drucker [WSH_listPrinters.wsf]

Druckerverbindungen verändern

AddPrinter-Connection AddWindowsPrinterConnection verbindet einen Drucker, so dass dieser in der Systemsteuerung als Drucker erscheint. Mit AddPrinterConnection() wird dagegen ein Drucker einem Druckeranschluss zugeordnet, so dass dieser von DOS aus nutzbar ist. Dazu werden der Pfad des Druckers und ein Port benötigt. Optional ist die Angabe von Benutzername und Passwort für die Verbindung sowie die Speicherung der Verbindung in dem Benutzerprofil durch Angabe von *True* als drittem Parameter.

```
AddWindowsPrinterConnection Druckerpfad
AddPrinterConnection Port,Druckerpfad,[ProfilUpdate], [Benutzer],[Password]
```

Unter Windows 9x/ME muss der Druckertreiber vor dem Aufruf von AddWindowsPrinterConnection() schon installiert sein.

Verbindung aufheben

RemovePrinterConnection() Mit RemovePrinterConnection() wird eine Verknüpfung zu einem Netzdrucker wieder aufgehoben. Mit dem zweiten Parameter kann erreicht werden, dass die Verbindung trotz aktueller Verwendung beendet wird.

```
RemovePrinterConnection Pfad, [TrotzBenutzung], [ProfilUpdate]
```

WSH Runtime Library 1.0/2.0/5.6

Neben der Angabe des Verknüpfungsnamens kann auch angegeben werden, ob die Ressource trotz aktueller Benutzung entfernt werden soll. Ein dritter Parameter bestimmt, ob die Veränderung in das aktuelle Benutzerprofil übernommen wird.

Standarddrucker setzen

SetDefaultPrinter() erwartet als einzigen Parameter einen Druckernamen, wie er in der durch EnumPrinterConnections() zurückgelieferten WSHCollection enthalten ist.

SetDefault-Printer()

5.1.2.2 Netzlaufwerke verwalten

Hier gibt es die Methoden EnumNetworkDrives(), MapNetworkDrive() und RemoveNetworkDrive(), die wie die Methoden zur Druckereinrichtung arbeiten. Für SetDefaultPrinter() gibt es keine analoge Methode, denn es gibt kein Standardnetzlaufwerk. In der durch EnumNetworkDrives() gelieferten WSHCollection wechseln sich Laufwerksbuchstabe und Netzwerkpfad in UNC-Form ab.

Netzlaufwerke

Liste der verbundenen Netzlaufwerke

Das folgende Skript gibt eine Liste aller verbundenen Netzwerke aus:

```
Dim WSHNetwork ' As IWSHNetwork_Class
Dim LaufwerksAnzahl ' As Integer
Dim LaufwerksListe ' As IWSHCollection_Class
Dim i ' As Integer
Set WSHNetwork = CreateObject("WScript.Network")
Set LaufwerksListe = WSHNetwork.EnumNetworkDrives
' -- Collection enthält abwechselnd Laufwerksbuchstabe und UNC-Pfad
LaufwerksAnzahl = LaufwerksListe.Count / 2
If LaufwerksAnzahl = 0 Then
    say "Es gibt keine Netzlaufwerke!"
Else
   say "Anzahl der eingerichteten Netzlaufwerke: " & LaufwerksAnzahl
   For i = 0 To LaufwerksListe.Count - 1 Step 2
       say LaufwerksListe(i) & " " & LaufwerksListe(i + 1)
   Next
End If
Set WSHNetwork = Nothing
```

Listing 5.3: Liste der Netzlaufwerke [WSH_listnetworkdrives.wsf]

Laufwerke verbinden

Das folgende Beispiel verbindet die Standardfreigabe »c$« und die Freigabe von *Daten* auf dem Rechner *Sonne* mit den Laufwerksbuchstaben S: und T: und löst diese Verbindung danach wieder.

```
Dim WSHNetwork ' As IWSHNetwork_Class
Set WSHNetwork = CreateObject("WScript.Network")
list_networkdrives
WSHNetwork.MapNetworkDrive "S:", "\\sonne\c$", True, "HS", "egal"
WSHNetwork.MapNetworkDrive "T:", "\\sonne\Daten", True, "HS", "egal"
list_networkdrives
' Löschen; 1. True=TrotzBenutzung und 2.= mit ProfilUpdate WSHNetwork.RemoveNetw
```

COM-Komponenten

```
orkDrive "S:", True, True
WSHNetwork.RemoveNetworkDrive "T:", True, True
list_networkdrives
End Sub
```

Listing 5.4: Demo für die Arbeit mit Netzlaufwerkszuordnungen [WSH_networkdrives.wsf]

Wenn der Laufwerksbuchstabe bereits belegt ist, erscheint die Fehlermeldung »Der lokale Gerätename wird bereits verwendet« oder »Es wurde versucht, eine bereits gespeicherte Verbindung zu einem Gerät zu speichern.«.

5.1.3 WSHShell und untergeordnete Klassen

WSHShell Die WSHShell-Klasse ist eine bunte Sammlung verschiedener Funktionen, die hauptsächlich in Zusammenhang mit der Benutzeroberfläche, den Umgebungsvariablen, der Registry und dem Ereignisprotokoll stehen.

5.1.3.1 Aktuelles Arbeitsverzeichnis

Current-Directory Neu in WSH 5.6 ist das Attribut CurrentDirectory, das das aktuelle Arbeitsverzeichnis zurückliefert. Das Attribut ist auch beschreibbar, um das Verzeichnis zu wechseln.

```
Dim WSHShell
Set WSHShell = CreateObject("WScript.Shell")
say WSHShell.CurrentDirectory
WSHShell.CurrentDirectory = "c:\"
say WSHShell.CurrentDirector
```

Listing 5.5: Ausgabe des aktuellen Arbeitsverzeichnisses [WSH_workingDir.wsf]

CurrentDirectory gibt das aktuelle Verzeichnis aus, das beim Start aus dem DOS-Fenster nicht gleichbedeutend ist mit dem Verzeichnis, in dem das Skript liegt.

```
Dim WSHShell
Set WSHShell = CreateObject("WScript.Shell")
msgbox "Aktuelles Verzeichnis:" & WSHShell.CurrentDirectory

curDir = Wscript.ScriptFullName
Dim fso
set fso = CreateObject("Scripting.FileSystemObject")
msgbox "Verzeichnis, in dem sich das Skript befindet:" & _
fso.GetParentFolderName(curdir)
```

Listing 5.6: [_AktuellesVerzeichnis.vbs]

5.1.3.2 Zeitgesteuerte Dialogboxen

Popup() Die Methode Popup() aus der WSHShell-Klasse stellt ein Dialogfenster zur Verfügung, das im Gegensatz zur Visual Basic-Funktion MsgBox() nach einer bestimmten Wartezeit automatisch abgebrochen werden kann. Es werden alle Optionen von MsgBox() unterstützt. Als zusätzlichen Rückgabewert liefert Popup() -1, wenn die Dialogbox wegen Zeitüberschreitung beendet wurde.

```
Ergebnis = WSHShell.Popup(strText [, Wartezeit], [Titel], [Typ])
```

Der folgende Programmcode kann am Anfang eines Skripts stehen, dessen Ausführung kritisch ist. Wenn der Benutzer nicht innerhalb von zehn Sekunden nach Aufruf des Skripts OK anklickt, bricht das Skript ab, ohne die weiteren Befehle auszuführen.

```
Set WSHShell = CreateObject("WScript.Shell")
' Meldungsfenster mit Frage, maximal 10 Sekunden lang zeigen
Ergebnis = WSHShell.Popup("Wollen Sie dieses Skript starten?", _
10, "Wichtige Frage", 48 + 4)
' Keine Antwort innerhalb von 10 Sekunden
If Ergebnis = -1 Then
    say "Sie haben sich nicht entschieden! Das Skript bricht ab!"
    WScript.Quit
End If
' Antwort NEIN
If Ergebnis = 7 Then
    say "Sie haben Nein gedrückt! Das Skript startet also nicht!"
    WScript.Quit
End If
' Antwort JA
If Ergebnis = 6 Then
    say "Skript startet..."
End If
```

Listing 5.7: Dialogbox mit Zeitbegrenzung [WSH_nachfrage.wsf]

5.1.3.3 Zugriff auf die Registry

WSHShell bietet drei rudimentäre Funktionen zur Arbeit mit der Registry:

Registry-Funktionen

▶ RegWrite(Pfad,Wert[,Typ]): **Erzeugung von Schlüsseln und Schreiben von Registry-Einträgen**

▶ RegRead(Pfad): Mit dieser Methode können Registry-Einträge ausgelesen werden.

▶ RegDelete(Pfad): Mit dieser Methode können Einträge aus der Registry entfernt werden. Als Argument wird ein Schlüssel oder ein einzelner Eintrag angegeben. Wenn das Argument mit dem Backslash (»\«) endet, wird der ganze Schlüssel entfernt, sonst nur der Wert.

COM-Komponenten

Schlüssel, Einträge und Werte

Registry-Begriffe

Innerhalb der Registry gibt es eine kleine Begriffsverwirrung. Die Registry besteht aus einer Liste von Registrierungsschlüsseln, die wiederum andere Schlüssel enthalten können. Ein Schlüssel kann neben Unterschlüsseln auch Werte enthalten. Die Registry arbeitet mit so genannten *benannten Werten*, d.h., jeder einzelne Wert hat einen Namen, um ihn von anderen Werten innerhalb desselben Schlüssels unterscheiden zu können. Ein Eintrag in der Registry hat die Form eines Attribut-Wert-Paares, z.B. `Build="1085.0005"`. Leider wird mit dem Begriff *Registry-Wert* in der Literatur einerseits das gesamte Attribut-Wert-Paar bezeichnet, andererseits aber auch der eigentliche Wert (im obigen Beispiel `"1085.0005"`).

Wertname

In diesem Buch wird die letztere Bedeutung von Wert verwendet. Der erste Teil des Ausdrucks wird als *Wertname* bezeichnet, der gesamte Ausdruck als Registry-Eintrag.

Jeder Schlüssel hat einen Standardwert. Dieser hat keinen Wertnamen, sondern wird über den Schlüsselnamen angesprochen.

Hives — Die Registry-Methoden erwarten einen kompletten Pfad zu einem Schlüssel oder einem Wert. Ein Pfad zu einem Schlüssel muss auf einen Backslash enden (»\«). Für einige Registry-Wurzelschlüssel (*Hives*) gibt es Abkürzungen:

- HKCU = HKEY_CURRENT_USER
- HKLM = HKEY_LOCAL_MACHINE
- HKCR = HKEY_CLASSES_ROOT

Beispiele — Beispiel für einen Pfad zu einem Schlüssel:

`HKEY_LOCAL_MACHINE\Software\IT-Visions\`

Beispiel für einen Pfad zu einem Wert:

`HKLM\Software\IT-Visions\Windows-Scripting\Autor`

Standardwert — Normalerweise legt `RegWrite()` Wertenamen und Werte an. Wird jedoch statt eines Wertenamens ein Schlüsselname angegeben (also ein String, der mit einem Backslash endet), so wird der Standardwert eines Schlüssels gesetzt. In beiden Fällen werden nicht existierende Schlüssel angelegt, und zwar auch dann, wenn mehrere Ebenen in dem angegebenen Schlüssel nicht existieren.

Datentypen — Die folgenden Datentypen der Registry werden unterstützt: REG_SZ, REG_EXPAND_SZ, REG_DWORD und REG_BINARY. Diese Datentypen können als Zeichenketten (sie sind keine Konstanten, die Zahlen repräsentieren!) als dritter Parameter übergeben werden. Wird ein anderer Datentyp als Argument übergeben, gibt die Funktion den Fehler »Type Mismatch« zurück.

Die WSH-Registry-Funktionen sind tolerant gegenüber Datentypfehlern, sofern eine automatische Konvertierung möglich ist. Aber Achtung: Während `"1"`, `"REG_DWORD"` den gewünschten Wert 1 ergibt, steht nach `"1.0"`, `"REG_DWORD"` eine 10 in der Registry. Binärwerte müssen in Form eines Array of Variant übergeben werden.

```
Dim WSHShell  'As IWSHRuntimeLibrary.IWSHShell_Class
Const firmenkey = "HKEY_LOCAL_MACHINE\Software\IT-Visions\"
' Objekt instanziieren
Set WSHShell = CreateObject("WScript.Shell")
' Wert eintragen
WSHShell.RegWrite firmenkey & "Windows-Scripting\Autor", _
"Holger Schwichtenberg"
WSHShell.RegWrite firmenkey & "Windows-Scripting\Version", _
"1", "REG_DWORD"
WSHShell.RegWrite firmenkey & "Windows-
Scripting\Test\TestWert", _ "test", "REG_SZ"
' Das wäre falsch: Type Mismatch
'WSHShell.RegWrite firmenkey & "Windows-Scripting\Version", _
"Version 1.0", "REG_DWORD"
' Defaultwert eines Schlüssels setzen
WSHShell.RegWrite firmenkey & "Website\", "www.IT-Visions.de"
' Wert auslesen
MsgBox "Der Autor heißt:" & WSHShell.RegRead(firmenkey & _
"Windows-Scripting\Autor")
' Einen Wert löschen
WSHShell.RegDelete firmenkey & "Windows-Scripting\Test\TestWert"
' kompletten Schlüssel löschen
WSHShell.RegDelete firmenkey & "Windows-Scripting\Test\"
```

Listing 5.8: Demo verschiedener Registry-Operatoren [WSH_reg1.wsf]

Es ist mit der Methode RegDelete() allerdings nicht möglich, Registry-Einträge rekursiv zu löschen. Das bedeutet, dass der zu löschende Schlüssel keine Unterschlüssel mehr enthalten darf, wenn er gelöscht werden soll. Wenn dies versucht wird, dann kommt es zum Fehler Nr. 8007005 »*Unable to Remove Registry Key*«.

CLSID_from_ProgID()

Ein nützliches Anwendungsgebiet zeigt die Funktion CLSID_from_ProgID(): Sie ermittelt aus einer übergebenen ProgID die zugehörige CLSID. Im Fehlerfall wird eine Fehlermeldung zurückgegeben.

CLSID_from_ProgID()

```
Function CLSID_from_ProgID(progid)
Dim WSHShell  ' As IWSHRuntimeLibrary.IWSHShell_Class
Set WSHShell = CreateObject("WScript.Shell")
On Error Resume Next
CLSID_from_ProgID = WSHShell.RegRead("HKCR\" & progid & "\clsid\")
If Err <> 0 Then
    CLSID_from_ProgID = "Fehler: " & Err.Description
End If
End Function
```

Listing 5.9: Hilfsroutine zur Ermittlung der CLSID anhand einer ProgID

COM-Komponenten

```
say "word.application = " & _
CLSID_from_ProgID("word.application")
say "quatsch.mitSoße = " & _
CLSID_from_ProgID("quatsch.mitSoße") ' -- Fehler
```

Listing 5.10: Test für CLSID_from_ProgID() *[WSH_testeCLSID_from_ProgID.wsf]*

Schwächen

> Die Registry-Funktionen der WSHShell-Klasse haben einige Schwächen. Mit der WSHShell-Klasse ist es nicht möglich, alle Unterschlüssel eines Schlüssels aufzulisten. Oft sind aber die Namen der zu lesenden Schlüsseln nicht bekannt. So sind z.B. Mengen von Werten häufig als Unterschlüssel gespeichert. Die WSH Runtime kann daher beispielsweise nicht alle installierten COM-Klassen auflisten. Auch kann in der Registry nicht nach Schlüsseln, Wertnamen oder Werten gesucht werden. In Kapitel 5.7 erfahren Sie, wie man das alles mit WMI hinkriegt.

5.1.3.4 Schreiben in das Anwendungsprotokoll

LogEvent()

Seit Version 2.0 gibt es eine Methode in der WSHShell-Klasse, um Einträge in das NT-Anwendungsprotokoll vorzunehmen. Allerdings existiert nach wie vor keine Methode, um in andere Ereignisprotokolle zu schreiben oder das EventLog auszulesen. Möglich ist dies mit WMI (Kapitel 5.7). In [SCH01c] wird dafür die Komponente *STMAdmin* vorgestellt.

Auf einem Windows-9x/ME-System wird der Eintrag mangels Ereignisprotokoll in eine Datei namens WSH.LOG im Windows-Verzeichnis geschrieben.

```
WSHShell.LogEvent(Typ, Nachricht [,Ziel])
```

Typ ist einer der in der folgenden Tabelle genannten Typen. Nachricht ist ein beliebiger String. Auf NT-Systemen kann der Eintrag wahlweise in ein entferntes System erfolgen. Ziel ist ein Rechnername oder eine IP-Adresse.

Tabelle 5.5: Eintragstypen für Ereignisprotokolle

Typ	Wert
0	Erfolg
1	Fehler
2	Warnung
4	INFORMATION
8	AUDIT_SUCCESS
16	AUDIT_FAILURE

```
Dim WSHShell ' As IWSHRuntimeLibrary.IWSHShell_Class
Set WSHShell = CreateObject("WScript.Shell")
WSHShell.LogEvent 1, "Demo-Fehler"
```

Listing 5.11: Eintrag ins Ereignisprotokoll [WSH_log.wsf]

Das obige Skript führt auf einem deutschen Windows-98-System zu folgendem Eintrag in die WSH.LOG:

```
01.08.00 22:32:22 Fehler: Demo-Fehler
```

Auf Systemen der Windows NT-Produktfamilie (NT4, XP, .NET Server) wird bei der Methode LogEvent() als optionaler dritter Parameter auch der Name eines entfernten Computers akzeptiert, auf dem der Eintrag gespeichert werden soll.

Beispiel:

```
Set WSHShell = CreateObject("WScript.Shell")
WSHShell.LogEvent 1, "Demo-Fehler", "\\zentrum"
```

5.1.3.5 Programme ausführen

Mit der WSH Runtime 1.0 und der WSH Runtime 2.0 gab es nur eine Methode zur Ausführung von DOS- und Windows-Programmen aus einem Skript heraus: Run().WSH Runtime 5.6 bietet eine bessere Methode: Exec(). Mit beiden Methoden wird ein neuer Prozess gestartet, in dem das angegebene DOS- oder Windows-Programm ausgeführt wird. Werden in dem Kommandopfad Umgebungsvariablen angegeben, werden diese vorher ausgewertet.

Mit Run() und Exec() können nur lokale Programme gestartet werden. Um entfernte Programme zu starten, besteht ab WSH 5.6 die Möglichkeit, über *WSHControllerLibrary* ein entferntes Skript zu starten, das seinerseits ein Programm startet. Remote Scripting wird in Kapitel 6 beschrieben.

Run()

Run hat einen Pflichtparameter und zwei optionale Parameter und gibt einen *Long*-Wert zurück.

```
Function Run(Command As String, [WindowStyle], [WaitOnReturn]) As Long
```
Run()

Die Erscheinungsform des Programmfensters kann durch den zweiten Parameter gesteuert werden. Gültig sind hier Werte von 0 bis 10 (siehe nächste Tabelle). Der dritte Parameter gibt an, ob Run() auf die Beendigung des gestarteten Programms warten soll. Im Fall von bWarten=True liefert Run() den Rückgabewert des Programms.

Parameter

Konstante	Erläuterung
0	unsichtbar
1	normale Größe, Fenster wird aktiviert (Standardeinstellung)
2	minimiert und aktiviert
3	maximiert und aktiviert
4	letzte Größe, Fenster wird nicht aktiviert
5	letzte Größe, aktiviert
6	minimiert, Aktivierung des nächsten Fensters in der Fensterliste
7	minimiert, aber nicht aktiviert
8	letzte Größe, aber nicht aktiviert

Tabelle 5.6: Fensterarten für die Run()*-Methode*

COM-Komponenten

Konstante	Erläuterung
9	wie 1: Diese Option soll für Fenster angewendet werden, die vorher minimiert waren.
10	belässt den derzeitigen Zustand des Anwendungsfensters

Beispiele

Beispiele Das folgende Skript öffnet seinen eigenen Quelltext im Editor *Notepad*. Es ist nur im WSH lauffähig, da es auf das Intrinsic Object WScript zugreift, um den Pfad zu dem Skript zu ermitteln.

```
' === Ausführung einer EXE mit Run()
Dim WSHShell   ' As IWSHRuntimeLibrary.IWSHSHELL_Class
Set WSHShell = CreateObject("WScript.Shell")
WSHShell.Run ("%windir%\notepad.exe " & WScript.ScriptFullName)
```
Listing 5.12: Ausführung einer EXE mit Run() *[_WSH_run_notepad.vbs]*

Auch DOS-Batch-Dateien können aufgerufen werden. Das folgende Skript wartet, bis die Batch-Datei komplett ausgeführt wurde, und meldet, ob ein Fehler aufgetreten ist.

```
Dim WSHShell   ' As IWSHRuntimeLibrary.IWSHSHELL_Class
Dim e   ' Ergebnis
Set WSHShell = CreateObject("WScript.Shell")
e = WSHShell.Run("d:\buch\dos\test.bat", , True)
' -- Ergebnistest
If e = 0 Then
    say "Batch-Routine erfolgreich ausgeführt!"
Else
    say "Fehler in der Batch-Routine: " & e
End If
```
Listing 5.13: Ausführung einer DOS-Batchdatei mit Run() *[WSH_run_bat.wsf]*

Man kann auch ein anderes Skript starten:

```
Dim Scriptname
Scriptname = "d:\Skripte\test.vbs"
CreateObject("Wscript.shell").Run "Wscript.exe " & Scriptname, True
```
Listing 5.14: Start eines Skripts aus einem anderen Skript [WSH_ScriptStarten.wsf]

Exec()

WSHExec Wesentlich verbessert hat Microsoft in Version 5.6 die Fähigkeit des WSH, andere lokale Skripte oder andere lokale Programme zu starten. Bisher gab es dafür schon die Methode Run() im Objekt WSHShell. Die neue Methode Exec() bietet im Gegensatz zu Run() die Möglichkeit, den Status des erzeugten Prozesses (»läuft noch« oder »ist beendet«) abzufragen. Außerdem kann der Entwickler auf die Standardein- und -ausgabe des Kindprozesses zugreifen. Der Vaterprozess darf in die Standardeingabe des Kindprozesses schreiben und die Standardeingabe des Kindprozesses lesen. Der Vaterprozess darf den Kindprozess auch vorzeitig beenden.

WSH Runtime Library 1.0/2.0/5.6

Exec() liefert zu diesem Zweck ein Objekt vom Typ WSHExec zurück.

```
Function Exec(Command As String) As WSHExec
```

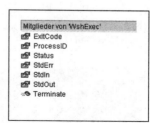

Abbildung 5.7: Mitglieder der Klasse »WSHExec«

5.1.3.6 Beispiel 1: Ausgaben des Prozesses auswerten

Im folgenden Beispiel wird das DOS-Programm PING.EXE aufgerufen. Die Ausgaben werden über das WSHExec-Objekt abgefangen und ausgewertet. Das Skript zählt die Anzahl der korrekten bzw. fehlerhaften Antworten.

Ping

```
' === Ausführen eines Pings und zählen, wie viele Pings einen Fehler lieferten!

Dim WSHShell
Dim WSHExec
Dim Counter
Dim CountOK
Dim CountFehler
Dim CountAnzahl

countOK = 0
CountFehler = 0

set WSHShell = WScript.CreateObject("WScript.Shell")

' -- Ping-Prozess starten...
set WSHExec = WSHShell.Exec("ping 192.168.0.1")

WScript.Echo "------- Ausgabe von Ping.exe:"
' -- Schleife über Ausgaben
While Not WSHExec.StdOut.AtEndOfStream
    ' --- Ausgabe des Kindprozesses einlesen
    Output= WSHExec.StdOut.Readline()
    ' --- Ausgabe auswerten
    if Instr(Output,"Antwort von") > 0 then ' nur Antworten zählen!
    if Instr(Output,"Zeit") = 0 then
    countFehler = CountFehler +1
    else
    countOK = CountOK +1
    end if
    end if
    ' --- Ausgabe weiterreichen
    WScript.Echo output
Wend
```

COM-Komponenten

```
CountAnzahl = CountOK + CountFehler

WScript.Echo "------- Auswertung:"
WScript.Echo countFehler & " von " & CountAnzahl & _
 " Pings waren fehlerhaft!"
```

Listing 5.15: Einsatz der Methode Exec()
[WSH56_exec.vbs]

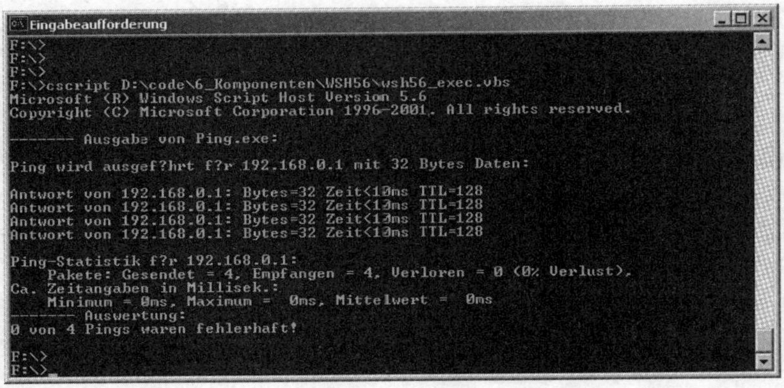

Abbildung 5.8: Ausgabe des Skripts whh56_exec.vbs: Die Umlaute werden verstümmelt.

```
Eingabeaufforderung
F:\>
F:\>
F:\>cscript D:\code\6_Komponenten\WSH56\wsh56_exec.vbs
Microsoft (R) Windows Script Host Version 5.6
Copyright (C) Microsoft Corporation 1996-2001. All rights reserved.

        Ausgabe von Ping.exe:
Ping wird ausgef?hrt f?r 192.168.0.1 mit 32 Bytes Daten:

Antwort von 192.168.0.1: Bytes=32 Zeit<10ms TTL=128
Antwort von 192.168.0.1: Bytes=32 Zeit<10ms TTL=128
Antwort von 192.168.0.1: Bytes=32 Zeit<10ms TTL=128
Antwort von 192.168.0.1: Bytes=32 Zeit<10ms TTL=128

Ping-Statistik f?r 192.168.0.1:
    Pakete: Gesendet = 4, Empfangen = 4, Verloren = 0 (0% Verlust),
Ca. Zeitangaben in Millisek.:
    Minimum = 0ms, Maximum = 0ms, Mittelwert = 0ms
        Auswertung:
0 von 4 Pings waren fehlerhaft!
F:\>
F:\>
```

Beispiel 2: Prozess gewaltsam beenden

Ping()-Hilfs-routine Das folgende Beispiel ist eine Modifikation des obigen Beispiels. Das Skript enthält eine Unterroutine Ping(), die mit Hilfe eines Aufrufs von Ping.exe prüft, ob ein Host durch genau zehn Pings mindestens einmal erreicht werden kann. Sofern der Host erreicht wird, wird PING.EXE sofort beendet. Dabei kommt die Methode Terminate() der Klasse WSHExec zum Einsatz. PING.EXE führt im Standard nur vier Pings aus. Mit der Option »-t« werden die Pings endlos ausgeführt. Ohne den Einsatz von Terminate() würde das Skript erst enden, wenn die WSH-TimeOut-Zeit erreicht ist.

```
' === Prüfen, ob ein Rechner erreichbar ist
dim ergebnis
Const ZIELHOST = "192.168.1.1"
ergebnis = Ping(ZIELHOST)

if ergebnis then
    WScript.echo "Zielhost " & ZIELHOST & " gefunden!"
else
    WScript.echo "Zielhost " & ZIELHOST & " nicht erreichbar!"
end if


' #### Liefert True/False, ob Host mindestens 1x erreicht werden kann!
function ping(host)
Dim WSHShell
Dim WSHExec
Dim Fehler
```

```
Dim Count
Dim Output

Ping = False
Count = 0

set WSHShell = WScript.CreateObject("WScript.Shell")

' -- Ping-Prozess starten...
set WSHExec = WSHShell.Exec("ping " & host)

' -- Schleife über Ausgaben
do while Not WSHExec.StdOut.AtEndOfStream
    ' --- Ausgabe des Kindprozesses einlesen
    Output= WSHExec.StdOut.Readline()
    ' Antwort?
    if instr(Output,"Antwort von") > 0 then
      ' nur Antworten auswerten
        count = count + 1
          ' gefunden ?
        if Instr(Output,"Zeit") > 0 then
          Ping = True
        end if
    end if

    ' Abbruch?
    if Count = 10 or ping = True then
       WSHExec.Terminate ' sofort beenden
       exit do
    end if

Loop
End Function
```

Listing 5.16: Nützliche Routine zum Testen, ob ein Rechner erreichbar ist [WSH56_exec_Ping2.vbs]

Beispiel 3: Warten auf Prozessende

Das Attribut Status zeigt an, ob der Kindprozess noch läuft. 0 bedeutet, der Prozess läuft. 1 bedeutet, der Prozess ist beendet. Im dritten Beispiel wird NOTEPAD.EXE gestartet. Das Skript wartet so lange, bis der Editor wieder geschlossen wird.

```
' === Warten, bis ein Prozess beendet ist

Dim WSHShell
Dim WSHExec

set WSHShell = WScript.CreateObject("WScript.Shell")

' --- Editor-Prozess starten...
set WSHExec = WSHShell.Exec("notepad.exe")
```

```
' --- Warten auf das Prozessende
While Not WSHExec.status = 1
Wend

WScript.echo "Notepad wurde beendet!"
```

Listing 5.17: *Warten auf das Prozessende [WSH56_notepad.vbs]*

Kritik

Die Auswertung der Ausgaben einer DOS-Anwendung wird auch als Screen Scraping bezeichnet. Die gleiche Bezeichnung wird auch verwendet, wenn Computeranwendungen den Inhalt von HTML-basierten Webseiten analysieren. Die Gefahr beim Screen Scraping ist, dass die aufgerufene Anwendung bzw. Webseite das Ausgabeformat ändern und das Screen Scraping dann zu unerwarteten Ereignissen führen kann. Dieses Problem ergibt sich gerade in multinationalen Unternehmen, bei denen die Betriebssystemsprache nicht eindeutig ist. Wenn Sie dann auf die oben dokumentierte Weise die Ausgaben einer DOS-Anwendung auslesen, müssen Sie jede Sprachversion, die vorkommen kann, einzeln behandeln.

5.1.3.7 Fernsteuerung von Windows-Fenstern

Fenstersteuerung

Die WSH Runtime enthält seit Version 2.0 zwei Methoden, um Anwendungen über simulierte Tastatureingaben fernzusteuern. Damit ist es in eingeschränktem Maße möglich, auch Anwendungen ohne COM-Schnittstellen zu automatisieren.

- AppActivate(fenstername) aktiviert ein Windows-Fenster.
- SendKeys(tastenfolge) sendet eine bestimmte Tastenfolge an das aktive Fenster.

AppActivate()

Wenn bei AppActivate() kein Fenster gefunden wird, das exakt den angegebenen Namen enthält, so wird zunächst ein Fenster gesucht, das mit dem Namen beginnt. Ein letzter Versuch besteht darin, ein Fenster zu finden, das auf diesen Namen endet. Es wird nur das erste Fenster aktiviert, das nach dieser Regel gefunden wird.

SendKeys()

SendKeys() kann neben den üblichen ASCII-Zeichen auch Sondertasten übermitteln. Diese werden durch Kürzel in geschweiften Klammern umschrieben (vgl. Tabelle 5.5). ⇧ (Umschalttaste) wird durch »+« dargestellt, Strg durch »^« und Alt durch »%«. Mit runden Klammern können Tasten gruppiert werden, so dass diese als gleichzeitig gedrückt gelten. Sofern ein ASCII-Zeichen gesendet werden soll, das einem der Symbole (~, +, ^, &, (,)) entspricht, muss dieses in geschweifte Klammern gesetzt werden. Die Angabe einer Zahl innerhalb der geschweiften Klammern bedeutet eine Wiederholungsanzahl (Beispiel: {x 10} bedeutet zehn mal »x«).

Tabelle 5.7: *Umschreibungen von Sondertasten für SendKeys()*

Taste	Umschreibung
←	{BACKSPACE}, {BS}, oder {BKSP}
Pause	{BREAK}
⇪	{CAPSLOCK}
Entf / DEL	{DELETE} oder {DEL}

Taste	Umschreibung
DOWN	{DOWN}
Ende	{END}
↵	{ENTER} oder ~
Esc	{ESC}
HELP	{HELP}
HOME	{HOME}
Einfg or INSERT	{INSERT} oder {INS}
←	{LEFT}
Num⇩	{NUMLOCK}
Bild	{PGDN}
Bild	{PGUP}
PRINT SCREEN	{PRTSC}
→	{RIGHT}
SCROLL LOCK	{SCROLLLOCK}
⇥	{TAB}
UP	{UP}
F1, F2, usw.	{F1}, {F2}, usw.

Weiterhin gibt es folgende Sonderbefehle:

▶ ^{ESC} bedeutet das Aufklappen des Startmenüs.

▶ ^+{F10} bedeutet das Aufklappen des Kontextmenüs.

Das Problem beim Einsatz der SendKeys()-Funktion liegt darin, dass man die Tastatursteuerung sehr exakt nachbilden und sich auf die gleichbleibende Reihenfolge verlassen muss. Wenn ein Fenster geöffnet wird, muss das Skript einige Zeit warten, bis es eine Eingabe für das neue Fenster senden kann, da SendKeys() keinerlei Feedback empfangen kann oder abwartet. Außerdem kann der Anwender während der Abarbeitung der SendKeys()-Befehle das aktive Fenster wechseln und die Tastatureingaben in das falsche Fenster lenken. Die Folgen können katastrophal sein. SendKeys() ist also mit großer Vorsicht zu genießen.

```
Dim WSHShell ' As IWSHRuntimeLibrary.IWSHShell_Class
Set WSHShell = CreateObject("WScript.Shell")
' - 5. Eintrag des Startmenüs auswählen
WSHShell.SendKeys "^{ESC}{UP 5}~~"
```

Listing 5.18: Öffnet aus dem Startmenü den fünften Eintrag von unten [WSH_tasten.wsf]

5.1.3.8 Umgebungsvariablen lesen und bearbeiten

WSHEnvironment Der Zugriff auf Umgebungsvariablen erfolgt über die Collection-Klasse WSHEnvironment, die eine Erweiterung einer WSHCollection ist. Auch hier gibt es eine Zuordnung von zwei Strings, genau wie bei den Netzlaufwerken und den Druckern. Microsoft hat hier aber eine ganz andere Implementierung gefunden: Innerhalb der Collection sind die einzelnen Einträge über den Namen der Umgebungsvariablen ansprechbar und liefern den Wert zurück. Wird die Collection jedoch mit For...Each durchlaufen, liefert sie nicht die Namen der Umgebungsvariablen zurück, sondern einen String der Form »Umgebungsvariable=Wert«. Diese Zeichenkette muss manuell getrennt werden.

List_env() Das Attribut Environment() (wieder einmal ein Attribut mit Parametern!) liefert einen Zeiger auf eine WSHEnvironment-Collection. Da es mehrere Rubriken von Umgebungsvariablen gibt, erwartet Environment() einen Parameter, der den Rubriknamen angibt. Es ist aber nicht möglich, die vorhandenen Rubriken von Umgebungen aufzulisten. Es gibt vier Umgebungen: *System*, *User*, *Volatile*, *Process*. Wird keine Umgebung angegeben (Parameter wird weggelassen), dann wird *System* als Standard verwendet.

Die Routine list_env() listet alle Variablen einer bestimmten Rubrik auf. Dabei wird die VB-Funktion Split() eingesetzt, um Name und Wert zu trennen.

```
Sub list_env(rubrik) ' as String
Dim WSHShell ' As IWSHRuntimeLibrary.IWSHShell_Class
Dim envvar, wert ' As String
Dim objEnv 'As IWSHRuntimeLibrary.IWSHEnvironment_Class
Set WSHShell = CreateObject("WScript.Shell")
' Zugriff auf Umgebung
Set objEnv = WSHShell.Environment(rubrik)
say "Anzahl der Umgebungsvariablen: " & objEnv.Count
' Iteration über alle U-Variablen
For Each envvar In objEnv
    wert = Split(envvar, "=")
    say wert(0) & " = " & wert(1)
Next
End Sub
```

Listing 5.19: Auslesen aller Environment-Variablen einer Rubrik [list_env.wsf]

```
Dim WSHShell ' As IWSHRuntimeLibrary.IWSHShell_Class
Dim envvar, neuevar, wert ' As String
Set WSHShell = CreateObject("WScript.Shell")
Dim objEnv ' As IWSHRuntimeLibrary.IWSHEnvironment_Class
' - Auswahl der Umgebung
Set objEnv = WSHShell.Environment("PROCESS")
' -- Zugriff auf Path-Variable
envvar = "Path"
wert = objEnv.Item(envvar)
say envvar & " hat den Wert " & wert
' -- Ändern bzw. Anlegen einer neuer Variablen
say "-- Neue Variable..."
envvar = "ScriptingBuch"
objEnv.Item(envvar) = "d:\buch"
wert = objEnv.Item(envvar)
```

WSH Runtime Library 1.0/2.0/5.6

```
list_env ("PROCESS")
' -- Entfernen einer Variablen
say "-- Wieder entfernt..."
objEnv.Remove "ScriptingBuch"
list_env ("PROCESS")
```

Listing 5.20: Demo zur Arbeit mit Environment-Variablen [WSH_createEnv.wsf]

Wenn eine Umgebungsvariable nicht existiert, kommt es nicht zu einem Fehler. Als Wert wird lediglich ein Leerstring zurückgeliefert. Der Schreibzugriff ist möglich. Wenn die Variable nicht existiert, wird sie neu angelegt. WSHEnvironment bietet gegenüber WSHCollection zusätzlich die Methode Remove() an. Remove() liefert keine Fehlermeldung, wenn die Variable, die angesprochen wurde, gar nicht existierte!

```
say "Alle Umgebungsvariablen: (Stand" & Now & ")"
list_env ("SYSTEM")
list_env ("USER")
list_env ("PROCESS")
list_env ("VOLATILE")
```

Listing 5.21: Ausgabe aller Umgebungsvariablen mit Hilfe der Routine list_env() [WSH_listEnv.wsf]

Eine Auflösung von Umgebungsvariablen ist auch möglich über WSHShell.ExpandEnvironmentStrings(), wobei dabei in einem String durch »%« eingeschlossene Namen als Umgebungsvariablen interpretiert und aufgelöst werden. Sofern die Umgebungsvariable nicht existiert, unterbleibt die Auflösung.

ExpandEnvironmentStrings()

```
Dim WSHShell 'As IWSHRuntimeLibrary.IWSHShell_Class
Set WSHShell = CreateObject("WScript.Shell")
say WSHShell.ExpandEnvironmentStrings("Windows ist installiert im %windir% !")
say WSHShell.ExpandEnvironmentStrings("Sie nutzen ein %OS%-
System auf einem %PROCESSOR_ARCHITECTURE%") ' Nur NT!
say WSHShell.ExpandEnvironmentStrings("%SYSTEMROOT%\System32")
```

Listing 5.22: Verwendung von ExpandEnvironmentStrings() [WSH_expandEnv.wsf]

5.1.3.9 Zugriff auf Sonderordner

Die Standorte der Sonderordner des Betriebssystems sind über eine WSHCollection ermittelbar. Sie erhalten einen Zeiger auf die Collection über das Attribut WSHShell.SpecialFolders.

SpecialFolders

```
Dim WSHShell ' As IWSHRuntimeLibrary.IWSHShell_Class
Set WSHShell = CreateObject("WScript.Shell")
Dim OName ' As String
say "Anzahl der Sonderordner: " & WSHShell.SpecialFolders.Count
For Each OName In WSHShell.SpecialFolders
 say OName
Next
End Sub
```

Listing 5.23: Liste aller Sonderordner [WSH_spezFoldList.wsf]

COM-Komponenten

Item() ermöglicht den Zugriff auf den Pfad eines Sonderordners, sofern dessen interner Name bekannt ist. Leider gibt es keine Möglichkeit, alle verfügbaren internen Namen aufzulisten!

```
say "Hier liegen Ihre Favoriten:", WSHShell.SpecialFolders.Item("Favorites")
```

Die folgende Liste enthält die internen Namen der Windows-Sonderordner. Dabei sind nicht alle diese Sonderordner in jedem Betriebssystem vorhanden. Der Aufruf von Item() mit einem nicht vorhandenen Sonderordnernamen liefert einen Leerstring zurück. Achtung: Ein Leerstring kommt auch zurück, wenn man sich verschreibt!

Tabelle 5.8: Liste der internen Namen der Windows-Sonderordner

AllUsersDesktop	Desktop	NetHood
AllUsersStartMenu	Favorites	PrintHood
AllUsersPrograms	Fonts	Programs
AllUsersStartup	MyDocuments	Recent
SendTo	StartMenu	Templates

5.1.3.10 Verknüpfungen erstellen

Verknüpfungen verwalten

Die Klasse WSHShell bietet eine Methode CreateShortcut(), die entweder ein Objekt der Klasse WSHShortcut oder WSHURLShortcut liefert. Die WSHShortcut-Klasse ermöglicht die Erstellung von Datei- und Verzeichnisverknüpfungen sowie den Zugriff auf bestehende Verknüpfungen. Ein WSHURLShortcut-Objekt repräsentiert eine Verknüpfung zu einem *Uniform Resource Locator* (URL).

Verknüpfungen zu Ordnern und Dateien

WSHShortcut Die Klasse bietet folgende Attribute:

- ▶ FullName: In dieser Eigenschaft steht der vollständige Suchpfad zum Shortcut-Objekt.

- ▶ TargetPath: Der Pfad zum Zielobjekt der Verknüpfung steht in dieser Eigenschaft.

- ▶ Hotkey: Hier steht die Definition der Abkürzungstaste zum Aufruf der Verknüpfung.

- ▶ Description: Hier steht eine kurze textliche Beschreibung des Verknüpfungsobjekts.

- ▶ Arguments: Mit dieser Eigenschaft werden einem Verweis Aufrufargumente zugeordnet.
  WSHShortcut.Arguments = "Arg1 Arg2 Arg3"

  Auch wenn der Name dieses Attributs es suggeriert – WSHShortcut.Arguments ist keine Collection und darf nicht mit WScript.Arguments verwechselt werden. WSHShortcut.Arguments ist ein einfaches Zeichenketten-Attribut, das die Kommandozeilenparameter, die in der Verknüpfung abgelegt werden sollen, in Form einer durch Leerzeichen getrennten Zeichenkette erwartet.

- ▶ IconLocation: Ort, an dem das Programmsymbol der Verknüpfung zu finden ist. Die Angabe erfolgt als Paar »Pfad, Index«.
  WSHShortcut.IconLocation = "Pfad,Index"

- WindowStyle: Der Stil, mit dem das Programmfenster geöffnet wird, wenn die Aktivierung der Verknüpfung erfolgt, steht in dieser Eigenschaft. Der Stil wird durch einen Zahlwert dargestellt: 1 = normal, 3 = maximiert, 7 = minimiert.
- WorkingDirectory: Arbeitsverzeichnis der Verknüpfung

Speichern von Verknüpfungen

WSHShortcut unterstützt nur eine Methode: Save(). Mit dieser Methode wird das Verweisobjekt an dem im FullName angegebenen Ort gespeichert.

Die Erzeugung neuer Instanzen eines WSHShortcut-Objekts erfolgt mit Hilfe der Methode CreateShortcut() aus der WSHShell-Klasse.

```
Set shortcut_obj = WSHShell.CreateShortcut(strFullName)
```

Als Parameter strFullName muss eine Zeichenkette angegeben werden, die den vollständigen Pfad des Ausgangspunkts der Verknüpfung enthält. Das Ziel der Verknüpfung wird dann jedoch über den Zugriff auf die Attribute des WSHShortcut-Objekts festgelegt. FullName wird beim Erzeugen automatisch auf den Namen gesetzt, der bei CreateShortcut() als Parameter angegeben wurde. Danach kann FullName noch gelesen und neu beschrieben werden.

Wenn bereits eine Verknüpfung unter diesem Namen existiert, wird sie ohne Vorwarnung überschrieben.

Festlegung eines Hotkeys

Die Definition eines Hotkeys besteht aus der Kombination einer Sondertaste und eines ASCII-Zeichens. Die Sondertasten werden umschrieben durch Zeichenkombinationen (z.B. *ALT+, CTRL+, SHIFT+, EXT, ESC, ENTER, TAB, SPACE, PRINT SCREEN, BACKSPACE, TAB, CLEAR*).

Um die Umschreibungen zu ermitteln, legen Sie manuell eine Verknüpfung an und ordnen dieser über das Eigenschaftsfenster eine Tastenkombination manuell zu. Dann lesen Sie diese mit Hilfe eines Skripts aus!

Beispiel

Notepad-Verknüpfung

Das folgende Skript erstellt eine Verknüpfung zu dem bei allen Windows-Versionen mitgelieferten einfachen Editor auf dem Desktop. Die Collection SpecialFolders wird benutzt, um den Pfad des Desktops zu ermitteln, in dem dann mit CreateShortcut() die Verknüpfung erstellt wird.

```
Set WSHShell = CreateObject("WScript.Shell")
strDesktop = WSHShell.SpecialFolders("Desktop")
Set ObjShortcut =
WSHShell.CreateShortcut(strDesktop & "\notepad.lnk")
ObjShortcut.TargetPath = "%windir%\notepad.exe"
ObjShortcut.Hotkey = "ALT+CTRL+F"
ObjShortcut.Arguments = "d:\buch\docs\test.txt"
ObjShortcut.Description = "Ich bin ein sehr einfacher Editor"
ObjShortcut.Save
say "Die Verknüpfung zu Notepad wurde erstellt."
```

Listing 5.24: Erstellen einer Verknüpfung [WSH_newshortcut.wsf]

Vorhandene Shortcuts bearbeiten

Nicht bei Microsoft dokumentiert ist die Möglichkeit, auf bestehende Verknüpfungen zuzugreifen und sie zu verändern. Wenn CreateShortcut() mit dem Pfad einer bestehenden Verknüpfung aufgerufen wird, enthält das zurückgegebene Objekt dessen Eigenschaften. Diese Funktionalität mit CreateShortcut() zu ermöglichen ist natürlich ungeschickt. Dazu wäre eine zweite Methode namens GetShortcut() besser gewesen (vgl. CreateObject() und GetObject()). Diese Funktionalität ist aber mit Vorsicht zu genießen, da nicht klar ist, ob es sich um eine absichtliche Implementierung oder einen ungewollten Seiteneffekt handelt.

```
Set WSHShell = CreateObject("WScript.Shell")
strDesktop = WSHShell.SpecialFolders("Desktop")
Set ObjShortcut = WSHShell.CreateShortcut(strDesktop & "\notepad.lnk")
say "FullName:" & objshortcut.FullName
say "TargetPath:" & objshortcut.TargetPath
say "Arguments:" & objshortcut.Arguments
say "WindowStyle:" & objshortcut.WindowStyle
say "HotKey:" & objshortcut.Hotkey
say "Description:" & objshortcut.Description
say "WorkingDirectory:" & objshortcut.WorkingDirectory
say "IconLocation:" & objshortcut.IconLocation
```

Listing 5.25: Auslesen einer bestehenden Verknüpfung [WSH_shortcutlesen.wsf]

URL-Verknüpfungen

WSHURL-Shortcut Wenn der Parameter bei CreateShortcut() die Endung .URL hat, ist das Ergebnis von CreateShortcut() kein WSHShortcut-Objekt, sondern ein WSHURLShortcut-Objekt. Der Ziel-URL wird in TargetPath geschrieben. Mit Hilfe einer URL-Verknüpfung können Sie komplexe URLs auf einfache Weise im Dateisystem speichern und wie eine Datei weitergeben.

```
Set WSHShell = CreateObject("WScript.Shell")
strDesktop = WSHShell.SpecialFolders("Favorites")
Set objshortcut = WSHShell.CreateShortcut(strDesktop & _
"\ Die Website zum Buch.url")
objshortcut.TargetPath = "http://www.windows-scripting.de"
objshortcut.Save
say "Dieser Link wurde gespeichert in: " & objshortcut.FullName
say "Der Link verweist auf " & objshortcut.TargetPath
```

Listing 5.26: Anlegen einer URL-Verknüpfung [WSH_urlshortcut.wsf]

5.2 Scripting Runtime Library

Die *Scripting Runtime Library* ist eine bunte Mischung von Funktionen aus folgenden Bereichen:

Bestandteile der Scripting Runtime Library

- Zugriff auf Dateien und Ordner (komplexe Objekthierarchie mit der Stammklasse FileSystemObject). Dieser Teil der Scripting Runtime Library wird auch *File System Objects (FSO)* genannt.
- Zugriff auf die Textdateien sowie die Standardein- und -ausgabe (Klasse Textstream)
- Speicherung beliebiger Daten in verketteten Listen (Klasse Dictionary)
- Verschlüsselung von Skript-Quellcode (Klasse Encoder). Diese Klasse wird in Kapitel 6 besprochen.

Die Scripting Runtime Library ist längst nicht mehr nur eine Unterstützungsbibliothek für das Scripting, sondern auch im großen Visual Basic eine häufig genutzte Komponente.

Name und Abkürzung	Scripting Runtime Library / File System Objects (FSO)
Name der Komponentendatei	SCRRUN.DLL
Interner Name der Typbibliothek	Scripting
Helpstring der Typbibliothek	Microsoft Scripting Runtime
Hersteller	Microsoft
Lizenzierung	Bestandteil des Betriebssystems / kostenloses Add-on
Besprochene Version	330
NT4 und Windows 9x	Installation WSH 5.6 [CD:install/hosts/WSH] oder [MSS00]
Windows 2000	Version 5.1 enthalten; Update auf 5.6 durch WSH 5.6-Setup [CD:install/hosts/WSH] oder [MSS00]
Windows XP	Version 5.6.6626 enthalten
Windows .NET Server (RC1)	Version 5.6.7727 enthalten
Position der Original-Dokumentation in der MSDN-Library	Web Development|Scripting|Documentation|Windows Script Technologies|Script Runtime

Tabelle 5.9: Schnellinfo Scripting Runtime Library

5.2.1 Die Dictionary-Klasse

Ein Dictionary-Objekt ist ein Container zur Speicherung einer beliebigen Art von Daten. Da jedem Eintrag nicht nur eine Zahl, sondern auch ein String als Schlüssel zugeordnet werden kann, entspricht ein Dictionary-Objekt den assoziativen Arrays in der Skriptsprache PERL bzw. einem Teil der Funktionalität dynamischer Objekte in JScript.

Dictionaries

COM-Komponenten

Instanziierung Die Klasse Dictionary wird von der Scripting Runtime-Komponente angeboten:

```
Set objDic = CreateObject("Scripting.Dictionary")
```

Abbildung 5.9: Ansicht der Dictionary-Klasse im VB6-Objektkatalog

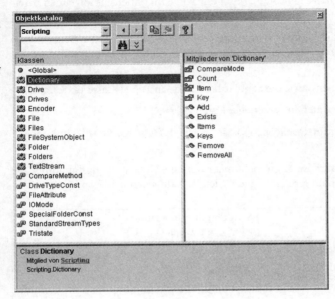

Dictionary versus Collection

Vergleich zu Collections Ein Dictionary-Objekt ähnelt den Visual Basic Collections. Die Unterschiede sind folgende:

- Eine Collection kann nur Objektzeiger aufnehmen, ein Dictionary-Objekt kann Objektzeiger und jeden beliebigen Datentyp aufnehmen.
- Die Performance des Dictionary-Objekts ist wesentlich höher als die Performance einer Visual Basic Collection!
- Ein Dictionary-Objekt implementiert einige zusätzliche Methoden und Attribute.
- Die Iteration mit For...Each hat eine andere Semantik.

Gemeinsame Features Folgende Dictionary-Funktionalitäten entsprechen den VB-Collections:

- Das Einfügen neuer Elemente erfolgt mit der Methode add(), wobei zuerst ein Schlüssel und dann der Wert übergeben werden muss.

  objDic.Add key, item

- Das Entfernen von Elementen erfolgt mit Remove().

  objDic.Remove key

- Das Count-Attribut liefert die Anzahl der enthaltenen Elemente.

  objDic.Count

- Der Zugriff auf ein bestimmtes Element über den Schlüssel ist realisiert mit Hilfe von `Item()`.

  `objDic.Item(key)`

Darüber hinaus werden folgende Funktionen nur in `Dictionary`-Objekten bereitgestellt:

Weitere Features der Dictionary-Klasse

- die Überprüfung, ob ein bestimmter Schlüssel existiert

  `objDic.Exists(key)`

- das nachträgliche Ändern eines Schlüssels

  `objDic.Key(key) = newkey`

- die Übergabe aller Schlüssel in Form eines Arrays

  `objDic.Keys`

- die Übergabe aller Werte in Form eines Arrays

  `objDic.Items`

- das Löschen aller Einträge mit einem Befehl

  `objDic.RemoveAll`

- die Festlegung, ob die Schlüssel case-sensitive oder case-insensitive sind. Groß- und Kleinschreibung wird folgendermaßen unterschieden:

  `objDic.CompareMode = 0  'vbBinaryCompare`

  Und so gibt es keinen Unterschied zwischen Groß- und Kleinschreibung:

  `objDic.CompareMode = 1  'vbTextCompare`

Ein großer Unterschied besteht bei der Verwendung von `For...Each`: Während in VB-Collections damit eine Iteration über die enthaltenen Objektzeiger erfolgt, liefert das `Dictionary`-Objekt immer die **Schlüssel** – nicht die Werte! – in Form von elementaren String-Variablen zurück. Das passiert also auch dann, wenn das `Dictionary`-Objekt Objektzeiger enthält. Die Iteration muss demnach folgendermaßen aussehen:

```
For Each key In objDic
  say key & " = " & objDic.Item(key)
Next
```

Dictionary-Beispiel

Das Beispiel zeigt die Verwendung von `Add()`, `Remove()`, `Item()` und `Count`: Zunächst werden fünf Elemente eingefügt, davon bewusst zwei mit gleichem Text, aber unterschiedlicher Groß-/Kleinschreibung. Alle Elemente werden mit `For...Each` ausgegeben. Danach wird ein Element gelöscht. Daraufhin meldet das Skript, dass sich nun noch vier Elemente in dem `Dictionary`-Objekt befinden. Am Ende werden alle Elemente gelöscht, so dass die letzte Ausgabe »0 Elemente« ist.

Beispiel

COM-Komponenten

```
Dim objDic ' As Scripting.Dictionary
Dim key
' --- Instanziieren
Set objDic = CreateObject("Scripting.Dictionary")
' --- Vergleichsmodus setzen: Unterscheidung ein
objDic.CompareMode = 0 'vbBinaryCompare
' --- Füllen
objDic.Add "Buch", "Windows- und BackOffice-Scripting"
objDic.Add "Autor", "Holger Schwichtenberg"
objDic.Add "Verlag", "Addison-Wesley"
objDic.Add "bemerkung", "erschienen im Jahr 2000"
objDic.Add "Bemerkung", "Ein gutes Buch"
' --- Ausgabe
For Each key In objDic
    say key & " = " & objDic.Item(key)
Next
' --- Ein Element löschen
objDic.Remove ("Bemerkung") ' Selbstbeweihräucherung raus ;-)
' --- Ausgabe
MsgBox "Jetzt sind noch " & objDic.Count & " Elemente drin!"
' --- Alle Elemente löschen
objDic.RemoveAll
' --- Ausgabe
MsgBox "Jetzt sind noch " & objDic.Count & " Elemente drin!"
```

Listing 5.27: Jonglieren mit Strings in einem Dictionary-Objekt [dic_test.wsf]

```
Buch = Windows- und BackOffice-Scripting
Autor = Holger Schwichtenberg
Verlag = Addison-Wesley
bemerkung = erschienen im Jahr 2000
Bemerkung = Ein gutes Buch
Selbstbeweihräucherung raus... ;-)
Jetzt sind noch 4 Elemente drin!
Jetzt sind noch 0 Elemente drin!
```

Listing 5.28: Ausgabe des obigen Skripts

5.2.2 File System Objects (FSO)

File System Objects Die *File System Objects (FSO)* sind eine Ansammlung von COM-Klassen innerhalb der Scripting Runtime-Komponente. Sie bieten einen eleganten Zugang zum Windows-Dateisystem. FSO ist ein Objektmodell im Rahmen der Scripting Runtime-Komponente; seinen Namen hat es von seiner Stammklasse.

Während das große Visual Basic und VBA seit jeher über eigene Dateisystemzugriffsfunktionen verfügen (z.B. Dir(), Open(),...), wurden diese in Visual Basic Script bewusst nicht implementiert. Das erste Anwendungsfeld für VBS war der Internet Explorer, und dort sollte aus Sicherheitsgründen kein Zugriff auf das lokale Dateisystem des Webclients möglich sein. Andernfalls hätte ein Internet Content Provider leicht ein Skript schreiben können, das den Inhalt der Festplatte des Surfers scannt und beim nächsten Seitenabruf gezielt Informationen an den Webserver überträgt.

Scripting Runtime Library

Für andere Anwendungsgebiete des Scriptings (z.B. ASP, WSH) ist jedoch der Zugriff auf das Dateisystem ein wichtiges Feature. Mit FSO stellt Microsoft eine Komponente zur Verfügung, die einen objektbasierten Zugriff auf das Dateisystem ermöglicht und damit weit komfortabler ist als die traditionellen Zugriffsmethoden aus VB und VBA. Daher ist seit den Versionen 6.0 FSO auch die empfohlene Vorgehensweise für den Dateizugriff im großen VB und VBA.

5.2.2.1 Funktionsüberblick

FSO bietet folgende Möglichkeiten: **Features**

- Direkter Zugriff auf einzelne Laufwerke, Ordner und Dateien
- Direkter Zugriff auf Sonderordner
- Iteration über Laufwerke und Ordner
- Zusammensetzung und Aufspaltung von Pfadangaben
- Anlegen, Verschieben, Kopieren und Löschen von Ordnern
- Verschieben, Kopieren und Löschen von Dateien jeden Typs
- Anlegen, Lesen und Beschreiben von Textdateien
- Lesen und Verändern von Laufwerks-, Ordner- und Dateieigenschaften
- Direkter Zugriff auf Sonderordner
- Zugriff auf die Standardein- bzw. -ausgabe
- Ändern von Dateiattributen
- Zugriff auf Dateilänge und Daten (`DateCreated`, `DateLastAccessed`, `DateLastModified`)
- Versionsinformationen von DLLs

Folgende Funktionen, die in Zusammenhang mit dem Dateisystem anfallen, deckt FSO jedoch nicht ab: **Fehlende Features**

- Anlegen, Lesen und Beschreiben von binären Dateien
- Suchfunktion über das Dateisystem
- Zugriff auf den Sperrstatus einer Datei
- Zugriff auf Sicherheitsinformationen
- Zugriff auf Verzeichnisfreigaben
- Zugriff auf erweiterte Dateiattribute (z.B. Autorenname bei Word-Dokumenten)
- Zugriff auf die Kontextmenüeinträge einer Datei
- Meldung von Dateisystem-Ereignissen (neue Datei, Dateiänderung, etc.)

Die Unterstützung binärer Dateien ist für eine kommende Version von FSO geplant. Für den Zugriff auf die Sicherheit gibt es mit ADSSECURITY.DLL inzwischen eine eigene Komponente. Den Zugriff auf Verzeichnisfreigaben ermöglichen die Komponenten *ADSI* und *WMI*.   **Andere Komponenten für das Dateisystem**

COM-Komponenten

Den Zugriff auf die Kontextmenüeinträge ermöglicht die Komponente *Shell Objects*. Diese Komponente überschneidet sich hinsichtlich der Funktionalität zum Teil mit FSO, realisiert den Zugriff auf das Dateisystem jedoch in einem etwas anderen Objektmodell.

Auch WMI ermöglicht den Zugriff auf das Dateisystem. Hier sind auch die Suche (auf Basis von WQL) und das Abfangen von Ereignissen möglich. Mehr dazu erfahren Sie in Kapitel 5.7.

5.2.2.2 FSO-Objektmodell

FSO-Objektmodell

Zentrale Klasse ist `FileSystemObject`, die das ganze Dateisystem repräsentiert und zentrale Methoden bereitstellt. Von `FileSystemObject` aus gibt es grundsätzlich zwei Wege zu den Unterelementen:

- das Entlanghangeln anhand der Objekthierarchie
- den direkten Zugriff auf ein Dateisystemelement über dessen Pfad

`FileSystemObject` ist die Stammklasse und einzige instanziierbare Klasse im FSO-Objektmodell, so dass deren Instanziierung immer der erste Schritt sein muss. FSO besitzt keine Attribute mit elementaren Werten, sondern neben zahlreichen Methoden nur den Verweis auf vier Unterobjekte.

> Als Pfadangaben können bei FSO grundsätzlich auch UNC-Pfade verwendet werden. Dabei kann man auch auf entfernte Rechner über Freigaben zugreifen, ohne dass zuvor ein Netzlaufwerk verbunden werden muss, z. B. \\computername\c$\Verzeichnis. Voraussetzung ist natürlich, dass der Benutzer, unter dem das Skript läuft, die notwendigen Rechte für die Nutzung der Freigabe hat.

```
DIM FSO ' As Scripting.FileSystemObject
Set fso = CreateObject("Scripting.FileSystemObject")
```

FSO ist leicht zu erlernen, weil es für jeden Windows-Nutzer sehr anschaulich ist: Es spiegelt Elemente wider, die der Anwender jeden Tag an seinem PC vor Augen hat. FSO eignet sich daher gut für Übungen zu Objekten und Collections, insbesondere auch zum Erlernen rekursiver Funktionen.

Drives, Folders, Files

Die Laufwerke bilden eine Collection `Drives`, die einzelne `Drive`-Objekte enthält. Über das Attribut `RootFolder` gelangt man zu einem `Folder`-Objekt. Ein `Folder`-Objekt enthält zwei Collections. In der einen sind die Dateien enthalten (`Files`), in der anderen die Ordner. Dabei weicht hier der Attributname (`Subfolders`) von dem Klassennamen (`Folders`) ab. Eine `Folders`-Collection enthält wieder `Folder`-Objekte, so dass eine Rekursion in dem Objektbaum entsteht. Ein `File`-Objekt repräsentiert eine einzelne Datei beliebigen Typs.

Scripting Runtime Library

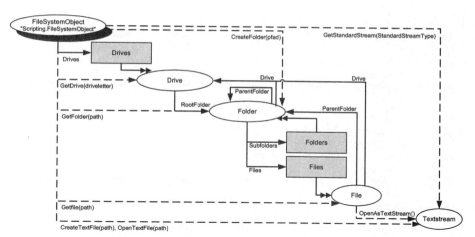

Abbildung 5.10:
Das FSO-Objektmodell

Klasse	Erläuterung
FileSystemObject	Stammklasse, die als einzige instanziierbar ist. Diese Klasse dient auch der Erzeugung neuer Instanzen der anderen Klassen.
Drive	Repräsentiert ein Laufwerk.
Drives	Liste aller verfügbaren Laufwerke (nicht nur Festplatten, sondern alle Arten von Laufwerken, die im Windows-Explorer angezeigt werden können), also Diskettenlaufwerk, Festplatte, CD, andere Wechselmedien und auch Laufwerksverknüpfungen.
File	Repräsentiert eine Datei.
Files	Liste aller Dateien in einem Ordner.
Folder	Repräsentiert einen Ordner.
Folders	Liste aller Ordner in einem Laufwerk oder einem übergeordneten Ordner.
TextStream	Repräsentiert eine Textdatei oder einen Standard-I/O-Stream.

Tabelle 5.10:
FSO-Klassen

5.2.2.3 Lesezugriff auf das Dateisystem

Das erste FSO-Skript listet alle Laufwerke auf. Wie das Beispiel zeigt, gibt es nur wenige Eigenschaften, die auf jeden Fall ausgelesen werden können (Driveletter, DriveTyp, ShareName und Path). Der Zugriff auf medienabhängige Eigenschaften ist dagegen nur möglich, wenn sich auch ein lesbares Medium in dem Laufwerk befindet. Dies sollte mit isready() überprüft werden, bevor ein Zugriff auf die medienabhängigen Eigenschaften erfolgt.

Drives

COM-Komponenten

```
Dim FSO        ' As Scripting.FileSystemObject
Dim oDrive     ' As Scripting.Drive
Set FSO = CreateObject("Scripting.FileSystemObject")
For Each oDrive In FSO.Drives
    say "--- Allgemeine Daten"
    say "DriveLetter: " & oDrive.DriveLetter
    say "DriveType: " & oDrive.DriveType
    say "ShareName: " & oDrive.ShareName
    say "Path: " & oDrive.Path
    If oDrive.IsReady Then
        say '--- Medienabhängige Daten"
        say 'IsReady: " & oDrive.IsReady
        say 'SerialNumber: " & oDrive.SerialNumber
        say 'FileSystem: " & oDrive.FileSystem
        say 'VolumeName: " & oDrive.VolumeName
        say '--- Mediengröße"
        say 'TotalSize: " & oDrive.TotalSize
        say 'FreeSpace: " & oDrive.FreeSpace
        say "AvailableSpace: " & oDrive.AvailableSpace
    End If
Next
```

Listing 5.29: Ausführliche Liste der Laufwerke [fso_drives.wsf]

Ordnerinhalte auflisten

Das Listing zeigt, wie die in einem bestimmten Ordner enthaltenen Dateien und Unterordner aufgelistet werden. Dabei wird der Direktzugriff auf ein Folder-Objekt mit der Methode GetFolder() aus dem FileSystemObject verwendet.

```
Dim FSO ' As Scripting.FileSystemObject
Dim oFolder ' As scripting.folder
Dim oSubfolder ' As scripting.folder
Dim oFile ' As scripting.file
Set FSO = CreateObject("Scripting.FileSystemObject")
Set oFolder = FSO.GetFolder("d:\buch")
say "-- Dateien:"
For Each oFile In oFolder.Files
    say oFile.Name
Next
say "-- Ordner:"
For Each oSubfolder In oFolder.SubFolders
    say oSubfolder.Name
Next
```

Listing 5.30: Das Skript listet den Inhalt eines Ordners ohne Rekursion auf. [fso_OrdnerInhalt.wsf]

Rekursion über Unterordner

Listfolder() Der kleine Olymp der FSO-Programmierung ist die Rekursion über einen ganzen Verzeichnisbaum. Dabei wird nicht nur der Inhalt eines Ordners aufgelistet, sondern – sofern der Ordner Unterordner enthält – auch der Inhalt der Unterordner und der Inhalt der Unterordner der Unterordner usw.

Das Listing ist kürzer, als man vielleicht meint. Die Rekursion steckt in der Methode `Listfolder()`, die sich immer wieder selbst aufruft. Übergeben werden der Pfad eines Ordners und eine Ebenennummer, wobei diese optional ist.

```
Dim start  ' As String
Set FSO = CreateObject("Scripting.FileSystemObject")
start = InputBox("Pfad, an dem gestartet werden soll?")
listfolder start, 0

' ### Hilfsroutine: Rekursion über Ordnerinhalte
Sub listfolder(folder, ebene)
Set FSO = CreateObject("Scripting.FileSystemObject")
Set objFolder = FSO.GetFolder(folder)
say "Inhalt von " & folder & " (Ebene: " & ebene & ")"
say "-- Dateien:"
For Each objFile In objFolder.Files
    say objFile.Name
Next
say "-- Ordner:"
For Each objSubFolder In objFolder.SubFolders
    say objSubFolder.Name
    listfolder objSubFolder.Path, ebene + 1
Next
End Sub
```

Listing 5.31: Rekursive Liste von Ordnerinhalten [fso_rekInhalt.wsf]

Direkter Zugriff mit den Get-Methoden

Der ebenenweise Abstieg im Verzeichnisbaum ist dann sinnvoll, wenn eine Datei gesucht oder eine Liste erstellt werden soll. Für den Zugriff auf eine bestimmte Datei, deren Pfad und Namen man kennt, ist der ebenenweise Abstieg vergleichbar mit dem Abstieg in Serpentinen von einem Berg, anstatt den Sessellift zu benutzen. Sicherlich hat das seinen Reiz, ist aber nicht besonders effizient. **Direkter Abstieg**

Die Klasse `FileSystemObject` stellt daher drei Methoden für den direkten Zugriff auf die Dateisystemeinträge bereit: **GetDrive(), GetFolder(), GetFile()**

- `GetDrive(laufwerksname)`
- `GetFolder(pfad)`
- `GetFile(pfad)`

Das folgende Listing zeigt dementsprechend drei gültige und drei ungültige Aufrufe. In den letzten drei Beispielen entspricht die Spezifikation des Pfads nicht dem Typ des Dateisystemeintrags. Tolerant ist FSO jedoch hinsichtlich dessen, ob Sie einen Laufwerksbuchstaben als einfachen Buchstaben (*D*), mit Doppelpunkt (*D:*) oder mit Doppelpunkt und Backslash (*D:*) angeben. Grundsätzlich kann die Funktion von `GetDrive()` auch immer mit `GetFolder()` abgebildet werden. Wenn allerdings kein Medium in einem Laufwerk ist, schlägt ein `GetFolder()` auf dieses Laufwerk fehl, während `GetDrive()` keinen Fehler liefert.

```
' - gültige Aufrufe
Set x = FSO.GetDrive("D:\")
Set x = FSO.GetFolder("D:\")
Set x = FSO.GetFile("D:/buch/vertrag.txt")
' - ungültige Aufrufe
'Set x = fso.GetDrive("D:/buch")
'Set x = fso.GetFolder("D")
'Set x = fso.GetFile("D:/buch/")
```

Listing 5.32: *Verwendung von Pfaden in den Get-Methoden [fso_pfade.wsf]*

FSO ist tolerant hinsichtlich der Verwendung von Slash (»/«) und Backslash (»\«) in Pfadangaben. Beide Schreibweisen werden akzeptiert, anders also als bei der DOS-Kommandozeilenebene, die dafür nur den Backslash akzeptiert und die Verwendung eines Slashs als Kommandozeilenparameter interpretiert. Alle von FSO zurückgelieferten Pfadangaben verwenden jedoch immer den korrekten Backslash.

Datei- und Ordnereigenschaften

Attribute In der `File`- und in der `Folder`-Klasse gibt es im Wesentlichen die gleichen Attribute für Informationen über die Datei- bzw. Ordnereigenschaften. Das folgende Skript funktioniert daher sowohl mit einem `File`- als auch mit einem `Folder`-Objekt. Bitte beachten Sie, dass die Eigenschaft `ParentFolder` nicht den Pfad, sondern den Zeiger auf ein `Folder`-Objekt liefert. Sie erhalten den Pfad daher über `obj.ParentFolder.Path`.

```
Dim FSO        As Scripting.FileSystemObject
Dim obj        File oder Folder
' -- FSO erzeugen
Set FSO = CreateObject("Scripting.FileSystemObject")
' -- Bindung an Datei oder Ordner
Set obj = FSO.GetFile("d:\buch\docs\test.xls")
'Set obj = FSO.GetFolder("d:\buch\docs")
' -- Ausgabe der Eigenschaften
say "Standort: " & obj.ParentFolder.Path
say "Typ: " & obj.Type
say "Größe: " & obj.Size
say "Erzeugt am: " & obj.DateCreated
say "Zuletzt geändert am: " & obj.DateLastModified
say "Zuletzt gelesen am: " & obj.DateLastAccessed
say "Attribute: " & fileatt_to_string(obj.Attributes)
```

Listing 5.33: *Ausgabe von Dateiattributen [fso_Dateieigenschaften.wsf]*

Das Attribut `Attributes` ist eine Integervariable, in der verschiedene Bits für die einzelnen Eigenschaften gesetzt sind. Die Methode `fileatt_to_string()` erledigt die Umwandlung.

```
Function fileatt_to_string(att)
' Att as Long
' -- Array mit Konstanten für FileAttribute
Dim arrFileAttribute(8, 2)
arrFileAttribute(0, 0) = "Normal"
arrFileAttribute(0, 1) = 0
```

Scripting Runtime Library

```
arrFileAttribute(1, 0) = "ReadOnly"
arrFileAttribute(1, 1) = 1
arrFileAttribute(2, 0) = "Hidden"
arrFileAttribute(2, 1) = 2
arrFileAttribute(3, 0) = "System"
arrFileAttribute(3, 1) = 4
arrFileAttribute(4, 0) = "Directory"
arrFileAttribute(4, 1) = 16
arrFileAttribute(5, 0) = "Archive"
arrFileAttribute(5, 1) = 32
arrFileAttribute(6, 0) = "Alias"
arrFileAttribute(6, 1) = 1024
arrFileAttribute(7, 0) = "Compressed"
arrFileAttribute(7, 1) = 2048
' -- Umwandlung
fileatt_to_string = get_from_array_mult(att, arrFileAttribute)
End Function
```

Listing 5.34: Diese Hilfsroutine liefert die Fileattribute als String. [fileatt_to_string.wsf]

Neu in Version 5.1 war eine Funktion zur Ermittlung der Dateiversionen.   **Dateiversion**

```
Dim FSO ' As Scripting.FileSystemObject
Dim strSystemFolder ' As String
Set FSO = CreateObject("Scripting.FileSystemObject")
strSystemFolder = FSO.GetSpecialFolder(1)
say FSO.GetFileVersion(strSystemFolder & "\scrrun.dll")
```

Listing 5.35: Mit diesem Skript ermittelt FSO selbst seine eigene Version. `GetSpecialFolder(1)` *liefert den Pfad zum System-Verzeichnis. [fso_filevers.wsf]*

GetSpecialFolder() kennt als weitere mögliche Parameter nur den Windows-Ordner (0) und den Temp-Ordner (2). GetFileVersion() liefert keine Fehlermeldung, sondern einen Leerstring zurück, wenn die Datei nicht existiert.

5.2.2.4 Dateisystemoperationen

Dateisystemoperationen wie Kopieren, Verschieben oder Löschen sind einerseits auf der Ebene des FileSystemObject, andererseits auf der Ebene der File- bzw. Folder-Klasse möglich. Sowohl die Klasse File als auch die Klasse Folder stellt die Methoden Copy(), Move() und Delete() bereit. Die FileSystemObject-Klasse bietet die Methoden CopyFile(), CopyFolder(), MoveFile(), MoveFolder(), DeleteFile() und DeleteFolder() an.   **Veränderungen**

Aufgabe	Verfügbare Methoden
Ordner erstellen	FileSystemObject.CreateFolder(Pfad)
Ordner löschen	Folder.Delete([Erzwingen]) **oder** FileSystemObject.DeleteFolder(Pfad,[Erzwingen])

Tabelle 5.11: Methoden für Ordner-Operatoren

COM-Komponenten

Aufgabe	Verfügbare Methoden
Ordner verschieben	Folder.Move(Ziel) **oder** FileSystemObject.MoveFolder(Quelle,Ziel)
Ordner kopieren	Folder.Copy(Ziel,Überschreiben) **oder** FileSystemObject.CopyFolder(Quelle,Ziel)

Tabelle 5.12: Methoden für Datei-Operatoren

Aufgabe	Verfügbare Methoden
Datei verschieben	File.Delete([Erzwingen]) **oder** FileSystemObject.DeleteFile(Pfad,[Erzwingen])
Datei kopieren	File.Move(Ziel) **oder** FileSystemObject.MoveFile(Quelle,Ziel)
Datei löschen	File.Copy(Ziel,Überschreiben) **oder** FileSystemObject.CopyFile(Quelle,Ziel)

Operationen in der File- und Folder-Klasse

Delete() Das folgende Skript nutzt die Delete()-Methode der File-Klasse, um alle Dateien mit den Extensionen .HTM und .HTML aus C:\TEMP zu löschen.

```
Dim FSO      ' As Scripting.FileSystemObject
Dim oFile    ' As Scripting.File
Dim oFolder  ' As Scripting.Folder
' -- FSO erzeugen
Set FSO = CreateObject("Scripting.FileSystemObject")
' -- Bindung Ordner
Set oFolder = FSO.GetFolder("c:\temp")
' -- Iteration
For Each oFile In oFolder.Files
    If UCase(Right(oFile.Name, 4)) = ".HTM" _
    Or UCase(Right(oFile.Name, 5)) = ".HTML" Then ' Löschen
        say "Loesche " & oFile.Name
        oFile.Delete
    End If
Next
```

Listing 5.36: Löschen aller HTML-Dateien in c:\temp *[fso_selektivesLoeschen.wsf]*

Operationen in der FileSystemObject-Klasse

Ordner und Dateien kopieren, verschieben und löschen

In dem folgenden Skript wird eine Instanz von FileSystemObject verwendet, um verschiedene Dateisystemoperationen auszuführen. Ergebnis dieses Skripts ist, dass eine Kopie der Datei auf der Buch-CD mitgelieferten TEXT.TXT unter einem zufälligen Namen in C:\TEMP liegt. Die Parameter der eingesetzten Methoden bedürfen keiner näheren Erklärung, da – wie in DOS-Befehlen – der erste Parameter stets die Quelle und der zweite Parameter stets das Ziel ist. Die Methode GetTempName() erzeugt einen zufälligen Namen für eine temporäre Datei in 8.3-Form.

```
Dim FSO   ' As Scripting.FileSystemObject
Dim temp  ' As String
Const ziel = "d:\buch\docs_kopie"
' --- FSO erzeugen
Set FSO = CreateObject("Scripting.FileSystemObject")
If Not FSO.FolderExists("d:\buch\docs") Then
    say "Testumgebung zu diesem Buch existiert nicht!"
    Exit Sub
End If
' --- Ausführung von Dateisystemoperationen
say "Kopiere Verzeichnis..."
FSO.CopyFolder "d:\buch\docs", ziel
temp = FSO.GetTempName
say "Kopie Datei in neue temporäre Datei: " & temp
FSO.CopyFile ziel & "\test.txt", ziel & "\" & temp
say "Verschiebe Datei in nach c:\temp"
FSO.MoveFile ziel & "\" & temp, "c:\temp\"
say "Lösche Ordnerkopie"
FSO.DeleteFolder ziel
End Sub
```

Listing 5.37: Ausführung von Dateisystemoperationen mit der FSO-Stammklasse [FSO_operationen.wsf]

5.2.3 Arbeit mit Textstreams

Die Scripting Runtime-Komponente ermöglicht die Bearbeitung von Textdateien über eine so genannte TextStream-Klasse. Diese Klasse wird in der Regel als Teil der FSO angesehen, besitzt aber keinen statistischen Link (also einen Link über ein Attribut) zu einer anderen Klasse von FSO und hat inzwischen auch Aufgaben außerhalb des Dateisystems. Eine TextStream-Klasse repräsentiert eine geöffnete Textdatei. Es ist zwar möglich, binäre Dateien zu öffnen, es gibt jedoch in FSO keine Verfahren, um binäre Dateien korrekt zu verarbeiten.

Zugriff auf Textdateien

Seit Version 5.1 der Scripting Runtime Library gibt es ein weiteres Einsatzgebiet der Textstream-Klasse. Auch die Standardein- und Standardausgabe werden über TextStream-Objekte repräsentiert. Dies macht sich auch der Windows Scripting Host in seinem Intrinsic Object WScript zu Nutze.

Standardein- und Standardausgabe

> Eine Textdatei ist eine Datei, in der nur gültige ASCII-Zeichen und ASCII-Steuercodes enthalten sind, so dass eine Textdatei mit einem Texteditor lesbar und veränderbar ist. Als Alternative zum ASCII-Zeichensatz können Textdateien inzwischen auch den neueren Unicode enthalten.
>
> Eine binäre Datei hingegen kann alle möglichen Bytewerte enthalten, auch solche, die auf dem Bildschirm nicht als Zeichen oder Formatierung darstellbar sind.

Wege zu einem Textstream

Es gibt vier Möglichkeiten, ein Textstream-Objekt zu erhalten:

1. Mit der Methode OpenTextFile() auf der Ebene der FileSystemObject-Klasse kann eine Datei direkt über ihren Pfad geöffnet werden.

    OpenTextFile(FileName As String, [IOMode As IOMode = ForReading], [Create As Boolean = False], [Format As Tristate = TristateFalse]) As TextStream

OpenTextFile()

CreateText- File()	2. Auf der Ebene der FSO-Stammklasse steht mit CreateTextFile() ebenso eine Möglichkeit zur Verfügung, eine neue Textdatei zu erzeugen. `CreateTextFile(FileName As String, [Overwrite As Boolean = True], [Unicode As Boolean = False]) As TextStream`
OpenAsText- Stream()	3. Die File-Klasse bietet mit OpenAsTextStream() eine Möglichkeit an, eine Datei, die bereits in Form eines File-Objekts im Zugriff ist, als Textdatei zu öffnen. `OpenAsTextStream([IOMode As IOMode = ForReading], [Format As Tristate = TristateFalse]) As TextStream`
GetStandard- Stream()	4. Die Methode GetStandardStream(Typ) in der FileSystemObject-Klasse liefert ein Textstream-Objekt für die Standardeingabe (Typ = 0), Standardausgabe (1) und Standardfehlerausgabe (2).

OpenTextFile() und CreateTextFile() erwarten als Pflichtparameter einen Dateinamen. Bei OpenAsTextStream() ist die Angabe eines Dateinamens nicht notwendig. Dieser ist bereits durch das File-Objekt, auf dem die Methode ausgeführt wird, spezifiziert. Die Angabe, in welchem Modus die Datei geöffnet werden soll, ist immer optional. Standard ist ForWriting (vgl. Tabelle).

Tabelle 5.13: Konstanten für Tristate

Symbolische Konstante	Numerische Konstante	Erläuterung
TristateTrue	-1	Unicode-Datei
TristateFalse	0	ASCII-Datei
TristateUseDefault	-2	Verwendung der Standardeinstellung des Systems

Parameter Mit dem Parameter Create kann bestimmt werden, ob die Datei erzeugt werden soll, wenn sie nicht existiert. Der Standardwert ist False: Wenn die angegebene Datei nicht existiert, kommt es zu einer Fehlermeldung. Beim Wert True wird die Datei erzeugt – allerdings wirklich nur dann, wenn es sie noch nicht gibt. Die Frage, ob die Datei existiert, stellt sich bei OpenAsTextStream() nicht, da über das File-Objekt ja bereits ein Zugriff darauf besteht.

Der Modus ForAppending funktioniert also auch dann korrekt und lässt den bisherigen Inhalt bestehen, wenn Create auf True gesetzt ist. Mit dem Parameter Tristate kann zwischen ASCII- und Unicode-Dateien unterschieden werden.

Während der ASCII-Zeichensatz auf einer 8-Bit-Darstellung beruht, verwendet Unicode 16 Bit. Mit Unicode können daher wesentlich mehr Sonderzeichen eindeutig dargestellt werden. Unicode-Dateien sind nicht in allen Texteditoren darstellbar. Der Microsoft Notepad unterstützt nur ASCII. Microsoft Visual InterDev kann jedoch auch Unicode-Dateien verarbeiten.

Tabelle 5.14: Konstanten für IOMode

Symbolische Konstante	Numerische Konstante	Erläuterung
ForReading	1	Datei lesen
ForWriting	2	Datei lesen und schreiben
ForAppending	8	An Datei anfügen

Verarbeitung von Textdateien

Die `TextStream`-Klasse stellt Methoden bereit, um **Features**

- ein Zeichen aus Textdateien zu lesen
- ein Zeichen in Textdateien zu schreiben
- die aktuelle Position im Textfile zu ermitteln und zu verändern

Dem Auslesen dienen die nachfolgenden Funktionen, die alle einen String zurückliefern: **Lesen**

- `Function ReadAll()`
- `Function ReadLine()`
- `Function Read(Characters As Long)`

`ReadAll()` liest die komplette Textdatei in einen String ein, `ReadLine()` dagegen nur eine Zeile. Noch feiner granuliert werden kann das Einlesen mit `Read()`: Der Parameter `Characters` bestimmt die Anzahl der nächsten n Zeichen, die eingelesen werden sollen.

Analog zu den Lese-Methoden gibt es Methoden für den Schreibzugriff. **Schreiben**

- Sub Write(Text As String)
- Sub WriteLine([Text As String])
- Sub WriteBlankLines(Lines As Long)

Es ist möglich, eine Textdatei zeilenweise (`WriteLine()`) oder zeichenweise (`Write()`) zu schreiben. Es gibt jedoch keine explizite Methode, um eine komplette Textdatei mit Hilfe eines Methodenaufrufs zu speichern. `WriteBankLines()` schreibt eine beliebige Anzahl von Leerzeilen. Das folgende Skript schreibt die Buchstaben des deutschen Alphabets (a bis z) in eine Zeile einer Textdatei. Würde `Write()` durch `WriteLine()` ersetzt, stände jeder Buchstabe in einer eigenen Zeile.

```
Dim FSO 'As Scripting.FileSystemObject
Dim oTX ' As Scripting.TextStream
Dim a ' As Byte
Set FSO = CreateObject("Scripting.FileSystemObject")
Set oTX = FSO.OpenTextFile("d:\buch\docs\alphabet.txt", ForWriting,- True,
TristateUseDefault)
For a = 1 To 26
    oTX.Write Chr(96 + a)
Next
oTX.Close
```

Listing 5.38: Schreiben der Buchstaben von a bis z in eine Datei [fsotx_writeletters.wsf]

```
Dim FSO 'As Scripting.FileSystemObject
Dim oTX ' As Scripting.TextStream
Set FSO = CreateObject("Scripting.FileSystemObject")
Set oTX = FSO.OpenTextFile("d:\buch\docs\append.txt", ForAppending, True,-
TristateTrue)
oTX.Writeline "Letzter Eintrag am " & Now
oTX.Close
```

Listing 5.39: Anhängen einer Textzeile an eine bestehende Datei [fsotx_append.wsf]

Positionsbestimmung

Sehr wichtig für den Zugriff (insbesondere beim Lesen) ist die Bestimmung der aktuellen Position innerhalb der Datei. Alle vier nachfolgend genannten Eigenschaften sind read-only. Sie können also nicht benutzt werden, um die Position innerhalb der Datei zu verändern.

Column und Line Column und Line geben die Spalte bzw. Zeile an, in der sich der virtuelle Cursor des Textstream-Objekts befindet. Es ist immer die Position, an der als nächstes gelesen oder geschrieben werden würde. Die Zählung beginnt bei 1. Eine neu geöffnete Datei steht also bei Column = 1 und Line = 1.

AtEndOf Mit AtEndOfLine und AtEndOfStream (beide liefern nur *True* oder *False*) kann bestimmt werden, ob das Ende der Zeile oder gar das Ende der Datei erreicht ist.

```
Dim FSO 'As Scripting.FileSystemObject
Dim oTX ' As Scripting.TextStream
Set FSO = CreateObject("Scripting.FileSystemObject")
Set oTX = FSO.OpenTextFile("d:\buch\docs\test.txt", ForReading, True, _
TristateUseDefault)
Do While Not oTX.AtEndOfLine
    say oTX.Read(1)
Loop
oTX.Close
```

Listing 5.40: Das Skript zeigt, wie eine komplette Zeile zeichenweise ausgelesen werden kann. [fsotx_readletters.wsf]

AtEndOfStream muss immer dann verwendet werden, wenn man nicht vorher schon ganz genau weiß, wie lang die Textdatei ist. Um alle Zeilen einer Textdatei auszugeben, müssen Sie in Listing 5.35 nur die Schleife ersetzen:

```
Do While Not oTX.AtEndOfStream
    say oTX.ReadLine
Loop
```

Listing 5.41: Schleife zur Iteration über alle Zeilen einer Textdatei

Positionsveränderung

Positionsveränderung Die Position des Cursors ändert sich mit jedem Schreib- und Lesezugriff. Sie kann auch durch zwei Skip()-Methoden beeinflusst werden, jedoch nur in eine Richtung: zum Dateiende hin. Eine Rückwärtsbewegung erlaubt Textstream leider nicht.

Skip() und SkipLine() Skip(lngCharacters) setzt den Cursor n Zeichen nach vorne. Ein negativer Wert für lngCharacters (was einer Rückwärtsbewegung gleichkäme) ist nicht erlaubt. SkipLine() überspringt alle Zeichen bis zum Ende der Zeile. Leider kann man hier nicht angeben, dass mehrere Zeilen zugleich übersprungen werden sollen. Dies muss der Skriptprogrammierer über eine Schleife, die SkipLine() n-fach aufruft, nachbilden.

5.3 Scripting Password-Komponente

Wenn Sie administrative Skripte schreiben, die eine Kennworteingabe verlangen (entweder weil eine Impersonifizierung für eine bestimmte Operation stattfinden soll oder weil ein Kennwort für das Skript abgefragt werden soll), dann ist es geboten, das Kennwort bei der Eingabe unsichtbar zu machen.

Versteckte Kennworteingabe

In DHTML- und HTA-Skripten können Sie dazu das HTML-Tag `<Input type="hidden">` verwenden (vgl. Kapitel 4). Eine solche Option gibt es für den Visual Basic-Befehl `Input Box()` leider nicht. Für WSH-Skripte kann man aber die kleine Komponente *SCRIPTPWLib* verwenden, die eine versteckte Kennworteingabe im DOS-Fenster ermöglicht. Die *SCRIPTPWLib* bietet genau eine Klasse (`ScriptPW.Password`) mit genau einer Methode: `GetPassword()`. `GetPassword()` liest eine Zeile (die mit dem Druck auf die Return-Taste beendet werden muss) von der Standardeingabe ein. Die gedrückten Tasten werden dabei (anders als bei `WScript.StdIn.Readline()`) aber nicht ausgegeben.

ScriptPW. Password

```
Set objPW = CreateObject("ScriptPW.Password")
wscript.StdOut.Write "Bitte geben Sie das Kennwort ein: (Die eingegebenen Tasten
 werden nicht angezeigt. Beenden Sie die Eingabe mit RETURN)"
kennwort = objPW.GetPassword()
Wscript.echo chr(13)
if kennwort = "Cemile" then
    wscript.echo "Das Kennwort ist richtig!"
else
    wscript.echo "Das Kennwort ist falsch!"
end if
```

Listing 5.42: Versteckte Passworteingabe [_VersecktePasswortEingabe.vbs]

Name und Abkürzung	Scripting Password Library
Name der Komponentendatei	ScriptPW.DLL
Interner Name der Typbibliothek	ScriptPWLib
Helpstring der Typbibliothek	ScriptPW 1.0 Type Library
Hersteller	Microsoft
Lizenzierung	Bestandteil des Betriebssystems
Besprochene Version	5.2.3663
Windows XP	Version 1.0.0.1 enthalten
Windows .NET Server (RC1)	Version 5.2.3663 enthalten
Andere Windows-Version	Komponente kann manuell registriert werden
Position der Original-Dokumentation in der MSDN-Library	Keine Dokumentation

Tabelle 5.15: Schnellinfo

Die SCRIPTPWLib wird mit Windows XP und Windows .NET Server ausgeliefert. Sie können die Komponentendatei *ScriptPW.dll* aber dort klauen und auf anderen Betriebssystemen registrieren.

5.4 Microsoft Shell Objects

Shell Objects for Scripting

Die Microsoft Shell Objects-Komponente (in der MSDN Library auch *Scriptable Shell Objects* und *Shell Objects for Scripting and Visual Basic* genannt) ist eine COM-Komponente, die sich mit dem Internet Explorer (ab Version 4.0) auf einen Rechner schleicht. In Windows 98 und Windows 2000 gehört die Komponente daher natürlich zum Standard.

Die Shell Objects stellen Funktionen des Windows Explorers und der Windows-Taskleiste bereit und sind aus diesem Grunde eng verzahnt mit den *Microsoft Internet Controls* (SHDOCVW.DLL), siehe nächstes Kapitel.

Tabelle 5.16: Schnellinfo Microsoft Shell Objects

Name und Abkürzung	Microsoft Shell Objects
Name der Komponentendatei	SHELL32.DLL
Interner Name der Typbibliothek	Shell32
Helpstring der Typbibliothek	Microsoft Shell Controls And Automation
Abweichende ProgID	Shell
Hersteller	Microsoft
Lizenzierung	Teil des kostenlosen Internet Explorers
Besprochene Version	6.0.3663.0
NT 4 und Windows 9x	Installation Internet Explorer 6.0
Windows 2000	Installation Internet Explorer 6.0
Windows XP	Version 6.0.2600.0 enthalten
Windows .NET Server (RC1)	Version 6.0.3663.0 enthalten
Position der Original-Dokumentation in der MSDN-Library	User Interface Design and Development|Windows Shell|Shell Reference|Shell Objects for Scripting and Microsoft Visual Basic

Funktionsüberblick

Features Zentrale Funktionen der Shell Objects sind der Zugriff auf:

- aktive Datei- und Internet Explorer-Fenster, inkl. der dargestellten Ordner und markierten Einträge
- Start von Datei- und Internet Explorer-Fenstern sowie Start von Standarddialogen des Explorers
- Funktionen der Taskleiste (Fenster anordnen, minimieren, Eigenschaftsfenster der Taskleiste etc.)
- Standarddialoge des Startmenüs (Ordner suchen, Ausführen, Windows beenden, Suche nach Dateien, Eigenschaften von Datum/Uhrzeit, Favoriten hinzufügen etc.)
- Start von Taskleistenanwendungen (.CPL-Dateien)
- Ordner und Dateien
- Kontextmenüs von Ordnern und Dateien (inkl. der Möglichkeit, die Einträge zu aktivieren)

Microsoft Shell Objects

▶ erweiterte Dateiattribute

▶ Lesen und Bearbeiten von Dateiverknüpfungen (auch mit WSH-Objekten möglich). Im Gegensatz zu den WSH-Objekten besteht auch die Möglichkeit, nach dem Ziel einer gebrochenen Verknüpfung zu suchen.

Viele dieser Funktionen werden auch durch die File System Objects (FSO) aus der Scripting Runtime-Komponente bereitgestellt. Die Implementierungen sind jedoch keineswegs identisch oder kompatibel. Die Shell Objects bieten nicht alle Funktionen der FSO, gehen jedoch in anderen Aspekten über die FSO hinaus.

Vergleich zu FSO

> Laut MSDN Library [MSDN: Shellcc.chm::/shellcc/Shell/Objects/DiskQuotaControl/DiskQuotaControl.htm] sollen die Shell Objects in Version 5.0 auch zwei Klassen `DiskQuotaControl` und `DIDiskQuotaUser` zur Verwaltung des Quota-Managements besitzen. Diese Klassen sind jedoch in Wirklichkeit in der *Microsoft Disk Quota-Komponente* (DSKQUOTA.DLL) implementiert.

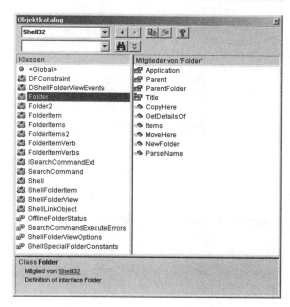

Abbildung 5.11: Ansicht der Klasse »Folder« im VB6-Objektkatalog

5.4.1 Objektmodell der Shell Objects

Die nächsten Abbildungen zeigen das Objektmodell. Stammklasse ist `Shell32.Shell`, die in der Registry als »shell.application« registriert ist. Das Objektmodell spiegelt die enge Verzahnung mit den *Internet Explorer-Objekten* wider: Die `ShellWindows`-Collection, die durch die Methode `Windows()` (wirklich eine Methode und kein Attribut) erreicht wird, wird nicht durch die Shell Objects, sondern durch die *Microsoft Internet Controls* (SHDOCVW.DLL) implementiert, ebenso wie die Klasse `WebBrowser` (ein `ShellWindows`-Objekt enthält n `WebBrowser`-Objekte). Ein `WebBrowser`-Objekt stellt entweder eine HTML-Seite oder einen Verzeichnisbaum dar. Im ersten Fall verweist das Attribut `Document` auf ein `HTMLDocument`

Objektmodell

453

(das wiederum aus einer anderen Komponente, nämlich *MSHTML* kommt). Im zweiten Fall führt der Weg zurück in die *Shell Objects*-Komponente und liefert ein `ShellFolderView`-Objekt. Das Objekt enthält einen Verweis auf den aktuell geöffneten Ordner und den aktuell markierten Eintrag.

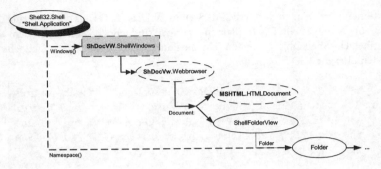

Abbildung 5.12:
Teil 1 des Objektmodells der Shell Objects

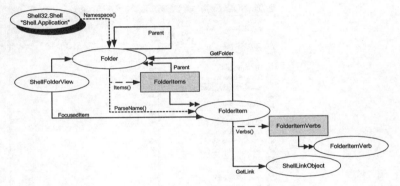

Abbildung 5.13:
Teil 2 des Objektmodells der Shell Objects

Der zuvor geschilderte Weg führt über die geöffneten Explorer-Fenster. Wer nur im Hintergrund unsichtbar auf Ordner zugreifen will, ist besser bedient, wenn er sich über die `Namespace()`-Methode der `Shell`-Klasse direkt einen Zeiger auf ein `Folder`-Objekt besorgt.

Folder und FolderItem Darunter ist das Objektmodell dann wieder etwas geradliniger, wenn auch nicht bis ins Letzte konsequent. Ein `Folder`-Objekt enthält `FolderItems`, wobei ein `FolderItem` ein Ordner oder eine Datei sein kann.

Die Shell Objects vollziehen also nicht die strikte Trennung in eine `File`- und eine `Folder`-Klasse wie FSO. Wenn ein `FolderItem` ein Ordner ist, führt das Attribut `GetFolder` zu einem `Folder`-Objekt; falls eine Datei eine Dateiverknüpfung ist, wird dafür ein `ShellLinkObject` bereitgestellt. Ein `FolderItem` enthält die Menge der verfügbaren Kontextmenüeinträge in Form einer `FolderItemVerbs`-Collection.

> Die Benennung der Attribute und Methoden in den Shell Objects ist zum Teil unglücklich gewählt, so dass ein intuitives Verständnis des Objektmodells nicht immer einfach ist.

5.4.2 Arbeit mit Explorer-Fenstern

Das erste Beispiel zeigt, wie Sie mit den *Shell Objects* in Zusammenarbeit mit den *Internet Explorer-Objekten* die geöffneten Explorer-Fenster (sowohl die Internet Explorer- als auch die Windows Explorer-Fenster, die ja im Zuge des Internet Explorers 4.0 miteinander verschmolzen sind) auflisten können. Die Unterscheidung ist anhand des Klassennamens des Objekts möglich, auf das das Document-Attribut des Webbrowsers verweist.

Liste aller Explorer-Fenster

```
Dim SH ' As Shell32.shell
Dim w ' As SHDocVw.WebBrowser_V1
Dim ww ' As SHDocVw.ShellWindows
Set SH = CreateObject("shell.application")
say "Liste der geöffneten Explorer-Fenster:"
' -- Zugriff auf alle geöffneten Explorer-Fenster
Set ww = SH.Windows
' -- Iteration über alle Fenster
For Each w In ww
    ' -- Unterscheiden nach Browser-Typ
    If TypeName(w.Document) = "HTMLDocument" Then
        say "IE: " & w.LocationURL
    Else
        say "Dateiexplorer: " & w.LocationURL & " (" & _
        w.Document.ViewOptions & ")"
    End If
Next
```

Listing 5.43: Liste aller geöffneten Web- und Windows Explorer-Fenster [shell_openWindows.wsf]

Die Ausgabe könnte so aussehen:

```
Liste der geöffneten Explorer-Fenster:
IE: http://sonne
Dateiexplorer: file:///D:/buch (131)
Dateiexplorer: file:///C:/ (131)
```

Die Zahlen in Klammern repräsentieren die ViewOptions, die sich aus den nachfolgenden Konstanten zusammensetzen. Die ViewOptions sind leider nicht beschreibbar.

ViewOptions

```
CONST SFVVO_SHOWALLOBJECTS = 1
CONST SFVVO_SHOWEXTENSIONS = 2
CONST SFVVO_SHOWCOMPCOLOR = 8
CONST SFVVO_SHOWSYSFILES = 32
CONST SFVVO_WIN95CLASSIC = 64
CONST SFVVO_DOUBLECLICKINWEBVIEW = 128
CONST SFVVO_DESKTOPHTML = 512
```

Listing 5.44: Konstanten für ShellFolderViewOptions [CD: /konstantenlisten/komponenten/shell/viewoptions.txt]

Browser- und Explorer-Fenster öffnen

Natürlich ist es möglich, ein neues Browserfenster zu öffnen. Der Unterschied zwischen Open() und Explore() liegt darin, dass bei Open() die Ordnerleiste nicht geöffnet wird. Natürlich können (auf Grund der Verschmelzung von Internet Explorer und Windows Explorer) auch beliebige andere gültige (Internet-)Protokolle angegeben werden.

FensterIn

COM-Komponenten

```
Dim SH ' As Shell32.shell
Set SH = CreateObject("shell.application")
' -- Explorer ohne Ordnerleiste
SH.Open "d:\buch"
' -- Explorer mit Ordnerleiste
SH.Explore "d:\buch"
' -- Explorer mit Webseite
SH.Open "http://sonne"
' -- Verzeichnisdienstbrowser
SH.Open "LDAP://sonne"
' - Netzwerkumgebung anzeigen
SH.Explore 18' Eine ShellSpecialFolder-Konstante
' -- Alle minimieren
SH.MinimizeAll
' -- Computer-Suchen Dialog
SH.FindComputer
```

Listing 5.45: Vielfältige Möglichkeiten für neue Explorer-Fenster [shell_newWindows.wsf]

Shell-Klasse Die Shell-Klasse ist auch der Anbieter des Zugriffs auf die Taskleiste. Die folgende Tabelle zeigt alle Methoden dieser Klasse.

Tabelle 5.17: Methoden der Shell-Klasse

Methode	Erläuterung
NameSpace(Verzeichnis)	Liefert ein Folder-Objekt auf das gewünschte Verzeichnis
BrowseForFolder (FensterHandle, Titel, Options, StartOrdner)	Zeigt den Standarddialog ORDNER SUCHEN. Dabei werden der angegebene Titel und der Startordner verwendet. Die anderen Parameter können auf 0 gesetzt werden.
Windows()	Liefert einen Zeiger auf eine ShellWindows-Collection
Open(Verzeichnis)	Öffnet ein Explorer-Fenster ohne Ordneransicht
Explore(Verzeichnis)	Öffnet ein Explorer-Fenster mit Ordneransicht
MinimizeAll()	Minimiert alle Fenster
UndoMinimizeALL()	Entspricht Alle minimieren rückgängig machen
FileRun()	Standarddialog AUSFÜHREN aus dem Startmenü
CascadeWindows()	Überlappende Anordnung aller Fenster
TileVertically()	Anordnung UNTEREINANDER für alle Fenster
TileHorizontally()	Anordnung NEBENEINANDER für alle Fenster
ShutdownWindows()	Standarddialog WINDOWS BEENDEN aus dem Startmenü
Suspend()	Computer, die einen Suspend-Mode unterstützen, werden schlafen geschickt.
EjectPC()	Auswurf aus einer Docking-Station (sofern von der Hardware unterstützt)
SetTime()	Standarddialog EIGENSCHAFTEN VON DATUM/UHRZEIT aus dem Startmenü
TrayProperties()	Eigenschaftsdialog der Taskleiste zeigen

Microsoft Shell Objects

Methode	Erläuterung
Help()	Windows-Hilfe
FindFiles()	Standarddialog DATEI SUCHEN aus dem Startmenü
FindComputer()	Standarddialog COMPUTER SUCHEN aus dem Startmenü
RefreshMenu()	Neuaufbau des Startmenüs
ControlPanelItem (cpldatei)	Start einer Taskleistenanwendung

Sofern ein Verzeichnis als Parameter erwartet wird (z.B. bei Namespace(), Open(), Execute()) kann als Alternative zu einem Pfad auch eine Konstante für einen besonderen Ordner des Dateisystems angegeben werden. Sie finden diese umfangreiche Konstantenliste auf der CD in der Datei /KONSTANTENLISTEN/KOMPONENTEN/SHELL/SONDERORDNER.TXT.

Die Methoden Namespace() und BrowseForFolder() erzeugen keine Fehlermeldungen:

- Namespace() liefert *Nothing* zurück, wenn der Ordner nicht existiert.
- BrowseForFolder() startet beim Arbeitsplatz, wenn der Startpfad nicht existiert.
- Wenn der Benutzer den ORDNER ÖFFNEN-Dialog abbricht, liefert BrowseForFolder() den Wert *Nothing* zurück.

Das Beispiel zeigt den letzten Punkt:

```
Dim SH ' As Shell32.Shell
Dim FO ' As Shell32.folder
Const start = "d:\buch"
Set SH = CreateObject("shell.application")
' -- Dialog "Ordner wählen"
Set FO = SH.BrowseForFolder(0, "Bitte Ordner wählen", 0, start)
' -- Auswertung des Rückgabewerts
If FO Is Nothing Then
    MsgBox "Kein Ordner gewählt!"
Else
    MsgBox "Installation startet in..." & start & FO.Title
End If
```

Listing 5.46: Den Benutzer zur Ordnerauswahl auffordern mit BrowseForFolder() *[shell_BrowseForFolder.wsf]*

5.4.3 Arbeit mit Ordnern und Dateien

Die nachfolgende Routine listet alle Dateien und Unterordner eines angegebenen Pfads auf. Dabei werden alle Dateiattribute und die Kontextmenüeinträge ebenfalls ausgegeben. Die Routine bedient sich zweier Unterprogramme, list_attribs() und list_verbs(), die im Anschluss erklärt werden. Die Trennung zwischen Ordnern, Dateien und Verknüpfungen erfolgt mit Hilfe der Attribute IsFolder und IsLink. Eine Dateiverknüpfung sind auch Dateien – selbst dann, wenn das Ziel der Verknüpfung ein Ordner ist.

Ordner und Dateien

```
Dim SH ' Shell32.Shell
Dim FO ' Shell32.Folder
Dim fi ' Shell32.FolderItem
```

```
Const strFO = "d:\buch "
Set SH = CreateObject("shell.application")
say "---- Inhalt des Ordners " & strFO
' --  Zugriff auf Ordner
Set FO = SH.NameSpace(strFO)
' Liefert im Fehlerfall Nothing!
If FO Is Nothing Then
    MsgBox "Pfad nicht gefunden!"
Else
    say "-- Ordner:"
    ' -- Iteration über alle Items (zuerst die Ordner!)
    For Each fi In FO.Items
        If fi.IsFolder Then
            say fi.Name
            list_attribs FO, fi
            list_verbs fi
        End If
    Next
    say "-- Dateien:"
    ' -- Iteration über alle Items
    For Each fi In FO.Items
        If Not fi.IsFolder Then
            ' -- Unterscheidung zwischen Dateien und Links
            If fi.IsLink Then
                say "Verknüpfung " & fi.Name
            Else
                say "Datei " & fi.Name
            End If
            list_attribs FO, fi
            list_verbs fi
        End If
    Next
End If
```

Listing 5.47: Dieses Skript gibt alle Dateien und Unterverzeichnisse getrennt aus und liefert zudem detaillierte Informationen zu jedem Eintrag. [shell_ordner.wsf]

Zugriff auf Dateieigenschaften

GetDetailsOf() Die Methode `GetDetailsOf()` ist auf der Ebene der `Folder`-Klasse angesiedelt und übergibt ohne Angabe eines `FolderItem`-Objekts den Namen der Eigenschaft und unter Angabe eines entsprechenden Objektverweises den konkreten Wert der Eigenschaft für das angegebene Objekt. Leider können die Eigenschaften mit diesem Verfahren nicht über ihren Namen, sondern nur über die laufende Spaltennummer in der Standard-Ordneransicht angesprochen werden. Die übliche Belegung ist somit:

```
Const DetailName = 0
Const DetailSize = 1
Const DetailType = 2
Const DetailLastMod = 3
Const DetailAttrib = 4
Const DetailTip = -1
```

Listing 5.48: Konstanten für Spaltennamen

Microsoft Shell Objects

Die Schleife in `list_attribs()` durchläuft daher die Werte von -1 bis 4. -1 ist der Inhalt des Tooltips, der bei einigen Dateitypen (z.B. Microsoft Office-Dokumenten) angezeigt wird. Dadurch besteht z.B. Zugriff auf die Informationen Autor, Titel und Betreff.

```
Sub list_attribs(fo, fi)
Dim i, eigenschaft, wert
' --- Alle fünf Attribute ausgeben
For i = -1 To 4
 eigenschaft = fo.GetDetailsOf(, i)
 wert = fo.GetDetailsOf(fi, i)
 say i & ": " & eigenschaft & "=" & wert
Next
End Sub
```

Listing 5.49: `list_attribs` *listet alle Attribute eines* `FolderItem`*-Objekts auf.*

Kontextmenüeinträge

Zugriff auf die Kontextmenüeinträge gibt die `Verbs`-Collection. `list_verbs()` listet alle **Verbs** Kontextmenüeinträge eines übergebenen `FolderItem`-Objekts.

```
Sub list_verbs(fi)
Dim v ' As Shell32.FolderItemVerb
' -- Iteration über alle Kontextmenüeinträge
For Each v In fi.Verbs
    say "- " & v.Name
Next
End Sub
```

Listing 5.50: `list_verb()` *listet alle Kontextmenüeinträge eines* `FolderItem`*-Objekts.*

Leider gibt es in der Version 4.71 der Komponente einen Fehler in der `IDispatch`-Schnittstelle der `FolderItemVerb`-Klasse, so dass spätes Binden und damit die Verwendung in Skriptsprachen nicht möglich ist. Möglich ist in Skripten aber ein Aufruf mit der Methode `DoIt()` in der Klasse `FolterItemVerb` oder durch `InvokeVerb(verbname)` in der Klasse `FolderItem`. `InvokeVerb()` würde das Standard-Verb ausführen.

Das letzte Beispiel zeigt einen direkten Zugriff auf eine Word-Datei in einem Verzeichnis und das Ausführen des Kontextmenüeintrags DRUCKEN.

```
Dim SH ' Shell32.Shell
Dim FO ' Shell32.folder
Dim FI ' Shell32.FolderItem
Const strFO = "d:\buch\docs"
Set SH = CreateObject("shell.application")
' -- Zugriff auf Ordner
Set FO = SH.NameSpace(strFO) ' Liefert im Fehlerfall Nothing!
Set FI = FO.ParseName("test.doc")
say FI.Name & " wurde zuletzt geändert am " & FI.ModifyDate
' -- Standardeintrag ausführen
FI.InvokeVerb "&Drucken"
```

Listing 5.51: Drucken einer Word-Datei über ein Verb [SHELL_InvokeVerb.wsf]

Inkompatibilität mit FSO

»Scripting.Folder« versus »Shell32.Folder«

Die Klasse Folder aus den *File System Objects* und die namensgleiche Klasse Folder aus den *Shell Objects* besitzen keine gemeinsame Schnittstelle. Eine direkte Zuweisung von Zeigern ist also nicht möglich. Die Synchronisation muss über den Pfadnamen erfolgen. Leider kann anhand eines konkreten Objekts nur auf Basis von Try&Fail festgestellt werden, welche Klasse vorliegt, da TypeName() in beiden Fällen nur »Folder« liefert.

```
Set SH = CreateObject("Shell.Application")
Set FSO = CreateObject("Scripting.FileSystemObject")
' -- FO1 ist ein Scripting.Folder
Set fo1 = FSO.GetFolder("c:\")
say TypeName(fo1)     ' Ergibt "Folder"
' ...
' -- Abbildung auf einen Shell32.Folder
Set fo2 = SH.NameSpace(fo1.Path)
say TypeName(fo2)     ' Ergibt "Folder"
```

Listing 5.52: *Vergleich der Folderobjekte [shell_ShellUndFSO.wsf]*

5.5 Microsoft Internet Controls

Internet Explorer-Komponente

Der Name *Microsoft Internet Controls* lässt vermuten, dass diese Komponente alle möglichen Funktionen für die Arbeit im Internet bereitstellt. Dem ist aber nicht so: Die Internet Controls beschränken sich auf Funktionen des Internet Explorer-Webbrowsers; in der MSDN Library heißt die Komponente daher auch *Webbrowser Control*. Das »Controls« im Namen der Komponente erklärt sich damit, dass diese Komponente auch ein ActiveX-Steuerelement ist, nämlich genau jenes, mit dem man ein Internet Explorer-Fenster in eigene ActiveX-Container einbinden kann, also Anwendungen schreiben kann, die einen Webbrowser enthalten.

Verzahnung

Die Controls sind aber auch als nichtvisuelle Automatisierungskomponente nutzbar, um den Internet Explorer fernzusteuern. Dabei enthalten die Internet Controls nur das äußere Grundgerüst des Explorers. Die Hauptfunktionalität des IE und die Darstellung der Dokumente übernimmt die Komponente *MSHTML*. Die *Internet Controls-Komponente* ist aber nicht nur mit MSHTML, sondern auch mit der Komponente *Shell Objects* eng verzahnt (vgl. vorheriges Kapitel) – einmal mehr ein Beweis für die enge Verflechtung von Webbrowser und Windows-Benutzeroberfläche.

Tabelle 5.18: *Schnellinfo Microsoft Internet Controls*

Name und Abkürzung	Microsoft Internet Controls / Webbrowser Control
Name der Komponentendatei	SHDocVw.dll
Interner Name der Typbibliothek	SHDocVw
Helpstring der Typbibliothek	Microsoft Internet Controls
Abweichende ProgID	InternetExplorer.Application
Hersteller	Microsoft
Lizenzierung	Kostenloses Add-on
Besprochene Version	6.0.2462.0

Microsoft Internet Controls

NT4 und Windows 9x	Installation Internet Explorer 6.0
Windows 2000	Installation Internet Explorer 6.0
Windows XP	Version 6.0.2716.1500 enthalten
Windows .NET Server (RC1)	Version 6.0.3663.0 enthalten
Position der Original-Dokumentation in der MSDN-Library	Web Development| Programmierung and Reusing the Browser| Webbrowser Control|

5.5.1 Objektmodell des Webbrowser Controls

Die Microsoft Internet Controls enthalten nur ein minimales Objektmodell, das aus der Collection `ShellWindows` mit Instanzen der Klasse `Webbrowser` besteht. Diese Beziehung ist grafisch bereits im Zusammenhang mit den Shell Objects dargestellt worden. Die Klasse `Webbrowser` existiert innerhalb der Komponente in verschiedenen Versionen. Weiterhin wird die hier nicht näher besprochene Klasse `ShellUIHelper` implementiert.

Objektmodell

Abbildung 5.14: Ansicht der SHDocVw-Typbibliothek im VB6-Objektkatalog

5.5.2 Anwendungsbeispiele

Navigation Das folgende Skript zeigt, wie ein Explorer-Fenster mit einem bestimmten Uniform Resource Locator (URL) angezeigt werden kann. Ein virtuelles Fenster wird bereits mit der Instanziierung erzeugt. Die Darstellung auf dem Bildschirm erfolgt aber erst durch das Setzen des Attributs visible.

```
Dim ie    ' As SHDocVw.WebBrowser
Set ie = CreateObject("InternetExplorer.Application")
ie.navigate "http://sonne2000"
ie.MenuBar = False
ie.Visible = True
MsgBox "Gelesen?"
ie.Quit
```

Listing 5.53: *IE starten und Webseite anzeigen [ie_message.wsf]*

Das Skript schließt das Fenster wieder, nachdem der Anwender die Dialogbox weggeklickt hat.

Der Internet Explorer als Ausgabefenster

Ausgaben via IE-Fenster Der Internet Explorer eignet sich hervorragend dazu, als Ein- und Ausgabefenster für WSH-Skripte benutzt zu werden. Um ein leeres Dokument in den IE zu bekommen, gibt es einen Trick: Der Moniker ABOUT: stellt all das, was nach dem Doppelpunkt angegeben wird, auf einer leeren Seite im Browser dar. Da das komplette Leerlassen und Zeichenketten, die nur aus Leerzeichen bestehen, zu Problemen führen, sollten Sie nach dem Doppelpunkt irgendetwas angeben.

```
Dim ie    ' As SHDocVw.WebBrowser
Dim doc   ' As MSHTML.HTMLDocument
Set ie = CreateObject("InternetExplorer.Application")
ie.Visible = True
ie.navigate "about:<HTML></HTML>"
' -- warten bis dargestellt
Do While ie.Busy
Loop
' -- Zugriff auf DOM
Set doc = ie.Document
doc.Write "<h2>Hallo!</h2>"
```

Listing 5.54: *Verwendung des IEs als Bildschirmmaske [ie_about.wsf]*

Nachdem Sie Zugriff auf das Document-Objekt des dargestellten ABOUT-Dokuments genommen haben, können Sie das Internet Explorer-Fenster dynamisch mit beliebigen HTML-Inhalten füttern. Die Möglichkeiten zur dynamischen Generierung von HTML-Inhalten mit Hilfe des Document Object Models (DOM) für HTML ist Thema in [SCH01c].

> Bitte beachten Sie die notwendige Schleife, die darauf wartet, dass das Attribut ie.busy den Wert *False* erhält. Wenn Sie zu früh auf ie.document zugreifen, werden Sie einen Fehler erhalten. Diese Fehlerursache ist tückisch, weil der Internet Explorer lokal verfügbare Seiten so schnell darstellt, dass der Fehler auch ohne die Abfrage von busy normalerweise nicht auftritt.

Ereignisse

Das Webbrowser-Objekt definiert eine Reihe von Ereignissen, die Sie abfangen können. Wenn Sie den Browser zur Darstellung von Informationen nutzen, können Sie mit dem OnQuit-Ereignis feststellen, ob der Benutzer das Fenster schließt. Verhindern können Sie das Schließen des Fensters leider nicht. Ihr Skript könnte aber den Benutzer darauf hinweisen und die Seite erneut darstellen.

Webbrowser-Ereignisse

```
' --- Ereignisbehandlung
Sub IE_OnQuit()
WScript.Echo "Internet Explorer wird geschlossen"
ende = true
End Sub
Sub ie_documentcomplete(o,url)
WScript.Echo "Download beendet:" & url
End Sub
' --- Hauptroutine
Dim ie, ende
Set ie = WScript.CreateObject("InternetExplorer.Application","IE_")
ie.navigate "http://1.1.1.21"
ie.MenuBar = False
ie.Visible = True
ende = False
do while not ende
   WScript.sleep 1
loop
WScript.Echo "Programmende"
```

ie_OnQuit()

ie_documentcomplete()

ie_event()

Listing 5.55: Ein WSH-Skript, das auf Ereignisse aus dem IE-Fenster reagiert. Das Skript wird erst beendet, wenn das Browserfenster geschlossen wird. [_ ie_event.vbs]

5.6 Active Directory Service Interface (ADSI)

In Unternehmen werden heute üblicherweise mehrere Verzeichnisdienste (z. B. Windows NT-Domänen, Novell Directory Service, Microsoft Exchange Server) parallel betrieben. Jeder Verzeichnisdienst hat sein eigenes, proprietäres *Application Programming Interface (API)*, was die Entwicklung von Automatisierungslösungen erschwert.

Verzeichnisdienste

Microsoft stellt mit dem *Active Directory Service Interface (ADSI)* eine Programmierschnittstelle zur Verfügung, mit der der Zugriff auf unterschiedliche Verzeichnisdienste in einheitlicher Weise möglich ist. ADSI ist ein Meta-Objektmodell, da es mit wenigen universellen

ADSI

COM-Schnittstellen den Zugriff auf die Objektmodelle aller Verzeichnisdienste ermöglicht. Dieses Kapitel beschreibt das ADSI-Meta-Objektmodell sowie die grundsätzlichen Eigenschaften von Verzeichnisdiensten und von ADSI. Als konkrete Verzeichnisdienste werden nacheinander NT4, Exchange 5.5/2000, Active Directory (unter Windows 2000 und Windows .NET) und der Internet Information Server 4.0/5.0/5.1/6.0 vorgestellt. Das letzte Unterkapitel liefert die Darstellung von Zusatzkomponenten, die in engem Zusammenhang mit ADSI stehen.

> Mit ADSI stellt Microsoft endlich eine leistungsstarke Schnittstelle zur Automatisierung vieler administrativer Aufgaben zur Verfügung. Man merkt allerdings, dass ADSI eigentlich für Windows 2000 geschrieben wurde. Die Möglichkeiten unter NT4 sind eingeschränkt.

5.6.1 Verzeichnisdienste

Was ist ein Verzeichnisdienst? Ein Verzeichnis ist – sehr allgemein gesagt – ein hierarchischer Speicher für Informationen. Der Begriff *Verzeichnisdienst* umfasst neben der Speicherung auch den Zugriff auf die Informationen.

Verzeichnisdienste sind in Unternehmensnetzwerken sehr populär, weil Sie eine zentrale Verwaltung ermöglichen. Ein Verzeichnisdienst *(Directory Service)* dient in Unternehmen der Verwaltung von Benutzern und Ressourcen (z. B. Computer, Drucker, Dienste) in einem Netzwerk. Sein Aufbau ist üblicherweise hierarchisch, so dass ein Verzeichnisbaum *(Directory Tree)* entsteht – nicht zu verwechseln mit dem Verzeichnisbaum des Dateisystems, obwohl er prinzipiell sehr ähnlich ist. Einem Verzeichnisdienst liegt eine Datenbank zu Grunde, die aber nicht notwendigerweise eine relationale Datenbank ist.

DAS und DUA Ein Verzeichnisdienst ist in der Regel ein verteiltes System. Rechner, die Leistungen im Rahmen eines Verzeichnisdienstes erbringen, werden *Directory System Agents (DAS)* genannt. Rechner, die Leistungen nutzen, heißen dagegen Directory User Agents (DUA).

X.500

> Die hier verwendete Begrifflichkeit orientiert sich an dem Standard ITU X.500 (ISO/IEC 9594), der heute Basis für viele Verzeichnisdienste ist. X.500 definiert den Aufbau eines Verzeichnisses, verschiedene Dienste für die Arbeit mit dem Verzeichnis und ein Zugriffsprotokoll. Eine vollständige Implementierung von X.500 ist jedoch auf Grund der Komplexität des Standards nur in wenigen Verzeichnisdiensten vorhanden. Weitere Informationen zu X.500 finden Sie in [CHA96] und [TEB00].

Verzeichnisdienste in der Praxis Verzeichnisdienste sind heute in viele Systeme integriert, allen voran Betriebssysteme und Messaging-Systeme. Ob man die Verwaltung der Benutzer und Ressourcen in Windows NT4 einen Verzeichnisdienst nennen darf, ist aber oft eine Streitfrage, weil die Möglichkeit fehlt, Ressourcen hierarchisch zu organisieren. Verzeichnisdienste für Unternehmensnetzwerke bieten die Firmen Banyan (mit dem Produkt Banyan Vines) und Novell (mit dem Novell Directory Service NDS) schon lange an. Microsoft ist mit dem Active Directory eher spät dran.

5.6.1.1 Aufbau eines Verzeichnisbaums

Verzeichnisbäume Ein Verzeichnisbaum enthält Verzeichniseinträge, wobei es drei Typen von Einträgen gibt: *Root (Wurzel), Container (Knoten)* und *Leaves (Blätter)*. Die Wurzel eines Verzeichnisbaums ist darin das oberste Element und bildet den Einstiegspunkt zu den weiteren Einträgen.

Container können andere Einträge enthalten, während Blätter das Ende eines Zweigs in einem Verzeichnisbaum darstellen.

> Ein Namespace ist eine Zusammenfassung mehrerer Verzeichnisbäume eines Verzeichnisdienstes. Beispielsweise bildet Windows NT 4.0 einen Namespace, der aus den Domänen und Arbeitsgruppen besteht.

Namespace

Jeder Eintrag in einem Verzeichnisbaum hat bestimmte Attribute. Jedes Attribut hat einen Wert, manche Verzeichnisdienste erlauben auch Mehrfachwerte für Attribute z.B. Ablage mehrerer Nummern für die Telefonnummer).

Attribute

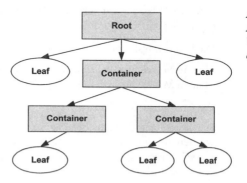

Abbildung 5.15: Aufbau eines Verzeichnisdienstes

Objekte und Klassen

Einträge in Verzeichnisdiensten werden oft auch Objekte genannt. Im Vergleich zum Objektbegriff in der objektorientierten Programmierung verfügen Objekte in Verzeichnisdiensten nur über Eigenschaften in Form von Attributen, nicht aber über ein Verhalten in Form von Methoden. Operationen auf einem Verzeichnisdienst werden durch Zugriffsprotokolle wie das Lightweight Directory Access Protocol (LDAP) bzw. Verzeichnisdienstwerkzeuge definiert. Jeder Eintrag in einem Verzeichnisdienst wird auf Basis einer bestimmten Vorlage erzeugt. Die Vorlage wird üblicherweise Klasse genannt.

Objekte und Klassen

> Die Verwendung der Begriffe Objekt und Klasse für Verzeichnisdiensteinträge bedeutet nicht, dass der Verzeichnisdienst mit objektorientierten Methoden implementiert wurde. Dies verhält sich genauso wie bei einer grafischen Benutzeroberfläche, die von einigen auch schon objektorientiert genannt wird, nur weil jedes Icon ein anderes Kontextmenü hat.

Semi-Strukturierung

Anders als in einer strukturierten Datenbank kann es in Verzeichnisdiensten optionale Attribute geben. Ein konkretes Objekt muss für ein optionales Attribut keinen Wert bereitstellen. Ein Verzeichnisdienst ist also vergleichbar mit einer semi-strukturierten Datenbank wie einem Message Store (vgl. Kapitel CDO im COM-Komponenten-Handbuch [SCH01c]). Anders als eine Nachricht in einem Message Store kann ein Verzeichnisdienstobjekt jedoch nicht über die in der Verzeichnisdienstklasse definierten Attribute hinausgehen. Ein Verzeichnisobjekt hat die Möglichkeit, einige der vordefinierten Attribute wegzulassen; um neue hinzuzufügen, muss die Klasse geändert werden.

Semi-Strukturierung

5.6.1.2 Verzeichnisdienstschemata

Verzeichnisdienste besitzen ein Schema, das eine abstrakte Beschreibung des Verzeichnisdienstes auf einer Metaebene darstellt. Das Schema ähnelt einem Wörterbuch und enthält:

- Die Definition der Attribute und ihrer Syntax

Attribute — Die Syntax besteht aus den erlaubten Datentypen, dem erlaubten Wertebereich und der Unterscheidung zwischen einem Einfach- und einem Mehrfachattribut.

- Die Definition der Klassen

Klassen — Dabei wird auch definiert, ob eine Klasse ein Container oder ein Leaf ist, welche Attribute eine Klasse enthalten muss (Pflichtattribute) und welche enthalten sein können (optionale Attribute).

- Die Vererbungshierarchie der Klassen

Vererbungshierarchie — Auch in Verzeichnisdiensten können Klassen von anderen Klassen abgeleitet sein. Meist ist auch Mehrfachvererbung möglich.

- Die Containment-Hierarchie

Containment-Hierarchie — Es wird definiert, welche Instanzen einer anderen Klasse ein konkretes Objekt enthalten können (Beispiel: ein Eintrag *Familie* kann Objekte der Klasse *Kinder* enthalten, nicht aber Objekte der Klasse *Garten*). Daraus ergibt sich zur Laufzeit die Objekthierarchie des Verzeichnisdienstes.

Transparenz und Schema-Modifikationen — Das Schema ist in der Regel transparent, also selbst wiederum Teil des Verzeichnisdienstes und oft auch auslesbar. In vielen Verzeichnisdiensten ist darüber hinaus sogar der Aufbau des Schemas selbst wieder Teil des Schemas. Hier kann man also die bekannte Huhn-Ei-Frage stellen: Was war zuerst da? Einige Verzeichnisdienste ermöglichen es, das Schema zu verändern oder zu erweitern. Dies nennt man eine *Schemamodifikation*.

5.6.1.3 Objektidentifikation

DN und RDN — Verzeichnisdienste sind in der Regel hierarchisch. Einzelne Einträge in einem Verzeichnisdienst werden daher über hierarchische Pfadangaben, so genannte *Fully Qualified Distinguished Names (FQDN)* oder einfacher *Distinguished Names (DN)* gebildet. Davon abzugrenzen ist der *Relative Distinguished Name (RDN)*. Der RDN identifiziert (in der Regel) einen Eintrag innerhalb eines Containers eindeutig. In einem anderen Container darf der RDN sehr wohl erneut vorkommen. Der DN besteht aus dem RDN eines Eintrags und dem DN des übergeordneten Eintrags. Auf diese Weise gibt es zu jedem Eintrag einen eindeutigen Pfad. Die Bildung des DNs ist abhängig vom Verzeichnisdienst. Der RDN ist vergleichbar mit einem Dateinamen, der DN mit einem kompletten Dateipfad.

Objektidentifizierung bei NT4 — Es gibt Verzeichnisdienste, die keine Eindeutigkeit des RDNs innerhalb eines Containers fordern. Bei NT4 ist die Kombination aus RDN und Klassenname der »Schlüssel«. Innerhalb eines Containers darf es sehr wohl mehrfach den gleichen RDN geben, solange die gleichnamigen Objekte jeweils zu einer anderen Klasse gehören.

5.6.1.4 Meta-Directories

Ein Meta-Directory ist ein Dienst, der verschiedene Verzeichnisdienste zu einem zusammenfasst. Anstatt Konnektoren zwischen verschiedenen Verzeichnisdiensten zu schaffen, setzt der Meta-Directory-Ansatz auf eine übergeordnete Kontrollinstanz. Microsoft hat nach der Akquisition des Meta-Directory-Server-Herstellers Zoomit ein eigenes Produkt unter dem Namen *Microsoft Meta Directory Server* angekündigt.

Meta-Directories

5.6.1.5 Lightweight Directory Access Protocol (LDAP)

Über X.500 definiert ist auch ein Zugriffsprotokoll, mit dem DSAs und DSUs kommunizieren können. Dieses Protokoll heißt *Directory Access Protocol (DAP)*. Wie viele andere Protokolle der X-Serie konnte sich DAP auf Grund seiner Komplexität nicht durchsetzen. Von Yeong, Hoews und Kille wurde daher 1995 an der University of Michigan eine abgewandelte Form von DAP entwickelt, das *Lightweight Directory Access Protocol (LDAP)*. LDAP wurde von der Internet Engineering Task Force (IETF) standardisiert. Aktuell ist die Version 3.0 (zu LDAP 2.0 vgl. [RFC1777] bis [RFC1779] sowie [RFC1798], zu LDAP 3.0 vgl. [RFC2254] bis [RFC2256]). LDAP beruht auf TCP/IP und verwendet die Portnummer 389. LDAP in Verbindung mit dem Secure Socket Layer-Protokoll (LDAP over SSL) benutzt Port 636.

LDAP

Während LDAPv1 nur in der Lage war, nach Einträgen zu suchen und deren Attribute zurückzuliefern, unterstützt LDAPv3 folgende Verzeichnisoperationen: `search`, `compare`, `add`, `delete`, `modify`, `modifyRDN`.

Versionen

LDAP definiert im Gegensatz zu DAP nicht den Aufbau eines Verzeichnisdienstes, sondern nur ein Kommunikationsprotokoll. Mit LDAP kann sowohl auf X.500-kompatible Verzeichnisse als auch auf proprietäre Verzeichnisse zugegriffen werden. Voraussetzung ist lediglich die Unterstützung des LDAP-Protokolls.

Akzeptanz von LDAP

Die Akzeptanz von LDAP steigt ständig: Zum einen sind viele öffentliche Verzeichnisdienste im Internet durch LDAP ansprechbar (z.B. *ldap.bigfoot.com*, *ldap.whowhere.com*, *ldap.infospace.com*, *ldap.yahoo.com*). Zum anderen integrieren die Hersteller von Verzeichnisdiensten LDAP in ihre Systeme (z.B. Windows 2000 Active Directory, Microsoft Exchange seit Version 5.0, Microsoft Site Server, Lotus Notes, Netscape Directory Server).

Akzeptanz

LDAP-Clients

Ein einfacher LDAP-Client befindet sich inzwischen – von vielen bislang unbemerkt – auf fast jedem Windows-PC. Sowohl der Microsoft Internet Explorer (ab Version 4.0) als auch der Netscape Communicator (ab Version 4.0) enthalten einen LDAP-Client. Bei installiertem Internet Explorer ist der LDAP-Client auf drei Wegen erreichbar:

LDAP-Anwendungen

▶ durch Eingabe eines beliebigen LDAP-URLs an der URL-Zeile des Internet Explorers (z.B. `LDAP://kom.wi-inf.uni-essen.de`)

LDAP im IE

▶ durch den Menüpunkt BEARBEITEN/PERSONEN SUCHEN in Outlook Express

▶ mit dem Windows-Startmenü über SUCHEN/PERSONEN

COM-Komponenten

In allen drei Fällen erscheint der LDAP-Client in Form eines PERSONEN SUCHEN-Fensters. Die zu durchsuchenden LDAP-Server können Sie in Outlook Express unter EXTRAS/KONTEN/VERZEICHNISDIENST einrichten.

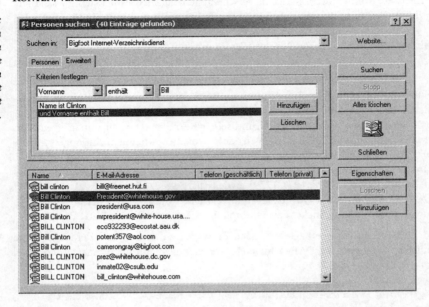

Abbildung 5.16: Die Suche nach Bill Clinton liefert einige Ergebnisse im LDAP-Client des Internet Explorers 5.0.

ADB Der mit der ADSI-Installation mitgelieferte *Active Directory Browser (ADB)* ist dagegen ein vollwertiger LDAP-Client. Der ADB wird im Kapitel »Werkzeuge« vorgestellt.

LDAP-Programmierung

WLDAP32.DLL LDAP bietet eine eigene Programmierschnittstelle, die in RFC-1823 spezifiziert ist. Unter Windows findet sich das API in der C-basierten WLDAP32.DLL. Im Zusammenhang mit der Microsoft-Strategie, von der Komplexität verschiedener APIs durch einfachere COM-Komponenten zu abstrahieren, die auch für den Einsatz in Scripting-Umgebungen geeignet sind, wird LDAP durch die COM-Komponente ADSI gekapselt.

LDAP-Standardattributnamen

Attribute Der LDAP-Standard definiert Standardattribute für Benutzer auf Grundlage von X.500 [RFC2256]. Diese Attributnamen sind eine Empfehlung, aber keine Vorschrift. Einige dieser Namen sind sehr kurz, andere kurioserweise sehr lang.

LDAP-Name	Erläuterung
C	Country
O	Organization
OU	Organizational Unit
DC	Domain Component
CN	Common Name

Tabelle 5.19: Ausgewählte LDAP-Standardattribute für Benutzer

Active Directory Service Interface (ADSI)

LDAP-Name	Erläuterung
L	Locality Name
facsimileTelephoneNumber	(Ausdruck hat keine Abkürzung)
physicalDeliveryOfficeName	(Ausdruck hat keine Abkürzung)

Die verschiedenen Verzeichnisdienste verwenden intern jedoch andere, proprietäre Namen.

Objektidentifikation bei LDAP

In LDAP sind alle Verzeichnisobjekte über einen URL ansprechbar. Ein kompletter LDAP-URL besteht aus der Namespace-ID LDAP, dem Namen des anzusprechenden LDAP-Servers sowie einem Distinguished Name (DN). Der LDAP-Server muss mit angegeben werden, da der DN keinen Aufschluss darüber gibt, welcher Server den Verzeichnisdienst bereitstellt. Ein Verzeichnisdienst kann auch von mehreren Servern bereitgestellt werden, so dass mit diesem Parameter zwischen den Servern gewählt werden kann. Der Aufbau des LDAP-URLs ist in [RFC1959] dokumentiert. — **LDAP-URLs**

Ein LDAP-DN wird durch Attribut-Wert-Paare gebildet. Ein Relative Distinguished Name (RDN) ist genau ein Attribut-Wert-Paar der Form `Attributname=Wert`. Ein Distinguished Name (DN) besteht aus der Aneinanderreihung solcher Attribut-Wert-Paare. Der DN unterscheidet eine *Top-Down-* und eine *Bottom-Up-Form*. Bei der Top-Down-Form wird das höchste Objekt im Verzeichnisbaum zuerst genannt, bei der Bottom-Up-Form zuletzt. Für die Bezeichnungen Top-Down-Syntax und Bottom-Up-Syntax gibt es in Anlehnung an die Frage in Gullivers Reisen, an welchem (dem großen oder dem kleinen) Ende das Ei aufzuschlagen sei, auch die Bezeichnungen *Big Endian* und *Little Endian* — **Attribut-Wert-Paare**

Der im DN zu verwendende Attributname wird in jeder Klasse einzeln als Schlüsselattribut festgelegt und ist keineswegs vorgegeben. Es ist üblich, die Attributnamen O, OU und CN als Schlüsselattribute zu verwenden. Der Wert eines Schlüsselattributs wird auch als *Common Name* eines Eintrags bezeichnet. Auch der Attributname CN steht für Common Name, was ein wenig verwirrend ist. Letztlich bedeutet es aber, dass man üblicherweise dem Attribut, das den Common Name enthält, den Namen *Common Name* gibt. Die Beispiele O und OU zeigen aber, dass es auch Abweichungen davon geben kann. — **Ein Schlüsselattribut für jede Klasse**

Eintragsart	Beispiel Top-Down-Syntax (auch: Big Endian)	Beispiel Bottom-Up-Syntax (auch: Little Endian)
Root-Element eines LDAP-Servers	LDAP://Sonne	LDAP://Sonne
Recipients-Container eines Exchange Servers	LDAP://Sonne/ o=UNIVERSUM/ ou=SONNENSYSTEM/ cn=Recipients/ cn=Mitarbeiter	LDAP://Sonne/ cn=Mitarbeiter, cn=Recipients, ou=SONNENSYSTEM, o=UNIVERSUM

Tabelle 5.20: Beispiele für LDAP-Pfade

Eintragsart	Beispiel Top-Down-Syntax (auch: Big Endian)	Beispiel Bottom-Up-Syntax (auch: Little Endian)
Benutzer in einem Active Directory	LDAP://sonne2000/ DC=de/ DC=IT-Visions/ CN=Users/CN=HS	LDAP://sonne2000/ CN=HS,CN=Users, DC=IT-Visions,DC=de
Konfiguration des POP3-Protokolls eines Exchange Servers	LDAP://Sonne/ o=UNIVERSUM/ ou=SONNENSYSTEM/ cn=Configuration/ cn=Protocols/ cn=POP3	LDAP://Sonne/ cn=POP3, cn=Protocols, cn=Configuration, ou=SONNENSYSTEM, o=UNIVERSUM

5.6.2 Die ADSI-Grundlagen

ADSI-Architektur — Das *Active Directory Service Interface* (ADSI) ist eine COM-Komponente für den Zugriff auf Verzeichnisdienste. Dabei ist ADSI nicht, wie der Name vermuten ließe, auf das Active Directory in Windows 2000 beschränkt. Die ADSI-Architektur (Abbildung 5.21) ermöglicht es, auf unterschiedliche Arten von Verzeichnisdiensten zuzugreifen. Das allgemeine ADSI-Meta-Objektmodell bietet eine einheitliche Sichtweise auf verschiedene Verzeichnisdienste. Unter dem Namen JADSI gibt es auch eine Java-Implementierung von ADSI.

Tabelle 5.21: Schnellinfo ADSI-Komponente

Name und Abkürzung	Active Directory Service Interface (ADSI)
DLL	ACTIVEDS.DLL (zugehörige Typbibliothek: ACTIVEDS.TLB)
Name der Typbibliothek	Active DS
Helpstring der Typbibliothek	Active DS Type Library
Hersteller	Microsoft
Besprochene Version	2.5
NT4	Installation des ADSI-Add-ons, Version 2.5 [CD:/code/komponenten/adsi/]
Windows 9x/ME	Installation in einer speziellen Version des ADSI-Add-ons, Version 2.5 [CD:/code/komponenten/adsi/]
Windows 2000	Version 2.5 enthalten
Windows XP	Version 2.5 enthalten (Dateiversion 5.1.2600.0)
Windows .NET Server (RC1)	Version 2.5 enthalten (Dateiversion 5.2.3663.0)
Position der Original-Dokumentation in der MSDN-Library	⊟ Networking and Directory Services ⊟ Active Directory, ADSI and Directory Services ⊟ SDK Documentation ⊟ Directory Services ⊞ Active Directory ⊞ Active Directory Service Interfaces ⊞ Lightweight Directory Access Protocol (LDAP) API ⊞ Glossary

Active Directory Service Interface (ADSI)

5.6.2.1 Architektur

ADSI bedient sich des Provider-Konzepts. Ein ADSI-Provider ist eine Stellvertreterkomponente für den Zugriff auf einen Verzeichnisdienst. Er implementiert den Zugriff auf einen bestimmten Verzeichnisdienst, indem er das ADSI-Objektmodell auf die API-Ebene des Verzeichnisdienstes umsetzt. Ein Verzeichnisdienst kann also durch ADSI ausgelesen und verändert werden, wenn ein ADSI-Provider für diesen Verzeichnisdienst existiert. ADSI-Provider werden in Form einer In-process-Komponente (COM-DLL) ausgeliefert. Im Gegensatz zum Begriff ADSI-Provider wird ein Programm, das ADSI nutzt, ADSI-Client genannt. Da ADSI in weiten Teilen COM-Automation unterstützt, können auch Skripte als ADSI-Clients eingesetzt werden.

ADSI-Provider sind Stellvertreter

> ADSI kann auf konzeptioneller Ebene verglichen werden mit ADO in der Universal Data Access-Architektur; die ADSI-Provider entsprechen dann den OLE DB-Providern. In ADSI definiert ein Provider einen Namespace. Jeder Namespace hat eine Namespace-ID.

Vergleich mit ADO

Die in ADSI-Providern implementierten Klassen können durch so genannte ADSI Namespace Extensions um zusätzliche Schnittstellen erweitert werden. Beispiele für ADSI-Extensions sind die RAS-Komponente (vgl. Unterkapitel »ADSI-Zusatzkomponenten« und CDO for Exchange Management (vgl. [SCH01c]). ADSI-Extensions können allerdings nicht mit Skriptsprachen oder Visual Basic entwickelt werden.

ADSI-Extensions

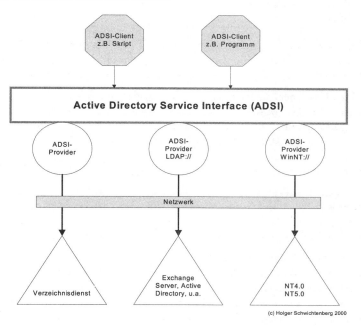

Abbildung 5.17: ADSI-Architektur

5.6.2.2 Installation

Als Plattform für 32-Bit-ADSI-Clients unterstützt Microsoft natürlich nur die eigenen 32-Bit-Betriebssysteme. Es gibt verschiedene Add-ons für Windows 9x und für NT4. ADSI ist fester Bestandteil von Windows 2000, unabhängig davon, ob das Windows 2000 Active

Verfügbarkeit für verschiedene Plattformen

COM-Komponenten

Directory installiert ist. Die entsprechenden Add-ons für die anderen Plattformen finden Sie auf der Buch-CD [CD:/code/komponenten/adsi/]. Kommende Updates erhalten Sie auch über die Microsoft ADSI-Website [ADS00]. Aktuell ist die ADSI-Version 2.5.

> ADSI muss nur auf dem Computer installiert sein, auf dem der ADSI-Client läuft. Eine Installation auf den anzusprechenden Verzeichnisdienst-Servern ist nicht notwendig. Zur Kommunikation verwendet ADSI das jeweilige Kommunikationsprotokoll des Verzeichnisdienstes.

5.6.2.3 Verfügbare ADSI-Provider

Für ADSI 2.5 liefert Microsoft folgende ADSI-Provider:

Provider	Namespace-ID	Provider-DLL
Windows NT	WinNT	Adsnt.dll
Lightweight Directory Access Protocol	LDAP und GC	Adsldp.dll
Novell NetWare 3.x	NWCOMPAT	Adsnw.dll
Netware Directory Service 4.x	NDS	Adsnds.dll
Microsoft Internet Information Server Metabase	IIS	Adsiis.dll

Tabelle 5.22: Verfügbare ADSI-Provider von Microsoft

Ausnahme IIS-Provider Mit Ausnahme des IIS-Providers werden alle Provider durch das ADSI-Add-on bzw. durch das Windows 2000-Setup installiert. Der IIS-Provider wird mit dem Internet Information Server bzw. den entsprechenden Client-Tools (MMC-Snap-In) installiert.

Installierte Provider Eine Liste der installierten ADSI-Provider befindet sich in der Registry unter HKEY_LOCAL_MACHINE\SOFTWARE\MICROSOFT\ADS\PROVIDERS. Die obige Tabelle enthält auch die Namespace-ID, die aus Sicht von COM die ProgID der Providerkomponente ist und in Monikern verwendet wird, um den Namespace oder Objekte in dem Namespace anzusprechen. Zu der einen ADSI-Provider implementierenden DLL hangelt man sich wie üblich über ProgID und CLSID durch (siehe Kapitel 2).

LDAP und GC Mit dem LDAP-Provider ist grundsätzlich der Zugriff auf alle LDAP-fähigen Verzeichnisdienste möglich, also insbesondere auf Windows 2000 Active Directory, Microsoft Exchange Server, Netscape Directory Server und Lotus Notes. Die Namespace-ID *GC* bezeichnet den Global Catalogue im Active Directory und ermöglicht einen domänenübergreifenden Zugriff.

WinNT Der WinNT-Provider dient sowohl dem Zugriff auf ein Windows NT4-Verzeichnis als auch dem auf ein Windows 2000-System ohne installiertes Active Directory. Ein Windows 2000-Rechner ohne ADS ist nicht per LDAP ansprechbar. Der WinNT-Provider kann auch das Active Directory ansprechen, allerdings ist die Arbeit mit dem AD über diesen Provider großen Einschränkungen unterworfen und daher nicht empfehlenswert.

5.6.2.4 ADSI Software Development Kit

ADSI-SDK Microsoft bietet zu ADSI ein Software Development Kit (SDK) an, in dem Include-Dateien, Beispiele und ein Resource Kit mit nützlichen zusätzlichen COM-Objekten zu finden sind (z.B. für Zugriff auf Verzeichnis- und Registry-Sicherheit, Benutzer-RAS-Konfiguration

Active Directory Service Interface (ADSI)

und ADSI-Fehlerinformationen, siehe Kapitel »ADSI-Zusatzkomponenten«). Das ADSI-SDK ist Teil des Plattform-SDKs im Microsoft Developer Network (MSDN), aber auch separat verfügbar [ADS00]. Mit dem SDK können ADSI-Provider für eigene Verzeichnisdienste entwickelt werden; das kann für Business-Anwendungen oder eigene Dienste durchaus auch sinnvoll sein, wenn deren Informationsraum eine bestimmte Komplexität erreicht. Allerdings müssen solche Provider mit C++ geschrieben werden.

5.6.3 Das ADSI-Meta-Objektmodell

Einen Verzeichnisdienst in einer COM-Komponente abzubilden ist ein naheliegender Ansatz, da Syntax und Semantik von Verzeichnisdienstklassen und -objekten ähnlich sind. Die einzelnen Klassen eines Verzeichnisdienstes lassen sich als COM-Klassen mit Attributen und Methoden gut abbilden. Dabei werden die Methoden nicht durch das Verzeichnis selbst (Verzeichnisklassen haben kein Verhalten), sondern durch die COM-Komponente oder die API des Verzeichnisdienstes bereitgestellt.

ADSI und COM

Der ADSI-Kern definiert einen Satz von abstrakten ADSI-Standardschnittstellen, liefert aber keine Implementierung dazu. Die Aufgabe der Implementierung fällt den ADSI-Providern zu, die aus diesen abstrakten Schnittstellen Klassen für den jeweiligen Verzeichnisdienst zusammenstellen. ADSI arbeitet sehr intensiv mit Mehrfachschnittstellen. Die Klassen heißen in jedem Verzeichnisdienst anders. Der COM-Polymorphismus auf Schnittstellenbasis (vgl. Kapitel 2) ermöglicht es dennoch, diese unterschiedlichen Klassen gleich zu behandeln.

Standardschnittstellen

Entsprechend dem Aufbau eines Verzeichnisdienstes kennt ADSI zwei Typen von Klassen:

▶ *Directory Container-Objekte*, die andere Objekte enthalten können

▶ *Directory Leaf-Objekte*, die die Blätter des Baums bilden und keine weiteren Objekte enthalten

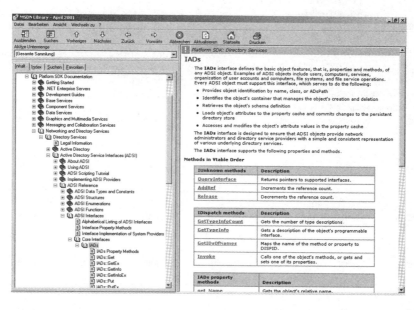

Abbildung 5.18: Die MSDN Library dokumentiert zu ADSI-Schnittstellen, keine Klassen.

Meta-Schnittstellen

Meta-Schnittstellen

Unter den ADSI-Schnittstellen gibt es einige, die Meta-Schnittstellen sind. Diese Schnittstellen ermöglichen es, auf die gesamte Funktionalität einer ADSI-Klasse zuzugreifen. Solche Meta-Schnittstellen sind

- IADs (für alle Objekte) und
- IADsContainer (für Container-Objekte).

Ein ADSI-Provider hat die Wahl, nur diese Meta-Schnittstellen zur Verfügung zu stellen oder aber auch andere konkrete Schnittstellen in den ADSI-Klassen zu implementieren.

Beispiel

Die in Abbildung 5.15 dargestellte Klasse Computer aus dem WinNT-Provider besitzt neben den beiden Meta-Schnittstellen IADs und IADsContainer (mit weißen Bullets) auch noch zwei konkrete Schnittstellen IADsComputer und IADsComputerOperations (mit grauen Bullets).

Erweiterbarkeit

Die ADSI-Schnittstellen decken nur einen Standardfall ab. In der Praxis geht die Funktionalität eines konkreten Verzeichnisdienstes immer über die Möglichkeiten der ADSI-Standardschnittstellen hinaus. Um die darüber hinausgehenden spezifischen Eigenschaften eines Verzeichnisdienstes abzudecken, kann ein ADSI-Provider folgende Maßnahmen ergreifen:

Mehr Attribute

- Der Provider kann zusätzliche (verzeichnisdienstspezifische) Attribute definieren, die dann nur über die Meta-Schnittstelle IADs verwendet werden können.

Weniger Attribute

- Der Provider kann auch einzelne Attribute aus den ADSI-Standardschnittstellen nicht implementieren. Dies steht natürlich dem Vertragscharakter einer Schnittstelle entgegen, ist aber in diesem Fall akzeptabel, da sonst eine unübersichtlich große Anzahl von Schnittstellen notwendig wäre, um die Eigenarten aller Verzeichnisdienste abzudecken.

Weitere Schnittstellen

- Schließlich kann der Provider auch eigene Schnittstellen definieren. Dies ist notwendig, wenn eine ADSI-Klasse Methoden bereitstellen will, die in keiner ADSI-Standardklasse existieren. Die Meta-Schnittstellen IADs und IADsContainer stellen nämlich keinen Mechanismus bereit, um verzeichnisdienstspezifische Methoden abzubilden!

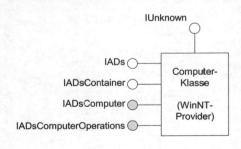

Abbildung 5.19:
Eine ADSI-Klasse mit Meta-Schnittstellen und konkreten Schnittstellen

> An dieser Stelle würde es dann Probleme für den Skriptentwickler geben, denn er könnte diese zusätzlichen Schnittstellen ja nicht nutzen. Die IDispatch-Methoden von IADs machen aber genau das, was von einer Standardschnittstelle im Rahmen der COM-Automation verlangt wird: Die IADS-Schnittstelle bildet die gesamte Funktionalität der Klasse ab, also auch die Methoden aus den zusätzlichen Schnittstellen. Fazit: Als Skriptentwickler müssen Sie sich um die Schnittstelle keine Sorgen machen. Beim frühen Binden in anderen Umgebungen können Sie über IADs zwar auf einige Attribute, aber nicht auf alle Methoden zugreifen.

Skriptentwickler haben es einfacher

Meta-Objektmodell

Abbildung 5.20 zeigt das ADSI-Meta-Objektmodell. Neben den konkreten Container-Klassen Namespaces und Namespace enthält das Meta-Objektmodell eine Container-Klasse und eine Leaf-Klasse. Beide haben keinen konkreten Namen, da diese Klasse ja erst durch den Provider realisiert wird. Dargestellt sind aber die Schnittstellen, die Container- bzw. Leaf-Klasse implementieren müssen.

Meta-Objektmodell

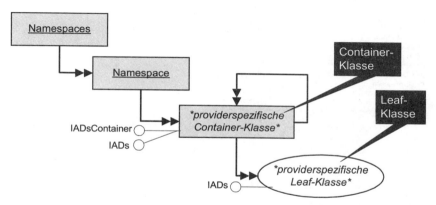

Abbildung 5.20: ADSI-Meta-Objektmodell

> ADSI durchbricht das Prinzip der üblichen COM-Objektmodelle, die aus der Abfolge Objekt-Collection-Objekt bestehen. Ein ADSI-Container unterscheidet sich von einer normalen COM-Collection insofern, als die einzelnen Unterobjekte selbst direkt wieder Unterobjekte enthalten können.

Container versus Collections

Der ADSI-Kern implementiert selbst auch einige wenige Klassen (z. B. Namespace, Namespaces, SecurityDescriptor, AccessControlList *und* AccessControlEntry). Die drei letztgenannten Klassen sind extern instanziierbar, wobei als ProgID nur der Klassenname und kein Komponentenname verwendet wird.

Klassen des ADSI-Kerns

5.6.3.1 Überblick über die ADSI-Standardschnittstellen

ADSI definiert neben den Meta-Schnittstellen eine Reihe weiterer konkreter Schnittstellen für viele übliche Anwendungsfälle in Verzeichnisdiensten wie die Benutzer- und Gruppenverwaltung, den Zugriff auf Computer, Drucker, Verzeichnisfreigaben, NT-Dienste und geöffnete Ressourcen. Darüber hinaus gibt es noch Schnittstellen für den Zugriff auf das Schema, auf komplexe Datentypen und providerspezifische Erweiterungen.

ADSI-Schnittstellen

Abbildung 5.21:
Die wichtigsten
ADSI-Standardschnittstellen im VB6-Objektkatalog

Schnittstellentypen

Die Standardschnittstellen lassen sich in fünf Gruppen einteilen:

- Schnittstellen, die Basisfunktionalitäten für ADSI bereitstellen und den Meta-Zugriff auf ADSI-Klassen ermöglichen (Tabelle 5.23)

- Schnittstellen, die persistente Daten in Verzeichnisobjekten widerspiegeln (Tabelle 5.24). Zu einigen Verzeichnisobjekten gibt es dabei eine weitere Schnittstelle, die Aktionen auf diesen Verzeichnisobjekten bereitstellt (Tabelle 5.25).

- Schnittstellen, die keine persistenten Daten in Verzeichnisobjekten widerspiegeln, sondern dynamische Daten beinhalten und Funktionen auf Verzeichnisobjekten implementieren. In der MSDN Library werden sie *Dynamic Object Interfaces* genannt. Objekte mit diesen Schnittstellen haben, da sie nicht persistent sind, keinen DN und können nicht direkt angesprochen werden (Tabelle 5.26).

- Schnittstellen zur Implementierung von Sicherheitsfunktionalitäten (Tabelle 5.27)

- Schnittstellen zur Schemaverwaltung (Tabelle 5.28)

Active Directory Service Interface (ADSI)

Schnittstelle	Erläuterung
IADs	Diese Schnittstelle implementiert die absoluten Basisfunktionalitäten für ADSI-Objekte und muss bei der Implementierung des Providers daher in jede ADSI-Klasse (sowohl in Leaf- als auch in Container-Klassen) aufgenommen werden.
IADsContainer	Die Schnittstelle IADsContainer wird nur von Container-Klassen benutzt. IADsContainer realisiert Attribute und Methoden zur Verwaltung der enthaltenen Objekte.

Tabelle 5.23: ADSI-Meta-Schnittstellen

Schnittstelle	Erläuterung
IADsUser	Dient der Verwaltung von Benutzern
IADsMembers	Dient der Darstellung von Abhängigkeiten zwischen Verzeichnisobjekten (z. B. Benutzer <-> Gruppe)
IADsGroup	Dient der Verwaltung von Benutzergruppen
IADsCollection	Dient der Gruppierung von dynamischen Objekten zu Listen
IADsComputer	Zur Verwaltung einzelner Computer
IADsDomain	Zur Verwaltung einer Ansammlung von (Windows-)Domänen
IADsService	Zur Verwaltung von Diensten auf einem bestimmten Computer
IADsFileservice	Spezieller Dateisystem-Dienst
IADsFileShare	Zur Verwaltung einer Verzeichnisfreigabe
IADsLocality	Dient der Verwaltung von Benutzern nach geografischen Gesichtspunkten
IADsO	Dient der Verwaltung von Organisationen
IADsOU	Dient der Verwaltung von Organisationseinheiten
IADsPrintQueue	Zur Verwaltung von Druckerwarteschlangen

Tabelle 5.24: ADSI-Schnittstellen für persistente Daten in Verzeichnissen

Schnittstelle	Erläuterung
IADsPrintQueueOperations	Operationen auf Drucker-Warteschlangen: Statusinformationen, Anhalten eines Druckers, Weiterlaufenlassen, Löschen der Warteschlange
IADsComputerOperations	Abruf von Statusinformationen sowie das Herunterfahren und Neustarten von Computern
IADsServiceOperations	Operationen auf Diensten: Statusinformationen, Starten und Stoppen, Anhalten und Weiterlaufenlassen eines Dienstes
IADsFileserviceOperations	Analog zu IADsServiceOperations, jedoch für den speziellen Fall eines Fileservice; enthält Auflistungen der zugehörigen Sitzungen und Ressourcen

Tabelle 5.25: Zusatzschnittstellen für Methoden auf persistenten Verzeichnisobjekten

Tabelle 5.26:
ADSI-Schnittstellen für nichtpersistente Daten in Verzeichnissen

Schnittstelle	Erläuterung
IADsPrintJob	Ein Druckauftrag in einer Druckerwarteschlange
IADsPrintJobOperations	Statusinformationen, Dauer, Seitenzahl, Position eines Druckauftrags, Anhalten und Weiterlaufenlassen eines Druckauftrags
IADsResource	Informationen über eine geöffnete Ressource auf einem Fileservice (z. B. Datei)
IADsSession	Informationen über eine geöffnete Sitzung (Session) auf einem Fileservice (z. B. verbundene Freigabe)

Tabelle 5.27:
ADSI-Schnittstellen, die der Sicherheit dienen

Schnittstelle	Erläuterung
IADsOpenDSObject	Diese Schnittstelle dient der Impersonifizierung (d. h. dem Wechsel des Benutzerkontextes). IADsOpenDSObject stellt lediglich eine Methode zur Verfügung: OpenDSObject(). Bei OpenDSObject() können neben dem zu öffnenden Objekt auch ein Benutzername und ein Passwort eines Kontos angegeben werden, unter dem die Operationen auf dem zu öffnenden Objekt ausgeführt werden sollen.
IADsSecurityDescriptor	Informationen darüber, wer welche Zugriffsrechte auf ein Objekt hat; verwalten einen NT-Security Descriptor mit. Ein Security Descriptor besteht u. a. aus einer Access Control List (ACL).
IADsAccessControlEntry	Diese Schnittstelle dient der Verwaltung eines Access Control Entrys (ACE) in einer Access Control List (ACL). Ein ACE legt fest, welche Rechte ein einzelner Benutzer oder eine einzelne Gruppe auf ein Objekt hat.
IADsAccessControlList	Liste aller IADsControlEntries, die eine ACL bilden.

Tabelle 5.28:
ADSI-Schnittstellen zur Schemaverwaltung

Schnittstelle	Erläuterung
IADsClass	Repräsentiert eine Klassendefinition in einem Verzeichnisdienstschema
IADsProperty	Repräsentiert eine Attributdefinition in einem Verzeichnisdienstschema
IADsSyntax	Repräsentiert eine Syntaxbeschreibung, die einem Attribut zugeordnet werden kann
IADsPropertyList IADsPropertyEntry IADsPropertyValue	Diese drei Schnittstellen sind die Möglichkeit einer ADSI-Klasse, Informationen über die unterstützten Attribute direkt über eine Instanz der Klasse bereitzustellen, ohne explizit auf das Verzeichnisschema zuzugreifen

5.6.3.2 Die Meta-Schnittstellen IADs und IADsContainer

IADs und IADsContainer

Zwei Schnittstellen bilden das Grundgerüst von ADSI: IADs und IADsContainer. Jede ADSI-Klasse muss IADs implementieren, um die Grundfunktionen für den Zugriff auf einen Verzeichniseintrag zur Verfügung zu stellen (siehe Tabelle 5.29 und Tabelle 5.30). Alle Container-Objekte müssen zusätzlich IADsContainer implementieren (siehe Tabelle 5.31 und 5.32).

Active Directory Service Interface (ADSI)

Attribut	Erläuterung
Name	Name des ADSI-Objekts; entspricht dem Relative Distinguished Name (RDN)
Class	Name der Klasse, zu der das Verzeichnisdienstobjekt gehört; hier werden Namen von Backend-Klassen ausgegeben, nicht solche der Frontend-Klasse
GUID	Global Unique Identifier des Objekts
ADsPath	ADSI-Pfad des Verzeichnisobjekts
Parent	ADSI-Pfad des übergeordneten Container-Objekts
Schema	ADSI-Pfad zur Schemadefinition der Klasse, zu der das Objekt gehört

Tabelle 5.29: Attribute der Standardschnittstelle IADs

Methode	Erläuterung
GetInfo()	Einlesen aller Attribute eines Verzeichnisobjekts in den Cache
GetInfoEx()	Einlesen einzelner Attribute eines Verzeichnisobjekts in den Cache
SetInfo()	Schreiben des Cache in das Verzeichnisobjekt
Get()	Auslesen eines Attributs aus dem Cache; nur mehrwertige Attribute werden als *Array of Variant* zurückgegeben
Put()	Schreiben eines einwertigen Attributs in den Cache
GetEx()	Auslesen eines Attributs aus dem Cache. Im Gegensatz zu Get() werden alle Attribute als *Array of Variant* zurückgegeben.
PutEx()	Verändern eines mehrwertigen Attributs im Cache

Tabelle 5.30: Methoden der Standardschnittstelle IADs

Attribut	Erläuterung
Count	Anzahl der untergeordneten Objekte
Filter	Möglichkeit, einen Filter auf einem Container zu definieren und so die Ergebnismenge auf die Instanzen bestimmter Klassen einzuschränken. Filter erwartet als Parameter ein *Array of String* mit den Klassennamen.

Tabelle 5.31: Attribute der Standardschnittstelle IADsContainer

Methode	Erläuterung
GetObject()	Zugriff auf Zeiger eines untergeordneten Objekts anhand eines relativen Namens. Als erster Parameter muss der Name der Backend-Klasse übergeben werden, aus der das Objekt stammt, da einige Verzeichnisdienste nicht die Eindeutigkeit des RDN verlangen.
Create()	Erzeugen eines untergeordneten Objekts
Delete()	Löschen eines untergeordneten Objekts
CopyHere()	Kopieren eines ADSI-Objekts in diesen Container
MoveHere()	Verschieben eines ADSI-Objekts in diesen Container

Tabelle 5.32: Methoden der Standardschnittstelle IADsContainer

Einschränkungen mit CopyHere() und MoveHere()

CopyHere() und MoveHere() können nur innerhalb eines Verzeichnisdienstes verwendet werden. Objekte können nicht von einem Verzeichnisdienst zu einem anderen kopiert oder verschoben werden. Nicht alle Verzeichnisdienste unterstützen diese Operationen. Zum Beispiel kann der Exchange Server 5.5 keine Empfänger zwischen Containern verschieben. Dies kann aber das Active Directory und damit auch Exchange Server 2000. CopyHere() wird derzeit nur durch den Novell Directory Service (NDS) unterstützt.

5.6.4 Grundlagen der ADSI-Programmierung

Die in diesem Unterkapitel dargestellten Verfahren sind die Grundlage der Arbeit mit allen ADSI-Providern.

5.6.4.1 Objektidentifikation und Bindung

ADSI-Pfade ADSI bedient sich COM-Moniker, um einzelne Einträge in verschiedenen Verzeichnisdiensten anzusprechen und einen Zeiger auf das Stellvertreter-Objekt zu erhalten. Der Moniker hat die Form

```
<namespace-ID>:<providerspezifischer Teil>
```

und wird in diesem Zusammenhang *ADSI-Pfad* genannt.

DN und RDN Der providerspezifische Teil enthält in der Regel den Distinguished Name (DN) des Verzeichnisobjekts und dazu einen Servernamen. Es gibt jedoch auch andere Formen, gerade im Zusammenhang mit dem Active Directory. Bei der Namespace-ID werden Groß- und Kleinschreibung berücksichtigt! Beispiele für vollständige ADSI-Pfade zeigt Tabelle 5.33.

Tabelle 5.33: Beispiele für ADSI-Pfade in verschiedenen Verzeichnisdiensten

Namespace	Beispiele für ADSI-Pfade
LDAP	LDAP://SERVER/CN=MITARBEITER,DC=ITVISIONS,DC=DE LDAP://SONNE2000.IT-VISIONS.DE/ CN=HS, OU=MARKETING,DC=DEV,DC=ITVISIONS,DC=DE
NT 4.0	WINNT://DOMAENE/COMPUTER/BENUTZER WINNT://COMPUTERNAME/GRUPPENNAME WINNT://DOMAENE/BENUTZER
Novell 3.x	NWCOMPAT://NWSERVER/DRUCKERNAME
Novell 4.x (NDS)	NDS://SERVER/O=ITVISIONS/OU=ESSEN/CN=MITARBEITER
IIS	IIS://COMPUTERNAME/W3SVC/1

Active Directory Service Interface (ADSI)

Bei einigen Providern kann der Klassenname des gewünschten Objekts durch ein Komma getrennt mit angegeben werden, falls Mehrdeutigkeiten zwischen den Unterobjekten bestehen (beispielsweise kann unter NT4 ein Computer genauso heißen wie ein Benutzer). Die Angabe des Klassennamens beschleunigt in einigen Fällen die Lokalisierung des Verzeichnisobjekts (z. B. beim WinNT-Provider bei der Frage, ob WinNT://name eine Domain oder ein Computer ist).

Bindung der Universalklasse an ein Verzeichnisobjekt

Voraussetzung für den Zugriff auf Objekte des Verzeichnisdienstes ist die Bindung eines ADSI-Objekts an ein Objekt des Verzeichnisdienstes. Die Bindung erfolgt nicht über die Instanziierung einer Klasse mit anschließendem Methodenaufruf, sondern über die bereits beschriebenen ADSI-Pfade (Moniker). In Visual Basic ist also die Funktion GetObject() zu verwenden.

Bindung

```
Set objADS = GetObject(ADSIPfad)
```

Das Active Directory kennt noch einige besondere Formen des Bindens, z. B. das serverlose Binden oder das Binden über eine GUID.

Ausblick

Ein konkretes Unterobjekt kann von einem Container aus auch über seinen relativen Namen (RDN) direkt angesprochen werden. Dazu dient die Methode GetObject() aus der IADsContainer-Schnittstelle. Allerdings ist dabei die Angabe des Klassennamens (hier: user) obligatorisch:

Bindung über RDN

```
Set container = GetObject("WinNT://Mars")
Set objUser = container.GetObject("user", "FoxMulder")
```

Der Zugriff auf das User-Objekt in einem Schritt würde dagegen lauten:

```
Set objUser = GetObject("WinNT://meinedomain/Mars/FoxMulder")
```

Oder mit Angabe der Objektklasse, falls der Objektname nicht eindeutig ist:

```
Set objUser = GetObject("WinNT:://Mars/FoxMulder,user")
```

Leider sind die Fehlermeldungen, die GetObject() bei erfolglosem Aufruf liefert, nicht immer aussagekräftig: Ein »Syntax Error« kann einerseits bedeuten, dass der ADSI-Pfad nicht korrekt aufgebaut ist, andererseits aber auch, dass das angesprochene Objekt nicht existiert.

Test auf Objektexistenz

Da ADSI keine eingebaute Funktion besitzt, um auf die Existenz eines Verzeichnisobjekts zu prüfen, kann die in Kapitel 3 vorgestellte Hilfsroutine ExistsObject() verwendet werden.

ExistsObject()

COM-Komponenten

Der Nachteil an dieser Try-and-Error-Methode ist, dass die Entscheidung sehr lange dauern kann. Wird beispielsweise ein Rechner angesprochen, der nicht erreichbar ist, meldet `GetObject()` erst nach einigen Sekunden einen Fehler.

5.6.4.2 Methodenaufrufe und Attributzugriffe

Unterschiede beachten
Bei ADSI gibt es einen wichtigen Unterschied zwischen dem Zugriff auf Methoden und dem Zugriff auf Attribute: Alle Methoden sind im direkten Zugriff (Punkt-Notation in Visual Basic), während auf Attribute zum Teil über Methoden der Meta-Schnittstelle `IADs` zugegriffen werden muss. Das liegt daran, dass ein Verzeichnisdienst keine eigenen Methoden bereitstellt. Die Methoden werden von ADSI-Schnittstellen zur Verfügung gestellt.

Beispiel zum Methodenaufruf
Voraussetzung vor dem Zugriff auf eine Methode oder ein Attribut ist – natürlich – die Bindung einer Objektvariablen an ein Verzeichnisobjekt. Das folgende Beispiel zeigt den Aufruf von Methoden. So kann beispielsweise ein NT-Dienst wie der Scheduler mit ADSI gestartet und gestoppt werden, wie das nachfolgende WSH-Skript zeigt.

```
computer = Inputbox("Welcher Computer?")
Set servObj = GetObject("WinNT://" & computer & "/schedule")
servObj.Stop ' Dienst stoppen
servObj.Start ' Dienst starten
```

Listing 5.56: Bindung an den Scheduler-Dienst und Ausführung von zwei Methoden

In Sprachen, die frühe Bindung verwenden, kann es nötig sein, die Schnittstelle zu wechseln, da die Methoden auf ein Verzeichnisobjekt zum Teil durch verschiedene Schnittstellen bereitgestellt werden. Bei der Skriptprogrammierung bietet Ihnen die Standardschnittstelle `IADs` per `IDispatch`-Zugriff die volle Funktionalität (mit einigen wenigen Ausnahmen).

Attributzugriff

Direkter Zugriff
Auf ein Attribut kann nur direkt (über die Punkt-Notation) zugegriffen werden, sofern es in einer ADSI-Schnittstelle definiert ist.

```
Objektvariable.Attribut
```

Put(), Get()
Auf alle Verzeichnisattribute, für die es keine Entsprechung in ADSI-Standardschnittstellen gibt, müssen die `IADs`-Methoden `Put()` und `Get()` angewendet werden.

```
objMailbox.Put "Attributname", Wert
Variable = u.Get("Attributname")
```

ADSI unterscheidet zwischen zwei Arten von Attributen:

- Einwertige Attribute haben genau einen Wert.
- Mehrwertige Attribute können mehrere Werte gleichzeitig haben.

> Ein Beispiel für ein mehrwertiges Attribut ist eine E-Mail-Adresse. Ein Benutzer kann neben der Adresse *Holger.Schwichtenberg@it-visions.de* auch noch Aliase haben, z.B. *hs@it-visions.de* und *hs@windows-scripting.de*.

Mehrwertige Attribute

Anders als Datensätze in einer relationalen Datenbank besitzen Verzeichniseinträge optionale Attribute. In vielen Verzeichnisdiensten sind nicht-verwendete optionale Attribute nicht mit einem Nullwert belegt, sondern gelten als nicht-vorhanden. Ein Zugriff darauf führt zu einem Fehler (8000500d: »Die Active-Directory-Eigenschaft wurde nicht im Cache gefunden«). Dieser Fehler kann auch mit Attributen auftreten, die im Rahmen einer ADSI-Standardschnittstelle definiert sind, denn ADSI hat – wie bereits erwähnt – ein eher lockeres Verständnis vom Vertragscharakter einer Schnittstelle.

Optionale Attribute

In diesem Umstand steckt eine heimtückische Falle, wenn Sie bei der Skriptentwicklung nicht beachten, dass in einer anderen Umgebung nicht notwendigerweise alle Attribute vorhanden sind, die es in Ihrer Testumgebung gibt. Es ist daher sinnvoll, den Attributzugriff fehlertolerant zu kapseln:

```
Function ADSIGet(obj, attribut)
ADSIGet = ""
On Error Resume Next
ADSIGet = obj.Get(attribut)
End Function
```

Listing 5.57: Fehlertolerantes Auslesen eines Attributs in einem Verzeichnisobjekt [ADSIGet.wsf]

Mehrwertige Attribute

Mehrwertige Attribute werden über Arrays zugewiesen und benötigen die speziellen IADs-Methoden GetEx() und PutEx(). PutEx() kennt dabei vier verschiedene Modi (siehe Tabelle 5.34).

GetEx(), PutEx()

```
' -- Definition des Arrays
Dim mehrwert(2)
' -- Füllen des Arrays
mehrwert(0) = "H.Schwichtenberg@it-visions.de"
mehrwert(1) = "hs@windows-scripting.de"
mehrwert(2) = "hs@it-visions.de"
modus = 1
' -- Setzen des mehrwertigen Attributs
obj.PutEx modus, "AttributName", mehrwert
```

Listing 5.58: Pseudo-Code für den Zugriff auf ein mehrwertiges Attribut

Symbolische Konstante	Numerische Konstante	Erläuterung
ADS_PROPERTY_CLEAR	1	Löscht alle Werte
ADS_PROPERTY_UPDATE	2	Die übergebenen Werte ersetzen die alten Werte.

Tabelle 5.34: Die vier Modi der PutEx()-Methode. Diese Konstanten sind leider nicht in der Typbibliothek definiert.

Symbolische Konstante	Numerische Konstante	Erläuterung
ADS_PROPERTY_APPEND	3	Die übergebenen Werte werden angefügt.
ADS_PROPERTY_DELETE	4	Die übergebenen Werte werden aus dem Attribut entfernt.

Sonderbehandlung für Arrays

Beim Auslesen mehrwertiger Attribute mit Get() ist eine Fallunterscheidung notwendig. Ein mehrwertiges Attribut, das nur einen Wert enthält, wird nicht als Array übergeben, sondern direkt als einzelner Wert. Die bereits in Kapitel 3 vorgestellte Funktion flat() kann grundsätzlich eingesetzt werden, um einen mehrwertigen ADSI-Attributwert in einen String umzuwandeln. GetEx() liefert dagegen immer ein Array, auch dann, wenn das Attribut nur einwertig ist.

ADSI Property Cache

Caching

Da ADSI-Objekte nur Stellvertreter für Verzeichniseinträge sind, werden die Attributwerte in einem Property Cache verwaltet. Beim ersten Zugriff auf ein Attribut lädt ADSI alle Attributwerte in den Cache. Schreibzugriffe sind durch Zuweisungen an die Attribute möglich.

GetInfo(), SetInfo()

Alle Schreibzugriffe müssen mit einem Aufruf der Methode SetInfo() (aus der IADs-Schnittstelle) abgeschlossen werden. Erst dann wird der Cache an den zu Grunde liegenden Verzeichnisdienst übergeben. Damit wird auch die Transaktionssicherheit gewährleistet: Entweder werden alle Änderungen ausgeführt oder keine. Auch für das Einlesen der Attribute in den Cache gibt es eine Methode: GetInfo(). Das Skript sollte sie explizit aufrufen, wenn nicht sicher ist, ob die Werte im Cache noch aktuell sind. Mit GetInfo() können auch Änderungen verworfen werden, wenn zwischen den Änderungen und dem GetInfo() kein SetInfo() steht. Mit GetInfoEx() können vor einem ersten Attributzugriff gezielt einzelne Werte in den Cache gelesen werden, um zur Verringerung der Netzwerklast die Übertragung aller Attribute zu vermeiden.

```
Set UsrObj = GetObject("WinNT://Sonne/FoxMulder")
' -- Deaktivierung
UsrObj.AccountDisabled = True
' -- Cache schreiben
UsrObj.SetInfo
say "Konto deaktiviert"
...
UsrObj.GetInfo
say "Zustand des Kontos: " & UseObj.AccountDisabled
```

Listing 5.59: Arbeit mit dem Property Cache

Probleme mit dem Datentyp

Notwendige Typkonvertierungen

Bei bestimmten Konstellationen kann es zu Problemen hinsichtlich des Datentyps bei der Übergabe von Werten an Put() kommen. So übergibt VBScript eine Variable vom Subtyp Variant per Zeiger; der LDAP-Provider unterstützt aber diese Form der Übergabe nicht. Sie müssen mit einem Trick VBScript dazu zwingen, keinen Zeiger, sondern den Wert direkt zu übergeben.

Active Directory Service Interface (ADSI)

▶ Eine Möglichkeit ist, beim Aufruf von Put() die Variable explizit in den passenden Subtyp zu konvertieren.

```
u.Put "samAccountName", CStr(un)
objRecipient.Put "mailPreferenceOption", CInt(0)
```

▶ Eine andere Möglichkeit besteht darin, den Wert einfach in Klammern zu setzen. Wie in Kapitel 2 beschrieben, sieht VBScript dann einen Ausdruck, der ausgewertet wird, und ein Ausdruck wird immer als sein Wert übergeben, nicht als Zeiger.

```
u.Put "samAccountName", (un)
```

Natürlich ist die erste Möglichkeit die bessere.

5.6.4.3 Zugriff auf Container-Objekte

Der Zugriff auf die Container-Objekte und ihre Eigenschaften ist vollkommen identisch mit dem Zugriff auf Leaf-Objekte. Die Iteration durch ADSI-Container erfolgt in Visual Basic analog zur Iteration durch Collections mit der For...Each-Schleife. Sie bindet die Laufvariable obj nacheinander an die Objekte im Container:

Container-Objekte

```
Set container = GetObject("WinNT://Sonne")
For Each obj In container
    say obj.class & ":" & obj.name
Next
```

Listing 5.60: Iteration über einen Computer-Container im WinNT-Provider

Die For...Each-Schleife durchläuft grundsätzlich alle in dem Container enthaltenen Objekte. Eine Einschränkung kann jedoch mit dem Filter-Attribut aus der IADsContainer-Schnittstelle gegeben sein. Das Filter-Attribut erwartet ein Array mit den Namen der Klassen, auf die die Objektmenge beschränkt werden soll.

Filter

```
Set container = GetObject("WinNT://Sonne")
container.Filter = Array("User","Group")
For Each u In container
    say u.name
Next
```

Listing 5.61: Filterung eines Containerinhalts: Der Inhalt des Computer-Containers wird auf die Klassen User und Group eingeschränkt.

Leider trifft man auch in ADSI 2.5 noch auf einen bekannten Bug: ADSI hat Probleme mit der Grundschulmathematik und verzählt sich beim Auflisten eines Containers mit For...Each gelegentlich. Obwohl bereits alle Unterobjekte durchlaufen wurden, wird eine neue Iteration begonnen, die dann aber beim ersten Objektzugriff mit einem »Objektvariable nicht gesetzt« jäh beendet wird. Dagegen hilft nur eine tolerante Fehlerbehandlungsroutine.

Rekursion über einen Verzeichnisdienst-Container

Eine interessante Aufgabe ist auch hier die rekursive Ausgabe eines Verzeichnisbaums. Bei der Skriptprogrammierung gibt es ein Problem bei der Feststellung, ob ein Objekt ein Container oder ein Blatt ist, denn ein Test auf die Existenz der IADsContainer-Schnittstelle kann

Rekursion mit ADSI

in der typenlosen Welt von VBS nicht durchgeführt werden. Eine Möglichkeit wäre der Zugriff auf die Schemainformationen. Der hier dargestellte Weg ist etwas direkter: Es wird die Iteration über ein Verzeichnisobjekt versucht. Schlägt sie fehl, handelt es sich offensichtlich um ein Leaf-Objekt.

```
Sub ADSI_RekList(oContainer, ebene)
Dim obj ' As IADs
Dim c ' As IADsContainer
say Space(ebene * 2) & oContainer.Name
On Error Resume Next
For Each obj In oContainer
If Err.Number <> 0 Then        ' Leaf-Objekt
    Err.clear
    Exit Sub
Else                           ' Container
    ADSI_RekList obj, ebene + 1    ' Rekursion !
End If
Next
End Sub
```

Listing 5.62: Hilfsroutine: Rekursiver Durchlauf durch einen Verzeichnisdienst-Container [ADSI_RekList.wsf]

```
Dim obj ' As IADs
Set obj = GetObject("WinNT://Sonnensystem")
ADSI_RekList obj, 0
```

Listing 5.63: Testfunktion für `ADSI_RekList()` *[teste_ADSI_RekList.wsf]*

Collections

Collections   Neben den Containern gibt es in ADSI auch noch einige konventionelle Collections, z. B. die `Members`-Collection innerhalb der Schnittstelle `IADsGroup`. Eine Collection unterscheidet sich dadurch von einem Container, dass sie nicht über einen ADSI-Pfad, sondern über ein Attribut eines Verzeichnisobjekts angesprochen wird.

5.6.4.4   Instanzenverwaltung

Create()   Die `IADsContainer`-Schnittstelle stellt die Methoden zur Verwaltung von Objekten bereit: `Create()` erzeugt neue Objekte, `Delete()` löscht bestehende Objekte. In beiden Fällen ist der Klassenname anzugeben.

```
Set NTDomain = GetObject("WinNT://sonne")
Set newuser = NTDomain.Create("user", "ASchuermann")
newuser.Fullname = "Astrid Schuermann"
newuser.Description = "Korrektorin dieses Buchs!"
newuser.SetInfo
```

Listing 5.64: Erzeugung eines neuen Benutzers im WinNT-Provider

Delete()   Ein Objekt wird nicht durch einen Methodenaufruf auf sich selbst, sondern über die Ausführung von `Delete()` auf einem Container-Objekt unter Angabe von Klassennamen und RDN des zu löschenden Objekts entfernt. Der Aufruf von `SetInfo()` ist nicht nötig.

Active Directory Service Interface (ADSI)

```
Set NTDomain = GetObject("WinNT://Sonne")
NTDomain.Delete "user", "FoxMulder"
```

Listing 5.65: Löschen eines Benutzers aus einer WinNT-Domäne

Vor der Ausführung von Create() und Delete() sollten Sie auf die Existenz eines Objekts prüfen, um einen Laufzeitfehler zu vermeiden.

Komplexe Löschvorgänge

Üblicherweise können Container-Objekte erst dann gelöscht werden, wenn sie leer sind. Die Routine ADSI_DeleteThis() löscht in dem Fall, dass der übergebene ADSI-Pfad einen Container darstellt, zunächst rekursiv alle Unterobjekte. Die Routine ist aber auch eine Erleichterung für Leaf-Objekte, da ein Verzeichnisobjekt direkt über seinen Pfad gelöscht werden kann. Im Gegensatz zur Routine ADSI_RekList() wird hier der Zugriff auf das Schema dazu verwendet, zwischen Leaf- und Containerobjekten zu unterscheiden.

Rekursives Löschen

```
Sub ADSI_DeleteThis (this)
Dim objthis ' As IADs
Dim objparent ' As IADsContainer
Dim objSch ' As IADsClass
Dim objchild ' As IADs
' -- Wenn es nicht existiert, mache nichts!
If Not ExistsObject(this) Then Exit Sub
' -- Zugriff auf zu löschendes Objekt
Set objthis = GetObject(this)
Set objSch = GetObject(objthis.Schema) ' Schemazugriff
' -- Bei Containern Iteration über alle Unterobjekte...
If objSch.container Then ' nur für Container
    For Each objchild In objthis
        ' -- Unterobjekt löschen
        ADSI_DeleteThis objchild.adspath ' Rekursion
    Next
End If
' -- Löschen dieses Objekts ausführen...
Set objparent = GetObject(objthis.Parent)
objparent.Delete objthis.Class, objthis.Name
say "Gelöscht: " & this
End Sub
```

Listing 5.66: Rekursives Löschen in einem Verzeichnisdienst

Für Container-Objekte wird häufig eine Routine benötigt, um alle Unterobjekte des Containers zu entfernen, den Container selbst aber nicht zu löschen.

```
Sub ADSI_Clear (this)
Dim objthis ' As IADs
Dim objchild ' As IADs
' -- Zugriff auf zu säubernden Container
Set objthis = GetObject(this)
For Each objchild In objthis
    ' -- Unterobjekt löschen
```

```
            ADSI_DeleteThis objchild.adspath
       Next
       End Sub
```

Listing 5.67: Säubern eines Containers

5.6.4.5 ADSI-Sicherheit

Sicherheits-fragen Sicherheitsfragen spielen beim Zugriff auf Verzeichnisdienste via ADSI eine große Rolle. Es gilt zu verhindern, dass Unbefugte Verzeichnisobjekte lesen oder gar verändern. ADSI bietet zwei Sicherheitsmodi: den Standardmodus und den Impersonifizierungsmodus.

Standardsicherheit

Standard-modus Im Standardmodus werden alle ADSI-Operationen unter dem Sicherheitskontext ausgeführt, unter dem der ADSI-Client läuft. Welcher Sicherheitskontext das ist, hängt von der Identitäts-Konfiguration des (Scripting) Hosts ab. In der Regel ist es jedoch der gerade angemeldete Benutzer.

Impersonifizierungsmodus

Impersonifi-zierung Das Wort *Impersonifizierung* (engl.: impersonification) sucht man in Wörterbüchern (noch) vergeblich. In Fachkreisen (so auch in Microsoft-Dokumentationen) wird dieser Begriff für einen Wechsel des Benutzerkontexts im laufenden Betrieb verwendet. Ein Benutzer kann also in die Rolle eines anderen Benutzers wechseln, ohne sich neu am System anmelden zu müssen. Diese Funktion ist besonders wichtig für Administratoren, die nur gelegentlich bestimmte administrative Aufgaben ausführen müssen.

IADsOpen-DSObject:: OpenDS-Object() Der ADSI-Client verwendet den ADSI-Impersonifizierungsmodus durch die ADSI-Standardschnittstelle IADsOpenDSObject, um im laufenden Programm den Benutzerkontext zu wechseln. Diese Schnittstelle wird beim Zugriff auf ein Namespace-Objekt – also auf den ADSI-Pfad ohne Distinguished Name – zurückgegeben. IADsOpenDSObject stellt nur eine Methode zur Verfügung: OpenDSObject(). Diese Methode erfüllt zunächst einmal die gleiche Funktion wie die VB-Funktion GetObject(). Zusätzlich kann ein Benutzerkonto angegeben werden, unter dem die folgenden ADSI-Zugriffe ausgeführt werden. Anzugeben sind ein Benutzername und ein Passwort. Der letzte Parameter Flags gibt im Wesentlichen die Authentifizierungsmethode an (vgl. Tabelle 5.35). Der Regelfall ist *ADS_SECURE_AUTHENTICATION* (1). Beim Windows NT 4.0 Provider wird dann die *NT LAN Manager (NTLM)*-Authentifizierung benutzt. Bei Windows 2000 mit Active Directory wird zunächst versucht, *Kerberos* zu benutzen, bevor auf NTLM zurückgegriffen wird.

```
Dim MyNamespace ' as IADsOpenDSObject
Set MyNamespace = GetObject("LDAP:') ' Namespace
Set objX = MyNamespace.OpenDSObject(DN, UserName, Password, Flags) '
Impersonifizierung
```

Passwort im Klartext Alle folgenden Operationen auf dem ADSI-Objekt, auf das objX verweist, werden dann unter dem angegebenen Benutzerkonto ausgeführt. Der Nachteil dieser Methode besteht darin, dass OpenDSObject() das Passwort im Klartext erwartet. Das Kennwort muss also im Klartext im Quellcode abgelegt oder durch den Client selbst verschlüsselt abgelegt und dekodiert werden.

Symbolische Konstante	Wert	Erläuterung
ADS_SECURE_ AUTHENTICATION	1	Beim Windows NT 4.0 Provider wird dann die NT LAN Manager (NTLM)-Authentifizierung benutzt. Bei Windows 2000 mit ADS wird zunächst versucht, Kerberos zu benutzen, bevor auf NTLM zurückgegriffen wird.
ADS_USE_ ENCRYPTION	2	Die Übertragung wird mit SSL verschlüsselt, sofern ein Server-Zertifikat vorhanden ist.
ADS_READONLY_ SERVER	4	Es wird angezeigt, dass der Server das Ändern von Einträgen nicht unterstützen muss.
ADS_NO_ AUTHENTICATION	16	Es wird eine anonyme Verbindung aufgebaut (vom WinNT-Provider nicht unterstützt).
ADS_FAST_BIND	32	Fast-Bind bedeutet, dass nur die Standardschnittstellen des Objekts, nicht aber die zusätzlichen Schnittstellen zur Verfügung stehen. Dieser Modus erhöht die Zugriffsgeschwindigkeit.
ADS_USE_SIGNING	64	Stellt Datenintegrität sicher
ADS_USE_SEALING	128	Verwendet Kerberos zur Verschlüsselung (nur Windows 2000)

Tabelle 5.35: Konstanten für Sicherheitsflags bei OpenDSObject(). Diese Konstanten sind leider nicht in der Typbibliothek definiert.

Ein Kennwort im Klartext irgendwo abzulegen, ist ein Sicherheitsrisiko – nicht nur für Administrator-Konten. Sofern das Skript nicht unbeaufsichtigt laufen muss, sollten Sie daher nach dem Kennwort fragen (z.B. mit InputBox() – siehe Kapitel 3 – oder der Scripting Password-Komponente – siehe Kapitel 5). Ungeeignet ist die Kennworteingabe natürlich dann, wenn das Skript entweder unbeaufsichtigt laufen soll oder aber im Kontext eines normalen Benutzers gestartet werden soll, dann aber eine Impersonifizierung als Administrator notwendig wird. In Kapitel 4 werden zum Thema »WSH-Sicherheit« entsprechende Alternativen besprochen.

Bei OpenDSObject() können Benutzernamen unter WinNT wie folgt angegeben werden: **Benutzerpfade unter NT**

▶ BENUTZERNAME

▶ DOMAIN\BENUTZERNAME

▶ COMPUTER\BENUTZERNAME

Mit Windows 2000 ADS via LDAP gibt es darüber hinaus folgende Möglichkeiten: **Benutzerpfade im Active Directory**

▶ Distinguished Name, z.B. CN=HS,OU=IT-VISIONS,DC=IT-VISIONS,DC=DE

▶ User Principal Name (UPN), z.B. HS@IT-VISIONS.DE. Dies ist der Name, der sich aus dem Windows 2000-Anmeldenamen und der Domain zusammensetzt. Auch wenn der Aufbau daran erinnert, ist dies nicht notwendigerweise die E-Mail-Adresse des Benutzers. Der UPN ist in dem Verzeichnisattribut userPrincipalName gespeichert.

Zugriffsrechte auf Objektebene

Access Control Lists
In Verzeichnisdiensten können üblicherweise Blätter und/oder Knoten durch *Access Control Lists (ACLs)* geschützt werden. ADSI unterstützt diese Funktion durch die Schnittstellen IADsSecurityDescriptor, IADsAccessControlEntry und IADsAccessControlList – allerdings nur für Windows 2000. NT4 verfügt ohnehin nicht über eine derart fein granulierte Sicherheit, aber ADSI hat auch Probleme mit den ACLs im Exchange Server. Sie müssen dafür auf die Zusatzkomponente *ADsSecurity* (vgl. Kapitel »ADSI-Zusatzkomponenten«) zurückgreifen.

5.6.4.6 Schemazugriff

Zugriff auf das transparente Schema
Das Schema eines Verzeichnisdienstes kann auch per ADSI ausgelesen werden. Der Aufbau des Schemas ist von Verzeichnisdienst zu Verzeichnisdienst verschieden. So definiert WinNT Klassen durch Instanzen der Klasse class und Attribute durch Instanzen der Klasse property. Bei Active Directory heißen diese Schemaklassen classSchema und attributeSchema.

ADSI-Meta-Schnittstellen
Zum polymorphen Zugriff auf diese unterschiedlichen Klassen definiert ADSI die Standardschnittstellen IADsClass, IADsProperty und IADsSyntax. Sofern ein Verzeichnisdienst Schemamodifikationen zulässt, können diese Schnittstellen auch dazu verwendet werden, um neue Klassen und Attribute zu erstellen.

ADSI_SchemaInfo
Das nächste Listing zeigt eine Funktion, die für ein beliebiges Objekt ausgibt, welche Attribute es besitzt. Dabei wird zwischen Pflichtattributen und optionalen Attributen unterschieden. Für Container-Objekte wird mit Hilfe des Attributs Containment zusätzlich ausgegeben, welche Unterklassen sie enthalten können. Die Funktion ADSI_SchemaInfo() erwartet als Parameter einen gültigen ADSI-Pfad, also auch die Namespace-ID.

Notwendige Fehlertoleranz
Die Routine ADSI_SchemaInfo() gibt zu Attributen auch die Werte aus. Bitte beachten Sie jedoch die notwendige Fehlertoleranz mit On Error Resume Next: Einige Attribute lassen sich nicht auslesen, es kommt beim Zugriff mit Get() zu einer Fehlermeldung. Auch ist für einen Sonderfall im Active Directory eine besondere Variante der Flat()-Funktion notwendig, da es im Active Directory mehrwertige Attribute gibt, deren einzelne Werte wieder Objekte sind, die GUIDs repräsentieren. AdsFlat() wiederum benötigt eine Umwandlungsroutine für eine GUID aus einem binären Format in einen String (Routine binGUIDtoSTR()).

```
Function ADSI_SchemaInfo(adsipfad)
Dim obj ' As IADs
Dim Cl ' As IADs
Dim Name ' As Variant
Dim Wert ' As Variant
' -- Bindung an Verzeichnisobjekt
Set obj = GetObject(adsipfad)
' -- Zugriff auf Schemaobjekt
Set Cl = GetObject(obj.Schema)
say "Schema-Informationen für: " & adsipfad
say "------------------------"
say "Klasse: " & Class.Name
say "GUID: " & Class.guid
say "------------------------"
' ------------------------ Unterklassen und Unterobjekte
```

```
If Cl.container Then
    say "-- Unterobjekte:"
    For Each Name In Cl.Containment
        say Name
    Next
Else
    say "-- Klasse ist ein Leaf-Objekt."
End If
' ----------------------- Pflicht-Attribute
say "-- Pflichtattribute:"
For Each Name In Cl.MandatoryProperties
    Wert = ""
    On Error Resume Next
    Wert = obj.Get(Name)
    On Error GoTo 0
    Wert = ADSflat(Wert)
    If Wert <> "" Then
        say Name & " = " & Wert
    Else
        say Name
    End If
Next

Dim oBinVal 'As ActiveDs.DNWithBinary
' ----------------------- Optionale Attribute
say "-- Optionale Attribute:"
For Each Name In Cl.OptionalProperties
    Wert = ""
    On Error Resume Next
    Wert = obj.Get(Name)
    On Error GoTo 0
    Wert = ADSflat(Wert)
    If Wert <> "" Then
        say Name & " = " & Wert
    Else
        say Name
    End If
Next
End Function
```

Listing 5.68: Zeigt die Schemainformationen zu einem Verzeichnisobjekt an [ADSI_SchemaInfo.wsf]

```
Function ADSflat(var)
'On Error Resume Next
Dim i 'As Integer
' -- Mehrfachattribut?
If IsArray(var) Then ' Array flachklopfen
    ADSflat = ""
    For i = LBound(var) To UBound(var)
        If ADSflat <> "" Then ADSflat = ADSflat & ";"
        ' -- Prüfen auf ActiveDs.DNWithBinary
        If IsObject(var(i)) Then
```

```
                ADSflat = ADSflat & var(i).DNString & " == " & _ binGUIDtoSTR(var(i)
.BinaryValue)
            Else
                ADSflat = ADSflat & var(i)
            End If
    Next
 Else                        ' War kein Array
    ADSflat = var
 End If
 End Function
```

Listing 5.69: Besondere Variante von flat()

```
Function binGUIDtoSTR(guid)
Dim i ' As Integer
For i = (LBound(guid) + 1) To (UBound(guid) + 1)
 binGUIDtoSTR = binGUIDtoSTR & Hex(AscB(MidB(guid, i, 1)) \ 16) _
 & Hex(AscB(MidB(guid, i, 1)) Mod 16)
Next
End Function
```

Listing 5.70: Umwandlung einer binären GUID in einen String

```
ADSI_SchemaInfo "WinNT://mars"
ADSI_SchemaInfo "WinNT://mars/w3svc"
ADSI_SchemaInfo "LDAP://sonne200C/OU=IT-Visions,dc=it-visions,dc=de"
ADSI_SchemaInfo "LDAP://sonne200C/dc=it-visions,dc=de"
ADSI_SchemaInfo "LDAP://<WKGUID=a9d1ca15768811d1aded00c04fd8d5cd,dc=
it-visions,cc=de>"
```

Listing 5.71: Test der Routine ADSI_SchemaInfo() *[teste_ADSI_SchemaInfo.wsf]*

> Die Buch-CD [CD:/code/komponenten/adsi/schemabrowser/] enthält auch das in Visual Basic 6.0 geschriebene Tool *ADSISchemaBrowser* (SCHEMABROWSER.EXE). Der Quellcode wird an dieser Stelle nicht erläutert, weil er im Kern der Routine ADSI_SchemaInfo() entspricht und darüber hinaus im Wesentlichen nur Routinen für die Steuerung des GUIs enthält.

5.6.4.7 ADSI-Queries

OLE DB-Provider für Active Directory

ADSI unterstützt neben der schrittweisen Iteration durch Container auch den Mengenzugriff auf Verzeichniseinträge über OLE DB. Der *OLE DB-Provider für den Active Directory Service* gestattet es, per ActiveX Data Objects (ADO) auf Verzeichnisinformationen zuzugreifen. Der OLE DB-Provider wandelt dabei das hierarchische Objektmodell eines Verzeichnisdienstes in eine flache relationale Tabellenstruktur um. Diese Zugriffsart hat zwei Vorteile:

▶ Die Menge der Verzeichniseinträge kann bereits auf Serverseite eingeschränkt werden.

▶ Die Abfrage kann Einträge aus mehreren Ebenen im Verzeichnisbaum zurückgeben.

Active Directory Service Interface (ADSI)

Da ein Verzeichnisdienst eine semi-strukturierte Datenbank ist, in der nicht alle Objekte die gleichen Attribute besitzen, bleiben bei der Umwandlung in eine relationale Tabelle zwangsläufig einige Felder der Tabelle leer.

Dieser OLE DB-Provider basiert auf der ADSI-Komponente, ohne die er nicht verwendbar ist. Der Provider wird durch das ADSI-Setup installiert, nicht durch das MDAC-Setup.

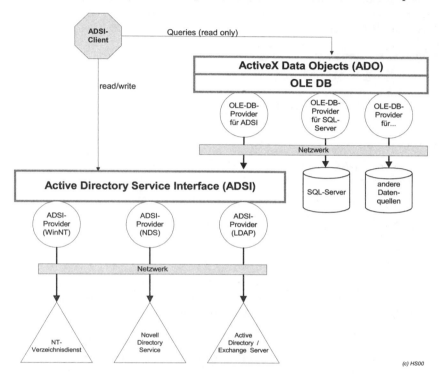

Abbildung 5.22: Architektur für den Zugriff auf Verzeichnisdienste via ADO

Aus Platzgründen kann die Komponente »ActiveX Data Objects – ADO« in diesem Buch nicht ausführlicher besprochen werden. Eine Beschreibung von ADO finden Sie im COM-Komponenten-Handbuch [SCH01c].

Der Provider unterliegt derzeit folgenden Beschränkungen:

Einschränkungen

- Es ist nur ein Lesezugriff möglich. Es hieß zwar aus Microsoft-Kreisen, mit Windows 2000 würde ein Schreibzugriff möglich, diese Funktionalität ist jedoch in Windows 2000 noch nicht verfügbar.
- Es können derzeit nur LDAP-fähige Verzeichnisdienste abgefragt werden. Zur Unterstützung von OLE DB muss ein ADSI-Provider die `IDirectorySearch`-Schnittstelle unterstützen. Das leistet derzeit nur der LDAP-Provider.

Nicht alle Versionen von ADSI und ADO sind kompatibel miteinander. Verwenden Sie bei ADSI 2.0 auch Version 2.0 von ADO. ADSI 2.5 benötigt mindestens ADO 2.1!

Syntax für Suchanfragen

Syntax Der Ablauf ist wie bei ADO üblich: Der Benutzer führt eine Abfrage aus und erhält ein Recordset-Objekt zurück. ADSI-Queries auf LDAP-Verzeichnissen sind in zwei Syntaxformen möglich: in der LDAP-Query-Syntax nach [RFC1960] und [RFC2254] und in einer SQL-ähnlichen Syntax.

LDAP-Query-Syntax

LDAP-Syntax Die allgemeine Vorschrift lautet:

```
"Start; [Filter]; Attribute [; Scope]"
```

Dabei ist:

- START ein LDAP-Pfad inkl. LDAP://. Der Pfad kann sowohl in Little Endian- als auch in Big Endian-Form angegeben werden.

  Beispiel: `LDAP://sonne2000/dc=It-Visions,dc=DE`

- FILTER eine Bedingung in umgekehrt polnischer Notation (UPN oder Postfix-Notation). Diese Notation zeichnet sich dadurch aus, dass die Operatoren am Anfang stehen.

  Beispiel: `(&(objectclass=user)(name=h*))`

- ATTRIBUTE eine durch Komma getrennte Attributliste der gewünschten Verzeichnisattribute, die in die Tabelle aufgenommen werden sollen. Diese Angabe ist nicht optional, der Sternoperator (»*«) wie bei SQL ist nicht erlaubt.

  Beispiel: `AdsPath,Name,SamAccountname`

- SCOPE eine der in der folgenden Tabelle genannten Konstanten.

Tabelle 5.36: Suchtiefen bei ADSI-Queries

Konstante (LDAP-Syntax)	Konstante (ADO)	Wert	Erläuterung
BASE	ADS_SCOPE_BASE	0	Es wird nur der angegebene Eintrag gesucht. Die Ergebnismenge umfasst keinen oder einen Datensatz.
ONELEVEL	ADS_SCOPE_ONELEVEL	1	Es wird in den Einträgen gesucht, die dem angegebenen Eintrag untergeordnet sind.
SUBTREE	ADS_SCOPE_SUBTREE	2	Es werden alle darunter liegenden Ebenen durchsucht.

Active Directory Service Interface (ADSI)

In dem Active Directory-MMC-Snap-In »Benutzer- und Computer« gibt es ab Windows .NET Server einen neuen Ast »Saved Queries«.

SQL-Query-Syntax

Zunächst die Vorschrift:

SQL-Syntax

```
"SELECT Attribute FROM 'Start' WHERE Bedingung order by SortierAttribute"
```

Dabei ist:

- ATTRIBUTE eine durch Komma getrennte Attributliste.
- START ein LDAP-Pfad inkl. LDAP:// in einfachen Anführungszeichen.
- BEDINGUNG eine Bedingung in SQL-Syntax.
- SORTIERATTRIBUTE eine durch Komma getrennte Attributliste.

Die Syntax entspricht also der SQL-Syntax mit der Ausnahme, dass an die Stelle des Tabellennamens der LDAP-Pfad rückt. Der Vorteil der LDAP-Syntax liegt in der Möglichkeit, die Suchtiefe zu definieren; der Vorteil der SQL-Syntax ist die Sortiermöglichkeit. Der Nachteil der SQL-Syntax kann allerdings durch die Übergabe eines Werts an das durch den OLE DB-Provider für die Command-Klasse definierte Attribut »searchscope« ausgeglichen werden.

```
objCMD.Properties("searchscope") = ADS_SCOPE_SUBTREE
```

	LDAP-Syntax	SQL-Syntax
Exchange Server: Alle Postfächer unterhalb des Empfänger-Containers	`<LDAP://ldapserver/ O=ITV/ OU=ESSEN/ CN=recipients>; (objectClass= organizationalperson); AdsPath,Name;subtree"`	`Select ADsPath, Name FROM 'LDAP:// ldapserver/ O=ITV/OU=ESSEN/ CN=recipients' where objectClass= 'organizationalperson'`
Active Directory: Alle Benutzer, deren Name mit h beginnt	`<LDAP://sonne2000/ dc=It-Visions,cc=DE>; (&( objectclass=user) (name=h*)); adspath, SamAccountname; subtree`	`Select adspath, SamAccountname FROM 'LDAP:// sonne2000/ dc=It-Visions, dc=DE' where   objectclass='user' and name = 'h*'`

Tabelle 5.37: Beispiele für ADSI-Queries

Eine Abfrage, die nur aus der Bedingung `class=*` besteht, funktioniert nicht. Um alle Verzeichnisobjekte zurückzuliefern, muss der Sternoperator auf ein anderes Attribut angewendet werden.

COM-Komponenten

Hilfsroutinen ADSI_ ADOQuery() ()

Das folgende Listing zeigt die Hilfsroutine ADSI_ADOQuery() (strLDAPQuery), die eine beliebige ADO/ADSI-Query ausführt. Auffällig ist, dass der Connection String nur aus der Angabe des Providers besteht. Im Gegensatz zu anderen Datenverbindungen ist hier kein Servername anzugeben. Der Servername wird erst im Rahmen der ADSI-Query mitgeteilt, die hier in LDAP-Syntax angegeben ist. Nach dem Ausführen der Abfrage mit Execute() steht ein Recordset-Objekt zur Verfügung.

```
' #### Ausführung einer ADSI/ADO-Query
Sub ADSI_ADOQuery() (strLDAPQuery)
Dim objCon ' As ADODB.Connection
' -- ADO-Connection-Objekt erzeugen
Set objCon = CreateObject("ADODB.Connection")
' -- Verbindung zu dem OLE DB-Provider für ADSI
CONSTRING = "Provider=ADSDSOObject'
objCon.Open CONSTRING ', "administrator", ""
' -- Selektion aller User, deren Verzeichnisname mit H beginnt
' --- Ausführen der Abfrage
say "Starting Query..." & strLDAPQuery
Set rs = objCon.Execute(CStr(strLDAPQuery))
' --- Ausgabe der Ergebnisse
list_table rs
' -- Schließen der Objekte
rs.Close
objCon.Close
End Sub
```

Listing 5.72: Anfrage an ein Active Directory via ADO [ADO_ADSI_Funktionen.vbs]

In dieser Hilfsroutine wird eine andere Hilfsroutine aufgerufen, die einen ADO-RecordSet komplett ausgibt.

```
' #### Hilfsroutine: Universelle Tabellenausgabe
Sub list_table(rs)
Dim a ' Ausgabe
' --- Ausgabe der Feldnamen
a = ""
For Each f In rs.Fields
    ' --- Zusammensetzen der Ausgabe
    If a <> "" Then a = a & ";"
    a = a & f.name
Next
say a
' --- Iteration über alle Datensätze
Do While Not rs.EOF
    a = ""
    ' --- Iteration über alle Felder
    For Each f In rs.Fields
        ' --- Zusammensetzen der Ausgabe
        If a <> "" Then a = a & ";"
        If Not IsNull(rs(f.name)) Then
            a = a & CStr(rs(f.name))
        End If
```

Active Directory Service Interface (ADSI)

```
    Next
' --- Ausgabe
say a
' --- nächster Datensatz
rs.MoveNext
Loop
End Sub
```

Listing 5.73: Ausschnitt aus [ADO_Funktionen.vbs]

Beispiele

Das folgende Skript testet die Hilfsroutine mit Active Directory und Exchange Server. **Beispiele**

```
' - Beispiel Active Directory
ADSI_ADOQuery()   "<LDAP://sonne2000/dc=it-visions,dc=de>;
(&(objectclass=user)(cn=H*));cn,givenname,sn,samaccountname,adspath; subtree"

' - Beispiel Exchange 5.5
ADSI_ADOQuery()   "<LDAP://Sonne/
cn=recipients,ou=Sonnensystem, o=Universum>;(&(objectclass=organizationalperson)
(cn=H*)));adspath,cn,uid,mail; subtree"
```

Listing 5.74: Testet Anfrage an ein Active Directory bzw. an Exchange via ADO [adoadsi_test.wsf]

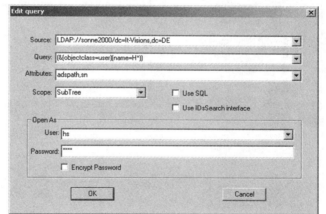

Abbildung 5.23: ADSI-Abfragen können auch im Active Directory Browser ausgeführt werden.

5.6.5 ADS Namespaces Container

Der *ADS Namespaces Container* steht über allen ADSI-Providern und ist daher im ADSI-Kern implementiert (siehe ADSI-Meta-Objektmodell). Der *Namespaces Container* wird – wie fast alle anderen Objekte in ADSI auch – als eine persistente Instanz angesehen. Daher erfolgt die Aktivierung mit GetObject(), nicht mit CreateObject(). **Namespaces**

```
Set Obj = GetObject("ADs:")
```

COM-Komponenten

Auch wenn die Microsoft-Dokumentation in diesem Zusammenhang immer vom Active Directory spricht und den Moniker »ADS« verwendet, ist dieser Container auf allen Clients verfügbar, die ADSI installiert haben.

Namespace-Objekte

Der Namespaces-Container enthält Namespace-Objekte für die verfügbaren Namespaces. Jedes Namespace-Objekt enthält die Root-Objekte aller erreichbaren Verzeichnisbäume (also z.B. NT-Domänen oder IIS-Server). Namespace-Objekte unterstützen neben den Schnittstellen IADs und IADsContainer auch die Schnittstelle IADsOpenDSObject, die der Impersonifizierung dient. Die Namespace-Objekte sind in der Registry eingetragen: Sie finden im COM-Viewer z.B. »WinNT Namespace Object« und »*LDAP NamespaceObject*«.

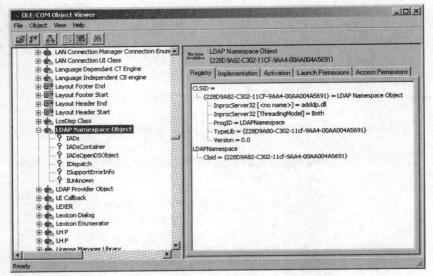

Abbildung 5.24: Das Namespace-Objekt für LDAP im COM-Viewer

```
' === Liste der Namespaces
Sub ADSI_Namespaces()
Dim objNSCont ' as IADsNamespaces
Dim objNS ' as IADs
Dim objRoot ' as IADs
Set objNSCont = GetObject("ADS:")
' --- SChleife für die Namespaces
say "verfügbare Namespaces:"
For Each objNS In objNSCont
say "-" & objNS.Name
    ' --- Liste der Wurzelcontainer
    For Each objRoot In objNS
        On Error Resume Next
        say "    - " & objRoot.Name
    Next
Next
End Sub
```

Listing 5.75: Liste der Namespaces mit den Wurzeln der Verzeichnisbäume [ADSI_Namespaces.wsf]

Active Directory Service Interface (ADSI)

Das Skript liefert in der Testumgebung folgende Ausgabe:

```
Verfügbare Namespaces:
 - WinNT:
    - ARBEITSGRUPPE
    - SONNENSYSTEM
 - NWCOMPAT:
 - NDS:
 - LDAP:
    - DC=IT-Visions
 - IIS:
    - MARS
    - SONNE2000
```

Listing 5.76: Ausgabe des Skript ADSI_Namespaces.wsf

Der WinNT-Namespace enthält die verfügbaren Domänen und Arbeitsgruppen, der IIS-Namespace die verfügbaren Webserver, LDAP die Domain des Active Directory. Ein Novell-Verzeichnisdienst wurde nicht gefunden.

Das Abschalten der Fehlerüberprüfung mit `On Error Resume Next` in Listing 5.115 ist notwendig, da ein leerer Namespace beim `For...Each`-Zugriff einen Fehler liefert. Ein `Count`-Attribut, mit dem vorher geprüft werden könnte, ob es Inhalte gibt, steht auf einem `Namespace`-Objekt nicht zur Verfügung.

5.6.6 ADSI-Provider für Windows NT 4.0 (WinNT)

Ob Windows NT 4.0 überhaupt einen Verzeichnisdienst hat, ist eine Frage, an der sich die Geister scheiden, weil die Verwaltung von Benutzern und Ressourcen sehr »flach« ist. Es gibt nur wenige Container, und es können keine eigenen (Unter-)Container angelegt werden. Das Schema ist nicht erweiterbar. In diesem Buch wird zur Vereinfachung dennoch der Begriff Verzeichnisdienst verwendet.

NT4-Verzeichnisdienst?

Mit dem WinNT-Provider können folgende Objekte im NT-Verzeichnis verwaltet werden: NT-Domänen, Computer, Benutzer (sowohl Domänen- als auch lokale Benutzer), Benutzergruppen (sowohl Gruppen in Domänen als auch Gruppen auf Computern), NT-Dienste, Druckerwarteschlangen, Druckaufträge, Verzeichnisfreigaben, Benutzersitzungen und Dateien, die in Benutzung sind.

Features

Der WinNT-Provider dient auch dem Zugriff auf die lokalen Benutzer einer Windows 2000 Professional Workstation bzw. eines Windows 2000 Servers ohne Active Directory. Das Schema des WinNT-Verzeichnisdienstes wurde dabei nicht geändert. Der WinNT-Provider kann auch auf das Active Directory zugreifen.

5.6.6.1 WinNT-Objektmodell

Die nachfolgende Grafik stellt die hierarchische Anordnung der Objekte im WinNT-Verzeichnis dar. Dies ist das Basis-Objektmodell des WinNT-Verzeichnisdienstes. Der WinNT-Provider ist insofern eine Ausnahme, als dieses Basis-Objektmodell nicht durch den Ver-

Wo kommt das Schema her?

zeichnisdienst, sondern durch den Provider selbst realisiert wird. NT4 besitzt kein Schema. Der WinNT-Provider kapselt jedoch die NT4-API-Funktionen so, dass ADSI-Clients ein Schema sehen.

Objekt-hierarchie Domain-Objekte enthalten Computer-, User- und Group-Objekte. Ein Computer-Objekt enthält User-, Group-, Service-, Fileservice-, PrintQueue- und PrintJob-Objekte. Fileservice-Objekte enthalten wiederum FileShare-, Session- und Resource-Objekte. Auffallend ist, dass User- und Group-Objekte direkt unter der Domain und auch innerhalb jedes Computer-Containers zu finden sind.

Service-Objekte sind in den meisten Fällen Leaf-Objekte, ein Fileservice ist jedoch auch selbst ein Container.

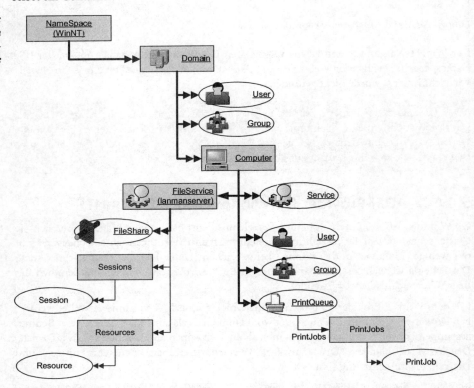

Abbildung 5.25: Objekte im WinNT-Namespace

Klassen und Schnittstellen

Implementierte Standardschnittstellen Pflichtgemäß implementieren alle Leaf-Klassen die Standardschnittstelle IADs und alle Container-Objekte die Standardschnittstellen IADs und IADsContainer. Darüber hinaus implementiert der WinNT-Provider für alle Verzeichnisobjekte weitere ADSI-Standardschnittstellen, die den Zugriff komfortabler machen und zusätzliche Methoden anbieten.

Active Directory Service Interface (ADSI)

Tabelle 5.38:
Weitere Schnittstellen der Objekte im WinNT-Provider

Klasse	Typ	Implementierte Zusatzschnittstellen
Domain	**Container**	IADsDomain
Computer	**Container**	IADsComputer IADsComputerOperations
File Service	**Container**	IADsFileservice IADsFileserviceOperations
Service	**Leaf**	IADsService IADsServiceOperations
User	**Leaf**	IADsUser
Group	**Leaf**	IADsGroup
PrintQueue	**Leaf**	IADsPrintQueue IADsPrintQueueOperations
PrintJob	**Leaf**	IADsPrintJob IADsPrintJobOperations
Service	**Leaf**	IADsService IADsServiceOperations
FileShare	**Leaf**	IADsFileShare
Resource	**Leaf**	IADsResource
Session	**Leaf**	IADsSession

5.6.6.2 Identifikation und Bindung

Der WinNT-Provider benutzt die Namespace-ID »WinNT«, wobei Groß- und Kleinschreibung exakt zu beachten sind. Der providerspezifische Teil entspricht der Form /oberste Ebene/ebene1/ebene2.

Objektidentifikation

Tabelle 5.39:
ADSI-Pfade im WinNT-Provider

WinNT-Objekttyp	ADSI-Pfad
WinNT-Root	WINNT://
Domäne	WINNT://DOMAINNAME
Computer	WINNT://DOMAINNAME/COMPUTERNAME ODER WINNT://COMPUTERNAME
Domänen-Benutzer (entsprechend für Gruppen)	WINNT://DOMAINNAME/BENUTZERNAME ODER WINNT://PDCNAME/BENUTZERNAME
Domänen-Benutzer (entsprechend für Gruppen)	WINNT://COMPUTERNAME/BENUTZERNAME
NT-Dienste	WINNT://COMPUTERNAME/DIENSTNAME
Druckerwarteschlangen	WINNT://COMPUTERNAME/DRUCKERNAME
Verzeichnisfreigabe	WINNT:// COMPUTERNAME /LANMANSERVER/FREIGABENAME
WinNT-Schema	WINNT://COMPUTERNAME/SCHEMA ODER WINNT://DOMAINNAME/SCHEMA

Viele Aktionen, die auf einem Domain-Objekt möglich sind, sind auch auf einem Computer-Objekt möglich. In Skripten, die keine Typdeklaration verwenden, müssen Sie nur den ADSI-Pfad ändern. Haben Sie in einer typisierten Umgebung jedoch die Objektvariable auf IADsDomain deklariert, müssen Sie den Typ anpassen, da Sie sonst die Meldung »Typen unverträglich« erhalten.

Angabe des Klassennamens
Da Doppeldeutigkeiten möglich sind, weil eine Domain einen Computer und einen Benutzer mit dem gleichen Namen enthalten kann, ist es möglich, hinter dem ADSI-Pfad durch ein Komma getrennt den Klassennamen anzugeben:

- Der Computer mit dem Namen »Sonne«

  WinNT://Sonnensystem/Sonne,computer

- Der Benutzer mit dem Namen »Sonne«

  WinNT://Sonnensystem/Sonne,user

Die Angabe des Klassennamens erhöht außerdem die Geschwindigkeit, mit der ein Objekt gefunden wird, zum Teil erheblich. Dies ist besonders bei Domänen und Computern wichtig, da der WinNT-Provider hier stets darauf angewiesen ist, die Objekte im Netz zu lokalisieren.

5.6.6.3 Verwaltung von NT-Domänen

Domain-Klasse Die Domain-Klasse repräsentiert eine Windows NT-Domain. Ein Domain-Objekt kann nicht via ADSI erzeugt werden (um eine Domain zu erzeugen, muss ein Rechner mit Windows NT Server und der Option Domain Controller installiert werden!). ADSI kann Attribute einer Domain auslesen und verändern.

Tabelle 5.40: Attribute von IADSDomain

Attribut	Erläuterung
MinPasswordLength	Mindestanzahl der Stellen in einem Passwort
MinPasswordAge	Zeitraum, nach dem das Passwort frühestens geändert werden kann (0 = sofortige Änderung erlaubt). Das Attribut erwartet den Wert in Sekunden. Die Tage müssen also mit 86400 multipliziert werden!
MaxPasswordAge	Anzahl der Sekunden, nach denen das Passwort spätestens geändert werden muss (-1 = Kennwort läuft nie ab)
MaxBadPasswordsAllowed	Anzahl der fehlerhaften Kennworteingaben, nach denen eine Sperre erfolgen soll
PasswordHistoryLength	Anzahl der Kennwörter, die aufbewahrt werden sollen, um zu verhindern, dass der Benutzer bereits verwendete Passwörter erneut benutzt. Das Maximum ist 24.

Active Directory Service Interface (ADSI)

Attribut	Erläuterung
AutoUnlockInterval	Dauer der Sperre in Sekunden (-1 bedeutet, dass das Konto so lange gesperrt bleibt, bis ein Administrator es wieder aktiviert). Der Benutzermanager zeigt hier nur Minutenwerte an. Die Anzeige wird ggf. auf volle Minuten aufgerundet.
LockoutObservation Interval	Anzahl der Sekunden, nach denen ein Konto zurückgesetzt wird. Mit diesem Attribut kann bestimmt werden, wie groß die Zeitspanne zwischen zwei Fehlversuchen sein kann, damit diese als zusammenhängend gesehen werden. Der Benutzermanager zeigt hier nur Minutenwerte an. Die Anzeige wird ggf. auf volle Minuten aufgerundet.

Kontenrichtlinien ändern

Das folgende Skript setzt die Kontenrichtlinien einer Domain so, dass die Benutzer ihre Passwörter jeweils zwischen dem 30. und dem 60. Tag wechseln müssen.

Richtlinien

```
Set oDomain = GetObject("WinNT://Sonnensystem")
' -- Gewünschte Zeitspannen
iMinTage = 30 ' Tage
iMaxTage = 60 ' Tage
iUnlock = 100 ' Minuten
Observation = 50 ' Minuten
' -- Umrechnung auf Sekunden
iMinTage = iMinTage * 60 * 60 * 24
iMaxTage = iMaxTage * 60 * 60 * 24
iUnlock = 100 * 60
Observation = 50 * 60
' -- Wertzuweisung
oDomain.MinPasswordAge = iMinTage
oDomain.MaxPasswordAge = iMaxTage
oDomain.AutoUnlockInterval = iUnlock
oDomain.LockoutObservationInterval = Oberservation
' Schreiben des Caches
oDomain.SetInfo
say "Kontorichtlinien geändert!"
```

Listing 5.77: Zugriff auf Kontorichtlinien via Domain-Objekt [ADSINT_Kontorichtlinien.wsf]

Auflisten aller Domänen

Es ist möglich, alle Domänen eines NT-Netzwerks aufzulisten. Dazu ist ein Zugriff auf das WinNT-Namespace-Objekt nötig.

```
Dim oDS ' As ActiveDs.IADsOpenDSObject
' -- Zugriff auf NameSpace
Set oDS = GetObject("WinNT:")
' -- Liste ausgeben
For Each oDomain In oDS
    say oDomain.Name
Next
```

Listing 5.78: Liste aller erreichbaren Windows-Domänen [ADSINT_AlleDomaenen.wsf]

Auflistung aller Unterobjekte einer Domäne

Das folgende Skript listet alle Unterobjekte einer Domain mit ihrem Klassennamen auf.

```
' -- Zugriff auf Domain-Objekt
Set oDomain = GetObject("WinNT://Sonnensystem")
' -- kein Filter, alle auflisten
For Each obj In oDomain
    say obj.Name & " (" & obj.Class & ")"
Next
```

Listing 5.79: Liste aller Unterobjekte eines Domain-Objekts mit den Klassennamen [ADSINT_AlleDomainUnterobjekte.wsf]

5.6.6.4 Die WinNT-Klasse »Computer«

Computer-Klasse Ein Computer-Objekt implementiert unter WinNT zwar neben der Schnittstelle IADsComputer auch die Schnittstelle IADsComputerOperations, die darin definierten Methoden ShutDown() und Status() jedoch nicht.

Liste aller Computer in einer Domain

Alle Computer Die Auflistung der Computer in einer Domain ist über den Zugriff auf das Domain-Objekt mit dem Filter auf die Computer-Klasse möglich. Viele Attribute von IADsComputer (z.B. Model, Site) sind unter dem WinNT-Provider nicht verfügbar.

```
' -- Zugriff auf Domain-Objekt
Set oDomain = GetObject("WinNT://Sonnensystem")
' -- Filter auf Computer
oDomain.Filter = Array("computer")
' -- Auflisten
For Each oComputer In oDomain
    say oComputer.Name & _
    " mit " & oComputer.OperatingSystem & _
    " " & oComputer.OperatingSystemVersion
Next
```

Listing 5.80: Liste der Computer in einer Domäne [ADSINT_Computerliste.wsf]

5.6.6.5 Benutzerkonten verwalten mit der »User«-Klasse

Benutzerkonten Das User-Objekt repräsentiert ein Windows-NT-Benutzerkonto in einer Domäne oder ein lokales Benutzerkonto auf einem einzelnen NT-Computer (Server oder Workstation).

Sie können mit ADSI keine Benutzer auf einem Windows 9x/ME-System verwalten, die innerhalb der Systemsteuerung eingerichtet werden.

Active Directory Service Interface (ADSI)

Attribut	Erläuterung
AccountDisabled	Der Wert *True* bedeutet, dass das Konto deaktiviert ist. Dieses Attribut wird durch ADSI bereitgestellt und besitzt keine Entsprechung im WinNT-Verzeichnisdienst.
AccountExpirationDate	Datum und Uhrzeit, zu der das Benutzerkonto ungültig wird
BadPasswordAttempts	Anzahl der Fehlversuche bei der Passworteingabe
Description	Textliche Beschreibung des Benutzers
FullName	Vollständiger Name
HomeDirDrive	Laufwerksbuchstabe für das Homeverzeichnis
HomeDirectory	Homeverzeichnis
LastLogin	Datum und Uhrzeit der letzten Anmeldung
LastLogoff	Datum und Uhrzeit der letzten Abmeldung
LoginHours	Stunden, zu denen sich der Benutzer anmelden darf
LoginScript	Name des Login-Skripts
LoginWorkstation	Arbeitsstationen, an denen sich dieser Benutzer anmelden darf
MaxLogins	maximale Anzahl der gleichzeitigen Anmeldungen
MaxPasswordLength	maximale Länge des Passworts
MaxStorage	Speicher, den der Benutzer maximal belegen darf. Diese Funktion ist unter NT 4.0 noch nicht verfügbar. Das Attribut steht daher immer auf unendlich (Wert -1).
MinPasswordLength	Mindestlänge für das Passwort
ObjectSID	Security Identifier des Benutzerkontos
Parameters	String, in dem Anwendungen Daten zum Benutzer abspeichern können. Hier wird z.B. die Callback-Nummer für den RAS-Zugang abgelegt.
PasswordAge	Alter des aktuellen Passworts
PasswordExpired	*True* bedeutet, dass das Passwort abgelaufen ist.
Profile	Profilverzeichnis
UserFlags	Hier können die aus dem Benutzermanager bekannten Einstellungen KENNWORT LÄUFT NIE AB (Flagwert: &H10000) und BENUTZER KANN PASSWORT NICHT ÄNDERN (Hexadezimalwert &H40) gesetzt werden. Die beiden Einstellungen können durch ein bitweises ODER miteinander verknüpft werden.

Tabelle 5.41: Attribute der WinNT-Klasse »User«

Methode	Erläuterung
ChangePassword()	Setzen des Passworts unter Angabe des alten Passworts
SetPassword()	Setzen des Passworts ohne Angabe des alten Passworts

Tabelle 5.42: Auf der WinNT-Klasse User ausführbare Methoden

Liste der Benutzer einer Domäne

Das nachfolgende Beispiel listet alle Benutzer einer Domain auf. Dabei werden auch der vollständige Name und die Beschreibung ausgegeben.

```
Set oDomain = GetObject("WinNT://Sonnensystem")
oDomain.Filter = Array("user")
say "-- Benutzerliste:"
For Each oUser In oDomain
    say oUser.Name & "," & oUser.FullName & "," & _
    oUser.Description
Next
```

Listing 5.81: Liste aller Benutzer einer NT-Domäne [ADSINT_BenutzerListe.wsf]

Anlegen eines neuen Benutzerkontos

Benutzer anlegen Vor dem Anlegen eines neuen NT-Benutzerkontos muss zunächst die Bindung an den übergeordneten `Domain`- oder an einen `Computer`-Container hergestellt werden. Bei der Methode `Create()` sind der Klassenname `user` und als zweiter Parameter der gewünschte Benutzername anzugeben. Der Benutzername ist der Relative Distinguished Name eines NT-Benutzers. Erst mit dem Aufruf von `SetInfo()` wird der Benutzer tatsächlich angelegt. Die User-Klasse verlangt keine Pflichtattribute.

```
' -- Zugriff auf Domain-Objekt
Set oDomain = GetObject("WinNT://Sonnensystem")
' -- Benutzer anlegen
Set oUser = oDomain.Create("user", "FoxMulder")
' -- Setzen von Eigenschaften
oUser.FullName = "Fox Mulder (FBI-Agent)"
oUser.Description = "Nur ein Test-User"
oUser.HomeDirectory = "e:\homes\username"
oUser.AccountExpirationDate = Now()
oUser.LoginScript = "test.bat"
' -- Cache schreiben
oUser.SetInfo
say "Benutzer angelegt!"
```

Listing 5.82: Hinzufügen eines neuen Benutzers [ADSINT_NeuerBenutzer.wsf]

> An dieser Stelle zeigt sich eine Tücke von ADSI, die auch in anderen Verzeichnisdiensten auftritt. Per Programmcode lassen sich Konfigurationen erzeugen, die von den grafischen Benutzeroberflächen nicht behandelt werden können. Mit ADSI ist es möglich, ein NT-Benutzerkonto mit einer Länge von mehr als 20 Zeichen anzulegen. Der Verzeichnisdienst lässt das offensichtlich zu, der NT-Benutzermanager verweigert aber jeglichen Zugriff auf das Konto. Um solche Probleme wieder zu bereinigen, bedarf es eines weiteren ADSI-Programms.

Die Zeile `oUser.AccountExpirationDate = Now()` bewirkt, dass der Benutzer sein Passwort bei der nächsten Anmeldung ändern muss.

Active Directory Service Interface (ADSI)

Ändern des Passworts

Das Passwort für einen Benutzer kann erst gesetzt werden, nachdem das Anlegen mit `SetInfo()` vollzogen wurde. Grundsätzlich gibt es zwei Möglichkeiten, ein Passwort mit ADSI zu setzen:

- Mit der Methode `ChangePassword()` unter Angabe des bisherigen Passworts   **ChangePassword()**

```
Set oU = GetObject("WinNT://Sonnensystem/FoxMulder")
oU.ChangePassword "alteskennwort", "neueskennwort"
```

- Bei `SetPassword()` ist die Angabe des bisherigen Passworts nicht nötig.   **SetPassword()**

```
Set oU = GetObject("WinNT://Sonnensystem/FoxMulder")
oU.SetPassword "neueskennwort"
```

`ChangePassword()` sollte angewendet werden, wenn sichergestellt werden soll, dass nur der betreffende Benutzer selbst das Passwort ändert. Die Methode lässt sich nur ausführen, wenn die Kontorichtlinien dies erlauben (wenn Sie das Skript ausgeführt haben, das die minimale Passwortdauer auf 10 Tage setzt, dann kann `ChangePassword()` erst nach 10 Tagen zum ersten Mal ausgeführt werden!).

> `SetPassword()` und `ChangePassword()` können nur auf Benutzerobjekte angewendet werden, die bereits persistent im Verzeichnis existieren. Nach dem Neuanlegen eines Benutzerkontos mit `Create()` muss also erst der Cache mit `SetInfo()` in das Verzeichnis geschrieben werden. Erst dann können `SetPassword()` und `ChangePassword()` verwendet werden. Die Methoden machen die Änderungen automatisch persistent, so dass für die Kennwortänderung kein `SetInfo()` nötig ist.

Umbenennen eines Benutzers

Der WinNT-Verzeichnisdienst erlaubt die Umbenennung eines Benutzerkontos nach dem Anlegen, da für die eindeutige Identifizierung nicht der Kontoname, sondern der *Security Identifier (SID)* des Kontos maßgeblich ist. Das Konto verliert also nicht seine Gruppenzuordnungen oder Rechte. Das folgende Skript gibt zur Kontrolle den SID und die GUID des Kontos vor und nach der Umbenennung aus. Der SID ist eine Zahlenreihe, die als Array zurückgeliefert wird und auf die vor der Ausgabe `flat()` angewandt werden sollte.   **Namensänderung**

> Die Methode zur Umbenennung heißt in ADSI `MoveHere()` und ist eine der Methoden der Standardschnittstelle `IADsContainer`. Es ist nicht möglich, ein Benutzerkonto im WinNT-Verzeichnisdienst zu verschieben, da es nur einen Container für Benutzer geben kann. Eine Verschiebung zwischen Domänen ist ebenfalls nicht möglich.   **Verschieben nicht möglich**

```
Const strDomain = "Sonnensystem"
Const strAlterName = "FoxMulder"
Const strNeuerName = "DanaScully"
' -- SID und GUID vorher
Set oUser = GetObject("WinNT://" & strDomain & "/" & strAlterName)
say flat(oUser.Get("objectSID")) & "," & oUser.Guid
' -- Zugriff auf Domain !
Set oDomain = GetObject("WinNT://" & strDomain)
' -- MoveHere auf Domain ausführen
```

COM-Komponenten

```
oDomain.MoveHere "WinNT://" & strDomain & "/" & strAlterName, _
 strNeuerName
say "Benutzer umbenannt!"
' -- SID und GUID nachher
Set oUser = GetObject("WinNT://" & strDomain & "/" & strNeuerName)
say flat(oUser.Get("objectSID")) & "," & oUser.Guid
```

Listing 5.83: Umbenennung eines Benutzers [ADSINT_BenutzerUmbenennung.wsf]

 Achtung vor einer verwirrenden Fehlermeldung: Der Fehler »Der Netzwerkpfad wurde nicht gefunden.« kann auch bedeuten, dass der für das Benutzerkonto vorgesehene neue Name bereits existiert.

Benutzerkonto löschen

Delete() Ein Benutzer wird gelöscht durch den Aufruf der Delete()-Methode des Containers, in dem er enthalten ist. Das Beispiel zeigt das Löschen eines Domänenbenutzers. Bei der Delete()-Methode ist – wie beim Erzeugen – der Klassenname user anzugeben, um Verwechslungen mit eventuell gleichnamigen Group-Objekten zu vermeiden. Der Aufruf von SetInfo() ist nicht notwendig, Delete() wird sofort ausgeführt!

```
Set DomainObj = GetObject("WinNT://Sonnensystem")
DomainObj.Delete "user", "FoxMulder"
say "Benutzer gelöscht!"
```

Listing 5.84: Löschen eines Benutzerkontos [ADSINT_BenutzerLoeschen.wsf]

Deaktivieren eines Benutzerkontos

Account-Disabled Das nachfolgende Beispiel zeigt, wie mit Hilfe des Attributs AccountDisabled ein Benutzer deaktiviert werden kann, so dass er sich nicht mehr am Netz anmelden kann. Die Umkehrung der Aktion ist mit der Zuweisung von *False* möglich.

```
' -- Zugriff auf User-Objekt
Set oUser = GetObject("WinNT://Sonnensystem/FoxMulder")
' -- Deaktivierung
oUser.AccountDisabled = True ' = False zum reaktivieren!
' -- Cache schreiben
oUser.SetInfo
```

Listing 5.85: Deaktivieren eines Benutzerkontos [ADSINT_BenutzerDeaktivieren.wsf]

Benutzerrechte

NTRights.Exe Benutzerrechte (Benutzerprivilegien) wie »Lokale Anmeldung« und »Herunterfahren« sind leider bislang durch keine COM-Komponente abgedeckt. Eine Lösung bietet nur das NT4- bzw. Windows 2000-Resource Kit mit dem Kommandozeilentool NTRIGHTS.EXE. Die Liste der verfügbaren Rechte zeigt das Tool beim Aufruf ohne Parameter an.

```
NTRights.Exe
Grants/Revokes NT-Rights to a user/group
usage: -u xxx   User/Group
       -m \\xxx  machine to perform the operation on (default local machine)
       -e xxxxx Add xxxxx to the event log
       -r xxx   revokes the xxx right
       +r xxx   grants the xxx right
```

5.6.6.6 Terminalserver-Einstellungen

Der Kern von ADSI unterstützt nicht das Auslesen oder Setzen der Benutzereinstellungen für die Windows Terminal Services nicht. Microsoft hat lange Zeit die Benutzer im Regen stehen lassen. Erst in Zusammenhang mit der Entwicklung der Windows .NET Server wurde eine ADSI-Extension für die Terminalserver-Einstellungen veröffentlicht. Diese Extension mit Namen *TSUserEx* ist implementiert in der TSUSEREX.DLL. Diese DLL wird mit Windows .NET Server ausgeliefert, kann aber auch unter Windows NT 4.0 und Windows 2000 registriert (`regsvr32 Tsuserex.dll`) werden. Diese Extension implementiert eine zusätzliche Schnittstelle IADsTSUserEx für Benutzer-Objekte.

TSUserEx

Ein Beispiel dazu finden Sie im Kapitel zur Active Directory-Benutzerverwaltung.

5.6.6.7 Gruppenverwaltung mit der Group-Klasse

Die Group-Klasse repräsentiert eine in einer Domain oder auf einem Computer angelegte Benutzergruppe.

Attribut	Erläuterungen
ObjectType	2 = globale Gruppe, 4 = lokale Gruppe
ObjectSID	Security Identifier der Gruppe (wird vom System vergeben)
Description	textliche Beschreibung der Gruppe

Tabelle 5.43: Attribute einer WinNT-Gruppe

Methode	Erläuterungen
isMember()	Prüft, ob der angegebene Benutzer Mitglied der Gruppe ist. Zurückgeliefert wird *True* (ist vorhanden) oder *False* (ist nicht vorhanden).
Add()	Fügt einen Benutzer zu der Gruppe hinzu
Remove()	Löscht einen Benutzer aus der Gruppe

Tabelle 5.44: Auf einer WinNT-Gruppe ausführbare Methoden

Gruppenzugehörigkeit anzeigen

Jedes User-Objekt hat ein Attribut namens Groups, das eine Liste (Collection) der Gruppen darstellt, denen der Benutzer angehört.

```
' -- Zugriff auf User-Objekt
Set oUser = GetObject("WinNT://Sonnensystem/FoxMulder")
' -- Iteration über alle Elemente der Group-Liste
```

```
For Each oGroup In oUser.Groups
    say oGroup.Name
Next
```

Listing 5.86: Gruppenzuordnung eines Benutzerkontos [ADSINT_Gruppenzugehoerigkeit.wsf]

Aus der anderen Richtung können über die Members-Collection eines Group-Objekts alle enthaltenen Unterobjekte aufgelistet werden. Da eine Gruppe nicht nur Benutzer, sondern auch selbst wieder Gruppen enthalten kann, darf im Fall einer Typdeklaration die Laufvariable nicht auf IADsUser gesetzt sein, sondern muss neutral auf die Schnittstelle IADs deklariert werden.

```
Dim obj ' as ActiveDs.IADs
' -- Zugriff auf Group-Objekt
Set oGroup = GetObject("WinNT://Sonnensystem/Administratoren")
' -- Iteration über alle enthaltenen User
For Each obj In oGroup.Members
    say obj.Name & " (" & obj.Class & ") "
Next
```

Listing 5.87: Liste der in einer Gruppe enthaltenen Benutzer und Gruppen [ADSINT_Gruppenzusammensetzung.wsf]

Erstellen einer neuen Gruppe

Benutzergruppen anlegen und füllen

Das Einrichten einer Gruppe erfolgt analog zur Erstellung eines User-Objekts. Beachten Sie aber den bei Create() anzugebenden Klassennamen group. GroupType ist ein Pflichtattribut des WinNT-Verzeichnisdienstes, das aber automatisch auf den Wert 2 (globale Gruppe) gesetzt wird, wenn der ADSI-Client keinen Wert angibt.

Das Hinzufügen eines Benutzers zu einer Gruppe geht nicht vom User-Objekt, sondern vom Group-Objekt aus. Im Group-Objekt muss die Methode Add() aufgerufen werden. Als einziger Parameter wird der vollständige ADS-Pfad des User-Objekts angegeben, das in die Gruppe aufgenommen werden soll. Wenn der Benutzer bereits Mitglied der Gruppe ist, gibt ADSI den Fehler »Der angegebene Kontenname ist bereits ein Mitglied der Gruppe.« zurück.

```
' -- Gruppe erstellen
Set oDomain = GetObject("WinNT://Sonnensystem")
Set oGroup = oDomain.Create("group", "FBIAgenten")
oGroup.Put "Grouptype", 4 ' 4 = Lokale Gruppe
oGroup.SetInfo
' -- Gruppe füllen
oGroup.Add "WirNT://Sonnensystem/FoxMulder"
oGroup.Add "WinNT://Sonnensystem/DanaScully"
' -- Gruppenmitglieder auflisten
For Each oUser In oGroup.Members
    say oUser.Name
Next
```

Listing 5.88: Erstellen und Füllen einer neuen Gruppe [ADSINT_NeueGruppe.wsf]

Entfernen von Gruppenmitgliedern

Um ein unerwünschtes Gruppenmitglied loszuwerden, reicht ein Einzeiler, sofern die Bindung an die Gruppe erfolgt ist:

```
oGroup.Remove "WinNT://Sonnensystem/DanaScully"
```

5.6.6.8 Verwaltung von NT-Diensten mit der »Service«-Klasse

Die Service-Klasse repräsentiert einen Windows-NT-Dienst. NT-Dienste laufen im Hintergrund und sind auch aktiv, ohne dass ein Benutzer an der Konsole angemeldet ist. Ein Dienst ist ein Unterobjekt eines Computer-Containers.

Windows-NT-Dienst verwalten

Ein Fileservice-Objekt ist ein spezielles Service-Objekt, das einen Dienst zum Zugriff auf ein Dateisystem bereitstellt. Ein Fileservice-Objekt ist von dem allgemeinen Service-Objekt abgeleitet und erweitert dieses um einige Funktionalitäten, insbesondere um den Zugriff auf Sessions, Resources und FileShares. Der Fileservice in Windows NT heißt *lanmanserver*. Der Zugriff auf den NT-Fileservice erfolgt folgendermaßen: WinNT://computername/lanmanserver. Ein Fileservice-Objekt ist im Gegensatz zu einem Service-Objekt ein Container: Ein Fileservice kann FileShares enthalten. Außerdem enthält ein Fileservice-Objekt zwei Collections:

Fileservice-Objekt

▸ Sessions verweist auf die offenen Benutzersitzungen.

▸ Resources enthält die geöffneten Ressourcen.

Attribut	Erläuterung
Starttype	Legt den Zeitpunkt fest, zu dem der Dienst startet: automatisch (2), manuell (3), deaktiviert (4)
ServiceType	Repräsentiert die Art des Prozesses
DisplayName	Angezeigter Name im Dienstmanager
Path	Pfad zu der zugehörigen EXE-Datei
ErrorControl	Legt die Maßnahmen im Fehlerfall fest
HostComputer	ADSI-Pfad des Computers, auf dem der Dienst läuft
LoadOrderGroup	Legt die Load Order Group fest
ServiceAccount Name	Name des NT-Benutzers, unter dem sich dieser Dienst am System anmeldet. Der Wert »*LocalSystem*« repräsentiert den Systemaccount.
Dependencies	Name der Dienste, von denen dieser Dienst abhängig ist
Status	Aktueller Betriebszustand des Dienstes: nicht gestartet (1), gestartet (4), angehalten (7). Dieses Attribut kann nur gelesen werden. Um den Status zu verändern, stehen die Methoden Start(), Stop(), Pause() und Continue() zur Verfügung.
Description	Nur bei Fileservices: textliche Beschreibung
MaxUserCount	Nur bei Fileservices: maximale Anzahl der Benutzer; -1 = unbestimmt

Tabelle 5.45: Attribute der WinNT-Klassen Service bzw. Fileservice

Methode	Erläuterung
Start()	Starten des Dienstes
Stop()	Stoppen des Dienstes
Pause()	Anhalten des Dienstes

Tabelle 5.46: Methoden der WinNT-Klassen Service und Fileservice

Methode	Erläuterung
Continue()	Fortsetzen des Dienstes
SetPassword()	Setzen des Passworts des Dienstkontos

Liste aller Dienste

Das folgende Skript gibt die installierten Dienste mit ihrem Startverhalten und dem aktuellen Zustand aus. Status und Starttype liefern Konstanten zurück.

```
Set oComputer = GetObject("WinNT://Sonne")
' -- Filter setzen
oComputer.Filter = Array("Service")
' -- alle NT-Dienste auflisten
For Each oService In oComputer

    say oService.Name & " (" & oService.Class & ") Status: " & _ oService.
Status & " Start: " & oService.StartType
Next
```

Listing 5.89: *Ausgabe aller NT-Dienste mit »Status« und »Starttype« [ADSINT_Services.wsf]*

Das Starten und Stoppen eines Dienstes ist mit den durch die Service-Klasse implementierten Methoden aus IADsService schnell erledigt.

```
' -- Bindung an Webserver-Dienst
Set oService = GetObject("WinNT://Sonne/w3svc")
' -- Dienst stoppen
oService.stop
Msgbox "Dienst gestoppt!"
' -- Dienst starten
oService.start
Msgbox "Dienst wieder gestartet!"
```

Listing 5.90: *Starten und Stoppen des Internet Information Server-Dienstes [ADSINT_W3SVCRestart.wsf]*

5.6.6.9 Verzeichnisfreigaben verwalten

Verzeichnisfreigabe verwalten

Ein FileShare-Objekt repräsentiert eine Verzeichnisfreigabe. Der Zugriff auf diese Objekte erfolgt ausschließlich über den Fileservice *ntlanmanserver*. Eine Freigabe ist direkt über einen ADSI-Pfad der Form WINNT://COMPUTERNAME /LANMANSERVER/FREIGABENAME erreichbar.

Tabelle 5.47: Attribute der WinNT-Klasse »FileShare«

Attribut	Erläuterung
CurrentUserCount	Anzahl der aktuell mit dieser Verzeichnisfreigabe verbundenen Benutzer
Description	Textliche Beschreibung der Freigabe
HostComputer	ADSI-Pfad des Computers, auf dem die Freigabe eingerichtet ist

Active Directory Service Interface (ADSI)

Attribut	Erläuterung
Name	Name der Verzeichnisfreigabe
Path	Lokaler Pfad, auf den die Freigabe abgebildet wird
MaxUserCount	Maximale Anzahl der Benutzer (-1 = unbestimmt)

Mit ADSI können zwar die Freigaben aufgelistet sowie Freigaben erzeugt und gelöscht werden, aber die Rechte können nicht gesetzt werden – auch nicht mit der *ADsSecurity-Komponente* aus dem ADSI Resource Kit. Das Erzeugen von Verzeichnisfreigaben und die Vergabe von Rechten ist möglich mit der Windows Management Instrumentation (WMI).

```
Set oFS = GetObject("WinNT://Sonne/lanmanserver")
For Each oShare In oFS
    say oShare.Name & " zeigt auf " & oShare.Path
Next
```

Listing 5.91: Liste aller Freigaben [ADSINT_ListeFreigaben.wsf]

```
Set oFS = GetObject("WinNT://Sonne/lanmanserver")
' -- Erstellen der Freigabe
Set OShare = oFS.Create("fileshare", "test")
OShare.Path = "f:\"
OShare.SetInfo
Say "Freigabe wurde erstellt!"
' -- Löschen der Freigabe
oFS.Delete "fileshare", "test"
Say "Freigabe wurde wieder gelöscht!"
```

Listing 5.92: Anlegen und Löschen einer Freigabe [ADSINT_NeueFreigabe.wsf]

5.6.6.10 Benutzersitzungen und geöffnete Ressourcen

Der Service LanManServer eröffnet über die Collections Sessions und Resources aus der IADsFileserviceOperations- Schnittstelle den Zugriff auf Benutzersitzungen und geöffnete Ressourcen. Die in den Collections enthaltenen Session- bzw. Resource-Objekte besitzen keinen ADSI-Pfad, da sie keine persistenten Verzeichnisobjekte sind. Sie sind daher nicht über GetObject() direkt ansprechbar.

Sitzungen und Ressourcen

```
' -- Bindung an Fileservice
Set oFSop = GetObject("WinNT://mars/lanmanserver")
' -- Sitzungen
For Each oSession In oFSop.Sessions
    say oSession.User & " ist verbunden von " & _
    oSession.Computer & " seit " & _
    oSession.ConnectTime & " Sekunden"
Next
' -- Ressourcen
For Each oResource In oFSop.Resources
```

```
            say oResource.User & " verwendet " & _
                oResource.Path
Next
```

Listing 5.93: Ausgabe der Benutzersitzungen und offenen Ressourcen [ADSINT_SessionsUndResources.wsf]

> Es ist mit ADSI nicht möglich, Benutzersitzungen zu trennen und geöffnete Ressourcen zu schließen. In Tests kam es zu Problemen mit den Session-Objekten, die zum Teil mit der Fehlermeldung »Datei nicht gefunden« den Dienst verweigerten.

5.6.6.11 Druckersteuerung

ADSI definiert vier COM-Schnittstellen für den Druckerzugriff:

IADSPrintQueue
- IADSPrintQueue ermöglicht den Zugriff auf die persistenten Eigenschaften eines Druckers und der zugehörigen Druckerwarteschlange.

IADSPrintQueueOperations
- IADSPrintQueueOperations definiert den nicht-persistenten Status einer Druckerwarteschlange, einen Zeiger auf die Collection (verkettete Liste) der Druckaufträge sowie Methoden, um die Warteschlange zu beeinflussen.

IADSPrintJob
- IADSPrintJob liefert Informationen über einen Druckauftrag, die diesem bei seiner Erzeugung mitgegeben wurden.

IADSPrintJobOperations
- IADSPrintJobOperations liefert im Gegensatz zu IADSPrintJob dynamische Informationen über den Druckauftrag (Position in der Warteschlange, Status des Druckauftrags, gedruckte Seiten). Außerdem definiert diese Schnittstelle Methoden, um einen einzelnen Druckauftrag zu manipulieren.

Implementierung im WinNT-Provider

PrintQueue und PrintJob Im ADSI-Provider für Windows NT sind diese vier Schnittstellen in zwei Objekten implementiert. Ein PrintQueue-Objekt implementiert IADSPrintQueue und IADSPrintQueueOperations, wohingegen ein PrintJob-Objekt die Schnittstellen IADSPrintJob und IADSPrintJobOperations realisiert. In der Objekthierarchie ist ein PrintQueue-Objekt einem Computer-Objekt untergeordnet. Das PrintQueue-Objekt wiederum enthält einen Verweis auf eine Collection von PrintJob-Objekten.

Identifikation und Zugriff Voraussetzung für alle ADSI-Operationen ist ein Zeiger auf das passende PrintQueue-Objekt. Jede Warteschlange ist über einen ADSI-Pfad in der Form WINNT://RECHNERNAME/DRUCKERNAME eindeutig adressierbar. Lästig ist in diesem Zusammenhang, dass die PrintJobs-Collection nur sequenziell durchlaufen werden kann und nicht wie üblich über ein Item-Attribut verfügt; ein direkter Zugriff auf einen bestimmten Druckauftrag ist also nicht möglich.

Druckerstatus Auskunft über den aktuellen Zustand des Druckers gibt das Attribut Status. Windows kennt 25 verschiedene Zustände für Drucker (z.B. *PRINTING, PAUSED, PAPER_OUT, PAPER_JAM, OUTPUT_BIN_FULL*), wobei mehrere Zustände gleichzeitig gelten können. Jeder Zustand repräsentiert daher ein Bit in dem vier Byte umfassenden Status-Attribut; der Gesamtzustand ergibt sich durch die bitweise Oder-Verknüpfung der Einzelzustände.

> Ein Anwendungsbeispiel zu diesen Schnittstellen finden Sie bei den Fallbeispielen in Kapitel »Fallbeispiele« unter dem Namen *WebPrinterManager*.

Anwendungsbeispiel

5.6.7 Active Directory-Administration mit ADSI

Das Active Directory ist der Verzeichnisdienst, den Microsoft erstmalig mit Windows 2000 ausgeliefert hat. Das Active Directory ist ein sehr leistungsstarker, aber auch sehr komplizierter Verzeichnisdienst. Dies zeigt sich schon am Umfang des AD-Schemas: Nach einer Standardinstallation ohne Schema-Erweiterungen umfasst das Schema 142 Klassen und 863 Attribute. Im Vergleich dazu hat Windows NT4 nur 15 Klassen und 77 Attribute. Das Zugriffsprotokoll für das Active Directory ist LDAP. Sie müssen in ADSI daher den LDAP-Provider verwenden.

Active Directory

	NT4	Windows 2000 Active Directory	Windows 2000 Active Directory mit Exchange 2000	Windows .NET Server RC1 Active Directory
Anzahl Klassen	15	142	299	189
Anzahl Attribute	77	863	1705	1063

Tabelle 5.48: Umfang des Verzeichnisdienst-Schemas

Ein Active Directory hat eine komplexe Struktur. Grundbaustein eines Active Directory sind die aus NT4 bekannten Domänen. Eine Domäne besitzt einen oder mehrere im Wesentlichen gleichberechtigte Domänen-Controller (DC). Eine Unterscheidung in Primary Domain Controller (PDC) und Backup Domain Controller (BDC) findet nicht mehr statt. Nach dem Multi-Master-Prinzip kann auf jedem Domain Controller das Verzeichnis nicht nur gelesen, sondern auch verändert werden. Lediglich die Modifikation des Schemas ist auf einem bestimmten ausgewählten DC, dem Schema-Master, möglich.

Aufbau eines Active Directory

> AD kennt einige wenige Sonderrollen, die nur ein Server haben kann. Diese werden *Flexible Single Master Operations (FSMO)* genannt. In der deutschen MMC findet man den Begriff »Betriebsmaster«.

Sonderrollen

Domänen können zu so genannten *Trees* (Bäumen) und diese wiederum zu *Forests* (Wäldern) zusammengefasst werden. Eine Site ist dagegen kein logisches Strukturierungsmittel für den Verzeichnisdienst, sondern spiegelt die physikalische Struktur des Rechnernetzes wider. Die Definition von Sites dient vor allem dazu, die Replikationslast zwischen den Domain Controllern eines ADs zu regulieren.

Bäume zu Wäldern zusammenfassen

COM-Komponenten

Auf das Active Directory kann auch mit Hilfe des WinNT-Providers zugegriffen werden. Für die Benutzerverwaltung ist davon jedoch abzuraten, da dieses Vorgehen großen Einschränkungen unterworfen ist:

- Es werden nur die im WinNT-Schema bekannten Klassen angezeigt.
- Es besteht nur Zugriff auf die im WinNT-Schema bekannten Attribute.
- Die Hierarchisierung in Organisationseinheiten ist nicht sichtbar: Alle Benutzer und Gruppen werden wie in NT4 üblich in einer flachen Liste angezeigt.

Diese Einschränkung gilt jedoch nur für die Verwaltung von Benutzern, Gruppen, Computern und Organisationseinheiten sowie für die im Active Directory abgebildeten Konfigurationsinformationen. Die Verwaltung von anderen Verzeichnisobjekten wie Windows NT-Diensten, Freigaben, Sessions etc. ist im Active Directory nicht möglich, so dass dafür weiterhin ausschließlich der WinNT-Provider verwendet werden kann.

Neuerungen   Neuerungen gegenüber dem NT4-Verzeichnis sind insbesondere:

- wesentlich mehr Klassen von Verzeichniseinträgen
- wesentlich mehr Attribute für die einzelnen Einträge
- die beliebig tiefe hierarchische Strukturierung der Einträge. Strukturierungsmöglichkeiten bestehen insbesondere durch die vordefinierten Container-Klassen Organizatio nalUnit und Container.
- fein granulierte Zugriffsrechte auf jeder Ebene und auch für jedes Attribut, so dass eine Delegation von administrativen Aufgaben möglich wird
- ein erweiterbares, objektorientiertes Schema

5.6.7.1 ADS Version 2 in Windows .NET Server

Neuerungen   In der zweiten Version des Active Directory, die mit Windows .NET Server ausgeliefert wird, hat Microsoft einige lästige Limitationen aus der mit Windows 2000 ausgelieferten Debüt-Version beseitigt. Beispiele für Verbesserung sind die Möglichkeit zur nachträglichen Umbenennung einer Domäne, die Erstellung eines Domänen-Controller von einem Backup, die verringerte Replikationslast und Application Partitions, die speziell für die Speicherung von Daten aus Anwendungen konzipiert wurden.

Funktionsebene   Allerdings erfordern einige dieser Funktionen Änderungen am Active Directory, die nicht kompatibel zur Vorgängerversion sind. Neben dem Mixed Mode und Native Mode für Windows 2000 gibt es jetzt auch noch einen Native Mode für Windows .NET Server (vgl. Tabelle). Microsoft spricht in diesem Zusammenhang nun von Funktionsebenen. Die Funktionsebene kann auf der Ebene jeder Domäne und auf der Ebene des Forest getrennt festgelegt werden. Die meisten neuen Funktionen verlangen aber den Windows .NET Server Native Mode auf Forest-Ebene. Wichtig ist auch anzumerken, dass der Microsoft Exchange Server 2000 nicht auf dem Windows .NET Server läuft. Hier ist ein Umstieg auf die Nachfolgeversion notwendig, die den Codenamen »Titanium« trägt und Mitte 2003 erscheinen soll.

Active Directory Service Interface (ADSI)

Funktionsebene	Unterstützte Domänencontroller
Windows 2000 Mixed Mode (Standardeinstellung)	▶ Windows NT 4.0
	▶ Windows 2000
	▶ Windows .NET Server
Windows 2000 Native Mode	▶ Windows 2000
	▶ Windows .NET Server
Windows .NET Native Mode	▶ Windows .NET Server

Tabelle 5.49: Unterstützung der Domänencontroller-Arten in verschiedenen Funktionsebenen des Active Directory in Windows .NET Server.

5.6.7.2 ADS-Objektmodell

Oberstes Element jedes Active Directory ist das Objekt `rootDSE`. Der Verzeichnisdienst teilt sich darunter in drei Partitionen:

▶ Der **DefaultNamingContext** ist die Sicht auf den Verzeichnisdienst, wie ihn das MMC Snap-In ACTIVE DIRECTORY-BENUTZER UND COMPUTER bietet.

DefaultNamingContext

▶ Im **ConfigurationNamingContext** werden Einstellungen zu dem Active Directory zuarbeitenden Diensten, den Sites und dem Inter-Site-Transport, den erweiterten Rechten, den *Display Specifiers* (ein *Display Specifier* legt fest, mit welchen Eigenschaftsfenstern eine Klasse in der MMC angezeigt wird) und den *Well Known Security Principals* (z.B. *Everybody*, *System*) abgelegt.

SchemaNamingContext ConfigurationNamingContext

▶ Der **SchemaNamingContext** enthält das Schema des ADs.

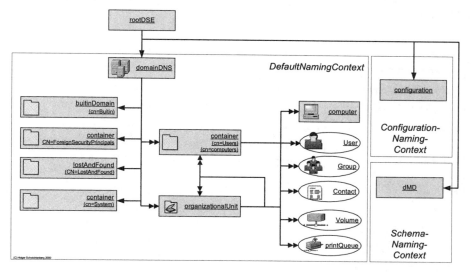

Abbildung 5.26: Ein kleiner Ausschnitt aus dem komplexen Objektmodell des Active Directory Service

Mit dem folgenden Skript ermitteln Sie die ADSI-Pfade der Partitionen in einem Active Directory:

```
Dim root ' As IADs
Set root = GetObject("LDAP://Sonne2000/RootDSE")
```

```
say "Servername: " & root.Get("Servername")
say "defaultNamingContext: " & root.Get("defaultNamingContext")
say "ConfigurationNamingContext: " & _ root.Get("ConfigurationNamingContext")
say "SchemaNamingContext: " & root.Get("SchemaNamingContext")
```

Listing 5.94: Ausgabe der Partitionen [ADSIADS_Partitionen.wsf]

Das Skript liefert in der Testumgebung die folgende Ausgabe:

```
Servername: CN=SONNE2000,CN=Servers,CN=Standardname-des-ersten-
Standorts,CN=Sites,CN=Configuration,DC=IT-Visions,DC=de
defaultNamingContext: DC=IT-Visions,DC=de
ConfigurationNamingContext: CN=Configuration,DC=IT-Visions,DC=de
SchemaNamingContext: CN=Schema,CN=Configuration,DC=IT-Visions,DC=de
```

Listing 5.95: Ausgabe des Listing

Klassen im Active Directory

Ausgewählte Klassen Alle vordefinierten Klassen im Active Directory sind Container-Klassen und unterstützen daher IADs und IADsContainer. Die nachfolgende Tabelle zeigt eine Auswahl der wichtigsten der 142 AD-Klassen mit ihren Schlüsselattributen (fast immer cn) und den unterstützten ADSI-Schnittstellen.

Tabelle 5.50: Wichtigste Klassen im Active Directory

Verzeichniseintrag	Klassenname (LDAP-Name)	Schlüssel attribut	Unterstützte Zusatzschnittstellen
Benutzer	user	cn	IADsUser
Gruppe	group	cn	IADsGroup
Container	container	cn	(keine)
Organisationseinheit	organizationalUnit	ou	IADsOU
Domänenbestandteil	domainDNS	dc	(keine)
Verzeichnisfreigabe	Volume	cn	(keine)
Computer	Computer	cn	IADsComputer IADsUser
Drucker	printQueue	cn	IADsPrintQueue IADsPrintQueueOperations
Kontakt	Contact	cn	IADsUser
AD-Schema	dmD	cn	(keine)
Attribut im Schema	attributeSchema	cn	(keine)
Klasse im Schema	classSchema	cn	(keine)
Konfigurationscontainer	configuration	cn	(keine)

5.6.7.3 Identifikation und Bindung

LDAP-Pfade Für den Zugriff auf das Active Directory verwendet ADSI Pfade der Form LDAP:// server:port/DN. Dabei sind alle Bestandteile optional:

Active Directory Service Interface (ADSI)

▶ Ohne Servername wird der so genannte *Locator Service* verwendet. Beim serverlosen Binden sucht der Active Directory Locator Service mit Hilfe des Domain Name Service (DNS) den besten Domain Controller für den angegebenen Verzeichniseintrag. Dabei erhalten Domain Controller, zu denen eine schnelle Verbindung besteht, den Vorzug.

▶ Ohne Portangabe wird der Standard-LDAP-Port 389 verwendet.

▶ Ohne DN wird der *DefaultNamingContext* in der aktuellen Domäne angesprochen.

Bindung über GUIDs

Bei der Adressierung über einen Textpfad besteht die Gefahr, dass Verzeichnisobjekte umbenannt wurden. Active Directory ermöglicht daher die Bindung über eine GUID, die für ein Verzeichnisobjekt unveränderlich ist. Die GUID muss natürlich für ein Objekt bekannt sein.

GUID-Bindung

```
LDAP://sonne2000/<GUID=228D9A87C30211CF9AA400AA004A5691>
```

Für die Standardcontainer in einem Active Directory gibt es eine besondere Unterstützung. Für diese so genannten *Well Known Objects* besteht eine vordefinierte GUID, die in jedem Active Directory gleich ist.

Well-Known-Objects

```
LDAP://<WKGUID=a9d1ca15768811d1aded00c04fd8d5cd,dc=it-visions,
dc=de>
```

Bitte beachten Sie, dass hierbei die Ansprache über `WKGUID=` erfolgt und die dahinter angegebene GUID nicht die wirkliche GUID des Objekts ist. Auch die Standard-Container erhalten bei der Installation eines Active Directory eine individuelle GUID; die WKGUID ist ein allgemein gültiger Alias.

Well-Known-Object	GUID
CN=DELETED OBJECTS	18E2EA80684F11D2B9AA00C04F79F805
CN=INFRASTRUCTURE	2FBAC1870ADE11D297C400C04FD8D5CD
CN=LOSTANDFOUND	AB8153B7768811D1ADED00C04FD8D5CD
CN=SYSTEM	AB1D30F3768811D1ADED00C04FD8D5CD
OU=DOMAIN CONTROLLERS	A361B2FFFFD211D1AA4B00C04FD7D83A
CN=COMPUTERS	AA312825768811D1ADED00C04FD8D5CD
CN=USERS	A9D1CA15768811D1ADED00C04FD8D5CD

Tabelle 5.51: Liste der Well-Known-Objects

Das nächste Listing zeigt die Ermittlung der WKGUIDs per Programmcode. Diese Automatisierungslösung erscheint auf den ersten Blick überflüssig. Auf den zweiten Blick ist diese knifflige Aufgabe jedoch ein gutes Anschauungsobjekt, da hier der ADS-Datentyp `DNWithBinary` verwendet wird. Die WKGUIDs sind in dem mehrwertigen Attribut `WellKnownObjects` gespeichert, wobei jeder einzelne Wert wiederum ein Objekt des Typs

Ermittlung der WKGUID

COM-Komponenten

ActiveDs.DNWithBinary ist. Die von diesem Objekt in binärer Form zurückgegebene GUID muss mit binGUIDtoSTR() vor der Ausgabe in einen String umgewandelt werden. binGUIDtoSTR() wurde schon vorher in diesem Kapitel vorgestellt.

```
Sub ADSIADS_GetWellKnownObjects()
Dim binarray
Dim obj ' As IADs
Dim strGUID ' As String
Dim oBinVal 'As ActiveDs.DNWithBinary
Set obj = GetObject("LDAP://sonne2000/dc=it-visions,dc=de")
' -- Auslesen der Liste der WellKnownObjects
binarray = obj.Get("wellKnownObjects")
For Each oBinVal In binarray
    ' -- Umwandlung in String
    strGUID = binGUIDtoSTR(oBinVal.BinaryValue)
    say oBinVal.DNString & " = " & strGUID
Next
End Sub
```

Listing 5.96: *Ermittlung der WKGUIDs der Well Known Objects [ADSIADS_GetWellKnownObjects.wsf]*

> **Hinweis:** Bei einigen Operationen (z.B. Anlegen neuer Objekte) kommt es zu Problemen, wenn die Bindung über eine WKGUID erfolgt ist. Nutzen Sie in diesem Fall die WKGUID nur, um den DN des Objekts zu ermitteln. Binden Sie danach neu über den DN.

Schnelles Binden

Fast Bind Das Active Directory unterstützt das so genannte schnelle Binden (Fast Bind) von ADSI. Dabei fordert ADSI nur die Daten für die Meta-Schnittstellen IADs bzw. IADsContainer an. Alle speziellen Schnittstellen wie IADsUser, IADsComputer und IADsGroup sind nicht verfügbar. Der Zugriff erfolgt aber schneller. Der Einsatz von Fast Bind ist sinnvoll, wenn die speziellen Schnittstellen nicht benötigt werden.

```
Const ADS_FAST_BIND = 32
Const PFAD = "LDAP://zentrum/cn=Fox Mulder,ou=FBI,dc=it-objects,dc=local"
Set OpenDSObject = GetObject("LDAP:")
Set Eintrag = OpenDSObject.OpenDSObject(PFAD, "", "", ADS_FAST_BIND)
say Eintrag.cn
' Eintrag.SetPassword "test" ' Zugriff auf IADsUser nicht möglich!
```

Listing 5.97: *Binden ohne Zugriff auf spezielle Schnittstelle [ADSIADS_FastBind.wsf]*

> Für den Zugriff auf Verzeichnisattribute ist ein Zugriff auf die speziellen Schnittstellen nicht möglich. Hier können immer Get(), GetEx(), Put() und PutEx() aus IADs verwendet werden. Zugriff auf die speziellen Methoden ist immer dann erforderlich, wenn Methoden ausgeführt werden sollen.

Referenzen

Eine anderer wichtiger Tipp zur Steigerung der Performance von ADSI-Skripten ist, eine Referenz im Hintergrund zu halten. Wenn Sie nacheinander auf verschiedene Objekte zugreifen wollen, dann sollten Sie das nicht immer mit der gleichen Objektvariable tun, sondern mindestens eine Referenz sollten Sie nicht lösen. Der Grund dafür ist, das ADSI eine Verbindung zu einem Domänen-Controller behält, solange es ein Objekt gibt, das diesen Domänen-Controller nutzt. Wenn das Objekt vernichtet wird, baut ADSI die Verbindung ab und muss sie beim nächsten Zugriff »teuer« wieder aufbauen.

Gut	Schlecht
Set o1 = GetObject("LDAP://ou=FBI,dc=it-objects,dc=local") Set o2 = GetObject("LDAP://cn=Fox Mulder,ou=FBI,dc=it-objects,dc=local") Set o3 = GetObject("LDAP://cn=Dana Scully,ou=FBI,dc=it-objects,dc=local") ... set o1 = Nothing set o2 = Nothing set o3 = Nothing	Set o = GetObject("LDAP://ou=FBI,dc=it-objects,dc=local") ... Set o = GetObject("LDAP://cn=Fox Mulder,ou=FBI,dc=it-objects,dc=local") ... Set o = GetObject("LDAP://cn=Dana Scully,ou=FBI,dc=it-objects,dc=local") ... set o = nothing

Tabelle 5.52: *Gute und schlechte Vorgehensweise bei der Bindung mehrerer Objekte*

5.6.7.4 Datentypen

Das Active Directory kennt zwei besondere Datentypen.

Integer8

INTEGER8

Häufig verwendet wird INTEGER8, ein 64-Bit langer Zahlenwert. ADSI bietet dafür ein spezielles *Objekt* LargeInteger mit den Attributen HighPart und LowPart. Der HighPart ist mit 2^{32} zu multiplizieren. Das im folgenden ausgegebene Verzeichnisattribut maxpwdage speichert das maximale Passwortalter in Nanosekunden.

```
Set o = GetObject("LDAP://zentrum")
Set z = o.maxpwdage
say (z.LowPart) + ((z.HighPart) * 2 ^ 32)
```

Listing 5.98: Auslesen eines Large-Integer-Objekts [ADSIADS_LargeInt.wsf]

Bei absoluten Angaben wie dem Verzeichnisattribut CreationDate sind die Angaben relativ zum 1.1.1601. Das Attribut uSNCreated enthält nicht den Benutzernamen des Benutzers, der einen anderen Benutzer angelegt hat, sondern eine fortlaufende Änderungsreihenfolgenummer. Das AD zählt einen Zähler beim Anlegen eines Objekts hoch, so dass ermittelt werden kann, in welcher Reihenfolge die Objekte im AD angelegt wurden.

Beispiele für INTEGER8-Werte

OctetString

Für die Darstellung der Security Identifier (SID) wird ein so genannter OctetString verwendet. Dafür ist kein besonderer Datentyp in ADSI notwendig: ADSI übermittelt den OctetString als ein Array of Byte. Das folgende Beispiel zeigt, wie aus einem Array of Byte eine Zeichenkette erzeugt wird (z.B. *1;5;0;0;0;0;0;5;21;0;0;0;209;218;116;3;11;117;217;118;248;159;180;116;85;4;0;0*)

COM-Komponenten

```
Dim o, SID, sid_roh
Set o = GetObject("LDAP://zentrum/
CN=Holger Schwichtenberg,OU=Geschaeftsleitung,DC=IT-OBJECTS,DC=local")
sid_roh = o.ObjectSID
For a = 0 To UBound(sid_roh)
  SID = CSVadd(SID, sid_roh(a))
Next
say SID
```

Listing 5.99: Auslesen der SID eines Benutzers und Umwandlung des Byte-Arrays in eine Zeichenkette [ADSIADS_SID.wsf]

> Weitere Informationen zu SID erhalten Sie im Kapitel »Zusatzkomponenten«. Weitere Informationen zu den Datentypen im Active Directory erhalten Sie in [ADS02a].

5.6.7.5 Vergleich zum WinNT-Provider

Ähnlichkeiten zur Arbeit mit dem WinNT-Provider Viele Aufgaben im Active Directory (z.B. Löschen eines Objekts, Umbenennen eines Objekts, Container auflisten, Benutzer einer Gruppe hinzufügen) sind völlig analog zu den entsprechenden Skripten mit dem WinNT-Provider – mit Ausnahme der Tatsache, dass der Verzeichnisdienstpfad anders gebildet wird. Aus Platzgründen werden diese Skripte hier nicht alle noch mal wiederholt.

Unterschiede Andere Aufgaben wie das Anlegen eines Benutzerkontos und einer Gruppe sind ähnlich, es gilt aber verzeichnisdienstspezifische Besonderheiten (insbesondere Pflichtattribute) zu berücksichtigen.

Neuerungen Daneben gibt es aber auch einige zusätzliche Aufgaben (z.B. Verschieben eines Objekts, Verwaltung von Organisationseinheiten, Gruppenrichtlinien oder ADSI-Queries), die in WinNT nicht zur Verfügung standen.

> Die im allgemeinen Teil des ADSI-Kapitels beschriebenen Hilfsroutinen wie `ADSI_RekList()`, `ADSI_DeleteThis()`, `ADSI_SchemaInfo()` und `ADSI_ADOQuery()` können unter dem LDAP-Provider verwendet werden und werden in diesem Kapitel auch benutzt, um die Listings prägnant zu halten.

5.6.7.6 Benutzerverwaltung

Die Benutzerverwaltung gehört zu den wichtigsten Aufgaben in einem Active Directory. Dabei werden in diesem Unterkapitel insbesondere die Unterschiede zum WinNT-Provider hervorgehoben.

Bitte beachten Sie, dass die lokalen Benutzerkonten auf Windows 2000 Professional, Windows XP sowie Windows 2000 und Windows .NET Server nicht per LDAP, sondern nur mit dem WinNT-Provider verwaltet werden können (siehe folgende Grafik).

Active Directory Service Interface (ADSI)

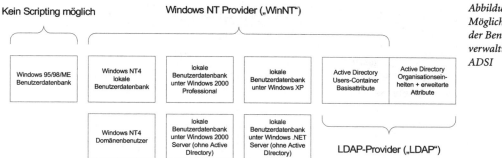

Abbildung 5.27: Möglichkeiten der Benutzerverwaltung mit ADSI

Die AD-Klasse »user«

Ein Benutzer-Objekt im Active Directory (AD-Klasse »user«) besitzt zahlreiche Verzeichnisattribute. Ein Pflichtattribut, das alle Benutzer-Objekte besitzen, ist SAMAccountName, das den NT3.51/NT4-kompatiblen Anmeldenamen enthält.

Die folgende Tabelle zeigt weitere Verzeichnisattribute eines Benutzer-Objekts im Active Directory.

Name	Pflicht	Mehrwertig	Datentyp (Stringlänge)
cn	Ja	Nein	DirectoryString (1-64)
nTSecurityDescriptor	Ja	Nein	ObjectSecurityDescriptor (0-132096)
objectCategory	Ja	Nein	DN
objectClass	Ja	Ja	OID
ObjectSid	Ja	Nein	OctetString (0-28)
SAMAccountName	Ja	Nein	DirectoryString (0-256)
accountExpires	Nein	Nein	INTEGER8
accountNameHistory	Nein	Ja	DirectoryString
badPwdCount	Nein	Nein	INTEGER
comment	Nein	Nein	DirectoryString
company	Nein	Nein	DirectoryString (1-64)
createTimeStamp	Nein	Nein	GeneralizedTime
department	Nein	Nein	DirectoryString (1-64)
description	Nein	Ja	DirectoryString (0-1024)
desktopProfile	Nein	Nein	DirectoryString
displayName	Nein	Nein	DirectoryString (0-256)
displayNamePrintable	Nein	Nein	PrintableString (1-256)
DistinguishedName	Nein	Nein	DN
division	Nein	Nein	DirectoryString (0-256)

Tabelle 5.53: Ausgewählte Attribute der Active Directory-Klasse »user«

Name	Pflicht	Mehrwertig	Datentyp (Stringlänge)
employeeID	Nein	Nein	DirectoryString (0-16)
EmployeeType	Nein	Nein	DirectoryString (1-256)
expirationTime	Nein	Nein	UTCTime
FacsimileTelephoneNumber	Nein	Nein	DirectoryString (1-64)
givenName	Nein	Nein	DirectoryString (1-64)
homeDirectory	Nein	Nein	DirectoryString
HomeDrive	Nein	Nein	DirectoryString
homeMDB	Nein	Nein	DN
Initials	Nein	Nein	DirectoryString (1-6)
internationalISDNNumber	Nein	Ja	NumericString (1-16)
l	Nein	Nein	DirectoryString (1-128)
lastLogoff	Nein	Nein	INTEGER8
LastLogon	Nein	Nein	INTEGER8
logonCount	Nein	Nein	INTEGER
LogonHours	Nein	Nein	OctetString
logonWorkstation	Nein	Nein	OctetString
manager	Nein	Nein	DN
middleName	Nein	Nein	DirectoryString (0-64)
Mobile	Nein	Nein	DirectoryString (1-64)
name	Nein	Nein	DirectoryString (1-255)
objectGUID	Nein	Nein	OctetString (16-16)
ObjectVersion	Nein	Nein	INTEGER
otherFacsimileTelephoneNumber	Nein	Ja	DirectoryString (1-64)
OtherHomePhone	Nein	Ja	DirectoryString (1-64)
physicalDeliveryOfficeName	Nein	Nein	DirectoryString (1-128)
PostalAddress	Nein	Ja	DirectoryString (1-4096)
postalCode	Nein	Nein	DirectoryString (1-40)
PostOfficeBox	Nein	Ja	DirectoryString (1-40)
profilePath	Nein	Nein	DirectoryString
SAMAccountType	Nein	Nein	INTEGER
scriptPath	Nein	Nein	DirectoryString
street	Nein	Nein	DirectoryString (1-1024)
streetAddress	Nein	Nein	DirectoryString (1-1024)
TelephoneNumber	Nein	Nein	DirectoryString (1-64)
title	Nein	Nein	DirectoryString (1-64)
userWorkstations	Nein	Nein	DirectoryString (0-1024)

Active Directory Service Interface (ADSI)

Name	Pflicht	Mehrwertig	Datentyp (Stringlänge)
whenChanged	Nein	Nein	GeneralizedTime
whenCreated	Nein	Nein	GeneralizedTime
wWWHomePage	Nein	Nein	DirectoryString (1-2048)

Einige mehrwertige Eingabefelder aus den Dialogen des MMC-Snap-In »Active Directory Benutzer und Computer« werden im Active Directory in mehr als einem Attribut gespeichert. Ein gutes Beispiel dafür ist die Liste der Telefonnummern. Die Haupttelefonnummer ist in dem einwertigen Attribut telephoneNumber gespeichert, während die weiteren Telefonnummern in dem mehrwertigen Attribut otherTelephone stehen. Andere solche Fälle sind mobile/otherMobile, mail/otherMailbox, logonWorkstation/otherLoginWorkstations.

Liste der Benutzerkonten

Die Ausgabe der Benutzerliste unterscheidet sich von dem Listing aus dem Kapitel zum WinNT-Provider nur hinsichtlich des ADSI-Pfads. Beachten Sie jedoch, dass dieses Skript nur die User-Objekte erfasst, die sich in einem bestimmten Container, hier im Standardcontainer Users, befinden. Unter WinNT gab es immer nur einen Container pro Domain, im Active Directory können beliebig viele Container in einer Hierarchie erzeugt werden.

SAMAccountName

Im AD gibt es natürlich zusätzliche Attribute: Das Attribut SAMAccountName ist der Benutzeranmeldename für alte NT3.51- und NT4-Clients. Department und telephonenumber sind zwei der vielfältigen neuen Attribute, die das Active Directory bietet. Da beides optionale Attribute sind, sollten Sie die zuvor vorgestellte Hilfsroutine ADSIGet() verwenden.

```
Dim c ' As IADsContainer
Dim u ' As IADsUser
Set c = GetObject("LDAP://Sonne2000/cn=users,dc=it-visions,dc=de")
c.Filter = Array("User")
For Each u In c
    say u.ADsPath & " : " & u.Get("SAMAccountname")
    say ADSIGet(u, "Department") & "," & ADSIGet(u, "telephonenumber")
Next
```

Listing 5.100: *Benutzer in einem Container auflisten [ADSIADS_BenutzerListe.wsf]*

Benutzerliste via ADSI-Query

Um mit einer Anweisung mehrere Container zu durchsuchen, können Sie ADSI-Queries verwenden.

```
Dim strLDAPQuery ' As String
Dim objcon ' As ADODB.Connection
' -- ADO-Connection-Objekt erzeugen
Set objcon = CreateObject("ADODB.Connection")
' -- Verbindung zu dem OLE DB-Provider für ADSI
ConString = "Provider=ADSDSOObject"
objcon.Open ConString ', "administrator", ""
' -- Selektion aller User im ganzen Active Directory
strLDAPQuery = "<LDAP://sonne2000/dc=it-visions,dc=de>;(objectclass=user);samaccountname,adspath;subtree"
```

COM-Komponenten

```
' --- Ausführen der Abfrage
Set rs = objcon.Execute(strLDAPQuery)
' --- Ausgabe der Ergebnisse
While Not rs.EOF
    say rs("adspath") & ";" & rs("samaccountname")
    rs.MoveNext
Wend
' -- Schließen der Objekte
rs.Close
objcon.Close
```
Listing 5.101: Liste aller Benutzer in einem Active Directory [ADSIADS_ADOQuery.wsf]

Mit dem nachfolgenden Query-String können Sie alle Objekte eines Active Directory auflisten.

```
strLDAPQuery = "<LDAP://sonne2000>;;adspath;subtree"
```

LDAP-Pfad zu NT4-Benutzername ermitteln

Wenn zu einem Benutzer dessen NT4-kompatibler Anmeldename, aber nicht der Pfad des Verzeichnisdiensteintrags bekannt ist, dann hilft nur die Suche im Active Directory mit einer ADSI-Suchanfrage über das Attribut SAMAccountName. Wichtig ist dabei, dass hier nur der Benutzername, nicht auch der NT4-kompatible Domänenname anzugeben ist.

```
ADSI_ADOQuery() _
"Select distinguishedName FROM 'LDAP://DC=it-objects,DC=local' " _
& "where samaccountname='hs'"
```

Listing 5.102: Liefert den LDAP-Pfad zu einem NT4-kompatiblen Anmeldenamen [ADSI_ADS_LDAPPfad_von_NT4Benutzername.wsf]

Eine alternative Vorgehensweise ist die Methode TranslateNT4ToDN() in der Klasse DCFunctions in der IADsTools-Komponente (vgl. Unterkapitel »Zusatzkomponenten/ IADsTools«).

Benutzer anlegen

Neuen Benutzer im AD anlegen

Ähnlich, aber dennoch nicht identisch zu NT4 ist das Anlegen eines Benutzers im Active Directory. Neben dem Verzeichnisnamen benötigt jeder AD-Benutzer als Pflichtattribut einen SAMAccountName. Da bei LDAP anders als bei NT4 der Attributname Teil des RDNs ist, muss dem neuen Benutzernamen in der Create()-Methode getrennt durch ein Gleichheitszeichen der Attributname vorangestellt werden, der zur Identifizierung der Instanzen dieser Klasse dient (hier: cn).

```
' #### Anlegen eines neuen Benutzers im Active Directory
Function ADSIADS_createUser(Container, benutzername, Kennwort)
' CONTAINER As String
' un As String
Dim c ' As IADsContainer
Dim u ' As IADsUser
' --- Bindung an Container
```

Active Directory Service Interface (ADSI)

```
Set c = GetObject(Container)
' --- Erzeugung des neuen Benutzers
Set u = c.Create("user", "cn=" & benutzername)
' --- Attribute setzen
u.Put "samAccountName", CStr(benutzername)
u.SetInfo
' --- Konto aktivieren
u.AccountDisabled = False
u.SetInfo
say "Benutzer wurde angelegt:" & Chr(13) & u.ADsPath
u.SetPassword Kennwort
say "Benutzerkennwort wurde gesetzt!"
Set ADSIADS_createUser = u
End Function
```

Listing 5.103: Anlegen eines neuen Benutzers unter Windows 2000 [ADSIADS_createUser.wsf]

Bitte beachten Sie, dass zur Umgehung von Datentypproblemen bei Put() die übergebenen Werte mit Typkonvertierungsfunktionen »behandelt« werden müssen (vgl. Ausführungen in Kapitel 3).

Der Container ist natürlich in LDAP-Form zu spezifizieren. Ein Aufruf der Routine könnte folgendermaßen aussehen:

```
' === Legt zwei Benutzerkonten mit Hilfe von ADSIADS_createUser() an
Sub ADSIADS_BenutzerAnlegen()
Const CONTAINER = "LDAP://zentrum/ou=FBI,dc=it-objects,dc=local"
Const PFAD_FM = "LDAP://zentrum/cn=Fox Mulder,ou=FBI,dc=it-objects,dc=local"
Const PFAD_DS = "LDAP://zentrum/cn=Dana Scully,ou=FBI,dc=it-objects,dc=local"
Dim u

ADSI_DeleteThis PFAD_FM
Set u = ADSIADS_createUser(CONTAINER, "Fox Mulder", "geheim")
say "Benutzer ist angelegt: " & u.cn
ADSI_DeleteThis PFAD_DS
Set u = ADSIADS_createUser(CONTAINER, "Dana Scully", "noch geheimer")
say "Benutzer ist angelegt: " & u.cn
```

Listing 5.104: Testet ADSIADS_CreateUser() [ADSIADS_BenutzerAnlegen.wsf]

Das Skript legt zwei bekannte FBI-Agenten in der Organisationseinheit »FBI« an. Bitte passen Sie die LDAP-Pfade am Beginn des Skripts entsprechend Ihrer Umgebung an.

Ausgabe

```
Benutzer wurde angelegt:
LDAP://zentrum/cn=Fox Mulder,ou=FBI,dc=it-objects,dc=local
Benutzerkennwort wurde gesetzt!
Benutzer ist angelegt: Fox Mulder
Benutzer wurde angelegt:
LDAP://zentrum/cn=Dana Scully,ou=FBI,dc=it-objects,dc=local
Benutzerkennwort wurde gesetzt!
Benutzer ist angelegt: Dana Scully
```

Listing 5.105: Ausgabe des obigen Skripts

Auch im Windows .NET Server sind die Fehlermeldungen, die ADSI liefert, zum Teil noch sehr kurios. Mit »A device attached to the system is not functioning« wird der Administrator aufgeschreckt, wenn er versucht, per Skript in das Attribut SAMAccount Name eine Zeichenkette zu schreiben, die länger als 20 Zeichen ist.

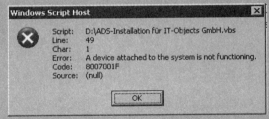

Abbildung 5.28: Fehlermeldung, wenn das Kennwort zu lang ist.

Verschieben eines Benutzerkontos

MoveHere() Anders als unter Windows NT 4.0 kann im Active Directory jedes Objekt nachträglich in einen anderen (geeigneten) Container verschoben werden. Dies soll hier am Beispiel eines Benutzerkontos gezeigt werden. Zum Verschieben kann MoveHere() eingesetzt werden.

```
Dim objContainer As IADsContainer
Set objContainer = GetObject("LDAP://zentrum/ou=XFilesAgenten,ou=FBI,dc=it-
objects,dc=local")
objContainer.MoveHere "LDAP://zentrum/cn=Fox Mulder,ou=FBI,dc=it-
objects,dc=local", "cn=Fox Mulder"
say "OK!"
```

Listing 5.106: Verschieben eines Benutzerkontos [ADSIADS_KontoVerschieben.wsf]

Bitte bedenken Sie, dass nicht jeder Container jede Art von Objekt enthalten kann. Es gibt im Schema Beschränkungen für die möglichen Unterobjekte.

Kopieren eines Benutzerkontos

CopyHere() Das Duplizieren von Objekten mit CopyHere() ist im Active Directory weder unter Windows 2000 noch unter Windows .NET Server möglich. Es bleibt nur die Möglichkeit, ein neues Objekt anzulegen und mühsam die einzelnen Eigenschaften von einem zum anderen Objekt zu kopieren.

Kontoeigenschaften

Die Einstellungen, die man in der MMC auf der Registerkarte KONTO findet, sind per Skript zum Teil nicht so einfach vorzunehmen. Die folgenden Skripte zeigen die wichtigsten Einstellungen.

Active Directory Service Interface (ADSI)

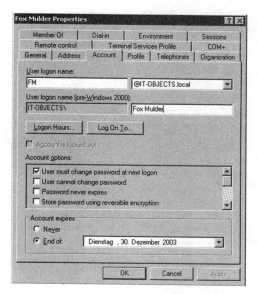

Abbildung 5.29: Kontoeigenschaften (Windows .NET Server)

Das Ablaufdatum wird durch Schreiben eines Datums in Form einer amerikanischen Datumsangabe (*MM/DD/YYYY*) in das Attribut AccountExpirationDate gesetzt. Dabei bedeutet das Datum "1/1/1970", dass das Benutzerkonto niemals ablaufen soll.

Ablaufdatum

```
Dim objUser ' As IADsUser
Set objUser = GetObject("LDAP://zentrum/cn=Fox Mulder,ou=FBI,dc=it-
objects,dc=local")
objUser.AccountExpirationDate = "01/01/2004" ' 1.1.1970 = kein Ablauf
objUser.SetInfo
say "OK!"
```

Listing 5.107: Festlegung der Konteneigenschaft: Ablaufdatum festlegen [ADSIADS_KontoAblauf.wsf]

Das Attribut userAccountControl erlaubt zahlreiche Einstellungen über Flags. Flag bedeutet, dass verschiedene Ja/Nein-Eigenschaften über die Anordnung der Bits gesetzt werden. Wenn Sie mehrere Eigenschaften gleichzeitig setzen wollen, müssen Sie die verschiedenen Flag-Werte mit OR verknüpfen bzw. den bestehenden Wert des Attributs userAccount Control mit OR verknüpfen.

userAccountControl

```
' *** Constant Definitions for: ADS_USER_FLAG
CONST ADS_UF_SCRIPT = 1
CONST ADS_UF_ACCOUNTDISABLE = 2
CONST ADS_UF_HOMEDIR_REQUIRED = 8
CONST ADS_UF_LOCKOUT = 16
CONST ADS_UF_PASSWD_NOTREQD = 32
CONST ADS_UF_PASSWD_CANT_CHANGE = 64
CONST ADS_UF_ENCRYPTED_TEXT_PASSWORD_ALLOWED = 128
CONST ADS_UF_TEMP_DUPLICATE_ACCOUNT = 256
CONST ADS_UF_NORMAL_ACCOUNT = 512
CONST ADS_UF_INTERDOMAIN_TRUST_ACCOUNT = 2048
CONST ADS_UF_WORKSTATION_TRUST_ACCOUNT = 4096
```

```
CONST ADS_UF_SERVER_TRUST_ACCOUNT = 8192
CONST ADS_UF_DONT_EXPIRE_PASSWD = 65536
CONST ADS_UF_MNS_LOGON_ACCOUNT = 131072
CONST ADS_UF_SMARTCARD_REQUIRED = 262144
CONST ADS_UF_TRUSTED_FOR_DELEGATION = 524288
CONST ADS_UF_NOT_DELEGATED = 1048576
CONST ADS_UF_USE_DES_KEY_ONLY = 2097152
CONST ADS_UF_DONT_REQUIRE_PREAUTH = 4194304
CONST ADS_UF_PASSWORD_EXPIRED = 8388608
```

Listing 5.108: Auszug aus [ADSI_ADS_Funktionen.vbs]

```
Dim objUser  As IADsUser
Set objUser = GetObject("LDAP://zentrum/cn=Fox Mulder,ou=FBI,dc=it-
objects,dc=local")
' -- Anmeldung nur per SmartCard
objUser.userAccountControl = objUser.userAccountControl Or ADS_UF_SMARTCARD_
REQUIRED
' -- Kennwort läuft nie ab
objUser.userAccountControl = objUser.userAccountControl Or ADS_UF_DONT_EXPIRE_
PASSWD
objUser.SetInfo
say "OK!"
```

Listing 5.109: Setzen verschiedener Kontoeigenschaften [ADSIADS_SonstigeEigenschaften.wsf]

Leider funktionieren einige dieser in ADSI definierten Flags (z.B. ADS_UF_PASSWD_CANT_CHANGE) beim Active Directory nicht, weil das AD eigene Mechanismen dafür implementiert.

pwdLastSet Die Änderung des Kennworts bei der nächsten Anmeldung erzwingt man mit einer 0 im Attribut pwdLastSet.

```
Dim objUser ' As IADsUser
Set objUser = GetObject("LDAP://zentrum/cn=Fox Mulder,ou=FBI,dc=it-
objects,dc=local")
objUser.Put "pwdLastSet", 0
objUser.SetInfo
say "OK!"
```

Listing 5.110: Festlegung der Konteneigenschaft: Kennwortänderung erzwingen [KontoKennwortaenderungErzwingen.wsf]

IsAccount-Locked Die Entsperrung eines gesperrten Benutzerkontos erfolgt über IsAccountLocked.

```
Dim objUser ' As IADsUser
Set objUser = GetObject("LDAP://zentrum/cn=Fox Mulder,ou=FBI,dc=it-
objects,dc=local")
objUser.IsAccountLocked = False
objUser.SetInfo
say "OK!"
```

Listing 5.111: Entsperren eines gesperrten Benutzerkontos [ADSIADS_Unlock.wsf]

Active Directory Service Interface (ADSI)

Unglaublich kompliziert ist es, das Häkchen »Benutzer kann das Kennwort nicht ändern« zu setzen. Dazu ist es notwendig, die Access Control List (ACL) des Benutzer-Objekts zu ändern. Die Arbeit mit Access Control Lists wird zwar erst im Unterkapitel »Zusatzkomponenten/Zugriff auf Sicherheitseinstellungen« beschrieben, das entsprechende Skript soll aber dennoch hier abgedruckt werden, um die Ausführungen über Kontoeigenschaften zu vervollständigen.

Kennwort nicht änderbar

```
Dim objUser, objSD, objDACL, objTrustee, ObjACE
Const ADS_ACETYPE_ACCESS_DENIED_OBJECT = &H6
Const ADS_ACEFLAG_OBJECT_TYPE_PRESENT = &H1
Const CHANGE_PASSWORD_GUID = "{ab721a53-1e2f-11d0-9819-00aa0040529b}"
Const ADS_RIGHT_DS_CONTROL_ACCESS = &H100
' --- Zugriff auf Benutzer
Set objUser = GetObject("LDAP://zentrum/cn=Fox Mulder,ou=FBI,dc=it-
objects,dc=local")
' --- ACL aus SD holen
Set objSD = objUser.Get("ntSecurityDescriptor")
Set objDACL = objSD.DiscretionaryAcl
' --- für jeden Trustee eine ACE erzeugen
arrTrustees = Array("nt authority\self", "EVERYONE")
For Each strTrustee In arrTrustees
  Set ObjACE = CreateObject("AccessControlEntry")
      ObjACE.Trustee = strTrustee
  ObjACE.AceFlags = 0
  ObjACE.AceType = ADS_ACETYPE_ACCESS_DENIED_OBJECT
  ObjACE.Flags = ADS_ACEFLAG_OBJECT_TYPE_PRESENT
  ObjACE.ObjectType = CHANGE_PASSWORD_GUID
  ObjACE.accessmask = ADS_RIGHT_DS_CONTROL_ACCESS
  objDACL.AddAce ObjACE
Next
' --- ACL in SD schreiben
objSD.DiscretionaryAcl = objDACL
objUser.Put "nTSecurityDescriptor", objSD
objUser.SetInfo
```

Listing 5.112: Verbietet einem Benutzer die Änderung seines Kennworts [ADSIADS_Kennwortaenderungsverbot.wsf]

Terminalserver-Einstellungen

Die Einstellungen der Registerkarte TERMINALDIENSTPROFILE zu einem Benutzer-Objekt im Active Directory gelten die gleichen Ausführungen wie beim WinNT-Provider: Die Registrierung der in *TSUserEx.dll* implementierten ADSI-Extension ist notwendig. Man kann per Programmcode sogar mehr Einstellungen setzen als die Registerkarte »Terminaldienstprofile« des MMC-Snap-In »Active Directory-Benutzer und -Computer« zeigt.

TSUserEx

```
Dim u
Set u = GetObject("LDAP://zentrum/cn=Fox Mulder,ou=FBI,dc=it-objects,dc=local")
u.AllowLogon = 1
u.TerminalServicesProfilePath = "\\zentrum\profiles\fm"
u.TerminalServicesInitialProgram = "start.exe"
u.TerminalServicesHomeDrive = "Z:"
u.TerminalServicesHomeDirectory = "\\zentrum\daten\fm"
```

```
u.MaxIdleTime = 10 ' Minuten
u.SetInfo
say "OK"
```

Listing 5.113: Setzen von Terminal-Server-Einstellungen für ein Benutzerkonto
[ADSI_TS_Einstellungen_Setzen.wsf]

Abbildung 5.30:
Registerkarte
»Terminal-
dienstprofile«

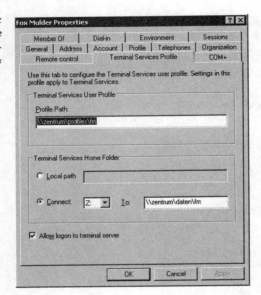

Ab Windows .NET Server gibt es auch als Alternative und Zusatz zu dieser ADSI-Extensionen einen WMI-Provider für die Windows Terminal Services.

5.6.7.7 Gruppen verwalten

Gruppentypen Das Active Directory kennt verschiedene Arten von Gruppen. Einerseits wird zwischen

- Sicherheitsgruppen (Security Groups) und
- Verteilergruppen (Distribution Groups)

unterschieden.

Andererseits wird nach dem Gültigkeitsbereich unterschieden:

- Lokal
- Global
- Universal

Für die Gruppentypen gibt es in ADSI Konstanten. Der Wert ADS_GROUP_TYPE_SECURITY_ENABLED kann mit anderen Werten bitweise verknüpft werden (OR-Operator).

Active Directory Service Interface (ADSI)

```
' *** Constant Definitions for: ADS_GROUP_TYPE_ENUM
Const ADS_GROUP_TYPE_GLOBAL_GROUP = 2
Const ADS_GROUP_TYPE_DOMAIN_LOCAL_GROUP = 4
Const ADS_GROUP_TYPE_LOCAL_GROUP = 4
Const ADS_GROUP_TYPE_UNIVERSAL_GROUP = 8
Const ADS_GROUP_TYPE_SECURITY_ENABLED = -2147483648
```

Beispiele:

- 4 ist eine lokale Verteilergruppe.
- -2147483644 (=4 or -2147483648) ist eine lokale Sicherheitsgruppe.

Gruppen anlegen

Das Anlegen einer Gruppe ist fast analog zum Anlegen eines Benutzerkontos. Unterschiede sind:

Gruppen anlegen

- Die zu erzeugende Active Directory-Klasse ist group *statt* user.
- Es darf kein Kennwort vergeben werden.
- Es muss der Gruppentyp festgelegt werden. (Wenn das Attribut GroupType nicht gesetzt wird, ist der Standardwert -2147483646, was einer globalen Sicherheitsgruppe entspricht.)

```
' #### Anlegen eines neuen Benutzers im Active Directory
Function ADSIADS_createGroup(Container, gruppenname, gruppentyp, sicherheit)
' CONTAINER As String
' un As String
Dim c ' As IADsContainer
Dim g  As IADsGroup
' --- Bindung an Container
Set c = GetObject(Container)
' --- Erzeugung des neuen Benutzers
Set g = c.Create("group", "cn=" & gruppenname)
' --- Attribute setzen
g.Put "samAccountName", CStr(gruppenname)
If sicherheit Then gruppentyp = gruppentyp Or ADS_GROUP_TYPE_SECURITY_ENABLED
'g.Put "grouptype", gruppentyp
' --- Konto aktivieren
g.SetInfo
say "Gruppe wurde angelegt:" & Chr(13) & g.ADsPath
Set ADSIADS_createGroup = g
End Function
```

Listing 5.114: Ausschnitt aus [ADSI_ADS_Funktionen.vbs]

Im folgenden Skript wird obige Hilfsroutine verwendet, um eine globale Sicherheitsgruppe namens »Agenten« anzulegen.

Beispiel

```
If ExistsObject("LDAP://zentrum/cn=Agenten,ou=FBI,dc=it-
objects,dc=local") Then ADSI_DeleteThis ("LDAP://zentrum/
cn=Agenten,ou=FBI,dc=it-objects,dc=local")
Dim g
```

COM-Komponenten

```
Set g = ADSIADS_createGroup("LDAP://zentrum/ou=FBI,dc=it-
objects,dc=local", "Agenten", 2. True)
say "Gruppe ist angelegt: " & g.cn & " " & g.grouptype
```

Listing 5.115: Testet ADSIADS_CreateGroup() [ADSIADS_NeueGruppe.wsf]

Gruppenmitglieder auflisten

Gruppenmit- Mit dem folgenden Skript werden alle Sicherheitskonten aufgelistet, die zu einer Gruppe
glieder gehören.

```
' === Sicherheitskonten auflisten, die zu einer Gruppe gehören
Sub ADSIADS_Gruppenzusammensetzung()
Dim obj ' as ActiveDs.IADs
' --- Zugriff auf Group-Objekt
Const LDAP = "LDAP://zentrum/cn=Agenten,ou=FBI,dc=it-objects,dc=local"
Set oGroup = GetObject(LDAP)
' --- Iteration über alle enthaltenen User
For Each obj In oGroup.Members
    say obj.name & " (" & obj.Class & ") "
Next
End Sub
```

Benutzer einer Gruppe hinzufügen

Benutzer Das Hinzufügen von Benutzern zu einer Gruppe (mit Add()) und das Löschen aus einer
hinzufügen Gruppe (mit Remove()) funktionieren völlig analog zum WinNT-Provider.

```
Dim g ' as IADsGroup
Set g = GetObject("LDAP://zentrum/cn=Agenten,ou=FBI,dc=it-objects,dc=local")
g.Add "LDAP://zentrum/cn=Fox Mulder,ou=FBI,dc=it-objects,dc=local"
g.Add "LDAP://zentrum/cn=Dana Scully,ou=FBI,dc=it-objects,dc=local"
say "Benutzer zu Gruppe hinzugefügt!"
```

Listing 5.116: Benutzer einer Gruppe zuordnen [ADSIADS_Benutzer_zu_Gruppe.wsf]

Gruppe aus den Mitgliedern einer OU aufbauen

Von OU zu Die folgende nützliche Hilfsroutine dient zum Erzeugen einer neuen Gruppe, die sich aus
Gruppe allen Benutzerkonten in einer bestimmten Organisationseinheit zusammensetzt. (Organisationseinheiten sind ja keine Sicherheitsprinzipale!) Das Skript prüft zunächst, ob die OU und die Gruppe existieren. Wenn die Gruppe schon existiert, wird sie gelöscht. Dies ist insofern sinnvoll, als dass man dieses Skript in regelmäßigen Abständen laufen lassen kann, um sicherzustellen, dass die Gruppenzusammensetzung aktuell ist. Eventuelle manuelle Einträge gehen dabei natürlich verloren.

Danach wird die Gruppe angelegt. Über eine ADSI-Query werden die Benutzerkonten der OU ermittelt und nacheinander der Gruppe hinzugefügt.

```
' ### Erzeugen einer Gruppe aus den Personen in einer OU
Sub ADSIADS_OUtoGroup(ldapOU, ldapgroup, gruppenname, rekursiv)
Dim strLDAPQuery ' As String
Dim objCON ' As ADODB.Connection
say ldapOU & " -> " & ldapgroup
' --- Fehlerprüfung
```

```
If Not ExistsObject(ldapOU) Then say "Fehler: OU existiert nicht!": Exit Sub
If ExistsObject(ldapgroup) Then ADSI_DeleteThis (ldapgroup)

Set objOU = GetObject(ldapOU)
Set oGroup = objOU.Create("group", "cn=" & gruppenname)
oGroup.Put "sAMAccountName", gruppenname
oGroup.SetInfo
say "Gruppe wurde angelegt: " & oGroup.ADsPath

' --- ADO-Connection-Objekt erzeugen
Set objCON = CreateObject("ADODB.Connection")
' --- Verbindung zu dem OLE-DB-Provider für ADSI
CONSTRING = "Provider=ADSDSOObject"
objCON.Open CONSTRING ', "administrator", ""
' --- Selektion aller User, deren Verzeichnisname mit H beginnt
strLDAPQuery = "<" & ldapOU & ">;(objectclass=user);adspath;"
If rekursiv = True Then
    strLDAPQuery = strLDAPQuery & "subtree"
Else
    strLDAPQuery = strLDAPQuery & "onelevel"
End If
say "Ausführung der Abfrage: " & strLDAPQuery
' --- Ausführen der Abfrage
Set rs = objCON.Execute(strLDAPQuery)
If rs.EOF Then MsgBox "Keine Benutzer gefunden!": Exit Sub

say "In die Gruppe wurden aufgenommen:"
' --- Schleife über alle Benutzer der OU
While Not rs.EOF
    oGroup.Add rs("ADsPath")
    say rs("ADsPath")
    rs.MoveNext
Wend
' --- Schließen der Objekte
rs.Close
objCON.Close
End Sub
```

Listing 5.117: Ausschnitt aus [ADSI_ADS_Funktionen.vbs]

Demonstriert wird die obige Hilfsroutine an der Organisationseinheit »FBI«:

```
ldapOU = "LDAP://zentrum/ou=FBI,dc=it-objects,dc=local"
ldapgroup = "LDAP://zentrum/cn=Alle FBI-Mitarbeiter,ou=FBI,dc=it-
objects,dc=local"
ADSIADS_OUtoGroup ldapOU, ldapgroup, "Alle FBI-Mitarbeiter", True
```

Listing 5.118: Erzeugen einer Gruppe aus den Personen in einer OU [ADSIADS_OUtoGroup_Test.wsf]

5.6.7.8 Organisationseinheiten verwalten

Eine hervorstechende Eigenschaft des Active Directory ist es, beliebige Organisationsstrukturen in Form von Verzeichnis-Containern nachzubilden. Ein solcher Container heißt im AD Organisationseinheit (OrganizationalUnit).

> Eine Organisationseinheit ist kein Sicherheitsprinzipal, d. h., es können keine Rechte auf Ressourcen an Organisationseinheiten zugewiesen werden. Sicherheitsprinzipale sind nur Benutzer und Gruppen. Organisationseinheiten dienen nur der Gruppierung von Benutzern und Gruppen.

Anlegen von OUs
Beachten Sie bei der Anlage von Organisationseinheiten im Vergleich zur Anlage von Benutzern den anderen Klassennamen (organizationalUnit) im ersten Parameter und den anderen Attributnamen (OU) im zweiten Parameter bei Create(). Mit Locality wird ein Attribut gesetzt, das in der Schnittstelle IADsOU definiert ist, während ManagedBy verzeichnisdienstspezifisch ist. ManagedBy erwartet einen DN eines Benutzers oder einer Gruppe.

In dem folgenden Skript werden direkt eine ganze Menge von Organisationseinheiten angelegt. Die Namen sind in einem Array gespeichert. Alle weiteren Attribute werden gleich gesetzt für alle anzulegenden Organisationseinheiten.

```
Dim OUListe ' Array der anzulegenden OUs
Dim objCon ' As IADsContainer
Dim objOU ' As IADsOU
Const CONTAINER = "LDAP://sonne2000/ou=it-visions,dc=it-visions,dc=de"
Const MANAGER = "CN=HS,OU=IT-Visions,DC=IT-Visions,DC=de"
OUListe = Array("Einkauf", "Vertrieb", "Entwicklung", "Finanzen")
' -- Bindung an Container
Set objCon = GetObject(CONTAINER)
For Each ou In OUListe
    ' -- Erzeugung der neuen OU
    Set objOU = objCon.create("organizationalunit", "ou=" & ou)
    ' -- Attribute setzen
    objOU.LocalityName = "Essen"
    objOU.Description = "www.IT-Visions.de"
    objOU.Put "ManagedBy", MANAGER
    objOU.SetInfo
    say "OU wurde angelegt:" & Chr(13) & objOU.ADsPath
Next
```

Listing 5.119: *Anlegen von Organisationseinheiten im Active Directory [ADSIADS_NeueOUs.wsf]*

5.6.7.9 Authentifizierung

Try-and-Fail
Leider gibt es keine wirklich elegante Methode, die eine Authentifizierung mit Benutzername und Kennwort gegen das Active Directory ermöglicht. Um dies zu realisieren, bleibt nur die Try-and-Error-Methode: Man versucht einen Zugriff auf das Active Directory unter Anwendung der Impersonifizierung mit den zu prüfenden Anmeldedaten.

Dazu wird die OpenDSObject() in der Schnittstelle IADsOpenDSObject aufgerufen. Man muss im ersten Parameter ein Objekt übergeben, für das man einen Aufruf versuchen möchte. Hier verwendet man das Wurzelobjekt des Verzeichnisbaums. Der zweite und dritte Parameter sind der Benutzername (in der Form »Domäne\Benutzer«) und das entsprechende Kennwort. Als vierter Parameter ist eine 1 anzugeben. Die Hilfsroutine ADS_Authentifizierung() kapselt dies in eine Funktion, die True oder False zurückliefert.

```
' #### Prüfen, ob die Anmeldedaten eines Benutzers korrekt sind
Function ADS_Authentifizierung(ByVal Pfad As String, ByVal Domain As String, ByVal BenutzerName As String, ByVal Kennwort As String) As Boolean
  Dim VollstaendigerBenutzerName ' As String
  VollstaendigerBenutzerName = Domain + "\" + BenutzerName
  Dim OpenDSObject ' As IADsOpenDSObject
  Dim Eintrag ' As IADs
  Set OpenDSObject = GetObject("LDAP:")
  On Error Resume Next
  Set Eintrag = OpenDSObject.OpenDSObject(Pfad, VollstaendigerBenutzerName, _
Kennwort, 1)
  If Err.Number <> 0 Then
      ADS_Authentifizierung = False
    Else
      ADS_Authentifizierung = True
  End If
End Function

' === Testen der ADS-Authentifizierung
Sub ADS_AutentifizierungTesten()
  Dim Benutzer As String
  Benutzer = InputBox("Benutzername?")
  Kennwort = InputBox("Kennwort?")
  say (ADS_Authentifizierung("LDAP://dc=it-objects,dc=local", "it-
Objects", Benutzer, Kennwort))
End Sub
```

Listing 5.120: *Authentifizierung gegen das Active Directory [ADSI_ADS_AutentifizierungTesten.wsf]*

5.6.7.10 Computerverwaltung

Dieses Unterkapitel enthält einige Beispiele zur Verwaltung von Computern im Active Directory.

Computer-Liste

Liste der Domänen-Controller

Mit einer Suchanfrage können die LDAP-Pfade aller Domänen-Controller einer Active Directory-Domäne ermittelt werden.

```
ADSI_ADOQuery() _
"Select distinguishedName FROM 'LDAP://cn=Configuration,DC=it-
objects,DC=local' " _
& "where objectClass='nTDSDSA'"
```

Listing 5.121: *Liefert eine Liste aller Domänen-Controller einer ADS-Domäne [ADSI_ADS_DomainControlerListe.wsf]*

COM-Komponenten

Computerkonto anlegen

Konto anlegen Das Anlegen eines Computerkontos im Active Directory ist dem Anlegen eines Benutzers sehr ähnlich. Dies ist auch nicht verwunderlich, wenn man weiß, dass die Active Directory-Klasse computer von der Klasse user abgeleitet ist. Die Vererbungshierarchie im Active Directory lautet:

top->person->organizationalPerson->user->Computer

Ein Computerkonto muss ebenso wie ein Benutzerkonto nach dem Anlegen aktiviert werden. Man muss aber kein Kennwort zuweisen.

```
' !### Anlegen eines neuen Benutzers im Active Directory
Function ADSIADS_createComputer(CONTAINER, computername)
' CONTAINER As String
' un As String
Dim con ' As IADsContainer
Dim c ' As IADsComputer
' --- Bindung an Container
Set con = GetObject(CONTAINER)
' --- Erzeugung des neuen Computerkontos
Set c = con.Create("computer", "cr=" & computername)
' --- Attribute setzen
c.Put "samAccountName", CStr(computername)
c.SetInfo
' --- Konto aktivieren
c.AccountDisabled = False
c.SetInfo
say "Computerkonto wurde angelegt:' & Chr(13) & c.ADsPath
Set ADSIADS_createComputer = c
End Function
```

Listing 5.122: Ausschnitt aus [ADSI_ADS_Funktionen.vbs]

Beispiel In der folgenden Routine wird in der Organisationseinheit »FBI« ein neues Computerkonto mit dem Namen »XFiles« angelegt. Wenn dieses Computerkonto schon vorhanden ist, wird es mit ADSI_DeleteThis() vorher gelöscht.

```
Const CONTAINER = "LDAP://zentrum/ou=FBI,dc=it-objects,dc=local"
Const PFAD = "LDAP://zentrum/cn=XFiles1,ou=FBI,dc=it-objects,dc=local"
Dim c
ADSI_DeleteThis PFAD
Set c = ADSIADS_createComputer(CONTAINER, "XFiles")
say "Computerkonto ist angelegt: " & c.cn
```

Listing 5.123: Legt ein Computerkonto an [ADSIADS_ComputerkontoAnlegen.wsf]

(De-)Aktivieren eines Computerkontos

Konto deaktivieren Das Skript (de-)aktiviert ein Computerkonto in einer Domäne.

```
Set l = GetObject("LDAP://cn=Workstation10,cn=computers,dc=it-objects,dc=local")
l.AccountDisabled = True    ' oder False
l.SetInfo
say "Computerkonto ist deaktiviert!" ' False = aktiviert
```

Listing 5.124: Deaktivieren eines Computerkontos in der Domäne [ADSIADS_ComputerKontoDeaktivieren.wsf]

Ermittlung der FSMO-Rollen

Dieses Skript ermittelt, welche Domänen-Controller im Active Directory die einzelnen Flexible Single Master Operations (FSMO)-Rollen wahrnehmen.

Sonderrollen ermitteln

```
say "FSMO Rollen:"
Set objRootDSE = GetObject("LDAP://rootDSE")

' Schema Master
Set objSchema = GetObject("LDAP://" & objRootDSE.Get("schemaNamingContext"))
strSchemaMaster = objSchema.Get("fSMORoleOwner")
say "Forest Schema Master: " & strSchemaMaster

' Domain Naming Master
Set objPartitions = GetObject("LDAP://CN=Partitions," & _
    objRootDSE.Get("configurationNamingContext"))
strDomainNamingMaster = objPartitions.Get("fSMORoleOwner")
say "Forest Domain Naming Master:" & strDomainNamingMaster

' PDC Emulator
Set objDomain = GetObject("LDAP://" & objRootDSE.Get("defaultNamingContext"))
strPdcEmulator = objDomain.Get("fSMORoleOwner")
say "Domain PDC Emulator: " & strPdcEmulator

' RID Master
Set objRidManager = GetObject("LDAP://CN=RID Manager$,CN=System," & _
    objRootDSE.Get("defaultNamingContext"))
strRidMaster = objRidManager.Get("fSMORoleOwner")
say "Domain RID Master: " & strRidMaster

' Infrastructure Master
Set objInfrastructure = GetObject("LDAP://CN=Infrastructure," & _
    objRootDSE.Get("defaultNamingContext"))
strInfrastructureMaster = objInfrastructure.Get("fSMORoleOwner")
say "Domain Infrastructure Master: " & strInfrastructureMaster
```

Listing 5.125: FSMO-Rollen [ADSIADS_Rollen.wsf]

5.6.7.11 Gruppenrichtlinien

Das Scripting von Active Directory-Gruppenrichtlinien ist mit ADSI nicht möglich. Auch die manuelle Verwaltung von Gruppenrichtlinien war unter Windows 2000 mühsam, weil das Benutzer-Snap-In nicht die Vererbung der Gruppenrichtlinien zeigte.

Mit Windows XP hat Microsoft erstmals ein Snap-In eingeführt, das einen so genannten *Richtlinienergebnissatz (Resultant Set of Policies – RSoP)* erzeugt, der die Summe aus allen wirksamen Richtlinien darstellt.

Richtlinienergebnissatz

Das neue Group Policy Management Console (GPMC), ein Werkzeug, das im Zuge von Windows .NET Server erscheint, bietet eine wesentlich vereinfachte Administration und eine HTML-Ansicht der effektiven Richtlinien. Es sind mehrere Domains gleichzeitig administrierbar und ein Cut&Paste von Gruppenrichtlinien ist (auch zwischen Domains) möglich.

Group Policy Management Tool

COM-Komponenten

Das Management Tool bietet seine gesamte Funktionalität auch als automationsfähige COM-Komponente an, so dass ein Administrator die Gruppenrichtlinien auch per Skript zuordnen kann. Allerdings können Gruppenrichtlinien weiterhin nicht per Skript definiert werden. Die Komponente ermöglicht nur die Zuordnung von vordefinierten Gruppenrichtlinien.

Aufgrund der Beschränkung der Seitenanzahl dieses Buchs und da das Werkzeug zum Reaktionsschluss auch noch gar nicht veröffentlicht war, kann diese Komponente hier nicht näher besprochen werden. Zum Redaktionsschluss lag leider auch noch keine Dokumentation von Microsoft vor, auf die man hier verweisen könnte. Man könnte jetzt meinen, das Tool wäre nur ein Gerücht. Der Autor dieses Buchs hat es aber im Juni 2002 selbst in Redmond gesehen.

5.6.8 Exchange Server-Administration mit ADSI

MAPI, DAPI In der Vergangenheit war die Programmierung des Microsoft Exchange Servers durch die Schnittstellen MAPI (Messaging Application Programming Interface) und DAPI (Directory Application Programming Interface) eine große Herausforderung. Durch die Unterstützung von LDAP kann der Exchange Server aber inzwischen auch via ADSI programmiert werden.

LDAPv3 Exchange unterstützt LDAP seit Version 5.0, dort jedoch zunächst nur lesend (LDAPv1). Der volle Schreib-/Lesezugriff via LDAPv3 besteht erst seit Version 5.5. Über den ADSI-Provider für LDAP ist es möglich, viele administrative Aufgaben auf einem Exchange Server zu automatisieren. Mit ADSI können alle Einträge im Exchange-Verzeichnisdienst verändert werden. Ein Zugriff auf den Informationsspeicher ist jedoch nicht möglich.

Die in diesem Kapitel vorgestellten Funktionen gelten nur für den Exchange Server 5.5. Zur automatisierten Administration des Exchange Server 2000 sind aufgrund der Integration mit dem Active Directory andere Techniken notwendig, die aus Platzgründen nicht in diesem Buch, sondern im Zusatzband »COM-Komponenten-Handbuch« [SCH01c] beschrieben werden.

Features Sie können via ADSI beispielsweise

- Postfächer, benutzerdefinierte Empfänger und E-Mail-Verteiler anlegen und löschen
- E-Mail-Verteiler verändern
- zahlreiche Konfigurationseinstellungen einsehen und ändern

Was Sie mit ADSI allerdings nicht können ist das Anlegen und Löschen von öffentlichen Ordnern. Ein Löschen in ADSI entfernt den Ordner zwar aus dem Verzeichnisbaum, nicht jedoch aus der Datenbank. Dazu müssen Sie CDO verwenden.

5.6.8.1 LDAP-Konfiguration

Um auf einen Exchange Server mit ADSI über LDAP zuzugreifen, ist lediglich eine Installation der ADSI-Komponenten auf dem jeweiligen Client-PC notwendig. Eine Installation auf dem Exchange Server ist nicht erforderlich. Das LDAP-Protokoll auf dem Exchange Server muss jedoch aktiviert und konfiguriert werden. Sie müssen dabei zwei Dinge beachten:

LDAP-Aktivierung
- Aktivieren Sie LDAP in der Standort-Konfiguration (KONFIGURATION/PROTOKOLLE/LDAP).

▸ Wenn Sie Suchanfragen benutzen wollen, dann achten Sie darauf, dass die Suchoptionen **Einstellungen**
Ihren Bedürfnissen angepasst sind. In der Regel ist der Wert »Maximale Anzahl der
Suchresultate« zu niedrig eingestellt.

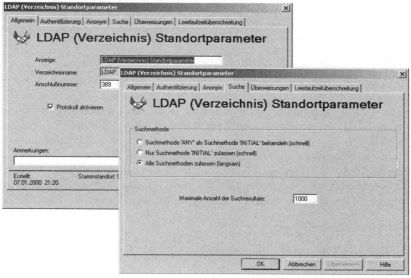

Abbildung 5.31: LDAP-Konfiguration im Exchange Server

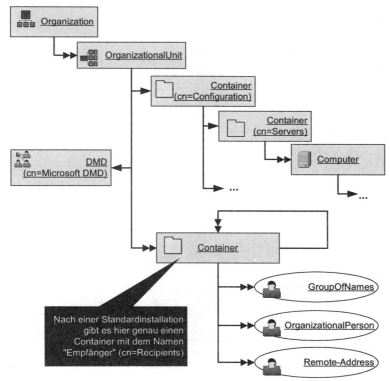

Abbildung 5.32: Kernbereich des Objektmodells des Exchange Servers 5.5

Eine falsche Konfiguration kann zu Fehlern mit höchst merkwürdigen Fehlermeldungen führen, wie »Die Namensbegrenzung der lokalen Netzwerkkarte wurde überschritten«. Wer diese Fehlermeldung sieht, muss nicht nach dem Hardware-Service rufen. Hinter dieser kuriosen Meldung verbirgt sich ein zu geringer Eintrag in der Option »Maximale Anzahl der Suchresultate« in der Site-Konfiguration im Exchange Server.

5.6.8.2 Exchange-Objektmodell

Exchange-Objektmodell

Die folgende Abbildung zeigt die wesentlichen Teile des Objektmodells des Exchange-Verzeichnisdienstes. An der Spitze steht eine Instanz der Klasse Organization, die eine oder mehrere OrganizationalUnit-Objekte enthält. Jede OrganizationalUnit enthält zwei Instanzen der Klasse Container, eine mit dem Namen Configuration und eine mit dem Namen Recipients. Der Configuration-Container enthält zahlreiche Leaf-Objekte und weitere Container (z.B. Servers und Protocols). Der Recipients-Container enthält die Exchange-Empfänger, die in einer Container-Hierarchie angeordnet sein können. Außerdem enthält die OrganizationalUnit (OU) ein DMD-Objekt mit dem Namen Microsoft DMD. DMD steht für *Directory Management Domain* und enthält das Schema des Exchange Servers.

Klassen und Schnittstellen

Exchange-Klassen

Die nachfolgende Tabelle zeigt die wichtigsten Klassennamen im Exchange-Verzeichnisdienst und deren Bedeutung.

Keine Exchange-Klasse implementiert über IADs bzw. IADsContainer hinausgehende ADSI-Standardschnittstellen.

Tabelle 5.54: Klassen im Exchange-Verzeichnis

Klassenname (LDAP-Name)	Typ	Bedeutung
organizationalPerson	Leaf	Postfach (Mailbox)
remote-address	Leaf	Benutzerdefinierter Empfänger
groupOfNames	Leaf	Verteilerliste
container	Container	Exchange-Container
Organization	Container	Exchange-Organisation
OrganizationalUnit	Container	Exchange-Organisationseinheit
Computer	Container	Ein Computer mit installiertem Exchange Server

Hinweis: Verwechseln Sie nicht die Exchange-Klasse Container mit IADsContainer. Container ist eine Exchange-Klasse, die durch IADsContainer repräsentiert wird. IADsContainer wird aber auch als Meta-Schnittstelle für andere Exchange-Klassen (z.B. Organization, OrganizationalUnit, Protocol-Cfg-Shared-Site) verwendet.

Active Directory Service Interface (ADSI)

Namensverwirrung

Beim Zugriff auf die Attribute eines Exchange-Objekts muss beachtet werden, dass Exchange vier verschiedene Bezeichnungen für ein und dasselbe Attribut kennt:

Mehrere verschiedene Attributnamen

- den im Exchange-Admin-GUI (ADMIN.EXE) angezeigten Namen
- den internen *Admin Display Name*
- den eigentlichen Verzeichnisnamen (*Common Name*)
- den *LDAP-Namen*

Die Situation wird dadurch kompliziert, dass Exchange intern für die Attribute einen anderen Verzeichnisnamen (den so genannten *Common Name*) benutzt, der weder dem *Admin Display Name* noch dem LDAP-Namen entspricht. Der *Common Name* wird vom ADSI-Nutzer benötigt, um das Schema per Programm auszulesen. Ein ADSI-Client kann das Schema wie jeden Ast im Exchange-Baum auflisten. Zum Zugriff via LDAP benötigen Sie den *LDAP-Namen*!

Die Namen sind zum Teil ähnlich (z. B. ist Company sowohl Display-Name, als auch Common Name und LDAP-Name), zum Teil aber auch ganz verschieden: So hat der Common Name Locality-Name den Display-Namen City und als LDAP-Namen ein schlichtes L. Ein zweites Beispiel: Hinter dem einfachen Display-Namen Office steckt das Verzeichnisattribut Physical-Delivery-Office-Name, das in LDAP ohne Bindestriche geschrieben werden muss, also PhysicalDeliveryOfficeName.

Ähnlichkeiten und Unterschiede

Den Zusammenhang zwischen den Namen zeigt Ihnen das Exchange-Schema. Die folgende Tabelle stellt die Namen für die wichtigsten Attribute gegenüber.

Bildschirmanzeige im deutschen Admin-GUI	Admin Display Name (im Schema)	Exchange Common Name (Verzeichnisname)	LDAP-Name
Verzeichnisname	Directory Name	Common-Name	Rdn
- (wird nicht angezeigt)	Obj-Dist-Name	Obj-Dist-Name	Distinguished Name
Anzeige	Display Name	Display-Name	Cn
Alias	Alias Name	Mail-Nickname	Uid
Vorname	First Name	Given-Name	GivenName
Nachname	Last Name	Surname	Sn
Firma	Company	Company	Company
Adresse	Address	Address	PostalAddress
PLZ	Postal Code	Postal-Code	PostalCode
Ort	City	Locality-Name	L
Staat	Country	Text-Country	Co
Abteilung	Department	Department	Department

Tabelle 5.55: Unterschiedliche Bezeichnungen für ein und dasselbe Attribut im Exchange Server

COM-Komponenten

Bildschirmanzeige im deutschen Admin-GUI	Admin Display Name (im Schema)	Exchange Common Name (Verzeichnisname)	LDAP-Name
Büro	Office	Physical-Delivery-Office-Name	PhysicalDelivery OfficeName
Telefon	Phone Number	Telephone-Office1	TelephoneNumber
Antwort-E-Mail-Adresse	E-Mail Addresses	Proxy-Addresses	Mail
(Weitere) E-Mail-Adressen	E-Mail Addresses	Proxy-Addresses	OtherMailbox
Primäres Windows NT-Konto	Primary Windows NT Account	Assoc-NT-Account	Assoc-NT-Account

5.6.8.3 Identifikation und Bindung

Schlüsselattribute Fast alle Exchange-Klassen verwenden als Schlüsselattribut CN. Nur die Organization (O) und die OrganizationalUnit (OU) bilden eine Ausnahme. Jeder Container und jedes Empfänger-Objekt wird jedoch über den CN identifiziert. Sofern ein Empfänger nicht direkt im Standardempfänger-Container, sondern tiefer in einer Container-Hierarchie liegt, muss der Distinguished Name entsprechend viele CN-Einträge aufweisen.

Aufbau des ADSI-Pfads Der Distinguished Name (DN) eines Exchange-Verzeichniseintrags spiegelt die Exchange-Organisationsstruktur wider: Der Name der Organisation fließt nach dem Eintrag O= ein, die Exchange-Site nach OU= (*Organizational Unit*). Der Empfänger-Container wird durch CN= (*Common Name*) spezifiziert. Sofern Empfänger-Container in Untercontainer aufgeteilt sind, muss der komplette Pfad in Form weiterer CN-Einträge spezifiziert werden – ebenso alle Empfänger und Elemente des Konfigurationsbaums. Anhand des ADSI-Pfads lässt sich also die Art des Eintrags nicht erkennen. Dazu müssen Sie das Class-Attribut aus der IADs-Schnittstelle verwenden.

Tabelle 5.56: Beispiele für ADSI-Pfade im Exchange Server. Die ADSI-Pfade sind jeweils in einer Zeile zu schreiben.

Eintragsart	Beispiel Top-Down-Syntax (auch: Big Endian)	Beispiel Bottom-Up-Syntax (auch: Little Endian)
Root-Element	LDAP://SONNE	LDAP://SONNE
Container	LDAP://SONNE/ O=UNIVERSUM/ OU=SONNENSYSTEM/ CN=RECIPIENTS/ CN=MITARBEITER	LDAP://SONNE/ CN=MITARBEITER, CN=RECIPIENTS, OU=SONNENSYSTEM, O=UNIVERSUM

Active Directory Service Interface (ADSI)

Eintragsart	Beispiel Top-Down-Syntax (auch: Big Endian)	Beispiel Bottom-Up-Syntax (auch: Little Endian)
Empfänger	LDAP://Sonne/ o=UNIVERSUM/ ou=SONNENSYSTEM/ cn=Recipients/ cn=Mitarbeiter/ cn=Fox Mulder	LDAP://Sonne/ cn=Fox Mulder, cn=Mitarbeiter, cn=Recipients, ou=SONNENSYSTEM, o=UNIVERSUM
Konfiguration des POP3-Protokolls	LDAP://Sonne/ o=UNIVERSUM/ ou=SONNENSYSTEM/ cn=Configuration/ cn=Protocols/ cn=POP3	LDAP://Sonne/ cn=POP3, cn=Protocols, cn=Configuration, ou=SONNENSYSTEM, o=UNIVERSUM

5.6.8.4 Das Exchange-Schema

Die Objekthierarchie des Exchange Servers wird durch das Exchange Administratorprogramm (ADMIN.EXE) anschaulich dargestellt. Sehr hilfreich für die ADSI-Programmierung des Exchange Servers ist, dass ADMIN.EXE auch eine Ansicht des Exchange-Schemas bietet. Für die Schemaansicht ist es notwendig, das Administratorprogramm im so genannten Raw-Modus zu starten (Kommandozeilenoption /R).

Raw-Modus in Admin.exe

```
admin.exe /r
```

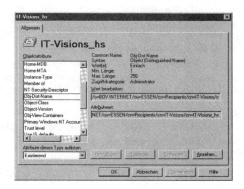

Abbildung 5.33: Basiseigenschaftsfenster einer Mailbox

COM-Komponenten

Abbildung 5.34: Schema-Ansicht im Raw-Modus des Exchange-Admin-GUIs

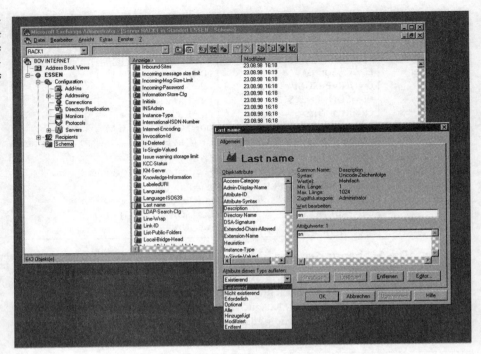

Der Raw-Modus liefert zwei wertvolle Ansichten:

Basiseigen-schaftsfenster
- Im Basiseigenschaftsfenster erhalten Sie Auskunft über den exakten Distinguished Name (DN) eines Eintrags.

Schema-Ansicht
- Durch Auswahl der Option VOLLSTÄNDIGES VERZEICHNIS im Menü ANSICHT zeigt sich das Exchange-Schema als zusätzlicher Ast in der Baumdarstellung.

Auf der Suche nach dem LDAP-Namen eines Attributs

Häufig wird es darum gehen, Eigenschaften von Objekten zu setzen, die aus dem GUI bekannt sind. Der Weg von der Bildschirmanzeige zum LDAP-Namen ist jedoch schwierig. Von der Bildschirmanzeige zum korrekten LDAP-Namen eines Attributs sind zwei Schritte notwendig:

Ermittlung des Admin Display Name
- Zunächst muss in den **Basiseigenschaften** (Menü DATEI/BASISEIGENSCHAFTEN) des gewünschten Verzeichniseintrags der *Admin Display Name* für das Attribut herausgesucht werden. Dieser weicht sowohl bei der englischen als auch bei der deutschen Version der ADMIN.EXE von der auf dem Bildschirm dargestellten Bezeichnung ab.

Die Description enthält den LDAP-Namen
- Nun kann man den *LDAP-Namen* des Attributs im Exchange-Schema nachschlagen. Dort sucht man den im ersten Schritt ermittelten *Admin Display Name*. Erneut über DATEI/BASISEIGENSCHAFTEN gelangt man in das Eigenschaftsfenster des Attributs (man befindet sich dann also in den Eigenschaften der Eigenschaften). Dabei ist die unter DESCRIPTION angegebene Bezeichnung der korrekte *LDAP-Name*.

Active Directory Service Interface (ADSI)

> Da das Exchange Directory nicht erweiterbar ist, können keine Ergänzungen oder Veränderungen am Schema vorgenommen werden. Lediglich die fünfzehn vorhandenen Custom Attributes (zehn in Exchange 5.0) können beliebig belegt werden.

Erweiterbarkeit

Zugriffsmöglichkeiten

Ob ADSI via LDAP ein Attribut überhaupt betrachten und verändern kann, bestimmen die Eigenschaften Heuristic und Access-Category im Schema für jedes einzelne Attribut. Sie finden diese Information in der gleichen Ansicht, in der Sie auch den LDAP-Namen finden können (siehe oben). Beispielsweise bedeutet der Heuristic-Wert 12 für das Attribut Assoc-NT-Account, dass es via LDAP zwar gesetzt, aber nicht ausgelesen werden kann.

Heuristic und Access-Category

Bit	Erläuterung
Bit 0	Replikation zwischen Standorten (0=Ja, 1=Nein)
Bit 1	Sichtbar via LDAP (0=Nein, 1=Ja)
Bit 2	Zugriff für authentifizierte Clients (0=Nein, 1=Ja)
Bit 3	0=Attribut kann via ADSI gelesen und gesetzt werden 1=Attribut kann via ADSI nur gesetzt werden
Bit 4	Attribut ist sichtbar im Admin-GUI (0=Nein, 1=Ja)

Tabelle 5.57: Flag-Werte für Heuristic

Wert	Erläuterung
0	Nur das System darf das Attribut modifizieren.
1	Benutzer mit Admin-Rechten können das Attribut modifizieren.
2	Benutzer mit User-Rechten können das Attribut modifizieren.
3	Benutzer mit Änderungs-Rechten können das Attribut modifizieren.

Tabelle 5.58: Werte für Access-Category

5.6.8.5 Empfänger auflisten

Das nachfolgende Beispiel zeigt, wie ein Zugriff auf einen Empfänger-Container im Exchange-Verzeichnisdienst möglich ist.

Empfängerliste

```
Set container = GetObject("LDAP://Sonne/
cn=recipients, ou=Sonnensystem,o=Universum")
container.Filter = Array("organizationalPerson")
For Each r In container
  say r.cn & "," & r.mail & "," & r.ADsPath
Next
```

Listing 5.126: Liste der Postfächer in einem Container [ADSIEX_EmpfaengerListe.wsf]

Nachdem mit GetObject() und dem entsprechenden ADSI-Pfad ein Zugriff auf den Exchange-Container erfolgt ist, wird mit dem Filter-Attribut die Ergebnismenge auf die Einträge der Klasse organizationalPerson beschränkt. Danach erfolgt in einer Schleife die Ausgabe des Anzeigenamens und der E-Mail-Adresse sowie des vollständigen ADS-Pfads des einzelnen Eintrags.

ADSI-Queries

ADO/ADSI-Anfragen
Der ADSI-Provider für LDAP unterstützt auch ADSI/ADO-Queries, mit denen die Menge der zurückgelieferten Einträge eingeschränkt werden kann.

5.6.8.6 Erzeugung neuer Empfängereinträge

Neue Einträge
Die Erzeugung neuer Einträge im Exchange-Verzeichnis hält im Vergleich zur Erzeugung neuer Einträge mit dem WinNT-ADSI-Provider einige Herausforderungen bereit. Der Exchange Server verlangt Attributeintragungen, die das Exchange-Administratorprogramm implizit vornimmt, die bei der manuellen Programmierung aber explizit erfolgen müssen. Bei der Erstellung von Postfächern kommt ADSI 2.5 nicht mit eigenen Mitteln aus, sondern benötigt die Hilfe von Zusatzkomponenten.

> Es ist ratsam, im Raw-Modus die Attributwerte von per ADMIN.EXE angelegten Empfängern genau zu betrachten. Daran erkennen Sie, welche Attribute ein Exchange-Empfänger auf Ihrem Server benötigt.

Erzeugung neuer Postfächer

Herausforderung Sicherheitseinstellungen
Ein besonderes Hindernis sind bei der Erzeugung neuer Postfächer die Einträge für Zugriffsrechte bei Exchange-Postfächern:

▶ Für die Belegung der Eigenschaft *Primäres Windows NT-Konto* (Attribut `Assoc-NT-Account`) wird der *Security Identifier (SID)* eines NT-Benutzerkontos benötigt. Eine entsprechende Methode steht erst ab ADSI-Version 2.5 zur Verfügung und verlangt auch dort eine Umwandlungsroutine.

▶ Für die Berechtigungseinstellungen (Attribut `NT-Security-Descriptor`) wird eine Access Control List (ACL) benötigt, die ADSI auch in Version 2.5 nicht an ein Exchange-Verzeichnisobjekt zuweisen kann.

Die Realisierung mit API-Aufrufen ist grundsätzlich möglich, aber für das Scripting nicht verwendbar. Nachdem Microsoft Probleme lange Zeit einfach ignoriert hat und die Entwicklergemeinde sich mit eigenen Komponenten beholfen hat, die die entsprechenden API-Funktionsaufrufe kapselten, bietet der Hersteller des Exchange Servers inzwischen direkt zwei alternative Zusatzkomponenten:

▶ Die *ADsSecurity-Komponente* aus dem ADSI Resource Kit

▶ Die *AcctCrt-Komponente* aus dem Exchange Server SDK

AcctCrt
Beide Komponenten werden in diesem Buch behandelt. *ADsSecurity* wird im Kapitel »ADSI-Zusatzkomponenten« ausführlich besprochen. Die *AcctCrt-Komponente* vereinfacht das komplette Handling von NT-Konten in Zusammenhang mit Exchange-Mailboxen: Konten können erstellt und gelöscht werden, der SID eines Kontos kann ermittelt und ein einfacher Security Descriptor erzeugt werden. Einfach heißt in diesem Zusammenhang allerdings, dass nur Security Descriptors erzeugt werden können, wenn es genau einen Postfachbesitzer gibt. Weitere Benutzer und andere Rollen (z. B. SENDEN ALS, EMPFANGEN ALS) sind nicht möglich.

Active Directory Service Interface (ADSI)

Dagegen fokussiert die *ADsSecurity-Komponente* allein auf die Ermittlung von SIDs und die Erstellung von komplexen Security Descriptors. Die in dieser Komponente implementierten Klassen bilden die komplexe Realität ab, in der eine *Access Control List (ACL)* aus mehreren *Access Control Entries (ACE)* besteht, wobei jedem ACE ein Benutzer und bestimmte Rechte zugewiesen sind. ACL und ACE werden mit den Standard-ADSI-Klassen erzeugt. *ADsSecurity* erledigt lediglich das Auslesen und Zuweisen einer ACL an das Security Descriptor-Attribut einer Mailbox. Die *ADsSecurity-Komponente* bietet die größere Flexibilität und soll hier vorgestellt werden.

ADsSecurity

Beispiel (Teil 1)

Das nachfolgende Skript zeigt zunächst den einfacheren Teil: das Erzeugen des neuen Eintrags und das Setzen der wichtigsten Attribute. Voraussetzung ist eine korrekte Belegung aller Attributwerte.

Erster Teil des Beispiels

```
' --- Environment NT-Domain
strNTdomain = "Sonnensystem"
' --- Environment Exchange-Server
StrServerName = "Sonne"
strO = "Universum"
StrOU = "Sonnensystem"
strMTA = "cn=Microsoft MTA,cn=" + StrServerName + _
   ",cn=Servers,cn=Configuration,ou=" + StrOU + ",o=" + strO
strMDB = "cn=Microsoft Private MDB,cn=" + StrServerName + _
   ",cn=Servers,cn=Configuration,ou=" + StrOU + ",o=" + strO
strExadmin_user = "cn=Administrator, cn=SONNENSYSTEM"
strExadmin_pwd = "ds9"
strContainer = "LDAP://" + StrServerName + "/cn=Recipients,ou=" + _
StrOU + ",o=" + strO
' --- Angaben zur Mailbox
strDisplayName = "Joerg Bolender"
strFirstname = "Joerg"
strLastName = "Bolender"
strAlias = "JBolender"
strSMTPMail = "Joerg@Bolender.net"
strDirectoryName = strAlias
strCountry = "US"
strTel = "0815/4711"
' -- Angaben zum zugehörigen NT-Konto
strNTUserName = "JBolender"
strNTUserPassword = "MudiaArt"
' ------------ NT-Benutzer anlegen
Set DOM = GetObject("WinNT://" & strNTdomain)
Set usr = DOM.Create("user", strNTUserName)
usr.SetInfo
'usr.SetPassword strNTUserPassword
' ------------ Mailbox anlegen
' --- Container öffnen
Set objNS = GetObject("LDAP:")
Set objContainer = objNS.OpenDSObject(strContainer, strExadmin_user, _      strExad
min_pwd, 0)
' --- Mailbox erzeugen mit Create
```

COM-Komponenten

```
Set objRecipient = objContainer.Create("organizationalPerson", "cn=" + _
  CStr(strDirectoryName))
' --- Individuelle Attribute setzen
objRecipient.Put "givenName", CStr(strFirstname)
objRecipient.Put "sn", CStr(strLastName)
objRecipient.Put "cn", CStr(strDisplayName)
objRecipient.Put "uid", CStr(strAlias)
objRecipient.Put "mail", CStr(strSMTPMail)
objRecipient.Put "TelephoneNumber", CStr(strTel)

objRecipient.Put "rfc822Mailbox", CStr(strSMTPMail)
objRecipient.Put "textEncodedORaddress", _
  CStr("c=" & strCountry & ";a= ;p=" + strO + ";o=" + StrOU + _
  ";s=" + strAlias + ";")
' --- Sonstige notwendige Attribute
objRecipient.Put "Home-MTA", CStr(strMTA)
objRecipient.Put "Home-MDB", CStr(strMDB)
objRecipient.Put "mailPreferenceOption", 0
objRecipient.Put "MDB-Use-Defaults", True
objRecipient.Put "MAPI-Recipient", True
objRecipient.Put "Replication-Sensitivity", 20
objRecipient.SetInfo
say "Mailbox " & strAlias & " wurde angelegt..."
```

Listing 5.127: Anlegen eines Exchange-Postfachs [ADSIEX_NeuesPostfach.wsf]

Das Attribut mail ist die Standardadresse des Benutzers. Weitere E-Mail-Adressen werden über das mehrwertige Attribut otherMailbox zugewiesen.

Sicherheitseinstellungen (Teil 2 des Beispiels)

Zweiter Teil des Beispiels

Ein so angelegtes Postfach kann jedoch noch nicht benutzt werden. Die beiden folgenden Listings zeigen, wie mit der Komponente *ADsSecurity* die Postfachrechte gesetzt werden können. Zunächst muss der SID des NT-Benutzers mit Hilfe der Klasse ADsSID an das Verzeichnisattribut Assoc-NT-Account zugewiesen werden. Dann müssen die Berechtigungen mit der Klasse ADsSecurity um einen Eintrag für den primären NT-Benutzer erweitert werden.

```
' -- --- Setzen des Primären Windows NT-Kontos
Dim objSid ' -- As New ADsSID
Set objSid = CreateObject("ADsSID")
Const ADS_SID_HEXSTRING = 1
Const ADS_SID_WINNT_PATH = 5
objSid.SetAs ADS_SID_WINNT_PATH, "WinNT://" & strNTdomain & "/" _
" & _ strNTUserName & ",user"
sidHex = objSid.GetAs(ADS_SID_HEXSTRING)
objRecipient.Put "Assoc-NT-Account", sidHex
objRecipient.SetInfo
```

Listing 5.128: Zuweisen der Sicherheitseinstellung an ein neues Postfach [ADSIEX_NeuesPostfach.wsf]

Active Directory Service Interface (ADSI)

```
' -- --- Setzen der Berechtigungen
Dim objSD   ' -- As IADsSecurityDescriptor
Dim objACL  ' -- As IADsAccessControlList
Dim objACE  ' -- As ActiveDs.AccessControlEntry
Dim objSec  ' -- As ADsSecurity
Set objSec = CreateObject("ADsSecurity")
Set objACE = CreateObject("AccessControlEntry")
Const ADS_RIGHT_EXCH_MODIFY_USER_ATT = 2
Const ADS_RIGHT_EXCH_MAIL_SEND_AS = 8
Const ADS_RIGHT_EXCH_MAIL_RECEIVE_AS = 16
' -- --- SecDescriptor auslesen
Set objSD = objSec.GetSecurityDescriptor(objRecipient.ADsPath)
' -- --- in ACL umwandeln
Set objACL = objSD.DiscretionaryAcl
' -- --- Eintrag erzeugen
objACE.Trustee = strNTdomain & "\" & strNTUserName
objACE.AccessMask = ADS_RIGHT_EXCH_MODIFY_USER_ATT Or ADS_RIGHT_EXCH_MAIL_SEND_A
S Or ADS_RIGHT_EXCH_MAIL_RECEIVE_AS
objACE.AceType = ADS_ACETYPE_ACCESS_ALLOWED
' -- --- Eintrag anfügen an ACL
objACL.AddAce objACE
' -- --- SecDescriptor aus ACL erzeugen
objSD.DiscretionaryAcl = obACL
' -- --- Neuen SecDescriptor zuweisen
objSec.SetSecurityDescriptor objSD
```

Listing 5.129: Zuweisen der Berechtigungen an ein neues Postfach [ADSIEX_NeuesPostfach.wsf]

> Mit Hilfe der IADsContainer-Methode Delete() kann ein Eintrag im Exchange-Verzeichnis schnell gelöscht werden.

Postfach löschen

5.6.8.7 Erzeugung von E-Mail-Verteilern

Die Erzeugung eines E-Mail-Verteilers und das Füllen mit Empfängern ist einfach. Zuerst ist eine Instanz der Klasse groupOfNames zu erzeugen. Dabei sollten die Attribute cn (Anzeigename), uid (Alias) und mail (SMTP-E-Mail-Adresse) gesetzt werden. Nach dem Schreiben des Property Caches mit SetInfo() kann der Methode objDL.Add(adspath) ein Empfänger der Liste hinzugefügt werden, wobei objDL der Zeiger auf das Verteilerobjekt und adspath der ADSI-Pfad des anzufügenden Empfängers ist.

GroupOf-Names verwalten

Die nachfolgend abgedruckte Hilfsroutine ADSIEX_NeueListe() erzeugt einen Verteiler auf Basis einer ADSI-Query und ermöglicht so auf einfache Weise, eine Menge von Empfängern, die ein bestimmtes Kriterium erfüllen, zu einem Verteiler zusammenzufassen.

ADSIEX_NeueListe()

```
Sub ADSIEX_NeueListe(vtcontainer, vtname, vtemail, querycontainer, _ querySELECT
)
Dim objCON  ' As IADsContainer
Dim objDL   ' As IADs
Dim rs      ' As ADODB.Recordset
Dim Query   ' As String
' -- Neuen Verteiler anlegen
Set objCON = GetObject(vtcontainer)
```

```
Set oDL = objCON.Create("groupOfNames", "cn=" & vtname)
oDL.Put "cn", CStr(vtname) ' DisplayName
oDL.Put "uid", CStr(vtname) ' Alias
oDL.Put "mail", CStr(vtemail) 'SMTP-Adresse
oDL.SetInfo
' -- Verbindung zu dem OLE DB-Provider für ADSI
Set objCON = CreateObject("ADODB.Connection")
CONSTRING = "Provider=ADSDSOObject"
objCON.Open CONSTRING ', "administrator", ""
' -- Abfrage ausführen
Query = "<" & querycontainer & ">;" & querySELECT & _ ";adspath,cn,mail;subtree"
Set rs = objCON.Execute(Query)
' --- Iteration über alle: In der Verteiler aufnehmen
While Not rs.EOF
    oDL.Add rs("adspath").Value
    say rs("adspath").Value
    rs.MoveNext
Wend
rs.Close
End Sub
```

Listing 5.130: Anlegen eines neuen E-Mail-Verteilers auf Basis einer ADO/ADSI-Query

```
vtcontainer = "LDAP://kom.wi-inf.uni-essen.de/cn=test,ou=pik,o=unighessenfb5"
vtname = "Alle_Postfachinhaber"
vtemail = "alle@kom.wi-inf.uni-essen.de"
querycontainer = "LDAP://kom.wi-inf.uni-essen.de/
cn=recipients,ou=pik,o=unighessenfb5"
querySELECT = "(&(objectclass=organizationalperson)(cn=*))"
ADSIEX_NeueListe vtcontainer, vtname, vtemail, querycontainer, _ querySELECT
```

Listing 5.131: Anlegen eines neuen Verteilers für alle Postfächer unterhalb eines bestimmten Containers [ADSIEX_testNeueListe.wsf]

Andere Operationen

Empfänger entfernen Ein Empfänger kann über objDL.Remove(adspath) aus einem Verteiler entfernt werden. Ein Verteiler wird – wie andere Verzeichniseinträge auch – über ein Delete() auf dem übergeordneten Container gelöscht.

5.6.8.8 Zugriff auf Konfigurationsinformationen

Auch Konfigurationsinformationen des Exchange Servers können ausgelesen und verändert werden.

```
Sub ADSIEX_ConfigContainer()
' -- Zugriff auf Konfigurations-Container
Set container = _
GetObject("LDAP://Sonne/cn=Configuration,ou=ESSEN, o=IT-Visions")
' -- Alle Einträge ausgeben
For Each c In container
    say c.Class, c.adspath
```

```
Next
Set container = Nothing
End Sub
```

Listing 5.132: Auslesen der Konfigurationsobjekte in einem Exchange Server [ADSIEX_ConfigContainer.wsf]

5.6.9 Internet Information Server-Administration mit ADSI

Auch die Konfiguration des Internet Information Servers (IIS) ist in einem Verzeichnisdienst, der *IIS Metabase* (in der deutschen Dokumentation Metabasis genannt), abgespeichert. Es gibt einen ADSI-Provider für IIS ab Version 4.0 (implementiert in der ADSIIS.DLL). Microsoft nennt die ADSI-Objekte in der Dokumentation auch *IISAdmin-Objekte*. Die im IIS Resource Kit mitgelieferten WSH-Skripte beruhen auf ADSI. Im Gegensatz zu anderen ADSI-Providern enthält die ADSIIS.DLL auch eine Typbibliothek. Diese fällt jedoch sehr spärlich aus und enthält nur einige wenige Klassendefinitionen. Die Ausführungen in diesem Kapitel gelten sowohl für den IIS 4.0 als auch für den IIS 5.0.

IIS Metabase

Name und Abkürzung	IISAdmin-Objekte (ADSI-Provider für IIS)
DLL	adsiis.dll
Komponentenname	IISOle
ProgID	Keine. Die Klassen sind nur über ADSI-Moniker nutzbar.
Helpstring	Active DS IIS Namespace Provider
Hersteller	Microsoft
Besprochene Version	6.0.3663.0
Windows 9x/Windows ME	Nicht verfügbar
NT4	Installation Version 4.0 durch Installation des Internet Information Server 4.0 bzw. Client Tools
Windows 2000	Version 5.0 enthalten, wenn IIS durch Setup installiert wurde
Windows XP	Version 5.1 enthalten, wenn IIS durch Setup installiert wurde
Windows .NET Server (RC1)	Version 6.0 enthalten, wenn IIS durch Setup installiert wurde
Position der Original-Dokumentation in der MSDN-Library	Web Development|Server Technologies|Internet Informationen Services (IIS)|Internet Information Services 6.0|Reference|Programmatic Administration Reference|IIS ADSI Provider Reference

Tabelle 5.59: Schnellinfo ADSI-Provider für IIS

Ab Version 6.0 kann der IIS alternativ zum Zugriff über den ADSI-Provider auch über einen WMI-Provider administriert werden.

COM-Komponenten

5.6.9.1 IIS-Objektmodell

Schema der IIS-Metabase

Die Objekthierarchie des IIS ist komplex, hier soll daher nur ein Ausschnitt betrachtet werden. Jedes IISComputer-Objekt enthält jeweils genau ein Unterobjekt für die verschiedenen Dienste:

- ein Objekt mit Namen W3Svc aus der Klasse IISWebService
- ein Objekt mit Namen MSFTPSvc aus der Klasse IISFTPService
- ein Objekt mit Namen NNTPSvc aus der Klasse IISNntp
- ein Objekt mit Namen SmtpSvc aus der Klasse SmtpService

Das W3Svc-Objekt enthält jeweils genau ein Objekt der Klasse IISWebInfo (Name Info) und IISFilters (Name Filters) sowie beliebig viele Objekte der Klasse IISWebServer. Das MSFTPSvc-Objekt enthält genau ein Objekt der Klasse IISFTPServer (Name Info) und beliebig viele Objekte der Klasse IISFTPServer.

Abbildung 5.35: Oberste Ebene des IIS-Metabase-Objektmodells

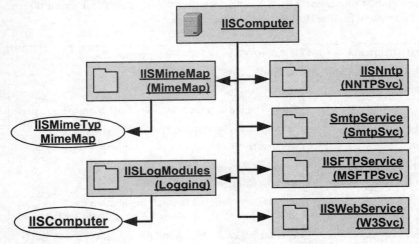

 Im IIS-Schema gibt es einen Fehler: So darf ein IISWebService-Objekt laut Schema nur Unterobjekte vom Typ IISWebInfo und IISWebServer sowie vom allgemeinen Typ IISObject enthalten. Tatsächlich enthält ein IISWebService-Objekt aber auch immer ein Objekt vom Typ IISFilters.

Erweiterbarkeit Das Schema der IIS-Metabase ist erweiterbar. Sie können eigene Klassen mit Attributen anlegen. Informationen dazu finden Sie unter [MSDN: IISRef.chm::/asp/adse550z.htm].

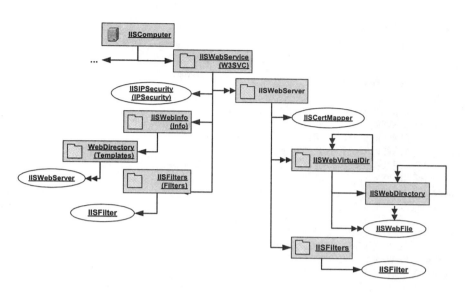

Abbildung 5.36:
Der W3Svc-Zweig des IIS-Metabase-Objektmodells

5.6.9.2 Identifikation und Bindung

Der Webservice wird über den ADSI-Pfad IIS://COMPUTERNAME/W3SVC erreicht. Die einzelnen Webserver werden dann leider nicht über den Namen adressiert, der in der Objekthierarchie der Management Console erscheint, sondern über eine fortlaufende interne Nummer (*Server-ID*), z.B. IIS://COMPUTERNAME/W3SVC/2. IIS-Administratoren bekommen es mit dieser unglücklichen Identifizierung zu tun, wenn sie das Logfile eines virtuellen Webservers suchen müssen. Der Zugriff erfolgt wie üblich mit GetObject().

ADSI-Pfade im IIS

```
Set objvirtweb = GetObject("IIS://Sonne2000/w3svc/1")
say objvirtweb.servercomment
```

Listing 5.133: Ausgabe des Namens des ersten virtuellen Webservers

> In typisierten Umgebungen können Objektvariablen leider nur allgemein als IADs deklariert werden; eine Typbibliothek mit dezidierten Klassendefinitionen steht nicht zur Verfügung.
>
> ```
> Dim objWWWService As IADs
> Dim objVirtWeb As IADs
> ```

Keine Klassendefinitionen

5.6.9.3 Arbeit mit virtuellen Webservern

Die Beispiele in diesem Buch beschränken sich auf die automatisierte Verwaltung von Webservern. Mit diesem Wissen werden Sie in der Lage sein, sich in die Administration der anderen Dienste des IIS (FTP, SMTP und NNTP) schnell einzuarbeiten.

Liste der konfigurierten virtuellen Webserver

Das nachfolgende Listing zeigt, wie alle virtuellen Webserver aufgelistet werden können, indem mit For...Each der W3Svc-Container durchlaufen wird. Da dort auch andere Objekte enthalten sein können, wird der Klassenname auf IISWebServer überprüft.

Virtuelle Webserver auflisten

COM-Komponenten

```
Dim objvirtweb ' As IADs
Dim objWWWService ' as IADS
Dim state(7) ' As String ' Serverzustände
Dim Port ' As String
Dim Binding 'As String
Dim IP ' As String
' -- Konstantendefinition für Serverzustand
Const MD_SERVER_STATE_STARTING = 1 'starting
Const MD_SERVER_STATE_STARTED = 2 'Server started
Const MD_SERVER_STATE_STOPPING = 3 'Server stopping
Const MD_SERVER_STATE_STOPPED = 4 'Server stopped
Const MD_SERVER_STATE_PAUSING = 5 'Server pausing
Const MD_SERVER_STATE_PAUSED = 6 'Server paused
Const MD_SERVER_STATE_CONTINUING = 7 'Server continuing
state(MD_SERVER_STATE_STARTING) = "starting"
state(MD_SERVER_STATE_STARTED) = "started"
state(MD_SERVER_STATE_STOPPING) = "stopping"
state(MD_SERVER_STATE_STOPPED) = "stopped"
state(MD_SERVER_STATE_PAUSING) = "pausing"
state(MD_SERVER_STATE_PAUSED) = "paused"
state(MD_SERVER_STATE_CONTINUING) = "continuing"
' -- Bindung an Webservice
Set objWWWService = GetObject("IIS://Sonne2000/w3svc")
' -- Iteration über alle virtuellen Webserver
For Each objvirtweb In objWWWService
    If objvirtweb.Class = "IIsWebServer" Then
        ' -- Binding-String IP:Port:Hostname auflösen
        Binding = objvirtweb.ServerBindings(0)(0)
        IP = Left(Binding, InStr(Binding, ":") - 1)
        Binding = Right(Binding, Len(Binding) - InStr(Binding, ":"))
        Port = Left(Binding, InStr(Binding, ":") - 1)
        ' -- Ausgabe
        say objvirtweb.name & ":" & objvirtweb.servercomment & ":" & _
state(objvirtweb.ServerState) & ":" & IP & ":" & Port
    End If
Next
```

Listing 5.134: Liste aller virtuellen Webserver eines IIS [ADSIIIS_liste.wsf]

Zustände eines Webservers

Zustände Ein virtueller Webserver kann sieben verschiedene Zustände einnehmen, die als Zahlenwerte zurückgeliefert werden (vgl. Tabelle 5.80). Im obigen Listing erfolgt die Umsetzung in einen Text mit Hilfe eines String-Arrays (state).

Tabelle 5.60: Mögliche Zustände eines virtuellen Webservers im IIS

Symbolische Konstante	Wert
MD_SERVER_STATE_STARTING	1
MD_SERVER_STATE_STARTED	2
MD_SERVER_STATE_STOPPING	3
MD_SERVER_STATE_STOPPED	4

Active Directory Service Interface (ADSI)

Symbolische Konstante	Wert
MD_SERVER_STATE_PAUSING	5
MD_SERVER_STATE_PAUSED	6
MD_SERVER_STATE_CONTINUING	7

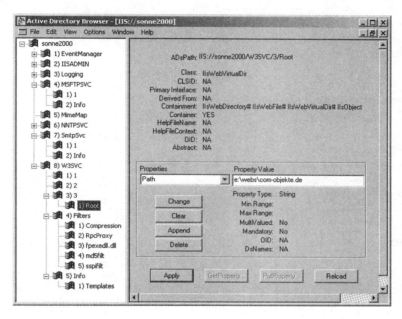

Webserver anlegen

Das Anlegen eines neuen Webservers ist etwas aufwendiger als der Achtzeiler beim Anlegen eines neuen NT-Benutzers. Zunächst muss die nächsthöhere verfügbare eindeutige Server-ID durch eine Iteration über alle bestehenden virtuellen Webserver ermittelt werden. Danach kann mit einem Create() innerhalb des übergeordneten "w3svc"-Containers ein neuer Webserver angelegt werden. Das Attribut ServerComment nimmt den Anzeigenamen des Webservers auf, der in der Microsoft Management Console (MMC) erscheint. Server Binding erwartet die IP-Adresse nebst Portnummer, der der Webserver zugeordnet werden soll.

Neuer virtueller Webserver

```
' -- Bindung an Webservice
Set objWWWService = GetObject("IIS://Sonne2000/w3svc")
For Each objVirtWeb In objWWWService
   If objVirtWeb.Class = "IISWebServer" Then
      max = objVirtWeb.Name
   End If
Next
Name = max + 1
Set objNewWeb = objWWWService.Create("IIsWebServer", Name)
objNewWeb.servercomment = ServerName
objNewWeb.KeyType = "IIsWebServer"
```

```
Binding(0) = IP & ":" & Port & ":"
objNewWeb.ServerBindings = Binding
objNewWeb.SetInfo
```

Listing 5.135: Anlegen eines virtuellen Webservers: Es fehlt allerdings die Erzeugung des Root-Verzeichnisses. [ADSIIIS_neuesWeb.wsf]

Virtuellen Pfad hinzufügen Auf diesem Stand ist der Webserver aber weder funktionsfähig noch in der MMC administrierbar. Es fehlt die Zuordnung zu einem Verzeichnis auf der Festplatte. Jedes WebServer-Objekt muss mindestens ein Unterobjekt vom Typ IISWebVirtualDir mit dem Namen Root enthalten.

```
Set objRootDir = objNewWeb.Create("IISWebVirtualDir", "ROOT")
objRootDir.Path = RootDir
objRootDir.AccessScript = True
objRootDir.SetInfo
```

Listing 5.136: Erzeugung eines Root-Verzeichnisses für den virtuellen Webserver [ADSIIIS_neuesWeb.wsf]

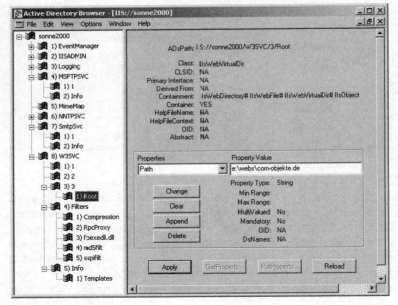

Abbildung 5.37: Der Pfad für das Root-Verzeichnis des Webservers mit der ID »3« im Active Directory Browser

Illegales wird möglich

Wird das Anlegen des Root-Verzeichnisses vergessen oder schlägt es fehl, erscheint in der Management Console zwar ein neuer Eintrag für den angelegten virtuellen Webserver, es ist dort jedoch weder möglich, seine Eigenschaft zu verändern, noch ihn wieder zu löschen. Der ungültige Webservereintrag muss wieder per ADSI gelöscht werden.

Löschen und Zustandsänderungen

Das Entfernen eines virtuellen Webservers ist in einer Zeile erledigt: **Delete()**

```
objWWWService.Delete "IISWebVirtualDir", objWebSvr.Name
```

Auch die Zustandsänderungen sind Einzeiler: `objVirtWeb.Start()`, `objVirtWeb.Stop()`, `objVirtWeb.Pause()` oder `objVirtWeb.Continue()`. **Zustandsänderungen**

Bei `Pause()` und `Stop()` sollte man vorher prüfen, ob der Webserver wirklich läuft. Wenn es nämlich nichts anzuhalten gibt, weil der Webserver schon inaktiv ist, dann braucht ADSI unerträglich lange, bis die Fehlermeldung erscheint.

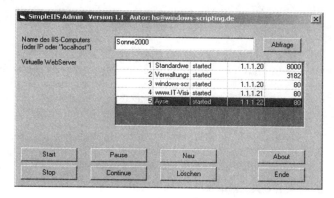

Werkzeug SimpleIISAdmin

Auf der Buch-CD befindet sich der *SimpleIISAdmin*, ein einfaches Werkzeug, um virtuelle Webserver zu starten, zu stoppen, anzulegen und zu löschen (Abbildung 5.38). Der SimpleIISAdmin ist in Visual Basic 6.0 geschrieben und liegt im kompletten Quelltext auf der CD vor [CD:/code/komponenten/ADSI/SimpleIISAdmin]. **SimpleIIS-Admin**

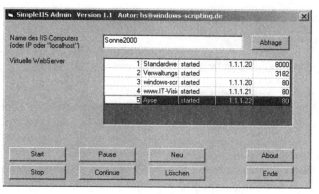

Abbildung 5.38: SimpleIISAdmin

Info-Objekt

Properties des WWW-Dienstes
Eine besondere Stellung nimmt das Info-Objekt ein. Dieses Objekt der Klasse IISWebInfo enthält zusätzliche Attribute des W3Svc-Objekts und ist gleichzeitig Container für die Master Properties des WWW-Dienstes. Diese Master Properties können im Eigenschaftsfenster des COMPUTER-Astes in der Management Console eingestellt und an alle untergeordneten Webserver vererbt werden. Die IIS Metabase enthält dazu unterhalb von IISWebInfo ein Objekt mit dem Namen Templates (Klasse IISWebDirectory), darunter wiederum liegen Objekte mit den Namen PublicWebSite und SecureWebSite. Darin ist jeweils ein Objekt Root vom Typ IISWebDirectory enthalten, das die Standardvorgaben für das Root-Verzeichnis enthält. Gleiches gilt für das Info-Objekt unterhalb des MSFTPSvc-Objekts.

> Verwechseln Sie die Master Properties nicht mit der Default-FTP bzw. WWW-Site.

5.6.9.4 Sicherung der IIS-Metabase

Metabase-Backup
Der Konfigurationsspeicher des Internet Information Server (IIS) ist nicht die Registry, sondern eine Datei mit Namen *Metabase*. Die Metabase ist bis IIS 6.0 eine binäre Datei (METABASE.BIN). Ab IIS 6.0 ist die Metabase eine XML-Datei (METABASE.XML). Es ist geboten, regelmässig eine Sicherung der Metabase durchzuführen.

Dazu bietet die Klasse IISComputer eine Methode Backup() an. Es kann eine Versionsnummer angegeben werden. Diese muss allerdings eindeutig sein. Die Angabe von -1 lässt den IIS selbst die nächste verfügbare Versionsnummer ermitteln.

```
Dim iis, versionsnummer
Set iis = GetObject("IIS://localhost")
' z.B. Versionsnummer = 10
Versionsnummer = -1 ' nächste verfügbare Versionsnummer
iis.backup "Sicherung220902", Versionsnummer, 0
say "Backup OK"
```
Listing 5.137: Backup der IIS-Metabase erzeugen [ADSI_IIS_MetaBase_Backup.wsf]

Gespeichert werden die Sicherungskopien unter %WINDOWS%\SYSTEM32\INETSRV\ METABACK.

5.6.10 System-Info-Klassen für ADSI

Die ADSI-Komponente bietet neben den eigentlichen ADSI-Klassen zwei weitere Klassen, die auf einfache Weise zentrale Informationen über die Windows-Domäne bereithalten:

- WinNTSystemInfo
- ADSystemInfo

Beide Klassen besitzen eine ProgID, in der der Komponentenname fehlt.

WinNTSystemInfo ist implementiert im ADSI Provider für WinNT (ADSNT.DLL). ADSystemInfo ist implementiert im ADSI Provider für LDAP (ADSLDP.DLL).

5.6.10.1 WinNTSystem

WinNTSystemInfo liefert die Informationen, die in einer Windows NT4-Domäne relevant sind (Benutzername, Computername, Domainname, PDC). Die Klasse funktioniert natürlich auch in einer Active Directory-Domäne, zeigt dann aber nur die Informationen, die ein Windows NT4-Client sehen würde.

Informationen über Windows NT-Umgebung

```
Dim a As ActiveDs.WinNTSystemInfo
Set a = CreateObject("WinNTSystemInfo")
say "Benutzer: " & a.Username
say "Computer: " & a.ComputerName
say "Domäne: " & a.DomainName
say "PDC: " & a.PDC
```

Listing 5.138: Informationen über die NT-Domäne ausgeben [wintsysteminfo.wsf]

Das obige Skript liefert zum Beispiel folgende Ausgabe:

```
Benutzer: hs
Computer: BYFANG
Domäne: IT-OBJECTS
PDC: ZENTRUM
```

5.6.10.2 ADSystemInfo

ADSystemInfo liefert Informationen über ein Active Directory (Windows 2000 oder Windows .NET Server).

Informationen über das Active Directory

```
Dim a ' As ADSystemInfo
Set a = CreateObject("ADSystemInfo")

say "User name: " & a.Username
say "Computer name: " & a.ComputerName
say "Site name: " & a.SiteName
say "Domain short name: " & a.DomainShortName
say "Domain DNS name: " & a.DomainDNSName
say "Forest DNS name: " & a.ForestDNSName
say "PDC role owner: " & a.PDCRoleOwner
say "Schema role owner: " & a.SchemaRoleOwner
say "Domain is in native mode: " & a.IsNativeMode

say "Pfad zu einem DC: " & a.GetAnyDCName
say "Sitename eines Servers: " & a.GetDCSiteName("zentrum")
For Each t In a.GetTrees
  say "Tree: " & t
Next
```

Listing 5.139: Informationen über das Active Directory ausgeben [adsysteminfo.wsf]

Das obige Skript liefert zum Beispiel folgende Ausgabe:

```
User name: CN=Holger Schwichtenberg,OU=Geschaeftsleitung,DC=IT-OBJECTS,DC=local
Computer name: CN=BYFANG,OU=Standort Essen,DC=IT-OBJECTS,DC=local
Site name: Default-First-Site
Domain short name: IT-OBJECTS
```

```
Domain DNS name: IT-OBJECTS.local
Forest DNS name: IT-OBJECTS.local
PDC role owner: CN=NTDS Settings,CN=ZENTRUM,CN=Servers,CN=Default-First-
Site,CN=Sites,CN=Configuration,DC=IT-OBJECTS,DC=local
Schema role owner: CN=NTDS Settings,CN=ZENTRUM,CN=Servers,CN=Default-First-
Site,CN=Sites,CN=Configuration,DC=IT-OBJECTS,DC=local
Domain is in native mode: Falsch
Pfad zu einem DC: zentrum.IT-OBJECTS.local
Sitename eines Servers: Default-First-Site
Tree: IT-OBJECTS.local
```

5.6.11 Zusatzkomponenten für ADSI

Es gibt inzwischen sechs Zusatzkomponenten von Microsoft, die die Funktionalität von ADSI erweitern.

ADSI Resource Kit
> Zum einen sind dies fünf Komponenten aus dem ADSI Resource Kit, das wiederum Teil des ADSI SDKs ist. Dies sind sehr kleine Komponenten, die nur aus einer einzigen Klasse bestehen.

AdsiTools
> Zum anderen ist es die sehr mächtige Komponente *AdsiTools* (Teil der Windows 2000 Support Tools).

> Alle sechs Komponenten sind bislang nicht in der MSDN Library dokumentiert. Das ADSI SDK enthält jedoch Beispiele und eine Datei RTK.HTM mit kurzen Erläuterungen.

5.6.11.1 ADSI-Versionsabfrage mit ADsVersion

ADSI-Version ermitteln
Die Komponente ADSVERSION mit genau einer Klasse gleichen Namens liefert die Versionsnummer des installierten Active Directory Service Interface (ADSI). Auch die Abfrage entfernter Systeme ist möglich. ADSVERSION stellt fünf für sich selbst sprechende Methoden bereit: GetVersion(), GetMajorVersion(), GetMinorVersion(), GetLocale() und Connect("Computername").

Tabelle 5.61: Schnellinfo ADsVersion-Komponente

Name und Abkürzung	ADsVersion-Komponente
Name der Komponentendatei	ADsVersion.dll
Interner Name der Typbibliothek	ADsVersion
Abweichender Komponentenname in der Registry	Die ProgID besteht abweichend von der üblichen Schreibweise Komponente.Klasse nur aus dem Begriff ADsVersion.
Helpstring der Typbibliothek	ADsVersion 1.0 Type Library
Hersteller	Microsoft
Lizenzierung	Kostenloses Add-on; die Komponente ist im ADSI SDK 2.5 enthalten.
Besprochene Version	1.0.0.1

Active Directory Service Interface (ADSI)

Alle Windows-Versionen	Nicht enthalten, Installation durch `regsvr32 ADSVERSION.DLL`
Dokumentation	Kurzbeschreibung in der Datei RTK.HTM im ADSI SDK

```
Set vs = CreateObject("ADsVersion")
' -- Verbindungsaufbau
vs.Connect "\\sonne2000"
' -- Versionsausgabe
say "Genaue Version: " & vs.GetVersion
say "Sprache:        " & vs.GetLocale
```

Listing 5.140: Ermittlung der ADSI-Version auf einem entfernten System. Ohne die Methode Connect() *arbeitet die Routine lokal. [ADSIEXTRAS_version.wsf]*

Wichtig: ADsVERSION liefert die internen Versionsnummern, die mit den DLL-Versionsnummern übereinstimmen. ADSI 2.5 unter Windows 2000 ist intern Version 5.0. Windows XP und Windows .NET Server liefern auch die Versionsnummer 5.0.

5.6.11.2 Detaillierte Fehlermeldungen mit ADsError

Die Klasse ADsError stellt nur eine Methode bereit. GetErrorMessage (lngFehlernummer) liefert die Beschreibung zu einer gegebenen Fehlernummer. Diese Beschreibung ist meistens ausführlicher als die Beschreibung, die Visual Basic in seinem Err-Objekt speichert.

ADSI-Fehlerinformationen

Name und Abkürzung	ADsError-Komponente
Name der Komponentendatei	ADsError.DLL
Interner Name der Typbibliothek	AdsErrorLib
Abweichender Komponentenname in der Registry	Die ProgID besteht abweichend von der üblichen Schreibweise Komponente.Klasse nur aus dem Begriff ADsError.
Helpstring der Typbibliothek	ADsError 1.0 Type Library
Hersteller	Microsoft
Lizenzierung	Kostenloses Add-on; die Komponente ist im ADSI SDK 2.5 enthalten.
Besprochene Version	1.0.0.1
Alle Windows-Versionen	Nicht enthalten, Installation durch `regsvr32 ADSERROR.DLL`
Dokumentation	Kurzbeschreibung in der Datei RTK.HTM im ADSI SDK

Tabelle 5.62: Schnellinfo AdsError-Komponente

```
Set adsErr = CreateObject("ADsError")
On Error Resume Next
Set rec = GetObject("LDAP://DC=nichtda, DC=nirgendwo")
' -- Fehlerbehandlung
```

```
If Err <> 0 Then
        say "Fehler: " & Err.Description
        say "ADSI-Fehler: " & adsErr.GetErrorMessage(Err.Number)
End If
```

Listing 5.141: *Verwendung von* ADsError *[ADSIEXTRAS_error.wsf]*

Die Ausgabe sieht dann etwa so aus:

```
VB-Fehler   : Automatisierungsfehler
Eine Referenzauswertung wurde vom Server zurückgesendet.
ADSI-Fehler: Eine Referenzauswertung wurde vom Server zurückgesendet.
  -- Extended Error:LDAP Provider : 0000202B: RefErr: DSID-
031006A4, data 0, 1 access points
    ref 1: 'nichtda.nirgendwo'
```

5.6.11.3 GetObject() durch die Hintertür mit ADsFactory

Umgehung der GetObject()-Blockade

Die Komponente *ADsFactory* stellt die Klasse ADsFactory bereit, die den Zugriff auf Objekte via Moniker aus Umgebungen ermöglicht, die zwar die Instanziierung von Komponenten mit CreateObject(), nicht aber den Zugriff auf bestehende Instanzen mit GetObject() unterstützen. Eine solche Umgebung ist z.B. der Internet Explorer. Umgebungen, die GetObject() verwenden können, brauchen die *ADsFactory-Komponente* nicht. ADsFactory kapselt die Funktionalität von GetObject() in einer Klasse, die mit CreateObject() erzeugt werden kann.

Tabelle 5.63: *Schnellinfo ADsFactory*

Name und Abkürzung	AdsFactory
Name der Komponentendatei	ADsFACTR.DLL
Interner Name der Typbibliothek	ADsFACTRLib
Abweichender Komponentenname in der Registry	Die ProgID besteht abweichend von der üblichen Schreibweise Komponente.Klasse nur aus dem Begriff ADsFactory.
Helpstring der Typbibliothek	ADsRAS 1.0 Type Library
Hersteller	Microsoft
Lizenzierung	Kostenloses Add-on; die Komponente ist im ADSI SDK 2.5 enthalten.
Besprochene Version	1.0.0.1
Alle Windows-Versionen	Nicht enthalten, Installation durch regsvr32 ADSFACTR.DLL
Dokumentation	Kurzbeschreibung in der Datei RTK.HTM im ADSI SDK

Methoden ADsFactory stellt nur zwei Methoden bereit, die jeweils einen Objektzeiger zurückliefern:

▶ Function GetObject(strADsPath) As Object
▶ Function OpenDSObject(strADsPath, strUser, bstrPassword, lFlag) As Object

Active Directory Service Interface (ADSI)

Die beiden Methoden entsprechen dem aus ADSI bekannten Vorgehen zur Erzeugung eines Zeigers auf ein ADSI-Objekt. Interessant ist, dass `ADsFactory.GetObject()` nicht nur für ADSI-Verzeichniseinträge, sondern auch für jedes andere persistente COM-Objekt verwendet werden kann. Listing 5.142 zeigt die Verwendung in einer HTML-Seite: Das Ergebnis einer Verzeichnisabfrage wird in einer vorhandenen Word-Datei protokolliert.

Anwendungsgebiete

```
Set oFact = CreateObject("ADsFactory")
' --- msgbox "Beispiel 1: Word"
Set w = oFact.GetObject("d:\buch\vertrag.doc")
w.application.visible = True msgbox "Word wartet..."
w.application.quit
' --- msgbox "Beispiel 2: ADSI"
Set oCont = oFact.GetObject("WinNT://" & domainName )
say "Container name = " & oCont.Name
say "Container path = " & oCont.ADsPath
for each obj in oCont
say "Object name = " & obj.Name
say "Object path = " & obj.ADsPath
Next
```

Listing 5.142: Einsatz von ADsFactory [ADSIEXTRA_factory.htm]

Bitte beachten Sie: `GetObject()` ist nicht ohne Grund gesperrt. Mit der Installation von `ADsFactory` verringern Sie die Sicherheit Ihres Browsers. Bitte beachten Sie die Sicherheitshinweise zum Internet Explorer in Kapitel »Scripting Hosts«.

5.6.11.4 RAS-Konfiguration mit ADsRAS

Die *ADsRAS* ermöglicht den Zugriff auf die *Remote Access Service (RAS)*-Konfiguration eines Benutzers über den WinNT-Provider. Im Gegensatz zu den anderen Komponenten des ADSI Resource Kits, die eigenständig instanziierbare Klassen anbieten, ist ADsRas eine so genannte *ADSI Namespace Extension*, die die Fähigkeiten des WinNT-Providers erweitert. ADSI Namespace Extensions sind in der Registry unterhalb der Einträge der einzelnen Namespaces verzeichnet. ADsRas ist registriert unter HKEY_LOCAL_MACHINE\ SOFTWARE\MICROSOFT\ADS\PROVIDERS\WINNT\EXTENSIONS\USER\{F1F533F0-F118-11D2-BC88-00C04FD430AF}. Wie dem Schlüssel zu entnehmen ist, erweitert *ADsRAS* die Klasse `User`.

Namespace Extension

Die Erweiterung besteht darin, dass *ADsRas* die Klasse `User` um ein Attribut und drei Methoden ergänzt:

Attribute und Methoden

- Das Attribut `DialinPrivilege` enthält *True*, wenn der Benutzer sich einwählen darf. Das Attribut darf verändert werden.

- Die Methode `GetRasCallBack()` ermittelt den aktuellen Zustand der Rückrufeinstellung. Es gibt drei selbsterklärende Werte (siehe Listing 5.156).

- `GetRasPhoneNumber()` liefert im Fall von ADS_RAS_ADMIN_ SETCALLBACK die gesetzte Telefonnummer.

COM-Komponenten

- Die Methode SetRasCallBack(lCallBack As Long, [szPhoneNumber As String]) ermöglicht das Setzen der Rückruf-Einstellung einschließlich der Telefonnummer für den Rückruf.

```
Const ADS_RAS_ADMIN_SETCALLBACK = 2
Const ADS_RAS_CALLER_SETCALLBACK = 4
Const ADS_RAS_NOCALLBACK = 1
```

Listing 5.143: Konstanten für GetRasCallBack() *und* SetRasCallBack()

Tabelle 5.64: Schnellinfo ADsRAS

Name und Abkürzung	ADsRAS
Name der Komponentendatei	ADsRAS.dll
Interner Name der Typbibliothek	ADsRASLib
Helpstring der Typbibliothek	ADsRAS 1.0 Type Library
Abweichende ProgID	Keine ProgID, da keine Klasse der Komponente instanziiert werden kann!
Hersteller	Microsoft
Lizenzierung	Kostenloses Add-on; die Komponente ist im ADSI SDK 2.5 enthalten.
Besprochene Version	1.0.0.1
NT4 , Windows 2000 und Whistler (Windows XP/Windows .NET Server)	Nicht enthalten, Installation durch regsvr32 adsras.dll
Windows 9x/Windows ME	Diese Komponente kann unter Windows 95/98 nicht registriert werden.
Dokumentation	Kurzbeschreibung in der Datei RTK.HTM im ADSI SDK

RAS-Konfigurations-Statistik

Beispiel 1 Das Beispiel für den Lesezugriff auf die RAS-Konfiguration ist ein statistisches Werkzeug. Es listet nicht nur für jeden Benutzer in einem Container die RAS-Konfiguration auf, sondern zählt auch mit. Es gibt insgesamt vier Möglichkeiten für die RAS-Konfiguration.

```
Dim oUser ' As IADs
Dim oCon ' As iadscontainer
Dim Status
Dim s ' As string
Dim c_nicht, c_ohne, c_var, c_fest
Set oCon = GetObject("WinNT://MArs")
oCon.Filter = Array("User")
For Each oUser In oCon ' -- für alle Nutzer
    s = "Benutzer " & oUser.Name & ": "
    If (oUser.DialinPrivilege = False) Then
        say s & " darf sich NICHT einwählen"
        c_nicht = c_nicht + 1
    Else ' --- hat Rechte...
        Status = oUser.GetRasCallBack
        If Status And ADS_RAS_NOCALLBACK Then
```

```
            say s & "Einwahl, ohne Rückruf"
            c_ohne = c_ohne + 1
        End If
        If Status And ADS_RAS_CALLER_SETCALLBACK Then
            say s & "Benutzer setzt Rückrufnummer"
            c_var = c_var + 1
        End If
        If Status And ADS_RAS_ADMIN_SETCALLBACK Then
             say s & "Rückruf an " & oUser.GetRasPhoneNumber
             c_fest = c_fest + 1
        End If
    End If
Next
say "--- Statistik:"
say "Benutzer ohne Einwahlrechte: " & c_nicht
say "Benutzer mit Einwahlrechten, ohne Rückruf: " & c_ohne
say "Benutzer mit festem Rückruf: " & c_fest
say "Benutzer mit variablem Rückruf: " & c_var
```

Listing 5.144: Statistik über RAS-Einwahl [ADSIEXTRAS_RASStatistik.wsf]

Einstellungen ändern

Im zweiten Beispiel wird der Rückruf für den Benutzer MARS\HS auf eine feste Telefonnummer gesetzt. Die anderen Möglichkeiten sind auskommentiert.

Beispiel 2

```
Set x = GetObject("WinNT://mars/hs,user")
x.DialinPrivilege = True
'x.SetRasCallBack ADS_RAS_NOCALLBACK
'x.SetRasCallBack ADS_RAS_CALLER_SETCALLBACK
x.SetRasCallBack ADS_RAS_ADMIN_SETCALLBACK, "0201/7490700"
```

Listing 5.145: RAS-Konfiguration ändern [ADSIEXTRAS_RASAendern.wsf]

5.6.11.5 Zugriff auf Sicherheitseinstellungen mit ADsSecurity

ADsSecurity ist eine sehr hilfreiche Komponente, auf die die Entwicklergemeinde leider sehr lange warten musste. Es heißt, man wäre in Redmond lange uneins darüber gewesen, ob Dateisystemsicherheit ein Teil von FSO oder von ADSI sein sollte. Das Kern-ADSI ermöglicht die Erstellung von *Access Control Lists (ACLs)*. Die Bindung an ein Verzeichnisobjekt wird nur für das Windows 2000 Active Directory unterstützt, nicht jedoch für den Exchange Server 5.5. *ADsSecurity* kann Exchange 5.5-Objekten ACLs zuweisen und mehr: *ADsSecurity* kann ACLs auch an Ordner, Dateien und Registry-Einträge zuweisen. Die Komponente funktioniert aber auch mit Active Directory.

ACLs für Exchange, Dateien, Registry

Name und Abkürzung	ADsSecurity-Komponente
Name der Komponentendatei	ADsSecurity.DLL
Interner Name der Typbibliothek	ADsSecurityLib
Helpstring der Typbibliothek	ADsSecurity 2.5 Type Library

Tabelle 5.65: Schnellinfo ADsSecurity-Komponente

Abweichende ProgID	Die ProgID besteht abweichend von der üblichen Schreibweise Komponente. Klasse nur aus den Klassennamen ADsSecurity und ADSSID
Hersteller	Microsoft
Lizenzierung	Kostenloses Add-on; die Komponente ist im ADSI SDK 2.5 enthalten.
Besprochene Version	1.0.0.1
NT4, Windows 2000 und Whistler (Windows XP/Windows .NET Server)	Nicht enthalten, Installation durch regsvr32 ADsSecurity.DLL
Windows 9x/Windows ME	Diese Komponente kann unter Windows 95/98/ME nicht registriert werden.
Dokumentation	Kurzbeschreibung in der Datei RTK.HTM im ADSI SDK

EXKURS: Grundlagen der Windows-Sicherheit

EXKURS Zum besseren Verständnis des Umgangs mit der ADSSECURITY.DLL seien an dieser Stelle kurz die Grundlagen der Windows-Sicherheit dargestellt.

SD und SID Jeder Benutzer und jede Benutzergruppe besitzt einen so genannten *Security Identifier* (kurz: *SID*), der den Benutzer bzw. die Gruppe eindeutig identifiziert. Ein SID ist ein Zahlenarray variabler Länge. Jedes Objekt (z. B. eine Datei, ein Dateiordner, ein Eintrag im Active Directory, ein Registrierungsschlüssel) besitzt zur Speicherung der Zugriffsrechte einen so genannten *Security Descriptor* (kurz: *SD*; dt. Sicherheitsbeschreibung). Ein SD besteht aus drei Teilen:

- Aus dem *Security Identifier (SID)* des Besitzers. Ein SID ist ein Zahlenarray variabler Länge.

- Aus einer *Discretionary ACL (DACL)*, die die Zugriffsrechte beschreibt.

- Aus einer *System ACL (SACL)*, die die Überwachungseinstellungen enthält.

ACL und ACE Eine *Access Control List (ACL)* (sowohl DACL als auch SACL) besteht aus *Access Control Entries (ACE)*. Ein ACE wiederum enthält folgende Informationen:

- Trustee: der SID des Benutzers bzw. der Gruppe.

- AceType: Der Typ ist entweder *ACCESS_ALLOWED_ACE* (0) oder *ACCESS_DENIED_ACE* (1). ACEs in einer SACL haben immer den Typ *SYSTEM_AUDIT_ACE*.

- AccessMask: Die AccessMask definiert die Rechte. Für jeden Objekttyp gibt es unterschiedliche Rechte. Jedes Recht ist dabei ein Bit bzw. eine Kombination von Bits in diesem Long-Wert. Eine AccessMask besteht in der Regel aus der Addition mehrerer einzelner Zugriffsrechte.

- AceFlags: Über die AceFlags wird die Vererbung der Rechte gesteuert.

Active Directory Service Interface (ADSI)

Symbolische Konstante	Wert	Erläuterung
OBJECT_INHERIT_ACE	1	Der ACE wird vererbt.
CONTAINER_INHERIT_ACE	2	Der ACE wird vererbt (gilt für Container).
NO_PROPAGATE_INHERIT_ACE	4	Der ACE wird vererbt, darf aber nicht weitervererbt werden.
INHERIT_ONLY_ACE	8	Der ACE wird vererbt, hat aber keinen Einfluss auf das Objekt, bei dem er gespeichert ist.
INHERITED_ACE	16	Wird vom System gesetzt, um einen geerbten ACE anzuzeigen.

Tabelle 5.66: AceFlags

AccessMask-Werte

Die folgenden Tabellen zeigen die Konstanten der AccessMask für Registry-, Datei-, Ordner- und Exchange-Objekte sowie für Objekte im Active Directory.

Symbolische Konstante	Wert
ADS_RIGHT_EXCH_ADD_CHILD	1
ADS_RIGHT_EXCH_MODIFY_USER_ATT	2
ADS_RIGHT_EXCH_MODIFY_ADMIN_ATT	4
ADS_RIGHT_EXCH_DELETE	65536
ADS_RIGHT_EXCH_MAIL_SEND_AS	8
ADS_RIGHT_EXCH_MAIL_RECEIVE_AS	16
ADS_RIGHT_EXCH_MAIL_ADMIN_AS	32
ADS_RIGHT_EXCH_DS_REPLICATION	64
ADS_RIGHT_EXCH_MODIFY_SEC_ATT	128
ADS_RIGHT_EXCH_DS_SEARCH	256

Tabelle 5.67: Konstanten für Rechte auf Exchange-Objekten (ADS_RIGHT_EXCH_ENUM)

Symbolische Konstante	Wert
ADS_RIGHT_RGY_KEY_READ	131097
ADS_RIGHT_RGY_KEY_WRITE	131078
ADS_RIGHT_RGY_KEY_EXECUTE	131097
ADS_RIGHT_RGY_KEY_ALL_ACCESS	983103
ADS_RIGHT_RGY_KEY_QUERY_VALUE	1
ADS_RIGHT_RGY_KEY_SET_VALUE	2
ADS_RIGHT_RGY_CREATE_SUB_KEY	4

Tabelle 5.68: Konstanten für Rechte auf Registrierungsschlüssel (ADS_RIGHT_RGY_ENUM in der ADsSecurity.dll)

COM-Komponenten

Symbolische Konstante	Wert
ADS_RIGHT_RGY_ENUMERATE_SUB_KEYS	8
ADS_RIGHT_RGY_NOTIFY	16
ADS_RIGHT_RGY_CREATE_LINK	32

Tabelle 5.69: Konstanten für Rechte auf Dateien und Ordner. Diese Konstanten sind leider weder in der ADsSecurity.dll noch in der ActiveDS.tlb definiert.

Symbolische Konstante	Wert	Bezeichnung im Windows 2000 GUI
FILE_READ_DATA (Datei) bzw. FILE_LIST_DIRECTORY (Ordner)	1	Datei lesen bzw. Ordner auflisten
FILE_WRITE_DATA (Datei) bzw. FILE_ADD_FILE (Ordner)	2	Daten schreiben bzw. Dateien erstellen
FILE_APPEND_DATA (Datei) bzw. FILE_ADD_SUBDIRECTORY (Ordner)	4	Daten an Datei anhängen bzw. Ordner erstellen
FILE_READ_EA	8	Erweiterte Attribute lesen
FILE_WRITE_EA	16	Erweiterte Attribute schreiben
FILE_EXECUTE (Datei) bzw. FILE_TRAVERSE (Ordner)	32	Datei ausführen bzw. Ordner durchsuchen
FILE_DELETE_CHILD (nur Ordner)	64	Unterordner und Dateien löschen
FILE_READ_ATTRIBUTES	128	Attribute lesen
FILE_WRITE_ATTRIBUTES	256	Attribute schreiben
DELETE	65536	Löschen
READ_CONTROL	131072	Berechtigungen lesen
WRITE_DAC	262144	Berechtigungen ändern
WRITE_OWNER	524288	Besitzrechte übernehmen
SYNCHRONIZE	1048576	(wird zur Synchronisierung verwendet)

Tabelle 5.70: Konstanten für Rechte auf Active Directory-Einträge (ADS_RIGHTS_ENUM in der ActiveDS.tlb)

Symbolische Konstante	Wert
ADS_RIGHT_DELETE	65536
ADS_RIGHT_READ_CONTROL	131072
ADS_RIGHT_WRITE_DAC	262144
ADS_RIGHT_WRITE_OWNER	524288
ADS_RIGHT_SYNCHRONIZE	1048576
ADS_RIGHT_ACCESS_SYSTEM_SECURITY	16777216
ADS_RIGHT_GENERIC_READ	-2147483648
ADS_RIGHT_GENERIC_WRITE	1073741824
ADS_RIGHT_GENERIC_EXECUTE	536870912

Active Directory Service Interface (ADSI)

Symbolische Konstante	Wert
ADS_RIGHT_GENERIC_ALL	268435456
ADS_RIGHT_DS_CREATE_CHILD	1
ADS_RIGHT_DS_DELETE_CHILD	2
ADS_RIGHT_ACTRL_DS_LIST	4
ADS_RIGHT_DS_SELF	8
ADS_RIGHT_DS_READ_PROP	16
ADS_RIGHT_DS_WRITE_PROP	32
ADS_RIGHT_DS_DELETE_TREE	64
ADS_RIGHT_DS_LIST_OBJECT	128
ADS_RIGHT_DS_CONTROL_ACCESS	256

Well Known Security Principals

Neben Benutzern und Gruppen kennt Windows auch Pseudo-Gruppen wie »Jeder«, »Interaktive Benutzer« und »System«. Diese Gruppen werden *Well Known Security Principals* genannt. Für die Änderungen von Sicherheitseinstellungen werden die in Tabelle 5.91 gezeigten SIDs benötigt. Im Windows 2000 Active Directory sind die *Well Known Security Principals* im *ConfigurationNamingContext* in dem Container CN=Well Known Security Principals abgelegt. Sie finden diese Benutzer jedoch nicht im *DefaultNamingContext*.

Bekannte Benutzer

Verwechseln Sie die *Well Known Security Principals* nicht mit den *BuiltIn-Konten* (z.B. *Gäste, Administratoren, Benutzer*). Letztere finden Sie in Active Directory im *DefaultNamingContext* in cn=BuiltIn.

Well Known Security Principal	SID
Anonymous Logon	1;1;0;0;0;0;0;5;7;0;0;0
Authenticated Users	1;1;0;0;0;0;0;5;11;0;0;0
Batch	1;1;0;0;0;0;0;5;3;0;0;0
Creator Group	1;1;0;0;0;0;0;3;1;0;0;0
Creator Owner	1;1;0;0;0;0;0;3;0;0;0;0
Dialup	1;1;0;0;0;0;0;5;1;0;0;0
Enterprise Domain Controllers	1;1;0;0;0;0;0;5;9;0;0;0
Everyone	1;1;0;0;0;0;0;1;0;0;0;0
Interactive	1;1;0;0;0;0;0;5;4;0;0;0
Network	1;1;0;0;0;0;0;5;2;0;0;0
Proxy	1;1;0;0;0;0;0;5;8;0;0;0
Restricted	1;1;0;0;0;0;0;5;12;0;0;0
Self	1;1;0;0;0;0;0;5;10;0;0;0

Tabelle 5.71: SIDs der Well Known Security Principals

COM-Komponenten

Well Known Security Principal	SID
Service	1;1;0;0;0;0;0;5;6;0;0;0
System	1;1;0;0;0;0;0;5;18;0;0;0
Terminal Server User	1;1;0;0;0;0;0;5;13;0;0;0

Ermittlung der SIDs der Well Known Security Principals

Das folgende Skript zeigt, wie die Tabelle 5.71 ermittelt wurde.

```
Set c = GetObject("LDAP://sonne2COO/
CN=WellKnown Security Principals,CN=Configuration,DC=IT-Visions,DC=de")
For Each o In c
    say o.cn & ": " & flat(o.Get("objectsid"))
Next
```

Listing 5.146: Ermittlung der SIDs der Well Known Security Principals

Das ist das Ende des Exkurses zur Windows-Sicherheit – zurück zur Komponente *ADsSecurity*.

Klassen der ADsSecurity-Komponente

Klassen Die Komponente *ADsSecurity* stellt zwei Klassen bereit:

- ADsSecurity
- ADsSID

Klasse ADsSecurity

ADsSecurity Die Klasse ADsSecurity ist eng verzahnt mit den Klassen SecurityDescriptor, AccessControlList und AccessControlEntry des ADSI-Kerns.

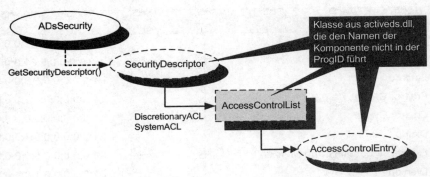

Abbildung 5.39: Verzahnung der ADsSecurity-Klasse mit dem ADSI-Kern

Nur Methoden Die Klasse ADsSecurity implementiert vier Methoden und keine Attribute:

- GetSecurityDescriptor(pfad) liefert den Security Descriptor (SD) als Zeiger auf die Schnittstelle des Typs ActiveDs.SecurityDescriptor.

- GetSecurityDescriptorAs (Format_Konst, pfad) liefert den SD in einem bestimmten Format. Möglich sind

Active Directory Service Interface (ADSI)

- RAW (0),
- HEXSTRING (1),
- Security Descriptor Definition Language (SDDL) (2),
- ein Zeiger auf ActiveDs.SecurityDescriptor (3).

Mit dem Wert 3 ist die Methode äquivalent zu GetSecurityDescriptor().

- SetSecurityDescriptor (oSD, [pfad]) setzt den SD. Der Parameter oSD ist dabei ein Zeiger des Typs ActiveDs.SecurityDescriptor. Die Pfadangabe ist optional: Ohne Pfad wird der SD dorthin geschrieben, wo er zuvor mit GetSecurityDescriptor() hergeholt wurde.
- GetSID(pfad) liest den SID eines Verzeichniseintrags aus und liefert eine Instanz der Klasse ADsSID. Hier sind nur WinNT und LDAP-Pfade erlaubt.

Klasse ADsSID

Die Klasse ADsSID speichert einen Security Identifier (SID) und ermöglicht es, diesen in einem bestimmten Format auszugeben bzw. zu setzen. Die Klasse dient also der Umwandlung von verschiedenen Darstellungen eines Benutzerkontos, insbesondere der Umwandlung eines textlichen Benutzernamens in einen SID.

ADsSID

- GetAs(SID_Format) gibt den SID in dem angegebenen Format aus.
- SetAs(SID_Format, wert) belegt die Instanz von ADsSID mit einem neuen Wert. Dabei muss der Wert in dem angegebenen Format übergeben werden. Diese Methode initialisiert lediglich den internen Zustand von ADsSID neu. Damit wird keine Veränderung in einem persistenten Objekt bewirkt.

Konstante	Wert	Erläuterung
ADS_SID_RAW	0	Internes Format (nicht druckbar)
ADS_SID_HEXSTRING	1	Hexadezimaldarstellung
ADS_SID_SAM	2	Form domain\user
ADS_SID_UPN	3	Form user@domain
ADS_SID_SDDL	4	Security Descriptor Definition Language (SDDL)
ADS_SID_WINNT_PATH	5	WinNT-ADSI-Pfad
ADS_SID_ACTIVE_DIRECTORY_PATH	6	LDAP-ADSI-Pfad
ADS_SID_SID_BINDING	7	Form GC://<SID=...>

Tabelle 5.72: Mögliche Werte für SID-Formate (ADS_SID_FORMAT)

Identifikation und Bindung

Auch ADsSecurity verwendet ADSI-Pfade zur Identifikation der Objekte, deren ACL bearbeitet werden soll. Es gibt dabei für Exchange Server- und Active Directory LDAP-Objekte keinen Unterschied zwischen den Pfaden, die der ADSI-Kern auch benutzt. Sie können also direkt aus einem Exchange-Objekt dessen Pfad auslesen und damit auch auf die ACL zugreifen. Für Dateisystem und Registry gibt es eigene Moniker: File:// und RGY://.

ADSI-Pfade

- Zugriff auf eine Datei

  File://f:\test\test.txt

- Zugriff auf einen Ordner

  File://f:\test\

- Zugriff auf einen lokalen Registry-Schlüssel

  RGY://HKEY_LOCAL_MACHINE\SOFTWARE\IT-Visions\

- Zugriff auf einen entfernten Registry-Schlüssel

  RGY://Sonne2000/HKEY_LOCAL_MACHINE\SOFTWARE\IT-Visions\

Arbeit mit der Komponente

Vorgehensweise Die grundsätzliche Vorgehensweise sieht folgendermaßen aus:

- Erzeugen einer Instanz ADsSecurity. Bitte beachten Sie, dass die ProgID nicht wie üblich aus zwei Gliedern besteht.

  Set oADSSEC = CreateObject("ADsSecurity")

- Auslesen des Security Descriptors (SD) aus einem Objekt, dessen ADSI-Pfad übergeben wird

  Set oSD = oADSSEC.GetSecurityDescriptor(pfad)

- Zugriff auf die Discretionary Access Control List (DACL)

  Set oDACL = oSD.DiscretionaryAcl

- Danach kann die DACL ausgelesen werden, indem über den in der DACL enthaltenen ACE iteriert wird.

Ausgabe des Security Descriptors

Einen SD ausgeben Für die Ausgabe eines SDs seien zunächst zwei Hilfsroutinen definiert.

- list_acl() gibt anhand eines übergebenen Objekts des Typs AccessControlList die ACL an. list_acl() benötigt die Angabe des Objekttyps, damit die richtige Konstantenliste für die Rechte angewendet werden kann. Der Objekttyp ist nicht aus dem Objektpfad eindeutig ablesbar, da verschiedene Objekttypen die gleiche ProgID verwenden (z.B. Exchange und Active Directory verwenden LDAP://, Datei und Ordner FILE://).

- list_sd() setzt eine Ebene höher an und liefert den Besitzer und die ACL zu einem gegebenen Objektpfad. Dabei ist auch hier der Typ anzugeben, da dieser an list_acl() weitergereicht werden muss.

```
Sub list_sd(ByVal pfad, typ)
Dim oSD ' As ActiveDs.SecurityDescriptor
Dim oADSSEC ' As ADsSecurity
Dim oACL ' As ActiveDs.AccessControlList
' -- Instanz erzeugen
```

Active Directory Service Interface (ADSI)

```
Set oADSSEC = CreateObject("ADsSecurity")
' -- Security Descriptor holen
Const filepfad = "FILE://f:\test\1.txt"
Set oSD = oADSSEC.GetSecurityDescriptor(filepfad)
say "----- Rechte auf " & pfad
' Dim oACL As AccessControlList
say "Besitzer: " & oSD.Owner
' -- Zugriff auf Discretionary Access Control List
Set oACL = oSD.DiscretionaryAcl
list_acl oACL, typ
End Sub
```

Listing 5.147: Ausgabe eines Security Descriptors [list_sd.wsf]

```
' ### Ausgabe einer ACL
Sub list_acl(oACL, typ)
' oACL As AccessControlList
Dim oACE ' As AccessControlEntry
Dim Ausgabe ' As String
Dim Rechtearray()
' *** Konstanten für Registry-Rechte
Dim arrADS_RIGHT_RGY_ENUM(10, 2)
arrADS_RIGHT_RGY_ENUM(0, 0) = "KEY_READ"
arrADS_RIGHT_RGY_ENUM(0, 1) = 131097
arrADS_RIGHT_RGY_ENUM(1, 0) = "KEY_WRITE"
...
' *** Konstanten für Datei-Rechte
Dim arrFile(14, 2)
arrFile(0, 0) = "READ_DATA"
arrFile(0, 1) = 1
arrFile(1, 0) = "WRITE_DATA"
...
' *** Konstanten für Ordner-Rechte
Dim arrFolder(15, 2)
arrFolder(0, 0) = "ADD_FILE "
arrFolder(0, 1) = 1
arrFolder(1, 0) = "ADD_SUBDIRECTORY "
...
' *** Konstanten für AD-Rechte
Dim arrADS_RIGHTS_ENUM(19, 2)
arrADS_RIGHTS_ENUM(0, 0) = "ADS_RIGHT_DELETE"
arrADS_RIGHTS_ENUM(0, 1) = 65536
...
' *** Konstanten für AD-Rechte
Dim arrADS_RIGHTS_ENUM(19, 2)
arrADS_RIGHTS_ENUM(0, 0) = "DELETE"
arrADS_RIGHTS_ENUM(0, 1) = 65536
arrADS_RIGHTS_ENUM(1, 0) = "READ_CONTROL"
...
' *** Konstanten für Exchange-Rechte
Dim arrADS_RIGHT_EXCH_ENUM(10, 2)
arrADS_RIGHT_EXCH_ENUM(0, 0) = "EXCH_ADD_CHILD"
```

```
    arrADS_RIGHT_EXCH_ENUM(0, 1) = 1
    arrADS_RIGHT_EXCH_ENUM(1, 0) = "EXCH_MODIFY_USER_ATT"
    ...
    ' -- Fallunterscheidung: Bindung an richtiges Array
    Select Case LCase(typ)
        Case "file": Rechtearray = arrFile
        Case "folder": Rechtearray = arrFolder
        Case "registry": Rechtearray = arrADS_RIGHT_RGY_ENUM
        Case "exchange": Rechtearray = arrADS_RIGHT_EXCH_ENUM
        Case "ad": Rechtearray = arrADS_RIGHTS_ENUM
        Case Else: MsgBox "Ungültiger Typ!"
                   Exit Sub
    End Select

    say "Anzahl der ACEs: " & oACL.AceCount
    ' -- Iteration über die Einträge
    For Each oACE In oACL
      If oACE.AceType = 0 Then    ' ACCESS_ALLOWED_ACE
        Ausgabe = oACE.Trustee & " darf "
      Else                        ' ACCESS_DENY_ACE
        Ausgabe = oACE.Trustee & " darf NICHT "
      End If
    Ausgabe = Ausgabe & get_from_array_mult(oACE.accessmask, Rechtearray)
    Ausgabe = Ausgabe & "(" & oACE.Flags & ")"
    say Ausgabe
    Next
    End Sub
```

Listing 5.148: Ausgabe der ACL. Die umfangreiche Array-Definition für die Rechtekonstanten ist hier aus Platzgründen nur ausschnittsweise abgedruckt, auf der Buch-CD jedoch enthalten. [list_acl.wsf]

```
    Sub adsiextras_printacls()
    ' Konstanten bitte anpassen!
    Const filepfad = "FILE://f:\test\1.txt"
    Const folderpfad = "FILE://f:\test"
    Const regpfad = "RGY://Mars/HKEY_LOCAL_MACHINE\SOFTWARE\IT-Visions"
    Const adspfad = "LDAP://sonne2000/CN=Schema,CN=Configuration,DC=IT-
    Visions,DC=de"
    list_sd filepfad, "file"
    list_sd folderpfad, "folder"
    list_sd regpfad, "Registry"
    list_sd adspfad, "AD"
    list_sd expfad, "Exchange"
    End Sub
```

Listing 5.149: Beispiel für die Ausgabe der Rechte auf verschiedenen Objekten mit Hilfe der Routinen list_sd() *und* list_acl()

Rechteänderung

Einen SD verändern Die Rechte auf ein Objekt können geändert werden, indem der Security Descriptor (SD) mit GetSecurityDescriptor() gelesen wird, danach die ACEs in der ACL geändert werden und anschließend der SD mit SetSecurityDescriptor() zurückgeschrieben wird. Ein ACE-

Objekt wird extern instanziiert und mit der Methode `AddAce()` an ein `AccessControlList`-Objekt angefügt.

```
' #### Anfügen eines Rechts an ein Objekt
Sub perm_add(pfad, Trustee, Mask, Typ, Flags)
say "--- Rechte setzen für " & Trustee
Dim oSD ' As ActiveDs.SecurityDescriptor
Dim oADSSEC ' As ADsSecurity
Dim oACL ' As ActiveDs.AccessControlList
Dim oACE ' As ActiveDs.AccessControlEntry
' --- Instanz erzeugen
Set oADSSEC = CreateObject("ADsSecurity")
' --- Security Descriptor holen
Set oSD = oADSSEC.GetSecurityDescriptor(CStr(pfad))
' --- Zugriff auf DACL
Set oACL = oSD.DiscretionaryAcl
'say "Recht vorher: "
'list_acl oACL, "file"
' --- Neuer ACE
Set oACE = CreateObject("AccessControlEntry")
' --- Werte eintragen
oACE.Trustee = Trustee
oACE.accessmask = Mask
oACE.AceType = Typ
oACE.AceFlags = Flags
' --- ACE anfüfen
oACL.AddAce oACE
' --- ACL neu sortieren!
'list_acl oACL, "file"
say "Sortieren der ACL..."
SortACL oACL
'list_acl oACL, "file"
' --- Neuer SD schreiben
oADSSEC.SetSecurityDescriptor oSD
say "Recht für " & Trustee & " eingetragen"
End Sub
```

Listing 5.150: *Auszug aus [ADSI_Extras_Funktionen.vbs]*

Leider dürfen die ACEs in einer ACL nicht beliebig angeordnet sein.

▶ Zugriffsverweigerungen für das Objekt selbst

▶ Zugriffsverweigerung für Attribut und Unterobjekte

▶ Zugriffserlaubnisse für das Objekt selbst

▶ Zugriffserlaubnisse für Attribut und Unterobjekte

▶ Alle geerbten ACEs

Ordnung muss sein

Die Einhaltung dieser Ordnung ist bei der Neuerstellung eines SD recht einfach zu handhaben. Wenn aber zu einer bestehenden ACL weitere ACE hinzugefügt werden soll, kann der Vorgang des Einfügens an der richtigen Stelle sehr komplex werden. Eine effiziente Lösung des Problems liegt darin, die ACE zunächst am Ende anzufügen und dann einen Algorith-

ACEs sortieren

mus anzuwenden, der die komplette ACL sortiert. Diesen Algorithmus dokumentiert Microsoft in [Q269159]. Dabei wird die ACL erst in verschiedene Teil-ACLs zerlegt, die dann später in der richtigen Reihenfolge zusammengebaut werden.

Die Routine SortACL() sortiert eine ACL und gibt sie sortiert per Call-by-Reference an den Aufrufer zurück. perm_add() ruft SoftACL() auf. Dass SortACL() nicht als Funktion implementiert ist, liegt daran, dass ein schreibender Zugriff auf das Attribut DiscretionaryAcl der Klasse AccessControlList in verschiedenen Tests nicht funktionierte. Man kann aber die dort enthaltene ACL direkt modifizieren

```
' #### Hilfsroutine zum korrekten Sortieren der ACEs in einer ACL
Sub SortACL(ACL)
' Teile dieser Routine stammen von Microsoft

Dim sec ' As New ADsSecurity
Dim sd ' As IADsSecurityDescriptor
Dim dacl ' As IADsAccessControlList
Dim ace ' As IADsAccessControlEntry
Dim newAce ' As New AccessControlEntry

Dim newdacl ' As New AccessControlList
Dim ImpDenyDacl ' As New AccessControlList
Dim ImpDenyObjectDacl ' As New AccessControlList
Dim InheritedDacl ' As New AccessControlList
Dim ImpAllowDacl ' As New AccessControlList
Dim impAllowObjectDacl ' As New AccessControlList

Set newdacl = CreateObject("AccessControlList")
Set InheritedDacl = CreateObject("AccessControlList")
Set ImpAllowDacl = CreateObject("AccessControlList")
Set InhAllowDacl = CreateObject("AccessControlList")
Set ImpDenyDacl = CreateObject("AccessControlList")
Set ImpDenyObjectDacl = CreateObject("AccessControlList")
Set impAllowObjectDacl = CreateObject("AccessControlList")

' --- Aufteilung der ACL in mehrere Teil-ACL
For Each ace In ACL
' geerbte ACE
   If ((ace.AceFlags And ADS_ACEFLAG_INHERITED_ACE) = ADS_ACEFLAG_INHERITED_ACE)
Then
      InheritedDacl.AddAce ace
   Else ' nicht geerbte ACR
      Select Case ace.AceType
      Case ADS_ACETYPE_ACCESS_ALLOWED
         ImpAllowDacl.AddAce ace
      Case ADS_ACETYPE_ACCESS_DENIED
         ImpDenyDacl.AddAce ace
      Case ADS_ACETYPE_ACCESS_ALLOWED_OBJECT
         impAllowObjectDacl.AddAce ace
      Case ADS_ACETYPE_ACCESS_DENIED_OBJECT
         ImpDenyObjectDacl.AddAce ace
      Case Else
```

```
        say "Fehlerhafte ACE" & Hex(ace.AceType)
      End Select
   End If
Next

' --- Korrekte Anordnung der ACE
For Each ace In ImpDenyDacl
   newdacl.AddAce ace
Next
For Each ace In ImpDenyObjectDacl
   newdacl.AddAce ace
Next
For Each ace In ImpAllowDacl
   newdacl.AddAce ace
Next
For Each ace In impAllowObjectDacl
   newdacl.AddAce ace
Next
For Each ace In InheritedDacl
   newdacl.AddAce ace
Next
' --- geordnete ACL zurückgeben
Set ACL = newdacl

End Sub
```

Listing 5.151: Auszug aus [ADSI_Extras_Funktionen.vbs]

5.6.11.6 Beispiel

Das folgende Beispiel zeigt die Ergänzung von ACEs für ein Verzeichnis im Dateisystem mit Hilfe von perm_add().

```
' --- Bitte anpassen!
'Const pfad = "RGY://HKEY_LOCAL_MACHINE\Software\it-visions"
Const pfad = "file://d:\daten"
perm_add pfad, "it-
objects\mm", FULL, ADS_ACETYPE_ACCESS_ALLOWED, ADS_ACEFLAG_INHERIT_ACE
perm_add pfad, "it-
objects\cb", FILE_READ_DATA, ADS_ACETYPE_ACCESS_ALLOWED, ADS_ACEFLAG_INHERIT_ACE
perm_add pfad, "S-1-1-
0", FULL, ADS_ACETYPE_ACCESS_DENIED, ADS_ACEFLAG_INHERIT_ACE
```

Listing 5.152: Test von Perm_Add() [ADSIEXTRAS_filepermadd.wsf]

Die folgende Abbildung zeigt die Sicherheitseinstellung des Ordners nach der Ausführung des Skripts.

Abbildung 5.40: Rechte nach Ausführung des Skripts

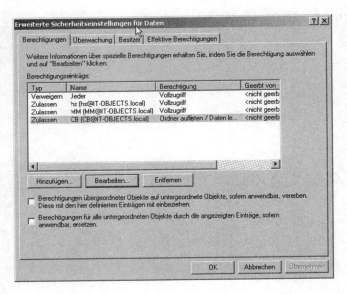

ACE entfernen Ein ACE kann mit der Methode `RemoveAce(oACE)` auf einem `AccessControlList`-Objekt unter Angabe eines `AccessControlEntry`-Objekts entfernt werden.

> Die Klasse `ActiveDs.AccessControlEntry` erwartet im Attribut `Trustee` einen String, keinen SID in Array-Form. Es gibt eine textliche Umschreibung eines SIDs. Wichtig ist dies bei den *Well Known Security Principals*, die nicht wie alle Benutzer in der Form DOMAIN/USER spezifiziert werden können. Der textliche SID für *Well Known Security Principals* hat die Form *S-x-y-z*, wobei
>
> ▶ x die erste Zahl im SID
>
> ▶ y die achte Zahl im SID
>
> ▶ z die neunte Zahl im SID
>
> ▶ ist. Aus *1;1;0;0;0;0;1;0;0;0;0* (Everyone) wird so *S-1-1-0* und aus *1;1;0;0;0; 0;0;5;18;0;0;0* (System) wird *S-1-5-18*.

5.6.11.7 IADsTools

Im Rahmen der Windows 2000 Support Tools, die auf der Windows 2000 Installations-CD-ROM enthalten sind, liefert Microsoft eine automationsfähige COM-Komponente, die viele Funktionen für die Programmierung mit dem Active Directory bereitstellt.

Tabelle 5.73: Schnellinfo IADsTools

Name und Abkürzung	IADsTools
Name der Komponentendatei	IADsTools.dll
Interner Name der Typbibliothek	IADsTools
Helpstring der Typbibliothek	IADsTools

Hersteller	Microsoft
Lizenzierung	Kostenloses Add-on; die Komponente ist im ADSI SDK 2.5 enthalten.
Besprochene Version	1.0.0.2182
Windows 2000 und Whistler (Windows XP/Windows .NET Server)	Installation der Windows 2000 Support Tools aus dem Verzeichnis /SUPPORT/TOOL der Windows 2000 Server-Installations-CD
NT4, Windows 9x, Windows ME	nicht verfügbar
Dokumentation	Teilweise dokumentiert in einer mit den Support Tools mitgelieferten .DOC-Datei (IADSTOOLS.DOC)

IADsTools definiert 32 Klassen. Allein die Klasse `DCFunctions` implementiert 74 Methoden. Da eine ausführliche Besprechung den Rahmen dieses Buchs sprengen würde, seien an dieser Stelle nur einige der Möglichkeiten von *IADsTools* aufgelistet:

Feature-Überblick

- Umformung von Namen (z. B. zwischen AD-RDN und WinNT-RDN, zwischen LDAP-Syntax und DNS-Syntax, Extraktion eines RDN aus einem DN, GUID in ADSI-Pfad)
- Unterstützung der Arbeit mit Standorten und Servern
- Ermittlung der Server, die eine bestimmte Flexible Single Master Operations (FSMO)-Rolle realisieren (z. B. Schema-Master, PDC-Emulator)
- Arbeit mit Group Policy Objects (GPO)
- Arbeit mit Vertrauensstellungen
- Test einer LDAP-Verbindung (Methode `TestBind()`)
- Senden einer Netzwerknachricht (Methode `NetSendMessage()`)
- Informationen über Replikationseinstellungen und -abläufe
- Informationen über IP-Konfiguration

5.7 Windows Management Instrumentation (WMI)

Die *Windows Management Instrumentation (WMI)* ist ein übergreifender Ansatz zum Zugriff auf alle möglichen Arten von System- und Netzwerkinformationen. WMI ermöglicht auch den Zugriff auf Informationen aus Quellen wie Registry, Dateisystem und Ereignisprotokollen, die durch andere Einzelkomponenten bereits abgedeckt sind. Während WMI den Vorteil der Einheitlichkeit bietet, sind die speziellen Komponenten im konkreten Anwendungsfall oft etwas einfacher zu handhaben. WMI ist weitaus komplexer als andere Komponenten.

WMI

> Der Microsoft Systems Management Server (SMS) verwendet WMI zum Zugriff auf Systeminformationen.

5.7.1 WMI-Grundlagen

WBEM versus WMI — WMI ist die Microsoft-Implementierung des *Web Based Enterprise Managements (WBEM)*. WBEM ist ein Standard der Desktop Management Task Force (DMTF) für das Netz- und Systemmanagement, also zur Verwaltung von Netzwerk- und Systemressourcen (z. B. Hardware, Software, Benutzer). WBEM wurde ursprünglich von BMC Software, Cisco Systems, Compaq, Intel und Microsoft entwickelt und später an die DMTF übergeben. Aus historischen Gründen findet man in WMI-Tools häufig noch die Bezeichnung WBEM.

CIM — Kern von WBEM ist das *Common Information Model (CIM)*, das die durch WBEM zu verwaltenden Ressourcen durch objektorientierte Methoden modelliert. CIM ist ein Framework zur Beschreibung sowohl physischer als auch logischer Objekte. Die DMTF versteht CIM als eine Vereinigung bestehender Management-Architekturen wie dem OSI Management Framework X.700 (Common Management Information Protocol – CMIP) und dem Simple Network Management Protocol (zu CMIP und SNMP siehe [STA93]).

Managed Objects — WBEM ist ein konsequent objektorientierter Ansatz. Alle Ressourcen werden durch Objekte repräsentiert, die in Klassen zusammengefasst sind. Ebenso wie bei dem ISO Management Framework nennt man auch im WBEM die Repräsentation einer (Hardware- oder Software-)Ressource ein *Managed Object (MO)*.

Der Name *Web Based Enterprise Management* ist irreführend, weil er nahelegt, dass es sich bei WBEM um eine grafische Benutzerschnittstelle auf Webbasis für das Management von Systeminformationen handelt. WBEM ist jedoch lediglich eine Architektur mit Programmierschnittstelle, also weder Tool noch Anwendung.

> Da sich dieses Buch nur mit der Windows-Plattform beschäftigt, wird im Folgenden nicht WBEM, sondern hauptsächlich der Begriff WMI verwendet. Als deutsche Übersetzung für Windows Management Instrumentation verwendet Microsoft »Windows-Verwaltungsinstrumentation«.

Features — **5.7.1.1 WMI-Funktionsumfang**

Die Informationsfülle, die WMI bereits heute liefert, ist riesig. Beispiele für Bereiche, aus denen WMI Informationen liefert, zeigt die folgende Tabelle.

Windows Management Instrumentation (WMI)

▶ Installierte Software	▶ Laufende Prozesse
▶ BIOS	▶ Programmgruppen im Startmenü
▶ Boot-Konfiguration	▶ NT-Dienste (Win32_SystemServices)
▶ Installierte Hardware (z. B. Netzwerkkarten, Grafikkarten) einschließlich Treiber und deren Zuordnung zu Load-OrderGroups, belegter Ressourcen (IRQ, Port, DMA), Konfiguration (z. B. Druckereinstellungen)	▶ NT-Ereignisprotokoll
	▶ Eingerichtete Zeitzonen
	▶ Benutzerkonten (inkl. deren Gruppenzuordnung, Desktop-Einstellungen und Ereignisprotokolleinträge)
▶ Ordner und Dateien des Dateisystems	▶ Registry
▶ Netzlaufwerksverbindungen	▶ Dateisicherheit, Freigabesicherheit
▶ Installiertes Betriebssystem (z. B. Betriebssystemname, Build-Version, Installationsdatum, Datum und Uhrzeit des letzten Boot-Vorgangs)	▶ Active Directory
	▶ Installierte COM-Komponenten einschließlich Zuordnung zu Komponentenkategorien und DCOM-Einstellungen
▶ Installierte Updates und Hotfixes	▶ Druckaufträge
▶ Umgebungsvariablen	▶ Geplante Vorgänge (Taskscheduler)
▶ Performance Monitor-Daten	▶ ODBC-Einstellungen
▶ SNMP-Daten	▶ Auslagerungsdateien

Tabelle 5.74: Überblick über WMI-Informationen

WMI in Whistler

Whistler (Windows XP/Windows .NET Server) enthält eine erweiterte Version von WMI. Neu sind folgende Funktionen:

Neue Funktionen

- ▶ Event Correlation (Zusammenfassung von Ereignissen)
- ▶ Garantierte Zustellung von Ereignissen durch optionale Integration mit dem Microsoft Message Queue Service (MSMQ)
- ▶ Zahlreiche neue WMI-Klassen zur Verwaltung folgender Bereiche:
  - ▶ Distributed File System (DFS)
  - ▶ IP-Routing
  - ▶ Disk Quotas
  - ▶ Ausführung eines Ping
  - ▶ Ausführung von CHKDSK
  - ▶ Internet Information Services (IIS)
  - ▶ Netzwerkverbindungen und Sitzungen
  - ▶ Drucker und Druckerwarteschlangen
  - ▶ Terminal Services
  - ▶ Datum und Uhrzeit

Neue Klassen

COM-Komponenten

- Active Directory-Replikation
- Clustering
- DNS Server
- Network Load Balancing (NLB)
- Security Configuration Editor (SCE)
- Prozessüberwachung
- Erweiterungen im WMI-Meta-Objektmodell
- Verbesserung des Zugriffs auf das Active Directory
- Neue Syntax zur Objektidentifikation: Universal Management Interface (UMI) Syntax

5.7.1.2 Installation und Konfiguration

WMI ist in Windows 2000 und den Nachfolgeversionen (Windows XP/Windows .NET Server) integriert und als Add-on verfügbar für Windows 9x und NT4. Die WMI-Kernel für NT4 und Windows 9x sind auf der CD enthalten [CD:/install/komponenten/wmi/]. Im Gegensatz zu ADSI muss WMI bei entfernten Operationen sowohl auf dem Client als auch auf dem Server installiert sein. Bei Windows 95 muss erst DCOM installiert werden, bevor man WMI installieren kann.

Versionsnummern
Bei den Versionsnummern für WMI sorgt Microsoft große Vewirrung. Anfang hat Microsoft in üblichen 0.x-Schritten gezählt. Seit Windows XP hat WMI aber als einzige Versionsnummer die Versions- und Build-Nummer des Betriebssystems.

Tabelle 5.75: WMI-Versionsnummern

Version	Enthalten in
1.0	Microsoft Windows 98 Windows NT 4.0 Service Pack 3 (SP3)
1.1	Windows 98 SE Windows NT 4.0 Service Pack 3 (SP4) Systems Management Server (SMS) 2.0
1.2	Windows 2000 Beta 3 Windows NT 4.0 Service Pack 3 (SP5)
1.5 (Build 1085)	Windows 2000 Microsoft Windows Millennium Edition (ME).
5.1 (Build 2600)	Windows XP
5.2 (Build 3663)	Windows .NET Server RC1

```
Dim objWO        ' As WbemScripting.SWbemObject
Set objWO = GetObject("winmgmts:root\default:__cimomidentification=@")
say "WMI-Version: " & objWO.versionusedtocreatedb
```

Listing 5.153: Ermittlung der WMI-Version [wmi_vers.wsf]

Windows Management Instrumentation (WMI)

Ob WMI installiert ist oder nicht, erkennt man daran, ob der Registry-Schlüssel HKEY_LOCAL_MACHINE\SOFTWARE\MICROSOFT\WBEM existiert oder nicht.

WMI wird durch die ausführbare Datei WINMGMT.EXE implementiert. WINMGMT.EXE läuft unter NT4 und Windows 2000 als Dienst unter dem Namen »WinMgmt (Windows-Verwaltungsinstrumentation)«. Auf Windows 9x wird WINMGMT.EXE beim ersten WMI-Aufruf als normaler Prozess gestartet. Das ist auch unter NT möglich.

WinMgmt.exe

```
winmgmt [/exe] [/regserver] [/unregserver]
```

WMI wird unterhalb des Systemverzeichnisses in einem Unterverzeichnis mit dem Namen \WBEM installiert. Dort finden sich in dem Unterverzeichnis LOG zahlreiche Logfiles. Die WMI-Registry-Einstellungen finden Sie unter HKEY_LOCAL_MACHINE\SOFTWARE\ MICROSOFT\WBEM.

WMI-Konfiguration in der MMC

Zur Konfiguration von WMI liefert Microsoft unter Windows 2000 ein MMC-Snap-In und für NT4 sowie für Windows 9x die eigenständige *WMI Control Application* (WBEMCNTL.EXE).

wbemcntl.exe

Das Windows 2000-Snap-In heißt *WMI-Steuerung*. Das Snap-In implementiert bislang nur einen einzelnen Ast ohne Untereinträge. Einstellungen sind lediglich über das Eigenschaftsfenster dieses Asts möglich. Der Ast WMI-STEUERUNG ist auch Teil des Computerverwaltungs-Snap-Ins.

MMC Snap-In

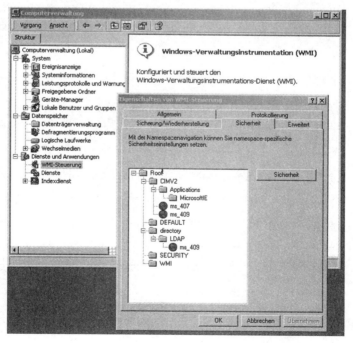

Abbildung 5.41: WMI-Steuerung in der MMC

COM-Komponenten

Das Register SICHERHEIT ermöglicht die Einstellung der Zugriffsrechte auf Ebene jedes einzelnen WMI-Namespace.

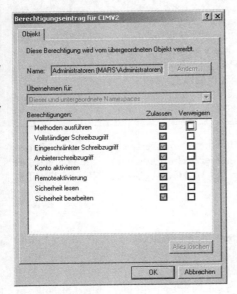

Abbildung 5.42: Standardrechte der Administratoren auf dem Namespace / ROOT/CIMV2. Die Rechte werden alle von / ROOT geerbt.

WMI Software Development Kit

Microsoft bietet zu WMI ein Software Development Kit (SDK) an, das Dokumentation, Beispielcode, C++-Include-Dateien und einen Teil der in Kapitel 9 beschriebenen Werkzeuge enthält. Das SDK ist auf der Buch-CD enthalten. Die jeweils aktuellste Version erhalten Sie unter [SDK00].

Weitere Tools

Die Erläuterung von WMI-Tools finden Sie in Kapitel 9. Bitte lesen Sie jedoch vorher das nächste Unterkapitel, da Sie die grundlegenden WMI-Konzepte zum Verständnis der Werkzeuge benötigen.

5.7.1.3 Wichtige WMI-Konzepte im Überblick

In diesem Unterkapitel erhalten Sie eine Einführung in die wichtigsten Konzepte von WMI.

Schema

Schema WMI besitzt ein Schema (ähnlich wie ADSI). Ein WMI-Schema definiert die Klassen mit ihren Attributen und Methoden, die Vererbungs- und Containment-Hierarchie. Managed Objects können zur Laufzeit durch Assoziationen miteinander verbunden sein, so dass eine Containment-Hierarchie entsteht. WMI-Klassen verwenden Vererbung, so dass die Klassen in einer Vererbungshierarchie zueinander stehen.

Abbildung 5.43:
Die Objekthierarchie von Win32_Logical Disk über CIM_DataFile bis zur Win32_SID

Genau genommen besitzt WMI mehrere Schemata, da jeder WMI-Namespace ein eigenes Schema hat. Ein WMI-Schema ist oft sehr umfangreich und enthält auch Hilfeinformationen, wahlweise in verschiedenen Sprachen. Das Schema ist im so genannten *WMI-Repository* abgelegt. Dieses liegt in einem gleichnamigen Verzeichnis unterhalb von %SYSTEMROOT%\SYSTEM32\WBEM. Das Schema für Windows heißt »Win32 Schema Version 2« und ist eine Microsoft-Erweiterung des CIM-Schemas Version 2.

WMI-Repository

Auch der Aufbau des Schemas ist Teil des Schemas. Dieser Teil des Schemas wird als *Metamodell* bezeichnet.

Namespaces

Ein WMI-Namespace ist ein Instrument zur Gruppierung von WMI-Klassen und deren Instanzen in logische Einheiten. Ein Namespace ist der Startpunkt sowohl für eine Vererbungshierarchie von WMI-Klassen als auch für eine Containment-Hierarchie von WMI-Objekten. Jeder Namespace hat also sein eigenes Schema. Klassennamen in zwei Namespaces dürfen theoretisch gleich sein, sollten es aber nicht, da in zukünftigen WMI-Versionen geplant ist, Namespace-übergreifende Operationen zu ermöglichen. In WMI 1.5 sind keine Objektassoziationen zwischen verschiedenen Namespaces möglich. Um gleiche Klassennamen zu vermeiden, gibt es die Konvention, dass dem Klassennamen stets der Namespace-Name vorangestellt werden soll. Ein Namespace ist selbst eine Klasse, die direkt oder indirekt von der Systemklasse __Namespace geerbt hat.

Namensräume

Namespaces können hierarchisch angeordnet werden, so dass eine Namespace-Hierarchie entsteht. Diese Hierarchie dient aber nur der Übersichtlichkeit; sie impliziert keine Vererbung von Klassen. Ein bestimmter Namespace wird über einen hierarchischen Pfad der Form *Root\Namespace1\Namespace2*... usw. angesprochen.

Abbildung 5.44: WMI-Namensräume in Windows Whistler Server Beta2

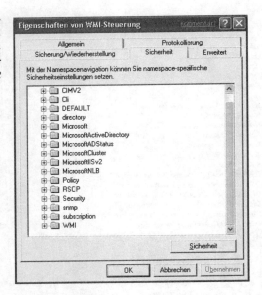

Namespace versus Provider

Ein Namespace ist unabhängig von einem WMI-Provider: Ein Provider kann mehrere Namespaces realisieren, ebenso wie ein Namespace Klassen aus mehreren Providern enthalten kann.

Lokalisierung

WMI erlaubt Lokalisierung (d.h. landesspezifische Anpassung) von Schemainformationen und die Speicherung mehrerer lokalisierter Versionen eines Namespace innerhalb des WMI-Repository. WMI speichert dazu die sprachneutralen Teile der Klassendefinition getrennt von den landesspezifischen Teilen. Landesspezifische Informationen sind insbesondere die Hilfeinformationen zu den Klassen und Eigenschaften.

LocaleID Die landesspezifischen Informationen werden in Unter-Namespaces gespeichert. Jedes Land hat eine *LocaleID*.

- *ms_407* steht für Deutsch.
- *ms_409* steht für amerikanisches Englisch.

Der Namespace *root**CIMV2**ms_407* ist also der *root**CIMV2*-Namespace mit deutschen Hilfeinformationen, *root**CIMV2**ms_409* der gleiche mit englischen Texten.

Beim Zugriff auf den übergeordneten Namespace *root**CIMV2*\ ist die Sprache abhängig von Ihren Computereinstellungen.

In einigen Tools werden diese Unter-Namespaces durch eine Weltkugel angezeigt, in anderen Tools gibt es keinen Unterschied zu den normalen Namespaces.

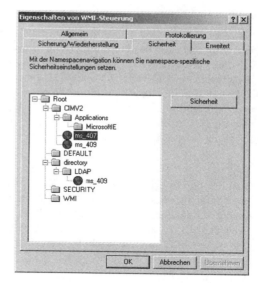

Abbildung 5.45: Anzeige der Namespace-Hierarchie im WMI-Snap-In in der MMC (Eigenschaftsfenster des Eintrags WMI-Steuerung)

Klassen

CIM-Klassen sind eine sehr allgemeine, betriebssystemunabhängige Beschreibung von Ressourcen. *WMI-Klassen* sind eine konkrete, in der Windows-Umgebung implementierte Repräsentation von Ressourcen. Die meisten WMI-Klassen sind von CIM-Klassen abgeleitet und erweitern den Standard. Einige Ressourcen in einem Windows-System können auch direkt durch CIM-Klassen abgebildet werden. WMI 1.5 enthält ca. 600 Klassen. In WMI 1.1 waren es 400.

Klassen

Es ist eine Konvention, dass ein kompletter WMI-Klassenname aus dem Namespace-Namen und dem eigentlichen Klassennamen besteht, getrennt durch einen Unterstrich.

Namenskonvention

```
NamespaceName_ClassName
```

WMI-Klassen können so genannte statische Methoden implementieren, die direkt auf einer Klasse ausgeführt werden können, ohne dass eine Instanz der Klasse benötigt würde. Statische Methoden sind z.B. Konstruktormethoden wie die Methode Create() auf der Klasse Win32_Process. Es gibt auch abstrakte Klassen in WMI, von denen keine Instanzen erzeugt werden können.

Statische Methoden

Es gibt drei Arten von Klassen:

▷ abstrakte Klassen, von denen es keinen Instanzen geben kann und die nur der Vererbung dienen

▷ statische Klassen: Instanzen dieser Klassen werden im CIM-Repository gespeichert

▷ dynamische Klassen: Instanzen dieser Klasen werden dynamisch von einem WMI-Provider geliefert.

Schlüsselattribute

Keys Schlüsselattribute (*Keys*) sind Attribute, die der eindeutigen Identifizierung einer Instanz innerhalb einer Klasse dienen. Ein Key entspricht dem Primärschlüssel einer relationalen Tabelle. Ebenso wie ein Primärschlüssel aus mehreren Spalten einer Datenbanktabelle bestehen kann, kann auch ein Key in WMI aus mehreren Attributen bestehen. Einen Schlüsselwert darf es innerhalb aller Instanzen einer Klasse nur einmal geben. Wenn der Key aus mehreren Attributen besteht, müssen nur alle Attributwerte zusammen eindeutig sein. Welche Attribute Schlüsselattribute sind, wird in der Klassendefinition festgelegt, damit alle Instanzen einer Klasse die gleichen Schlüsselattribute besitzen.

Qualifier

Qualifier Qualifier sind Informationen, die eine Klasse, ein Objekt, ein Attribut, eine Methode oder einen Parameter beschreiben. Qualifier dienen im derzeitigen WMI nur der Informationsversorgung des Nutzers. Sie ermöglichen keine verbindlichen Einstellungen für die WMI-Provider (Beispiel: ein Attribut, das einen Qualifier `read-only` besitzt, muss nicht notwendigerweise wirklich schreibgeschützt sein). Durch den Qualifier `Key` wird festgelegt, ob ein Attribut ein Schlüsselattribut ist.

An einem Qualifier erkennt man auch die Art einer Klasse: Die Existenz der Qualifier `abstract` und `dynamic` weist auf die entsprechenden Typen hin. Ist keiner dieser Qualifier vorhanden, ist die Klasse statisch. Eine Assoziations-Klasse hat einen `assocation`-Qualifier.

Qualifier sind Meta-Daten zu Klassen. Im .NET Framework hat man für ein ähnliches Konzept den ungünstigen Namen »Attribut« gewählt (vgl. Kapitel »DOTNET«). Der Object Browser und das CIM Studio ermöglichen eine Betrachtung der Qualifier.

Weitere interessante Qualifier:

- `Provider` zeigt für eine Klasse den Namen des WMI-Providers an, der die Klasse bereitstellt.
- `EnumPrivileges` legt eine Liste von Privilegien fest, die gesetzt sein müssen, um diese Klasse zu nutzen.

Objektassoziationen

Assoziationen Instanzen von Managed Objects können durch Assoziationen miteinander verbunden sein. Eine Objektassoziation ist selbst eine WMI-Klasse, die entweder abstrakt, statisch oder dynamisch ist.

Ein Beispiel für eine Assoziation ist `CIM_DirectoryContainsFile`. Diese Klasse stellt eine Assoziation zwischen `CIM_Directory` und `CIM_DataFile` dar.

Systemklassen

Systemklassen WMI definiert eine Reihe von Systemklassen, die der Verwaltung von WMI selbst und insbesondere dem Ereignisdienst dienen. Die Systemklassen sind in jedem Provider implementiert; sie sind daran erkennbar, dass der Name mit einem doppelten Unterstrich beginnt. Beispiele für Systemklassen sind:

- `__EventConsumer`
- `__Namespace`

- __Event
- __InstanceDeletionEvent

Datentypen

CIM definiert sechzehn Standarddatentypen.

Symbolische Konstante	Wert
wbemCimtypeSint8	16
wbemCimtypeUint8	17
wbemCimtypeSint16	2
wbemCimtypeUint16	18
wbemCimtypeSint32	3
wbemCimtypeUint32	19
wbemCimtypeSint64	20
wbemCimtypeUint64	21
wbemCimtypeReal32	4
wbemCimtypeReal64	5
wbemCimtypeBoolean	11
wbemCimtypeString	8
wbemCimtypeDatetime	101
wbemCimtypeReference	102
wbemCimtypeChar16	103
wbemCimtypeObject	13

Datentypen

Tabelle 5.76:
CIM-Standarddatentypen
(definiert in der Konstantenliste WbemCimtype Enum in wbemdisp.tlb)

Datum und Uhrzeit werden als String der Form yyyymmddHHMMSS.mmmmmmsUUU gespeichert, wobei neben dem selbsterklärenden Kürzel anzumerken ist, dass mmmmmm die Anzahl der Millisekunden ist und UUU die Anzahl der Minuten, die die lokale Zeit von der Universal Coordinated Time (UTC) abweicht. Das s ist das Vorzeichen. In Deutschland steht daher für UUU der Wert +060.

Datum und Uhrzeit

Die Funktion wmi_date() konvertiert ein WMI-Datum in ein Visual Basic-Datum. Millisekunden werden dabei nicht berücksichtigt.

```
Function wmi_date(strWmiDat)
Dim jahr, monat, tag, stunde, min, sek
' -- Aufspaltung
jahr = Left(strWmiDat, 4)
monat = Mid(strWmiDat, 5, 2)
tag = Mid(strWmiDat, 7, 2)
stunde = Mid(strWmiDat, 9, 2)
min = Mid(strWmiDat, 11, 2)
sek = Mid(strWmiDat, 13, 2)
' -- Datum zusammenbauen
```

```
wmi_date = tag & "." & monat & "." & jahr & " "
wmi_date = wmi_date & stunde & ":" & min & ":" & sek
wmi_date = CDate(wmi_date)
End Function
```

Listing 5.154: Konvertieren eines WMI-Datums in ein VB-Datum [wmi_date.wsf]

WMI kennt ein eigenes Format für Zeitintervalle: dddddddHHMMSS.mmmmmm:000. Auch ein Zeitintervall wird als String abgelegt. Dabei repräsentiert ddddddd die Anzahl der Tage. Der String endet immer auf :000.

Systemattribute

System-attribute Alle WMI-Klassen und alle Instanzen dieser Klasse besitzen eine Reihe von Systemeigenschaften. Sie beginnen mit einem doppelten Unterstrich und können über die WMI-Komponente nicht direkt abgefragt werden. Die wichtigsten dieser Eigenschaften werden aber durch das Unterobjekt Path_ der SWbemObject-Klasse bereitgestellt.

Tabelle 5.77: WMI-Systemeigenschaften

Attribut	Erläuterung
__Class	Name der Klasse. Dieser Wert kann für Klassen geändert werden.
__Derivation	Ein Array of String, der die Vererbungshierarchie wiedergibt. Der erste Eintrag ist die direkte Oberklasse.
__Dynasty	Name der obersten Klasse der Vererbungshierarchie. Bei der obersten Klasse steht hier kein Leerstring, sondern der gleiche String wie bei __Class.
__Genus	1 = SWbemObject ist eine Klasse. 2 = SWbemObject ist eine Instanz.
__Namespace	Namespace, in dem die Klasse oder die Instanz existiert
__Path	Vollständiger WMI-Pfad einschließlich Server und Namespace
__Property_Count	Anzahl der Attribute der Klasse. Dabei werden diese Systemattribute nicht mitgezählt.
__Relpath	WMI-Pfad ohne Server und Namespace
__Server	Name des Servers
__Superclass	Name der direkten Oberklasse

WMI-Provider

Provider WMI basiert ebenso wie ADSI und ADO auf einem Provider-Konzept, das eine Erweiterbarkeit ermöglicht. Provider sind COM-Komponenten (DLL oder EXE), die beim Aufruf einer Ressource, die durch den Provider bereitgestellt wird, in den Speicher geladen werden. Die WMI-Provider spielen aber im Vergleich zu den ADSI-Providern eine untergeordnete Rolle bei der praktischen Anwendung von WMI, da alle Informationen in ein globales Schema aufgenommen werden, so dass es beim konkreten Zugriff auf eine Klasse kaum Unterschiede zwischen den Providern gibt.

WMI-Provider	Erläuterung
Directory Services Provider	Zugriff auf die ADSI-Informationen aus Verzeichnisdiensten
Event Log Provider	Zugriff auf das NT-Ereignisprotokoll
Exchange Queue Provider, Exchange Routing TableProvider, ExchangeClusterProvider	Zugriff auf Microsoft Exchange Server 2000
Microsoft Windows Installer Provider	Zugriff auf Software, die durch den Windows Installer (MSI) installiert wurde
Performance Counters Provider	Zugriff auf rohe Performance Counter-Daten
Performance Monitor Provider	Zugriff auf Performance-Daten, wie sie der NT-Performance Monitor sieht
Power Management Event Provider	Events aus dem Bereich Power Management
Registry Event Provider	Events bei Änderungen in der Registry
Registry Provider	Zugriff auf die Registry
Security Provider	Zugriff auf Sicherheitsinformationen im NTFS-Dateisystem
SMS Provider	Zugriff auf Microsoft System Management Server
SNA Provider	Zugriff auf Microsoft SNA Server
SNMP Provider	Zugriff auf SNMP-Daten
View Provider	Dient der Erzeugung neuer Klassen
WDM Provider	Zugriff auf Gerätetreiber via Windows Driver Model (WDM)
Win32 Provider	Zugriff auf das Win-32-Subsystem

Tabelle 5.78: Ausgewählte WMI-Provider

Nicht alle WMI-Provider werden automatisch registriert und im CIM Repository eingetragen. In der MSDN Library finden Sie die Informationen darüber, wie die einzelnen Provider registriert werden.

Wie die folgende Tabelle zeigt, sind die vorinstallierten Treiber abhängig von Betriebssystem und installierten Komponenten und Zusatzsoftware. Die Namen sind manchmal sehr lang und manchmal auch leider sehr kurz. *OffProv10* heißt der Provider für Microsoft Office XP (Version10.0). Der IIS-Provider (*IIS__PROVIDER*) ist erst ab IIS Version 6.0 verfügbar.

Installierte Treiber

COM-Komponenten

Tabelle 5.79: Vergleich der Provider in Windows XP und Windows .NET Server

Provider auf Windows XP	Provider auf Windows .NET Server RC1
Zusatzinstallationen: .NET Framework, Microsoft Office XP, IIS 5.1	Optionale Komponenten: Active Directory, Terminal Server und IIS 6.0.
Anzahl Namespaces: 39	Anzahl Namespaces: 32
Anzahl Provider: 92	Anzahl Provider: 84
ACT_EventProvider	ActiveScriptEventConsumer
ACTBroker	CIMWin32
ACTControllerMethodProvider	Cimwin32A
ActiveScriptEventConsumer	Cluster Event Provider
BrokerMethodProv	CmdTriggerConsumer
CIMWin32	CommandLineEventConsumer
Cimwin32A	DFSProvider
CmdTriggerConsumer	DskQuotaProvider
CommandLineEventConsumer	EventTraceProv
DskQuotaProvider	HiPerfCooker_v1
EventTraceProv	ieinfo5
EventViewerConsumer	IIS__PROVIDER
HiPerfCooker_v1	LogFileEventConsumer
ieinfo5	Microsoft|DSLDAPClassAssociationsProvider|V1.0
LogFileEventConsumer	Microsoft|DSLDAPClassProvider|V1.0
Microsoft WMI Forwarding Consumer Provider	Microsoft|DSLDAPInstanceProvider|V1.0
Microsoft WMI Forwarding Consumer Trace Event Provider	Microsoft|NLB_Provider|V1.0
Microsoft WMI Forwarding Event Provider	MS_CLUSTER_CLASS_PROVIDER
Microsoft WMI Template Association Provider	MS_CLUSTER_PROVIDER
Microsoft WMI Template Event Provider	MS_NT_DNS_PROVIDER
Microsoft WMI Template Provider	MS_NT_EVENTLOG_EVENT_PROVIDER
Microsoft WMI Transient Event Provider	MS_NT_EVENTLOG_PROVIDER
Microsoft WMI Transient Provider	MS_Power_Management_Event_Provider
Microsoft WMI Transient Reboot Event Provider	MS_Shutdown_Event_Provider
Microsoft WMI Updating Consumer Assoc Provider	MS_VIEW_INSTANCE_PROVIDER
Microsoft WMI Updating Consumer Event Provider	Msft_ProviderSubSystem

Windows Management Instrumentation (WMI)

Provider auf Windows XP	Provider auf Windows .NET Server RC1
Zusatzinstallationen: .NET Framework, Microsoft Office XP, IIS 5.1	Optionale Komponenten: Active Directory, Terminal Server und IIS 6.0.
Anzahl Namespaces: 39	Anzahl Namespaces: 32
Anzahl Provider: 92	Anzahl Provider: 84
Microsoft WMI Updating Consumer Provider	MSVDS__PROVIDER
Microsoft|DSLDAPClassAssociationsProvider|V1.0	MSVSS__PROVIDER
Microsoft|DSLDAPClassProvider|V1.0	NamedJobObjectActgInfoProv
Microsoft|DSLDAPInstanceProvider|V1.0	NamedJobObjectLimitSettingProv
MS_NT_EVENTLOG_EVENT_PROVIDER	NamedJobObjectProv
MS_NT_EVENTLOG_PROVIDER	NamedJobObjectSecLimitSettingProv
MS_Power_Management_Event_Provider	NetFrameworkv1Provider
MS_Shutdown_Event_Provider	NlbsNicProv
Msft_ProviderSubSystem	NT5_GenericPerfProvider_V1
MSIProv	NTEventLogEventConsumer
NamedJobObjectActgInfoProv	PolicSOM
NamedJobObjectLimitSettingProv	PolicStatus
NamedJobObjectProv	ProviderSubSystem
NamedJobObjectSecLimitSettingProv	RegistryEventProvider
NetDiagProv	RegPropProv
NetFrameworkv1Provider	RegProv
NT5_GenericPerfProvider_V1	ReplProv1
NTEventLogEventConsumer	RouteEventProvider
OffProv10	RouteProvider
PolicSOM	Rsop Logging Mode Provider
PolicStatus	Rsop Planning Mode Provider
ProviderSubSystem	SCM Event Provider
RegistryEventProvider	SECRCW32
RegPropProv	SessionProvider
RegProv	SmonlogProv
RouteEventProvider	SMTPEventConsumer
RouteProvider	Standard Non-COM Event Provider
Rsop Logging Mode Provider	SystemConfigurationChangeEvents
Rsop Planning Mode Provider	TrustPrv

COM-Komponenten

Provider auf Windows XP	Provider auf Windows .NET Server RC1
Zusatzinstallationen: .NET Framework, Microsoft Office XP, IIS 5.1	Optionale Komponenten: Active Directory, Terminal Server und IIS 6.0.
Anzahl Namespaces: 39	Anzahl Namespaces: 32
Anzahl Provider: 92	Anzahl Provider: 84
SCM Event Provider	VolumeChangeEvents
SECRCW32	WBEMCORE
SessionProvider	WhqlProvider
SmonlogProv	Win32_WIN32_COMPUTERSYSTEM-WINDOWSPRODUCTACTIVATIONSETTING_Prov
SMTPEventConsumer	Win32_WIN32_PROXY_Prov
Standard Non-COM Event Provider	Win32_WIN32_TERMINAL_Prov
SystemConfigurationChangeEvents	Win32_WIN32_TERMINALSERVICE_Prov
SystemRestoreProv	Win32_WIN32_TERMINALSERVICESETTING_Prov
VolumeChangeEvents	Win32_WIN32_TERMINALSERVICETOSETTING_Prov
WBEMCORE	Win32_WIN32_TERMINALTERMINALSETTING_Prov
WhqlProvider	Win32_WIN32_TSACCOUNT_Prov
Win32_WIN32_COMPUTERSYSTEM-WINDOWSPRODUCTACTIVATIONSETTING_Prov	Win32_WIN32_TSCLIENTSETTING_Prov
Win32_WIN32_PROXY_Prov	Win32_WIN32_TSENVIRONMENTSETTING_Prov
Win32_WIN32_TERMINAL_Prov	Win32_WIN32_TSGENERALSETTING_Prov
Win32_WIN32_TERMINALSERVICE_Prov	Win32_WIN32_TSLOGONSETTING_Prov
Win32_WIN32_TERMINALSERVICESETTING_Prov	Win32_WIN32_TSNETWORKADAPTERLISTSETTING_Prov
Win32_WIN32_TERMINALSERVICETOSETTING_Prov	Win32_WIN32_TSNETWORKADAPTERSETTING_Prov
Win32_WIN32_TERMINALTERMINALSETTING_Prov	Win32_WIN32_TSPERMISSIONSSETTING_Prov
Win32_WIN32_TSACCOUNT_Prov	Win32_WIN32_TSREMOTECONTROLSETTING_Prov
Win32_WIN32_TSCLIENTSETTING_Prov	Win32_WIN32_TSSESSIONDIRECTORY_Prov

Provider auf Windows XP	Provider auf Windows .NET Server RC1
Zusatzinstallationen: .NET Framework, Microsoft Office XP, IIS 5.1	Optionale Komponenten: Active Directory, Terminal Server und IIS 6.0.
Anzahl Namespaces: 39	Anzahl Namespaces: 32
Anzahl Provider: 92	Anzahl Provider: 84
Win32_WIN32_TSENVIRONMENTSETTING_Prov	Win32_WIN32_TSSESSIONDIRECTORY-SETTING_Prov
Win32_WIN32_TSGENERALSETTING_Prov	Win32_WIN32_TSSESSIONSETTING_Prov
Win32_WIN32_TSLOGONSETTING_Prov	Win32_WIN32_WINDOWSPRODUCTACTIVATION_Prov
Win32_WIN32_TSNETWORKADAPTERLISTSETTING_Prov	Win32ClockProvider
Win32_WIN32_TSNETWORKADAPTERSETTING_Prov	WMI Kernel Trace Event Provider
Win32_WIN32_TSPERMISSIONSSETTING_Prov	WMI Self-Instrumentation Event Provider
Win32_WIN32_TSREMOTECONTROL-SETTING_Prov	WMIEventProv
Win32_WIN32_TSSESSIONDIRECTORY_Prov	WMIPingProvider
Win32_WIN32_TSSESSIONDIRECTORY-SETTING_Prov	WMIProv
Win32_WIN32_TSSESSIONSETTING_Prov	
Win32_WIN32_WINDOWSPRODUCTACTIVATION_Prov	
Win32ClockProvider	
WMI Kernel Trace Event Provider	
WMI Self-Instrumentation Event Provider	
WMIEventProv	
WMIPingProvider	
WMIProv	

Managed Object Format (MOF)

Das *Managed Object Format (MOF)* ist eine Sprache zur Definition von Managed Objects. MOF basiert auf der Interface Definition Language (IDL) und ist ein Textformat. MOF-Dateien können mit Hilfe des MOF-Compilers (MOFCOMP.EXE) in das CIM-Repository übernommen werden.

MO-Beschreibung durch MOF

Das nachfolgende Listing zeigt Ausschnitte aus der Datei MSIOFF9.MOF, die die MOF-Beschreibung für Informationen über Microsoft Office liefert. Die dort definierten Klassen entsprechen den im MS Info anzeigbaren Daten. Das MOF-File definiert zunächst einen neuen Namespace *MSAPPS* und dann über eine CLSID den Provider, der die Funktionalität der im Folgenden definierten Klassen implementiert.

MOF für Microsoft Office

```
//*****************************************************************
//* File: MSIOff9.mof - Office Extension MOF File for MSInfo 5.0
//*****************************************************************
//***Creates namespace for MSAPPS
#pragma namespace ("\\\\.\\Root")
instance of __Namespace
{
    Name = "MSAPPS";
};
//* Declare an instance of the __Win32Provider so as to "register" the
//* Office provider.
instance of __Win32Provider as $P
{
    Name = "OffProv";
    ClsId = "{D2BD7935-05FC-11D2-9059-00C04FD7A1BD}";
};

//* Class: Win32_WordDocument
//* Derived from:
[dynamic: ToInstance, provider("OffProv")]
class Win32_WordDocument
{
    [key, read: ToInstance ToSubClass] string Name;
    [read: ToInstance ToSubClass] string Path;
    [read: ToInstance ToSubClass] real32 Size;
    [read: ToInstance ToSubClass] datetime CreateDate;
};
//* Class: Win32_AccessDatabase
//* Derived from:
 [dynamic: ToInstance, provider("OffProv"), Singleton: DisableOverride ToInstance ToSubClass]
class Win32_AccessDatabase
{
    [read: ToInstance ToSubClass] string Name;
    [read: ToInstance ToSubClass] string Path;
    [read: ToInstance ToSubClass] real32 Size;
    [read: ToInstance ToSubClass] datetime CreateDate;
    [read: ToInstance ToSubClass] string User;
    [read: ToInstance ToSubClass] string JetVersion;
};
```

Listing 5.155: Ein kleiner Ausschnitt aus dem MOF-File MSIOff9.mof

Der WMI-Provider für Microsoft Office 2000 gehört zu den WMI-Providern (implementiert durch OFFPROV.EXE), die nicht automatisch in WMI eingebunden werden. Sie können dies jedoch selbst vornehmen, indem Sie das mit Office 2000 mitgelieferte MOF-File MSIOFF9.MOF kompilieren:

```
mofcomp.exe MSIOFF9.mof
```

Danach stehen Ihnen eine Reihe interessanter Informationen über MS Office zur Verfügung.

Auch Instanzen können in MOF beschrieben werden, dabei werden die Attribute mit ihren Werten angeführt. Nachstehend sieht man die MOF-Repräsentation einer Instanz der Klasse `Win32_ComputerSystem`.

Instanzenbeschreibung

Später in diesem Kapitel erfahren Sie, wie man die MOF-Beschreibung eines beliebigen WMI-Objekts mit einfachen Mitteln ausgeben kann.

```
instance of Win32_ComputerSystem
{
    AdminPasswordStatus = 3;
    AutomaticResetBootOption = TRUE;
    AutomaticResetCapability = TRUE;
    BootROMSupported = TRUE;
    BootupState = "Normal boot";
    Caption = "BYFANG";
    ChassisBootupState = 3;
    CreationClassName = "Win32_ComputerSystem";
    CurrentTimeZone = 120;
    DaylightInEffect = TRUE;
    Description = "AT/AT COMPATIBLE";
    Domain = "IT-OBJECTS.local";
    DomainRole = 1;
    EnableDaylightSavingsTime = TRUE;
    FrontPanelResetStatus = 3;
    InfraredSupported = FALSE;
    KeyboardPasswordStatus = 3;
    Manufacturer = "System Manufacturer";
    Model = "System Name";
    Name = "BYFANG";
    NetworkServerModeEnabled = TRUE;
    NumberOfProcessors = 1;
    OEMStringArray = {"0", "0"};
    PartOfDomain = TRUE;
    PauseAfterReset = "-1";
    PowerOnPasswordStatus = 3;
    PowerState = 0;
    PowerSupplyState = 3;
    PrimaryOwnerName = "Holger Schwichtenberg";
    ResetCapability = 1;
    ResetCount = -1;
    ResetLimit = -1;
    Roles = {"LM_Workstation", "LM_Server", "Print", "NT", "Potential_Browser"};
```

```
        Status = "OK";
        SystemStartupDelay = 30;
        SystemStartupOptions = {"\"Microsoft Windows XP Professional\" /
fastdetect"};
        SystemStartupSetting = 0;
        SystemType = "X86-based PC";
        ThermalState = 3;
        TotalPhysicalMemory = "536309760";
        UserName = "IT-OBJECTS\\hs";
        WakeUpType = 6;
};
```

Sicherheitsfunktionen

Sicherheit WMI basiert auf COM und verwendet die COM-Sicherheitsfunktionen und die entsprechend verfügbaren Security Provider. Sicherheitseinstellungen können auf der Ebene eines jeden Namespaces festgelegt werden. Diese Einstellung erfolgt im WMI-Snap-In in der MMC. Ein COM-Client, der auf ein WMI-Objekt zugreifen will, wird zunächst gegen die Sicherheitseinstellung des Namespaces geprüft, zu dem das Objekt gehört. Die Vergabe von Zugriffsrechten auf Objekt- oder Klassenebene unterstützt WMI bislang nicht.

Impersonifizierung WMI unterstützt Impersonifizierung für den Zugriff auf entfernte Rechner. Es ist also möglich, beim Aufruf von WMI-Objekten auf einem entfernten Rechnersystem den Benutzerkontext zu wechseln und als ein anderer Benutzer aufzutreten als der, unter dem der COM-Client läuft. Dies ist allerdings beim Zugriff auf das lokale WMI nicht möglich. Ein Versuch, den Benutzerkontext vor dem Zugriff auf lokale WMI-Objekte zu wechseln, wird von WMI mit dem Fehler 80041064 quittiert: »Benutzeranmeldeinformationen können für lokale Verbindungen nicht verwendet werden«.

Programmatische Sicherheit Im Gegensatz zu anderen Komponenten erlaubt WMI Vorgaben für die COM-Sicherheit durch den Client. Sowohl Impersonifizierungs- als auch Authentifizierungsmodus (vgl. Kapitel 2) können beim Verbindungsaufbau eingestellt werden. Der Client kann ab Windows 2000 auch den Security Service Provider (SSPI) zwischen der NT4-Lanmanager (NTLM)- und der Kerberos-Authentifizierung wählen. Wird kein SSPI explizit angegeben, verhandelt WMI den SSPI beim Verbindungsaufbau. Es wird zunächst versucht, Kerberos zu verwenden. Kerberos kann allerdings nie für lokale Aufrufe verwendet werden. Für lokale Aufrufe lassen sich eine Vielzahl von Einzelrechten, so genannte *Privileges*, setzen.

Privilegien

Privilegien Privilegien sind Zusatzangaben, die bei Nutzung einer Klasse gemacht werden müssen. Ohne diese Zusatzangaben ist die Klasse nicht nutzbar. Die Zusatzangaben werden entweder im WMI-Pfad gesetzt oder aber über das Unterobjekt Security_.Privileges in der Klasse SWbemLocator. Welche Privilegien eine WMI-Klasse erwartet, erfährt man durch den Klassen-Qualifier EnumPrivileges.

WMI Query Language (WQL)

WQL WMI erlaubt es, Suchanfragen in einer Syntax zu stellen, die auf der ANSI Standard Structured Query Language (SQL) basiert. Der SQL-Dialekt heißt WMI Query Language, kurz: WQL. Es wird allerdings nur Lesezugriff mit dem SQL-Befehl SELECT unterstützt. Weder DDL (Data Definition Language) noch DML (Data Manipulation Language) werden unterstützt. WQL Queries werden später genauer besprochen.

Ereignisse

WMI bietet ein komplexes System für Ereignisse in Managed Objects. Dabei registrieren sich so genannte *Ereigniskonsumenten (Event Consumers)* bei WMI für bestimmte Ereignisse. Der Event Consumer führt beim Eintritt eines Ereignisses eine bestimmte Aktion aus.

Konsumenten

WMI unterscheidet zwei Arten von Ereigniskonsumenten: *temporäre Event Consumer* und *permanente Event Consumer*. Der Unterschied zwischen den beiden Typen ist, dass ein temporärer Event Consumer nur Ereignisbenachrichtigungen erhält, wenn er aktiv ist. Ein temporärer Event Consumer wird durch ein Skript oder ein Programm implementiert. Nach Beendigung des Skripts/Programms ist der Konsument nicht mehr vorhanden. Dagegen ist ein permanenter Konsument in Form eines Managed Objects im Repository gespeichert und kann zu jedem Zeitpunkt Ereignisbenachrichtigungen empfangen, da WMI den Consumer bei Bedarf selbst startet und dann das Ereignis übermittelt.

Permanente versus temporäre Konsumenten

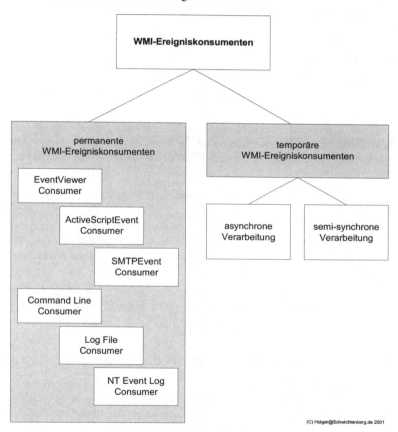

Abbildung 5.46: Überblick über die Ereigniskonsumenten

Permanente Event Consumer sind z. B.:

▶ der *EventViewerConsumer* (im Namespace /ROOT/CIMV2), der die aufgetretenen Ereignisse in einem Bildschirmfenster, dem WMI Event Viewer, darstellt. Der Event Viewer wird unter den Werkzeugen in Kapitel 9 vorgestellt.

EventViewerConsumer

COM-Komponenten

ActiveScript-EventConsumer
- der *ActiveScriptEventConsumer* (im Namespace /ROOT/DEFAULT), der bei Auftreten eines Ereignisses ein Active Script ausführt.

SMTPEventConsumer
- Mit Hilfe des *SMTPEventConsumer* können bei Ereignissen E-Mails über den Microsoft SMTP-Server (der Bestandteil des Internet Information Servers ab Version 4.0 ist) versendet werden. Der *SMTPEventConsumer* ist standardmäßig nicht registriert. Um ihn benutzen zu können, muss die Datei SMTPCONS.MOF, die sich im Verzeichnis %SYSTEMROOT%\WINNT\WBEM befindet, mit Hilfe des MOF-Compilers *(MOFCOMP.EXE)* kompiliert und ins WMI-Repository aufgenommen werden. Der Provider wird im Namespace ROOT\DEFAULT registriert.

Neu in Whistler
Whistler (Windows XP/Windows .NET Server) enthält drei weitere permanente Ereigniskonsumenten:

- Command Line Event Consumer: Start einer Anwendung
- NT Event Log Event Consumer: Eintrag in das NT-Ereignisprotokoll
- Log File Event Consumer: Eintrag in eine Protokolldatei

Filter
Der Event Consumer definiert sein Interesse gegenüber WMI in Form eines WMI-Filters. Ein WMI-Filter ist im Wesentlichen eine *WQL Event Query* (vgl. Unterkapitel zu WQL-Abfragen).

Administration
Ein Event Consumer ist eine Instanz einer von der Systemklasse __EventConsumer erbenden Klasse. Ein WMI-Filter ist eine Instanz der Systemklasse __EventFilter. Die Bindung zwischen einem Consumer und einem Filter ist als Instanz von __FilterToConsumerBinding gespeichert.

Es gibt zwei Möglichkeiten, Consumer und Filter zu definieren und aneinander zu binden:

- über das Werkzeug WMI Event Registration
- über Programmcode. Dadurch, dass Consumer, Filter und Bindungen selbst wieder als WMI-Objekte gespeichert werden, können diese leicht auch per WMI automatisiert verwaltet werden.

Provider
Kern des Ereignissystems ist der *Event Provider*. Er informiert WMI über Veränderungen in der Managementumgebung oder im Repository. WMI leitet die Ereignisse an die für dieses Ereignis registrierten Konsumenten weiter.

5.7.2 Metaobjektmodell in der WMI-COM-Komponente

WMI Scripting API
Vom eigentlichen WMI ist die WMI-COM-Komponente abzugrenzen. Sie realisiert ein Meta-Objektmodell (vgl. Erläuterungen dazu in Kapitel 2), um die sehr große Anzahl von WMI-Grundklassen ansteuern zu können und es zu ermöglichen, dass zusätzliche WMI-Provider ohne Veränderung der WMI-COM-Komponente adressiert werden können.

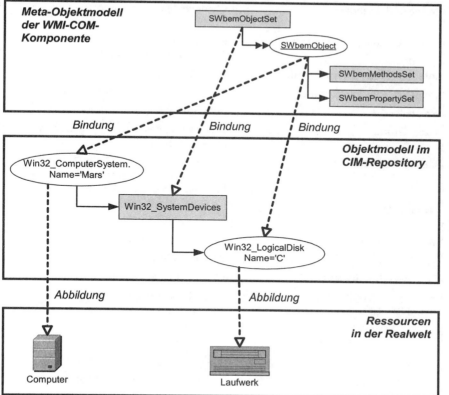

Abbildung 5.47: Das WMI-Meta-Objektmodell: Die Klasse SWbemObject kann sowohl an Instanzen der Klasse Win32_ComputerSystem als auch an Instanzen der Klasse Win32_Logical Disk gebunden werden. Win32_ComputerSystem und Win32_Logical Disk sind jeweils Abbildungen von realen Ressourcen.

In der Dokumentation spricht Microsoft von einem *WMI Scripting API* und einem *WMI COM API*. Als Scripting API bezeichnet Microsoft die IDispatch-fähigen Schnittstellen, als COM API die Schnittstellen, die nicht via IDispatch und damit nicht per Skript angesprochen werden können. Das vorliegende Buch macht diesen MINFU nicht mit und spricht von der WMI-Komponente.

Dieses Kapitel verfolgt zwei Ziele: Sie sollen zum einen die Grundkonzepte von WMI, zum anderen den Einsatz der WMI-Komponente verstehen. Das Buch liefert keine vollständige Darstellung der Managed Objects. Das liegt nicht nur daran, dass eine solche Referenz ein eigenes, mehrere hundert Seiten starkes Buch füllen würde, sondern auch daran, dass es gute Werkzeuge für den Zugriff auf das Schema und eine gute Online-Dokumentation der Managed Objects gibt. Mit den hier vermittelten grundlegenden Informationen werden Sie in der Lage sein, auch die hier nicht besprochenen Managed Objects schnell einzusetzen.

COM-Komponenten

Tabelle 5.80:
Schnellinfo
Windows
Management
Instrumentation (WMI)

Name und Abkürzung	Windows Management Instrumentation (WMI)
Name der Komponentendatei	WBEMDISP.DLL (Typbibliothek: WBEMDISP.TLB)
Interner Name der Typbibliothek	WbemScripting
Helpstring der Typbibliothek	Microsoft WMI Scripting Library
Hersteller	Microsoft
Lizenzierung	Bestandteile des Betriebssystems bzw. kostenloses Add-on
Besprochene Version	3363 (DLL-Version: 5.2.3363.0) Die WMI-Versionsnummer entspricht der Build-Nummer des Betriebssystems.
NT4 und Windows 9x	WMI-Add-on [CD:/install/komponenten/wmi/]
Windows 2000	Version 1085 enthalten
Windows XP	Version 2600 enthalten
Windows .NET Server (RC1)	Version 3663 enthalten

Position der Original-Dokumentation in der MSDN-Library	⊟ Setup and System Administration
	  ⊞ Microsoft Management Console (MMC)
	  ⊞ PC Health
	  ⊞ Policies and Profiles
	  ⊞ Setup
	  ⊞ System Restore
	  ⊞ Systems Management Server (SMS)
	  ⊞ Task Scheduler
	  ⊟ Windows Management Instrumentation (WMI)
	    ⊟ SDK Documentation
	      ⊞ About WMI
	      ⊞ Using WMI
	      ⊞ WMI Reference
	      ⊞ WMI Glossary

5.7.2.1 Programmiermöglichkeiten

Programmierung

WMI unterstützt sowohl den Zugriff auf einzelne Managed Objects als auch den Zugriff auf Objektmengen. Weiterhin unterstützt WMI folgende Vorgehensweisen:

- transparentes Schema zur Erforschung der Managed Objects
- Möglichkeit zur Definition eigener Ereignisse auf jede beliebige Veränderung in einem Managed Object
- asynchrone Befehlsausführungen, die ihre Ergebnisse durch Ereignisse zurückliefern
- Erstellen von Abfragen im SQL-Stil durch die Abfragesprache WQL

5.7.2.2 Bindung an Managed Objects

Bindung ist in WMI der Vorgang der Zuordnung eines Meta-Objekts aus der WMI-COM-Komponente zu einem konkreten Managed Objekt aus dem CIM-Repository.

Auch in WMI werden Objekte durch Moniker identifiziert. Ein WMI-Moniker besteht aus: *Objektidentifizierung*

- der ProgID *WinMgmts*
- einer Sicherheitseinstellungsdefinition (optional)
- einer Lokalisierungsangabe (optional)
- dem WMI-Pfad (nur im Ausnahmefall nicht vorhanden)

WMI-Pfade

Grundsätzlich gibt es zwei Arten von WMI-Pfaden:

- **Pfade für Klassen:** Pfade für Klassen bestehen lediglich aus dem Klassennamen und optional der Angabe eines Servers und/oder eines Namespaces. Ohne Serverangabe wird der lokale Server benutzt, ohne Namespace-Angabe der Standard-Namespace (*Default Namespace*). Als Trennstrich kann sowohl der Slash (»/«) als auch der Backslash (»\«) verwendet werden.   *Klassenpfade*
  - `\\Server\Namespace:Class`
  - `Class`

- **Pfade für Objekte:** Pfade für WMI-Objekte (Instanzen von WMI-Klassen) bestehen zusätzlich aus der Angabe der Schlüsselattribute zur eindeutigen Identifizierung der Instanz. Die allgemeine Form lautet: *Instanzenpfade*

`\\Server\Namespace:Class.Key="wert"`

Für den Fall, dass die Klasse mehrere Attribute als Schlüsselattribute definiert hat, sind alle Schlüsselattribute anzugeben, da ein einzelnes dieser Attribute ja keine eindeutigen Werte besitzen muss.

`\\Server\Namespace:Class.Key1="wert1",Key2="Wert2"`

Für den Fall, dass die Klasse nur ein Schlüsselattribut besitzt, kann die Schreibweise verkürzt werden, indem der Name des Schlüsselattributs weggelassen wird.

`\\Server\Namespace:Class ="wert"`

Für die Verwendung von Servernamen und Namespace-Namen gilt das für Klassenpfade Gesagte.

Der Standard-Namespace ist in der Registry festgelegt (HKEY_LOCAL_MACHINE\SOFTWARE\MICROSOFT\WBEM\SCRIPTING\DEFAULT NAMESPACE) und über das WMI-Snap-In in der MMC oder die WMI-Klasse `Win32_WMISetting` in dem Attribut `ASPScriptDefaultNamespace` **veränderbar.**

COM-Komponenten

Tabelle 5.81:
Beispiele für
WMI-Moniker

Objekt	Pfad
Lokaler Default Namespace	WinMgmts:
Der Default Namespace auf dem Rechner *Sonne*	WinMgmts:\\SONNE
Der Namespace ROOT/CIMV2 auf dem lokalen System	WinMgmts:ROOT/CIMV2
Der Namespace ROOT/CIMV2 auf dem Rechner *Sonne*	WinMgmts:\\SONNE/ROOT/CIMV2
Die Klasse Win32_LogicalDisk aus dem Namespace \ROOT\CIMV2: auf dem Computer *Mars*	WinMgmts:\\MARS\ROOT\CIMV2: Win32_LogicalDisk
Die Instanz der Klasse Win32_LogicalDisk aus dem Namespace \ROOT\CIMV2: auf dem Computer *Mars* mit dem Namen »D:«	WinMgmts:\\MARS\ROOT\CIMV2: Win32_LogicalDisk.DeviceID="D:"
Die Instanz der Klasse Win32_LogicalDisk aus dem Default Namespace auf dem lokalen Computer mit dem Namen »D:«	WinMgmts: Win32_LogicalDisk.DeviceID="D:"

> Die Richtung der Querstriche (Slash oder Backslash) im WMI-Pfad ist egal: Man kann sogar beide Notationen mischen.

Lokalisierungsangabe

LocaleID Innerhalb des WMI-Monikers kann ein Unter-Namespace, d.h. eine bestimmte landesspezifische Version eines Namespaces, ausgewählt werden. Die LocaleID wird in eckigen Klammern vor dem WMI-Pfad ergänzt.

Beispiele
```
WinMgmts:[locale=ms_407]!root/cimv2:Win32_LogicalDisk
WinMgmts:[locale=ms_409]!root/cimv2:Win32_LogicalDisk
```

Sicherheitseinstellungen

Sicherheit Alle Sicherheitseinstellungen können wahlweise über den Moniker bei Objektbindung oder über spezielle Verwaltungsklassen vorgenommen werden. Die Sicherheitseinstellungen erfolgen vor der Angabe des WMI-Pfads in geschweiften Klammern. Sie werden durch ein Ausrufezeichen vom WMI-Pfad abgetrennt. Mehrere Sicherheitsangaben werden durch Kommata getrennt. Folgende Eigenschaften können gesetzt werden:

▶ AuthenticationLevel

Authentica-tionLevel DCOM- und Authentifizierungsstufe; mögliche Werte sind: default, none, connect, call, pkt, pktIntegrity und pktPrivacy (vgl. DCOM-Sicherheit in Kapitel 2)

▶ ImpersonationLevel

Impersona-tionLevel DCOM-Impersonifizierungsstufe; mögliche Werte sind: anonymous, identify, imperso nate und delegate (vgl. Ausführungen zur DCOM-Sicherheit in Kapitel 2)

▶ Authority

Gibt den zu verwendenden SSPI an; möglich sind `authority=kerberos:domainname` **Authority**
`\servername` und `authority=ntlmdomain:domainname`

▶ Privileges

Privileges sind Einzelrechte, die beim lokalen Zugriff zum Tragen kommen. Mögliche **Privileges**
Werte sind: *CreateToken, PrimaryToken, LockMemory, IncreaseQuota, MachineAccount, Tcb, Security, TakeOwnership, LoadDriver, SystemProfile, SystemTime, ProfileSingle Process, IncreaseBasePriority, CreatePagefile, CreatePermanent, Backup, Restore, Shut down, Debug, Audit, SystemEnvironment, ChangeNotify, RemoteShutdown, Udock, Sync Agent, EnableDelegation.*

Da mehrere Werte gleichzeitig erlaubt sind, werden die Werte in runden Klammern zusammengefasst. Dabei wird das Schlüsselwort `Privileges` nicht vorangestellt.

Objekt	Pfad
Zugriff auf den CIMV2-Namespace auf dem Server *Sonne* unter Verwendung bestimmter Impersonifizierungs- und Authentifizierungsstufen	WINMGMTS: {IMPERSONATIONLEVEL=IMPERSONATE, AUTHENTICATIONLEVEL=PKTPRIVACY} !//SONNE/ROOT/CIMV2
Zugriff auf den CIMV2-Namespace auf dem Server *Sonne* unter Verwendung der Impersonifizierungsstufe *Impersonate* und unter Verwendung des NTLM-SSPIs	WINMGMTS: {IMPERSONATIONLEVEL=IMPERSONATE, AUTHORITY=NTLMDOMAIN:SONNE} !\\SONNE/ ROOT/ CIMV2

Tabelle 5.82: Beispiele für WMI-Moniker mit Sicherheitseinstellungen

5.7.2.3 Objektmodell der WMI-Komponente

Den Kern des Objektmodells der WMI-Komponente bildet die WMI-Meta-Klasse **Objektmodell**
`SWbemObject`, deren Instanzen an jedes Managed Object (MO) gebunden werden können. `SWbemObject` ist dabei in der Lage, das MO zu emulieren und wie ein Proxy-Objekt aufzutreten, so dass die zusätzliche Ebene für den Programmierer transparent ist.

> `SWbemObject` kann auch an eine Klassendefinition im WMI-Schema gebunden werden. **Bindung auch**
> Da es schwierig ist, diesen Umstand in der Beschreibung des Objektmodells stets zu **an Klassen**
> berücksichtigen, soll hier als Konvention eingeführt werden, dass der Begriff MO nicht
> nur die Instanzen, sondern auch die Klassendefinition eines MOs umfassen soll.

Die WMI-Komponente besitzt fünf instanziierbare Klassen: **WbemScripting-Klassen**

▶ `WbemScripting.SWbemLocator`

▶ `WbemScripting.SWbemLastError`

▶ `WbemScripting.SWbemObjectPath`

▶ `WbemScripting.SWbemNamedValueSet`

▶ `WbemScripting.SWbemSink`

COM-Komponenten

Abbildung 5.48: Objektmodell der WMI-Komponente

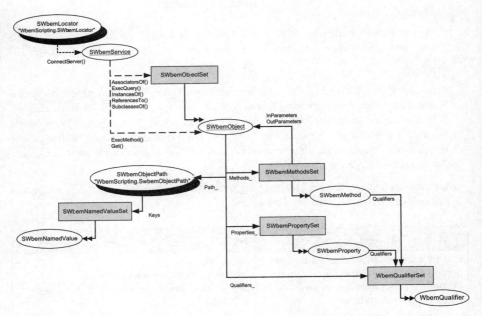

Tabelle 5.83: Klassen der WMI-COM-Komponente

Klasse	Erläuterung
SWbemLocator	Diese Klasse stellt eine (von mehreren) Möglichkeiten dar, die Verbindung zu einem WMI-Server aufzubauen und Zugriff auf einen Namespace zu nehmen. Diese Klasse ist instanziierbar durch WbemScripting.SWbemLocator.
SWbemObject	SWbemObject ist die zentrale Meta-Klasse für den Zugriff auf WMI-Instanzen und WMI-Klassen.
SWbemObjectSet	Eine Collection von Objekten des Typs SWbemObject.
SWbemServices	Ein SWbemServices-Objekt repräsentiert einen WMI-Namespace als Ganzes.
SWbemMethod	Repräsentiert eine Methode in einem MO
SWbemMethodSet	Collection aller Methoden in einem MO
SWbemProperty	Repräsentiert ein Attribut in einem MO
SWbemPropertySet	Collection aller Attribute in einem MO
SWbemObjectPath	Dient dem Lesen und Schreiben von WMI-Pfaden
SWbemNamedValue	Ein SWbemNamedValue speichert ein Attribut-Wert-Paar. Die Klasse besitzt nur zwei Attribute (Name und Value).
SWbemNamedValueSet	Liste von SWbemNamedValue-Objekten, repräsentiert also eine Liste von Attribut-Wert-Paaren. Dieses Instrument wird z. B. eingesetzt, um die Schlüsselwerte eines MOs zu ermitteln und um bei asynchronen Aufrufen Informationen an die Ereignisbehandlungsroutinen zu übermitteln.

Klasse	Erläuterung
SWbemPrivilege	Repräsentiert ein einzelnes Privileg
SWbemPrivilegeSet	Liste aller Privilegien
SWbemQualifier	Repräsentiert einen Qualifier
SWbemQualifierSet	Repräsentiert eine Liste von Qualifiern
SWbemSecurity	Sicherheitseinstellungen, die aber auch über den WMI-Pfad vorgenommen werden können. Die Klassen SWbemLocator, SWbemServices, SWbemObject, SWbemObjectSet, SWbemObjectPath, SWbemLastError und SWbemEventSource besitzen ein Attribut Security_ vom Typ SWbemSecurity.
SWbemEventSource	Ein Objekt dieser Klasse ist das Ergebnis der Methode ExecNotificationQuery() aus der Klasse SWbemServices. Nach der Ausführung einer Aktion dient das SWbemEventSource-Objekt dazu, die auftretenden Ereignisse nacheinander abzugreifen.
SWbemLastError	Informationen über den letzten Fehler. Der Aufbau der Klasse entspricht exakt dem der Klasse SWbemObject.
SWbemSink	SWbemSink dient COM-Clients dazu, Benachrichtigungen von Ereignissen und im Rahmen von asynchronen WMI-Operationen zu empfangen.

Änderungen in Windows XP und .NET Server

In Whistler (Windows XP/Windows .NET Server) wurden drei dieser Klassen erweitert: **Neue Methoden**

▶ SWbemServices (Erweitert um zahlreiche Methoden zur Klasse SWbemServicesEx)

▶ SWbemObject (Erweitert um zahlreiche Methoden zur Klasse SWbemObjectEx)

▶ SWbemSink (Erweitert um eine Methode)

Typbibliothek

Die Typbibliothek definiert nur die Meta-Klassen der WMI-COM-Komponente, nicht aber die Klassen der Managed Objects. Eine solche Definition in der Typbibliothek hätte auch wenig Wert, da das Konzept eines Meta-Objektmodells eine Form des späten Bindens ist. Entwicklungsumgebungen können IntelliSense-Unterstützung nur für die Mitglieder der Meta-Klassen anbieten. Eine Unterstützung für die Funktionen der Managed Objects wäre zwar über einen Zugriff auf das WMI-Schema denkbar, ist aber heute leider noch in keiner Entwicklungsumgebung implementiert.

WMI-Typbibliothek

COM-Komponenten

Abbildung 5.49:
Ansicht der
Klasse
»SWbem-
Object« in der
Typbibliothek
der WMI-
COM-Kompo-
nente

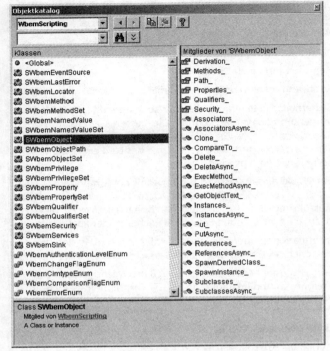

.NET-Framework

System.
Management

Im .NET-Framework ist das WMI-Meta-Objektmodell Bestandteil der .NET Framework Class Library (FCL) in Form des Namespaces System.Management. Dieser FCL-Namespace wird in Kapitel 8 besprochen.

5.7.2.4 Die Meta-Klasse SWbemObject

SWbemObject

SWbemObject ist die zentrale Klasse von WMI, deren Instanzen Proxy-Objekte für WMI-MOs sind. SWbemObject ermöglicht den direkten Zugriff auf die Attribute und Methoden der MOs. Die Klasse SWbemObject bietet aber eine Reihe von Attributen und Methoden zur Verwaltung der Managed Objects. Alle diese Mitglieder enden auf einen Unterstrich »_«, um sie von den Mitgliedern der Managed Objects abzugrenzen.

Ein SWbemObject-Objekt besitzt eine Properties-Collection, in der die Attribute des Managed Objects gelistet werden, eine Methods-Collection für die Methoden des MOs und eine Qualifier-Collection für Qualifier-Objekte. Ein Qualifier ist die Beschreibung eines Attributs oder einer Methode.

Attribut	Erläuterung
`Derivation_`	Entspricht dem Systemattribut `_Derivation`, enthält also die Vererbungshierarchie der Klasse, zu der das Objekt gehört
`Properties_`	Verweis auf die zugehörige `SWbemPropertySet`-Collection, die alle Attribute der MO-Klasse enthält
`Methods_`	Verweis auf die zugehörige `SWbemMethodSet`-Collection, die alle Methoden der MO-Klasse enthält
`Qualifiers_`	Verweis auf die zugehörige `SWbemQualifierSet`-Collection
`Path_`	Verweis auf ein `SWbemObjectPath`-Objekt, das den WMI-Pfad des MOs enthält
`Security_`	Verweis auf das zugehörige `SWbemSecurity`-Objekt

Tabelle 5.84: Attribute von SWbemObject

Methode	Erläuterung
`Associators_()` `AssociatorsAsync_()`	Liefert einen `SWbemObjectSet` aller mit diesem MO assoziierten MOs. Dies sind alle Assoziationen, bei denen das aktuelle MO der **Ausgangspunkt** ist.
`References_()` `ReferencesAsync_()`	Liefert einen `SWbemObjectSet` aller MOs, die auf dieses MO verweisen. Dies sind alle Assoziationen, bei denen das aktuelle MO der **Endpunkt** ist.
`Clone_()`	Erzeugt eine Kopie des `SWbemObjects`.
`CompareTo_()`	Prüft bei zwei `SWbemObject`-Instanzen, ob sie an das gleiche MO gebunden sind.
`Delete_()` `DeleteAsync_()`	Löscht das an `SWbemObject` gebundene MO.
`ExecMethod_()` `ExecMethodAsync_()`	Ausführen einer Methode auf diesem MO
`GetObjectText_()`	Liefert die Beschreibung des MOs in MOF-Syntax. Für eine Instanz enthält die MOF-Beschreibung alle konkreten Werte.
`Instances_()` `InstancesAsync_()`	Liefert einen `SWbemObjectSet` der Instanzen einer WMI-Klasse. Diese Methode ist nur verfügbar, wenn das MO eine Klasse ist.
`Put_()` `PutAsync_()`	Speichert die Änderungen im MO ab.
`SpawnDerivedClass_()`	Erzeugt eine neue, abgeleitete Klasse von der aktuellen WMI-Klasse. Diese Methode ist natürlich nur für MOs verfügbar, die Klassen sind.
`SpawnInstance_()`	Erzeugt eine neue Instanz einer WMI-Klasse. Diese Methode ist natürlich nur für MOs verfügbar, die Klassen sind.
`Subclasses_()` `SubclassesAsync_()`	Liefert einen `SWbemObjectSet` der Unterklasse einer WMI-Klasse (nur für MOs verfügbar, die WMI-Klassen sind)

Tabelle 5.85: Methoden von SWbemObject. Zur Vereinfachung sind die entsprechenden asynchronen Methoden ohne weiteren Kommentar mitgenannt.

5.7.2.5 SWbemServices

SWbemServices Ein SWbemServices-Objekt repräsentiert einen WMI-Namespace als Ganzes. Sie erhalten ein SWbemServices-Objekt, wenn Sie einen WMI-Moniker ohne Angabe einer konkreten Klasse oder Instanz verwenden.

```
Set objServ = GetObject("winmgmts:")
```

Viele Methoden von SWbemServices entsprechen Methoden aus der Klasse SWbemObject, wobei bei SWbemServices natürlich ein gültiger WMI-Pfad angegeben werden muss, da sonst der Bezug nicht klar ist. SWbemServices bietet nur eine Eigenschaft an: Security_ ist ein Verweis auf das SWbemSecurity-Unterobjekt.

Tabelle 5.86: Methoden von SWbemServices. Die zweite Spalte gibt an, ob die Methode ein Einzelobjekt, einen ObjectSet oder gar keinen Wert zurückgibt. Zur Vereinfachung ist die eventuell vorhandene asynchrone Variante einer Methode jeweils durch einen Querstrich getrennt genannt.

Methode	Ergebnis	Erläuterung
AssociatorsOf() AssociatorsOfAsync()	ObjectSet/ Kein	Liefert die Associators_-Collection eines MOs.
Delete() DeleteAsync()	Kein	Löscht eine Instanz oder Klasse.
ExecMethod() ExecMethodAsync()	Object/ Kein	Führt eine Methode auf einem Objekt aus.
ExecNotificationQuery() ExecNotificationQueryAsync()	EventSource/ Kein	Ausführung einer Event Query. Das Ergebnis ist ein SWbemEvent Source-Objekt.
ExecQuery() ExecQueryAsync()	ObjectSet/ Kein	Ausführung einer WQL-Data Query oder Schema Query
Get() GetAsync()	Object Kein	Zugriff auf ein einzelnes MO
InstancesOf() InstancesOfAsync()	ObjectSet/ Kein	Liefert die Menge der Instanzen einer Klasse.
ReferencesTo() ReferencesToAsync()	ObjectSet/ Kein	Liefert die References_Collection eines MOs.
SubclassesOf() SubclassesOfAsync()	ObjectSet/ Kein	Liefert die Subclasses_Collection eines MOs.

5.7.3 Arbeit mit der WMI-Komponente

Dieses Kapitel stellt verschiedene Vorgehensweisen in WMI an konkreten Beispielen vor.

5.7.3.1 Zugriff auf lokale Managed Objects

Es gibt folgende Möglichkeiten, ein SWbemObject an ein Managed Object zu binden:

Direkter Zugriff
- direkter Zugriff auf ein Einzelobjekt mit GetObject() und dem WMI-Pfad

```
Set objWO = GetObject("winmgmts:Win32_ComputerSystem='MARS'")
```

Windows Management Instrumentation (WMI)

▶ Zugriff auf ein Einzelobjekt über ein SWbemServices-*Objekt. Die* SWbemServices-Klasse stellt eine Methode Get() bereit, mit der ein WMI-Objekt über den relativen Pfad angesprochen werden kann.

SWbemServices.Get()

```
Set objServ = GetObject("winmgmts:")
Set objWO = objServ.Get("Win32_ComputerSystem='MARS'")
```

▶ Einlesen aller Instanzen einer Klasse in ein SWbemObjectSet-Objekt. Die Methode InstancesOf() liefert ein SWbemObjectSet-Objekt, das eine Collection von SWbemObject ist. Die Collection kann mit For...Each durchlaufen werden und bietet auch eine Item()-Methode. Dabei ist aber zu beachten, dass nicht nur der Wert des Schlüsselattributs anzugeben ist, sondern der komplette relative Pfad inklusive Klassenname. Indexwerte sind bei Item() nicht möglich!

InstancesOf()

```
Set objServ = GetObject("winmgmts:")
Set menge = objServ.InstancesOf("Win32_ComputerSystem")
' -- Zugriff auf WMI-Objekt
Set objWO = menge.Item("Win32_ComputerSystem='MARS'")
```

▶ Die vierte Möglichkeit ist die Ausführung einer WQL-Abfrage über die Methode ExecQuery() aus der Klasse SWbemServices. Das Ergebnis der Abfrage ist ebenfalls ein SWbemObjectSet-Objekt.

WQL-Query

```
Set objServ = GetObject("winmgmts:")
Set menge = _
objServ.ExecQuery("SELECT * FROM Win32_ComputerSystem")
Set objWO = menge.Item("Win32_ComputerSystem='MARS'")
```

Das folgende Listing zeigt alle vier Möglichkeiten am Beispiel des Win32_ComputerSystem-Objekts des Rechners »MARS«. Dabei werden nur im ersten Fall mehrere Eigenschaften des Win32_ComputerSystem-Objekts ausgegeben.

> Mit der vorgestellten Syntax können nur die Computerinformationen des lokalen Systems ermittelt werden. Trotzdem muss stets der Name des lokalen Systems angegeben werden (hier: »MARS«). Entspricht der Name nicht dem Namen des lokalen Systems, wird das WMI-Objekt nicht gefunden. Dies ist damit zu erklären, dass die gesamte Architektur darauf ausgelegt ist, dass es mehrere Instanzen einer Klasse gibt. Im Fall Win32_ComputerSystem gibt es auf jedem Computer natürlich nur eine Instanz, die aber trotzdem stets über ihren Namen angesprochen werden muss. Die Verfahren zum Zugriff auf entfernte Systeme werden später in diesem Unterkapitel vorgestellt.

```
Dim objWO     ' As WbemScripting.SWbemObject
Dim objServ   ' As WbemScripting.SWbemServices
Dim menge     ' As WbemScripting.SWbemObjectSet

' --- 1. Möglichkeit --------------
' -- Zugriff auf WMI-Objekt
Set objWO = GetObject("winmgmts:Win32_ComputerSystem='MARS'")
' -- Ausgabe von Eigenschaften des Managed Objects
say "Der Computer heißt: " & objWO.Caption
say "Der Computer gehört: " & objWO.PrimaryOwnerName
say "Domain: " & objWO.domain
```

```
say "Typ: " & objWO.SystemType

' --- 2. Möglichkeit ---------------
' -- ServiceObject ermitteln
Set objServ = GetObject("winmgmts:")
' -- Zugriff auf WMI-Objekt
Set objWO = objServ.Get("Win32_ComputerSystem='MARS'")
say "Der Computer heißt: " & objWO.Caption

' --- 3. Möglichkeit ---------------
' -- ServiceObject ermitteln
Set objServ = GetObject("winmgmts:")
' -- Zugriff auf WMI-Objekt
Set menge = objServ.InstancesOf("Win32_ComputerSystem")
' -- Zugriff auf WMI-Objekt
Set objWO = menge.Item("Win32_ComputerSystem='MARS'")
say "Der Computer heißt: " & objWO.Caption

' --- 4. Möglichkeit ---------------
' -- ServiceObject ermitteln
Set objServ = GetObject("winmgmts:")
' -- Ausführung einer WQL-Abfrage
Set menge = objServ.ExecQuery("SELECT * FROM Win32_ComputerSystem")
' -- Zugriff auf WMI-Objekt
Set objWO = menge.Item("Win32_ComputerSystem='MARS'")
say "Der Computer heißt: " & objWO.Caption
```

Listing 5.156: Vier Wege zu einem WMI-Objekt [wmi_computerinfo.wsf]

5.7.3.2 Systemattribute ausgeben

Die wichtigsten Systemattribute werden über das Unterobjekt Path_ vom Typ SWbemObject Path geliefert. Im nachfolgenden Beispiel wird zu einem Objekt der WMI-Pfad und der Klassenname ausgegeben.

Bitte beachten Sie, dass die Syntax in dieser Form keinen Remote-Zugriff ermöglicht: Sie müssen den Namen des lokalen Computers eintragen. Der Fernzugriff wird später besprochen.

```
' -- Zugriff auf ein WMI-Objekt
Set objWO = GetObject("winmgmts:Win32_ComputerSystem='MARS'")
' -- Ausgabe von Systemeigenschaften
say "WMI-Pfad: " & objWO.Path_.DisplayName
say "ist eine Instanz der Klasse: " & objWO.Path_.Class
```

Listing 5.157: Ausgabe von Systemattributen und einer MOF-Beschreibung am Beispiel eines WMI-Objekts [wmi_sysatt_objekt.wsf]

5.7.3.3 Alle Attribute ausgeben

GetObjectText_() und GetText_() Zwei sehr mächtige Methoden in der Klasse SWbemObject sind GetObjectText_() und GetText_(). Beide liefern die vollständigen Daten zu einem WMI-Objekt oder einer WMI-Klasse. Zu einem Objekt werden alle Attribute mit ihren aktuellen Werten zurückgeliefert.

Windows Management Instrumentation (WMI)

Für eine WMI-Klasse gibt es das komplette Schema einschließlich der Hilfe-Informationen, die im Repository gespeichert sind.

Der Unterschied zwischen den beiden Methoden ist:

▶ GetObjectText_() liefert die Informationen im MOF-Format.

▶ GetText_() liefert eine XML-Beschreibung.

Das folgende Skript speichert für eine beliebige WMI-Klasse oder ein beliebiges WMI-Objekt die kompletten Beschreibungsdaten zweier Dateien mit den Extensionen .MOF und .XML. **Beispiel**

Die Methoden GetObjectText_() und GetText_() eignen sich nicht nur hervorragend für Testzwecke, sondern auch für den produktiven Einsatz. Gerade für die XML-Darstellung bieten sich unzählige Weiterverarbeitungsmöglichkeiten, z.B. mit Extensible Style Sheet Language (XSLT).

```
Const OBJECT = "Win32_ComputerSystem='byfang'"
Const COMPUTER = "."
Const NAMESPACE = "root\cimv2"
WMI_InfoSpeichern OBJECT, COMPUTER, NAMESPACE
```

Listing 5.158: [WMI_AlleDaten.wsf]

```
' #### WMI-Information als MOF und XML ausgeben
Sub WMI_InfoSpeichern(OBJECT, COMPUTER, NAMESPACE)
Dim XML, XMLDatei
Dim MOF, MOFDatei

Const wbemFlagUseAmendedQualifiers = &H20000
Const wbemObjectTextFormatWMIDTD20 = 2

Set objWMIService = GetObject("winmgmts:\\" & COMPUTER & "\" & NAMESPACE)
Set obj = objWMIService.Get(OBJECT, wbemFlagUseAmendedQualifiers)

' --- MOF ermitteln
MOF = obj.GetObjectText_
' --- MOF-Datei speichern
WriteTo "d:\Daten\" & OBJECT & ".mof", MOF
say "MOF-Datei erzeugt!"

' --- XML ermitteln
Set nvs = CreateObject("Wbemscripting.SWbemNamedValueSet")
nvs.Add "LocalOnly", False
nvs.Add "IncludeQualifiers", True
nvs.Add "ExcludeSystemProperties", False
nvs.Add "IncludeClassOrigin", True
XML = obj.GetText_(wbemObjectTextFormatWMIDTD20, 0, nvs)
' --- XML-Datei speichern
XMLDateiname = "d:\Daten\" & OBJECT & ".xml"
WriteTo XMLDateiname, "<?xml version=""1.0"" encoding=""ISO-8859-1"" ?>"
WriteTo XMLDateiname, XML
```

```
say "XML-Datei erzeugt!"

End Sub
```

Listing 5.159: [WMI_Funktionen.vbs]

Hinweis   Damit der Internet Explorer die XML-Datei anzeigen kann, ist der Zusatz »<?xml version="1.0" encoding="ISO-8859-1" ?>« notwendig. Dieser wird von WMI nicht erzeugt und in vorstehendem Skript daher vor die Datei gesetzt.

Die nachfolgende Abbildung zeigt die XML-Beschreibung einer Instanz von Win32_ComputerSystem. Die Darstellung im MOF-Format der gleichen Instanz wurde bereits zuvor in diesem Kapitel abgedruckt. Aus Platzgründen wird daher hier darauf verzichtet.

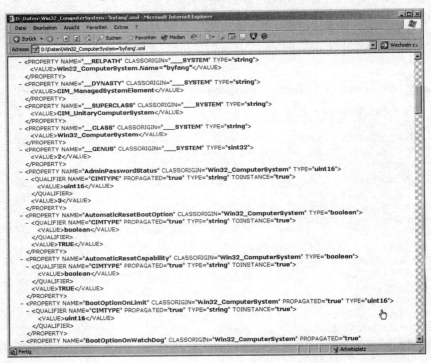

Abbildung 5.50: XML-Darstellung einer Instanz von Win32_ComputerSystem

5.7.3.4 Zugriff auf entfernte Systeme (WMI-Remoting)

WMI-Fernzugriff   Für den Zugriff auf entfernte Systeme gibt es zwei Wege:

▶ Spezifikation des entfernten Systems über einen WMI-Pfad

```
Set objServ = GetObject("winmgmts://sonne2000")
```

▶ Alternativ dazu kann auch erst ein Locator-Objekt instanziiert werden, um dann mit der Methode ConnectServer() die Verbindung aufzunehmen.

```
Set objLoc = CreateObject("Wbemscripting.SWbemlocator")
Set objServ = objLoc.ConnectServer("Mars")
```

Windows Management Instrumentation (WMI)

Als Synonym für jeweiligen den lokalen Computer (also den Computer, auf dem das Skript läuft) kann ein Punkt angegeben werden.

Die Methode `ConnectServer()` ermöglicht auch die Angabe eines Benutzernamens, eines Kennworts und eines Namespaces. Benutzername und Passwort können für lokale Aufrufe nicht angegeben werden!

Connect-Server()

```
Server = "Sonne2000"
UserName = "Administrator"
Password = "ds9"
namespace = "root\CIMV2"
Set objLoc = CreateObject("WbemScripting.SWbemLocator")
Set objServ = objLoc.ConnectServer(Server, namespace, UserName, _ Password)
Const MBFaktor = 1048576 ' 1024 * 1024
' -- Instanzen einlesen
Set menge = objServ.InstancesOf("Win32_logicaldisk")
' -- Instanzen auflisten
For Each objWO In menge
   say objWO.Name & " " & objWO.Description & _
   " (" & Int(objWO.FreeSpace / MBFaktor) & " MB free)"
Next
```

Listing 5.160: Abfrage des freien Speichers aller Laufwerke auf einem entfernten System [wmi_laufwerk_remote.wsf]

5.7.3.5 Änderung von Attributwerten

Einige, aber nicht alle Attribute von Managed Objects können geändert werden. Viele Attributwerte sind nur über Methodenaufrufe beeinflussbar. Beim Schreibzugriff auf Attribute der Managed Objects ist zu beachten, dass diese erst persistent werden, nachdem die Methode `Put_()` aufgerufen wurde. Dies ist bei Meta-Objektmodellen wie ADSI und WMI üblich. In ADSI heißt die entsprechende Methode allerdings `SetInfo()`.

Werte ändern

```
Dim objDisk ' As WbemScripting.SWbemObject
' -- Zugriff auf Objekt
Set objDisk = GetObject("winmgmts:{impersonationLevel=impersonate}!Win32_Logical
Disk='C:'")
' -- Wert zuweisen
objDisk.VolumeName = "Laufwerk C"
' -- Änderungen persistent machen
objDisk.Put_
```

Listing 5.161: Ändern der Laufwerksbezeichnung für Laufwerk C: [wmi_laufwerksnamenaenderung.wsf]

5.7.3.6 Aufruf von Methoden

Auch für den Methodenaufruf haben Sie die Wahl zwischen dem direkten Aufruf oder der umständlichen Variante über die `Methods_`-Collection. Die folgenden Beispiele zeigen die einfachere Variante.

WMI-Methodenaufrufe

Prozesse beenden

Prozesse Im ersten Beispiel werden alle Prozesse, die NOTEPAD.EXE heißen, gelöscht. Dazu wird zunächst eine WQL-Abfrage ausgeführt. Auf allen Objekten in dem SWbemObjectSet wird dann die Methode Terminate() ausgeführt.

```
Dim obj     ' As WbemScripting.SWbemObject
Dim menge   ' As WbemScripting.SWbemObjectSet
Dim a       ' Zähler
a = 0
Set menge = GetObject("winmgmts:").ExecQuery("SELECT * FROM Win32_Process where
Name='notepad.exe'")
For Each obj In menge
    obj.Terminate
    a = a + 1
Next
say a & " Instanzen des Prozesses beendet!"
```

Listing 5.162: Beenden aller Instanzen von Notepad.exe [WMI_Prozessloeschen.wsf]

Ausführung einer statischen Methode

Methoden-aufrufe auf Klassenebene Das bereits zuvor erwähnte Beispiel einer statischen Methode, die auf einer Klasse und nicht auf einer Instanz ausgeführt wird, ist die Konstruktormethode Create() in der Klasse Win32_Process. Das folgende Skript startet NOTEPAD.EXE.

```
Dim class   ' As WbemScripting.SWbemObject
Dim Ergebnis
Dim ProcessID
' --- Neuen Notepad-Prozess erzeugen
Set class = GetObject("winmgmts:\\mars\root\cimv2:Win32_Process")
Ergebnis = class.create("notepad", Null, Null, ProcessID)
say "Rückgabewert von Create(): " & Ergebnis
say "Prozess-ID: " & ProcessID
```

Listing 5.163: Startet Notepad.exe [WMI_NeuerProzess.wsf]

> Sie können mit diesem Skript auch auf einem entfernten System einen Prozess erzeugen. Dafür müssen Sie lediglich im WMI-Pfad nach \\ den Namen oder die IP-Adresse des entfernten Systems angeben. Die Prozesserzeugung funktioniert auch dann, wenn an dem Computer niemand angemeldet ist. Jedoch wird die grafische Benutzeroberfläche erst nach der nächsten Anmeldung angezeigt.

Dienste starten und stoppen

NT-Dienste Das nächste Skript gibt zunächst eine Liste aller Dienste mit dem Status und dem Startzustand aus. Im Vergleich zum Zugriff auf Dienste in ADSI fällt auf, dass die Zustände in Form von Strings zurückgegeben werden. Eine Umwandlung einer numerischen Konstante in eine für den Nutzer verständliche Zeichenkette entfällt also.

Windows Management Instrumentation (WMI)

Danach experimentiert das Skript mit dem *Fax*-Dienst. Bitte beachten Sie folgende Besonderheiten:

▶ Ein direkter Zugriff auf das Attribut StartMode bleibt ohne Fehler, aber auch ohne Wirkung.

```
' So geht es nicht:
objWO.StartMode = "Automatic"
objWO.Put_
```

▶ Sie müssen die Methode ChangeStartMode() verwenden.

StartMode liefert u.a. den Wert »*Auto*« zurück. Sie müssen jedoch beim Aufruf von ChangeStartMode() den String »*Automatic*« übergeben. Dies ist eine sehr hässliche Inkonsistenz, die dazu führt, dass Sie sich bei der WMI-Programmierung nicht auf die Werte verlassen können, die Sie bei bestehenden Instanzen sehen. Wenigstens liefern der WBEM Object Browser und das CIM Studio nicht nur die Namen der Attribute, sondern auch eine Liste der möglichen Werte.

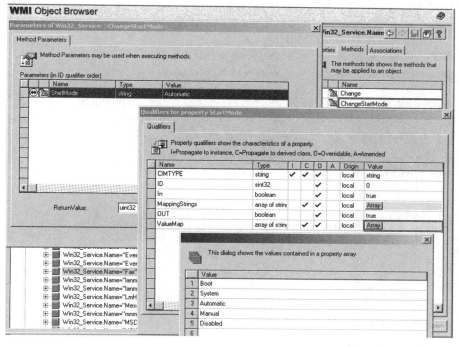

Abbildung 5.51: Im WBEM Object Browser in verschiedenen Fenstern, hier alles auf einen Blick: Die Methode ChangeStartMode() *aus dem WMI-Objekt »Fax« (Klasse* Win32_Service) *erwartet einen Parameter* StartMode. *Dazu gibt es im Schema eine ValueMap mit den fünf möglichen Werten.*

```
Dim objWO      ' As WbemScripting.SWbemObject
Dim objServ    ' As WbemScripting.SWbemServices
Dim menge      ' As WbemScripting.SWbemObjectSet
Dim objLocator ' As WbemScripting.SWbemLocator
Const strServer = "MARS"
' -- Verbindungsaufbau
Set objLocator = CreateObject("WbemScripting.SWbemLocator")
Set objServ = objLocator.ConnectServer(strServer)
```

COM-Komponenten

Liste aller Dienste
```
' -- Liste aller Dienste
Set menge = objServ.ExecQuery("SELECT * FROM Win32_Service")
say "Status aller Dienste:"
For Each objWO In menge
    say objWO.Name & " (" & objWO.Description & "): " & objWO.State & ", Startmode: " & objWO.StartMode
Next
```

Starten und Stoppen
```
' -- Veränderungen am Fax-Dienst...
Set objWO = objServ.Get("Win32_Service='Fax'")
say "Dienst wird angehalten..."
objWO.PauseService
say "Dienst läuft weiter..."
objWO.ResumeService
say "Dienst wird gestoppt..."
objWO.StartService
say "Dienst neu gestartet..."
objWO.StopService
say "Setze Startmodus auf DISABLED..."
objWO.ChangeStartMode ("DISABLED")
say "Setze Startmodus auf MANUAL..."
objWO.ChangeStartMode ("MANUAL")
say "Setze Startmodus auf AUTO..."
objWO.ChangeStartMode ("Automatic")
```

Listing 5.164: Arbeit mit Diensten unter WMI [wmi_Services.wsf]

> Für die Verwendung von Attributen und Methoden gibt es neben dem direkten Zugriff auch die Möglichkeit, über die `Properties_`- bzw. `Methods_`-Collection auf die Mitglieder zuzugreifen. Dies ist jedoch umständlich, wie nachfolgende Code-Ausschnitte belegen.
>
> ```
> wert = Obj.Properties_("Attributname") und
> Obj.Properties_("Attributname") = wert.
> Set method = process.Methods_("Create")
> Set inParam = method.inParameters.SpawnInstance_()
> inParam.CommandLine = "calc.exe"
> Set outParam = process.ExecMethod_("Create", inParam)
> ```

5.7.3.7 Ausgabe eines ObjectSets

Arbeit mit Objektmengen
Die Routinen `WMI_PrintObject()` *und* `WMI_PrintMenge()` dienen dazu, die Attribute eines gebundenen MOs bzw. die in einem `SWbemObjectSet` enthaltenen MOs auszugeben.

```
Sub WMI_PrintMenge(menge)
' menge As WbemScripting.SWbemObjectSet
Dim objprop ' As WbemScripting.SWbemProperty
say "OSet enthält " & menge.Count & " MOs"
' -- Iteration über alle MOs
For Each objWO In menge
    say "---------- "
```

```
    WMI_PrintObject objWO
  Next
  End Sub
```

Listing 5.165: Hilfsroutine zur Ausgabe eines SWbemObjectSets [WMI_PrintMenge.wsf]

```
Sub WMI_PrintObject(objWO)
' objWO    As WbemScripting.SWbemObject
Dim objprop ' As WbemScripting.SWbemProperty
' -- Iteration über alle Eigenschaften
For Each objprop In objWO.Properties_
   say objprop.Name & "=" & flat(objprop.Value)
Next
End Sub
```

Listing 5.166: Ausgabe aller Attribute eines einzelnen MOs. flat() wird verwendet, da mehrwertige Attribute möglich sind. [WMI_PrintObject.wsf]

5.7.3.8 Zugriff auf Schemainformationen

Während in den vorhergehenden Beispielen an eine WMI-Instanz gebunden wurde, können Sie auch über den WMI-Pfad direkt an eine Klasse binden, um die Schemainformationen auszugeben. Zu den Schemainformationen gehören insbesondere die von der Klasse bereitgestellten Attribute und Methoden.

Schemazugriff via Objekt
Schemazugriff via Klasse

Die Auflistung der Schemainformationen ist im nächsten Skript am Beispiel der Klasse Win32_LogicalDisk *gezeigt.*

```
' -- Zugriff auf eine WMI-Klasse
Dim cl    ' As WbemScripting.SWbemObject
Set class = GetObject("winmgmts:Win32_LogicalDisk")
' -- Ausgabe von Systemeigenschaften
say "WMI-Pfad: " & cl.Path_.DisplayName
say "Ist eine Klasse von Typ: " & cl.Path_.class
say cl.GetObjectText_
```

Listing 5.167: Ausgabe von Systemattributen und einer MOF-Beschreibung am Beispiel der Klasse Win32_LogicalDisk [wmi_sysatt_klasse.wsf]

Liste der Attribute und Methoden

Über die Collections `Properties_` und `Methods_`, das Unterobjekt `Path_` sowie über dessen untergeordnete Collection `Keys` können Schemainformationen eines WMI-Objekts ermittelt werden. Die `Keys`-Collection enthält Objekte des Typs `WbemScripting.SWbemNamedValue`. Die Klasse `WbemScripting.SWbemNamedValue` verfügt nur über die Attribute `Name` und `Value`.

Properties_ , Methods_

`wmi_list_schema(obj)` ist eine Hilfsroutine, die das Schema für ein übergebenes Objekt des Typs `SWbemObject` auflistet. `list_schema()` bedient sich der Hilfsroutine `CIM_TypeAsString()`, um den Datentyp als Zeichenkette auszugeben.

wmi_list_schema()

```
Sub wmi_list_schema(obj)
'obj As WbemScripting.SWbemObject
Dim objProp ' As WbemScripting.SWbemProperty
Dim objmeth ' As WbemScripting.SWbemMethod
Dim objPath ' As WbemScripting.SWbemObjectPath
```

```
Dim objNV        ' As WbemScripting.SWbemNamedValue
' -- Zugriff auf das Path-Unterobjekt
Set objPath = obj.Path_
' -- Ausgabe von Systemeigenschaften
say "Klassenname: " & objPath.Class
say "Pfad: " & objPath.DisplayName
say "relativer Pfad: " & objPath.RelPath
say "Namespace: " & objPath.Namespace
say "Server: " & objPath.Server
say "IsClass: " & objPath.IsClass

say "----------- Attribute:"
For Each objProp In obj.Properties_
    say objProp.name & " (" & CIM_TypeAsString(objProp) & _
    "); Ursprung:" & objProp.Origin
Next
say "----------- Schlüsselattribute:"
For Each objNV In objPath.Keys
    say objNV.name
Next
say "----------- Methoden:"
For Each objmeth In obj.Methods_
    say objmeth.name & "; Ursprung:" & objmeth.Origin
Next
End Sub
```

Listing 5.168: Hilfsfunktion zur Ausgabe des Schemas eines WMI-Objekts [wmi_list_schema.wsf]

```
Function CIM_TypeAsString(Property)
' -- Fallunterscheidung mit CIMType
Select Case Property.CIMType
    Case 19:    CIM_TypeAsString = "uint32"
    Case 16:    CIM_TypeAsString = "sint8"
    Case 17:    CIM_TypeAsString = "uint8"
    Case 2:     CIM_TypeAsString = "sint16"
    Case 18:    CIM_TypeAsString = "uint16"
    Case 3:     CIM_TypeAsString = "uint32"
    Case 20:    CIM_TypeAsString = "sint64"
    Case 21:    CIM_TypeAsString = "uint64"
    Case 4:     CIM_TypeAsString = "real32"
    Case 5:     CIM_TypeAsString = "real64"
    Case 11:    CIM_TypeAsString = "boolean"
    Case 8:     CIM_TypeAsString = "string"
    Case 101:   CIM_TypeAsString = "datetime"
    Case 103:   CIM_TypeAsString = "char16"
    Case 102:   CIM_TypeAsString = "ref"
        Set qualifier = Property.Qualifiers_("cimtype")
        StrongRefArray = Split(qualifier.Value, ":")
        If (UBound(StrongRefArray) > 0) Then
            CIM_TypeAsString = CIM_TypeAsString & " " & _
            StrongRefArray(1)
        End If
```

```
        Case 13
            CIM_TypeAsString = "object"
            Set qualifier = Property.Qualifiers_("cimtype")
            StrongObjArray = Split(qualifier.Value, ":")
            If (UBound(StrongObjArray) > 0) Then
                CIM_TypeAsString = CIM_TypeAsString & " " & _
                StrongObjArray(1)
            End If
        Case Else
            MsgBox "Fehler: CIMType=" & Property.CIMType
    End Select
    ' -- Ist das ein Array?
    If Property.IsArray = True Then
        CIM_TypeAsString = "Array of " & CIM_TypeAsString
    End If
End Function
```

Listing 5.169: *Die Funktion* `CIM_TypeAsString()` *konvertiert einen CIM-Type in einen String.* *[CIM_TypeAsString.wsf]*

Das nächste Listing testet `WMI_list_schema()` mit einer Klasse und einem Objekt.

```
Dim obj 'As WbemScripting.SWbemObject
Dim class 'As WbemScripting.SWbemObject
' -- Schema einer Klasse
Set class = GetObject("winmgmts:Win32_LogicalDisk")
wmi_list_schema class
' -- Schema eines Objekts
Set obj = GetObject("winmgmts:Win32_LogicalDisk='C:'")
wmi_list_schema obj
```

Listing 5.170: *Ausgabe des Schemas einer Klasse und eines Objekts [wmi_Schemaausgabe.wsf]*

Die Ausgabe dieses Skripts sieht in gekürzter Form so aus:

```
Klassenname: Win32_LogicalDisk
Pfad: WINMGMTS:{authenticationLevel=pktPrivacy,impersonationLevel=impersonate}!\
\MARS\root\cimv2:Win32_LogicalDisk.DeviceID="C:"
relativer Pfad: Win32_LogicalDisk.DeviceID="C:"

Namespace: root\cimv2
Server: MARS
IsClass: Falsch
----------- Attribute:
Access (); Ursprung:CIM_StorageExtent
Availability (); Ursprung:CIM_LogicalDevice
BlockSize (); Ursprung:CIM_StorageExtent
Caption (); Ursprung:CIM_ManagedSystemElement
...
DeviceID (); Ursprung:CIM_LogicalDevice
...
----------- Schlüsselattribute:
DeviceID
```

```
---------- Methoden:
SetPowerState; Ursprung:CIM_LogicalDevice
Reset; Ursprung:CIM_LogicalDevice
```

Listing 5.171: Ausgabe des Skripts aus Listing Asynchrone Aufrufe mit SWbemSink

Asynchrone Vorgänge

Die Klasse `SWbemSink` dient COM-Clients dazu, Benachrichtigungen von Ereignissen im Rahmen von asynchronen WMI-Operationen zu empfangen. Asynchron bedeutet, dass WMI nach der Ausführung einer Aktion die Kontrolle an den WMI-Client zurückgibt und die Ergebnisse per COM-Ereignis meldet. Ein asynchron arbeitender WMI-Client ist aus der Sicht von WMI ein temporärer Event Consumer.

`SWbemSink` unterstützt vier COM-Ereignisse (die nicht mit den WMI-Ereignisklassen zu verwechseln sind) und eine einsame Methode: `Cancel()` dient dem Abbruch aller mit dem `SWbemSink`-Objekt verbundenen asynchronen Operatoren. `Cancel()` hat keine Parameter.

Ereignisse für synchrone Verarbeitung

Jedes der in der folgenden Tabelle beschriebenen Ereignisse übergibt einen Parameter `Kontext`. `Kontext` ist eine Collection vom Typ `SWbemNamedValueSet`. Diese Collection ermöglicht es, Werte beim Start der asynchronen Bearbeitung an die Ereignisbehandlungsroutinen zu übergeben. Der Sinn liegt darin, dass beim gleichzeitigen Aufruf mehrerer asynchroner Vorgänge die Ereignisbehandlungsroutine die Möglichkeit erhält, den Auslöser dieses Ereignisses zu identifizieren. Freilich ist die Angabe eines `SWbemNamedValueSet` beim Start eines asynchronen Vorgangs kein Muss.

Tabelle 5.87: Ereignisse in der Klasse SWbemSink

Event	Erläuterung
OnObjectReady (Objekt, Kontext)	Dieses Ereignis wird für jede einzelne Instanz der Ergebnismenge einer asynchronen Operation ausgelöst. Sie liefert jeweils ein `SWbemObject`.
OnObjectPut (Objekt, Kontext)	Bei asynchronen Schreibzugriffen wird dieses Ereignis für jedes gespeicherte Objekt ausgelöst.
OnCompleted (HResult, Last Error, Kontext)	Dieses Ereignis zeigt an, dass eine asynchrone Operation beendet ist. HResult liefert im Erfolgsfall eine 0, im Fehlerfall eine Fehlernummer. LastError ist ein Zeiger auf ein `SWbemLastError`-Objekt.
OnProgress(Anzahl, Aktuell, Nachricht, Kontext)	Dieses Ereignis zeigt den Fortschritt einer Operation an. Dabei werden die Gesamtzahl der abzuarbeitenden Operationen und die aktuell bereits abgearbeitete Anzahl übergeben sowie eine Nachricht, die den Fortschritt beschreibt. Dieses Ereignis wird nur ausgelöst, wenn beim Start der asynchronen Operation das Flag `wbemFlagSendStatus` (=128) angegeben wurde.

```
Dim objWO     ' As WbemScripting.SWbemObject
Dim objServ   ' As WbemScripting.SWbemServices
' -- Dieses Ereignis wird für jedes Objekt gefeuert
Sub objWO_OnObjectReady(objObject, objAsyncContext)
    say (objObject.Name)
End Sub
' -- Dieses Ereignis wird nur am Ende gefeuert
```

```
Sub objWO_OnCompleted(HResult, objErrorObject, objAsyncContext)
    Msgbox "Alle Daten wurden ausgegeben!"
End Sub
' -- Hauptprogramm
Set objServ= GetObject("winmgmts:")
Set objWO= WScript.CreateObject("WbemScripting.SWbemSink","objWO_")
' -- asynchrone Ausführung starten
objServ.InstancesOfAsync objWO, "Win32_process"
msgbox "Skript wartet..."
```

Listing 5.172: WSH-Beispiel für einen asynchronen Aufruf (Liste der Prozesse ausgeben) [_wmi_asynchronerAufruf.vbs]

Event Correlation

Windows XP und Windows .NET Server unterstützen die Aggregation von Events. So können ähnliche Ereignisse innerhalb eines bestimmten Zeitintervalls zu einem Ereignis zusammengefasst werden.

Ereignisse zusammenfassen

5.7.3.9 Tipps zur Objektbindung

Dieses Kapitel enthält einige hilfreiche Hinweise zum Thema Objektbindung in WMI.

Schlüsselattribute

Ein Objekt aus einer Menge kann über die Schlüsselattribute direkt angesprochen werden. Allerdings ist eine Identifizierung **ausschließlich** über die Schlüsselattribute möglich.

Im Objekt Win32_Printer ist DeviceID das Schlüsselattribut.

richtig:

```
Set objDrucker = _
GetObject("winmgmts:\\COMPUTER"\root\cimv2:Win32_Printer.DeviceID='HP2100')
```

falsch:

```
Set objDrucker = _
GetObject("winmgmts:\\COMPUTER"\root\cimv2:Win32_Printer.Name='HP2100')
```

Das Objekt kann nicht über das Attribut Name gebunden werden, weil Name nicht Schlüsselattribut ist. Dies geht auch dann nicht, wenn – wie in diesem Fall – die beiden Attribute den gleichen Inhalt haben.

> Über andere Attribute ist die Bindung nur mit einer WQL-Abfrage (siehe nächstes Kapitel) oder der Methode Get() möglich.

Bindung von Einzelinstanzen

In manchen Fällen ist es leider notwendig, eine Schleife in WMI-Skripte einzubauen, auch wenn es nur eine Instanz gibt (und geben kann). Wenn man aber den Schlüsselwert dieses einen Attributs nicht kennt, hat man keine andere Wahl, als alle Instanzen einer Klasse anzufordern. Da das Attribut Item() der SWbemObjectSet-Klasse zu allem Überfluss auch noch keine numerischen Indizes unterstützt (Item(0) funktioniert also nicht), bleibt nur, eine Schleife über alle zu bilden.

Schleife auch, wenn es nur ein Objekt gibt

COM-Komponenten

Es lohnt sich, für diesen Anwendungsfall eine Hilfsroutine zu implementieren (siehe folgendes Listing). In `WMI_GetFirstObject()` wird dabei durch ein `Exit For` innerhalb der Schleife sichergestellt, dass auch im Fall, dass eine Klasse mit mehr als einer Instanz übergeben wird, immer die erste Instanz zurückgeliefert wird.

```
' === Holt das erste Objekt aus einer Objektmenge
Function WMI_GetFirstObject(COMPUTER, NAMESPACE, KLASSE)
Dim objOSet As SWbemObjectSet
Set objServ = GetObject("winmgmts:\\" & COMPUTER & NAMESPACE)
' --- alle Instanzen einlesen
Set objOSet = objServ.InstancesOf(KLASSE)
' --- die lästige Schleife über alle
For Each o In objOSet
    Set WMI_GetFirstObject = o
    Exit For ' Raussprung nach ersten Fundstelle!
Next
End Function
```

Listing 5.173: *Hilfsroutine für Klassen mit einer Instanz [WMI_Funktionen.vbs]*

Namespace-Angaben

Standard-Namespace Da der Standard-Namespace geändert werden kann, sollte man in produktiven Skripten immer den Namespace explizit angeben, um sicherzustellen, dass die Klasse gefunden werden kann.

Den eingestellten Namespace kann man über das Attribut `ASPScriptDefaultNamespace` in der Klasse `Win32_WMISettings` abfragen und setzen.

```
Set o = WMI_GetFirstObject(".", "\root\cimv2", "Win32_WMISetting")
say o.ASPScriptDefaultNamespace
```

Listing 5.174: *Abfrage des aktuellen Standard-Namespace von WMI [WMI_StandardNamespace_abfragen.wsf]*

Es ist übrigens auch möglich, eine Klasse in einen anderen Namespace einzuhängen. Wer das macht, ist aber selber schuld, wenn Skripte dann nicht mehr laufen.

5.7.4 Abfragen mit WQL

WMI erlaubt Suchanfragen in einer Syntax, die auf der ANSI Standard Structured Query Language (SQL) basiert. Der SQL-Dialekt heißt WMI Query Language, kurz: WQL. Es wird allerdings nur Lesezugriff mit dem SQL-Befehl `SELECT` unterstützt. Weder DDL (Data Definition Language) noch DML (Data Manipulation Language) werden unterstützt.

Das WQL-`SELECT` unterstützt neben den Standardschlüsselwörtern `FROM`, `WHERE`, `GROUP BY`, `HAVING` und `WITHIN` auch die nicht in ADSI-SQL definierten Schlüsselwörter `ASSOCIATORS OF` und `REFERENCES OF`.

Operatoren Unterstützte Operatoren sind =, <, >, <=, >=, != (alternativ: <>) sowie `IS NULL`, `IS NOT NULL` und `ISA`. Der `ISA`-Operator ermöglicht die Abfrage nach Unterklassen einer bestimmten Klasse. Wenn `Dorf` eine Unterklasse von `Stadt` ist, dann erfüllt ein Objekt `GallischesDorf` die Bedingung `ISA Stadt`.

Windows Management Instrumentation (WMI)

Beispiele für Abfragen mit WQL sind: **Beispiele**

```
SELECT * FROM Win32_Service where state='running' and startmode='manual'
SELECT * FROM __InstanceModificationEvent within 5 where Target Instance isa
"Win32_Service" AND TargetInstance.State="Stopped"
```

> Der Systems Management Server enthält eine erweiterte Fassung von WQL unter dem Namen *Extended WQL*.

5.7.4.1 Typen von WQL-Anfragen

WMI unterstützt drei Typen von WQL-Anfragen: **WMI-Such-anfragen**

- Anfragen nach Instanzen (*Data Queries*)
- Anfragen nach Schemainformationen (*Schema Queries*)
- Definitionen von Eventfiltern (*Event Queries*), die nach Änderungen von Klassen und Instanzen fragen

`WMI_Query()` liefert die Ergebnismenge als ein `SWbemObjectSet` zurück. `WMI_PrintQuery()` gibt **Hilfsroutinen** alle Attribute der gefundenen Objekte aus. Bei der ersten Routine können Computername und Namespace-Name angeben werden, die letztere Routine greift immer auf den lokalen Computer und den Namespace \root\cimv2 zu. Sie wurde zu Testzwecken für Abfragen entwickelt. `WMI_PrintQuery()` lässt sich auf einen Aufruf von `WMI_Query()` und `WMI_PrintMenge()` zurückführen. `WMI_PrintMenge()` wurde schon zuvor im WMI-Kapitel vorgestellt.

```
' #### Ausführen einer WQL-Anfrage
Function WMI_Query(QUERY, COMPUTER, NAMESPACE)
Dim objServ ' As WbemScripting.SWbemServices
Dim Menge ' As WbemScripting.SWbemObjectSet
Set objServ = GetObject("winmgmts:\\" & COMPUTER & NAMESPACE)
Set Menge = objServ.ExecQuery(QUERY)
Set wmi_printquery2 = Menge
End Function

' #### Ausführen und Ausgeben einer WQL-Anfrage
Sub WMI_printquery(QUERY)
WMI_PrintMenge WMI_Query(QUERY, ".", "\root\cimv2")
End Sub
```

Listing 5.175: Hilfsroutinen für WQL-Abfragen [WMI_Funktionen.vbs]

> Wenn Sie Queries verwenden, sollten Sie anschließend das Windows-Ereignisprotokoll überprüfen. WMI schreibt eine Fehlermeldung in das Ereignisprotokoll, wenn Probleme mit Ihrer Query auftreten.

5.7.4.2 Datenabfragen (Data Queries)

Eine Data Query hat die allgemeine Form: **Data Queries**

```
SELECT attributliste FROM class WHERE bedingung
```

Dabei ist Class ein beliebiger WMI-Klassenname. Die Ergebnismenge lässt sich durch die Angabe von Attributnamen und die Verwendung einer FROM-Klausel hinsichtlich der Breite und Länge einschränken. Andere Schlüsselwörter werden nicht unterstützt.

Beispiele

Beispiele für Data Queries sind:

WQL	Erläuterung
SELECT * FROM Win32_Service WHERE state='running' and startmode='manual'	Alle NT-Dienste, die laufen, aber manuell gestartet wurden
SELECT Name, CategoryId FROM Win32_ComponentCategory	Name und CATID aller Komponentenkategorien
SELECT IPAddress FROM Win32_NetworkAdapterConfiguration WHERE IPEnabled=TRUE	Das mehrwertige Attribut IPAddress einer Netzwerkkarte, die für das IP-Protokoll zugelassen ist
SELECT RecordNumber, Message FROM Win32_NTLogEvent WHERE Logfile='Application'	Eintragsnummer und Nachricht aller Einträge in das Application-Ereignisprotokoll

Tabelle 5.88: Beispiele für WQL-Data Queries

WMI_WQL-Anfragen()

```
WMI_PrintQuery "SELECT IPAddress FROM Win32_NetworkAdapterConfiguration where IP
Enabled=TRUE"
WMI_PrintQuery "SELECT * FROM Win32_Service where state='running' and startmode=
'manual'"
WMI_PrintQuery "Select Name, CategoryId FROM Win32_ComponentCategory"
WMI_PrintQuery "SELECT RecordNumber, Message FROM Win32_NTLogEvent where Logfile
='Application'"
WMI_PrintQuery "SELECT * FROM __InstanceModificationEvent WITHIN 5 WHERE TargetI
nstance isa 'Win32_Service' AND TargetInstance.State='Stopped'"
```

Listing 5.176: Dieses Skript führt nacheinander die vier in der Tabelle beschriebenen Abfragen aus, die mit Hilfe von WMI_PrintQuery() ausgegeben werden.

Wollen Sie wissen, wie viele Dateien Sie in Ihrem Dateisystem haben? Bringen Sie aber bitte etwas Zeit und genügend RAM mit, um eine Antwort zu erhalten. Sie sollten bei diesen Datenmengen auf keinen Fall alle Attribute abrufen, sondern nur ein »schlankes« Attribut; es geht ja schließlich nur um die Anzahl der Objekte. Im folgenden Listing wurde das Boolean-Attribut compressed verwendet.

```
Set objServ = GetObject("winmgmts:")
Set menge = objServ.ExecQuery("SELECT compressed FROM CIM_DataFile")
say "Anzahl der Dateien: " & menge.Count
```

Query unter erbenden Klassen

Wenn man eine Abfrage über eine Oberklasse stellt, dann erhält man auch alle Instanzen der Unterklassen. Beispiele: `SELECT * FROM Win32_Account` liefert alle Instanzen der Unterklassen `Win32_UserAccount`, `Win32_SystemAccount` und `Win32_Group`.

Abbildung 5.52: Vererbungshierarchie der Klasse Win32_Account.

5.7.4.3 Schemaabfragen (Schema-Queries)

Anfragen zum Schema haben die Form:

```
SELECT attributliste FROM META_CLASS WHERE bedingung
```

Schema-Queries

wobei hier `META_CLASS` ein feststehender Ausdruck ist. Andere Schlüsselwörter werden nicht unterstützt. Mit der `WHERE`-Klausel werden das zu beobachtende Managed Object und die in dem MO zu beobachtenden Attribute definiert. Schema-Queries können mit `WMI_PrintQuery(WQL)` ausgegeben werden.

WQL	Erläuterung

`SELECT *`
`FROM meta_class`
`WHERE __Class = "Win32_LogicalDisk"`
	Zugriff auf eine einzelne Klasse

`SELECT *`
`FROM meta_class`
`WHERE __this ISA "Win32_LogicalDisk"`
	Zugriff auf von `Win32_LogicalDisk` **abgeleitete Klasse**

Tabelle 5.89: Beispiele für Schema-Queries.

5.7.4.4 Ereignisabfragen (Event Queries)

Eine Event Query bezieht sich immer auf eine Eventklasse. Mit der `WHERE`-Klausel werden das zu beobachtende Managed Object (MO) und die in dem MO zu beobachtenden Attribute definiert.

Event Queries

```
SELECT * FROM eventklasse WHERE bedingung
```

Alle Eventklassen sind Unterklassen eines Eventtyps. Die Eventtypen wiederum sind Unterklassen der Klasse `__Event`. Sie sind in der Regel an dem führenden doppelten Unterstrich und der Endung auf `Event` erkennbar. WMI unterscheidet vier Typen von Events.

Tabelle 5.90: WMI-Ereignisklassen. Die Ereignistypen sind die Oberklassen zu den rechts genannten Ereignisklassen.

Ereignistyp (Oberklasse)	Ereignisklasse
__ClassOperationEvent	__ClassCreationEvent __ClassDeletionEvent __ClassModificationEvent
__ExtrinsicEvent	__SystemEvent Win32_PowerManagementEvent
__InstanceOperationEvent	__InstanceCreationEvent __InstanceDeletionEvent __InstanceModificationEvent
__NamespaceOperationEvent	__NamespaceCreationEvent __NamespaceDeletionEvent __NamespaceModificationEvent

Bitte beachten Sie, dass das Ereignis __InstanceModificationEvent wirklich nur ausgeführt wird, wenn sich ein Attributwert ändert. Wenn Sie beispielsweise die Prozessorlast auf die Überschreitung der 80%-Grenze prüfen, dann bekommen Sie ein Ereignis beim Überschreiten der Grenze. Wenn danach der Wert konstant bei 100% liegt, bekommen Sie keine weiteren Ereignisse. Sie erhalten erst wieder ein Ereignis, wenn der Wert sich nochmals ändert (z.B. von 100% auf 99%).

Zusätzliche Schlüsselwörter

Event Queries unterstützen als zusätzliche SQL-Schlüsselwörter WITHIN, GROUP BY und HAVING:

▶ Dabei gibt WITHIN 10 das Polling-Intervall in Sekunden an.

▶ GROUP bündelt eine Anzahl von Einzelevents zu einem Gesamtevent.

▶ HAVING dient der Definition einer Bedingung innerhalb der Gruppierung.

Tabelle 5.91: Beispiele für Event Queries

WQL	Erläuterung
SELECT * FROM __InstanceModificationEvent WITHIN 5 WHERE TargetInstance ISA "Win32_Service" AND TargetInstance.State="Stopped"	Alle fünf Sekunden wird geprüft, ob ein Dienst den Status *Stopped* bekommen hat.
SELECT * FROM EmailEvent GROUP WITHIN 600 HAVING NumberOfEvents > 5	Wenn innerhalb von zehn Minuten mehr als fünf E-Mail-Ereignisse auftreten, wird dieses Ereignis ausgelöst.
SELECT * FROM __InstanceCreationEvent WHERE TargetInstance ISA "Win32_NTLogEvent" AND TargetInstance.Logfile="Application" OR TargetInstance.Logfile="System"	Jeder neue Eintrag in den Ereignisprotokollen *System* und *Application* löst einen Event aus.

Windows Management Instrumentation (WMI)

Sie können eine Event Query nicht auf die für die anderen beiden Query-Typen beschriebene Weise mit WMI_PrintQuery() ausführen, da eine Event Query keine direkten Ergebnisse liefert. Sie können sie durch semi-synchrone Verarbeitung per ExecNotificationQuery() ausführen. Die semi-synchrone Verarbeitung wird im nächsten Abschnitt vorgestellt.

Semi-synchrone Verarbeitung

Die Arbeit mit ExecNotificationQuery() aus der SWbemServices-Klasse wird als halbsynchrone Verarbeitung bezeichnet, da Ereignisse nicht durch Ereignisbehandlungsroutinen (wie bei der zuvor vorgestellten asynchronen Verarbeitung), sondern durch eine spezielle Wartefunktion (NextEvent()) in Empfang genommen werden.

ExecNotificationQuery()

ExecNotificationQuery() erwartet einen *WQL Event Query-String*. Ergebnis ist ein SWbemEventSource-Objekt, das die Methode NextEvent(zeit) anbietet. NextEvent() wartet die angegebene Anzahl von Millisekunden auf ein Ereignis. Sofern ein Ereignis eintritt, wird ein SWbemObject dafür geliefert. Wenn kein Ereignis eintritt, wird der Fehler »80043001: Zeitüberschreitung« ausgelöst.

```
Dim oServ   ' As WbemScripting.SWbemServices
Dim oSource ' As WbemScripting.SWbemEventSource
Dim strAbfrage ' As String
Dim objEvent ' As WbemScripting.SWbemObject
Dim objTarget ' As WbemScripting.SWbemObject
Const Wartezeit = 10 ' Sekunden
' -- Bindung mit Privilege Security Operator
Set oServ = GetObject("winmgmts:{(security)}")
strAbfrage = "SELECT * FROM __instancecreationevent WHERE
TargetInstance ISA 'Win32_NTLogEvent'"
' -- Ausführung der Abfrage
Set oSource = oServ.ExecNotificationQuery(strAbfrage)
On Error Resume Next
' -- Warten...
Set objEvent = oSource.NextEvent(Wartezeit * 1000)
' -- Fehlerabfrage
If Err <> 0 Then
    If Err.Number = &H80043001 Then    ' wbemErrTimedout
        say "Es ist nichts passiert!"
    Else                                ' Fehler!
        say "Fehler: " & Err.Description
    End If
Else      ' Es ist etwas passiert!
    Set objTarget = objEvent.TargetInstance
    say objTarget.Message
End If
```

Listing 5.177: Semi-synchrone Abfrage von neuen Ereignisprotokolleinträgen [wmi_Enotification_Click.wsf]

5.7.5 Computerverwaltung mit WMI

Die Schaltstelle für die Computerverwaltung sind die WMI-Klassen `Win32_ComputerSystem` und `Win32_OperatingSystem`. Es kann immer nur je eine Instanz dieser Klassen geben.

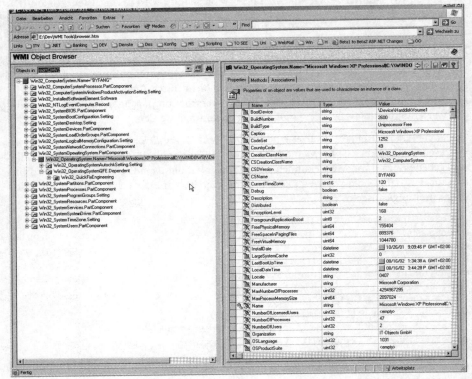

Abbildung 5.53: Die Klassen Win32_ComputerSystem und Win32_OperatingSystem im WMI Object Browser

5.7.5.1 Informationen über Computer

Alle Attribute Das folgende Skript listet einfach alle Attribute der einzigen Instanz von `Win32_ComputerSystem` auf.

```
Const COMPUTER = "."
Set oComputerSystem = WMI_GetFirstObject(COMPUTER, "/root/cimv2", _
"Win32_ComputerSystem")
say oComputerSystem.GetObjectText_
```

Listing 5.178: Alle Daten über den Computer anzeigen [WMI_ComputerAlleDaten.wsf]

Computerrolle

Rolle Das folgende Skript ermittelt, welche Rolle ein Computer (in einer Domäne) hat.

```
Const COMPUTER = "."
Set oComputerSystem = WMI_GetFirstObject(COMPUTER, "/root/cimv2", _
"Win32_ComputerSystem")
Select Case oComputerSystem.DomainRole
```

```
      Case "0"
        role = "Standalone Workstation"
      Case "1"
        role = "Member Workstation"
      Case "2"
        role = "Standalone Server"
      Case "3"
        role = "Member Server"
      Case "4"
        role = "Backup Domain Controller (BDC)"
      Case "5"
        role = "Domain Controller or PDC"
      Case Else
        role = "Unknown"
End Select
say oComputerSystem.Name & " hat die Rolle: " & role
```

Listing 5.179: Rolle eines Computers ermitteln [WMI_ComputerRolle.wsf]

5.7.5.2   Abmelden, Herunterfahren, Neustarten

Mit der Methode `Reboot()` in der Klasse `Win32_OperatingSystem` kann ein System heruntergefahren werden. Wenn Sie den genauen Namen einer Instanz nicht kennen, können Sie nicht direkt an das einzelne Objekt binden. Die Lösung besteht darin, alle Instanzen der Klasse anzusprechen. Sie iterieren dann mit `For...Each`, auch wenn es, wie in diesem Fall, nur eine Instanz geben kann. Bitte beachten Sie die notwendige Angabe des Privilegs *RemoteShutdown*. Mit `Win32Shutdown(0,0)` wird der aktuelle Benutzer abgemeldet, mit `Shutdown()` der Rechner heruntergefahren.

Abmelden, Herunterfahren und Neustart

```
' -- Bindung an Menge der Betriebssysteme
Set OSet = _
GetObject("winmgmts:{impersonationLevel=impersonate,(RemoteShutdown)}//
Sonne2000").ExecQuery("SELECT * FROM Win32_OperatingSystem where Primary=true")
' -- Neustart "aller" BS (ist aber immer nur eins!)
For Each o In OSet
   say "Betriebssysteme: " & o.Name
   'o.Win32shutdown 0, 0 ' Abmelden
   'o.Shutdown ' Herunterfahren
   o.Reboot ' Neustarten
   say "Aktion wurde ausgelöst!"
Next
```

Listing 5.180: Reboot eines Systems [WMI_Reboot.wsf]

5.7.5.3   Computer umbenennen

Die Methode `Rename()` kann zur Umbenennung eines Computers verwendet werden. Bitte beachten Sie, dass genau wie bei einer manuellen Änderung in der Systemsteuerung die Änderung erst durch einen Neustart wirksam wird.

Rename()

```
Const NAME_ALT = "Essen-Byfang"
Const NAME_NEU = "Byfang"
say "Computername ändern..."
```

```
Set objComputer = _
GetObject("winmgmts:{impersonationLevel=Impersonate}!\\" & _
NAME_ALT & "\root\cimv2:Win32_ComputerSystem.Name='" & _
NAME_ALT & "'")

Ergebnis = objComputer.Rename(NAME_NEU)

If Ergebnis = 0 Then
  say "erfolgreich."
Else
  say "Fehler: " & Ergebnis
End If
```

Listing 5.181: *Name eines Computers ändern [WMI_Computer_umbenennen.wsf]*

5.7.5.4 Einer Domäne beitreten

JoinDomain- Auch die Aufgabe, einen Computer in eine Domäne einzuhängen, kann man mit WMI erle-
OrWork- digen. Die Methode `JoinDomainOrWorkGroup()` steckt interessanterweise nicht in
Group() `Win32_OperatingSystem`, sondern in `Win32_ComputerSystem`.

```
Const JOIN_DOMAIN = 1
Const ACCT_CREATE = 2
Const ACCT_DELETE = 4
Const WIN9X_UPGRADE = 16
Const DOMAIN_JOIN_IF_JOINED = 32
Const JOIN_UNSECURE = 64
Const MACHINE_PASSWORD_PASSED = 128
Const DEFERRED_SPN_SET = 256
Const INSTALL_INVOCATION = 262144

Const DOMAIN = "sonnensystem"
Const ADMINKENNWORT = "xxx"
Const ADMIN = "administrator"
Const COMPUTER = "Byfang"

Set objComputer = _
GetObject("winmgmts:{impersonationLevel=Impersonate}!\\" & _
COMPUTER & "\root\cimv2:Win32_ComputerSystem.Name='" & _
COMPUTER & "'")
say "Domäne " & DOMAIN & " beitreten..."
Ergebnis = objComputer.JoinDomainOrWorkGroup(DOMAIN, ADMINKENNWORT, DOMAIN & "\"_
& ADMIN, Null, JOIN_DOMAIN + ACCT_CREATE)
say "Ergebnis:" & Ergebnis
End Sub
```

Listing 5.182: *Einen Computer in einer Domäne einhängen [WMI_Domainbeitreten.wsf]*

5.7.5.5 Hardware inventarisieren

In Kapitel 10 finden Sie als Fallbeispiel ein Skript zur Inventarisierung der Hardware auf einem Computer.

5.7.5.6 WMI-ADSI-Integration

Die Funktionalitäten von WMI und ADSI (vgl. Kapitel zu ADSI) überschneiden sich zum Teil. Verzeichnisobjekte wie Computer, Benutzer, Gruppen und NT-Dienste können sowohl durch WMI als auch durch ADSI verwaltet werden. Die zur Verfügung stehenden Funktionalitäten sind aber keineswegs gleich, so dass innerhalb von Automatisierungslösungen oft beide Komponenten zum Einsatz kommen.

WMI versus ADSI

Abbildung 5.54: Schnittmenge zwischen ADSI und WMI

Beide Komponenten besitzen keine gemeinsamen COM-Schnittstellen, so dass ein polymorpher Zugriff nicht möglich ist. Zwar nutzen beide Komponenten Moniker zur Identifikation; jedoch unterscheiden sich WMI-Pfade sehr stark von ADSI-Pfaden.

Unterschiede

WMI ADSI Extension

Hilfreich ist eine Komponente, die die Brücke zwischen ADSI und WMI schlägt. Diese Komponente heißt *WMI ADSI Extension*. Der Brückenschlag erfolgt zwischen der Active Directory-Klasse `Computer` und der WMI-Klasse `Win32_ComputerSystem`.

Brückenschlag

> Die *WMI ADSI Extension* ist eine ADSI Namespace Extension für die Klasse `Computer` im LDAP-Namespace. Weitere Informationen zur Arbeitsweise von ADSI Namespace Extensions finden Sie in Kapitel zu ADSI.

ADSI-Extension

Durch diese Extension wird die `Computer`-Klasse um ein Attribut und zwei Methoden erweitert. Alle drei Attribute bzw. Methoden haben keine Parameter.

- `WMIObjectPath` liefert den WMI-Pfad zu dem gegebenen ADS-`Computer`-Objekt.
- `GetWMIObject()` liefert eine Instanz der WMI-Klasse `Win32_ComputerSystem` zu dem gegebenen ADS-Computer-Objekt. Die Instanz der WMI-Klasse wird wie üblich durch eine Instanz der Meta-Klasse `WbemScripting.SWbemObject` gekapselt.
- `GetWMIServices()` liefert eine Instanz von `WbemScripting.SWbemServices` für das gegebene ADS-Computer-Objekt. Damit ist ein Zugriff auf in der Objekthierarchie untergeordnete WMI-Objekte möglich.

Neue Mitglieder

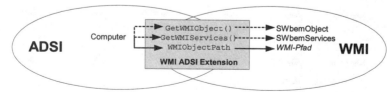

Abbildung 5.55: Brückenschlag zwischen ADSI und WMI

Dieser Brückenschlag funktioniert nur für Computer-Objekte im Active Directory. Computer-Objekte aus dem WinNT-Provider bekommen diese zusätzlichen Mitglieder nicht. Hier bleibt nichts anderes übrig, als die Pfade von Hand umzusetzen. Auch unterstützt die *WMI ADSI Extension* nicht den umgekehrten Weg von einem Win32_ComputerSystem zu einem AD-Computer-Objekt.

Beispiel

Im folgenden Skript wird zunächst ein Computer-Objekt via ADSI gebunden. Danach werden die drei oben vorgestellten Mitglieder verwendet.

```
Dim obj    ' As IADs
Dim objWO  ' As WbemScripting.SWbemObject
Dim objServ ' As WbemScripting.SWbemServices
' -- Zugriff auf ein Computer-Objekt via ADSI
Set obj = GetObject("LDAP://sonne2000/CN=MARS,CN=Computers,DC=IT-Visions,DC=DE")
' -- Ausgabe der Pfade
say "ADSI-Pfad: " & obj.ADsPath
say "WMI-Pfad: " & obj.WMIObjectPath
' -- Ermittlung eines Zeigers auf das MO für diesen Computer
Set objWO = obj.GetWMIObject
say "Systemtyp: " + objWO.Systemtype
say "Speicher: " & objWO.TotalPhysicalMemory
' --- Ermittlung eines Zeigers auf ein WMI-Service-Objekt
Set objServ = obj.GetWMIServices
Set objWO = objServ.Get("Win32_LogicalDisk.DeviceID=""C:""")
say "Freier Speicher auf C: " + objWO.FreeSpace
```

Listing 5.183: Nutzung der WMI ADSI Extension [WMI_ADSIEX.wsf]

```
ADSI-Pfad: LDAP://sonne2000/CN=MARS,CN=Computers,DC=IT-Visions,DC=DE
WMI-Pfad: WINMGMTS:{impersonationLevel=impersonate}!//MARS/root/
cimv2:Win32_ComputerSystem.Name="MARS"
Systemtyp: X86-based PC
Speicher: 267952128
Freier Speicher auf C: 764121088
```

Listing 5.184: Listing 5.41:Beispiel für die Ausgabe des vorherigen Skripts

5.7.6 Netzwerkkonfiguration mit WMI

Klassen zur Netzwerkkonfiguration

Zur Arbeit mit dem Netzwerk und der Netzwerkkonfiguration sind folgende WMI-Klassen wichtig:

- Win32_PingStatus
- Win32_NetworkAdapterConfiguration
- Win32_NetworkAdapter

Jeder Instanz von Win32_NetworkAdapterConfiguration ist eine Instanz von Win32_NetworkAdapter zugeordnet, die im Schlüsselattribut DeviceID eine Zahl besitzt, die Win32_NetworkAdapterConfiguration im Attribut Index hat.

Windows Management Instrumentation (WMI)

5.7.6.1 Erreichbarkeit eines Computers prüfen

Mit der Klasse `Win32_PingStatus` gibt es endlich eine Klasse zur Ausführung eines Ping von Microsoft. Bisher musste man entweder auf Klassen anderer Anbieter ausweichen oder aber auf die DOS-Anwendung PING.EXE (vgl. Kapitel zur WSH-Runtime) zurückgreifen.

Ping

```
Const COMPUTER = "Sonne21000"
Dim objPing

Set objPing = GetObject("winmgmts:Win32_PingStatus.address='" & COMPUTER & "'")

If IsNull(objPing.StatusCode) Or objPing.StatusCode <> 0 Then
  say COMPUTER & " ist NICHT erreichbar!"
Else
  say COMPUTER & " ist erreichbar!"
End If
```

Listing 5.185: Ausführen eines Ping (Prüfen der Erreichbarkeit eines anderen Computers) [WMI_Ping.wsf]

Leider funktioniert obige Vorgehensweise nur mit Computern, auf denen WMI installiert ist. Wenn Sie einen beliebigen Computer (z. B. im Internet) anfragen wollen, hilft die Klasse `NetDiagnostics`, deren einzige Instanz Sie mit `NetDiagnostics=@` erreichen. Dabei greift man sinnvollerweise immer auf die lokale Instanz zu.

Alternative

```
Const COMPUTER = "Sonne21000"
Dim objPing
Set objPing = GetObject("winmgmts:\\./root/cimv2:NetDiagnostics=@")
say objPing.Ping("www.windows-scripting.de")
End Sub
```

Listing 5.186: Ausführen eines Ping (Prüfen der Erreichbarkeit eines anderen Computers) [WMI_Ping2.wsf]

5.7.6.2 Konfigurierte IP-Adressen abfragen

In `Win32_NetworkAdapterConfiguration` sind die IP-Adressen als ein Array in `IpAddress` abgespeichert.

IP-Adressen auflisten

```
Dim objWO     ' As SWbemObject
Dim objServ   ' As WbemScripting.SWbemServices
Dim menge     ' As WbemScripting.SWbemObjectSet
Dim objprop   ' As WbemScripting.SWbemProperty
Set objServ = GetObject("winmgmts:")

Set menge = objServ.ExecQuery("SELECT IPAddress FROM
Win32_NetworkAdapterConfiguration where IPEnabled=TRUE")
 For Each objWO In menge
  If Not IsNull(objWO.IpAddress) Then say flat(objWO.IpAddress)
 Next
End Sub
```

Listing 5.187: Abfrage der konfigurierten IP-Adressen per WQL-Query [WBEM_IPAdressen.wsf]

5.7.6.3 IP-Adressen einstellen

IP-Adresse vergeben

Die WMI-Klasse Win32_NetworkAdapterConfiguration ermöglicht zahlreiche Einstellungen für die Netzwerkkarten.

Im folgenden Beispiel werden für erste Netzwerkkarte drei statische IP-Adressen vergeben. Die Methode EnableStatic() erwartet zwei Parameter: ein Array of String für die IP-Adressen und ein Array of String für die zugehörigen Subnet-Masken. Wichtig ist, dass

- immer ein Array of String übergeben werden muss, auch wenn nur eine IP-Adresse zu setzen ist,
- die Anzahl der Elemente in beiden Arrays immer gleich sein muss.

Wenn EnableStatic() den Wert 0 zurückliefert, war die Operation erfolgreich. Andere Zahlen bedeuten, dass ein Fehler aufgetreten ist (z. B. 70 = fehlerhafte IP-Adresse; 90 = ungleiche Anzahl von Elementen in den beiden Arrays).

```
Dim IP, SubNetMask, Ergebnis
Dim objServ, objAdapter
say "IP-Adresse einstellen:"
IP = Array("192.168.123.2", "168.123.40", "192.168.123.41")
SubNetMask = Array("255.255.255.0", "255.255.255.0", "255.255.255.0")
Set objServ = GetObject("winmgmts:')
Set objAdapter = objServ.Get("Win32_NetworkAdapterConfiguration=1")
Ergebnis = objAdapter.EnableStatic(IP, SubNetMask)
If Ergebnis = 0 Then
   say "erfolgreich eingestell."
Else
   say "Fehler: " & Ergebnis
End If
```

Listing 5.188: IP-Adresse einstellen [WMI_IP.wsf]

5.7.6.4 Andere Aktionen

Weitere Methoden

Die Klasse Win32_NetworkAdapterConfiguration bietet zahlreiche weitere Methoden, die aus Platzgründen hier nicht anhand von Beispielen dargestellt werden können. Die meisten Methoden sind aber selbsterklärend.

```
EnableDHCP(), RenewDHCPLease(), RenewDHCPLeaseAll(), ReleaseDHCPLease(),
ReleaseDHCPLeaseAll(), EnableStatic(), SetGateways(), EnableDNS(),
SetDNSDomain(), SetDNSServerSearchOrder(), SetDNSSuffixSearchOrder(),
SetDynamicDNSRegistration(), SetIPConnectionMetric(), SetWINSServer(),
EnableWINS(), SetTcpipNetbios(), EnableIPSec(), DisableIPSec(),
SetIPXVirtualNetworkNumber(), SetIPXFrameTypeNetworkPairs(), SetDatabasePath(),
SetIPUseZeroBroadcast(), SetArpAlwaysSourceRoute(), SetArpUseEtherSNAP(),
SetDefaultTOS(), SetDefaultTTL(), SetDeadGWDetect(), SetPMTUBHDetect(),
SetPMTUDiscovery(), SetForwardBufferMemory(), SetIGMPLevel(),
SetKeepAliveInterval(), SetKeepAliveTime(), SetMTU(), SetNumForwardPackets(),
SetTcpMaxConnectRetransmissions(), SetTcpMaxDataRetransmissions(),
SetTcpNumConnections(), SetTcpUseRFC1122UrgentPointer(), SetTcpWindowSize(),
EnableIPFilterSec(),
```

5.7.7 Dateisystemverwaltung mit WMI

WMI bietet auch den Zugriff auf Dateien und Ordner im Dateisystem. `Win32_Directory` ist ein Ordner, `CIM_DataFile` eine einzelne Datei. Beide Klassen verwenden als Schlüsselattribut das Attribut `Name` (was an der gemeinsamen Oberklasse `CIM_LogicalFile` liegt), in dem aber nicht der lokale Name, sondern der komplette Pfad gespeichert sein muss.

Dateien und Ordner verwalten

Beispiel: `winmgmts://.\root\cimv2:Win32_Directory.Name='d:\daten'`

Alle Methoden von `Win32_Directory` und `CIM_DataFile` verwenden die Rückgabewerte der nachfolgenden Tabelle.

Wert	Bedeutung
0	Die Anforderung war erfolgreich.
2	Der Zugriff wurde verweigert.
8	Ein unbekannter Fehler ist aufgetreten.
9	Der angegebene Name ist ungültig.
10	Das angegebene Objekt ist bereits vorhanden.
11	Kein NTFS-Dateisystem.
12	Keine Windows NT- oder Windows 2000-Plattform.
13	Anderes Laufwerk.
14	Das Verzeichnis ist nicht leer.
15	Freigabeverletzung.
16	Die angegebene Startdatei ist ungültig.
17	Eine für den Vorgang erforderliche Berechtigung wurde aufgehoben.
21	Ein angegebener Parameter ist ungültig.

Tabelle 5.92: Rückgabewerte für Methoden von Win32_Directory und CIM_DataFile

5.7.7.1 Ordner komprimieren, dekomprimieren, umbenennen

Das folgende Skript zeigt die Operationen Komprimierung, Dekomprimierung und Umbenennen auf einem Ordner. Das Objekt wird immer wieder neu geladen, damit der aktuelle Status des Attributs `Compressed` ausgegeben werden kann. Ohne die erneute Bindung würde immer der Wert, der beim ersten Laden vorliegt, ausgegeben werden.

Ordner verändern

```
Dim objWO As SWbemObject
Set objWO = GetObject("winmgmts://.\root\cimv2:Win32_Directory.Name='d:\daten'")
Ergebnis = objWO.compress
say "Ordner wurde komprimiert!" & Ergebnis
Set objWO = GetObject("winmgmts://.\root\cimv2:Win32_Directory.Name='d:\daten'")
say objWO.Compressed
Ergebnis = objWO.uncompress
say "Ordner wurde dekomprimiert!" & Ergebnis
Set objWO = GetObject("winmgmts://.\root\cimv2:Win32_Directory.Name='d:\daten'")
say objWO.Compressed
Ergebnis = objWO.rename("D:\Daten2")
say "Ordner wurde umbenannt!" & Ergebnis
```
Listing 5.189: Ordner verändern [WMI_Ordner.wsf]

Weitere (selbsterklärende) Methoden sind `Delete()`, `Copy()` und `TakeOwnerShip()`.

5.7.7.2 Dateien zählen

Anzahl der Dateien Mit Hilfe einer WQL-Query kann man alle Dateien ermitteln, die ein bestimmtes Kriterium erfüllen. Das nachfolgende Skript ermittelt die Anzahl der komprimierten Dateien auf einem System.

```
Dim objServ    ' As WbemScripting.SWbemServices
Dim menge      ' As WbemScripting.SWbemObjectSet
Set objServ = GetObject("winmgmts:")
Set menge = objServ.ExecQuery("SELECT name FROM
CIM_DataFile where compressed=true")
say "Anzahl der Dateien: " & menge.Count
```

Listing 5.190: Anzahl der Dateien auf einem System ermitteln (kann lange dauern!)
[WBEM_Anzahl_Files.wsf]

5.7.7.3 Security Descriptors zusammensetzen

Rechte definieren Ein Security Descriptor (SD) beschreibt die Rechte auf ein Objekt in Windows (zu den Grundlagen der Windows-Sicherheit siehe Kapitel zur *ADsSecurity-Komponente*). Für die Rechtevergabe auf Dateien, Ordner und Freigaben werden SDs eingesetzt. WMI unterstützt die Zusammensetzung von SDs, jedoch gehört dies sicherlich zu den schwierigsten Aufgaben in WMI.

Das Objektmodell zum Aufbau eines SDs ist in WMI ähnlich, aber im Detail anders als in der *ADsSecurity-Komponente*. Ein Unterschied liegt darin, dass es keine Klasse zur Kapselung einer Access Control List (ACL) gibt. Eine ACL ist in WMI nur ein Array von Win32_ACE-Objekten. Ein anderer Unterschied ist, dass das Benutzerkonto beim Aufbau einer ACE nicht als String übergeben werden kann, sondern eine Instanz von Win32_Trustee erwartet wird. Beim Aufbau einer ACL unterstützen Sie die im folgenden Listing implementierten Funktionen MakeACE() und MakeTrustee().

Um eine Instanz von Win32_Trustee zu erstellen, benötigt man die SID des Benutzerkontos. In MakeTrustee() wird dazu ADSI verwendet. Alternativ könnte man auch Win32_Account verwenden. Mit jeder Instanz von Win32_Account ist eine Instanz von Win32_SID verbunden.

MakeTrustee() muss für die Well Known Security Principal eine Fallunterscheidung durchführen, wobei im nachstehenden Quelltext nur »Jeder« berücksichtigt wird.

```
' ### Erzeugung eines WIN32_Trustee-Objekts
Function MakeTrustee(strDomain, strName)
Dim objTrustee ' As WbemScripting.SWbemObject
Dim objUser 'As IADsUser
Dim Sid
If UCase(strName) = "EVERYONE" Then 'Sonderfall Jeder
    Sid = Array(1, 1, 0, 0, 0, 0, 0, 1, 0, 0, 0, 0)
Else ' SID via ADSI ermitteln
    Set objUser = GetObject("WinNT://" & strDomain & "/" & strName)
    Sid = objUser.Get("ObjectSID")
End If
Set objTrustee = GetObject("Winmgmts:{impersonationlevel=impersonate}!root/
    cimv2:Win32_Trustee").SpawnInstance_
```

Windows Management Instrumentation (WMI)

```
objTrustee.domain = strDomain
objTrustee.Name = strName
objTrustee.Properties_.Item("SID") = Sid
Set MakeTrustee = objTrustee
End Function

MakeACE()
' ### Erzeugung eines WIN32_ACE-Objekts
Function MakeACE(accessmask, AceFlags, AceType, objTrustee)
Dim objACE ' As WbemScripting.SWbemObject
Set objACE = GetObject("Winmgmts:{impersonationlevel=impersonate}!root/
cimv2:Win32_Ace").SpawnInstance_
objACE.Properties_.Item("AccessMask") = accessmask
objACE.Properties_.Item("AceFlags") = AceFlags
objACE.Properties_.Item("AceType") = AceType
objACE.Properties_.Item("Trustee") = objTrustee
Set MakeACE = objACE
End Function
```

Listing 5.191: Hilfsroutinen zur Änderung von Sicherheitseinstellungen [WMI_Funktionen.vbs]

Die erlaubten Werte für AccessMask, AceFlags und AceType zeigen die folgenden Konstantenlisten: **Rechtetypen**

```
' *** Dateirechte
Const FULL = 2032127
Const NONE = 0
Const CHANGE = 1245462

Const FILE_READ_DATA = 1
Const FILE_LIST_DIRECTORY = 1
Const FILE_WRITE_DATA = 2
Const FILE_ADD_FILE = 2
Const FILE_APPEND_DATA = 4
Const FILE_ADD_SUBDIRECTORY = 4
Const FILE_READ_EA = 8
Const FILE_WRITE_EA = 16
Const FILE_EXECUTE = 32
Const FILE_TRAVERSE = 32
Const FILE_DELETE_CHILD = 64
Const FILE_READ_ATTRIBUTES = 128
Const FILE_WRITE_ATTRIBUTES = 256
Const Delete = 65536
Const READ_CONTROL = 131072
Const WRITE_DAC = 262144
Const WRITE_OWNER = 524288
Const Synchronize = 1048576

' *** ACEFLAG-Flags
Const ACEFLAG_INHERIT_ACE = 2
Const ACEFLAG_NO_PROPAGATE_INHERIT_ACE = 4
Const ACEFLAG_INHERIT_ONLY_ACE = 8
Const ACEFLAG_INHERITED_ACE = 16
```

```
Const ACEFLAG_VALID_INHERIT_FLAGS = 31
Const ACEFLAG_SUCCESSFUL_ACCESS = 64
Const ACEFLAG_FAILED_ACCESS = 128

' *** ACETYPE-Flags
Const ACETYPE_ACCESS_ALLOWED = 0
Const ACETYPE_ACCESS_DENIED = 1
Const ACETYPE_SYSTEM_AUDIT = 2
```

Listing 5.192: Konstanten zur Änderung von Sicherheitseinstellungen [WMI_Funktionen.vbs]

Aufbau einer ACL

Eine ACL ist ein Array von Win32_ACE-*Objekten, zum Beispiel:*

```
dACL = Array(oACE4, oACE3, oACE2, oACE1)
```

Wichtig ist, dass die ACEs nicht beliebig angeordnet sein dürfen, sondern eine bestimmte Reihenfolge einzuhalten ist.

- Zugriffsverweigerungen für das Objekt selbst
- Zugriffsverweigerungen für Attribut und Unterobjekte
- Zugriffserlaubnisse für das Objekt selbst
- Zugriffserlaubnisse für Attribut und Unterobjekte
- Alle geerbten ACEs

Im Kapitel zu ADSI wird ein Algorithmus zur Automatisierung dieser Sortierung vorgestellt.

5.7.7.4 Rechte auf Dateisystemeinträge vergeben

Rechte vergeben

Die Methode ChangeSecurityPermissions() ermöglicht es, einer Instanz von Win32_Directory oder CIM_DataFile einen Security Descriptor (SD) zuzuweisen. In dem folgenden Skript wird eine ACL aus drei ACEs erzeugt. Die ACL wird nicht direkt dem Systembaustein zugewiesen, sondern wandert über das Attribut DACL in eine Instanz von Win32_SecurityDescriptor. Durch den zweiten Parameter wird festgelegt, welche Sicherheitsinformation geändert werden soll (1 = Besitzer, 2 = Gruppe, 4=DACL, 8=SACL).

```
' --- AccessMasks für Freigaben
Const CHANGE = 1245462
Const FULL = 2032127
Const NONE = 1

' --- Bindung
Set objServ = GetObject("WINMGMTS:{impersonationLevel=impersonate,(Security)}!\\.\ROOT\CIMV2")
' ----- Erzeugung eines neuen SD
' --- Neue Instanz von Win32_SecurityDescriptor
Set objSDClass = objServ.Get("Win32_SecurityDescriptor")
Set oSD = objSDClass.SpawnInstance_()
oSD.Properties_.Item("ControlFlags") = 4
' --- ACEs erzeugen

Set oACE3 = MakeACE(CHANGE, 0, 0, MakeTrustee("it-
```

Windows Management Instrumentation (WMI)

```
objects.local", "Domain Admins"))
Set oACE2 = MakeACE(FULL, 0, 0, MakeTrustee("it-objects.local", "HS"))
Set oACE1 = MakeACE(0, 0, 0, MakeTrustee("byfang", "Everyone"))
' --- ACL zusammensetzen als Array von ACEs
dACL = Array(oACE3, oACE2, oACE1)
' --- ACL an SD zuweisen
oSD.Properties_.Item("DACL") = dACL


' --- SD an Ordner zuweisen
Set objWO = GetObject("winmgmts://.\root\cimv2:Win32_Directory.Name='d:\daten'")
objWO.ChangeSecurityPermissions oSD, 4

say "Rechte geändert!"
```

Listing 5.193: Rechte auf Ordner verändern [WMI_OrdnerRechte.wsf]

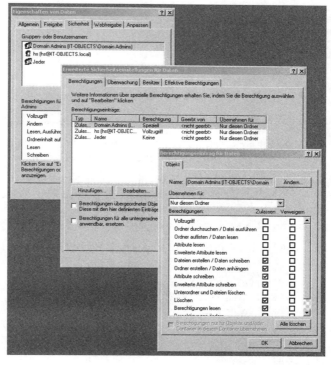

Abbildung 5.56:
Rechte auf einen Ordner im Dateisystem nach dem Hinzufügen von Rechten

Die beiden vorletzten Zeilen können alternativ durch folgenden Code ersetzt werden, da die Methode SetSecurityDescriptor() in der Klasse Win32_LogicalFileSecuritySetting den gleichen Effekt hat wie ChangeSecurityPermissions() in Win32_Directory. Zu beachten ist aber, dass bei Win32_LogicalFileSecuritySetting das Schlüsselattribut Path heißt.

```
Set objWO = GetObject("winmgmts://
.\root\cimv2:Win32_LogicalFileSecuritySetting.Path='d:\daten'")
objWO.SetSecurityDescriptor oSD
```

Win32_LogicalFileSecuritySetting bietet noch eine Möglichkeit, sich das Leben leichter zu machen: Mit GetSecurityDescriptor() kann man sich von einer Datei einen SD holen und dann auf eine andere Datei übertragen. So kann man sich einen Prototyp-SD basteln, statt einen SD mühsam aus ACEs zusammenzusetzen.

5.7.7.5 Freigaben auflisten

Freigaben Das folgende Skript listet alle eingerichteten Freigaben mit Hilfe der Klasse Win32_Share auf.

```
Dim objWO          ' As SWbemObject
Dim objServ        ' As WbemScripting.SWbemServices
Dim menge          ' As WbemScripting.SWbemObjectSet
Dim o
Dim sd
' --- ServiceObject ermitteln
Set objServ = GetObject("winmgmts:")
' --- Zugriff auf WMI-Objekt
Set menge = cbjServ.InstancesOf("Win32_Share")
' --- Zugriff auf WMI-Objekt
For Each o In menge
 say o.name & ":" & o.Path
Next
```

Listing 5.194: Liste aller Freigaben auf einem System [wmi_shares.wsf]

5.7.7.6 Erzeugung einer Freigabe mit Rechteeinstellung

Freigabe Mit ADSI kann eine Freigabe erzeugt werden, jedoch ohne die Berechtigungen auf einer
erzeugen Freigabe festzulegen. In WMI gibt es diese Beschränkung nicht.

Aufwendigste Aufgabe bei der Erzeugung einer Freigabe ist die Zusammensetzung eines korrekt aufgebauten Security Descriptors. Es gibt nur vier Rechte (*lesen* = 1179817, *ändern* = 1245462, *Vollzugriff* = 2032127, *kein Recht* = 1), wobei eine Kombination von Lesen und Ändern möglich wird, indem zwei getrennte ACEs für den Trustee angelegt werden.

Im nachfolgenden Beispiel wird eine neue Freigabe für den Ordner C:\TEMP angelegt.

```
' -- AccessMasks für Freigaben
Const SHARE_READ = 1179817
Const SHARE_CHANGE = 1245462
Const SHARE_FULL = 2032127
Const SHARE_NONE = 1
' -- Bindung
Set objServ = GetObject("WINMGMTS:{impersonationLevel=impersonate,(Security)}!\\mars\ROOT\CIMV2")
' ----- Erzeugung eines neuen SDs
' -- Neue Instanz von Win32_SecurityDescriptor
Set objSDClass = objServ.Get("Win32_SecurityDescriptor")
Set oSD = objSDClass.SpawnInstance_()
oSD.Properties_.Item("ControlFlags") = 4
' -- ACEs erzeugen
Set oACE1 = MakeACE(SHARE_NONE, 3, 0, MakeTrustee("mars", "Everyone"))
Set oACE2 = MakeACE(SHARE_READ, 3, 0, MakeTrustee("mars", "HS"))
Set oACE3 = MakeACE(SHARE_CHANGE, 3, 0, MakeTrustee("mars", "HS"))
```

Windows Management Instrumentation (WMI)

```
' -- ACL zusammensetzen als Array von ACEs
dACL = Array(oACE1, oACE2, oACE3)
' -- ACL an SD zuweisen
oSD.Properties_.Item("DACL") = dACL
' ----- Erzeugung der Freigabe
' -- Neue Instanz von WIN32_Share
Set oFreigabe = objServ.Get("Win32_Share")
Set objInParam = oFreigabe.Methods_("Create").InParameters.SpawnInstance_()
' -- Attribute setzen
objInParam.Properties_.Item("Name") = "temp-freigabe8"
objInParam.Properties_.Item("Path") = "C:\temp"
objInParam.Properties_.Item("Type") = 0
objInParam.Properties_.Item("Description") = "Per Skript erzeugt!"
objInParam.Properties_.Item("Access") = oSD
objInParam.Properties_.Item("MaximumAllowed") = 10 _
'Standard ist 'max allowed'
' objInParam.Properties_.Item("Password") = "Password"    'optional
' -- Anlegen der Freigabe
Set objOutParams = oFreigabe.ExecMethod_("Create", objInParam)
' -- Ergebnisauswertung
Select Case objOutParams.returnValue
    Case 0: say "Freigabe wurde angelegt!"
    Case 22: say "Fehler: Freigabe existierte schon!"
    Case Else: say "Fehler: #" & objOutParams.returnValue
End Select
```

Listing 5.195: Erzeugung einer neuen Freigabe inklusive Sicherheitseinstellungen [WMI_CreateShare.wsf]

5.7.8 Benutzer und Gruppen verwalten mit WMI

WMI bietet drei Klassen zur Repräsentation von Sicherheitsprinzipalen:

▶ Win32_UserAccount
▶ Win32_SystemAccount
▶ Win32_Group

Sicherheitskontenverwaltung

Dabei verwaltet WMI nicht nur Instanzen für die lokalen Sicherheitsprinzipale, sondern auch die Konten in der Domäne. Die drei Klassen besitzen eine gemeinsame abstrakte Oberklasse Win32_Account. Eine Abfrage der Instanzen von Win32_Account liefert alle Instanzen der oben genannten Klassen.

Diese Klassen unterhalten wertvolle Assoziationen zu anderen Klassen. Die Assoziation Win32_AccountSID liefert Instanzen von Win32_SID mit dem Security Identifier. Win32_GroupUser stellt eine Verbindung zu Instanzen von Win32_Group her.

Win32_UserAccount enthält zudem Assoziationen zu Win32_LogonSession, Win32_Desktop (Einstellungen des Windows Desktop), Win32_NTDomain und Win32_NTLogEvent (Ereignisprotokolleinträge des Benutzers).

5.7.8.1 Alle Benutzerkonten auflisten

Das nachfolgende Skript listet alle Benutzerkonten und Benutzergruppen mit Ihrem Security Identifier auf. Leider dauert die Übermittlung der SID recht lang.

Konten auflisten

COM-Komponenten

```
Dim konto ' As SWbemObject
Set Menge = WMI_PrintQuery("SELECT * FROM Win32_Account", ".", "/root/cimv2")
For Each konto In Menge

Set SIDs = konto.Associators_(, "Win32_SID", , , , , , 32)
For Each Sid In SIDs
  say konto.Domain & "\" & konto.name & ":" & konto.Path_.Class & ":" & Sid.Sid
Next
Next
```

Listing 5.196: Alle erreichbaren Benutzer auflisten [WMI_Benutzer.wsf]

Abbildung 5.57: Beziehungen der Klasse Win32_UserAccount und Win32_Group

5.7.8.2 Aktionen auf Benutzerkonten

Besser mit ADSI Die Klassen Win32_SystemAccount *und* Win32_Account bieten keine Methoden an. Die Klassen Win32_UserAccount und Win32_Group bieten nur eine Methode an: Rename(). Für Aktionen auf Benutzerkonten ist also ADSI besser.

5.7.8.3 Benutzersitzungen

Sitzungen Über die Klasse Win32_LogonSession hat man Zugriff auf die Benutzersitzungen. Das folgende Skript listet die laufenden Sitzungen mit dem zugehörigen Benutzerkonto (Win32_Account) und den von diesem Benutzer verbundenen Netzwerken (Win32_Mapped LogicalDisk) auf. Eine weitere interessante Assoziation dieser Klasse ist die Verbindung zu Win32_Process.

```
Dim sitzung As SWbemObject
Set sitzungen = WMI_PrintQuery("SELECT * FROM Win32_LogonSession", ".", "/root/cimv2")
' --- Schleife über die Sitzungen
For Each sitzung In sitzungen
```

Windows Management Instrumentation (WMI)

```
    say sitzung.Logonid
    Set konten = sitzung.Associators_(, "Win32_Account", , , , , , 32)
    ' --- Schleife über das eine konto :-(
    For Each konto In konten
        say sitzung.Logonid & ":" & konto.Domain & "\" & konto.name
        ' --- Schleife über die verbundenen Laufwerk
        Set disks = sitzung.Associators_(, "Win32_MappedLogicalDisk", _
        , , , , , 32)
            For Each disk In disks
                say "- " & disk.deviceid
            Next
    Next
Next
```

Listing 5.197: Benutzersitzungen mit den verbundenen Laufwerken auflisten [WMI_BenutzerSitzungen.wsf]

5.7.8.4 Desktop-Einstellungen anzeigen

Das folgende Skript listet die Desktop-Einstellung für alle auf dem Computer vorhandenen Benutzerprofile auf.

```
Set Desktops = WMI_Query("SELECT * FROM Win32_DeskTop", ".", _
"/root/cimv2")
    For Each DT In Desktops
        say "Name: " & DT.name
        say "Screen Saver aktiv: " & DT.ScreenSaverActive
        say "Screen Saver Sicherheit: " & DT.ScreenSaverSecure
        say "Screen Saver Timeout: " & DT.ScreenSaverTimeout & " seconds"
        say "Cursor Blink Interval: " & DT.CursorBlinkRate & " milliseconds"
Next
```

Listing 5.198: Ausgabe der Desktop-Einstellungen aller Benutzer [WMI_DeskTop.wsf]

5.7.9 Druckerverwaltung mit WMI

Die Klasse Win32_Printer repräsentiert einen Drucker. Schlüsselattribut ist DeviceID. Win32_PrinterDriver ist ein Treiber für einen Drucker. Die Klasse Win32_PrintJob repräsentiert einen einzelnen Druckauftrag. Die Klasse Win32_PrintJob verwendet als Schlüsselattribut Name, das den Namen des Druckers und, durch ein Komma getrennt, eine laufende Nummer enthält (z. B. »HP2100, 3«).

Drucker und Druckaufträge verwalten

5.7.9.1 Standarddrucker und Test

Das folgende Skript macht einen Drucker zum Standarddrucker und druckt auf ihm eine Testseite.

```
Const COMPUTER = "Byfang"
Const DRUCKER = "HP2100"
Set objDrucker = GetObject("winmgmts:\\" & COMPUTER & _
"\root\cimv2:Win32_Printer.DeviceID='" & DRUCKER & "'")
objDrucker.SetDefaultPrinter
```

```
say "Standarddrucker gesetzt!"
objDrucker.PrintTestPage
say "Testseite gedruckt!"
```

Listing 5.199: Setzen des Standarddruckers und Ausdruck einer Testseite [WMI_Standarddrucker.wsf]

5.7.9.2 Druckerstatus

Den Status eines Druckers kann man über `DetectedErrorState` abfragen.

```
Const COMPUTER = "Byfang"
Const DRUCKER = "HP2100"
Set objDrucker = GetObject("winmgmts:\\" & COMPUTER & _
"\root\cimv2:Win32_Printer.DeviceID='" & DRUCKER & "'")
say "Status von " & objDrucker.name & ": " & objDrucker.DetectedErrorState
```

Listing 5.200: Abfragen des Druckerstatus [WMI_DruckerStatus.wsf]

Tabelle 5.93: Rückgabewerte für das Attribut DetectedError-State

Rückgabewert	Bedeutung
0	Unbekannt
1	Sonstige Fehler
2	Kein Fehler
3	Wenig Papier
4	Kein Papier
5	Wenig Toner
6	Kein Toner
7	Gerät geöffnet
8	Papierstau
9	Offline
10	Angeforderter Dienst
11	Ausgabefach voll

5.7.9.3 Druckaufträge verwalten

Win32_Printer Zur Verwaltung der Druckaufträge stellt `Win32_Printer` drei Methoden bereit:

- `Pause()`: Anhalten des Druckers
- `Resume()`: Fortsetzen des Druckes
- `CancelAllJobs()`: Abbrechen aller Druckaufträge

Alle drei Methoden haben keine Parameter und geben entweder 0 (erfolgreich), 5 (Zugriff verweigert) oder einen WIN32-Fehlercode zurück.

Win32_PrintJob Die Klasse `Win32_PrintJob` stellt ebenfalls die Methoden

- `Pause()`: Anhalten des Druckers
- `Resume()`: Fortsetzen des Druckes

Windows Management Instrumentation (WMI)

zur Verfügung, mit denen die Operation auf einen einzelnen Druckauftrag beschränkt ausgeführt wird. Vermissen Sie Cancel() für einen einzelnen Druckjob? Diese Funktion wird über das Löschen eines Win32_PrintJob-Objekts mittels der Methode Delete_() aus der Meta-Klasse SWbemObject abgebildet (siehe nachfolgendes Beispiel).

```
strComputer = "."
Set Menge = WMI_Query("SELECT * FROM Win32_PrintJob Where Document = ""Testseite
""", ".", "/root/cimv2")
For Each o In Menge
say "Lösche Auftrag: " & o.name
    o.Delete_
Next
```

Listing 5.201: Löscht alle Druckaufträge für den Druck der Testseite [WMI_Drucker_AuftraegeLoeschen.wsf]

5.7.9.4 Druckertreiber installieren

Ein Treiber, der sich in der DRIVERS.CAB-Datei von Windows befindet, kann ohne Angabe von DriverPath und Infname installiert werden. Für alle anderen sind diese beiden Attribute Pflicht.

Treiber für Drucker installieren

```
COMPUTER = "."
Set objWMIService = GetObject("winmgmts:" _
    & "{impersonationLevel=impersonate}!\\" & COMPUTER & "\root\cimv2")
Set objDriver = objWMIService.Get("Win32_PrinterDriver")
objDriver.name = "HP LaserJet 2100"
objDriver.SupportedPlatform = "Windows NT x86"
objDriver.Version = "3"
'objDriver.DriverPath = "C:\WINDOWS\System32\spool\DRIVERS\W32X86\3\UNIDRV.DLL"
'objDriver.Infname = "R:\HP2100.inf"
Ergebnis = objDriver.AddPrinterDriver(objDriver)

If Ergebnis = 0 Then
say "erfolgreich."
Else
say "Fehler: " & Ergebnis
End If
```

Listing 5.202: Installation eines Druckertreibers [WMI_DruckerTreiberInstallieren.wsf]

5.7.10 Registryzugriff mit WMI

Die mächtigen Möglichkeiten zur Bearbeitung der Registry konzentrieren sich in WMI auf eine einzige Klasse: StdRegProv im Namespace \root\default.

StdRegProv

Diese Klasse besitzt keine eigenen Attribute und von dieser Klasse werden auch keine Instanzen erzeugt. Sie bietet ihre komplette Leistung über folgende Methoden an:

- CreateKey()
- DeleteKey()
- EnumKey()
- EnumValues()

COM-Komponenten

- DeleteValue()
- SetDWORDValue()
- GetDWORDValue()
- SetStringValue()
- GetStringValue()
- SetMultiStringValue()
- GetMultiStringValue()
- SetExpandedStringValue()
- GetExpandedStringValue()
- SetBinaryValue()
- GetBinaryValue()
- CheckAccess()

Gemeinsame Parameter Dabei gilt für alle diese Methoden:

- Im ersten Parameter wird der HIVE, der verwendet werden soll, in Form eines LONG-Werts übergeben.
- Im zweiten Parameter wird der Schlüsselpfad als Zeichenkette übergeben.
- Die Methoden zum Zugriff auf einzelne Werte haben im dritten Parameter den Namen des Werts.
- Die Methoden zum Schreiben von Werten erwarten im vierten Parameter den zu schreibenden Wert.
- Die Methoden zum Lesen von Werten erwarten im vierten Parameter eine leere Variant-Variable, in der sie per Call-by-Reference den gelesenen Wert zurückliefern können.

Tabelle 5.94: Überblick über die Methoden zum Schreiben und Lesen von Werten

Wert-Typ in der Registry	Methode zum Schreiben	Methode zum Lesen	Hinweis
Zeichenkette	SetStringValue()	GetStringValue()	Vierter Parameter ist Variant/String
DWORD-Wert (Zahl)	SetDWORDValue()	GetDWORDValue()	Vierter Parameter ist Variant/Long
Erweiterte Zeichenkette	SetExpandedStringValue()	GetExpandedStringValue()	Vierter Parameter ist Variant/String
Mehrwertige Zeichenkette	SetMultiStringValue()	GetMultiStringValue()	Vierter Parameter ist ein Array
Binär-Wert	SetBinaryValue()	GetBinaryValue()	Vierter Parameter ist ein Array

Für die Basisschlüssel der Registry gibt es die Konstanten:

```
Const HKEY_CURRENT_USER = &H80000001
Const HKEY_LOCAL_MACHINE = &H80000002
```

Registry-Konstanten

5.7.10.1 Beispiel 1

Das folgende Beispiel zeigt

Arbeit mit der Registry

- das Anlegen eines Schlüssels mit CreateKey(). Dabei kann der im zweiten Parameter anzugebende Pfad beliebig tief sein, ohne dass die Zwischenebenen vorher existieren müssen.
- das Schreiben einer Zeichenkette mit SetStringValue(). Ein Wert muss nicht zuvor angelegt werden, der Schlüsselpfad muss aber existieren.
- analog das Schreiben eines DWORD-Werts mit SetDWORDValue().
- das Auslesen mit GetStringValue() und GetDWORDValue().
- das Entfernen eines einzelnes Werts aus einem Schlüssel mit DeleteValue()
- das Entfernen eines kompletten Schlüssels mit DeleteKey(). Dabei muss man beachten, dass ein Schlüssel nur dann entfernt wird, wenn er keine Unterschlüssel mehr hat. In dem nachfolgenden Beispiel, bei dem beim Anlegen drei Ebenen erzeugt wurden, müssen auch drei DeleteKey() ausgeführt werden (für jede Ebene einer).

```
Const COMPUTER = "."
Const pfad = "SOFTWARE\www.IT-Visions.de\Buecher\WS3"

Set oReg = GetObject("winmgmts:{impersonationLevel=impersonate}!\\" & _
 COMPUTER & "\root\default:StdRegProv")

say "Schlüssel anlegen"
oReg.CreateKey HKEY_CURRENT_USER, pfad

say "Werte schreiben"
oReg.SetStringValue HKEY_CURRENT_USER, pfad, "Titel", "Windows Scripting,
3. Auflage"
oReg.SetDWORDValue HKEY_CURRENT_USER, pfad, "Erscheinungsjahr", "2002"

say "Werte auslesen:"
oReg.GetStringValue HKEY_CURRENT_USER, pfad, "Titel", name
oReg.GetDWORDValue HKEY_CURRENT_USER, pfad, "Erscheinungsjahr", jahr

say "Titel: " & name
say "Erscheinungsjahr: " & jahr

say "Einzelnen Wert löschen"
oReg.DeleteValue HKEY_CURRENT_USER, pfad, "Erscheinungsjahr"

say "Schlüssel wieder löschen"
' oReg.DeleteKey HKEY_CURRENT_USER, "SOFTWARE\www.IT-Visions.de\" geht nicht!!!
```

COM-Komponenten

```
oReg.DeleteKey HKEY_CURRENT_USER, "SOFTWARE\www.IT-Visions.de\Buecher\WS3\"
oReg.DeleteKey HKEY_CURRENT_USER, "SOFTWARE\www.IT-Visions.de\Buecher\"
oReg.DeleteKey HKEY_CURRENT_USER, "SOFTWARE\www.IT-Visions.de\"
```

Listing 5.203: Registry schreiben und lesen [WMIRegistry_WertSetzenLesen.wsf]

 Der Befehl `oReg.DeleteKey HKEY_CURRENT_USER, "SOFTWARE\www.IT-Visions.de\"` führt nicht zu einer Fehlermeldung, sondern bleibt ohne Wirkung.

5.7.10.2 Beispiel 2

Array als Datenbasis Im zweiten Beispiel wird ein Array als Datenbasis für Schlüssel und Werte verwendet.

```
Dim BuecherKuerzel, BuecherListe
Dim i
Const COMPUTER = "."
Const pfad = "SOFTWARE\www.IT-Visions.de\Buecher\"

Set oReg = GetObject("winmgmts:{impersonationLevel=impersonate}!\\" & _
 COMPUTER & "\root\default:StdRegProv")

BuecherKuerzel = Array("WBS", "WS2", "WS3", "CKH", "FCL", "WF")
BuecherTitel = Array("Windows- und BackOffice-
Scripting", "Windows Scripting 2. Auflage", "Windows Scripting 3. Auflage",
"COM-Komponenten-Handbuch", "Programmierung mit der .NET Klassenbibliothek",
"Webforms")

For i = 0 To UBound(BuecherKuerzel)
  Dim Schluessel
  Schluessel = "SOFTWARE\www.IT-Visions.de\Buecher\" & BuecherKuerzel(i)
  oReg.CreateKey HKEY_CURRENT_USER, Schluessel
  oReg.SetStringValue HKEY_CURRENT_USER, Schluessel, "Titel", _
  BuecherTitel(i)
  say "Schlüssel & " & Schluessel & " anlegen"
Next
```

Listing 5.204: Mehrere Schlüssel und Werte anhand eines Arrays anlegen [WMIRegistry_SchluesselAnlegen.wsf]

5.7.10.3 Beispiel 3

EnumKey() Das vorherige Beispiel bildet die Basis für den Einsatz von `EnumKey()`. Diese Methode gibt im dritten Parameter ein `Array of String` mit den Namen der Unterschlüssel zurück.

```
Dim Schluessel, SchluesselMenge
Set oReg = GetObject("winmgmts:{impersonationLevel=impersonate}!\\.\root\default
:StdRegProv")
pfad = "SOFTWARE\www.IT-Visions.de\Buecher\"
oReg.EnumKey HKEY_CURRENT_USER, pfad, SchluesselMenge
For Each Schluessel In SchluesselMenge
    say Schluessel
Next
```

Listing 5.205: Unterschlüssel auflisten [WMIRegistry_Auflisten.wsf]

5.7.10.4 Rekursives Löschen von Schlüsseln (Löschen über beliebig viele Ebenen)

Die Limitation der DeleteKey()-Methode, nicht über beliebig viele Ebenen löschen zu können, wird durch die nachfolgende Unterroutine beseitigt, die mittels EnumKey() die Unterschlüssel auflistet und rekursiv löscht.

DeleteKey()

```
' === Rekursives Schlüssel-Löschen (Löschen über beliebig viele Ebenen)
Sub WMIRegistry_RekLoeschen(Hive, OberSchluessel)
Dim Schluessel, SchluesselMenge

OberSchluessel = Replace(OberSchluessel, "\\", "\")
Set oReg = GetObject("winmgmts:{impersonationLevel=impersonate}!\\.\root\default:StdRegProv")

oReg.EnumKey Hive, OberSchluessel, SchluesselMenge

If IsArray(SchluesselMenge) Then
For Each Schluessel In SchluesselMenge
    WMIRegistry_RekLoeschen Hive, OberSchluessel & "\" & Schluessel
Next
End If

oReg.DeleteKey Hive, OberSchluessel
say OberSchluessel & " gelöscht"
End Sub
```

Listing 5.206: Hilfsroutine für rekursives Löschen von Registry-Schlüsseln [WMI_Registry_Funktionen.vbs]

Mit Hilfe dieser Routine kann das Löschen aus Beispiel 1 einfacher gestaltet werden:
```
WMIRegistry_RekLoeschen HKEY_CURRENT_USER, _
"SOFTWARE\www.IT-Visions.de\"
```

5.7.11 Software verwalten mit WMI

WMI bietet eine sehr einfache Möglichkeit, auf Funktionen des Windows Installers zuzugreifen. Dazu dienen folgende Klassen:

Programme und Patches

- Win32_Product: installierte Programme
- Win32_SoftwareFeature: Teilkomponenten einer Software
- Win32_QuickFixEngineering: installierte Hotfixes

5.7.11.1 Programme auflisten

Über die Klasse `Win32_Product` kann man alle installierten Programme auflisten. Die Klasse `Win32_SoftwareFeature` kann man detailliert alle Teilkomponenten der installierten Programme (z.B. Filter, Treiber, Wörterbücher) auflisten lassen. `Win32_Product` und `Win32_SoftwareFeature` sind über den Associator `Win32_ProductSoftwareFeature` miteinander verbunden.

Beispiel 1

Das folgende Skript erstellt eine CSV-Liste der installierten Software:

```
Const COMPUTER = "."
Set Software = WMI_Query("SELECT * FROM Win32_Product", COMPUTER, "\root\cimv2")

say "Caption" & ";" & _
    "Description" & ";" & "Identifying Number" & ";" & _
    "Install Date" & ";" & "Install Location" & ";" & _
    "Install State" & ";" & "Name" & ";" & _
    "Package Cache" & ";" & "SKU Number" & ";" & "Vendor" & ";" _
    & "Version"
For Each s In Software
    say s.Caption & ";" & _
    s.Description & ";" & _
    s.IdentifyingNumber & ";" & _
    s.InstallDate2 & ";" & _
    s.InstallLocation & ";" & _
    s.InstallState & ";" & _
    s.name & ";" & _
    s.PackageCache & ";" & _
    s.SKUNumber & ";" & _
    s.Vendor & ";" & _
    s.Version
Next
End Sub
```

Listing 5.207: Installierte Software auflisten (nur MSI). [WMI_InstallierteSoftware.wsf]

Hier ein Beispiel für die Ausgabe:

```
Caption;Description;Identifying Number;Install Date;Install Location;Install
State;Name;Package Cache;SKU Number;Vendor;Version
Microsoft SOAP Toolkit 2.0 SP2;Micrcsoft SOAP Toolkit 2.0 SP2;{36BEAD11-8577-
49AD-9250-E06A50AE87B0};;;1;Microsoft SOAP Toolkit 2.0 SP2;;;;
WMI Tools;WMI Tools;{25A13826-8E4A-4FBF-AD2B-
776447FE9646};20020808000000.000000-
000;;5;WMI Tools;C:\WINDOWS\Installer\ad5d2b2.msi;;Microsoft
Corporation;1.50.1131.0001
Hunter Stone Web.Config Editor v1.2.1;Hunter Stone Web.Config Editor v1.2.1;{F17
A6BD6-D73F-41D1-85D8-8E9B058C37A1};;;1;Hunter Stone Web.Config Editor v1.2.1;;;;
Office XP Web Services Toolkit;Office XP Web Services Toolkit;{C4D90C1D-945F-
11D5-A54F-0090278A1BB8};;;1;Office XP Web Services Toolkit;;;;
Management (WMI) Extensions for VS .NET Server Explorer;Management (WMI)
```

```
Extensions for VS .NET Server Explorer;{AF3F778F-9B8C-4F86-85B1-
92BD1EFF5EA5};;;1;Management (WMI) Extensions for VS .NET Server Explorer;;;;
Microsoft FxCop ;Microsoft FxCop ;{ECF010BF-233D-43FB-BC12-
A07321D959B7};20020809000000.000000-
000;;5;Microsoft FxCop ;C:\WINDOWS\Installer\519705a.msi;;Microsoft;1.0.0
```

Beispiel 2

Im zweiten Beispiel werden zusätzlich die einzelnen installierten Softwarefeatures aufgelistet. **Features auflisten**

```
COMPUTER = "."
Dim s As SWbemObject
Set SoftwareListe = WMI_Query("SELECT * FROM Win32_Product", COMPUTER,
"\root\cimv2")
For Each s In SoftwareListe
    say s.name
    On Error Resume Next
    ' --- Features ermitteln
    Set FeatureListe = s.Associators_(, "Win32_SoftwareFeature")
    On Error GoTo 0
    For Each Feature In FeatureListe
     say "- " & Feature.name
    Next
Next
```

Listing 5.208: Installierte Teilprodukte auflisten [WMI_InstallierteSoftwareDetails.wsf]

5.7.11.2 Installierte Hotfixes (Patches)

Die Hotfixes gibt es über die Instanzen von Win32_QuickFixEngineering. **Patches**

```
COMPUTER = "."
Set Fixes = WMI_Query("SELECT * FROM Win32_QuickFixEngineering", COMPUTER,
"\root\cimv2")
For Each objQuickFix In Fixes
    say "Computer: " & objQuickFix.CSName
    say "Description: " & objQuickFix.Description
    say "Hot Fix ID: " & objQuickFix.HotFixID
    say "Installation Date: " & objQuickFix.InstallDate
    say "Installed By: " & objQuickFix.InstalledBy
Next
```

Listing 5.209: Liste der installierten Hotfixes [WMI_InstallierteHotfixes.wsf]

5.7.11.3 WMI-Provider

Eine Liste aller installierten Provider der Windows Management Instrumentation (WMI) lässt sich erstellen, indem man die Klasse __Win32Provider *abfragt*. Da diese Klasse Instanzen in jedem einzelnen WMI-Namespace haben kann, muss man zunächst über die Klasse __NAMESPACE die verfügbaren WMI-Namespaces erfragen. Da Namespaces andere Namespaces enthalten können, ist eine rekursive Hilfsroutine notwendig. WMI_Namespaces() liefert eine durch Semikola getrennte Liste aller WMI-Namespaces auf einem Computer. Über diese Liste wird in WMI_ProviderListe() iteriert. **__Win32-Provider**

```
' === Liste aller installierten WMI-Provider
Sub WMI_ProviderListe()
Const COMPUTER = "Zentrum"
Dim NSListe
Dim Count
' --- Liste der Namespaces holen
NSString = WMI_Namespaces("\root", COMPUTER)
say NSString
NSListe = Split(NSString, ";")

' --- Schleife über alle Namespaces
For Each NS In NSListe

    Set Menge2 = WMI_query("Select Name FROM __Win32Provider", COMPUTER, NS)
    For Each o2 In Menge2
        say o2.Name
        Count = Count + 1
    Next

Next
say "Anzahl Namespace: " & UBound(NSListe)
say "Anzahl Provider: " & Count
End Sub


' === Liefert eine CSV-Liste aller WMI-Namespaces auf einem Computer
Function WMI_Namespaces(NAMESPACE, COMPUTER)
Set Menge = WMI_query("Select Name FROM __Namespace", COMPUTER, NAMESPACE)
For Each o In Menge
    Name = NAMESPACE & "\" & o.Name
    'say "Namespace: " & Name
    WMI_Namespaces = CSVadd(WMI_Namespaces, Name)
    s = WMI_Namespaces(Name, COMPUTER)
    If s <> "" Then WMI_Namespaces = CSVadd(WMI_Namespaces, s)
Next
End Function
```

Listing 5.210: Liste aller installierten WMI-Provider [WMI_ProviderListe.wsf]

5.7.11.4 Programme installieren

Install() WMI erlaubt den Aufruf des Microsoft Installers, um ein beliebiges MSI-Paket zu installieren. Die Klasse Win32_Product bietet dazu die Methode Install() an. Die Methode erwartet drei Parameter:

- den Pfad zu dem MSI-Paket

- an das Paket zu übergebende Kommandozeilenparameter

- die Entscheidung, ob die Anwendung für alle Benutzer (True) oder nur den angemeldeten Benutzer (False) installiert werden soll.

```
Const ALLE_BENUTZER = True
Const KOMMANDOZEILE = ""
Const MSI = "d:\daten\msi\scriptingapp.msi"
```

Windows Management Instrumentation (WMI)

```
say "Softwareinstallation:"
Dim objProdukt As SWbemObject
' --- Objekt holen
Set objServ = GetObject("winmgmts:")
Set objProdukt = objServ.Get("Win32_Product")
' --- Installation starten
Ergebnis = objProdukt.Install(MSI, KOMMANDOZEILE, ALLE_BENUTZER)

If Ergebnis = 0 Then
say "erfolgreich."
Else
say "Fehler: " & Ergebnis
End If
```

Listing 5.211: *MSI-Paket installieren [WMI_MSI_Installation.wsf]*

5.7.11.5 Programme deinstallieren

Die Klase Win32_Product bietet auch eine Uninstall()-Methode zur Deinstallation von **Uninstall()**
MSI-Paketen.

```
Const PaketName = "Scripting-Buch"
COMPUTER = "."
say "Deinstallieren von: " & PaketName
Set SoftwareListe = WMI_Query("SELECT * FROM Win32_Product Where Caption = _
'" & PaketName & "'", COMPUTER, "\root\cimv2")
If SoftwareListe.Count = 0 Then say "Nicht gefunden!"
For Each s In SoftwareListe
    say s.name & " wird deinstalliert..."
    Ergebnis = s.Uninstall
    say "Ergebnis: " & Ergebnis
Next
```

Listing 5.212: *MSI-Paket deinstallieren [WMI_MSI_Uninstall.wsf]*

Wenn kein Fehler auftritt, sehen die Ausgaben des Skripts so aus: **Ausgabe**

```
Deinstallieren von: Scripting-Buch
Abfrage: SELECT * FROM Win32_Product Where Caption = 'Scripting-Buch'
Scripting-Buch wird deinstalliert...
Ergebnis: 0
```

5.7.12 Leistungsdaten abfragen mit WMI

WMI ermöglicht über den *Performance Counters Provider* Zugriff auf zahlreiche Leistungs- **Leistungs-**
daten des Windows-Systems. Die Klassen beginnen mit der Zeichenfolge Win32_ **daten**
PerfRawData. Wenn Sie diese Klassen nicht finden, starten Sie den WMI-Dienst einmalig
manuell an der Kommandozeile mit Winmgmt /resyncperf.

```
Set OSet = GetObject("winmgmts://mars\root\cimv2"). _
InstancesOf("Win32_PerfRawData_PerfProc_Process")
For Each p In OSet
    say p.Name & ": " & p.WorkingSet / 1024 & " KB"
Next
```

Listing 5.213: *Speichernutzung der aktiven Prozesse [wmi_speichernutzung.wsf]*

```
' === Verfügbarer Speicher
Sub WMI_Speicher()
Dim OSet, o
Set OSet = GetObject("winmgmts:{impersonationLevel=impersonate}!" & _
"\\mars\root\cimv2").InstancesOf("Win32_PerfRawData_PerfOS_Memory")
For Each o In OSet
    say "Verfügbarer Speicher:" & o.AvailableBytes
Next
End Sub
```

Listing 5.214: *Verfügbarer Speicher [wmi_speicher.wsf]*

```
Set OSet = GetObject("winmgmts:\\mars\root\cimv2"). _
InstancesOf("Win32_PerfRawData_ASP_ActiveServerPages")
For Each o In OSet
    say "Anfragen Gesamt: " & o.Requeststotal
    say "davon erfolgreich: " & o.RequestsSucceeded
    say "Aktuelle Sitzungen: " & o.SessionsCurrent
    say "Abgelaufene Sitzungen: " & o.SessionsTimedOut
Next
```

Listing 5.215: *Performance-Daten über Active Server Pages [WMI_ASP.wsf]*

5.7.13 Weitere WMI-Features

Dieses Kapitel behandelt noch einige interessante nützliche Zusatzbausteine rund um WMI.

5.7.13.1 WMI ODBC-Treiber

WMI via ODBC Der WMI ODBC-Treiber ermöglicht die Ausführung von Datenbankabfragen via ODBC auf WMI-Providern. Der ODBC-Treiber unterstützt allerdings – wie die WMI Queries auch – nur den Lesezugriff mit dem SQL-Befehl SELECT. Außerdem unterstützt der Treiber nur ODBC 2.0 und daher kein Unicode. Der WMI ODBC-Treiber wird auch unter dem Namen *WBEM ODBC Treiber* und *WMI ODBC Adapter* geführt.

OLE DB-Unterstützung Einen OLE DB-Provider für WMI gibt es noch nicht.

Der WMI ODBC-Treiber läuft nur unter der NT-Produktfamilie (Windows NT4, 2000, XP, .NET Server). Der Treiber wird nicht automatisch installiert. Sie installieren ihn durch ein separates Setup-Programm, das Sie auf jeder Windows 2000/.NET Server-CD im Verzeichnis \VALUEADD\MSFT\MGMT\WBEMODBC finden. Dieses Setup installiert den Treiber unter dem Namen WBEM ODBC DRIVER in der Version 1.50.1084.01 (vgl. ODBC-Einstellungen in der Systemsteuerung bzw. im Ordner VERWALTUNG unter Windows 2000/.NET Server).

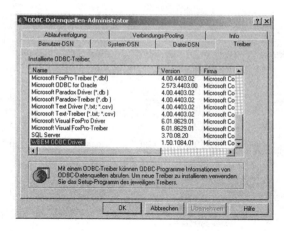

Abbildung 5.58:
Anzeige der installierten ODBC-Treiber

5.7.13.2 ActiveScriptEventConsumer

Bisher wurde in diesem Kapitel schon gezeigt, wie Sie ein Skript schreiben können, das auf Veränderungen in Managed Objects wartet. WMI stellt auf Basis der WMI-Ereignismechanismen noch einen eleganteren Weg bereit. Die Klasse ActiveScriptEventConsumer ist ein permanenter Event Consumer, der in der Lage ist, beim Auftreten eines bestimmten Ereignisses ein Skript zu starten. In einer Instanz von ActiveScriptEventConsumer wird entweder direkt eine Folge von Skriptbefehlen oder ein Verweis auf ein WSH-Skript hinterlegt.

Skript starten beim Eintreten von WMI-Ereignissen

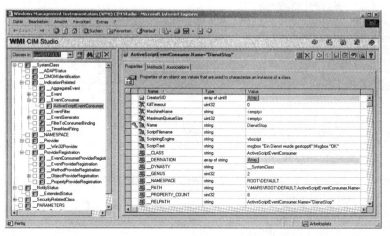

Abbildung 5.59:
Eine Instanz der Klasse Active ScriptEvent Consumer im CIM Studio

Wie üblich in WMI wird das zu überwachende Managed Object in Form einer Event Query spezifiziert. Die Event Query wird in einer Instanz von __EventFilter hinterlegt. Die Bindung einer Instanz von ActiveScriptEventConsumer an eine Instanz von __EventFilter kann mit dem WMI Event Registration Tool erfolgen (siehe Kapitel 9).

Filter

Der große Vorteil gegenüber anderen Methoden ist, dass Sie für die Reaktion auf ein Ereignis kein Skript im Hintergrund warten lassen müssen. Die Klasse ActiveScriptEventConsumer ermöglicht es vielmehr, ein Skript genau dann zu starten, wenn es wirklich benötigt wird.

Vorteil

COM-Komponenten

Die Klasse ActiveScriptEventConsumer befindet sich im Namespace /root/default, nicht wie sonst üblich im Namespace /root/cimv2. Die Klasse ist aber im Standard nicht im CIM-Repository installiert. Mit der nachfolgend genannten Zeile nehmen Sie die Information des zugehörigen MOF-Files in das CIM Repository auf:

mofcomp.exe scrcons.mof

Das MOF-File SCRCONS.MOF gehört zum Standardinstallationsumfang von WMI und liegt im Verzeichnis /WINNT/SYSTEM32/WBEM. Erst danach können Sie die Klasse ActiveScript EventConsumer verwenden.

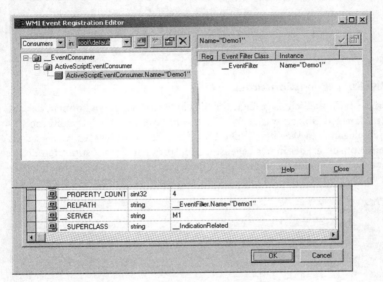

Abbildung 5.60: Bindung einer Instanz von ActiveScript EventConsumer an einen Filter

5.7.14 Ihre Expedition in die WMI

Hilfe zur Selbsthilfe Der Ausflug in die weite Welt von WMI ist hier leider beendet. Ihnen mitgegeben seien jedoch einige Tipps zur Selbsterforschung von WMI:

- Stöbern Sie im WMI Object Browser oder in CIM Studio nach der Klasse, die zu Ihrem Problem passt.

- Lesen Sie sich die Hilfe zu der Klasse durch, um zu überprüfen, ob die Klasse die von Ihnen gesuchten Fähigkeiten hat.

- Schauen Sie sich die bestehenden Instanzen dieser Klasse an. Überprüfen Sie, ob dort wirklich die Instanzen enthalten sind, die Sie erwarten.

- Betrachten Sie die Attribute der Instanzen, um mit den typischen Werten vertraut zu werden. Verwenden Sie das Hilfe-Symbol, um sich Details über die Attribute anzeigen zu lassen.

- Legen Sie mit dem Windows-GUI neue Instanzen an bzw. verändern Sie Werte in den bestehenden Instanzen. Betrachten Sie die Veränderungen in den WMI-Objekten.

- Schauen Sie sich die Methoden und Assoziationen an.
- Probieren Sie es aus!

Danach werden Sie in der Lage sein, Ihre Problemstellung mit Hilfe von WMI zu lösen.

5.8 WindowsScripting-Komponente

In diesem Buch darf natürlich auch eine eigene Komponente nicht fehlen. Diese Komponente stellt nur einige wesentliche nützliche Funktionen in drei Klassen bereit.

Komponente zu diesem Buch

Name und Abkürzung	WindowsScripting-Komponente
Name der Komponentendatei	WINDOWSSCRIPTING.DLL
Interner Name der Typbibliothek	WindowsScripting
Helpstring der Typbibliothek	WindowsScripting Komponente
Hersteller	Holger Schwichtenberg, http://www.IT-Visions.de
Lizenzierung	Freeware
Besprochene Version	1.0
Alle Windows-Versionen	Einzelregistrierung der DLL: `regsvr32 WindowsScripting.dll` [CD:/install/komponenten/windowsscripting] Benötigt Visual Basic 6.0 Runtime
Dokumentation	Nur in diesem Buch

Tabelle 5.95: Schnellinfo WindowsScripting-Komponente

Klassen

Die Komponente besitzt kein Objektmodell, sondern besteht nur aus einzelnen Klassen.

Klassen

Klassenname	Erläuterung
NTUser	Die Klasse ermöglicht die Arbeit mit Benutzerkonten unter NT4. Sie kapselt Funktionen von ADSI. Diese Klasse dient eher Demonstrationszwecken und wird in Kapitel »Fortgeschrittenes/Komponentenerstellung« erläutert.
IniFile	Diese Klasse ermöglicht das Lesen und Setzen von Informationen in INI-Dateien.
CSV	Diese Klasse ermöglicht das Lesen von CSV-Dateien.
ADSI	Hilfsroutinen zur Arbeit mit der ADSI-Komponente
Util	Diese Klasse realisiert den Zugriff auf die in diesem Buch vorgestellten Standardroutinen.

Tabelle 5.96: Klassen der Komponente »Windows Scripting«

5.8.1 Klasse »IniFile«

Die Klasse IniFile bietet genau zwei Methoden an:

- ReadFromIni(IniDat, Rubrik, Attribut): Auslesen eines einzelnen Werts in einer INI-Datei
- WriteToIni(IniDat, Rubrik, Attribut, Wert): Schreiben eines einzelnen Werts in eine INI-Datei

> Dabei ist IniDat Pfad und Name einer INI-Datei, Rubrik eine in eckigen Klammern eingeschlossene Rubrik und Attribut der vor dem Gleichheitszeichen stehende Attributname. Nur beim Schreiben muss natürlich ein Wert angegeben werden.

```
[Autor]
Name=Holger Schwichtenberg
eMail=hs@windows-scripting.de
[Website]
URL=www.windows-scripting.com
```

Listing 5.216: Typischer Aufbau einer INI-Datei

```
Const INIDAT = "d:\buch\docs\buch.ini"
Set o = CreateObject("WindowsScripting.IniFile")
o.WriteToIni "Autor", "Name", "Holger Schwichtenberg", INIDAT
o.WriteToIni "Autor", "eMail", "hs@windows-scripting.de", INIDAT
o.WriteToIni "Website", "URL", "www.windows-scripting.com", INIDAT
say o.ReadFromIni("Autor", "Name", INIDAT)
say o.ReadFromIni("Autor", "eMail", INIDAT)
say o.ReadFromIni("WebSite", "URL", INIDAT)
```

Listing 5.217: Erzeugung und Auslesen der obigen INI-Datei [ws_iniFile.wsf]

5.8.2 Klasse »WinNTUser«

Die Klasse WinNTUser kapselt das Anlegen und Löschen von NT-Benutzerkonten via ADSI.

Tabelle 5.97: Methoden der COM-Klasse WinNTUser

Methode	Beschreibung
Function About() As String	Gibt Informationen über diese Komponente zurück
Function ExistsUser(UserName As String) As Boolean	Prüft, ob ein Benutzer in einer Domain existiert
Function CreateNTAccount(UserName As String, Password As String, Fullname As String, Description As String) As String	Anlegen eines Benutzers
Function DeleteNTAccount(UserName As String) As String	Löschen eines Benutzers

WindowsScripting-Komponente

Methode	Beschreibung
`Function UserState(UserName As String, state As Boolean) As String`	Ändern des Aktivierungszustands: State=True bedeutet, das Konto kann benutzt werden. State=False bedeutet, das Konto ist deaktiviert.
`Function ChangePWD(UserName As String, password As String) As String`	Änderung des Passworts eines Benutzerkontos

Außerdem besitzt die Klasse `WinNTUser` ein Attribut mit dem Namen `Container`. In dieses Attribut muss zu Beginn der Arbeit mit der Klasse der Name der Domain bzw. des Computers geschrieben werden, auf den sich die nachfolgenden Operationen beziehen sollen. Das folgende Skript zeigt, wie die Klasse verwendet werden soll:

```
Dim s ' As String
Dim u 'As WindowsScripting.WinNTUser
Set u = CreateObject("WindowsScripting.WinNTUser")
say u.About
u.Container = "Mars"
s = u.CreateNTAccount("D.Scully", "geheim", "Dana Scully", _
"FBI-Agentin")
say "Benutzer erzeugen: " & s
s = u.ExistsUser("D.Scully")
say "Existiert Benutzer?: " & s
s = u.ChangePWD("D.Scully", "bla")
say "Passwort ändern: " & s
s = u.UserState("D.Scully", False)
say "Benutzer deaktivieren: " & s
s = u.UserState("D.Scully", True)
say "Benutzer aktivieren: " & s
s = u.DeleteNTAccount("D.Scully")
say "Benutzer löschen: " & s
```

Listing 5.218: Verwendung der zu implementierenden Klasse `WindowsScripting.WinNTUser` *[ws_ntuser.wsf]*

5.8.3 Klasse »Util«

Die Klasse `Util` enthält die im Rahmen dieses Buches besprochenen Standardroutinen. **Util**

- `Sub WriteTo(filepath, text)` hängt einen String an eine Datei an.
- `Function ExistsObject(moniker)` prüft auf die Existenz einer COM-Instanz.
- `Function CheckCreate(progid)` testet, ob eine angegebene COM-Klasse mit `CreateObject()` instanziiert werden kann.
- `Function getcol(objcol As Object)` liefert einen String mit einer durch Semikola getrennten Liste der Namen der Unterobjekte einer Collection.
- `Function flat(var)` macht einen String aus einem Array.
- `Function CSVadd(s1, s2)` fügt zwei Strings durch Semikolon getrennt zusammen.

- Function get_from_array(wert, feld) entnimmt aus einem zweidimensionalen Array einen passenden Wert (ermittelt Wert von Spalte1 anhand eines Werts aus Spalte2).

- Function get_from_array_mult(wert, feld) entnimmt aus einem zweidimensionalen Array alle passenden Werte (ermittelt Werte von Spalte1 anhand eines Werts aus Spalte2).

5.8.4 Klasse »ADSI«

Klasse ADSI Die Klasse ADSI enthält die Implementierung der nachfolgenden vier im ADSI-Kapitel vorgestellten Hilfsroutinen:

- Function ADSflat(var)
- Function binGUIDtoSTR(guid)
- Sub ADSI_Clear(this)
- Sub ADSI_DeleteThis(this)

5.8.5 Klasse »CSV«

Die Klasse CSV bietet Unterstützungsfunktionen beim Auslesen von Comma Separated Value (CSV)-Dateien an. Das Trennzeichen dabei kann aber ein beliebiges Zeichen sein.

CSV

> CSV steht für *Comma Separated Value*. Eine CSV-Datei speichert Datensätze in Form einer Textdatei ab. Jede Zeile ist ein Datensatz. Innerhalb eines Datensatzes gibt es einen eindeutigen Feldbegrenzer, in der Regel ein Semikolon (»;«).

Zwei Methoden, ein Attribut

- Die Methode GetField(strLine) liest aus einem übergebenen String alle Dateien bis zum nächsten Semikolon aus. Auf Basis eines Call by Reference wird die übergebene Variable so manipuliert, dass das ausgelesene Feld abgeschnitten ist.

- Die Methode Count(strLine) liefert die Anzahl der Felder.

- Mit dem Attribut Separator kann ein anderes Trennzeichen als das standardmäßige Semikolon festgelegt werden.

```
s = "Holger:Schwichtenberg:Essen"
Set o = CreateObject("WindowsScripting.CSV")
o.Separator = ":"
say o.Count(s)
' -- Ausgabe aller Felder
Do While s <> ""
 say o.GetField(s)
Loop
```

Listing 5.219: Testroutine für die CSV-Klasse [ws_csv.wsf]

In Kapitel »Fortgeschrittenes/Komponentenerstellung« wird die Implementierung dieser Klasse gezeigt.

5.9 Microsoft Office-Komponenten

Die Kernprodukte der Microsoft Office-Produktfamilie (Word, Excel, Access, PowerPoint, FrontPage, Outlook) sind komplett über COM-Komponenten automatisierbar. In Office 2000 gibt es insgesamt rund 600 Klassen. Diese Komponenten sind gut dokumentiert in [MSDN: ODEOMG.CHM::/html/deovrmicrosoftfrontpage2000.htm]. Die Dokumentation enthält auch grafische Darstellungen der Objektmodelle [MSDN: ODEOMG.CHM::/html/deovrobjectmodelguide.htm]. Sie erhalten

auch Hilfe zu den Objektmodellen, wenn Sie innerhalb der VBA-Entwicklungsumgebung der jeweiligen Anwendung die Hilfe aufrufen.

```
Set wo = CreateObject("Word.Application")
wo.Visible = False
wo.Documents.Open "d:\buch\docs\test.doc"
wo.ActiveDocument.PrintOut
wo.Quit
```

Listing 5.220: Dieses Skript druckt ein Word-Dokument aus, ohne das Word-Fenster sichtbar zu machen. [office_word.wsf]

Die MS Office-Komponenten sind implementiert in den jeweiligen .EXE-Dateien der Anwendungen. Die Typbibliotheken sind jeweils extern gespeichert in Dateien mit der Extension .OLB, z.B. EXCEL9.OLB, MSWORD9.OLB, GRAPH9.OLB, MSPPT9.OLB, MSOUTL9.OLB.	Implementierung und Typbibliotheken

5.10 API-Funktionsaufrufe mit DynaCall

Microsoft hat in der ActiveX Scripting-Architektur nicht vorgesehen, dass Skripte Windows-32-API-Funktionen direkt aufrufen können. Skripte können lediglich automationsfähige COM-Klassen nutzen. Dies bedeutet, dass man für alle API-Funktionen, die aus Skripten aufgerufen werden sollen, eine Wrapper-Methode in einer COM-Klasse benötigt.	Scripting und API
DynaCall ist der Ansatz, einen allgemeinen Wrapper für API-Funktionen zu schaffen, so dass jede beliebige API-Funktion aus einem Skript heraus aufgerufen werden kann. Dabei muss für jede einzelne zu kapselnde API-Funktion neben dem Namen der Funktion und der implementierenden DLL genau angegeben werden, welche Parameter die Funktion erwartet und welchen Typ der Rückgabewert hat. Nach der Ausführung dieses Registrierungsvorgangs steht die API-Funktion als COM-Methode zur Verfügung.	Brückenschlag zu den API-Funktionen
Der Umgang mit DynaWrap erfordert Erfahrung mit API-Funktionen, deren Vermittlung den Rahmen dieses Buches sprengen würde. Außerdem ist DynaWrap in der im Umlauf befindlichen Fassung keineswegs in der Lage, alle Arten von API-Funktionen aufzurufen. Der C++-Quellcode der Komponente ist jedoch auch frei verfügbar.	Voraussetzung und Grenzen

Name und Abkürzung	DynaCall (auch: DynaWrap)	*Tabelle 5.98: Schnellinfo DynaCall*
Name der Komponentendatei	DYNAWRAP.DLL	
Interner Name der Typbibliothek	keine Typbibliothek vorhanden	
Autoren	Ton Plooy und Jeff Strong	

COM-Komponenten

Lizenzierung	Freeware
Besprochene Version	1.0
NT4.0, Windows 2000 und Whistler (Windows XP/Windows .NET Server)	Einzelregistrierung der DLL: `regsvr32 DynaWrap.dll` [CD:/install/komponenten/DynaCall]
Windows 9x/ME	Eigene Version; wird ebenfalls durch Einzelregistrierung der DLL installiert [CD:/install/komponenten/DynaCall]
Dokumentation	Spärliche Readme-Datei: [CD:/install/komponenten/DynaCall/Readme.dll]; DynaCall-Infoseite im WWW bei [BOR00]

Registrierung

Register() Die Komponente *DynaCall* implementiert genau eine Klasse (ProgID `DynamicWrapper`), die zunächst nur eine Methode bereitstellt: `Register()`.

```
Register DLLname, FunkName, Parameter, Typ, Rueckgabewert
```

Dabei werden die letzten drei Parameter jeweils durch ein Attribut-Wert-Paar beschrieben.

▶ `Parameter` ist ein String der Form i=abcd..., wobei durch abcd... die Anzahl und der Typ der Parameter der API-Funktion festgelegt werden. Zur Beschreibung der Datentypen gibt es Kürzel (siehe nachstehende Tabelle).

▶ `Typ` ist ein String der Form f=x, wobei x entweder »s« oder »c« sein muss. »s« steht für eine API-Funktion vom Typ *_stdcall* (Microsoft C++) und »c« für eine API-Funktion vom Typ *_cdecl* (Borland C++).

▶ `Rueckgabewert` ist ein String der Form r=x, wobei x eines der Datentypkürzel ist.

Tabelle 5.99: Kürzel für DynaCall-Datentypen

Kürzel	Win32-API-Datentyp
A	IDispatch
C	signed char
D	8 byte real
f	4 byte real
K	IUnknown
H	HANDLE
L	long
P	pointer
R	string (Call by Reference)
S	string (Call by Value)

Kürzel	Win32-API-Datentyp
T	short
U	unsigned int
W	wide string

Aufruf der API-Funktion via Methodenaufruf

Mit dem Aufruf von Register() fügt die Klasse DynamicWrapper der eigenen IDispatch-Schnittstelle eine Methode hinzu, die genauso heißt wie die registrierte API-Funktion. Über spätes Binden ist diese Methode im direkten Zugriff über die Punkt-Notation. Bei einem Aufruf dieser Wrapper-Methode wird dieser Aufruf an die API-Funktion durchgereicht. Die Registrierung ist nicht auf eine API-Funktion beschränkt; die Klasse kann also gleichzeitig mehrere Wrapper-Methoden verwalten.

Aufruf

Beispiel

Das Beispiel zeigt den Aufruf der API-Funktion GetPrivateProfileString() aus der KERNEL32.DLL. Diese API-Funktion kann aus einer INI-Datei einen bestimmten Wert auslesen. Bitte beachten Sie, dass GetPrivateProfileString() – wie viele andere API-Funktionen auch – den eigentlichen Wert nicht über den Rückgabewert, sondern über einen OUT-Parameter per Call by Reference liefert. Dafür muss der Aufrufer zunächst Speicherplatz reservieren. Der Beschreibung i=sssrls, f=s, r=l können Sie entnehmen, dass die Funktion GetPrivateProfileString() sechs Parameter erwartet und einen Rückgabewert vom Typ *Long* liefert, der die Länge des aus der INI-Datei ermittelten Strings enthält. Der vierte Parameter ist der OUT-Parameter: Hierfür muss vorher Speicherplatz reserviert werden, so dass die API-Funktion dort den aus der INI-Datei ausgelesenen String ablegen kann.

INI-Datei auslesen

```
Dim oWrap
Const INIDatei = "d:\buch\ini\test.ini"
Const Key = "Autor"
Const Sektion = "Buch"
Dim Wert, Anz_Zeichen
Set oWrap = CreateObject("DynamicWrapper")
' -- Erzeugung der Wrapper-Methode für GetPrivateProfileStringA()
oWrap.Register "kernel32.DLL", "GetPrivateProfileString", _
"i=sssrls", "f=s", "r=l"
' -- Speicher für Ergebnis reservieren
Wert = String(128, "*")
Wert = CStr(Wert)
' -- Aufruf der API-Funktion via Wrapper-Methode
Anz_Zeichen = oWrap.GetPrivateProfileString(CStr(Sektion), _
CStr(Key), "", Wert, CLng(127), CStr(INIDatei))
' -- Ergebnis auswerten
If Anz_Zeichen > 1 Then
    Wert = Left(CStr(Wert), Anz_Zeichen)
    say "Anzahl Zeichen: " & Anz_Zeichen
    say "Wert: " & Wert
End If
```

Listing 5.221: DynaCall-Aufruf einer API-Funktion zum Auslesen von INI-Dateien [DynaCall_test.wsf]

5.11 Weitere Komponenten

Weitere Komponenten

Die hier vorgestellten Komponenten stellen nur einen Querschnitt der verfügbaren COM-Komponenten zur Automatisierung von Windows dar. Darüber hinaus gibt es noch weitere, zum Teil sehr spezielle Komponenten, die im Rahmen von Automatisierungslösungen interessant sein könnten. Die nachfolgenden Tabellen nennen Ihnen weitere Komponenten, die nicht in diesem Buch vorgestellt werden konnten.

COM-Komponentenhandbuch

COM-Komponentenhandbuch

Die Dokumentation weiterer Komponenten einschließlich zahlreicher Komponenten finden Sie in folgendem Buch:

> Holger Schwichtenberg:
> COM-Komponentenhandbuch
> Systemprogrammierung und Scripting mit COM-Komponenten
> Addison-Wesley 2001
> ISBN 3-8273-1936-6

Die in den folgenden Tabellen mit einem Stern (*) markierten Komponenten sind im COM-Komponentenhandbuch beschrieben.

Das Buch können Sie im WWW versandkostenfrei bestellen unter HTTP://WWW.WINDOWS-SCRIPTING.DE

5.11.1 Komponenten von Microsoft

Die folgende Tabelle listet die Komponenten auf, die von Microsoft im Rahmen der Betriebssysteme oder anderer Produkte ausgeliefert werden.

Tabelle 5.100: Weitere COM-Komponenten zur Automatisierung (Hersteller: Microsoft)

Komponente	Enthalten im Produkt	Erläuterung
Microsoft Server Appliance (MSA)	Windows .NET Server (IIS 6.0)	Sammlung von Komponenten für verschiedene Bereiche der Windows-Administration
Microsoft Shell Objects	Internet Explorer	Automatisierung des Windows Explorers (*)
Microsoft Internet Controls	Internet Explorer	Automatisierung des Internet Explorers (*)
Common Dialog Control	Visual Studio 6.0	Standarddialoge (Datei öffnen, Drucker auswählen etc.) (*)
Microsoft HTML Document Object Model (MSHTML)	Internet Explorer	Zugriff auf HTML-Dokumente (*)
Microsoft XML Document Object Model (MSXML)	Internet Explorer	Zugriff auf XML-Dokumente (*)

Weitere Komponenten

Komponente	Enthalten im Produkt	Erläuterung
ActiveX Data Objects (ADO)	Microsoft Data Access Components (MDAC) u.a.	Zugriff auf relationale Datenbankdateien und Datenbankserver sowie andere nicht-relationale Datenquellen (*)
Taskscheduler-Komponente	Site Server 3.0	Automatisierung des Windows-Zeitplandienstes (*)
COM+ Administration Objects	Windows 2000/XP/.NET	Zugriff auf die Konfiguration von COM-Komponenten und COM+-Diensten unter Windows 2000/XP/.NET (*)
MTS Administration Objects	NT4 Option Pack	Zugriff auf die Konfiguration des Microsoft Transaction Servers 2.0 (*)
DHCP Objects	Windows 2000 Resource Kit	Verwaltung des Windows DHCP-Servers
SQL Server Distributed Management Objects (DMO)	SQL Server ab Version 7.0	Automatisierung des SQL Server (Funktionen des SQL Enterprise Manager) (*)
Data Transformation Service-Package Objects	SQL Server ab Version 7.0	Programmgesteuerte Erzeugung, Bearbeitung und Ausführung von DTS-Paketen (*)
Collaboration Data Objects (CDO) Version 1.21	Microsoft Outlook, Microsoft Exchange Server ab Version 5.5	Zugriff auf MAPI-Mailstores, insbesondere Exchange Server 5.5 und Persönliche Ordner/Persönliche Adressbücher (*)
Collaboration Data Objects (CDO) Version 2.0 (auch CDOSYS genannt)	Windows 2000	Versand von Simple Mail Transfer Protocol-Nachrichten unter Windows 2000; Empfang von SMTP-Nachrichten in Drop-Directories (*)
Collaboration Data Objects (CDO) Version 3.0	Exchange Server 2000	Zugriff auf den Webstore im Exchange Server 2000 (*)
CDO for Exchange Management	Exchange Server 2000	Zugriff auf den Webstore im Exchange Server 2000 sowie Exchange-spezifische Erweiterungen des Windows 2000-Active Directory (*)
CDONTS	NT4 Option Pack	Versand von Simple Mail Transfer Protocol-Nachrichten unter NT Server 4.0; Empfang von SMTP-Nachrichten in Drop-Directories
Winsock-Komponente	Visual Studio 6.0	Zugriff auf die Transportschicht des TCP/IP-Protokollstacks (*)
Internet Transfer-Komponente	Visual Studio 6.0	Zugriff auf die Anwendungsschicht des TCP/IP-Protokollstacks (HTTP, FTP und HTTP over SSL) (*)

Komponente	Enthalten im Produkt	Erläuterung
RegExp	VBScript 5.6	Auswertung regulärer Ausdrücke (*)
Microsoft Office-Komponenten (mehrere verschiedene Komponenten)	Microsoft Office ab Version 7.0	Automatisierung der Microsoft Office-Produkte
Windows Installer Object Model	Windows 2000	Verwaltung des Windows Installer Services
TAPI	Windows 2000	Telefon-API
Microsoft Disk Quota-Komponente	Windows 2000	Verwaltung des Quota-Managements
COM+ Services Library	Windows 2000	Zugriff auf den Objektkontext innerhalb der Instanz einer in COM+ konfigurierten Klasse
DfsCore-Komponente	Windows 2000	Verwaltung des Distributed File Systems (DFS)
Decision Support Objects (DSO)	MS OLAP Server	Zugriff auf den MS OLAP Server
Text Object Model (TOM)	Visual Studio	Manipulation von Rich-Text-Dokumenten
ODBCTools	Visual Studio	Erzeugung von ODBC-Datenquelleneinträgen (DSN)
Microsoft Routing Objects	Exchange Server 5.5	Entwicklung von Workflow-Anwendungen für Exchange
Microsoft Exchange SDK 5.5 Rules 1.0	Exchange 5.5 SDK	Manipulation von in Ordnern gespeicherten Posteingangsregeln
Microsoft Exchange Event Service Config 1.0 Type Library	Exchange Server 5.5	Manipulation von Event Agents
Active User Objects (AUO)	Site Server 3.0	Verwaltung von Benutzern im Site Server
Repository Engine Object Model	MS Repository	Verwaltung des Microsoft Repository
ISPSignup	IIS Resource Kit	Zugriff auf den Domain Name Service; IIS-Automatisierung; einfache Routinen zur WinNT-Benutzerverwaltung; Verschlüsselung/Entschlüsselung; u.a.
TypeLib Information-Komponente	Visual Studio 6.0	Komponente zum Auslesen von Typbibliotheken

5.11.2 Komponenten anderer Hersteller

COM-Komponenten, die man beim Windows Scripting einsetzen kann, werden nicht nur von Microsoft hergestellt. Die folgende Tabelle nennt einige ausgewählte Komponenten anderer Hersteller. Die in der folgenden Tabelle mit einem Stern (*) markierten Komponenten sind im COM-Komponentenhandbuch beschrieben.

Komponente	Bezugsquelle	Weitere Informationen
RegCol	HTTP://WWW.RIPOSTE.COM	Zugriff auf die Registry (*)
STMAdmin	SEAN_MCLEOD@BIGFOOT.COM	Zugriff auf das NT-Ereignisprotokoll (*)
JMAIL	HTTP://TECH.DIMAC.NET/	Versand von SMTP-Nachrichten unter allen Windows-Versionen (*)
ASPInet	HTTP://WWW.GENUSA.COM	Schlanke und einfache FTP-Komponente (*)
MabryFTPX	HTTP://WWW.MABRY.COM	Sehr mächtige Komponente zur Nutzung des File Transfer Protocol (*)
Lotus Notes OLE Library	HTTP://WWW.LOTUS.COM	Automatisierung von Aufgaben in Lotus Notes
DynaZIP-AX	HTTP://WWW.INNERMEDIA.COM	Komprimieren von Dateien (ZIP/UNZIP)
NSDPGP	HTTP://COMMUNITY.WOW.NET/GRT/NSD PGP.HTML	Automatisierung von Pretty Good Privacy (PGP)
QuickPrompts	HTTP://WWW.TOPTENSOFTWARE.COM	Einfache Bildschirmmasken
Mabry Internet RAS/X	HTTP://WWW.MABRY.COM	Verwaltung und Aufbau von Remote Access Service-Verbindungen
MiniOLE	HTTP://HOME.KNUUT.DE/HEIKO.ROST/ [CD:/INSTALL/KOMPONENTEN/MINIOLE]	Sammlung von COM-Klassen, insbesondere für den Aufbau von Remote Access Service-Verbindungen, Fenstermanagement und INI-Datei-Verarbeitung (Freeware)
ScriptX	HTTP://COMMUNITY.WOW.NET/GRT/NSDPGP.HTML	Sammlung von COM-Klassen, insbesondere für die Webentwicklung
Oracle Objects for OLE (OO4O)	HTTP://WWW.ORACLE.COM	Zugriff auf Oracle Datenbank-Server (ein »ADO« für Oracle)

Tabelle 5.101: Weitere COM-Komponenten zur Automatisierung von anderen Anbietern

6 Fortgeschrittene Techniken

Dieses Kapitel beschäftigt sich mit einigen fortgeschrittenen Techniken aus dem Bereich der Skriptprogrammierung. Dazu gehören:

Überblick über das Kapitel

- die Kodierung des Quelltexts von Skripten
- die Nutzung entfernter Komponenten
- das Prototyping von Skripten in VB6
- die Entwicklung von Automatisierungslösungen mit VB6 und VBA
- die Selbsterstellung von COM-Komponenten auf Basis von Scriptlets und als kompilierte Visual Basic-Komponenten
- die Programmierung eigener Scripting Hosts
- die Suche nach geeigneten Komponenten
- die Selbsterforschung von Komponenten, die nicht in diesem Buch besprochen werden konnten

6.1 Fehlersuche in Skripten (Debugging)

Das Debugging, also das Finden und Entfernen von Bugs (Programmfehlern) in Skripten, ist eine zentrale Aufgabe für den Skriptprogrammierer.

Die Windows Scripting-Architektur unterstützt den Einsatz von Debuggern. Active Scripting Debugger setzen auf speziellen ActiveX Scripting-Schnittstellen auf.

6.1.1 Fehlerarten

Man muss beim Debugging drei Arten von Fehlern unterscheiden.

- **Kompilierungsfehler:** Der Begriff **Kompilierungsfehler** erscheint in einem Buch über Scripting auf den ersten Blick verwunderlich, da Skriptsprachen ja interpretiert werden. Eine Kompilierung im engeren Sinne findet beim Active Scripting auch nicht statt, doch wird das Skript vor dem Start durch die ActiveX Scripting Engine **geparst** und auf die syntaktische Gültigkeit hin überprüft. Bereits zu diesem Zeitpunkt kann die Vollständigkeit von Sprachkonstrukten überprüft werden. Ein Kompilierungsfehler entsteht beispielsweise, wenn Sie im nachfolgenden Listing die Zeile 5 (End If) weglassen. Sofern ein Kompilierungsfehler festgestellt wird, wird die Ausführung des Skripts gar nicht begonnen, selbst wenn die ersten Befehle des Skripts fehlerfrei wären.

Kompilierungsfehler

Fortgeschrittene Techniken

```
a = msgbox("Fehler oder nicht Fehler?",vbYesNo)
If a = vbYes then
    u = 0
    x = 7 / u ' Laufzeitfehler: Division durch 0
End If   ' ohne diese Zeile -> Kompilierungsfehler
Msgbox "Ergebnis: " & X
```

Listing 6.1: Listing: Demo-Skript

*Abbildung 6.1:
Anzeige eines
Kompilierungs-
fehlers im WSH*

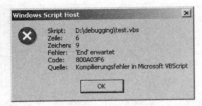

Laufzeitfehler ▶ **Laufzeitfehler:** Der Parser findet jedoch nicht alle Fehler (z. B. nicht initialisierte Variablen oder nicht definierte Unterroutinen) und kann auch zahlreiche Fehler gar nicht finden (z. B. Division durch Null). Diese Fehler werden erst zur Laufzeit festgestellt, d. h., die Skriptausführung beginnt und wird beim Auftreten des Fehlers angehalten. Sofern die Programmzeile, in der sich der Fehler befindet, nicht durchlaufen wird, tritt der Fehler auch nicht auf. Wenn Sie im obigen Listing mit NEIN antworten, tritt der »Division durch Null«-Fehler nicht auf.

*Abbildung 6.2:
Laufzeitfehler
im WSH*

**Logische
Fehler** ▶ **Logische Fehler:** Das größte Problem sind logische Fehler: Sie werden nicht von der Scripting Engine festgestellt, sondern führen zu unerwarteten Ergebnissen bei der Ausführung.

6.1.2 Active Scripting-Debugger

Es gibt zwei Active Scripting-Debugger von Microsoft:

- Microsoft Script Debugger (MSSCRDBG.EXE, kostenlos)
- Visual InterDev 6.0 (MDM.EXE, kostenpflichtig)

Beide Debugger werden aus systematischen Gründen im Kapitel »Werkzeuge« beschrieben.

 Wenn Sie Prototypen Ihrer Skripte mit Visual Basic 6.0 entwickeln (vgl. Unterkapitel »Entwicklung von Automatisierungslösungen in Visual Basic 6«) dann haben Sie den Vorteil, dass Sie den weitaus besseren Debugger von Visual Basic 6.0 nutzen können.

6.1.3 Auswahl des Debuggers

Sind mehrere Debugger installiert, bietet Windows einen Auswahldialog.

Debuggerauswahl

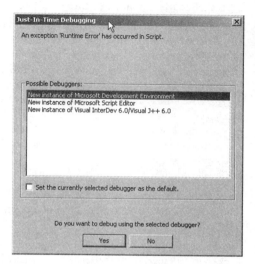

Abbildung 6.3: Auswahldialog für Active Scripting-Debugger

Der erste Eintrag ist dabei Visual Studio .NET Debugger, der jedoch nicht zum Debuggen von Active Scripts fähig ist.

> Der Standarddebugger wird gespeichert unter
> HKEY_CLASSES_ROOT\CLSID\{834128A2-51F4-11D0-8F20-00805F2CD064}\LocalServer32

6.1.4 Aufruf des Debuggers

Es gibt drei Möglichkeiten, ein Skript in den Debug-Modus zu versetzen:

- Der Debugger startet erst bei einem Kompilierungs- oder Laufzeitfehler.
- Das Skript wird durch eine Option des Scripting Hosts direkt von der ersten Programmzeile an im Debugger gestartet.
- Der Debugger startet durch einen speziellen Befehl an einer beliebigen Stelle im Programmcode (Stop (in VBS) bzw. Debugger (in JScript)).

Im Debugger der Entwicklungsumgebung der Visual Basic-Vollversion gibt es noch andere Möglichkeiten (z.B. Überwachungsausdrücke).

6.1.5 Aktivierung des Debuggings

Das Verhalten der Active Scripting Hosts im Fehlerfall ist sehr unterschiedlich: Einige zeigen eine Dialogbox, andere protokollieren still und heimlich in eine Datei. Anders als in der Visual Basic-Entwicklungsumgebung ist das Debugging beim Scripting eine Option, die

Verhalten im Fehlerfall

nicht automatisch angeboten wird. Sie muss in jedem Scripting Host auf spezielle Weise aktiviert werden. Die separate Aktivierung des Debuggers ist sinnvoll: Nicht für jeden ASP-Fehler soll auf dem Webserver der Debugger gestartet werden und auch im WSH soll der normale Benutzer lieber eine Fehlermeldung erhalten als ein Debug-Fenster.

- **WSH** Für den Windows Script Host (WSH) muss das Debugging grundsätzlich mit dem Schlüssel HKEY_LOCAL_MACHINE\SOFTWARE\MICROSOFT\WINDOWS SCRIPT HOST\SETTINGS\ACTIVEDEBUGGING = 1 aktiviert sein. Für ein konkretes WSH-Skript muss der Debugger zusätzlich aktiviert werden (im WSH 1.0 war diese Option nicht nötig). Dabei gibt es einen Unterschied zwischen .WSF-Dateien und den nicht-XML-strukturierten WSH-Dateien. In .WSF-Dateien muss in der <?job>-Processing Instruction das Attribut debug auf True gesetzt werden (<?job debug="True"?>). Andere WSH-Dateien müssen zur Aktivierung des Debuggers mit der Kommandozeilenoption //D (Debugger-Start bei Fehler oder Stop) oder //X (Start mit erstem Befehl) gestartet werden. Der WSH fragt trotz der gesetzten Kommandozeilenoption vor dem Start des Debuggers noch einmal höflich nach, ob Sie wirklich debuggen wollen.

- **IE** Im Internet Explorer finden Sie die Aktivierungsoption in Form des Kontrollkästchens SCRIPTDEBUGGING DEAKTIVIEREN unter den Internetoptionen in der Registerkarte ERWEITERT.

- **ASP** Für die Active Server Pages (ASP) erfolgt die Aktivierung in der INTERNETDIENSTEVERWALTUNG in den Eigenschaften des virtuellen Webs (Register BASISVERZEICHNIS/ANWENDUNGSEINSTELLUNGEN, Button KONFIGURATION, Register DEBUGGEN DER ANWENDUNG).

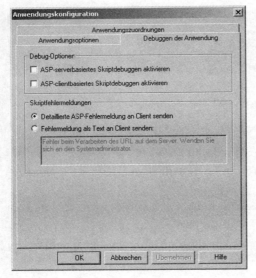

Abbildung 6.4: Debugging-Optionen für ASP

In ASP gibt es bei Verwendung von Visual InterDev 6.0 auch die Option des entfernten Debuggings (**serverbasiertes Skriptdebuggen** oder **Remote Debugging** genannt). Allerdings ist in Entwicklerkreisen bekannt, dass dieses Feature fehlerhaft und die Arbeit damit sehr mühselig ist. Das Remote Debugging in ASP.NET mit Visual Studio .NET funktioniert dagegen hervorragend.

Beim Exchange Event Service sowie bei den Scripting Hosts im SQL Server 7.0/2000 springt ein Skript im Fehlerfall nie automatisch in den Debugger. Sie müssen also das Skript mit einer speziellen Anweisung, die spezifisch für jede Skriptsprache ist (siehe oben) in den Debugger zwingen. **Exchange Server/SQL Server 7.0/ 2000**

Beim Data Transformation Service (DTS) im SQL Server 2000 gibt es in den Eigenschaften des Zweigs »Data Transformation Services« im SQL Server Enterprise Manager eine Option »Just-In-Time-Debuggen aktivieren«. **SQL Server 2000**

Abbildung 6.5: Aktivierung des Debugging im DTS 2000

6.2 Skriptkodierung mit dem Script Encoder

Ein strategischer Nachteil von Skripten ist, dass sie in Quelltextform vorliegen. Bei der Weitergabe an andere Personen können diese den Quelltext einsehen, verändern und wiederverwenden. Skripte sind daher grundsätzlich eine ungeeignete Form der Programmierung, wenn es entweder darum geht, das geistige Eigentum zu schützen, Inhalte des Skripts (z.B. Passwörter) vor dem Endanwender zu verbergen oder aber die Integrität des Programms sicherzustellen. Dieses Problem adressiert Microsoft mit dem *Script Encoder*. Der Script Encoder ist ein Werkzeug, um Windows ActiveX-Skripte so zu kodieren, dass man den Quelltext nicht mehr einsehen kann; dabei können die Skripte aber wie bisher ausgeführt werden. Mit Windows Script 5.5 wird der Script Encoder 2.0 ausgeliefert. **Kodierung**

Fortgeschrittene Techniken

Das Geheimnis dieser Technologie liegt in den Scripting Engines. Wenn eine Scripting Engine das Kodieren unterstützt, dann muss sie in der Lage sein, ein vom Script Encoder kodiertes Skript entgegenzunehmen und vor der Ausführung zu dekodieren. Eine Scripting Engine zeigt diese Unterstützung durch eine Mitgliedschaft in der Component Category »ActiveX Scripting Engine with Encoding« {F0B7A1A3-9847-11CF-8F20-00805F2CD064} an.

Es handelt sich beim Script Encoder um eine einfache Austausch-Kodierung, die durch versierte Benutzer unter Einsatz externer Tools umkehrbar ist. Auf der CD finden Sie ein solches Werkzeug von David Hammel [CD:/install/tools/encoding/decode.exe].

Wenn es »nur« darum geht, die Integrität des Skriptes sicherzustellen, die Nicht- Einsehbarkeit des Codes aber unwichtig ist, dann ist das Script Signing (siehe nächstes Kapitel) das geeignete Instrument.

Dateikodierung

Script Encoding arbeitet auf Dateiebene. Scripting Hosts, die Skripte nicht in Dateien im Dateisystem ablegen, können auf dem derzeitigen Stand dieser Technologie noch nicht davon profitieren. Es ist aber möglich, Teile einer Skriptdatei zu kodieren.

Kodierbare Dateiextensionen
Folgende Dateitypen können kodiert werden:

- ASP-Dateien mit den Extensionen .ASP, .ASA und .CDX
- HTML-Dateien mit den Extensionen .HTM, .HTML und .HTA
- Scriptlets mit den Extensionen .WSC oder .SCT
- WSH-Dateien mit den Extensionen .VBS, .JS und .WSF

Beispiel
Bei den drei erstgenannten Skripttypen findet die Kodierung für jeden einzelnen Skriptblock statt. Es wird nur der Inhalt zwischen <SCRIPT>-Tags kodiert (bei ASP wird die Kurzform <% %> auch erkannt und kodiert). Dabei wird das Skriptsprachenattribut im <SCRIPT>-Tag um das ».Encode« ergänzt. Es folgt ein Beispiel für eine Kodierung:

```
<HTML>Erste Ausgabe...<p>
<SCRIPT language=VBScript>
Msgbox "Erste Dialogbox. (VBS)"
</SCRIPT>
Zweite Ausgabe...<p>
<SCRIPT language=JScript>
alert("Zweite Dialogbox. (JSCRIPT)");
</SCRIPT>
</HTML>
```

Listing 6.2: Unkodierte HTML-Datei [CD: /code/fortgeschrittene/encoding/test.htm]

```
<HTML>Erste Ausgabe...<p>
<SCRIPT language=VBScript.Encode>#@~^JwAAAA==@#@&HdT4K6Pr2MdYP9kmVGL(W6c~'jA?*E@
#@&SAoAAA==^#~@</SCRIPT>
Zweite Ausgabe...<p>
```

Skriptkodierung mit dem Script Encoder

```
<SCRIPT language=JScript.Encode>#@~^LQAAAA==@#@&lsDD'J\hrYP9kmVGL(W6c~'x?Z"(KK*J
*i@#@&BQwAAA==^#~@</SCRIPT>
</HTML>
```

Listing 6.3: Kodierte HTML-Datei

Ein kodierter Skriptblock darf niemals verändert werden, da auch die kleinste Änderung zur Zerstörung des kodierten Skripts führt.

Anders sieht dies bei den WSH-Dateitypen .VBS und .JS aus. Da diese Dateien kein <SCRIPT>-Tag enthalten, sondern aus reinem Programmcode bestehen, werden die ganzen Dateien kodiert. Zur Kennzeichnung der Kodierung müssen WSH-Dateien eine neue Extension erhalten. Diese lautet .VBE für VBScript-Dateien und .JSE für JScript-Dateien. Nach der Kodierung können die .VBE- und .JSE-Dateien wie normale WSH-Skripte ausgeführt werden.

WSH-Dateien

Es ist möglich, in einer WSH-Datei nur einen Teil der Datei zu kodieren. Markieren Sie dazu den Anfang des zu kodierenden Bereichs mit '**Start Encode**'.

```
WScript.Echo "Nicht kodiert!"
'**Start Encode**
WScript.Echo "Das soll kodiert werden!"
```

Listing 6.4: WSH-Datei mit teilweiser Kodierung [CD: /code/fortgeschrittene/encoding/test.vbs]

WSF-Dateien können nur mit einem Trick kodiert werden, da der im Umlauf befindliche Script Encoder die Extension .WSF noch nicht kennt. Er kennt allerdings XML-Dateien mit Skript schon aus der Zeit, da die Scriptlets noch die Extension .SCT hatten. Sie werden weiter unten das Beispiel sehen, wie Sie dem Encoder vorgaukeln, er habe es mit einer .SCT-Datei zu tun.

Script Encoder

Der Script Encoder kann auf zwei verschiedene Arten verwendet werden:

- über das Kommandozeilentool SCRENC.EXE
- über die Klasse Scripting.Encoder aus der Scripting Runtime Library (ab Version 5.0)

6.2.1 Kodierung per Kommandozeile

Die Syntax für das Kommandozeilentool lautet:

SCRENC.exe

```
SCRENC [/s] [/f] [/xl] [/l defLanguage ] [/e defExtension] inputfile outputfile
```
Die Bedeutungen der Optionen zeigt die folgende Tabelle.

Fortgeschrittene Techniken

Tabelle 6.1:
Kommando-
zeilenargu-
mente für
SCRENC.exe

Kommandozeilenargument	Beschreibung
/s	Optional. Unterdrückt alle Ausgaben an der Kommandozeile. (»s« steht für silent)
/f	Optional. Die Eingabedatei soll durch die kodierte Datei überschrieben werden. Ohne diesen Parameter ist die Angabe einer dezidierten Ausgabedatei notwendig.
/xl	Optional. Der Script Encoder fügt bei ASP-Dateien automatisch eine ASP-Sprachdirektive <@language> am Beginn der Datei an. Diese Option unterdrückt das Hinzufügen der Sprachdirektive.
/l sprachprogid	Optional. Mit dieser Option kann für Skriptblöcke, die keine explizite Sprachzuweisung besitzen, eine Sprache vorgegeben werden. Einige Scripting Hosts haben Standardsprachen (JScript im Internet Explorer, VBScript in ASP), die implizit verwendet werden, wenn das Attribut language im <SCRIPT>-Tag nicht gesetzt ist. Für das Script Encoding muss immer eine Sprache explizit angegeben werden. Der Script Encoder verwendet die Standardsprache entsprechend der Dateiextension. Mit dieser Option kann dies jedoch beeinflusst werden. Die Sprache muss in Form der ProgID (z.B. jscript, vbscript, perlscript) der Sprache angegeben werden.
/e dateiextension	Optional. Normalerweise erkennt der Script Encoder den Skripttyp anhand der Dateiextension. Wenn unübliche Dateiextensionen verwendet werden, kann mit dieser Option der unbekannten Extension eine der bekannten Extensionen zugeordnet werden, so dass der Script Encoder das Skript korrekt kodieren kann. Wird ein unbekannter Dateityp ohne diese Option verwendet, kann der Script Encoder nicht arbeiten. Die Extension muss mit dem führenden Punkt (z.B. .JS oder .ASP) angegeben werden.
inputfile	Name der Eingabedatei. Es können mit Hilfe der Platzhalteroperatoren »*« und »?« auch Dateimengen angegeben werden.
outputfile	Name der Ausgabedatei. Sofern inputfile eine Dateimenge war, muss hier der Name eines Zielverzeichnisses angegeben werden.

Beispiele für die Anwendung von SCRENC.exe

Kodierung von Dateien

▶ Kodierung einer HTML-Datei unter Verwendung eines neuen Namens:

```
screnc x.htm y.htm
```

▶ Kodierung einer HTML-Datei aus einem Verzeichnis in ein anderes Verzeichnis:

```
screnc d:\buch\unkodierte\*.htm d:\buch\kodierte
```

Skriptkodierung mit dem Script Encoder

- Kodierung einer WSH-Datei und Speicherung unter der neuen Extension:

  ```
  screnc x.vbs x.vbe
  ```

- Kodierung einer WSH-Datei mit einer Nicht-Standard-Extension:

  ```
  E:\DEV\MICROS~1\SCRENC.EXE /e .vbs x.vbx x.vbe
  ```

- Kodierung einer WSF-Datei:

  ```
  screnc /e .sct test.wsf test2.wsf
  ```

- Kodierung einer HTML-Datei und Speicherung unter dem gleichen Namen:

  ```
  screnc /f x.htm
  ```

Durch die Option /f wird die vorhandene Quelldatei überschrieben. Microsoft stellt kein Instrument bereit, um die Kodierung rückgängig zu machen. Wenn Sie keine anderen Tools haben, die diese Kodierung rückgängig machen können, ist Ihr Quellcode verloren!

6.2.2 Kodierung per Skript mit der Klasse Scripting.Encoder

Eine zweite Möglichkeit, die Skriptcodierung anzustoßen, stellt die Klasse Encoder dar, die seit Version 5.0 Teil der Scripting Runtime Library ist. Während das Kommandozeilentool SCRENC.EXE auf Dateiebene arbeitet, wandelt die Klasse Encoder übergebene Zeichenketten um. Das ermöglicht mehr Flexibilität in der Anwendung. Die Methodendefinition lautet:

COM-Klasse Scripting. Encoder

```
kodiertes_Skript = obj.Encoder.EncodeScriptFile (Extension, Skript, _
Flags, Sprache).
```

Dabei erwartet die Methode vier Pflichtparameter:

- Im ersten Parameter eine Dateiextension: Damit wird nicht auf eine Datei zugegriffen, sondern es wird angezeigt, welche Art von Skript übergeben wird. EncodeScriptFile() erwartet hier eine der zu Beginn dieses Kapitels genannten Dateiextensionen – inklusive eines führenden Punkts!

- Der zweite Parameter ist die Zeichenkette, die das zu kodierende Skript enthält.

- Im Parameter Sprache können Sie die ProgID einer ActiveX Scripting Engine angeben, die als Standardsprache für Skriptblöcke verwendet werden soll, die keine Skriptsprache explizit angeben.

Sofern mit EncodeScriptFile() jedoch ganze Dateien kodiert werden sollen, ist etwas mehr Aufwand notwendig:

Kodierung von Dateien

- Die gewünschte Datei muss mit FSO als ein Textstream-Objekt geöffnet werden.
- Der Inhalt muss komplett ausgelesen und in einer String-Variablen gespeichert werden.
- Dann kann der Inhalt an eine Instanz der Encoder-Klasse übergeben werden.
- Der kodierte Inhalt muss in die neue Datei geschrieben werden.

encode_-
script()

Diese Aufgabe löst die Prozedur encode_script(von, nach, sprache) allgemein und bildet – mit Ausnahme der Kommandozeilenparameter – die Funktion von SCRENC.EXE nach. Dabei können von und nach den gleichen Dateinamen bezeichnen, wenn die Datei überschrieben werden soll. Die Prozedur bedient sich der FSO-Methode GetExtensionName(), um die Extension der Quelldatei zu ermitteln.

```
Sub encode_script(von, nach, sprache)
Dim objEnc, FSO, objTX ' Objekte
Dim inhalt, code_inhalt, extension ' Strings
Set objEnc = CreateObject("Scripting.Encoder")
Set FSO = CreateObject("Scripting.FileSystemObject")
' -- 1. Datei öffnen
Set objTX = FSO.OpenTextFile(von)
' -- 2. Kompletten Inhalt einlesen
inhalt = objTX.ReadAll
' -- 3. Datei schließen
objTX.Close
' -- 4. Kodieren
extension = "." & FSO.GetExtensionName(von)
code_inhalt = objEnc.EncodeScriptFile(extension, inhalt, 0, sprache)
' -- 5. Ausgabedatei öffnen
Set objTX = FSO.OpenTextFile(nach, ForWriting, True)
' -- 6. Inhalt speichern
objTX.Write code_inhalt
' -- 3. Datei schließen
objTX.Close
End Sub
```

Listing 6.5: Die Funktion encode_script() kodiert eine beliebige Datei.
[CD: /code/fortgeschrittene/encoding/encoder.vbs]

Ein Beispiel für den Aufruf dieser Prozedur wäre:

```
encode_script "d:\buch\encoding\x.htm", "d:\buch\encoding\z.htm", "JScript"
```

6.3 Digitale Signaturen für Skripte

Kampf den bösen Liebesbriefen

Microsoft hat auf die massive Kritik, die dem Love-Letter-Virus folgte, reagiert: Die Version 5.6 des Windows Script Host (WSH) enthält eine Möglichkeit, die Authentizität und Integrität von Skripten mit Hilfe von digitalen Signaturen zu garantieren.

> Das von Microsoft mit dem WSH 5.6 ausgelieferte Signatursystem ist konsistent zur Signierung von binären Programmdateien (EXE, DLL, OCX, CAB).

Die digitale Signierung wird zunächst nur für WSH-Skripte (sowohl XML-strukturierte als auch einfache WSH-Skripte) unterstützt. Die dringend notwendige digitale Signierung von HTA-Dateien (vgl. Kapitel 4) ist derzeit noch nicht möglich.

6.3.1 Grundlagen digitaler Signaturen

Eine digitale Signatur ist eine Zeichenfolge, die an ein Dokument oder Programm (hier: ein Skript) angehängt bzw. getrennt übermittelt wird. Die Signatur basiert auf einem Hash-Wert, einem Public-Key-Verfahren und einem digitalen Zertifikat. Der Hash (auch Digest genannt) ist eine Zeichenfolge fester Länge, die aus dem Quellcode des Skripts erzeugt wird. Diese Zeichenfolge identifiziert den Quellcode eindeutig. Jede kleinste Änderung im Quellcode führt zu einem anderen Hash-Wert. Der Empfänger eines Skripts kann also aus dem erhaltenen Skriptcode den Hash-Wert selbst bilden und mit dem übermittelten Hash-Wert vergleichen. Nur wenn die beiden Hash-Werte übereinstimmen, ist das Skript unverändert übermittelt worden.

Hash-Wert

Der Hash-Wert allein stellt aber noch keine Sicherheit dar, denn er sagt weder aus, von wem er gebildet wurde, noch dass nicht zwischenzeitlich jemand das Skript verändert und gleichzeitig den Hash-Wert neu erzeugt hat. Um Integrität und Authentizität des Hash sicherzustellen, muss der Skriptautor den Hash mit seinem privaten Schlüssel verschlüsseln. Folglich kann der Hash nur mit dem öffentlichen Schlüssel des Absenders wieder korrekt entschlüsselt werden. Sofern also der Empfänger den öffentlichen Schlüssel des Skriptautors kennt, kann der Empfänger des Skripts eindeutig feststellen, ob der Hash verändert wurde.

Signierung mit privatem Schlüssel

Zertifikate

Das Restproblem ist die Voraussetzung, dass der Empfänger den öffentlichen Schlüssel des Skriptautors kennen muss. Wenn nämlich der Autor des Skripts diesen einfach ohne weitere Maßnahmen zusammen mit dem Skript übermittelt, dann beweist die Entschlüsselbarkeit des Hash nur, dass öffentlicher und privater Schlüssel zusammenpassen. Es kann aber sein, dass der Autor des Skripts gar nicht der ist, für den er sich ausgibt, oder dass bei der Übermittlung ein Dritter (Man-in-the-middle) das Skript verändert und mit seinem eigenen privaten Schlüssel den Hash neu verschlüsselt hat.

Zertifikate

Um dies auszuschließen, wird der öffentliche Schlüssel durch ein digitales Zertifikat bestätigt, das der Autor ebenfalls an das Skript anhängt. In dem Zertifikat bestätigt eine Zertifizierungsstelle, dass ein öffentlicher Schlüssel einer bestimmten Person gehört. Dazu bildet die Zertifizierungsstelle über den öffentlichen Schlüssel, den Namen, die E-Mail-Adresse und gegebenenfalls weitere personenbezogene Angaben einen Hash-Wert, den sie mit dem privaten Schlüssel der Zertifizierungsstelle verschlüsselt.

Zertifizierungsstellen

Der Empfänger des Skripts kann mit dem öffentlichen Schlüssel der Zertifizierungsstelle sicherstellen, dass das Zertifikat authentisch ist. Natürlich bestehen auch hier Restunsicherheiten: Zum einen bleibt die Frage, ob der öffentliche Schlüssel der Zertifizierungsstelle authentisch ist, zum anderen bleibt zu hoffen, dass die Zertifizierungsstelle die Identität desjenigen, der ein Zertifikat beantragt, ausreichend geprüft hat. Allein das Vorzeigen eines Zertifikats ist eben kein Vertrauensbeweis, denn jede beliebige Person kann eine Zertifizierungsstelle betreiben.

Vertrauen in die Zertifizierungsstelle

Fortgeschrittene Techniken

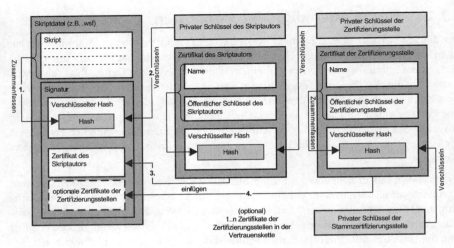

Abbildung 6.6:
Ablauf der digitalen Signierung für Skriptdateien

Vertrauen Letztlich ist für den Zertifikatsempfänger das Problem, beliebig vielen Skriptautoren zu trauen, reduziert worden; er muss nun (nur) noch einer bestimmten Menge von Zertifizierungsstellen trauen. Zudem können Zertifizierungsstellen andere Zertifizierungsstellen zertifizieren, so dass schließlich die Vertrauensfrage nur noch sehr wenigen Stammzertifizierungsstellen zu stellen ist. So entsteht eine Zertifizierungskette.

Certificate Server Unternehmensintern ist die Vertrauensfrage leicht zu lösen, indem das Unternehmen eine eigene Zertifizierungsstelle betreibt. Microsoft bietet als Produkt dazu den Certificate Server an. Er ist sowohl für NT 4.0 Server (als Teil des Option Packs) als auch für Windows 2000 Server (als Option im Setup) kostenlos. Bei Skripten, die von außen kommen, muss der Anwender entscheiden, ob er der Zertifizierungsstelle vertraut. Über verschiedene Windows-Tools kann der Administrator festlegen, welchen Zertifizierungsstellen ein Benutzer vertrauen darf und welchen nicht. So könnte der Administrator grundsätzlich jedes andere als das unternehmenseigene Zertifikat ausschließen.

Übrigens könnte man auf das Hash-Verfahren auch verzichten und den ganzen Skriptcode verschlüsselt an das Dokument anhängen. Das würde aber die Dateien unnötig verlängern.

Geheimhaltung Das vorgestellte Verfahren eignet sich natürlich nicht dazu, die Geheimhaltung des Skriptcodes zu gewährleisten, denn der öffentliche Schlüssel ist ja bekannt, so dass jeder die Verschlüsselung rückgängig machen könnte. Um die Geheimhaltung zu garantieren, benötigt auch der Empfänger ein Schlüsselpaar, so dass der Autor den öffentlichen Schlüssel des Empfängers zur Verschlüsselung nutzen kann. Dies kann dann nur der Empfänger mit seinem privaten Schlüssel wieder entschlüsseln.

Digitale Signaturen für Skripte

6.3.2 CryptoAPI-Tools

Um ein Skript digital signieren zu können, benötigt der Skriptautor also ein Schlüsselpaar und ein Zertifikat für den öffentlichen Schlüssel aus diesem Schlüsselpaar. Um diese auf ein Skript anzuwenden, ist nicht nur die Installation des WSH 5.6 notwendig, sondern auch das Tool SIGNCODE.EXE, das zu den Microsoft CryptoAPI-Tools gehört. Die CryptoAPI-Tools sind Teil des Internet Explorer Authenticode Add-ons [CD:/install/tools/authenticode50].

Microsoft CryptoAPI-Tools

6.3.2.1 Der Signcode-Wizard

SIGNCODE.EXE kann als Kommandozeilentool arbeiten; es bietet für Benutzer, die die zahlreichen Optionen nicht kennen, aber auch ein ansprechendes GUI in Form eines Wizards (»Assistent für digitale Signaturen«, siehe Abbildung). Der Wizard fragt zunächst nach der zu signierenden Datei. Das Auswahlfenster bietet nur die Optionen, die binären Dateitypen .EXE, .DLL, .OCX und .CAB sowie Zertifikatsvertrauenslisten (.SLT) und Katalogdateien (.CAT) zu signieren. Wenn der WSH 5.6 installiert ist, funktioniert aber auch die Auswahl sämtlicher Skriptdateitypen (.VBS, .VBE, .JS, .JSE, .WSF).

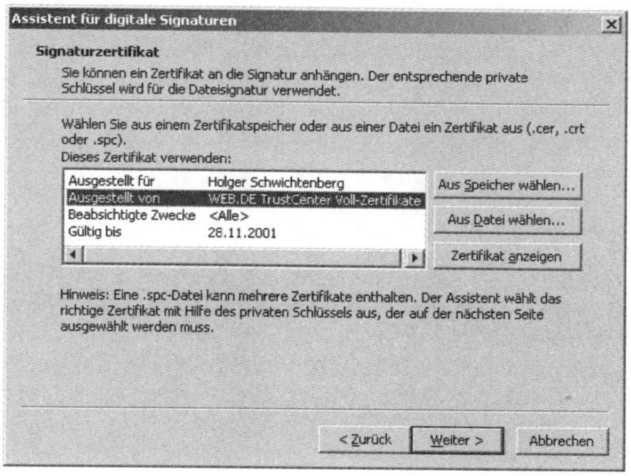

Signcode.exe

Abbildung 6.7: Auswahl eines Zertifikats in »signcode.exe«

Dann fragt der Wizard, ob man Standard-Optionen verwenden will oder aber in die benutzerdefinierten Optionen verzweigen möchte. Im ersteren Fall benötigt der Wizard nur noch ein Zertifikat, einen optionalen Zeitstempel sowie optionale Beschreibungsinformationen, die der Empfänger beim Aufruf sehen soll. Diese Beschreibungsinformationen sollte man unbedingt mit dem Skriptnamen und seinem Zweck füllen, denn sonst erscheint bei den Rückmeldungen des CryptoAPI an den Benutzer nur eine etwas unsinnige Aussage über den Namen desjenigen, der das Skript signiert hat. Im zweiten Fall erlaubt der Wizard feinere Einstellungen darüber, welcher private Schlüssel und welches Hash-Verfahren das CryptoAPI anwenden soll. Ebenso fragt er nach, ob auch die Zertifikate übergeordneter Zertifizierungsstellen in die Signatur aufgenommen werden sollen (siehe folgende Abbildung).

Optionen

Fortgeschrittene Techniken

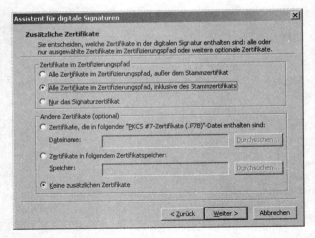

Abbildung 6.8:
Aufnahme
übergeordneter
Zertifikate in
»signcode.exe«

Beispiel

Beispiel Der Wizard hängt nach Abschluss aller Einstellungen die Signatur an die Skriptdatei an. Das folgende Listing zeigt ein HelloWorld-Skript in einer XML-strukturierten .WSF-Datei. Die digitale Signatur steckt in dem Element <signature>. Bei nicht-XML-strukturierten Skriptdateien ist die Signatur in Kommentarzeilen verborgen, so dass die Skriptspracheninterpreter nicht meckern.

```
<package>
<comment>
Autor: Holger Schwichtenberg, hs@windows-scripting.de
</comment>
<job id="Job1">
<object id="FSO" progid="Scripting.FileSystemObject"/>
    <script id="test2" language="VBScript">
        msgbox "Hello World!"
    </script>
</job>
<signature>
** SIG ** MIIV9QYJKoZIhvcNAQcCoIIV5jCCFeICAQExCzAJBgUr
** SIG ** DgMCGgUAMGcGCisGAQQBgjcCAQSgWTBXMDIGCisGAQQB
** SIG ** gjcCAR4wJAIBAQQQcAVhGs441BGiowAQS9NQkAIBAAIB
** SIG ** AAIBAAIBAAIBADAhMAkGBSsOAwIaBQAEFNGx8EDctBsa
** SIG ** OvQQZuURcN2POZIioIIT/jCCBJAwggPIoAMCAQICAx7W
** SIG ** OTANBgkqhkiG9w0BAQQFADCBoTELMAkGA1UEBhMCREUx
** SIG ** GjAYBgNVBAcTEUQtNzYyMjcgS2FybHNNydWh1MRIwEAYD
...
** SIG ** I1dFQi5ERSBUcnVzdENlbnRlciBWb2xsLVplcnRpZmlr
** SIG ** YXRlMRswGQYJKoZIhvcNAQkBFgx0cnVzdEB3ZWIuZGUC
** SIG ** Ax7WOTAJBgUrDgMCGgUAoFIwEAYKKwYBBAGCNwIBDDEC
** SIG ** MAAwGQYJKoZIhvcNAQkDMQwGCisGAQQBgjcCAQQwIwYJ
** SIG ** KoZIhvcNAQkEMRYEFDehJNSS3qE+Fn22jJR4SsAIYa6n
** SIG ** MAOGCSqGSIb3DQEBAQUABEBC+t9hJLobenkmrHkzGiw2
** SIG ** hsZWeMW4t+xw42No8hY4d/8L0v71eiqal0VZA3fIpVuo
```

Digitale Signaturen für Skripte

```
** SIG ** /7KQ16Sk2cm1LgoiXp6C
</signature>
</package>
```

Listing 6.6: Beispiel für ein signiertes WSH-Skript

6.3.2.2 Prüfen der Signaturen mit ChkTrust

Der Start eines derart signierten Skripts bringt aber erstmal eine Enttäuschung: Windows führt das Skript aus, egal wer das Skript signiert hat. In der Standardeinstellung werden auch nach der Installation des WSH 5.6 unsignierte Skripte weiterhin ohne Nachfrage ausgeführt. Und sogar bei Skripten, deren Quelltext nach der Signierung verändert wurde, beschwert sich Windows nicht.

ChkTrust.exe

Dass aber das Betriebssystem sich sehr wohl im Klaren über die Integritätsverletzung ist, beweist der Einsatz des Tools ChkTrust aus den oben bereits erwähnten CryptoAPI-Tools. Die Ausführung von CHKTRUST.EXE *TEST.WSF* testet die angegebene Skriptdatei TEST.WSF. Wenn die Integrität der Skriptdatei und das Zertifikat in Ordnung sind, meldet ChkTrust »test.wsf: Succeeded« zurück. Es gibt zahlreiche Fehlerfälle; die fünf wichtigsten sind:

1. Die Integrität der Datei wurde durch nachträgliche Änderung verletzt. Dann liefert ChkTrust das in Abbildung 6.9 dargestellte (etwas unscheinbare) Warnfenster.

Abbildung 6.9: »ChkTrust.exe« warnt vor verletzter Integrität

2. Die Integrität der Datei ist gewahrt, der Stammzertifizierungsstelle wird aber nicht vertraut (Abbildung 6.10).

Abbildung 6.10: Nicht vertrauenswürdige Stammzertifizierungsstelle

3. Innerhalb der Zertifizierungskette gibt es eine Lücke (Abbildung 6.11).

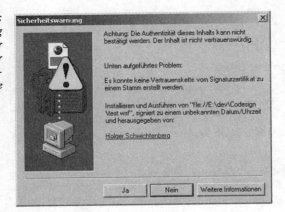

Abbildung 6.11: Warnmeldung wegen einer Lücke in der Zertifizierungskette

4. Die Zertifizierungskette stimmt, aber ein Zertifikat in der Kette ist nicht für den Zweck der Signierung von Programmcode vorgesehen (Abbildung 6.12). Zertifikate kann der Benutzer bei der Installation auf bestimmte Zwecke beschränken. Das ist wichtig, da man einer Zertifizierungsstelle, die Personen für den E-Mail-Austausch zertifiziert, wohl kaum zutrauen kann, dass alle diese Personen auch darauf eingeschworen wurden, keine bösartigen Skripte zu erzeugen. Signierte Skripte brauchen Zertifikate, die für den Zweck »Codesignatur« freigegeben sind.

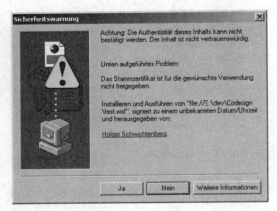

Abbildung 6.12: Eines der verwendeten Zertifikate ist nicht für die Code-Signierung vorgesehen.

5. Die Integrität der Datei ist gewahrt, und allen beteiligten Zertifizierungsstellen vertraut das System; das verwendete Zertifikat gehört aber nicht zu den Zertifikaten, denen vertraut wird. ChkTrust liefert daraufhin die Abbildung 6.13. Der Benutzer hat nicht nur die Wahl, das Zertifikat abzulehnen, sondern auch für die Zukunft das präsentierte Zertifikat als vertrauenswürdig einzustufen. Dies ist der am wenigsten schwerwiegende Fehler.

Digitale Signaturen für Skripte

Abbildung 6.13: Das Zertifikat des Skriptautors ist unbekannt.

Wie die vorherigen Abbildungen zeigen, hat der Benutzer im Standardfall stets die Möglichkeit, das Skript dennoch zu akzeptieren und damit ein »Succeeded« zu erzeugen. Nur wenn der Benutzer die Warnung des Systems nicht ignoriert, ist der Rückgabewert »*test.wsf: Failed: The subject is not trusted for the specified action.*«

6.3.2.3 Zertifikate verwalten mit dem Zertifikatsmanager

Welchen Zertifizierungsstellen Vertrauen zu schenken ist, legt man mit dem Zertifikatsmanager (CERTMGR.EXE, siehe Abbildung 6.14) fest. Den Zertifikatsmanager erreicht man auch im Internet Explorer über EXTRAS/INTERNETOPTIONEN und den Button ZERTIFIKATE in der Registerkarte *Inhalt*.

certmgr.exe

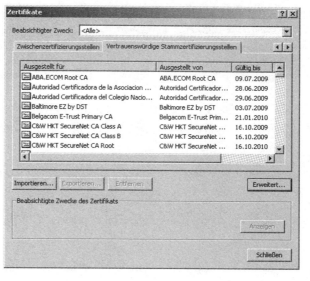

Abbildung 6.14: Verwaltung der Zertifikate mit »*certmgr.exe*«

Zertifikatsdateien (z.B. .CER, .CRT, .SPC, .P7B) lassen sich von dort oder auch direkt über ihr Kontextmenü importieren. Wichtig ist in jedem Fall die Festlegung des Zertifikatszwecks im Zertifikatsmanager (Abbildung 6.15). Der Weg zu diesem Fenster ist nicht ganz einfach:

zunächst Doppelklick auf ein Zertifikat und dann die Registerkarte DETAILS wählen. Dort muss man dann auf den Button EIGENSCHAFTEN BEARBEITEN klicken. Das Fenster, das hinter dem Button ERWEITERT in Abbildung 6.14 erscheint, sieht ähnlich aus, führt aber nicht zum Ziel.

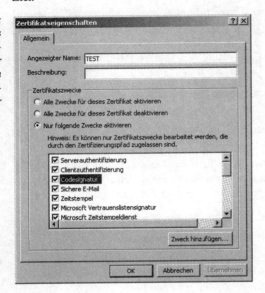

Abbildung 6.15: Festlegung des Verwendungszwecks für Zertifikate im Zertifikatsmanager

Unternehmen sollten Zertifikatsvertrauenslisten in Form von .SLT-Dateien (Erstellung mit MAKECLT.EXE) verwenden, die über Gruppenrichtlinien (siehe *Windows-Einstellungen/Sicherheitseinstellungen/Richtlinien öffentlicher Schlüssel/Organisationsvertrauen* im Management-Konsolen-Snap-In »Gruppenrichtlinien«) an Computer oder Benutzer verbreitet werden.

6.3.3 Aktivierung der automatischen Prüfung

Registry und Policies
Die Herausforderung liegt nun (nur noch) darin, dem Betriebssystem mitzuteilen, jedes Mal beim Start eines Skripts die CryptoAPI-Routine auszuführen, die auch CHKTRUST.EXE verwendet. Im WSH 5.6 macht es Microsoft dem Administrator noch sehr schwer: Der passende Registry-Schlüssel ist nicht nur undokumentiert, sondern auf einigen Systemen auch mit dem falschen Datentyp belegt.

TrustPolicy
Der entscheidende Schlüssel ist »HKEY_LOCAL_MACHINE\SOFTWARE\MICROSOFT\WINDOWS SCRIPT HOST\SETTINGS«. In diesem Schlüssel muss »TrustPolicy« auf 0, 1 oder 2 gesetzt werden.

Alle ▶ 0 ist die Standardeinstellung und bedeutet, dass alle Skripte (wie bisher) laufen.

Wahl ▶ Um dem Benutzer bei unsignierten Skripten die Wahl zu lassen, gehört eine 1 in die TrustPolicy.

Digitale Signaturen für Skripte

▶ Um grundsätzlich die Ausführung aller Skripte zu unterbinden, die unsigniert sind, deren Integrität verletzt ist oder bei denen es Unzulänglichkeiten hinsichtlich der Zertifizierungsstellen oder der Vertrauenskette gibt, ist 2 der richtige Wert (Fehlermeldung siehe Abbildung 10). Einzig den fünften der oben genannten Fehlerfälle toleriert Windows 2000 dann noch und zwar ohne Nachfrage beim Benutzer. Diese Einstellung besagt also, dass der Benutzer sich der Vertrauenswürdigkeit der Zertifizierungsstellen ausliefert. Welche Zertifizierungsstelle man in die Liste der vertrauten Zwischen- und Stammzertifizierungsstellen (siehe Registerkarte im Zertifikatsmanager Abbildung 6.13) aufnimmt, sollte also gut überlegt sein. — **Keine**

> Der Datentyp des Werts muss REG_DWORD sein, nicht wie durch das WSH-Setup vorgegeben REG_SZ. Ein Wert für TrustPolicy kann auch auf Benutzerebene, über »HKEY_CURRENT_USER\SOFTWARE\MICROSOFT\WINDOWS SCRIPT HOST\SETTINGS« festgelegt werden. Diese benutzerspezifische Einstellung hat aber nur einen Effekt, wenn »HKEY_LOCAL_MACHINE\SOFTWARE\MICROSOFT\WINDOWS SCRIPT HOST\SETTINGS\IGNOREUSERSETTINGS« auf 0 steht. — **Bug in der Beta**

Diese Registry-Einstellungen kann der Domänen-Administrator selbstverständlich über NT4-Systemrichtlinien oder unter Windows 2000/Windows XP/Windows .NET Server über Richtlinien (lokale Richtlinien oder Active Directory-Gruppenrichtlinien) im Windows-Netzwerk verbreiten. — **Systemrichtlinien**

Microsoft hat zwar in einem Beitrag [CLI01a] eine administrative Vorlage (.ADM-Datei) angekündigt, diese aber niemals veröffentlicht. Auf der Buch-CD finden Sie eine WINDOWSSCRIPT.ADM [/Install/Fortgeschrittene/WSH56], die der französische Microsoft-Mitarbeiter Guillaume Cadet am 5.7.2002 in einer Newsgroup veröffentlicht hat und von der Funktionalität her der von Andrew Clinick in [CLI01] vorgestellten Datei entsprechen soll.

Fehlende Tools

Zum Zeitpunkt der Erstellung dieser Auflage des vorliegenden Buchs fehlen aber auch noch Tools, die es einem mit den Windows-Zertifikatsdiensten unerfahrenen Anwender oder Administrator ermöglichen, sein System schnell zu sichern. Die Registry-Option, dem Benutzer die letzte Entscheidung über die Ausführung eines Skripts zu überlassen, ist ungeeignet, denn die Benutzer werden die komplexen Meldungen des CryptoAPI genauso ignorieren wie die Warnung, dass ausführbare Dateianhänge Viren enthalten können. — **Verbesserungsbedarf**

Es bleibt also nur die Option, die die Ausführung auf signierte Zertifikate ohne Benutzernachfrage beschränkt. Damit ist dann aber nicht nur jedes Skript zwangsläufig zu signieren, sondern die entsprechende Zertifikatsinfrastruktur einzurichten und – um ganz sicherzugehen – auch eine eigene Zertifizierungsstelle zu gründen.

Und dann bleibt da noch ein offener Punkt: Im Standard enthält die Liste der vertrauten Zwischen- und Stammzertifizierungsstellen bereits eine Reihe von Zertifizierungsstellen, die für den Zweck »Codesignatur« freigegeben sind. Dabei ist natürlich fraglich, wer ein solches Zertifikat bekommen kann. Hier sollte man am besten nur die eigene Zertifizierungsstelle zulassen. Ein »Script-Security«-Wizard, der all diese Aufgaben übernimmt, wäre hilfreich.

6.3.4 Digitale Signaturen und Software Restriction Policies

Microsoft hat das oben geschilderte Zertifizierungsproblem erkannt und bietet ab Windows XP (also auch in Windows .NET Server) mit Software Restriction Policies (SRP) ein neues Verfahren an, um Skripte selektiv auf Basis des Zertifikats oder anderer Kriterien zu aktivieren oder zu deaktivieren. SRP wurde bereits in Kapitel 4 in Zusammenhang mit dem WSH erläutert.

Zertifikatsregeln In einer lokalen Richtlinie oder einer Gruppenrichtlinie kann bei SRP festgelegt werden, dass nur mit bestimmten einzelnen Zertifikaten signierte Skripte (und andere Anwendungen) erlaubt sein sollen.

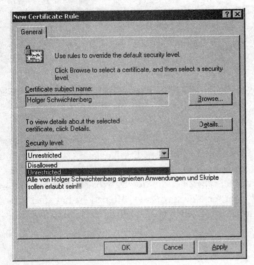

Abbildung 6.16: Festlegung einer Zertifikatsregel für SRP (Windows .NET Server)

Zwar kann man Zertifikatsregeln auch so definieren, dass man die Ausführung von Programmcode mit bestimmten Zertifikaten verbietet, doch ist dies im Allgemeinen nicht sinnvoll, da man ja die Zertifikate von Angreifern nicht kennt. Sinnvoll ist es, die SRP-Grundeinstellung auf »Alles Verbieten« zu setzen und dann für einzelne Zertifikate den Zugriff zu ermöglichen.

Zertifikatssperrliste Eine Zertifikats-Verbotsregel macht dann Sinn, wenn ein Zertifikat ungültig geworden ist und man verhindern möchte, dass mit diesem Zertifikat signierte Software weiterhin ausgeführt werden kann. Eine andere Alternative in diesem Fall ist die Verbreitung einer Zertifikatssperrliste (.CRL) über den Windows-Zertifikats-Manager.

6.4 Login- und Logoff-Skripte

Login-Skripte sind ein häufiges Anwendungsgebiet für die DOS-Batch-Programmierung gewesen. Heute kann ein Windows Script Host-Skript diese Aufgabe wahrnehmen und die Login-Skripte wesentlich mächtiger machen. Voraussetzung ist natürlich, dass der WSH und alle Komponenten, die von dem Login-Skript verwendet werden, auf allen Clients installiert sind.

Programmausführung bei der Anmeldung

Sie haben verschiedene Möglichkeiten, ein Login-Skript auszuführen. Unter Windows NT4 können Sie im Benutzermanager ein Login-Skript definieren. Sie erreichen eine Ausführung aber auch, indem Sie die Skriptdatei in das Autostart-Verzeichnis des Benutzers kopieren (besser dort eine Verknüpfung erstellen, um das Skript zentral pflegen zu können). Wenn das Skript nicht benutzer-, sondern rechnerbezogen ausgeführt werden soll, können Sie es in der Registry unter HKEY_LOCAL_MACHINE\SOFTWARE\MICROSOFT\WINDOWS\CURRENTVERSION\RUN eintragen.

NT4

Ab Windows 2000 kann man Anmeldeskripte in lokalen Richtlinien oder Active-Directory-Gruppenrichtlinien für beliebige Teilmengen von Benutzern und/oder Computer definieren. Zusätzlich besteht die Möglichkeit, benutzer- oder computerbezogene **Ab**meldeskripte zu definieren. Sie können jeweils mehrere An- und Abmeldeskripte für eine beliebige Untermenge Ihrer Benutzer festlegen.

Abmeldeskripte

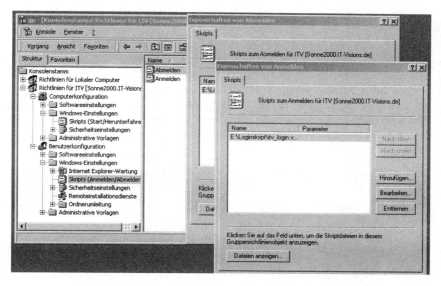

Abbildung 6.17: An- und Abmeldeskriptkonfiguration in Active Directory Group Policies in Windows 2000

In den Windows-Richtlinien unter */Administrative Templates/System/Script* kann man Einstellungen vornehmen, wie sich die An- bzw. Abmeldeskripte verhalten sollen.

Skriptoptionen

Fortgeschrittene Techniken

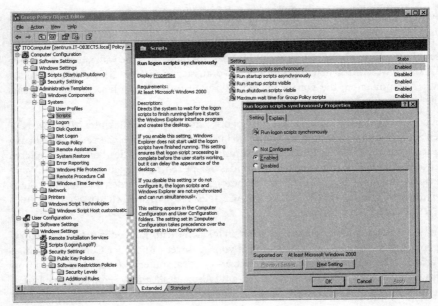

Abbildung 6.18: Einstellung der Option für Login-Skripte in Active Directory-Gruppenrichtlinien (Windows .NET Server)

6.5 Ausführung entfernter Skripte

Entfernte Skriptausführung

Eine wichtige Neuerung im Windows Script Host (WSH) Version 5.6 ist auch die Fähigkeit, Skripte auf entfernten Computern auszuführen. Diese Fähigkeit hatte bisher schon der alternative Scripting Host System Scripting Host (SSH) der Firma Netal [NET00]. Unter dem WSH 2.0 war die Ausführung entfernter Skripte mit Hilfe der Windows Management Instrumentation (WMI) möglich. Dazu konnte die WMI-Klasse win32_process verwendet werden.

Für die Web-Anwendungsentwicklung gibt es schon länger eine Technik unter dem Namen »Remote Scripting«, die ebenfalls in diesem Kapitel kurz angesprochen wird.

6.5.1 Remote Scripting mit dem WSH

WSHController-Library

Die Remote-Unterstützung im WSH 5.6 wird durch eine spezielle COM-Komponente, die *WSHController-Library*, bereitgestellt. Diese Komponente implementiert Klassen, mit denen es möglich ist, ein Skript auf einen entfernten Computer hochzuladen, dort zu starten und die Ausführung des Skripts zu überwachen.

DCOM

Die entfernte Ausführung basiert auf dem Distributed Component Object Model (DCOM) bzw. dem DCOM-Protocol, das wiederum den Standard Windows Remote Procedure Call (RPC) verwendet. Eine Unterstützung für das auf XML und HTTP basierende Simple Object Access Protocol (SOAP) ist bislang nicht implementiert. Die entfernte Skriptausführung ist Mitgliedern der Administratoren-Gruppe vorbehalten. Windows 95/98/ME unterstützt auf Grund der mangelnden Unterstützung der DCOM-Sicherheit die entfernte Skriptausführung nicht.

Ausführung entfernter Skripte

Der WSH startet von einem entfernten System aufgerufene Skripte als Hintergrundprozess mit WSCRIPT.EXE. CSCRIPT.EXE kann nicht verwendet werden. Das aufgerufene Skript darf keine Benutzerschnittstelle haben. Wenn das aufgerufene System ein Windows Terminal Server bzw. ein Windows 2000 Server mit installierten Terminal Services ist, dann sind die als Hintergrundprozesse gestarteten Instanzen von WSCRIPT.EXE für die Terminal-Benutzer nicht sichtbar.

Hintergrundprozess

6.5.1.1 Voraussetzungen

Für die entfernte Skriptausführung gelten folgende Voraussetzungen:

- WSH 5.6 muss sowohl auf dem aufrufenden als auch auf dem aufgerufenen System installiert sein.
- Aktivierung der entfernten Skriptausführung in der Registry auf dem aufgerufenen System.

> Wichtiger Hinweis: Zumindest für die diesem Kapitel zu Grunde liegende Beta2-Version des WSH 5.6 gilt, dass das aufrufende Skript in einer XML-strukturierten WSH-Datei (.WSF-Datei) stehen muss. Ein Aufruf aus einer .VBS- oder .JS-Datei heraus führt zu dem nichtssagenden Fehler »Loading script failed (Ausnahmefehler des Servers)«. Das aufgerufene Skript darf eine beliebige WSH-Datei sein (auch Dateien mit den Extensionen .VBS und .JS).
>
> Möglich ist der korrekte Aufruf auch aus VB6 heraus. Hier können aber mangels Typbibliothek keine Ereignisse der Klasse WSHRemote abgefangen werden.

Aktivierung des Fernstarts in der Registry

Microsoft hat die Standardeinstellungen klugerweise so gesetzt, dass das Hochladen und der Start eines Skripts von einem entfernten Computer aus nicht möglich ist. Das Remote Scripting ist also im Standard deaktiviert. Um es zu aktivieren, ist der Schlüssel HKLM\SOFTWARE\MICROSOFT\WINDOWS SCRIPT HOST\SETTINGS\REMOTE mit dem DWORD-Wert 1 zu füllen. Wenn dieser Schlüssel auf 0 steht, kommt es auf dem entfernten Rechner, der ein Skript starten will, zu einem »Objekterstellung durch ActiveX-Komponente nicht möglich«-Fehler.

> Im WSH 5.6 gibt es einen Fehler bei den Registry-Einstellungen. Alle Werte unterhalb von HKEY_LOCAL_MACHINE\SOFTWARE\MICROSOFT\ WINDOWS SCRIPT HOST\SETTINGS sind als Strings (REG_SZ) angelegt. Der WSH erwartet aber Zahlen (REG_DWORD). In einigen Fällen werden die Schlüsselwerte daher ignoriert. Dies trifft auf den Eintrag *Remote* zu.

Fortgeschrittene Techniken

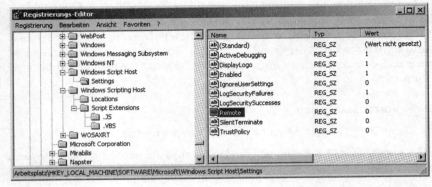

Abbildung 6.19:
Der Wert
»Remote« in der
Registry nach
der Ausführung
des WSH5.6-
Setups.

Um die Fernausführung von Skripten zu aktivieren, müssen Sie den Eintrag »Remote« zunächst löschen, dann als DWORD-Wert neu anlegen und schließlich mit einer »1« belegen.

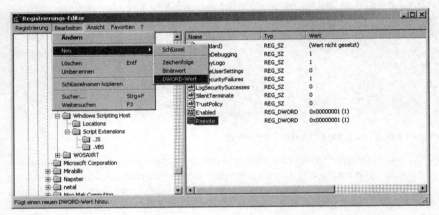

Abbildung 6.20:
Nur als
DWORD-Wert
hat der Eintrag
»Remote« eine
Wirkung.

6.5.1.2 Objektmodell

Das Objektmodell der *WSHController-Library* besteht aus drei Klassen:

WSHController ▶ Die Klasse WSHController besteht aus lediglich einer Methode: CreateScript(). Diese Methode lädt ein Skript auf ein entferntes System hoch, ohne es jedoch zu starten. CreateScript() liefert ein Objekt vom Typ WSHRemote zurück.

WSHRemote ▶ Die Klasse WSHRemote bietet zwei Methoden zur Steuerung des entfernten Skripts (Execute() und Terminate()) sowie ein Attribut zur Überwachung des entfernten Skripts (Error). Ein zweites Attribut verweist auf ein Unterobjekt vom Typ WSHRemote Error. Außerdem kennt diese Klasse drei Ereignisse:

▶ Start()
▶ End()
▶ Error()

Ausführung entfernter Skripte

- Die Klasse WSHRemoteError übermittelt in den Attributen Number, Description, Line, Character, Source und SourceText die Fehlerinformationen des aufgerufenen Skripts.

WSHRemoteError

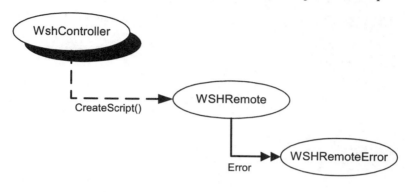

Abbildung 6.21: Objektmodell der WSHController-Library

Instanziierbare Klassen

Instanziiert werden kann nur die Klasse WSHController. Der Programmatic Identifier (ProgID) ist WSHController, nicht WScript.WSHController.

ProgID

Typbibliothek

In der Typbibliothek ist nur die Klasse WSHController definiert. Da die Klasse WSHRemote dort nicht definiert ist, können aus VB6 heraus die Ereignisse nicht abgefangen werden, da VB6 dafür eine Typbibliothek benötigen würde, in der die Ereignisse definiert sind.

Abbildung 6.22: Typbibliothek der WSHController-Library

6.5.1.3 Beispiel

Die folgenden beiden Listings zeigen ein Beispiel für die Ausführung eines entfernten Skripts. Die folgende Grafik veranschaulicht den Vorgang.

Fortgeschrittene Techniken

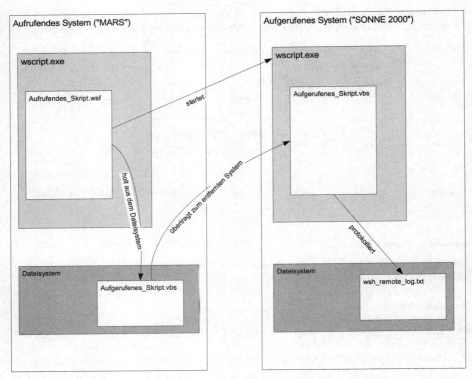

Abbildung 6.23: Ablauf der Fernausführung

Aufgerufenes Skript

Aufgerufenes Skript

Das Listing [*aufgerufenes_Skript.wsf*] ist ein Skript, das einen Protokoll-Eintrag in das Anwendungs-Ereignisprotokoll und eine Textdatei schreibt. Dieses Skript soll von einem entfernten Rechner aufgerufen werden.

```
Const LOGDATEI = "E:\WSH_remote_log.txt"

Dim Shell
Dim fso ' As Scripting.FileSystemObject
Dim tx ' As Scripting.TextStream
Dim a
Dim Nachricht

Nachricht = "Skript '" & WScript.scriptfullname & "' wurde gestartet am/
um: " & now

' --- Protokollierung ins Anwendungsprotokoll
Set Shell = CreateObject("WScript.shell")
shell.logevent 0, Nachricht

' --- Warteschleife, um Skriptausführung zu verlängern
for a = 1 to 10000000
next
```

Ausführung entfernter Skripte

```
' --- Dialogboxen nicht erlaubt !!!
' msgbox Nachricht

' --- Protokollierung in eine Textdatei

Set fso = CreateObject("Scripting.FileSystemObject")
Const ForAppending = 8
Set tx = fso.OpenTextFile(LOGDATEI, ForAppending, True)
tx.WriteLine Nachricht
tx.Close
```

Listing 6.7: Listing 6.2: Aufgerufenes Skript
[CD:/code/fortgeschrittene/WSH-remote/aufgerufenes_Skript.wsf]

Aufrufendes Skript

Das Skript im folgenden Listing startet das obige Skript auf einem entfernten Computer. Wichtig ist dabei, dass die Pfadangabe zu dem entfernt auszuführenden Skript auf dem Rechner gültig sein muss, auf dem das aufrufende Skript läuft. Der WSH lädt also die Skriptdatei mit `CreateScript()` auf den entfernten Rechner hoch, bevor das Script mit `Execute()` auf dem Fernsystem gestartet wird. Über COM-Events und das Attribut `Status` erfährt der aufrufende WSH den Zustand seines entfernten Kindes.

Aufrufendes Skript

Wert	Bedeutung
0	Skript wurde noch nicht gestartet
1	Skript läuft
2	Skript wurde beendet

Tabelle 6.2: Werte für das Status-Attribut

```
<package>

<COMMENT>

' WSH 5.6 BETA Beispiel
' (C) Holger Schwichtenberg
' www.windows-scripting.de
' ---------------------------------
</COMMENT>


<job id="WSH_Remote">
<script language="VBScript">

' --- Konstanten

Const AufzurufendesSkript = "D:\code\Kapitel6_Fortgeschrittene\remote-
WSH\aufgerufenes_Skript.vbs"
Const ServerName = "Sonne2000"

' --- Variablen
```

Fortgeschrittene Techniken

```vbscript
Dim objCon         ' As WSHController
Dim objRS          ' As WSHRemote
Dim objRE          ' As WSHRemoteError
Dim StartZeit      ' As Date
Dim Endzeit        ' As Date

' --- Controller instanziieren
say "Controller instanziieren...'
set Controller = WScript.CreateObject("WSHController")

' --- Entferntes Skript festlegen
say "Entferntes Skript festlegen..." & AufzurufendesSkript & _
" auf Computer " & ServerName
set objRS = _
   Controller.CreateScript(AufzurufendesSkript ,ServerName)
say "   Status: " & objRS.Status

' --- Ereignisbehandlungsroutinen binden
say "Ereignisbehandlungsroutinen binden..."
WScript.ConnectObject objRS, "objcon_"

' --- Skript starten
say "Skript starten..."
StartZeit = Now
objRS.Execute
say "   Status: " & objRS.Status

' --- Warteschleife
say "Warten, solange Skript läuft..."

Do While objRS.Status <> 2
    WScript.Sleep 100
    say "   Status: " & objRS.Status
Loop
Endzeit = Now

' --- Informationen zur Skriptausführung
say "Skriptausführung wurde beendet."
say "Start: " & StartZeit & ", Ende:" & Endzeit
say "Dauer: " & DateDiff("s", StartZeit, Endzeit)


' === Ereignisbehandlung
Sub objCon_Start()
say "EREIGNIS: Skript beginnt..."
End Sub

Sub objCon_End()
say "EREIGNIS: Skript endet..."
EndeFlag = True
End Sub
```

Ausführung entfernter Skripte

```
Sub objCon_Error()
Set objRE = objRS.Error
say "EREIGNIS: Fehler in Zeile " & objRE.Line & chr(13) & _
"bei Zeichen " & objRE.Character & ": " & chr(13) & _
objRE.Description
End Sub

' === Ausgabe-Hilfsroutine
sub say(s)
WScript.echo s
end sub

</script>
</job>
</package>
```

Listing 6.8: *Aufrufendes Skript*
[CD:/code/fortgeschrittene/WSH-remote/aufrufendes_Skript.wsf]

6.5.1.4 Identitätseinstellungen

Welche Aktionen ein von einem anderen System aus gestartetes Skript ausführen kann, hängt von dem Benutzerkontext ab, unter dem das Skript ausgeführt wird. Der Benutzerkontext ist abhängig von den DCOM-Identitätseinstellungen.

Benutzerkontext festlegen

Für die Identität gibt es drei Möglichkeiten (siehe auch Kapitel 2):

- **Interaktiver Benutzer:** Interaktiver Benutzer ist der Benutzer, der sich gerade an dem jeweiligen System angemeldet hat. Für das aufrufende Skript ist also nicht determinierbar, unter welchem Benutzer die Komponente ausgeführt wird. Wenn sich kein Benutzer angemeldet hat, kann das Skript nicht ausgeführt werden.

- **Benutzer, der die Anwendung startet:** Dies ist die Standardeinstellung. Das aufgerufene Skript benutzt während der Ausführung den Benutzerkontext, unter dem auch das aufrufende Skript ausgeführt wird.

- **Dezidierter Benutzer:** Das aufgerufene Skript wird unter einem bestimmten Benutzerkonto ausgeführt, unabhängig davon, unter welchem Kontext das aufrufende Skript läuft, und unabhängig davon, wer sich lokal an dem aufgerufenen System angemeldet hat.

DCOMCNFG

AppID WSH Remote Die Identitätseinstellungen werden in dem DCOM-Konfigurationswerkzeug (DCOMCNFG.EXE) für die Klasse WSHRemote vorgenommen. Die *WSHController-Library* hat die AppID WSHRemote.

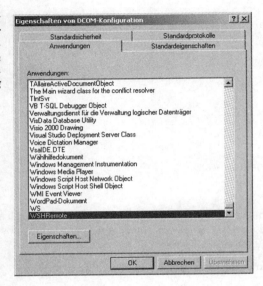

Abbildung 6.24: Auswahl der WSHController-Library in DCOMCNFG.EXE

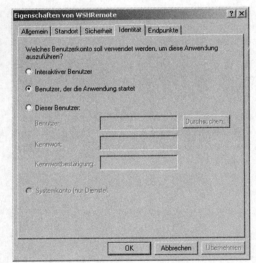

Abbildung 6.25: Identitätsoptionen für die WSHController-Library

Ausführung entfernter Skripte

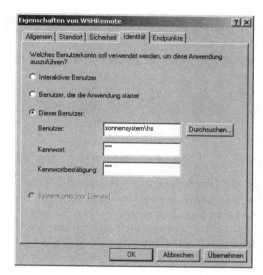

Abbildung 6.26: Einstellung eines dezidierten Benutzers für die WSH-Controller-Library

6.5.1.5 Mögliche Fehler

Die entfernte Ausführung von Programmcode ist immer etwas fehleranfälliger als die lokale Ausführung. Dieses Kapitel beschreibt die wichtigsten Fehlerquellen beim Remote Scripting im WSH.

Skript nicht gefunden

Der Fehler »Can not find script file« bedeutet, dass das aufrufende Skript die hochzuladende Skript-Datei nicht finden konnte.

Aufgerufenes Skript terminiert nicht

In entfernten Skripten dürfen keine Dialogboxen oder andere Benutzerschnittstellen gestartet werden. Der WSH startet von einem entfernten System aufgerufene Skripte als Hintergrundprozesse. Benutzerschnittstellen werden nicht angezeigt, aber leider auch nicht ignoriert. So kommt es zu verwaisten Instanzen von WSCRIPT.EXE in der Prozessliste.

Dialogboxen

Identitätsprobleme

Probleme mit der Identität meldet das aufrufende Skript, wenn

- *Interaktiver Benutzer* gewählt wurde und kein Benutzer an der Konsole angemeldet ist.
- *Dezidierter Benutzer* gewählt wurde und der Benutzer entweder nicht existiert oder das Passwort falsch ist.

Abbildung 6.27:
Fehlermeldung bei Identitätsproblemen

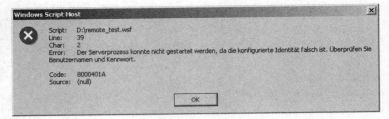

6.5.2 Remote Scripting im Web

Entfernte Skriptprozeduraufrufe

Remote Scripting ist eine Technik, um aus einem DHTML-Browserskript heraus einzelne Skriptroutinen aufzurufen, die in einer ASP-Seite auf dem Server implementiert sind. Dies gibt einem DHTML-Skript die Möglichkeit, Informationen vom Server zu beziehen oder Verarbeitungsprozesse anzustoßen, ohne dass der Browser die komplette HTML-Seite neu laden muss. Die Aufrufe können sowohl synchron als auch asynchron erfolgen. Technisch beruht Remote Scripting clientseitig auf einem Java-Applet und einer kleinen, in JScript geschriebenen Bibliothek und serverseitig aus einer komplementären JScript-Bibliothek.

Remote Scripting wurde 1999 von Microsoft veröffentlicht und seitdem nicht weiterentwickelt. (Die Produktzyklen der Scripting-Produkte aus dem Hause Microsoft waren in letzter Zeit immer sehr viel kürzer.) Weitere Informationen, die Dokumentation und Beispiele finden Sie unter [MSS00].

6.5.3 Remote Scripting mit Windows Script Components (WSC)

Eine dritte Möglichkeit des Remote Scripting sind Windows Script Components (WSC). Eine WSC ist eine Scriptdatei, die wie eine COM-Komponente angesprochen werden kann – auch von einem entfernten System aus. WSC werden in Kapitel 6.11 behandelt.

6.6 Nutzung entfernter COM-Komponenten

DCOM-Nutzung

Während im vorherigen Kapitel das Fernaufrufen von Skriptdateien besprochen wurde, behandelt dieses Kapitel den entfernten Aufruf von COM-Komponenten.

Die theoretischen Grundlagen zur Nutzung entfernter Komponenten wurden ausführlich in Kapitel 2 besprochen. An dieser Stelle folgt eine kleine Einführung in die praktische Umsetzung von Distributed COM und in den Einsatz beim Scripting.

> Der Fernaufruf von COM-Komponenten lässt sich natürlich auf die Fernausführung von Skripten zurückführen: Sie können ein Skript schreiben, das eine Komponente aufruft, und dieses Skript von einem anderen Computer aus starten. Der direkte Fernaufruf einer Komponente ist aber effizienter.

6.6.1 Standard-DCOM

Die Funktion, eine entfernte Klasse via DCOM zu instanziieren, wird durch die COM-Bibliothek bereitgestellt und zum Teil innerhalb der verschiedenen Sprachen gekapselt. Visual Basic stellt dazu im Rahmen von CreateObject() einen optionalen zweiten Parameter für den Rechnernamen bereit. Seit Version 5.0 ist diese Option auch in VBScript verfügbar. Das folgende Skript ermittelt die verfügbaren Laufwerksbuchstaben auf dem entfernten Rechner »Sonne2000«, indem die Klasse Scripting.FileSystemObject auf dem entfernten System instanziiert wird. Die auf den veränderten Instanziierungsbefehl folgende Verwendung der Klasse unterscheidet sich durch nichts von der Verwendung einer lokalen Instanz.

CreateObject() für entfernte Klassen

```
Set fso = CreateObject("Scripting.FileSystemObject", "\\sonne2000")
For Each oDrive In fso.Drives
    say "DriveLetter: " & oDrive.DriveLetter
Next
```

Listing 6.9: Beispiel für eine entfernte Instanziierung
[CD: /code/fortgeschrittene/DCOM/RemoteDrives.vbs]

Voraussetzung für das Funktionieren dieses Skripts ist jedoch, dass für die COM-Klasse (hier: Scripting.FileSystemObject) ein *Surrogat-Prozess* definiert wurde und die Zugriffsrechte ausreichen. Die einfachste Möglichkeit, einen Surrogat-Prozess zu definieren, ist die Aufnahme der Klasse in ein MTS-Package bzw. in eine COM+-Anwendung (vgl. Kapitel 2).

Surrogat-Prozess wird benötigt

Für COM-EXE-Komponenten, die immer Out-process-Komponenten sind, ist natürlich kein Surrogat-Prozess notwendig. COM-EXE-Komponenten können auch gar nicht im MTS bzw. in COM+ konfiguriert werden. Viele Komponenten (z.B. DMO, WMI, ADO) besitzen eine eingebaute Möglichkeit, sich mit entfernten Systemen bzw. Datenbeständen zu verbinden. Bei diesen Komponenten ist es nicht nötig, DCOM zur entfernten Instanziierung zu nutzen.

Andere Fälle

> Auf der Buch-CD [CD:/code/fortgeschrittene/dcom/anwendung/scriptingapp.msi] finden Sie ein MSI-Paket, das eine COM+-Anwendung mit dem Namen *Scripting-Buch* installiert. Die COM+-Anwendung besteht aus insgesamt elf COM-CoClasses aus den Komponenten SCRRUN.DLL (Microsoft Scripting Runtime Library, siehe Kapitel 5.2), MATHE.DLL (siehe Kapitel 6.10) und WINDOWSSCRIPTING.DLL (siehe Kapitel 6.10). Sie können diese COM+-Anwendung installieren, um den für die in diesem Kapitel gezeigten Beispiele notwendigen Surrogat-Prozess für Scripting.FileSystemObject zu konfigurieren.

Beispiel: Entferntes Kopieren

Eindrucksvoller als das Auslesen der entfernten Laufwerksbuchstaben (was man auch über WMI hätte realisieren können) gestaltet sich die entfernte Ausführung von Dateisystemoperationen. Wenn Sie eine große Datenmenge innerhalb eines entfernten Dateisystems oder zwischen zwei entfernten Dateisystemen kopieren wollen, dann ist normalerweise der Client, auf dem die Operation initiiert wurde, die Umschlagstelle für alle Daten. Dabei könnten das doch die beteiligten entfernten Rechner unter sich ausmachen. Mit DCOM ist das realisierbar, sofern auf einem der beiden Rechner für die Klasse Scripting.FileSystemObject ein Surrogat-Prozess definiert ist.

Einsatzbeispiel

Die Routine `RemoteCopy()` instanziiert die Klasse `Scripting.FileSystemObject` auf einem bestimmten Computer und führt dort einen Kopiervorgang für einen Ordner aus. Der Zielordner wird vorher gelöscht, wenn er bereits existierte.

```
Sub RemoteCOPY(server, quelle, ziel)
Dim fso        ' As Scripting.FileSystemObject
Dim oDrive     ' As Scripting.Drive
Dim start, ende
say "Kopieren auf " & server & " von " & quelle & " nach " & ziel
Set fso = CreateObject("Scripting.FileSystemObject", server)
If Not fso.FolderExists(quelle) Then
    say "Fehler: Quelle nicht vorhanden"
    Exit Sub
End If
If fso.FolderExists(ziel) Then
    say "Löschen des Zielordners..."
    start = Now
    fso.DeleteFolder ziel, True
    say "Löschen dauerte " & DateDiff("s", start, Now) & " Sekunden"
End If
say "Kopieren des Quellordners..."
start = Now
fso.CopyFolder quelle, ziel
say "Kopieren dauerte " & DateDiff("s", start, Now) & " Sekunden"
End Sub
```

Listing 6.10: Hilfsroutine zum entfernten Kopieren von Dateien
[CD: /code/fortgeschrittene/DCOM/RemoteCopy.vbs]

Pfadangaben Wenn Sie diese Routine benutzen wollen, dann müssen Sie beachten, dass die Pfadangaben für den Rechner gültig sein müssen, auf dem Sie FSO instanziieren. Beim folgenden Anwendungsbeispiel wird die gleiche Operation (Kopieren von Dateien innerhalb einer Festplatte) in zwei verschiedenen Weisen ausgeführt. Das Verzeichnis »Buch« befindet sich auf dem Rechner »Sonne2000«. Das Skript wird auf dem Rechner »Mars« ausgeführt. Der erste Befehl verwendet eine lokale FSO-Instanz auf »Mars« und greift via Netzlaufwerk auf das entfernte Verzeichnis zu. Der zweite Befehl nutzt eine entfernte Instanz auf »Sonne2000«. Die Dateien sind für diese Instanz lokal.

```
RemoteCOPY "\\mars", "t:\buch", "t:\buch_copy"
RemoteCOPY "\\Sonne2000", "g:\buch", "g:\buch_copy"
```

Listing 6.11: Testet entferntes Kopieren von Dateien
[CD: /code/fortgeschrittene/DCOM/RemoteCopy.vbs]

Zeitmessung Die folgende Tabelle zeigt die Ergebnisse der in `RemoteCOPY()` eingebauten Zeitmessung. Die Bezeichnungen *lokal* und *remote* beziehen sich auf den Ausführungsort von FSO. Bei einer lokalen Ausführung müssen also alle Daten über das Netz transferiert werden, während eine Fernausführung von FSO bedeutet, dass die Daten auf dem entfernten Rechner lokal kopiert werden.

Nutzung entfernter COM-Komponenten

	Lokales FSO (Arbeit auf entferntem Netzlaufwerk)	Remote FSO (Arbeit auf lokaler Festplatte)
Löschen von 170 MB	11 Sekunden	1 Sekunde
Kopieren von 170 MB	810 Sekunden	138 Sekunden

Tabelle 6.3: Vergleich der Ausführungsgeschwindigkeit

Datenmenge	170 MB in 728 Dateien in 122 Ordnern
Netzwerk	10 MB-Ethernet, ansonsten unbelastet
Client (Ausführungsort des Skripts)	Pentium 2, 400 MHz, Windows 2000 Pro
Server (Standort der Daten)	Pentium 3, 500 MHz, Windows 2000 Server

Tabelle 6.4: Informationen zur Testumgebung

Idee eines zentralen Kopierservers

Natürlich können Sie mit dieser Methode auch Dateien zwischen zwei Rechnern kopieren, ohne dass der Rechner, auf dem FSO läuft, Quelle oder Ziel ist. Dahinter steht die Idee eines zentralen Kopierservers im Netz. Die Benutzer schicken – per Skript – die Anforderung für einen Kopiervorgang dort hin; der Kopierserver führt dann die Aktion aus, ohne den Client des Anwenders zu belasten. Das Ganze könnte auch so verfeinert werden, dass der Kopierserver über UNC-Pfade und administrative Freigaben arbeitet, so dass der Benutzer immer die Pfade aus der Sicht des Quell- bzw. Zielservers verwenden kann und nicht die aus der Sicht des Kopierservers.

Eine weitere lohnende Idee wäre ein entferntes Komprimieren von Dateien (z.B. mit einer ZIP-Komponente). Gerade wenn man nur über eine langsame Verbindung auf ein Netz zugreifen kann, wäre es vorteilhaft, Dateien erst auf dem Server zu komprimieren, bevor sie übertragen werden.

Entferntes Zippen

Problematisch an diesem Szenario wären die Zugriffsrechte. Wenn Sie eine Klasse wie FSO in ein MTS-Paket bzw. eine COM+-Anwendung installieren, dann müssen Sie dem Paket bzw. der Anwendung eine Identität zuweisen. Alle Benutzer der so konfigurierten FSO-Klasse würden dann die Dateioperationen unter diesen Rechten ausführen. Um dennoch verschiedene Rechte abbilden zu können, müsste der FSO in eine andere Klasse gekapselt werden, die die Identität des Aufrufers ermittelt und dann entscheidet, welche Operationen an FSO weitergeleitet und welche auf Grund von Sicherheitsbeschränkungen zurückgewiesen werden.

Sicherheitsfragen

6.6.2 Remote Data Service (RDS)

RDS ist ein Dienst zum Zugriff auf Datenbanken über das Hypertext Transfer Protocol (HTTP) und wurde geschaffen, um einen direkten Datenaustausch zwischen Webbrowser und Webserver zu ermöglichen. Dabei werden die DCOM-Aufrufe durch HTTP-Tunneling an Firewalls vorbeigeschleust. Primäres Einsatzgebiet von RDS ist der entfernte Zugriff auf

DCOM over HTTP

die ActiveX Data Objects. RDS kann aber auch für den Zugriff auf selbstentwickelte Komponenten via HTTP-Tunneling genutzt werden. Weitere Informationen dazu finden Sie unter [MSDN: ado210.chm::/htm/mdmscoverviewofremotedataservice.htm].

6.7 Entwicklung von Automatisierungslösungen in Visual Basic 6

Was macht die Visual Basic-Vollversion in einem Buch über Scripting? Es gibt zwei gute Gründe, sich mit dem Sprachumfang von Visual Basic 6.0 (so geschehen in Kapitel 3) und der VB-Entwicklungsumgebung (die nun folgt) zu beschäftigen:

▶ **Visual Basic als nächste Stufe nach dem Scripting**

VB-EXE Unter bestimmten Bedingungen ist ein ausführbares, kompiliertes VB-Programm oder ein innerhalb der Visual Basic-Entwicklungsumgebung interpretiertes Programm eine bessere Automatisierungslösung als ein Skript. Genau das wird in diesem Kapitel diskutiert und vorgestellt.

▶ **Visual Basic als Entwicklungsumgebung für Komponenten**

VB-Komponenten Einige Aufgaben lassen sich nicht komplett per Skriptcode lösen, weil die benötigten Programmierschnittstellen nicht per Skript ansprechbar sind. Auch der Wunsch nach mehr Performance und Kapselung bringt viele Skriptentwickler dazu, eigene kompilierte COM-Komponenten für Teilaufgaben zu erstellen. Mehr dazu erfahren Sie in Kapitel 6.10.1.

▶ **Visual Basic als Prototyping-Umgebung für Skripte**

Prototyping mit VB Auch wenn Sie nicht vorhaben, Ihre Automatisierungslösungen zu kompilieren, ist Visual Basic 6 dennoch als eine komfortable Entwicklungsumgebung zur Entwicklung von Prototypen Ihrer Skripte interessant. Dieses Kapitel gibt Ihnen Hinweise dazu, was Sie beachten müssen, um in VB so zu programmieren, dass Ihr Prototyp ein evolutionärer Prototyp wird, den Sie leicht in ein Skript umsetzen können.

> Für gestandene Programmierer sind diese Überlegungen naheliegend, während skriptende Administratoren an dieser Stelle üblicherweise abwinken und darauf verweisen, sie seien ja keine Programmierer und wollten sich für ihre kleinen Automatisierungsaufgaben nicht mit einer komplexen Programmiersprache abgeben müssen. Letztere Personengruppe wird nach der Lektüre dieses Kapitels überrascht sein, wie einfach die VB-Entwicklungsumgebung (engl. *Integrated Development Environment*, kurz: *IDE*) ist.

Übrigens wurden fast alle in diesem Buch abgedruckten Skripte in Visual Basic 6.0 entwickelt und später in ein Skript transformiert. Die Transformation erfolgte natürlich per Skript.

Wenn Sie schon in VB6 programmiert haben, dann werden Sie nach der Lektüre der ersten sechs Kapitel dieses Buches nun wissen, dass die Entwicklung von Skripten in Visual Basic Script der Entwicklung in VB6 sehr ähnlich ist. Wenn Sie bisher nur VBS programmiert haben, sollten Sie unbedingt VB6 ausprobieren. Sie werden feststellen, dass es Ihnen kaum Mühe bereiten wird, mit Ihrem Scripting-Wissen ein ausführbares Programm zu kompilieren. Viele Ihrer bestehenden Skripte werden nach einem »Cut&Paste« und kleinen Verschönerungen als eigenständige EXEs lauffähig sein. Zahlreiche Skriptentwickler sind nach kurzer Zeit bereits positiv überrascht von der einfachen Entwicklungsumgebung von VB6, die viele Hilfen bei der Kodierung bietet. Sie haben mit VB6 nicht nur mehr Unterstützung, sondern natürlich auch mehr Möglichkeiten bei der Entwicklung von Automatisierungslösungen.

Know-how-Wiederverwendung

Ein Hinweis sei an dieser Stelle natürlich dennoch gegeben: Visual Basic 6 ist insgesamt ein sehr umfangreiches Produkt. Als Skriptentwickler können Sie VB-Programme erzeugen, der Weg zum wirklich professionellen VB-Programmierer ist jedoch nicht zu unterschätzen. Er führt auf jeden Fall über einige bekannte VB-Werke wie die von Michael Kofler [KOF98] und Dan Appleman [APP99].

Der Weg zum VB-Profi

Microsoft bietet eine Light-Version des älteren Visual Basic 5.0 unter dem Namen »Visual Basic Control Creation Edition« (VBCCE) kostenlos an. Sie finden VBCCE auf der Buch-CD [CD:/install/fortgeschrittene/vbcce]. Sie können mit der VBCCE keine EXE-Dateien kompilieren, sondern nur ActiveX-Steuerelemente erzeugen. Allerdings eignet sich die VBCCE als Prototypumgebung genauso wie die VB-Vollversion.

6.7.1 VB-EXE versus Scripting

Wenn Sie einmal die Vorzüge der Visual Basic-Entwicklungsumgebung kennen gelernt haben, werden Sie schnell zu der Erkenntnis kommen, dass ein vergleichbarer Komfort bei Kodierung und Debugging bei keinem der derzeit am Markt verfügbaren Skripteditoren erreicht wird. Daran knüpft sich die Frage, warum man die Routinen anschließend überhaupt noch in ein Skript überführen sollte und nicht direkt als VB-Programm laufen lassen kann. Der Vorstellung der IDE vorangestellt sei daher eine Diskussion über den Einsatz von VB6 als Umgebung zur Erstellung von Automatisierungsroutinen.

Komfort

Vorteile von VB6 gegenüber dem Scripting

Es gibt einige gute Gründe dafür, seine Automatisierungslösungen nicht nur nach dem Prinzip »VBS-Programmierung in VB6-IDE« zu entwickeln, sondern echtes VB6 zu programmieren und die Routine als VB-EXE statt als Skript auszuliefern:

▷ Mehr Sprachkonstrukte

Das Kapitel 3.1 hat gezeigt, dass die Programmiersprache VB6 gegenüber der Skriptsprache Visual Basic Script einige große Vorteile bietet. An dieser Stelle seien insbesondere noch einmal die größere Typsicherheit und die bessere Laufzeitfehlerbehandlung genannt. Wenn Sie beabsichtigen, eine in VB6 entwickelte Routine später in ein Skript zu transformieren, dann müssen Sie auf viele dieser zusätzlichen Möglichkeiten verzichten oder aber die nicht in VBS unterstützten Features wieder »heraus« kodieren.

Sprachumfang

Fortgeschrittene Techniken

Performance
▸ **Geschwindigkeit**
VB-EXEs sind kompiliert und müssen nicht wie Skripte bei jeder Ausführung mühsam interpretiert werden. Der Geschwindigkeitsvorteil wird allerdings nur dann spürbar, wenn Sie innerhalb der Sprache selbst zeitaufwendige Routinen verwenden. Wenn Ihre Logik nur aus einer schnellen Abfolge von Methodenaufrufen in COM-Objekten besteht, ist allein die Implementierung der zugehörigen COM-Komponenten relevant.

Kapselung
▸ **Schutz des Quellcodes**
Ein großer Nachteil der Scripting-Technik ist, dass die Routinen im Quellcode weitergegeben werden. Ihre Nutzer oder Kunden können also genau sehen, was Ihre Skripte ausführen, und sie können diese Skripte verändern oder weiterverwenden. Ein kompiliertes Visual Basic-Programm enthält den Quellcode nicht mehr. Fairerweise muss man anmerken, dass mit dem Script Encoder (siehe Kapitel 6.2) mittlerweile auch eine Lösung zum Schutz von Skriptcode existiert, während es andererseits natürlich Software zum Dekompilieren von VB-Anwendungen gibt.

GUIs
▸ **Oberflächengestaltung**
Mit VB6 können komplexe Fenster und Dialoge gestaltet werden. Keine der verfügbaren WSH-Zusatzkomponenten (vgl. Kapitel 4) reicht an die Mächtigkeit der VB-Formulare (VB-Forms) heran.

Frühes Binden
▸ **IUnknown-Fähigkeit**
Von einer Skriptsprache aus können Sie nur Komponenten nutzen, die COM-automationsfähig sind. Wenn Sie COM-Klassen nutzen wollen, die nicht über eine IDispatch-Schnittstelle bzw. über eine von IDispatch abgeleitete Schnittstelle verfügen oder die IDispatch nicht für ihre gesamte Funktionalität unterstützen, dann können Sie Ihre Automatisierungslösung nur als VB-EXE implementieren. VB6 unterstützt auch die frühe Bindung mit IUnknown. Voraussetzung ist aber die Verfügbarkeit einer Typbibliothek zu der jeweiligen Komponente.

APIs
▸ **API-Nutzung**
Mit VB6 können Sie nicht nur nicht-automationsfähige COM-Komponenten, sondern auch andere Application Programming Interfaces (APIs) nutzen, die keine COM-Schnittstellen anbieten.

Nachteile von VB6 gegenüber dem Scripting

Es spricht also manches dafür, Automatisierungsroutinen als VB-EXEs zu entwickeln. Dagegen spricht aber auch einiges:

Immer eine eigenständige Anwendung
▸ **Umgebungen**
Ein VB-Programm kann nur direkt als eigener Prozess ausgeführt werden, nicht jedoch im Rahmen eines Scripting Hosts. So ist eine VB-EXE zwar äquivalent zu einem Skript, das im Windows Scripting Host ausgeführt wird, da alle Startmöglichkeiten eines WSH-Skripts auch einer VB-EXE offen stehen. In allen Fällen, in denen ein Scripting Host Teil einer größeren Anwendung (z.B. Exchange Event Scripting Agent, Outlook Forms) ist, ist dort allerdings in der Regel nicht vorgesehen, einen Prozess statt eines Skripts zu star-

ten. Es muss also in diesen Fällen zumindest einen kurzen Skriptblock (hier *Brücken-Skript* genannt) geben, der das VB-Programm durch einen Kommandozeilenbefehl aufruft.

▶ **Zugriff auf Intrinsic Objects**

Eine VB-EXE hat keinen Zugriff auf die Intrinsic Objects des Scripting Hosts. Im Falle des WSHs ist dies kein Problem, denn die Informationen, die der WSH über das Intrinsic Object `WScript` erhält, bekommt ein VB6-Programm über ein eigenes Intrinsic Object namens `App`. Bei allen anderen Scripting Hosts ist dies jedoch problematisch, da Objektverweise nicht zwischen einem Skript und einer eigenständigen Anwendung ausgetauscht werden können. Das *Brücken-Skript* kann Werte in Form der Kommandozeilenparameter übergeben, die EXE kann jedoch auf diesem Wege nur einen Wert zurückliefern. Eine Lösung ist die Implementierung als COM-EXE. Das *Brücken-Skript* würde die Komponente starten und über Attribute bzw. Methoden-Aufrufe die Verweise auf Intrinsic Objects übergeben.

Intrinsic Objects

▶ **Overhead**

Eine VB-EXE ist oft größer als ein vergleichbares Skript. Dadurch, dass die EXE immer ein eigenständiger Prozess ist, entsteht in vielen Fällen ein zusätzlicher Aufwand zur Erzeugung und Vernichtung des Prozesses.

Overhead

▶ **Verteilung der Anwendung**

Eine VB-EXE kann nicht ohne die VB6-Runtime Libraries ausgeführt werden. Auf allen Computern, auf denen VB6-Programme ausgeführt werden sollen, müssen die Runtime Libraries installiert sein. Die VB6-Runtime ist ein Setup-Programm in der Größe von immerhin 1031 KB. Dies ist allenfalls für unternehmensinterne Anwendungen, nicht jedoch für Internet-Anwendungen tragbar.

Distribution

▶ **Wartbarkeit**

Eine VB-EXE kann nicht so schnell wie ein Skript geändert werden, da stets eine Neukompilierung erforderlich ist.

Wartbarkeit

▶ **Sicherheit**

Im Gegensatz zu einem Skript hat eine VB6-Routine Zugang zu den kompletten Betriebssystem-APIs. Ein Anwender traut einer .EXE-Datei grundsätzlich weniger als einer Skriptdatei.

Sicherheit

▶ **Kosten**

Für die Erstellung eines VB-Programms ist eine Lizenz von Visual Basic an allen relevanten Arbeitsplätzen notwendig. Dagegen ist der Windows Scripting Host gratis, und passende Skripte können mit kostenlos erhältlichen Editoren bearbeitet werden.

Kosten

Fazit dieser Diskussion

Das Fazit aus dieser Diskussion ist, dass ein VB6-Programm in folgenden Fällen die bessere Alternative zum Skript ist:

Fazit

▶ Es handelt sich um eine Aufgabe, die normalerweise im WSH ausgeführt würde.

Fortgeschrittene Techniken

- Sie entwickeln eine Automatisierungslösung für sich selbst, die Sie nicht verbreiten wollen. Sie können dann die Lösung sogar als interpretiertes Programm innerhalb der VB-IDE ablaufen lassen.

- Das Programm wird nur von einem kleinen, überschaubaren Kreis von Personen genutzt. Dies ist insbesondere dann der Fall, wenn es um zentralisierte administrative Vorgänge geht. Eine VB6-Anwendung ist sicherlich nicht so gut für die Distribution geeignet wie ein Logon-Skript.

> Der Autor hat die Erfahrung gemacht, dass ein großer Teil der WSH-Skripte, die er selbst erstellt hat, in der Tat nicht nur äquivalent, sondern besser als VB6-Programme realisierbar war.

6.7.2 Erstellung einer VB-EXE

VB-Projekte Visual Basic 6 kennt als oberste Organisationseinheit *Projekte*. Ein Projekt ist eine Zusammenfassung aller zu einer Anwendung gehörenden Quellcode- und Binärdaten (z.B. Grafikdateien). Für jede Art von Projektdaten gibt es einen Dateityp; die wichtigsten drei sind:

- Formulare (Forms, Dateiextension .FRM)
- Module (Modules, Dateiextension .MOD)
- Klassenmodule (Class Modules, Dateiextension .CLS)
- Eine Projektdatei (.VBP) ist der Klebstoff für die einzelnen Datendateien. Hier sind auch zentrale Informationen über das Projekt abgelegt.

Dateiformat ASCII Die Entwicklungsumgebung speichert Programmcode und Formularaufbau in einer reinen Textdatei, deren Syntax Sie auch mit einem beliebigen Texteditor nachbilden könnten.

Projekttypen

Neues Projekt Visual Basic 6.0 begrüßt den Programmierer mit dem Dialog »Neues Projekt«, in dem verschiedene Projekttypen aufgelistet sind. Mit Ausnahme des Grundtyps »Standard-EXE« (auf dem alle anderen Projekttypen basieren) sind diese Projekttypen im Verzeichnis »TEMPLATE/PROJECTS« einer VB-Installation definiert. Sie können ein beliebiges selbsterstelltes Projekt durch einfaches Kopieren in dieses Verzeichnis zur Projektvorlage machen.

Standard-EXE Für die geplanten Zwecke ist die Standard-EXE die beste Basis, obwohl diese Anwendung in der Grundkonfiguration immer eine Fensteranwendung vorsieht. Sie können das Fenster auf dem im Folgenden beschriebenen Weg entfernen oder aber die auf der Buch-CD (/INSTALL/HOSTS/VB6) mitgelieferte Projekt-Vorlage »WINDOWLESS APPLICATION.VPB« verwenden.

Fenster der Entwicklungsumgebung

Die VB-IDE verfügt über so viele verschiedene Fenster, dass es VB-Programmierer ohne 21-Zoll-Monitor schwer haben. Visual Basic kennt zwei Arten von Fenstern: Bearbeitungsfenster und Werkzeugfenster.

Die wichtigsten Werkzeugfenster:

- Der *Projekt-Explorer* (Project Explorer) enthält, gegliedert nach Dateitypen, die zum Projekt gehörenden Dateien.

- Die *Werkzeugsammlung* (Toolbox) enthält ActiveX-Steuerelemente zur Gestaltung von Forms.

- Das *Eigenschaftsfenster* (Property Window) zeigt die Eigenschaften des mit der Maus markierten Elements. Dabei können sowohl Elemente aus dem Projekt-Explorer als auch solche aus einem Formularfenster angewählt werden. Leider werden nicht alle Eigenschaften aller Elemente hier angeboten. Elemente können über ihr Kontextmenü ein benutzerdefiniertes Eigenschaftsfenster anbieten.

- Das *Direktfenster* (Debug Window) dient zur Ausgabe von Texten während des Programmablaufs innerhalb der IDE. Hier können auch einzelne VB-Befehle direkt ausgeführt und somit bestimmte Unterroutinen getestet werden.

- Der *Objektkatalog* (Object Browser) ermöglicht die Betrachtung von Typbibliotheken, sofern diese vorher eingebunden wurden.

- Das *Lokal-Fenster* (Local Window) zeigt während des Debuggings den Inhalt der Variablen.

- Das *Überwachungsfenster* (Watch Window) dient der Definition von Überwachungsausdrücken.

Werkzeugfenster

Fenster können in dem Menü ANSICHT ein- bzw. ausgeblendet werden.

Für jeden Dateityp gibt es ein oder mehrere Bearbeitungsfenster, die wichtigsten sind:

- das *Codefenster*: Es enthält den Programmcode eines Moduls, Klassenmoduls oder VB-Formulars.

- das *Form Designer-Fenster*: Es enthält die Entwurfsansicht eines VB-Formulars.

Bearbeitungsfenster

> Ein Bearbeitungsfenster wird durch einen Doppelklick auf eine Datei im Projekt-Explorer eingeblendet. Das FENSTER-Menü zeigt die Liste der geöffneten Bearbeitungsfenster. Ein Formular, für das es zwei Ansichten (Code-Fenster und Form Designer) gibt, kann in beiden Ansichten gleichzeitig geöffnet sein.

Abbildung 6.28:
Fenster der
Visual Basic
6.0-Entwicklungsumgebung

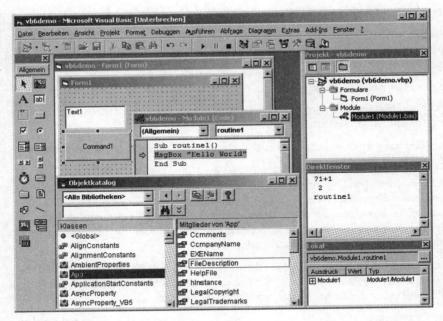

Ihr erstes VB-Programm

Hello World Da fast alle Beispiele in diesem Kapitel ohne Formular arbeiten sollen, öffnen Sie entweder das benutzerdefinierte TEMPLATE WINDOWLESS APPLICATION.VPB oder aber eine Standard-EXE. Führen Sie im zweiten Fall folgende Schritte durch, um den gleichen Stand wie die WINDOWLESS APPLICATION.VPB zu erreichen:

- Entfernen Sie FORMULAR1 (Menüpunkt ENTFERNEN im Kontextmenü des Formulars im Projekt-Explorer).

- Fügen Sie ein Modul hinzu (Menüpunkt HINZUFÜGEN/MODUL im Kontextmenü des Projekt-Explorers). Sie erhalten ein neues MODUL1.

- Aktivieren Sie das Codefenster des Moduls und geben Sie dort ein:

```
Sub Main()
MsgBox "Hello World"
End Sub
```

Listing 6.12: Hello World in VB [CD: /code/fortgeschrittene/vb6/hello.vbp]

 Sie sollten Ihrem Projekt und dem Modul über das Eigenschaftsfenster einen sinnvollen Namen zuweisen.

Interpretation des Programms

Sie starten das Programm auf folgende Weise:

- Drücken Sie F5 oder

- klicken Sie auf den Pfeil in der Symbolleiste oder
- wählen Sie den Menüpunkt RUN/START.

In allen drei Fällen wird das Programm innerhalb der Visual Basic-Entwicklungsumgebung interpretiert. Die Kompilierung ist ein getrennter Schritt, der im nächsten Abschnitt vorgestellt wird.

Erstellung der ausführbaren Datei

Die Erstellung der ausführbaren EXE ist sehr einfach: Wählen Sie aus dem Menü DATEI den Eintrag »XY.EXE ERSTELLEN...« wobei xy dem Namen Ihres Projekts entspricht. Der Name der EXE-Datei kann von dem Projektnamen abweichen. Ändern Sie dazu in dem nach dem Aufruf von DATEI/ERSTELLEN gezeigten Dialog den Dateinamen. Nach der Kompilierung der EXE können Sie diese außerhalb der VB6-IDE starten.

Kompilierung

VB6 beginnt die Ausführung des Programms entweder bei einer mit Sub Main() benannten Routine oder mit einem bestimmten Formular. Diese Einstellung können Sie im Eigenschaftsfenster des Projekts festlegen. Es darf nur ein Sub Main() pro Projekt geben!

Sie können leider nicht ohne weiteres eine bestimmte Unterroutine direkt starten, indem Sie den Cursor in die Routine setzen und dann den Startbefehl geben (VBA in Microsoft Office macht das so). Die einzige Möglichkeit, nicht bei Sub Main() oder einem Form zu beginnen, besteht darin, die Unterroutine vom Direktfenster aus aufzurufen. Bei einer Unterroutine ohne Parameter und Rückgabewerte geben Sie einfach den Namen ein und drücken Return. In den anderen Fällen geben Sie bitte die gewünschten Parameter mit an und stellen einen Auffangbehälter für den Rückgabewert bereit. Üblich ist die direkte Ausgabe, die mit einem Fragezeichen abgekürzt wird. ? berechne(10,20) gibt den Rückgabewert der Funktion berechne() nach Abarbeitung der Funktion im Direktfenster aus.

Sub Main() und Unterroutinen

6.7.3 Eingabehilfen

Die VB6-IDE bietet zahlreiche, sehr nützliche Eingabehilfen an, die Ihnen viel Tipparbeit ersparen. Bedenken Sie jedoch, dass Sie für all diese Eingabehilfen vorher die Typbibliothek einbinden müssen, die die betreffenden Klassen bzw. Konstanten definiert.

- **Vervollständigen**

    Nach der Eingabe einiger Buchstaben werden alle Befehle in einer Liste angezeigt, die mit dieser Buchstabenfolge beginnen. Sofern es nur einen Befehl gibt, wird dieser eingesetzt. Im Kontextmenü der deutschen Version nennt sich diese Funktion »Ganzes Wort«.

    »Ganzes Wort«

- **Eigenschaften/Methoden anzeigen**

    Wird nach einem Objektbezeichner ein Punkt eingegeben, so werden die Attribute und Methoden der Klasse, für die der Objektbezeichner deklariert wurde, aufgelistet. Bei der Deklaration einer Variablen werden alle verfügbaren Klassen angezeigt. Bei der Verwendung des New-Operators werden alle verfügbaren instanziierbaren Klassen angezeigt.

    Liste der Attribute und Methoden

Diese sehr hilfreiche Funktion ist allerdings nur verfügbar, wenn die Typbibliothek der entsprechenden Komponente eingebunden und die Objektvariable mit `Dim obj As Klasse` für die richtige Klasse deklariert wurde.

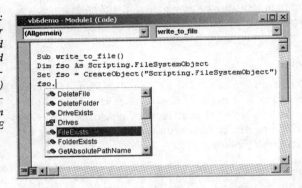

Abbildung 6.29: Auflistung der Attribute (Hand mit Karte) und Methoden (fliegende Kästen) der Klasse `FileSystemObject` in der VB6-IDE

▶ **Quickinfo**

Syntaxbeschreibung

Das Quickinfo liefert die Syntaxbeschreibung zu eingebaute VB-Funktionen, Attributen und Methoden in Form eines kleinen Kastens unter der aktuellen Eingabezeile. Sie sehen, welche Parameter eine Unterroutine erwartet und welchen Datentyp ein Attribut hat. Bei der Eingabe von Parametern verfolgt das Quickinfo Ihre Position in der Parameterliste. Sofern unter OPTION konfiguriert erscheint das Quickinfo nach der vollständigen Eingabe eines Befehls automatisch.

▶ **Konstanten anzeigen**

Verfügbare symbolische Konstanten

Sofern ein Parameter oder ein Attribut eine Konstante erwartet, werden die symbolischen Namen der verfügbaren Konstanten zur Auswahl angezeigt – Sie brauchen also weder die Konstantenwerte noch die symbolischen Namen auswendig zu lernen. Voraussetzung ist nicht nur, dass in der Typbibliothek eine entsprechende Konstantenliste existiert, sondern auch, dass der Parameter bzw. das Attribut durch die IDL-Deklaration mit dieser Konstantenliste verbunden ist.

▶ **Groß- und Kleinschreibung**

Groß- und Kleinschreibung

VB setzt die Groß- und Kleinschreibung automatisch sofort nach Eingang für alle VB-Schlüsselwörter gemäß der offiziellen Schreibweise. Für alle definierten Variablen, Konstanten und Unterroutinen wird die Groß- und Kleinschreibung konstant gemäß der Deklaration gehalten.

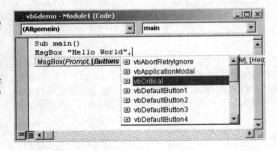

Abbildung 6.30: Quickinfo und Konstantenanzeige in der VB-IDE am Beispiel des Befehls `MsgBox()`

▶ **Automatische Syntaxprüfung**

Optional gibt es eine automatische Syntaxprüfung, die beim Verlassen einer eingegebenen Zeile diese parst und auf Syntaxfehler prüft. Leider ist die Warnung in Form einer Dialogbox oft sehr störend, wenn der Entwickler beim Kodieren einer Zeile zwischendurch zu einem anderen Programmteil wechseln möchte, um dort etwas nachzuschlagen.

Automatische Syntaxprüfung

Abschaltung der Eingabehilfen

Alle Eingabehilfen lassen sich unter EXTRAS/OPTIONEN/EDITOR abschalten.

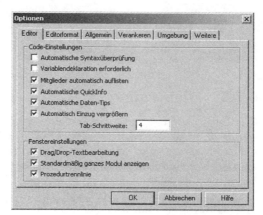

Abbildung 6.31: Abschaltung der Eingabehilfen in der VB6-IDE

6.7.4 Einbindung von Typbibliotheken

Wenn Sie Komponenten benutzen, die über eine Typbibliothek verfügen, sollten Sie letztere einbinden. Dies hat den Vorteil, dass

COM-Typbibliotheken

▶ die VB-IDE für alle deklarierten Objektvariablen die Eingabehilfen anbietet und

▶ Sie die Typbibliothek im Objektkatalog betrachten können.

Sie aktivieren Typbibliotheken über den Menüpunkt PROJEKT/VERWEISE. Der darunter liegende Punkt PROJEKT/KOMPONENTEN dient der Einbindung von ActiveX-Steuerelementen und ActiveX-Dokumenten in die Werkzeugleiste sowie der Aktivierung neuer ActiveX-Designer für das Projektfenster. Ein ActiveX-Designer ist ein Add-In für die Visual Basic IDE, um bestimmte Elemente (z.B. Datenumgebungen) innerhalb eines VB-Projekts zu definieren.

Nach der Einbindung einer Typbibliothek bietet die VB-IDE die Klassen der Komponente bei der Objektvariablendeklaration an. Eine Teilmenge davon, die instanziierbaren Klassen, steht bei Verwendung des New-Operators zur Auswahl. Für die deklarierten Objektvariablen werden die Attribute und Methoden nach Eingabe des trennenden Punkts aufgelistet.

Objektvariablendeklaration

Fortgeschrittene Techniken

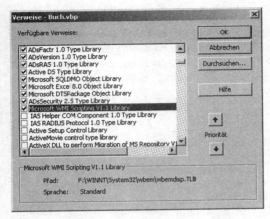

Abbildung 6.32: Mit dem Dialogfenster »Verweise« können die Typbibliotheken von COM-Komponenten in VB6 eingebunden werden.

6.7.5 Debugging

Die Visual Basic-IDE stellt komfortable Debugging-Funktionen bereit, sofern ein Programm innerhalb der VB-IDE gestartet wird. Die Möglichkeiten der Visual Basic 6.0 sind vielfältiger als die jedes verfügbaren Active Scripting-Debuggers, was einer der Hauptgründe ist, warum man Visual Basic 6.0 als Entwicklungsumgebung für Prototypen von Skripten nutzen sollte.

Das Debugging ist nur beim Start innerhalb der Visual Basic 6.0-Entwicklungsumgebung möglich. Es können keine echten Skript-Dateien oder beliebige EXE-Dateien auf diese Weise analysiert werden.

Visual Basic kennt mehrere Wege, um in den Debug-Modus zu gelangen:

Wege in den Debug-Modus

- Bei Auftreten eines Laufzeitfehlers.

- Durch Setzen eines Haltepunkts (Taste [F9] oder Menü DEBUGGEN/HALTEPUNKTE EIN/AUS). Das Programm wechselt bei Erreichen der markierten Programmzeile in den Debug-Modus.

- Durch Setzen eines Überwachungsausdrucks. Hier kann eine Bedingung für eine Variable eingegeben werden. Sobald diese Bedingung erreicht ist, wechselt das Programm in den Debug-Modus.

- Durch die Anweisung Debug.Assert(). Visual Basic wechselt in den Debug-Modus, wenn die hinter Debug.Assert() definierte Bedingung nicht erfüllt ist.

- Durch die Anweisung Stop.

Im Debug-Modus markiert Visual Basic stets diejenige Zeile gelb, die als Nächstes ausgeführt werden soll. Das heißt, im Fehlerfall ist es die Zeile, die den Fehler verursacht hat und daher nicht ausgeführt werden konnte.

Im Debug-Modus stehen folgende Funktionen zur Verfügung:

- Betrachtung einzelner Variablenwerte in Form von Tooltips, die angezeigt werden, wenn der Mauszeiger über einem Variablennamen steht

  Funktionen im Debug-Modus

- Betrachtung aller Variablenwerte innerhalb der aktuellen Unterroutine im Lokal-Fenster

- Ausgabe von Variablenwerten durch Befehle im Direktfenster

- Einzelschrittmodus. Durch Drücken der Taste [F8] gelangen Sie zum nächsten Befehl. [F5] setzt das Programm fort. Dabei ist es auch möglich, einzelne Befehle oder ganze Prozeduren zu überspringen.

- Sehr hilfreich ist die Möglichkeit, dass der Quellcode innerhalb des Debug-Modus editiert werden kann. Gerade bei seltenen Fehlern, auf die man lange warten muss, ist es nützlich, wenn man das Programm modifizieren kann, ohne es neu starten zu müssen. Allerdings sind nicht alle Veränderungen ohne Neustart möglich. So können keine Unterroutinen oder Variablendeklarationen ergänzt werden. Es ist aber möglich, sowohl nach als auch vor der aktuellen Zeile neue Befehlszeilen einzugeben.

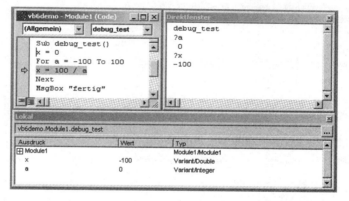

Abbildung 6.33: Debugging in der VB-IDE

6.7.6 Eingebaute Objekte (Intrinsic Objects)

Auch VB6 verfügt über einige Intrinsic Objects:

- Debug repräsentiert das Direktfenster, das nur innerhalb der VB-IDE zur Verfügung steht. Im Kompilat werden alle Zugriffe auf Debug ignoriert.

  Eingebaute Objekte

- App liefert Informationen über das Programm (Name der EXE, aktueller Pfad, Erscheinen der Anwendung in der Taskleiste, etc.).

- Screen liefert Informationen über den Bildschirm, das aktive Fenster, die installierten Schriftarten und ermöglicht die Veränderung des Mauszeigers.

- Clipboard ermöglicht das Füllen und Auslesen der Zwischenablage.

- Printer ermöglicht den Zugriff auf den aktuellen Drucker.

- Printers ist eine Collection von Printer-Objekten mit allen verfügbaren Druckern.

- Forms ist eine Collection der in diesem Projekt definierten Forms.
- Command ist kein Objekt, sondern eine globale Systemvariable, die die übergebenen Befehlszeilenparameter enthält. Command liefert die übergebenen Kommandozeilenparameter in Form eines Strings zurück.

Ausgaben und Annahmen

Debug-Objekt Das Intrinsic Object Debug bietet zwei Methoden an:

- Mit Debug.Print() wird eine Ausgabe im Direktfenster erzeugt. Debug ist zur Entwicklungszeit die wichtigste Ausgabemöglichkeit von VB6. Sie sollten daher say() in VB6 so definieren:

```
Sub say(ausgabe)
Debug.Print ausgabe
End Sub
```

Debug.Print() erlaubt beliebig viele Parameter jedes beliebigen elementaren Datentyps. Die einzelnen übergebenen Werte werden durch einen Tabulator getrennt ausgegeben.

Innerhalb des Direktfensters ist das »?« ein Kürzel für Debug.Print.

- Debug.Assert() definiert eine Annahme, deren Nichterfüllung zum Wechsel in den Debug-Modus führt.

```
Debug.Assert a <= 10
```

An dieser Stelle stoppt das Programm, wenn die Variable a einen Wert größer als zehn hat.

Informationen über die Umgebung

App-Objekt Das folgende Skript listet einige der Eigenschaften des App-Objekts auf:

```
say "Path = " & App.Path
say "EXEName = " & App.EXEName
say "Title = " & App.Title
say "Comments = " & App.Comments
say "CompanyName = " & App.CompanyName
say "FileDescription = " & App.FileDescription
```

Listing 6.13: Informationen aus dem Intrinsic Object App [CD: /code/fortgeschrittene/vb6/hello.vbp]

App bietet nur zwei Methoden an: Mit LogEvent() wird ein Eintrag in das NT-Ereignisprotokoll oder in eine Logdatei vorgenommen. Mit StartLogging() wird die Art der Protokollierung konfiguriert.

Kommandozeilenparameter

command Einem Visual Basic-Programm können Befehlszeilenparameter übergeben werden. Dies ist auch beim Ablauf innerhalb der VB-IDE möglich. Die Parameter müssen hier in den Projekteigenschaften im Register ERSTELLEN eingegeben werden. Zur Laufzeit enthält die globale Systemvariable command diese Parameter. Inargs() prüft, ob ein bestimmter Parameter übergeben wurde.

```
Function InArgs(s As String) As Boolean
  InArgs = False
  If InStr(UCase(Command), UCase(s)) Then InArgs = True
End Function
...
If InArgs("/sayhello") Then MsgBox "hello World"
...
```

Listing 6.14: *InArgs()* für VB6 inklusive Aufrufbeispiel [CD: /code/fortgeschrittene/vb6/hello.vbp]

6.7.7 Grafische Benutzeroberflächen mit VB-Forms

Die Erstellung von Bildschirmmasken ist nicht Thema dieses Buches. Da dies aber eine der großen Stärken von Visual Basic ist, seien die VB-Forms zumindest kurz erwähnt.

VB-Formulare

> Es ist sehr einfach, in VB6/A grafische Benutzeroberflächen zu entwickeln. Man baut so genannte Formulare (Forms) aus Steuerelementen (Controls) zusammen. Die Konstruktion eines Formulars erfolgt im Rahmen einer grafischen Benutzeroberfläche mit einem Formularfenster und einer Werkzeugleiste (Toolbox), aus der die verschiedenen Steuerelemente wie in einem Zeichenprogramm positioniert werden können. Formulare werden in Windows als Bildschirmfenster dargestellt.

Forms und Controls

Formulare werden in dem Form Designer-Fenster erzeugt. Wichtigste Hilfsmittel sind dabei die Werkzeugsammlung, mit der ActiveX-Steuerelemente in die Bildschirmmaske eingefügt werden können, und das Eigenschaftsfenster, um die Attribute der Steuerelemente zu belegen.

Form Designer

Erst durch Programmcode, der mit den Formularen gespeichert wird (so genannter *Code behind Forms*), erwacht ein Formular zum Leben. Jedes ActiveX-Steuerelement definiert eine Reihe von Ereignissen, die mit Ereignisbehandlungsroutinen abgefangen werden können.

Code behind Forms

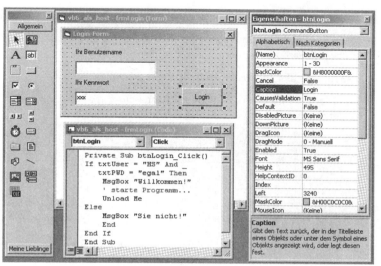

Abbildung 6.34: Gestaltung eines Login-Dialogs mit VB-Forms

Formular-Instanzen
Ein Formular ist wie eine Klasse: Es kann also mehrere Instanzen geben, die wie üblich gebildet werden. Danach kann ein Form angezeigt, versteckt oder ganz entfernt werden. Der Aufrufer kann die Eigenschaften eines Forms setzen.

```
Sub showLogin()
Dim f As New frmLogin
f.Caption = "Login: Es ist jetzt " & Now
f.Show
'...
f.Hide
Unload f
End Sub
```

Listing 6.15: *Steuerung von VB-Forms [CD: /code/fortgeschrittene/vb6/hello.vbp]*

VB-Forms können auch nur innerhalb von VB6 verwendet werden. Trotz der großen Ähnlichkeit mit VBA-UserForms können die MS Office-Produkte VB-Forms nicht importieren. Es gibt jedoch einen Wiederverwendungsmechanismus für VB-Forms in Binärform: Mit Hilfe von VB-Forms können ActiveX Controls und ActiveX Documents gestaltet werden.

6.7.8 WSH-kompatible Programmierung in VB

Prototyping
Wie bereits erläutert eignet sich Visual Basic 6 zur Entwicklung von Prototypen für Skripte. Natürlich können Sie den Prototyp später verwerfen und im Skript von vorne beginnen. Sie können das Prototyping aber auch als evolutionären Prozess ansehen, bei dem Sie den Prototyp als Vorstufe für das Skript verstehen. Zielsetzung ist es dann, mit geringem Aufwand das VB-Programm in ein Skript umzuwandeln. Dafür sollten Sie einige Unterschiede im Hinterkopf behalten:

Unterschiede
- Die Intrinsic Objects stehen innerhalb von VB nicht zur Verfügung.
- Die Aufnahme der Eingaben (z. B. Kommandozeilenparameter) ist anders.
- Sofern Sie nicht alle Ausgaben über Dialogboxen mit MsgBox() machen wollen, sind die Ausgabefunktionen anders.
- Sie müssen den anderen Sprachumfang beachten.
- Typisierte Deklaration und Schnittstellenwechsel auf Basis früher Bindung sind in VBS nicht möglich.

Innerhalb der VB-IDE werden Sie natürlich mit deklarierten und typisierten Variablen arbeiten wollen, um die Eingabehilfen ausnutzen zu können. Alle Datentypdeklarationen mit dem As-Schlüsselwort müssen Sie vor der Ausführung als Skript natürlich ausklammern. Das klappt aber sehr gut mit der SUCHEN&ERSETZEN-Funktion (Suchen nach » As «, ersetzen durch » ' As «). Nicht so einfach geht dies mit typisierten Parametern in Unterroutinen. Dafür kann man aber ein Skript auf der Basis regulärer Ausdrücke schreiben, das die Transformation automatisiert.

Am Beispiel der Erstellung von Windows Scripting Host-kompatiblen Skripten in VB6 sei Ihnen gezeigt, wie Sie durch Kapselung zentraler Funktionen erreichen können, dass Ihre VB-Programme mit wenigen Handgriffen auch als WSH-Skripte laufen. Zentrale Idee ist es, innerhalb der gekapselten Funktionen stets zu überprüfen, ob die Routine im WSH läuft oder nicht. Im ersten Fall ruft die Routine WSH-spezifische Befehle auf, im zweiten Fall VB6-spezifische. Das eigentliche Hauptprogramm muss sich dann um die Unterscheidung nicht mehr kümmern.

WSH-Prototyping

Den Test auf die Existenz des WSHs können Sie mit `IsObject(WScript)` durchführen. Wenn dieser Ausdruck wahr ist, dann befindet sich die Routine in einem WSH-Skript. Wenn Sie innerhalb von VB6 mit `Option Explicit` arbeiten (und das sollten Sie!), dann müssen Sie allerdings für VB6 eine leere Variable mit dem Namen `WScript` deklarieren, die Sie natürlich vor der Ausführung im WSH ausklammern müssen. Es läuft also darauf hinaus, dass Sie auch ein Flag am Anfang Ihres Programms setzen (`WSHFlag = True|False`) und anhand dieses Flags an den relevanten Stellen die Fallunterscheidung durchführen können.

Abfrage der Umgebung

> Die im Folgenden gezeigten Kapselungsfunktionen sind Teil der Funktionsbibliothek WS_vbWSHLIB. Diese Bibliothek ist auf die gemeinsame Nutzung in VB6/A und im WSH ausgerichtet [CD:/code/hosts/WSH/WS_vbWSHLIB.vbs]. Sie können Sie in ein VB-Projekt als Modul einbinden und im WSH als externes Skript.

Kapselungsroutinen

Die Fallunterscheidung sei vorgestellt am Beispiel der bereits angesprochenen Hilfsroutinen `say()` und `inargs()` sowie der Funktion `currentDir()`, die das aktuelle Verzeichnis ermittelt. `Wait()` gibt die Kontrolle zurück zur Ereignisbehandlung. Die hier besprochenen Kapselungsfunktionen sind Teil der WS_vbWSHLIB [CD:code/hosts/WSH/ws_vbWSHLIB.vbs].

WS_vbWSHLIB

```
' #### Universelle Ausgabe eines elementaren Datentyps
Sub say(s)
If IsObject(WScript) Then
    WScript.echo s
Else
    Debug.Print s
End If
If SAYLOG <> "" Then WriteTo SAYLOG, s
End Sub
```

Standardausgabe say()

```
' #### Testet auf enthaltenen Kommandozeilenparameter
Function inArgs(s) ' As Boolean
Dim a
inargs = False
If IsObject(WScript) Then
    For a = 1 To WScript.Arguments.Count
        If UCase(WScript.Arguments(a - 1)) = UCase(s) Then _
        inArgs = True
    Next
Else
    If InStr(UCase(command), UCase(s)) Then inArgs = True
End If
End Function
```

Kommandozeilenparameter InArgs()

Aktuelles Verzeichnis CurrentDir()

```
' ### Ermittelt das aktuelle Verzeichnis
Function currentDir()
Dim l
If IsObject(WScript) Then
    l = Len(WScript.scriptname)
    currentDir = Left(WScript.scriptfullname, _
    Len(WScript.scriptfullname) - l - 1)
Else
    currentDir = app.Path
End If
End Function
' ### Marginales Warten für Ereignisbehandlung
Sub wait()
If IsObject(WScript) Then
    WScript.sleep
Else
    DoEvents
End If
End Sub
' === Marginales Warten für Ereignisbehandlung
Sub wait()
If IsObject(WScript) Then
    WScript.Sleep
Else
    DoEvents
End If
End Sub
```

Listing 6.16: Gekapselte Routinen, die in VB6 und im WSH gleichermaßen funktionieren

Probleme mit eingebauten Funktionen und Statements

Nicht so elegant geht es für die Kapselungsroutinen, bei denen die Fallunterscheidung nicht in Objektzugriffen, sondern in Statements bzw. Funktionen liegt, die zum Sprachumfang gehören.

Programm-ende

Dies betrifft beispielsweise die Anweisung zum Beenden des Programms: Im WSH geht das mit WScript.Quit, in VB über das VB-Statement end. Mit dem End-Statement ergibt sich das Problem, dass der VBS-Parser nur ein End If kennt und sich daher bei einem alleinstehenden End stets über ein fehlendes If beklagt. Es bleibt also nichts anderes übrig, als das End-Statement bei der Konvertierung von WSH nach VB manuell auszuklammern. Solche Sonderfälle gibt es zum Glück nicht viele.

```
' ### Ende des Programms
Sub ende()
If IsObject(WScript) Then
    WScript.Quit
Else
    End ' Ausklammern für WSH!
End If
End Sub
```

Listing 6.17: Kapselungsfunktion für das Programmende

Ein weiteres Beispiel ist die Routine getcolex(), die in Kapitel 3 vorgestellt wurde. Dieses Mal ist allerdings nicht VBS das Problem, sondern seine großen Brüder. VBS hat keine Probleme damit, dass die VB-Funktion CallByName() vorkommt. Allerdings meckern das große VB und VBA über die ihnen nicht bekannte eval()-Funktion, obwohl dieser Zweig der Fallunterscheidung ja gar nicht ausgeführt werden wird. Auch hier hilft nur Auskommentieren.

Erzeugung einer Liste der Unterobjekte

```
Function getcolex(objcol, attribut)
Dim o ' As Object
If IsObject(WScript) Then
    For Each o In objcol
        Call CSVadd(getcolex, eval("o." & attribut))
    Next
Else
    For Each o In objcol
        Call CSVadd(getcolex, CallByName(o, attribut, VbGet))
    Next
End If
End Function
```

Listing 6.18: Kapselungsfunktion für das Erstellen einer Liste von Unterobjekten einer Collection

Dateiformat

Die Visual Basic-IDE hat grundsätzlich kein Problem damit, eine Datei mit der Extension .VBS statt .BAS zu verwenden. Allerdings können Sie die Datei auch dann, wenn sie die Extension .VBS hat, nicht direkt außerhalb der IDE im WSH starten, denn die VB-IDE fügt in jede Programmdatei am Anfang die Zeile Attribute VB_Name = "ModulName" ein. Diese Zeile müssen Sie für den WSH auskommentieren.

.vbs versus .bas

6.8 Die VBA-Hosts in Microsoft Office

Auch Visual Basic for Applications (VBA) ist natürlich kein Scripting Host im eigentlichen Sinne. Dennoch sind die VBA-fähigen Anwendungen eine überlegenswerte Plattform für Automatisierungslösungen.

VBA

Bei VBA nennt man die Anwendung, in der das VBA-Programm abläuft, einen VBA-Host. Beispiele für VBA-Hosts sind Microsoft Word, Excel, Powerpoint, Access und Visio. Auch wenn in Zusammenhang mit VBA von Kompilierung die Rede ist – mit VBA können keine eigenständig ausführbaren Anwendungen erstellt werden. Es ist immer ein VBA-Host nötig, wobei es je nach Anwendungsfall mehr oder weniger schnell möglich ist, ein VBA-Programm von einem VBA-Host in einen anderen zu portieren.

VBA-Host

Es gibt inzwischen zahlreiche VBA-Hosts. Dieses Buch wird sich jedoch auf die Microsoft Office-Produktfamilie beschränken. Sofern nicht anders erwähnt gelten die Ausführungen sowohl für Office 97 als auch für Office 2000 und Office XP.

> Für die Portierung von Programmcode von VBA zu Skriptcode gelten die gleichen Regeln wie für die Portierung aus der Visual Basic-Vollversion. VBA und VB6 sind sich viel ähnlicher als VBA und VBScript.

VBA als Basis für Automatisierungslösungen

Die Entwicklung von Automatisierungslösungen innerhalb von Microsoft Office bietet folgende Vorteile:

- eine integrierte Entwicklungsumgebung (IDE) mit den gleichen hilfreichen Funktionen wie die VB-Vollversion

- Gestaltung von Bildschirmfenstern mit VBA-UserForms. VBA-UserForms ähneln den VB-Forms, sind jedoch nicht voll kompatibel.

- die komplette Funktionalität der jeweiligen Host-Anwendung, die über Objektmodelle offengelegt ist

- die einfache Weitergabe der Anwendung als eine Datei

- die große Anzahl von vorhandenen MS Office-Installationen

- bei Microsoft Access zusätzlich die Möglichkeit, mit Hilfe des Access Developer Toolkits eine Runtime-Version einer Datenbank zu erstellen, deren Programmcode geschützt ist

Beispiel

Die Buch-CD enthält eine Word 2000-Datei, die die Arbeit mit VBA in Word an einigen kleinen Beispielen verdeutlicht [CD:/code/fortgeschrittene/vba/automatisierung_in_word.doc].

Heterogenität zwischen den Office-Anwendungen

Sonderlinge

Leider ist die Anwendungsentwicklung auch innerhalb der Version 2000 der MS Office-Produkte nicht so homogen, wie sie laut Microsoft Marketing schon seit der Version 97 hätte sein sollen. Die gravierendsten Punkte sind:

- Es gibt drei Arten von Bildschirmformularen: VBA-UserForms, Access Forms und Outlook Forms, die absolut inkompatibel zueinander sind. Access und Outlook unterstützen erst seit Version 2000 in bestimmten Zusammenhängen die UserForms. Die anderen Formulartypen spielen aber weiterhin die Hauptrolle in diesen Anwendungen.

- Outlook Forms sind ein ActiveX Scripting Host und keine VBA-Umgebung. VBA wird nur auf Anwendungsebene unterstützt (vgl. Kapitel 4.7). Man kann jetzt darüber streiten, ob das positiv (weil flexibler) oder negativ (weil inkompatibel und weniger gut durch Werkzeuge unterstützt) ist.

- Die IDE in Access 97 wich von der IDE der anderen Hosts ab. Outlook Forms haben – auch in Version 2000 – gar keine IDE: Die Entwicklung basiert auf Notepad.

VBA-Projekte

Eine Datei

VBA arbeitet ebenso wie das große VB mit Projekten, die aus verschiedenen Elementen (Modulen, Formularen, Klassenmodulen) bestehen. Im Unterschied zu VB6 werden jedoch die einzelnen Elemente nicht in getrennten Dateien, sondern allesamt innerhalb einer einzigen Dokumentendatei des jeweiligen VBA-Hosts gespeichert (beispielsweise in Microsoft Word in einer .DOC- oder .DOT-Datei). Ein VBA-Projekt entspricht also einer Dokumentendatei.

Die VBA-Hosts in Microsoft Office

Die Elemente sind komplett in die Datei integriert und können von außen nicht einzeln angesprochen werden. Die VBA-IDE erlaubt jedoch den Export eines Elements in eine separate Datei, die hinsichtlich der Dateiextensionen den Dateien in VB6 entspricht (.FRM, .CLS und .MOD).

VBA verfügt seit Office 2000 auch über die Möglichkeit, komplette VBA-Projekte unabhängig von einer Office-Datei zu speichern. VBA-Projektdateien besitzen die Extension .VBA. Sie gehorchen einem gänzlich anderen Prinzip als VB6-Projektdateien: Während ein VB6-Projekt aus einer Textdatei für das Projekt sowie aus einer Textdatei für jedes enthaltene Formular bzw. Modul oder für jede enthaltene Klasse besteht, sind in einer VBA-Projektdatei alle Bausteine in einer binären Datei abgelegt.

6.8.1 Entwicklungsumgebung

Die VBA-IDE ist der VB-IDE sehr ähnlich (vgl. Abbildung 6.34 und Abbildung 6.35). Bildschirmfenster und Menüs sind fast die gleichen. Der Projekt-Explorer zeigt allerdings nicht nur das aktuelle Projekt, sondern alle geöffneten Dokumentendateien. Dabei ist nicht nur ein einfacher Austausch von Programmcode per Cut&Paste möglich, sondern auch das Kopieren von ganzen Modulen oder Formularen per Drag&Drop.

VBA-IDE

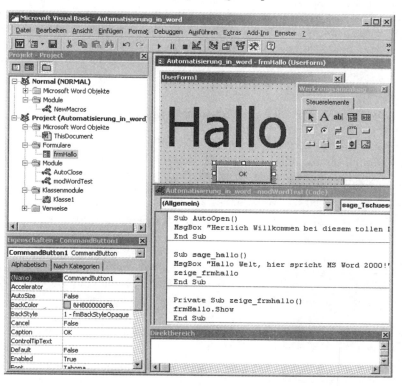

Abbildung 6.35: VBA-Entwicklungsumgebung von Word 2000

Start der IDE — Sie erreichen die VBA-Entwicklungsumgebung in Word, Excel und Powerpoint, indem Sie das Menü EXTRAS/MAKRO/VISUAL BASIC EDITOR anwählen oder aber unter EXTRAS/MAKRO/MAKROS ein bestehendes Makro bearbeiten.

> Die Host-Anwendung hat auf ein VBA-Projekt immer noch eine aus der früheren Makro-Welt geprägte Sicht. Was Word & Co. als Makro bezeichnet ist in Wirklichkeit eine öffentliche (also nicht mit `Private` deklarierte) Unterroutine.

Unterschiede der IDEs — Bereits Office 97 sollte die VBA-Entwicklungsumgebungen der vier Office-Produkte komplett vereinheitlichen. Access ging aber einen Sonderweg. In Office 2000 ist positiv, dass die Entwicklungsumgebung von Access endlich auch der der anderen Office-Produkte entspricht – mit dem typischen Projekt-Explorer, der alle Code-Bestandteile anzeigt. Auch der in Formularen hinterlegte »Code behind Forms« (CBF) wird unter dem Oberbegriff »Microsoft Access Klassenobjekte« aufgelistet. Access hat innerhalb der Office-Produktfamilie hinsichtlich der Anwendungsentwicklung immer eine Sonderrolle gespielt und spielt diese auch mit Office 2000 noch.

Makrorekorder

VBA-Programme aufzeichnen — Word, Excel und Powerpoint bieten einen Makrorekorder an, der sehr hilfreiche Dienste leistet: Sie können bestimmte Aktionen in den jeweiligen Anwendungen vormachen, und der VBA-Host setzt die Aktionen dann in VBA-Befehle um. Diese sind zwar nicht optimal, aber eine hervorragende Referenz für den VBA-Programmierer. Ein Makro mit dem Makrorekorder aufzuzeichnen führt wesentlich schneller zu den gewünschten Befehlen als die Suche in der Hilfe. Leider gibt es diesen Makrorekorder nicht in Access – auch nicht in Access 2000.

6.8.2 Start einer VBA-Routine

Eine VBA-Routine kann auf folgenden Wegen gestartet werden:

Manueller Start
▶ Innerhalb der VBA-Entwicklungsumgebung kann jede beliebige Unterroutine direkt gestartet werden, indem Sie einfach den Cursor in die Unterroutine setzen und dann `F5` drücken oder äquivalent dazu den Button SUB/USERFORM AUSFÜHREN in der Symbolleiste anklicken. Wenn der Cursor auf der Entwurfs- oder Code-Ansicht eines Formulars steht, wird dieses Formular geladen. Diesen Komfort bietet die VB-IDE leider nicht.

> Steht in VBA der Cursor beim Start nicht innerhalb einer Unterroutine, so erscheint ein Dialog, der um Auswahl der zu startenden Routine bittet. Eine Routine mit dem Namen `Sub Main()` hat keine Sonderbedeutung wie in VB6.

Direktfenster
▶ Sie können eine Routine ebenso wie in VB6 auch starten, indem Sie im Direktfenster den Namen der Routine eingeben.

Makro-Verwaltung
▶ Aus dem Dokumentenfenster heraus starten Sie eine Unterroutine, indem Sie unter EXTRAS/MAKRO/MAKROS ein Makro auswählen und dann auf AUSFÜHREN klicken.

▶ Unterroutinen mit besonderen Namen werden automatisch beim Eintritt bestimmter Ereignisse gestartet – natürlich nur, sofern es eine Unterroutine für dieses spezielle Ereignis gibt. So startet die Routine `AutoExec` beim Laden eines Dokuments. Tabelle 7.5 zeigt die Namen und deren Bedeutung. Es gibt auch die Alternative, einem Modul den Namen eines der Auto-Makros zu geben. Dann wird innerhalb des Moduls `Sub Main()` gestartet. Diese Ereignisbehandlungsroutinen sind der Angriffspunkt für VBA-Makroviren.

Ereignisse

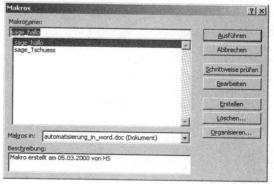

Abbildung 6.36: Verwaltung der Makros in Word 2000

Name der Routine	Ausführungszeitpunkt
AutoExec	Beim Starten von Word oder Laden einer globalen Vorlage
AutoNew	Beim Erstellen eines neuen Dokuments
AutoOpen	Beim Öffnen eines vorhandenen Dokuments
AutoClose	Beim Schließen eines Dokuments
AutoExit	Beim Beenden von Word oder Entladen einer globalen Vorlage

Tabelle 6.5: Namen der Standardereignisroutinen in VBA

6.8.3 Intrinsic Objects

Jeder VBA-Host besitzt Intrinsic Objects, die aber immer von dem jeweiligen Host abhängig sind. Eines dieser Intrinsic Objects ist in der Regel eine Instanz der Stammklasse des Objektmodells des VBA-Hosts (meist: `Application`).

Host-spezifische Intrinsic Objects

6.8.4 VBA-UserForms

VBA-UserForms sind leider immer noch etwas anders als VB-Forms. Zwar unterstützen UserForms prinzipiell ähnliche Steuerelemente, jedoch werden diese Steuerelemente von einer anderen Komponente implementiert. Dabei ist der Formularentwurf an einigen Stellen sogar besser gelungen als in VB6: In einem VB-Form kann eine Beschriftung im Designer-Fenster nur komplett überschrieben werden, da der Cursor nicht in die Beschriftung gesetzt werden kann. Ein richtiges Editieren ist nur im Eigenschaftsfenster möglich. Die VBA-UserForms erlauben auch, dass man den Text direkt im Form-Designer anwählen und vollständig editieren kann – so, wie man es sich wünscht. Auch UserForms unterstützen die Einbindung von ActiveX-Steuerelementen.

GUI in VBA

Fortgeschrittene Techniken

UserForms in Access Auch bei den UserForms ist ein gesondertes Wort zu Access nötig: Vor Version 2000 hat Access keine UserForms, sondern nur die eigenen Access Forms unterstützt. Access 2000 kann nun wenigstens zusätzlich VBA-UserForms darstellen. Merkwürdigerweise kann Access 2000 zwar mit anderen VB-Produkten angelegte UserForms importieren, verändern und ausführen, jedoch keine neuen anlegen: Dazu fehlt dem VBA-Editor der Datenbank der Menüpunkt »NEU USERFORM«.

Austausch zwischen VBA und VB6

VBA und VB6 Sie können Module und Klassenmodule zwischen VBA und VB6 beliebig austauschen, indem Sie die Import- bzw. Export-Funktionen der beiden Entwicklungsumgebungen nutzen. Leider sind die VB-Forms und VBA UserForms auch in Office 2000 noch nicht voll kompatibel zueinander: Zwar öffnet VB6 die VBA-UserForms, beim Versuch, ein VB-Formular in Office 2000 zu öffnen, erscheint aber der Hinweis, dass die darin enthaltene Formularklasse nicht unterstützt wird. Es hat sich auch nichts daran geändert, dass Access und Outlook jeweils einen weiteren Typus von Formularen verwenden, die inkompatibel mit den VB-Forms und VBA-UserForms sind.

6.8.5   Microsoft Office Developer Edition

Developer Tools Wenn Sie häufig mit VBA entwickeln, sollten Sie die Anschaffung der Office Developer Tools bzw. der Office Developer Edition, die diese Tools bereits enthält, in Erwägung ziehen. Die Developer Tools umfassen:

- verschiedene Add-Ins zur Unterstützung bei der Code-Eingabe und -Verwaltung (z.B. Zeichenfolge-Editor, Multicode-Import/Export, Fehlerbehandlungsroutine-Generator, Code-Commenter, Codebibliothekar, SourceSafe 6.0).
- die Access Runtime-Version, die die lizenzkostenfreie Weitergabe von Access-Datenbankanwendungen ermöglicht
- den aus VB6 bekannten *OLE DB Data Environment Designer* zur einfachen Modellierung des Zugriffs auf Datenquellen
- einen Designer zur Erzeugung neuer COM-Add-Ins

Kompilierung Sowohl Add-In-Designer als auch Data Environment Designer erzeugen kompilierte DLL-Dateien. Dies beweist: VBA 6.0 in Office 2000 kann inzwischen DLLs kompilieren, die auch ohne einen VBA-Host lauffähig sind. Leider kann man dies jedoch nur nutzen, wenn man einen der obigen beiden Designer für ein Projekt aktiviert. Die Verweigerung der Erstellung eigener öffentlich instanziierbarer Klassen ist technisch nicht nachvollziehbar, sondern wohl der Regentschaft des Marketings bei Microsoft zuzuschreiben: Wer kauft noch die VB-Vollversion, wenn VBA ausführbare Dateien erstellen kann?

6.9 Prototyping von Exchange Event Agents innerhalb der VB 6.0-IDE

Trotz der in Kapitel 4 dokumentierten Debugging-Tipps ist die Entwicklung von Exchange Server Event Agent-Skripten mühsam, da Exchange keine geeignete Entwicklungsumgebung zur Verfügung stellt. Dabei ist es durchaus möglich, die komfortable Entwicklungsumgebung von Visual Studio zu nutzen, um Agent-Skripte zu entwickeln und zu testen.

> Script Events unterstützen sowohl der Microsoft Exchange Server 5.5 als auch die 2000er-Version.

Es gilt hier nur, einen grundsätzlichen Unterschied zu kapseln: Der Programmcode wird nicht durch eine eingehende E-Mail aufgerufen, sondern manuell durch einen Entwickler. Um eine Agent-Routine in der VB6-Entwicklungsumgebung zu entwickeln und dieses dann 1:1 in den Event Agent zu übernehmen, ist es notwendig, die Intrinsic Objects EventDetails und Script manuell zu erstellen.

Kapselung der Intrinsic Objects

- EventDetails muss den Verweis auf eine gültige Nachricht beinhalten. Es liegt nahe, eine in einem Posteingang eines Postfachs existierende Nachricht zu nehmen und mit diesen Angaben ein »künstliches« Objekt EventDetails zu erzeugen.

- Script muss dafür sorgen, dass die Ausgaben an das Debug-Fenster der VB6-IDE statt an das Agent-Protokoll gehen.

Exchange Script Agent Test Environment (ESATE)

Die Umsetzung dieser Anforderung ist das *Exchange Script Agent Test Environment (ESATE)*. ESATE sorgt dafür, dass ein Agent-Skript das gleiche Umfeld antrifft, das auch beim Ablauf im Exchange Event Agent vorliegt. Der Unterschied ist lediglich, dass Sie eine Nachricht manuell erzeugen müssen, die ESATE dann dem Skript zur Verarbeitung vorwirft.

VB6-Projektvorlage

> Die CD zu diesem Buch enthält eine VB6-Projektvorlage [CD:/code/7_Fortgeschrittene/ESATE/VB6-Projektvorlage] zum Prototyping von Agent-Skripten in VB 6.0.

Die Projektvorlage besteht aus folgenden Teilen:

- der Funktionsbibliothek *WS_ExAgLib* (siehe Kapitel 4) im gleichnamigen VB6-Modul mit Hilfsroutinen für Exchange Agent-Skripte

- der allgemeinen Funktionsbibliothek *WS_Scriptlib* (siehe Kapitel 3)

- der Definition einer Klasse EventDetailsClass mit den Attributen Session, FolderID und MessageID

- der Definition einer Klasse ScriptClass mit dem Attribut Response

- Das Modul Environment enthält Hauptroutinen, die dem Agent-Skript vortäuschen, es laufe im Exchange Event Agent ab.

- Das Modul Agent soll das eigentliche Agent-Skript enthalten. In ESATE stehen hier zunächst nur die Funktionsrümpfe für die vier Ereignisbehandlungsroutinen.

Abbildung 6.37:
ESATE – Implementierung der Intrinsic Objects

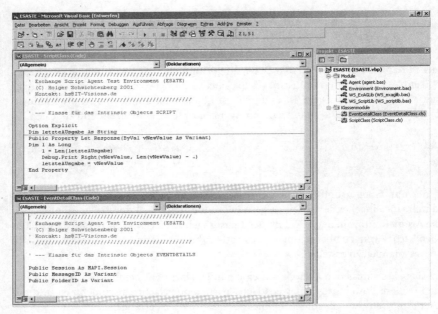

Abbildung 6.38:
ESATE – Umgebung und Agent

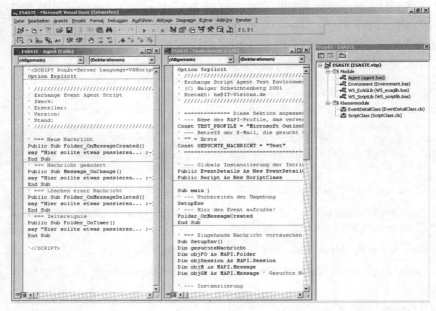

Programmcode von ESATE

Klassen Es folgt der Programmcode für ESATE, zunächst für die beiden Klassen, die die Intrinsic Objects realisieren. EventDetailsClass besteht nur aus drei Attributdefinitionen. In der Klasse ScriptClass ist Response als eine Property Let-Routine implementiert, so dass alle zugewiesenen Zeichenketten an das Debug-Fenster der VB6-Entwicklungsumgebung gesendet werden.

```
' //////////////////////////////////////////
' Exchange Script Agent Test Environment (ESATE)
' (C) Holger Schwichtenberg 2001
' Kontakt: hs@IT-Visions.de
' //////////////////////////////////////////

' --- Klasse für das Intrinsic Object EVENTDETAILS

Public Session As MAPI.Session
Public MessageID As Variant
Public FolderID As Variant
```
Listing 6.4: Klasse für das Intrinsic Object EVENTDETAILS [EventDetailsClass.cls]
```
' //////////////////////////////////////////
' Exchange Script Agent Test Environment (ESATE)
' (C) Holger Schwichtenberg 2001
' Kontakt: hs@IT-Visions.de
' //////////////////////////////////////////

' --- Klasse für das Intrinsic Object SCRIPT

Option Explicit
Dim letzteAusgabe As String
Public Property Let Response(ByVal vNewValue As Variant)
Dim l As Long
    l = Len(letzteAusgabe)
    Debug.Print Right(vNewValue, Len(vNewValue) - l)
    letzteAusgabe = vNewValue
End Property
```
Listing 6.19: Klasse für das Intrinsic Object SCRIPT [ScriptClass.cls]

ENVIRONMENT.BAS ist das Hauptmodul von ESATE. Als VB6-Anwendung benötigt ESATE ein Sub main(). In Sub main() wird die Unterroutine SetEnv() aufgerufen. SetAgentEnv() greift auf den Posteingangs-Ordner eines bestimmten MAPI-Profils zu und sucht dort eine Nachricht mit einem bestimmten Betreff. Mit den Angaben der ersten Nachricht, die mit diesem Betreff gefunden wird, wird eine Instanz der Klasse EventDetailsClass in der globalen Objektvariablen EventDetails erzeugt. SetEnv() erzeugt eine Statusmeldung, die sich durch den Vorsatz »ESATE:« von den Ausgaben des eigentlichen Agents unterscheidet. Den Profilnamen und den Betreff der zu suchenden Nachricht erhält SetEnv() aus den am Anfang des Skripts zu setzenden Konstanten TEST_PROFILE und GESUCHTE_NACHRICHT.

Hauptmodul

```
Option Explicit
' //////////////////////////////////////////
' Exchange Script Agent Test Environment (ESATE)
' (C) Holger Schwichtenberg 2001
' Kontakt: hs@IT-Visions.de
' //////////////////////////////////////////
```

```
' ============= Diese Sektion anpassen ==========
' --- Name des MAPI-Profils, das verwendet werden soll
Const TEST_PROFILE = "Microsoft Outlook"
' --- Betreff der E-Mail, die gesucht werden soll
' "" = Erste
Const GESUCHTE_NACHRICHT = "Test"
' ==============================================

' --- Globale Instanziierung der Intrinsic Objects
Public EventDetails As New EventDetailClass
Public Script As New ScriptClass

Sub main()
' --- Vorbereiten der Umgebung
SetupEnv
' --- Hier den Event aufrufen!
Folder_OnMessageCreated
End Sub

' === Eingehende Nachricht vortäuschen!
Sub SetupEnv()
Dim gesuchteNachricht
Dim objFO As MAPI.Folder
Dim objSession As MAPI.Session
Dim objM As MAPI.Message
Dim objGM As MAPI.Message ' Gesuchte Nachricht

' --- Instanziierung
Set objSession = CreateObject("MAPI.Session")
' --- Sitzungsaufbau
objSession.Logon TEST_PROFILE
' --- Testen, ob Sitzung etabliert ist
If check_logon(objSession) Then
    Debug.Print "ESATE: Anmeldung war OK an Profil " _
    & TEST_PROFILE
Else
    Debug.Print "ESATE: Anmeldung ist fehlgeschlagen!"
    Exit Sub
End If

' --- Zugriff auf Inbox
Set objFO = objSession.Inbox
' --- Suche Nachricht
Debug.Print "ESATE: Suche Nachricht mit Betreff: " _
& GESUCHTE_NACHRICHT
For Each objM In objFO.Messages
    If UCase(objM.Subject) = UCase(GESUCHTE_NACHRICHT) _
    Or GESUCHTE_NACHRICHT = "" Then
        Set objGM = objM
        Exit For
    End If
Next
```

```
' --- Nachricht gefunden?
If objGM Is Nothing Then
    Debug.Print "ESATE: Nachricht nicht gefunden!"
    End
End If

' --- Aufbau des EventDetails-Objekts
Set EventDetails.Session = objSession
EventDetails.MessageID = objGM.ID
EventDetails.FolderID = objFO.ID
Debug.Print "ESATE: Umgebung ist eingerichtet!"
End Sub


' ### Überprüft, ob eine Sitzung aufgebaut ist
Function check_logon(objSes As MAPI.Session) As Boolean
Dim objIN As MAPI.Folder
On Error Resume Next
' --- Zugriff auf den Posteingang
Set objIN = objSes.Inbox
If Err.Number <> 0 Then
    check_logon = False
Else
    check_logon = True
End If
End Function
```

Listing 6.20: Hauptmodul von ESATE [Environment.bas]

AGENT.BAS ist der Quelltext der üblichen Exchange Event Agent-Funktionsrümpfe. Zu beachten ist lediglich, dass die <SCRIPT>-Tags auskommentiert sind, weil die VB-Entwicklungsumgebung sich darüber beschweren würde.

Agent.bas

```
'<SCRIPT RunAt=Server Language=VBScript>
Option Explicit

' /////////////////////////////////////////
' Exchange Event Agent Script
' Zweck:
' Ersteller:
' Version:
' Stand:
' /////////////////////////////////////////

' === Neue Nachricht
Public Sub Folder_OnMessageCreated()
say "Hier sollte etwas passieren... ;-) "
End Sub
' === Nachricht geändert
Public Sub Message_OnChange()
say "Hier sollte etwas passieren... ;-) "
End Sub
' === Löschen einer Nachricht
```

```
Public Sub Folder_OnMessageDeleted()
    say "Hier sollte etwas passieren... ;-) "
End Sub
' === Zeitereignis
Public Sub Folder_OnTimer()
    say "Hier sollte etwas passieren... ;-) "
End Sub

'</SCRIPT>
```

Listing 6.21: *Platzhalter für die Agent-Skripte [agent.bas]*

Vorbereitung

Vorbereitung von ESATE

Um mit ESATE zu arbeiten zu können, gehen Sie wie folgt vor:

- Passen Sie die globale Konstante TEST_PROFILE an, wenn Sie nicht das Standardprofil »Microsoft Outlook« benutzen. Tragen Sie den Namen des Profils ein, nicht den Namen des Exchange-Postfachs!

- Erzeugen Sie im Posteingang des Profils eine Nachricht, indem Sie entweder eine Nachricht an sich selbst oder von einem anderen Postfach aus senden. Diese Nachricht muss einen Betreff haben, der von den anderen Nachrichten im Posteingang eindeutig unterscheidbar ist.

- Tragen Sie den Betreff in die Konstante GESUCHTE_NACHRICHT ein.

- Wählen Sie durch den Aufruf in Sub main(), welches Ereignis getestet werden soll.

- Tragen Sie Ihren Skriptcode in die passende Ereignisbehandlungsroutine in AGENT.BAS ein. Ihr Skript kann alle beliebigen Aktionen ausführen, einschließlich der Neuerzeugung und Änderung von Nachrichten, da ja über EventDetails.Session Zugriff auf die MAPI-Session besteht.

> Sie sind dabei nicht auf VBScript beschränkt, sondern können (wenn Sie es wünschen) auch VB6-Code verwenden. Wenn Sie die Typbibliotheken der verwendeten Komponenten aktivieren (CDO ist bereits im Standard aktiviert), unterstützt die VB6-IDE Sie mit allen ihren vorteilhaften Eingabehilfen.

Testen des Skripts in der VB6-IDE

Testen

Nun starten Sie ESATE, indem Sie das VB6-Projekt in der Entwicklungsumgebung ausführen. VB6 wird Sub main() aufrufen, das nach Abarbeitung der nötigen Vorbereitungen Ihr Skript startet. Die VB6-IDE stellt Ihnen dabei die vollen Debugging-Möglichkeiten für Ihr Skript zur Verfügung.

Natürlich können Sie die Anwendung auch kompilieren, das bringt Ihnen aber keinen Vorteil, sondern nur den Nachteil, dass Sie sich ein anderes Protokollmedium als das Debug-Fenster suchen müssten.

Übernahme des Prototypen in den Exchange Event Agent

Die Übernahme des fertig entwickelten Prototypen in den Exchange Event Agent ist denkbar einfach:

Vom Prototyp zum Skript

▷ Stellen Sie sicher, dass Ihr Agent voll VBScript-kompatibel ist: Alles, was VB 6.0-Syntax ist, müssen Sie entfernen oder auskommentieren.

▷ Kopieren Sie den Inhalt des Moduls Agent mit Microsoft Outlook oder dem Micro Eye Script Director (siehe Kapitel 9) in den Event Agent.

▷ Entfernen Sie die Kommentarzeichen vor den <SCRIPT>-Tags.

▷ Kopieren Sie den Inhalt der Module WS_ExAgLib und WS_ScriptLib vor das </SCRIPT> in den Agent, damit diese Hilfsroutinen dort zur Verfügung stehen.

▷ Aktivieren Sie dann den Agent.

Mit einigen leichten Modifikationen wäre es auch möglich, in ESATE einen beliebigen anderen privaten oder öffentlichen Ordner als Standardort der Testnachricht zu spezifizieren. Details über den Zugriff auf Ordner erfahren Sie in [SCH01c].

6.10 Erzeugung eigener COM-Komponenten

Es gibt inzwischen viele Sprachen und Entwicklungsumgebungen, die die Erzeugung von COM-Komponenten unterstützen. Exemplarisch zeigt dieses Kapitel zwei Methoden, die auf den bisher in diesem Buch vorgestellten Techniken aufbauen: Dies ist zum einen die Entwicklung von Komponenten mit Visual Basic 6 und zum anderen die Erzeugung von Windows Script Components. Auch mit Visual Basic for Application 6.0 (als Teil von Office 2000) können mit Einschränkungen COM-Komponenten erstellt werden.

Komponenten erstellen

	VB 6.0/7.0	VBCCE	VBA 6.0	VBS 5.0/5.5
Sprachinterne Klassendefinition	Ja	Ja	Ja	Ja
Erzeugung von nicht-visuellen COM-Komponenten	Ja, DLL + EXE	Nein	tlw. DLL	Scriptlets
Erzeugung von ActiveX-Steuerelementen	Ja	Ja	Nein	Nein

Tabelle 6.6: Erzeugung von Klassen und COM-Komponenten in den verschiedenen VB-Dialekten und -Entwicklungsumgebungen

6.10.1 Erzeugung von Komponenten mit VB6

Die Visual Basic-Entwicklungsumgebung bietet komfortable Möglichkeiten, verschiedenartige COM-Komponenten zu erstellen. Die Ausführungen basieren auf der Version 6.0 (als Teil der Visual Studio 98-Produktfamilie); die Funktionalitäten sind jedoch fast identisch auch in der Vorgängerversion 5.0 vorzufinden. In Version 7.0 wird es zusätzliche Features

Komponenten programmieren mit VB6

wie die Implementierungsvererbung geben, die die Erstellung von Komponenten weiter vereinfachen wird. Eine ausführliche Darstellung der Komponentenprogrammierung mit der VB-Vollversion erhalten Sie in [APP99].

Projekttypen

Projekttypen In der Visual Basic-Entwicklungsumgebung gibt es mehrere vorgefertigte Projekttypen für COM-Objekte: ACTIVEX EXE, ACTIVEX DLL, ACTIVEX CONTROL, ACTIVEX DOCUMENT EXE, ACTIVEX DOCUMENT DLL und ADD-IN.

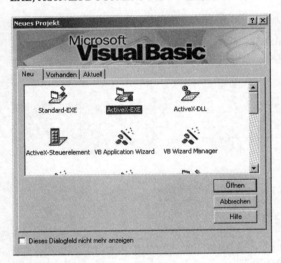

Abbildung 6.39: Projekttypen in Visual Basic 6.0

ActiveX EXE, ActiveX DLL Der Name *ActiveX* ist in Bezug auf die ersten beiden Projekttypen wieder einmal eine Benennung, über die man streiten kann (vgl. Kapitel 2). Auf einen Punkt können Sie sich jedoch verlassen: Alle mit VB6 erzeugten Komponenten unterstützten IDispatch und sind daher COM-automationsfähig. Die Erstellung von COM-Add-Ins, ActiveX-Dokumenten und -Steuerelementen ist nicht Thema dieses Buches.

In diesem Kapitel wird es ausschließlich um die Erstellung von In-process-Komponenten (in Form von *ActiveX DLLs*) und Out-process-Servern (in Form von *ActiveX EXEs*) gehen. Zur Vereinfachung wird in diesem Buch der Begriff Komponentenprojekt als Oberbegriff über alle oben genannten Projekttypen verwendet.

Komponenten und Klassen

Klassenmodule Eine COM-Komponente entspricht einem Projekt in Visual Basic. Ein Komponentenprojekt kann ebenso wie ein normales VB-Projekt aus verschiedenen Elementen (Formularen, Modulen, verschiedenen Designern) bestehen. Die Klassen, aus denen die Komponente bestehen soll, werden in Form von Klassenmodulen angelegt. Ein Komponentenprojekt muss immer aus mindestens einem Klassenmodul bestehen, da jede Komponente aus mindestens einer Klasse bestehen muss.

Schnittstelle Jede Klasse hat in der Grundform genau eine Schnittstelle, die den Namen der Klasse mit einem vorangestellten Unterstrich »_« trägt. Die Definition der Schnittstelle dieser Klasse geht auf folgende Weise vor sich:

- Globale Variablen werden zu Attributen. **Attribute**
- Öffentliche Unterroutinen werden zu Methoden. Dabei werden – wie üblich in Visual Basic – Methoden mit Rückgabewert durch `Function()...End Function` deklariert, Methoden ohne Rückgabewert durch `Sub()...End Sub`. **Methoden**
- Ereignisse werden durch das vorangestellte Schlüsselwort `Event` deklariert. **Ereignisse**

> Zum besseren Verständnis sei auf das Kapitel 3 verwiesen, in dem die Erzeugung von Klassen in VBScript erläutert wird: Der Hauptunterschied besteht darin, dass Klassen in VB6 nicht durch das Schlüsselwort `Class` eingegrenzt werden, sondern durch die Grenzen des Klassenmoduls abgegrenzt sind.

Unterschied zu VBS

Visual Basic automatisiert viele Dinge, die in anderen COM-Komponenten-Entwicklungsumgebungen (z.B. C++) in der freien Entscheidung des Programmierers liegen. In den nachstehend genannten Fällen ist es jedoch als positiv zu bewerten, den Programmierer in seiner Entscheidungsfreiheit einzuschränken: **Eingeschränkte Freiheiten**

- Visual Basic legt immer eine Typbibliothek an, die in die Komponentendatei hineinkompiliert wird.
- Visual Basic legt immer duale Schnittstellen an. Für alle Klassen gibt es also `IDispatch`-Unterstützung.
- Die ProgID einer Klasse wird in der Form `Projektname.Klassenname` gebildet und ist stets konsistent zur Typbibliothek.

Beispiel

Anhand eines einfachen Beispiels soll die Erzeugung einer Komponente schrittweise erläutert werden. Beispiel ist die Klasse `CSV` aus der Komponente *WindowsScripting* (vgl. Kapitel 5). **WindowsScripting.CSV**

> Es handelt sich also um eine zustandsbehaftete Klasse, d.h., die einzelnen Operationen sind nicht unabhängig voneinander, sondern stehen in einem bestimmten Kontext. Sehr leicht hätte man diese Klasse auch zustandslos implementieren können: Dabei hätte bei jedem Methodenaufruf das Trennzeichen übergeben werden müssen. Um den Einsatz von Attributen zu demonstrieren und weil der Performance-Faktor bei dieser einfachen Logik kaum ins Gewicht fällt, wurde hier allerdings der zustandsbehaftete Ansatz gewählt. In Kapitel 2 wurde erläutert, dass der zustandslose Ansatz in Zusammenhang mit *MTS/COM+-Just in Time Activation* Performance-Vorteile bringt.

Die Klasse, die die ProgID `WindowsScripting.CSV` erhalten soll, soll Unterstützungsfunktionen beim Auslesen von Comma Separated Value (CSV)-Dateien anbieten:

- Die Methode `GetField(strLine)` liest aus einem übergebenen String alle Zeichen bis zum nächsten Semikolon aus. Auf Basis eines Call by Reference wird die übergebene Variable so manipuliert, dass das ausgelesene Feld abgeschnitten ist.
- Die Methode `Count(strLine)` liefert die Anzahl der Felder.

Fortgeschrittene Techniken

- Mit dem Attribut Separator kann ein anderes Trennzeichen als das standardmäßige Semikolon festgelegt werden.

Schrittweises Vorgehen

Um diese Komponente mit Visual Basic zu erzeugen, gehen Sie wie folgt vor:

Projekttyp-auswahl
- Starten Sie die Visual Basic-Entwicklungsumgebung und entscheiden Sie sich im Auswahldialog für den passenden Komponentenprojekttyp. Sie können zwar nachträglich den Projekttyp noch ändern; dies kann jedoch zu Problemen führen, wenn Sie die Komponente bereits kompiliert haben. Normalerweise werden Sie eine ACTIVEX DLL erstellen.

Benennung
- Sie erhalten ein Projekt mit dem Namen *Projekt1* und ein Klassenmodul mit dem Namen *Class1*. Nennen Sie das Projekt *WindowsScripting* und das Klassenmodul *CSV*. Tragen Sie im Projekteigenschaftsfenster unter Projektbeschreibung *WindowsScripting-Komponente* ein. Dieser Text wird zum Helpstring der Komponente.

> Vergeben Sie immer direkt am Anfang einen sprechenden Namen für das Projekt und die Klasse. Diese Entscheidung ist sehr wichtig, denn der Projektname wird zum Komponentennamen.

- Stellen Sie sicher, dass die Instancing-Eigenschaft der Klasse auf »MultiUse« steht (vgl. Abbildung 6.40 und Tabelle 6.7).

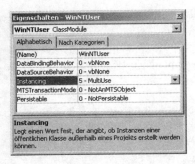

Abbildung 6.40: Eigenschaften eines Klassenmoduls in einer ActiveX DLL

Tabelle 6.7: Instancing-Eigenschaften für Klassen in VB6

Instancing-Typ	Erläuterung
Private (1)	COM-Clients können die Klasse nicht nutzen. Die Klasse kann nur von anderen Klassen innerhalb der Komponente genutzt werden. Es wird daher keine CoClass und keine ProgID für diese Klasse angelegt.
PublicNot Creatable (2)	COM-Clients können die Klasse zwar nutzen, aber keine neue Instanz dieser Klasse erzeugen. Eine neue Instanz kann nur von einer anderen Instanz innerhalb der Komponente erstellt werden. Es wird eine CoClass angelegt, diese ist aber als *noncreatable* markiert. Es wird auch eine ProgID angelegt, obwohl dies eigentlich überflüssig ist, da mit CreateObject() keine Instanz erzeugt werden kann. Eine Instanz kann innerhalb der Komponente selbst nur mit dem New-Operator erzeugt werden.

Instancing-Typ	Erläuterung
SingleUse (3)	Ein COM-Client kann eine Instanz erzeugen. Allerdings wird für jede Instanz der Klasse eine neue Instanz der Komponente erzeugt. Diese Einstellung ist nur bei COM-EXEs erlaubt.
MultiUse (5)	Ein COM-Client kann eine Instanz erzeugen. Innerhalb einer Instanz der Komponente können beliebig viele Instanzen dieser Klasse laufen.
Global SingleUse (4)	In Erweiterung der Eigenschaft *SingleUse* wird hier bei der Einbindung der Typbibliothek automatisch eine Instanz erzeugt. Die Attribute und Methoden der Klasse stehen wie globale Variablen bzw. Funktionen zur Verfügung. Dies ist ähnlich wie bei Intrinsic Objects in Scripting Hosts. Diese Einstellung ist nur bei COM-EXEs erlaubt.
GlobalMulti Use (6)	Analog zu *GlobalSingleUse*, allerdings mit Mehrfachverwendung einer Komponenteninstanz (vgl. *MultiUse*)

▶ Definieren Sie innerhalb des Klassenmoduls die Attribute und privaten globalen Variablen. **Implementierung**

```
Public separator As String
Private Const Standardseparator = ";"
```

> Attribute können alternativ auch in Form von `Property Get/Let/Set`-Routinen definiert werden.

▶ Definieren und implementieren Sie die Methoden und privaten Unterroutinen der Klasse (ausschnittsweise in Listing 7.15).

▶ Kompilieren Sie die Komponente mit dem Menüpunkt »DATEI/WINDOWSSCRIPTING. **Kompilierung** DLL ERSTELLEN«. Visual Basic führt dabei die Registrierung der Komponente auf dem lokalen System automatisch aus, so dass die Komponente direkt verwendet werden kann.

```
' === Holt alles bis zum nächsten Trennzeichen aus einem String
Function GetField(strLine)
Dim pos
pos = InStr(strLine, separator)
If pos = 0 Then ' letztes Feld
    GetField = strLine
    strLine = ""
Else             ' noch nicht letztes Feld
    GetField = Left(strLine, pos - 1)
    strLine = Right(strLine, Len(strLine) - pos)
End If
End Function
' === Anzahl der Felder
Function Count(ByVal strLine)
Dim feld
Count = 0
Do While strLine <> ""
```

```
        feld = GetField(strLine)
        Count = Count + 1
Loop
End Function
' == Standardvorgaben in neuer Instanz setzen
Private Sub Class_Initialize()
separator = Standardseparator
End Sub
```

Listing 6.22: Implementierung der Klasse CSV
[CD: /code/fortgeschrittene/komponenten/windowsscripting-komponente]

COM-Anwendungskennung

AppIDs Visual Basic legt für jede COM-Klasse eine eigene AppID an und nicht etwa – wie man vermuten könnte – eine AppID pro Komponente. Leider bekommt die AppID keinen Namen, sie erscheint im DCOM-Configuration Utility daher nur unter der AppID-GUID. Sie können aber einen sprechenden Namen vergeben, indem Sie mit einem Registry-Editor in dem Standardwert eines AppID-Schlüssels einen Namen eintragen.

Mehrfachschnittstellen

Implements Jede Klasse besitzt im Standard nur eine Schnittstelle. Sofern die Klasse weitere Schnittstellen aufweisen soll, muss dies mit Hilfe des Statements `Implements Schnittstellenname` angezeigt werden. Dabei kann `Schnittstellenname` entweder eine in einer Typbibliothek definierte COM-Klasse oder COM-Schnittstelle oder eine in dem gleichen Projekt definierte VB-Klasse sein. Sofern als Schnittstellenname ein Klassenname angegeben wird, bezieht sich `Implements` auf die Standardschnittstelle. Mit `Implements` wird von einer Klasse verlangt, alle Member der angegebenen Schnittstelle zu reimplementieren. Visual Basic legt dann neben der Standardschnittstelle für die erbende Klasse als zusätzliche Schnittstelle eine mit dem Namen der vererbenden Schnittstelle an.

Vererbungs-Regeln

Bitte beachten Sie, dass `Implements` nur eine Schnittstellenvererbung ist. Die erbende Klasse **muss** alle Attribute und Methoden der vererbenden Schnittstelle neu implementieren. Daher sind vererbende Schnittstellen in diesem Modell häufig abstrakte Basisklassen. Abstrakte Basisklassen können bewusst eingesetzt werden, um Schnittstellendefinitionen zu erzeugen. Alternativ können auch in IDL definierte und zu einer Typbibliothek kompilierte Schnittstellendefinitionen eingebunden werden.

Zu beachten sind drei Regeln:

1. Alle geerbten Attribute müssen durch `Property Let/Get/Set`-Prozeduren implementiert werden.

2. Alle auf Grund einer Schnittstellenvererbung implementierten Attribute und Methoden müssen vor ihrem Namen den Namen der Schnittstelle – getrennt durch einen Unterstrich – aufweisen.

> 3. Alle auf Grund einer Schnittstellenvererbung implementierten Attribute und Methoden müssen als `Private` deklariert werden. Sie sind dennoch öffentlich; das `Private` bezieht sich auf die Standardschnittstelle. An diesem Punkt merkt man deutlich, dass das Konzept der Mehrfachschnittstellen Visual Basic nachträglich aufgepfropft wurde, was einige Inkonsistenzen hervorruft.
> 4. Erst Visual Basic .NET bietet Implementierungsvererbung mit Hilfe des Schlüsselworts `Inherits` an.

Beispielkomponente mit Mehrfachschnittstellen

Die folgenden Programmausschnitte zeigen ein Beispiel für Mehrfachschnittstellen. Behandelt wird das schon häufiger verwendete Mathematik-Beispiel.

Beispiel

```
Function Mult(x, y)
End Function
Function Div(x, y)
End Function
```

Listing 6.23: Definition der Schnittstelle IPunktrechnung durch eine abstrakte Basisklasse

```
Function Sum(x, y)
End Function
Function SubTra(x, y)
End Function
```

Listing 6.24: Definition der Schnittstelle IStrichrechnung durch eine abstrakte Basisklasse

```
' --- zu implementierende Schnittstellen
Implements IPunktrechnung
Implements IStrichrechnung
' --- Schnittstellen aus IPunktrechnung
Private Function IPunktrechnung_Mult(x, y)
IPunktrechnung_Mult = x * y
End Function
Private Function IPunktrechnung_Div(x, y)
IPunktrechnung_Div = x / y
End Function
' --- Schnittstellen aus IStrichrechnung
Private Function IStrichrechnung_Sum(x, y)
IStrichrechnung_Sum = x + y
End Function
Private Function IStrichrechnung_SubTra(x, y)
SubTra = x / y
End Function
' --- Methoden der Standardschnittstelle
Function About()
About = "Beispiel für Mehrfachschnittstellen"
End Function
```

Listing 6.25: Definition der Klasse Grundrechenarten, die zwei Schnittstellen implementiert
[CD: /code/fortgeschrittene/ komponenten /Mehrfachschnittstellen]

6.10.2 Windows Script Components (WSCs)

Quellcode-komponenten

Windows Script Components (WSC) sind COM-Komponenten, die aus Skriptcode bestehen. Sie werden im Quellcode weitergegeben und interpretiert. *Windows Script Components* sind White-Box-Komponenten im Gegensatz zu kompilierten Komponenten (Black-Box-Komponenten), die ihre Implementierung verbergen (vgl. [BÜC97]).

Interpretierte Scriptlets sind natürlich viel langsamer als kompilierte COM-Objekte, eignen sich jedoch hervorragend für das Rapid Application Development (RAD), da eine Kompilierung in einer Entwicklungsumgebung nicht notwendig ist.

> **Scriptlet**
>
> Eine alternative Bezeichnung für Windows Script Components ist der Begriff *Scriptlet*. Es gibt aber neben den WSCs auch so genannte *DHTML-Scriptlets*. Diese Scriptlets bestehen aus HTML und Skriptcode. Die Implementierung beruht auf JavaScript. Ein DHTML-Scriptlet entspricht einer HTML-Seite. DHTML-Scriptlets sind keine COM-Komponenten. Sie wurden mit dem Internet Explorer 4.0 eingeführt. WSCs sind eine später als Add-on eingeführte Verallgemeinerung der DHTML-Scriptlets.
>
> Manchmal wird auch von XML-Scriptlets oder COM-Scriptlets synonym zum Begriff WSC gesprochen.

Struktur

Dateiformat

Eine WSC wird in Form einer XML-Datei implementiert, die Skriptcode enthält. Eine Windows Script Component ist eine Datei mit der Extension .WSC (es gibt auch noch die ältere Extension .SCT, die aus der Zeit stammt, als eine Script Component noch Scriptlet hieß). Eine WSC-Datei ist XML-strukturiert. Sie kann mehrere Klassen enthalten, wobei diese Klassen ganz verschiedene ProgIDs haben können. Jede Klasse besteht aus genau einer Schnittstelle und einer beliebigen Anzahl von Methoden, Attributen und Ereignissen. Die Klasse besitzt eine CLSID und eine ProgID. Auch diese Informationen sind in XML-Form abgelegt.

Script Component Runtime

COM-Zusatzdienst

Windows Script Components sind ein COM-Zusatzdienst, der durch die *Script Component Runtime* (SCROBJ.DLL) bereitgestellt wird. Die Script Component Runtime ist selbst eine COM-Komponente, was für das Funktionieren von Windows Script Components auch zwingend notwendig ist.

ScrObj.dll

Eine WSC-Datei wird nicht kompiliert. Die CLSID wird wie eine normale COM-Komponente registriert. Im Schlüssel INPROCSERVER32 wird jedoch nicht der Pfad zu der WSC-Datei, sondern der zu SCROBJ.DLL eingetragen. Die Script Component Runtime nimmt den Aktivierungsaufruf eines COM-Clients für die Script Component entgegen und bildet den Scripting Host für die Skripte in der WSC-Datei. Dazu muss die Script Component Runtime natürlich wissen, wo die WSC-Datei liegt. Diese Information enthält der besondere Unterschlüssel SCRIPTLETURL unterhalb des CLSID-Eintrags der Script Component. Anhand der XML-Informationen der WSC-Datei kann die Script Component Runtime die Methodenaufrufe an die entsprechenden Skriptblöcke der WSC-Datei weiterleiten. Da die

Script Component Runtime ein In-process-Server ist, sind Script Components normalerweise In-process-Komponenten. Sie können jedoch genau wie die anderen COM-DLLs auch mit Hilfe des MTS bzw. COM+ als Out-process-Komponenten verwendet werden.

> Die Erzeugung eigener Windows Script Components ist ausführlich in [SCH01c] beschrieben.

Hinweis

XML-Elemente

Script Components sind durch XML strukturierte Skriptdateien (siehe auch Kapitel 2). Die Grundstruktur sieht dabei wie folgt aus:

```
<?xml version="1.0"?>
<component>
   <?component error="true" debug="true"?>
   <registration>   </registration>
   <public>
   <property name="A">
      <get/>
      <put/>
   </property>
   <method name="B">   </method>
   <event name="C">   </event>
   </public>
   <script language="VBScript">
   ' Hier steht das Skript
   </script>
</component>
```

Grundstruktur einer WSC-Datei

Neben diesen Elementen sind noch weitere, optionale Elemente verfügbar. Alle Elemente erklärt die nachfolgende Tabelle.

Element	Erläuterung
`<?XML version="version" stand alone="DTDflag" encoding="encname" ?>`	Allgemeine XML-Processing Instruction. Sofern angegeben muss dieses Element das erste in der WSC-Datei sein.
`<?component error="flag" debug="flag"?>`	Spezielle XML-Processing Instruction; für error und debug können jeweils die Werte *True* und *False* gesetzt werden, um zu bestimmen, ob ein Fehler innerhalb der Komponente angezeigt bzw. der Debugger gestartet werden soll.
`<package>`	Optionales Element, das als Top-Level-Element nur dann benötigt wird, wenn die Datei aus mehreren Klassen bestehen soll.
`<component id=componentid>`	Definiert eine COM-Klasse.

Tabelle 6.8: XML-Elemente in WSC-Dateien

Element	Erläuterung
`<registration progid="progID" classid="GUID" description="text" version="version" [remotable=remoteFlag]>`	Legt ProgID, CLSID, Helpstring (`text`) und Versionsnummer fest. Optional kann mit `remotable=True` bestimmt werden, dass die Komponente durch DCOM nutzbar ist. Jedes `<component>`-Element enthält genau ein `<registration>`-Element. Wenn ein Scriptlet via DCOM entfernt genutzt werden soll, muss `remotable=True` gesetzt werden.
`<comment>`	Definiert einen beliebigen Kommentar.
`<resource id="resourceID">`	Definiert eine globale Konstante innerhalb der WSC-Datei.
`<reference [object="progID"| guid="typelibGUID"] [version="version"]>`	Bindet eine Typbibliothek ein.
`<implements type="COMHandlerName" [id="internalName"] [default=fAssumed]>`	Bindet einen bestimmten COM-Interface-Handler ein.
`<object id="objID" [classid="clsid:GUID"	progid="progID"]>`	Erzeugt eine Instanz einer Klasse, die innerhalb der WSC-Datei allen Skripten zur Verfügung steht.
`<public>`	Umschließt die aus Attributen, Methoden und Ereignissen bestehende Schnittstellendefinition.
`<method name="methodName" [internalName="functionName"] [dispid=dispID]> </method>`	Definiert eine Methode.
`[<parameter name="parameterID"/>]`	Definiert einen Parameter innerhalb einer Methode (optional).
`<property name="propertyName" [internalName="name"]>`	Definiert ein Attribut. Optional kann der Zugriff auf das Attribut durch Funktionen gekapselt werden.
`<get [internalName= "getFunctionName"]>`	Definiert eine Methode, die den Wert des Attributs zurückgibt.
`<put [internalName= "putFunctionName"]>`	Definiert eine Methode, die den Wert des Attributs setzt.
`<event name="name" [dispid="dispid"]>`	Definiert ein Ereignis.
`<script language="language">`	Enthält die Implementierung einer -Methode.

Erzeugung eigener COM-Komponenten

Scriptlets Wizard

Zur Unterstützung der korrekten Erstellung von XML-Elementen liefert Microsoft einen Wizard, den *Windows Script Component Wizard*. Dieser ist auf der Buch-CD enthalten [CD_/install/fortgeschrittene/WSC]. Er unterstützt zwar nicht alle verfügbaren XML-Elemente, obige Grundstruktur lässt sich jedoch damit erzeugen. Der Wizard erstellt immer eine Script Component mit genau einer Klasse und genau einem Skriptblock. Er durchläuft fünf Schritte:

Wizard zur Erstellung von WSC-Dateien

1. Im ersten Schritt erwartet der Wizard allgemeine Angaben, wie den Dateinamen, den Speicherort, die ProgID und die Versionsnummer der zu erstellenden Klasse. Der im Feld NAME eingegebene Text wird zum Description-Attribut des <registration>-Elements. Die CLSID erzeugt der Wizard automatisch.

Namen

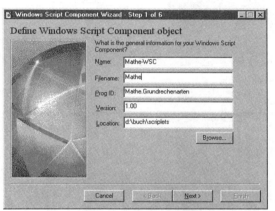

Abbildung 6.41: Schritt 1 im WSC-Wizard

2. Auf der nächsten Seite muss die Skriptsprache für den Skriptblock gewählt werden. Während der *Automation Interface Handler* immer hinzugefügt wird, können zusätzliche Interface Handler für DHTML Behaviours und ASP aktiviert werden. Außerdem sind die Optionen der <?Component?>-Processing Instruction einstellbar.

Sprache

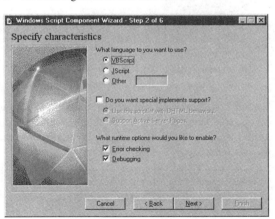

Abbildung 6.42: Allgemeine Einstellungen in Schritt 2

747

Attribute 3. Im dritten Schritt können die zu implementierenden Attribute eingegeben werden.

Abbildung 6.43: Definition der Attribute

Methoden 4. Im vierten Schritt können die Methoden gewählt werden.

Abbildung 6.44: Definition der Methoden

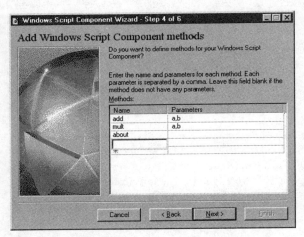

Ereignisse 5. Im letzten Schritt kann man die Ereignisse der Script Component eingeben. Dabei sind keine weiteren Angaben außer dem Ereignisnamen notwendig.

Vor der Erstellung der Komponente zeigt der Wizard eine Zusammenfassung der gewählten Optionen. Danach erstellt er die WSC-Datei mit Funktionsrümpfen für die Attribute und Methoden. Das Listing 6.27 zeigt die WSC-Datei, die der Wizard mit den oben dargestellten Eingaben erzeugt.

 Leider hat der Wizard in der Version 1.011 einen Fehler: Die in Schritt 5 eingegebenen Ereignisse werden nicht berücksichtigt.

```xml
<?xml version="1.0"?>
<component>
<?component error="true" debug="true"?>
<registration
    description="Mathe-WSC"
    progid="Mathe.Grundrechenarten"
    version="1.00"
    classid="{13593dc0-da54-11d3-bf43-0000e85d90c6}">
</registration>
<public>
    <property name="Benutzername">
        <get/> <put/>
    </property>
    <property name="Seriennummer">
        <put/>
    </property>
    <method name="add">
        <PARAMETER name="x"/>
        <PARAMETER name="y"/>
    </method>
    <method name="mult">
        <PARAMETER name="x"/>
        <PARAMETER name="y"/>
    </method>
    <method name="about">
    </method>
</public>
<script language="VBScript">
<![CDATA[
dim Benutzername
Benutzername = "n/a"
dim Seriennummer
Seriennummer = 0
msgbox "Mathe-WSC von Holger Schwichtenberg!"

Function get_Benutzername()
    get_Benutzername = Benutzername
End Function
Function put_Benutzername(newValue)
    Benutzername = newValue
End Function
Function put_Seriennummer(newValue)
    Seriennummer = newValue
End Function
Function add(x,y)
    add = "Temporary Value"
End Function
Function mult(x,y)
    mult = "Temporary Value"
End Function
Function about()
    about = "Temporary Value"
```

```
End Function
]]>
</script>
</component>
```

Listing 6.26: Scriptlet Component »Mathe«
[CD: /code/fortgeschrittene/komponenten/mathe-script-component/mathe.wsc]

Sie können nun die Implementierung der Methoden einbauen.

```
Function add(a,b)
    add = a + b
End Function
Function mult(a,b)
    mult = a * b
End Function
Function about()
    about = "Mathe-Grundrechenarten"
    about = about & " wird benutzt von " & Benutzername
End Function
```

Listing 6.27: Implementierung für WSC »Mathe«
[CD: /code/fortgeschrittene/komponenten/mathe-script-component/mathe.wsc]

> Sie können auch Programmcode hinzufügen, der bei der Instanziierung der Klasse ausgeführt werden soll und damit analog zu dem `Class_Initialize`-Event arbeitet. Schreiben Sie diesen Programmcode in den Skriptblock außerhalb einer Unterroutine. Der Wizard hat sich dieses Features bereits für die Standardwerte bedient. Die Verwendung der `Mathe`-Komponente unterscheidet sich in keinster Weise von einer kompilierten Komponente.

Typbibliotheken erzeugen

Generate-TypeLib() Die SCROBJ.DLL bietet auch eine Funktion `GenerateTypeLib()`, um eine Typbibliothek für eine Script Component zu erzeugen. Sie nutzen diese Funktion über folgenden DOS-Befehl:

```
RUNDLL32.EXE SCROBJ.DLL,GenerateTypeLib scriptletname.wsc
```

Dieser Aufruf wird standardmäßig im Kontextmenü einer WSC-Datei angeboten. Dies ist eine sinnvolle Funktion, um die Script Component in früh bindenden Umgebungen zu verwenden. Leider kommen Sie mit diesem Kontextmenüeintrag nicht sehr weit, denn die durch obigen Befehl entstehende Typbibliothek hat immer den internen Namen `Scriptlet-TypeLib` mit der Klasse `ScriptletCoClass` und dem HelpString »*Scriptlet Type Library*« sowie den immer gleichen Dateinamen SCRIPTLET.TLB. Auch eine Umbenennung des Dateinamens bringt eine Entwicklungsumgebung wie Visual Basic nicht dazu, einen Unterschied zwischen zwei auf diese Weise erzeugten Typbibliotheken zu erkennen, so dass immer höchstens eine WSC in einem Projekt verwendet werden kann.

Optionen Die Routine `GenerateTypeLib()` besitzt aber noch einige Optionen (siehe folgende Abbildung), die nur zu Tage treten, wenn Sie die Routine manuell und fehlerhaft aufrufen.

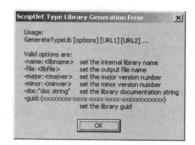

Abbildung 6.45: Optionen der Routine GenerateTypeLib() *aus der ScrObj.dll*

Sie sollten also immer wenigstens die Optionen Name, File und Doc setzen. Für die auf der Buch-CD mitgelieferte Komponente MATHE.WSC [CD:/code/fortgeschrittene/mathe-script-component/mathe.wsc] könnte das so aussehen:

RUNDLL32.EXE SCROBJ.DLL, GenerateTypeLib mathe.wsc -name:Mathe -file:mathe.tlb -doc:MatheWSC

ProgID

Bitte beachten Sie, dass Sie die ProgID auf diesem Wege nicht beeinflussen können. Diese ist in dem Quellcode der Komponenten im <registration>-Element verankert. GenerateTypeLib() nennt die in der WSC enthaltene Klasse leider immer ScriptletCoClass. Wenn Sie also Typbibliothek und ProgID konsistent halten wollen, müssen Sie den Klassenteil in der ProgID auch ScriptletCoClass nennen.

Verwendung einer WSC

Das folgende Beispiel zeigt die Verwendung der obigen WSC.

```
' ---- Frühes Binden verboten: NUR ZUR Entwicklungszeit
' Dim m  As Mathe.ScriptletCoClass
Dim m ' Spätes Binden
Set m = CreateObject("Mathe.Grundrechenarten")
m.Benutzername = "Holger Schwichtenberg"
MsgBox m.about
MsgBox "450 + 150 = " & m.Add(450, 150)
```

Listing 6.28: Verwendung der Mathe-WSC
[CD: /code/fortgeschrittene/komponenten/mathe-script-component/mathetest.vbs]

Bitte beachten Sie, dass frühes Binden mit WSC-Komponenten nicht möglich ist. Wenn Sie in VB6/A das frühe Binden versuchen, erhalten Sie die Meldung »Funktion oder Schnittstelle kann nur eingeschränkt verwendet werden oder verwendet einen Typ der Automation, der von Visual Basic nicht unterstützt wird.«. Manchmal stürzt die VB-IDE auch einfach ab. Eine WSC-Typbibliothek ist dennoch sinnvoll, um Eingabehilfen zu erhalten.

PrimalScript

Editor für Scriptlets
Eine weitere, noch bessere Möglichkeit zur Erstellung von Scriptlets ist der Editor PrimalScript der Firma Sapien (siehe Kapitel 9). PrimalScript integriert den Scriptlet Wizard und bietet zudem einen reichhaltigen Editor für die Implementierung der Scriptlets.

Intrinsic Functions

Eingebaute Funktionen
Die Script Components stellen drei Intrinsic Functions bereit:

- `createComponent()` dient dazu, innerhalb einer Script Component, die mehrere Klassen enthält, eine Instanz einer in der gleichen Komponente enthaltenen Datei zu erzeugen. Als Parameter ist dabei nicht die ProgID, sondern der im <Component>-Element im Attribut id angegebene Wert zu verwenden.

    `obj = createComponent(componentID)`

- `fireEvent()` löst ein Ereignis aus. Das Ereignis muss mit dem <Event>-Element definiert sein. Parameter ist der in der Ereignisdefinition angegebene Name.

    `fireEvent("Ereignisname")`

- `getResource()` ermöglicht den Zugriff auf eine mit dem <Resource>-Element definierte globale Konstante.

    `value = getResource(resourceID)`

6.11 Programmierung eigener Scripting Hosts

Windows Script Interfaces
Natürlich können Sie einen Scripting Host von Grund auf neu programmieren, indem Sie in C++ die notwendigen COM-Schnittstellen implementieren. Die Implementierung der so genannten ActiveX Scripting-Schnittstellen (*Windows Script Interfaces*) – z.B. `IActiveScriptSite` – ist jedoch nicht einfach und von Microsoft auch nicht gut dokumentiert. Wenn Sie sich daran versuchen möchten, dann sei Ihnen mit einem Verweis auf die MSDN Library [MSDN:iactivex.chm::/htm/scripting.htm], auf die Microsoft Scripting Website [MSS00] sowie auf das auf der CD mitgelieferte ActiveX Scripting FAQ von Mark Baker [CD:/weitere informationen/fortgeschrittene/axf_faq.doc] dazu eine Hilfe gegeben. An dieser Stelle soll Ihnen ein viel schnellerer Weg zu Ihrem eigenen Scripting Host gezeigt werden.

Microsoft Script Control
Das *Microsoft Script Control* ist ein ActiveX-Steuerelement, mit dem eigene Anwendungen auf einfache Weise um einen eigenen Scripting Host erweitert werden können. Die Grundfunktion des Script Controls besteht darin, ActiveX-Skriptcode zu empfangen und auszuführen.

> Das Script Control ist also kein fertiger Scripting Host, sondern ein Rahmenwerk für die Erstellung von beliebig vielen eigenen Scripting Hosts. Es gibt kommerzielle Produkte, z.B. das Text-Transformationswerkzeug TextPipe, deren Scripting Hosts auf dem Script Control basieren.

Das Script Control kann entweder als ActiveX-Steuerelement in einen ActiveX-Steuerelement-Container integriert oder aber als nicht-visuelle COM-Komponente angesprochen werden. Das Script Control ist auch bei der Verwendung als ActiveX-Steuerelement nur zur Entwicklungszeit sichtbar. Es ist also ein so genanntes *Design Time Control (DTC)*. Das Steuerelement stellt weder eine Eingabemaske noch Befehlsschaltflächen bereit. Diese können Sie nach Ihren Ansprüchen selbst gestalten.

Name und Abkürzung	Microsoft Script Control
Name der Komponentendatei	MSSCRIPT.OCX (Typbibliothek: MSSCRIPT.OCA)
Interner Name der Typbibliothek	MSScriptControlCtl
Helpstring der Typbibliothek	Microsoft Script Control 1.0
Abweichender Komponentenname in der Registry	MSScriptControl.ScriptControl
Hersteller	Microsoft
Lizenzierung	Kostenloses Add-on
Besprochene Version	1.0.0.4615
Alle Windows-Versionen 2000	`regsvr32 MSSCRIPT.ocx` Download von [MSS00] und auf der Buch-CD
Dokumentation	siehe [MSS00]

Tabelle 6.9: Schnellinfo Microsoft Script Control

Objektmodell

Das Objektmodell des Script Controls ist einfach und intuitiv zu verstehen.

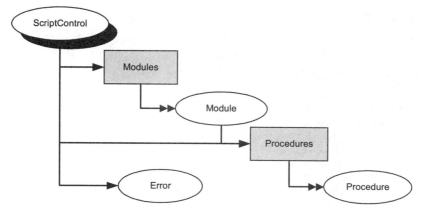

Abbildung 6.46: Objektmodell des Script Controls

Bitte verwechseln Sie das Script Control-Objektmodell nicht mit den Intrinsic Objects eines mit dem Script Control implementierten Scripting Hosts innerhalb des Controls. Welche Intrinsic Objects Ihr individueller Scripting Host besitzen muss, müssen Sie selbst definieren. Dazu benötigen Sie das Objektmodell des Script Controls.

Mitglieder der Klasse Script-Control

Die wichtigsten Funktionen stellt die Klasse ScriptControl selbst bereit:

- Mit dem Attribut Language setzen Sie die ActiveX Scripting-Sprache.
- Mit AddObject("Name", obj) fügen Sie dem Host eine Instanz einer Klasse als Intrinsic Object unter dem angegebenen Namen hinzu.
- Mit AddCode(text) fügen Sie den übergebenen Programmcode in das Control ein.
- Run(RoutineName) startet das Skript bei der angegebenen Unterroutine.

> Achtung: Wenn das Skript Programmcode außerhalb von Unterroutinen enthält, dann startet es bereits bei der Ausführung von AddCode(). Dieses unangenehme Verhalten lässt sich das Script Control leider nicht ausreden.

Beispiel

Das Beispiel zeigt die Generierung eines VBScript-Skripts zur Laufzeit.

```
' === Laufzeit-Generierung von Skripten
Sub ScriptControl_Test()
Set sc = CreateObject("Scriptcontrol")
sc.language = "vbscript"

s = "Call Main" & vbCr
s = s & "Sub Main" & vbCr
s = s & "msgbox ""Hello World!""" & vbCr
s = s & "End Sub" & vbCr
sc.executestatement s
End Sub
```

Listing 6.29: *Laufzeit-Generierung von Skripten [ScriptControl_Test.wsf]*

WScript an das Script Control übergeben

Bitte beachten Sie, dass im Script Control die eingebauten Objekte des WSH (also insbesondere WScript) nicht automatisch zur Verfügung stehen. Wenn Sie WScript nutzen wollen, müssen Sie zunächst mit AddObject() einen Zeiger auf WScript an das Script Control übergeben.

```
Set sc = CreateObject("Scriptcontrol")
sc.Language = "vbscript"
sc.AddObject "WScript", wscript
s = "Call Main" & vbCr
s = s & "Sub Main" & vbCr
s = s & "WScript.echo ""Hello World!""" & vbCr
s = s & "End Sub" & vbCr
sc.ExecuteStatement s
```

Listing 6.30: *Das Script Control bekommt Zugriff auf das WScript-Objekt [_ScriptControl_Test_Mit_Wscript.vbs]*

Im Kapitel »Fallbeispiele« wird Ihnen der *DemoHost* vorgestellt, ein ActiveX Scripting Host, der aber auf Basis des Script Controls erstellt wurde.

6.12 Komponentenerforschung

Dieses Buch hat Ihnen zahlreiche Komponenten vorgestellt. Aber wie bereits im Vorwort gesagt: Es werden täglich mehr und die bestehenden Komponenten verändern sich ständig. Zwar haben Sie nach der Lektüre dieses Buchs ein fundiertes Grundwissen über verschiedene Komponententypen und verschiedene Objektmodelle, dieses Buch kann jedoch unmöglich eine vollständige Referenz aller Komponenten sein. Sie kommen also nicht umhin, in Zukunft selbst Komponenten zu erforschen. Dieses Kapitel stellt Ihnen ein Vorgehensmodell zur Suche nach und Analyse von Komponenten vor.

Hilfe zur Selbsthilfe

> Dieser Beitrag bezieht sich im Wesentlichen auf COM-Komponenten. Die Erforschung von .NET-Komponenten gestaltet sich zum Teil anders, z.B. weil dort die Meta-Daten verpflichtend sind, es dafür aber keine zentrale Registrierung der Komponenten gibt. Wenn eine .NET-Komponente nicht im Global Assembly Cache registriert ist, dann hilft nur die einzelne Betrachtung aller vorhandenen .DLL- und .EXE-Dateien, da man einer .DLL- oder .EXE-Datei von außen nicht ansieht, ob sie eine Assembly ist oder nicht. Da die Common Language Runtime alle Werkzeuge für die Laufzeitanalyse von Komponenten (Reflection) enthält, ist es nicht schwer, ein Tool zu schreiben, das die Festplatte durchsucht und bei allen relevanten Dateien versucht, Meta-Daten zu finden.

Hinweis zu .NET

6.12.1 Suche nach Komponenten

Es ist falsch, sich erst auf die Suche nach einer Komponente zu begeben, wenn Sie vor einer konkreten Herausforderung stehen. Sowohl als Programmierer als auch als Administrator sollten Sie sich regelmäßig darüber informieren, was die bei Ihnen vorhandenen Systeme und der Markt insgesamt an Komponenten hergeben. Sie werden feststellen, dass Ihnen dabei Komponenten in die Hände fallen, die Ihre Arbeit an Stellen vereinfachen, an die Sie bisher gar nicht zu denken gewagt haben.

Schritt 1.1: Lokale Suche

Der erste und wichtigste Ort, den Sie nach einer hilfreichen Komponente durchsuchen sollten, sind Ihre eigenen Windows-Installationen. Machen Sie sich damit vertraut, welche Komponenten auf Ihren Systemen installiert sind. Betrachten Sie keineswegs nur Ihre eigene lokale Workstation, sondern schauen Sie sich Ihre Server an und gehen Sie zu anderen Arbeitsplätzen, auf denen andere Software installiert ist.

Suche auf Ihren eigenen Systemen

Leider gibt es noch kein umfassendes Komponentenrepository, das Sie umfassend über die installierten Komponenten informiert. Sie müssen damit leben, die Kombination mehrerer Werkzeuge einzusetzen, um sich über die installierten Komponenten zu informieren.

Der erste Suchplatz ist der VERWEISE-Dialog einer Entwicklungsumgebung wie Visual Basic oder VBA. Dort erhalten Sie eine Liste der installierten Typbibliotheken anhand ihrer Helpstrings. Die Helpstrings vermitteln in der Regel einen recht guten Eindruck davon, welche Aufgaben eine Komponente erfüllt. Es gibt aber auch genügend Fälle, wo der Helpstring keinen für sich selbst sprechenden Text enthält (z.B. werden Sie auch Einträge wie »vs« oder »tom« finden).

Fortgeschrittene Techniken

Abbildung 6.47: Dialog »Verweise« in der Visual Basic 6.0-IDE

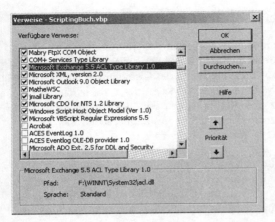

Automationsfähige Klassen

Der nächste Ansatzpunkt ist eine Liste der installierten automationsfähigen Klassen. Dafür sollten Sie sowohl den *Microsoft COM-Viewer* (Komponentenkategorie AUTOMATION OBJECT) als auch das Shareware-Werkzeug *COM-Explorer* zu Rate ziehen, da beide Auflistungen zwar unvollständig, aber keineswegs an den gleichen Stellen unvollständig sind. Im COM-Explorer sollten Sie auch die Möglichkeit nutzen, die Klassen nach Typbibliotheken sortieren zu lassen. Damit erhalten Sie wichtige Erkenntnisse über den Zusammenhang der Automationsklassen zu den im VERWEISE-Dialog gezeigten Typbibliotheken.

Abbildung 6.48: Automationsfähige Klassen im COM-Viewer von Microsoft

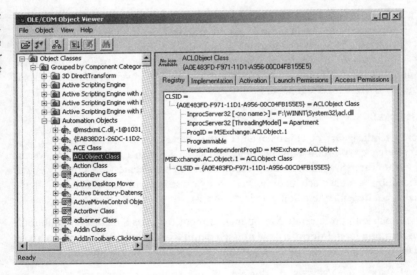

Alle Klassen

Da die Auflistung der automationsfähigen Klassen in beiden Tools unzureichend ist, sollten Sie im dritten Schritt die Liste ALL OBJECTS im COM-Viewer aufklappen. Schauen Sie sich unter den interessanten Funden aber zuerst die unterstützten Schnittstellen an. Wenn dort nicht IDispatch auftaucht, ist für Sie als Skriptentwickler der Spaß vorbei, bevor er richtig angefangen hat.

Komponentenforschung

Erst im vierten Schritt sollten Sie dann noch einmal auf der untersten Ebene ansetzen, der Registry selbst. Öffnen Sie den HKEY_CLASSES_ROOT mit REGEDIT.EXE und durchsuchen Sie die ProgIDs. Wenn Sie interessante ProgIDs gefunden haben, versuchen Sie diese im COM-Viewer oder COM-Explorer wiederzufinden, um die Information über die IDispatch-Unterstützung zu erhalten.

Registry

Aus den Abbildungen 6.47 bis 6.49 wird deutlich, wie unterschiedlich die Sicht der verschiedenen Tools ist. In allen drei Abbildungen geht es um die *ACL-Komponente* aus dem Exchange Resource Kit:

Unterschiedliche Sichten

- Der VERWEISE-Dialog zeigt den Helpstring der Typbibliothek der Komponente.
- Der COM-Viewer ist dagegen klassenorientiert; der Fokus gilt hier der Klasse ACLObject aus der *ACL-Komponente*. Angezeigt wird der Friendly Class Name dieser Klasse.
- In der Registry ist die Sicht ebenfalls klassenorientiert. Hier sind die Klassen allerdings anhand ihrer ProgIDs angeordnet. Der Friendly Class Name erscheint erst nach Auswahl einer Klasse in der rechten Fensterhälfte des Registry-Editors.

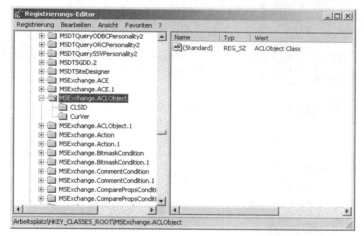

Abbildung 6.49: Ansicht der ProgID in der Registry

Achten Sie darauf, in welchem Verzeichnis die Komponente und die Typbibliothek gespeichert sind. Sofern sich die Komponente nicht in dem allgemeinen Verzeichnis System bzw. System32 befindet, kann Ihnen der Standort der Komponente wichtige Informationen darüber liefern, wie die Komponente auf Ihr System gekommen ist und mit welcher Anwendung sie in Verbindung steht.

Schritt 1.2: Suche bei Microsoft

Wenn Sie die bei Ihnen vorhandenen Installationen ausgereizt haben, sollten Sie als Nächstes die Microsoft-Komponenten suchen, die noch nicht bei Ihnen installiert sind. Stöbern Sie in der MSDN Library (entweder auf der MSDN Library-CD/-DVD oder im WWW

Suche bei Microsoft

[MSL00]), der Knowledge Base, den Downloads und im Rest der Microsoft-Homepage unter den Stichwörtern, die Ihr Problem beschreiben. Immer wenn Sie die Begriffe COM, ActiveX oder Scripting lesen, sollten Sie aufmerksam sein.

Scripting Clinic Regelmäßig lesen sollten Sie die Kolumne »Scripting Clinic« [CLI00] von Andrew Clinick, der als Programmmanager bei Microsoft maßgeblich an der Weiterentwicklung der ActiveX Scripting-Architektur beteiligt ist.

Schritt 1.3: Suche bei anderen Anbietern

Andere Anbieter Microsoft ist längst nicht mehr der einzige Anbieter von COM-Komponenten. Es gibt zahlreiche kommerzielle Anbieter (z.B. [CMS00], [ACE00], [MAR00]), aber auch genügend Enthusiasten, die mit ihren selbstgeschriebenen Komponenten die Menschheit ohne Forderung einer monetären Gegenleistung erfreuen (z.B. [WAR00], [BOR00]). Einige Sites (z.B. [CPS00], [NTF00], [CWA00], [SEC00], [IAN00]) führen Listen verfügbarer COM-Komponenten. Lassen Sie sich nicht abschrecken, wenn einige Sites nur von ASP-Komponenten reden; die meisten dieser Komponenten lassen sich auch von anderen Scripting Hosts aus nutzen.

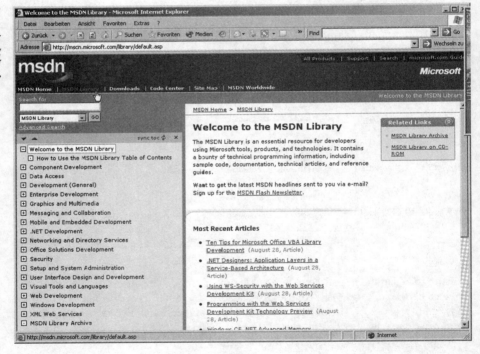

Abbildung 6.50: Hauptgliederungspunkt der Online-Fassung der MSDN Library

Der Zeitaufwand, sich regelmäßig intensiv mit diesen Sites zu beschäftigen, amortisiert sich spätestens dann, wenn Sie sich bei Ihrem nächsten Automatisierungsprojekt die Arbeit mit dem Win32-API ersparen können.

Schritt 1.4: Newsgroups

Für Scripting und COM-Komponenten gibt es inzwischen einige spezielle Diskussionsgruppen (siehe Anhang). Diese Themen werden aber auch in plattform- und anwendungsspezifischen Newsgroups besprochen. Das regelmäßige Studium aller relevanten Newsgroups ist ein aufwendiger und von vielen gestressten IT-Fachleuten kaum zu bewältigender Vorgang. Zumindest sollten Sie die Newsgroups aber dann aktiv nutzen, wenn in Hinblick auf eine konkrete Herausforderung keiner der ersten drei Schritte zum Erfolg geführt hat. Eine Suche in Newsgroup-Beiträgen aus der Vergangenheit ist durch die begrenzte Speicherdauer auf den meisten News-Servern erschwert. Am besten suchen Sie über den Internetdienst *Deja.com* [DEJ00], der alle Beiträge in vielen tausend Diskussionsgruppen auf unbestimmte Zeit archiviert. Wenn Sie nicht fündig werden, dann scheuen Sie sich nicht und stellen Ihre Frage in Form eines eigenen Beitrags. Achten Sie aber bitte darauf, dass Sie in der richtigen Newsgroup und nicht »off-topic« sind. Und in einer ruhigeren Phase in Ihrem Arbeitsalltag sollten Sie sich die Zeit nehmen, auch ohne konkretes Ziel in den Beiträgen der letzten Tage oder Wochen zu stöbern. Bei dieser Gelegenheit können Sie dann der Internetgemeinschaft Ihren Tribut zollen, indem Sie selbst die eine oder andere Frage eines Kollegen vom anderen Ende der Erdkugel beantworten.

Newsgroups

Wenn Sie trotz aller Bemühungen nicht fündig werden, dann sollten Sie einen Blick in die MSDN Library bzw. die Dokumentation der jeweiligen Anwendung werfen, um festzustellen, ob es überhaupt eine Programmierschnittstelle für die gewünschte Funktionalität gibt. Auch heute werden noch Anwendungen auf den Markt gebracht, die sich von der Außenwelt abschirmen und eine Integration in größere Lösungen verhindern. Wenn es eine nur API-basierte Programmierschnittstelle gibt, dann sollten Sie in Erwägung ziehen, dieses API selbst in eine Komponente zu kapseln. Einen groben Einblick darin erhalten Sie in Kapitel 6.10.

Andere APIs

6.12.2 Analyse von Komponenten

Wenn Sie (endlich) eine interessante oder gar die lang gesuchte Komponente gefunden haben, dann gilt es, ihre Funktionalität zu analysieren. Bei Komponenten, die Sie im Internet oder in einer Dokumentation wie der MSDN Library finden, werden Sie in der Regel schon bei der Suche wenigstens eine minimale Zusatzinformation über die Ziele der Komponente bekommen haben. Anders sieht dies bei den auf dem eigenen System gefundenen Komponenten aus. Dort hilft Ihnen nur die Aussagekraft des Helpstrings der Typbibliothek.

Analyse

Schritt 2.1: Installation

Wenn Sie die Komponente nicht auf Ihrem lokalen System gefunden haben, dann müssen Sie sie nun installieren. Kommerzielle Produkte verfügen oft über eine Setup-Routine, viele Komponenten aus dem Free- und Sharewarebereich werden oft einfach durch REGSVR32.EXE installiert. Problematisch ist die Installation dann, wenn Sie die Komponente auf einem anderen System gefunden haben und nun woanders nachvollziehen wollen. Versuchen Sie zuerst die Einzelregistrierung der Komponente (siehe Erläuterungen zur Komponentenregistrierung in Kapitel 2). Wenn dies fehlschlägt, betrachten Sie mit dem Microsoft Dependency Walker, ob alle DLLs, von denen die Komponente abhängig ist, vorhanden sind. Viele Komponenten, gerade solche, die den Zugriff auf größere Anwendungen ermöglichen, funktionieren nur dann, wenn auch die komplette Anwendung installiert wird.

Installation

Schritt 2.2: Typbibliothek betrachten

Typbibliothek Es mag Sie überraschen, aber der erste Ansatzpunkt für Ihre Analyse sollte nicht unbedingt die Dokumentation der Komponente sein. In der Regel verstehen Sie die Dokumentation wesentlich besser, wenn Sie sich vorher einen ersten Überblick über die Klassen, Schnittstellen, Attribute, Methoden und Konstantenlisten verschafft haben. Meistens haben diese Bausteine sprechende Namen und Sie können bereits erkennen, ob die Komponente grundsätzlich die von Ihnen gesuchte Funktionalität bereitstellt. Der Microsoft Objektkatalog ist für den ersten Eindruck besser geeignet als der comTLBrowser, da letzterer Details offenbart, die Sie in diesem Stadium noch nicht benötigen.

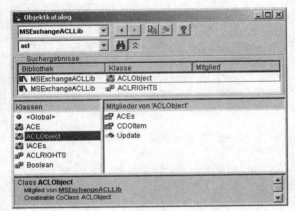

Abbildung 6.51: Die Klasse ACL Object aus der ACL-Komponente im Objektkatalog von der VB6-IDE

Wenn Sie die Komponente im VERWEISE-Dialog gefunden haben, dann brauchen Sie sie nur auszuwählen, um sie zur Betrachtung im Objektkatalog zu aktivieren. Haben Sie dagegen die Komponente im COM-Viewer oder COM-Explorer oder gar in der Registry gefunden, dann schauen Sie nach, mit welcher Typbibliothek diese Komponente verbunden ist. Nicht immer werden Sie den Namen der Typbibliothek im VERWEISE-Dialog finden. Verwenden Sie dann den DURCHSUCHEN-Button, um den VERWEISE-Dialog auf die Komponentendatei zu stoßen. Wenn dies mit der Meldung »Verweis auf die angegebene Datei kann nicht hinzugefügt werden.« quittiert wird, dann enthält die Komponentendatei keine Typbibliothek. Suchen Sie in diesem Fall nach einer Datei mit dem gleichen Namen und der Extension .TLB, .OLB oder .RLL bzw. nach einer Datei mit einer dieser Extensionen im gleichen Verzeichnis. Allein durch die Registry bekommen Sie leider nicht heraus, welche Schnittstellen eine Klasse unterstützt.

Schritt 2.3: Abschauen bei Microsoft

Microsoft liefert inzwischen bei vielen Produkten (z.B. den Resource Kits zu den verschiedenen Windows-Versionen) zahlreiche Skripte mit. Es ist nicht verboten, sich dort Scripting-Lösungen abzuschauen.

Web User Interface Ein sehr schönes Anschauungsobjekt ist die mit dem Windows .NET Server mitgelieferte webbasierte Administrationsschnittstelle. Eine Installationsoption beim IIS 6.0 ist das »Web User Interface for Microsoft Windows Server«, mit dem viele Bereiche des Windows-Betriebssystems aus dem Browser heraus administriert werden können.

Der interne Name der Gesamtanwendung ist *Microsoft Server Appliance*. Die Webanwendung (klassisches ASP, nicht ASP.NET) basiert auf WMI, ADSI, der DiskQuota-Komponente und einer Reihe spezieller Komponenten. WMI wird um einige Klassen erweitert (`Microsoft_SA_...`).

Microsoft Server Appliance

Einige Funktionen der Webschnittstelle (z. B. Festplattenverwaltung und Backupsteuerung) sind jedoch nicht wirklich webbasiert, sondern der Hyperlink führt zu einem Terminal Server-Fenster, in dem das entsprechende MMC-Snap-In bzw. die entsprechende Anwendung gestartet wurde.

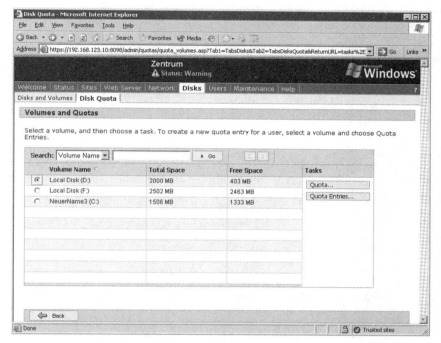

Abbildung 6.52: Webbasierte Administrationsschnittstelle im Windows .NET Server

Schritt 2.4: Dokumentation lesen

Wenn Sie nun am liebsten direkt losprogrammieren möchten, anstatt Dokumentationen zu lesen, dann sind Sie keineswegs allein. Die Abneigung gegen das Dokumentationsstudium zieht sich durch alle Altersgruppen von Softwareentwicklern. Auch wenn es inzwischen eine starke Vereinheitlichung beim Aufbau und Vorgehen gibt, werden Sie doch in der Regel Zeit sparen, wenn Sie die Dokumentation zumindest überfliegen, bevor Sie die erste Zeile kodieren. Verschaffen Sie sich einen Überblick über den Aufbau der Dokumentation und suchen Sie allgemeine Erläuterungen zur Arbeitsweise der Komponente. Wenn die Dokumentation Codebeispiele enthält, dann freuen Sie sich darüber, Ihre ersten Gehversuche mit diesen Beispielen bestreiten zu können. Bei Microsoft können Sie nach Codebeispielen im MSDN Code Center [MCC00] suchen.

Dokumentation

In einigen Fällen (gerade bei Funden auf der eigenen Festplatte) werden Sie keine Dokumentation zur Komponente zur Hand haben. Suchen Sie in diesem Fall zunächst nach einer Hilfedatei. Diese können Sie häufig anhand des Namens, des Standorts (im selben oder

Suche nach Hilfedateien

Fortgeschrittene Techniken

Hilfe aus dem Internet

benachbarten Verzeichnis) oder anhand des Eintrags HELPDIR im Registry-Eintrag einer Typbibliothek lokalisieren. Oft ist aber gar keine Hilfedatei vorhanden. Schauen Sie dann in die MSDN Library und suchen Sie auf der Microsoft Homepage.

Manchmal werden Sie aber gar keine Dokumentation finden. Schöpfen Sie in diesem Fall das Internet als Quelle aus: Suchen Sie nicht nur in Newsgroups, sondern über das ganze Web. Nicht nur PC-Zeitschriften berichten über undokumentierte Komponenten, sondern auch eifrige Anwender stellen ihre Erkenntnisse in solchen schweren Fällen besonders gerne auf ihre Homepage.

Viele Komponenten werden Sie mit den in diesem Buch vorgestellten Tools und Vorgehensmodellen auch ohne Dokumentation zu einem befriedigenden Grad erkunden können. Manche Feinheiten und Tricks bleiben allerdings ohne eine gute Dokumentation verborgen.

Schritt 2.5: Schrittweise Testkodierung

Testkodierung

Wenn Sie Beispielprogramme zur Hand haben, dann sollten Sie zuerst versuchen, diese zum Laufen zu bringen. Fangen Sie aber mit den einfacheren Beispielen an. Wenn Sie Code in den Beispielen nicht verstehen, dann sollten Sie – genau wie in diesem Buch an vielen Stellen vorgemacht – die Objekthierarchie einer Komponente schrittweise vom Stammobjekt herab erkunden. Geben Sie sich zuerst damit zufrieden, die Objekthierarchie anhand der Objektnamen auszugeben. Gehen Sie dann zu den weiteren Eigenschaften der Objekte über. Erst danach testen Sie die Methoden und die Möglichkeiten, die Objekthierarchie zu verändern. Gerade bei großen Objektmodellen, bei denen Sie auf bestimmte Äste der Objekthierarchie fokussieren müssen, sollten Sie Ihre konkrete Problemstellung bei der Auswahl Ihrer Testkodierungen im Hinterkopf behalten.

Zu einzelnen Attributen und Methoden einen kurzen Blick in die Dokumentation zu werfen, ist effizienter als das eigene Herumprobieren.

Schritt 2.6: Ausführliches Studium der Dokumentation

Studium der Dokumentation

Nach einigen erfolgreichen und einigen sicherlich erfolglosen Gehversuchen mit den neuen Komponenten sollten Sie sich nun noch einmal viel Zeit nehmen, die Dokumentation (sofern vorhanden) intensiv zu lesen. Wenn keine Dokumentation vorhanden ist, recherchieren Sie im Internet und werfen Sie die Codebeispiele, die nicht funktionieren, in die Runde der passenden Newsgroups.

Unterschätzen Sie die Bedeutung dieser Phase für das Gelingen eines Automatisierungsprojekts nicht. Nachdem Sie erste Testkodierungen unternommen haben, werden Sie die Quellen mit ganz anderen Augen lesen.

Schritt 2.7: Implementierung

Implementierung

Sofern Sie die bisherigen Schritte nicht nur aus allgemeinem Interesse, sondern auf Grund einer bestimmten Problemstellung durchlaufen haben, ist nun endlich der Zeitpunkt gekommen, mit der Kodierung der Lösung zu beginnen.

Komponentenerforschung

Natürlich werden Sie in dieser Phase auch immer wieder auf die Dokumentation bzw. auf Internetquellen zurückgreifen müssen. Vielleicht sind Sie auch in der glücklichen Lage, einen Support-Vertrag mit dem Hersteller der Komponente zu haben, wobei diese Möglichkeit nicht immer schneller zum Ziel führt als eine Frage in der Internetgemeinde.

Schritt 2.8: Versionen prüfen

Nicht nur mit jeder Version von Windows, sondern auch mit vielen Anwendungen wie Internet Explorer, Microsoft Office und Visual Studio/Visual Studio .NET liefert Microsoft aktualisierte und zum Teil erweiterte Versionen von Komponenten aus. Wenn Sie ein Skript entwickeln, das nicht auf einem zentralen Computer, sondern auf verschiedenen (dezentralen) Computern mit unterschiedlichen Softwareinstallationen (im klassischen Fall also alle Ihre Clients) laufen muss, dann sollten Sie sich informieren, welche Versionen der von Ihnen verwendeten Komponenten Sie dort erwarten dürfen.

Eine Hilfe dabei bietet die Microsoft DLL-Datenbank, die Sie im Internet unter [MSD02] finden. Dort können Sie den Namen einer DLL eingeben und Sie erhalten eine Liste der im Umlauf befindlichen Version der DLL. Ein Link führt zu Detailinformationen, zu denen die enthaltenen COM-Klassen sowie eine Liste der Microsoft-Produkte gehören, mit denen die DLL in der ausgewählten Version ausgeliefert wurde.

Microsoft DLL-Datenbank

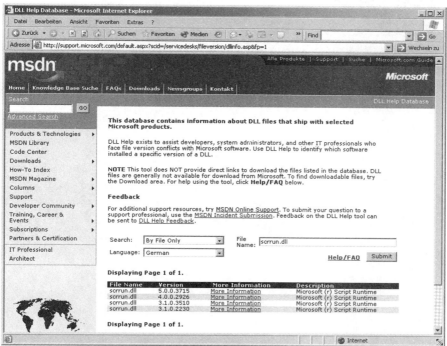

Abbildung 6.53: Liste der im Umlauf befindlichen Versionsnummern der scrrun.dll (Scripting Runtime-Komponente)

Leider nicht in der DLL-Datenbank gelistet werden Vorab-Versionen (Technical Previews, Beta-Versionen und Release Candidates).

Wenn Sie genau wissen wollen, welche DLLs auf den einzelnen Systemen installiert sind, können Sie die Scripting Runtime-Komponente dazu nutzen, die einzelnen Computer zu scannen. (Die Methode GetFileVersion() liefert die Versionsnummer einer DLL, vgl. Kapitel 5.2.)

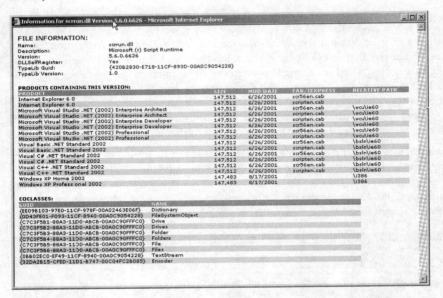

Abbildung 6.54: Detailinformationen zu einer DLL

7 Das .NET Framework

Das .NET Framework ist ein plattformunabhängiges, komponentenbasiertes Programmiermodell. Microsoft bezeichnet das .NET Framework auch als internetoptimiertes Software-Architekturmodell. Das .NET Framework ist langfristig die Ablösung für COM. Es kann heute schon für das Scripting eingesetzt werden und hat daher Einzug in dieses Buch gefunden.

Zielsetzung dieses Kapitels ist es, die Grundkonzepte des .NET Frameworks zu vermitteln und erste Schritte zu einer .NET-Anwendung aufzuzeigen. Die Vorstellung des DOTNET Scripting Host (DSH) und konkrete Automatisierungslösungen mit Visual Basic .NET folgen in Kapitel 8. **Zielsetzung**

In Bezug auf die automatisierte Systemadministration bietet das .NET Framework gegenüber dem Active Scripting einige wesentliche Vorteile, aber auch ein paar neue Herausforderungen. Wesentliche Vorteile sind die schnelle Ausführung, die zahlreichen von Microsoft bereitgestellten (systemnahen) Klassen und die große Sprachauswahl. Eine Herausforderung ist insbesondere die höhere Komplexität von Visual Basic .NET gegenüber VBScript. Alle diese Aspekte werden in diesem und dem nächsten Kapitel besprochen.

Bitte beachten Sie, dass diese beiden Kapitel nicht alle Aspekte des .NET Frameworks erwähnen können. Sie werden im Buchhandel ganze Bücherregale voll mit Literatur zu diesem Thema finden.

7.1 Die .NET-Initiative

Im Juli 2000 hat Microsoft eine neue Initiative unter dem Namen Microsoft .NET (gesprochen DOTNET) vorgestellt [DOT01a]. Das .NET Framework ist ein Teil der Net-Initiative. An dieser Stelle soll kurz die Gesamtinitiative vorgestellt werden.

Microsoft .NET ist

- erstens ein neues technisches Konzept für die Anwendungsentwicklung unter Windows (genannt *.NET Framework*) **Framework**
- zum zweiten ein Marketing-Begriff für neue Features in Microsoft-Betriebssystemen und -Anwendungen **Marketing**
- zum dritten der Begriff für Internetdienstleistungen von Microsoft **Dienste**

Dabei ist es aber leider keineswegs so, dass die neuen Features und die neuen Dienstleistungen auf dem neuen technischen Konzept beruhen. Das beste Beispiel dafür sind die so genannten .NET Enterprise Server, die, obwohl sie .NET im Namen tragen, bislang nicht auf dem .NET Framework basieren.

Das .NET Framework

Geschäftsprozessintegration Microsoft verkauft .NET in vielen Präsentationen als eine Architektur zur Geschäftsprozessintegration. Dies beruht sehr stark auf der Unterstützung von XML und SOAP im .NET Framework einerseits und dem Microsoft Biztalk Server andererseits, der eines der als *.NET Enterprise Server* bezeichneten Produkte ist. Allerdings basiert auch der Biztalk Server bislang nicht auf dem .NET Framework, so dass man aufpassen muss, sich nicht vom Microsoft-Marketing blenden zu lassen.

Abbildung 7.1: Das .NET-Logo

Die zuvor genannten Teilbereiche der .NET-Initiative sind eine Aggregation der insgesamt sechs Teilbereiche, die in vielen Präsentationen von Microsoft genannt werden.

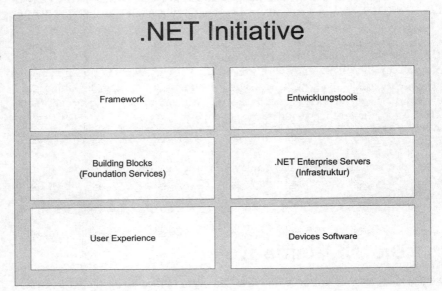

Abbildung 7.2: Die sechs Teilbereiche der .NET-Initiative

Die sechs Teilbereiche sind:

Framework 1. das .NET Framework als ein neues technisches Konzept zur Anwendungsentwicklung unter Windows, das ein neues Komponentenmodell, eine Laufzeitumgebung und ein Intermediation-Konzept beinhaltet

Das .NET Framework umfasst auch ein Regelwerk zum Bau von Compilern (*Common Language Specification – CLS*) und die *Common Language Runtime (CLR)*, die einerseits Laufzeitumgebung für alle .NET-Anwendungen ist und andererseits für alle Sprachen eine einheitliche Klassenbibliothek bereitstellt.

Tools 2. Entwicklungswerkzeuge wie Visual Studio .NET (VS.NET) und Visual Studio for Applications (VSA), die die Entwicklung von Anwendungen auf Basis des .NET Frameworks erlauben

Die .NET-Initiative

3. die .NET Enterprise Server, die die Infrastruktur für .NET-Anwendungen bereitstellen. Der Name .NET Enterprise Server umfasst zurzeit folgende Produkte:

   ▷ Exchange Server 2000
   ▷ Host Integration Server 2000
   ▷ SQL Server 2000
   ▷ Internet Security and Acceleration Server 2000 (ISA-Server)
   ▷ Commerce Server 2000
   ▷ Biztalk Server 2000
   ▷ Application Center 2000
   ▷ SharePoint Portal Server 2001
   ▷ Mobile Information Server 2001

.NET Enterprise Server

Da diese Produkte aber bereits im Winter 2000 bzw. Frühjahr 2001 – also vor der Verfügbarkeit einer endgültigen Version des .NET Frameworks – erschienen sind, basiert natürlich keines dieser Produkte auf dem .NET Framework. Die Bezeichnung .NET Enterprise Server ist so zu verstehen, dass diese Serveranwendungen den Aufbau von .NET-Anwendungen unterstützen.

Technisch basieren alle diese Server aber noch auf COM; sie benötigen keinen Teil der .NET-Laufzeitumgebung. Die .NET-Laufzeitumgebung war zum Zeitpunkt der Veröffentlichung der meisten .NET Enterprise Server auch noch nicht über das Beta-Stadium hinaus. Möglich ist, dass zukünftige Versionen mit dem .NET Framework neu entwickelt werden.

Microsoft hat angekündigt, dass die nächste Version des SQL Servers (Version 2003) das Schreiben von Stored Procedures in einer beliebigen .NET-fähigen Sprache erlauben wird.

.NET oder nicht .NET

4. die .NET Device Software zur Anbindung von mobilen Geräten wie Mobiltelefonen, Handheld-Computern (PDAs) und anderen technischen Geräten (z. B. Kühlschränke, Fernseher)

Device Software

User Experience

5. neue Dienste für den Endanwender (»User Experience«). Dieser Bereich ist von Microsoft noch am wenigsten klar definiert. In Fortsetzung des früheren Marketing-Slogans »Information at your Fingertips« verspricht Microsoft bessere Benutzerschnittstellen mit natürlicherer Bedienung und besseren Werkzeugen, die dem Benutzer mehr Informationen anbieten. In diesem Zusammenhang wird insbesondere der Einsatz von Agententechnologie genannt. Die Umsetzung dieser User Experience sieht Microsoft in der Benutzeroberfläche »Luna«, die mit Windows XP und Windows .NET Server ausgeliefert wird.

6. ein Satz von Anwendungen und Diensten, die zur Bereitstellung dieser Endanwenderdienste genutzt werden können. Diese werden als *Building Blocks* oder auch als *Foundation Services* bezeichnet. Beispiele dafür sind Storage, Authentication, Code-Updates, Suchdienste und Messaging.

Building Blocks

Authentifizierungsdienst

Der erste internetbasierte Foundation Service ist *Microsoft .NET Passport* (kurz: Passport). Passport ist ein universeller Identifizierungs- und Authentifizierungsservice, den beliebige Websites integrieren können. Dies macht Internetnutzern das Leben insofern leichter, als sie sich nicht mehr so viele verschiedene Zugangsdaten merken müssen. Internetnutzer benötigen dann für alle Websites, die Microsoft Passport nutzen, nur einen einzigen Benutzernamen und ein einziges Kennwort.

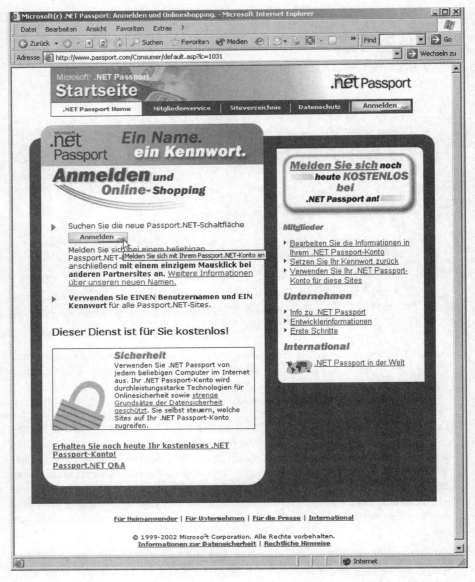

Abbildung 7.3: Portal des Microsoft .NET Passport-Dienstes (www.passport.com)

Uneinheitliche Abgrenzung

Die genaue Abgrenzung der Teilbereiche variiert zwischen verschiedenen Quellen – sogar innerhalb von Microsoft. Der Bereich »Device Software« wird zum Teil mit dem Bereich »User Experience« zusammengefasst. Die .NET Enterprise Server und Entwicklungstools laufen in manchen Präsentationen von Microsoft als ein Bereich, zusammen mit dem Framework.

Unterschiedliche Abgrenzung

In diesem Buch vertieft werden lediglich die Scripting-relevanten Bereiche .NET Framework und Entwicklerwerkzeuge (Visual Studio .NET und Visual Studio for Applications).

7.2 Grundlagen des .NET Frameworks

Das .NET Framework ist ein neues technisches Konzept zur Anwendungsentwicklung unter Windows. Dabei ist – im Gegensatz zu anderen, von Microsoft zum Hype erklärten Neuerungen – das .NET Framework eine wirklich große Veränderung, wie Microsoft sie alle fünf bis sechs Jahre vollzieht. Vergleichbare Veränderungen waren der Schritt von DOS zu Windows und von 16-Bit-Windows zu 32-Bit-Windows. .NET ist aber nicht nur eine Komponentenstrategie, sondern eine komplette Umstrukturierung des Windows-Betriebssystems.

Neuerung

Microsoft bezeichnet das .NET Framework auch als *internetoptimiertes Softwarearchitekturmodell*. Für mobile Geräte und Nicht-PCs ist ein spezielles *.NET Compact Framework* geplant.

7.2.1 Geschichte

Die .NET-Strategie ist das Ergebnis eines Projekts bei Microsoft, das bereits Mitte der neunziger Jahre startete. 1997 wurde eine einheitliche Laufzeitumgebung als nächste Version von COM angekündigt [KIR98]. Das COM+ in Windows 2000 brachte nur einen Bruchteil der versprochenen Verbesserungen. Gleichzeitig gab es Andeutungen über eine COM+-Version 2.0 (alias COM 3.0, da COM+ auch als COM 2.0 bezeichnet wurde). Die einheitliche Komponenten-Laufzeitumgebung ist nun mit dem .NET Framework realisiert. Da sich das gesamte Komponentenmodell geändert hat, war es durchaus zweckmäßig, einen neuen Namen zu vergeben, der sich zudem besser vermarkten lässt. Zwischenzeitlich hieß .NET auch *Next Generation Windows Service (NGWS)*.

.NET-Geschichte

Maßgeblich beteiligt an der Entwicklung des .NET Frameworks war Anders Hejlsberg, Autor der Programmiersprache und Entwicklungsumgebung *Delphi*. An der Entwicklung von .NET waren auch verschiedene Universitäten unter dem Titel »Project 7« beteiligt [MSR01].

Project 7

7.2.2 Produkte

Es gibt die folgenden zentralen .NET-Installationspakete:

Redistributable
- Das *.NET Framework Redistributable* (22 MB) enthält den Kern des .NET Frameworks sowie einige zentrale Werkzeuge. Das Redistributable muss auf jedem System installiert sein, auf dem eine .NET-Anwendung ausgeführt werden soll.

SDK
- Das *.NET Framework Software Development Kit* (SDK) enthält zusätzliche Werkzeuge, Dokumentation und Beispiele. Das SDK wird nur von Entwicklern benötigt (Umfang: englisch: 134 MB, deutsch: 151 MB).

Visual Studio .NET
- Die Entwicklung von .NET-Anwendungen ist mit dem Framework SDK (sogar allein mit dem .NET Framework Redistributable) möglich. Komfortabler geht es jedoch mit der Entwicklungsumgebung *Visual Studio .NET* (vier volle Installations-CDs). Es gibt Visual Studio .NET in verschiedenen Versionen.

Das jeweils größere Installationspaket umfasst die kleineren Pakete. Dies zeigt auch die folgende Grafik. Neben den oben genannten Installationspaketen gibt es noch einige Add-ons von Microsoft, von denen ein Teil auch in der Abbildung gezeigt sind.

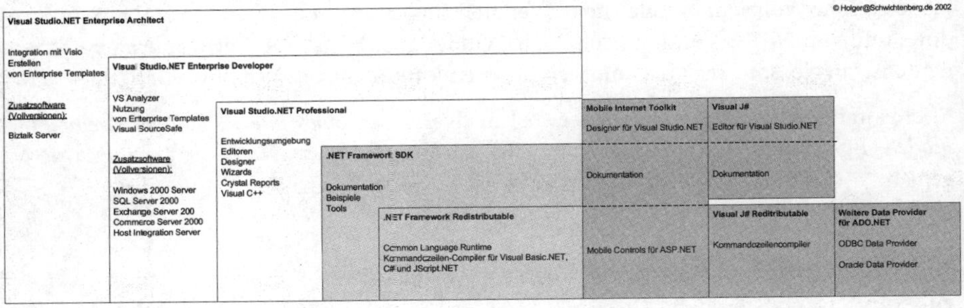

Abbildung 7.4: Redmonder Installationspakete für das .NET Framework. Alle grau hinterlegten Kästen sind kostenfreie Produkte.

7.2.3 Verfügbarkeit

.NET-Anwendungen sind vom Konzept her plattformunabhängig. Allerdings stellt Microsoft selbst bislang nur Just-in-Time-Compiler für 32-/64-Bit-Windows und Windows CE/Embedded bereit.

Nicht alle im vorherigen Abschnitt genannten Produkte sind für alle Windows-Betriebssysteme verfügbar. Dies dokumentiert die nächste Tabelle.

Tabelle 7.1: Verfügbarkeit des .NET Frameworks und von Visual Studio .NET

Betriebssystem	Verfügbarkeit des .NET Frameworks	Verfügbarkeit des .NET Framework SDK	Verfügbarkeit von Visual Studio .NET
Windows 95	Nicht verfügbar	Nicht verfügbar	Nicht verfügbar
Windows 98 Windows ME	Kostenloses Add-on, eingeschränkter Funktionsumfang	Nicht verfügbar	Nicht verfügbar

Grundlagen des .NET Frameworks

Betriebs-system	Verfügbarkeit des .NET Frameworks	Verfügbarkeit des .NET Framework SDK	Verfügbarkeit von Visual Studio .NET
Windows NT4	Kostenloses Add-on, eingeschränkter Funktionsumfang	Kostenloses Add-on	Kostenpflichtiges Produkt
Windows 2000 Windows XP Professional	Kostenloses Add-on	Kostenloses Add-on	Kostenpflichtiges Produkt
Windows XP Home	Kostenloses Add-on, eingeschränkter Funktionsumfang	Kostenloses Add-on	Kostenpflichtiges Produkt
Windows .NET Server	Enthalten	Kostenloses Add-on	Kostenpflichtiges Produkt
Windows CE .NET	Abgespeckte Version (.NET Compact Framework) enthalten	Nicht verfügbar (Entwicklung von Anwendungen aber via Emulation auf einem anderen Windows-System möglich)	Nicht verfügbar (Entwicklung von Anwendungen aber via Emulation auf einem anderen Windows-System möglich)

Das Redistributable und das Software Development Kit zum .NET Framework finden Sie auch auf der Buch-CD unter [CD:/install/dotnet/] und unter [DOT01a].

7.2.4 Versionsnummern

Die Tabelle zeigt die bis zum Redaktionsschluss im allgemeinen Umlauf befindlichen Versionen des .NET Frameworks.

Versionen

Produktstadium	Versionsnummer
Beta1	1.0.2204
Beta2	1.0.2914
RC1	1.0.3328
Endfassung (1.0)	1.0.3705
Version 1.1 Beta 1	1.1.4322

Tabelle 7.2: Verfügbare .NET Framework-Versionen

Der Service Pack-Level des .NET Frameworks 1.0 ist aktuell SP2.

Die endgültige Fassung der Version 1.1 soll zusammen mit der Endfassung des Windows .NET Servers Anfang 2003 erscheinen. Laut Gerüchten soll Ende 2003 das .NET Framework 2.0 erscheinen.

Runtime-Installation

Um .NET-Anwendungen auszuführen, wird die .NET-Laufzeitumgebung, die Common Language Runtime (CLR), auf dem System benötigt. Sie wird durch das Setup in folgendem Pfad installiert:

%WINDIR%/MICROSOFT.NET/FRAMEWORK/V1.0.3705/

> Viele .NET-Werkzeuge tragen die Versionsnummer 7.0.9466. Dies liegt daran, dass diese Werkzeuge in Tradition von Visual Studio gesehen werden. Und Visual Studio .NET (alias Visual Studio 2002) ist intern Visual Studio 7.0.

7.2.5 Standardisierung

.NET für andere Plattformen

In weiten Teilen ist das .NET Framework inzwischen unter dem Namen Common Language Infrastructure (CLI) bei der ECMA standardisiert (ECMA-Standard 335, Arbeitsgruppe TC39/TG3, siehe [ECM02]). Die Begriffe sind in diesem Standard etwas anders als bei Microsoft: Was im .NET Framework Microsoft Intermediation Language (MSIL) heißt, ist im Standard die Common Intermediate Language (CIL). Statt Framework Class Library (FCL) spricht man von der CLI Class Library.

Bisher nicht standardisiert sind leider die Kernkomponenten der Benutzerschnittstelle (Windows Forms und Web Forms) sowie die Datenzugriffskomponente ADO.NET. Es kursieren zwei unterschiedliche Gerüchte darüber, warum diese Bausteine bisher nicht standardisiert wurden. Einerseiseits heißt es natürlich, Microsoft wolle die Standardisierung dieser wichtigen Elemente nicht. Andererseits hält man aber Microsoft zu Gute, dass man diese Teil zunächst nur ausgeklammert habe, um den Standardisierungsprozess zu beschleunigen, weil die anderen Komitee-Mitglieder in diesen Bereichen einen erhöhten Diskussionsbedarf gehabt hätten.

7.2.6 Andere Plattformen

Rotor

Die ECMA stellt zwei Referenzimplementierungen der CLI für Windows XP (NT 5.1) und FreeBSD 4.5 bereit. (Die Quellcodes und Dokumente befinden sich nicht auf dem Webserver der ECMA, sondern auf den Homepages der beteiligten Unternehmen, siehe [DOT02b].) Diese Referenzimplementierung wird als »Shared Source-Version der CLI« oder kurz mit dem Codenamen »Rotor« bezeichnet. Wie den Listings von Rotor zu entnehmen ist, stammt der Code von Microsoft. Entfernt wurden lediglich die nicht standardisierten Klassen und Klassenmitglieder. Der südafrikanische Professor Shaun Bangay (Computer Science Department, Rhodes University) hat Rotor auf Linux zum Laufen gebracht [BAN02].

Parallel dazu bemühen sich mit Mono [MON92] und dem DotGnu-Projekt [GNU02] zwei Gruppen um eine Open Source-Reimplementierung der CLI, insbesondere für Unix/Linux.

7.3 Vorteile von .NET gegenüber COM

Bisher war das Component Object Model (COM) Microsofts Ansatz für objektorientierte Softwarekomponenten. COM ist das allgemeine Modell für den Aufbau und die Benutzung von Komponenten und der Vorgänger des .NET Frameworks. Das .NET Framework sollte ursprünglich COM 2.0 oder COM 3.0 heißen. Jedoch hat Microsoft sich später für einen anderen Namen entschieden – was auch gerechtfertigt ist, weil das .NET Framework nicht mehr auf COM basiert.

COM wurde in diesem Buch ausführlich vorgestellt. Als Motivation für eine Auseinandersetzung mit dem .NET Framework sollen hier zehn wesentliche Unzulänglichkeiten von COM genannt werden, die im .NET Framework verbessert wurden:

1. **Komplexität**

   Das neue Komponentenmodell ist einfacher und universeller. Es gibt keine unterschiedlichen Zugänge zu einem Objekt mehr wie in COM (`IUnknown` und `IDispatch`), sondern nur noch ein einheitliches Verfahren, das durch die .NET-Laufzeitumgebung für den Entwickler völlig transparent abläuft. Anders als in COM kann jeder .NET-Client jede .NET-Komponente nutzen. Nicht mehr Schnittstellen, sondern Klassen stehen im Mittelpunkt. .NET unterstützt aber ebenso wie COM Klassen mit Mehrfachschnittstellen. .NET-Klassen haben hierarchische Namen. Schnittstellen werden explizit definiert, anstatt abstrakte Klassen als Hilfskonstrukte zu nutzen.

   Komplexität

   Zudem sind alle .NET-Anwendungen und -Bibliotheken zugleich .NET-Komponenten. Es wird nicht mehr wie in COM zwischen einfachen DLLs/EXEs und Komponenten-DLLs/COM-EXEs unterschieden.

2. **Selbstbeschreibung**

   Im .NET Framework ist es Pflicht, dass alle Komponenten eine Selbstbeschreibung enthalten. Diese Meta-Daten liefern Informationen über die enthaltenen Klassen mit ihren Schnittstellen und über deren Attribute, Methoden und Ereignisse. Die Sprach-Compiler haben dafür zu sorgen, dass diese Meta-Daten erzeugt werden und konsistent zum wirklichen Inhalt der Komponenten sind.

   Meta-Daten

3. **Einheitliche Laufzeitumgebung**

   COM stellt zwar ein Verfahren bereit, wie in unterschiedlichen Sprachen implementierte COM-Komponenten untereinander kommunizieren können. Die Erstellung und Nutzung von COM-Komponenten sind jedoch in verschiedenen Sprachen unterschiedlich gelöst gewesen. Um die komplexen COM-Mechanismen für den Programmierer einfacher nutzbar zu machen, enthalten die COM-fähigen Sprachen eine Laufzeitumgebung. Dies waren bisher für Visual Basic die VB-Runtime und für Visual C++ die Active Template Library (ATL). .NET besitzt eine einheitliche Laufzeitumgebung für alle Sprachen: die Common Language Runtime (CLR). Dies ist die Umsetzung eines Features, das Mitte der neunziger Jahre bereits für das mit Windows 2000 ausgelieferte COM+ angekündigt war. COM+ enthielt jedoch diese Laufzeitumgebung noch nicht.

   Common Language Runtime

4. Versionierung

Verbesserte Versionierung

Eine Komponente kann in beliebig vielen Versionen auf einem einzigen System parallel installiert sein. Jede Anwendung lässt sich so konfigurieren, dass sie eine bestimmte Version einer Komponente nutzt.

5. Einfachere Installation

Keine Registrierung

Komponenten müssen nicht mehr in der Windows-Registry registriert werden. Um eine Komponente für eine einzelne Anwendung verfügbar zu machen, reicht es, sie auf die Festplatte des Systems zu kopieren (Schlagwort »XCOPY-Deployment«). Lediglich globale Komponenten erfordern eine spezielle Behandlung.

6. Bessere Fernausführung

Remoting

Die Verteilungsplattform von COM, das Distributed COM (DCOM), war eine proprietäre Entwicklung von Microsoft, die sich im Internet nicht durchsetzen konnte, da DCOM zahlreiche TCP-Ports verwendet, die durch Firewalls geblockt werden. Im .NET Framework erfolgt die Nutzung entfernter Komponenten auf Basis eines flexiblen Konzepts, in dem insbesondere das Simple Object Access Protocol (SOAP) verwendet wird.

7. Vererbung

Vererbung

Das .NET-Komponentenmodell unterstützt im Gegensatz zu COM die Vererbung, auch zwischen verschiedenen Sprachen.

8. Plattformunabhängigkeit

Plattformunabhängigkeit

.NET-Komponenten sind durch ein Intermediation-Konzept plattformunabhängig. Compiler und Interpreter erzeugen in Zukunft keinen Maschinencode mehr, sondern einen prozessorunabhängigen Zwischencode. Dieser verwendet eine neue Sprache, die so genannte *Microsoft Intermediation Language (MSIL)*. Ein *Just-in-Time-Compiler* übersetzt diese MSIL zur Laufzeit in Maschinencode. Dabei optimiert der Just-in-Time-Compiler den Maschinencode für die jeweilige Plattform (insbesondere den Prozessortyp).

9. Bessere Garbage Collection

Speicher aufräumen

Die fehleranfällige Referenzzählung in COM mit `IUnknown::AddRef()` und `IUnknown::Release()` wird in .NET durch einen einheitlichen Garbage Collector für alle Sprachen ersetzt, der eigenständig in regelmäßigen Zyklen nicht mehr benutzte Objekte aufspürt und den Speicher freigibt. Der Garbage Collector erkennt auch zirkuläre Referenzen.

10. Code Access Security (CAS)

Sicherheit

Im .NET Framework kann sehr genau gesteuert werden, auf welche Systemressourcen eine .NET-Anwendung zugreifen kann.

7.4 Neuerungen im Detail

Folgende Neuerungen im .NET Framework sollen in diesem Kapitel näher betrachtet werden:

Neuerungen

- ein Intermediation-Konzept auf Basis der Zwischensprache *MSIL*
- die Vereinheitlichung zahlreicher Programmiersprachen auf Basis der *Common Language Specification (CLS)*
- eine einheitliche Laufzeitumgebung für alle Sprachen (*Common Language Runtime – CLR*)
- eine umfangreiche, sprachunabhängige Klassenbibliothek (*.NET Framework Class Library – FCL*)
- ein neues objektorientiertes Komponentenmodell
- ein neuer Anwendungstyp *Webservice*
- ein neues Remoting-Verfahren (u. a. auf Basis von *SOAP*)
- ein neues Sicherheitsverfahren (*Code Access Security – CAS*)
- ein Modell für leichtgewichtige Prozesse (*Application Domains*)
- eine neue Programmiersprache (*C#*)

Informationen zum Scripting im .NET Framework einschließlich der neuen Webserver-Middleware ASP.NET erhalten Sie aus systematischen und didaktischen Gründen im Kapitel 9.

7.4.1 .NET-Intermediation-Konzept

Das .NET-Intermediation-Konzept ist ein Programmierkonzept, das Java sehr ähnlich ist: Compiler und Interpreter erzeugen in Zukunft keinen Maschinencode mehr, sondern einen prozessorunabhängigen Zwischencode. Dieser verwendet eine neue Sprache, die so genannte *Microsoft Intermediation Language (MSIL)*. Ein *Just-in-Time-Compiler* übersetzt diese MSIL zur Laufzeit in Maschinencode. Dabei optimiert der Just-in-Time-Compiler den Maschinencode für die jeweilige Plattform (insbesondere den Prozessortyp). Das Konzept erinnert an den Java-Bytecode. Die MSIL hat 240 Operation Codes (OpCodes), ähnlich dem Java-Bytecode. Der Just-in-Time-Compiler ist Teil der .NET-Laufzeitumgebung, die so genannte *Common Language Runtime (CLR)*.

Programmierkonzept

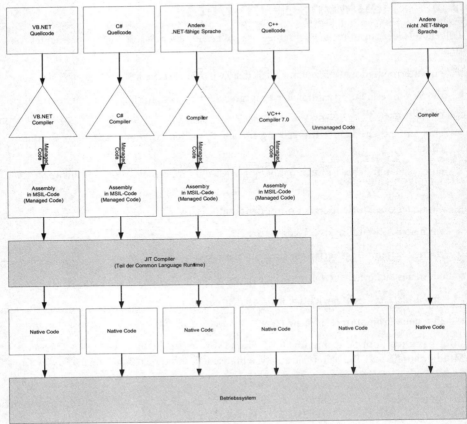

Abbildung 7.5:
Intermediation
im .NET
Framework

.NET versus Java

Es gibt jedoch drei wesentliche Unterschiede zwischen Java und dem .NET Framework:

Just-in-Time-Kompilierung
1. Zum einen wird die MSIL nicht interpretiert, sondern beim ersten Aufruf übersetzt und im RAM zwischengespeichert. Es wird aber nicht eine komplette Anwendung sofort beim Start übersetzt, sondern die .NET-Laufzeitumgebung übersetzt nur die jeweils benötigten Unterroutinen (daher der Name Just-in-Time-Kompilierung). Bei allen weiteren Aufrufen einer Unterroutine wird der übersetzte Code verwendet, sofern er nicht aus Speichermangel wieder verworfen wurde.

Mehrere Sprachen
2. Zum zweiten gibt es im .NET Framework nicht nur eine Sprache, die den Zwischencode erzeugen kann, sondern beliebig viele Sprachen, sofern sie einem Standard, der *Common Language Specification (CLS)*, entsprechen.

3. Grundsätzlich ist das .NET Framework zwar plattformunabhängig ausgelegt, allerdings unterstützt Microsoft bislang nur die eigenen Betriebssysteme.

Alternativen zur Just-in-Time-Kompilierung

Neben der Möglichkeit, IL just in time in Maschinencode zu kompilieren, sind auch folgende Möglichkeiten der Kompilierung vorgesehen:

Install Time Code Generation: Der Maschinencode wird bereits zur Übersetzungszeit erzeugt. Dadurch entfällt allerdings die Plattformunabhängigkeit und die plattformspezifische Optimierbarkeit.

Komplett vorher

PreJITting: Die Übersetzung erfolgt zur Laufzeit, allerdings nicht stückchenweise, sondern in einem Durchgang. Das Ergebnis dieser Kompilierung kann dann auch auf der Festplatte persistent gemacht werden. Plattformunabhängigkeit und plattformspezifische Optimierbarkeit bleiben gewahrt. Wenn die Laufzeitumgebung Änderungen an den MSIL-Dateien feststellt, wird die Kompilierung erneut ausgeführt.

Komplett beim Start

7.4.2 Common Language Specification (CLS)

Die Common Language Specification (CLS) ist ein Konzept für Autoren von Compilern, das festlegt, wie die Umsetzung in die Microsoft Intermediation Language (MSIL) erfolgen muss. Die CLS legt auch fest, wie ein Application Programming Interface (API) aufgebaut sein muss, um im Rahmen des .NET Frameworks genutzt zu werden.

CLS

Zur CLS gehört auch ein gemeinsames Typkonzept, das so genannte *Common Type System (CTS)*. Verschiedene Sprachen werden also nicht mehr wie bisher mit einem Datentyp verschiedene Konzepte verbinden. (Ist ein Integer-Wert 16 oder 32 Bit lang? Ist ein String ein Array oder ein Zeiger auf einen mit 0 terminierten Speicherbereich?). Durch das CTS ist ein bestimmter Datentyp in allen CLS-Sprachen gleich. Dadurch werden die Sprachen interoperabel. Durch das CTS wird es auch möglich, dass in unterschiedlichen Sprachen implementierte Klassen voneinander erben (z.B. erbt eine Perl-Klasse von einer Visual Basic .NET-Klasse, die selbst wieder Unterklasse einer C#-Klasse ist).

CTS

Sprachen

Die Entwicklung eines .NET-fähigen Compilers wird durch das CLS und CTS sehr stark vereinfacht.

Die Anzahl der Programmiersprachen, die MSIL-Code für das .NET Framework erzeugen können (siehe folgende Tabelle) ist lang: Neben den fünf Sprachen von Microsoft und drei Sprachen von Microsoft Research gibt es noch 19 weitere Compiler anderer Anbieter. Zu den insgesamt 27 Sprachen gehören nicht nur objektorientierte Sprachen wie C#, Java, C++, Visual Basic und Delphi, sondern auch funktionale Sprachen wie SML, Caml und Haskell sowie »alte Tanten« wie FORTRAN und COBOL.

Verfügbare Sprachen

Microsoft hat die Sprachvielfalt durch eine frühe Zusammenarbeit mit Universitäten (»Project7«) gefördert.

Bis auf C++ 7.0 verschenkt Microsoft alle anderen Sprachen in einer Kommandozeilencompiler-Variante. Auch unter den anderen Anbietern findet sich viel Freeware.

Sprache	Anbieter
Abstract State Machine Language	Microsoft Research
AVR.NET	ASNA
C++.NET	Microsoft
CSharp	Microsoft

Tabelle 7.3: Alphabetische Liste der .NET-fähigen Programmiersprachen

Sprache	Anbieter
Delphi (Object Pascal)	Borland
Delta Forth .NET	Dataman
Dyalog.Net (APL)	Dyadic Systems Limited
Fortran for .NET	Lahey Computer Systems, Inc.
FSharp	Microsoft Research
FTN95 for Microsoft .NET (Fortran)	Salford Software Ltd.
Gardens Point Component Pascal	Queensland University of Technology
Haskell	Massey University
Hugs98 for .NET (Haskell)	Sigbjorn Finne
ISE Eiffel	Interactive Software Engineering
JScript .NET	Microsoft
JSharp	Microsoft
Lightning Oberon Compiler	ETH Zentrum Zürich
Mercury	University of Melborne
Mondrian	Massey University
MonoLOGO	Rachel Hestilow
Multi-Target Pascal	TMT Development
NetCOBOL	Fujitsu
Scheme	Northwestern University
SmallScript	SmallScript Corporation
Standard Meta Language (SML)	Microsoft Research
Visual Basic .NET	Microsoft
Visual Python	ActiveState
Viusal Perl	ActiveState

Eine Liste der .NET-Sprachen pflegt der Autor dieses Buchs unter [DOT02a]. Auf der CD-ROM zu diesem Buch finden Sie einige Sprachen [CD:/instal/DONET/Sprachen]

.NET und Skriptsprachen

Das .NET Framework eignet sich auch für (bislang) interpretierte Skript- und Makrosprachen. Es ist im .NET Framework zwar vorgesehen, dass alle Sprachen in MSIL kompiliert werden sollen. Die Compiler werden aber selbst Teil des Frameworks, so dass die MSIL-Kompilierung dynamisch beim Start eines Skripts erfolgen kann. Es bleibt aber abzuwarten, ob alle Compiler die Geschwindigkeitsanforderungen der Nutzer erfüllen werden und ob es nicht doch .NET-Interpreter geben wird, die ein Skript stückchenweise in MSIL transferieren und dann an den Just-in-Time-Compiler übergeben.

Java und .NET

Ob es auch Java für .NET geben würde, war auf Grund der rechtlichen Auseinandersetzungen zwischen Sun und Microsoft über das Reinheitsgebot von Java lange Zeit unklar. Im Januar 2001 hat Microsoft auf Basis eines neuen Vertrags mit Sun ein neues Produkt unter dem Namen JUMP (*Java User Migration Path to Microsoft .NET*) angekündigt, mit dem Microsoft J++-Anwendungen nach .NET migriert werden können. Später folgte mit JSharp (J#) eine eigene Java-Variante, die jedoch nur MSIL-Code, nicht aber Java-Byte-Code erzeugen kann. Sowohl MSIL-Code als auch Java-Byte-Code erzeugen kann als einziges das Gardens Point Component Pascal der Queensland University.

JUMP, JSharp

7.4.3 Common Language Runtime (CLR)

Die *Common Language Runtime (CLR)* oder auch einfach *.NET-Laufzeitumgebung (.NET Runtime)*, ist die Laufzeitumgebung des .NET Frameworks. Die CLR hatte vor der offiziellen Vorstellung der .NET-Initiative den Namen *NGWS Runtime*.

CLR

Die CLR ist die einheitliche Laufzeitumgebung aller .NET-Programmiersprachen. Sie ersetzt die in der COM-Welt vorhandenen unterschiedlichen Laufzeitumgebungen.

Managed Code

Programmcode, der im .NET Framework unter der .NET-Laufzeitumgebung abläuft, wird als *Managed Code* bezeichnet. Im Gegensatz dazu bezeichnet man herkömmlichen Code als *Unmanaged Code* oder *Classic Code*.

Virtual Execution System

Das Kompilat von C#, J#, Visual Basic .NET und JScript .NET ist immer Managed Code. Visual C++ 7.0 kann durch eine Compileroption Managed Code erzeugen. Visual FoxPro ist nicht in der Lage, Managed Code zu erzeugen. Es gibt zahlreiche weitere Sprachen von anderen Anbietern, die Managed Code erzeugen können.

Aufrufe zwischen Managed Code und Unmanaged Code sind möglich, aber »teuer«, d.h. zeitaufwendig.

> Die Common Language Runtime (CLR) ist die Laufzeitumgebung des .NET Frameworks. Sie muss installiert sein, damit ein .NET-Programm (egal ob in Managed Code oder Native Code) ausgeführt werden kann.

Funktionsumfang

Die CLR stellt zahlreiche Basisdienste bereit. Dazu gehören:

Funktionen der CLR

- Just-in-Time-Compiler
- Speicherverwaltung (Garbage Collection)
- Fehlerbehandlung (Exception Handling)
- Zugriffsrechte (Code Access Security)
- Aufruf von entferntem Code (Remoting)

- Interoperabilität mit Unmanaged Code (insbesondere COM-Interoperabilität)
- Bereitstellung einer einheitlichen, umfangreichen Klassenbibliothek für alle CLS-Sprachen. Diese Klassenbibliothek wird *Framework Class Library (FCL)* genannt.

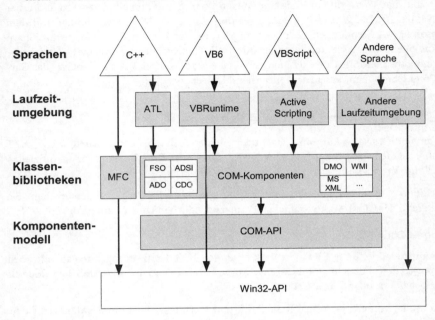

Abbildung 7.6: Laufzeitumgebungen und Klassenbibliotheken in der COM-Welt

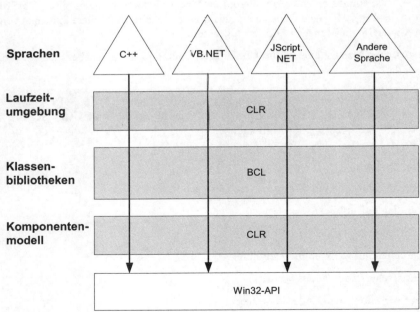

Abbildung 7.7: Laufzeitumgebungen und Klassenbibliotheken in der .NET-Welt

Implementierung

Die CLR ist implementiert in Form der *Common Language Runtime Execution Engine* in der Datei MSCOREE.DLL. Diese DLL wird nach %WINDOWS%/SYSTEM32 installiert. Was überraschen mag: Diese DLL ist eine COM-Komponente. Man könnte auch sagen, diese Komponente ist die letzte COM-Komponente, die man schreiben musste. Alles danach könnte man als .NET-Komponente realisieren.

Bewertung

Die CLR ist hinsichtlich des Verwendungskomforts mit der Visual Basic 6-Laufzeitumgebung vergleichbar. Für VB-Entwickler ist die CLR nur eine Evolution. Für C++-Entwickler, die die Active Template Library (ATL) verwenden, ist die CLR eine Revolution. Und für die C++-Entwickler, die bisher ohne ATL gearbeitet haben, ist die CLR das Paradies.

Bewertung

7.4.4 .NET Framework Class Library (FCL)

Zur Common Language Runtime (CLR) gehört eine sehr umfangreiche Klassenbibliothek, die so genannte .NET Framework Class Library. Die Framework Class Library (FCL) ist eine einheitliche Klassenbibliothek für alle .NET-fähigen Programmiersprachen (CLS-konformen Sprachen).

Zum Teil spricht Microsoft auch von der Base Class Library (BCL). In der Beta1-Version der Framework SDK-Dokumentation hieß das entsprechende Kapitel noch »Base Class Library«. In der Beta2 wurde es »Framework Class Library« genannt. In der Endfassung steht einfach »Class Library«.

BCL/FCL-MINFU

Letzter offizieller Stand vor Drucklegung dieses Buchs war, dass die BCL ein Teil der FCL ist, nämlich die Basisdatentypen (System), die IO-Funktionen (System.IO), die Netzwerkfunktionen (System.Net), das Reflection-API (System.Reflection), die COM-Interoperabilität und das Remoting (System.Runtime), Sicherheitskonfiguration (System.Security), Threading (System.Threading) und der Zugriff auf viele Windows-Bausteine (System.Diagnostics).

Die FCL ist in Form von .NET-Komponenten (Assemblies) implementiert. Der Kern der CLR ist implementiert in der Datei MSCORLIB.DLL. Die FCL umfasst viele Funktionen, die Microsoft bisher in Form von COM-Komponenten bereitgestellt hat, zum Beispiel:

▶ Benutzeroberfläche (Fenster und Steuerelemente)

▶ Dateisystem

▶ Systeminformationen

▶ COM+-Transaktionsverwaltung

▶ TCP/IP-Funktionen

▶ Registry

▶ Windows-Dienste

▶ Active Directory

▶ Internet Information Services (IIS)

- Ereignisprotokolle
- Leistungsindikatoren
- Datenbanken und XML (ADO.NET)

CLR-Funktionen
Daneben enthält die FCL aber auch Funktionen zum Zugriff auf die *Common Language Runtime (CLR)*, die Laufzeitumgebung von .NET. Beispiele für diese Gruppe von Funktionen sind:

- die elementaren Datentypen des .NET Frameworks (Byte, Integer, String etc.)
- Wrapper-Klassen für die .NET-Kommandozeilencompiler für VB.NET, C# und JScript .NET
- .NET-Remoting (Fernzugriff auf .NET-Komponenten)
- Garbage Collector (Aufräumen des Speichers)
- Reflection (Auslesen von Typinformationen aus Assemblies)
- Dynamische Erzeugung von Assemblies in der Microsoft Intermediation Language (MSIL)

Kapselung des WIN32-API
Die FCL soll das gesamte Win32-Application Programming Interface (Win32-API) in CLR-Klassen kapseln. Das trifft auf die Versionen 1.0 und 1.1 des .NET Frameworks noch nicht zu. Dass wirklich in Zukunft alle API-Funktionen auch in der FCL zur Verfügung stehen werden, bleibt zu hoffen. Zur Sicherheit unterstützt die CLR auch weiterhin den Aufruf von klassischen Win32-API-Funktionen über einen Mechanismus mit Namen *Platform Invocation Service* (*PInvoke* oder *P/Invoke* abgekürzt). Die FCL unterstützt aber bereits heute viele wichtige Win32-API-Funktionen.

CLR versus FCL
Die CLR ist mehr als die FCL; die FCL ist ein Teil der CLR. Die CLR stellt außerdem die Basisfunktionen für die Abarbeitung von Managed Code bereit. Auch die Funktionalitäten vieler .NET-Werkzeuge (einschließlich der Compiler für Visual Basic .NET, C# und JScript .NET) sind Bestandteile der CLR. Dies hat den Vorteil, dass diese Funktionalität auch ohne Umwege über die Kommandozeile direkt aus Programmen heraus aufgerufen werden kann.

7.4.5 .NET-Komponentenmodell

Das .NET Framework ist eine neue Komponentenarchitektur, die das Ergebnis der Weiterentwicklung von COM darstellt. Das .NET Framework ist anders als COM komplett objektorientiert.

Assemblies
Eine Komponente wird im .NET Framework *Assembly* genannt. Assemblies gibt es in Form einer einzelnen EXE oder DLL (Single-File-Assembly) oder als eine logische Ansammlung verschiedener Dateien (Multi-File-Assembly). Sofern eine Assembly öffentliche Typen bereitstellt, ist eine Assembly von anderen Assemblies nutzbar. Nur eine EXE-Assembly jedoch kann man als unabhängige Anwendung starten.

Eine Multi-File-Assembly kann neben Programmdateien (genannt *Managed Module*) auch Dateien enthalten, bei denen es sich nicht um Programmcode handelt (Resource-Dateien). Welche Dateien zu einer Assembly gehören, wird durch ein *Manifest* bestimmt.

> Auch in COM ab Windows XP gibt es Assemblies und Manifeste mit ähnlicher Bedeutung. Dort ist eine Assembly ein Verbund aus mehreren COM-Komponenten zwecks Vermeidung der DLL-Hölle.

Selbstbeschreibung

Meta-Daten

Anders als in COM ist im .NET Framework jede Komponente automatisch selbstbeschreibend, d. h., es sind ausführliche Informationen über Klassen und deren Mitglieder enthalten, die in der Komponente implementiert sind.

Interoperabilität zwischen COM und .NET

Die beiden Komponentenarchitekturen COM und .NET können nicht nur nebeneinander, sondern auch miteinander verwendet werden:

Kompatibilität

Alle alten COM-Komponenten (»classic COM-Components«) können aus den .NET-Sprachen heraus weiterhin verwendet werden. Auch andersherum sollen die neuen .NET-Komponenten von klassischen COM-fähigen Sprachen aus erreichbar sein.

- Runtime Callable Wrapper (RCW)

    COM-Komponenten werden von .NET aus über einen so genannten Runtime Callable Wrapper (RCW) angesprochen. Der RCW setzt die COM-Schnittstellen in .NET-kompatible Schnittstellen um. Für COM-Automation unterstützende Schnittstellen (von `IDispatch` abgeleitete Schnittstellen) kann ein RCW mit dem .NET-SDK-Werkzeug `TLBIMP.EXE` automatisch aus der Typbibliothek erzeugt werden. Für alle nicht automationsfähigen Schnittstellen muss manuell ein benutzerdefinierter RCW erstellt werden.

    RCW

- COM Callable Wrapper (CCW)

    .NET-Komponenten werden von COM-Clients über einen COM Callable Wrapper (CCW) angesprochen. Normalerweise stellen die .NET-Entwicklungswerkzeuge einen CCW automatisch zur Verfügung. Ein CCW kann aber auch selbst entwickelt werden.

    CCW

.NET und MTS/COM+

Auch .NET-Komponenten können Transaktionen unterstützen. Das .NET Framework enthält jedoch (noch) keinen eigenen Transaktionsmonitor, sondern greift auf die Transaktionsinfrastruktur von COM+ zurück. Auch die anderen Komponentendienste von COM+ (Object Pooling, Events, Queued Components etc.) können verwendet werden. .NET-Komponenten, die in einer COM+-Anwendung laufen, heißen *Serviced Components*.

Serviced Component

Die dazu notwendige Registrierung als COM+-Anwendung wird durch die CLR beim ersten Start vorgenommen (»First Use Lazy Registration«), wenn die Komponente durch so genannte .NET Attributes entsprechend gekennzeichnet ist.

Abbildung 7.8: COM-Architektur

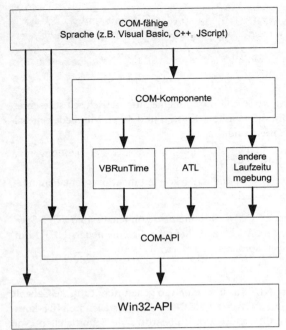

Abbildung 7.9: .NET-Architektur

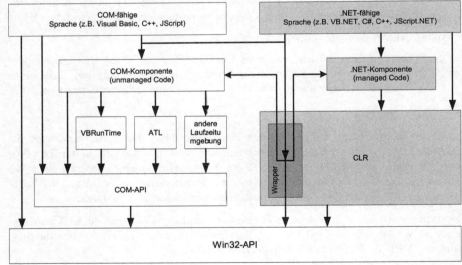

Zukunft von COM

Ist COM tot? Direkt nach der Bekanntmachung von .NET entbrannte eine heiße Diskussion darüber, ob COM nun »tot« sei oder nicht. Je nach Definition dessen, was COM ausmacht, kann man darüber zu unterschiedlichen Ergebnissen kommen. Wenn man COM nur über die Standardmechanismen IUnknown und IDispatch definiert, dann ist COM zwar nicht tot, aber der

Sterbevorgang ist eingeleitet. Zweifellos auf dem Sterbebett gesehen wird dagegen DCOM, das zwar auch in .NET noch benutzt und unterstützt wird, jedoch mit SOAP eine in vielen zentralen Punkten überlegene Konkurrenz bekommen hat.

Microsoft widerspricht Meldungen wie »Microsoft löst COM ab« [DOT00a] energisch. Faktisch ist es aber so, dass COM zwar wohl noch lange unterstützt werden wird, die Zukunft jedoch auf .NET-Komponenten ausgerichtet wird.

7.4.6 Anwendungstypen

Das .NET Framework kann dazu verwendet werden, folgende Arten von Anwendungen zu entwickeln:

Verfügbare Anwendungstypen

- Konsolen-Anwendungen (Shell-Anwendungen)
- Windows-Anwendungen (GUI-Anwendungen)
- einzelne Windows-Steuerelemente
- Windows-Dienste (die im Hintergrund ohne Benutzeroberfläche laufen)
- serverseitige Webanwendungen (ASP.NET)
- serverseitige Websteuerelemente (ASP.NET)
- clientseitige Webanwendungen (Browser-Anwendungen)
- XML-Webservices (SOAP-Dienste)

Microsoft entwickelt derzeit u. a. folgende weiteren Anwendungstypen:

Kommende Anwendungstypen

- Stored Procedures im Microsoft SQL Server
- Microsoft Office-Makros
- Windows-Skripte (WSH.NET)

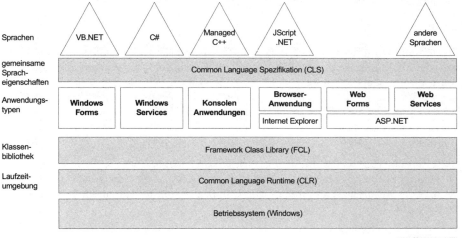

Abbildung 7.10: Anwendungstypen im .NET Framework

Webservices

Ein Webservice ist eine Klasse, die ihre Methoden auf einem Webserver zum Aufruf via SOAP (XML over HTTP) anbietet (siehe auch nächstes Kapitel).

Screen Scraping Heutige Websites bieten eine interaktive, visuelle Benutzerschnittstelle in Form von HTML-Seiten mit Grafiken. Diese Art der Darbietung von Informationen richtet sich an Menschen. Für Maschinen (Anwendungen, Robots, Crawler, Agents) ist sie nicht adäquat. Maschinen müssen bislang Webseiten per Screen Scraping auslesen: Sie analysieren den HTML-Code, um Informationen herauszufiltern. Jede Änderung in der Darstellung kann dazu führen, dass die Maschine im Folgenden den Inhalt falsch interpretiert.

Ein Webservice ist ein WWW-Angebot mit einer Schnittstelle für Maschinen. Diese Schnittstelle bietet Funktionen mit definierten Parametern und Rückgabewerten. Der Aufruf dieser Funktionen erfolgt via Simple Object Access Protocol (SOAP) über HTTP.

Anwendungsbeispiele Ein Beispiel für einen Webservice wäre die Abfrage von Aktienkursdaten. Der Webserver der Frankfurter Börse könnte neben HTML-Seiten für Menschen auch eine Funktion anbieten, die für ein Wertpapier den zu einem bestimmten Zeitpunkt gültigen Wert zurückliefert:

```
HoleKursEuro(Wertpapierkennnummer as Long,
Zeitpunkt as Date) as Double
```

Diese Funktion könnte zum Beispiel so eingesetzt werden:

- Microsoft Money liest die Kurse der Aktien seines Benutzers ein.
- Microsoft Excel hat einen Wizard, der via Visual Basic for Applications (VBA) alle DAX-Kurse ermittelt.
- Ein Benutzer kann sich ein Skript schreiben, mit dem er eine E-Mail erhält, wenn der Kurs eine bestimmte Grenze überschreitet.
- Natürlich könnte das Skript dann auch direkt die Funktion Verkaufen(Wertpapier, Menge, PIN, TAN) aufrufen.

Weitere Informationen Mehr zu Webservices erfahren Sie in [SCH02b].

Runtime Hosts

So genannte Runtime Hosts bilden die Brücke zwischen der CLR und dem Betriebssystem bzw. der Application, in der der .NET Code läuft. Damit eine .NET-Anwendung ausgeführt werden kann, ist es notwendig, die CLR in den Speicher zu laden und die .NET-Anwendung zur Ausführung an die CLR zu übergeben. Dies ist die Aufgabe eines .NET Runtime Hosts (alias Application Domain Host). Für jeden Typ von .NET-Anwendungen muss es einen Runtime Host geben (mehrere Anwendungstypen können ein und denselben Runtime Host nutzen).

Jeder Runtime Host besitzt am Anfang einen Teil Unmanaged Code, der Stub genannt wird. Dieser Stub kann nicht Managed Code sein, da die CLR ja noch nicht geladen ist. Es ist die Aufgabe des Stubs, die CLR zu laden. Dabei benutzt der Runtime Host das so genannte .NET Hosting API.

Verfügbare Runtime Hosts Im .NET Framework Version 1.0/1.1 sind u. a. folgende Runtime Hosts enthalten:

- Shell Executables:

  Ausführung von .EXE-Dateien direkt auf dem Betriebssystem

- ASP.NET:

  Ausführung von .ASPX/.ASCX-Dateien im Rahmen des IIS 5.0, IIS 5.1 oder IIS 6.0

- Microsoft Internet Explorer:

  Ausführung von in HTML-Seiten eingebettetem .NET-Code

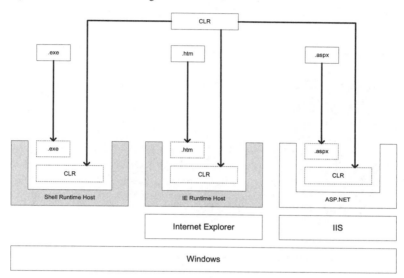

Abbildung 7.11: Darstellung der Funktionsweise eines .NET Runtime Hosts

Der in Kapitel 8 vorgestellte DOTNET Scripting Host (DSH) ist kein eigenständiger Runtime Host, denn der DSH verwendet nach einer Kompilierung zur Laufzeit den Shell Runtime Host.

7.4.7 Fernaufruf (Remoting)

Die mit COM mitgelieferte Middleware (Distributed COM – DCOM) stellte aufgrund der Komplexität und der mangelnden Durchlässigkeit bei Firewalls eine sehr unbefriedigende Lösung dar. Im .NET Framework hat Microsoft Abschied von DCOM genommen und bietet an dieser Stelle ein neues, flexibles Remoting-Konzept mit unterschiedlichen Formaten und Transportwegen.

Es gibt beim .NET-Remoting zwei wichtige Bausteine.

- *Formatter*: Ein Formatter ist ein Mechanismus, um ein Objekt in einen Bytestrom umzuwandeln bzw. zurückzuwandeln. Diese Vorgänge werden *Serialisierung/Deserialisierung* oder auch *Marshaling/Unmarshaling* genannt.

  Formatter

- *Channel*: Ein Channel stellt für serialisierte Objekte ein Transportmedium bereit.

  Channel

Das .NET Framework

Microsoft bietet im Grundstock jeweils zwei Formatter (Binär und Simple Object Access Protocol) und zwei Channel (TCP/IP und HTTP) an. Daraus ergeben sich vier Kombinationsmöglichkeiten (siehe Tabelle). Die Kombination HTTP und SOAP wird bei *Webservices* angewendet.

Tabelle 7.4: Formatter und Channel für .NET-Remoting

	TCP/IP	HTTP
Binär	Höchste Geschwindigkeit Niedrigste Durchlässigkeit	
SOAP		"Webservices" Höchste Durchlässigkeit Niedrigste Geschwindigkeit

Simple Object Access Protocol (SOAP)

Das beim World Wide Web Consortium (W3C) entwickelte Simple Object Access Protocol (SOAP) basiert auf der Extensible Markup Language (XML): Der Aufruf einer entfernten Routine wird in eine XML-Datenstruktur verpackt und üblicherweise via HTTP-Request (in der Regel auf dem Standardport 80) vom Client an den Server übertragen. Nach Abarbeitung der Routine verpackt der Web-Server die Rückgabewerte ebenfalls in eine XML-Struktur und sendet diese per HTTP-Response zurück. SOAP ist ein offener, plattformunabhängiger Standard, der auch in anderen Komponentenarchitekturen unterstützt wird.

7.4.8 Code Access Security (CAS)

Das .NET Framework besitzt ein komplexes Sicherheitssystem, das eine Weiterentwicklung der Internet Explorer-Sicherheitseinstellung und der Software Restriction Policy (SRP) ist, die mit Windows XP eingeführt wurde.

Bei der CAS spielen im Gegensatz zu COM neben den Benutzerrechten, unter denen eine Komponente ausgeführt wird, auch Eigenschaften der Komponente selbst (z.B. Hersteller) und die Herkunftsquelle bzw. der Speicherort der Komponente eine Rolle. Dies basiert auf dem bereits aus den Sicherheitseinstellungen des Internet Explorers bekannten Zonenkonzept (MY COMPUTER, LOCAL INTRANET, TRUSTED SITES, INTERNET etc).

Eine Sicherheitsrichtlinie besteht aus Code Groups und Permission Sets.

Code Group ▶ Mit Code Groups grenzt man verschiedene Herkunftsquellen von Programmcode voneinander ab. Eine Code Group basiert auf einer Bedingung. Eine Bedingung besteht aus einem Attribut-Wert-Paar. Mögliche Attribute sind *Hash, Publisher, Site, Strong Name, URL, Zone*. Es gibt auch benutzerdefinierte, komplexere Bedingungen für Code Groups.

Permission Set ▶ Ein Permission Set ist eine definierte Menge von Rechten. Es gibt verschiedene Systemobjekte, auf die Rechte vergeben werden können. Systemobjekte sind zum Beispiel *Directory Services, DNS, Event Log, File IO, OLE DB, Printing, Registry, User Interface* und *File Dialog*.

Einer Code Group lässt sich genau ein Permission Set zuordnen. Ein Permission Set kann beliebig vielen Code Groups zugeordnet werden.

Zuordnung

Der große Unterschied zwischen SRP und CAS ist, dass die SRP nur die Zustände »Programm darf laufen« und »Programm darf nicht laufen« kennt. Mit der CAS kann man Rechte auf einzelne Ressourcen vergeben, in Abhängigkeit von den Eigenschaften des Programms.

Microsoft hat die Sicherheitseinstellungen im Standard sehr hoch gesetzt. Nur Programmcode, der auf einer lokalen Festplatte liegt, darf mit vollen Rechten ausgeführt werden. Nicht nur Programmcode, der aus dem Internet kommt, sondern auch Programmcode von einem Netzlaufwerk, unterliegt Einschränkungen. Dies müssen Sie beachten, wenn Sie .NET-Anwendungen oder -Skripte von einem Netzlaufwerk starten wollen. Natürlich kann man die Sicherheitseinstellungen lockern.

Die Sicherheitseinstellungen werden in komplexen XML-Dateien gespeichert. Eine direkte Manipulation ist nicht zu empfehlen. Zusammen mit dem .NET Framework installieren sich zwei geeignete Tools im Ordner VERWALTUNG: *.NET Framework Configuration* und *.NET Framework Wizards*.

7.4.9 Application Domains (AppDomains)

Eine Application Domain ist die Unterteilung eines Prozesses in mehrere Fächer. Anwendungen, die in verschiedenen Application Domains laufen, sind voneinander genauso isoliert, als liefen sie in verschiedenen Prozessen.

Unterteilung der Prozesse

Der Vorteil ist, dass der Aufwand zur Erzeugung einer Application Domain und für einen Programmcode-Aufruf zwischen zwei Application Domains geringer ist als für die Verwendung von Prozessen. Eine Application Domain kann mehrere Assemblies beinhalten.

Eine Application Domain wird auch als Pseudo-Prozess bezeichnet. Application Domains haben bei ASP.NET eine große Bedeutung, weil sie es ermöglichen, mehrere Web-Anwendungen in einem Prozess, aber dennoch isoliert zu betreiben.

Pseudo-Prozess

7.4.10 C# (CSharp)

C# (gesprochen »C Sharp«) ist eine Weiterentwicklung von C++. Das # könnte man auch in ein vierfaches Pluszeichen aufspalten (also C++++). Konzeptionell ist C# eine Mischung aus Visual C++ 7.0 und Visual Basic .NET. Gewisse Ähnlichkeiten gibt es zu Java. C# ist Ergebnis eines Projekts bei Microsoft, das gestartet wurde, nachdem die Firma Sun Microsoft die Veränderung der von Sun entwickelten Programmiersprache Java verboten hatte. Ursprünglich sollte die Sprache »Cool« heißen. An manchen Stellen (z.B. im Startbildschirm von Visual Studio .NET) wird C# auch mit C#.NET bezeichnet.

Neue Sprache auf Basis von C++

C# ist inzwischen ebenfalls bei der ECMA ein Standard (ECMA Standard 334, Arbeitsgruppe TC39/TG2).

C# wird in diesem Buch nicht weiter behandelt: Die Sprache ist anspruchsvoller als Visual Basic .NET und daher reicht der Platz in diesem Buch nicht, um auch diese Sprache zu behandeln. Den Umstieg von Visual Basic .NET auf C# beschreibt u. a. [SCH02a].

7.5 Technische Bausteine des .NET Frameworks

Die .NET-Komponentenarchitektur unterscheidet sich in ihren Bausteinen von denen der COM-Architektur. Das nachfolgende Entity Relationship-Diagramm zeigt die .NET-Bausteine und deren Zusammenhang. In diesem Kapitel werden ausgewählte technische Details zum .NET Framework erwähnt, die zum Verständnis des .NET Framework hilfreich sind.

7.5.1 Managed Modules

Portable Executable-Format
Ein .NET-Modul (alias *Managed Module*) ist eine Einheit aus kompiliertem Programmcode im MSIL-Format und den zugehörigen Metadaten, die die im Code definierten Typen beschreiben. Ein Managed Module ist Teil einer .EXE- oder .DLL-Datei oder aber eine separate Datei mit der Dateiextension .NETMODULE. Die Datei liegt in beiden Fällen im Portable Executable (PE) File Format vor.

Ausführbarkeit
Ein Modul kann aber nicht eigenständig von der CLR ausgeführt werden. Die CLR kann nur Assemblies ausführen. Ein Modul kann also nur als Teil einer Assembly ausgeführt werden.

PE und COFF
> Das *Portable Executable File Format* ist die Microsoft-Implementierung des Common Object File Format (COFF), das sowohl in Unix als auch vor .NET in Windows verwendet wurde.

Modul versus Modul
Der Begriff *Managed Modul* ist nicht zu verwechseln mit dem Begriff *Modul* in Visual Basic. Ein .NET-Modul kann als einen möglichen Typ VB-Module enthalten. VB-Module sind aus der Sicht des .NET Frameworks nur spezielle, eingeschränkte .NET-Klassen.

7.5.2 Assemblies

Eine Softwarekomponente heißt im .NET Framework *Assembly* (in der deutschen Version *Assemblierung* genannt). Eine Assembly ist eine Einheit aus

- einem oder mehreren .NET-Modulen
- genau einem Assembly Manifest
- optional zusätzlichen Ressourcen (z. B. Bilder, Texte, Musik)
- optional den Verweisen auf andere Assemblies (Assembly-Referenz)

Technische Bausteine des .NET Frameworks

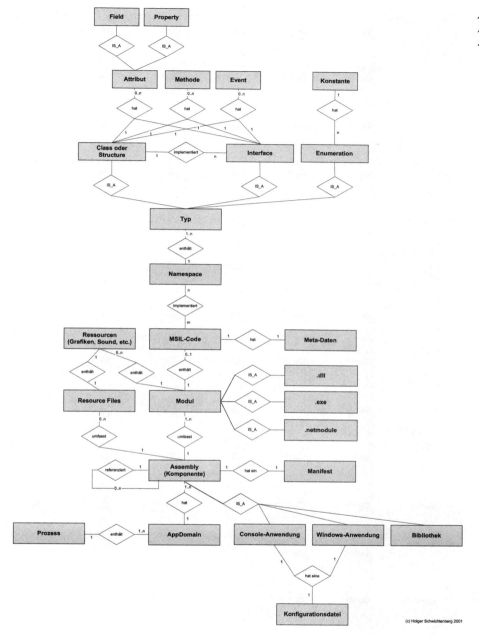

Abbildung 7.12:
ER-Modell der
.NET-Bausteine

Das .NET Framework

Jede .NET-Anwendung ist eine Assembly und jede Assembly ist eine Komponente im Sinne objektorientierter Softwarekomponentenarchitekturen. Die Unterscheidung in Komponenten und normale Anwendungen, wie sie im Component Object Model existiert, gibt es im .NET Framework nicht mehr.

Anzahl der Dateien

Eine Assembly kann aus einer oder mehreren PE-Dateien bestehen.

Single File Assembly Eine *Single File Assembly* umfasst genau eine PE-Datei, in der mindestens ein Modul (MSIL-Code inklusive Metadaten) und ein Manifest gespeichert sind. Optional können auch Ressourcen Teil dieser Single File Assembly sein. In diesem Fall handelt es sich um eingebettete Ressourcen. Die PE-Datei ist eine .DLL oder eine .EXE.

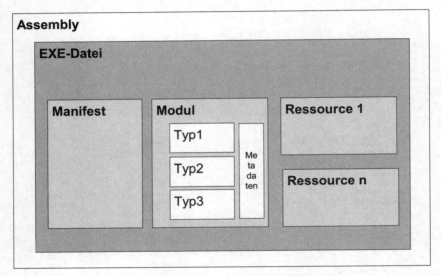

Abbildung 7.13: Aufbau einer Assembly aus einer Datei

.exe versus .dll Eine Assembly kann also sowohl eine ausführbare Anwendung (EXE-Assembly) als auch eine nur in anderen Assemblies verwendbare Klassenbibliothek (DLL-Assembly oder Library Assembly) bilden.

Der Unterschied zwischen den beiden Typen besteht – wie bisher – darin, dass eine .EXE-Datei selbstständig gestartet werden kann. Sie besitzt einen Stub, der die Common Language Runtime (CLR) lädt und danach an einem definierten Punkt (Sub Main()) mit der Abarbeitung des Programms beginnt. Eine .DLL-Datei ist eine Bibliothek von Funktionen, die nur von einem anderen Modul aus geladen und gestartet werden kann.

Multi File Assembly Eine *Multi File Assembly* besteht aus genau einer .DLL oder genau einer .EXE und zusätzlichen Modul-Dateien (.NETMODULE) und/oder Ressourcen-Dateien (z.B. .BMP, .JPG).

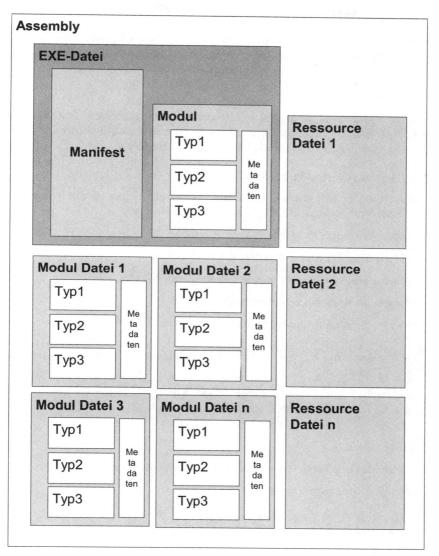

Abbildung 7.14:
Aufbau einer
Multi File
Assembly, die
eine EXE-
Assembly bildet

Assembly-Referenzen

Eine Assembly kann Verweise auf andere Assemblies enthalten, wenn sie diese anderen Assemblies benötigt. Aufeinander verweisende Assemblies bilden eine Einheit, die durch die Versionskontrolle geschützt wird. Sämtliche Sicherheits- und Versionsüberprüfungen durch die CLR erfolgen auf der Basis von Assemblies. Referenzierte Assemblies werden bei Bedarf automatisch geladen. Eine Assembly kann aber auch eine beliebige Assembly zur Laufzeit dynamisch laden.

Verweise

Statische und dynamische Assemblies

Datenträger oder Speicher

Assemblies, die in Form von Dateien vorliegen, heißen statische Assemblies. Es ist möglich, zur Laufzeit dynamische Assemblies zusammenzusetzen, die nur im Speicher liegen. Dynamische Assemblies können auf einem Datenträger gespeichert werden.

Identifizierung von Typen

Typen und Assemblies

Assemblies spielen bei der Identifizierung von Typen eine wichtige Rolle. Die CLR identifiziert Typen anhand ihres Namens und der Assembly, in der sie implementiert werden. Ein Typ X in Assembly A ist also ungleich dem Typ X in Assembly B.

7.5.2.1 Assembly-Manifeste

Manifest

Jede Assembly enthält genau ein Manifest. Das Manifest einer Assembly übernimmt die Rolle einer Typbibliothek in COM und beschreibt Folgendes:

- Name, Version und Ländercode einer Assembly
- die zur Assembly gehörenden Dateien
- Abhängigkeiten von anderen Assemblies (Assembly-Referenzen)
- die von der Assembly exportierten Typen
- Rechte, die zur Ausführung der Assembly notwendig sind

> Das Manifest kann Teil einer PE-Datei der Assembly sein oder in einem getrennten PE-File abgelegt werden.
>
> Die Existenz eines Manifests ist das wesentliche Unterscheidungsmerkmal zwischen einem Modul und einer Assembly.

Beispiel

Das folgende Listing zeigt einen Ausschnitt aus einem Manifest.

```
.assembly extern mscorlib
{
  .originator = (03 68 91 16 D3 A4 AE 33 )                    // .h.....3
  .hash = (52 44 F8 C9 55 1F 54 3F 97 D7 AB AD E2 DF 1D E0    // RD..U.T?........
          F2 9D 4F BC )                                        // ..O.
  .ver 1:0:3705:21
}
.assembly extern Microsoft.VisualBasic
{
  .originator = (03 68 91 16 D3 A4 AE 33 )                    // .h.....3
  .hash = (5B 42 1F D2 5E 1A 42 83 F5 90 B2 29 9F 35 A1 BE    // [B..^.B....).5..
          E5 5E 0D E4 )                                        // .^..
  .ver 1:0:0:0
}
.assembly extern System
{
  .originator = (03 68 91 16 D3 A4 AE 33 )                    // .h.....3
```

```
  .hash = (F5 63 61 69 25 AB 4E 3F B1 20 F2 FD BE 95 3D 95       //
.cai%.N?. ....=.
          25 AF 77 A3 )                                          // %.w.
  .ver 1:0:3705:21
  .config = (4D 00 69 00 63 00 72 00 6F 00 73 00 6F 00 66 00     //
M.i.c.r.o.s.o.f.
          74 00 20 00 2E 00 4E 00 45 00 54 00 20 00 46 00        //
t. ...N.E.T. .F.
          72 00 61 00 6D 00 65 00 77 00 6F 00 72 00 6B 00        //
r.a.m.e.w.o.r.k.
          20 00 62 00 75 00 69 00 6C 00 64 00 20 00 65 00        //
.b.u.i.l.d. .e.
          6E 00 76 00 69 00 72 00 6F 00 6E 00 65 00 6D 00        //
n.v.i.r.o.n.e.m.
          65 00 6E 00 74 00 20 00 69 00 73 00 20 00 52 00        //
e.n.t. .i.s. .R.
          65 00 74 00 61 00 69 00 6C 00 00 00 )                  // e.t.a.i.l...
}
.assembly 'net-konzepte' as "net-konzepte"
{
  // ---
  The following custom attribute is added automatically, do not uncomment -------
  //
  .custom instance void [mscorlib]System.Diagnostics.DebuggableAttribute::.ctor(
bool,
  //

bool) = ( 01 00 01 01 00 00 )
  .hash algorithm 0x00008004
  .ver 1:0:368:31304
}
.module 'net-konzepte.exe'
// MVID: {1CE88D21-587B-46E5-9C1A-5D33B8A070A5}
```

Listing 7.1: *Ausschnitt aus dem disassemblierten Manifest der Assembly »net-konzepte.exe«*
[CD:/code/DOTNET/DOTNET-Konzepte/bin/NET-Konzept.exe]

7.5.2.2 Assembly-Typen

Man unterscheidet bezüglich des Gültigkeitsbereichs zwei Typen von Assemblies:

▶ Private Assemblies, die nur von einer einzigen Anwendung verwendet werden und die im Verzeichnis bzw. einem Unterverzeichnis der Anwendung gespeichert sind. Sie werden anhand ihres Dateinamens identifiziert und können einfach über das Kopieren per Dateisystem (Microsoft spricht in diesem Zusammenhang von XCOPY-Deployment) installiert werden. **Private Assemblies**

▶ Shared Assemblies werden dagegen in einem Globalen Verzeichnis, dem Global Assembly Cache (GAC) gespeichert. Sie werden anhand eines so genannten Shared Name (auch: Strong Name) identifiziert und müssen im GAC registriert werden. **Shared Assemblies**

Global Assembly Cache

Assembly Cache Viewer

Der Global Assembly Cache (GAC) ist ein systemweites Verzeichnis im Dateisystem, das unter %WINDOWS%\ASSEMBLY liegt. Das .NET Framework installiert eine spezielle Shell Extension, den Assembly Cache Viewer (SHFUSION.DLL). Diese Shell Extension stellt dieses Verzeichnis in einem besonderen Format dar (siehe folgende Abbildung).

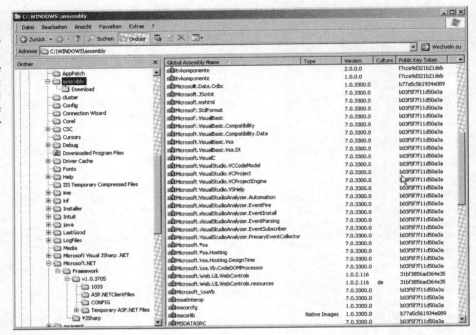

Abbildung 7.15: Anzeige des Globalen Assembly Cache durch eine spezielle Shell Extension für den Windows Datei-Explorer

Shared Names (Strong Names)

Shared Name

Eine Shared Assembly benötigt einen so genannten *Shared Name* (synonymer Begriff *Strong Name*). Ein Shared Name basiert auf einem Public Key-Verfahren, bei dem der endgültige Name der Assembly aus dem öffentlichen Schlüssel und dem Namen der Assembly gebildet wird. Zusätzlich wird die Assembly mit dem privaten Schlüssel signiert. Der öffentliche Schlüssel taucht als Eigenschaft *Originator* im Manifest einer Assembly auf. Durch die Umkehrung der Signatur mit Hilfe des öffentlichen Schlüssels kann der Empfänger einer Assembly sicher feststellen, ob die Datei auf ihrem Weg vom Autor zu ihm verändert wurde.

> Auch einer Private Assembly kann man einen Shared Name geben, um die Assembly eindeutig zu identifizieren und damit sicherzustellen, dass niemand die Assembly gegen eine andere austauscht.

Die nachfolgende Abbildung beweist, dass neben dem Assembly-Namen und dem öffentlichen Schlüssel auch die Versionsnummer der Unterscheidung von Assemblies dient. In der Abbildung ist die Assembly HELLOWORLD.EXE fünfmal im GAC installiert. Drei Varianten wurden von der gleichen Person signiert und haben verschiedene Versionsnummern. Die anderen beiden Varianten wurden mit gleicher Versionsnummer von unterschiedlichen Personen signiert.

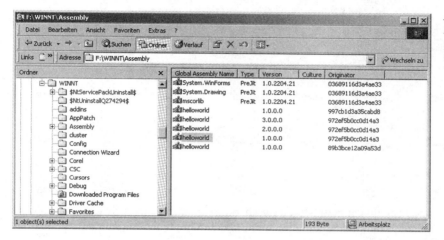

Abbildung 7.16: Helloworld ist mehrfach im GAC

Abbildung 7.17: Erste Eigenschaftsseite einer Assembly im GAC: Originator ist der öffentliche Schlüssel desjenigen, der der Assembly den Shared Name gab.

Abbildung 7.18:
Die Eigenschaftsseite
»Platform«
einer Assembly
im GAC bringt
die »Unabhängigkeit« einer
Assembly zum
Ausdruck.

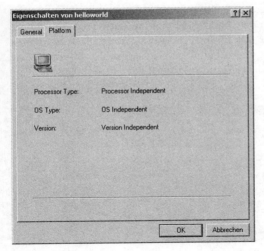

7.5.2.3 Side-by-Side-Execution und Versionierung

DLL-Hölle Im .NET Framework ist es möglich, mehrere verschiedene Versionen einer Komponente nicht nur auf der Festplatte zu speichern, sondern auch im Speicher zu halten. Dieses Verfahren heißt Side-by-Side-Execution und bekämpft die so genannte »DLL hell« (DLL-Hölle).

Versionierung in COM

Nachteile in COM Die DLL-Hölle entsteht im klassischen COM durch zwei Faktoren:

▶ Es kann nur eine Version einer bestimmten Komponente in der Registry registriert sein.

> Dies bezieht sich insbesondere auf Unter-Versionen (Patches). Natürlich kann eine COM-Komponente grundsätzlich in zwei verschiedenen Versionen auf einem System existieren, wenn die beiden Versionen verschiedene GUIDs verwenden und andere Dateinamen haben. Dann handelt es sich nämlich aus der Sicht von COM um zwei verschiedene Komponenten.
>
> Sobald aber von einer Komponente eine überarbeitete Version erscheint, die aus Kompatibilitätsgründen keine neuen GUIDs bekommen hat, kann nur eine der beiden Versionen auf dem System registriert sein.

▶ Eine Komponente, die in Benutzung ist, kann nicht aktualisiert werden. Beim Austausch der Komponentendatei (DLL, EXE etc.) kommt es zu einer Fehlermeldung. Komponenten sind teilweise auch noch lange nach ihrem tatsächlichen Nutzungsende vom System gesperrt.

Side-by-Side-Execution

Windows 2000 Grundsätzlich wurde in Windows 2000 die DLL-Hölle dadurch entschärft, dass nach DLLs zunächst im gleichen Verzeichnis gesucht wird, aus dem auch die EXE gestartet wurde.

Allerdings funktionierte das Verfahren nicht mit COM-Komponenten. In .NET sucht die Laufzeitumgebung auch bei Komponenten zunächst im lokalen Anwendungspfad und erst später im Global Assembly Cache.

Versionierung in .NET

Das .NET Framework bietet zusätzlich zur Side-by-Side-Execution eine konfigurierbare Versionskontrolle. Ein Verweis auf eine Shared Assembly erfolgt stets nicht nur über den Namen, sondern auch über die Versionsnummer. Jede Assembly hat eine viergliedrige Versionsnummer (a.b.c.d), z. B. 1.8.19.72. Die Versionskontrolle kann auch für Private Assemblies mit einer Konfigurationsdatei erzwungen werden.

Versions-kontrolle

Element	Name des Elements	Beispiel
1	Hauptversion (Major Version)	1
2	Unterversion (Minor Version)	8
3	Überarbeitung (Revision)	19
4	Erstellungsversion (Build Number). Dies wird auch als die Quick Fix Engineering (QFE)-Nummer bezeichnet.	72

Tabelle 7.5: Bedeutung der Glieder einer Versionsnummer

Im Standardfall (*Default Version Policy*) gelten folgende Regeln:

Version Policy

- Assemblies, bei denen die ersten beiden Zahlen nicht gleich sind, gelten als inkompatibel.
- Assemblies, bei denen die ersten beiden Zahlen gleich sind, die dritte aber verschieden ist, gelten als möglicherweise kompatibel.
- Ein Unterschied in lediglich der vierten Zahl bedeutet, dass die Assemblies dennoch kompatibel sind.

Eine Anwendung kann aber über die Anwendungskonfigurationsdatei eine andere Version Policy festlegen.

7.5.2.4 Festlegung weiterer Dateieigenschaften

Wie jede andere (ausführbare) Datei besitzt eine Assembly im Explorer sichtbare Zusatzinformationen wie Firmenname, Kommentar, Copyright-Hinweis etc. Das SDK-Werkzeug AL.EXE kann auch dazu verwendet werden, diese Eigenschaften festzulegen.

7.5.2.5 Nutzung von Assemblies

Um von einer Assembly aus eine andere Assembly zu nutzen, muss diese:

Assembly-Nutzung

- eine Reference auf die zu nutzende Assembly setzen,
- die zu verwendenden Typen (Klassen, Strukturen, Konstantenlisten) über den Namespace, zu dem die Typen gehören, importieren.

```
Imports System
```

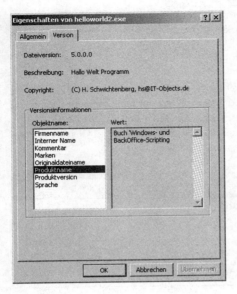

Abbildung 7.19:
Dateieigen-
schaften einer
Assembly

7.5.3 Typen

Typen Dieses Kapitel behandelt ausgewählte Details des Common Type Systems (CTS), die für das Verständnis der FCL wichtig sind.

Ein Typ ist in der CLR eines der folgenden vier Konzepte:

- eine Klasse (*Class*)
- eine Schnittstelle (*Interface*)
- eine Struktur (*Structure*)
- ein Aufzählungstyp (*Enumeration*)

 Neben der Vorstellung dieser vier Konzepte werden in diesem Kapitel auch die Namensgebung und die Hierarchisierung von Typen in .NET behandelt.

7.5.3.1 Klassen

Eine Klasse (VB-Schlüsselwort `Class`) kann folgende öffentlichen Members enthalten:

Attribute
- Attribute

    Attribute sind Daten-Mitglieder einer Klasse. Es gibt in .NET zwei Arten von Attributen: Felder (engl. Fields) und Eigenschaften (engl. Properties).

Field
    Fields sind Attribute, bei denen der Nutzer des Objekts direkt einen bestimmten Speicherplatz innerhalb des Objekts beschreibt. Er kann alle dem Datentyp des Feldes entsprechenden Werte in das Feld schreiben, ohne dass eine weitere Prüfung erfolgt.

Im Gegensatz dazu wird bei einer Property bei jedem Schreib- und Lesezugriff Programmcode ausgeführt, bei dem z. B. Prüfungen durchgeführt werden können. So kann der Gültigkeitsbereich auf beliebige Werte beschränkt werden. Zu einer Property gehört eine Getter-Methode (`Get()`) und/oder eine Setter-Methode (`Set()`). Wie und ob überhaupt die übergebenen Werte verarbeitet werden, ist in diesen Methoden zu implementieren. In der Regel gehört zu einem Property ein privates, also nur innerhalb des Objekts zugängliches Feld.

Property

Aus der Sicht des Nutzers der Klasse gibt es fast keinen Unterschied zwischen Fields und Properties. Eine Property kann jedoch Parameter besitzen und wird dann *Indexer* (*indiziertes Attribut*) genannt. Der Lesezugriff sieht dann aus wie der Aufruf einer Methode:

Indexer

```
element = collection.item(0)
```

Beim Schreibzugriff fällt allerdings schon auf, dass es sich nicht um eine Methode handelt, denn einer solchen könnte kein Wert zugewiesen werden:

```
collection.item(2) = "Guten Tag"
```

Ein Indexer kann als ein Array von Attributen betrachtet werden.

▶ Methoden

Methode

Methoden sind in Klassen implementierte Unterprogramme. Eine Klasse enthält in der Regel eine Implementierung zu den Methoden. Eine Klasse kann aber auch einzelne *abstrakte* Methoden (auch *virtuelle Methoden* genannt) besitzen oder aber komplett abstrakt (auch *rein virtuelle Klasse* genannt) sein. Eine abstrakte Klasse kann nicht instanziiert werden.

▶ Ereignisse

Ereignis

Nutzer eines Objekts können ihr Interesse an von der Klasse definierten Ereignissen bekunden, indem sie dem Objekt einen Zeiger auf ein Unterprogramm übergeben, das das Objekt beim Eintritt bestimmter Bedingungen aufruft.

▶ Konstruktoren

Konstruktor

Ein Konstruktor ist eine Unterroutine, die bei der Instanziierung der Klasse aufgerufen wird. Konstruktoren können Parameter haben, die bei der Instanziierung anzugeben sind.

▶ Destruktor

Destruktor

Jede Klasse kann einen Destruktor mit dem Namen `Finalize()` besitzen, der aufgerufen wird, bevor der Garbage Collector die Instanz aus dem Speicher entfernt.

▶ Konstanten

Konstante

Eine Klasse kann öffentliche Konstanten enthalten, die wie Attribute behandelt werden – jedoch mit dem Unterschied, dass auf diese Mitglieder nur lesend zugegriffen werden kann.

▶ Aufzählungstypen (Konstantenlisten, Enumerationen)

Enumeration

Ein Aufzählungstyp ist eine Liste von symbolischen Konstanten. Jede einzelne symbolische Konstante der Liste repräsentiert einen Zahlenwert. Zeichenketten oder andere Datentypen sind nicht erlaubt.

Eingebettete Typen

▶ Eingebettete Typen

Eine Klasse kann andere Klassendefinitionen enthalten, so genannte eingebettete Typen (engl. Nested Type). Diese eingebetteten Typen werden über den Namen des übergeordneten Typs adressiert, sodass bei einem voll qualifizierten Typname nicht unterschieden werden kann, ob es sich um bei vorgelagerten Namen um einen Namespace oder einen übergeordneten Typ handelt. Der Unterschied besteht darin, dass ein Namespace im Gegensatz zu einem übergeordneten Typ auf keinen Fall Mitglieder enthält und nicht instanziiert werden kann.

Ein Modul (Schlüsselwort Module) in der Sprache Visual Basic .NET ist eine .NET-Klasse, bei der automatisch alle Mitglieder die Zugriffsart Shared haben.

Vererbung

Einfachvererbung

.NET unterstützt Einfachvererbung. Jede Klasse kann von höchstens einer anderen Klasse erben. Wird keine Vererbung explizit definiert, erbt die Klasse implizit von System.Object. Aus diesem Grund ist die Klasse System.Object die Wurzel jeder Vererbungshierarchie und alle Klassen in .NET besitzen die von System.Object definierten Mitglieder. Mehrfachvererbung wird nicht unterstützt.

```
Public Class KlassenName
  Inherits OberKlassenName
  ' --- Field-Attribute
  Public PublicAttribut As Byte
  Friend FriendAttribut As Byte
  Private PrivateAttribut As Byte
  Shadows ShadowAttribut As Byte
  Shared SharedAttribut As Byte
  ' --- Property-Attribute
  Public Property PropertyAttribut() As Byte
    Get
    End Get
    Set(ByVal Value As Byte)
    End Set
  End Property
  ' --- Methoden
  Public Sub Methode()
  End Sub
  Public Function Methode_mit_Rueckgabewert() _
    As Byte
  End Function
  ' --- Events
  Event Ereignis()
  ' --- Konstanten
  Public Const Konstante = 10
  Public Enum KonstantenListe
```

```
    k1 = 1
    k2 = 2
    k3 = 3
  End Enum
End Class
```

Listing 7.2: *Beispiel für eine Klasse in VB.NET*

Schnittstellen

Eine Klasse kann optional eine oder mehrere Schnittstellen implementieren.

7.5.3.2 Schnittstelle (Interface)

Eine Schnittstelle (VB-Schlüsselwort `Interface`) ist eine Beschreibung von Attributen, Methoden und Ereignissen. Der Unterschied zu einer Klasse besteht darin, dass die Methoden keine Implementierung enthalten. Eine Schnittstelle entspricht einer abstrakten Klasse.

Mitglieder ohne Implementierung

> Eine Schnittstelle repräsentiert die Tür zur Funktionalität eines Objekts und stellt eine Untermenge seiner Funktionalität dar. Eine Schnittstelle ist als Vertrag zwischen einem Objekt und seinem Benutzer zu interpretieren, durch den das Objekt zusichert, auf einen bestimmten Satz von Nachrichten (also Methodenaufrufen) reagieren zu können.

Eine Schnittstelle kann nicht instanziiert, sondern nur im Rahmen einer Klasse verwendet werden. Dort muss die Schnittstelle implementiert werden, genauer gesagt, dort müssen **alle** Attribute und Ereignisse deklariert und alle Methoden deklariert und implementiert werden.

Eine Schnittstelle kann von genau einer anderen Schnittstelle erben. Eine Klasse kann eine oder mehrere Schnittstellen implementieren. Eine .NET-Klasse ist im Gegensatz zu einer COM-Klasse nicht verpflichtet, eine Schnittstelle zu implementieren.

Schnittstellen können Attribute nur in Form von Properties, nicht aber Fields enthalten. Schnittstellen können keine Konstanten oder öffentlichen Aufzählungstypen enthalten.

```
Public Interface SchnittstellenName
  ' --- Property-Attribute
  Property PropertyAttribut() As Byte
  ' --- Methoden
  Sub Methode()
  Function Methode_mit_Rueckgabewert() As Byte
  ' --- Events
  Event Ereignis()
End Interface
```

Listing 7.3: *Beispiel für eine Schnittstelle in VB.NET*

7.5.3.3 Strukturen (Werteklassen)

Eine Struktur (VB-Schlüsselwort: `Structure`) hat große Ähnlichkeit mit einer Klasse. Unterschiede zwischen einer Klasse und einer Struktur sind:

Structure

Das .NET Framework

- Eine Struktur erbt nicht direkt von System.Object, sondern automatisch von System.ValueType. System.ValueType erbt von System.Object.
- Die Instanz einer Struktur wird auf dem Stack gespeichert, während die Instanz einer Klasse auf dem Heap gespeichert wird.
- Strukturen können nicht explizit erben, d.h., eine Struktur erbt immer nur von System.ValueType.
- Von Strukturen kann nicht geerbt werden.
- Es kann keinen benutzerdefinierten parameterlosen Konstruktor geben, da dieser schon implizit definiert ist.
- Alle Mitglieder einer Struktur sind im Standard öffentlich (Public).
- Eine Struktur muss nicht (mit dem new-Schlüsselwort) instanziiert werden. Zur Erzeugung einer Instanz einer Struktur reicht die Deklaration einer Variablen dieses Typs.
- Strukturen können keine Ereigniskonsumenten sein (wohl aber Ereignisse aussenden).

```
Public Structure StrukturName
  ' --- Field-Attribute
  Public PublicAttribut As Byte
  Friend FriendAttribut As Byte
  Private PrivateAttribut As Byte
  Shadows ShadowAttribut As Byte
  Shared SharedAttribut As Byte
  ' --- Property-Attribute
  Public Property PropertyAttribut() As Byte
    Get
    End Get
    Set(ByVal Value As Byte)
    End Set
  End Property
  ' --- Methoden
  Public Sub Methode()
  End Sub
  Public Function Methode_mit_Rueckgabewert() _
    As Byte
  End Function
  ' --- Events
  Event Ereignis()
  ' --- Konstanten
  Public Const Konstante = 10
  Public Enum KonstantenListe
      k1 = 1
      k2 = 2
      k3 = 3
  End Enum
End Structure
```

Listing 7.4: Beispiel für eine Struktur in VB.NET

7.5.3.4 Aufzählungstypen (Enumerationen)

Ein Aufzählungstyp (Enumeration) ist eine Liste von Konstanten. Jede einzelne symbolische **Konstanten-** Konstante der Liste repräsentiert einen Ganzzahlwert. Zeichenketten oder andere Datenty- **liste** pen sind nicht erlaubt.

Ein Aufzählungstyp kann Teil einer Klasse sein oder eigenständig existieren.

```
Public Enum Farben
  rot
  gruen
  gelb
End Enum
```

Listing 7.5: Beispiel für eine Enumeration in VB.NET

Beim obigen Aufzählungstyp erhält die Konstante rot den Wert 0 und die folgenden Kon- **Explizite Werte** stanten den jeweils um eins erhöhten Wert. Die Konstante gelb ist also in diesem Beispiel 2. Es ist auch möglich, explizit Werte festzulegen. Die Werte dürfen nur Ganzzahlen (Byte, Short, Integer oder Long) sein.

```
Namespace DE.ITVisions.Scripting_Buch.Kapitel7
  Enum Farben As Long
    blau = 5
    gelb
    gruen = 6
  End Enum
End Namespace
```

Listing 7.6: Beispiel für eine Enumeration in VB.NET mit expliziten Werten

Die Konstante gruen, für die kein Wert explizit angegeben wurde, erhält automatisch den Wert 11.

Der voll qualifizierte Name einer Konstanten besteht aus folgenden Teilen:

Namespace.Unternamespace.Konstantenliste.Konstantenname

also z.B.

DE.ITVisions.Scripting_Buch.Kapitel7.Farben.gruen

7.5.3.5 Typnamen und Namespaces

Typen werden in .NET nicht mehr durch GUIDs, sondern durch Zeichenketten eindeutig **Namespace** benannt. Diese Zeichenketten sind hierarchische Namen. Ein Name besteht aus dem relativen Namen des Typs und dem Namensraum (Namespace). Der relative Name muss nur innerhalb eines Namespaces eindeutig sein. Über alle Namespaces hinweg kann der Typname mehrfach vorkommen, denn der Namespace ermöglicht im Zweifel die Unterscheidung. Dies ist vergleichbar mit Dateien und Ordnern in einem Dateisystem.

Hierarchien Ein *Namespace* ist eine Gruppierung von Typen, die in Assemblies implementiert sind. Ein Namespace kann auch Unter-Namespaces enthalten, so dass eine Hierarchie entsteht. Ein Namespace kann einen Alias haben. Die Gruppierung, also die Auswahl der Typen, die zu einem Namespace gehören, sollte nach logischen oder funktionellen Prinzipien erfolgen. Im Gegensatz dazu sollte die Zusammenfassung von Typen zu einer Assembly gemäß den Bedürfnissen zur Verbreitung der Klassen (Deployment) erfolgen.

Im .NET Framework kann es beliebig viele Namespace-Hierarchien parallel geben. Es gibt keinen gemeinsamen Wurzel-Namespace. Die .NET Framework Class Library (FCL) besitzt zwei Wurzel-Namespaces, System und Microsoft.

Ein Namespace kann in beliebig vielen Assemblies implementiert werden, ebenso wie jede Assembly Typen zu beliebig vielen verschiedenen Namespaces beisteuern kann.

> Ein Durchlaufen aller Namespaces auf einem System ist nicht ohne weiteres möglich, weil es kein globales Verzeichnis aller Namespaces gibt. Dies würde eine Registrierung von Komponenten voraussetzen und daher dem Gedanken des *XCOPY-Deployment* widersprechen. Möglich wäre aber die Suche nach *.dll-/.exe*-Dateien im Dateisystem und eine Einzelprüfung dieser DLLs darauf, ob sie Typen enthalten.

Vergabe der Namespace-Namen

Eindeutigkeit Da es keine zentrale Stelle gibt, die die Namespace-Namen vergibt, besteht natürlich grundsätzlich die Gefahr, dass es zu doppelten Typnamen kommt. Im Rahmen des CLI-Standards wurde deshalb folgende Notation festgelegt [CD:/Weitere Informationen/ECMA-Dokumente/Partition V Annexes.doc, Kapitel D.1.5]:

Firmenname.Technologiename

Beispiele:

Microsoft.Office
PowerSoft.PowerBuilder
Corel.CorelDraw
ITObjects.AMS

Es ist legitim, den Internet-Domänennamen in umgekehrter Reihenfolge zu verwenden, also z.B. COM.Microsoft.Office oder DE.ITObjects.AMS.

> Ein Angreifer könnte eine DLL auch einfach durch eine gleichnamige DLL mit gleicher Versionsnummer und mit den gleichen implementierten Typen austauschen (diese Gefahr bestand auch in COM!). In .NET unterbindet ein auf einem Public Key-Verfahren basierender *Strong Name* für eine Assembly einen solchen Missbrauch. Zwar kann es eine DLL mit gleichem Namen, gleicher Versionsnummer und gleichen Typen geben, wenn sich die Assembly-Referenz aber auf einen Strong Name bezieht, wird .NET sich weigern, die falsche DLL zu laden.

Vergabe der Typnamen

Auch für die Namensgebung von Typen gibt es Regeln, die im CLI-Standard manifestiert sind [CD:/Weitere Informationen/ECMA-Dokumente/Partition V Annexes.doc, Kapitel D.1].   **Namespace und Assembly**

Die Namen für Klassen, Schnittstellen und Attribute sollen Substantive sein. Die Namen für Methoden und Ereignisse sollen Verben sein.   **Wortwahl**

Für die Groß-/Kleinschreibung gilt grundsätzlich *PascalCasing*, d. h., ein Bezeichner beginnt grundsätzlich mit einem Großbuchstaben und jedes weitere Wort innerhalb des Bezeichners beginnt ebenfalls wieder mit einem Großbuchstaben. Ausnahmen gibt es lediglich für Abkürzungen, die nur aus zwei Buchstaben bestehen. Diese dürfen komplett in Großbuchstaben geschrieben sein (z. B. `UI` und `IO`). Alle anderen Abkürzungen werden entgegen ihrer normalen Schreibweise in Groß-/Kleinschreibung geschrieben (z. B. `Xml`, `Xsd` und `W3c`). Attribute, die geschützt (Schlüsselwort `Protected`) sind, und die Namen von Parametern sollen in *camelCasing* (Bezeichner beginnt mit einem Kleinbuchstaben, aber jedes weitere Wort innerhalb des Bezeichners beginnt mit einem Großbuchstaben) geschrieben werden.   **Groß-/Kleinschreibung**

7.5.3.6 Typhierarchien

Das .NET Framework unterstützt bezüglich Typen drei Hierarchiekonzepte:

1. Namespace-Hierarchie (Namensraumhierarchie)

   Typen haben hierarchische Namen, was durch die Organisation von Typen in Namespaces erreicht wird. Die Namespace-Hierarchie ist ein Baum ohne Zyklen.   **Namespaces**

2. Vererbungshierarchie

   Klassen und Schnittstellen (nicht aber die anderen beiden Arten von Typen) können voneinander erben, allerdings ist immer höchstens eine explizite Vererbungsbeziehung möglich. Die Vererbungshierarchie ist daher ein Baum ohne Zyklen. Die Klasse `System.Object` ist dabei immer die oberste Klasse.   **Vererbungshierarchie**

3. Objektmodell (Objekthierarchie, Containment-Hierarchie)

   Instanzen von Typen können (müssen aber nicht!) zur Laufzeit in Beziehung stehen. Daraus ergibt sich eine *Objekthierarchie*, die *Objektmodell* genannt wird. Da die Objektbeziehungen beliebig sind, ergibt sich ein Graph, der möglicherweise auch Zyklen enthält.   **Objektmodelle**

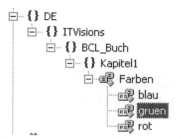

Abbildung 7.20: Beispiel für eine Namespace-Hierarchie

Abbildung 7.21:
Beispiel für eine Vererbungshierarchie

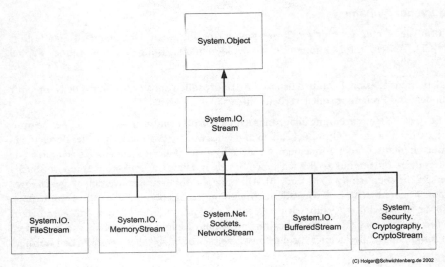

Abbildung 7.22:
Beispiel für ein Objektmodell

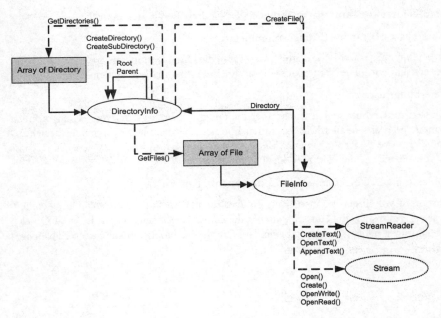

 In diesem Buch werden die Objektmodelle und – bei Bedarf – auch die Vererbungshierarchien grafisch dargestellt. Hinweise zur verwendeten Notation finden Sie im Anhang.

7.5.3.7 Typinformationen (Metadaten)

Jeder .NET-Typ (Klasse, Schnittstelle oder Enumeration) besitzt eine Beschreibung seiner Mitglieder. Diese Metadaten werden in den Managed Modules gespeichert.

Im Gegensatz zu COM ist in .NET die Speicherung von Metadaten keine Option, sondern verpflichtend. Der jeweilige Compiler erzeugt diese Metadaten und sorgt dafür, dass sie konsistent zur Implementierung sind. Es ist nicht mehr möglich – wie in COM oft passiert –, dass die Typbibliothek inkonsistent zur Implementierung ist. Alle .NET-Komponenten sind also automatisch selbstbeschreibend. Die Metadaten sind nicht in der Interface Definition Language (IDL), sondern in Form von XML-Dokumenten gespeichert.

Erzwungene Konsistenz

Das .NET Framework selbst benötigt an verschiedenen Stellen (z.B. beim Fernaufruf) diese Metadaten.

Im .NET Framework werden keine Headerdateien oder Typbibliotheken mehr benötigt. Diese Typinformationsformen müssen nur noch erzeugt werden, wenn über die COM-Interoperabilität auf .NET-Komponenten zugegriffen werden soll.

Headerdateien/Typbibliotheken

Reflection

Das .NET Framework enthält eine Möglichkeit, per Programmcode auf die Metadaten zuzugreifen. So können Klassen und Objekte zur Laufzeit analysiert werden. Dieses Feature wird »Reflection« genannt und über den FCL-Namespace `System.Reflection` bereitgestellt.

System. Reflection Reflection

Reflection ist die verbesserte Variante dessen, was in COM mit Hilfe der TypLib-Informationskomponente (TLBINF32.DLL) möglich war.

Die in einer Assembly gespeicherten Metadaten können mit Hilfe des Tools ILDASM.EXE (Intermediation Language Disassembler) angezeigt werden. Der ILDASM bedient sich der Reflection. Darüber hinaus kann der ILDASM – wie der Name schon sagt – auch den kompletten IL-Code einer Assembly disassemblieren. ILDASM ist Teil des .NET Framework SDK.

ILDASM

7.5.4 Konfigurationsdateien

Ein wesentlicher Unterschied zwischen COM-Komponenten und .NET-Komponenten ist, dass Letztere nicht mehr in der Windows-Registry registriert werden müssen. Alle notwendigen Konfigurationsinformationen werden in den Metadaten und Konfigurationsdateien im Dateisystem gespeichert. Die Konfigurationsdateien sind Textdateien im XML-Format.

Keine Registry

> .NET-Komponenten (sowohl EXE-Assemblies als auch Library-Assemblies) müssen daher nicht registriert werden, sondern sind nach dem Kopieren auf die Festplatte sofort verwendbar. Microsoft spricht in diesem Zusammenhang von »XCOPY-Deployment«.

Es gibt drei Typen von Konfigurationsdateien im .NET Framework:

- Anwendungskonfigurationsdateien (Application Configuration Files)
- Systemkonfigurationsdateien (Machine Configuration Files)
- Sicherheitskonfigurationsdateien (Security Configuration Files)

Die Konfigurationsdateien können zum Teil mit dem .NET Framework Configuration Tool (siehe Kapitel 9) komfortabel gepflegt werden.

Systemkonfigurationsdateien

Machine.config Es gibt genau eine systemweite Konfigurationsdatei mit dem Namen MACHINE.CONFIG im Verzeichnis %WINDIR%/MICROSOFT.NET/FRAMEWORK/V1.0.3705/CONFIG. Die Datei enthält u. a.:

- Globale Einstellungen für ASP.NET
- Konfiguration der Fernausführung (Remoting)
- Konfigurationsinformationen für Assemblies im Global Assembly Cache

Sicherheitskonfigurationsdateien

Die Sicherheitskonfigurationsdateien dienen der Konfiguration der Code Access Security (CAS). Es gibt insgesamt drei Sicherheitskonfigurationsdateien:

EnterpriseSec.config ▶ Enterprise Policy

%WINDIR%/MICROSOFT.NET/FRAMEWORK/V1.XX.XX/CONFIG/ ENTERPRISESEC.CONFIG

Security.config ▶ Machine Policy

%WINDIR%/MICROSOFT.NET/FRAMEWORK/V1.XX.XX/CONFIG/ SECURITY.CONFIG

Security.config ▶ User Policy

%USERPROFILE%\APPLICATION DATA\MICROSOFT\
CLR SECURITY CONFIG\VXX.XX\SECURITY.CONFIG

Wenn Programmcode gestartet wird, wird neben der Enterprise Policy und der Machine Policy auch die relevante User Policy in die Ermittlung der effektiven Rechte einbezogen. Der Programmcode erhält die minimalen Rechte aller drei Sicherheitskonfigurationsdateien.

Werkzeuge

.NET Framework Configuration Tool Auf Grund der Komplexität der Sicherheitskonfigurationsdateien ist eine direkte Bearbeitung der XML-Dateien nicht empfehlenswert. Das *.NET Framework Configuration Tool* (ein MMC-Snap-In) bietet eine komfortable Oberfläche zur Erstellung und Änderung von Sicherheitskonfigurationsdateien.

Anwendungskonfigurationsdateien

Pfade In COM waren Dateisystempfade zu den Binärdateien (EXE, DLL, OCX etc.) ein wesentlicher Teil der Konfigurationsinformationen. Dies entfällt teilweise in .NET. Die Auffindung der Komponenten erfolgt in der Regel auf Basis fest definierter Pfade: Es wird der Global Assembly Cache (GAC) und das Basisverzeichnis der Anwendung (AppBase) durchsucht. Ausnahmen davon können mit Hilfe von XML-strukturierten Anwendungskonfigurationsdateien gemacht werden.

Die Anwendungskonfigurationsdatei (engl. application configuration file; Dateiextension .CONFIG) ist eine XML-Datei, die verschiedene Konfigurationsinformationen einer Assembly enthält. Hier sind Informationen gespeichert, die in COM in der Registry abgelegt wurden. Eine Assembly, die eine Anwendungskonfigurationsdatei besitzt, wird *Configured Assembly* genannt.

XCOPY-Deployment .CFG

Für eine Assembly mit .EXE-Datei muss das .CONFIG-File folgende Voraussetzungen erfüllen:

- Es muss im selben Dateiverzeichnis wie die .EXE-Datei liegen.
- Es muss dem Namen der .EXE-Datei entsprechen, aber mit der zusätzlichen Extension .CONFIG, also .EXE.CONFIG.

> Webanwendungen (ASP.NET) werden durch eine Konfigurationsdatei mit Namen WEB.CONFIG konfiguriert.

config.web

Anwendungskonfigurationsdateien für Assemblies im GAC können mit dem *.NET Framework Configuration Tool* komfortabel bearbeitet werden.

Die nachfolgende Anwendungskonfigurationsdatei CLIENT1.EXE.CONFIG definiert, dass die Anwendung CLIENT1.EXE in den angegebenen Ordnern nach referenzierten Assemblies suchen soll.

Beispiel

```
<configuration>
   <runtime>
      <assemblyBinding xmlns="urn:schemas-microsoft-com:asm.v1">
      <probing privatePath="c:\Komponenten;d:\neueKomponenten"/>
      </assemblyBinding>
   </runtime>
</configuration>
```

Listing 7.7: Beispiel für eine Anwendungskonfigurationsdatei
[CD:/code/DOTNET/Bausteine/Probing/client1.exe.config]

7.6 Visual Basic .NET (VB 7.0)

Visual Basic .NET (kurz: VB.NET) ist die erheblich veränderte Nachfolgeversion der Visual Basic 6.0-Vollversion und trägt intern die Versionsnummer 7.0. VB.NET folgt der Common Language Specification (CLS) und ist daher eine mit dem .NET Framework kompatible Sprache. Der aktuellen Marketing-Strategie folgend, heißt die neue Version also Visual Basic .NET.

VB 6.0-Nachfolger

Visual Basic .NET wurde gegenüber seiner Vorgängerversion erheblich aufgewertet und ist nun eine echte objektorientierte Sprache mit Vererbung. Die Unterschiede zur Sprache C# sind eher syntaktischer Natur; hinsichtlich der Möglichkeiten gibt es nur marginale Unterschiede. Der COM- und .NET-Guru Don Box sagte auf der TechEd 2001 treffend: »Visual Basic .NET bedeutet, dass man sich nicht länger schämen muss, ein VB-Entwickler zu sein!«

Im Zuge von VB.NET hat Microsoft die drei Geschwister Visual Basic 6.0, Visual Basic for Applications (VBA) und VBScript zu einer Sprache fusioniert. Leider ist es keine Fusion unter Gleichen, denn während Visual Basic 6.0 alle seine zentralen Sprach-Features in das

Fusion

Das .NET Framework

neue Visual Basic .NET übernehmen durfte (abgeschnitten wurden lediglich einige Zöpfe), fallen die in VBScript seit der Version 5.1 vorhandenen Funktionen zur Interpretierung von zur Laufzeit generiertem Programmcode (Eval und Execute) der Fusion zum Opfer. Andrew Clinick [CLI01] nährt die Hoffnung, dass diese Befehle in späteren Versionen von Visual Basic .NET wieder unterstützt werden.

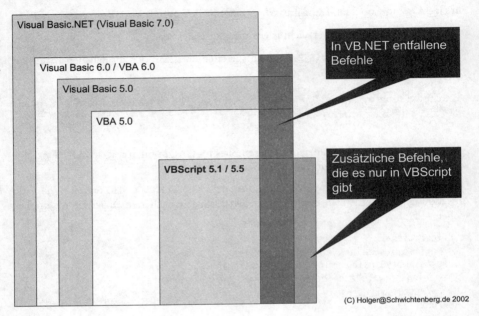

Abbildung 7.23: Umfang der Dialekte und Versionen von Visual Basic

7.6.1 Compiler

VB.NET-Compiler
Der VB.NET-Compiler ist in der .NET-Laufzeitumgebung enthalten. Der Compiler kann über ein Kommandozeilenwerkzeug (*vbc.exe*) oder per Programmcode aufgerufen werden. Die Anschaffung der Entwicklungsumgebung Visual Studio ist also nicht zwingend nötig, um VB.NET zu programmieren. VB.NET-Programme können mit jedem beliebigen Texteditor geschrieben werden. Visual Studio .NET macht die Entwicklung von VB.NET-Anwendungen jedoch wesentlich komfortabler.

Der VB.NET-Compiler erzeugt immer Managed Code. Er bietet keine Option zur Erzeugung von Unmanaged Code (Classic Code). Allerdings können .NET-Komponenten unter bestimmten Voraussetzungen von COM aus angesprochen werden.

7.6.2 Überblick über die Änderungen

Grundlegende Änderungen
Von Visual Basic 5.0 zur Version 6.0 war es nur ein kleiner Schritt. Zwischen der aktuellen Version und dem Nachfolger 7.0 (VB.NET) hat Microsoft einen großen Wassergraben hinterlassen, der einen kräftigen Sprung mit guten Sprunggelenken erfordert.

Visual Basic .NET (VB 7.0)

Die Veränderungen in Visual Basic lassen sich in vier Gebiete einteilen:

- VB.NET ist in das .NET Framework integriert.
- Durch mehr objektorientierte Konzepte steigt Visual Basic von einer *objektbasierten* zu einer *objektorientierten* Sprache auf.
- Microsoft hat zahlreiche alte Sprachkonstrukte und Besonderheiten beerdigt.
- VB.NET bietet einige neue Sprachkonstrukte.

Inkompatibilität zu VB 6.0

Microsoft hat bei VB.NET ganz bewusst auf die Kompatibilität mit der Vorgängerversion VB 6.0 verzichtet. Inkompatibilitäten wurden aus zwei Gründen hingenommen:

- Alle Features aus VB 6.0, die signifikante Verwirrung bei den Entwicklern stifteten, wurden entfernt.
- Alle Features aus VB 6.0, die nicht kompatibel mit dem .NET Framework waren, wurden geändert oder entfernt.
- Dabei wurde zwar versucht, die Inkompatibilität zwischen VB 6.0 und VB.NET so zu gestalten, dass ein automatisiertes Upgrade möglich ist. Dies war jedoch keine Pflichtanforderung. Es gibt einen Upgrade-Wizard von VB 6.0 nach VB.NET, der jedoch nicht alle Änderungen vollziehen kann.

7.6.3 Integration in das .NET Framework

Alle CLS-Sprachen (z.B. Visual C++ 7.0, C#, Visual Basic .NET, Eiffel, SmallTalk, Pascal) erhalten Zugriff auf eine einzige, gemeinsame Klassenbibliothek, die Common Language Runtime (CLR). Damit werden Aufrufe einer bestimmten (Betriebssystem-)Funktion in allen Sprachen – mit Ausnahme der Syntax – gleich sein. Visual Basic .NET verabschiedet sich daher auch von vielen eingebauten Funktionen: An ihre Stelle tritt der Aufruf von Methoden der in Namespaces organisierten Klassen der Framework Class Library (FCL). So wird aus `DoEvents` das Konstrukt `System.Windows.Forms.Application.DoEvents`. Das Ergebnis ist eine klare Trennung von Sprache und API.

Zugriff auf Betriebssystemfunktionen

Zur FCL gehören auch visuelle Komponenten, zur Gestaltung von Desktop-Anwendungen (*Windows Forms* oder *WinForms*) sowie von auf HTML basierenden Webanwendungen (*WebForms*). WinForms lösen die VB-Formulare ab.

Bisher unterlagen Visual Basic-Entwickler bei der systemnahen Programmierung einigen Beschränkungen. Viele Funktionen der in C++ entwickelten Routinen des klassischen Win32-APIs und einige COM-Komponenten waren für Visual Basic unerreichbar. Diese Einschränkungen sind mit .NET weitestgehend verschwunden, indem das Win32-API und das COM-API in FCL-Klassen gekapselt wurden. Damit stoßen VB-Entwickler in bislang nur umständlich oder gar nicht erreichbare Gebiete wie z.B. Thread-Steuerung vor. In der ersten Version der Framework Class Library stehen aber noch nicht alle Funktionen des Win32-API in der FCL zur Verfügung.

7.6.4 Verbesserte Objektorientierung

Vererbung Das Konzept von Klassen und Objekten ist in Visual Basic bereits seit langem enthalten. Zum Gütesiegel »objektorientierte Sprache« fehlten der Sprache aber die Möglichkeit der Implementierungsvererbung und verschiedene Formen des Polymorphismus. In Visual Basic 6.0 wurde es mit dem Schlüsselwort Implements erstmals möglich, Schnittstellen zu vererben: Man konnte eine Klasse somit zwingen, die gleichen Methoden wie eine andere Klasse anzubieten. Dabei konnte man zwei zueinander polymorphe Objekte aus verschiedenen Klassen erzeugen; die Implementierung musste man jedoch »zu Fuß« übernehmen. Diese Arbeit wird einem nun durch das neue Schlüsselwort Inherits abgenommen. Wie in anderen objektorientierten Sprachen auch hat ein Entwickler natürlich weiterhin die Option, eine Methode trotzdem zu reimplementieren. Anders als in C++, aber wie in Java ist die Mehrfachvererbung, also die gleichzeitige Ableitung einer Klasse von mehreren anderen Klassen, nicht möglich. Visual Basic ermöglicht allerdings die Vererbung von mit WinForms gestalteten Bildschirmmasken (*Visual Inheritance*).

Klassendefinition Jede Klassendefinition benötigte in Visual Basic 6.0 eine eigene Datei, ein so genanntes Klassenmodul. VB.NET übernimmt das bereits in VBScript ab Version 5.0 realisierte Konzept, innerhalb einer Datei mehrere Klassen mit dem Schlüsselwort Class zu definieren. Konstruktormethoden, die bei der Instanziierung einer Klasse automatisch aufgerufen werden, können nun auch Parameter empfangen (parametrisierte Konstruktoren). Die aus C++ und Java bekannten Schlüsselwörter Public, Private und Protected steuern in der Klassendefinition die Vererbung einzelner Attribute und Methoden. Auch .NET-Komponenten können – analog zu COM-Komponenten – mehrere Schnittstellen haben. In Visual Basic 6.0 dienten noch abstrakte Basisklassen der Definition von Schnittstellen. VB.NET führt mit dem Schlüsselwort Interface eine wesentlich elegantere Möglichkeit ein.

Overloading Auch das Überladen einzelner Funktionen (Overloading) wird ermöglicht: Mehrere Funktionsdefinitionen dürfen den gleichen Funktionsnamen haben, sofern sie sich in Anzahl und/oder Datentyp der Parameter unterscheiden. VB entscheidet bei einem Funktionsaufruf anhand der Typsignatur, welche der gleichnamigen Implementierungen aufzurufen ist.

7.6.5 Veränderung bei den Sprachkonstrukten

Komponenten Eine einerseits begrüßenswerte, aber andererseits auch kritische Änderung in VB.NET ist die Beseitigung von Inkonsistenzen und Redundanzen im Sprachumfang von Visual Basic. Dazu gehören insbesondere folgende Punkte:

Datentypen und Variablen
- Die Datentypen sind der CLS angeglichen. So umfasst z.B. der Datentyp Integer in Zukunft 32 statt 16 Bit. Dafür vergrößert sich Long auf 64 Bit. Außerdem gibt es neue Typen, z.B. Char, Short und Decimal. Alle VB-Datentypen haben Entsprechungen im Namespace System der FCL.

- Die Abschaffung des viel kritisierten Schlüsselworts Variant bedeutet dagegen keineswegs, dass VB.NET jetzt keinen universellen Datentyp mehr bereitstellt: Der Datentyp System.Object übernimmt die Rolle von Variant.

- Alle Variablen sind Objekte. Auch elementare Datentypen haben Methoden (vgl. die Sprachen SmallTalk oder JavaScript).

- In VB.NET werden die Zustände Empty und Null für Variablen nicht mehr unterstützt. An deren Stelle tritt das Schlüsselwort Nothing.

Visual Basic .NET (VB 7.0)

- In VB.NET ist es möglich, einer Variablen schon bei der Deklaration einen Wert zuzuweisen.

- In VB.NET ist die Deklaration von Variablen im Standard Pflicht (kann aber zur Option gemacht werden). Die Verpflichtung zur Deklaration mit `Option Explicit Off` kann in VB.NET deaktiviert werden.

- VB.NET bietet eine Compiler-Option, die eine strikte Typprüfung erzwingt. Mit der `Option Strict` müssen alle Typkonversionen explizit ausgeführt werden. Implizite Typkonversionen führen zu einem Fehler. Wenn Sie die neue `Option Strict` nutzen, müssen alle Variablen zwingend typisiert werden (mit `As...`).

- In VB.NET wird zwischen einer Zeichenkette und einem einzelnen Zeichen (Datentyp `Char`) unterschieden. Um ein Literal vom Typ `Char` zu erzeugen, muss dem schließenden Anführungszeichen ein kleines c folgen, z.B. `"A"c`.

- Arrays mit fester Größe sind abgeschafft. Alle Arrays sind nun dynamisch. Die Anzahl der Dimensionen muss bei der Deklaration festgelegt werden; mit `ReDim` lässt sich nur noch die Größe der Dimensionen ändern.

- Arrays beginnen immer bei 0. Die Möglichkeit, ein Array bei einer anderen Untergrenze beginnen zu lassen, wurde abgeschafft.

- Eine Menge von Werten kann in geschweiften Klammern definiert und einem Array zugewiesen werden.

- Bei Variablendeklarationen können nun mehrere Variablen eines Typs in einer Zeile ohne Wiederholung des Datentyp-Schlüsselworts deklariert werden.

  `Dim a,b,c as Integer`

- Eine innerhalb eines Blocks (Schleife oder Bedingung) definierte Variable ist nur innerhalb der Schleife gültig, nicht in der ganzen Prozedur.

- Nur noch parametrisierte Attribute können Standardmitglieder einer Klasse werden.

- Die Definition von Properties wurde geändert:

  ```
  Property Month( ) As Integer
    Get
    ...
    End Get
    Set(ByVal Value As Integer)
    ...
    End Set
  End Property
  ```

- Alle Parameter werden im Standard mit ihrem Wert übergeben (*Call by Value*). Bisher war die Übergabe von Zeigern auf die Parameter üblich (*Call by Reference*). Dieses Verhalten wich von dem ab, was »herrschende Meinung« unter den Programmiersprachenentwicklern war. **Unterroutinen**

- Bei einem Unterroutinenaufruf muss der Entwickler die Parameter nun immer in runde Klammern setzen. Bisher musste er zwischen Funktionen mit Rückgabewert und Prozeduraufrufen ohne Klammern unterscheiden.

Klassen
- In VB.NET muss ein optionaler Parameter einen Standardwert haben.
- Die Definition von Klassen in VB.NET entspricht der Definition von Klassen in VBScript 5.x mit `Class...End Class`.
- Strukturen (`Structure…End Structure`) können nicht nur Daten, sondern auch Code enthalten und sind daher eine abgespeckte Variante einer Klasse. Dieses Konstrukt ersetzt `Type…End Type`.
- Es ist nicht mehr erlaubt, ein Standardattribut in einer Klasse festzulegen, das automatisch verwendet wird, wenn ohne nähere Angabe eines Attributnamens Bezug auf eine Objektvariable genommen wird.
- In VB.NET gibt es echte Konstruktoren, so dass bereits bei der Instanziierung Parameter übergeben werden können.
- In VB.NET erfolgt die Instanziierung bei einem `New`-Operator sofort und nicht erst bei der ersten Verwendung des Objekts.

Weitere Änderungen
- Verschiedene Schlüsselwörter (z.B. `Set`, `Let`, `Type`, `Variant`, `GoSub`, `Null`, `Exit`, `Wend`, `Option Base`) wurden gestrichen oder durch andere Schlüsselwörter ersetzt.
- Die `While...Wend`-Schleife heißt in VB.NET `While...End While`.
- In VB.NET sind viele ehemals eingebaute Funktionen nun Teil der Framework Class Library. Aus Gründen der Kompatibilität gibt es jedoch die Komponente *Microsoft Visual Basic .NET Runtime* (*Microsoft.VisualBasic.dll*). Diese Assembly enthält viele aus VB6 bekannte Funktionsnamen, die als Abbildung auf Methoden in FCL-Klassen implementiert sind.

7.6.6 Neue Konstrukte

Neue Konstrukte Daneben gibt es aber auch einige völlig neue Konstrukte in VB.NET, die bislang weder in VB6 noch in einem anderen Visual Basic-Dialekt vorkamen:

- In VB.NET können beliebig viele Module eine .VB-Datei bilden. Dazu dient das neue Konstrukt `Module...End Module`.
- VB.NET unterstützt daher nun – wie andere Sprachen auch schon – Exceptions mit dem Konstrukt `Try...Catch...Finally`.
- `Throw ExceptionKlasse` erzeugt eine Exception.
- Mit `SyncLock...End SyncLock` wird ein Programmabschnitt markiert, der vor dem gleichzeitigen Aufruf durch mehrere Threads geschützt sein soll.
- Durch die neue Compiler-Option `Option Strict` wird die Typisierung von Variablen und Konstanten erzwungen. Außerdem wird dadurch die implizite Typkonvertierung eingeschränkt.
- Es gibt neue Operatoren, die die Zuweisung mit einer Operation verknüpfen (z.B. `+=`, `-=`, `*=`).

- ▶ VB.NET bietet zwei neue logische Operatoren (AndAlso und OrElse) zur Short-Circuit-Auswertung. Dadurch wird die Auswertung eines Ausdrucks abgebrochen, sobald das Ergebnis feststeht.

- ▶ In VB.NET kann zur Rückgabe von Werten aus Funktionen das neue Schlüsselwort Return(wert) verwendet werden.

- ▶ VB.NET unterstützt das Overloading von Prozeduren und Funktionen mit dem Schlüsselwort Overloads. Das bedeutet, dass es mehrere Unterroutinen gleichen Namens, aber mit unterschiedlicher Signatur geben kann.

- ▶ Schnittstellen können in VB.NET direkt, ohne Umweg über abstrakte Klassen, definiert werden. Es gibt dazu ein neues Schlüsselwort Interface, das ähnlich wie Class einen Block (Interface...End Interface) bildet.

- ▶ Zur Bindung einer Ereignisbehandlungsroutine an ein Ereignis bietet VB.NET die Konstrukte AddHandler, RemoveHandler und Handles.

7.6.7 Bewertung

Die in diesem Kapitel genannten Veränderungen sind nur ein Ausschnitt und deuten dennoch bereits die enorme Größe des Unterschieds zwischen Visual Basic 6.0 und Visual Basic .NET an. Microsoft trennt sich auf Kosten der Abwärtskompatibilität von Altlasten. Dass es jemals Tools gelingen wird, alle VB 6.0-Codes automatisch ohne Fehler in VB.NET-Code zu überführen, ist zweifelhaft. Diejenigen VB-Entwickler werden die besten Karten haben, die sauberen VB-Code entwickeln und auf »Abkürzungen« wie implizite Verwendung der Standardattribute (Default Properties) verzichten. **Vorbereitung auf VB.NET**

Auch die Fusion zwischen VBScript, VBA und VB wirft ihre Schatten: Es war schon schwierig genug, vielen programmierunerfahrenen Systemadministratoren VBScript nahe zu bringen. Es wird schwierig, diesem Personenkreis in Zukunft zu vermitteln, dass sie jetzt »richtig« objektorientiert programmieren müssen. **Psychologische Schranken**

Laut Andrew Clinick [BAK01] war die Zusammenführung der drei Dialekte jedoch der Wunsch der Microsoft-Kunden. Microsoft weckt aber auch etwas Hoffnung mit der Aussage, Visual Basic 6.0, VBA und VBScript werden noch einige Zeit parallel zu VB.NET unterstützt werden.

7.7 Entwicklung von VB.NET-Programmen mit dem VB.NET-Kommandozeilen-Compiler

Zur Entwicklung einer Anwendung mit Visual Basic .NET reicht die Installation des .NET Framework-SDKs. Es enthält den Visual Basic Kommandozeilen-Compiler vbc.exe. Komfortabler geht es natürlich mit der Visual Studio .NET-Entwicklungsumgebung. Visual Studio .NET wird im nächsten Kapitel behandelt. Dieses Kapitel möchte Ihnen einen Einstieg in den VB.NET-Compiler vermitteln.

Die Beispiele aus diesem Kapitel finden Sie auf der CD-ROM unter [CD:/code/DOT-NET/Kommandozeile].

7.7.1 Erstellung einer Hello-World-Anwendung

Hello World in .NET

Gehen Sie folgendermaßen vor, um Ihre erste einfache VB.NET-Anwendung (Assembly) zu erstellen:

1. Öffnen Sie einen Texteditor, z.B. den bei Windows mitgelieferten Editor *Notepad.exe*.
2. Importieren Sie den Namespace Microsoft.VisualBasic, da Ihnen sonst viele elementare Funktionen wie MsgBox() nicht zur Verfügung stehen.

   Imports Microsoft.VisualBasic
3. Deklarieren Sie ein Modul mit Module...End Module.
4. Deklarieren Sie innerhalb des Moduls Sub main().
5. Implementieren Sie Sub main(). Vergessen Sie am Ende nicht das End Sub. Eine einfache Implementierung könnte die Ausgabe einer Dialogbox mit der MsgBox()-Funktion sein.
6. Speichern Sie das Programm unter *hello.vb*.

 Bitte beachten Sie bei der Verwendung von Konstanten im MsgBox()-Befehl, dass Sie den Namen der Konstantenliste vor der Konstante nennen müssen. Die Konstante ist zwar Bestandteil des importierten Namespaces Microsoft.VisualBasic, dennoch findet der Compiler die Konstante sonst nicht.

7.7.1.1 Code

Realisierung

Das Programm sollte dann in etwa so aussehen:

```
' ============================
' HelloWorld.vb
' (C) Holger@Schwichtenberg.de
' ============================

Imports Microsoft.VisualBasic

Module ErstesModul
    Sub main()
        Dim Antwort As Integer
        antwort = MsgBox("Hello World!", _ MsgBoxStyle.OKOnly, _
"Meine erste .NET-Anwendung")
    End Sub
End Module
```

Listing 7.8: Eine einfache .NET-Windows-Anwendung
[CD:/code /VB.NET/HelloWorld_Windows/Hello_Windows.vb]

7.7.1.2 Übersetzung

Übersetzen Sie das Programm an der Kommandozeile mit

vbc.exe

```
vbc hello.vb
```

Der Compiler erzeugt dann eine Datei mit dem Namen HELLO.EXE.

Starten Sie das Programm nun mit HELLO

Wenn Sie diese Anwendung nicht aus dem DOS-Fenster heraus, sondern per Klick auf das Icon im Explorer starten, werden Sie sehen, dass Windows ein neues DOS-Fenster öffnet, das sich schließt, sobald Sie das Dialog-Fenster schließen. Das liegt daran, dass der Visual Basic .NET-Compiler im Standard eine DOS-Anwendung (Assembly-Typ: Console Application) erzeugt.

Standard ist DOS-Anwendung

Abbildung 7.24: Ausgabe von »hello.exe«

Übersetzung als Windows-Anwendung

Um den VB.NET-Compiler zum Erstellen einer Windows-Anwendung ohne DOS-Fenster (Assembly-Typ: *Windows Application*) zu bewegen, kompilieren Sie bitte so:

```
vbc hello.vb /t:winexe
```

Das /t steht für das Wort »Target« (deutsch: Ziel).

7.7.2 Entwicklung einer DOS-Anwendung

Oft (gerade zu Testzwecken) ist aber auch eine DOS-Anwendung (alias Konsolenanwendung, engl. Console Application) ohne grafische Benutzerschnittstelle sinnvoll. Um eine Ausgabe in das DOS-Fenster zu senden, wird der Namespace System benötigt. Dort ist die Klasse Console mit der Methode WriteLine() implementiert.

Ausgaben ins DOS-Fenster

```
Imports System

Module ErstesModul
  Sub main()
```

```
        Console.WriteLine _
            ("Hello World an der Kommandozeile!")
    End Sub
End Module
```

Listing 7.9: Eine einfache .NET-DOS-Anwendung
[CD:/code/DOTNET/VB.NET/HelloWorld_DOS/Hello_DOS.vb]

Die Übersetzung erfolgt analog zur Windows-Anwendung. Der Zieltyp ist »exe«. Das ist aber der Standard, weshalb die Option /t:exe optional ist.

```
vbc hello_dos.vb /t:exe
```

> Wenn Sie diese Anwendung mit der Option /t:winexe kompilieren, werden Sie beim Start der Anwendung gar nichts sehen, da bei diesem .NET-Anwendungstyp alle Ausgaben der Klasse Console unterdrückt werden.

7.7.3 Nutzung von anderen Assemblies (Assembly-Referenzen)

/reference   Voraussetzung für die Nutzung einer Klasse aus einer anderen Assembly ist, dass diese Assembly bei der Übersetzung referenziert wird. Eine Referenz definiert man über den Parameter /reference:

```
vbc client.vb /reference:pfad\komponente.dll
```

Nach dem Setzen einer Referenz können alle öffentlichen Klassen der referenzierten Assembly verwendet werden – zunächst allerdings nur über ihren vollständigen Namen, inklusive Namespace.

XML-Klassen nutzen   Das folgende Listing zeigt am Beispiel der Nutzung von XML-Klassen aus der FCL, dass es zu sehr langen Ausdrücken bei Deklarationen und Instanziierung kommt. Ohne eine weitere Anweisung gilt das auch für die VB6-Funktionen wie MsgBox().

```
Module FCLNutzung1
    Sub main()
        Const EINGABE = _
          "<Autor>" + _
          "<Vorname>Holger</Vorname>" + _
          "<Nachname>Schwichtenberg</Nachname>" + _
          "</Autor>"
        Dim d As System.Xml.XmlDocument
        d = New System.Xml.XmlDocument()
        d.LoadXml(EINGABE)
        Dim vorname As System.Xml.XmlNode
        Dim nachname As System.Xml.XmlNode
        vorname = d.SelectSingleNode("*//Vorname")
        nachname = d.SelectSingleNode("*//Nachname")
        Microsoft.VisualBasic.MsgBox( _
          "Name des Autors:" & vorname.InnerXml & _
          " " & nachname.innerXml,)
```

```
    End Sub
End Module
```

Listing 7.10: Beispiel zur Nutzung von Klassen aus System.Xml.dll
[CD: /Code/DOTNET/Kommandozeile/FCL-Nutzung1.vb]

Dieser Code kann nur übersetzt werden, wenn der Compiler eine Referenz auf die Assembly SYSTEM.XML.DLL erhält, in der die Klassen XmlDocument und XmlNode implementiert sind. Da die SYSTEM.XML.DLL eine Shared Assembly im Global Assembly Cache ist, ist die Angabe des Pfads zu dieser DLL nicht notwendig.

```
vbc FCL-Nutzung1.vb /reference:system.xml.dll
```

Ohne die Referenz würde sich der Compiler beschweren, dass die Typen System.Xml.XmlDocument und System.Xml.XmlNode nicht definiert sind.

Der VB.NET-Compiler bindet immer automatisch zwei Assemblies implizit hinzu: MSCORLIB.DLL und MICROSOFT.VISUALBASIC.DLL, wie der folgende Screenshot der Assembly FCL-NUTZUNG1.EXE zeigt. Diese beiden Assemblies brauchen nicht explizit referenziert zu werden.

Automatisch gebundene Assemblies

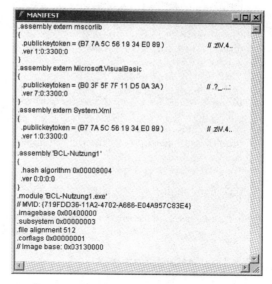

Abbildung 7.25: Ansicht des Manifests der Assembly »FCL-Nutzung1.exe«

7.7.3.1 Imports-Anweisung

Die Nutzung von Typen aus einem anderen Namespace kann durch die Imports-Anweisung vereinfacht werden. Diese Anweisung bindet alle genannten Typen bzw. Typenmengen so ein, dass sie über ihren Namen angesprochen werden können. Dabei muss die Aneinanderreihung einer Imports-Anweisung und des im Code genannten Typnamens den Gesamtnamen ergeben.

Imports

Zum Beispiel führt

Beispiel

```
Imports a.b
```

dazu, dass die Klasse

```
a.b.c.d.Klasse
```

verkürzt so angesprochen werden kann:

```
c.d.Klasse.
```

7.7.3.2 Beispiel

Das obige XML-Beispiel noch einmal mit `Imports`-Anweisungen:

```vb
Imports Microsoft.VisualBasic
Imports System.Xml
Imports System

Module FCLNutzung2
  Sub main()
    Const EINGABE = _
      "<Autor>" + _
      "<Vorname>Holger</Vorname>" + _
      "<Nachname>Schwichtenberg</Nachname>" + _
      "</Autor>"
    Dim d As XmlDocument
    d = New XmlDocument()
    d.LoadXml(EINGABE)
    Dim vorname As XmlNode
    Dim nachname As XmlNode
    vorname = d.SelectSingleNode("*//Vorname")
    nachname = d.SelectSingleNode("*//Nachname")
    Dim Ausgabe = "Name des Autors: " & _
      vorname.InnerXml & " " & nachname.innerXml
    MsgBox(Ausgabe)
    Console.WriteLine(Ausgabe)
  End Sub
End Module
```

Listing 7.11: Beispiel zur Nutzung von Klassen aus System.Xml.dll unter Verwendung der Imports-Anweisung [CD: /Code/DOTNET/Kommandozeile/FCL-Nutzung2.vb]

7.7.3.3 Instanziierung

Eine Klasse kann instanziiert werden, wenn sie folgende Bedingungen erfüllt:

- Die Klasse ist nicht abstrakt und
- die Klasse besitzt mindestens einen öffentlichen Konstruktor.

Abstrakte Klassen Eine abstrakte Klasse ist mit dem Schlüsselwort `MustInherit` *belegt.*

Konstruktoren Die meisten Klassen besitzen einen öffentlichen Konstruktor, da sie einen parameterlosen Konstruktor von `System.Object` erben. Sofern dieser Konstruktor nicht mit einem privaten Konstruktor überschrieben wird, kann eine Instanziierung in der Form

```vb
Dim o as new Klassenname
```

erfolgen. Einige Klassen besitzen nur Konstruktoren mit Parametern. Dann müssen die Parameter bei der Instanziierung mit angegeben werden.

```
Dim o as new Klassenname = new Klassenname( _
   param1, param2, …)
```

Manche Klassen in der FCL (z. B. System.IO.File) besitzen keinen öffentlichen Konstruktor. Diese Klassen können also nicht instanziiert werden. Sie lassen sich auf drei Weisen verwenden:

Klassen ohne Konstruktor

▶ Ein Objekt einer anderen Klasse liefert einen Zeiger auf ein Objekt der konstruktorlosen Klasse.

▶ Die konstruktorlose Klasse besitzt Shared Members (Statische Member), die direkt über den Klassennamen aufgerufen werden können.

▶ Einige dieser Klassen (z. B. System.Drawing.Image oder System.Web.WebRequest) besitzen eine Shared Members-Methode, die eine Instanz der Klasse erzeugt.

7.7.3.4 Vererbung von Klassen

Von jeder .NET-Klasse (einschließlich aller FCL-Klassen) kann geerbt werden, sofern die Klasse nicht mit dem Schlüsselwort NotInheritable belegt ist.

NotInheritable (sealed)

7.7.4 Erstellung einer Shared Assembly

Dieses Kapitel beschreibt die Erstellung einer Shared Assembly. Eine Shared Assembly liegt im *Global Assembly Cache (GAC)* und kann von mehreren anderen Assemblies gemeinsam genutzt werden. Eine Shared Assembly benötigt einen Shared Name (auch: Strong Name), der auf Signierung mit einem Public Key-Verfahren beruht.

Shared Assemblies

Zunächst benötigt man ein Schlüsselpaar in Form einer .SNK-Datei. Besitzt man kein solches Schlüsselpaar, kann man eines mit dem Werkzeug SN.EXE aus dem .NET Framework SDK erzeugen.

Schlüsselpaar

```
sn -k testkey.snk
```

Bereits bei der Kompilierung können Sie diese Schlüssel-Datei angeben und somit der Assembly einen Shared Name geben.

Kompilierung

```
vbc helloworld.vb /keyfile:testkey.snk
```

Alternativ dazu können Sie auch normal kompilieren und anschließend mit dem Werkzeug AL.EXE den Shared Name erzeugen.

Shared Name getrennt erzeugen

```
echo "Kompilierung..."
vbc helloworld.vb
echo "Vergabe des Shared Name..."
al helloworld.exe /out:helloworld2.exe /keyfile:testkey.snk
```

Verifizierung Ob eine Assembly einen Shared Name hat, können Sie wieder mit SN.EXE verifizieren.

```
sn -v helloworld.exe
```

Aufnahme in den GAC Zum Schluss muss die Assembly mit dem GACUTIL.EXE-Werkzeug (auch aus dem .NET Framework SDK) in den Global Assembly Cache (GAC) aufgenommen werden.

```
gacutil -i helloworld.exe
```

GACUTIL.EXE kann auch dazu genutzt werden, den Inhalt des GAC anzuzeigen.

```
gacutil -l
```

Das nachfolgende Listing zeigt ein komplettes Batch-File für die Übersetzung von HELLOWORLD.VB und die Aufnahme in den GAC.

```
echo "-- BEISPIEL zur Erzeugung einer Shared Assembly"
echo "-- Autor: Holger@Schwichtenberg.de"
echo "Erzeuge Testkey..."
sn -k testkey.snk
echo "Kompiliere..."
vbc helloworld.vb /keyfile:testkey.snk
echo "Überprüfung der Signatur..."
sn -v helloworld.exe
echo "Aufnahme in GAC..."
gacutil -i helloworld.exe
echo "Zeige GAC..."
gacutil -l
```

Listing 7.12: Batch-File für die Erstellung einer Shared Assembly
[CD:/code/DOTNET/ Kommandozeile/global_assembly/make_shared_assembly.bat]

Es gibt auch die Möglichkeit, eine Assembly partiell zu signieren. Dabei wird in der Assembly Platz für eine später einzufügende Signatur gelassen. Dies ist hilfreich, wenn bei der Kompilierung die Signaturdatei nicht zur Verfügung steht

Leider können Assemblies nicht per Drag&Drop in das GAC-Verzeichnis installiert werden. Microsoft wird eine neue Version des Windows Installers herausgeben, der die Einrichtung von Shared Assemblies vereinfacht.

Entfernen von Assemblies aus dem GAC

gacutil.exe Eine Shared Assembly kann durch GACUTIL.EXE aus dem GAC entfernt werden:

```
gacutil -u helloworld.exe
```

7.7.5 Festlegung von Assembly-Eigenschaften

Mit dem Werkzeug AL.EXE kann eine Assembly erzeugt werden. Dabei können zusätzliche Eigenschaften definiert werden:

Zusätzliche Eigenschaften

- Assembly-Version
- Firmenname
- Interner Name
- Kommentar
- Markenname
- Produktname
- Produktversion
- Sprache

AL.EXE kann aber nur neue Assemblies erzeugen und damit die Eigenschaften setzen. AL.EXE ist nicht in der Lage, diese Eigenschaften für bestehende Assemblies zu setzen.

Beispiel

Das folgende Programm soll eine Single File Assembly in Form einer .EXE-Datei bilden. Dabei sollen zahlreiche Eigenschaften der .EXE-Datei gesetzt werden.

Quellcode

```
imports System
class WBS
public shared sub main()
console.writeline("Hello World")
end sub
end class
```

Listing 7.13: [CD:/code/DOTNET/Kommandozeile/Assembly_Eigenschaften/helloworld.vb]

Dieser Quellcode muss mit der Option /target:module übersetzt werden, um zu verhindern, dass der Compiler ein Manifest erzeugt.

Übersetzung

```
vbc /target:module helloworld.vb
```

Danach kann mit AL.EXE eine Assembly erzeugt werden, wobei verschiedene Eigenschaften belegt werden.

Assembly erzeugen

```
al helloworld.netmodule
/target:exe
/main:WBS.main
/out:helloworld.exe
/version:5.0.0.0001
/company:"IT-Objects GmbH, Essen"
/title:"Hallo Welt Programm" /trademark:"(C) Holger Schwichtenberg 2001"
/product:"Buch 'Windows-Scripting"
/productversion:"2.0.0.0"
/description:"Nur ein kleines Testprogramm!"
/copyright:"(C) H. Schwichtenberg, hs@IT-Objects.de"
```

Abbildung 7.26:
Eigenschaften
einer Assembly-
EXE im Win-
dows-Explorer

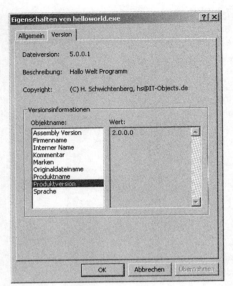

 Bei AL.EXE muss im Parameter /MAIN der Einsprungspunkt für die zu erzeugende EXE-Assembly angegeben werden. Dabei sind der Name der Klasse und der Name der aufzurufenden Methode anzugeben (im obigen Beispiel: /MAIN:WBS.MAIN). Beide Angaben sind case-sensitive, auch wenn Visual Basic .NET eigentlich nicht zwischen Groß- und Kleinschreibung unterscheidet.

7.8 Entwicklung von VB.NET-Programmen mit Visual Studio .NET

Anhand zweier (einfacher) Anwendungen soll die Verwendung von Visual Studio .NET demonstriert werden. Die erste Anwendung ist eine fensterlose Anwendung. Die zweite Anwendung ist eine Windows Forms-Anwendung (mit Windows-Fenster). Als Sprache kommt Visual Basic .NET zum Einsatz.

Eine Einführung in Visual Studio .NET finden Sie aus strukturellen Gründen in Kapitel 9 (Werkzeuge).

Die Beispiele aus diesem Kapitel finden Sie auf der CD-ROM unter [CD:/code/DOTNET/VS.NET].

7.8.1 Erstellung einer fensterlosen Anwendung in VS.NET

Implementiert werden soll das schon im vorherigen Kapitel verwendete XML-Beispiel, dieses Mal wird die aus dem XML-Dokument extrahierte Information in einer Textdatei gespeichert. Verschiedene Ausgaben gehen in das DOS-Fenster. Für die Verwendung der Dateisystem-Klassen ist zusätzlich der Namespace System.IO einzubinden.

```
Imports Microsoft.VisualBasic
Imports System.Xml
Imports System.IO

Module VSNET_Bsp
  Sub main()
    Const EINGABE = "<Autor>" + _
      "<Vorname>Holger</Vorname>" + _
      "<Nachname>Schwichtenberg</Nachname>" + _
      "</Autor>"
    Const DATEINAME As String = _
      "d:\data\bcl_bsp.txt"

    Console.WriteLine("XML-Dokument laden...")
    Dim d As XmlDocument
    d = New XmlDocument()
    d.LoadXml(EINGABE)

    Console.WriteLine( _
      "Informationen extrahieren...")
    Dim vorname As XmlNode
    Dim nachname As XmlNode
    vorname = d.SelectSingleNode("*//Vorname")
    nachname = d.SelectSingleNode("*//Nachname")

    Console.WriteLine("Ausgaben erzeugen...")
    Dim Ausgabe As String = _
    "Name des Autors: " & _
    vorname.InnerXml & " " & nachname.InnerXml

    Console.WriteLine("Ausgabe speichern...")
    ' Datei öffnen
    Dim fs As FileStream = _
      New FileStream(DATEINAME, _
        FileMode.OpenOrCreate, FileAccess.Write)
    ' Stream öffnen
    Dim w As StreamWriter = New StreamWriter(fs)
    ' Zeilen schreiben
    w.WriteLine(Ausgabe)
    ' Schließen
    w.Close()
    fs.Close()
```

```
Console.WriteLine("Datei beschrieben mit: " & _
    Ausgabe)

  End Sub
End Module
```

Listing 7.14: Beispielanwendung
[\Code\DOTNET\VS.NET\VSNET_WindowsForms\VSNET_Fensterlos.sln]

Kompilierung

Um diese Anwendung in VS.NET zu einer Assembly zu kompilieren, führen Sie folgende Schritte aus:

▶ Starten Sie VS.NET.

▶ Erzeugen Sie ein Projekt vom Typ VISUAL BASIC/KONSOLENANWENDUNG.

▶ Wählen Sie als Namen »VS.NET_Bsp«.

▶ Wählen Sie ein beliebiges Verzeichnis zur Ablage der Projektdateien.

Nach dem Klicken auf OK erstellt VS.NET das Projekt mit folgenden Elementen:

▶ ASSEMBLYINFO.VB: Diese Datei enthält Meta-Attribute für die Beschreibungsfelder der Assembly-Datei.

▶ MODULE1.VB: Diese Code-Datei enthält folgenden Rumpf:

```
Module Module1
  Sub Main()
  End Sub
End Module
```

▶ Setzen Sie Verweise zu System, System.Data und System.Xml.

▶ Fügen Sie den Programmcode in *Module1.vb* ein. Überschreiben Sie dabei den bisherigen Inhalt der Datei.

▶ Wenn Sie das Fenster AUFGABENLISTE einblenden, werden Sie sehen, dass dort ein »Build Error« angezeigt wird: »*Sub Main was not found in 'VSNET_Bsp-Module1'*«. Visual Basic kompiliert automatisch im Hintergrund nach dem Verlassen einer Zeile. Hier ist das Problem, dass in den Projekteigenschaften als Startobjekt »Module1« hinterlegt ist, in dem Beispiel das Startobjekt aber »VSNET_Bsp« heißt. Um dies zu ändern, gehen Sie in die Eigenschaften des Projekts und ändern Sie in der Rubrik ALLGEMEIN die Einstellung für STARTOBJEKT auf »VSNET_Bsp«.

▶ Jetzt können Sie das Projekt übersetzen (ERSTELLEN/PROJEKTMAPPE ERSTELLEN) und danach starten (DEBUGGEN/STARTEN). Sie können auch direkt DEBUGGEN/STARTEN aufrufen. Sofern Änderungen im Projekt vorgenommen wurden, ruft VS.NET immer vor dem Start den Compiler auf.

Es ist nicht notwendig, etwas an den vorkonfigurierten Verweisen zu ändern. Die Assembly SYSTEM.XML.DLL gehört zu den in der Projektvorlage definierten Standardverweisen. Der Namespace System.IO ist implementiert in der SYSTEM.DLL, die sowieso immer eingebunden wird. Auch ein expliziter Verweis auf MICROSOFT.VISUALBASIC.DLL ist nicht notwendig, da auch diese Assembly implizit immer eingebunden wird. VS.NET zeigt sie aber im Gegensatz zur SYSTEM.DLL nicht unter den Verweisen an.

7.8.2 Entwicklung einer Windows Forms-Anwendung mit Visual Studio .NET

In diesem Kapitel wird als Beispiel ein einfaches Dialogfenster für die Anmeldung eines Benutzers bei einer Anwendung erstellt. Das Beispiel finden Sie auf der CD unter [CD:/code/DOTNET/VS.NET/VSNET_WindowsForms/]. Öffnen Sie die Projektmappe bei installiertem Visual Studio .NET durch einen Doppelklick auf VSNET_WINDOWSFORMS.SLN.

Beispiel

Gestaltung von Benutzeroberflächen mit Windows-Forms

Die VB-Forms wurden in VB.NET abgelöst durch die für alle .NET-Sprachen einheitliche Bibliothek Windows.Forms (auch kurz: WinForms), die Teil der Framework Class Library (FCL) ist. Die Visual Studio .NET-Entwicklungsumgebung stellt einen Form-Designer für Windows Forms bereit. Grundsätzlich ist die Vorgehensweise mit Formularfläche, Eigenschaftsfenster und Werkzeugleiste gleich wie in Visual Basic 6.0. Die einzelnen Steuerelemente unterscheiden sich jedoch zum Teil erheblich von den VB6-Formularen. Microsoft hat zahlreiche Eigenschaftsnamen vereinheitlicht. So stehen jetzt der Titel eines Formulars, der Inhalt einer Textbox, die Beschriftung einer Schaltfläche und der Inhalt eines statischen Textbausteins (*Label*) jeweils einheitlich in dem Attribut Text.

WinForms

ActiveX-Steuerelemente können weiterhin verwendet werden. Ein WinForm kann selbst als ActiveX-Steuerelement in VB-Form verwendet werden.

Kompatibilität

Abbildung 7.27:
Formular-
Designer für
WinForms in
VS.NET [CD:/
code/DOTNET/
VS.NET/
VSNET_
WindowsForms/
VSNET_
Windows
Forms.sln]

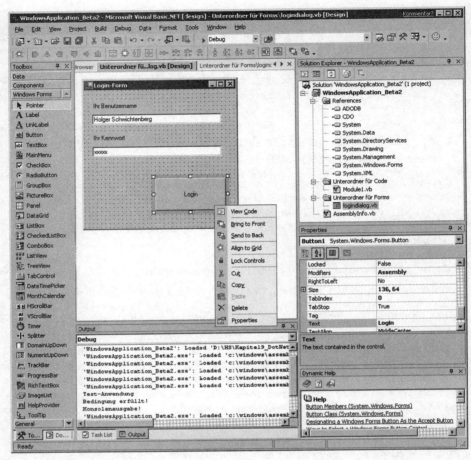

Formular-Quellcode

Interne Speicherung WinForms werden vom Form-Designer intern nicht mehr in einer textlichen Beschreibung, sondern als Programmcode abgelegt. Das folgende Listing zeigt den vom Designer generierten Quellcode des obigen Formulars. Änderungen können im Quellcode vorgenommen werden: Beim Wechsel zur Designansicht baut der Form-Designer die Entwurfsansicht auf Basis des Quellcodes neu auf. Dies entspricht der Funktion, die aus vielen WYSIWYG-HTML-Editoren bereits bekannt ist.

```
#Region " Windows Form Designer generated code "

    Public Sub New()
        MyBase.New()

        'This call is required by the Windows Form Designer.
        InitializeComponent()

        'Add any initialization after the InitializeComponent() call
```

```vbnet
End Sub

'Form overrides dispose to clean up the component list.
Protected Overloads Overrides Sub Dispose(ByVal disposing As Boolean)
    If disposing Then
        If Not (components Is Nothing) Then
            components.Dispose()
        End If
    End If
    MyBase.Dispose(disposing)
End Sub
Friend WithEvents Button1 As System.Windows.Forms.Button
Friend WithEvents Label1 As System.Windows.Forms.Label
Friend WithEvents TextBox1 As System.Windows.Forms.TextBox
Friend WithEvents Label2 As System.Windows.Forms.Label
Friend WithEvents TextBox2 As System.Windows.Forms.TextBox

'Required by the Windows Form Designer
Private components As System.ComponentModel.Container

'NOTE: The following procedure is required by the Windows Form Designer
'It can be modified using the Windows Form Designer.
'Do not modify it using the code editor.
<System.Diagnostics.DebuggerStepThrough()> Private Sub InitializeComponent()
    Me.Button1 = New System.Windows.Forms.Button()
    Me.Label1 = New System.Windows.Forms.Label()
    Me.TextBox1 = New System.Windows.Forms.TextBox()
    Me.Label2 = New System.Windows.Forms.Label()
    Me.TextBox2 = New System.Windows.Forms.TextBox()
    Me.SuspendLayout()
    '
    'Button1
    '
    Me.Button1.Location = New System.Drawing.Point(136, 176)
    Me.Button1.Name = "Button1"
    Me.Button1.Size = New System.Drawing.Size(136, 64)
    Me.Button1.TabIndex = 0
    Me.Button1.Text = "Login"
    '
    'Label1
    '
    Me.Label1.Location = New System.Drawing.Point(16, 24)
    Me.Label1.Name = "Label1"
    Me.Label1.Size = New System.Drawing.Size(120, 24)
    Me.Label1.TabIndex = 1
    Me.Label1.Text = "Ihr Benutzername"
    '
    'TextBox1
    '
    Me.TextBox1.Location = New System.Drawing.Point(16, 48)
    Me.TextBox1.Name = "TextBox1"
```

```
        Me.TextBox1.Size = New System.Drawing.Size(248, 20)
        Me.TextBox1.TabIndex = 2
        Me.TextBox1.Text = "Holger Schwichtenberg"
        '
        'Label2
        '
        Me.Label2.Location = New System.Drawing.Point(16, 88)
        Me.Label2.Name = "Label2"
        Me.Label2.Size = New System.Drawing.Size(120, 24)
        Me.Label2.TabIndex = 1
        Me.Label2.Text = "Ihr Kennwort"
        '
        'TextBox2
        '
        Me.TextBox2.Location = New System.Drawing.Point(16, 112)
        Me.TextBox2.Name = "TextBox2"
        Me.TextBox2.Size = New System.Drawing.Size(248, 20)
        Me.TextBox2.TabIndex = 2
        Me.TextBox2.Text = "xxxxx"
        '
        'Form1
        '
        Me.AutoScaleBaseSize = New System.Drawing.Size(5, 13)
        Me.ClientSize = New System.Drawing.Size(292, 273)
        Me.Controls.AddRange(New System.Windows.Forms.Control() {Me.Label2, _
            Me.TextBox2, Me.TextBox1, Me.Label1, Me.Button1})
        Me.Name = "Form1"
        Me.Text = "Login-Form"
        Me.ResumeLayout(False)

    End Sub

#End Region
```

Listing 7.15: Quellcode eines WinForms
[CD:/code/DOTNET/VS.NET/VSNET_WindowsForms/Unterordner für Forms/logindialog.vb]

Steuerung des Formulars

Die Steuerung der WinForms-Formulare ist ähnlich, aber nicht identisch mit der Steuerung von VB6-Formularen. Jedes Formular kann als modales oder als nicht-modales Fenster angezeigt werden.

Modale versus nicht-modale Fenster Ein modales Fenster muss geschlossen werden, bevor das Programm weiterarbeiten kann. Beim Aufruf eines modalen Fensters übergibt das aufrufende Unterprogramm daher die Kontrolle dem Formular. Ein nicht-modales Fenster gestattet den Wechsel zu anderen Fenstern der gleichen Anwendung. Das aufrufende Unterprogramm arbeitet nach der Darstellung des Formulars sofort weiter und kümmert sich nicht mehr darum, was mit dem Formular passiert.

Die Methode `ShowDialog()` zeigt ein Formular als modal an, die Methode `Show()` zeigt ein Formular als nicht-modal an.

```
' --- Anzeige als modales Formular
Dim dialog As New DialogForm()
dialog.Showdialog()

' --- Anzeige als nicht-modales Formular
dialog.Show()
msgbox("Hier klicken, um weiterzumachen!")
' --- Nicht-modales Formular ausblenden
dialog.Hide()
msgbox("Und Tschüss...")
```

Listing 7.16: Aufruf eines WinForms
[CD:/code/DOTNET/VS.NET/VSNET_WindowsForms//Unterordner für Code/modul1.vb]

Verbesserungen in WinForms und dem Formular-Designer

Zahlreiche Funktionen wurden gegenüber den VB6-Forms verbessert. Dazu gehören insbesondere: **Verbesserte Funktionen**

- Steuerelemente, die sich auf Wunsch Größenveränderungen des Fensters anpassen.
- Eine verbesserte Möglichkeit, die Sprungreihenfolge der einzelnen Steuerelemente (»Tab Order«) festzulegen (siehe nachstehende Abbildung).
- Formulare können von anderen Formularen erben.

Abbildung 7.28: Festlegung der Sprungreihenfolge (Aktivierung dieser Ansicht im Menü »VIEW/TAB ORDER«)

8 .NET-Scripting

Das Scripting im .NET Framework steckt noch etwas in den Startlöchern. Die Webentwicklungsumgebung ASP.NET ist eine Form von Scripting und mit Visual Studio for Applications (VSA) bzw. Script for .NET stellt Microsoft eine Architektur zur Integration von Skripten in beliebigen Anwendungen zur Verfügung. Einen Windows Scripting Host für .NET (WSH.NET) gibt es aber zum Redaktionsschluss dieses Buchs nicht mal in einer Beta-Version.

Microsoft hat zwar angekündigt, dass man einen WSH.NET herausgeben wird, als Veröffentlichungstermin wurde aber allgemein das Jahr 2002 genannt. **Noch kein WSH**

Das .NET Framework macht es jedoch nicht schwer, selbst einen Scripting Host für das .NET Framework zu implementieren. In diesem Buch wird der DOTNET Scripting Host (DSH) vorgestellt, der vom Autor dieses Buchs selbst entwickelt wurde. **DSH**

> Über Neuigkeiten zum WSH.NET werden Sie auf der Leser-Website informiert.

Die Beispiele aus diesem Kapitel finden Sie auf der CD-ROM unter [CD:/code/DOTNET_SKRIPTE/] einerseits in Form von Skripten für den DOTNET Scripting Host (Dateiextension .dsh) und andererseits in einem großen Visual Studio .NET-Projekt [DOTNET_Skripte.sln], in dem die Beispiele komfortabel verwaltet werden.

Auf der CD-ROM werden Sie mehr Beispiele finden, als hier im Buch abgedruckt werden konnten.

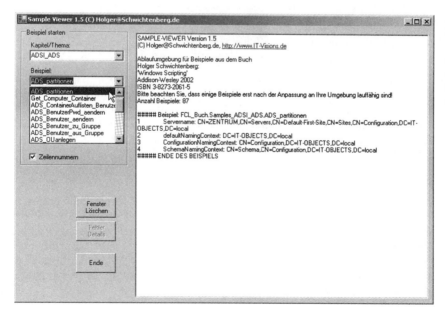

Abbildung 8.1: Der Sample Viewer ermöglicht den Start der Automatisierungsbeispiele.

8.1 Grundlagen des .NET-Scripting

Script for .NET — Visual Studio for Applications (VSA) ist die Zusammenführung von Active Scripting, Visual Basic for Applications (VBA) und dem .NET Framework.

Zu unterscheiden sind:

- die VSA-Laufzeitumgebung (alias »Script for .NET«) und
- die VSA-Entwicklungsumgebung.

> Weitere Informationen zu diesen Themen liefern [BAK01a], [BAK01b], [VSA01a], [VSA01b] und [CLI01c]. Maßgeblich an der Entwicklung und Verbreitung von VSA beteiligt ist die Firma Summit Software [VSA01b], der Microsoft Authorized VSA Agent.

8.1.1 Script for .NET (VSA-Laufzeitumgebung)

Es gibt unter .NET die Möglichkeit, Programme im Quellcode zu verteilen und »on the fly« auszuführen. Diese Möglichkeit hat den Namen »Script for .NET«.

VSA Runtime — Script for .NET wird realisiert durch die Visual Studio for Applications-Laufzeitumgebung (VSA Runtime). Die VSA Runtime ist vergleichbar mit dem Microsoft Script Control: Sie ermöglicht es, dass eine beliebige Anwendung Skripte in einer beliebigen Sprache ausführt.

In-Memory-Assemblies — Anders als beim Active Scripting werden .NET-Skripte nicht mehr zeilenweise interpretiert, sondern zunächst komplett in MSIL-Assemblies kompiliert. Die Assembly wird allerdings im RAM gespeichert und dann mit der CLR ausgeführt. Beim Start eines Skripts wird also zunächst der Compiler aufgerufen. Die VSA Runtime unterstützt auch das Ausführen von vorkompilierten Skripten, die dann als MSIL-Bytecode an die VSA Runtime übergeben werden.

Grundsätzlich können alle .NET-fähigen Sprachen verwendet werden. Microsoft bietet aber in VSA zunächst nur Unterstützung für VB.NET und JScript .NET an. C#-Unterstützung wird es erst in der Zukunft geben.

Objektmodelle — Genau wie das Script Control kann auch VSA von der Anwendung ein Objektmodell bekommen, das die Skripte dann nutzen. Das Objektmodell kann sowohl als .NET-Komponente als auch als COM-Komponente implementiert sein. Im letzten Fall ist allerdings die Erzeugung von .NET-Metadaten für die COM-Komponente Voraussetzung.

8.1.2 VSA-Entwicklungsumgebung

Integration in Anwendungen — Visual Studio for Applications (VSA) ist auch eine komfortable Entwicklungsumgebung für »Script for .NET«. Die VSA-Entwicklungsumgebung ist eine abgespeckte Version der Visual Studio .NET-Entwicklungsumgebung und ersetzt die VBA-Entwicklungsumgebung. Im Unterschied zur VBA-Entwicklungsumgebung unterstützt die VSA-Entwicklungsumgebung aber nicht nur VBA, sondern grundsätzlich alle .NET-Sprachen. Microsoft liefert in der ersten Version nur Unterstützung für VB.NET. Die VSA-Entwicklungsumgebung umfasst auch einen komfortablen Debugger.

VSA ist – anders als Visual Studio .NET (VS.NET) – keine eigenständige Entwicklungsumgebung, sondern eine, die in beliebige Client- und Serveranwendungen integriert werden kann.

VSA versus VS

Es ist also damit zu rechnen, dass Microsoft für Produkte, die bislang nur einen spärlichen Editor haben (z.B. DTS oder MOM), in zukünftigen Versionen eine eigene komfortable Entwicklungsumgebung anbieten werden. VSA kann auch von anderen Softwareherstellern genutzt werden.

8.1.3 VSA-Einsatz

Es ist aber noch unklar, ob alle Microsoft-Anwendungen, die bisher Active Scripting unterstützen (z.B. Exchange Server, SQL Server, Microsoft Operations Manager), schon in den nächsten Versionen Script for .NET bzw. VSA unterstützen werden.

Zukunft der ActiveX Scripting Hosts

> VSA bedeutet nicht, dass bestehende Active Scripting Hosts in vorhandenen Anwendungen in Zukunft nicht mehr lauffähig sein werden. Ebenso wie COM/DCOM weiterhin unterstützt werden, werden auch die bestehenden Active Scripting Hosts und Engines in den nächsten Windows-Versionen noch laufen, sofern die Gesamtanwendung das neue Betriebssystem noch unterstützt. Der Fokus der Neu- und Weiterentwicklung liegt allerdings auf dem Hosting in .NET. Es ist fraglich, ob es noch Updates für das klassische Active Scripting geben wird.

Script for .NET bzw. VSA werden auch VBA ablösen. Microsoft Office XP (Office 10) unterstützt aber nur VBA, da die .NET-Laufzeitumgebung und VSA zum Zeitpunkt der Fertigstellung von Office XP noch nicht fertig waren.

VBA/Office

Script for .NET bzw. VSA sind auch für die Anpassbarkeit und Erweiterbarkeit von Webanwendungen konzipiert.

Web

8.1.4 VSA-Lizenzierung

Das VSA-Lizenzmodell sieht vor, dass Microsoft für jede installierte Instanz der VSA-Entwicklungsumgebung Lizenzgebühren verlangt, nicht aber für die Auslieferung der VSA-Laufzeitumgebung (»Script for .NET«). Das Ausführen der Skripte ist also kostenlos. Da die Integration der Entwicklungsumgebung dem Softwarehersteller zusätzlich Kosten verursacht, ist damit zu rechnen, dass der Softwarehersteller diese Kosten an den Kunden weitergibt. Es wird also bei vielen Windows-Anwendungen eine normale Version ohne VSA und eine Developer Edition mit VSA geben.

VSA-Lizenzmodell

8.2 DOTNET Scripting Host (DSH) 1.0

Der DOTNET Scripting Host (DSH) ist ein Active Scripting Host für das .NET Framework, der die wesentlichen Funktionen des ActiveX Scripting-basierten Windows Script Host (WSH) für die Common Language Runtime nachbildet:

DSH

.NET-Scripting

- Start von Skripten an der Kommandozeile
- Verpacken von Skripten in einer XML-Datenstruktur
- Entfernte Ausführung von Skripten (Fernausführung, engl. Remoting)

Darüber hinaus bietet der DSH gegenüber dem WSH auch einige erweiterte Funktionen wie die Protokollierung in eine Textdatei oder ein Windows-Ereignisprotokoll.

Hintergrundkompilierung Der DSH arbeitet nicht mit Script for .NET/Visual Studio for Applications (VSA), sondern verwendet die in der .NET Framework Class Library (FCL) integrierten Compiler direkt. Der DSH nutzt diese Compiler, um eine übergebene Quellcodedatei zu kompilieren und dann die erzeugte Assembly auszuführen. Die Assembly wird dabei im Speicher erzeugt und (im Standard) nicht auf die Festplatte geschrieben. Der Nutzer des DSH kann daher nicht erkennen, dass das Programm nicht interpretiert, sondern kompiliert wird. Derzeit unterstützt der DSH keine anderen .NET-fähigen Sprachen außer Visual Basic .NET, C# und JScript .NET. Die optionale Speicherung der erzeugten Assembly ist möglich.

Freeware Der DSH ist Freeware und steht zum Zeitpunkt der Erstellung dieses Buchs als Version 1.0 zur Verfügung. Der DSH ist auf der Buch-CD [CD:/install/dotnet/DSH/] zu finden. Updates erhalten Sie im Internet unter *http://www.windows-scripting.de*.

8.2.1 Dateiformat

Der DSH verwendet als Dateiformat XML. Das ist sinnvoll, weil neben dem eigentlichen Script auch noch Zusatzinformationen wie der Name der verwendeten Sprachen und der referenzierten Assemblies an den Compiler übergeben werden müssen.

Ein Skript-Dokument kann mehrere einzelne Skripte enthalten, die sequentiell ausgeführt werden.

Tabelle 8.1: XML-Elemente in DSH-Skripten

XML-Element	Erlaubte Häufigkeit	Erläuterung
`<?xml version="1.0" encoding="ISO-8859-2"?>`	1	Processing Instruction
`<scriptdoc>`	1	Wurzelelement, das den Rahmen um alle untergeordneten Elemente bildet. Mit dem Attribut `process="1"` wird festgelegt, dass eventuell schon vorher laufende Instanzen dieses Skriptdokuments gewaltsam beendet werden.
`<comment>`	0..N	Kommentar-Element, wird vom DSH ignoriert.
`<references>`	0/1	Fasst ein oder mehrere `<assembly>`-Elemente zusammen.
`<assembly>`	0..N	Definiert eine zu referenzierende Assembly.
`<log>`	0/1	Legt fest, welche Meldungen des DSH in ein Ereignisprotokoll und/oder eine Textdatei geschrieben werden sollen.

XML-Element	Erlaubte Häufigkeit	Erläuterung	
		Attribut	**Erläuterung**
		error	Optionales Attribut Sofern das Attribut existiert und nicht auf "NO" steht, wird ein Protokolleintrag im Fehlerfall erzeugt.
		success	Optionales Attribut Sofern das Attribut existiert und nicht auf "NO" steht, wird ein Protokolleintrag bei erfolgreicher Beendigung eines Skripts erzeugt.
		start	Optionales Attribut Sofern das Attribut existiert und nicht auf "NO" steht, wird ein Protokolleintrag beim Start eines Skripts erzeugt.
`<eventlog>`	0/1	Unterelement von `<log>`. Legt im Attribut name den Namen des Ereignisprotokolls fest, in das die Einträge geschrieben werden sollen. Außer den Standardprotokollen (z.B. Application, System und Security) können auch beliebige eigene Protokollnamen verwendet werden. Der DSH legt automatisch ein entsprechendes Ereignisprotokoll an.	
`<logfile>`	0/1	Unterelement von `<log>`. Legt im Attribut name den Pfad einer Textdatei fest, in die die Protokolleinträge geschrieben werden sollen.	
`<script>`	1..N	Quellcode des Skripts. Es kann beliebig viele `<script>`-Elemente geben. Die Skripte werden nacheinander in der Reihenfolge ihres Auftretens in der Datei abgearbeitet.	
		Attribut	**Erläuterung**
		Name	Optionales Attribut Name für das Skript language Notwendiges Attribut Mögliche Attributwerte: "VB.NET", "CSharp" und "JS.NET".

.NET-Scripting

XML-Element	Erlaubte Häufigkeit	Erläuterung	
		Attribut	**Erläuterung**
		startClass	Optionales Attribut Name der Klasse, deren Unterroutine Main() den Startpunkt des Skripts bildet. (Im Standard wird nach einer Klasse mit Namen Main gesucht, also Main::Main().)

Die Dateiextension ist beliebig. Vorgesehen ist aber die Dateiextension .DSH.

Beispiel

Beispiel   Das folgende Listing zeigt ein Beispiel mit drei Skripten:

- Das erste Skript (CSharp) gibt Hello World aus.
- Das zweite Skript (VB.NET) liest die Zeichenkette »Hello World« aus einer XML-Datei aus.
- Das dritte Skript (VB.NET) listet die übergebenen Parameter auf.

```
<?xml version="1.0" encoding="ISO-8859-2"?>
<scriptdoc process="1">

<comment>
Demo-Skript von Holger Schwichtenberg
</comment>

<references>
<assembly>system.xml.dll</assembly>
<assembly>System.DirectoryServices.dll</assembly>
<assembly>system.data.dll</assembly>
</references>

<log error="YES" success="YES" start="YES">
<eventlog1 name="Scripting"/>
<logfile1 name="e:\log.txt"/>
</log>

<!-- ***************************************** -->

<script name="FirstScript" language="CS" startClass="Scripting.StartKlasse">
using System;
namespace Scripting
{
    class StartKlasse
    {
        static void Main(string[] args)
```

```
            {
                Console.WriteLine("FirstSkript: Hello World!");
            }
        }
    }
</script>

<!-- ****************************************** -->

<script name="SecondScript" language="vb.net">
<![CDATA[
Imports System.XML
Imports System

Module Main
    Sub Main()

        ' --- Test XML
        Dim d as new XmlDocument
        d.loadxml("<test><message>Hello World!</message></test>")
        Console.Writeline("SecondSkript: Message from the document: 
        " & d.SelectSingleNode("*//message").InnerText)

    End Sub
End Module
]]>
</script>

<!-- ****************************************** -->

<script name="ThirdScript" language="vb.net">
<![CDATA[
Imports System

Module Main
    Sub Main(args as string())
    Console.WriteLine("ThirdScript: List auf script arguments:")
        ' --- Argumente ausgeben
        Dim s as string
        for each s in args
            console.writeline("- "& s)
        next
    End Sub
End Module
]]>
</script>
</scriptdoc>
```

Listing 8.1: Beispiel für ein DSH-Skript
[CD:/code/DOTNET_Scripting/DSH/Beispiel1.dsh]

8.2.2 Aufbau des Skripts

Main() Ein Skript muss einen eindeutigen Einsprungpunkt besitzen. Dazu muss ein Skript aus mindestens einer Klasse (ein Modul in Visual Basic ist eine spezielle Form einer Klasse) mit einer statischen Methode bestehen, die `Main()` heißt. Optional sind weitere Attribute und Methoden in dieser Klasse oder weitere Klassen mit Attributen und Methoden möglich.

startClass Der Name der Klasse, die den Einsprungpunkt bildet, ist frei wählbar (definierbar durch das XML-Attribut `startClass` im `<script>`-Element). Der Name der Methode ist nicht frei wählbar, er lautet immer `Main()`. Es gibt zwei mögliche Signaturen für `Main()`:

- Sub Main()
- Sub Main(args as string())

Parameter Im letzteren Fall empfängt `Main()` vom DSH die dem Skript übergebenen Kommandozeilenparameter in einem `Array of String`. Andere Parameter sind bei `Main()` nicht erlaubt. Der Name, der dem Parameter gegeben wird, ist frei wählbar.

```
Module Main
    Sub Main(Argumente as string())
    ' ...
    End Sub
End Module
```

Listing 8.2: Grundgerüst für ein DSH-Skript

8.2.3 Start eines Skripts

dsh.exe Man startet ein DSH-Skript, indem man DSH.EXE mit dem Dateinamen aufruft.

```
H:\DSH>dsh.exe testscript.dsh
---------------------------------
DOTNET Scripting Host (DSH)
Version: 1.0
(C) Holger Schwichtenberg 2002
http://www.windows-scripting.com
---------------------------------

FirstSkript: Hello World!
SecondSkript: Message from the document: Hello World!
ThirdScript: List auf script arguments:
- ../demos/testscript.dsh
```

8.2.4 Kommandozeilenparameter

Kommandozeilenparameter Ebenso wie der WSH unterstützt der DSH drei Arten von Kommandozeilenparametern:

- Name (inklusive Pfad) des aufrufenden Skripts. Der erste Parameter, der nicht mit einem Slash (/) beginnt, wird als Dateiname betrachtet.

- Parameter für den DSH selbst. Diese beginnen mit einem doppelten Slash (//).

▶ Parameter für das aufgerufene Skript. Alle Parameter, die nicht mit einem doppelten slash (//) beginnen, werden dem aufgerufenen Skript als Parameter übergeben. Das Skript erhält also auch seinen eigenen Dateinamen. Dieser wird immer als erster Parameter an das Skript übergeben.

Parameter	Erläuterung
//ABOUT	Liefert Informationen über den DSH.
//S	Silent. Der DSH macht – wenn kein Fehler auftritt – keine Ausgaben außer denen, die das Skript selbst erzeugt.
//V	Verbose. Der DSH ist sehr »geschwätzig« und liefert zusätzliche Ausgaben über die Verarbeitung der XML-Datei und den Übersetzungsvorgang.
//ERRORGUI	Legt fest, dass Fehlermeldungen des DSH als Dialogboxen angezeigt werden sollen.
//SUCCESSGUI	Legt fest, dass nach erfolgreicher Ausführung aller Skripte eine Dialogbox angezeigt werden soll.
//OUT:Verzeichnis	Legt fest, dass die kompilierten Assemblies im Dateisystem in dem angegebenen Verzeichnis gespeichert werden sollen.
//SERVER:Portnummer	Startet den DSH als Server (Listener). Der DSH wartet auf dem angegebenen Port auf (Fern-)Aufrufe von einer anderen Instanz des DSH. Der DSH-Listener ist so lange aktiv, bis der Prozess beendet wird.
//COMPUTER:Name	Name oder IP-Adresse des Computers, auf dem das Skript gestartet werden soll. Ohne diese Angabe wird das Skript auf dem lokalen Computer gestartet.
//PORT:Portnummer	Portnummer der entfernten DSH-Instanz. Ohne diese Angabe wird das Skript auf dem lokalen Computer gestartet.

Tabelle 8.2: Kommandozeilenparameter des DSH 1.0

8.2.5 Eingebaute Objekte

Der DSH besitzt keine speziellen eingebauten Objekte (Intrinsic Objects). Den Skripten stehen alle Klassen der .NET Framework Class Library (FCL) zur Verfügung – genauso wie einem »normalen« .NET-Programm auch.

Intrinsic Objects, FCL

8.2.6 Assembly-Referenzen

Um eine Klasse zu nutzen, muss die Assembly, die diese Klasse implementiert, als Referenz hinzugefügt werden. Dazu muss im Element <assembly> der Name der Datei, die die Assembly enthält, angegeben werden. Die Datei muss entweder im Global Assembly Cache (GAC) oder im gleichen Verzeichnis wie die DSH.EXE liegen (nicht im gleichen Verzeichnis wie das Skript!).

Es ist sinnvoll, aber nicht notwendig, die zu verwendenden Namespaces mit Imports oder using einzubinden.

8.2.7 Assembly-Persistenz

Speicherung des erzeugten Assembly

Mit der Option //OUT:Verzeichnis kann die erzeugte Assembly im Dateisystem persistent gemacht werden, also das Skript in einer kompilierten Form abgelegt werden. Dieses Kompilat ist MSIL-Code, der direkt gestartet werden kann.

Die Assembly erhält dabei den Namen des Skripts innerhalb des Skriptdokuments. Als Dateiextension wird .EXE angehängt. Nach //OUT: muss das Verzeichnis angegeben werden, in dem die Assembly abgelegt werden soll. Wenn dort schon eine gleichnamige Datei existiert, wird diese ohne Warnung überschrieben. Das angegebene Verzeichnis muss existieren, sonst kommt es zu einer Fehlermeldung.

Wenn das Skriptdokument mehrere Skripte enthält, werden mehrere einzelne Assemblies erzeugt.

8.2.8 Fernausführung von Skripten

Remoting

Der DSH unterstützt Remoting. Man kann den DSH auf einem Computer aufrufen und ihn anweisen, ein lokal erreichbares Skript auf einem entfernten Computer auszuführen. Dies entspricht dem Konzept des Remoting beim Windows Script Host (WSH). Anders als beim WSH ist jedoch auf dem Client selbst kein Skript notwendig: Das Remoting wird durch eine Kommandozeilenoption des DSH initiiert.

Auf dem Server muss eine Instanz des DSH laufen, die zuvor auf einem bestimmten Port gestartet wurde. Auch dies ist anders als beim WSH, entspricht jedoch dem Remoting-Konzept des .NET Frameworks.

TCP/IP

Die Kommunikation zwischen Client und Server erfolgt in DSH über TCP/IP über einen frei wählbaren Port.

Start des Servers

Der Server wird gestartet durch die Option //server unter Angabe einer freien Portnummer. Wenn der Port noch frei ist, beginnt die Überwachung des Ports auf eingehende Aufrufe.

```
H:\DSH>dsh.exe //server:9999
DOTNET Scripting Host (DSH)
Version: 1.0
(C) Holger Schwichtenberg 2002
http://www.windows-scripting.com
Starting DSH listener on port 9999...
Press enter to stop this process.
```

Wenn der Port schon belegt ist, erscheint folgende Fehlermeldung:

```
ERROR: Normalerweise darf jede Socketadresse (Protokoll, Netzwerkadresse oder
Anschluss) nur jeweils einmal verwendet werden.
```

Das »Normalerweise« in diesem Satz wirkt fehlplatziert. Dies ist jedoch eine in der .NET Framework Class Library hinterlegte Meldung.

Start des Client

Der Client wird ganz normal unter Angabe eines Skriptnamens gestartet. Zusätzlich ist Folgendes festzulegen: der Computername (oder die IP-Adresse) nach //computer und der Port (//port), auf dem der entfernte DSH »lauscht«.

```
dsh.exe testscript.dsh //computer:byfang //port:9999 //v
```

So sieht ein erfolgreicher Aufruf aus:

```
DOTNET Scripting Host (DSH)
Version: 1.0
(C) Holger Schwichtenberg 2002
http://www.windows-scripting.com
```

Im »geschwätzigen« Modus (//V) gibt es mehr Infos:

```
DOTNET Scripting Host (DSH)
Version: 1.0
(C) Holger Schwichtenberg 2002
http://www.windows-scripting.com
Loading Script Document...testscript.dsh
Connecting to Client byfang:9999...
Calling Remote DSH...
Script Document testscript.dsh finished successfully!
```

Der Client erhält die Fehlermeldung, wenn die Ausführung nicht erfolgreich war:

```
DOTNET Scripting Host (DSH)
Version: 1.0
(C) Holger Schwichtenberg 2002
http://www.windows-scripting.com
Loading Script Document...testscript.dsh
Connecting to Client byfang:9999...
Calling Remote DSH...
COMPILE ERROR in Script at Line # 10: BC30451:Name 'irgendwo1' is not declared.
COMPILE ERROR in Script at Line # 15: BC30451:Name 'xyz' is not declared.
```

Ausgaben auf dem Server

Bitte beachten Sie, dass alle Bildschirmausgaben des übermittelten Skripts auf dem Server im DOS-Fenster des Serverprozesses stattfinden!

```
DOTNET Scripting Host (DSH)
Version: 1.0
(C) Holger Schwichtenberg 2002
http://www.windows-scripting.com
Starting DSH listener on port 9999...
Press enter to stop this process.
FirstSkript: Hello World!
SecondSkript: Message from the document: Hello World!
ThirdSkript: List auf script arguments:
- testscript.dsh
- /abc
- testoption
```

Wenn der Server mit der Option `//v` gestartet wird, informiert er sehr ausführlich:

```
DOTNET Scripting Host (DSH)
Version: 1.0
(C) Holger Schwichtenberg 2002
http://www.windows-scripting.com
Starting DSH listener on port 9999...
Press enter to stop this process.
Receiving call...
Parsing document...
Parsing References...
Adding References: system.xml.dll
Adding References: System.DirectoryServices.dll
Adding References: system.data.dll
Parsing Script Document...
usw.
```

8.2.9 Limitationen

Fehlende Features

Derzeit beim DSH (noch) nicht möglich ist,

- dass sich Skripte innerhalb einer Skriptdatei gegenseitig aufrufen.
- dass Skripte andere Skriptdokumente referenzieren. Referenzen sind nur auf Assemblies möglich.
- dass beim Remoting HTTP und SOAP verwendet werden.

8.3 Active Server Pages.NET (ASP.NET)

ASP.NET ist die Weiterentwicklung der Active Server Pages (ASP) im Rahmen des .NET Frameworks (Next Generation Windows). Zwischenzeitlich wurde ASP auch *ASP Next Generation (ASPng)* und *ASP+* genannt.

ASP.NET gehört auch zum Scripting, weil sich Quellcode-Dateien auf dem Webserver ablegen lassen, die nicht zur Entwicklungszeit kompiliert werden müssen. ASP.NET kompiliert diese Dateien zur Laufzeit beim ersten Aufruf.

Die wichtigsten Unterschiede zwischen ASP und ASP.NET

ASP.NET bietet gegenüber ASP insbesondere folgende Vorteile:

Sprache

1. ASP.NET ist nicht mehr auf Active Scripting-Sprachen beschränkt, sondern jede .NET-fähige Sprache kann verwendet werden, um ASP.NET-Seiten zu schreiben (z. B. C#, Visual Basic .NET und JScript .NET). Damit können auch Sprachen zum Einsatz kommen, die eine bessere Objektorientierung und eine strenge Typisierung bieten.

2. Der Code in ASP.NET-Seiten wird nicht interpretiert, sondern beim ersten Aufruf in die Microsoft Intermediate Language (MSIL) kompiliert. Der MSIL-Code wird dann bei der Ausführung vom Just-in-Time-Compiler in die jeweilige plattformspezifische Sprache umgewandelt.

Active Server Pages.NET (ASP.NET)

3. ASP.NET ist viel schneller als das klassische ASP (aufgrund der Kompilierung).
4. Pro ASPX-Seite kann nur noch eine Programmiersprache verwendet werden. Dies lässt sich durch die Erstellung benutzerdefinierter Web-Steuerelemente umgehen.
5. Layout (HTML-Code) und Programmcode können in zwei verschiedene Dateien aufgeteilt werden, wie dies in anderen Umgebungen (z. B. Visual Basic 6.0, VBA) auch möglich war. Dies bezeichnet man als Code-Behind-Modell. **Trennung von Code und Layout**
6. ASP.NET besitzt ein objektorientiertes, ereignisbasiertes Programmiermodell, das die Entwicklung von Webanwendungen der Entwicklung von Windows32-Anwendungen mit Visual Basic 6.0 sehr ähnlich werden lässt. Dieses Programmiermodell wird realisiert auf Basis mächtiger serverseitiger Steuerelement-Objekte, die zur Laufzeit auf dem Server in die Hypertext Markup Language (HTML) umgesetzt werden. Zu den Steuerelement-Objekten gibt es Ereignisse, die auf dem Server behandelt werden. **Ereignisse**
7. Ein Seitenübergang von einer zur nächsten Webseite erfolgt in ASP.NET so, dass zunächst die aktuelle Seite erneut aufgerufen wird, damit die dort hinterlegten Ereignisbehandlungsroutinen ausgeführt werden können. Erst nachdem diese abgearbeitet wurden, erfolgt (wahlweise serverseitig oder durch einen clientseitigen Redirect) der Aufruf der nächsten Seite. Dies nennt man *Postback-Architektur*.
8. Einige der serverseitigen Steuerelemente dienen der Validierung und machen die Routineaufgabe der Prüfung von Benutzereingaben viel einfacher. **Validierung**
9. ASP.NET unterstützt datengebundene Steuerelemente (wie aus Visual Basic 6.0 bekannt), die es mit wenig Programmieraufwand ermöglichen, Daten als Webseite anzuzeigen und sogar dort zu ändern. **Datenbindung**
10. Durch ein verstecktes Formularfeld namens »Viewstate« ermöglicht ASP.NET in Webforms ein State Management für die Inhalte von Formularfeldern beim Selbstaufruf eines Formulars. Der Viewstate ist die Zusammenfassung der Zustände aller Steuerelemente. **State Management**
11. ASP.NET bietet für die Speicherung von Zuständen zwischen Seitenübergängen alternativ zur Verwendung von Cookies ein Session Management auf Basis von automatisch generierten eindeutigen Zeichenketten in dem URL.
12. Das Objektmodell der Intrinsic Objects wurde erweitert. Es gibt ein zentrales Intrinsic Object *Page*, von dem alle anderen Intrinsic Objects abhängen. Zum Teil wurden die Mitglieder der früheren Intrinsic *Objects* (Response, Request, Server, Application) geändert. **.NET-Integration**
13. ASP.NET kann nicht nur COM-Komponenten, sondern auch die wesentlich einfacher administrierbaren .NET-Komponenten verwenden. Die .NET-Klassenbibliothek (.NET Framework Class Library – FCL) bietet zahlreiche .NET-Klassen, die die Webserver-Programmierung vereinfachen.
14. ASP.NET unterstützt die Programmierung von Webservices, die per SOAP angesprochen werden können. **Webservices**
15. Konfigurationsinformationen für eine Webanwendung werden nun nicht mehr in der Internet Information Server-Metabase (oder in der Registry), sondern in einem Textfile mit Namen *web.config* gespeichert. Die Konfiguration ist daher einfacher geworden, **Konfiguration**

weil für den Entwickler kein Zugriff auf den IIS-Manager mehr nötig ist. Außerdem kann eine Webanwendung durch einfaches Kopieren installiert werden.

16. ASP.NET-Anwendungen sind grundsätzlich voneinander isoliert; sie laufen in verschiedenen Application Domains. Unterschiedliche Anwendungen können so parallel mit verschiedenen Versionen einer Komponente arbeiten.

Authentifizierung
17. ASP.NET bietet über die im IIS eingebauten Authentifizierungsmechanismen hinaus zwei weitere: per HTML-Formular oder Microsoft Passport.

Caching
18. ASP.NET bietet zwei Caching-Mechanismen zur zeitgesteuerten Zwischenspeicherung von ganzen Seiten oder einzelnen Werten.

Datei extension
19. ASP.NET bietet wesentlich aussagekräftigere Fehlermeldungen und einen noch ausführlicheren Tracing-Modus.

20. Die Dateierweiterung für ASP.NET-Seiten ist *.aspx*. Die herkömmlichen *.asp*-Seiten funktionieren weiterhin.

Vorteile

Unterstützung

ASP.NET kann nicht im Internet Information Server 4.0 (in Windows NT 4.0) verwendet werden. ASP.NET unterstützt nur den IIS 5.0 (Windows 2000), IIS 5.1 (Windows XP) und den IIS 6.0 (Windows .NET Server).

Buchtipp

Weitere Informationen

Für eine ausführliche Darstellung von ASP.NET bietet dieses Buch leider keinen Raum. Hier sei Ihnen folgendes Buch empfohlen:

Holger Schwichtenberg:
Web Forms -Webprogrammierung mit ASP.NET
Addison-Wesley 2002, ISBN 3-8273-2010-0

8.4 Überblick über die .NET-Klassenbibliothek

Die Grundidee der .NET-Klassenbibliothek (.NET Framework Class Library – FCL) wurde bereits in Kapitel 7 vorgestellt. Das vorliegende Kapitel enthält eine tabellarische Übersicht über die wichtigsten Namespaces der FCL. In der vierten Spalte der Tabelle sind COM-Komponenten genannt, die eine ähnliche Funktionalität abbilden. Wenn Sie COM-Skripte (Active Scripts) auf .NET migrieren wollen, können Sie mit dieser Tabelle schnell den richtigen Namespace finden.

Überblick über die .NET-Klassenbibliothek

Tabelle 8.3: Die wichtigsten Namespaces der FCL

Namespace	Beschreibung	Beispielklassen	Ähnliche klassische COM-Komponente
Microsoft.CSharp	C#-Compiler	Compiler	
Microsoft.JScript	JScript .NET-Compiler	MathObject ScriptObject	
Microsoft.Visual Basic	Visual Basic .NET-Compiler	Collection Conversion	
Microsoft.VSA	Klassen für Visual Studio for Applications (VSA)	IVsaEngine IVsaSite	
Microsoft.Win32	Zugriff auf die Registry und Systemereignisse (z.B. Herunterfahren des Rechners, Stromsparmodusänderung)	Registry RegistryKey SystemEvents	RegCol
System	Elementare Datentypen, DOS-Fenster, Garbage Collector, Application Domain	Object Buffer Byte Char Array Int32 Exception GC Console String	Laufzeitumgebung der jeweiligen Sprache
System.Collections	Objektmengen	ArrayList BitArray Dictionary HashTable Queue SortedList Stack	Scripting Runtime Library
System.Data	Zugriff auf Datenquellen aller Art (ActiveX Data Objects.NET)	DataRelation DataRow DataSet DataTable DataSource	ADO
System.Configuration	Zur Verwaltung von App-Domains und zum Zugriff auf Assembly-Konfigurationsdaten und globale Konfigurationsdaten	ConfigManager BaseConfigItem AppDomain	
System.EnterpriseServices (vor Beta2: Microsoft.ComServices)	Zugriff auf COM+-Dienste	SecurityIdentity TransactionAttribute	COM+ Administration Objects

Namespace	Beschreibung	Beispielklassen	Ähnliche klassische COM-Komponente
System.Directory Service	Zugriff auf Verzeichnisdienste	DirectoryEntry DirectoryEntries PropertyCollection SearchResults	ADSI
System.Drawing	Funktionen des Windows Graphics Device Interface (GDI)	Bitmap Brush Cursor Font Image Pen Point Rectangle	
System.Globalization	Zugriff auf Ländereinstellungen (Kalender, Datumsformat, Zahlenformat etc.)	CultureInfo Calendar DaylightTime KoreanCalendar	
System.Diagnostics	Debugging, Tracing, Ereignisprotokoll, Performance-Counter	CounterSample EventLog EventLogEntry Debugger Process Trace	WMI, WSHRuntime, STMAdmin u.a.
System.IO	Dateisystemzugriff und Dateizugriff	Directory File FileStream MemoryStream Path StreamReader StreamWriter	FSO
System.Management	Netz- und Systemmanagement mit WMI	ManagementObject EventQuery MethodData MethodSet	WMI
System.Messaging	Steuerung des Microsoft Message Queue Service (MSMQ)	Message MessageQueue XmlMessageFormatter	MSMQ-Objekte
System.Net	Zugriff auf Netzwerkprotokolle (TCP, UDP, HTTP, DNS etc.)	HTTPWebRequest HTTPWebResponse DNS IPAddress Cookie TCPClient TCPListener	

Überblick über die .NET-Klassenbibliothek

Namespace	Beschreibung	Beispielklassen	Ähnliche klassische COM-Komponente
System.Reflection	Zugriff auf Meta-Daten von .NET-Komponenten	Assembly ConstructorInfo FieldInfo MemberInfo MethodInfo Module ParameterInfo PropertyInfo EventInfo	TypLib-Informationskomponente
System.Runtime.InteropServices	COM-Interoperabilität	COMExecption RegistrationServices	
System.Runtime.Remoting	Entfernte Nutzung von entfernten Komponenten (Remoting)	ChannelServices RemotingServices IMessage IMessageSink	Remote Data Service (RDS)
System.Runtime.Serialization	Serialisierung von Objekten	Formatter SerializationInfo	
System.Security	Sicherheitseinstellungen für Komponenten und Objekte des Betriebssystems	Permissions Policy Principal Util Cryptography FileIOPermission X509Certificate DES SecurityElement	ADsSecurity
System.ServiceProcess	Kontrolle über NT-Dienste	ServiceBase ServiceController ServiceInstaller	ADSI, WMI
System.Text	Zeichenkettenfunktionen, Textkodierung (z.B. UTF-7 und UTF-8)	Encoder Decoder StringBuilder	
System.Text.RegularExpressions	Reguläre Ausdrücke (Musterprüfung)	Capture Match MatchCollection	RegExp
System.Threading	Multi-Threading-Programmierung	Thread Mutex ThreadPool	
System.Timers	Zeitgesteuerte Ereignisse	Timer	
System.Web	Kommunikation zwischen Browser und Webserver (Objekte für ASP.NET)	HttpApplication HttpCookie HttpRequest HttpResponse	Active Server Pages-Objekte

Namespace	Beschreibung	Beispielklassen	Ähnliche klassische COM-Komponente
System.Web.UI	Steuerelemente für die Gestaltung von Webseiten (serverseitige Verarbeitung in ASP.NET)	AdRotator BorderStyle DataGrid HyperLink Listbox Panel Radiobutton Table Page CheckBox Button	
System.Windows.Forms (vor Beta2 hieß dieser NamespaceSystem.WinForms)	Steuerelemente für die Gestaltung von Windows-Desktop-Anwendungen	Button CheckBox DataGrid FileDialog Form ListBox MainMenu MonthCalendar NewFontDialog RichEdit ToolBarTreeView	
System.Xml	Zugriff auf das Document Object Model der Extensible Markup Language	XmlDocument XmlAttribute XmlElement	MSXML
System.XML.XPath	Einsatz der XPath-Sprache	XPathDocument XPathNavigator	MSXML
System.XML.Xsl	Ausführung von Extensible Stylesheet Language-Transformationen	XslTransform XslTException	MSXML
System.Xml.Serialisation	Serialisierung von Objekten in XML-Daten	SoapAttributes XmlSerializer	

Teilweise sprechen Entwickler (und Buchautoren) von den FCL-Namespaces auch als einzelne Bibliotheken, die zusammen die FCL bilden.

Andere Namen

Einige Teile der FCL haben neben ihrem Namespace-Namen auch noch einen umgangssprachlichen Namen (siehe Tabelle).

Namespace	Andere Namen
System.ADO	Active Data Objects .NET (ADO.NET)
System.Web.UI	Active Server Pages .NET (ASP.NET) oder WebForms
System.Reflection	Reflection API
System.Windows.Forms	WinForms
System.Graphics	GDI+

Tabelle 8.4: Alternative Namen für FCL-Namespaces

Unterstützung

Nicht alle Namespaces werden auf allen Betriebssystemen unterstützt. So unterstützen NT 4.0, Windows 98/ME und Windows XP Home nicht den Namespace System.Web, da diese Plattformen nicht ASP.NET betreiben können. Die Namespaces System.Service Process und System.Diagnostics werden nicht auf Windows 98/ME unterstützt, da diese Betriebssysteme keine NT-Dienste und keine Leistungsindikatoren kennen. Gleiches gilt für die Ereignis-Klassen aus System.IO.

8.5 Dateisystemzugriff im .NET Framework

Der FCL-Namespace System.IO enthält im Wesentlichen die Funktionen, die bisher durch die »klassische« COM-Bibliothek File System Objects (FSO), die in der Scripting Runtime Library (SCRRUN.DLL) implementiert war, bereitgestellt wurden, also

- den Zugriff auf Ordner und Dateien des Dateisystems
- das Lesen und Schreiben von Textdateien.

Microsoft hat sowohl Klassen-, Attribut- und Methodennamen als auch die grundsätzliche Vorgehensweise gegenüber FSO deutlich geändert.

Darüber hinaus bietet System.IO aber auch folgende Funktionen, die in FSO fehlten:

- das Lesen und Schreiben von Binärdateien
- die Überwachung von Veränderungen im Dateisystem

Weitere Informationen

Dieses Kapitel ist ein veränderter und gekürzter Auszug aus dem folgenden Buch. Dort finden Sie eine ausführliche Darstellung der .NET-Klassenbibliothek.

Frank Eller, Holger Schwichtenberg:
Programmieren mit der .NET-Klassenbibliothek
Zugriff auf das Windows-Betriebssystem mit Visual Basic .NET und C#
950 Seiten, Addison-Wesley 2002, ISBN 3-8273-1905-6

Buchtipp

8.5.1 Zugriff auf die Struktur des Dateisystems

Microsoft bietet in der FCL zwei jeweils verschiedene Klassen für den Zugriff auf Dateien und Ordner in einem Dateisystem an. Der Dateizugriff ist möglich mit den Klassen File Info und File. Der Zugriff auf Ordner ist möglich mit den Klassen DirectoryInfo und Directory.

File und Directory
Der grundsätzliche Unterschied besteht darin, dass File und Directory nur statische Methoden (Shared Members) und keine Attribute bieten. Von diesen beiden Klassen können überhaupt keine Instanzen gebildet werden, da es keinen öffentlichen Konstruktor in diesen Klassen gibt. Sie sind also rein statisch. Sie bieten Aktionen wie Anlegen, Löschen und Verschieben und sind daher vergleichbar mit der Funktionalität der Klasse FileSystem-Object im klassischen FSO-Objektmodell.

FileInfo und DirectoryInfo
FileInfo und DirectoryInfo sind nicht-statische Klassen, von denen Instanzen gebildet werden können. Sie bieten Attribute und Methoden. Bei der Instanziierung muss der Name der Datei bzw. des Verzeichnisses angegeben werden.

Tabelle 8.5: Gegenüberstellung der verschiedenen Klassen

Klasse	Instanziierbar	Methoden	Attribute
Directory	Nein	Ja	Nein
DirectoryInfo	Ja	Ja	Ja
File	Nein	Ja	Nein
FileInfo	Ja	Ja	Ja

8.5.1.1 Objektmodell

Objekthierarchie
Die folgende Abbildung zeigt den Ausschnitt aus dem Objektmodell von System.IO, der sich mit Dateien und Verzeichnissen beschäftigt.

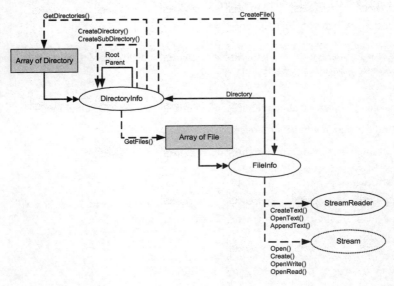

Abbildung 8.2: Objektmodell für System.IO.FileInfo und System.IO.DirectoryInfo

8.5.1.2 Verzeichnisse auflisten

Bei der Instanziierung der Klasse `DirectoryInfo` muss das zu kapselnde Verzeichnis als Zeichenkette an den Konstruktor übergeben werden. Ein parameterloser Konstruktor ist nicht definiert.

DirectoryInfo

Die Instanziierung ist auch dann erfolgreich, wenn das Verzeichnis gar nicht existiert. Mit dem Attribut `Exists` kann geprüft werden, ob das Verzeichnis auch wirklich vorhanden ist. Es folgt die Ausgabe von Informationen über den Ordner.

Exists

`GetFiles()` liefert eine Menge der in dem Ordner enthaltenen Dateien, wobei mit Hilfe eines DOS-Platzhalters (* und ?) eine Einschränkung der Dateimenge möglich ist. Ergebnis dieser Methode ist ein Array von Objekten des Typs `FileInfo`. Über dieses Array kann genauso wie über eine Objektmenge mit `For Each` iteriert werden.

GetFiles()

Beispiel

Das folgende Beispiel gibt Informationen über einen Dateiordner aus und listet alle in dem Ordner enthaltenen Dateien mit der Dateiextension .TXT auf.

Dateiordner ausgeben

```
Const VERZEICHNIS = "d:\data\dateisystem\"

' --- Zugriff auf ein Dateiverzeichnis
Dim d As DirectoryInfo
d = New DirectoryInfo(VERZEICHNIS)

' --- Prüfung auf Existenz
If Not d.Exists Then
  out("Verzeichnis nicht vorhanden!")
  Exit Sub
End If

' --- Ausgabe von Informationen über den Ordner
out("Erzeugt am: " & d.CreationTime)
out("Zuletzt gelesen am : " & d.LastAccessTime)
out("Zuletzt geändert am : " & d.LastWriteTime)
out("Wurzelordner: " & d.Root.Name)
out("Name des übergeordneten Ordners: " & _
    d.Parent.Name)
out("Pfad des übergeordneten Ordners: " & _
    d.Parent.FullName)

' --- Liste bestimmter Dateien
Dim f As FileInfo
out("Alle Text-Dateien in Ordner: " & _
    d.FullName)
For Each f In d.GetFiles("*.txt")
  out(f.Name & ";" & f.Length() & ";" & _
      f.CreationTime())
Next
```

Listing 8.3: Liste der Dateien in einem bestimmten Ordner [Datei_Liste.dsh]

8.5.2 Verzeichnisse anlegen und löschen

Create() Die Klasse DirectoryInfo ermöglicht auch das Anlegen von Dateien. Dabei muss zunächst eine Instanz der DirectoryInfo-Klasse erzeugt werden, wobei dem Konstruktor der zu erzeugende Pfad übergeben wird. Danach ruft man einfach Create() auf. Diese Methode kann Verzeichnisse in mehreren Ebenen gleichzeitig erzeugen; das übergeordnete Verzeichnis muss nicht existieren. Die Methode ist auch tolerant gegenüber dem Fall, dass die Verzeichnisse bereits existieren: Dann werden die bestehenden Verzeichnisse unangetastet beibehalten.

Delete() Die Methode Delete() auf einem DirectoryInfo-Objekt löscht das instanziierte Verzeichnis aus dem Dateisystem. Delete() erwartet einen optionalen booleschen Parameter, der spezifiziert, ob das Löschen rekursiv erfolgen soll. Wenn dieser Parameter nicht auf True gesetzt wird, führt eine Löschoperation zum Fehler, wenn das Verzeichnis Dateien oder Unterverzeichnisse enthält. Im Fall der Angabe von True werden auch alle Unterverzeichnisse rekursiv gelöscht.

Beispiel

Anlegen und Löschen von Verzeichnissen Das Beispiel zeigt das Anlegen eines neuen Verzeichnisses mit zwei Unterverzeichnissen. Das Verzeichnis wird abschließend wieder gelöscht. Dabei wird allerdings – natürlich – nur ab der Ebene gelöscht, die der Pfad des aktuellen DirectoryInfo-Objekts festlegt. Durch Create() angelegte übergeordnete Ebenen werden nicht gelöscht, wie das folgende Beispiel beweist.

```
Const VERZEICHNIS = _
  "d:\data\dateisystem\hs\Dokumente\"

' --- Zugriff auf ein Dateiverzeichnis
Dim d As DirectoryInfo
Dim sd As DirectoryInfo

d = New DirectoryInfo(VERZEICHNIS)

' --- Verzeichnis erzeugen
d.Create()

' --- Unterverzeichnis erzeugen
sd = d.CreateSubdirectory("1. Halbjahr")
out(sd.FullName & " angelegt!")

' --- Unterverzeichnis erzeugen
sd = d.CreateSubdirectory("2. Halbjahr")
out(sd.FullName & " angelegt!")

MsgBox("Dateien angelegt!")

' --- Verzeichnis wieder löschen
d.Delete(True)
```

Listing 8.4: Verzeichnisse anlegen und löschen [Datei_MakeDir1.dsh]

Abbildung 8.3:
Dateisystemstruktur vor und nach der Ausführung des Beispiels

8.5.3 Kopieren und Verschieben

Die Klassen `Directory` und `File` bieten beide die Methode `Move()` an, mit zwei Parametern: im ersten der Pfad des Ausgangsobjekts, im zweiten der Pfad des Zielobjekts. Die Klassen `DirectoryInfo` und `FileInfo` bieten die gleiche Funktionalität mit der Methode `MoveTo()`. Hier wird nur ein Parameter erwartet: der Zielpfad. Das Ausgangsobjekt ist bereits durch die aktuelle Bindung der Klassen `DirectoryInfo` bzw. `FileInfo` festgelegt.

Verschieben

Das Kopieren ist leider nur auf Dateiebene definiert durch `Copy()` in `File` bzw. `CopyTo()` in `FileInfo`. Es gibt kurioserweise keine Möglichkeit in der FCL, ein ganzes Verzeichnis zu kopieren. Sie müssen dies selbst durch rekursives Kopieren der Dateien erledigen.

Kopieren

Beispiel

Im folgenden Beispiel wird ein Ordner angelegt, eine Datei dorthin verschoben, die Ursprungsdatei dann gelöscht und die Kopie an den Ursprungsordner verschoben. Damit die »Operation« rückstandsfrei bleibt, wird der angelegte Ordner am Ende wieder gelöscht.

```
Const DOCORDNER = _
   "\_daten\dateisystem\Dokumente\"

If Directory.Exists(DOCORDNER) Then
   Directory.Delete(DOCORDNER, True)
End If
Directory.CreateDirectory(DOCORDNER)
out("Ordner angelegt!")
File.Copy("..\_daten\dateisystem\buch.doc", _
          DOCORDNER & "\buch.doc")
out("Datei kopiert!")
File.Delete("..\_daten\dateisystem\buch.doc")
out("Ausgangsdatei gelöscht")
File.Move(DOCORDNER & "buch.doc", _
          "..\_daten\dateisystem\buch.doc")
out("Kopie verschoben")
Directory.Delete(DOCORDNER, True)
out("Verzeichnis gelöscht")
```

Listing 8.5: Kopieren und Verschieben einer Datei [Datei_Bewegen.dsh]

8.5.4 Dateisystem überwachen

Änderungen im Dateisystem verfolgen

Ein sehr schönes Feature, das es in der Scripting Runtime-Komponente nicht gab, ist die Überwachung des Dateisystems auf Veränderungen. Überwacht werden können Dateien und Verzeichnisse. Überwachbare Veränderungen sind

- Anlegen
- Löschen
- Umbenennen
- Änderung der Dateiattribute
- Änderung der Datumsangaben (Erstellung, Lesezugriff, Schreibzugriff)
- Änderung der Sicherheitseinstellungen (nur unter NTFS)

8.5.4.1 Unterstützte Plattformen

Diese Dateisystemüberwachung ist nur mit Windows NT 4.0 und höher verfügbar. Die Überwachung funktioniert unter bestimmten Konstellationen auch für entfernte Laufwerke auf anderen Computern (siehe Tabelle). Die Überwachung ist natürlich nicht verfügbar für CD- und DVD-Laufwerke.

Tabelle 8.6: Unterstützte Plattformen für die Dateisystemüberwachung

Client	Festplattentyp	Überwachung möglich?
Windows 2000/XP/.NET	Lokale Festplatten	Ja
Windows NT 4.0	Lokale Festplatten	Ja
Windows 2000/XP/.NET	Entfernte Festplatten unter Windows 2000/XP/.NET	Ja
Windows 2000/XP/.NET	Entfernte Festplatten unter Windows NT 4.0	Ja
Windows NT 4.0	Entfernte Festplatten unter Windows NT 4.0	Nein
Windows NT 4.0	Entfernte Festplatten unter Windows 2000/XP/.NET	Ja
Windows 9x/ME	Beliebig	Nein

8.5.4.2 Klasse FileSystemWatcher

FileSystemWatcher

Die Überwachung wird realisiert durch eine einzige Klasse: System.IO.FileSystemWatcher. Bei der Instanziierung sind keine Parameter notwendig. Optional kann aber im ersten Parameter das zu überwachende Verzeichnis und im zweiten Parameter ein DOS-Muster für die zu überwachenden Dateien eingegeben werden.

Die Klasse FileSystemWatcher definiert vier Ereignisse, die beim Eintritt von Änderungen im Dateisystem ausgelöst werden können:

- Changed()
- Created()

- Deleted()
- Renamed()

Die Klasse bietet einige Einstellungsmöglichkeiten, um genau zu spezifizieren, was überwacht werden soll.

Eine einzelne Änderung im Dateisystem kann mehrere Ereignisse im FileSystemWatcher auslösen, z.B. führt das Ändern des Dateinamens nacheinander zu den Ereignissen Renamed und Changed. Das Verschieben einer Datei löst insgesamt fünf verschiedene Ereignisse auf der Datei und dem Zielordner aus.

8.5.4.3 Attribute

Die Klasse FileSystemWatcher erlaubt im Attribut Path die Spezifizierung, welcher Pfad überwacht werden soll.

Path

```
watcher.Path = PFAD
```

Im Attribut Filter kann durch ein DOS-Muster (Verwendung von * und ? möglich) angegeben werden, welche Dateien überwacht werden sollen.

Filter

```
watcher.Filter = "*.*"
```

Mit IncludeSubdirectories lässt sich festlegen, dass die Überwachung auch die Unterverzeichnisse des genannten Verzeichnisses mit einschließt.

IncludeSubdirectories

```
watcher.IncludeSubdirectories = True
```

Für das Changed-Ereignis kann näher spezifiziert werden, welche Änderungen zu beachten sind. Die folgende Tabelle zeigt die Möglichkeiten, die über die Enumeration NotifyFilters als Konstanten zur Zuweisung an das Attribut NotifyFilter zur Verfügung stehen.

NotifyFilter

Konstante	Erläuterung
Attributes	Änderung der Datei-/Verzeichnisattribute
CreationTime	Änderung des Erstellungsdatums
DirectoryName	Änderung des Verzeichnisnamens
FileName	Änderung des Dateinamens
LastAccess	Änderung des Datums des letzten Zugriffs
LastWrite	Änderung des Datums des letzten Schreibzugriffs
Security	Änderung der Sicherheitseinstellungen
Size	Änderung der Dateigröße

Tabelle 8.7: Überwachbare Veränderungen in einem Dateisystemobjekt

8.5.4.4 Bindung der Ereignisse

Mit Hilfe des VB.NET-Befehls AddHandler müssen dann noch die Ereignisbehandlungsroutinen mit den Ereignissen verbunden werden. Es kann pro Ereignis eine Ereignisbehandlungsroutine definiert werden. Da Changed(), Created() und Deleted() die gleichen Ereignisparameter besitzen, können diese drei Ereignisse auch in einer Ereignisbehandlungsroutine bearbeitet werden.

AddHandler

```
Ereignisbehandlung(ByVal source As Object, _
    ByVal e As FileSystemEventArgs)
```

Im ersten Parameter wird ein Verweis auf das `FileSystemWatcher`-Objekt, das Auslöser war, geliefert. Der zweite Parameter, ein Objekt vom Typ `FileSystemEventArgs`, liefert den Pfad und den Namen der Datei bzw. des Verzeichnisses. Durch das Attribut `ChangeType` aus dem übergebenen `FileSystemEventArgs`-Objekt kann dann zwischen den drei Ereignistypen unterschieden werden.

Renamed Beim `Renamed`-Ereignis ist der zweite Parameter dagegen ein anderer. In der Klasse `RenamedEventArgs` gibt es zusätzlich die Attribute `OldName` und `OldFullPath`.

```
Renamed(ByVal source As Object, _
    ByVal e As RenamedEventArgs)
```

System. Bei der Verwendung von spätem Binden können auch alle vier Ereignisse in einer Ereignis-
EventArgs behandlungsroutine behandelt werden. Dazu ist der zweite Parameter vom Typ `System.EventArgs` zu spezifizieren. Dies ist die gemeinsame Oberklasse über `FileSystemEventArgs` und `RenamedEventArgs`.

> Beim `Changed()`-Ereignis wird leider nicht übermittelt, welche Änderung ausgeführt wurde. Wenn Sie auf unterschiedliche Veränderungen unterschiedlich reagieren wollen, müssen Sie dafür jeweils ein eigenes `FileSystemWatcher`-Objekt anlegen.

8.5.4.5 Start der Überwachung

EnableRaising Die Überwachung wird gestartet mit
Events
```
watcher.EnableRaisingEvents = True
```

8.5.4.6 Beispiel

Verzeichnis Im folgenden Beispiel werden alle Ereignisse für beliebige Dateien in einem bestimmten
überwachen Verzeichnis (und in dessen Unterverzeichnissen) überwacht und per Ausgabe dokumentiert.

```
' Überwachung der Veränderungen in einem Verzeichnis

Imports System.IO

Module Dateisystem_Ueberwachung

  Public Sub Dateisystem_ueberwachen()

    Const PFAD As String = "D:\data\Dateisystem"

    ' --- Instanziierung
    Dim watcher As New FileSystemWatcher()

    ' --- zu überwachendes Verzeichnis
    watcher.Path = PFAD
    ' --- zu überwachende Dateitypen
    watcher.Filter = "*.*"
```

```vb
    ' --- Unterverzeichnisse einschließen
    watcher.IncludeSubdirectories = True

    ' --- zu überwachende Änderungen
    watcher.NotifyFilter = _
      NotifyFilters.Attributes Or _
      NotifyFilters.LastAccess Or _
      NotifyFilters.LastWrite Or _
      NotifyFilters.Security Or _
      NotifyFilters.Size Or _
      NotifyFilters.FileName Or _
      NotifyFilters.DirectoryName

    ' --- Registrierung der
    ' --- Ereignisbehandlungsroutinen
    AddHandler watcher.Changed, _
      AddressOf DS_aenderung
    AddHandler watcher.Created, AddressOf DS_neu
    AddHandler watcher.Deleted, _
      AddressOf DS_loeschen
    AddHandler watcher.Renamed, AddressOf DS_name
    ' --- Starten der Überwachung
    out("Überwachen von " & PFAD & " beginnt...")
    watcher.EnableRaisingEvents = True
    ' --- Warten auf Benutzeraktion
    MsgBox( _
      "Klicken Sie hier, um die Überwachung " & _
      "zu beenden!", , "Überwachung")

End Sub

    ' ### Ereignisbehandlungsroutine für
    ' ### Änderungsereignisse
    Public Sub DS_aenderung( _
      ByVal source As Object, _
      ByVal e As FileSystemEventArgs)

      out("Datei " & e.FullPath & _
          " wurde geändert!")
End Sub

    ' ### Ereignisbehandlungsroutine für
    ' ### Erstellungsereignisse
    Public Sub DS_neu(ByVal source As Object, _
    ByVal e As FileSystemEventArgs)

    out("Datei " & e.FullPath & _
        " wurde neu angelegt!")
End Sub

    ' ### Ereignisbehandlungsroutine für
    ' ### Löschereignisse
```

```
Public Sub DS_loeschen(ByVal source As Object, _
  ByVal e As FileSystemEventArgs)

  out("Datei " & e.FullPath & _
      " wurde gelöscht!")
End Sub

' ### Ereignisbehandlungsroutine für
' ### Namensänderungen im Dateisystem
Public Sub DS_name(ByVal source As Object, _
  ByVal e As RenamedEventArgs)

  out("Datei " & e.OldFullPath & _
      " heißt nun " & e.FullPath & "!")
End Sub

End Module
```

Listing 8.6: *Überwachung der Veränderungen in einem Verzeichnis [DateiDystem_ueberwachen.dsh]*

8.6 ADSI im .NET Framework

ADSI Die Klassen des FCL-Namespace `System.DirectoryServices` sind eine Kapselung des Active Directory Service Interfaces (ADSI). Allgemeine Informationen zu ADSI und der ADSI-COM-Komponente erhalten Sie in Kapitel 5.6. Sie werden in diesem Kapitel feststellen, dass Sie auch unter .NET noch gute Kenntnisse der ADSI-COM-Komponente benötigen.

Microsoft hat auch in diesem Fall das Objektmodell deutlich verändert. Dabei ist das neue Objektmodell nur eine zusätzliche Schicht über ADSI; im Hintergrund arbeiten die bisherigen ADSI-Klassen. Dies bedeutet, dass die Klassen im Namespace `System.DirectoryService` nicht funktionieren, wenn die ADSI-COM-Komponente nicht installiert ist.

Auf die ADSI-COM-Komponente wird in diesem Buch auch mit dem Begriff Classic-ADSI Bezug genommen.

Buchtipp

> **Weitere Informationen**
>
> Dieses Kapitel ist ein veränderter und gekürzter Auszug aus dem folgenden Buch. Dort finden Sie eine ausführliche Darstellung der .NET-Klassenbibliothek.
>
> Frank Eller, Holger Schwichtenberg:
> Programmieren mit der .NET-Klassenbibliothek
> Zugriff auf das Windows-Betriebssystem mit Visual Basic .NET und C#
> 950 Seiten, Addison-Wesley 2002, ISBN 3-8273-1905-6

8.6.1 Architektur

Allgemeine Die Klassen im FCL-Namespace `System.DirectoryServices` bieten nur sehr allgemeine
Mechanismen Mechanismen für den Zugriff auf Verzeichnisdienste. Es gibt keine spezifischen Klassen

mehr für einzelne Verzeichnisdienste, wie sie in der ADSI-COM-Komponente vorhanden waren. Bestimmte Operationen (z.B. Ändern des Kennworts in einem Benutzer-Objekt) müssen daher direkt oder indirekt über die ADSI-COM-Komponente aufgerufen werden.

Die folgende Grafik zeigt die Architektur von ADSI unter .NET. Ein .NET-Programm (Managed Code) hat drei Möglichkeiten, auf ADSI zuzugreifen:

Zugriffsmöglichkeiten

1. Verwendung von Objekten im Namespace System.DirectoryServices zur Ausführung von Verzeichnisdienst-Operationen
2. Verwendung von Objekten im Namespace System.DirectoryServices für den Aufruf von Operationen in der ADSI-COM-Komponente
3. Direkte Verwendung der ADSI-COM-Komponente via COM-Interoperabilität

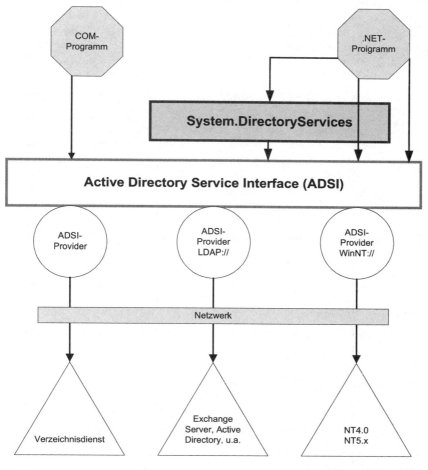

Abbildung 8.4: Architektur von ADSI unter .NET

Weiterreichen an COM-ADSI

Kapselung Den Beweis dafür, dass alle Aufrufe in System.DirectoryServices in COM-ADSI umgesetzt werden, liefern die Fehlermeldungen der FCL. Zum Beispiel liefert die Klasse DirectoryEntry beim Aufruf von CommitChanges() folgende Fehlermeldung, wenn das anzulegende Objekt bereits vorhanden ist:

Unhandled Exception: The program '[1520] FCL-Buch.exe' has exited with code 0 (0x0).

System.Runtime.InteropServices.COMException (0x80071392):
Das Objekt ist bereits vorhanden.

at System.DirectoryServices.Interop.IAds.SetInfo()

at System.DirectoryServices.DirectoryEntry.CommitChanges()

Dies bedeutet nichts anderes, als dass der Aufruf CommitChanges() in der Klasse DirectoryEntry intern weitergereicht wurde an die Methode SetInfo() in der Schnittstelle System.DirectoryServices.Interop.IAds. Dabei ist SetInfo() die aus der klassischen ADSI-COM-Komponente bekannte Methode, um den Property Cache an den Verzeichnisdienst zurückzuliefern und damit alle Änderungen persistent zu machen.

> Der Namespace System.DirectoryServices.Interop ist undokumentiert und im Objektkatalog von Visual Studio .NET nicht sichtbar. In diesem Namespace sind die aus dem klassischen ADSI bekannten Schnittstellen IADs, IADsContainer etc. definiert. Da in .NET eine Instanziierung von Schnittstellen nicht mehr möglich ist, mussten die Schnittstellen zu Klassen zusammengefasst werden.

8.6.2 Objektmodell

Die Klassen im Namespace System.DirectoryServices lassen sich in zwei Gruppen einteilen:

- allgemeine Klassen für den Zugriff auf Blätter und Container
- Klassen für die Ausführung von LDAP-Suchanfragen

8.6.2.1 Allgemeine Klassen

Blätter und Container Die beiden zentralen Klassen in diesem Namespace sind DirectoryEntry und DirectoryEntries.

Klasse »DirectoryEntry«

Property Collection Die Klasse DirectoryEntry repräsentiert einen beliebigen Verzeichniseintrag, egal ob es sich um ein Blatt oder einen Container handelt. Diese Klasse besitzt ein Attribut Children vom Typ DirectoryEntries. Diese Collection ist nur dann gefüllt, wenn das Objekt ein Container ist, also Unterobjekte besitzt. Die Collection existiert aber auch in einem Blatt-Objekt; sie ist dann allerdings leer. Die DirectoryEntry-Klasse besitzt im Attribut Property eine Collection vom Typ PropertyCollection, die die Menge der Verzeichnisattribute des Verzeichnisobjekts repräsentiert. Die PropertyCollection verfügt über drei untergeordnete Objektmengen:

ADSI im .NET Framework

- `PropertyNames` zeigt auf ein `KeysCollection`-Objekt, das Strings mit den Namen aller Verzeichnisattribute enthält.

- `Values` zeigt auf eine `ValuesCollection`, die wiederum einzelne Collections vom Typ `PropertyValueCollection` enthält. Dies ist notwendig, da jedes Verzeichnisattribut mehrere Werte haben kann. Die `ValuesCollection` repräsentiert die Menge der Werte aller Verzeichnisattribute, die `PropertyValueCollection` die einzelnen Werte eines Verzeichnisattributs.

- Das Attribut `Item(ATTRIBUTNAME)` liefert für einen als Parameter zu übergebenden Attributnamen die zugehörige `PropertyValueCollection`.

Der Zugriff über das Attribut `Values` kommt in der Regel nicht vor, da man normalerweise die Werte ohne die Namen der Attribute benötigt. Der normale Weg ist entweder die direkte Verwendung von `Item()`, wenn der Attributname bekannt ist, oder aber die Iteration über `PropertyNames` und darauf folgend die Verwendung von `Item()`, wenn alle Attribute mit ihren Werten aufgelistet werden sollen.

Jedes `DirectoryEntry`-Objekt besitzt ein Attribut mit Namen `NativeObject`, das einen Verweis auf das zugehörige ADSI-COM-Objekt liefert. Damit ist ein schneller Wechsel zur klassischen ADSI-Programmierung möglich.

NativeObject

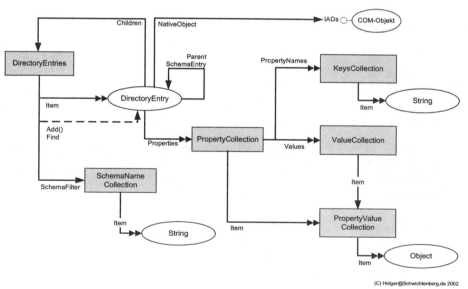

Abbildung 8.5: Objektmodell der Klassen im Namespace »System.DirectoryServices« – Teil 1

Klasse »DirectoryEntries«

Die Klasse `DirectoryEntries` unterstützt die Schnittstelle `IEnumerable` und ermöglicht daher die Auflistung ihrer Mitglieder über eine For Each-Schleife. Die Menge kann gefiltert werden, indem über die `SchemaNameCollection` eine Menge von Verzeichnisdienst-Klassen spezifiziert wird, die berücksichtigt werden sollen. Die Methode `Find()` liefert ein Directo

Container-Objekte

.NET-Scripting

ryEntry-Objekt. Wenn das anhand des Namens spezifizierte Objekt nicht in diesem Container vorhanden ist, gibt es eine InvalidOperationException.

Die Klasse DirectoryEntries kann nicht instanziiert werden. Sie erhalten ein DirectoryEntries-Objekt immer nur über das Attribut Children eines DirectoryEntry-Objekts.

8.6.2.2 Klassen für die Ausführung von Suchanfragen

LDAP-Suchanfragen Suchanfragen wurden in COM-ADSI über die ActiveX Data Objects (ADO) bzw. einen OLEDB-Provider ausgeführt. In .NET gibt es nun eigene Klassen für die Ausführung von LDAP-Suchanfragen, die unabhängig von ADO.NET sind.

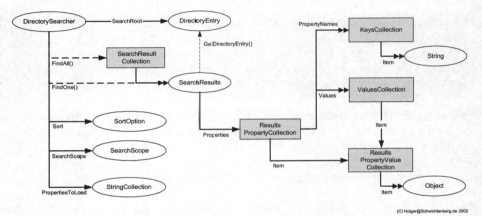

Abbildung 8.6: Objektmodell der Klassen im Namespace »System.DirectoryServices« – Teil 2

8.6.2.3 Vergleich zwischen .NET-ADSI und COM-ADSI

Die folgende Tabelle zeigt, dass es für viele Schnittstellen aus der ADSI-COM-Komponente keine entsprechende spezifische Klasse im .NET-ADSI mehr gibt.

Tabelle 8.8: .NET-ADSI vs. COM-ADSI

Verzeichnisobjekt-Klasse im Active Directory	ADSI in COM	ADSI in .NET (System.DirectoryServices)
Blatt-Klassen	Schnittstelle IADs	Klasse DirectoryEntry
Container-Klassen	Schnittstelle IADsContainer	Klasse DirectoryEntries
Klasse »User«	Schnittstelle IADsUser	--- (DirectoryEntry)
Klasse »Computer«	Schnittstelle IADsComputer	--- (DirectoryEntry)
Klasse »Group«	Schnittstelle IADsGroup	--- (DirectoryEntry)
---	Klasse ADODB.Connection	Klasse DirectorySearcher
beliebige Klassen	Klasse ADODB.RecordSet	Klasse SearchResultCollection

8.6.3 Überblick über die Programmiermechanismen

Dieses Kapitel dokumentiert die wichtigsten Mechanismen der Verzeichnisdienst-Programmierung mit `System.DirectoryServices`.

8.6.3.1 Objektidentifikation und Bindung

ADSI bedient sich auch unter .NET der COM-Moniker, um einzelne Einträge in verschiedenen Verzeichnisdiensten anzusprechen und einen Zeiger auf das Stellvertreter-Objekt zu erhalten. Der Moniker hat die Form

ADSI-Pfade

```
<namespace-ID>:<providerspezifischer Teil>
```

und wird in diesem Zusammenhang ADSI-Pfad genannt.

Der providerspezifische Teil enthält in der Regel den Distinguished Name (DN) des Verzeichnisobjekts und dazu einen Servernamen. Es gibt jedoch auch andere Formen, gerade in Zusammenhang mit dem Active Directory (vgl. Kapitel 5.6). Bei der Namespace-ID werden Groß- und Kleinschreibung berücksichtigt.

DN und RDN

Bindung an ein Verzeichnisobjekt

Voraussetzung für den Zugriff auf Objekte des Verzeichnisdienstes ist die Bindung eines ADSI-Objekts an ein Verzeichnisobjekt. Während unter Classic-ADSI der Bindungsvorgang über die Methode `GetObject()` stattfand, wird dies in .NET-ADSI über einen Parameter bei der Instanziierung der Klasse `DirectoryEntry` erledigt.

Instanziierung von DirectoryEntry

```
o = New DirectoryEntry("ADSI_PFAD")
```

Impersonifizierung

Der ADSI-Client verwendet den ADSI-Impersonifizierungsmodus durch Angabe eines Benutzernamens und eines Kennworts bei der Instanziierung der Klasse `DirectoryEntry`.

Wechsel des Benutzerkontextes

```
o = New DirectoryEntry("ADSI_PFAD", "ADMINUSER", _
 "ADMINPASSWORD")
```

Prüfung auf Existenz

Das Classic-ADSI hatte keine eingebaute Methode, um die Existenz eines Verzeichnisobjekts zu überprüfen. Man war dort auf die (zeitaufwendige) Try-and-Error-Methode angewiesen. Unter .NET bietet die Klasse `DirectoryEntry` die statische Methode `Exists()` an, mit der sich prüfen lässt, ob ein anhand seines ADSI-Pfads spezifiziertes Verzeichnisobjekt existiert.

Exists()

```
Ja_oder_Nein = DirectoryEntry.Exists("ADSI_PFAD")
```

Die folgende Routine gibt für einen übergebenen ADSI-Pfad aus, ob das Verzeichnisobjekt existiert oder nicht.

Beispiel

```
' ### Prüfung, ob ein Verzeichnisobjekt vorhanden ist
Function ADSI_exists(ByVal pfad As String)
  out("Der Eintrag " & pfad & " ist " & _

  IIf(DirectoryEntry.Exists(pfad), _
  "vorhanden", "nicht vorhanden"))
```

.NET-Scripting

```
    ADSI_exists = DirectoryEntry.Exists(pfad)
End Function
```

Listing 8.7: Prüfung, ob ein Verzeichnisobjekt vorhanden ist
[/code/DOTNET_Skripte/_Alle als VS.NET-Projekt/SystemDirectoryServices/ADSI_allgemein.vb]

8.6.3.2 Zugriff auf Attribute und Methoden

Invoke() Im Vergleich zum Classic-ADSI ist die Verzeichnisdienst-Programmierung unter .NET mit etwas mehr Kodierungsaufwand verbunden. Die Hauptursache ist, dass es keinen direkten Zugriff mehr auf Verzeichnisattribute und Verzeichnisoperationen gibt, sondern alle Verzeichnisattribute über die Properties-Collection angesprochen und alle Verzeichnisoperationen über Invoke() durch spätes Binden aufgerufen werden müssen.

Im Classic-ADSI konnten – dank der verschiedenen ADSI-Schnittstellen – alle Verzeichnisoperationen und viele Verzeichnisattribute direkt (über frühes Binden) aufgerufen werden. Nur die verzeichnisdienstspezifischen Verzeichnisattribute mussten etwas umständlicher über Get() und Put() verwendet werden.

Attribute lesen

Attribute lesen über die Properties- Collection Während das Classic-ADSI nur diejenigen Attribute, die mehrwertig sind, als Array zurückliefert, gibt .NET-ADSI immer eine PropertyValueCollection zurück. Dies hat zur Folge, dass auch bei einwertigen Attributen immer explizit das erste Element der Liste angesprochen werden muss.

Während ein Attributzugriff im Classic-ADSI in der Regel wie folgt aussah:

```
xy = obj.Attributname
```

ist also in .NET-ADSI mehr Aufwand nötig:

```
xy = obj.Properties("Attributname ")(0)
```

Count Wenn ein Attribut keinen Wert hat, dann führt der Zugriff auf das Attribut in .NET genauso zu einem Fehler wie in COM-ADSI. Während man dies in COM nur mit der Laufzeitfehlerbehandlung (on error...) abfangen konnte, bietet die FCL nun eine elegantere Möglichkeit über die Abfrage des Attributs Count in der PropertyValueCollection.

```
obj.Properties("Attributname").Count
```

Wenn Count den Wert 0 hat, dann besitzt das Attribut keinen Wert.

Mehrwertige Attribute Bei mehrwertigen Attributen liefert Count die Anzahl der vorhandenen Werte. Auf die einzelnen Werte kann dann über den Index in der PropertyValueCollection zugegriffen werden:

```
obj.Properties("Attributname")(INDEX)
```

Hilfsroutine getAtt() Die verschiedenen Prüfungsvorgänge beim Auslesen eines Verzeichnisattributs kann man gut in eine Hilfsroutine packen. Die Funktion getAtt() erwartet als Parameter einen Zeiger auf ein DirectoryEntry-Objekt und den Namen eines Attributs. Sie liefert eine Zeichenkette (System.String) mit dem Attributwert zurück. Bei mehrwertigen Attributen werden die Einzelwerte durch ein Semikolon voneinander getrennt.

ADSI im .NET Framework

```
' ### Liefert die Werte eines Attributs In einem durch Semikola getrennten
String
Function getAtt(ByVal se As Object, ByVal attributname As String) As String
  Dim werteliste As Object
  'ResultPropertyValueCollection oder
  'PropertyValueCollection
  Dim wert As Object ' einzelner Wert
  Dim ergebnis As String ' Rückgabestring

  ' --- Prüfung, ob Attribut vorhanden
  If se.Properties.Contains(attributname) Then
    ' --- Zugriff auf Wertemenge
    werteliste = se.Properties(attributname)
    ' --- Schleife über alle Werte
    For Each wert In werteliste
     ' --- Ergebnis zusammensetzen
     If Len(ergebnis) = 0 Then
      ergebnis = wert
     Else
      ergebnis = ergebnis & ";" & wert
     End If

    Next
  End If
  Return (ergebnis)
End Function
```

Listing 8.8: *Diese Hilfsroutine liefert die Werte eines Attributs in einem durch Semikolon getrennten String*
[/code/DOTNET_Skripte/_Alle als VS.NET-Projekt/SystemDirectoryServices/ADSI_allgemein.vb]

Damit diese Routine auch mit einem `SearchResult`-Objekt bzw. dessen `ResultProperty ValueCollection` funktioniert, verwendet die Routine spätes Binden (`as Object`).

Attribute schreiben

Soll ein Attributwert gesetzt werden, muss unterschieden werden, ob das Attribut bereits einen Wert besitzt oder nicht. Um einen bestehenden Wert zu ändern, verwendet man

Attribute schreiben über die Properties-Collection

```
obj.Properties("Attributname ")(INDEX) = xy
```

Dabei ist `INDEX` die laufende Nummer des Werts. Dieser Zugriff ist aber nur erlaubt, wenn es überhaupt `INDEX-1` Werte gibt.

Bei einwertigen Attributen ist `INDEX` immer 0, also:

```
obj.Properties("Attributname ")(0) = xy
```

Besitzt das Attribut noch keinen Wert oder soll zu einem mehrwertigen Attribut ein Wert hinzugefügt werden, muss man die `Add()`-Methode verwenden.

Add ()

```
obj.Properties("Attributname").Add(Wert)
```

.NET-Scripting

Bei einem einwertigen Attribut, das bereits einen Wert besitzt, führt die Ausführung der Methode `Add()` zu einem Fehler. Wenn ein einwertiges Attribut gesetzt werden soll, muss also zunächst geprüft werden, ob es schon einen Wert gibt. Dafür kann man `Count` verwenden.

```
obj.Properties("Attributname").Count
```

Wenn es einen Wert gibt (count > 0), muss über den Index zugegriffen werden. Wenn es noch keinen Wert gibt (count = 0), muss man den Wert über `Add()` anlegen. Man kann sich die Arbeit etwas vereinfachen, indem man zunächst die Methode `Clear()` aufruft, um alle Werte zu löschen.

```
obj.Properties("Attributname").Clear
```

Danach kann man mit Sicherheit `Add()` verwenden, ohne einen Laufzeitfehler zu riskieren.

Methoden aufrufen

Invoke() Alle Verzeichnisoperationen müssen über

```
obj.invoke("Methodenname", Parameter1, Parameter2, etc)
```

aufgerufen werden, wobei `"Methodenname"` der Name einer Methode im Classic-ADSI ist. Der Aufruf einer Verzeichnisoperation erfolgt also in der FCL immer durch spätes Binden. Ein direkter Aufruf der Methoden ist (noch) nicht möglich. Die Namen und Parameter der verfügbaren Verzeichnisoperationen entsprechen den Methoden der COM-Schnittstellen des Classic-ADSIs.

Classic-ADSI versus .NET-ADSI

Die folgende Tabelle stellt die Vorgehensweise in Classic-ADSI und .NET-ADSI zusammenfassend gegenüber.

Tabelle 8.9: Attributzugriffe und Methodenaufrufe in Classic-ADSI und .NET-ADSI

	Classic-ADSI	.NET-ADSI
Attribut lesen	xy = obj.Attributname xy = obj.Get ("Attributname")	xy = obj.Properties ("Attributname ")(0)
Attribut setzen	obj.Attributname = xy obj.Put "Attributname",xy	obj.Properties ("Attributname ")(0) = xy obj.Properties ("Attributname").Add(xy)
Methodeaufrufen	obj.methodenname (Parameter1, Parameter2, etc)	obj.invoke ("Methodenname", Parameter1, Parameter2, etc)

Basiseigenschaften

Mitglieder der DirectoryEntry-Klasse Die Meta-Klasse `DirectoryEntry` besitzt einige wenige Attribute, die Basiseigenschaften eines Verzeichnisdienstobjekts enthalten. Dies sind:

- Name: Relative Distinguished Name des Objekts

ADSI im .NET Framework

- `Path`: **Distinguished Name des Objekts**
- `SchemaClassName`: **Name der Verzeichnisdienst-Klasse im Schema des Verzeichnisdienstes**
- `Guid`: **Global Unique Identifier (GUID) des Meta-Objekts**
- `NativeGuid`: **der Global Unique Identifier (GUID) für das Verzeichnisdienst-Objekt**

Auflisten der Verzeichnisattribute

Auf die Verzeichnisdienstattribute (Attribute von Verzeichnisobjekten) kann man nicht direkt zugreifen. Hierzu muss die `Properties`-Collection verwendet werden. Dabei ist zunächst über die der `Properties`-Collection untergeordnete `Values`-Collection zu iterieren, um die Namen der Attribute zu ermitteln. Die Wertemenge eines Verzeichnisattributs erhält man anschließend über `item("Attributname")`. Für jedes Attribut ist dann noch eine Iteration über die `PropertyValueCollection` notwendig, um die einzelnen Attributwerte auszugeben.

Iteration über die Properties-Collection

Die folgende Routine listet für ein beliebiges Verzeichnisdienstobjekt zunächst die Basiseigenschaften auf und dann alle Attribute des Verzeichnisdienstobjekts über die `Properties`-Collection.

Beispiel

```
' Alle Eigenschaften eines Verzeichniseintrags ausgeben
Sub ADSI_EintragLesen(ByVal pfad As String)
  Dim o As DirectoryEntry
  Dim werteliste As PropertyValueCollection
  Dim attributname As String
  Dim wert As Object

  out("# Lesen des Eintrags: " & pfad)

  ' --- Zugriff auf Eintrag
  o = New DirectoryEntry(pfad)
  ' --- Basisdaten des Eintrags
  out("Name: " & o.Name)
  out("Pfad: " & o.Path)
  out("Klasse:" & o.SchemaClassName)
  out("GUID: " & o.Guid.ToString)
  out("Native GUID:" & o.NativeGuid)

  ' --- Alle Verzeichnisattribute des Eintrags auflisten
  out("Alle Verzeichnisattribute:")
  out(o.Properties.Count)
  For Each attributname In o.Properties.PropertyNames
   out(attributname)
    ' --- Werteliste holen
   werteliste = o.Properties.Item(attributname)
    ' --- Werte einzeln ausgeben
   For Each wert In werteliste
     out("    " & wert.ToString())
```

```
        Next
    Next

End Sub
```

Listing 8.9: Alle Eigenschaften eines Verzeichniseintrags ausgeben
[/code/DOTNET_Skripte/_Alle als VS.NET-Projekt/SystemDirectoryServices/ADSI_allgemein.vb]

NativeObject

Interoperabi- Das Attribut `NativeObject` enthält einen Verweis auf das entsprechende ADSI-COM-
lität Objekt, genau genommen auf dessen `IADs`-Schnittstelle.

```
iads = o.NativeObject
```

ADSI Property Cache

Caching Da ADSI-Objekte nur Stellvertreter für Verzeichniseinträge sind, werden die Attributwerte in einem Property Cache verwaltet. Beim ersten Zugriff auf ein Attribut lädt ADSI alle Attributwerte in den Cache. Schreibzugriffe sind durch Zuweisungen an die Attribute möglich.

GetInfo(), Alle Schreibzugriffe müssen mit einem Aufruf der Methode `CommitChanges()` (`SetInfo()`
SetInfo() unter Classic-ADSI) abgeschlossen werden. Erst dann wird der Cache an den zugrunde liegenden Verzeichnisdienst übergeben. Damit wird auch die Transaktionssicherheit gewährleistet: Entweder werden alle Änderungen ausgeführt oder keine. Auch für das Einlesen der Attribute in den Cache gibt es eine Methode: `RefreshCache()` (entspricht `GetInfo()` unter Classic-ADSI). Das Programm sollte sie explizit aufrufen, wenn nicht sicher ist, ob die Werte im Cache noch aktuell sind. Mit `RefreshCache()` können auch Änderungen verworfen werden, wenn zwischen den Änderungen und dem `RefreshCache()` kein `CommitChanges()` steht. Durch Angabe eines Arrays mit Attributnamen bei `RefreshCache(ARRAY_OF_STRING)` können vor einem ersten Attributzugriff gezielt einzelne Werte in den Cache gelesen werden, um zur Verringerung der Netzwerklast die Übertragung aller Attribute zu vermeiden.

Abschalten Im Gegensatz zu COM-ADSI bietet .NET-ADSI die Möglichkeit, den Property Cache aus-
des Property zuschalten. Dazu ist nach der Instanziierung des `DirectoryEntry`-Objekts folgender Befehl
Caches notwendig:

```
obj.UsePropertyCache = False
```

Wichtiger Die Abschaltung des Property Caches funktioniert nicht beim Anlegen von Verzeichnisob-
Hinweis jekten von Verzeichnisklassen, die Pflichtattribute haben, da der Verzeichnisdienst den Eintrag erst erzeugt, wenn alle Pflichtattribute übergeben wurden.

8.6.3.3   Zugriff auf Container-Objekte

Container- Die Bindung an Container-Objekte und der Zugriff auf deren Verzeichnisattribute erfolgt
Objekte vollkommen identisch zum Zugriff auf Blatt-Objekte, also über die Klasse `DirectoryEntry`. Sollen die Unterobjekte des Containers aufgelistet werden, muss jedoch das Unterobjekt `Children` angesprochen werden, das ein `DirectoryEntries`-Objekt liefert.

Iteration mit Die Iteration durch ADSI-Container erfolgt in Visual Basic analog zur Iteration durch Col-
For Each lections mit der `For Each`-Schleife. Sie bindet eine Laufvariable vom Typ `DirectoryEntry` nacheinander an die Objekte im Container.

ADSI im .NET Framework

```
' Liste der Unterobjekte eines Containers

Sub ADSI_ContainerAuflisten(ByVal pfad As String)
  Dim o As DirectoryEntry
  Dim c As DirectoryEntries

  out("# Auflisten des Containers: " & pfad)

  ' --- Zugriff auf IADs
  o = New DirectoryEntry(pfad)
  ' --- Wechsel zu IADsContainer
  c = o.Children
  ' --- Schleife über alle Containerelemente
  For Each o In c
   out(o.Name)
  Next
End Sub
```

Listing 8.10: Liste der Unterobjekte eines Containers
[/code/DOTNET_Skripte/_Alle als VS.NET-Projekt/SystemDirectoryServices/ADSI_allgemein.vb]

8.6.3.4 Instanzenverwaltung

Die `DirectoryEntries`-Klasse stellt die Methoden zur Verwaltung von Objekten bereit: `Add()` erzeugt neue Objekte, `Remove()` löscht bestehende Objekte.

> Vor der Ausführung von `Add()` und `Remove()` sollten Sie die Existenz des jeweiligen Objekts prüfen, um einen Laufzeitfehler zu vermeiden.

Objekt anlegen

Ein Verzeichnisobjekt wird über den übergeordneten Container angelegt, weil nur dieser weiß, ob er eine bestimmte Verzeichnisklasse als Unterobjekt überhaupt zu akzeptieren bereit ist. Die Methode `Add()` erwartet im ersten Parameter den Relative Distinguished Name (RDN) des neuen Objekts und im zweiten Parameter den Namen der Verzeichnisdienst-Klasse, die als Schablone für das Objekt verwendet werden soll. Nach dem Setzen eventuell vorhandener Pflichtattribute muss noch `CommitChanges()` aufgerufen werden. **Add()**

```
obj = New DirectoryEntry("CONTAINER_PFAD")
container = obj.Children
neues_obj = container.Add("RDN","KLASSE")
neues_obj.Properties("ATTRIBUTNAME").Add("WERT")
neues_obj.CommitChanges()
```

Objekt löschen

Ein Objekt wird nicht durch einen Methodenaufruf auf sich selbst, sondern über die Ausführung von `Remove()` auf einem Container-Objekt gelöscht. Dabei ist als Parameter das `DirectoryEntry`-Objekt, das das zu löschende Verzeichnisobjekt repräsentiert, anzugeben. Der Aufruf von `CommitChanges()` ist nicht nötig. **Remove()**

.NET-Scripting

```
obj = New DirectoryEntry("CONTAINER_PFAD")
neues_obj = container.Remove(DE_OBJECT)
```

Beispiel Die folgende allgemeine Hilfsroutine löscht ein Objekt, das keine Unterobjekte besitzt. Als Parameter übergeben werden der DN des Containers und der RDN des Objekts.

```
' Löschen eines Verzeichnisobjekts, das keine Kinder hat
Sub ADSI_loeschen(ByVal container As String, ByVal oname As String)
  Dim o As DirectoryEntry
  Dim c As DirectoryEntries
  ' --- Zugriff auf IADs

  o = New DirectoryEntry(container)
  ' --- Zugriff auf IADsContainer
  c = o.Children
  ' --- Objekt löschen!
  c.Remove(c.Find(oname))

  out(oname & " gelöscht!")

End Sub
```

Listing 8.11: Löschen eines Verzeichnisobjekts, das keine Kinder hat
[/code/DOTNET_Skripte/_Alle als VS.NET-Projekt/SystemDirectoryServices/ADSI_allgemein.vb]

Rekursives Löschen

Rekursives Löschen Üblicherweise können Container-Objekte erst dann gelöscht werden, wenn sie leer sind. Die Routine `ADS_loeschen_rekursiv()` löscht in dem Fall, dass der übergebene ADSI-Pfad einen Container darstellt, zunächst rekursiv alle Unterobjekte. Die Routine ist aber auch eine Erleichterung für Blatt-Objekte, da ein Verzeichnisobjekt direkt über seinen Pfad gelöscht werden kann.

Beispiel Die folgende allgemeine Hilfsroutine löscht ein Verzeichnisobjekt, unabhängig davon, ob es Unterobjekte besitzt oder nicht. Als Parameter wird der DN des zu löschenden Verzeichnisobjekts übergeben. Wenn Unterobjekte vorhanden sind, ruft sich diese Routine rekursiv selbst auf.

```
' ### Löscht alle eventuell vorhandenen Unterobjekte und
' ### schließlich das angegebene Objekt selbst
Sub ADSI_Loeschen_Rekursiv(ByVal dn As String)
  Dim o As DirectoryEntry
  Dim kind As DirectoryEntry
  Dim vater As DirectoryEntries
  Dim rdn As String

  out("# Rekursives Löschen von: " & dn)
  ' --- Zugriff auf IADs
  o = New DirectoryEntry(dn)
  ' --- Relativen Namen ermitteln
  rdn = o.Name

  ' --- Zuerst alle Unterobjekte rekursiv löschen
  For Each kind In o.Children
```

ADSI im .NET Framework

```
    ADSI_Loeschen_Rekursiv(kind.Path)
  Next

  ' --- Zugriff auf IADsContainer
  vater = o.Parent.Children

  ' --- Dieses Objekt löschen!
  vater.Remove(o)

  ' --- Ausgabe
  out("Gelöscht: " & dn)
End Sub
```

Listing 8.12: Rekursives Löschen in einem Verzeichnisdienst
[/code/DOTNET_Skripte/_Alle als VS.NET-Projekt/SystemDirectoryServices/ADSI_allgemein.vb]

8.6.4 Beispiele zum Active Directory

Dieses Kapitel liefert Ihnen einige Beispiele zur Verwendung der Klassen des Namespace `System.DirectoryServices` zum Zugriff auf Microsoft Active Directory. Weitere Beispiele (auch zum WinNT-Provider für Windows NT 4.0 u. a.) finden Sie auf der CD-ROM zum Buch und in [SCH01a].

Die Beispiele in diesem Kapitel sind so vielfältig ausgewählt, dass Sie damit in der Lage sein werden, andere Beispiele zum COM-ADSI auf .NET umzusetzen.

8.6.4.1 Benutzer anlegen

Da das Anlegen eines Objekts vom übergeordneten Container ausgeht, muss im ersten Schritt der Container an `DirectoryEntry` gebunden werden. Die Erzeugung eines neuen Objekts erfolgt mit `Add()`, wobei im ersten Parameter der RDN des neuen Objekts und im zweiten Parameter der AD-Klassenname `user` anzugeben sind.   »user«-Verzeichnisobjekt anlegen

Das Setzen der Eigenschaft `SAMAccountName` ist Pflicht. Sofern der Property Cache nicht ausgeschaltet wurde, muss nach dem Setzen aller Eigenschaften `CommitChanges()` ausgeführt werden, da sonst das Benutzer-Objekt nicht angelegt wird.   Commit-Changes()

Im Standard ist ein neues Benutzerkonto im Active Directory deaktiviert. Die einfachste Möglichkeit zur Aktivierung ist der Zugriff auf das Attribut `AccountDisabled` in der COM-Schnittstelle `IADsUSer`.

> Beim Anlegen eines Benutzers muss der Impersonifizierungsmodus verwendet werden, selbst wenn der Benutzer, der die Anwendung startet, die notwendigen Rechte hätte. Dies war unter Classic-ADSI nicht der Fall und es stellt sich die Frage, ob dies unter .NET ein Bug oder ein Feature ist.

Bug oder Feature?

Beispiel

In der folgenden Routine wird ein Benutzerkonto »H.Schwichtenberg« mit NT4-Anmeldename »HSch« angelegt. Als optionales Attribut wird nur die Stadt (`"l"`) *gesetzt*.

```
Dim o As DirectoryEntry
Dim c As DirectoryEntries

out("# Anlegen des Benutzerkontos: " & USER)

' --- Zugriff auf IADS
o = New DirectoryEntry(LDAPbasta, _
ADMINUSER, ADMINPASSWORD)

' --- Zugriff auf IADSContainer
c = o.Children()

' --- Neues Objekt erzeugen
o = c.Add(USER, "user")
' --- Verzeichnisattribute festlegen
o.Properties("SAMAccountName").Add("HSch")
o.Properties("l").Add("Essen-Byfang")
o.CommitChanges()
' --- Konto aktivieren
o.NativeObject.AccountDisabled = False
o.CommitChanges()
```

Listing 8.13: Anlegen eines User-Objekts im Active Directory [ADS_Benutzer_anlegen.dsh]

8.6.4.2 Kennwort des Benutzers setzen

Kennwort festlegen mit SetPassword()

Das Kennwort eines Benutzerkontos kann erst gesetzt werden, nachdem das Benutzerkonto im Verzeichnisdienst angelegt wurde. Auch bei dieser Operation ist unter .NET die Impersonifizierung notwendig. Hier kommt der Methodenaufruf mit Invoke() zum Einsatz, da die .NET-Klassen keine Möglichkeit bieten, das Kennwort zu ändern. Mit Invoke() wird die in der COM-Schnittstelle IADSUser definierte Methode SetPassword() aufgerufen. Als zweiter Parameter bei Invoke() ist das neue Kennwort in Form eines Strings zu übergeben.

```
o.Invoke("setpassword", "NEUES_KENNWORT")
```

Beispiel

In der folgenden Routine wird das Kennwort für den zuvor angelegten Benutzer auf »12345678« festgelegt.

```
Dim o As DirectoryEntry

out("# Kennwortänderung für Benutzer " & LDAPhs)

' --- Zugriff auf Eintrag
o = New DirectoryEntry(LDAPhs, _
ADMINUSER, ADMINPASSWORD)
o.Invoke("setpassword", "12345678")
' --- Basisdaten des Eintrags
out("Kennwort für " & o.Name & " geändert!")
```

Listing 8.14: Kennwort für ein AD-Benutzerkonto setzen [ADS_BenutzerPwd_aendern.dsh]

8.6.4.3 Authentifizierung

Leider gibt es keine eingebaute Methode, die eine Authentifizierung mit Benutzername und Kennwort gegen das Active Directory ermöglicht. Um dies zu realisieren, bleibt nur die Try-and-Error-Methode: Man versucht einen Zugriff auf das Active Directory unter Anwendung der Impersonifizierung mit den zu prüfenden Anmeldedaten. Ist ein Zugriff auf das Attribut `NativeObject` möglich, dann stimmen die Daten. Wenn die Daten nicht stimmen, erhält man eine Fehlermeldung. Dies ist in der nachfolgenden Hilfsroutine `ADS_Authentifizierung()` realisiert.

Benutzername und Kennwort überprüfen

```
' ### Prüfen, ob die Anmeldedaten eines Benutzers korrekt sind
 Function ADS_Authentifizierung(ByVal Pfad As String, ByVal Domain As String,-
ByVal BenutzerName As String, ByVal Kennwort As String) As Boolean
  Dim VollstaendigerBenutzerName As String = Domain + "\" + BenutzerName
  Dim Eintrag As DirectoryEntry = New DirectoryEntry(Pfad,
VollstaendigerBenutzerName, Kennwort)
  Try
   Dim Objekt As Object = Eintrag.NativeObject
   Return True
  Catch Exc As Exception
   Return False
  End Try
End Function

' === Testen der ADS-Authentifizierung
Sub ADS_AutentifizierungTesten()
  Dim Benutzer As String = InputBox("Benutzername?")
  Dim Kennwort As String = InputBox("Kennwort?")
  say(ADS_Authentifizierung("LDAP://dc=it-objects,dc=local",
"it-Objects", Benutzer, Kennwort))
End Sub
```

Listing 8.15: Authentifizierung beim ADS [ADS_AutentifizierungTesten.dsh]

8.6.4.4 Benutzer löschen

Um einen Benutzer zu löschen, muss man folgende Schritte ausführen:

▶ Bindung an den Container über den DN des Containers

▶ Wechsel zur `DirectoryEntries`-Collection über das Attribut `Children`

▶ Suche nach dem `user`-Objekt in der Collection über den RDN des Benutzers mit der Methode `Find()`

▶ Löschen des Benutzers durch Ausführung von `Remove()` auf dem Container unter Angabe des `DirectoryEntry`-Objekts für den Benutzer

```
  Dim o As DirectoryEntry
  Dim c As DirectoryEntries
  Dim u As DirectoryEntry

  out("# Löschen des Benutzerkontos: " & LDAPhs)

  ' --- Zugriff auf IADS
```

```
o = New DirectoryEntry(LDAPbasta)
' --- Zugriff auf IADSContainer
c = o.Children
' --- Suche nach dem Benutzer
u = c.Find(USER)
' --- Objekt löschen!
c.Remove(u)
' --- Bestätigung
out("Benutzer gelöscht!")
```

Listing 8.16: Löschen eines Benutzers (Variante 1) [ADS_Benutzer_loeschen.dsh]

8.6.4.5 Benutzer umbenennen

Rename() Für das Umbenennen eines Verzeichnisdienstobjekts bietet die Klasse DirectoryEntry mit der Methode Rename() ein sehr einfaches Verfahren. Unter Classic-ADSI musste dazu die IADsContainer-Methode MoveHere() verwendet werden.

Beispiel

Im folgenden Beispiel wird das Benutzerkonto »H.Schwichtenberg« in »Holger Schwichtenberg« umbenannt.

```
Dim de As DirectoryEntry

out("# Umbenennen des Benutzerkontos: " & LDAPhs)

' --- Zugriff auf Benutzer
de = New DirectoryEntry(LDAPhs)
de.UsePropertyCache = False
' --- Verzeichnisnamen ändern
de.Rename("cn=Holger Schwichtenberg")
' --- Änderungen speichern
'de.CommitChanges()
```

Listing 8.17: Umbenennen eines AD-Benutzerkontos [ADS_benutzer_umbenennen.dsh]

8.6.4.6 Benutzer verschieben

MoveTo() Als Äquivalent zur COM-Methode IADSContainer.MoveHere() gibt es in der FCL-Klasse DirectoryEntry die Methode MoveTo(). Sie verschiebt ein Verzeichnisobjekt in einen anderen Container. Der Zielcontainer ist in Form eines zweiten DirectoryEntry-Objekts als Parameter zu übergeben.

Beispiel

In der folgenden Routine wird der Benutzer »H.Schwichtenberg« aus der Organisationseinheit »BASTA« in den Standard-Benutzer-Container »Users« verschoben.

```
Dim de As DirectoryEntry
Dim con As DirectoryEntry

out("# Verschieben des Benutzerkontos: " & LDAPhs)
```

ADSI im .NET Framework

```
' --- Zugriff auf Benutzer
de = New DirectoryEntry(LDAPhs)
' --- Zugriff auf neuen Container
con = New DirectoryEntry(LDAPusers)

' --- Verzeichnisnamen ändern
de.MoveTo(con)
```

Listing 8.18: *Verschieben eines AD-Benutzerkontos [ADS_benutzer_verschieben.dsh]*

8.6.4.7 Gruppenverwaltung

Das Anlegen einer Gruppe erfolgt analog zum Anlegen eines Benutzers. Für die Zuordnung von Benutzern zu Gruppen gibt es im .NET-ADSI keine spezifischen Methoden. Hier bleibt nur der Zugriff auf die in der COM-Schnittstelle IADsGroup definierten Methoden Add() und Remove().

8.6.4.8 Containerinhalt auflisten

Es gibt im Active Directory verschiedene Container-Typen. Eine Organisationseinheit ist nur ein möglicher Typ von Containern. Die Vorgehensweise ist in allen Fällen jedoch gleich: **Inhalt eines Containers**

- Bindung an das Container-Objekt über DirectoryEntry()
- Wechsel zur DirectoryEntries-Collection über das Attribut Children
- Iteration mit For...Each über die DirectoryEntries-Collection

Beispiel

Die folgende Routine listet alle Unterobjekte des Standardcontainers »Users« auf.

```
Dim o As DirectoryEntry
Dim c As DirectoryEntries
out("# Inhalt des Containers: " & LDAPusers)
' --- Zugriff auf IADS
o = New DirectoryEntry(LDAPusers)
' --- Wechsel zu IADSContainer
c = o.Children
' --- Schleife über alle Containerelemente
For Each o In c
 out(o.Name)
Next
```

Listing 8.19: *Liste der Unterobjekte eines Containers [ADS_ContainerAuflisten_Benutzer.dsh]*

Filtern von Klassen in einem Container

Ebenso wie im klassischen ADSI kann auch im .NET-ADSI der Containerinhalt durch einen Filter auf bestimmte Klassennamen beschränkt werden. Dazu muss vor der Schleife über den Container-Inhalt die Collection SchemaFilter im DirectoryEntries-Objekt mit denjenigen Klassennamen gefüllt werden, für die die Einschränkung gelten soll. **Ergebnismenge einschränken**

```
' --- Setzen des Filters
Dim snc As SchemaNameCollection
snc = c.SchemaFilter
snc.Add("User")
snc.Add("Group")
```

8.6.4.9 Computerkonto anlegen

Verzeichnisdienst-Klasse »computer«

Das Anlegen eines Computerkontos im Active Directory ist dem Anlegen eines Benutzers sehr ähnlich. Dies ist auch nicht verwunderlich, wenn man weiß, dass die Active Directory-Klasse computer von der Klasse user abgeleitet ist. Die Vererbungshierarchie im Active Directory ist

top->person->organizationalPerson->user->Computer

Beispiel

In der folgenden Routine wird in dem Standardcontainer »Computers« ein neues Computerkonto mit dem Namen »NeuerComputer« angelegt. Wenn dieses Computerkonto schon vorhanden ist, wird es mit ADSI_Loeschen_Rekursiv() vorher gelöscht.

```
Dim con As DirectoryEntry
Dim c As DirectoryEntry

Const DNC = "dc=IT-Visions,dc=de"
' DefaultNamingContext
Const COMPUTER_CONTAINER = "LDAP://cn=computers," _
 & DNC
Const COMPUTER_RDN = "cn=NeuerComputer"
Const COMPUTER_DN = "LDAP://" & COMPUTER_RDN & _
",cn=computers," & DNC

out("# Anlegen des Computerkontos : " & COMPUTER_DN)

' --- Löschen des Computerkontos,
' --- wenn es bereits vorhanden ist
If DirectoryEntry.Exists(COMPUTER_DN) Then
 out("Computerkonto ist bereits vorhanden!")
 ADSI_Loeschen_Rekursiv(COMPUTER_DN)
End If

' --- Bindung an Computer-Container
con = New DirectoryEntry(COMPUTER_CONTAINER)

' --- Gruppenobjekt erzeugen
c = con.Children.Add(COMPUTER_RDN, "Computer")
' --- Pflichtattribute setzen
c.Properties("SAMAccountName").Add("NEUERCOMPUTER")
' --- Optionale Attribute setzen
c.Properties("Description").Add("Mein neuer Computer")
' --- Änderungen speichern
c.CommitChanges()
```

```
' --- Ausgabe
out("Computerkonto angelegt: " & c.Path)
```

Listing 8.20: *Computerkonto anlegen im AD [ADS_Computerkonto_anlegen.dsh]*

8.6.4.10 Suche im Active Directory

In Kapitel 5.6 (»ADSI«) wurden bereits ADSI-Queries auf LDAP-Verzeichnisdiensten besprochen. Im Classic-ADSI wurde diese Funktionalität durch einen OLEDB-Provider gekapselt. Dieser steht grundsätzlich natürlich auch in ADO.NET über den Managed Provider für OLEDB noch zur Verfügung. Allerdings bietet der Namespace System.Directory-Services eine elegantere Möglichkeit zur Ausführung von LDAP-Suchanfragen.

Suche via LDAP

Während der OLEDB-Provider für ADSI Anfragen sowohl in LDAP-Query-Syntax als auch als SQL-Befehle unterstützt, können mit den in der FCL eingebauten Klassen nur LDAP-Query-Syntax-Anfragen gestellt werden.

Ebenso wie mit dem OLEDB-Provider lassen sich auch mit den FCL-Klassen nur LDAP-fähige Verzeichnisdienste abfragen. Die LDAP-Query-Syntax ist ein Standard [RFC1960] und [RFC2254] unddaher nicht anders als bei der COM-Implementierung (vgl. Kapitel 5.6).

Beispiel für eine LDAP-Abfrage mit ADSI in .NET

Die folgende Abfrage sucht im ganzen Active Directory alle Benutzerkonten, deren Namen mit dem Buchstaben »H« beginnen.

```
<LDAP://sonne2000/dc=IT-Visions,dc=DE>;
(&( objectclass=user)(name=h*));
adspath,SAMAccountname;subtree
```

Beispiel für eine LDAP-Suchanfrage

> Eine Abfrage, die nur aus der Bedingung *class*=* besteht, funktioniert nicht. Um alle Verzeichnisobjekte zurückzuliefern, muss der Sternoperator auf ein anderes Attribut angewendet werden.

Ausführung einer Abfrage

Eine LDAP-Abfrage wird mit FCL-Klassen in folgenden Schritten ausgeführt:

Suche definieren

- Instanziierung der Klasse DirectorySearcher
- Festlegung des Ausgangspunkts der Anfrage durch Zuweisung eines Zeigers auf ein DirectoryEntry-Objekt, das an den Ausgangspunkt gebunden ist, an das Attribut SearchRoot
- Setzen des Filter-Teils der LDAP-Abfrage im Attribut Filter
- Festlegung der Attribute durch Füllen der Collection PropertiesToLoad
- Festlegung des Scopes in dem Attribut SearchScope
- Starten der Anfrage durch die Methode FindAll()

Suche starten

- FindAll() liefert eine Collection vom Typ SearchResultCollection zurück.
- Die SearchResultCollection enthält einzelne SearchResult-Objekte.

Ergebnis auswerten

.NET-Scripting

▶ Von einem SearchResult-Objekt kann man entweder über die ResultsPropertyCollection lesend auf die abgefragten Attribute zugreifen oder aber man lässt sich von der Methode GetDirectoryEntry() ein DirectoryEntry-Objekt für den gefundenen Verzeichniseintrag liefern. Das so ermittelte DirectoryEntry-Objekt ermöglicht auch den Schreibzugriff.

Beispiel

Suchbeispiel In dem folgenden Beispiel werden im ganzen Active Directory alle Benutzerkonten gesucht, deren Verzeichnisname mit dem Buchstaben »H« beginnt. Für diese Objekte werden der Verzeichnisname und die Stadt ausgegeben. Außerdem wird für alle diese Objekte die Beschreibung auf den Text »Benutzer mit 'H'« geändert.

```
Dim suche As DirectorySearcher
Dim ergebnisliste As SearchResultCollection
Dim ergebnis As SearchResult

out("# Suchanfrage im ADS")

' --- Suchanfrage
Const suchanfrage = "(&(objectclass=user)(cn=h*))"
' --- Instanziierung der Klasse
suche = New DirectorySearcher()
' --- Festlegung des Ausgangspunkts
suche.SearchRoot = New DirectoryEntry(LDAProot)
' --- Festlegung der LDAP-Query
suche.Filter = suchanfrage

' --- Ort einbeziehen
suche.PropertiesToLoad.Add("l")
suche.PropertiesToLoad.Add("Description")
' --- Suchtiefe festlegen
suche.SearchScope = SearchScope.Subtree
' --- Suche starten
ergebnisliste = suche.FindAll()
' --- Ergebnismenge ausgeben
For Each ergebnis In ergebnisliste
  ' --- Ergebnis lesen
  out(getAtt(ergebnis, "Name") & " wohnt In " & _
  getAtt(ergebnis, "l"))
  out(getAtt(ergebnis, "Description"))
  ' --- Ergebnis verändern
  Dim de As DirectoryEntry = ergebnis.GetDirectoryEntry
  de.Properties("description").Clear()
  de.Properties("description").Add("Benutzer mit 'H'")
  de.CommitChanges()
Next
```

Listing 8.21: Ausführen einer LDAP-Suche im AD [ADS_suche.dsh]

8.6.4.11 Suche nach Benutzer mit NT4-Anmeldename

Wenn für einen Benutzer dessen NT4-kompatibler Anmeldename, aber nicht der Pfad des Verzeichnisdiensteintrags bekannt ist, dann hilft nur die Suche im Active Directory mit einer ADSI-Suchanfrage über das Attribut SAMAccountName. Wichtig ist dabei, dass hier nur der Benutzername, nicht auch der NT4-kompatible Domänenname anzugeben ist.

LDAP-Pfad aus SAMAccountName ermitteln

```
Const Benutzername = "hs"
Dim pfad As String

Dim Suche As DirectorySearcher = New DirectorySearcher(LDAProot)
Suche.Filter = "(SAMAccountName=" + BenutzerName + ")"
Suche.PropertiesToLoad.Add("cn")
Dim SucheErgebnis As SearchResult = Suche.FindOne()
If SucheErgebnis Is Nothing Then
 ' --- Suche war erfolglos
 say("Benutzer nicht gefunden!")
Else
 ' --- Suche war erfolgreich
 Pfad = SucheErgebnis.Path
 say("Benutzer gefunden: " & pfad)

End If
```

Listing 8.22: *Verzeichnisdiensteintrag zu einem Benutzer suchen, dessen SAMAccountName bekannt ist* [ADS_GetCNforSAMName.dsh]

8.7 WMI im .NET Framework

Der Namespace System.Management ist die .NET-Implementierung eines Meta-Objektmodells für die Windows Management Instrumentation (WMI). Anders als bei ADSI ist die WMI in .NET nicht ein Wrapper für die entsprechende COM-Komponente, sondern eine eigene Implementierung.

Ebenso wie in COM ist die .NET-Implementierung auch ein Meta-Objektmodell. Für .NET gibt es aber zusätzlich einen sehr hilfreichen Wizard, der eine Wrapper-Klasse für eine WMI-Klasse generiert. Das reduziert nicht nur die Komplexität von WMI, sondern ermöglicht es sogar, die Intellisense-Unterstützung von Visual Studio .NET (oder anderen Editoren, die die .NET-Reflection zur Eingabeunterstützung nutzen) zu verwenden. Für einige Operationen (z.B. die Suche mit der WMI Query Language) ist aber weiterhin das Meta-Objektmodell zwingend erforderlich.

Meta-Objektmodell versus Wrapper

In diesem Kapitel werden sowohl das Meta-Objektmodell als auch die Wrapper-Klassen-Generierung vorgestellt.

In Zusammenhang mit diesem Namespace ist bei Microsoft auch der Begriff *WMI+* gefallen (analog dazu, dass zeitweise auch von ASP+ und ADO+ die Rede war).

.NET-Scripting

Buchtipp

> **Weitere Informationen**
>
> Dieses Kapitel ist ein veränderter und gekürzter Auszug aus dem folgenden Buch. Dort finden Sie eine ausführliche Darstellung der .NET-Klassenbibliothek.
>
> Frank Eller, Holger Schwichtenberg:
> Programmieren mit der .NET-Klassenbibliothek
> Zugriff auf das Windows-Betriebssystem mit Visual Basic .NET und C#
> 950 Seiten, Addison-Wesley 2002, ISBN 3-8273-1905-6

8.7.1 Programmieren mit dem Meta-Objektmodell

Zunächst soll das Meta-Objektmodell besprochen werden. Leider hat Microsoft auch hier gegenüber COM viel geändert, ohne dass es dafür einen zwingenden Grund gab.

> Hinweise zum Begriff Meta-Objektmodell finden Sie in Anhang A.

8.7.1.1 Überblick über das Objektmodell

Zentrale Klassen

Zentrale Klassen des neuen Objektmodells sind:

- `ManagementObject`

  Diese Klasse repräsentiert ein WMI-Objekt.

- `ManagementClass`

  Diese Klasse repräsentiert eine WMI-Klasse. `ManagementClass` ist von `ManagementObject` abgeleitet.

- `ManagementBaseObject`

  Beide Klassen sind von `ManagementBaseObject` abgeleitet. Diese Klasse ist nicht abstrakt, sondern wird an verschiedenen Stellen im Objektmodell auch verwendet.

> Verwechseln Sie nicht die Begriffe »Managed Object« und »ManagementObject«. Managed Object ist der allgemeine Begriff für ein WMI-Objekt oder eine WMI-Klasse. ManagementObject ist der Name einer Meta-Klasse zur Verwaltung von beliebigen Managed Objects.

Objektmodell Die folgende Abbildung zeigt den Hauptteil des neuen Meta-Objektmodells für WMI.

WMI im .NET Framework

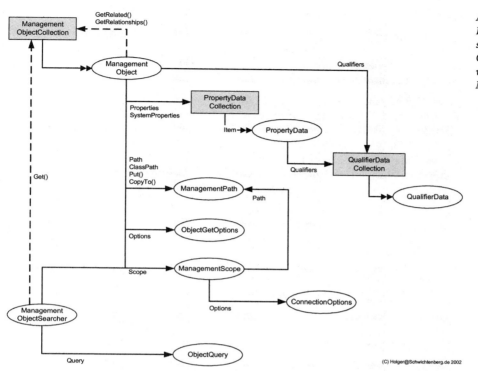

Abbildung 8.7:
Erster Ausschnitt aus dem Objektmodell von System.Management

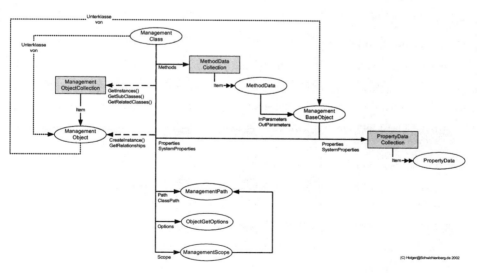

Abbildung 8.8:
Zweiter Ausschnitt aus dem Objektmodell von System.Management

8.7.1.2 Objektbindung

WMI-Pfad Die Verwendung von WMI beginnt mit der Bindung eines Meta-Objekts (ManagementObject oder ManagementClass) an ein WMI-Objekt oder eine WMI-Klasse. Die Pfade sind aufzubauen wie in COM-WMI auch mit der Ausnahme, dass die COM-Moniker-ID »WinMgmts:« nicht mehr vor dem Pfad genannt werden muss (und darf!).

Späte Fehlererkennung Ein WMI-Pfad kann dem Konstruktor der Klassen ManagementObject und ManagementClass übergeben werden. Damit existiert die Bindung dann zunächst nur auf dem WMI-Client. Die Anfrage an das lokale oder entfernte WMI-Repository wird erst ausgeführt beim ersten Zugriff auf ein WMI-Attribut, beim ersten Aufruf einer WMI-Methode oder wenn explizit die Get()-Methode des Meta-Objekts aufgerufen wird. Erst dann wird festgestellt, ob die angeforderte WMI-Klasse bzw. das angeforderte WMI-Objekt existiert. Lediglich grundsätzliche Fehler in der Syntax des Pfads werden direkt bei der Instanziierung erkannt.

```
Dim mo As Management.ManagementObject
Dim mc As Management.ManagementClass

' --- Bindung an eine lokale WMI-Klasse
mc = New ManagementClass("Win32_LogicalDisk")
mc.Get()
out("Gebunden an: " & mc.ToString)

' --- Bindung an ein entferntes WMI-Objekt
mo = New Management.ManagementObject _
 ("\\minbar\root\cimv2:Win32_LogicalDisk.DeviceID='c:'")
mo.Get()
out("Gebunden an: " & mo.ToString)
```

Listing 8.23: Ausschnitt aus WMI_Bindung() [WMI_Bindung.dsh]

Bindungsoptionen **Objektbindung mit Optionen**

Es ist möglich, verschiedene Parameter für die Bindung zu setzen. Dies sind insbesondere:

- Benutzername und Kennwort eines Benutzerkontos, unter dem der Zugriff erfolgen soll (WMI unterstützt Impersonifizierung)

- Die DCOM-Optionen für Authentifizierung und Impersonifizierung (WMI verwendet DCOM zum Remoting)

- Eine Timeout-Zeit in Form eines TimeSpan-Objekts

Im klassischen WMI konnten diese Optionen zum Teil durch den WMI-Pfad festgelegt werden. Dies ist in der .NET-Implementierung von WMI nicht vorgesehen.

Vorgehensweise Die Bindung mit Optionen ist etwas aufwendiger.

1. Man benötigt eine Instanz der Klasse ConnectionOptions, *die die Optionen aufnimmt.*

2. Über eine Instanz von ManagementScope definiert man den Server und den Namespace, den man verwenden will. Diesem Objekt übergibt man das ConnectionOptions-Objekt.

3. Die Klasse und die Instanz definiert man in einem ManagementPath-Objekt.

WMI im .NET Framework

4. Dem Konstruktor von `ManagementObject` übergibt man das `ManagementScope`- und das `ManagementPath`-Objekt. Der dritte Parameter für weitere Optionen ist in der Regel auf `Nothing` zu setzen.

```
' --- Bindung mit Optionen
' Optionen definieren
Dim opt As New ConnectionOptions()
opt.Username = "minbar\Delen"
opt.Password = "egal"
opt.Authentication = AuthenticationLevel.PacketPrivacy
opt.Impersonation = ImpersonationLevel.Impersonate
opt.Timeout = New TimeSpan(0, 0, 4) ' 4 Sekunden
' Entfernten Computer definieren
Dim scope As New ManagementScope( _
"\\minbar\root\cimv2")
scope.Options = opt
' Objekt definieren
Dim path As New _
ManagementPath("Win32_LogicalDisk.DeviceID='c:'")
' Objekt binden
mo = New Management.ManagementObject(scope, _
path, Nothing)
mo.Get()
out("Gebunden an: " & mo.ToString)
```

Listing 8.24: Ausschnitt aus WMI_Bindung() [WMI_Bindung.dsh]

8.7.1.3 Zugriff auf Attribute und Methoden

Nicht nur, dass die Entwickler neue Klassen- und Member-Namen für das .NET-WMI lernen müssen; auch die Art und Weise des Zugriffs auf die Attribute und Methoden eines WMI-Objekts ist wesentlich aufwendiger geworden, da ein direkter Zugriff mit der Punktnotation (`Objektname.Attributname`) nur für die Members der Meta-Klasse, nicht aber für die Members des WMI-Objekts aus dem WMI-Repository möglich ist.

Attribute

Alle Lesezugriffe auf Attribute des WMI-Objekts müssen daher über `String`-Parameter erfolgen. Es gibt drei Möglichkeiten: **Attribute lesen**

- über die `Properties`-Collection:

    `mo.Properties("Attributname").Value`

- über die Methode `GetPropertyValue()`:

    `mo.GetPropertyValue("Attributname")`

- oder – am einfachsten – über das `Item()`, ein indiziertes Attribut (Indexer):

    `mo("Attributname")`

Für Schreibzugriffe gibt es äquivalent drei Möglichkeiten. **Attribute schreiben**

```
mo.Properties("Attributname").Value = "NeuerWert"
mo.SetPropertyValue("Attributname", "NeuerWert")
mo("Attributname") = "NeuerWert"
```

Methoden

Methoden-aufrufe Methodenaufrufe müssen über `InvokeMethod()` abgebildet werden.

```
mo.InvokeMethod("Methodenname", parameterarray)
```

Datentypen

Die folgende Tabelle zeigt die Umsetzung der Datentypen zwischen WMI und .NET.

Tabelle 8.10: Entsprechung zwischen Datentypen in WMI und .NET

WMI-Datentyp	.NET-Datentyp (CLR-Datentyp)
Boolean	System.Boolean
Char16	System.Char
Sint8	System.Sbyte
Sint16	System.Int16
Sint32	System.Int32
Sint64	System.Int64
Uint8	System.Byte
Uint16	System.Uint16
Uint32	System.Uint32
Uint64	System.Uint64
String	System.String
Datetime	System.String
Object	System.Management.ManagementBaseObject
Real32	System.Single
Real64	System.Double
Reference	System.String

8.7.1.4 Lesezugriff

Management-Object Die Klasse `Management.ManagementObject` ist die Meta-Klasse für ein einzelnes WMI-Objekt. Bei der Instanziierung wird über den Konstruktor ein WMI-Pfad angegeben, der die Instanz der Meta-Klasse an ein bestimmtes WMI-Objekt bindet.

Beispiel

Zugriff auf Laufwerk Das folgende Beispiel zeigt das Auslesen von Eigenschaften des Laufwerks »C«, das durch eine Instanz der WMI-Klasse `Win32_LogicalDisk` in WMI abgebildet wird. Diese Instanz wird durch folgenden WMI-Pfad eindeutig identifiziert:

```
\root\cimv2:Win32_LogicalDisk.DeviceID='C:'
```

Bei der Instanziierung wird eine Instanz der Meta-Klasse `Management.ManagementObject` *mit Namen* mo an das obige WMI-Objekt gebunden:

```
mo = New Management.ManagementObject(PFAD)
```

Mit dem Meta-Objektmodell ist ein direkter Zugriff nur auf die Mitglieder des Meta-Objekts möglich, also auf die Mitglieder von mo. Die Klasse `Management.ManagementObject` enthält selbst keine Daten, sondern nur Verweise auf Unterobjekte. So führt das Attribut Path zu einem Objekt des Typs `ManagementPath`, das allgemeine Informationen über das WMI-Objekt wie z.B. den relativen Pfad, den Computer, auf dem das Objekt liegt, und den WMI-Klassennamen liefert.

```
out("Computer: " & mo.Path.Server)
```

Die Attribute des WMI-Objekts (also die Eigenschaften des Laufwerks in diesem Beispiel) kann man nur über String-Parameter ansprechen:

```
out("Name: " & mo("Caption"))
out("FileSystem: " & mo("FileSystem"))
out("Freie Bytes: " & System.Convert.ToUInt32(mo("FreeSpace")).ToString
```

Das folgende Listing zeigt das komplette Beispiel.

```
Const PFAD = _
"\root\cimv2:Win32_LogicalDisk.DeviceID='C:'"

Dim mo As Management.ManagementObject

' --- Zugriff auf WMI-Objekt
mo = New Management.ManagementObject(PFAD)

' --- Attribute des Meta-Objekts
out("-- Metainformation:")
out("kompletter WMI-Pfad:" & _
 mo.Path.Path)
out("Relativer Pfad:" & _
 mo.Path.RelativePath)
out("Computer: " & _
 mo.Path.Server)
out("Namespace:" & _
 mo.Path.NamespacePath)
out("Standardpfad: " & _
 mo.Path.DefaultPath.Path)
out("Klassenname: " & _
 mo.Path.ClassName)

' --- Attribute des WMI-Objekts
out("-- Zugriff auf einzelne Attribute")
out("Name: " & mo("Caption"))
out("Dateisystem: " & mo("FileSystem"))
out("Freie Bytes: " & System.Convert.ToUInt32(mo("FreeSpace")).ToString)
```

Listing 8.25: Zugriff auf ein bestimmtes WMI-Objekt [WMI_MO1.dsh]

.NET-Scripting

8.7.1.5 Schreibzugriff

Put() Das Vorgehen beim Schreibzugriff ist analog zum Lesezugriff. Zu beachten ist, dass nach einem Schreibzugriff die Änderungen erst wirksam werden, wenn die Methode Put() in der Meta-Klasse ManagementObject aufgerufen wird.

Beispiel

Im folgenden Beispiel wird die Laufwerksbezeichnung des Laufwerks »C« geändert.

```
Const PFAD = _
"\root\cimv2:Win32_LogicalDisk.DeviceID='c:'"
Dim mo As Management.ManagementObject
' --- Zugriff auf WMI-Objekt
mo = New Management.ManagementObject(PFAD)
' --- WMI-Attribute ändern
mo("VolumeName") = "neuerName"
' --- Änderungen schreiben
mo.Put()
out("Name geändert!")
```

Listing 8.26: *Ändern von Attributwerten in einem WMI-Objekt [WMI_MO3.dsh]*

8.7.1.6 Methodenaufrufe

Invoke-Method() Der Aufruf einer Methode in einem WMI-Objekt über das Meta-Objektmodell ist sehr komplex, weil zunächst alle Parameter einzeln in eine Datenstruktur eingefügt werden müssen, bevor die WMI-Methode mit InvokeMethod() aufgerufen werden kann. Als Datenstruktur kommt InvokeMethod() entweder mit einem Array of Object oder einem Objekt des Typs ManagementBaseObject klar. Im ersteren Fall liefert InvokeMethod() als Rückgabewert ein Objekt vom Typ Object, im zweiten Fall ein ManagementBaseObject.

Beispiel

Laufwerk prüfen
Das Beispiel zeigt den Aufruf der Methode CheckDisk() in der WMI-Klasse Win32_LogicalDisk. Der Aufruf der Methode wird in zwei Varianten gezeigt.

Alternative 1 Die erste Alternative unter Verwendung von ManagementBaseObject ist deutlich länger: Zunächst muss ein passendes ManagemertBaseObject mit dem Aufruf von GetMethodParameters() gewonnen werden. Dieses ManagementBaseObject besitzt Unterobjekte entsprechend den erwarteten Eingabeparametern. Der Rückgabewert wird ebenfalls als ManagementBaseObject geliefert.

Alternative 2 Dieser Weg ist deutlich länger als die Verwendung eines Arrays als Eingabeparameter für den Methodenaufruf. Jedoch hat der Weg über ein Array den Nachteil, dass die Parameter in der exakt richtigen Reihenfolge übergeben werden müssen. Außerdem bietet der erste Weg über ManagementBaseObject noch den Vorteil, dass beim Aufruf von InvokeMethod() als dritter Parameter optional eine Timeout-Zeit in Form eines Objekts des Typs InvokeMethodOptions mitgegeben werden kann.

```
Dim mo As Management.ManagementObject
Dim inParams As _
    System.Management.ManagementBaseObject = Nothing
Dim outParams As _
```

```
    System.Management.ManagementBaseObject
Dim wert As UInt32

' --- Zugriff auf WMI-Objekt
mo = New Management.ManagementObject _
 ("//MARS\root\cimv2:Win32_LogicalDisk.DeviceID='f:'")
' --- Parameterliste einlesen
inParams = mo.GetMethodParameters("Chkdsk")
' --- Parameter füllen
inParams("FixErrors") = False
inParams("ForceDismount") = False
inParams("OkToRunAtBootUp") = False
inParams("RecoverBadSectors") = False
inParams("SkipFolderCycle") = False
inParams("VigorousIndexCheck") = False
' --- Methode aufrufen
out("Aufruf von CHKDSK...#1")
outParams = mo.InvokeMethod("Chkdsk", _
  inParams, Nothing)

' --- Rückgabewert ausgeben
wert = System.Convert._
  ToUInt32(outParams.Properties("ReturnValue").Value)
out("Ergebnis von CHKDSK: " & wert.ToString)

' --- Alternative mit Array of Object
Dim params() As Object = {False, False, False, _
  False, False, False}
Dim ergebnis As Object
out("Aufruf von CHKDSK...#2")
ergebnis = mo.InvokeMethod("Chkdsk", params)
out("Ergebnis von CHKDSK: " & ergebnis.ToString)
```

Listing 8.27: Aufruf der Methode CheckDisk (Dieses Beispiel benötigt WMI 5.1.) [/WMI_MO2.dsh]

8.7.1.7 Informationen über WMI-Objekte

Oft ist es sinnvoll, sich alle Attribute und Methoden eines WMI-Objekts auflisten zu lassen. Das leistet das Listing 8.28.

Die Attribute können mit einer For Each-Schleife über die Properties-Collection aufgelistet werden. Eine Liste der Methoden erhält man über die Klassendefinition. Das Meta-Objektmodell ermöglicht es, eine Verzeichnisdienst-Klasse zu binden. Dazu gibt es die spezielle Meta-Klasse Management.ManagementClass. Die Klasse ManagementClass bietet eine Collection Methods an, in der es für jede Methode ein MethodData-Objekt gibt. **Properties**

Das passende ManagementClass-Objekt ermittelt man aus einem ManagementObject über den WMI-Pfad: **Von ManagementObject zu ManagementClass**

```
Dim mc As ManagementClass _
  = New ManagementClass(mo.ClassPath.ClassName)
```

Ein Attribut in der Klasse ManagementObject, das direkt das zugehörige ManagementClass-Objekt liefert, gibt es leider nicht.

Beispiel

Die folgende Routine listet alle Attribute und Methoden der WMI-Klasse `Win32_LogicalDisk` auf.

```
Dim mo As Management.ManagementObject
Dim mc As Management.ManagementClass
Dim p As Management.PropertyData
Dim m As MethodData
Dim wert As Object
' --- Zugriff auf WMI-Objekt
mo = New Management.ManagementObject _
 ("//MARS\root\cimv2:Win32_LogicalDisk.DeviceID='C:'")

' --- Alle Attribute des WMI-Objekts auflisten
out("-- ALLE ATTRIBUTE:")
For Each p In mo.Properties
 wert = p.Value
 If Not wert Is Nothing Then
  out(p.Name & "=" & wert.ToString())
 Else
  out(p.Name & "= (nicht belegt)")
 End If
Next

' --- Alle Methoden des Meta-Objekts auflisten
out("-- ALLE METHODEN:")
mc = New Management.ManagementClass _
 (mo.ClassPath.ClassName)
For Each m In mc.Methods
 out(m.Name)
Next
```

Listing 8.28: Ausgabe aller Attribute und Methoden eines WMI-Objekts [WMI_MO4.dsh]

8.7.1.8 Auflisten von Objektmengen

WMI bietet die Möglichkeit, nicht nur einzelne Instanzen einer Klasse anzusprechen, sondern auch alle Instanzen einer Klasse. Dazu dienen die Klassen `ManagementClass` *und* `ManagementObjectCollection`.

Management-Class
- Die `ManagementClass` repräsentiert eine WMI-Klasse und bietet die Methode `GetInstances()`.

ManagementObjectCollection
- Rückgabewert dieser Methode ist eine Objektmenge vom Typ `ManagementObjectCollection`.

Über `ManagementObjectCollection` kann mit `For Each` iteriert werden, wobei die einzelnen Objekte vom Typ `ManagementObject` sind.

Beispiel

Die folgende Routine listet alle Instanzen der WMI-Klasse `Win32_LogicalDisk` auf.

```
Dim mo As Management.ManagementObject
Dim mc As Management.ManagementClass
Dim menge As ManagementObjectCollection

' --- Zugriff auf Klasse
mc = New ManagementClass("Win32_LogicalDisk")
' --- Instanzen holen
menge = mc.GetInstances
' --- Instanzen auflisten
For Each mo In menge
 out(mo("Name"))
Next
```

Listing 8.29: Auflisten aller Instanzen der WMI-Klasse »Win32_LogicalDisk« [WMI_Instanzen.dsh]

8.7.2 Programmieren mit Wrapper-Klassen

Während die Arbeit mit dem Meta-Objektmodell in COM noch die einzige Möglichkeit zum Zugriff auf WMI war, bietet Microsoft in .NET eine deutliche Verbesserung. Mit Hilfe so genannter Wrapper-Klassen wurde die Möglichkeit geschaffen, WMI-Objekte auch mit früher Bindung zu nutzen. Der Vorgang heißt *Management Strongly Typed Class Generation*.

Strongly Typed Class Generation

Die Klasse ManagementClass aus dem Meta-Objektmodell bietet eine Methode GetStronglyTypedClassCode(), die für eine beliebige WMI-Klasse den Quellcode für eine Wrapper-Klasse in Visual Basic .NET, C# oder JScript .NET erzeugt. Diese Wrapper-Klasse kann man dann seinen eigenen Projekten hinzufügen und fortan ist ein Zugriff auf die WMI-Klasse wie auf jede andere .NET-Klasse möglich. Im Inneren nutzt die Wrapper-Klasse das WMI-Meta-Objektmodell.

GetStronglyTypedClassCode()

Wohlgemerkt steigert dieses Vorgehen nicht die Performance: Dieser Weg ist keine neue Programmierschnittstelle zu WMI, sondern nur ein Code-Generator (Wizard), der es dem Programmierer leichter macht.

8.7.2.1 Erzeugung einer Wrapper-Klasse

Es gibt zwei Wege, die Erzeugung einer Wrapper-Klasse anzustoßen:

1. per Programmcode
2. über das Kommandozeilen-Tool *mgmtclassgen.exe*

Erzeugung eines Wrappers per Programmcode

Ein Zweizeiler reicht: Bei der Instanziierung der ManagementClass wird die zu wrappende WMI-Klasse festgelegt. GetStronglyTypedClassCode() erwartet dann nur eine Sprachangabe und eine Ausgabedatei.

```
Dim mc As New ManagementClass(Nothing, _
 "Win32_LogicalDisk", Nothing)
mc.GetStronglyTypedClassCode(CodeLanguage.VB, _
 "H:\code\Logicaldisk.vb", String.Empty)
```

Listing 8.30: Diese Routine erzeugt eine früh bindende .NET-Klasse für eine WMI-Klasse [WMI_direkt_erzeugen.dsh]

Erzeugung eines Wrappers per Kommandozeilen-Tool

Der Management Strongly Typed Class Generator (*mgmtclassgen.exe*) ist ein kleines Kommandozeilen-Tool, das obigen Code ausführt. Das Werkzeug ist Teil des .NET SDKs und damit kostenlos.

Der folgende DOS-Kommandozeilenbefehl erzeugt eine Visual Basic .NET-Quellcode-Datei für eine Wrapper-Klasse für die WMI-Klasse Win32_LogicalDisk. Anzugeben sind

- der Name der WMI-Klasse,
- der Namespace, in dem sich die Klasse befindet,
- die Ausgabesprache (Kürzel »vb«, »cs« oder »js«)
- Name und Pfad der Ausgabedatei.

```
hmgmtclassgen Win32_LogicalDisk /n root\cimv2 /l vb
/p Win32_logicaldisk.vb
```

8.7.2.2 Verwendung der erzeugten Klasse

Die erzeugte .NET-Klasse können Sie in ein beliebiges Projekt einbinden. Sehr hilfreich ist, dass die erzeugte Klasse auch einen Konstruktor bietet, der einfach den Laufwerksbuchstaben erwartet, um die Klasse zu lokalisieren. Der *Management Strongly Typed Class Generator* bedient sich des WMI-Schemas, um Informationen über die Schlüsselattribute der betreffenden WMI-Klasse zu bekommen. Damit kann der Generator einen entsprechenden Konstruktor aufbauen.

Überladungen des Konstruktors — Es werden aber auch noch andere Konstruktoren generiert, z.B. zur Übergabe eines ManagementScope-Objekts und/oder eines ManagementPath-Objekts, um ein entferntes WMI-Objekt zu verwenden bzw. Verbindungsoptionen zu setzen (siehe Kapitel 8.2.2).

Beispiel

Dazu ein Beispiel, das die generierte Klasse ROOT.CIMV2.LogicalDisk verwendet:

```
Dim Disk As New ROOT.CIMV2.LogicalDisk("f:")
out(Disk.Caption)
out(Disk.Chkdsk(False, False, False, False, _
   False).ToString)
```

Listing 8.31: Verwendung einer Wrapper-Klasse am Beispiel eines Laufwerks [WMI_direkt.dsh]

8.7.2.3 Verwendung der erzeugten Objektmengen

Es wird nicht nur eine Klasse für ein einzelnes WMI-Objekt, sondern auch eine passende Mengenklasse erzeugt. Diese Mengenklasse erhält den Namen der Einzelklasse mit dem angehängten Begriff »Collection«.

Tabelle 8.11: Beispiel für generierte Klassen

WMI-Klasse	Win32_LogicalDisk
.NET-Einzelklasse	LogicalDisk
.NET-Mengenklasse	LogicalDiskCollection

Die Einzelklasse bietet die statische Methode GetInstances(), um eine Menge der jeweiligen WMI-Objekte zu holen. GetInstances() ist mehrfach überladen. Eine sehr hilfreiche Überladung ist GetInstances(ByVal condition As String).

GetInstances()

Sie können nach GetInstances() nicht direkt einen WMI-Pfad als String angeben. Um einen entfernten Computer als Ziel zu definieren, können Sie ein ManagementScope-Objekt übergeben. Eine Bedingung können Sie als String übergeben, z.B. liefert GetInstances(New ManagementScope("\\mars"), "name>'d:'") alle Laufwerke auf dem Rechner »MARS«, deren Laufwerksbuchstabe alphabetisch größer als »d« ist.

Beispiel

In der folgenden Routine wird eine Liste der Laufwerke eines Computersystems unter Verwendung der automatisch generierten Klassen LogicalDisk und LogicalDiskCollection ausgegeben.

```
Dim Disk As New ROOT.CIMV2.LogicalDisk()
Dim menge As _
  ROOT.CIMV2.LogicalDisk.LogicalDiskCollection
' --- Menge holen
menge = ROOT.CIMV2.LogicalDisk.GetInstances_
  (New ManagementScope("\\MARS"), "name>'d:'")
' --- Menge auflisten
out("Liste der Laufwerke:")
For Each Disk In menge
out(Disk.Caption)
Next
```

Listing 8.32: Verwendung des direkten Zugriffs am Beispiel der Menge der Laufwerke [WMI_direkt_Menge.dsh]

8.7.3 WQL-Abfragen

Auch das .NET-WMI unterstützt WQL-Abfragen. Das folgende Objektdiagramm zeigt den Zusammenhang der oben beschriebenen Klassen zur Laufzeit bzw. die Beziehung zum Kern des WMI-Meta-Objektmodells mit den Klassen ManagementObject und ManagementObjectCollection.

Objektmodell

8.7.3.1 Ausführung einer WQL-Datenabfrage in .NET

Um eine Datenabfrage auszuführen, gibt es zwei Wege:

▶ Der längere Weg ist, zunächst ein Objekt des Typs SelectQuery zu erzeugen und dies dann als Eingabe für ein Objekt vom Typ ManagementObjectSearcher zu verwenden.

▶ Alternativ kann direkt bei der Instanziierung der Klasse ManagementObjectSearcher eine WQL-Abfrage angegeben werden.

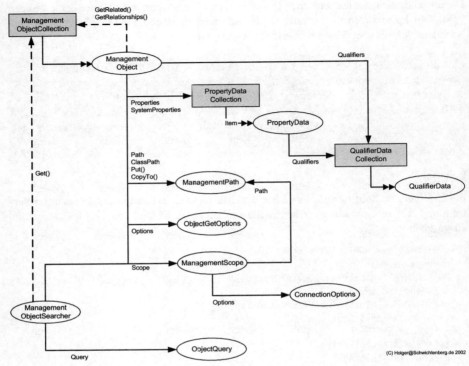

Abbildung 8.9: Objekthierarchie der Klassen in System.Management

Danach muss mit der Methode Get() auf ManagementObjectSearcher die Abfrage gestartet werden. Get() liefert eine Objektmenge vom Typ ManagementObjectCollection zurück, durch die mit For Each iteriert werden kann.

Die folgenden Beispiele zeigen die Auflistung aller Dienste, die den Status »Gestartet« haben.

Beispiel 1

Das erste Listing zeigt die Variante mit direkter Übergabe der WQL-Abfragezeichenkette an ManagementObjectSearcher.

```
out("WQL-Datenabfrage: Liste aller laufenden Dienste")

Dim mo As ManagementObject
Dim suche As New ManagementObjectSearcher()
Dim menge As ManagementObjectCollection

Const ABFRAGE = _
    "select name,state from Win32_Service where state='running'"
' --- Abfrage definieren
suche = New ManagementObjectSearcher(ABFRAGE)
' --- Abfrage ausführen
menge = suche.Get
```

```
' --- Ergebnisse ausgeben
For Each mo In menge
 out("Dienst: " & mo("Name") & " Zustand: " & _
  mo("state"))
Next
```

Listing 8.33: WQL-Datenabfrage: Liste aller laufenden Dienste, Variante #1 [WMI_DataQuery1.dsh]

Beispiel 2

Das zweite Listing zeigt die Variante unter Verwendung der Klasse `SelectQuery`.

```
out("WQL-Datenabfrage: Liste aller laufenden Dienste")

Dim mo As ManagementObject
Dim suche As New ManagementObjectSearcher()
Dim menge As ManagementObjectCollection
Dim sq As SelectQuery

Const ABFRAGE = _
  "select name,state from Win32_Service where state='running'"
' --- Abfrage definieren
sq = New SelectQuery(ABFRAGE)
suche = New ManagementObjectSearcher(sq)
' --- Abfrage ausführen
menge = suche.Get
' --- Ergebnisse ausgeben
For Each mo In menge


 out("Dienst: " & mo("Name") & " Zustand: " & _
  mo("state"))
Next
```

Listing 8.34: WQL-Datenabfrage: Liste aller laufenden Dienste, Variante #2 [/code/DOTNET_Skripte/WMI_DataQuery2.dsh]

8.7.3.2 Ausführen von WQL-Ereignisabfragen in .NET

Eine Ereignisabfrage (Event Query) unterscheidet sich von einer Datenabfrage dadurch, dass sie nicht sofort ein Ergebnis liefert, sondern Veränderungen an WMI-Objekten durch Ereignisse zurückmeldet. Dieser Unterschied wird auch in der Vorgehensweise deutlich: Die Ergebnisse für Ereignisabfragen treffen als Ereignisse beim WMI-Objekt ein.

Die Verwendung einer Ereignisabfrage sieht so aus: **Vorgehensweise**

▶ Zunächst wird ein `EventQuery`-Objekt erzeugt.

```
Dim eq As New EventQuery(ABFRAGE)
```

▶ Zusätzlich wird ein `EventWatcher` benötigt, den das `EventQuery`-Objekt verwendet.

```
Dim watcher As New ManagementEventWatcher(eq)
```

▶ Der EventWatcher bietet ein Ereignis EventArrived(), das an eine Ereignisbehandlungsroutine gebunden werden muss.

```
AddHandler watcher.EventArrived, AddressOf EreignisBehandlung
```

▶ Dann wird der EventWatcher gestartet.

```
watcher.Start()
```

▶ Während das Hauptprogramm wartet, ruft der EventWatcher die entsprechende Ereignisbehandlungsroutine unter Angabe der Ereignisdaten auf.

```
Public Sub EreignisBehandlung(ByVal sender As Object, ByVal e As EventArrived EventArgs)
```

Beispiel

Im folgenden Listing werden Zustandsänderungen in den Windows-Diensten überwacht.

```
' Ereignisabfrage für Dienste
Sub WMI_Ereignisabfrage()
  Const ABFRAGE = _
    "SELECT * FROM __InstanceModificationEvent WITHIN 1 WHERE
    TargetInstance ISA 'Win32_Service'"

  ' --- Abfrage definieren
  Dim eq As New EventQuery(ABFRAGE)
  ' --- Überwachung definieren
  Dim watcher As New ManagementEventWatcher(eq)
  ' --- Ereignisbehandlungsroutine festlegen

  AddHandler watcher.EventArrived, _
    AddressOf EreignisBehandlung
  ' --- Überwachung starten
  watcher.Start()

  MsgBox("Klicken Sie hier, um Überwachung zu beenden!")

  watcher.Stop()

End Sub

Public Sub EreignisBehandlung(ByVal sender As Object, ByVal e As
EventArrivedEventArgs)
  Dim mo As ManagementBaseObject
  Dim p As PropertyData
  Dim wert As Object
  mo = e.NewEvent

  out("Veränderung in Dienst: " & mc.ClassPath.Path)
  For Each p In mo.Properties
   wert = p.Value
   If Not wert Is Nothing Then
    out(p.Name & "=" & wert.ToString())
```

```
  Else
    out(p.Name & "= (nicht belegt)")
  End If
Next

End Sub
```
Listing 8.35: Ereignisabfrage für Dienste [WMI_ Ereignisabfrage.dsh]

8.7.4 WMI im Visual Studio .NET Server Explorer

Der Server Explorer in Visual Studio .NET ist ein Werkzeug, um verschiedene Systembausteine (z.B. Ereignisprotokolle, Dienste, Leistungsindikatoren, Datenbanken) zu betrachten, zu verändern (z.B. starten, stoppen, leeren) und per Drag&Drop in eigene Anwendungen zu integrieren. Mit dem optionalen Add-in »Management (WMI) Extensions for VS.NET Server Explorer« wird der Server Explorer um einen Zweig für WMI erweitert.

Management (WMI) Extensions for VS.NET Server Explorer

Der Zweig MANAGEMENT CLASSES zeigt eine vordefinierte Menge von WMI-Klassen an. Sie können jede andere Klasse dort integrieren (Kontextmenüpunkt ADD). Das Eigenschaftsfenster zeigt die Attribute der Klasse. Dabei stehen auch die Beschreibungstexte, die im WMI-Repository hinterlegt sind, zur Verfügung.

Klassen

Unterhalb jeder Klasse lassen sich die Instanzen einblenden; das Eigenschaftsfenster zeigt dann die Attributwerte der gewählten Instanz. Im Kontextmenü können die Methoden der WMI-Klasse auf dem betreffenden Objekt aufgerufen werden.

Instanzen

Der Zweig MANAGEMENT EVENTS dient dazu, WMI-Ereignisabfragen zu definieren.

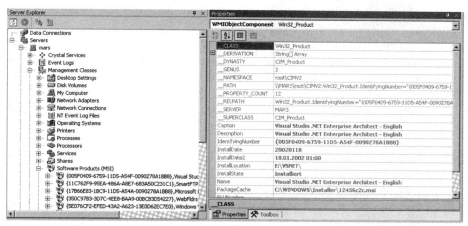

Abbildung 8.10: WMI-Erweiterungen im Server Explorer

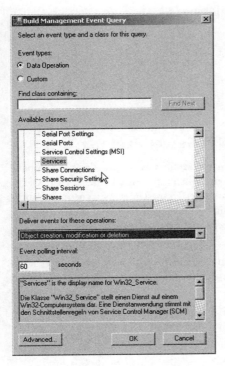

Abbildung 8.11:
Definition einer
WMI-Ereignis-
abfrage im Server Explorer

Nutzung im Designer

Nicht-visuelle Komponenten

Visual Studio .NET besitzt auch einen Designer für nicht-visuelle Komponenten im Rahmen der VS.NET-Elementtypen WINDOWS FORM, WEB FORM oder COMPONENT. Jeder per Drag&Drop auf den Designer abgelegte Systembaustein erscheint als ein Icon mit Namen und kann über das Eigenschaftsfenster konfiguriert werden.

Da weder die Anordnung der Elemente konfiguriert werden kann noch eine weitere grafische Nutzung (z.B. Verbindung von Attributen durch Linien) möglich ist, ist der Begriff »Designer« hier aber etwas hochgegriffen.

Keine Design-Time-Controls

Auch WMI-Klassen, die visuelle Systembausteine repräsentieren, werden wie nicht-visuelle Systembausteine behandelt, da es bisher keine besonderen Design-Time-Controls für WMI-Klassen gibt.

Automatische Klassengenerierung

Neben der Möglichkeit, die Attribute der Instanz zu betrachten, liegt der Vorteil darin, dass der Server Explorer automatisch die *Management Strongly Typed Class Generation* anstößt und den Code für die Instanziierung generiert. Dieser Code wird in einer Region mit Namen »Component Designer Generated Code« zusammengefasst. Aus dem eigenen Programmcode heraus kann der Entwickler dann die WMI-Instanz über den im Designer vergebenen Namen ansprechen.

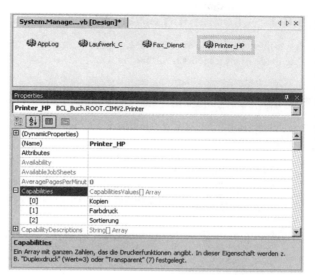

Abbildung 8.12: Vier WMI-Instanzen im Designer [/code/DOTNET_Skripte/_Alle als VS.NET Projekt/WMI_visuell.vb]

Hinweise

Das WMI-Add-in für den Server Explorer war bei Drucklegung dieses Buchs an einigen Stellen ebenso wenig ausgereift wie der visuelle Designer. Der Designer verschluckt manchmal die Icons von hinzugefügten Objekten. Das Add-in generiert eine Quellcodedatei mit der Klasse für den Direktzugriff immer direkt im Wurzelverzeichnis des Projekts. Wenn man die Datei in ein untergeordnetes Verzeichnis verschiebt, generiert das Add-in bei der nächsten Verwendung eine neue Quellcodedatei im Wurzelverzeichnis. Dadurch ist die Klasse dann doppelt definiert und der Compiler streikt wegen eines Namenskonflikts.

Bugs

8.8 Erzeugung eigener Klassenbibliotheken mit VB.NET

Jede .NET-Assembly ist eine wiederverwendbare Komponente. Routinen, die aber nicht eigenständig gestartet werden können, packt man zweckmäßigerweise in eine DLL-Assembly (».NET-Klassenbibliothek«). Dieses Kapitel zeigt Ihnen die Entwicklung einer DLL-Assembly, die Sie im DOTNET Scripting Host (DSH), von einem kompilierten .NET-Programm oder auch von COM (in Anwendungen oder Skripten) aus nutzen können.

Funktionsbibliotheken in Komponenten

Auch zur Entwicklung von DLL-Assemblies ist nicht mehr notwendig als das .NET-SDK. Komfortabler geht es natürlich mit der Visual Studio .NET-Entwicklungsumgebung.

Die Beispiele aus diesem Kapitel finden Sie auf der CD-ROM unter [CD:/code/DOTNET_Komponenten].

8.8.1 Kodierung einer .NET-Komponente

Zur Implementierung einer .NET-Komponente reicht eine einzige .VB-Quellcodedatei. Der Quellcode muss folgenden Aufbau haben:

Aufbau
- Deklaration eines Namespace
- Deklaration mindestens einer Klasse innerhalb des Namespace
- Deklaration und Implementierung mindestens einer Methode oder eines Attributs innerhalb der Klasse

> Die Implementierung der Schnittstelle IComponent bzw. die Ableitung der Klasse von der Klasse System.ComponentModel.Component ist nur notwendig, wenn die Klasse in einem Component Designer wie Visual Studio .NET bearbeitet werden soll!

Eine sehr einfache Komponente zeigt das folgende Listing.

```
Imports system
' --- Einziger Namespace
Namespace Kapitel08Beispiel1
 ' --- Einzige Klasse
 Public Class GrussKlasse
   ' --- Einzige Methode
   Public Sub Hello()
     console.writeline("Hello World aus der .NET-Komponente!")
   End Sub
 End Class
End Namespace
```

Listing 8.36: Eine einfache .NET-Komponente
[CD:/code/DOTNET_Komponenten/ClientServer1/erste_komponente.vb]

Übersetzung

Übersetzung Bei der Übersetzung der Komponente mit dem Kommandozeilen-Compiler ist zu beachten, dass der Parameter /t:library anzugeben ist. Damit wird eine Library-Assembly erstellt. Sonst will der Compiler eine ausführbare .NET-Anwendung erstellen und beschwert sich über ein fehlendes Sub Main().

```
vbc erste_komponente.vb /t:library
```
Der Compiler erzeugt dann die Datei ERSTE_KOMPONENTE.DLL.

Optionen
> Natürlich kann ein Namespace mehrere Klassen und eine Komponente mehrere Namespaces implementieren. Dazu sind einfach mehrere Class...End Class-Blöcke bzw. Namespace...End Namespace-Blöcke notwendig. Als Namespace-Name kann auch ein hierarchischer Name der Form Name.UnterName.Untername.....Untername verwendet werden.

8.8.1.1 Sichtbarkeit und Zugriff

Bei der Klassendeklaration können durch verschiedene Schlüsselwörter die Sichtbarkeit und die Zugriffsart eines Klassenmitglieds bestimmt werden. Für die Arbeit mit der FCL ist es wichtig zu verstehen, welche Auswirkungen die verschiedenen Eigenschaften von Klassenmitgliedern auf die Verwendung einer Klasse haben.

Ein als Public deklariertes Mitglied lässt sich über eine Instanz verwenden. Ein Private-Klassenmitglied kann niemals von einem Objektnutzer, sondern immer nur von internen Routinen der Klasse selbst genutzt werden. Ein Klassenmitglied, das als geschützt (Protected) deklariert wurde, kann nicht über eine Instanz dieser Klasse, wohl aber von einer erbenden Klasse verwendet werden. **Public, Private, Protected**

Ein Shared Member (Schlüsselwort Shared in VB.NET bzw. static in C#) gehört nicht zu einer Instanz, sondern direkt zur Klasse und kann daher auch über den Klassennamen aufgerufen werden, ohne dass zuvor eine Instanz der Klasse erzeugt werden musste. Ein Shared Member kann aber auch von einer Instanz der jeweiligen Klasse aus aufgerufen werden. Eine Klasse kann nur aus Shared Members bestehen und agiert dann wie ein Intrinsic Object, da es nur eine Instanz gibt (genau genommen lassen sich mehrere Instanzen erzeugen, diese sind jedoch alle völlig identisch). **Shared (Static)**

	Public	Private	Protected	Shared (static)
Aufruf über Instanz der Klasse	Ja	Nein	Nein	Ja
Aufruf über Klassennamen	Nein	Nein	Nein	Ja
Aufruf aus Instanz einer erbenden Klasse	Ja	Nein	Ja	Ja
Aufruf über Namen der Unterklasse	Nein	Nein	Nein	Ja

Tabelle 8.12: Aufrufmöglichkeiten bei verschiedenen Mitgliedsarten

Ein Modul (Schlüsselwort Module) in der Sprache Visual Basic .NET ist eine .NET-Klasse, bei der automatisch alle Mitglieder die Zugriffsart Shared haben.

8.8.2 Erzeugung eines Clients für die .NET-Komponente

Ein .NET-Client kann die neu erzeugte Komponente über den Namespace ansprechen. Dabei ist für das obige konkrete Beispiel die Anweisung imports HS notwendig. **Import**

> Da im .NET-Framework eine Komponente nicht mehr über die Registry gefunden wird, muss sich die Komponenten-DLL entweder im selben Verzeichnis wie der .NET-Client befinden oder aber im Global Assembly Cache (%WINDOWS%/ASSEMBLY) installiert werden.

```
' --- Import der notwendigen Namespaces
Imports System
Imports Kapitel08Beispiel1
```

```
Module client

  Public Sub main()

    ' --- Instanziierung
    Dim Test As New GrussKlasse()
    ' --- Aufruf
    Test.Hello()

  End Sub
End Module
```

Listing 8.37: Ein einfacher Client für die einfache Komponente
[CD:/code/DOTNET_Komponenten /ClientServer1/erste_komponente_client.vb]

Übersetzung

Bei der Übersetzung des Clients ist der Pfad zu der Komponenten-DLL über den Parameter /reference anzugeben.

```
vbc erste_komponente_client.vb /reference:erste_komponente.dll
```

Ergebnis ist die Datei ERSTE_KOMPONENTE_CLIENT.EXE.

8.8.3 Bereitstellung als COM-Komponente

Registrierung der .NET-Komponente

Grundsätzlich kann jede .NET-Komponente auch von COM-Clients aus angesprochen werden. Die .NET-Komponente ist zunächst jedoch nur für .NET-Clients erreichbar, da die für das Funktionieren von COM notwendigen Registry-Einträge nicht vorhanden sind.

Dies erledigen Sie mit dem Werkzeug REGASM.EXE.

```
regasm.exe erste_komponente.dll /tlb:erste_komponente.tlb
```

Die Angabe von /tlb:erste_komponente.tlb ist sehr wichtig, da sonst die Komponente zwar registriert, aber keine Typbibliothek erzeugt wird. Die Typbibliothek erhält als Helpstring den Namen der DLL, nicht den der Typbibliotheksdatei oder den des Namespace.

Die COM-ProgIDs der Klassen werden aus dem Namespace-Namen und dem Klassennamen gebildet. Sofern ein Namespace-Name mehrgliedrig ist, können sich auch ansonsten in COM nicht übliche mehrgliedrige ProgIDs ergeben, die nicht der Konvention *Komponentenname.Klassenname[.Versionsnummer]* entsprechen.

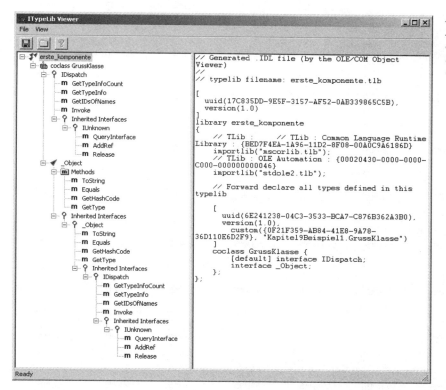

Abbildung 8.13: Ansicht der erzeugten Typbibliothek im COM-Viewer

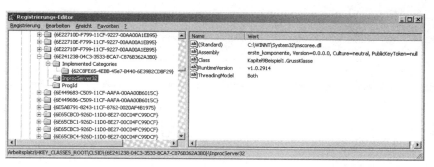

Abbildung 8.14: Registry-Eintrag für die Klasse: Der InprocServer32 verweist auf die mscoree.dll

COM-Client für die .NET-Komponente

Als COM-Client für die .NET-Komponente kommt ein einfaches WSH-Skript zum Einsatz. Zu beachten ist, dass die .NET-Komponente ihre Ausgabe an die Standardausgabe sendet. Die Ausgabe ist also im WSH nur sichtbar, wenn das Skript mit CSCRIPT.EXE gestartet wurde. Das Skript überprüft daher, welche Ausprägung des WSH läuft, und beschwert sich gegebenenfalls.

Beispiel-Client

.NET-Scripting

 Ein WSH-COM-Client benötigt die Typbibliothek nicht. Dennoch könnte er ohne die Registrierung per REGASM.EXE nicht funktionieren, da er die Implementierung der Klasse Kapitel08Beispiel.GrussKlasse nicht ohne die Registry-Einträge finden kann.

```
' --- (C) Holger Schwichtenberg

wscript.echo "COM-Client fuer die .NET-Komponente 'erste_Komponente.dll'"

if not UCASE(right(wscript.fullname,11)) = "CSCRIPT.EXE" then
  wscript.echo "Bitte mit CScript.exe starten, da es sonst
  keine Ausgabe zu sehen gibt!"
else
  set Test = CreateObject("Kapitel08Beispiel.GrussKlasse")
  Test.Hello
end if
```

Listing 8.38: COM-Client in Form eines WSH-Skripts
[CD:/code/ DOTNET_Komponenten /ClientServer1/com_client.vbs]

Aktualisierung

Sie können die Implementierung der einzelnen Klassen der .NET-Komponente ändern. Dabei ist es nicht unbedingt notwendig, die Registry der Komponente erneut auszuführen. Eine Neuregistrierung ist unbedingt notwendig, wenn Sie den Namen des Namespace, der Klassen oder der Methoden oder Attribute ändern. Das Hinzufügen von Methoden/Attributen erfordert nur eine erneute Ausführung von REGASM.EXE, sofern der Client die Typbibliothek benötigt. Da Active Scripts auch ohne Typbibliothek auskommen, können hinzugefügte Methoden und Attribute auch ohne erneute Registrierung aufgerufen werden.

8.8.4 Automatisierte Erstellung durch eine Batch-Datei

Makefile Die folgende Batch-Datei erstellt sowohl die .NET-Komponente als auch die .NET- und COM-Clients für das in den vorherigen Unterkapiteln beschriebene Beispiel und startet dann die Clients.

```
echo off
echo Einfache Client-Server-Anwendung mit VB.NET
echo --------------------------------------------
echo (C) Holger Schwichtenberg 2002
echo --------------------------------------------

echo Uebersetzung der Komponente...
vbc erste_komponente.vb /t:library
echo --------------------------------------------

Echo Uebersetzung des Clients...
vbc erste_komponente_client.vb /reference:erste_komponente.dll
echo --------------------------------------------

Echo Erzeugung einer COM-Typbibliothek
```

```
regasm erste_komponente.dll /tlb:erste_komponente.tlb
echo -----------------------------------------

echo Start des .NET-Clients...
erste_komponente_client.exe
echo -----------------------------------------

echo Start des COM-Clients...
cscript com_client.vbs
echo -----------------------------------------
```

Listing 8.39: [CD:/code/DOTNET_Komponenten /ClientServer1/makefile.bat]

Wenn alles korrekt abläuft, sollte im DOS-Fenster folgende Ausgabe erscheinen:

```
F:\VB.NET\ClientServer1>echo off
Einfache Client-Server-Anwendung mit VB.NET
-----------------------------------------
(C) Holger Schwichtenberg 2002
-----------------------------------------
Uebersetzung der Komponente...
Microsoft (R) Visual Basic .NET Compiler version 7.00.9466
for Microsoft (R) .NET CLR version 1.00.3705.209
Copyright (C) Microsoft Corp 2001. All rights reserved.


-----------------------------------------
Uebersetzung des Clients...
Microsoft (R) Visual Basic .NET Compiler version 7.00.9466
for Microsoft (R) .NET CLR version 1.00.3705.209
Copyright (C) Microsoft Corp 2001. All rights reserved.


-----------------------------------------
Erzeugung einer COM-Typbibliothek
RegAsm - .NET Assembly Registration Utility Version 1.0.3705.16
Copyright (C) Microsoft Corp. 2001.  All rights reserved.

Types registered successfully
Assembly exported to 'F:\VB.NET\ClientServer1\erste_komponente.tlb', and the
type library was registered successfully
-----------------------------------------
Start des COM-Clients...
Microsoft (R) Windows Script Host Version 5.6
Copyright (C) Microsoft Corporation 1996-2000. All rights reserved.


COM-Client fuer die .NET-Komponente 'erste_Komponente.dll'
Hello World aus der .NET-Komponente!
-----------------------------------------
```

Listing 8.40: Ausgabe des Makefiles

8.8.5 Erzeugung einer Multi-File-Assembly

Assembly mit mehreren Dateien

In den bisherigen Beispielen bestand eine Assembly immer aus genau einer Datei (Single-File-Assembly). Dieses Kapitel zeigt die Erzeugung von Assemblies, die aus mehreren Dateien bestehen (Multi-File-Assembly).

Beispiel

Main() aus der Klasse mfa im Modul MFA_MAIN ruft die Methode Hello() in der Klasse GrussKlasse im Namespace WBS_MFA im Modul MFA_SERVER auf.

```
imports system

' --- Einziger Namespace
namespace WBS_MFA

' --- Einzige Klasse
public class GrussKlasse

' --- Einzige Methode
public sub Hello
  console.writeline("Hello World aus WBS_MFA.GrussKlasse!")
end sub

end class

end namespace
```

Listing 8.41: Die aufgerufene Komponente
[CD:/code/DOTNET_Komponenten /Muti_File_Assembly/mfa_server.vb]

```
imports System
imports WBS_MFA

class mfa
public shared sub main()
console.writeline("Hello World aus WBS_MFA-Main!")

' --- Instanziierung
Dim Test as New WBS_MFA.GrussKlasse
' --- Aufruf
Test.Hello()

end sub
end class
```

Listing 8.42: Die aufrufende Komponente
[CD:/code/DOTNET/DOTNET_Komponenten /Muti_File_Assembly/mfa_main.vb]

Bisheriger Ansatz

In den bisherigen Client-Server-Beispielen wurde der Client in eine Library-Assembly und der Server in eine EXE-Assembly übersetzt, wobei die EXE-Assembly auf die Library-Assembly verwiesen hat.

Erzeugung eigener Klassenbibliotheken mit VB.NET

Nun sollen beide Module zu einer Assembly verschmolzen werden. Dazu müssen zunächst beide Quellcodedateien als .NETMODULE übersetzt werden. Der Client wird einfach mit /target:module übersetzt.

Client kompilieren

```
vbc /target:module mfa_server.vb
```

Beim Server ist zu beachten, dass der Client nicht mit /reference, sondern /addmodule eingebunden werden muss. /reference dient dazu, Verweise auf Assemblies zu erstellen. /addmodule erstellt Verweise auf PE-Dateien ohne Manifest.

Server kompilieren

```
vbc /target:module mfa_main.vb /addmodule:mfa_server.netmodule
```

> Die Option /MODULE kann mit Visual Studio .NET nicht genutzt werden. VS.NET erzeugt immer Assemblies.

Im letzten Schritt kann dann mit AL.EXE die Assembly erstellt werden. Dabei ist nicht zu vergessen, dass nun beide Modul-Dateien als Eingabedateien verwendet werden müssen.

Assembly erstellen

```
al mfa_main.netmodule mfa_server.netmodule
/target:exe
/main:mfa.main
/out:mfa.exe
/version:5.0.0.0001
/company:"IT-Objects GmbH, Essen"
/title:"Hallo Welt Programm"
/trademark:"(C) Holger Schwichtenberg 2002"
/product:"Buch 'Windows-Scripting"
/productversion:"2.0.0.0"
/description:"Nur ein kleines Testprogramm!"
/copyright:"(C) H. Schwichtenberg, hs@IT-Objects.de"
```

8.8.6 Namespaces über mehrere Komponenten

Nicht jede Komponente benötigt einen eigenen Namespace: Ein Namespace kann sich über mehrere Komponenten erstrecken. Voraussetzung ist allerdings, dass der Klassenname innerhalb des Namespace eindeutig bleibt.

Mehrere Komponenten

Beispiel

Die folgenden beiden Listings zeigen die korrekte Implementierung eines Namespace durch zwei Komponenten mit unterschiedlichen Klassennamen. Es folgt eine weitere Komponente, die einen zur ersten Komponente identischen Klassennamen in einem anderen Namespace implementiert.

```
imports system

namespace Kapitel08Beispiel2
public class GrussKlasse
```

```
public sub Hello
console.writeline("Hello World aus der ersten .NET-Komponente!")
end sub

end class
end namespace
```

Listing 8.43: [CD:/code/DOTNET/VB.NET/ClientServer2/komponente_eins.vb]

```
imports system

namespace Kapitel08Beispiel2
public class GrussKlasse2

public sub Hello
console.writeline("Hello World aus der zweiten .NET-Komponente!")
end sub

end class
end namespace
```

Listing 8.44: [CD:/code/DOTNET_Komponenten/ClientServer2/komponente_zwei.vb]

```
imports system

namespace Kapitel08Beispiel2Namespace2
public class GrussKlasse

public sub Hello
console.writeline("Hello World aus der dritten .NET-Komponente!")
end sub

end class
end namespace
```

Listing 8.45: [CD:/code/DOTNET_Komponenten/ClientServer2/komponente_drei.vb]

Der Client BEISPIEL2_CLIENT.VB importiert mit zwei Imports-Anweisungen alle drei Komponenten.

```
' --- Import der notwendigen Namespaces
imports System
imports Kapitel08Beispiel2
imports Kapitel08Beispiel2Namespace2

module hauptmodul
public sub main()

' --- Grusss aus Komponente1
Dim Test1 as New Kapitel08Beispiel2.Grussklasse
Test1.Hello()

Console.Writeline("------")
```

```
Dim Test2 as New Grussklasse2
Test2.Hello()

Console.Writeline("------")

Dim Test3 as New Kapitel08Beispiel2Namespace2.Grussklasse
Test3.Hello()

'--- Das geht nicht: GrussKlasse ist doppeldeutig!
'Dim Test4 as New Grussklasse
'Test4.Hello()

end sub
end module
```

Listing 8.46: *[CD:/code/DOTNET_Komponenten/ClientServer2/Beispiel2_Client.vb]*

Das Makefile für diese Client-Server-Anwendung sieht so aus:

```
echo off
echo Einfache Client-Server-Anwendung mit VB.NET
echo -------------------------------------------
echo (C) Holger Schwichtenberg 2002
echo -------------------------------------------

echo Uebersetzung der Komponenten...
vbc komponente_eins.vb /t:library
vbc komponente_zwei.vb /t:library
vbc komponente_drei.vb /t:library
echo -------------------------------------------

Echo Uebersetzung des Clients...
vbc Beispiel2_client.vb /reference:komponente_eins.dll /
reference:komponente_zwei.dll /reference:komponente_drei.dll
echo -------------------------------------------

echo Start der Anwendung...
Beispiel2_client.exe
echo -------------------------------------------
```

Listing 8.47: *[CD:/code/DOTNET_Komponenten/ClientServer2/makefile.bat]*

```
F:\VB.NET\ClientServer2>echo off
Einfache Client-Server-Anwendung mit VB.NET
-------------------------------------------
(C) Holger Schwichtenberg 2002
-------------------------------------------
Uebersetzung der Komponenten...
Microsoft (R) Visual Basic .NET Compiler version 7.00.9466
for Microsoft (R) .NET CLR version 1.00.3705.209
Copyright (C) Microsoft Corp 2001. All rights reserved.

Microsoft (R) Visual Basic .NET Compiler version 7.00.9466
```

```
for Microsoft (R) .NET CLR version 1.00.3705.209
Copyright (C) Microsoft Corp 2001. All rights reserved.

Microsoft (R) Visual Basic .NET Compiler version 7.00.9466
for Microsoft (R) .NET CLR version 1.00.3705.209
Copyright (C) Microsoft Corp 2001. All rights reserved.

---------------------------------------------
Uebersetzung des Clients...
Microsoft (R) Visual Basic .NET Compiler version 7.00.9466
for Microsoft (R) .NET CLR version 1.00.3705.209
Copyright (C) Microsoft Corp 2001. All rights reserved.

---------------------------------------------
Start der Anwendung...
Hello World aus der ersten .NET-Komponente!
------
Hello World aus der zweiten .NET-Komponente!
------
Hello World aus der dritten .NET-Komponente!
---------------------------------------------
```

Listing 8.48: Ausgabe des obigen Makefile

Mögliche Implementierungsfehler

Anhand des obigen Beispiels sollen zwei mögliche Implementierungsfehler aufgezeigt werden.

Doppelte Klasse in einem Namespace

Wenn die Komponente KOMPONENTE_EINS.DLL und die Komponente KOMPONENTE_ZWEI.DLL jeweils den Namespace Kapitel08Beispiel2 mit jeweils einer Klasse GrussKlasse implementieren würden, dann führte eine Instanziierung der Klasse bei der Kompilierung zur Fehlermeldung »The Name 'GrussKlasse' is ambiguous in the namespace 'Kapitel08Beispiel2'«.

Doppeldeutiger Klassenname zwischen zwei Namespaces

In der obigen Konstellation könnte der Client den Fehler machen, eine Instanziierung wie folgt durchzuführen:

```
Dim Test4 as New GrussKlasse
Test4.Hello()
```

Das Problem dabei ist, dass der Name GrussKlasse in beiden importierten Namespaces definiert ist. Der Compiler könnte den Namen daher nicht eindeutig auflösen und würde melden: »error BC30561: The name 'GrussKlasse' is ambiguous, imported from the namespaces or types 'Kapitel08Beispiel2Namespace2, Kapitel08Beispiel2'.« Dem Klassennamen GrussKlasse muss daher der Namespace vorangestellt werden.

9 Werkzeuge

Im Vergleich zur Werkzeugunterstützung beim »richtigen« Programmieren war die Werkzeugunterstützung für das Windows Scripting lange Zeit sehr schlecht. Gerade von Microsoft wurden und werden die Scripting Tools stark vernachlässigt. Inzwischen gibt es erste annehmbare Entwicklungsumgebungen. Neben Skripteditoren und Skript-Debuggern stellt dieses Kapitel auch allgemeine COM-Werkzeuge sowie spezielle Werkzeuge für einzelne COM-Komponenten vor.

9.1 Editoren und Entwicklungsumgebungen

9.1.1 Visual InterDev

Visual InterDev (Kurzname: *MSDEV*) ist Microsofts Entwicklungsumgebung für die Skriptentwicklung im Internet, also für die Entwicklung von ASP- und DHTML-Skripten. Zwar vermarktet Microsoft InterDev als universelle Entwicklungsumgebung für Skriptentwicklung; dies ist jedoch nicht zutreffend, da die Unterstützung für andere Scripting Hosts lediglich auf einer Skala von schwach bis nicht vorhanden rangiert.

Microsoft Visual InterDev

> Visual InterDev gibt es in Visual Studio.NET nicht mehr als eigenständiges Produkt. Verschiedene Features aus Visual InterDev sind nun Teil der Visual Studio.NET-Entwicklungsumgebung.

InterDev umfasst insbesondere folgende Funktionalitäten:

▶ HTML-Editor mit »What you see is what you get« (WYSIWYG)

▶ Website Management ähnlich wie Microsoft Frontpage

▶ DHTML- und ASP-Script-Editor mit Syntax Coloring (farbliche Unterscheidung verschiedener Sprachelemente)

▶ ActiveX Script Debugger

▶ Skriptsprachen-Objektmodell (engl. Scripting Object Model)

▶ Entwurfszeit-Steuerelemente (engl. Design Time Controls)

▶ Datenbankzugriff über Datenumgebungen (Data Environments) wie Visual Basic 6.0

▶ Tools für das Projektmanagement

Funktionen konzentrieren sich auf das Web

Werkzeuge

DTC und Scripting Object Model ▶ InterDev Design Time Controls (DTCs) sind ActiveX-Steuerelemente, die nur zur Entwicklungszeit als solche erscheinen. Vor der Ausführung der Webseite werden diese Controls in HTML- und Skriptcode umgesetzt. Design Time Controls basieren auf einer umfangreichen Skriptbibliothek, die Scripting Object Model heißt. Das Scripting Object Model kann aber auch außerhalb der Verwendung von DTCs benutzt werden.

Eingabehilfen Der Skripteditor von InterDev ist keineswegs so komfortabel wie die Entwicklungsumgebung der VB-Vollversion. So bietet InterDev zwar grundsätzlich auch auf Typbibliotheken basierende Eingabehilfen wie Attribute/Methoden auflisten und ein Quickinfo an, jedoch nur für Objekte, die direkt mit CreateObject() instanziiert wurden. Für Objektzeiger, die das Ergebnis einer Operation auf einem anderen Objekt sind, bietet InterDev die Unterstützung nicht mehr an. Einige von Ihnen mögen an dieser Stelle den Einwand formulieren, dass InterDev dies ja auch gar nicht leisten könne, da Variablen in VBS nicht deklariert würden – die Visual Basic IDE erkenne ja die Klasse auch nur an der Deklaration der Objektvariablen. Darauf sei jedoch erwidert, dass es auch einen anderen Weg gibt, den InterDev zwar betritt, dann aber nicht zu Ende geht: Auch die bei einem CreateObject() verwendete Objektvariable (FSO in Listing 7.1) wird ja nicht deklariert, sondern InterDev erkennt anhand der ProgID innerhalb des CreateObject() die Klasse. Ebenso könnte InterDev erkennen, welche Objekte die Methoden zurückliefern und sich danach die Klassen der Objektvariablen merken (in dem vorliegenden Beispiel liefert die Methode GetFolder() eine Instanz der Klasse Folder, also sollte die Objektvariable (hier: oFO) der Klasse Folder zugerechnet werden). Der Editor PrimalScript beherrscht dies.

```
set FSO = CreateObject("Scripting.FileSystemObject")
set oFO = FSO.GetFolder("D:\buch")        Keine Eingabeunterstützung
oFO.
```

Listing 9.1: Bereits in der dritten Zeile dieses einfachen Skripts endet die Eingabeunterstützung von InterDev.

Visual InterDev-Projekte

Das Bearbeiten von Dateien in Visual InterDev erfolgt stets in Form eines Projekts. Es gibt zwei grundsätzliche Formen von Projekten:

1. **Web-Projekte**

Web-Projekte Ein Web-Projekt bearbeitet Dateien auf einem (entfernten) virtuellen Webserver mit Frontpage-Extensions. Das Fenster »Projekt-Explorer« zeigt alle Dateien eines virtuellen Webservers ausgehend von dessen Wurzelverzeichnis.

2. **Projektmappen (engl.: Solutions)**

Projektmappen Eine Projektmappe ist eine beliebige Zusammenstellung von Dateien und erfordert keinen Webserver. Die Dateien können an beliebigen Stellen im Dateisystem liegen. Die Projektmappe zeigt diese Datei im Projekt-Explorer zusammenhängend an.

ASP- und DHTML-Skripte können in beiden Projekttypen, andere Skriptdateien dagegen nur in Projektmappen bearbeitet werden.

 Wenn Sie eine einzelne Datei beliebigen Typs per Drag&Drop in eine leere InterDev-IDE ziehen, wird dafür automatisch eine Projektmappe geöffnet.

Editoren und Entwicklungsumgebungen

Editieren von WSH-Dateien

Auch wenn InterDev von Microsoft als Werkzeug für die Skriptentwicklung allgemein vermarktet wird, so wird von Hause aus nur Unterstützung für ASP- und DHTML-Skripte geboten. Nur mit einem Registry-Eintrag und einem Trick lässt sich InterDev dazu bewegen, wenigstens auch WSH-Dateien zu editieren.

InterDev WSH-fähig machen

```
REGEDIT4
[HKEY_LOCAL_MACHINE\Software\Microsoft\VisualStudio\6.0\Editors\{C76D83F8-A489-11D0-8195-00A0C91BBEE3}\Extensions]
"wsf"=dword:00000028
"vbs"=dword:00000028
"js"=dword:00000028
```

Listing 9.2: Diese Registry-Einträge bewirken, dass die genannten Dateiextensionen als Skriptdateien angesehen werden. [CD: /install/Werkzeuge/InterDev/WSH_mit_interdev_editieren.reg]

Wenn Sie die obigen Registry-Einträge vorgenommen haben und eine .WSF-Datei in InterDev öffnen, werden Sie zwar an der farblichen Darstellung der XML-Elemente bemerken, dass InterDev diese Elemente nicht kennt, aber immerhin werden die enthaltenen Skriptblöcke als solche ausgemacht, da dafür in ASP, IE und WSF-Dateien ja gleichermaßen das Tag <SCRIPT> verwendet wird. Groß ist die Enttäuschung aber bei .VBS- und .JS-Dateien: Diese dürfen kein <SCRIPT>-Tag enthalten, und InterDev erkennt folglich das Skript nicht.

Es gibt aber einen Trick, InterDev zu überlisten: Schreiben Sie in die erste Zeile das ASP-Symbol für den Skriptstart in auskommentierter Form, also '<%. InterDev denkt ja in HTML-Seiten, sieht das Häkchen also als eine ganz normale Ausgabe an, stößt auf das <% und glaubt von nun an, der Rest der Seite sei ein Skript (da Sie ja kein schließendes %> haben). InterDev bietet im Folgenden dann Syntax-Highlighting und Eingabeunterstützung. Der WSH hingegen ignoriert die erste Zeile, die ja auskommentiert ist.

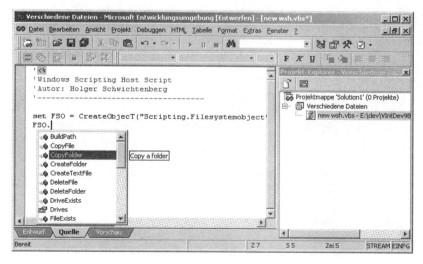

Abbildung 9.1: InterDev aufs Kreuz gelegt: Nach dem '<% glaubt InterDev, es mit einem ASP-Skript zu tun zu haben.

Werkzeuge

Sie können WSH-Dateien aus dem Projekt-Explorer der InterDev Entwicklungsumgebung heraus über den Kontextmenüeintrag ÖFFNEN MIT starten, wenn Sie dort WSCRIPT.EXE und/oder CSCRIPT.EXE eintragen.

9.1.2 Skripteditor in Office 2000

In allen Microsoft Office 2000-Produkten ist neben der VBA-Entwicklungsumgebung auch ein Skripteditor enthalten, der eine Light-Version von Visual InterDev darstellt. Der Office 2000 Skripteditor ist hinsichtlich des Editierens von Nicht-Browser-Skripten nicht besser und nicht schlechter als Visual InterDev 6.0.

9.1.3 PrimalScript

PrimalScript im Vergleich zu Visual InterDev

Der Editor *PrimalScript* der Firma Sapien Technologies ist unter den Skriptprogrammierern derzeit die erste Wahl. Gegenüber Visual InterDev zeichnet sich PrimalScript vor allem dadurch aus, dass er den Windows Scripting Host (WSH) und die Windows Script Components (WSCs) vollständig unterstützt. PrimalScript kann ab Version 2.0 auch XML-strukturierte WSH 2.0-Dateien (.WSF) und WSC-Dateien erstellen und bearbeiten.

Außerdem sind die Eingabehilfen wesentlich besser: Auch für Objekte, die nicht direkt instanziiert werden, werden auf Basis der Typbibliotheksinformationen die Eingabehilfen ATTRIBUTE/METHODEN AUFLISTEN (vgl. Abbildung 6.3) und QUICKINFO angeboten. Sapien nennt diese Technik *PrimalSENSE*.

Allerdings funktioniert PrimalSENSE in einigen Fällen nur, wenn die Objektvariable mit `Dim` deklariert wurde.

WSH-Dateien können direkt aus dem Editor gestartet werden. Alle Ausgaben werden auf Wunsch in einem OUTPUT-Fenster eingefangen. In .WSF-Dateien können einzelne Jobs direkt gestartet werden. Ebenso wie Visual InterDev verwendet PrimalScript – sofern installiert – die MSDN Library als Online-Hilfe. Im Gegensatz zu Visual InterDev verbraucht PrimalScript nur fünf MB Festplattenplatz.

Sprachen

PrimalScript unterstützt die farbliche Markierung der Sprachelemente (Syntax Coloring) für zahlreiche verschiedene Sprachen und Umgebungen, z.B. VBScript, JavaScript, KiXtart, AWK, DOS Batch, SQL, LotusScript, Perl, HTML, Python, REXX, Tcl, Java, C/C++, Robol, C#, VB.NET, PHP und Windows Batch.

Eine Demoversion von PrimalScript 2.0 finden Sie auf der Buch-CD im Verzeichnis /INSTALL/WERKZEUGE/EDITOREN/PRIMALSCRIPT. Eine Vollversion kostet 149 US-Dollar.

Editoren und Entwicklungsumgebungen

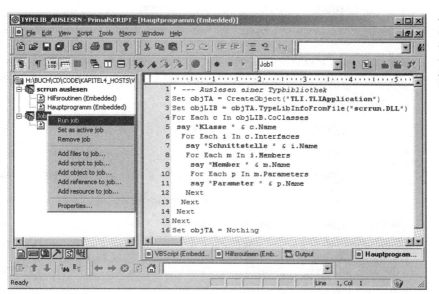

Abbildung 9.2:
PrimalScript zeigt ein WSF-File mit zwei Jobs und drei Skripten an.

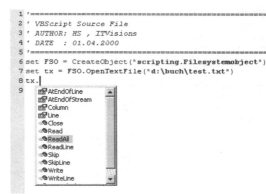

Abbildung 9.3:
Attribute und Methoden auflisten in PrimalScript

Das linke Fenster wird in PrimalScript Nexus genannt. Der Nexus bietet neben einer Projektansicht und einem Dateibrowser auch einen Typbibliotheksbrowser und ein Programmcode-Archivtool (Snipplet Nexus), das mit dem Code-Bibliothekar aus der Office 2000 Developer Edition vergleichbar ist. Zum Funktionsumfang gehört auch ein Makrorecorder.

Nexus

Zu den weiteren Features von PrimalScript zählen Makros und Lesezeichen. Makros können aufgezeichnet, gespeichert und später wieder abgerufen werden. Allerdings lassen sich bestehende Makros – anders als in Microsoft Office – nicht verändern. Leider gibt es auch keine Automatisierungskomponente, um PrimalScript per Active Script zu steuern. Der Nexus kann durch COM-Extensions erweitert werden.

Weitere Features

Leider ist das Debuggen im Programmcode nicht möglich: PrimalScript enthält selbst keinen Debugger, sondern startet im Fehlerfall einen externen ActiveX Script Debugger.

Debugging

Werkzeuge

PrimalScript 2.1

Version 2.1   PrimalScript 2.1 bietet folgende Neuerungen:

- Unterstützung der erweiterten XML-Elemente des WSH 5.6
- Unterstützung für VB.NET, C#, InstallScript, JSP, PHP, XML, Rebol
- Unterstützung für ASP.NET-Dateien (.ASPX)
- Unterstützung von signierten WSH-Skripten
- Autovervollständigen im Editor
- Unterstützung von IntelliSense für das ASP- und das HTML-DOM-Objektmodell.

Unterstützung der erweiterten XML-Elemente des WSH 5.6

Version 2.2   Version 2.2 bietet folgende neuen Funktionen:

- Quellcodeverwaltung für alle Werkzeuge, die das Microsoft Source Code Control Programming Interface (MS SCC API) unterstützen, z.B. Visual SourceSafe, Perforce, PVCS und StarTeam
- Skripte können unterbrochen werden.
- Automatische Korrektur der Groß-/Kleinschreibung

WSH-5.6-XML   Einstellungen für die Sektion <runtime> in WSF-Dateien können komfortabel über das Eigenschaftsfenster eines Jobs in der Baumdarstellung im Nexus von PrimalScript vorgenommen werden.

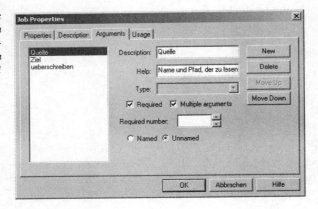

Abbildung 9.4: Einstellungen für die Script-Argumente in PrimalScript 2.1

PrimalScript erweitert zum Teil die Syntax der XML-Elemente in WSF-Dateien. So wird durch das Attribut prompt im <JOB>-Element festgelegt, dass PrimalScript beim Start des Skripts eine Dialogbox zur Eingabe von Parametern öffnet.

```
<job id="DemoScript" prompt="yes">
```

Einstellungen für Signaturen

Über globale Einstellungen kann festgelegt werden, dass jedes Skript automatisch signiert wird (Menü TOOLS/OPTIONS/WSH). Außerdem sind von dort die Scripting-Sicherheitsrichtlinien in der Registry einstellbar.

Signaturen

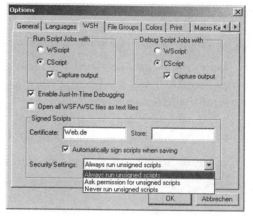

Abbildung 9.5: WSH-Optionen in PrimalScript 2.1

PrimalCode

Sapien hat mit PrimalCode for .NET einen großen Bruder von PrimalScript entwickelt. PrimalCode dient der Entwicklung aller Arten von .NET-Anwendungen (nicht nur Skripte).

PrimalCode

9.1.4 Scripting Spy Professional 3.0

Der Scripting Spy Professional 3.0 ist nicht nur die Weiterentwicklung des ebenfalls in diesem Buch vorgestellten Werkzeugs Scripting Spy 2.11, sondern eine komplette Skript-Entwicklungsumgebung, die den Editor PrimalScript in einigen Punkten deutlich überbietet. Autor ist Dr. Tobias Weltner [WIN01].

Features

Herausragende Funktionen des Spy 3.0:

- Intellisense-Unterstützung (`Attribute/Methoden auflisten` und `QuickInfo`) funktioniert nicht nur durchgängig für COM-Objekte, sondern auch für die Meta-Objektmodelle ADSI und WMI. Durch Einfügen spezieller Kommentarzeilen kann der Spy 3.0 die Schemata von ADSI und WMI nutzen, um die Mitglieder aus ADSI- und WMI-Klassen auszulesen.
- automatisches Einrücken (für VBScript)
- automatische Variablendeklaration (für VBScript)
- Einfügen von Konstantendefinitionen aus Typbibliotheken per Drag&Drop
- automatisches Ersetzen von Konstantennamen durch Konstantenwerte

Eingabehilfen

Werkzeuge

Assistenten ▷ Assistenten für Routineaufgaben (z.B. Anlegen von Datenbanken, Generieren von Code für ADSI- und WMI-Klassen)

▷ Durchsuchen des Dateisystems nach WSH-Skripten und Anzeige in einer so genannten IDEENSCHMIEDE

▷ Funktion zum Entfernen aller Kommentarzeilen (für Auslieferung des Skripts im Quellcode)

Speicheroptionen ▷ verschlüsselte und/oder signierte Speicherung von Skripten

▷ Export von Skripten als Scriptlets

Dokumentation ▷ automatische grafische Dokumentation der Objekthierarchie von COM-Klassen und WMI-Klassen in Microsoft Visio

▷ automatische Erstellung von textlichen Dokumentationen von COM-Klassen und WMI-Klassen in Microsoft Word oder als HTML-Seiten

▷ automatische Inline-Codedokumentation (Ergänzen von Kommentarzeilen)

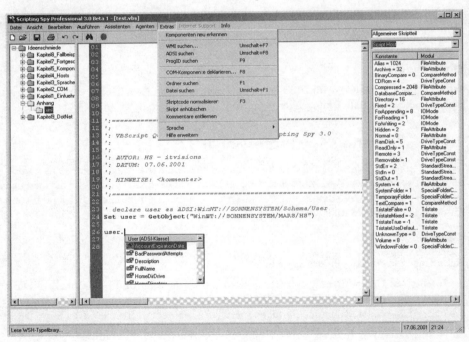

Abbildung 9.6: Intellisense für ein ADSI-Objekt

Editoren und Entwicklungsumgebungen

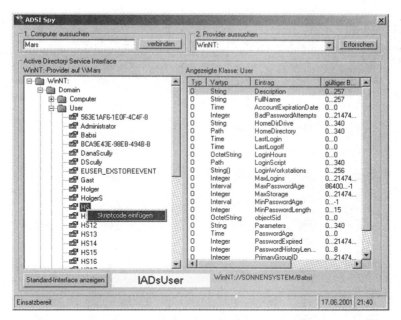

Abbildung 9.7:
Im Spy 3.0 eingebauter Verzeichnisdienstbrowser

Einschränkungen

Der Spy 3.0 unterstützt allerdings nur normale WSH-Skriptdateien (keine XML-strukturierten .WSF-Dateien) und nur VBScript.

9.1.5 Visual Basic 6- und VBA-IDE

Die Entwicklungsumgebung (IDE) der Visual Basic-Vollversion besitzt zahlreiche Eingabehilfen, die man in Skripteditoren noch vermisst. Diese Eingabehilfen werden ausführlich in Kapitel 6 beschrieben.

Skripte editieren mit der VB-IDE

Man kann die VB-IDE als Skripteditor nutzen, allerdings nur für rein in VBScript geschriebene Skripte für den Windows Scripting Host (WSH). Dabei ist das Ergebnis bei .WSF-Dateien unbefriedigend, da die VB-IDE auf Grund der vielen ihr unbekannten XML-Elemente die VB-Befehle nicht mehr farblich korrekt markiert. Das Editieren von .VBS-Dateien (WSH 1.0-Stil) ist für die VB-IDE grundsätzlich kein Problem.

Sie müssen allerdings beachten, dass die VB-IDE beim Speichern in jede Programmdatei am Anfang die Zeile `Attribute VB_Name = "ModulName"` einfügt. Diese Zeile müssen Sie vor dem Start im WSH auskommentieren. Diesen Vorgang können Sie leicht mit einem Skript automatisieren, das über die Klasse `Scripting.TextStream` die Skriptdatei in eine andere Datei umkopiert und dabei alle mit Attributen beginnenden Zeilen mit einem führenden Hochkomma versieht.

Ebenso können Sie VBA-Entwicklungsumgebungen, wie sie z.B. in Microsoft Office ab Version 97 eingebaut sind, als Skripteditoren verwenden.

Werkzeuge

Microsoft bietet eine Light-Version des älteren Visual Basic 5.0 unter dem Namen »Visual Basic Control Creation Edition« (VBCCE) kostenlos an. VBCCE ist hinsichtlich des Editors nicht schlechter als die kostenpflichtigen Vollversionen. Sie finden VBCCE auf der Buch-CD [CD:/install/vbcce].

In Kapitel 6 wird die Idee vorgestellt, die VB-Vollversion und VBA nicht nur als Editor, sondern auch als Prototypumgebung oder sogar als Plattform für Automatisierungslösungen zu nutzen.

9.1.6 Visual Studio .NET

Komfortable Entwicklungsumgebung

Natürlich ist es komfortabler, eine .NET-Anwendung mit *Visual Studio .NET* zu entwickeln als mit den Kommandozeilen-Compilern. Darauf setzt auch Microsoft, wenn die Kommandozeilen-Compiler verschenkt werden, die Entwicklungsumgebung aber weiterhin zusätzliche Lizenzgebühren kostet.

In Visual Studio .NET ist die Entwicklungsumgebung für alle Sprachen und Anwendungstypen (fast) gleich. Zusätzlich bietet die Entwicklungsumgebung auch Editoren für XML- und HTML-Dateien.

Zentraler Unterschied zwischen der Entwicklungsumgebung (IDE) von Visual Basic .NET im Vergleich zur IDE von Visual Basic 6.0 ist, dass nun alle Visual Studio-Sprachen die gleiche IDE nutzen. Die einzelnen Sprachen sind Plug-Ins zu einer einheitlichen Visual Studio .NET-Entwicklungsumgebung. Deshalb gibt es nur noch ein Icon im Start-Menü. Welche Sprachen installiert sind, zeigt sich direkt beim Start der Entwicklungsumgebung durch Logos im Startfenster.

Visual Studio .NET kann nur die 7.0-Versionen der Microsoft-Sprachen verarbeiten, also Visual Basic 7.0 (alias Visual Basic .NET). Da sich Visual Basic 6.0 und Visual Basic .NET deutlich voneinander unterscheiden, kann man keine Visual Basic 6.0-Programme mit Visual Studio .NET kompilieren. Folglich kann man Visual Studio .NET auch nicht als Prototyp-Umgebung für Active Scripts einsetzen. Visual Studio .NET ist jedoch hervorragend geeignet, um .NET-Lösungen zu erstellen. Die in Visual Studio .NET integrierte rudimentäre Unterstützung für WSH-, ASP- und DHTML-Skripte arbeitet allerdings natürlich nicht mit Visual Basic .NET, sondern unterstützt noch VBScript.

9.1.6.1 Versionen

Visual Studio .NET heißt intern Microsoft Development Environment 2002 (interne Versionsnummer der deutschen Endversion: 7.0.9515.0).

Microsoft bietet Visual Studio .NET 2002 in drei Versionen an: Professional Edition, Enterprise Developer Edition und Enterprise Architect Edition (in aufsteigendem Funktionsumfang).

Die **Enterprise Developer Edition** setzt sich von der Professional Edition durch zusätzliche Entwicklungstools (Visual SourceSafe, Application Center Test, Visual Studio Analyzer) und eine Entwicklungslizenz der .NET Enterprise Server (SQL Server 2000, Exchange Server 2000, Commerce Server 2000, Host Integration Server) ab.

Enterprise Developer Edition

Im Rahmen der **Enterprise Architect Edition** gibt es zusätzlich noch einen BizTalk Server, Integration in Microsoft Visio sowie die Möglichkeit, Visual Studio .NET durch so genannte Enterprise Templates den eigenen Entwicklungsprojekten anzupassen. Eine abgespeckte Standard Edition gibt es für jede einzelne der drei Visual Studio-Sprachen. In den Professional- oder Enterprise-Editionen verkauft Microsoft die Sprachen aber nur als Paket.

Enterprise Architect Edition

Die in der folgenden Abbildung grau hinterlegten Produkte sind kostenlos.

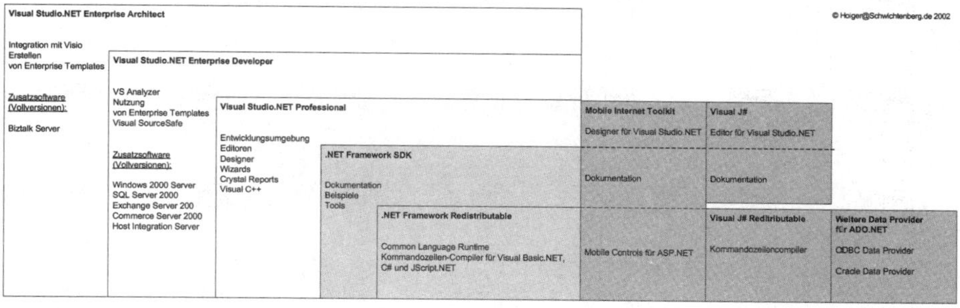

Abbildung 9.8: Überblick über die .NET-Entwicklerprodukte

Wenn Sie lieber deutsche Dokumentation lesen, dann hat der Erwerb einer deutschen Version von Visual Studio .NET für Sie einen Vorteil: Die komplette Framework SDK-Dokumentation ist dort ins Deutsche übersetzt. Allerdings ist die Übersetzung an einigen Stellen nicht besonders förderlich für das Verständnis. Wenn Sie die Sprache Englisch gut beherrschen, bleiben Sie bei der englischen Version!

9.1.6.2 Editoren

Für Visual Studio .NET benötigt ein Software-Entwickler einen großen Monitor, denn die zahlreichen Fenster der Entwicklungsumgebung fordern Raum. Code-Editoren liefert Microsoft zunächst nur für C# und Visual Basic .NET, während das Visual Studio .NET-Entwicklungsteam JScript .NET als dritte .NET-Sprache aus Kapazitätsgründen zunächst einmal vernachlässigt hat.

JSharp .NET (J#) ist als vierte .NET-Sprache von Microsoft etwas später als Add-on ausgeliefert worden. Auf der CD-ROM zu diesem Buch finden Sie nicht nur J#, sondern auch noch weitere .NET-Sprachen [CD:/install/DOTNET/Sprachen/].

Weitere Sprachen

Werkzeuge

Abbildung 9.9:
Fensterpracht in
Visual Studio
.NET

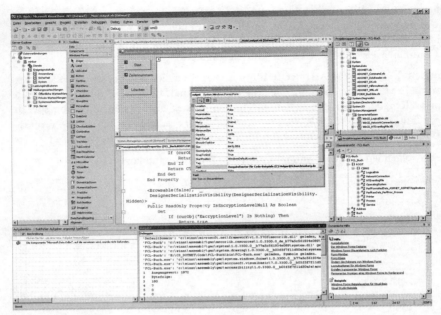

Die Unterstützung bei der Eingabe von Quellcode wurde in Visual Studio .NET gegenüber Visual Studio 6.0 weiter verbessert. Die im Folgenden genannten Änderungen sind nur eine Auswahl.

 Wenn man mit C# und Visual Basic .NET arbeitet, merkt man schnell, dass die Code-Editoren bezüglich des Bedienungskomforts und der Eingabehilfen keineswegs identisch sind. Die Unterschiede liegen im Detail.

Aufklappbarer Code

Region In allen Code-Editoren kann der Entwickler die Implementierung von einzelnen Klassen und Unterroutinen durch die Zeichen + und – ähnlich wie bei den Verzeichnissen im Windows Explorer verbergen. Es bleibt dann nur der Klassen- bzw. Unterroutinen-Rumpf übrig mit einem Verweis, dass die Implementierung verborgen ist. Mit der Compiler-Direktive `#Region...#End Region` kann der Entwickler auch eigene zuklappbare Code-Abschnitte definieren.

Automatisches Vervollständigen und Einrücken

Autovervollständigen Im Visual Basic-Code-Editor arbeitet die Autovervollständigen-Funktion nun nicht nur für die Konstrukte `Sub` und `Function`, sondern ergänzt auch bei Eingabe anderer Sprachkonstrukte wie `For` und `Do While` automatisch das schließende Element (`Next`, `Loop` etc.).

Einrücken Nach Blockkonstrukten, bei denen nach den Regeln zur übersichtlichen Programmierung ein vergrößerter Einzug folgen sollte (z. B. `Sub`, `For...Next`, `Do While...Loop`), wird der Blockinhalt automatisch eingerückt.

Hintergrundkompilierung

Sehr nützlich ist die Hintergrundkompilierung: Schon während der Eingabe, jeweils nach Verlassen einer Code-Zeile, prüft die Entwicklungsumgebung auf Syntax- und Typfehler. Eine geschlängelte blaue Linie zeigt dem Entwickler sofort an, dass hier etwas nicht stimmt. Parallel dazu erzeugt Visual Studio .NET einen Eintrag im Fenster AUFGABENLISTE, in dem die Compiler auch die Kompilierungsfehler melden. Der Entwickler wird nicht mehr wie bei der automatischen Syntaxprüfung in Visual Basic 6.0 durch Dialogboxen gestört. Zudem bemerkt Visual Studio .NET wesentlich mehr Fehler, z.B. dass eine Variable oder eine verwendete Unterroutine undeklariert ist.

Aufgabenliste

Aufgabenliste

Die AUFGABENLISTE zeigt nicht nur Kompilierungsfehler an, sondern ermöglicht auch die automatische oder manuelle Aufnahme von Stichpunkten. Die manuelle Aufnahme erfolgt einfach über das Fenster selbst (»Klicken Sie hier, um eine neue Aufgabe hinzuzufügen«). Automatisch aufgenommen werden Kommentare, die bestimmte Schlüsselwörter enthalten. Vordefiniert ist das Schlüsselwort »TODO«. Ein Kommentar, der mit diesem Schlüsselwort beginnt, wird in die Aufgabenliste aufgenommen. Weitere Schlüsselwörter kann man über EXTRAS/OPTIONEN/UMGEBUNG definieren.

Aufgabenliste

9.1.6.3 Debugger

Auf ein lieb gewonnenes Feature müssen Visual Basic-Entwickler in Visual Basic .NET verzichten: Die EDIT/RESUME-Funktion beim Debuggen gibt es nicht mehr. Unter Visual Basic 6.0 konnte der Tester laufenden Programmcode, der innerhalb der Entwicklungsumgebung wegen eines Fehlers oder eines Haltepunkts abbrach, (in bestimmten Grenzen) verändern und dann weiterlaufen lassen. Visual Basic .NET erwartet nach einer Änderung am Quellcode immer die Neukompilierung und den Neustart des Programms. Auch die MEMBER AUFLISTEN-Funktion für Programmcode in Active Server Pages-Dateien gibt es nicht mehr. Microsoft drängt damit die Entwickler dazu, die neuen Code-Behind-Dateien zu nutzen, die HTML-Code und Programmcode voneinander trennen.

Kein Edit-Resume

9.1.6.4 Designer

Nicht unerwähnt bleiben sollten auch die Funktionen, die das *Visual* im Namen Visual Studio ausmachen: die Designer, die die Erstellung von Software-Bausteinen per Maus ermöglichen. Visual Studio .NET bietet Designer für Windows-Fenster (Windows Forms), dynamische Webseiten (Webforms), Windows-Steuerelemente (Windows User Controls), Web-Steuerelemente (Web User Controls), Berichte (Crystal Reports), Bitmaps, Icons, Cursor, XML-Dokumente, XSD-Schema-Dokumente sowie fensterlose .NET-Komponenten (in Visual Studio .NET »Komponentenklasse« genannt).

Visuelles Programmieren

Der letztgenannte Designer ist ein Container für verschiedene Systembausteine (z.B. Datenbankverbindungen, Ereignisprotokolle, Leistungsindikatoren, Dienste) aus der Werkzeugsammlung oder dem Server Explorer. Jeder per Drag&Drop auf den Designer abgelegte Systembaustein erscheint als ein Icon mit Namen und kann über das Eigenschaftsfenster konfiguriert werden. Aus dem Programmcode heraus kann der Entwickler den Systembaustein über den im Designer vergebenen Namen ansprechen, weil Visual Studio für die im Designer abgelegten Icons automatisch Programmcode generiert, der in einer Region mit Namen »Component Designer Generated Code« zusammengefasst ist.

Fensterlose .NET-Komponenten

Werkzeuge

Bei der ersten Ankündigung von .NET im Juli 2000 sprach Microsoft von der »Orchestrierung« von Anwendungen mit Visual Studio .NET – davon ist man aber später immer mehr abgekommen, denn so weit, wie man es wohl einmal geplant hatte, reicht die visuelle Unterstützung des Programmierens in Visual Studio .NET 2002 dann eben doch nicht.

9.1.6.5 Projektmappen und Projekte

Single-File- vs. Multi-File-Assemblies

Ein Visual Studio .NET-Projekt dient dem Anlegen einer *Single-File-Assembly* in einer bestimmten Sprache. Die Sprache muss beim Anlegen eines Projekts festgelegt werden. Sie gilt für das ganze Projekt. Es können also nicht einzelne Teile eines VS.NET-Projekts in verschiedenen Sprachen geschrieben werden. VS.NET unterstützt in der Version 2002 (noch) nicht das Erstellen von *Multi-File-Assemblies*.

Anwendungstypen

Außerdem ist beim Anlegen eines neuen Visual Studio .NET-Projekts zwischen verschiedenen .NET-Anwendungstypen (in diesem Zusammenhang Projekttypen genannt) zu wählen – darunter die Typen Windows-Anwendung (engl. Windows Application) und Konsolenanwendung (engl. Console Application). Zwischen diesen beiden .NET-Anwendungstypen kann aber auch später jederzeit im Eigenschaftsfenster des Projekts gewechselt werden. Anders als in der VB6-IDE wird für das neue Projekt automatisch ein eigenes Unterverzeichnis angelegt. In diesem Unterverzeichnis werden eine Projektdatei (Dateiextension *.vbproj*), eine Projektmappen-Datei (engl. Solution, Dateiextension: *.sln*) und ein Verzeichnis /BIN erzeugt, in das die kompilierten MSIL-Dateien abgelegt werden.

Abbildung 9.10: Anlegen eines neuen VB.NET-Projekts in VS.NET

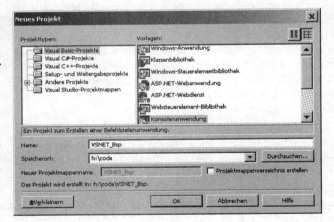

Projektelemente

Projektelemente

Ein Projekt besteht aus Elementen verschiedener Typen. Elemente sind in zwei Kategorien gegliedert: Elemente für *Web-Projekte* und Elemente für *lokale Projekte*. Die in der folgenden Tabelle genannten Einzelelemente sieht man, wenn man zu einem bereits geöffneten Projekt ein neues Element hinzufügt.

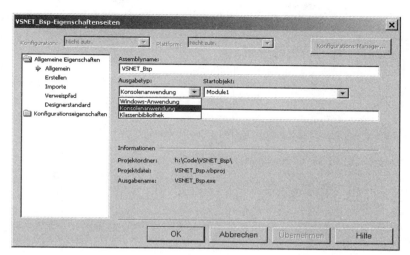

Abbildung 9.11:
Änderung des Projekttyps im Eigenschaftsdialog eines Projekts

Elementkategorien

Elementkategorie	Beispiele für Elemente dieser Kategorie
Elemente für beide Kategorien (Web-Projekte und lokale Projekte)	Klasse (Class, .VB oder .CS) Komponentenklasse (Component Class, .VB oder .CS) Frameset (.HTM) HTML-Seite (.HTM) Modul (.VB oder .CS) Stylesheet (.CSS) Text-File (.TXT) XML-Datei (.XML) XSD-Schema (.XSD) XSLT-Datei (.XLST) DataSet (.XSD) JScript-Datei für WSH (.JS) VBScript-Datei für WSH (.VBS) XML-strukturierte Skriptdatei (.WSF)
zusätzliche Elemente für Web-Projekte	Active Server Page (.ASP) Webkonfigurationsdatei (Web Configuration File, .CONFIG) Web Form (.ASPX) Webdienst (Web Service, .ASMX) Web-Benutzersteuerelement (.ASCX) Globale Anwendungsklasse (GLOBAL.ASAX) Dynamische Discovery-Datei (.VDISCO) Statische Discovery-Datei (.DISCO)

Tabelle 9.1: Übersicht über die Visual Studio .NET-Projektelemente

Werkzeuge

Elementkategorie	Beispiele für Elemente dieser Kategorie
zusätzliche Elemente für lokale Projekte	Windows Form (.VB oder .CS) Benutzersteuerelement (.VB oder .CS) Windows Service (.VB oder .CS)

Die einzelnen Elemente eines Projekts können in Verbesserung der VB6-IDE innerhalb eines Projekts in eine beliebige Ordnerhierarchie sortiert werden, die im Projektmappen-Explorer (engl. Solution Explorer) auch so angezeigt wird.

Visual Studio .NET-Projektmappen

Projektmappe und Projekte

Visual Studio kennt als oberstes Gliederungselement eine Projektmappe (engl. *Solution*). Eine Projektmappe enthält ein Projekt oder mehrere Projekte. Sie kann auch in einem speziellen Ordner mit Namen *Projektmappen-Elemente* (engl. *Solution Items*) direkt projektübergreifende Elemente enthalten. Die verschiedenen verfügbaren Elemente sind in zwei Elementkategorien (Web-Projekte und lokale Projekte) geordnet. Es gibt zahlreiche Elemente, die in beiden Kategorien vorhanden sind.

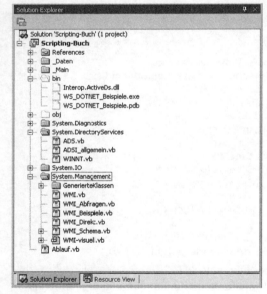

Abbildung 9.12: Ordnung in den Projektelementen im Projektmappen-Explorer

Assembly-Referenzen (Verweise)

Verweise

Um einen Typ nutzen zu können, benötigt der Visual Basic .NET-Compiler eine Referenz auf die Assembly, die diesen Typ implementiert. Diese Verweise sind nicht mehr wie in der VB6-IDE in einem Menü versteckt, sondern gut sichtbar in den Projektmappen-Explorer integriert (Ordner *Verweise*). Ein Projekt kann Verweise zu FCL-Namespaces, anderen .NET-Komponenten, COM-Komponenten oder anderen Visual Studio .NET-Projekten haben.

Für jeden Projekttyp ist eine bestimmte Menge von Verweisen auf verschiedene FCL-Namespaces automatisch vordefiniert. Über den Kontextmenüpunkt VERWEIS HINZUFÜGEN im Ordner *Verweise* können Verweise hinzugefügt werden.

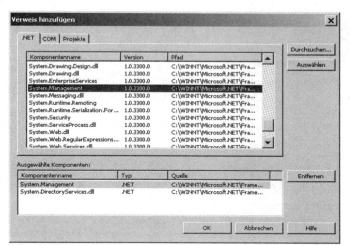

Abbildung 9.13: Hinzufügen eines Verweises auf eine .NET-Komponente

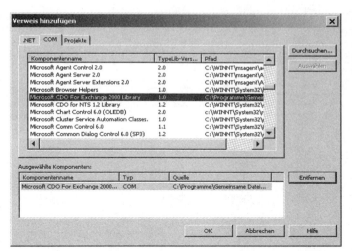

Abbildung 9.14: Hinzufügen eines Verweises auf eine COM-Komponente

Verweiseigenschaften

Bei jedem Verweis gelangt man durch Doppelklick zu einem Eigenschaftsfenster, das den Pfad zur Assembly, die Versionsnummer und den Strong Name anzeigt. Einzig die Eigenschaft LOKALE KOPIE kann verändert werden. Durch Auswahl von JA wird die Assembly in das /BIN-Verzeichnis des lokalen Projekts kopiert.

Referenzeigenschaften

Durch das Kontextmenü eines Verweises kann der Verweis entfernt werden.

Werkzeuge

Abbildung 9.15:
Verweise im
Projektmappen-
Explorer

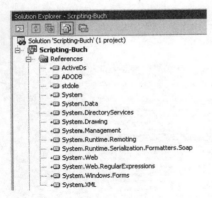

Automatischer Import

Visual Studio .NET ermöglicht es für VB.NET-Projekte, in den Projekteigenschaften Imports-Anweisungen festzulegen, die für alle Quellcodedateien in dem Projekt gelten. Den entsprechenden Dialog finden Sie durch einen Klick auf den Button PROJEKTOPTIONEN im Eigenschaftsfenster oder über das Kontextmenü des Projekts (Auswahl EIGENSCHAFTEN). In diesem Dialog können Sie nun die zu importierenden Namespaces festlegen.

Abbildung 9.16:
Die Eigen-
schaftsseiten des
Projekts mit den
eingebundenen
Namespaces

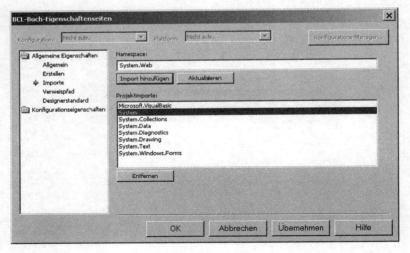

Wenn Sie in diesem Fenster einen Namespace zu der Liste hinzufügen, gilt dieser standardmäßig für das gesamte Projekt, d.h., auch bei neuen Dateien wird er automatisch eingebunden.

 Dieses Feature ist leider nicht für C# verfügbar. Dort müssen Sie die Namespaces manuell in jeder Quellcodedatei einbinden.

9.1.6.6 Ausgaben in der VS.NET-Entwicklungsumgebung

Das aus der VB6-IDE bekannte Direktfenster ist nun auf zwei Fenster aufgeteilt:

- Das AUSGABEFENSTER liefert die Ausgaben des Compilers und Debuggers. Ein Programm kann mit `Debug.Write()` sowie `Debug.WriteLine()` Ausgaben in dieses Fenster machen. Der Entwickler kann aber selbst nichts darin eintippen. **Ausgabe**

- Das BEFEHLSFENSTER erlaubt die Eingabe von Befehlen an die Entwicklungsumgebung, z. B. die Ausführung von SUCHEN/ERSETZEN. **Befehle**

`Debug` ist kein eigenes Intrinsic Object von VB mehr, sondern Teil der FCL. Die Klasse heißt `System.Diagnostics.Debug`. Die Methode `WriteLine()` ist ein Shared Member und kann daher ohne Instanziierung der Klasse `Debug` verwendet werden. Insofern ist der Unterschied zur VB6-IDE eher akademischer Natur. Gravierend ist jedoch, dass die Ausgabemethode nicht mehr `Debug.Print()`, sondern `Debug.Write()` bzw. `Debug.WriteLine()` heißt. Der Unterschied zwischen `Debug.Write()` und `Debug.WriteLine()` besteht darin, dass im letzteren Fall die Ausgabe mit einem Zeilenumbruch versehen wird. **Debug.Write() statt Debug.Print()**

Ausgaben mit Console.WriteLine()

Beim Anwendungstyp Konsolenanwendung (*Console Application*) gehen Ausgaben mit `Console.WriteLine()` beim Start innerhalb der IDE in ein DOS-Fenster, das beim Programmstart geöffnet und beim Programmende direkt wieder geschlossen wird. Hier ist dafür zu sorgen, dass eine Benutzereingabe abgewartet wird, bevor das Programm endet, da man sonst – bei kurz laufenden Programmen – nicht viel von der Ausgabe hat. **DOS-Anwendungen**

Beim Anwendungstyp Windows-Anwendung (*Windows Application*) gehen die Ausgaben mit `Console.WriteLine()` beim Start innerhalb der IDE in das AUSGABEFENSTER. **Windows-Anwendungen**

9.1.6.7 Unterstützung für DHTML- und ASP-Dateien

Visual InterDev als eigenständiges Produkt gibt es nicht mehr: Die Entwicklung von Webanwendungen mit Active Server Pages (nun ASP.NET genannt) und Dynamic HTML (DHTML) ist Basisumfang der Visual Studio .NET-IDE. **Web-Entwicklung**

Analog zu Visual InterDev bietet Visual Studio .NET die Möglichkeit, Web-Skripte im Rahmen von serverbasierten Web-Projekten oder in lokalen Projekten zu bearbeiten.

Die Eingabehilfen für diese Dateitypen haben sich gegenüber Visual InterDev 6.0 nicht verbessert.

9.1.6.8 Unterstützung für WSH-Dateien

Die Visual Studio .NET-Entwicklungsumgebung unterstützt rudimentär auch Windows Script Host-Dateien vom Typ .VBS, .JS und .WSF im Rahmen von Projektmappen: **WSH-Unterstützung**

- Skriptdateien können im Rahmen einer Visual Studio-Solution über ELEMENT HINZUFÜGEN in ein Visual Studio .NET-Projekt aufgenommen werden. Bei einer .WSF-Datei wird dabei eine Vorlage (Template) geladen, die schon die wichtigsten XML-Elemente enthält.

- Syntax Coloring funktioniert für VBScript- und JScript-Befehle in .VBS bzw. .JS-Dateien.

- Syntax Coloring funktioniert auch für die XML-Elemente einer .WSF-Datei, nicht aber für die Skriptbefehle innerhalb der .WSF-Datei.

Werkzeuge

- Quickinfo wird für die eingebauten Methoden von VBScript und JScript angeboten, aber auch nur in .VBS bzw. JS-Dateien, nicht in .WSF-Dateien.

- Die Funktion »Attribute/Methoden auflisten« funktioniert genauso schlecht wie bei Visual InterDev 6.0, also nur für die direkt instanziierten Objekte, nicht für die abgeleiteten Objekte. Außerdem funktioniert auch diese Funktion nur in den einfachen Skriptdateien, nicht in den XML-strukturierten .WSF-Dateien.

- Als Eingabehilfe für XML-Elemente in .WSF-Dateien werden zumindest die allgemeinen Eingabehilfen des in Visual Studio .NET integrierten XML-Editors angeboten. So wird nach Eingabe eines Elements automatisch ein passendes schließendes Element erzeugt. Bei Eingabe eines Attributs werden nach dem Tippen des Gleichheitszeichens automatisch zwei Anführungszeichen für den Attributwert eingefügt.

Weiterhin fehlende Funktionen

Noch nicht komplett

Das ist etwas, aber nicht viel. Es fehlen für WSH-Skripte weiterhin viele Features wie

- Methoden/Attribute anzeigen für Objekte, die nicht direkt per `CreateObject()` erzeugt werden
- Konstanten anzeigen
- Autovervollständigen
- Korrektur der Groß-/Kleinschreibung
- Hilfe zum Aufbau von .WSF-Dateien

Öffnen und Erstellen einer WSH-Datei

Sie können eine WSH-Datei per Drag&Drop in ein Visual Studio .NET-Projekt ziehen oder aber innerhalb eines Projekts über ELEMENT HINZUFÜGEN eine neue Datei erstellen.

9.1.6.9 Visual Studio .NET-Objektbrowser

Öffnen und Erstellen einer WSH-Datei

Mit dem in Visual Studio .NET eingebauten Objektbrowser lassen sich sowohl COM- als auch NET-Komponenten betrachten.

9.1.7 Notepad und Notepad Plus

Geheiligt sei der Notepad

Es ist unglaublich, dass es das Microsoft Notepad in seiner gewohnten primitiven Form bis zu Windows 2000 geschafft hat. Auch in Version 5.0.2140.1 zeigt das Notepad weder Zeilennummer noch ermöglicht es das Öffnen mehrerer Fenster. »Revolutionäre« Änderung seit Version 4.10.0.1998 (Windows 98): Das Menü SUCHEN ist nun Teil des Menüs BEARBEITEN, dafür gibt es nun ein Menü FORMAT, das zwei der bisherigen Unterpunkte des BEARBEITEN-Menüs beinhaltet.

Dennoch werden Sie – wie alle anderen Windows-Nutzer auch – oft mit dem Notepad arbeiten. Denn dieser Editor ist auf jedem Rechner installiert, und Sie werden immer wieder an Rechnern arbeiten, an denen kein anderer Editor installiert ist. Und Sie werden feststellen, dass Anwendungen für bestimmte Darstellungen den Notepad aufrufen (z. B. für die Quelltextansicht im Internet Explorer).

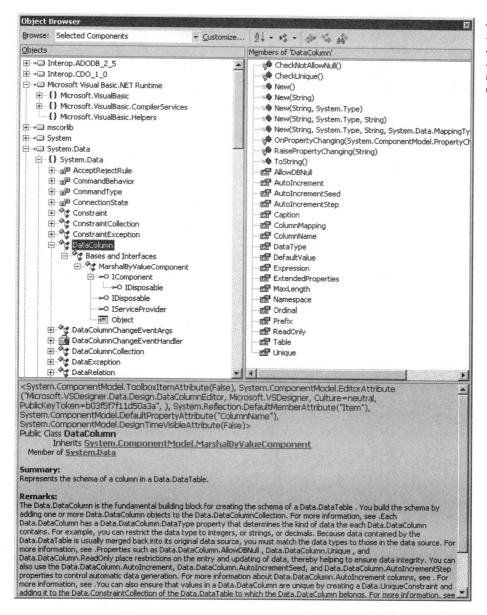

Abbildung 9.17:
Die Klasse
System.Data.
DataColumn
im VS.NET-
Objektkatalog

Sie können jedoch auch dagegen etwas tun: Ersetzen Sie die Datei NOTEPAD.EXE durch einen anderen Editor, den Sie in NOTEPAD.EXE umbenennen. Anwendungen wie der Internet Explorer starten das Notepad nämlich anhand des Dateinamens, und Sie können ihm daher leicht einen anderen Editor unterschieben.

Austausch des Notepads

Werkzeuge

Notepad Plus Ein geeigneter Kandidat ist beispielsweise das Notepad Plus [ROG00]. Auch dies ist kein umwerfender Editor, bietet aber wenigstens die Zeilennummernanzeige in der Statuszeile und eine Mehrfensterdarstellung.

9.1.8 Weitere Editoren

Weitere Editoren Daneben gibt es eine Reihe weiterer Shareware-Editoren auf dem Markt, die sich durch folgende Merkmale auszeichnen:

- mehrere Editorfenster
- Zeilennummerierung
- konfigurierbares Syntax Coloring
- automatische Einrückung
- geringer Preis für eine Vollversion (rund 30 US-Dollar)

Aber auch diese Editoren bieten keine Eingabehilfen und kein Debugging!

Tabelle 9.2: Shareware-Editoren

Editor	Hersteller	Bezugsquelle
UltraEdit	IDM Computer Solutions	HTTP://WWW.ULTRAEDIT.COM
EditPlus	ES-Computing	HTTP://WWW.EDITPLUS.COM
Textpad	Helios Software Solutions	HTTP://WWW.TEXTPAD.COM

Demoversionen dieser Editoren finden Sie auf der Buch-CD im Verzeichnis /INSTALL/ WERKZEUGE/EDITOREN.

9.2 Skript-Debugger

Dieses Kapitel beschreibt die Debugger, die für das in Kapitel 6 beschriebene Debugging von Skripten verwendet werden können.

9.2.1 Microsoft Script Debugger

MS Script Debugger Der *Microsoft Script Debugger* (MSSCRDBG.EXE) ist ein Debugging-Werkzeug, das zusammen mit dem Internet Explorer installiert wird. Mit dem Script Debugger können aber nicht nur DHTML-Skripte, sondern alle Arten von ActiveX-Skripten untersucht (zu neudeutsch: *gedebuggt*) werden. Hier wird die Version 1.0.7295 besprochen, die Windows 2000 beiliegt. Interessanterweise wird mit einem deutschen Windows 2000 die englische Version des Script Debuggers installiert.

Auf der Buch-CD befindet sich die deutsche Version, die Sie überinstallieren können [CD:/install/Werkzeuge/MSScriptDebugger/]. Sie können die Version 1.0.7295 auch auf anderen Windows-Betriebssystemen installieren. Bitte beachten Sie jedoch die Unterscheidung zwischen der Version für NT und der für Windows 95/98/ME.

Skript-Debugger

Der Script Debugger umfasst einen Großteil des Funktionsumfangs des Visual Basic 6.0 Debuggers. Das größte Handicap des Script Debuggers ist, dass die Skripte nicht im Debugger modifiziert werden können. Es ist also nicht möglich, beim Auftreten eines Fehlers die beanstandete Zeile zu verändern und das Skript dann weiterlaufen zu lassen. Das Skript muss in der Originalquelle modifiziert und neu gestartet werden.

> Der Script Debugger besitzt zwar einen eingebauten einfachen Skripteditor (Menü `Datei/Neu`), jedoch können auch darin erstellte Skripte nicht innerhalb des Debuggers gestartet werden, sondern müssen extern aufgerufen werden und unterliegen damit den gleichen Beschränkungen wie andere Skripte auch.

Editor

Weitere Einschränkungen im Vergleich zum Debugger der Visual Basic-Vollversion sind:

- Es werden keine Tooltips mit den Werten einer Variablen angezeigt.
- Es gibt kein Lokalfenster, das alle Variablen anzeigt.
- Es gibt keine Überwachungsausdrücke.
- Unterbrechungspunkte können nicht im Quelltext gesetzt werden, sondern erst, wenn sich das Skript bereits im Debug-Modus befindet. Die Unterbrechungspunkte werden auch nicht zwischen Debug-Sitzungen gespeichert.

Alle anderen Features (schrittweise Ausführung, Ausgabe und Veränderung von Werten in Direktfenstern, Aufrufliste) stehen jedoch zur Verfügung.

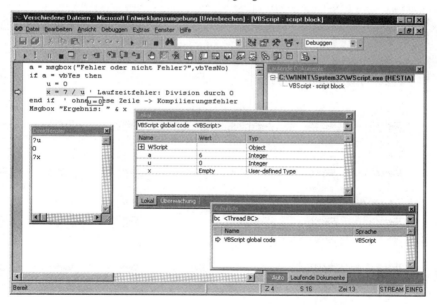

Abbildung 9.18: Ein Division-durch-Null-Fehler im Script Debugger

9.2.2 Visual InterDev Debugger

Sofern Sie Visual InterDev installiert haben, können Sie dieses als Skript-Debugger für all Ihre ActiveX-Skripte verwenden. Setzen Sie dazu in InterDev unter EXTRAS/OPTIONEN die in Abbildung 9.19 gezeigten Optionen. Visual InterDev bietet etwas feinere Optionen im Einzelschrittmodus als der Microsoft Script Debugger.

InterDev als Debugger

Abbildung 9.19: Aktivierung von InterDev als ActiveX Script Debugger

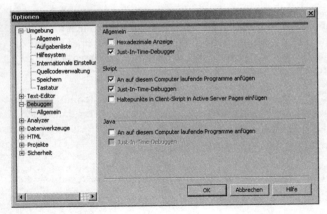

9.2.3 Visual Basic Debugger

VB-Debugger Die beste Art des Debuggings von Skripten ist und bleibt das Entwickeln eines Prototyps in der VB6-IDE und die Migration zu einem VBS-Skript zu einem möglichst späten Zeitpunkt. Die Funktionsvielfalt des VB-Debuggers, insbesondere die Veränderung des Programmcodes während des Debuggens, bietet Ihnen derzeit kein Skript-Debugger. Der VB6-Debugger ist leider kein ActiveX Script Debugger und kann daher nicht mit echten Skripten oder anderen Sprachen verwendet werden. Sie sind damit also auf die Skriptsprache VBS festgelegt. Weitere Informationen über die Features des Visual Basic Debuggers erhalten Sie in Kapitel »Fortgeschrittene«.

9.3 COM-Werkzeuge

Werkzeuge für COM Die nachfolgend vorgestellten Werkzeuge sind eine nützliche Hilfe für Systemadministratoren und Programmierer. Sie vereinfachen die Suche und die Veränderungen von COM-Informationen in der Windows-Registry. Leider gibt es kein allumfassendes COM-Werkzeug. Bei vielen Aufgaben ist ein Zusammenspiel verschiedener Werkzeuge notwendig. Dabei sind die unterschiedlichen Sichten und Möglichkeiten, die die verschiedenen Werkzeuge bieten, für den Nicht-COM-Profi sehr verwirrend. Dies werden Sie insbesondere am Beispiel der AppID im COM-Viewer und bei dem *DCOM Configuration Utility* sehen.

9.3.1 Microsoft Registry-Editoren

RegEdit und RegEdt32 Das einfachste Werkzeug für die Konfiguration von COM sind Registry-Editoren. Microsoft stellt mit jedem 32-Bit-Betriebssystem zwei verschiedene Registry-Editoren zur Verfügung:

- RegEdit (REGEDIT.EXE)
- RegEdt32 (REGEDT32.EXE)

COM-Werkzeuge

Auf den ersten Blick scheint RegEdt32 eine veraltete Version zu sein, denn die Benutzeroberfläche erinnert – auch noch unter Windows 2000 – an Windows 3.1. Allerdings ist RegEdt32 auch heute noch wichtig, denn nur diese Version vermag die Sicherheitseinstellungen auf Registry-Schlüssel zu verändern. Warum das moderner aussehende RegEdit dies nicht kann, ist ein Geheimnis von Microsoft.

Die Rechteverwaltung in RegEdt32 darf nicht mit der COM-Rechteverwaltung verwechselt werden! Die COM-Bibliothek speichert die Zugriffs- und Aktivierungsrechte für COM-Objekte in Form von Security-Deskriptoren in Registry-Einträgen vom Datentyp String. Diese sind auch für das Werkzeug RegEdit sichtbar. Sie können mit Hilfe des COM-Viewers oder des DCOM-Konfigurationstools gesetzt werden. Dagegen regeln die in RegEdt32 verwalteten Rechte den Zugriff auf die Registry-Schlüssel. Hier kann also festgelegt werden, wer die Rechte auf die COM-Objekte verwalten darf.

COM-Rechte und RegEdt32

Die Manipulation der Registry ist die direkteste, aber am schwierigsten zu beherrschende Form der COM-Konfiguration. Werkzeuge wie das DCOM-Konfigurationstools der COM-Viewer stellen eine höhere und einfachere Form der COM-Konfiguration dar.

Bewertung

9.3.2 Registry Crawler

Der *Registry Crawler* der Firma 4Developers [DEV00] ermöglicht eine sehr viel schnellere Suche in der Registry als die Werkzeuge von Microsoft. Im Gegensatz zu RegEdit und RegEdt32 muss man damit nicht von Suchergebnis zu Suchergebnis springen, sondern erhält eine übersichtliche Liste aller gefundenen Schlüssel und Einträge. Ein Doppelklick darauf öffnet RegEdit an der entsprechenden Stelle. Interessant ist auch die Funktion, Bookmarks auf Registrierungsschlüssel zu setzen und so schnell zu interessanten Fundstellen zurückzufinden.

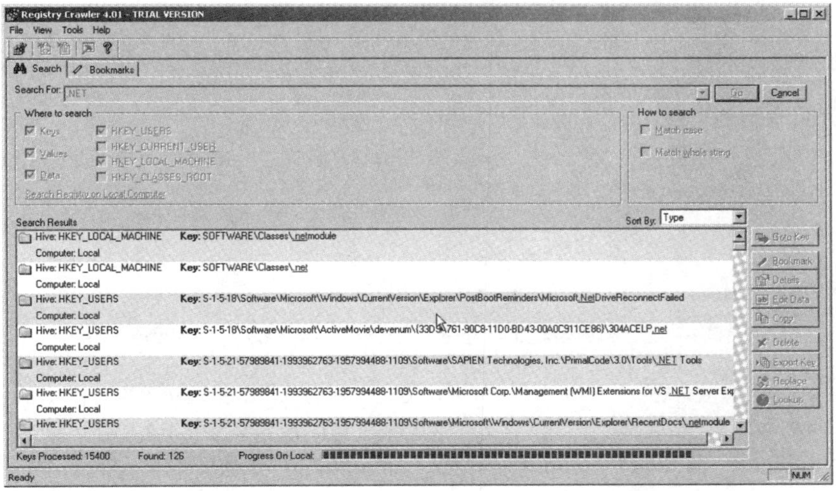

Registry Crawler

Abbildung 9.20: Suche nach dem Begriff »RPC« im Registry Crawler

9.3.3 Regsvr32, SWBregsvr und CliReg

regsvr32 Das Kommandozeilentool regsvr32 (REGSVR32.EXE) ermöglicht die Registrierung von COM-DLLs und Scriptlets. COM-EXE-Dateien registrieren sich beim Aufruf selbst bzw. über die Kommandozeilenparameter /REGSERVER und /UNREGSERVER. Da prozessinterne Komponenten nicht eigenständig ausgeführt werden können, ist ein Hilfsprogramm zur Registrierung notwendig. Dieses heißt REGSVR32.EXE und wird bei allen 32-Bit-Windows-Betriebssystemen im Systemverzeichnis installiert.

```
regsvr32 [/u] [/s] [/i] [/n] dllname
```

Registrierung und Deregistrierung Eine COM-DLL, die im Systemverzeichnis (SYSTEM bzw. SYSTEM32) liegt, wird einfach mit `regsvr32 dllname.dll` registriert. Sofern die DLL in einem anderen Verzeichnis liegt, muss der Pfad angegeben werden:

```
regsvr32 Laufwerk:\pfad\dllname.dll
```

Dabei sollten keine UNC-Pfade, sondern lokale Pfade verwendet werden. Bei der Aufhebung einer Registrierung mit der Option /u werden alle zugehörigen Registry-Einträge wieder gelöscht.

```
regsvr32.abc /u abc.dll
```

Normalerweise gibt regsvr32 modale Dialogboxen zur Bestätigung aus. Dies kann mit der Option /s unterdrückt werden.

regsvr32 registriert Typbibliotheken automatisch, sofern sie in die Komponentendateien (.DLL, .EXE., .OCX) eingebettet sind.

Registrierung von Windows Script Components

WSC-Registrierung Auch Windows Script Components können mit regsvr32 registriert werden. Die Registrierung erfolgt jedoch nicht direkt, sondern über die SCROBJ.DLL.

```
REGSVR32.EXE /n /i:scriptletname.wsc SCROBJ.DLL
```

Die Deregistrierung erfolgt analog mit der zusätzlichen Option /u.

```
REGSVR32.EXE /u /n /i:scriptletname.wsc SCROBJ.DLL
```

Mit der in Windows 2000 enthaltenen Version 5.0.2134.1 von REGSVR32.EXE ist eine direkte Registrierung von .WSC-Dateien möglich:

```
REGSVR32.EXE scriptletname.wsc
```

Registrierung per Kontextmenü

Es wäre hilfreich, die Registrierung und Deregistrierung direkt über das Kontextmenü der Komponentendatei ausführen zu können. Leider bietet Windows im Standard derartige Kontextmenüeinträge nur für WSC-Dateien an, sofern die WSC-Runtime installiert ist. Für EXE- und DLL-Komponenten können Sie dies jedoch durch eine kleine Veränderung der Registry selber konfigurieren. Fügen Sie dazu die nachfolgende Registrierungsdatei in die Registry ein.

```
REGEDIT4
[HKEY_CLASSES_ROOT\.exe]
@"exefile"
[HKEY_CLASSES_ROOT\exefile\shell\Registrieren\command]
@="\"%1\" /regserver"
[HKEY_CLASSES_ROOT\exefile\shell\Registrierung aufheben\command]
@="\"%1\" /unregserver"
[HKEY_CLASSES_ROOT\.dll]
@="dllfile"
[HKEY_CLASSES_ROOT\dllfile\shell\Registrieren\command]
@="regsvr32 \"%1\""
[HKEY_CLASSES_ROOT\dllfile\shell\Registrierung aufheben\command]
@="regsvr32 /u \"%1\""
```

Listing 9.3: Registrierungsdatei zur Erweiterung der Kontextmenüs bei .dll- und .exe-Dateien [CD: / install/tools/regsvr32/kontextmenüregistrierung.reg]

SWBregsvr

Auf der Buch-CD [CD:/install/Werkzeuge/SWBregsvr/] finden Sie das Tool SWBregsvr, das ein kleines Anwendungsfenster bereitstellt, mit dem Sie per Drag&Drop Komponenten registrieren und deregistrieren können.

Registrierung per Drag&Drop

Abbildung 9.21: SWBregsvr

Registrierung von entfernten Visual Basic-Komponenten

Komponenten, die nicht lokal, sondern ausschließlich remote ausgeführt werden, benötigen nur eine Minimalinstallation. Mit Visual Basic 6.0 Enterprise Edition erstellte Komponenten können mit dem Werkzeug CLIREG.EXE für den Remote-Zugriff konfiguriert werden. CLIREG.EXE erwartet als Steuerdatei ein Visual Basic Registration File (.VBR).

CliReg

9.3.4 COM-Viewer

Der *COM-Viewer* ist ein Werkzeug, das die Betrachtung und Bearbeitung der COM-Informationen in der Registry wesentlich vereinfacht. Der COM-Viewer nennt sich vollständig ausgeschrieben *OLE/COM Object Viewer*. An einigen Stellen heißt er auch nur *OLE Viewer*. Er ist Bestandteil der Resource Kits für NT 4.0 und Windows 2000 und Teil der Werkzeuge im Visual Studio-Produktpaket. Er ist auch auf der Buch-CD enthalten [CD:/install/Werkzeuge/COM-Viewer] oder kann als Einzelanwendung von der Microsoft-Homepage geladen werden. Die aktuelle Versionsnummer ist 2.1.0.59 (Windows 2000 Resource Kit). Mit Visual Studio 98 wurde Version 2.1.0.054 ausgeliefert. Es gibt keine lokalisierte Version mit deutschen Menüs. Beim Setup der deutschen Version von Visual Studio wird lediglich der Startmenü-Link auf den deutschen Namen OLE-ANSICHT umbenannt.

OLE/COM Object Viewer

In der Baumdarstellung stellt der COM-Viewer links COM-Bausteine dar, während auf der rechten Seite die zugehörigen Konfigurationsoptionen gezeigt werden. Der COM-Viewer kennt zwei Ansichtsarten: die Standardansicht und die Expertenansicht. In der Expertensicht zeigt die Baumdarstellung in der linken Fensterhälfte die Oberpunkte OBJECT CLASSES,

Anzeigenmodi

Werkzeuge

APPLICATION IDS, TYPE LIBRARIES und INTERFACES an. Der erste Punkt enthält die folgenden Unterpunkte:

- GROUPED BY COMPONENT CATEGORY: Hier sind die COM-Klassen nach COM-Komponentenkategorien gruppiert aufgelistet.
- OLE 1.0 OBJECTS sind alte Klassen aus OLE Version 1.0.
- COM LIBRARY OBJECTS sind Klassen, die in der COM-Bibliothek selbst definiert sind.
- ALL OBJECTS ist eine Liste aller registrierten Klassen.

Standardansicht In der Standardansicht werden in der Baumdarstellung nur COM-Komponentenkategorien und die für die jeweilige Kategorie registrierten Klassen angezeigt (also der Ast OBJECT CLASSES/GROUPED BY COMPONENT CATEGORY aus der Expertenansicht). Die Expertenansicht wird im Menü VIEW über den Menüpunkt EXPERT MODE aktiviert.

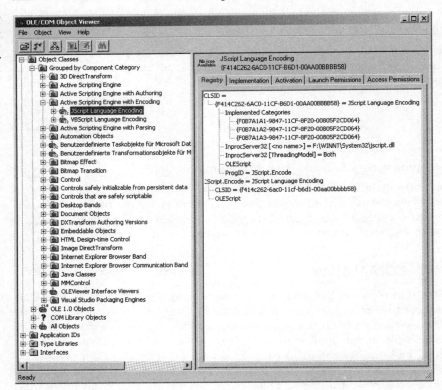

Abbildung 9.22: Expertenansicht im COM-Viewer

Klassenansicht

Klassennamen Der COM-Viewer benutzt in der Auflistung der Klassen unterhalb von OBJECT CLASSES den in der Registry unterhalb des CLSID-Schlüssels als Standardattribut hinterlegten Klassennamen (Friendly Class Name), nicht die ProgID. Dies macht es nicht immer einfach, die gesuchte Klasse zu finden. Es ist besonders schwierig, Klassen einer bestimmten Komponente zu finden, da der Friendly Class Name im Gegensatz zur ProgID in der Regel nicht mit dem Komponentennamen beginnt. Leider bietet der COM-Viewer auch keine Suchfunktion. Im Zweifel müssen Sie also doch den Registry-Editor verwenden, um von der ProgID über die CLSID den Klassennamen zu ermitteln. Der COM-Explorer ist in diesem Punkt in der Darstellung besser konfigurierbar.

Bei einem Klick auf einen Klassennamen erzeugt der COM-Viewer eine Instanz der Klasse. Links in der Baumdarstellung werden die Schnittstellen der Klasse angezeigt und rechts die Konfigurationsoptionen der Klasse. Wie in Kapitel 2 dargestellt gibt die `IUnknown`-Schnittstelle nur Auskunft darüber, ob eine bestimmte Schnittstelle unterstützt wird, liefert aber keine Liste aller unterstützten Schnittstellen. Der COM-Viewer kann die Schnittstellen daher nur für die Klassen vollständig auflisten, für die es eine Typbibliothek gibt. Bei Klassen ohne Typbibliothek zeigt der COM-Viewer nur die vorhandenen COM-Standardschnittstellen an, die er offensichtlich durch Aufruf von `QueryInterface()` austestet. Wünschenswert wäre eine Funktion, die eine Klasse gegen eine registrierte Schnittstelle testet, um die Schnittstellen auch bei Klassen ohne Typbibliothek zu ermitteln.

Schnittstellen

Der große Vorteil gegenüber der Ansicht in der Registry ist, dass auch die Schlüssel, auf die die CLSID verweist (z. B. TypeLibID und ProgID), mit ihren Werten dargestellt werden. Im Registry-Editor müssten Sie diese Informationen mühsam heraussuchen. Die weiteren Registerkarten bieten komfortable Eingabemasken für ausgewählte Einträge.

Beziehungen

Bitte beachten Sie, dass jede Eingabe in eine der Eingabemasken sofort in die Registry geschrieben wird. Ein explizites Speichern oder ein Rückgängigmachen gibt es nicht.

Verwirrung mit den AppIDs

Bei den vom COM-Viewer angebotenen Eingabefeldern finden sich zu jeder Klasse unter den Registerkarten ACTIVATION, LAUNCH PERMISSIONS und START PERMISSION auch Einstellungen, die zu einer COM-Anwendung gehören und unterhalb einer AppID gespeichert werden. Der COM-Viewer ermöglicht also eine klassenweise Sicht auf eine COM-Anwendung, während das DCOM-Configuration Utility (DCOMCNFG) eine anwendungsbezogene Sicht bietet.

COM-Viewer versus DCOM CNFG

Dies ist für COM-Einsteiger sehr verwirrend, denn der COM-Viewer suggeriert, dass Einstellungen wie die LAUNCH PERMISSIONS auf Klassenebene gesetzt werden können. In Wirklichkeit wirkt sich jede Änderung auf alle zu der gleichen COM-Anwendung gehörenden Klassen aus. Kritik ist auch in einem weiteren Punkt angebracht. Der COM-Viewer bietet nur die klassenbezogene Sicht, die anwendungsbezogene Sicht ist verkümmert: Unterhalb des APPLICATION IDs-Zweigs werden zwar die Registry-Schlüssel in Rohform angezeigt, es gibt jedoch enttäuschenderweise keinerlei Eingabemasken. Diese komfortablen Eingabemasken pro COM-Anwendung bietet nur das DCOM-Configuration Utility. Allerdings hat das den Wermutstropfen, dass dieses Werkzeug dafür nicht die Klassen anzeigen kann, die zu einer COM-Anwendung gehören.

Verwirrung

Übrigens kann auch der COM-Viewer die Zugehörigkeit einer Klasse zu einer COM-Anwendung nur darstellen, nicht aber verändern. Wenn jedoch eine Klasse noch nicht zu einer COM-Anwendung gehört, dann wird bei der Eingabe eines Werts in eines der Eingabefelder, das sich auf eine COM-Anwendung bezieht, eine neue COM-Anwendung erzeugt. Leider sind diese Felder weder grau unterlegt, wenn keine Anwendungszuordnung existiert, noch gibt es beim Anlegen einer neuen Anwendung eine Nachfrage beim Benutzer.

Zuordnung von Klassen zu Anwendungen

Werkzeuge

Abbildung 9.23:
Anzeige der
Klasse Windows Script
Host Network
Object
(WScript.Network)

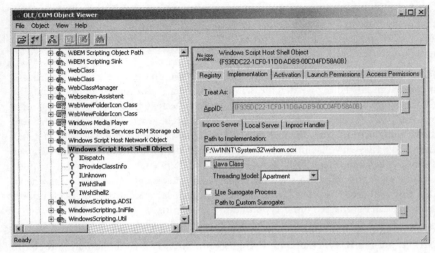

TypeInfo-Viewer

TypeInfo-Viewer
Durch einen Doppelklick auf ein Interface öffnet sich der TypeInfo-Viewer, der ein Teil des COM-Viewers ist. Im linken Teilfenster des TypeInfo-Viewers werden die enthaltenen Schnittstellen mit ihren Methoden angezeigt. Sofern die Schnittstellen von anderen Schnittstellen geerbt haben, werden die erbenden Schnittstellen als untergeordnete Äste angezeigt. Auf der rechten Seite wird die zugehörige IDL-Definition angezeigt. Die Schnittstelleninformationen können als Textdatei mit der Extension .IDL abgespeichert oder per Cut&Paste übernommen werden. Sie können also mit dem TypeInfo-Viewer Typbibliotheken dekompilieren, um sie anschließend mit MIDL.EXE neu aufzubauen. Dies können Sie dazu nutzen, um eine Typbibliothek aus der DLL- oder EXE-Komponente zu extrahieren, wenn Sie die Schnittstellendefinitionen ohne die Implementierung weitergeben wollen.

 Über das FILE-Menü des COM-Viewers können Typbibliotheksdateien auch direkt geöffnet werden. Typbibliotheken können in folgenden Dateitypen enthalten sein: .TLB, .DLL, .EXE, .OLB, .OCX, .RLL.

Schwäche des COM-Viewers

Klassen werden übersehen
Die wichtigste Komponentenkategorie für den Skriptprogrammierer stellen die Automation Objects dar. Leider hat der COM-Viewer ausgerechnet hier ein Problem: Er zeigt nicht alle automationsfähigen Klassen an. Natürlich kann der COM-Viewer höchstens die automationsfähigen Klassen anzeigen, für die es in der Registry eine CLSID gibt. Aber auch aus dieser Menge übersieht der COM-Viewer einige, z.B. die Klasse ADODB.Recordset. Der im nächsten Kapitel vorgestellte COM-Explorer findet mehr, wenngleich nicht alle relevanten Klassen.

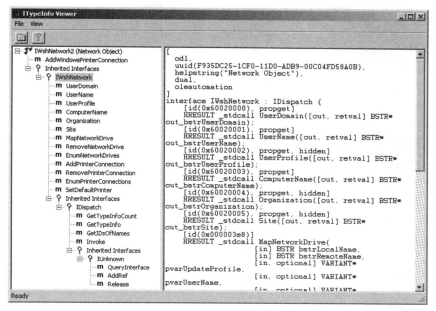

Abbildung 9.24:
Der TypeInfo-Viewer zeigt die Schnittstelle IWSHNetwork2, die von IWSH-Network abgeleitet ist.
IWSHNetwork implementiert IDispatch, die pflichtgemäß von IUnknown abgeleitet ist.

9.3.5 COM-Explorer

Der *COM-Explorer* ist ein Shareware-Werkzeug der Firma 4Developers [DEV00]. Er zeigt die auf einem System registrierten automationsfähigen Klassen, getrennt nach Steuerelementen, COM-DLLs und COM-EXEs. Zu jeder Klasse werden die Informationen über die entsprechende Komponente angezeigt. Dabei werden nicht nur die Informationen aus der Registry, sondern auch die aus der Komponentendatei selbst ausgelesen. In der Komponentendatei sind Beschreibungen sowie Informationen über die Version und den Hersteller abgelegt. Die Anzeige kann auch so umkonfiguriert werden, dass in der Listendarstellung die CLSID, der Typbibliotheksname oder die Dateiposition angezeigt wird. Alle Informationen können in Form einer CSV- oder HTML-Datei exportiert werden (Menü TOOLS/ GENERATE REPORT). Die Registerkarte REGISTRY ENTRIES zeigt die für die Komponente relevanten Ausschnitte aus der Registry, allerdings ohne – anders als der COM-Viewer – Eingabehilfen anzubieten.

Konfigurierbare Darstellung

Der Schwerpunkt des Werkzeugs liegt darauf, die Funktionsfähigkeit der Komponente auf der Grundlage ihrer Abhängigkeit zu überprüfen. Zu jeder Komponente werden die DLLs angezeigt, von denen die Komponente abhängig ist. Über eine Suchfunktion (Menü TOOLS/ FIND MISSING DEPENDENCIES) können Komponenten mit Abhängigkeitsproblemen gezielt gesucht werden. Der COM-Explorer ergänzt das Kontextmenü von DLLs um die Punkte REGISTER, UNREGISTER, COMPARE TO und VIEW DLL DETAILS.

Abhängigkeiten

Abbildung 9.25:
Der COM-
Explorer 2.0.

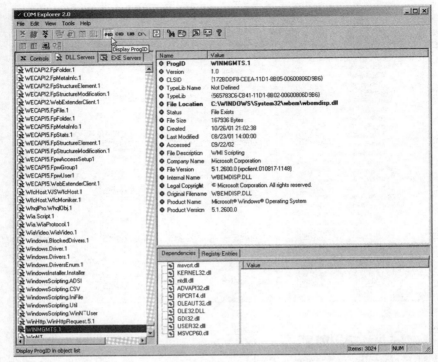

9.3.6 Dependency Walker

Dependency Walker

Der *Dependency Walker* zeigt die Abhängigkeiten von DLLs und EXEs von anderen DLLs sowie die von DLLs exportierten bzw. importierten Funktionen an. Sie benötigen den Dependency Walker, um zu analysieren, welche DLLs eine Komponente braucht. Dies ist hilfreich, wenn die Registrierung fehlschlägt. Der Dependency Walker wird mit Visual Studio und den Resource Kits für NT 4.0 und Windows 2000 ausgeliefert. Der COM-Explorer zeigt zwar auch die Abhängigkeiten, aber nur für solche Komponenten, die bereits erfolgreich registriert wurden. Für Komponenten, die Sie auf Grund fehlerhafter Abhängigkeitsbeziehungen nicht registrieren können, benötigen Sie den Dependency Walker.

COM-Werkzeuge

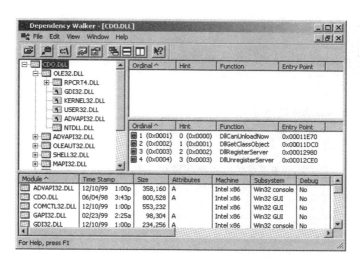

Abbildung 9.26: Die CDO-Komponente im Dependency Walker

9.3.7 Objektkatalog

Der *Microsoft Objektkatalog* (engl. *Object Browser*) ist ein Werkzeug zur Darstellung von bzw. zur Suche in Typbibliotheken und vereinfacht die Darstellung sehr stark. Er unterscheidet nicht zwischen Klassen und Schnittstellen und stellt Schnittstellen als Klassen dar. Zudem werden Standardschnittstellen von Klassen verborgen. Insgesamt entsteht so eine Sicht auf die Komponenten, aus der der Entwickler nicht mehr erkennen kann, welche Schnittstellen in welchen Klassen bzw. in deren Instanzen vorhanden sind, obwohl genau dies eine wertvolle Information der Typbibliotheken ist. Eigentlich sollte der Objektkatalog besser Klassenbrowser heißen, da er die Objekte nicht in ihren Beziehungen zur Laufzeit zeigt. Dies leistet das Lokalfenster der Visual Basic-Entwicklungsumgebung.

Objektkatalog

Der Objektkatalog wird mit den Entwicklungsumgebungen von Visual Basic, Visual Basic for Applications und Visual InterDev ausgeliefert. Er bildet ein Fenster innerhalb dieser IDEs, das leider nicht separat gestartet werden kann.

Keine Einzelanwendung

Verweise

> Im Objektkatalog werden nicht automatisch alle auf dem System verfügbaren Typbibliotheken angezeigt. Damit eine Komponente hier betrachtet werden kann, müssen Sie erst im VERWEISE-Dialog (PROJEKT/VERWEISE in VB6 bzw. EXTRAS/VERWEISE in VBA/Office 2000) die Typbibliothek aktivieren. Die VERWEISE-Dialoge berücksichtigen jedoch keine ActiveX-Steuerelemente. Diese fügen Sie durch Aufnahme in die Werkzeugsammlung dem Projekt hinzu (Eintrag KOMPONENTEN im Kontextmenü der Werkzeugsammlung in VB6; in VBA ist es an gleicher Stelle der Eintrag ZUSÄTZLICHE STEUERELEMENTE).

Werkzeuge

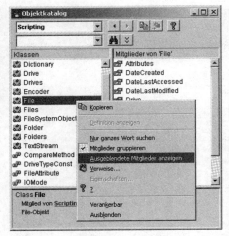

Abbildung 9.27:
Der Objektkatalog in Visual Basic 6.0 zeigt die Klasse `File` aus der Scripting Runtime-Komponente.

Objektkatalog in Visual InterDev 6.0

InterDev-Objektkatalog

Der in Visual InterDev 6.0 enthaltene Objektkatalog unterscheidet sich etwas von seinen Kollegen: Anhand der konfigurierbaren Darstellung ist erkennbar, ob ein Eintrag eine Klasse oder eine Schnittstelle ist. Einiges hat sich allerdings gegenüber den anderen Versionen des Objektkatalogs nicht verbessert: Der Zusammenhang von Klassen und Schnittstellen wird nicht dargestellt, und Standardschnittstellen werden unterdrückt.

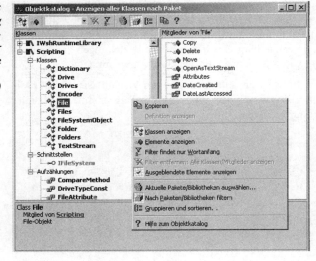

Abbildung 9.28:
Objektkatalog in Visual InterDev 6.0 (wieder die Klasse `Scripting.File`)

Objektkatalog in Outlook 2000

Outlook-Objektkatalog

Eine dritte Variante des Objektkatalogs findet man innerhalb des Skripteditors von Outlook 2000. Dieser Objektkatalog (hier *Objektbrowser* genannt) kann jedoch nur die Objekte aus der Outlook-Komponente darstellen.

COM-Werkzeuge

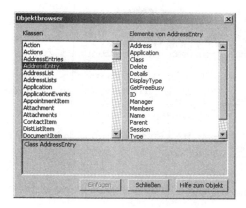

Abbildung 9.29:
Outlook 2000-
Objektkatalog

Objektkatalog in Visual Studio.NET

Der Objektkatalog in Visual Studio.NET basiert optisch auf dem Objektkatalog von Visual InterDev 6.0. Der Objektkatalog kann nicht nur .NET-Komponenten, sondern auch COM-Komponenten anzeigen.

VS.NET

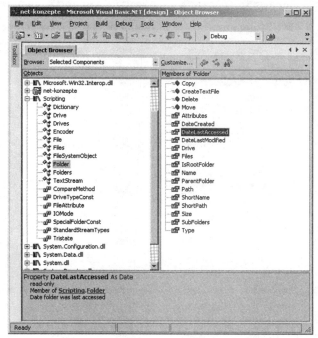

Abbildung 9.30:
Der Objektkatalog zeigt eine COM-Komponente. Die anderen Komponenten in der Baumstruktur sind .NET-Komponenten.

9.3.8 comTLBrowser

Der *comTLBrowser* ist ein Abfallprodukt der Arbeit an diesem Buch. Er stellt ebenso wie der Objektkatalog eine Typbibliothek dar, jedoch unterscheidet er sich in einigen Funktionen stark von den Microsoft Objektkatalogen:

comTLBrowser

Werkzeuge

- Der comTLBrowser ist eine eigenständige Anwendung (COMTLBROWSER.EXE).
- Es wird klar zwischen Klassen und Schnittstellen getrennt, und es ist ersichtlich, welche Schnittstellen eine bestimmte Klasse unterstützt.
- Alle Informationen werden in Form von Listen dargestellt, die sich per Cut&Paste in anderen Umgebungen übernehmen lassen können.
- Der Umfang der Darstellung ist wählbar.
- Aus Attributdefinitionen kann in Visual Basic-Code für Wertzuweisungen bzw. Lesezugriffe auf die Werte generiert werden. Diesen Code können Sie per Cut&Paste übernehmen. Das erspart viel Tipparbeit bei der Erforschung neuer Klassen.
- Konstantendefinitionen können als Const-Deklarationen oder als Array-Deklarationen ausgegeben werden. Die Const-Deklarationen sind in Umgebungen nützlich, die nicht auf die Typbibliothek zugreifen können. Im Microsoft Objektkatalog können Sie jede Definition einer symbolischen Konstante nur einzeln per Cut&Paste übernehmen. Im comTLBrowser können Sie ganze Listen auf einmal übernehmen. Die Array-Deklarationen dienen als Eingabe für die in Kapitel 3 vorgestellten Hilfsfunktionen get_from_array() und get_from_array_mult(). Sie ermöglichen es, vorhandene numerische Attributwerte in symbolische Konstantennamen zurückzuverwandeln.
- Die Deklarationen können alternativ auch in einer Textdatei abgespeichert werden.

Den comTLBrowser finden Sie auf der Buch-CD im Verzeichnis /INSTALL/WERKZEUGE/COMTLBROWSER.

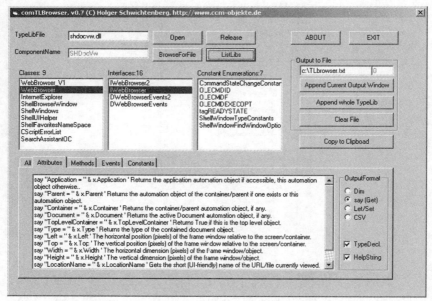

Abbildung 9.31: Anwendungsfenster des comTLBrowsers. Dargestellt werden hier die Attribute der Schnittstelle *IWebBrowser*, die von der Klasse *WebBrowser* in shdocvw.dll implementiert wird.

9.3.9 DCOM-Konfigurationswerkzeug

Das *DCOM-Configuration Utility* (kurz: DCOMCNFG) dient der Konfiguration von globalen DCOM-Einstellungen sowie von COM-Anwendungen. Der COM-Viewer listet zwar die installierten COM-Anwendungen auf, bietet jedoch Konfigurationsmöglichkeiten für AppID-Werte nur aus der Sicht einer Klasse an. DCOMCNFG zeigt leider nicht an, welche Klassen zu einer COM-Anwendung gehören und ermöglicht auch nicht die Anlage neuer COM-Anwendungen.

DCOMCNFG

Das DCOM-Configuration Utility gehört zum Installationsumfang von DCOM. Es wird in das Systemverzeichnis kopiert, ohne jedoch eine Verknüpfung im Startmenü herzustellen. Das Werkzeug hat den Dateinamen DCOMCNFG.EXE. Mit Windows 2000 wurde die Version 5.0.1447.1 ausgeliefert. Unter NT4-Systemen mit älteren Service-Packs bzw. Windows 9x-Versionen mit älteren Internet Explorer-Versionen ist noch Version 4.x installiert, die Sie unbedingt auf die aktuelle Version bringen sollten, da Ihnen sonst einige wichtige Features nicht zur Verfügung stehen.

Installation und Versionen

In Whistler (Windows XP/Windows .NET Server) ist das DCOM-Konfigurationstool Teil des MMC-Snap-In »Komponentendienste«. Der Aufruf von DCOMCNFG.EXE startet dieses Snap-In.

Whistler

DCOMCNFG kann unter Windows 9x/ME nur ausgeführt werden, wenn sich das Betriebssystem im Sicherheitsmodus ZUGRIFFSKONTROLLE AUF BENUTZEREBENE befindet, da die COM-Sicherheit nur in diesem Modus verfügbar ist.

Abbildung 9.32: Hauptansicht des DCOM-Configuration Utility

Werkzeuge

Abbildung 9.33:
DCOMCnfg als Teil des MMC-Snap-In »Komponentendienste« in Windows Whistler

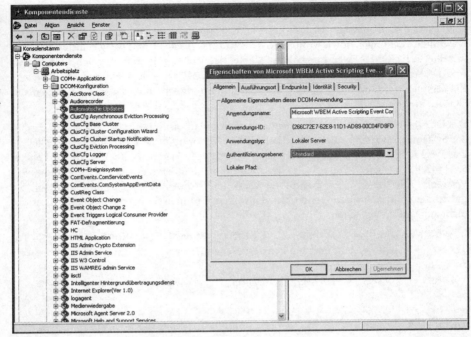

Hauptansicht

Die Hauptansicht von DCOMCNFG bietet einerseits eine Liste der installierten COM-Anwendungen und andererseits den Zugriff auf die globalen DCOM-Einstellungen (HKEY_LOCAL_MACHINE\SOFTWARE\MICROSOFT\OLE) über weitere Registerkarten (vgl. Abbildung 9.32).

Standardwerte
- Unter den STANDARDEIGENSCHAFTEN können Sie DCOM und CIS grundsätzlich aktivieren bzw. deaktivieren sowie die Standardeinstellung für die Authentifizierung und die Impersonifizierung festlegen.

- STANDARDSICHERHEIT ermöglicht die Konfiguration der Standardzugriffsrechte, der Standardstartberechtigungen und der Standardkonfigurationsberechtigungen, die für alle Komponenten gelten, für die es keine speziellen Sicherheitseinstellungen über eine COM-Anwendung gibt.

- STANDARDPROTOKOLLE legt die DCOM zur Verfügung stehenden Transportprotokolle und deren Priorität fest.

Anwendungskonfiguration

Der Button EIGENSCHAFTEN führt zu den AppID-Einstellungen der jeweiligen COM-Anwendung.

Allgemein
- Die Registerkarte ALLGEMEIN zeigt den Pfad zu der zugehörigen Implementierung. Einzige Einstellmöglichkeit ist die Authentifizierungsstufe.

▶ Auf der Registerkarte STANDORT kann der Computer spezifiziert werden, auf dem die zugehörigen COM-Klassen instanziiert werden sollen. Diese Einstellungen beeinflussen die Schlüssel APPID\REMOTESERVERNAME und APPID\ACTIVATEATSTORAGE. **Standort**

▶ Auf der Registerkarte SICHERHEIT können Start-, Zugriffs- und Konfigurationsberechtigungen gesetzt werden. Dabei besteht jeweils die Möglichkeit, die im Hauptmenü spezifizierten Standardeinstellungen zu übernehmen oder aber für die ausgewählte COM-Anwendung eigene Rechte zu vergeben. Vergeben werden können Start-, Zugriffs- und Konfigurationsberechtigungen. **Sicherheit**

▶ Auf der Registerkarte IDENTITÄT kann die Impersonifizierungsart der einzelnen Komponente eingestellt werden, wodurch der Schlüssel APPID\RUNAS beeinflusst wird. Die Auswahl »Benutzer, der die Anwendung startet« führt zu einem leeren Eintrag; »Interaktiver Benutzer« zum Eintrag »RunAs=Interactive User«. **Identität**

▶ In der Registerkarte ENDPUNKTE können individuelle Protokollpräferenzen mit den zugehörigen Endpunkten (Portnummer bzw. Pfad) für jede COM-Anwendung festgelegt werden. **Endpunkte**

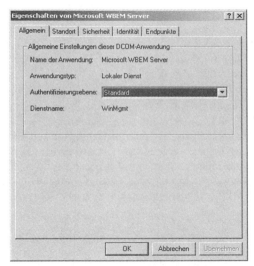

Abbildung 9.34: Anwendungskonfiguration der COM-Anwendung »Microsoft WBEM Server«, die den WMI-Dienst repräsentiert

Bei COM-DLLs stellt DCOMCNFG lediglich die Registerkarten ALLGEMEIN, STANDORT und ENDPUNKTE zur Verfügung.

9.3.10 MTS Explorer

Die Administration des *Microsoft Transaction Server* (MTS) erfolgt unter NT 4.0 über ein Snap-In für die Microsoft Management Console (MMC) mit dem Namen Transaction Server Explorer. **MTS-Administration**

Werkzeuge

Den MTS Explorer gibt es auch als Stand-alone-Anwendung (MTXEXP.EXE) für Windows 95/98 – allerdings mit anderer Oberfläche und eingeschränkten Möglichkeiten. Unter Windows 2000 und den Folgeversionen übernimmt die Aufgabe des MTS Explorers das MMC-Snap-In »Komponentendienste«.

Der MTS Explorer wird beim Scripting benötigt, um den Fernaufruf einer COM-DLL zu ermöglichen (siehe Kapitel 6).

Paketverwaltung

Computer und Packages
Der MTS Explorer stellt auf der obersten Ebene Computer dar. Ein Computer enthält Packages; ein Package ist unterhalb von Computern angeordnet und besteht aus Klassen. Jede Klasse implementiert Schnittstellen, die wiederum aus Methoden bestehen. Der MTS Explorer bietet auch statistische Informationen über die Anzahl der aktivierten Objekte sowie über den Zustand der Transaktionen an. Eigenschaftsfenster und Aktionen stehen jeweils im Kontextmenü des Eintrags zur Verfügung. Die wichtigste Eigenschaft ist dabei der Transaktionsmodus, der auf Klassenebene konfiguriert wird.

Pakete schnüren
Auf der Ebene des Packages können neue Klassen hinzugefügt werden. Dabei hat der Administrator die Möglichkeit, aus den bereits auf dem Rechner installierten Klassen auszuwählen oder aber eine neue In-process-COM-DLL zu installieren. Im letzteren Fall werden alle Klassen der Komponente in das Package eingefügt. Die nachträgliche Entfernung einzelner Klassen ist aber möglich.

Exportieren von Packages
Der Kontextmenüeintrag EXPORT bei einem Package verbindet zwei interessante Funktionen miteinander: Zum einen speichert EXPORT eine Package-Definition in Form einer .PAK-Datei zusammen mit allen zugehörigen Komponenten-DLLs in ein Verzeichnis ab und ermöglicht so die einfache Weitergabe von Packages an andere Server. Zum anderen legt EXPORT auch eine Setup-Routine für den Client an, die alle benötigten Dateien und Konfigurationen enthält, damit ein Client auf das MTS-Package bzw. die COM+-Anwendungen zugreifen kann. Die auf einem Client notwendigen Installationen für den Zugriff auf die entfernten Komponenten heißen *application proxy*.

Das Installationspaket enthält den Namen des Servers, auf dem die Packages erzeugt wurden. Diese Standardeinstellung lässt sich jedoch im Snap-In verändern (Eigenschaften des Computereintrags).

Rollenbasierte Sicherheit

Rollen
MTS erweitert die Konfigurationsmöglichkeiten von COM um ein Rollenkonzept und ermöglicht eine feiner granulierte Sicherheitseinstellung, als dies mit dem DCOM Configuration Utility (DCOMCNFG) möglich ist. Innerhalb eines Packages sind Rollen definierbar. Jeder Rolle kann der Administrator NT-Benutzer und NT-Benutzergruppen zuordnen. Sofern dann für das Package die Sicherheit in den Package-Eigenschaften aktiviert wird, können nur noch NT-Benutzer die Klassen eines Packages nutzen, die entweder direkt oder über ihre NT-Gruppenzugehörigkeit einer der definierten Rollen angehören. Für diese Funktionalität allein wäre es nicht notwendig gewesen, mehrere Rollen zu definieren. Rollen können dafür verwendet werden, die Zugriffsmöglichkeiten auch auf einzelne Schnittstellen einer Klasse festzulegen.

COM-Werkzeuge

> Rollenbasierte Sicherheit wird unter Windows 95/98 nicht unterstützt. Alle Zugriffe sind immer erlaubt.

9.3.11 Snap-In »Komponentendienste«

In Windows 2000 und den Folgeversionen Windows Whistler (Windows XP/Windows .NET Server) wird ein Snap-In für die Microsoft Management Console (MMC) mitgeliefert, mit dem man COM-DLLs zu einer COM+-Anwendung zusammenfassen kann. Das Snap-In erfüllt die Funktion des MTS Explorers, den es für Windows NT 4.0 und Windows 95/98 gibt. Darüber hinaus gibt es noch COM+-spezifische Funktionen.

Die Aufnahme einer COM-DLL in eine COM+-Anwendung ermöglicht den Fernaufruf einer COM-DLL, da dann für diese DLL ein Surrogat-Prozess bereitgestellt wird.

COM+-Anwendungen konfigurieren

In der folgenden Abbildung sehen Sie die COM+-Anwendung »Scripting-Buch«, die mehrere Klassen enthält. Die Funktionen zum Hinzufügen von Bausteinen werden wie üblich über die Kontextmenüs bereitgestellt. Die Anzeige der Schnittstellen und deren Mitglieder unterhalb jeder Klasse wird über die Typbibliothek realisiert.

COM+-Anwendungen konfigurieren

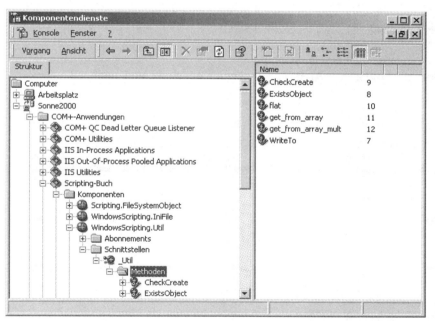

Abbildung 9.35: Konfiguration einer Klasse in einer COM+-Anwendung

DCOM-Konfiguration

Unter Windows Whistler enthält das Snap-In zusätzlich den Ast »DCOM-Konfiguration«. Dahinter verbergen sich die Funktionen, die in früheren Windows-Versionen (einschließ-

Ersatz für dcomcnfg.exe

Werkzeuge

lich Windows 2000) durch das DCOM-Konfigurationswerkzeug DCOMCNFG.EXE bereitgestellt wurden.

Abbildung 9.36: DCOM-Konfiguration unter Windows Whistler

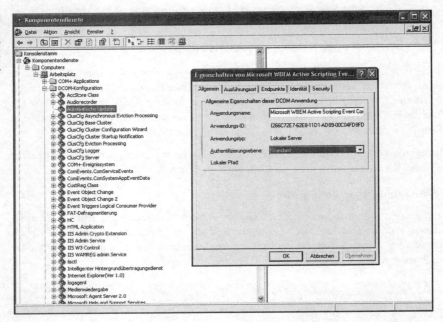

9.3.12 ROT-Viewer

Inhalt der ROT Der *ROT-Viewer* (IROTVIEW.EXE) ist ein kleines Tool, um die aktuellen Inhalte der Running Objects Table (ROT) anzuzeigen. Der ROT-Viewer wird mit Visual Studio ausgeliefert.

Abbildung 9.37: ROT-Viewer

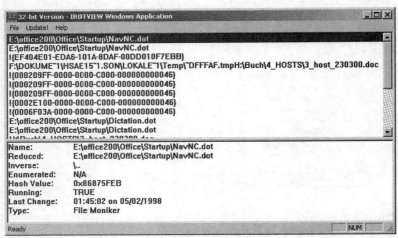

9.3.13 Scripting Spy 2.11

Der *Scripting Spy* ist ein von Dr. Tobias Weltner [WIN01] erstelltes Werkzeug, das verschiedene Informationen über COM-Komponenten, ADSI-Objekte und WMI-Klassen liefert. Der Scripting Spy 2.0 ist Shareware. Er ist auf der Buch-CD enthalten [CD:/install/tools/scripting spy 2.11] und muss über ein Setup-Programm installiert werden.

Spy Version 2.11

Der Scripting Spy 2.11 umfasst folgende Funktionen:

- Suche nach COM-automationsfähigen Komponenten (DLL, OCX, EXE, etc.)
- Anzeige der gefundenen COM-Komponenten nach ProgID und Hersteller
- Anzeige der instanziierbaren Klassen der COM-Komponenten
- Anzeige der Typbibliothek der Komponenten. Dabei wird zwischen Klassen und Schnittstellen differenziert.
- Suche nach Klassen, Schnittstellen, Methoden und Attributen in einzelnen Komponenten, über alle auf dem System installierten Komponenten oder über eine vordefinierte Menge von Komponenten
- Anzeige aller ADSI-Provider mit ihrem Schema
- Anzeige aller WMI-Namespaces mit ihrem Schema

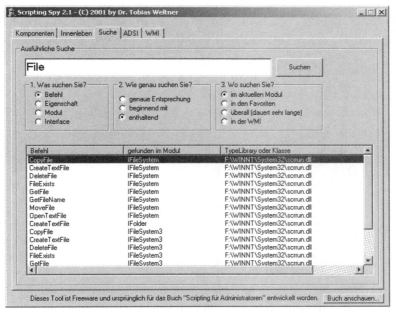

Abbildung 9.38: Liste der gefundenen COM-Komponenten sortiert nach Komponentenname

Werkzeuge

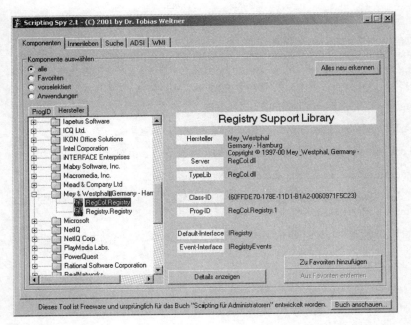

Abbildung 9.39:
Liste der gefundenen COM-Komponenten sortiert nach Hersteller

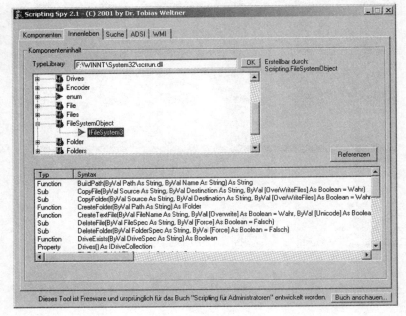

Abbildung 9.40:
Anzeige des Innenlebens einer COM-Typbibliothek

COM-Werkzeuge

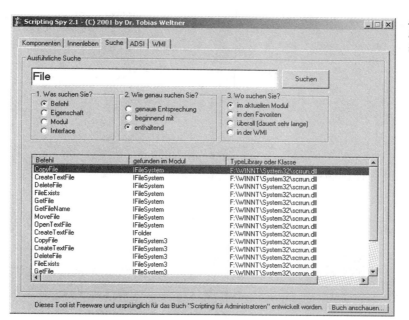

Abbildung 9.41:
Suchfunktion
im Scripting Spy

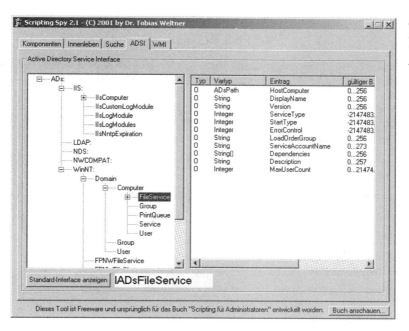

Abbildung 9.42:
Browsen der
verfügbaren
ADSI-Provider

Werkzeuge

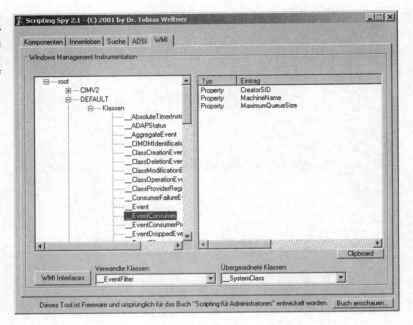

Abbildung 9.43: Browsen der verfügbaren WMI-Namespaces

9.4 .NET-Werkzeuge

Mitgelieferte Werkzeuge   Sowohl zusammen mit der .NET-Laufzeitumgebung als auch mit dem .NET-SDK werden eine Reihe von Werkzeugen installiert. Dieses Kapitel beschreibt die wichtigsten davon.

Tabelle 9.3: Bezugsquellen der beschriebenen .NET-Werkzeuge

Name	Datei	Bezugsquelle
.NET Framework Configuration Tool	MSCORCFG.MSC	.NET-Laufzeitumgebung
Assembly Linker	AL.EXE	.NET-Laufzeitumgebung
.NET-Debugger (Shell)	CORDBG.EXE	.NET-SDK
Kommandozeilencompiler für C#	CSC.EXE	.NET-Laufzeitumgebung
.NET-Debugger (GUI)	DBGCLR.EXE	.NET-SDK
Global Assembly Cache Utility	GACUTIL.EXE	.NET-SDK
Intermediation Language Assembler	ILASM.EXE	.NET-Laufzeitumgebung
Intermediation Language Disassembler	ILDASM.EXE	.NET-SDK
Kommandozeilencompiler für JScript .NET	JSC.EXE	.NET-Laufzeitumgebung
Assembly Registration Tool	REGASM.EXE	.NET-SDK
Assembly Generation Utility	SN.EXE	.NET-SDK
Type Library Importer	TLBIMP.EXE	.NET-SDK
Kommandozeilencompiler für VB.NET	VBC.EXE	.NET-Laufzeitumgebung

9.4.1 .NET Framework Configuration Tool

Das *.NET Framework Configuration Tool* ist ein Snap-In für die Microsoft Management Console. Es ist implementiert in MSCOREE.DLL und Teil der mit der .NET-Laufzeitumgebung mitgelieferten Konsolen-Datei MSCORCFG.MSC. Das .NET Framework Configuration Tool bietet folgende Funktionen:

MMC-Snap-In

- Konfiguration des Global Assembly Cache (GAC)
- Konfiguration der Code Access Security (CAS)
- Konfiguration des Komponentenfernaufrufs (.NET Remoting)

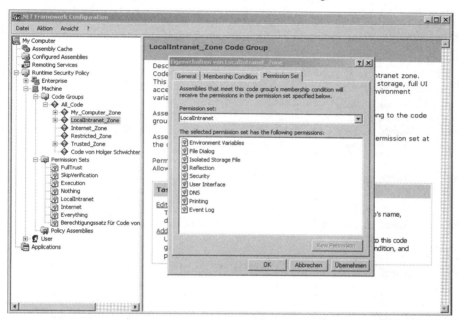

Abbildung 9.44: Konfiguration der Code Access Security mit dem .NET Framework Configuration Tool

9.4.2 Compiler

Geschenkte Compiler

Die Common Language Runtime (CLR), die .NET-Laufzeitumgebung, enthält drei Compiler, mit denen .NET-Anwendungen und .NET-Komponenten erzeugt werden können. Die Compiler lassen sich über Kommandozeilentools oder per Programmcode starten. Das Microsoft .NET-Framework SDK enthält die drei zugehörigen Kommandozeilen-Compiler. Einen vierten Compiler für JSharp gibt es als kostenloses Add-on im Download-Center auf der Microsoft-Homepage.

Werkzeuge

Tabelle 9.4:
In die Common Language Runtime integrierte kostenlose Compiler

Datei	Compilername
CSC.EXE	C#-Compiler
VBC.EXE	Visual Basic .NET-Compiler
JSC.EXE	JScript .NET-Compiler
VJC.EXE	JSharp-Compiler

Alle Compiler erstellen eine PE-Datei, die entweder eine Assembly (.DLL oder .EXE) oder ein einfaches .NET-Modul ohne Manifest (Dateiextension .NETMODULE) beinhaltet. Die Compiler können auch mehrere PE-Dateien in einem Durchlauf erstellen. Sie können aber pro Durchlauf höchstens eine Assembly erstellen, da alle kompilierten Dateien zu einer Assembly gehören.

Kostenlos Alle vier Compiler bietet Microsoft in einer Kommandozeilenversion kostenlos an. Während es für JScript bisher einen kostenlosen Interpreter gab, war der VB-Compiler ein kommerzielles Produkt. C# ist als Sprache neu, es wäre aber zu erwarten gewesen, dass Microsoft auch C# verkaufen will. Durch die Integration der Compiler in die .NET-Laufzeitumgebung kann nun jedermann ohne zusätzliche Lizenzkosten Programme in diesen Sprachen entwickeln. Freilich lässt sich Microsoft die zugehörige komfortable Entwicklungsumgebung Visual Studio .NET weiterhin bezahlen.

9.4.3 Debugger

Das .NET-SDK enthält zwei Debugger: CORDBG.EXE und DBGCLR.EXE. Der erste ist ein Kommandozeilen-Debugger, der zweite ein GUI-basierter Debugger.

9.4.4 Intermediation Language Disassembler (ILDasm)

Metadaten betrachten Das Werkzeug *ILDasm* (*Intermediation Language Disassembler*) dient dazu, die Metadaten einer PE-Datei zu betrachten (engl. *Metadata Inspection*). Es ist vergleichbar mit der Funktion des OLE/COM-Viewers für COM-Komponenten. ILDASM ist Teil des .NET-Framework SDK.

Disassembler Der ILDASM bedient sich des .NET Reflection API. Darüber hinaus kann der ILDASM – wie der Name schon sagt – auch den kompletten IL-Code einer Assembly disassemblieren.

Assembler ILDasm kann auch dazu verwendet werden, eine MSIL-Quelltextdatei zu erzeugen. MSIL-Quelltextdateien können mit dem Microsoft IL Assembler (ILASM.EXE) in PE-Dateien übersetzt werden.

.NET-Werkzeuge

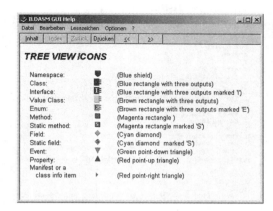

Abbildung 9.45:
Erläuterung der Icons in der Baumdarstellung von ILDASM

Beispiel

Die folgenden Screenshots zeigen eine Assembly im ILDASM. Die angezeigte Assembly wird auf der CD mitgeliefert und zeichnet sich dadurch aus, dass sie alle .NET-Konzepte enthält. Die Assembly tut jedoch beim Start nichts. [CD:/code/DOTNET/DOTNET-Konzepte/bin/ NET-onzept.exe].

Abbildung 9.46:
Anzeige einer Assembly im ILDASM
[CD:\Code\ DOTNET\ DOTNET-Konzepte\bin\/ NET-Konzepte.exe]

961

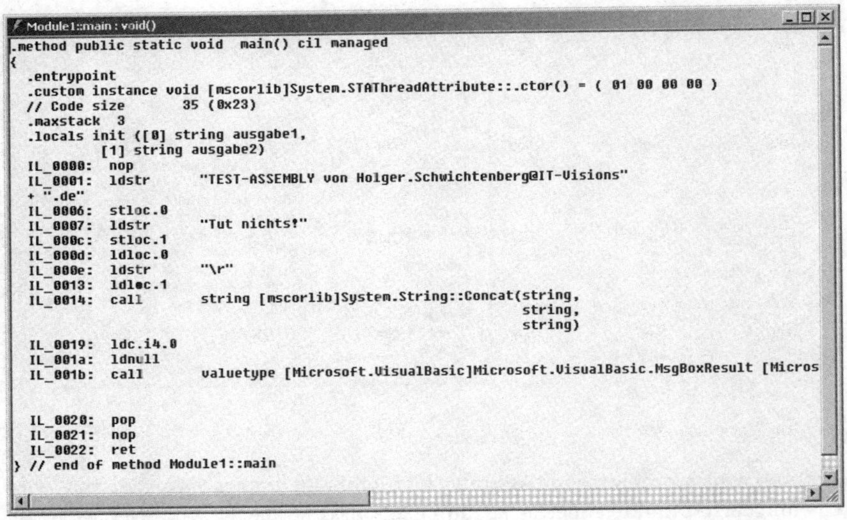

Abbildung 9.47:
Disassembliertes sub main()
der Assembly
net-konzepte.exe
[CD:\Code\
DOTNET\
DOTNET-
Konzepte\bin\/
NET-Konzepte.exe]

```
.method public static void  main() cil managed
{
  .entrypoint
  .custom instance void [mscorlib]System.STAThreadAttribute::.ctor() = ( 01 00 00 00 )
  // Code size       35 (0x23)
  .maxstack  3
  .locals init ([0] string ausgabe1,
           [1] string ausgabe2)
  IL_0000:  nop
  IL_0001:  ldstr      "TEST-ASSEMBLY von Holger.Schwichtenberg@IT-Visions"
                       + ".de"
  IL_0006:  stloc.0
  IL_0007:  ldstr      "Tut nichts!"
  IL_000c:  stloc.1
  IL_000d:  ldloc.0
  IL_000e:  ldstr      "\r"
  IL_0013:  ldloc.1
  IL_0014:  call       string [mscorlib]System.String::Concat(string,
                                                              string,
                                                              string)
  IL_0019:  ldc.i4.0
  IL_001a:  ldnull
  IL_001b:  call       valuetype [Microsoft.VisualBasic]Microsoft.VisualBasic.MsgBoxResult [Micros

  IL_0020:  pop
  IL_0021:  nop
  IL_0022:  ret
} // end of method Module1::main
```

```
Sub main()
    ' --- Deklarationen
    Dim ausgabe1, ausgabe2 As String
    ' --- Ausgaben festlegen
    ausgabe1 = "TEST-ASSEMBLY von Holger.Schwichtenberg@IT-Visions.de"
    ausgabe2 = "Tut nichts!"
    ' --- Strings zusammensetzen und ausgeben
    Msgbox(ausgabe1 & chr(13) & ausgabe2)
End Sub
```

Listing 9.4: Quellcode des oben in MSIL angezeigten sub main()

9.4.5 Type Library Importer (TlbImp.exe)

COM-Typbibliotheken in NET nutzen

TLBIMP.EXE erzeugt aus einer COM-Typbibliothek eine .NET-Metadaten-Datei. Das Werkzeug kann sowohl eigenständige Typbibliotheks-Dateien (.TLB und .OLB) verarbeiten als auch in Komponentendateien (.DLL, .EXE., .OCX) eingebettete Typbibliotheken. Ergebnis ist eine .NET-Assembly, die im Wesentlichen aus dem Manifest und Metadaten besteht.

Die in der COM-Komponente implementierten COM-Klassen stehen dann jedem .NET-Programm zur Verfügung. Als Namespace wird der Name der Typbibliothek verwendet, so dass die Adressierung aus .NET heraus ähnlich erfolgt wie in COM. Es ist möglich, der Assembly einen Shared Name zu geben, um sie in den Global Assembly Cache (GAC) zu laden.

9.4.6 Assembly Registration Tool (regams.exe)

regams.exe

REGAMS.EXE registriert .NET-Klassen als COM-Klassen, so dass COM-Clients diese nutzen können.

.NET-Werkzeuge

```
 MANIFEST                                                          _ □ x
.assembly extern mscorlib
{
  .publickeytoken = (B7 7A 5C 56 19 34 E0 89 )              // .z\U.4..
  .ver 1:0:2411:0
}
.assembly extern Microsoft.VisualBasic
{
  .publickeytoken = (B0 3F 5F 7F 11 D5 0A 3A )              // .?_....:
  .ver 7:0:0:0
}
.assembly extern System
{
  .publickeytoken = (B7 7A 5C 56 19 34 E0 89 )              // .z\U.4..
  .ver 1:0:2411:0
}
.assembly extern System.Drawing
{
  .publickeytoken = (B0 3F 5F 7F 11 D5 0A 3A )              // .?_....:
  .ver 1:0:2411:0
}
.assembly extern System.Data
{
  .publickeytoken = (B7 7A 5C 56 19 34 E0 89 )              // .z\U.4..
  .ver 1:0:2411:0
}
.assembly 'net-konzepte'
{
  // --- The following custom attribute is added automatically, do not uncomment -------
  //   .custom instance void [mscorlib]System.Diagnostics.DebuggableAttribute::.ctor(bool,
  //                                                                                bool) = (
  .hash algorithm 0x00008004
  .ver 0:0:0:0
}
.module 'net-konzepte.exe'
// MVID: {3E08006D-413B-4219-95ED-DCC9C9904B5B}
.imagebase 0x00400000
.subsystem 0x00000003
.file alignment 512
.corflags 0x00000001
// Image base: 0x036c0000
```

Abbildung 9.48:
Ansicht eines
Assembly-
Manifests

9.4.7 Assembly Generation Utility (al.exe)

Mit AL.EXE kann man eine Assembly aus Modul-Dateien und Resource-Dateien zusammenstellen. Dabei ist es möglich, zahlreiche Eigenschaften der Assembly (Hersteller, Produktversion, Copyright-Informationen etc.) festzulegen. AL.EXE erzeugt dann für diese Dateien ein Manifest.

Assemblies erzeugen

> Eingabedateien für AL.EXE dürfen aber keine Assemblies sein (also keine PE-Dateien, die bereits ein Manifest haben).

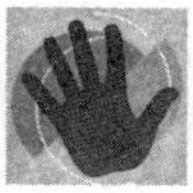

9.4.8 Strong Name Utility (sn.exe)

Dieses Werkzeug dient dazu, eine Assembly mit einem Strong Name zu versehen. Dazu gehören auch verschiedene Funktionen zur Arbeit mit Schlüsselpaaren und Signaturen.

sn.exe

9.4.9 Global Assembly Cache Utility (gacutil.exe)

Aufgabe des Global Assembly Cache Utility (GACUTIL.EXE) ist es, Assemblies im Global Assembly Cache zu installieren bzw. von dort zu löschen oder die installierten Assemblies aufzulisten.

gacutil.exe

Werkzeuge

9.5 WMI-Werkzeuge

Microsoft liefert für das Windows Management Instrumentation (WMI) einige Tools, die mit dem WMI-SDK installiert werden. Dieses ist auf der CD enthalten [CD:/install/komponenten/wmi/sdk/]. WBEMTest und MofCom sind allerdings Bestandteile des WMI-Kerns.

9.5.1 WMI Object Browser

Containment-Hierarchie in browser.htm

Der WMI Object Browser ist eine clientseitige Web-Anwendung für die Darstellung des aktuellen Objektmodells. Die HTML-Datei heißt BROWSER.HTM und wird bei der Installation des WMI-SDKs in das Unterverzeichnis /APPLICATIONS installiert. In einer Baumdarstellung (genannt Object Explorer) wird die aktuelle Containment-Hierarchie (vgl. Einführung in die Objektorientierung in Anhang A) abgebildet. In der rechten Fensterhälfte (dem Object Viewer) werden zu einer ausgewählten Instanz die Methoden, Attribute und Beziehungen dargestellt (vgl. Abbildung 6.23).

WMI Object Browser versus Object Browser

Verwechseln Sie den WMI Object Browser nicht mit dem Objektkatalog, der in der englischen Version einiger Entwicklungsumgebungen Object Browser heißt. Während der WMI Object Browser ein spezielles Werkzeug zur Darstellung von WMI-Objekten ist, dient der allgemeine Object Browser der Anzeige von Typbibliotheken.

Implementierung

Der WMI Object Browser besteht aus HTML-Seiten mit DHTML-Skripten und ActiveX-Steuerelementen, wobei die Hauptfunktionalität durch letztere erbracht wird. Sie starten den WMI Object Browser über die Datei BROWSER.HTM bzw. über eine bei der Installation des WMI-SDKs angelegte Verknüpfung in Ihrem Startmenü.

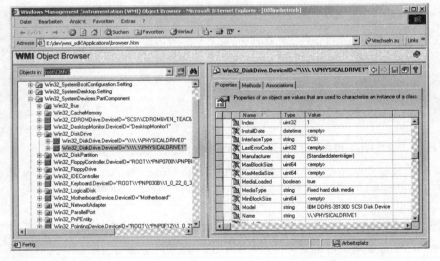

Abbildung 9.49: Der WMI Object Browser zeigt an, dass der Computer zwei Festplatten besitzt, wobei die angewählte zweite Festplatte eine IBM DDRS-Festplatte mit SCSI-Schnittstelle ist.

WMI-Werkzeuge

Symbol	Erläuterung
🖥	Markiert ein Systemattribut
🔑	Markiert ein Schlüsselattribut. Eine Instanz ist anhand dieses Attributs eindeutig identifizierbar.
↗ ✖	Der Pfeil markiert ein von einer Oberklasse geerbtes Attribut. Der rote Strich soll einen Stift darstellen und bedeutet, dass der Attributwert verändert werden kann.
📄 ✖	Dieses Attribut bezeichnet ein lokales (nicht geerbtes) Attribut. In der Fassung mit dem roten Strich ist das Attribut beschreibbar.
Array	Bedeutet, dass es sich um ein mehrwertiges Attribut handelt. Die Werte werden in einem separaten Fenster nach einem Klick auf dieses Symbol dargestellt.

Tabelle 9.5: Symbole im Object Viewer

Funktionsüberblick

Der Object Viewer ermöglicht folgende Funktionen:

▶ Hilfe zu jeder WMI-Klasse (Fragezeichen-Icon). Die Sprache ist abhängig vom gewählten Namespace. ROOT\CIMV2\MS_407 ist Deutsch, ROOT\ CIMV2\MS_409 ist Englisch. Beim Zugriff auf den übergeordneten ROOT\CIMV2\ ist die Sprache abhängig von Ihren Computereinstellungen.   **Hilfe**

▶ Anzeige und Veränderung der Attribute. Veränderungen können direkt in der Attributtabelle vorgenommen werden. Änderungen müssen explizit persistent gemacht werden (Diskettensymbol).   **Attribute**

▶ Anzeige der Methoden (Registerkarte METHODS) und ihrer Parameter (nach einem Doppelklick auf den Methodennamen). Über den Kontextmenüeintrag EXECUTE können Methoden ausgeführt werden. Zur Eingabe der notwendigen Parameter erscheint ein Dialogfenster.   **Methoden**

▶ Darstellung der Beziehungen der Instanz zu anderen Instanzen in Form eines Graphen (Registerkarte ASSOCIATIONS, vgl. Abbildung 9.50).   **Objektbeziehungen**

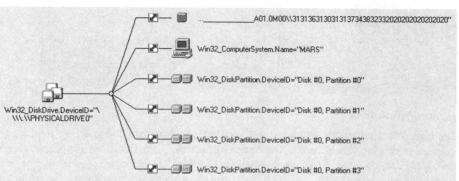

Abbildung 9.50: Die Registerkarte »Associations« im Object Viewer des WMI Object Browsers zeigt die WMI-Instanz einer Festplatte, die vier Partitionen enthält.

Werkzeuge

9.5.2 WMI CIM Studio

Vererbungs-hierarchie in studio.htm

Das WMI CIM Studio setzt im Gegensatz zum WMI Object Browser auf der Klassenebene an und stellt die Vererbungshierarchie der CIM-Klassen dar. Diese wird in der linken Fensterhälfte, dem Class Explorer, gezeigt. Die rechte Fensterhälfte (genannt Class Viewer) ähnelt der Ansicht des WMI Object Browsers: Hier werden die Attribute, Methoden und Beziehungen angezeigt.

> Das CIM Studio hat ebenso wie der WMI Object Browser den Dateinamen STUDIO.HTM innerhalb des WMI-SDKs.

Vergleich zum WMI Object Browser

Das CIM Studio umfasst auch einen Großteil der Funktionalität des WMI Object Browsers, da zu jeder Klasse eine Liste der vorhandenen Instanzen angezeigt werden kann. Zu jeder Instanz ist dann wiederum der Object Viewer mit der Anzeige der Attribute, Methoden und Beziehungen verfügbar. Nicht erreichbar im CIM Studio ist jedoch der Object Explorer (die linke Fensterhälfte aus dem WMI Object Browser).

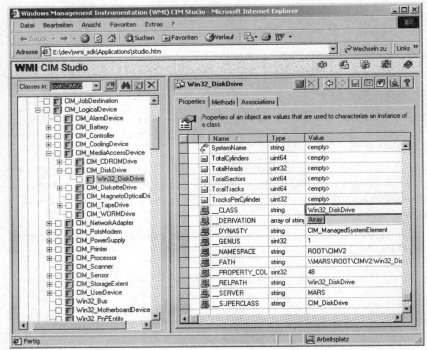

Abbildung 9.51: Die Klasse Win32_DiskDrive im CIM Studio. Die Klasse ist eine Unterklasse von CIM_DiskDrive, die wiederum Unterklasse von CIM_MediaAccessDrive ist.

Funktionsüberblick

Attribute

Die Registerkarte PROPERTIES (vgl. Abbildung 9.51) zeigt natürlich nur die im Repository gespeicherten globalen Klasseneigenschaften an, die bei allen Instanzen der Klasse gleich sind (z.B. Klassenname, Namespace, Oberklasse). Diese Eigenschaften sind an den beiden führenden Unterstrichen (»__«) erkennbar; für alle anderen Eigenschaften, die ja nur in einer konkreten Instanz belegt sind, wird »<EMPTY>« angezeigt.

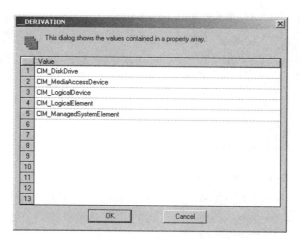

Abbildung 9.52:
Vererbungshierarchie der Klasse
Win32_DiskDrive

Der Reiter METHODS zeigt analog zum WMI Object Browser die durch die Klasse implementierten Methoden an. Dabei sind die statischen Methoden ausführbar, da hier ja keine Instanz vorhanden ist.

Methoden

Unter ASSOCIATIONS erscheint ein Graph, der anzeigt, welche Unterklassen die Klasse enthalten kann.

Assoziationen

Symbol	Erläuterung
	Erzeugen neuer Instanzen dieser Klasse
	Zeigt die Instanzen dieser Klasse (Tabellensymbol)
	Erstellen, Testen und Speichern von WQL-Abfragen
	Zeigt die Hilfeinformationen zu dieser Klasse an

Tabelle 9.6:
Die wichtigsten Symbole im Class Viewer

Instanzenansicht

Über das Tabellensymbol in der Symbolleiste des Class Viewers gelangen Sie zur Darstellung der Instanzen dieser Klasse in Form einer Tabelle (vgl. Abbildung 9.53). Durch einen Doppelklick auf einen Eintrag der Tabelle erscheint der Object Viewer für diese Instanz mit den schon beim WMI Object Browser beschriebenen Fähigkeiten.

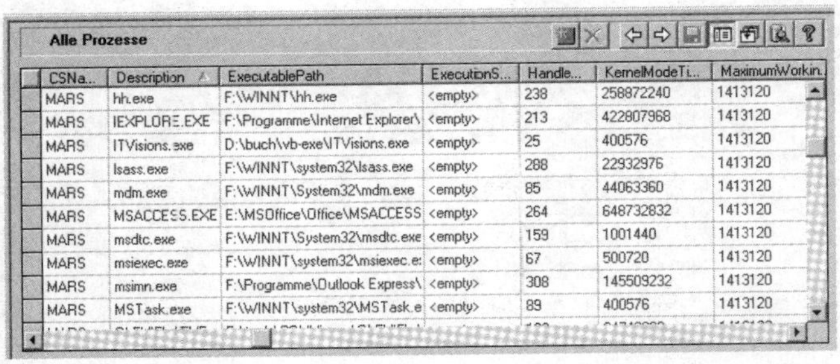

Werkzeuge

Abbildung 9.53:
Listen der
Instanzen der
Klasse
WIN32_Process
in der Instan-
zenansicht des
CIM Studios

Weitere Funktionen

Weitere Features des Class Viewers

Weiterhin bietet der Class Viewer folgende Möglichkeiten:

- Ausführen von WQL-Abfragen (vgl. Abbildung 9.54). Abfragen können zur späteren Verwendung auch gespeichert werden.

- Erzeugen neuer Instanzen einer Klasse (blauer Kasten mit Stern in der Symbolleiste). Das Symbol ist nur aktiv, wenn eine Klasse ausgewählt wurde, die Instanzen haben kann. Das CIM Studio zeigt Ihnen daraufhin einen Object Viewer mit leeren Feldwerten. In vielen Fällen (z. B. bei WIN32_Process) sollten jedoch die entsprechenden Konstruktormethoden verwendet werden, anstatt mühsam zu versuchen, passende Werte in die neue Instanz einzutragen.

- Löschen bestehender Instanzen

- Hinzufügen von neuen Klassen

- Ändern bestehender Klassen

- Löschen von Klassen

- Verschiedene Wizards zur Code-Generierung (z. B. Managed Object Format-Dateien; Framework Code für WMI-Provider)

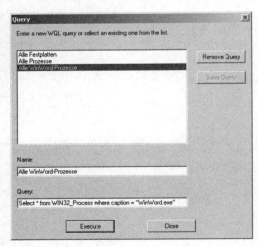

Abbildung 9.54:
WQL-Abfrage
nach den akti-
ven Winword-
Prozessen im
Abfragefenster
des CIM Studios

9.5.3 WMI Event Registration Tool

Das *WMI Event Registration Tool* (EVENTREG.HTM) ist ein GUI zur Konfiguration von Ereigniskonsumenten. Um das Werkzeug einsetzen zu können, müssen Sie WQL Event Queries (vgl. WMI in 5.7) beherrschen.

eventreg.htm

Die Arbeit mit dem Registration Tool ist leider wenig intuitiv. Im Folgenden ist der Ablauf der Konfiguration der Ereignisüberwachung für den WMI Event Viewer dargestellt. Die zugehörige Ereigniskonsumentenklasse EventViewerConsumer ist im Namespace /ROOT/ CIMV2 registriert.

Beispiel

▶ Definieren Sie zunächst einen Consumer:

Konsument definieren

  ▶ Wählen Sie erst in dem Drop-Down-Menü in der Symbolleiste CONSUMERS.

  ▶ Klicken Sie bei der Klasse __EVENTCONSUMER auf das »+«-Zeichen, bis Sie die Unterklasse EVENTVIEWERCONSUMER sehen. Markieren Sie dann EVENTVIEWER CONSUMER und wählen Sie im Kontextmenü NEW INSTANCE.

  ▶ Geben Sie in dem Dialogfenster einen beliebigen Namen und eine DESCRIPTION ein. Wenn das Ereignis auf einem entfernten System abgefangen werden soll, geben Sie den Namen oder die IP-Adresse des Rechners bei MACHINENAME an.

  ▶ Tragen Sie bei SEVERITY einen Wert größer/gleich 0 ein; dabei ist der Fehler umso schwerer, je kleiner der Wert ist. Der Event Viewer betrachtet »0« als einen Fehler, den Wert »1« als eine Warnung und alles größer »1« als eine Information. Die Microsoft WMI-Dokumentation ist in diesem Punkt fehlerhaft.

▶ Definieren Sie dann einen Filter:

Filter definieren

  ▶ Wählen Sie erst in dem Drop-Down-Menü in der Symbolleiste FILTERS.

  ▶ Klicken Sie auf die Klasse __EVENTFILTER, und wählen Sie im Kontextmenü NEW INSTANCE.

  ▶ Geben Sie in dem Dialogfenster einen beliebigen Namen und QUERYLANGUAGE »WQL« ein. Geben Sie unter QUERY eine gültige Event Query ein. Eine gültige Event Query ist z.B. SELECT * FROM __InstanceModificationEvent WITHIN 5 WHERE TargetInstance isa "Win32_Service" AND TargetInstance.State="Stopped", um ein Ereignis auszulösen, wenn ein NT-Dienst stoppt.

▶ Bindung des Consumers an einen Filter:

Bindung des Konsumenten an einen Filter

  ▶ Ebenfalls in der FILTERS-Ansicht werden bei Auswahl eines zuvor angelegten Filters in der rechten Bildschirmhälfte die verfügbaren Consumer angezeigt. Wählen Sie den im ersten Schritt angelegten Consumer und dort im Kontextmenü REGISTER. Das gleiche Ergebnis erreichen Sie auch aus der Ansicht CONSUMER. Dort stehen Ihnen die zuvor definierten Filter zur Auswahl.

Damit ist die Konfiguration abgeschlossen. Alle auftretenden Ereignisse werden dann im WMI Event Viewer angezeigt.

Werkzeuge

Abbildung 9.55:
Bindung einer
Instanz von
__EventFilter
an eine Instanz
von EventViewer
Consumer

9.5.4 WMI Event Viewer

wbemevent-viewer.exe

Der WMI Event Viewer ist das einzige unter den WMI SDK-Tools, das keine HTML-Anwendung, sondern eine ausführbare Datei (WBEMEVENTVIEWER.EXE) ist. Der Event Viewer ist ein permanenter WMI Event Consumer, der durch eine __EventFilter-Instanz definierte Ereignisse auf dem Bildschirm darstellt. Der Event Viewer wird über die WMI-Klasse EventViewerConsumer konfiguriert. Diese Konfiguration können Sie über das WMI Event Registration Tool oder über den Event Viewer selbst durchführen.

Abbildung 9.56:
Anzeige eines
Ereignisses im
Event Viewer:
Durch einen
Doppelklick
erhalten Sie
Details zu dem
Ereignis. Dabei
sehen Sie auch
alle Attributwerte des auslösenden MOs.

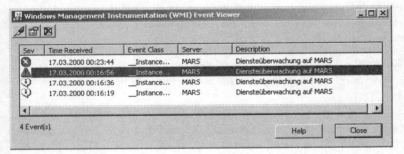

9.5.5 WMI Command Line Utility (WMIC)

WMIC

WMIC (WMI Command Line Utility, WMIC.EXE) ist ein DOS-Kommandozeilenwerkzeug für den Zugriff auf Daten in WMI. WMIC erlaubt es, einzelne Instanzen oder ganze Objektmengen aufzulisten. Grundsätzlich besteht Zugriff auf alle WMI-Klassen, jedoch gibt es einige vordefinierte Aliase für häufig verwendete Klassen (z.B. *LogicalDisk* für Win32_LogicalDisk und *Share* für Win32_Share). WMIC bietet verschiedene Ausgabeformate, darunter CSV, HTML und XML. Auch die Ausführung von Aktionen (Instanzen erzeugen und löschen, Methoden aufrufen, Attribute ändern) ist möglich.

Wenn WMIC ohne Parameter gestartet wird, gelangt man in einen interaktiven Modus, in dem man Befehle ohne den vorangestellten Aufruf von WMIC.EXE ausführen kann.

WMI-Werkzeuge

Beispiel (ohne vorangestelltes WMIC.EXE)	Bedeutung
`share`	Listet alle Freigaben auf
`service where (state="stopped") list brief`	Liste der wichtigsten Attribute der gestoppten Dienste
`path win32_processor`	Liste der Instanzen der Klasse `Win32_Processor`
`/output:d:\gruppen.xml group list brief /format:xml`	Erzeugt eine XML-Datei mit den Instanzen der Klasse `Win32_Group`
`/?`	Hilfe zu Parametern und definierten Aliasen

Tabelle 9.7: WMIC-Beispiele

WMIC ermöglicht die Nutzung von WMI ohne Programmierkenntnisse. WMIC wird mit Windows XP und Windows .NET Server ausgeliefert.

9.5.6 VBInstance

Microsoft liefert im WMI-SDK eine Visual Basic-Beispielanwendung, die sich als Tool eignet. Das Beispiel VBInstance (Verzeichnis /SCRIPTING/VB/VBINSTANCE) im WMI-SDK liefert eine grafische Darstellung für ein beliebiges numerisches Attribut für die Instanzen einer beliebigen WMI-Klasse (s. Abbildung 6.31). Da im SDK leider keine kompilierte Version mitgeliefert wurde, finden Sie eine solche auf der CD zu diesem Buch. Sie können damit auf einfache Art Grafiken wie z.B. den Vergleich der Größe aller verfügbaren Laufwerke erstellen.

VBInstance.vbp

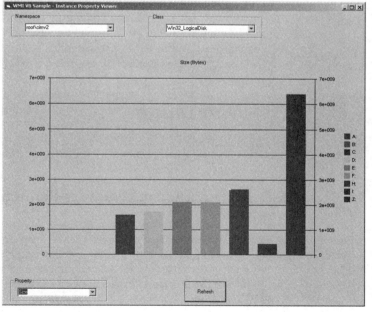

Abbildung 9.57: VBInstance zeigt die Größe der verfügbaren Laufwerke an. Die Größe der Disketten in den Laufwerken A: und B: ist zu klein, als dass sie im Graph sichtbar würde.

971

9.5.7 WMI-Testprogramm

WBEMTest.exe WBEMTEST.EXE gehört zum Standardinstallationsumfang (Verzeichnis %System%/WBEM) und bietet ein einfaches, wenig komfortables GUI zur Ausführung von Operationen auf dem Repository (s. Abbildung 9.58). Das Werkzeug eignet sich, wie der Name schon sagt, zum Testen von WMI. Alle Operationen von WBEMTest können auch mit dem CIM Studio ausgeführt werden.

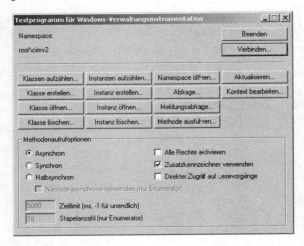

Abbildung 9.58: WBEMTest.exe

9.5.8 MOF Compiler

MOF-Dateien kompilieren Der *MOF Compiler* (MOFCOMP.EXE) ist ein DOS-Programm und dient der Aufnahme von Managed Object Format-Dateien in das Repository (vgl. Ausführungen zu MOF in Kapitel 5.7). Der MOF Compiler besitzt eine Reihe von Kommandozeilenoptionen, die Sie sehen, wenn Sie MOFCOMP ohne weitere Parameter an der Kommandozeile starten. Der Befehl `MofComp Datei.mof` übernimmt die angegebene MOF-Datei in das Repository.

9.6 ADSI-Werkzeuge

Dieses Kapitel stellt nützliche Werkzeuge das für Active Directory Service Interface (ADSI) vor.

9.6.1 MMC-Snap-In »Active Directory-Benutzer und -Computer«

In der mit Windows 2000 ausgelieferten Fassung war das MMC-Snap-In »Active Directory-Benutzer und -Computer« wenig hilfreich für die Programmierung, mit Ausnahme der Möglichkeit, dort Werte zu setzen und dann die Veränderungen im Active Directory auf andere Weise (z.B. mit dem Active Directory Service Browser) zu überwachen.

ADSI-Werkzeuge

Neben einigen Verbesserungen, die ausschließlich der manuellen Administration dienen (das Snap-In unterstützt nun Drag&Drop von Verzeichnisobjekten sowie die Mehrfachauswahl von Objekten), gibt es auch ein neues Feature, über das sich die Skriptentwickler freuen: In einem neuen Ast »Saved Queries« kann man LDAP-Suchanfragen mit einem Wizard zusammenstellen und speichern. Da der Wizard in den meisten Fällen (außer wenn das aktuelle Datum zur Anfragezeichenfolge gehört), die zusammengeklickte LDAP-Such-Befehlsfolge anzeigt, kann man als Skriptentwickler sich hier komplexere Befehlsfolgen zusammenklicken und dann per Cut&Paste in das Skript übernehmen.

Saved Queries

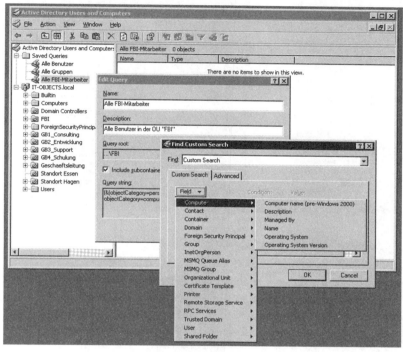

Abbildung 9.59: Wizard zur Definition von LDAP-Suchanfragen

9.6.2 Active Directory Service Browser (ADB)

Um die Objekthierarchie eines Verzeichnisdienstes zu erkunden, ist der *Microsoft Active Directory Service Browser* (ADB) ein zweckmäßiges Werkzeug (siehe Abbildung 9.60). Der ADB ist in den Installationspaketen zu ADSI enthalten und hat den Dateinamen ADSVW.EXE (Größe 242 KB). Der ADB sollte nicht verwechselt werden mit einer anderen im Umlauf befindlichen Programmdatei namens *Active Directory VB Browser* (DBBBOWSE. EXE, 65 KB). Dabei handelt es sich um die kompilierte Version eines Microsoft-ADSI-Programmierbeispiels, die nicht die volle Funktionalität des ADBs umfasst.

Ein Browser für ADSI

> Der ADB in der Version 1.0.0.54 hat das Problem, dass er in seiner Baumdarstellung nicht mehr als 1006 Einträge darstellen kann. Das Windows 2000 Active Directory hat jedoch in seinem Schema mehr Einträge, so dass die Liste bei der Darstellung des Schemas abgeschnitten wird.

973

Werkzeuge

Der ADB ermöglicht sowohl das Browsing durch einen Verzeichnisbaum als auch die Ausführung von ADSI-Queries. Wählen Sie dazu FILE/NEW/QUERY.

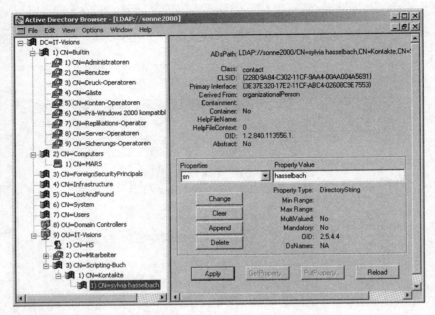

Abbildung 9.60:
Ansicht eines Kontakt-Eintrags in einem Active Directory. Verzichten muss man beim ADB auf schöne Icons. Dafür hat man einen mächtigen Thin-Client für alle Verzeichnisdienste.

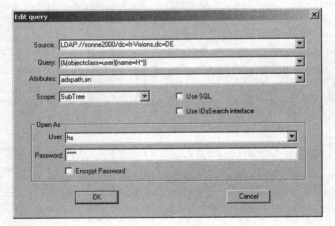

Abbildung 9.61:
Eingabe einer ADSI-Query

9.6.3 ADSI Explorer

Verzeichnisdienste erforschen

Das Betrachten eines beliebigen Verzeichnisdienstes ermöglicht auch das Freeware-Werkzeug *ADSI Explorer*. Anders als beim Active Directory Browser können Objektattribute nur gelesen, nicht aber geändert werden. Auch das Hinzufügen und Löschen von Verzeichnisobjekten ist nicht möglich.

ADSI-Werkzeuge

Der *ADSI Explorer* ist ein kostenloses Werkzeug der Firma InTouchSoftware [ITS01]. Auf der Buch-CD finden Sie es unter [CD:/install/tools/ADSI/ADSI Explorer].

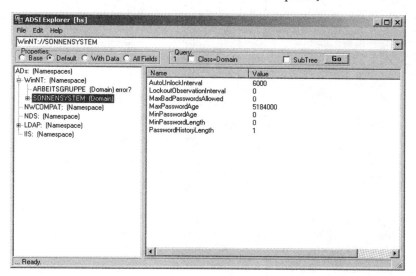

Abbildung 9.62: Ansicht einer NT-Domäne im ADSI Explorer

9.6.4 ADSI Edit

ADSI Edit ist ein MMC Snap-In, das einen Low-Level-Zugriff auf das Active Directory ermöglicht. Verzeichnisobjekte können angezeigt, erzeugt, geändert, gelöscht und verschoben werden. ADSI Edit wird mit den auf der Windows 2000 Server-CD enthaltenen Support Tools installiert.

Weiteres MMC-Snap-In für AD

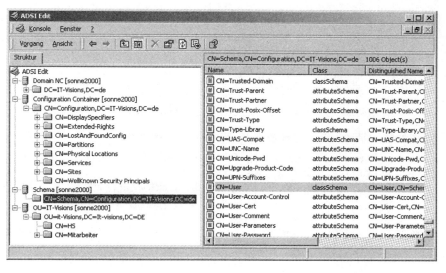

Abbildung 9.63: Schemaansicht in ADSI Edit

975

Werkzeuge

Abbildung 9.64: Flexibles Mapping in ADSI Edit

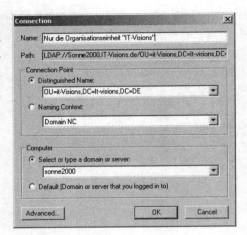

Abbildung 9.65: Standardeigenschaftsfenster in ADSI Edit

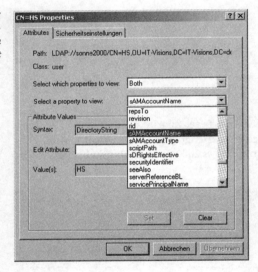

ADSI Edit bietet zwei große Vorteile gegenüber den Standard-AD-Snap-Ins:

▶ Es kann jeder beliebige Container in den Baum gemappt werden.

▶ Da nur ein Standardeigenschaftsfenster verwendet wird, können auch durch eine Schemamodifikation entstandene Klassen und Attribute betrachtet und modifiziert werden. In den Standard-Snap-Ins wird dazu stets die Registrierung eines DisplaySpecifiers benötigt.

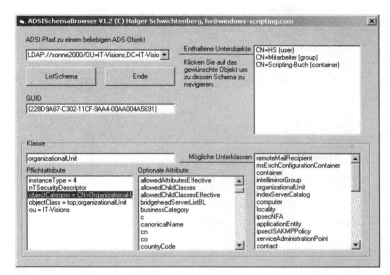

Abbildung 9.66:
Der ADSI Schema Browser basiert auf den in Kapitel 5 vorgestellten Routinen

9.6.5 ADSISchemaBrowser

Der *ADSISchemaBrowser* (SCHEMABROWSER.EXE) ist ein einfaches Tool zur Betrachtung von Schema und Objekthierarchie zur Laufzeit. Es ist in VB6 geschrieben und liegt der Buch-CD in kompilierter Form und im Quellcode bei [CD:/install/werkzeuge/adsi/schemabrowser/].

9.7 MAPI-/CDO-Werkzeuge

9.7.1 Script Director

Der *Script Director* der Firma Micro Eye Inc. ist ein praktisches Werkzeug zur Verwaltung von Exchange Ereignisskripten. Ereignisskripte werden im Standard über Microsoft Outlook verwaltet. Jedoch ist die Arbeit mit Ereignisskripten auch in Outlook 2000 noch nicht besonders gut. So müssen Skripte in jedem Postfach bzw. Ordner einzeln installiert werden. Um ein Skript einzurichten oder zu ändern, sind zahlreiche Mausklicks notwendig, ebenso um das Log eines Skripts einzusehen. Der Script Director verringert die Wege drastisch, indem er die installierten Skripte in einer Baumdarstellung unterhalb der jeweiligen Ordner anzeigt. Alle notwendigen Funktionen werden direkt über das Kontextmenü angeboten. Die rechte Bildschirmhälfte enthält einen einfachen Editor, mit dem das Skript direkt manipuliert werden kann. Optional kann ein externer Skripteditor oder die Visual Basic-IDE aufgerufen werden.

Exchange Event Scripts

Werkzeuge

Abbildung 9.67:
Ein Screenshot
aus Version 6.0
des Micro Eye
Script Directors

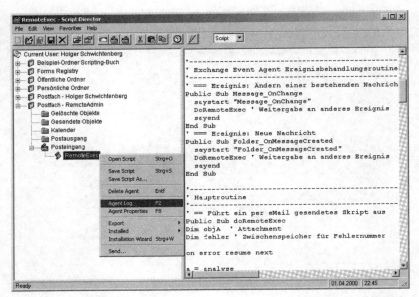

Installation von Skripten	Skripte können per Drag&Drop zwischen Ordnern kopiert werden. Der Script Director bietet auch einen Wizard, um ein Skript schnell in einer großen Anzahl von Ordnern zu installieren. Die Version 6.0 des Script Directors kann auch Outlook Forms verwalten.
MAPI-Profile	Technisch basiert der Script Director auf der *CDO-Komponente* sowie auf der *Exchange Event Service Config-Komponente*. Die Baumdarstellung auf der linken Seite des Script Directory bezieht die Ordnerliste von einem installierten MAPI-Profil. Wenn ein bestimmtes Postfach bearbeitet werden soll, muss dieses zunächst dem MAPI-Profil hinzugefügt werden. Der Wizard ist nicht an die MAPI-Konfiguration gebunden und kann Skripte auf beliebige Postfächer verteilen. Voraussetzung ist lediglich, dass der Benutzer des Script Directors als Postfach-Besitzer in den betreffenden Postfächern eingetragen ist.

> Sie finden eine Evaluationsversion des Script Directory auf der Buch-CD im Verzeichnis /INSTALL/WERKZEUGE/SCRIPTDIRECTOR/.

9.7.2 MAPI Explorer

MAPI-Explorer Der *MAPI Explorer* ist ein Freeware-Werkzeug der Firma InTouchSoftware [ITS01], mit dem Sie das Objektmodell eines Message Store Providers oder eines Address Book Providers erforschen können. Der MAPI Explorer verwendet ein konfiguriertes MAPI-Profil. In der ersten Spalte werden die verfügbaren Infostores und deren Ordnerhierarchie angezeigt. Die zweite Spalte zeigt die enthaltenen Nachrichten. Die dritte Spalte zeigt wahlweise alle Felder der Nachricht, des Infostores, des Ordners oder des Empfängers an.

> Auf der Buch-CD finden Sie den MAPI Explorer unter [CD:/install/tools/MAPI/MAPI Explorer].

XML-Werkzeuge

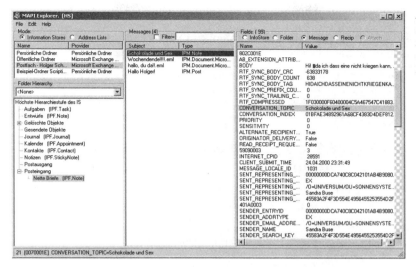

Abbildung 9.68:
Screenshot des
MAPI-Explorers Version
2.4.0

9.8 XML-Werkzeuge

Die in diesem Kapitel beschriebenen XML-Werkzeuge sind alle kostenlose Werkzeuge der Firma Microsoft. Sie finden Sie auf der Buch-CD im Verzeichnis /install/Werkzeuge/XML/.

9.8.1 XML Notepad

Der XML Notepad ist ein einfacher, kostenloser XML-Editor von Microsoft. Er unterstützt nicht die Eingabe von Processing Instructions oder die Definition von Document Type Definitions (DTDs).

XML-Editor

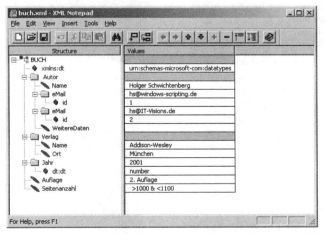

Abbildung 9.69:
Ein XML-
Dokument im
XML Notepad

Werkzeuge

9.8.2 XLST-Transformationen mit MSXSL.EXE

MSXSL.EXE MSXSL.EXE ist ein Kommandozeilentool, um XSLT-Transformationen einer XML-Datei auszuführen. Das Tool in der Version 1.0 setzt MSXML 3.0 voraus.

Pflichtparameter sind die Angabe einer XML-Quelldatei und einer XLST-Datei.

```
MSXSL source stylesheet [options] [param=value...] [xmlns:prefix=uri...]
```

9.8.3 IE Tools for Validating XML and Viewing XSLT Output

Die »*IE Tools for Validating XML and Viewing XSLT Output*« erweitern das Kontextmenü des Browserfensters (rechte Maustaste irgendwo im Browserfenster) um zwei wichtige Funktionen:

Validate XML ▶ Validierung von XML-Dokumenten (Überprüfung auf Gültigkeit)

Normalerweise prüft der Internet Explorer nur die Wohlgeformtheit, nicht aber die Gültigkeit. Der Kontextmenüeintrag heißt »Validate XML«.

View XSL Output ▶ Anzeige des Ergebnisses einer Transformation

Wenn der Internet Explorer eine Transformation ausführt, dann stellt er das Ergebnis der Transformation dar. Die Quelltextansicht zeigt aber stets das Ausgangs-XML-Dokument, nicht das Ergebnis der Transformation. Diese Funktion ist sehr wichtig für die Fehlersuche in XSL-Befehlen!

Der Kontextmenüeintrag heißt »View XSL Output«.

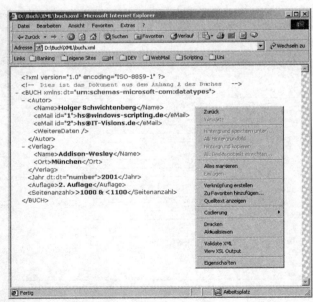

Abbildung 9.70: Kontextmenü des Browserfensters mit zwei zusätzlichen Einträgen

XML-Werkzeuge

Abbildung 9.71: Ausgabe nach erfolgreicher Validierung

Die beiden zusätzlichen Kontextmenüeinträge werden allerdings immer angezeigt; also auch bei Nicht-XML-Dokumenten, bei denen diese Einträge keinen Sinn machen.

Realisierung

Die »IE Tools for Validating XML and Viewing XSLT Output« sind in Form von JavaScript-Skripten implementiert, die den MSXML-Parser aufrufen. Die Skripte, die auf den folgenden Seiten abgedruckt sind, sind überraschend einfach und kurz. Um diese als Menü-Erweiterungen im Internet Explorer einbinden zu können, ist eine Kapselung in HTML-Seiten notwendig.

JavaScript

```
<HTML>
<BODY>
<SCRIPT language="javascript" defer=true>
var win = external.menuArguments;
var doc = win.document;
var xmldoc = doc.XMLDocument;
if (!xmldoc)
{
    win.alert("Not XML Document.");
}
else
{
    try
    {
        var vdoc = xmldoc.cloneNode(false);
        vdoc.async = false;
        vdoc.validateOnParse=true;
        vdoc.resolveExternals=true;
        if ( vdoc.load(xmldoc))
        {
            win.alert("Validation Successful.\n"+xmldoc.url);
        }
        else
        {
            var error = vdoc.parseError;
win.alert("Parse Error at line " +
error.line+" in "+ error.url+ "\n" + "Source:"+ error.srcText+"\n\n"+
error.reason);
        }
    }
    catch(e)
    {
        alert( "Error in 'Validate XML': "+e.description);
```

```
        }
    }
</SCRIPT>
</BODY>
</HTML>
```

Listing 9.5: Quelltext von msxmlval.htm, das die Funktion »Validate XML« implementiert

```
<HTML>
<TITLE>XSL Transformation Output:</TITLE>
<BODY>
<SCRIPT language="javascript" defer=true>
var win = external.menuArguments;
var doc = win.document;
var xmldoc = doc.XMLDocument;
var xsldoc = doc.XSLDocument;
if (!xmldoc)
{
    win.alert("Not XML Document.");
}
else
{
   try {
var srcwin = win.open("about:blank","",  "resizable=yes,scrollbars=yes");
     srcwin.document.write("<html><title>XSL Transformation Output</title><body style=\"font:x-small 'Verdana';\"><nobr id=x>working...</nobr></body></html>\n");
     srcwin.document.body.all("x").innerText = xmldoc.transformNode(xsldoc);
   } catch (e) {
     alert( "Error in 'View XSL Transform': "+e.description);
   }
}
</SCRIPT>
</BODY>
</HTML>
```

Listing 9.6: Quelltext von msxmlvw.htm, das die Funktion »View XSL Output« implementiert

Bezugsquelle und Installation

Sie finden die »IE Tools for Validating XML and Viewing XSLT Output« auf der Buch-CD [CD:/install/Werkzeuge/XML/IETools] oder bei Microsoft. Nach dem Entpacken müssen MSXMLVAL.INF und MSXMLVW.INF installiert werden (Den Punkt INSTALL im Kontextmenü der Icons im Windows Explorer auswählen).

Eine deutsche Version gibt es nicht: Diese lässt sich durch Anpassen der Skripte in MSXMLVAL.HTM und MSXMLVW.HTM sowie MSXMLVAL.INF und MSXMLVW.INF aber selbst schnell erzeugen. Danach ist eine erneute Installation der .INF-Dateien notwendig.

10 Fallbeispiele

Dieses Kapitel liefert Ihnen einige ausführlichere Beispiele zur Automatisierung administrativer Aufgaben auf Basis von Skripten und COM-Komponenten. Die vorgestellten Fallbeispiele zeichnen sich durch das Zusammenspiel mehrerer verschiedener COM-Komponenten aus. Während die ersten beiden Beispiele den WSH nutzen, finden Sie im Folgenden jeweils ein Beispiel für den Exchange Scripting Agent, ASP und den Internet Explorer. Fallbeispiel 8 skizziert die Entwicklung eines eigenen Scripting Hosts mit Visual Basic 6. Fallbeispiel 7 ist ein Beispiel zum Scripting mit Visual Basic .NET im .NET Framework.

Der – zum Teil umfangreiche – Skriptcode ist aus Platzgründen nur in Ausschnitten im Buch abgedruckt, aber komplett auf der Buch-CD im Verzeichnis /CODE/FALLBEISPIELE enthalten.

10.1 BulkUserInsert

10.1.1 Aufgabenstellung

Windows ist »schön«, wenn man einen Benutzer pro Woche einrichten muss. Aber Windows ist nicht »schön«, wenn man 100 Benutzer pro Tag einrichten muss. Das ist fast schon ein klassisches Motivationsbeispiel für die Windows-Automatisierung. *BulkUserInsert* ist ein WSH-Skript, das Benutzerkonten auf Basis einer Datenbanktabelle anlegt:

▶ Das Skript arbeitet mit NT4 und lokalen Windows 2000-Benutzern als auch im Active Directory. **Features**

▶ Sie können einstellen, ob ein vorhandener Benutzer gleichen Namens im Container vorher gelöscht werden soll.

▶ Das Skript speichert, wann ein Benutzer angelegt wurde.

Die Option, das vorhandene Konto vorher zu löschen, ist nützlich, um in Test- oder Übungsumgebungen regelmäßig »reinen Tisch« zu machen. Sie sollten diese Option aber keineswegs auf produktive Benutzerkonten anwenden, denn durch Löschen und Neuanlegen unter gleichem Namen ändert sich der Security Identifier (SID) des Benutzers. Dadurch verliert der Benutzer alle seine bestehenden Benutzerrechte auf Ressourcen.

Die Datenbank (hier eine Access-Datenbank, aber dank der OLE DB-Provider-Technologie leicht durch eine andere Datenbank auswechselbar) enthält eine Tabelle USERS, in der neben dem gewünschten Kontonamen auch benutzerbezogene Angaben wie Vor- und Nachname sowie eine Beschreibung gespeichert sind. Zu jedem Benutzer einzeln angegeben werden **Datenbank**

Fallbeispiele

kann auch, in welchem Container der Benutzer angelegt werden soll. Sie können als Container sowohl einen WinNT-ADSI-Pfad als auch einen LDAP-ADSI-Pfad für ein Active Directory angeben. Im ersten Fall muss der Pfad immer ein Domänen- oder Computername sein. Im zweiten Fall ist jeder beliebige Container im Active Directory erlaubt.

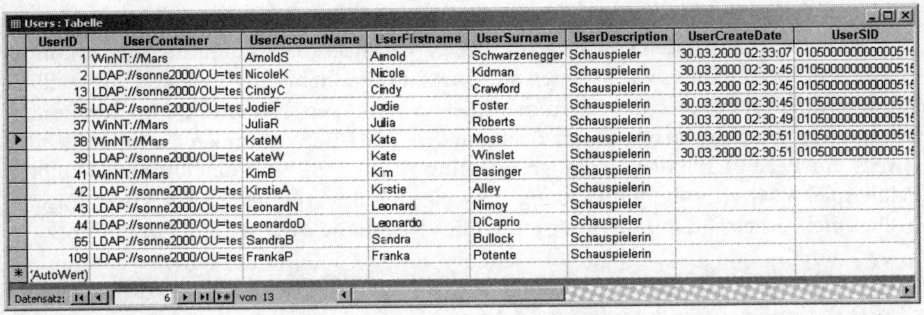

Abbildung 10.1: Screenshot der Users-Tabelle aus der Users.mdb. Benutzer, die ein UserCreate-Date und eine SID haben, wurden bereits angelegt.

UserID	UserContainer	UserAccountName	UserFirstname	UserSurname	UserDescription	UserCreateDate	UserSID
1	WinNT://Mars	ArnoldS	Arnold	Schwarzenegger	Schauspieler	30.03.2000 02:33:07	010500000000000515
2	LDAP://sonne2000/OU=tes	NicoleK	Nicole	Kidman	Schauspielerin	30.03.2000 02:30:45	010500000000000515
13	LDAP://sonne2000/OU=tes	CindyC	Cindy	Crawford	Schauspielerin	30.03.2000 02:30:45	010500000000000515
35	LDAP://sonne2000/OU=tes	JodieF	Jodie	Foster	Schauspielerin	30.03.2000 02:30:45	010500000000000515
37	WinNT://Mars	JuliaR	Julia	Roberts	Schauspielerin	30.03.2000 02:30:49	010500000000000515
38	WinNT://Mars	KateM	Kate	Moss	Schauspielerin	30.03.2000 02:30:51	010500000000000515
39	LDAP://sonne2000/OU=tes	KateW	Kate	Winslet	Schauspielerin	30.03.2000 02:30:51	010500000000000515
41	WinNT://Mars	KimB	Kim	Basinger	Schauspielerin		
42	LDAP://sonne2000/OU=tes	KirstieA	Kirstie	Alley	Schauspielerin		
43	LDAP://sonne2000/OU=tes	LeonardN	Leonard	Nimoy	Schauspieler		
44	LDAP://sonne2000/OU=tes	LeonardoD	Leonardo	DiCaprio	Schauspieler		
65	LDAP://sonne2000/OU=tes	SandraB	Sandra	Bullock	Schauspielerin		
109	LDAP://sonne2000/OU=tes	FrankaP	Franka	Potente	Schauspielerin		

10.1.2 Lösung

Verwendete Techniken und Komponenten

BulkUserInsert ist ein Skript für den Windows Script Host (WSH). Es verwendet folgende Komponenten:

- *ADO*: Lesen und Beschreiben der USERS-Tabelle
- *ADSI*: Anlegen und Löschen von Benutzern
- *WindowsScripting*: ADSI-Hilfsroutinen und Schreiben der Log-Datei

Dabei ist die Windows-Scripting-Komponente wieder von der *Scripting Runtime Library* abhängig.

Konfiguration

Konfiguration Das Skript besitzt einige Konstanten zur Konfiguration, die im Quelltext des Skripts gesetzt werden:

- Sie können dem Skript über eine Konstante im Quellcode einen Standard-Container mitgeben, in dem Benutzer ohne explizite Angabe eines Containers in der USERS-Tabelle erstellt werden sollen.

  ```
  Const DEFAULT_CONTAINER = "LDAP://sonne2000/OU=test,dc=It-visions, dc=de"
  ```

- Das Skript benötigt den Pfad zur Datenbank.

  ```
  Const CONNSTRING = "Provider=Microsoft.Jet.OLEDB.4.0;Data Source=D:\buch\data\users.mdb;"
  ```

- Das Skript benötigt ein SQL-Statement, das die USERS-Tabelle ausliest.

  ```
  Const SQL = "SELECT * FROM users"
  ```

  Hierdurch können Sie die Benutzermenge einschränken und beispielsweise solche Benutzer ausnehmen, die bereits zu einem früheren Zeitpunkt angelegt wurden.

- Mit der Konstante OVERWRITE können Sie einstellen, ob vorhandene Benutzer gelöscht werden sollen.

  `Const OVERWRITE = True`

- Sie können einen Pfad zu einer Protokolldatei angeben.

  `Const LOGFILE = "d:\buch\bulkinsertlog.txt"`

- Für alle Benutzer, für die kein Kennwort in der Tabelle angegeben ist, können Sie ein Standardkennwort angeben.

  `Const DEFAULT_PASSWORD = "egal"`

Unterroutinen

BulkUserInsert besitzt neben einigen kleinen Hilfsroutinen nur eine große Funktion: CreateUser() legt einen neuen Benutzer in einem angegebenen Container an. Dabei kann der Container sowohl ein WinNT-Container als auch ein Active Directory-Container sein. Die Routine liefert im Erfolgsfall einen Zeiger auf den angelegten Benutzer zurück, so dass weitere Eigenschaften gesetzt werden können.

Skriptablauf

Das Skript durchläuft folgende Schritte:

- Das Skript erzeugt die notwendigen Instanzen der verwendeten COM-Klassen und baut die Datenbankverbindung auf.
- In einer Schleife werden alle Datensätze durchlaufen.
- Sofern in der Datenbank Werte für den Container und/oder das Passwort angegeben waren, werden die Standardwerte überschrieben.
- Für jeden anzulegenden Benutzer wird CreateUser() aufgerufen.
- Innerhalb von CreateUser() wird zunächst geprüft, ob der Benutzer bereits existiert. Wenn der Benutzer existiert und der Überschreibungsmodus eingeschaltet ist, wird der Benutzer gelöscht. Sonst liefert die Funktion *Nothing* an das Hauptprogramm zurück. Beim Anlegen eines vorher nicht vorhandenen oder gelöschten Benutzers unterscheidet die Funktion anhand der Protokollangabe im Moniker-Pfad zwischen WinNT und AD. Berücksichtigt werden muss insbesondere das AD-Pflichtattribut SAMAccountName.
- Die Hauptroutine setzt nach erfolgreicher Rückkehr das Passwort.
- Danach werden die aktuelle Zeit und die SID des Benutzers in die Datenbank geschrieben.

Alle Schritte werden mit Hilfe von WriteTo() aus der Klasse WindowsScripting.Util in einer Datei dokumentiert.

Fallbeispiele

Dokumentation des Skriptcodes

Code   Der Programmcode ist – nach der Lektüre der ADSI-Beispiele in Kapitel 5 – unspektakulär. Hier abgedruckt ist nur der Teil, der zwischen den beiden Verzeichnisdiensten unterscheidet.

```
' -- Bindung an Container
Set c = GetObject(container)
' -- Erzeugung des neuen Benutzers
Set u = c.Create("user", rdn)
If Err.Number <> 0 Then ehandler
' -- Attribute setzen
If Not WinNT Then u.Put "samAccountName", CStr(un)
PutNoEmpty u, "Description", desc
If WinNT Then
    PutNoEmpty u, "fullname", firstname & " " & surname
Else
    PutNoEmpty u, "Givenname", firstname
    PutNoEmpty u, "sn", surname
End If
u.SetInfo
Ausschnitt aus CreateUser()
Sub PutNoEmpty(obj, attr, wert)
If Not IsNull(wert) Then
    obj.Put attr, CStr(wert)
End If
End Sub
```

Listing 10.1: PutNoEmpty() setzt einen Wert nur, wenn dieser nicht NULL ist.

10.2   Login-Skript

10.2.1   Aufgabenstellung

Aufgaben   Das hier abgedruckte Login-Skript erfüllt folgende Aufgaben:

- Test, ob bestimmte COM-Klassen instanziierbar sind
- Installation von COM-Komponenten, die als einzelne DLLs vorliegen
- Leeren des TEMP-Verzeichnisses
- Erstellung von Icons auf dem Desktop und im Startmenü
- Verbinden von Netzlaufwerken
- Verbinden eines Druckers
- Speicherung der Anmeldezeit in einer zentralen Datenbank

Login-Skript

10.2.2 Lösung

Das Login-Skript ist ein WSH-Skript. Das Skript verwendet folgende Komponenten:

- *ADO*: Speicherung der Anmeldezeiten in einer Datenbank
- *Scripting Runtime Library bzw. FSO*: Auslesen der Konfigurationsdateien, Protokollierung, Erstellung der Icons, Leeren des TEMP-Verzeichnisses
- *WSH Runtime Library*: Auslesen von Systeminformationen, Erstellung der Laufwerksverknüpfungen.

COM-Komponenten

Das Skript verwendet die folgenden Funktionsbibliotheken:

- WS_vbWSHLIB
- WS_scriptLIB

Funktionsbibliotheken

Zur Registrierung der Komponenten wird REGSVR32.EXE verwendet, das mit Hilfe der WSH Runtime gestartet wird.

regsvr32

Unterroutinen

Protocol() schreibt das Anmeldeprotokoll in die Datenbank. Die Funktion DriveLetter Used(driveletter) testet, ob ein Laufwerksbuchstabe bereits in Benutzung ist. Die Routine MapTo(letter, pfad) verbindet ein Netzlaufwerk. In StartComChecker(pfad) werden die in der übergebenen Datei enthaltenen ProgIDs auf ihre Instanziierbarkeit hin überprüft. StartRegister(pfad) registriert alle in dem angegebenen Verzeichnis enthaltenen Komponentendateien einzeln mit Hilfe der Routine Register(Quelle,Ziel). Clear(strDir) löscht rekursiv alle Dateien und Unterordner eines Verzeichnisses. Dagegen stellt Remove(datei) sicher, dass die angegebene Datei nicht existiert. Dies wird verwendet, um die Protokolldatei zu Beginn zu löschen.

Unterroutinen

Konfiguration

Im Skript selbst soll nur ein Parameter gesetzt werden: der Pfad zu einer Datei, in die das Log geschrieben werden soll. Dies wird über die Konstante LOGDATEI im Skript selbst festgelegt. Es ist vorgesehen, dass das Log in das Wurzelverzeichnis von Laufwerk C:\ geschrieben wird, da dies immer existieren sollte.

Protokolldatei

Alle weiteren Informationen soll das Skript vom Anmeldeserver beziehen, um diese Daten zwischen verschiedenen Nutzergruppen variieren zu können. Der Anmeldeserver soll eine Freigabe \LOGIN enthalten, in der folgende Daten gespeichert sind:

- Das Verzeichnis \COMINSTALL enthält die zu installierenden Komponenten.
- Die Verzeichnisse \DESKTOP und \STARTMENÜ enthalten die Verknüpfungen, die in die Benutzeroberfläche eingetragen werden sollen.
- Die Datei KLASSEN.TXT enthält die zu überprüfenden ProgIDs.
- Die Datenbank LOGIN.MDB dient als zentraler Speicher der Anmeldezeiten.

Konfigurationsdateien auf dem Anmeldeserver

Fallbeispiele

Skriptablauf

Ablauf des Hauptprogramms des Login-Skripts

Das Hauptprogramm durchläuft folgende Schritte:

▶ Zunächst werden die notwendigen Instanzen von Scripting.FileSystemObject, WScript.Network und WScript.Shell erzeugt, ohne die das Skript nicht arbeiten kann.

▶ Danach werden mit Hilfe von WSHShell der Anmeldeserver, das SYSTEM-, das STARTMENÜ- und das DESKTOP-Verzeichnis des angemeldeten Benutzers ermittelt. Auf dieser Basis werden die Pfade zu den Konfigurationsverzeichnissen und -dateien zusammengesetzt.

▶ Im Hauptteil werden zunächst nacheinander StartComChecker und StartRegister aufgerufen.

▶ Anschließend werden die Startmenü- und Desktop-Verzeichnisse vom Anmeldeserver kopiert, um die Existenz bestimmter Icons sicherzustellen.

▶ Danach werden die Netzlaufwerke verbunden und das Verzeichnis C:\TEMP gelöscht.

▶ Zum Schluss wird der Eintrag in die Anmeldedatenbank durchgeführt.

Dokumentation des Skriptcodes

Umgebungsdaten

Besonders interessant an diesem Skript sind die Ermittlung der Daten über die Umgebung, in der eine Fallunterscheidung zwischen NT und 9x-Systemen stattfinden muss, die Registrierung der COM-Komponenten mit REGSVR32.EXE sowie das Säubern des TEMP-Verzeichnisses.

```
' --- Ermittlung der Umgebungsinformationen
Set WSHProcessEnvironment = WSHShell.Environment("Process")
LogonServer = WSHShell.ExpandEnvironmentStrings("%LOGONSERVER%")
Dir_Win = WSHProcessEnvironment("windir")
OS = WSHProcessEnvironment("OS")
Dir_Startmenu = WSHShell.SpecialFolders.Item("Favorites")
Dir_Desktop = WSHShell.SpecialFolders.Item("Desktop")
' -- Fallunterscheidung
If OS = "Windows_NT" Then
    Dir_System = Dir_Win & "\system32\"
Else
    Dir_System = Dir_Win & "\system\"
End If
'---Zusammensetzen der Pfade
NETDIR = LogonServer & "\daten\loginskript\"
CONNSTRING = "Provider=Microsoft.Jet.OLEDB.4.0;Data Source=" & _
NETDIR & "login.mdb;"
COMLISTE = NETDIR & "klassen.txt"
COMINSTALL = NETDIR & "cominstall\"
```

Listing 10.2: Ausschnitt aus der Hauptroutine des Login-Skripts

Komponenten registrieren

Register() prüft zunächst, ob die Komponentendatei nicht schon vorhanden ist. In diesem Fall geht das Skript davon aus, dass die Komponente auch richtig registriert ist und tut nichts weiter. Andernfalls wird die angegebene Quelldatei in das Ziel kopiert und durch den Aufruf von REGSVR32.EXE registriert.

```
Sub Register(Quelle,Ziel)
If FSO.FileExists(Ziel) Then Exit Sub
If FSO.FileExists(Quelle) Then
    FSO.CopyFile Quelle, Ziel
    WSHShell.Run Dir_System & "regsvr32 /s " & Ziel, 0, True
    say "Komponente " & Ziel & " registriert!"
End If
End Sub
```

Listing 10.3: Diese Hilfsroutine kopiert und registriert Komponenten.

Clear() leert ein Verzeichnis. Die Fehlertoleranz ist für den Fall eingebaut, dass Dateien in Benutzung sind und nicht entfernt werden können. — **Verzeichnis leeren**

```
Function clear(strDir)
Dim oF, oFO, oFO2
On Error Resume Next
Set oFO = FSO.GetFolder(strDir)
' Alle Dateien löschen
For Each oF In oFO.Files
 oF.Delete
Next
' Alle Unterordner löschen
For Each oFO2 In oFO.SubFolders
    clear oFO2.Path
    oFO2.Delete
Next
End Function
```

Listing 10.4: Rekursives, fehlertolerantes Löschen eines Verzeichnisses

10.3 RemoteExec per E-Mail

10.3.1 Aufgabenstellung

Sie sind Administrator, liegen am Strand und plötzlich fällt Ihnen ein, dass Sie ganz dringend ein Skript in Ihrem Netzwerk ausführen sollten. Wäre es nicht schön, das Skript direkt einem Server zu senden, der es für Sie ausführt und Ihnen eine Rückmeldung liefert, anstatt es einem Kollegen senden zu müssen, der es dann ausführt? — **Befehle per E-Mail**

Diese Aufgabe soll ein Skript für den Exchange Event Scripting Agent mit dem Namen *RemoteExec* (kurz: *RExec*) erfüllen. Das Skript nimmt E-Mails (hier Befehls-Nachricht genannt) entgegen, deren Anhänge VBS-Skriptdateien sind. RemoteExec führt die anhängenden Skripte nacheinander aus und berichtet für jedes Skript per E-Mail an den Absender. Ein übermitteltes Skript sollte eine Rückmeldung für den Absender generieren. Dazu wird eine globale String-Variable mit Namen result verwendet, die jedes übermittelte Skript belegen soll. RemoteExec leitet diesen String im Betreff und Inhalt der Antwortnachricht an den Auftraggeber weiter. — **RemoteExec für den Exchange Event Scripting Agent**

Fallbeispiele

TANs Um RemoteExec abzusichern, muss mit der Befehls-Nachricht eine Transaktionsnummer (TAN) übermittelt werden. Diese Nummer TAN ist wie die TANs beim Homebanking eine Einmalnummer: Sie kann kein zweites Mal verwendet werden. Die TAN muss dem Betreff der Befehls-Nachricht durch einen Doppelpunkt vorangestellt werden. Die TANs sind in Form einer Access-Datenbanktabelle (REXECTANS.MDB) auf dem Mailserver gespeichert.

Trotz des Einsatzes von Einmal-TANs besteht eine Angriffsmöglichkeit gegen Remote Exec durch einen Man-in-the-Middle-Angriff: Ein Dritter könnte die Nachricht abfangen, verändern und dann – mit der gleichen TAN – weiterleiten. Dagegen können Sie sich nur mit einer geeigneten Verschlüsselung sichern.

Mögliche Reaktionen Das RemoteExec-Skript hat sechs Möglichkeiten, auf eine Befehls-Nachricht zu antworten (fünf Möglichkeiten sind in Abbildung 10.2 dargestellt):

1. Die Nachricht wird zurückgewiesen, weil sie keine Anhänge hat (TEST 1).
2. Ein Anhang wird zurückgewiesen, weil er nicht die Extension .VBS hat (TEST 2).
3. Eine Nachricht wird zurückgewiesen, weil keine TAN angegeben wurde (liefert die im Bild nicht dargestellte Meldung »*KEINE TAN ANGEGEBEN*«).
4. Eine Nachricht wird zurückgewiesen, weil die TAN falsch oder bereits benutzt war (TEST 3).
5. Ein Anhang wurde gestartet und verursachte einen Fehler (TEST 4).
6. Ein anhängendes Skript wurde erfolgreich ausgeführt, und RemoteExec liefert das Ergebnis des Skripts zurück (TEST 5).

Abbildung 10.2: Fünf Antworten von RemoteExec

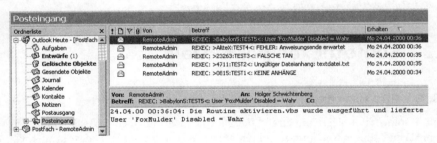

Erläuterung des Beispiels In diesem Beispiel wurde das RemoteExec-Skript im Posteingang eines Postfaches mit Namen »*RemoteAdmin*« installiert. RemoteExec reagiert nicht nur auf neue Nachrichten, sondern auch auf das Änderungsereignis. Dadurch könnte das Skript auch in einem öffentlichen Ordner installiert werden, wo die Nachrichten nach Änderungen erneut ausgeführt würden. In TEST 5 wurde mit der TAN »Babylon5« ein Skript (AKTIVIEREN.VBS) übermittelt, das mit Hilfe von ADSI einen Benutzer deaktiviert. Der Text »*User 'FoxMulder' Disabled = Wahr*« wurde von dem übermittelten Skript erzeugt.

10.3.2 Lösung

RemoteExec ist ein Exchange Agent-Skript. Das Skript verwendet folgende Komponenten:

Verwendete Techniken und Komponenten

- *Event Scripting Agent Intrinsic Objects/CDO*: Zugriff auf die eingehende Nachricht, Speicherung der Anhänge und Senden der Antwort an den Empfänger
- *ADO*: Zugriff auf die Access-Datenbank mit den TANs
- *Scripting Runtime Library* bzw. *FSO*: Laden der Anhänge und Protokollierung

Bibliotheken

Das Skript verwendet die folgenden Funktionsbibliotheken:
- WS_exagLIB
- WS_scriptLib

Unterroutinen

Das Skript besteht neben den beiden Ereignisbehandlungsroutinen `Folder_OnMessageCreated()` und `Message_OnChange()` aus der Hauptroutine `doRemoteExec()` und der Unterroutine `Ergebnis()`, die eine Nachricht an den Absender verschickt. Zur Einbindung anderer Skripte wird außerdem die Standardroutine `Include()` benötigt. `Config()` bindet die verwendeten Bibliotheken ein und setzt globale Variablen in diesen Bibliotheken.

Unterroutinen

Konfiguration

Das Skript wird durch fünf Konstanten konfiguriert:

Konstanten

- `CONNSTRING` ist der Pfad zur Datenbank mit den TANs.

    ```
    Const CONNSTRING = "Provider=Microsoft.Jet.OLEDB.4.0;Data Source=\\sonne\c\ex\rexectans.mdb;"
    ```

- `SKRIPTEORDNER` ist der Pfad zur Zwischenspeicherung der übermittelten Skripte.

    ```
    const SKRIPTEORDNER = "c:\ex\gesendeteSkripte"
    ```

- `MY_SAYLOG` ist der Pfad für die von *WS_exagLIB* verwendete zusätzliche Protokollierung.

    ```
    const MY_SAYLOG = "c:\ex\exchange.log"
    ```

- `MY_VERSION` ist die von *WS_exagLIB* benötigte Versionsnummer des Skripts.

    ```
    const MY_VERSION = "11"
    ```

- `MY_DEBUGMODE` regelt den Umfang der Protokollierung in *WS_exagLIB*.

    ```
    const MY_DEBUGMODE = True ' TRUE oder FALSE
    ```

Zur Unterscheidung der Konfigurationskonstanten von globalen Variablen in der *WS_exagLIB* beginnen einige Konstanten mit dem Präfix `MY_`. Hießen die Konstanten genauso wie die globalen Variablen, würden die Konstanten beim Einbinden überschrieben. Das Skript weist zu Beginn den globalen Variablen der *WS_exagLIB* die »MY_«-Konstanten zu.

Fallbeispiele

Unterroutinen und Skriptablauf

Skriptablauf Das Skript durchläuft folgende Schritte:

- RemoteExec bindet im Rahmen der Ereignisbehandlungsroutinen mit Hilfe der Include()-Routine die in Kapitel 4 vorgestellte *WS_EXAGLIB*-Funktionsbibliothek ein. Danach wird die Hauptroutine doRemoteExec() aufgerufen.

- doRemoteExec() startet zunächst die Analyse()-Routine aus der EXAGLIB.

- Danach wird die TAN aus dem Betreff extrahiert und gegen die Datenbank geprüft. Wenn die TAN gefunden wurde, wird sie als verbraucht markiert. Wurde die TAN nicht gefunden oder ist sie bereits verbraucht, wird eine Fehlermeldung versendet.

- Ebenso werden Fehlermeldungen erzeugt, wenn es keine Dateianhänge gibt.

- Innerhalb einer Schleife über alle Dateianhänge wird jeweils zunächst geprüft, ob der Anhang eine Datei mit der Extension .VBS ist.

- doRemoteExec() speichert mit der Methode WriteToFile() aus der Klasse MAPI.Attachment das anhängende VBS-Skript in einem vordefinierten Ordner.

- Das abgespeicherte Skript wird dann mit Hilfe von Include() geladen und ausgeführt.

- In Abhängigkeit davon, ob die Ausführung fehlerfrei war oder nicht, wird eine Nachricht an den Absender erzeugt. Im Erfolgsfall wird dabei der Inhalt der Variablen result übergeben, die das übermittelte Skript belegen sollte.

Dokumentation des Skriptcodes

Code-Ausschnitte Hier im Buch wiedergegeben sind die Ereignisbehandlungsroutine Folder_OnMessageCreated(), die Hauptroutine doRemoteExec() und die Hilfsroutine Report(). Die restlichen Teile finden Sie auf der Buch-CD [CD:/code/Fallbeispiele/RemoteExec/RemoteExec.vbs].

```
' === Ereignis: Neue Nachricht
Public Sub Folder_OnMessageCreated
  config
  saystart "Folder_OnMessageCreated'
  DoRemoteExec ' Weitergabe an anderes Ereignis
  sayend
End Sub
Eine der beiden Ereignisbehandlungsroutinen
' //// Konfigurationen, die bei aller Events erfolgen sollen
public Sub config
  Include "c:\ex\ws_scriptlib.vbs"
  Include "c:\ex\WS_exaglib.vbs"
  DEBUGMODE = TRUE
  VERSION = MY_VERSION
  SAYLOG = MY_SAYLOG
end Sub
```

Listing 10.5: Diese Routine muss zu Beginn jedes Ereignisses aufgerufen werden.

```vb
' == Führt ein per E-Mail gesendetes Skript aus
Public Sub doRemoteExec
Dim objA    ' Attachment
Dim TAN     ' TAN im Betreff
Dim Betreff ' Eigentlicher Betreff
Dim Pos     ' Pos des : im Betreff
Dim SQL     ' SQL-Befehl
Dim RS      ' Recordset
Dim Fehler  ' Rückgabewert von Include

' -- Standardvorgehen
'On Error Resume Next
analyse ' Analyse-Routine aus EXAGLIB

' -- Dieses Wort darf nicht vorkommen!
if instr(oMessage.Subject,"REXEC:") <> 0 then exit sub

' -- TAN überprüfen
pos = Instr(oMessage.subject,":")
if pos < 2 then
    report "KEINE TAN ANGEGEBEN", "Format muss sein TAN:Betreff"
    exit sub
end if
tan = Left(oMessage.subject,pos-1)
' betreff = right(oMessage.subject,len(oMessage.subject)-pos)
check "TAN = " & tan
SQL = "SELECT * FROM tans where tan = '" & tan & _
"' and verbraucht is null"
' --- Datenbankzugriffsobjekt (ADO) erzeugen
Set rs = CreateObject("ADODB.Recordset")
' --- Verbindung herstellen, SQL ausführen
rs.Open SQL, CONNSTRING, 2, 3

if rs.eof then
    report "FALSCHE TAN", "Die TAN "& tan & " ist nicht gültig"
    exit sub
else
    ' TAN SPERREN!
    rs("Verbraucht") = now
    rs("Sender") = "HS"
    rs.Update
end if
rs.close

' -- Gab es Anhänge?
if oMessage.Attachments.count = 0 then
    report "KEINE ANHÄNGE", "Es gab nichts zu tun!"
    exit sub
end if

' -- Für alle Attachments
For Each objA In oMessage.Attachments
```

Fallbeispiele

```
    if objA.Type = 1 and UCase(right(objA.Name,4)) = ".VBS" then
      ' Dateianhang Speichern
      objA.WriteToFile skripteordner & objA.Name
      ' Ausführen
      say "Executing " & objA.Name & "..."
      fehler = Include(skripteordner & objA.Name)
      if not fehler = "" then    ' Fehler
        report "FEHLER: " & fehler, now & ": Die Routine " & objA.Name _
  & " wurde gestartet und verursachte den Fehler: " & fehler
      else  '   kein Fehler
        say "Result = " & Result
        report result, now & ": Die Routine " & objA.Name & _
          " wurde ausgeführt und lieferte " & chr(13) & result
      end if
    else
      report "Ungültiger Dateianhang: "& objA.Name, _
        "Nur angehängte .vbs-Dateien sind erlaubt!"
    end if
  next
End Sub
```

Listing 10.6: Hauptroutine von RemoteExec

```
sub report(s1,s2)
   dim Vorspan
   Vorspan = "REXEC: >" & oMessage.Subject & "<: "
   say vorspan & s1 & ": " & s2
   Sendmail oSender.name, left(vorspan &  s1,100), s2
   check "Senden des Reportes"
end sub
```

Listing 10.7: Berichterstattung an den Absender

10.4 WebPrinterManager

10.4.1 Aufgabenstellung

Plattformunabhängiger Druckmanager
Der *WebPrinterManager* ist eine serverseitige Webanwendung auf Basis von ASP zur Steuerung eines an ein NT-System angeschlossenen Druckers, die – im Gegensatz zum NT-Druckermanager – auf Grund der Browserunabhängigkeit von jeder Plattform aus verwendet werden kann.

> Dieses Tool ist erstmalig in der Ausgabe 7/99 der Zeitschrift *iX* im Heise-Verlag erschienen. Eine vollständigere Dokumentation finden Sie in [SCH99c].

Grundfunktionen
Der webbasierte Druckmanager soll zunächst einmal die Funktionalitäten des in allen Windows-Versionen mitgelieferten Druckmanager-GUIs abbilden:

▶ Anzeige aller aktuellen Druckaufträge, die sich in der Druckerwarteschlange befinden

▶ Anhalten einzelner Druckaufträge und Fortsetzen angehaltener Druckaufträge

- Löschen einzelner Druckaufträge und Löschen aller Druckaufträge
- Verändern der Priorität einzelner Druckaufträge
- Anhalten bzw. Fortsetzen der gesamten Druckerwarteschlange

Darüber hinaus soll der webbasierte Druckmanager auch eine Liste vergangener Druckaufträge (Druckhistorie) zeigen. Ein Log der abgearbeiteten Druckaufträge führt lediglich Windows NT in seinem zentralen Ereignisprotokoll. Jeder abgearbeitete Druckauftrag erzeugt einen Eintrag im System-Ereignisprotokoll des NT-Rechners, an den der Drucker angeschlossen ist (vgl. Abbildung 10.3).

Druckhistorie

Der WebPrinterManager soll von einem Webserver aus jeden beliebigen Drucker im Netzwerk verwalten können, nicht nur Drucker, die an den Webserver angeschlossen sind.

Fernverwaltung

Abbildung 10.3: Screenshot des WebPrinter Managers mit drei wartenden Druckaufträgen

Mit Windows 2000 liefert Microsoft einen eigenen webbasierten Druckmanager aus. Die dazugehörigen ASP-Seiten werden im Verzeichnis /WINNT/WEB/PRINTERS installiert und als virtuelles Verzeichnis /PRINTERS in die Standardwebsite eingebunden.

Fallbeispiele

10.4.2 Lösung

Verwendete Techniken und Komponenten

Der WebPrinterManager ist ein Active Server Pages-Skript und verwendet folgende Komponenten:

- *Active Directory Service Interface (ADSI)*: Verwalten der Druckaufträge
- *STMAdmin*: Zugriff auf das Ereignisprotokoll

Beide Komponenten unterstützen den entfernten Zugriff, so dass die Anforderung erfüllt ist, nicht nur die an den Webserver angeschlossenen Drucker, sondern beliebige Drucker im NT-Netz verwalten zu können.

Druck.asp

Der webbasierte Druckmanager ist in Form einer einzelnen ASP-Seite mit dem Namen DRUCK.ASP realisiert. Jede Aktion auf dieser Seite ruft wieder die Seite selbst auf. Die ASP-Seite enthält am Anfang Aktionsbehandlungsroutinen, die die beim Selbstaufruf übergebenen Parameter verarbeiten.

Konfiguration

Env.inc

In der von DRUCK.ASP dynamisch eingebundenen Datei ENV.INC müssen der Name des Druckers und der des entsprechenden Computers korrekt eingetragen werden.

```
const const_computer = "Mars"
const const_drucker = "HPLaserjet2100"
```

Der Webserver muss so eingerichtet werden, dass das Skript die notwendigen Rechte hat, um auf die Druckerwarteschlange und das NT-Ereignisprotokoll zuzugreifen.

Der dritte Parameter, der auf einem Standardwert von 60 Sekunden steht, gibt an, wie oft sich die Anzeige im Webbrowser automatisch aktualisieren soll.

```
const const_Refreshrate = 60   ' in Sekunden
```

Die von DRUCK.ASP eingebundene Datei ADSICONST.INC definiert die Konstanten für Druckerstatus und Druckauftragsstatus.

Unterroutinen

GetPJ()

DRUCK.ASP besitzt nur eine Unterroutine: `GetPJ(PJName)` liefert einen Zeiger auf ein PrintJob-Objekt mit dem angegebenen Namen, da PrintJob-Objekte keine persistenten ADSI-Objekte sind, die über einen Moniker angesprochen werden können.

Skriptablauf

Das Skript durchläuft folgende Schritte:

Programmschritte

- Umkopieren der per HTTP-POST-Methode übergebenen Parameter in lokale Variablen und Beschaffung eines Zeigers auf die Warteschlange
- Auswertung der übergebenen Aktion. Sofern eine Aktion auf der Warteschlange (`Pause()`, `Resume()`, `Purge()`) gewünscht wurde, wird diese ausgeführt.
- Dann wird geprüft, ob eine Aktion auf einem Druckauftrag (`Pause()`, `Resume()`, `Remove()`) gewünscht oder die Priorität eines Auftrags geändert wurde. Eine solche Änderung kann auch parallel zu einer anderen Aktion erfolgt sein!

- Danach wird der oberste Bildschirmbereich mit dem Druckerstatus und den Schaltflächen zur Druckersteuerung ausgegeben.
- Es folgt die Ausgabe der Liste der in der Warteschlange befindlichen Druckaufträge.
- Zuletzt wird mit Hilfe von STMAdmin eine Liste der zurückliegenden Druckaufträge aus dem System-Ereignisprotokoll ausgelesen.

Dokumentation des Skriptcodes

Die Ausgabe der einzelnen Druckaufträge erfolgt in einer HTML-Tabelle durch die Ausgabe der in der `PrintQueue`-Collection enthaltenen `PrintJob`-Objekte. Aus Platzgründen erscheint dabei in Abhängigkeit vom Status des Auftrags entweder der Button ANHALTEN oder der Button FORTSETZEN. Die aktuelle Priorität (`objPrintJob.Priority`) wird in einem Textfeld ausgegeben, da diese als einziger Wert veränderbar ist.

Ausgabe der Druckaufträge

Jeder einzelne Druckauftrag bildet ein eigenes HTML-Formular. Durch einen Klick auf einen der Buttons stößt der Benutzer den erneuten Aufruf von DRUCK.ASP an, wobei der Name des angeklickten Buttons, der Wert des Priorität-Eingabefeldes und – nicht zu vergessen – der eindeutige Name des Druckauftrags übergeben werden. Damit letzterer nicht nur auf dem Bildschirm erscheint, sondern auch als Parameter beim Neuaufruf übergeben wird, ist das versteckte Feld `PJName` erforderlich. Ein normales Eingabefeld (`<input type="text" ...>`) würde dem Benutzer fälschlicherweise suggerieren, dass er diesen Wert verändern kann.

```
<h3>Aktuelle Druckaufträge:</h3><p>
<%Set objPQ = GetObject("WinNT://" & computer & "/" & drucker)%>
<center><table width=95% border=1>
<tr> <th>Nr <th>Aktionen <th>ID <th>Dokumentenname <th>Zustand <th>Besitzer <th>
Gedruckte Seiten <th>Abgeschickt <th>Größe <th>Priorität</tr>
<%
' Für jeden Druckauftrag eine Zeile
For Each objPJ In objPQ.PrintJobs
    Response.Write "<tr>"
    ' Statustext erzeugen
    StatusZahl = objPJ.Status
    StatusText = ""
    for x = 0 to 10
        if StatusZahl and JobStat(x,0) then StatusText = StatusText _
    & JobStat(x,1) & " "
    next%>
    <form action="druck.asp" method="post">
    <input type="hidden" name="PJName"  value=<%=objPJ.name%>>
    <td><%=objPJ.Position%></td>
    <td><input type="submit" style="HEIGHT: 24px; WIDTH: 100px"
name="JobAktion"
    <%if StatusZahl and ADS_JOB_PAUSED  then %>
        value="Fortsetzen">
    <%else%>
        value="Anhalten">
    <%end if%>
    <input type="submit" style="HEIGHT: 24px; WIDTH: 100px"
```

Fallbeispiele

```
            name="JobAktion" value="Löschen"></td>
          <td><%=objPJ.Name%>
          <td><%=objPJ.Description%>
          <td><%=StatusText%>
          <td><%=objPJ.User%>
          <td><%=objPJ.PagesPrinted%> von
        <%=objPJ.TotalPages+objPJ.PagesPrinted%>
          <td><%=objPJ.TimeSubmitted%>
          <td><%=Int(objPJ.Size/1024*10)/10 %> KB
          <td><input type=text size=2 name=Prio
          value=<%=objPJ.Priority%>><input type="submit" name="JobAktion"
          value="Setzen">
          </form>
          </tr>
    <%Next%>
    </table>
    </center>
```
Listing 10.8: Ausgabe der Druckaufträge

Aktionsbehandlung für Druckaufträge

Wesentlich komplizierter als die (hier im Buch nicht abgedruckte) Aktionsbehandlung für die Warteschlange als Ganzes ist die Aktionsbehandlung für den einzelnen Druckauftrag. Ein Druckauftrag ist nicht direkt über GetObject() oder die PrintJobs-Collection eines PrintQueue-Objekts erreichbar. DRUCK.ASP greift daher auf die bereits erwähnte Funktion GetPJ() zurück.

```
function GetPJ(PJName)
    set GetPJ = nothing ' Default
    if PJName = "" then exit function 'Fehler abfangen
    ' Iteration durch die Collection
    For Each objPJ In objPQ.PrintJobs
        if objPJ.Name = PJName then ' gefunden
            set GetPJ = objPJ
            exit function
        end if
    next
end function
```
Listing 10.9: Suche eines Druckauftrags anhand seines Namens

Problem der verschwindenden Aufträge

Eine wichtige Problemkonstellation muss das Skript abfangen: Es kann vorkommen, dass der Druckauftrag, auf dem vom Anwender eine Aktion ausgeführt wurde, zum Zeitpunkt der Verarbeitung der ASP-Seite bereits nicht mehr in der Warteschlange existiert, weil er inzwischen verarbeitet oder gelöscht wurde. Wenn GetPJ() kein Objekt zurückliefert, wird der Benutzer über die Ausgabe LETZTE AKTION auf die Unerfüllbarkeit seines Befehls hingewiesen.

Wenn der Druckauftrag gefunden werden konnte, werden zunächst die Veränderungen an der Priorität des Druckauftrags behandelt. Dabei wird der alte (in objPJ.priority gespeicherte) Wert mit dem neuen (in Request("Prio") übergebenen) Wert verglichen, um eine passende Bildschirmausgabe zu erzeugen. Erlaubte Werte liegen zwischen 0 und 99. Nach

WebPrinterManager

der Zuweisung der neuen Priorität an das Attribut des `PrintJob`-Objekts muss die Änderung – wie in ADSI üblich – mit dem Aufruf der Methode `SetInfo()` aus dem Cache an das zu Grunde liegende Verzeichnis übergeben werden.

Im zweiten Befehlsblock erfolgt die Abarbeitung der Aktionen zur Auftragssteuerung mit Hilfe einer `Select...Case`-Anweisung. `Pause()` und `Resume()` sind Methoden der `PrintJob`-Klasse. Das Löschen eines Druckauftrags wird dagegen mit einem Aufruf von `Remove()` auf der `PrintJobs`-Collection im `PrintQueue`-Objekt ausgeführt.

Auftragssteuerung

```
if JobAktion <> "" then
    Set objPJ = GetPJ(PJName)
    if objPJ is nothing then
' Gibt es den Druckauftrag noch in der Queue?
        LetzteAktion = "Aktion konnte nicht ausgeführt werden, da
        Druckauftrag bereits verarbeitet ist"
    else
        ' ---------------- Priorität ändern
        alteprio = int(objPJ.priority)
        neueprio = int(Prio)
        if neueprio > 99 then neueprio = 99
        if neueprio < 0 then neueprio = 0
        if neueprio < alteprio then LetzteAktion = "Priorität für
        Auftrag " & objPJ.Name & " wurde verringert."
        if neueprio > alteprio then LetzteAktion = _
        "Priorität für Auftrag
        " & objPJ.Name & " wurde erhöht."
        objPJ.Priority = neueprio
        objPJ.SetInfo
        ' ---------------- Druckauftragssteuerung
        select case (JobAktion)
        case "Anhalten":
            objPJ.Pause
            LetzteAktion = "Auftrag " & objPJ.Name & " wurde angehalten."
        case "Fortsetzen":
            objPJ.Resume
            LetzteAktion = "Auftrag " & objPJ.Name & _
            " wurde fortgesetzt."
        case "Löschen":
            objPQ.PrintJobs.Remove PJName
            LetzteAktion = "Auftrag " & objPJ.Name & " wurde gelöscht!"
        end select
    end if
end if
```

Listing 10.10: Aktionsbehandlung für den Druckauftrag

Die ständige Aktualisierung wird über ein Meta-Tag realisiert.

Ständige Aktualisierung

```
<META HTTP-EQUIV="Refresh" CONTENT="<%=const_Refreshrate%>; URL=druck.asp">
```

Außerdem wird das Browser-Caching deaktiviert.

```
Response.Expires = 0
Response.AddHeader "Pragma", "no-cache"
```

Fallbeispiele

10.5 WBEM Multi Server Disk Viewer (WMSDV)

10.5.1 Aufgabenstellung

Festplattenplatzmanagement

Versucht man, mit »traditionellen Methoden« den verfügbaren Festplattenplatz seiner Server zu beobachten, stößt man mit NT-Bordmitteln sehr schnell an Grenzen, insbesondere in Arbeitsumgebungen mit verteilten Zuständigkeiten. Der Windows NT4-Diskadministrator lässt sich nur lokal verwenden. Das Windows 2000-MMC-Snap-in »Computerverwaltung« ermöglicht zwar auch die Fernwartung von Laufwerken; um auf einen Blick den Status von Festplatten mehrerer Server zu betrachten, ist das Snap-in aber kein geeignetes Mittel. »Echte Lösungen« bringen jedoch nur echte Systemmanagementprodukte wie HP Open View oder Microsofts System Management Server (SMS), die selbstständig aktiv werden und bei Erreichen bestimmter Grenzen Warnungen versenden. Die Windows Management Instrumentation (WMI) kann jedoch dazu herhalten, ein »poor man's SMS« zu bilden.

Festplatten auf einen Blick

Der WBEM Multi Server Disk Viewer soll die Anzahl der Festplatten und ihren Speicherplatz auf einer konfigurierbaren Anzahl von Maschinen darstellen. Als Scripting Host soll der Internet Explorer zum Einsatz kommen, um eine ansprechende HTML-Benutzeroberfläche zu realisieren, die Informationen tabellarisch darstellt und drucken kann.

Der WBEM Multi Server Disk Viewer wurde von Manfred Braun geschrieben (mbraun@manfred.mannheim-netz.de) und ist Freeware [CD:/code/fallbeispiele/MultiDiskViewer/].

Abbildung 10.4: WBEM Multi Server Disk Viewer: Einer von neunzehn Servern war nicht erreichbar.

Server	C Size	C Free	D Size	D Free	E Size	E Free	F Size	F Free	G Size	G Free	H Size	H Free	I Size	I Free
svrhead001	1.010	74	150	148	180	96								
svrhead010	1.500	68	194	86	2.400	2.325	8.190	1.089						
svrber1999	2.059	1.442												
svrbrem001														
svrmind999														
svrmuen999														
svrkoel999														
svrhead100	1.001	211	200	24	800	794								
svrkass001	1.200	212	157	51	2.698	488								
svrgiss001	850	93	160	48	4.091	2.786	4.091	475						
svrber1001	981	197	2.000	1.001			4.134	1.747	4.134	2.998				
svrcomm001	4.094	2.244	196	34	4.455	4.367								
svrpade001	4.095	1.743	180	80	3.899	1.499	8.600	5.719	8.765	8.760	8.678	5.135		
svresse001	2.063	463	243	16	3.852	2.152	4.095	1.118	4.095	3.818	8.676	603		
svrmind001	1.010	104	203	26	1.801	83	4.079	75	4.079	65	8.677	55		
svrmuen001	2.000	394	200	95	3.895	183	4.095	682	8.678	6.791	8.678	8.665		
svrkoel001	4.095	2.148	200	95	1.903	826	4.091	2.588	4.095	2.723	4.095	1.663		
svrmann001	1.222	166	189	189	3.905	1.432								
svrtest001	4.094	2.860	3.000	2.293	14.001	834	500	337						

[Größe(n) in MB]

Tooltip: Verbindung zu svrbrem001 fehlgeschlagen., Err=800706BA, Src=SWbemLocator, Des=Der RPC-Server ist nicht verfügbar.

10.5.2 Lösung

Der WMSDV wurde als HTA (HTML Application) realisiert. Dies ist notwendig, da der WMSDV COM-Komponenten verwendet, die als nicht-sicher kategorisiert sind. Im Gegensatz zu einfachen HTML-Seiten ist eine HTA nicht durch die Sicherheitseinstellungen des Browsers reglementiert. Für die Formatierung werden Cascading Style Sheets (CSS) verwendet.

HTA

Das Abfragen der Festplatten erfolgt durch einen asynchronen WMI-Befehl. Dadurch kann direkt nach dem Starten einer Abfrage mit der nächsten Maschine fortgefahren werden. So werden die Wartezeiten (bis zu 30 Sekunden pro Rechner je nach Netzwerkbelastung, Auslastung der Zielmaschine und Netzwerkbandbreite) optimal ausgenutzt.

Asynchrone Abfrage

Dateien

Der WMSDV besteht aus folgenden Dateien:

Dateien

- WMSDV.HTA ist die zu startende HTML Application.
- WMSDV.CSS ist eine externe CSS-Datei, die von WMSDV.HTA eingebunden wird.
- WMSDV.VBS ist eine externe Skriptdatei, die den kompletten Skriptcode enthält. Auch diese Datei wird von WMSDV.HTA eingebunden.
- DISK.ICO ist das Logo für das HTA-Fenster.
- SERVERS.DAT enthält die Liste der abzufragenden Rechner.

Komponenten

WMSDV verwendet folgende Komponenten:

Komponenten

- *Scripting Runtime Library* bzw. *FSO*: Laden der Anhänge und Protokollierung
- *Windows Management Instrumentation (WMI)*: Abfrage der Festplatten
- *Document Object Model (DOM)*: Dynamische Generierung der HTML-Benutzeroberfläche, insbesondere Darstellung der Ergebnistabelle

Konfiguration

Die Namen der abzufragenden Server sind in einer externen Datei (SERVERS.DAT) gespeichert. SERVERS.DAT ist eine Textdatei, in der jede Zeile einen Servernamen oder eine IP-Adresse enthält.

Servers.dat

Die Datei WMSDV.VBS enthält die Konfigurationsparameter in Form von Konstantendefinitionen:

Konstanten

- Pfad der Datei, die die Rechnernamen enthält:

  ```
  Const gcStrServerDataFilePath = "d:\buch\wmsdv"
  ```

- Name der Datei, die die Rechnernamen enthält:

  ```
  Const gcStrServerDataFileName = "Servers.dat"
  ```

Fallbeispiele

- Bereich der anzuzeigenden Disks (Indizes):

  ```
  Const gcLngMinDisk = 2 '=C:
  Const gcLngMaxDisk = 8 '=I:
  ```

- Der Befehl der WQL Data Query (im Standard werden nur lokale Festplatten abgefragt):

  ```
  Const gcStrQuery = "select * from Win32_LogicalDisk where DriveType = 3"
  ```

- Limitüberwachung: Alle Festplatten, deren Speicherplatz kleiner als der folgende Wert ist, werden in anderer Farbe dargestellt.

  ```
  Const gcLngSizeLimit = 100
  ```

- Benutzernamen und Passwort, unter denen die WMI-Abfragen ausgeführt werden. Werden diese Angaben leer gelassen, wird der Benutzerkontext des an der Konsole angemeldeten Benutzers verwendet.

  ```
  strUser = "hs"
  strPWD = "egal"
  ```

Unterroutinen und Skriptablauf

Die rund 700 Lines of Code umfassende Skriptdatei WMSDV.VBS ist in zahlreiche Unterroutinen gegliedert, von denen hier nur die wichtigsten erwähnt sein sollen:

Window_onload()
- Window_onload(): Diese DOM-Ereignisbehandlungsroutine wird beim Start der HTA ausgeführt. Sie liest die SERVERS.DAT ein (InitServerList()) und erstellt die Grundstruktur der HTML-Tabelle (BuildServerTable()).

Check()
- Check(): Diese Routine wird aufgerufen, wenn der Benutzer auf den CHECK-Button klickt. Zunächst wird die bestehende Tabelle gelöscht (ClearTable()) und danach die Abfrage der einzelnen Festplatten gestartet (ReadDisks()).

ReadDisks()
- ReadDisks() ruft für jeden Rechner ReadServerDisk() auf. In ReadServerDisk() wird für einen einzelnen Rechner eine asynchrone WMI-Abfrage mit der in der Konfiguration festgelegten WQL Data Query gestartet. Meldet WMI bei der Bearbeitung der Abfragen Fehler, werden diese als Title-Attribut für die HTML-Tabellenzelle des entsprechenden Servers auf den Fehlertext gesetzt und die Zelle farblich markiert. Fährt man mit der Maus über den Servernamen, bekommt man die Fehlermeldung als Tooltip.

OnObject-Ready()
- Das Ereignis OnObjectReady() wird für jede Festplatte auf jedem abgefragten Server ausgelöst. Die Ereignisbehandlungsroutine objSINK_OnObjectReady() liest für jedes übergebene Objekt des Typs Win32_LogicalDisk die Attribute Size und FreeSpace aus und ruft dann DisplayDiskSize() auf, um diese Werte an der richtigen Position in der Tabelle darzustellen.

OnCompleted()
- Das Ereignis OnCompleted() wird ausgelöst, wenn eine WQL-Abfrage beendet ist, d.h., wenn alle Ergebnisse eines Servers eingetroffen sind. Wenn alle Win32_LogicalDisk-Objekte von allen abgefragten Rechnern eingegangen sind, wird auf dem Bildschirm das Statusfeld auf »OK« gesetzt.

Dokumentation des Skriptcodes

Damit die COM-Ereignisse des asynchronen WMI-Aufrufs in der HTA abgefangen werden können, muss die Klasse `WbemScripting.SWbemSink` als statisches Objekt innerhalb der WMSDV.HTA instanziiert werden.

wmsdv.hta

```
<!-- Die WBEM Objektsenke -->
<object ID="objSink"
   CLASSID="CLSID:75718C9A-F029-11d1-A1AC-00C04FB6C223"
   style="visibility:hidden;display:none;">
</object>
```

Listing 10.11: Auszug aus wmsdv.hta

Innerhalb der `Routine ReadServerDisk()` wird dann die asynchrone WQL Data Query mit `ExecQueryAsync()` gestartet. Die Methode wird auf einem `WbemScripting.SWbemServices`-Objekt ausgeführt unter Bezugnahme auf das in der HTA-Datei instanziierte `SWbemSink`-Objekt.

wmsdv.vbs

```
Set objLocator = CreateObject("WbemScripting.SWbemLocator")
'Eine Referenz auf die Zeile des Servers in der HTML-Tabelle erstellen:
Set objServerCell = document.all("SVR" & StrNum(lngIndex))

On Error Resume Next
Set objService(lngIndex) = objLocator.ConnectServer(strServers(lngIndex), "root/
CIMV2", strUsers(lngIndex), strPWDs(lngIndex))
If Err Then
'Wenn ein Fehler auftritt, wird das Title-Tag der _
'HTML-Tabelle im Feld des Servernamens mit der 'Fehlermeldung gesetzt.
    bolSinkReady(lngIndex) = True
    lngErrors(lngIndex) = Err.Number
    strErrors(lngIndex) = Err.Description
strMsg = ErrMsg("Verbindung zu " & _ strServers(lngIndex) & _
" fehlgeschlagen.", Err)
    IEStatus strMsg
    Err.Clear
    objServerCell.title = strMsg
    objServerCell.ClassName = "ServerWarn"
Else
    strMsg = "Verbunden mit " & strServers(lngIndex)
    IEStatus strMsg
    objServerCell.title = strMsg
    'DCOM Impersonationlevel festlegen (bei WMI
    'V1.5 nicht mehr notwendig):
    'objService(lngIndex).Security.ImpersonationLevel=3
    'objService(lngIndex).Security.AuthenticationLevel=3

    'Es wird ein zusätzlicher WBEM-Parametersatz
    'gebildet. Dieser erhält eine Eigenschaft "SinkID", _
    'die bei der Rückruffunktion den Server 'identifiziert.
    Set objNamedValueSet(lngIndex) = _
    CreateObject("WbemScripting.SWbemNamedValueSet")
```

```
        objNamedValueSet(lngIndex).Add "SinkId", lngIndex

    'Nun wird die Abfrage asynchron eingeleitet. Dabei _
    'wird auch der zusätzliche Parametersatz übergeben:
    objService(lngIndex).ExecQueryAsync objSink, gcStrQuery, "WQL", , , _
    objNamedValueSet(lngIndex)
        If Err Then
            bolSinkReady(lngIndex) = True
            lngErrors(lngIndex) = Err.Number
            strErrors(lngIndex) = Err.Description
        strMsg = ErrMsg("Abfrage auf " & _ strServers(lngIndex) & _
        " fehlgeschlagen.", Err)
            IEStatus strMsg
            Err.Clear
            objServerCell.title = strMsg
            objServerCell.ClassName = "ServerWarn"
        Else
            strMsg = "Ok"
            IEStatus strMsg
            objServerCell.title = strMsg
        End If
    End If
End Sub
```

Listing 10.12: Auszug aus wmsdv.vbs

An `objSink` sind zwei Ereignisprozeduren gebunden, die für die Bearbeitung der Events zuständig sind: `objSINK_OnCompleted()` und `objSINK_OnObjectReady()`.

```
Sub objSINK_OnObjectReady(objObject, objAsyncContext)
DimlngSinkID, strElementID
DimstrParams
DimstrServer, strDrive
DimlngDriveType
DimlngSize, lngFree
lngSize = 0 : lngFree = 0
' Hier wird die Eigenschaft "SinkID" aus dem zusätzlich an
' die Abfrage gegebenen Parametersatz abgefragt
lngSinkID = objAsyncContext.Item("SinkId").Value
If Not bolSinkReady(lngSinkID) Then
    strServer = strServers(lngSinkID)
    strDrive = DriveLetter(objObject.Name)
strElementID = IDFromIndex("", lngSinkID, _ DiskIndexFromDriveName(strDrive))
If Not (IsNull(objObject.Size) Or _ IsNull(objObject.FreeSpace)) Then
    'Größenangaben in Megabyte umrechnen:
    lngSize = MB(objObject.Size)
    lngFree = MB(objObject.FreeSpace)
    'Die Funktion DisplayDiskSize() mit Parametern "versorgen und
    asynchron aufrufen. IE soll das 'Ergebnis anzeigen, bevor der
    nächste Thread kommt!
    strParams = Chr(39) & strElementID & Chr(39) & ", " _ & lngSize & _
    ", " & lngFree
```

```
        SetTimeOut "DisplayDiskSize " & strParams, 50
  End If
End If
End Sub
```

Listing 10.13: WMI-Callback für jede Festplatte

10.6 Hardware-Inventarisierung

10.6.1 Aufgabenstellung

Für die Inventarisierung der Hardware in einem Computernetzwerk gibt es Lösungen, z. B. den Microsoft System Management Server (SMS). Mit WMI kann man viele Daten auch selbst erfassen. Das Inventarskript ist eine WSH-Datei, die eine definierbare Menge von Computern per WQL-Abfragen nach der installierten Hardware fragt.

Inventarskript.vbs

Die Namen der Computer liest das Skript aus einer einfachen Textdatei mit Namen COMPUTERLISTE.TXT aus, in der sich in jeder Zeile genau ein Computername oder eine IP-Adresse befinden muss.

Die Ausgaben werden in eine Textdatei und an die Standardausgabe geschrieben.

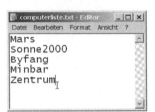

Abbildung 10.5: Eingabedatei des Inventarskripts

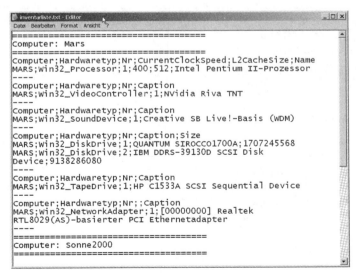

Abbildung 10.6: Ausgabe des Inventarskripts

Fallbeispiele

> Dieses Tool ist erstmalig in der Ausgabe 11/2000 der Zeitschrift *iX* im Heise-Verlag erschienen. Eine vollständigere Dokumentation finden Sie in [SCH00f].

10.6.2 Lösung

wmiabfrage() In dem für den Windows Scripting Host (WSH) in VBScript geschriebenen Inventarisierungstool ist die Bindung an den Namespace und die Ausführung der Abfrage in der Unterroutine `wmiabfrage()` gekapselt. Wenn bei der Ausführung der Abfrage ein Fehler auftritt, erhält VBScript keinen Fehlercode. Auch liefert die Methode `ExecQuery()` nicht – wie man vermuten könnte – im Fehlerfall `Nothing` zurück. Der Rückgabewert ist ein `SWbemObjectSet`, der allerdings keine gültigen Attributwerte enthält. VBScript fällt daher erst auf die Nase, wenn man beispielsweise versucht, das `Count`-Attribut auszulesen. Dies wird in `wmiabfrage()` mit einem `On Error Resume Next` abgefangen.

Das Hauptprogramm des Inventarisierungstools besteht aus einer Schleife für alle zu inventarisierenden Rechner; innerhalb der Schleife führt das Skript für jeden Computer eine Reihe von Abfragen mit Hilfe von `wmiabfrage()` aus. Zum Auslesen der Eingabedatei verwendet das Inventarisierungsskript die Scripting Runtime-COM-Komponente (*scrrun.dll*).

WQL-Abfragen Das Skript stellt folgende Abfragen:

- `select caption from Win32_VideoController`
- `select caption from Win32_SoundDevice`
- `select caption,size from Win32_DiskDrive`
- `select caption from Win32_TapeDrive`
- `select caption from Win32_NetworkAdapter where adaptertype='Ethernet 802.3'`

Mit einer Ausnahme kommen alle Abfragen ohne `WHERE`-Klausel aus: Da zur Klasse `Win32_NetworkAdapter` neben den realen Netzwerkkarten auch alle logischen Netzwerkadapter wie der RAS-Adapter und die PC-Direktverbindung via Parallelport gehören, ist hier die Einschränkung auf einen bestimmten Adaptertyp geboten, um die tatsächlich vorhandene Hardware zu ermitteln:

```
select caption from Win32_NetworkAdapter where adaptertype='Ethernet 802.3'
```

Die Liste der Abfragen ist erweiterbar durch Veränderung des Skripts.

Ausgaben

ausgabe() Das Unterprogramm `ausgabe()` gibt das Ergebnis einer einzelnen Abfrage in Form einer durch Semikola getrennten Liste aus. Zu jedem einzelnen Hardwarebaustein wird auch der Name des Computers und der Gerätetyp (in Form des Namens der WMI-Klasse) sowie eine laufende Nummer ausgegeben. Die erste Zeile enthält die Attributnamen, damit diese zur Weiterverarbeitung in einem anderen Programm (z.B. Microsoft Excel oder einer Datenbank) als Spaltenüberschriften zur Verfügung stehen.

Hardware-Inventarisierung

Die Routine `ausgabe()` iteriert mit `For Each objWO In objOSet` über alle Objekte der Ergebnismenge und innerhalb dieser Schleife wiederum mit `For Each objprop In objWO.Properties_` über alle Attribute des einzelnen Ergebnisobjekts. Innerhalb einer Instanz der Meta-Klasse `SWbemObject` sind die Attribute des aktuell gebundenen Managed Objects nicht nur über die direkte Punktnotation (`Instanzname.Attributname`), sondern auch für die Collection `Properties_` im Zugriff. So kann man ein Managed Object zur Laufzeit erforschen. Im Fall des Inventarisierungstools ist es daher egal, nach welchen Eigenschaften der Managed Objects in der Query gefragt wurde: Es werden immer alle angefragten Eigenschaften ausgegeben. WQL hat die Angewohnheit, das Schlüsselattribut eines Managed Objects immer mit zurückzuliefern, auch wenn danach gar nicht gefragt wurde. Im Fall der Hardwarekomponenten ist das Schlüsselattribut immer `DeviceID`; eine `if...then`-Bedingung filtert dieses bei den meisten Hardwarekomponenten nichtssagende Attribut daher aus.

Jedes Managed Object kennt den Namen des Computers, von dem es stammt, und den Namen der Klasse, zu der es gehört. Beide Informationen stecken in dem Unterobjekt `Path_`. Der Zugriff erfolgt daher mit `objWO.Path.Server` bzw. `objWO.Path.Class`. Der Aufruf von `flat()` beim Zugriff auf den Attributwert fängt den Fall ab, dass ein WMI-Attribut mehrwertig ist.

Um die Übersichtlichkeit der Ausgabe zu erhöhen, kann das Skript Trennlinien nach jedem Server und jedem Hardwaretyp erzeugen; zur Weiterverarbeitung der Ausgabedatei kann man diese Linien mit dem Flag `flagLINIEN` abschalten.

Linien

Alle Ausgaben gehen an die Unterroutine `say()`. Diese gibt den übergebenen Text an die Standardausgabe weiter und sorgt zugleich über `writeto()` dafür, dass alle Ausgaben parallel in eine Textdatei gelangen, die in der Konstante `AUSGABEDATEI` zu Beginn des Skripts spezifiziert wurde.

say()

Erweiterungsmöglichkeiten

Natürlich könnte man die Ausgaben des Inventarskripts auch direkt in eine strukturiertere Form bringen: mit dem Excel-Objektmodell in eine Excel-Datei oder mit den ActiveX Data Objects (ADO) in eine beliebige Datenbank. In diesem Beispiel wurde darauf aber absichtlich verzichtet, um im Kern auf WMI zu fokussieren und dabei deutlich herauszuarbeiten, wie einfach es ist, mit WMI eigene Management-Anwendungen zu schreiben.

Programmcode

```
' -----------------------
' Hardware-Inventarisierung via WMI
' Autor: Holger.Schwichtenberg@windows-scripting.de
' Mehr Infos zu Scripting und WMI auf http://www.windows-scripting.de
' -----------------------

' ### Konstanten
Const EINGABEDATEI = "d:\daten\computerliste.txt"
Const AUSGABEDATEI = "d:\daten\inventarliste.txt"
Const flagLINIEN = True

' ### Globale Variablen
```

Fallbeispiele

```
Dim FSO ' Instanz von Scripting.FileSystemObject

' #### Inventarisierung Hauptprogramm

Dim computer  ' Name des Computers
Dim ergebnis  ' Ergebnismenge in Form eines WbemScripting.SWbemObjectSet
Dim objTX     ' Textdatei-Objekt für die Liste der zu durchsuchenden Computer

' --- Global benötigtes Objekt
Set FSO = CreateObject("Scripting.FileSystemObject")

' --- Auslesen der Computerliste
Set objTX = FSO.OpenTextFile(EINGABEDATEI)

Do While Not objTX.AtEndOfStream
    computer = objTX.ReadLine
    If flagLINIEN Then say "======================================"
    If flagLINIEN Then say "Computer: " & computer
    If flagLINIEN Then say "======================================"
    Set ergebnis = wmiabfrage(computer,
"select name,CurrentClockSpeed,L2CacheSize from Win32_Processor")
    ausgabe ergebnis
    Set ergebnis = wmiabfrage(computer,
"select caption from Win32_VideoCortroller")
    ausgabe ergebnis
    Set ergebnis = wmiabfrage(computer,
"select caption from Win32_SoundDevice")
    ausgabe ergebnis
    Set ergebnis = wmiabfrage(computer,
"select caption,size from Win32_DiskDrive")
    ausgabe ergebnis
    Set ergebnis = wmiabfrage(computer,
"select caption from Win32_TapeDrive")
    ausgabe ergebnis
    Set ergebnis = wmiabfrage(computer,
"select caption from Win32_NetworkAdapter where adaptertype='Ethernet 802.3'")
    ausgabe ergebnis
Loop


' #### Ausführung einer WQL-Abfrage auf einem bestimmten Rechner
Function wmiabfrage(computer, query)
Dim objServ   ' WbemScripting.SWbemServices
Dim objOSet   ' WbemScripting.SWbemObjectSet
Dim Anzahl    ' Anzahl der Ergebnisse
Set objServ = GetObject("winmgmts://' & computer & "\root\cimv2")
Set objOSet = objServ.ExecQuery(query)
On Error Resume Next
Anzahl = objOSet.Count
If Err.Number <> 0 Then
    say "!!!Fehler in der Abfrage: " & query
    Set wmiabfrage = Nothing
Else
```

```vbscript
      Set wmiabfrage = objOSet
   End If
End Function


' --- Ausgabe des Abfrageergebnisses
Sub ausgabe(objOSet) ' objOSet As WbemScripting.SWbemObjectSet
   Dim objWO ' Laufvariable für SWbemObject
   Dim headline ' Ausgabezeile Überschrift
   Dim line ' Ausgabezeil Geräte
   Dim a '  Zähler
   ' --- Abfangen, daß Ergebnismenge fehlerhaft oder leer war!
   If objOSet Is Nothing Or objOSet.Count = 0 Then Exit Sub
   a = 1
   ' --- Iteration über alle MOs
   For Each objWO In objOSet
      If a = 1 Then ' Ausgabe der Überschrift!
         ' --- Überschrift der ersten drei Spalten
         headline = "Computer;Hardwaretyp;Nr"
         For Each objprop In objWO.Properties_
            If objprop.Name <> "DeviceID" Then headline =
headline & ";" & objprop.Name
         Next
         say headline
         headline = ""
      End If
      ' --- Ausgabe des Inhalt
      line = objWO.Path_.Server & ";" & objWO.Path_.Class & ";" & a
      For Each objprop In objWO.Properties_
         If objprop.Name <> "DeviceID" Then line = line & ";" & flat(objprop.Value)
      Next
      say line
      line = ""
      a = a + 1
   Next
   If flagLINIEN Then say "----"
End Sub


' ### Ausgabe erzeugen
Sub say(s)
   wscript.echo s
   WriteTo AUSGABEDATEI, s
End Sub


' ### Anhängen eines Strings an Datei
Sub WriteTo(FilePath, text)
   Dim oTX ' As Scripting.TextStream
   'On Error Resume Next
   Set oTX = FSO.OpenTextFile(FilePath, 8, True)   ' 8 = ForAppending
   oTX.WriteLine text
   oTX.Close
   On Error GoTo 0
End Sub
```

```
' #### Hilfsroutine: Macht aus einem Array einen CSV-String
Function flat(var) ' as String
On Error Resume Next
Dim i ' As Integer
If IsArray(var) Then ' Array flachklopfen
    flat = Join(var, ";")
Else                 ' War kein Array
    flat = var
End If
End Function
```

Listing 10.14: Inventarscript.vbs

10.7 Active Directory Dokumentations-Tool

10.7.1 Aufgabenstellung

Domänen-Administratoren stehen oft vor der Aufgabe, die Inhalte des Active Directory an anderer Stelle und in anderer Form dokumentieren zu müssen. Das Active Directory Dokumentations-Tool (AD Documentor) erstellt eine XML-Datei mit Daten aus dem Active Directory. Dabei kann ein beliebiger Teilbaum, eine beliebige Menge von Klassen und eine beliebige Menge von Attributen erfasst werden. Aus dieser XML-Datei kann mit Hilfe einer XSLT-Datei eine HTML-Datei in beliebiger Darstellung erzeugt werden.

Die Festlegung aller Konfigurationsparameter erfolgt über eine XML-Konfigurationsdatei.

```xml
<?xml version="1.0" encoding="utf-8" ?>

<ADDocumentor>

<!-- Allgemeine Einstellungen -->

<Directory>LDAP://zentrum/ou=Geschaeftsleitung,DC=it-objects,DC=local</Directory>
<Username></Username>
<Password></Password>

<Output-XML>d:\daten\addocumentor\Output.xml</Output-XML>
<Output-XSL>d:\daten\addocumentor\format.xsl</Output-XSL>
<Output-HTML>d:\daten\addocumentor\Output.html</Output-HTML>

<!-- Filter-Einstellungen -->

<Filter classes="some" attributes="some">
    <group>
        <cn></cn>
        <member></member>
    </group>
    <user>
        <sAMAccountName />
```

```
            <sn />
            <l />
            <telephoneNumber/>
        </user>
    </Filter>

</ADDocumentor>
```

Listing 10.15: *Beispiel für eine Konfigurationsdatei*

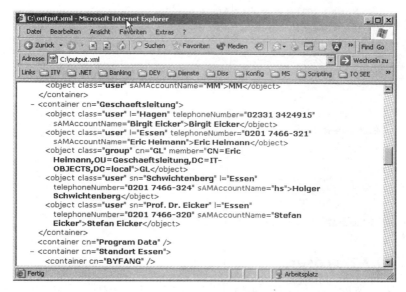

Abbildung 10.7: *Auszug aus der Ausgabedatei für obige Konfigurationsdatei*

Mehrwertige Attribute (z.B. `member` in der Klasse `group`) werden durch mehrere XML-Attribute mit angehängter Nummer (`member_1`, `member_2`, `member_3`, etc.) dargestellt.

Die Attribute beim Element `<AD>` in der Konfigurationsdatei bedeuten:

Einstellungen

- `classes="all"`: Alle Klassen werden in den Ergebnisbaum aufgenommen.

- `classes="some"`: Nur die erwähnten Klassen (hier: `user` und `group`) werden aufgenommen. Es entsteht eine flache Liste von Elementen (kein echter Baum!).

- `attributes="all"`: Zu den gemäß der `classes`-Einstellung dokumentierten Klassen werden alle Attribute ausgegeben.

- `attributes="some"`: Zu den gemäß der `classes`-Einstellung dokumentierten Klassen werden nur die erwähnten Attribute aufgenommen.

Fallbeispiele

Abbildung 10.8:
Beispiel für eine
durch eine
XSLT-Datei aus
der XML-Datei
erzeugte
HTML-Datei

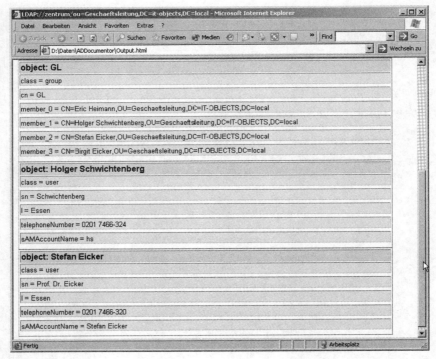

10.7.2 Lösung

Die Lösung ist in Form eines .NET-Skripts für den DOTNET Scripting Host (DSH) in Visual Basic .NET realisiert, das aus Platzgründen hier im Buch nicht abgedruckt ist. Sie finden das Skript auf der CD unter [CD:/code/Fallbeispiele/ADDocumentor/ADDocumentor.dsh].

 Da der ADDocumentor auch Schnittstellen aus der ADSI-COM-Komponente verwendet, ist für diese Komponente ein Runtime Callable Wrapper (RCW) erforderlich. Der RCW liegt in Form der *Interop.ActiveDs.dll* dem Skript bei. Diese DLL muss in das Verzeichnis kopiert werden, in der die *dsh.exe* liegt.

10.8 DemoHost

10.8.1 Aufgabenstellung

Erstellung eines eigenen Scripting Hosts

Der DemoHost ist ein mit Hilfe des *Microsoft Script Controls* selbstprogrammierter Scripting Host. Er verfügt über ein Eingabefenster (ähnlich spartanisch ausgestattet wie das des SQL7 Job Agents), in das ein beliebiges ActiveX-Skript eingegeben oder aus einer Datei hineingeladen werden kann.

DemoHost

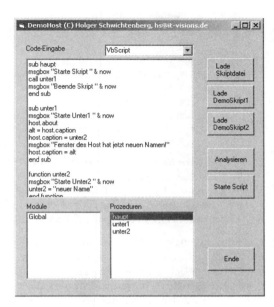

Abbildung 10.9:
Anwendungsfenster des DemoHosts

Der DemoHost verfügt über zwei eigene Intrinsic Objects:

Intrinsic Objects

- FSO ist eine Instanz der Klasse `Scripting.FileSystemObject`.
- HOST ist eine Instanz der Klasse `DemoHostWrapper`, die den Host selbst repräsentiert. Sie bietet die Methode `about()` und das Attribut `caption` an, das die Beschriftung des Fensters enthält.

Zwei Skripte sind abrufbar, die die Verwendung der Intrinsic Objects demonstrieren.

10.8.2 Lösung

DemoHost ist ein Visual Basic-Projekt, das zu einer EXE-Datei kompiliert werden muss. Folgende Komponenten werden verwendet:

Verwendete Techniken und Komponenten

- *Microsoft Script Control*: Parsen und Ausführen der Skripte
- *Common Dialog Control*: Dialog für das Laden einer Datei
- *Scripting Runtime Library*: Realisierung des Intrinsic Objects FSO

Dokumentation des Programmcodes

Interessanteste Routine im DemoHost ist `AddScript()`. Diese Routine füttert das Script Control zunächst mit den beiden Intrinsic Objects und dann mit dem Programmcode. Hier sehen Sie: Intrinsic Objects sind nichts anderes als Instanzen von Klassen, die der Host vor dem Start des Skripts instanziiert hat.

AddScript()

```
Sub AddScript()
' --- Instanziierung der Objekte, die Intrinsic Objects werden sollen
Dim host As New DemoHostWrapper
```

Fallbeispiele

```
Dim FSO As New Scripting.FileSystemObject
' --- Vorbereitung des Script Cortrols
objSC.Reset
objSC.Language = selLang ' gewählte Sprache
' --- Hinzufügen der Intrinsic Objects
objSC.AddObject "FSO", FSO
objSC.AddObject "HOST", host
' --- Hinzufügen des Programmcodes
objSC.AddCode txtCode.Text
End Sub
```

Listing 10.16: Übertragung des Quellcodes und der Objekte in das Script Control

Unterroutinenfreier Code wird direkt ausgeführt

Das Script Control hat leider eine sehr lästige Eigenschaft: Es startet das Skript beim Aufruf von `AddCode()` automatisch. Das Script Control beginnt wie andere Scripting Hosts bei der Programmausführung in der ersten Zeile, die außerhalb einer Unterroutine steht.

Das führt zu einem Problem mit dem ANALYSIEREN-Button im DemoHost, der eigentlich nur alle enthaltenen Unterroutinen auflisten sollte, die der Benutzer dann per Klick einzeln starten kann. Wenn allerdings Programmcode außerhalb von Unterroutinen vorhanden ist, dann lässt es sich nicht vermeiden, dass das Skript schon bei der Analyse startet, da `AddScript()` vor der Analyse ausgeführt werden muss – sonst kennt das Script Control die Unterroutinen noch gar nicht. Kern der Analyse-Routine sind folgende Zeilen:

```
Call AddScript
' -- Module
Dim m As MSScriptControlCtl.Module
For Each m In objSC.Modules
    lbxMods.AddItem m.Name
Next
' -- Prozeduren
Dim p As MSScriptControlCtl.Procedure
For Each p In objSC.Procedures
    lbxProcs.AddItem p.Name
Next
```

Listing 10.17: Kern der Routine `btnAnalyse_Click()`*.* `objSC` *ist der Name der Instanz des Script Controls, der als visuelles ActiveX-Steuerelement auf dem VB-Form platziert ist.*

10.9 Weitere Beispiele

Die CD-ROM enthält noch drei weitere Beispiele, die hier nur kurz erwähnt werden sollen.

10.9.1 Group-Maker

Gruppen erzeugen im Active Directory

Im Active Directory ist eine Organisationseinheit lediglich ein Konzept, um Objekte anzuordnen. Jedoch kann eine Organisationseinheit keine Rechte auf Dateien, Ordner und andere Ressourcen besitzen. Dafür verwendet der Active Directory Service weiterhin das Konzept der Benutzergruppen. In der Praxis wird es daher häufig die Anforderung geben, eine Gruppe zu bilden, die aus den Benutzern einer Organisationseinheit besteht. Der ADS-

Weitere Beispiele

Group-Maker ist ein Tool, das genau diese Funktion liefert. Der OU-Maker ist als eine *HTML Application* (Dateiextension .HTA) für den Internet Explorer ab Version 5.0 implementiert.

Der Group-Maker zeigt ausgehend von einem beliebigen Startknoten eine Liste aller untergeordneten Organisationseinheiten an und ermöglicht es dann, aus allen Benutzerkonten, die diese Organisationseinheiten enthält, eine Gruppe zu erzeugen. Der Startknoten für die Suche ist frei definierbar. Mit einem Kontrollkästchen kann der Anwender wählen, ob nur die Benutzerkonten berücksichtigt werden sollen, die sich direkt in einer Organisationseinheit befinden, oder ob auch rekursiv in den dieser Organisationseinheit untergeordneten Containern nach Benutzern gesucht werden soll. Nach einem Klick auf einen der »Gruppe erzeugen«-Buttons schlägt der Group-Maker einen Namen für die Gruppe vor. Sofern es die Gruppe schon gibt, wird außerdem nachgefragt, ob die Gruppe gelöscht werden soll.

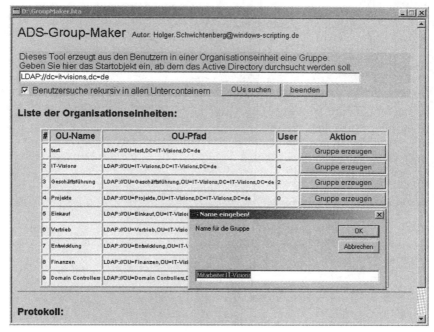

Abbildung 10.10: Der Group-Maker erzeugt aus einer Organisationseinheit eine Active Directory-Benutzergruppe

10.9.2 DTS-Anwendung

Die Buch-CD enthält auch eine komplexere Beispielanwendung für den Data Transformation Service: Ein fiktives EDV-Handelshaus im Ruhrgebiet bearbeitet den Markt mit Hilfe von Außendienstmitarbeitern, die die Bestellungen der Kunden auf ihren Notebooks erfassen und abends von ihren Privatwohnungen per FTP-Upload an die Zentrale übermitteln. Leider sind die EDV-Kenntnisse der Mitarbeiter sehr unterschiedlich. Der Außendienstmitarbeiter für Dortmund benutzt Microsoft Excel zur Erfassung der Bestellungen, der Mitarbeiter in Essen Microsoft Access und der Bochumer Mitarbeiter verwendet einen einfachen Texteditor, um eine mit Kommata getrennte Textdatei (CSV) zu erstellen. Die Zentrale hat die Aufgabe, diese Daten bis zum Morgen des nächsten Tages zusammenzufassen und für

Daten aggregieren und auswerten mit dem DTS

Fallbeispiele

das Lagerpersonal eine entsprechende Packliste zu erstellen. Zudem möchte der Firmenchef täglich eine E-Mail mit den Verkaufszahlen des nächsten Tages erhalten.

Diese Anforderungen sind hier mit Hilfe des DTS umgesetzt, der auch Skripte einsetzt.

Abbildung 10.11: Ansicht des DTS-Pakets für das EDV-Handelshaus im DTS-Designer [CD: /code/fallbeispiele/dts/]

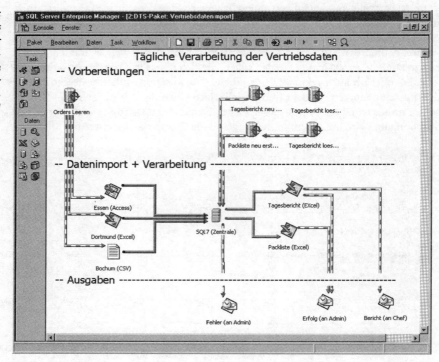

Dieses Beispiel ist erstmalig in der Ausgabe 10/99 der Zeitschrift *iX* im Heise-Verlag erschienen [SCH99d].

10.9.3 Character Map Viewer

Der Character Map Viewer ist eine clientseitige Browseranwendung (DHTML-Skript) zur Anzeige von Zeichensätzen. Autor dieses Tools ist Manfred Braun (mbraun@manfred.mannheim-netz.de) (siehe Abbildung 10.13).

10.9.4 WebUserManager

Webbasierte Benutzerverwaltung

Der WebUserManager ist eine einfache Version eines webbasierten NT-Benutzermanagers. Der WebUserManager ist eine ASP-Anwendung, die sich des Active Directory Service Interface (ADSI) bedient, um auf den WinNT-Verzeichnisdienst zuzugreifen. Damit ist auch eine Benutzerverwaltung unter Windows 2000 möglich. Spezielle Funktionen des Active Directory müssten aber zusätzlich implementiert werden.

Weitere Beispiele

Abbildung 10.12:
Anzeige des Fonts »Wingdings« im Character Map Viewer

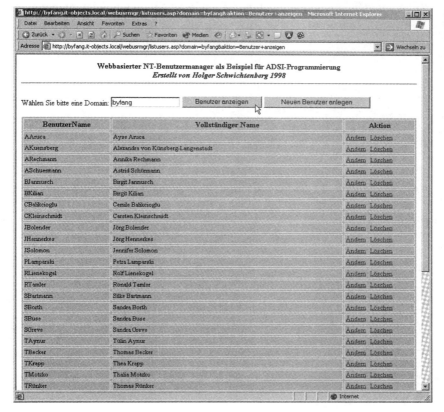

Abbildung 10.13:
Screenshot des WebUser-Managers

Den Quellcode finden Sie auf der Buch-CD-ROM im Verzeichnis [CD:/code/fallbeispiele/WebUserManager].

Verweis Dieses Tool ist erstmalig in der Ausgabe 2/99 der Zeitschrift *iX* im Heise-Verlag erschienen. Die Dokumentation des Quellcodes finden Sie in [SCH99a].

A Grundlagen objektorientierter Komponentenarchitekturen

Das objektorientierte Paradigma hat sich bereits in vielen Bereichen der Softwareentwicklung etabliert. Der Komponentengedanke ist die konsequente Weiterentwicklung des Prinzips der Objektorientierung; er durchzieht auch immer mehr die Windows-Betriebssysteme. Dieser Anhang bietet Personen, die noch keine Kenntnisse über Objektorientierungen und Komponentenarchitekturen haben, einen kompakten Überblick über die zugehörige Begriffswelt.

A.1 Objektorientierung

EDV-Fachleute sind heute in der Regel bereits mit dem objektorientierten Paradigma vertraut. Da in diesem Buch die Objektorientierung eine zentrale Rolle spielt, soll diese Kapitel eine gemeinsame Begriffswelt sicherstellen. Das vorliegende Buch kann aber keine umfassende Einführung in dieses weitreichende Thema geben. Daher sollen an dieser Stelle nur einige wesentliche Definitionen gegeben werden.

Das objektorientierte Paradigma

> Die Kürzel OO oder OOx sind Sammelbegriffe für die Nutzung objektorientierter Methoden und Techniken im Softwarelebenszyklus: Objektorientierte Analyse (OOA), Design (OOD), Programmierung (OOP) und Datenbank-Managementsysteme (OODBMS) (vgl. [QUI94], S. 264).

A.1.1 Objekte

»*Ein Objekt ist ein Modell eines (meist sehr genau) definierten Teils der Realität, sei es nun in der Umgebung von Alltag und Umwelt oder derjenigen von Daten. Ein Objekt kann als individuelle, identifizierbare Einheit mit folgenden Eigenschaften bezeichnet werden: Die Einheit ist real oder abstrakt, die Grenzen der Einheit sind genau definiert und die Einheit verhält sich innerhalb dieser Grenzen nach genau definierten Regeln.*« ([BÖH96], S. 490)

Objekte

»*Ein Objekt ist eine im laufenden System konkret vorhandene und agierende Einheit.*« ([OES97], S. 221)

Ein Objekt besteht aus Attributen und Methoden. Attribute enthalten Informationen (Daten) über das Objekt. Methoden sind Operationen, die das Verhalten eines Objekts bestimmen. Der Begriff Mitglied (Member) wird als Oberbegriff für Attribute und Methoden verwendet.

Attribute und Methoden

Grundlagen objektorientierter Komponentenarchitekturen

Abbildung A.1: Beispiel für ein Objekt mit vier Mitgliedern (jeweils zwei Attributen und zwei Methoden), das einen Drucker repräsentiert

Kapselung Ein wichtiges Prinzip der Objektorientierung ist das *Information Hiding* durch *Kapselung*: Daten und Programmcode bilden in einem Objekt eine geschlossene Einheit (Kapsel), die für die Außenwelt nur über voll definierte Schnittstellen zugänglich ist. Objekte kommunizieren untereinander über den gegenseitigen Aufruf von Methoden; man spricht in der Objektorientierung davon, dass Objekte über Botschaften (Nachrichten) miteinander kommunizieren. Die Methoden eines Objekts bestimmen, welche Nachrichten ein Objekt empfangen kann. Die Daten eines Objekts sind im Idealfall nicht direkt, sondern nur über den Aufruf von Methoden zugänglich.

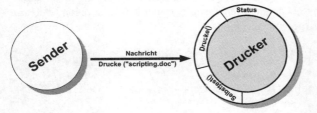

Abbildung A.2: Ein Client sendet einem Objekt, das einen Drucker repräsentiert, die Nachricht, eine Datei zu drucken.

Ereignisse Einige objektorientierte Sprachen (z. B. Visual Basic) verwenden darüber hinaus auch noch *Ereignisse*. Ein Ereignis ist eine Nachricht, die ein Objekt an einen Nutzer sendet, wenn bestimmte Bedingungen eingetreten sind. Im Gegensatz dazu ist eine Methode eine Routine, die der Nutzer in dem Objekt aufruft. Auf der Implementierungsebene steckt hinter einem Ereignis ein Methodenaufruf in umgekehrter Richtung, also von dem Objekt an seinen Nutzer. Dies setzt oft voraus, dass der Nutzer selbst ein Objekt ist.

Objektzugriff Objekte werden – ebenso wie elementare Datentypen – mit Hilfe von Variablen verwendet. Diese Variablen heißen oft auch *Objektvariablen*. Eine Objektvariable enthält entweder das Objekt oder stellt einen Zeiger auf den Speicherbereich dar, in dem das Objekt liegt. Die in diesem Buch vorgestellte Sprache Visual Basic kennt nur die letztere Form.

Client Als Nutzer eines Objekts wird in der Regel kein Mensch bezeichnet, sondern ein Programm, das ein Objekt über eine Objektvariable verwendet. Alternativ spricht man auch von *Client*.

A.1.2 Schnittstellen (Interfaces)

»*Eine Schnittstelle umfasst die ausführbaren Dienste eines Objekts. In der Schnittstelle können der Typ eines formalen Parameters festgelegt und das Über-alles-Verhalten der Anfrage beschrieben sein.*« ([QUI94], S. 226)

Objektorientierung

Bei einem Objekt unterscheidet man zwischen der Schnittstelle und der Implementierung. Eine Schnittstelle beschreibt eine Menge von Mitgliedern (also Attribute und Methoden) eines Objekts mit den zugehörigen Parametern und Rückgabewerten; wie diese Mitglieder implementiert sind, ist dabei ohne Bedeutung. Eine Schnittstelle repräsentiert die Tür zu der Funktionalität eines Objekts und ist eine Untermenge seiner Funktionalität. Eine Schnittstelle ist auch als Vertrag zwischen einem Objekt und seinem Benutzer zu interpretieren, durch den das Objekt zusichert, auf einen bestimmten Satz von Nachrichten (also Methodenaufrufen) reagieren zu können. Eine Möglichkeit zur formalen Beschreibung von Schnittstellen ist die Interface Definition Language (IDL); sie wird auch in COM eingesetzt.

Interfaces

In Umgebungen, in denen jedes Objekt nur eine Schnittstelle haben darf, ist die Schnittstelle gleichzusetzen mit der Vereinigungsmenge aller Mitglieder des Objekts. Wenn ein Objekt Mehrfachschnittstellen haben kann, dann fasst eine Schnittstelle eine Menge von Mitgliedern eines Objekts zu einer Einheit zusammen. Jede dieser Schnittstellen repräsentiert eine Teilmenge der Funktionalität des Objekts. Bei Mehrfachschnittstellen können die Teilmengen nach beliebigen Kriterien gebildet werden; in der Regel erfolgt die Mengenbildung jedoch nach semantischen Gesichtspunkten.

Einfach versus Mehrfachschnittstellen

Mehrfachschnittstellen ermöglichen einen höheren Abstraktionsgrad als Einfachschnittstellen. Für einen Nutzer ist es sehr wichtig zu wissen, ob ein Objekt eine bestimmte Funktionalität bereitstellt. Im Fall der Mehrfachschnittstellen kann ein Nutzer das Objekt auf das Bestehen einer bestimmten Schnittstelle hin abfragen und sich im Falle einer positiven Antwort darauf verlassen, dass alle zugehörigen Methoden und Attribute angeboten werden. Im Fall von Einfachschnittstellen muss der Nutzer dagegen die Existenz jeder einzelnen Methode und jedes einzelnen Attributs bei dem Objekt erfragen. Durch Mehrfachschnittstellen wird der Aufruf einer Funktionalität von dem Test auf Bestehen der Funktionalität entkoppelt.

Vorteil von Mehrfachschnittstellen

A.1.3 Klassen

»*Eine Klasse ist die Definition der Attribute, Operationen und der Semantik für eine Menge von Objekten. Alle Objekte einer Klasse entsprechen dieser Definition*« ([OES97], S. 157).

Klassen dienen als Schablonen (auch: Templates, Vorlagen, Objektfabriken) für Objekte. Das Verhältnis von Objekt zu Klasse wird durch den Begriff *Instanz* beschrieben: Ein Objekt ist eine *Instanz* einer Klasse. Den Vorgang der Bildung von Instanzen nennt man *Instanziieren* (zum Teil auch *Instantiieren* geschrieben). Einige Autoren (vgl. z.B. [OES97], S. 221 und [BLA97], S. 421) weisen in diesem Zusammenhang darauf hin, dass die korrekte Übersetzung des englischen Begriffs *Instance* das deutsche Wort *Exemplar* ist. In der Fachsprache hat sich aber der Anglizismus *Instanz* durchgesetzt.

Instanzen und Instanziieren

Häufig wird eine Klasse auch als der *Typ* eines Objekts bezeichnet. Der feine Unterschied zwischen den Begriffen Klasse und Typ soll hier nicht näher diskutiert werden (vgl. dazu [UNL95], S. 34ff.).

Typ

Eine Klasse gibt vor, welche Attribute und Methoden jede Instanz der Klasse haben wird. Durch das Instanziieren einer Klasse entsteht ein Objekt mit genau diesen Attributen und Methoden. Das durch die Methoden definierte Verhalten ist bei allen Instanzen einer Klasse gleich; die durch die Attributwerte repräsentierten Daten ändern sich jedoch individuell für jedes Objekt.

Schablone

> Eine Klasse ist wie eine Form für Weihnachtsplätzchen. Man stanzt damit Objekte aus, wobei die grundlegende Form vorgegeben ist. Danach ist es aber immer noch möglich, den einzelnen Plätzchen unterschiedliche Zuckergüsse zu geben.

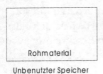 

Abbildung A.3: Darstellung eines Instanziierungsvorgangs

Abstrakte Klassen

Normalerweise besteht eine Klasse aus einer Schnittstellendefinition und einer Implementierung. Eine Klasse, die keine Implementierung liefert, heißt abstrakte Klasse. Eine abstrakte Klasse kann nicht instanziiert werden, sondern dient der Vererbung.

Beispiel

Gebäude in VBScript

Das Konzept der Klasse sei an einer konkreten Realisierung einer Klasse in der Programmiersprache Visual Basic Script gezeigt. Bitte achten Sie auf das Grundprinzip der Definition einer Klasse, der Instanziierung und der Nutzung.

```
' === Klassendefinition
Class Gebaeude
' --- Attribute der Gebäude-Klasse
 Dim Name
 Dim Strasse
 Dim PLZ
 Dim Ort
 Dim Status einweihen
 Dim Architekt
 Dim Bezugsdatum
' --- Nicht öffentliche globale Variablen
 Private AnzahlNutzer
' --- Methoden der Gebäude-Klasse
 Sub Einweihurg(Jahr)
  Bezugsdatum = Jahr
  Status = "Eingeweiht"
 End Sub
 Sub NeuerNutzer(Name)
  AnzahlNutzer = AnzahlNutzer +1
  ' Weitere Implementierung...
 End Sub
 Function ErmittleAnzahlNutzer(Stand)
  ErmittleAnzahlNutzer = AnzahlNutzer
 End Function
 Sub Abreissen()
  Status = "nicht mehr existent"
 End Sub
End Class
```

Listing A.1: Beispiel für eine Klassendefinition in VBScript
[CD: /code/Anhang/OO/gebaeude.vbs]

Objektorientierung

Im Folgenden werden zwei Instanzen dieser Klasse unter den Namen WBHaus und KAHaus erzeugt und verwendet.

```
' === Klassennutzung der Gebäude-Klasse
' --- Instanziierung!
Dim WBHaus
Set WBHaus = new Gebaeude
' --- Nutzung der Attribute
WBHaus.Name = "WillyBrandtHaus"
WBHaus.Strasse = "Wilhelmstraße 140"
WBHaus.PLZ = 10963
WBHaus.Ort = "Berlin"
WBHaus.Architekt = "Prof. Helge Bofinger"
' --- Nutzung der Methoden
WBHaus.Einweihung(1996)
WBHaus.NeuerNutzer("SPD")
WBHaus.NeuerNutzer("speedGroup")
Msgbox WBHaus.ErmittleAnzahlNutzer(#6/20/2000#)
' --- Instanziierung eines zweiten Gebäudes
Dim KAHaus
Set KAHaus = new Gebaeude
' --- Nutzung der Attribute
KAHaus.Name = "KonradAdenauerHaus"
KAHaus.Ort = "Bonn"
' usw.
' --- Objektvernichtung
KAHaus.Abreissen
Set KAHaus = Nothing
```

Listing A.2: Beispiel für die Nutzung der zuvor definierten Klasse Gebaeude
[CD: /code/Anhang/gebaeude.vbs]

Objekt versus Klasse

Ein Objekt ist eine Instanz einer Klasse. Objekte werden immer zur Laufzeit gebildet, während eine Klasse ein statisches Konzept repräsentiert, das zur Entwicklungszeit im Quellcode festgelegt wird.

Nicht immer ist es einfach, die Begriffe zu trennen und sich in einem konkreten Fall zwischen der Verwendung des Begriffs *Klasse* und des Begriffs *Objekt* zu entscheiden. Wenn man beispielsweise eine Methode beschreibt, soll man dann von der »*Methode der Klasse x*« oder der »*Methode des Objekts x*« sprechen? Grundsätzlich sind beide Ausdrücke richtig. Welchen Begriff Sie im konkreten Fall verwenden, sollten Sie vom Kontext abhängig machen. Verwenden Sie *Objekt* nur dann, wenn es um das Verhalten einer konkreten Instanz zur Laufzeit geht. Beschreiben Sie jedoch allgemein die bereitgestellten Funktionen, so verwenden Sie besser die *Klasse* als Bezugspunkt. Viele stellen den Begriff *Objekt* viel zu sehr in den Vordergrund und sprechen in der Beschreibung der Klassen meistens von Objekten.

A.1.4 Vererbung (Inheritance)

Abgrenzungsschwierigkeiten

»*Unter Vererbung versteht man die Übernahme der Merkmale einer (Ober-)Klasse A in eine (Unter-)Klasse B. Die Unterklasse besitzt zusätzlich zu den eigenen Merkmalen auch alle Merkmale der Oberklasse.*« ([GOO97], S. 398)

»*Vererbung bezeichnet die gemeinsame Verwendung von Attributen und Operationen durch verschiedene Klassen auf Basis einer hierarchischen Relation. Eine Klasse kann sehr allgemein definiert sein und dann in immer detaillierteren Unterklassen verfeinert werden. Jede Unterklasse übernimmt oder erbt alle Eigenschaften ihrer Oberklasse und fügt ihre eigenen, individuellen Eigenschaften hinzu. Die Eigenschaften der Oberklasse müssen nicht in jeder Unterklasse wiederholt werden.*« ([RUM93], S. 3f.)

Basisklassen und abgeleitete Klassen

Die Oberklasse wird auch Basisklasse, Superklasse oder Elternklasse, die Unterklasse abgeleitete Klasse, Subklasse oder Kinderklasse genannt. Vererbung ermöglicht es, Attribute und Methoden, die mehreren Klassen gemein sind, an einer zentralen Stelle zu definieren. Unterklassen können wiederum Oberklassen für andere Klassen sein. Daraus ergibt sich eine baumartige *Vererbungshierarchie* (auch Klassenhierarchie genannt).

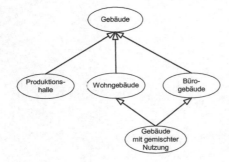

Abbildung A.4: Beispiel für eine Vererbungshierarchie

Implementierungsvererbung

Mit Vererbung ist in der Regel eine Implementierungsvererbung gemeint, d.h., die Unterklasse erbt den Code der Oberklasse. Wird in einer erbenden Unterklasse eine Methode aufgerufen, die von der Oberklasse geerbt wurde, so wird der in der Oberklasse implementierte Programmcode aufgerufen. Eine redundante Implementierung in der Unterklasse ist nicht notwendig. Gleichwohl kann eine Unterklasse eine neue Implementierung einer Methode der Oberklasse liefern. Man spricht dann von *Überschreibung* (*Overriding*).

Schnittstellenvererbung

Eine andere Form der Vererbung ist die Schnittstellenvererbung. Dabei erbt die Unterklasse nur die Schnittstellendefinitionen mit Namen und Typ der Attribute sowie Namen, Parameter und Rückgabewerte der Methoden. Die eigentliche Implementierung der Methoden wird nicht vererbt. Eine Unterklasse muss also für eine von der Oberklasse geerbte Methode eine eigene Implementierung bereitstellen.

> Die Erstellung einer Vererbungshierarchie ist eine Aufgabe im Rahmen der Entwicklung von objektorientierten Anwendungen und Komponenten. Als Nutzer von Softwarekomponenten haben Sie in der Regel mit der Vererbungshierarchie wenig zu tun. Bei einigen Softwarekomponenten (z.B. dem *Windows Management Instrumentarium*, kurz: *WMI*) erleichtert jedoch die Kenntnis der Vererbungshierarchie das Verständnis der Verwendung der Klassen.

Objektorientierung

A.1.5 Beziehungen zwischen Objekten und Klassen

Zwischen Klassen kann es zwei Arten von Beziehungen geben: Vererbungsbeziehungen und Nutzungsbeziehungen.

Vererbungsbeziehungen drücken aus, welche Klassen von anderen Klassen erben, und sie sind ein Indikator für die Ähnlichkeit der Klassen. Aus den Vererbungsbeziehungen ergibt sich die Vererbungshierarchie (auch: Klassenhierarchie). Diese Beziehungsart wurde bereits im letzten Unterkapitel besprochen.

Klassenhierarchie

Nutzungsbeziehungen (auch: Containment-Beziehungen) beziehen sich auf die möglichen Verbindungen der Instanzen zur Laufzeit. Eine Instanz kann entweder durch eine Aggregation oder durch eine Assoziation mit einem anderen Objekt verbunden sein.

Objekthierarchie

Bei einer *Aggregation* (Is-part-of-Beziehung) ist ein Objekt Bestandteil eines anderen Objekts.

Bei einer *Assoziation* bestehen die Objekte unabhängig voneinander, es gibt jedoch einen Verweis von einem Objekt auf das andere. Aus den Nutzungsbeziehungen ergibt sich eine *Objekthierarchie* (auch: Containment-Hierarchie). Eine Objekthierarchie bildet ein *Objektmodell*.

Definitionen

> Rauh und Stickel ([RAS97], S. 260ff.) weisen darauf hin, dass die Semantik der Beziehungsarten nicht in allen objektorientierten Ansätzen die gleiche ist. Dieses Buch orientiert sich an den in der COM-Welt üblichen Definitionen:
>
> ▶ »*Eine Klassenhierarchie beschreibt die Vererbung. Dies bedeutet, dass die Klassenhierarchie zeigt, wie Objekte von einfacheren Objekten abgeleitet werden, indem sie ihr Verhalten erben.*« ([MIC98], S. 66)
>
> ▶ »*Das Objektmodell definiert eine Objekthierarchie, die einem objektbasierten Programm seine Struktur gibt. Das Objektmodell legt die Beziehungen zwischen den Programmobjekten fest und organisiert die Objekte so, dass die Programmierung erleichtert wird.*« ([MIC98], S. 66)

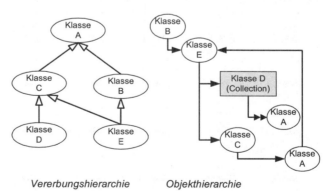

Abbildung A.5: Vererbungshierarchie versus Objekthierarchie

Grundlagen objektorientierter Komponentenarchitekturen

Kardinalität von Beziehungen zwischen Objekten

Kardinalitäten Eine Nutzungsbeziehung besitzt eine Kardinalität. Ähnlich wie bei der Modellierung relationaler Datenbanken kann es auch zwischen Objekten 1-zu-1-, 1-zu-n- und n-zu-m-Beziehungen geben:

1-zu-1 ▶ Bei einer 1-zu-1-Beziehung nutzt eine Instanz einer Klasse genau eine (andere) Instanz einer (anderen) Klasse.

1-zu-n ▶ Bei einer 1-zu-n-Beziehung nutzt eine Instanz einer Klasse mindestens eine (andere) Instanz einer (anderen) Klasse.

n-zu-m ▶ Bei einer n-zu-m-Beziehung gibt es eine beidseitige 1-zu-n-Nutzungsbeziehung: eine Instanz der Klasse A nutzt n Instanzen der Klasse B. Eine Instanz der Klasse B nutzt andererseits n Instanzen der Klasse A.

1-zu-0/1,
1-zu-0/n,
0/n-zu-0/m Diese Bedingungen können weiter aufgefächert werden, wenn man zwischen einer Muss- und einer Kann-Beziehung unterscheidet. So kann zwischen einer 1-zu-1- und einer 1-zu-0/1-Beziehung unterschieden werden. Im ersten Fall muss eine Instanz der Klasse A mit einer Instanz der Klasse B verbunden sein. Im Fall der 1-zu-0/1-Beziehung ist die Nutzungsbeziehung eine optionale Beziehung. Entsprechend gibt es auch 1-zu-0/n-Beziehungen und 0/n-zu-0/m-Beziehungen.

Objektmengen

Eine 1-zu-1- oder 1-zu-0/1-Beziehung kann durch ein Mitglied (ein Attribut oder eine Methode) der Ausgangsklasse A, das einen Zeiger auf eine Instanz der Zielklasse B liefert, modelliert werden. Dies ist bei den anderen Beziehungsarten nicht möglich. Instanzen können daher zu *Objektmengen* zusammengefasst werden.

Eine Objektmenge (auch: Objektsammlung) fasst n Instanzen zusammen. Es gibt in der Objektorientierung zwei weit verbreitete Verfahren, eine Objektmenge zu realisieren:

Verkettete
Listen ▶ Das erste Verfahren sind (doppelt) verkettete Listen. Dabei verweist ein Objekt der Objektmenge durch einen Zeiger auf das nächste Objekt. Bei einer doppelten Verkettung weist auch ein Objekt auf das vorherige Objekt. Eine Objektmenge wird dann über einen Zeiger auf das erste Objekt der verketteten Liste identifiziert. Der Nachteil dieses Verfahrens ist, dass die für die Verkettung notwendigen Attribute und Methoden (z.B. Next, Previous, AddNew(), Remove() etc.) in den Klassen der in die Liste aufzunehmenden Objekte implementiert sein müssen. Eine Instanz einer Klasse, die diese Mitglieder nicht anbietet, kann nicht in die Liste aufgenommen werden. Um Implementierungsaufwand zu sparen, werden die für die Listenverwaltung notwendigen Funktionalitäten üblicherweise in einer Basisklasse implementiert, von der die Klassen erben, die in einer Liste aufgenommen werden sollen. Diese Form der Implementierung von Objektmengen ist in objektorientierten Programmiersprachen wie C++ und Java üblich.

Mengen-
verwaltungs-
klassen ▶ Das zweite Verfahren basiert auf einer separaten *Objektmengen-Verwaltungsklasse*. Diese Klasse implementiert eine Möglichkeit, Zeiger auf eine beliebige Menge von Instanzen zu speichern und zu verwalten. Zur Laufzeit wird eine Instanz einer Objektmengen-Verwaltungsklasse (*Verwaltungsobjekt*) erzeugt, die Zeiger auf Instanzen anderer Klassen aufnehmen kann. Die einzelnen Instanzen, die in die Objektmenge aufgenommen werden, müssen über keinerlei Verwaltungsfunktionen verfügen. Visual Basic verwendet dieses Verfahren zur Implementierung von Objektmengen. Zur Abgrenzung einer

Objektorientierung

Objektmengen-Verwaltungsklasse sei eine normale Klasse, die nicht in der Lage ist, eine Objektmenge zu verwalten, eine *Einzelklasse* genannt. Diese Form der Implementierung von Objektmengen verwendet Visual Basic.

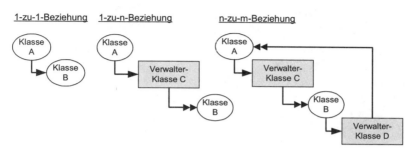

Abbildung A.6: Grafische Darstellung der verschiedenen Verfahren zur Implementierung von Objektmengen.

Modellierungen von mehrwertigen Nutzungsbeziehungen durch Objektmengen

1-zu-n- und n-zu-m-Beziehungen zwischen Objekten können durch die Verwendung von Objektmengen modelliert werden. Dabei ist der 1-zu-n-Fall einfacher. Ähnlich wie bei relationalen Datenbanken kann eine n-zu-m-Beziehung nicht direkt modelliert werden, sondern muss auf zwei 1-zu-n-Beziehungen zurückgeführt werden. Die folgende Tabelle unterscheidet die vier Fälle zur Modellierung mehrwertiger Nutzungsbeziehungen.

Modellierung durch Objektmengen

Im Component Object Model (COM) werden fast ausschließlich Verwalterklassen eingesetzt.

	1-zu-n-Beziehung	**n-zu-m-Beziehung**
Verkettete Liste	Klasse A enthält einen Zeiger auf das erste Element einer verketteten Liste von Instanzen der Klasse B.	Klasse A enthält einen Zeiger auf das erste Element einer verketteten Liste von Instanzen der Klasse B; Klasse B enthält einen Zeiger auf das erste Element einer verketteten Liste von Instanzen der Klasse A.
Verwalterklasse	Klasse A enthält einen Verweis auf eine Verwalterklasse C. Die Verwalterklasse C kann dann n Instanzen der Klasse B aufnehmen.	Klasse A enthält einen Verweis auf eine Verwalterklasse C. Die Verwalterklasse C kann dann n Instanzen der Klasse B aufnehmen; Klasse B enthält einen Verweis auf eine Verwalterklasse D. Die Verwalterklasse D kann dann n Instanzen der Klasse A aufnehmen.

Tabelle A.1: Fallunterscheidung bei der Modellierung mehrwertiger Nutzungsbeziehungen

Grafische Darstellung

In der in diesem Buch verwendeten Notation (siehe Anhang B) werden Einzelobjekte durch Ovale und Objektmengen-Verwaltungsobjekte durch Rechtecke dargestellt. Ein einfacher Pfeil bedeutet eine 1-zu-1-Beziehung; ein doppelter Pfeil eine 1-zu-n-Beziehung. Die folgende Abbildung zeigt die Modellierung und grafische Darstellung der wichtigsten Beziehungstypen. Eine Unterscheidung zwischen Muss- und Kann-Beziehungen findet nicht statt. Die Beschriftung mit »Klasse xy« bedeutet, dass es sich um ein Objekt der Klasse xy handelt.

Grafische Notation

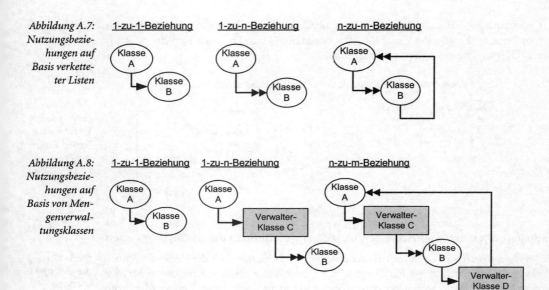

Abbildung A.7: Nutzungsbeziehungen auf Basis verketteter Listen

Abbildung A.8: Nutzungsbeziehungen auf Basis von Mengenverwaltungsklassen

Zusammensetzung von Objektmengen

Ein weiteres Unterscheidungskriterium zwischen Objektmengen sind die Bedingungen an die Zusammensetzung der in der Menge enthaltenen Objekte. Man unterscheidet drei Typen:

Set
- *Sets* dürfen nur Objekte einer Klasse und jedes konkrete Objekt jeweils nur einmal enthalten.

Bag
- *Bags* dürfen nur Objekte einer Klasse enthalten, Duplikate sind jedoch erlaubt.

Collection
- *Collections* dürfen Objekte verschiedener Klassen enthalten.

Sets und Bags sind homogene Objektmengen, während Collections heterogene Objektmengen darstellen. Als deutsche Übersetzung für den Begriff *Collection* findet man *Kollektion*.

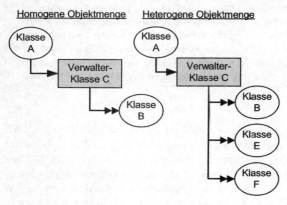

Abbildung A.9: Grafische Darstellung homogener und heterogener Objektmengen mit Verwalterklasse

Objektorientierung

> In COM wird die diskutierte Unterscheidung zwischen Set, Bag und Collection in der Regel nicht vorgenommen. In der COM-Welt werden Objektmengen unabhängig davon, ob die enthaltenen Instanzen homogen oder heterogen sind, Collections genannt.

COM

A.1.6 Objektmodelle

Im Rahmen der *Object Modelling Technique (OMT)* wird folgende Definition für Objektmodell verwendet: »*Das Objektmodell beschreibt die statische Struktur der Objekte in einem System und ihre Relationen. Das Objektmodell enthält Objektdiagramme. Ein Objektdiagramm ist ein Graph, dessen Knoten Objektklassen sind und dessen Linien (Kanten) Relationen zwischen Klassen sind.*« ([RUM93], S. 7)

Objektmodelle und Objektdiagramme

Objektmodelle werden eingesetzt, um den gewünschten Ausschnitt aus der Realwelt auf natürliche Weise zu modellieren. Die Realwelt kann aus der Sicht eines Objektmodells auch selbst wieder eine Software sein. Sofern Objektmodelle Programmierschnittstellen zu Anwendungen darstellen, spiegeln diese die Benutzeroberfläche und/oder das konzeptionelle Design der Anwendung wider. Während die Klassenhierarchie durch den Quellcode konkret vorgegeben ist, sind Objektmodelle zunächst abstrakt; sie werden erst zur Laufzeit realisiert und können sich zur Laufzeit verändern. Den Rahmen für die Veränderung bilden die durch den Quellcode vorgegebenen möglichen Nutzungsbeziehungen. Natürlich können die Vorgaben des Quellcodes so starr sein, dass es nur eine mögliche Anordnung der Instanzen gibt.

Ein Objektmodell kann aus beliebig vielen Klassen bestehen. Seine Struktur muss kein echter Baum sein, sondern kann auch Rekursionen enthalten. Dabei wird die Klasse, die den Einstieg in das Objektmodell darstellt, *Stammklasse* (auch: *Wurzelklasse*) genannt. In vielen Fällen sind auch Klassen, die in der Realwelt nicht in Beziehung zu anderen Klassen der Komponente stehen, so modelliert, dass sie über die Stammklasse erreichbar sind.

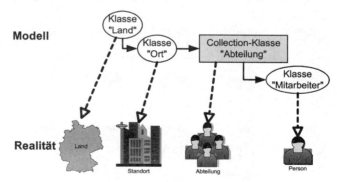

Abbildung A.10: Ein Objektmodell ist die Abbildung von Elementen und deren Beziehungen aus der Realwelt.

Abbildung A.11: Beispiel für ein durch ein Objektdiagramm verbildlichtes Objektmodell

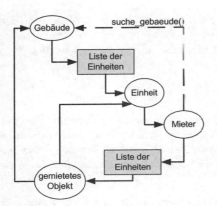

Ein Objektmodell ermöglicht dem Nutzer ein wesentlich intuitiveres Verständnis der abgebildeten Funktionalität als eine Menge »frei im Raum schwebender« Objekte. Komponenten, die eine Menge von Klassen darstellen, enthalten daher in der Regel ein oder mehrere Objektmodelle. Die grafische Darstellung eines Objektmodells in Form eines Objektdiagramms ermöglicht einem Menschen die schnelle Erfassung des Objektmodells. Sie werden in diesem Buch zahlreiche Objektdiagramme zur Veranschaulichung der vorgestellten COM-Komponenten finden. Die dazu verwendete Notation ist in Anhang B beschrieben.

Mehrdeutigkeit des Begriffs Objektmodell

Objektmodell ist nicht gleich Objektmodell

Der Begriff Objektmodell kommt in der Informatik auch noch in einer anderen Bedeutung vor. In der Modellierung wird ein Objektmodell als eine abstrakte Beschreibung der verfügbaren Elemente betrachtet. Ein *Objektmodell auf Modellierungsebene* beschreibt also, dass es Komponenten, Klassen, Objekte, Attribute, Methoden, Assoziationen etc. gibt und in welchen Beziehungen diese Elemente zueinander stehen können. Diese Definition von Objektmodell ist gemeint, wenn man von dem *Object Model der Object Management Group* oder dem *Component Object Model* spricht (vgl. z.B. [SHW97], S. 283ff.]). In Abgrenzung dazu kann man den Objektmodellbegriff, wie er von Komponentenherstellern verwendet wird, als ein *Objektmodell auf Anwendungsebene* bezeichnen. In der Begrifflichkeit von Microsoft besteht eine Inkonsistenz, weil die Verwendung des Begriffs Objektmodell im Begriff *Component Object Model* nicht zu der Verwendung dieses Begriffs in den konkreten Microsoft-Komponenten passt.

A.1.7 Polymorphismus

Polymorphismus

»*Polymorphie (Vielgestaltigkeit) ist die Eigenschaft einer Variablen, für Objekte verschiedener Klassen stehen zu können.*« ([BLA97], S. 425)

»*Polymorphismus meint, dass sich die gleiche Operation in unterschiedlichen Klassen unterschiedlich verhalten kann.*« ([RUM93], S. 2)

Dabei kann die Variable auf all jene Nachrichten reagieren, die das Objekt, für das die Variable zu einem bestimmten Zeitpunkt steht, unterstützt. Die Implementierung, die durch eine konkrete Nachricht aufgerufen wird, ist über die Lebensdauer der Variablen nicht die gleiche; sie kann sich durch den Verweis auf ein anderes Objekt ändern.

Man nennt zwei Objekte polymorph hinsichtlich einer Nachricht, wenn sie beide auf diese Nachricht reagieren können. Sofern zwei Objekte die gleiche Schnittstelle besitzen, sind sie hinsichtlich aller zu dieser Schnittstelle gehörenden Mitglieder polymorph. Instanzen einer Unterklasse sind hinsichtlich aller geerbten Mitglieder zu den Instanzen der Oberklasse polymorph.

Beispiele

Ein Beispiel aus dem Bereich der Gebäude wäre eine Methode NeuerMieter(), die sowohl in der Klasse Wohngebäude als auch in der Klasse Bürogebäude angeboten wird. Sofern eine Variable für ein Gebäude steht, wird in Abhängigkeit davon, um welchen Typ von Gebäude es sich handelt, entweder Wohngebäude::NeuerMieter() oder Geschäftsgebäude::Neuer Mieter() aufgerufen. Dieser Polymorphismus beruht auf der Existenz einer gemeinsamen Oberklasse Gebäude.

Beispiel 1

Ein Beispiel aus dem Bereich der Betriebssysteme wären zwei Klassen User und Group, die insofern polymorph sind, als sie beide eine Schnittstelle IGrunddaten anbieten. IGrunddaten definiert ein Attribut Name und eine Methode Deaktivieren(). Es ist somit möglich, in einer Schleife über alle Elemente der Benutzerdatenbank auf die Namen der einzelnen Einträge zuzugreifen, ohne dabei eine Fallunterscheidung durchzuführen, um welche Art von Objekt es sich handelt. Das würde in Visual Basic so aussehen:

Beispiel 2

```
For Each obj in BenutzerDatenbank
  obj.Deaktivieren()
  MsgBox obj.Name & " wurde deaktiviert!"
Next
```

A.1.8 Dynamische Bindung

»*Unter Bindung versteht man die Verknüpfung eines Prozedur- oder Methodenaufrufs mit dem aufrufenden Code. In nicht objektorientierten Sprachen kann diese Verknüpfung statisch vom Compiler oder Binder vorgenommen werden, so dass sich die Bindungen zur Laufzeit nicht mehr ändern. In objektorientierten Sprachen kann eine Variable wegen der Polymorphie für Objekte verschiedener Klassen stehen. Deshalb muss die Bindung dynamisch erfolgen, also zur Laufzeit.*« ([BLA97], S. 428)

Dynamisches versus statisches Binden

Die dynamische Bindung ist die notwendige Voraussetzung für die Umsetzung des Polymorphismus.

A.2 Komponentenarchitekturen

»*Components repräsentieren speziell im Hinblick auf Wiederverwendung entworfene und implementierte Softwarebausteine. Ein Baustein stellt eine Menge von öffentlichen Diensten (engl. public services) zur Nutzung bereit.*« ([EIC99], S. 363)

Grundlagen objektorientierter Komponentenarchitekturen

Componentware

Betriebssysteme und Anwendungen waren bisher monolithisch aufgebaut. Mit dem Ansatz der *Componentware* werden sie in kleine(re) Einheiten (Komponenten) aufgeteilt, die einzeln oder in Zusammenarbeit mit anderen Komponenten einzelne Dienste erbringen. Das Prinzip der komponentenbasierten Softwareentwicklung besteht darin, Softwaresysteme aus voneinander unabhängigen Softwarebausteinen zusammenzusetzen. Diese Softwarebausteine können Produkte verschiedener Hersteller sein. Anwendungen werden somit nicht mehr von Grund auf neu entwickelt, sondern aus vorgefertigten Komponenten zu einem Endprodukt zusammengesetzt. Man spricht in diesem Zusammenhang auch von einem Plug&Play-Prinzip für Software. Componentware wird daher als Schlüssel zur »Industrialisierung« der Softwareentwicklung bezeichnet.

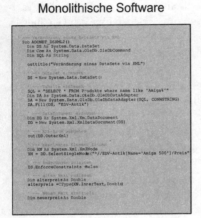
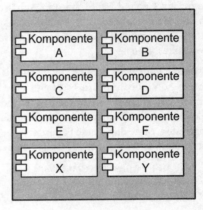

Abbildung A.12: Componentware vs. monolithische Software

(C) Holger@Schwichtenberg.de 2002

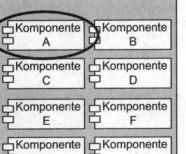
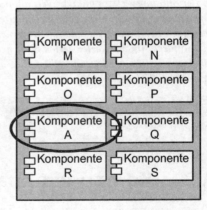

Abbildung A.13: Wiederverwendbarkeit bei Componentware

(C) Holger@Schwichtenberg.de 2002

Komponentenarchitekturen

Der Begriff *Komponente* wird für sehr viele unterschiedliche Dinge verwendet. In diesem Buch ist mit *Komponente* stets ein Softwarebaustein im objektorientierten Sinne gemeint. Eine objektorientierte Komponente enthält Klassen und bildet zur Laufzeit die Umgebung für die Instanzen dieser Klassen. Man sagt, dass eine bestimmte COM-Komponente ein bestimmtes Objektmodell *implementiert* oder *realisiert*.

> **Objekt versus Komponente**
>
> »Komponenten sind trotz zahlreicher Gemeinsamkeiten mit Objekten im Sinne der objektorientierten Programmierung von diesen erstens in Bezug auf die Größe abzugrenzen: Komponenten sind größere Bausteine, bestehen meist aus einer Menge von Objekten. Zweitens ist mit Komponenten und Objekten ein anderer Zweck verbunden; insbesondere sind Komponenten häufig in ihrer Funktionalität für den Anwender sichtbar. [...] Adressat von Objekten ist aufgrund ihrer feineren Granularität eher der Entwickler von Nicht-Standardlösungen. Schließlich muss drittens die Realisierung von Komponenten nicht notwendigerweise objektorientiert erfolgen, eine Komponente muss nur eine dem objektorientierten Paradigma folgende Schnittstelle besitzen.« ([EIC99], S. 363)

Abgrenzungen zu Objekten

Die Grenzen von Plug&Play

Plug&Play bedeutet jedoch nicht, dass es für den Nutzer von Softwarekomponenten nichts mehr zu tun gäbe. Drei Aufgaben sind – je nach Anwendungsfall in unterschiedlichem Ausmaß – weiterhin von ihm zu leisten:

- **Installation und Konfiguration der Komponenten:** Nach der Installation muss das Umfeld der Komponente konfiguriert werden. Dazu gehören insbesondere die Zugriffsrechte auf die Komponente und die Ressourcen, die die Komponente verwenden darf. — *Konfiguration*

- **Parametrisierung der Komponenten:** Ähnlich wie Standardsoftware wird in der Regel auch eine Sammlung von Standardkomponenten nicht alle individuellen Ansprüche des Kunden erfüllen. Daher müssen die Komponenten mit Hilfe der bereitgestellten Schnittstellen parametrisiert werden. Insbesondere sind Standardwerte festzulegen. — *Parametrisierung*

- **Verbindung der Komponenten:** Die einzelnen Komponenten müssen durch verbindenden Programmcode (engl. Glue Code) integriert werden. Damit eine Integration von Komponenten unterschiedlicher Hersteller möglich ist, müssen Komponenten über eine standardisierte Schnittstelle verfügen. Wenn Softwarehersteller nicht nur einzelne Komponenten mit Teilfunktionalitäten, sondern ein komplettes Komponenten-Bundle für eine bestimmte Problemlösung vertreiben, liefern sie oft auch Glue Code mit. Aus der Sicht des Kunden ist die Bereitstellung einer Gesamtlösung aus Komponenten und mitgeliefertem Standard-Glue-Code zu begrüßen. Sie hat den Vorteil, dass ihm damit eine Test- und Lernumgebung für die Komponenten zur Verfügung steht. Immer häufiger werden dabei Skriptsprachen zur Verbindung von Komponenten eingesetzt. Diesem Trend folgt auch Microsoft mit der ActiveX Scripting-Architektur. — *Glue Code*

Abbildung A.14:
Glue Code verbindet Komponenten

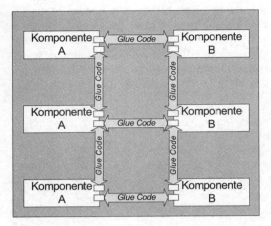

Komponente versus Klasse

Komponente versus Klasse

Oft wird der Begriff *Komponente* mit dem Begriff *Klasse* gleichgesetzt. Jedoch sind diese Begriffe allenfalls dann gleichbedeutend, wenn eine Komponente nur eine Klasse enthält. Aber auch dann sollten Sie zwischen den beiden Konzepten sauber unterscheiden.

In der Regel besteht eine Komponente aus n Klassen. Eine Komponente ist zudem in der Regel die binäre Form einer Implementierung von Klassen. Verwirrung entsteht auch dadurch, dass manche von der Instanziierung von Komponenten sprechen und damit meinen, dass eine Komponente im Rahmen verschiedener Prozesse mehrfach in den Speicher geladen werden kann.

Leider macht Microsoft selbst in der Dokumentation und auch in Benutzer- sowie Programmierschnittstellen den Fehler, von Komponenten zu sprechen, wenn eigentlich von Klassen die Rede sein müsste. Das ist nicht nur aus theoretischer Sicht unbefriedigend, sondern bringt auch in der Praxis viel Verwirrung mit sich.

Schema einer Softwarekomponente

Schema — Jede Softwarekomponente im objektorientierten Sinn besitzt ein Schema. Ein Schema ist die Definition der in der Komponente enthaltenen Klassen und der Beziehungen zwischen den Klassen. Auch eine Schnittstellendefinition ist Teil des Schemas einer Komponente. Im Gegensatz zu einer Schnittstellendefinition beschreibt ein Schema eine Komponente vollständig.

Ein Schema definiert ein oder mehrere Objektmodelle. Dies gilt nicht in den Sonderfällen, dass eine Komponente nur aus einer Klasse besteht oder es keine Nutzungsbeziehungen zwischen den Klassen der Komponente gibt. Der Begriff Objektmodell wird häufig auch mit dem Schema einer Komponente gleichgesetzt, obwohl das Objektmodell eigentlich auch nur ein Teil des Schemas ist.

Transparenz des Schemas — Komponentenentwickler haben die Wahl, ob sie dem Komponentennutzer das Schema der Komponente (teilweise) offen legen oder aber es vollständig vor dem Benutzer verbergen. Im letzten Fall spricht man von einer Black-Box-Komponente. Eine Komponente, die ihr

Schema offen legt und damit semantische Informationen über ihre Arbeit preisgibt, ist eine Grey-Box-Komponente. Sofern der komplette Quellcode der Komponente für den Nutzer einsehbar ist, handelt es sich um eine White-Box-Komponente (in Anlehnung an [BÜC97]). Die Offenlegung des Schemas ist jedoch nur eine Form der semantischen Beschreibung einer Grey-Box-Komponente. Ein transparentes Schema wird zweckmäßigerweise in der Regel selbst wieder objektorientiert in Form einer Objekthierarchie abgebildet.

Komponententypen

Komponenten lassen sich grundsätzlich in visuelle und nicht visuelle Komponenten einteilen. Ein Beispiel für eine visuelle Komponente ist eine Schaltfläche in einer Windows-Anwendung.

Visuelle Komponenten werden auch als *Steuerelemente* bezeichnet. Ein Beispiel für eine nicht visuelle Komponente ist eine Kunden-Komponente. Neben geschäftsprozessnahen Komponenten wie einer Kunden-Komponente gibt es auch systemnahe nicht visuelle Komponenten (z. B. eine Datenbankschnittstelle).

Nicht visuelle Komponenten können zur Entwicklungszeit eine visuelle Repräsentation haben, um ihre Nutzung in einer Entwicklungsumgebung zu vereinfachen. Man spricht dann von Entwurfszeit-Steuerelementen.

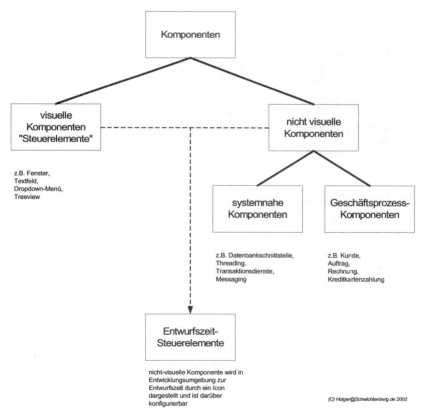

Abbildung A.15: Verschiedene Typen von Komponenten

Middleware

Verteilungsplattform Eine Middleware (auch: Verteilungsplattform, Verteilungsinfrastruktur) ist eine Architektur zur Überbrückung von Rechnergrenzen und zum Aufbau eines verteilten Systems. Die wichtigste Anforderung an eine Middleware ist die (Verteilungs-)Transparenz. Ein Benutzer (egal ob Mensch oder Anwendung) soll entfernte Ressourcen auf die gleiche Weise benutzen können wie lokale. Dazu muss die Middleware von den komplexen internen Aufgaben abschirmen, die nötig sind, um Verteiltheit zu überwinden. Middleware soll auch die Interaktion zwischen Anwendungskomponenten auf heterogenen Systemen unterstützen. In dieser Definition wurde bewusst der allgemeine Begriff »Ressource« verwendet, um von der Frage zu abstrahieren, ob es sich dabei um Objekte oder Komponenten oder nur um einfache Programmroutinen oder Daten handelt.

Definition Heute verfügen alle wichtigen Komponentenarchitekturen auch über eine Middleware und sind daher zum Aufbau verteilter Systeme geeignet.

Österle definiert Middleware folgendermaßen: »*Zusammenfassend gesagt ist Middleware eine Softwareschicht, welche auf Basis standardisierter Schnittstellen und Protokolle Dienste für eine transparente Kommunikation verteilter Anwendungen bereitstellt. Middlewaredienste stellen eine Infrastruktur für die Integration von Anwendungen und Daten in einem heterogenen und verteilten Umfeld zur Verfügung.*« ([ÖST96], S. 28). »*Middleware ist im Rahmen des ISO/OSI-Referenzmodells für Rechnerkommunikation in offenen Systemen den anwendungsorientierten Schichten (Ebene 5-7) zuzuordnen.*« ([ÖST96], S. 27)

Client und Server Eine Komponente wird im Bereich der Componentware auch als Server bezeichnet, da sie einen bestimmten Dienst bereitstellt. Analog dazu ist der Nutzer einer Komponente ein Client. Diese Bezeichnungen sind unabhängig davon, ob die Komponenten sich auf demselben oder auf verschiedenen Computern befinden, und abhängig davon, welche Rolle der Computer in einem Client-Server-Netzwerk besitzt. So kann auch auf einer Windows NT-Workstation eine Komponente ein Server für eine Komponente auf einem NT-Server sein.

A.3 Verfügbare Komponentenarchitekturen

COM, CORBA, JAVA Beans Es gibt inzwischen verschiedene Ansätze für Komponentenarchitekturen, die in der Praxis eingesetzt werden:

- das *Component Object Model (COM)* von Microsoft
- das *.NET Framework* von Microsoft bzw. die *Common Language Infrastructure (CLI)* der ECMA
- *Java Beans* und *Enterprise Java Beans (EJB)* von der Firma Sun
- die *Common Object Request Broker Architecture (CORBA)* der Object Management Group (OMG)

Verbreitung der Komponentenarchitekturen

Das amerikanische Analyse-Unternehmen Cutter Consortium untersuchte im Jahr 2000 die Verbreitung der verschiedenen Komponentenmodelle. Befragt wurden nordamerikanische und europäische Unternehmen. Paul Harmon dokumentiert in [CUT00], dass 68% der befragten Unternehmen Komponentenarchitekturen einsetzen. Die folgende Grafik zeigt die Verbreitung der verschiedenen Architekturen gemäß dieses Berichts. Das .NET-Framework und die CLI wurden dabei nicht berücksichtigt, da es zum Zeitpunkt der Untersuchung noch nicht einmal eine Beta-Version der Software gab.

Umfrage

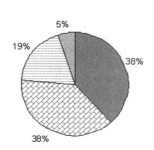

Abbildung A.16: Verbreitung der verschiedenen Komponentenarchitekturen gemäß [CUT00]

Kriterien zur Bewertung der Komponentenarchitekturen

Die Einstufung der Ansätze erfolgt anhand von drei wichtigen Kriterien:

▶ **Programmiersprachenabhängigkeit**: Ist die Architektur auf eine Sprache zugeschnitten oder können Komponenten, die in unterschiedlichen Sprachen erzeugt wurden, miteinander kommunizieren?

▶ **Plattformabhängigkeit**: Ist die Komponentenarchitektur grundsätzlich nur auf einem Betriebssystem lauffähig? Muss es für jede unterstützte Plattform eine eigene Binärform der Komponenten geben?

▶ **Herstellerbindung**: Wie sehr legt man sich bei der Verwendung der Komponentenarchitektur auf einen bestimmten Hersteller fest?

Einen sehr ausführlichen Vergleich auf Basis zahlreicher Kriterien und unter Verwendung einer Beispielanwendung bietet das Buch von Gruhn/Thiel [GRU00].

Verweis

Bewertung der Komponentenarchitekturen

Während der Java Beans/Java Enterprise Beans-Ansatz programmiersprachenabhängig ist, sind COM, .NET und CORBA programmiersprachenneutrale Komponentenarchitekturen.

Programmiersprachenabhängigkeit

Der große Vorteil der Java-Ansätze ist jedoch die Plattformunabhängigkeit der Komponenten, die COM und CORBA hinsichtlich der Binärform der Komponenten nicht bieten. Immerhin gibt es inzwischen zahlreiche Portierungen der Basisdienste von COM und CORBA auf verschiedenen Betriebssystemplattformen. .NET ist grundsätzlich plattformunabhängig, es gibt aber bisher nur eine Implementierung für Microsoft Windows.

Plattformabhängigkeit

Hersteller-bindung Die Herstellerbindung (engl. Vendor Log-In) ist eindeutig bei COM/DCOM am größten. Allerdings unterstützen inzwischen sehr viele Windows-Softwarehersteller (z. B. Corel, Borland) und auch die Open Source-Szene (z. B. bei PHP4) dieses Komponentenmodell. Für .NET hat Microsoft von Beginn an die Unterstützung durch zahlreiche Hersteller als Werbeargument verwendet. Über die langfristige Unterstützung durch andere Hersteller lässt sich aber noch nichts sagen.

JavaBeans und EJB wurden hauptsächlich von Sun entwickelt, jedoch waren andere Hersteller auch daran beteiligt. Java Application Server für EJB gibt es von zahlreichen Herstellern. Da diese verschiedenen Implementierungen (nicht zuletzt durch proprietäre Erweiterungen) nicht vollständig kompatibel zueinander sind, begibt man sich auch mit dem Einsatz von EJB Application Servern in eine Abhängigkeit.

CORBA ist ein offener Standard, der aber noch mehr wie EJB darunter leidet, dass es zahlreiche verschiedene Hersteller mit inkompatiblen Implementierungen gibt.

B Kurzeinführung in XML

XML ist eines der aktuellen Hype-Wörter. Die *Extensible Markup Language (XML)* ist eine Metasprache zur Definition von Auszeichnungssprachen. XML gilt als die neue Universallösung für die Darstellung von Daten.

Extensible Markup Language

Dieses Buch enthält aus drei Gründen einen XML-Schnellkurs:

Motivation

- XML ist als Datenaustauschformat für alle Typen von Anwendungen sehr interessant.

- XML wird zunehmend in Konfigurationsdateien als Ersatz für Windows-INI-Dateien verwendet (Das ganze .NET-Framework benutzt nur XML-strukturierte Konfigurationsdateien).

- WSH-Skriptdateien können per XML strukturiert werden.

Die Extensible Markup Language ist eine Untermenge der Standard Generalized Markup Language (SGML). SGML ist ein ISO-Standard aus dem Jahre 1986; XML ist ein W3C-Standard seit 1998. Aktuell ist die XML-Version 1.0 (XML Recommendation 1.0). XML und die inzwischen daraus und darum herum gewachsenen Technologien sind sehr umfangreich. Ein Blick in ein spezielles XML-Buch (z.B. [BEH99] oder [PAR00]) lohnt sich.

SGML

> XML verfügt über vier wesentliche Vorteile gegenüber HTML:
>
> - HTML ist eine konkrete Auszeichnungssprache. XML ist eine Metasprache zur Definition beliebiger Auszeichnungssprachen.
>
> - Im Gegensatz zu HTML trennt XML die Struktur eines Dokuments von der Darstellung. XML enthält keinerlei Formatierungsbefehle. Die Formatierung muss in XML durch ein Style Sheet definiert werden.
>
> - In XML können beliebige Strukturen auf Basis eigener Elemente mit eigenen Attributen definiert werden.
>
> - Die Struktur kann von einem XML-Parser auf Korrektheit überprüft werden.

XML versus HTML

B.1 Elemente und Attribute

XML ist kein Binärformat, sondern wird in Form von druckbaren Zeichenketten (»im Quellcode«) gespeichert. Wie die – ebenfalls auf SGML basierende – Hypertext Markup Language (HTML) besteht auch XML aus Tags mit Attributen und Informationen zwischen diesen Tags. In XML spricht man allerdings von Elementen und nicht von Tags. Elemente werden wie Tags in HTML mit »<« und »>« begrenzt. Attributwerte stehen in einfachen oder doppelten Anführungszeichen. Die Syntax eines Elements mit einem Attribut sieht so aus:

```
<element attributname="wert">Information</element>
```

Kurzeinführung in XML

Leere Elemente

> Ein Element, das keinen Inhalt hat (ein so genanntes *leeres Element*), kann statt durch `<element></element>` auch durch die Kurzform `<element/>` geschlossen werden. Dies ist in HTML nicht möglich.

Informationsspeicherung

Informationsspeicherung

In XML können Informationen auf drei verschiedene Weisen abgelegt werden:

- in einem Element-Attribut

  `<element attribut=wert></element>`

- eingeschlossen zwischen dem Anfang und dem Ende des Elements

  `<element>wert</element>`

- Schließlich kann auch die Anordnung der Elemente selbst Träger der Information sein.

  `<element><hatkeinenwert/></element>`

Alle drei Vorgehensweisen können innerhalb eines Dokuments beliebig miteinander kombiniert werden.

Binärdaten

> Obwohl XML ein Textformat ist, können natürlich auch binäre Daten in XML gespeichert werden. Die Binärdaten werden dazu kodiert, z. B. durch Hexadezimalzahlen oder Base64-Kodierung.

Kommentare

Kommentare

Wie auch in HTML können in XML Kommentare mit dem Element `<!-- ... -->` eingefügt werden, z. B.

`<!-- Dies ist das Dokument aus Anhang A des Buches -->`

B.2 Processing Instructions (PIs)

Processing Instructions

Neben den regulären XML-Elementen gibt es eine besondere Form von XML-Elementen, die nicht Träger der eigentlichen Informationen sind, sondern Anweisungen an den XML-Parser oder eine andere XML-verarbeitende Anwendung enthalten. Diese Anweisungen werden *Processing Instructions (PIs)* genannt und sind in den besonderen Begrenzern `<?..?>` eingeschlossen.

Die am häufigsten verwendete PI ist `<?xml?>`. Sie muss stets die erste Textzeile in einem XML-Dokument bilden. Sie legt die XML-Version und den Zeichensatz fest.

`<?xml version="1.0" encoding="ISO-8859-1" ?>`

Über eine PI werden auch Style Sheets eingebunden.

`<?xml:stylesheet type="text/css" href="name.css"?>`

Prolog

> Die Processing Instructions bilden den Prolog eines XML-Dokuments.

B.3 Wohlgeformtheit und Gültigkeit

Ein XML-Parser ist eine Anwendung, die in der Lage ist, ein XML-Dokument hinsichtlich der *Wohlgeformtheit* und der *Gültigkeit* zu überprüfen. Beide Konzepte werden im Folgenden angesprochen.

Parser

> Der Microsoft XML-Parser heißt MSXML (MSXML.DLL). Er wird mit dem Internet Explorer installiert, kann aber auch getrennt installiert werden. Aktuell ist die Version 4.0 (siehe [CD:/install/komponenten/XML]) oder [XM01]). Die Internet Explorer-Versionen 5.0 und 5.5 beinhalten MSXML 2.0 ausgeliefert.

Wohlgeformtheit

Anders als HTML erwartet XML jedoch eine Wohlgeformtheit (*wellformedness*) der Dokumente. Die XML-Parser sind in der Regel so eingestellt, dass ein Verstoß gegen die Regeln der Wohlgeformtheit zu einem Fehler führt. Die Wohlgeformtheit umfasst die in der folgenden Tabelle genannten Regeln.

Regeln für wohlgeformte Dokumente

XML-Regel	zum Vergleich: HTML
Jedes Element muss geschlossen werden. Die Auslassung des schließenden Tags führt zu einem Fehler.	In HTML gibt es auch einige Tags, die geschlossen werden müssen. Die Auslassung des schließenden Tags führt jedoch nicht zu einem Fehler.
Elementnamen sind case-sensitive.	Zwischen Groß- und Kleinschreibung wird in HTML nicht unterschieden.
Elementnamen dürfen keine Leerzeichen enthalten.	Gilt auch in HTML
Elemente dürfen sich nicht kreuzweise überlappen.	Das sollte auch in HTML nicht vorkommen, führt aber allenfalls zu einer unerwünschten Darstellung, nicht zu einem Fehler.
Die Anführungszeichen um Attributwerte sind verpflichtend.	Dies ist in HTML nur dann verpflichtend, wenn der Attributwert Leerzeichen enthält.
Jeder Attributname darf pro Element nur einmal vorkommen. Allerdings darf jedes Element mehrfach das gleiche Unterelement besitzen.	Gilt auch in HTML
Jedes XML-Dokument besitzt genau einen obersten Knoten, dem alle anderen Knoten untergeordnet sein müssen. Der oberste Knoten heißt in XML *Document Element*.	In HTML sollte ein Dokument mit <HTML> beginnen und mit </HTML> enden, eine Verletzung ist aber kein Fehlergrund.

Tabelle B.1: XML-Wohlgeformtheit versus HTML

Strukturdefinition und Gültigkeit

Darüber hinaus gibt es gültige Dokumente. Ein gültiges Dokument entspricht einer bestimmten Struktur. Eine Strukturdefinition gibt vor:

Zusätzliche Regeln für gültige Dokumente

▶ aus welchen Elementen ein Dokument bestehen darf

Kurzeinführung in XML

- welche Attribute diese Elemente haben dürfen
- wie die Elemente ineinander verschachtelt sein dürfen (d.h. welche Elemente Unterelemente anderer Elemente sein dürfen).

Der Vorgang der Prüfung auf Gültigkeit wird *Validierung* genannt. Der Microsoft-Parser MSXML kann validieren, der Internet Explorer 5.0/5.5 führt im Standard aber nur eine Prüfung auf Wohlgeformtheit, aber keine Validierung aus. Auch besitzt er keine Funktion, um die Validierung manuell aufzurufen. Der Internet Explorer kann aber durch die »IE Tools for Validating XML and Viewing XSLT Output« [CD:/install/....] um die Validierungsfunktion erweitert werden.

Sprachen und Vokabularien

Eine Strukturdefinition wird oft auch *Vokabular* genannt. Die XML-Syntax ist zunächst eine abstrakte Sprache. Erst durch ein Vokabular entsteht eine konkrete Sprache, die zwei Partner zum Datenaustausch verwenden können. Sofern zwei Partner verschiedene Vokabularien verwenden, ist ein korrekter Datenaustausch nicht ohne Konvertierungen möglich. Es gibt inzwischen schon zahlreiche Vokabularien für XML. Beispiele dafür sind:

- Channel Definition Format (CDF)
- Simple Object Access Protocol (SOAP)
- Resource Description Framework (RDF)
- Vector Markup Language (VML)
- Synchronized Multimedia Integration Language (SMIL)
- X3D, der Nachfolger der Virtual Reality Modelling Language (VRML)
- Commercial XML (cXML)
- Microsoft BizTalk Framework
- Chemical Markup Language (CML)
- Mathematical Markup Language (MathML)
- Auch ein gültiges Dokument ohne eine explizite formale Strukturdefinition besitzt ein *implizites Vokabular*. Allerdings kann die Korrektheit des Dokuments nur mit einem *expliziten Vokabular* von einer Maschine geprüft werden.

Zur expliziten Definition einer formalen Struktur gibt es derzeit mehrere Ansätze:

DTD
- **Document Type Definitions (DTDs):** Eine DTD wird durch die PI `<!DOCTYPE>` im Rahmen des Prologs definiert oder als externe Datei eingebunden, z.B.

  `<!DOCTYPE windowsscripting SYSTEM "ws.dtd">`

  DTDs sind Bestandteil der XML-Version 1.0. DTDs haben aber Defizite bei der Typisierung von Elementen.

Schemata
- **XML Schema Definition Language (XSD):** Eine Strukturdefinition auf Basis eines Schemas befindet sich innerhalb des Elements `<Schema>`.
- XML-Data bzw. XML-Data Reduced
- Schema for Object-Oriented XML (SOX)

Zeichensätze

> Wohlgeformte Dokumente erfüllen die Syntaxregeln des XML-Standards; gültige Dokumente erfüllen zusätzlich die in einer DTD oder einem Schema definierten Regeln.

Eine Strukturdefinition kann in dem XML-Dokument enthalten sein (internes DTD/internes Schema) oder in einer separaten Datei vorliegen (externe DTD/externes Schema).

Intern versus extern

B.4 Zeichensätze

Der Standardzeichensatz für XML ist UTF-8. Dieser Zeichensatz entspricht den ersten 128 Zeichen des ASCII-Zeichensatzes. Zur Darstellung von Umlauten und anderen Sonderzeichen muss ein entsprechender Zeichensatz festgelegt werden. Verwendet werden können alle Standard-ISO-Zeichensätze. Für Westeuropa (einschließlich Deutschland) gilt der Standard ISO-8859-1, der auch ISO-Latin-1 heißt.

> Ohne die Angabe des Zeichensatzes wird der Parser beim Auftreten eines Sonderzeichens die Fehlermeldung »Es wurde ein ungültiges Zeichen im Text gefunden.« auswerfen.

Der Zeichensatz ist in einer Processing Instruction am Anfang des Dokuments festzulegen.

```
<?xml version="1.0" encoding="ISO-8859-1" ?>
```

Zeichensatz	Alternativer Name	Gebiet/Sprache
ISO-8859-1	Latin-1	Westeuropa, Lateinamerika
ISO-8859-2	Latin-2	Osteuropa
ISO-8859-3	Latin-3	Südeuropa, restliche europäische Sprachen
ISO-8859-4	Latin-4	Skandinavien, Baltikum
ISO-8859-5		Kyrillisch
ISO-8859-6		Arabisch
ISO-8859-7		Griechisch
ISO-8859-8		Hebräisch
ISO-8859-9		Türkisch

Tabelle B.2: ISO-Zeichensätze

> Die alternativen Namen können nicht in der Processing Instruction verwendet werden! Erlaubt ist aber die Angabe *UTF-8*.

Umschreibungen und CDATA-Sektionen

Wenn der Inhalt eines Elements Zeichen enthält, die in XML eine besondere Bedeutung haben (insbesondere »&«, »<« und »>«), dann müssen diese besonders ausgezeichnet werden. Einzelne Zeichen können durch die auch in HTML gebräuchlichen Umschreibungen (siehe Tabelle A.1) eingefügt werden. Mit Hilfe einer so genannten *CDATA-Sektion* kann ein

Behandlung von Sonderzeichen

Kurzeinführung in XML

Bereich eingeschlossen werden, der vom XML-Parser ignoriert werden soll, also nicht geparst wird. Eine CDATA-Sektion beginnt mit <![CDATA[und endet mit]]>.

Einsatz einer CDATA-Sektion
```
<inhalt>
<![CDATA[
Wenn a > b, dann ist e < f...
]]>
</inhalt>
```

Listing B.1: Beispiel für eine CDATA-Sektion in einem XML-Dokument

Tabelle B.3: Umschreibungen für Sonderzeichen in XML

Sonderzeichen	Umschreibung
<	&lt;
>	&gt;
&	&amp;
'	&apos;
"	&qout;

B.5 XML-Namespaces

Namensräume Es ist leicht möglich, dass verschiedene Autoren von XML-Dokumenten gleichlautende XML-Elemente für unterschiedliche Zwecke verwenden. Namespaces (Namensräume) sind eine Möglichkeit, universell eindeutige Element- und Attributnamen zu schaffen. Ein *qualifizierter Name* besteht in XML aus dem Namen des Namensraums und einem lokalen Teil. Ein Namensraumname ist ein Uniform Resource Identifier (URI), der zur einfacheren Verwendung innerhalb eines Dokuments mit einem Alias belegt werden kann. Da dieser Alias dem Elementnamen durch einen Doppelpunkt vorangestellt wird, heißt er auch *Namensraumpräfix*. Das Namensraumpräfix ist von Fall zu Fall frei wählbar. Ein Namensraumpräfix darf aber nur verwendet werden, wenn das Präfix vorher auch definiert wurde. Sonst kommt es zum Fehler »Referenz auf nicht deklarierten Namespace-Präfix«.

```
<?xml:namespace ns="http://www.it-visions.de/ns" prefix="it"?>
<it:Thema> </it:Thema>
```

Ein URI kann die Form eines HTTP-URLs haben (wie im voranstehenden Beispiel). Dies bedeutet jedoch nicht, dass diese Adresse über das HTTP-Protokoll erreichbar ist.

B.6 Datentypen

Datentypen XML-Elementen können Datentypen zugewiesen werden. Diese werden als Attribut mit dem Namen dt aus einem bestimmten Namensraum definiert. Diesem Namensraum wird in der Regel das Präfix dt gegeben, so dass der Datentyp also dem qualifizierten Attributnamen dt:dt zugewiesen wird.

Datentypen

```
<BUCH xmlns:dt="urn:schemas-microsoft-com:datatypes">
<Jahr dt:dt="number">2001</Jahr>
```

Die Prüfung der Datentypen erfolgt nicht im Rahmen der Prüfung auf Wohlgeformtheit, sondern im Rahmen der Prüfung auf Gültigkeit (Validierung).

Prüfung im IE

Nach der Installation der »IE Tools for Validating XML and Viewing XSLT Output« prüft der Internet Explorer auch die Datentypen. So führt die Zeile

```
<Jahr dt:dt="number">hier sollte eigentlich eine Zahl stehen, was beim Validiere
n zu einem Fehler führt!</Jahr>
```

zu dem in Abbildung B.1 gezeigten Fehler.

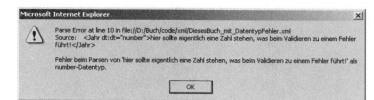

Abbildung B.1: Fehlermeldung nach dem Ausführen von »Validate XML«, wenn ein Text statt einer Zahl in einem mit dem Datentyp »Number« ausgezeichneten Element steht.

Tabelle B.4: XML-Datentypen

Datentyp	Beschreibung
bin.base64	Binärdaten (Binary Large Object – BLOB), Base64-kodiert
bin.hex	Binärdaten, durch Hexadezimalzahlen kodiert
boolean	0 oder 1 (wobei 0 falsch und 1 wahr bedeutet)
char	ein Zeichen
date	Datum im Format »jjjj-mm-tt« (gemäß ISO 8601)
dateTime	Datum und – optional – Zeit im Format »jjjj-mm-ttThh:mm:ss« (gemäß ISO 8601). Datum und Zeit werden durch ein großes T getrennt. Die Trennung durch ein Leerzeichen ist nicht erlaubt.
dateTime.tz	Datum und – optional – Zeit im Format »jjjj-mm-ttThh:mm:ss« (gemäß ISO 8601). Datum und Zeit werden durch ein großes T getrennt. Die Trennung durch ein Leerzeichen ist nicht erlaubt. Optional Angabe der Zeitzone (gemäß ISO 8601).
time	Zeit im Format »jjjj-mm-ttThh:mm:ss« (gemäß ISO 8601)
time.tz	Zeit im Format »jjjj-mm-ttThh:mm:ss« (gemäß ISO 8601). Optional Angabe der Zeitzone.
fixed.14.4	Zahl mit maximal 14 Stellen vor dem Dezimaltrennzeichen und vier Stellen hinter dem Dezimaltrennzeichen
float	Zahl mit Punkt als Dezimaltrennzeichen, optionales Exponentzeichen E. Bereich: 1.7976931348623157E+308 bis 2.2250738585072014E-308

Datentyp	Beschreibung
int	Ganzzahl (ohne Dezimalstellen und ohne Exponent)
number	Zahl mit Punkt als Dezimaltrennzeichen, optionales Exponentzeichen E. Bereich: 1.7976931348623157E+308 bis 2.2250738585072014E-308
i1	Ganzzahl mit Länge 1 Byte (0 bis 255 oder -128 bis +127)
i2	Ganzzahl mit Länge 2 Byte (auch negative Werte möglich)
i4	Ganzzahl mit Länge 4 Byte (auch negative Werte möglich)
r4	Fließkommazahl mit Punkt als Dezimaltrennzeichen optionales Exponentzeichen Bereich: 3.40282347E+38F bis 1.17549435E-38F
r8	Zahl mit Punkt als Dezimaltrennzeichen, optionales Exponentzeichen E. Bereich: 1.7976931348623157E+308 bis 2.2250738585072014E-308
ui1	positive Ganzzahl mit Länge 1 Byte
ui2	positive Ganzzahl mit Länge 2 Byte
ui4	positive Ganzzahl mit Länge 3 Byte
uri	Universal Resource Identifier (URI), z. B. http://www.windows-scripting.de
uuid	Universal Unique Identifier (UUID)

B.7 XML-Beispiele

Beispiel 1 Das folgende Beispiel zeigt ein wohlgeformtes XML-Dokument zur Beschreibung dieses Buches.

```
<?xml version="1.0" encoding="ISO-8859-1" ?>
<!-- Dies ist das Dokument aus dem Anhang A des Buches -->
<BUCH xmlns:dt="urn:schemas-microsoft-com:datatypes">
<Autor>
<Name>Holger Schwichtenberg</Name>
<eMail id="1">hs@windows-scripting.de</eMail>
<eMail id="2">hs@IT-Visions.de</eMail>
<WeitereDaten/>
</Autor>
<Verlag>
<Name>Addison-Wesley</Name>
<Ort>München</Ort>
</Verlag>
<Jahr dt:dt="number">2001</Jahr>
<Auflage>2. Auflage</Auflage>
<Seitenanzahl> &gt;1000 &amp; &lt;1100</Seitenanzahl>
</BUCH>
```

Listing B.2: Wohlgeformtes XML-Dokument [CD:/code/einfuehrung/xml/DiesesBuch.xml]

XML-Beispiele

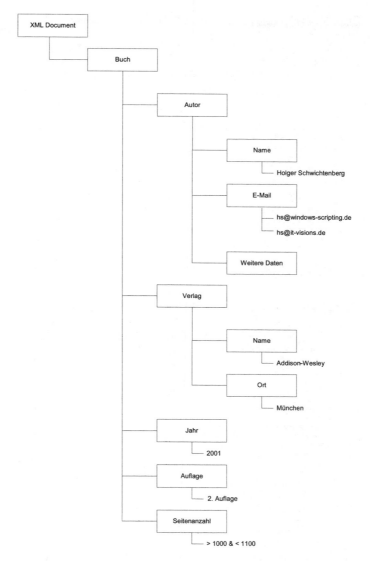

Abbildung B.2: DOM-Baumdarstellung des Beispiels

Kurzeinführung in XML

Abbildung B.3: Darstellung des Beispiel-XML-Dokuments im Internet Explorer 5.5

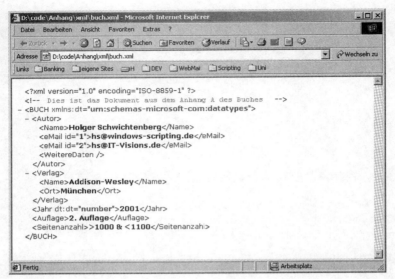

Abbildung B.4: Darstellung des Beispiels im XML Notepad

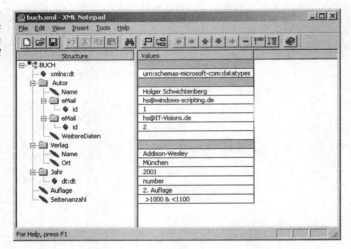

Farbgebung im IE Der Internet Explorer stellt XML-Dokumente, die nicht mit einem Style Sheet verbunden sind, in seiner Baumstruktur dar. Es finden lediglich farbliche Hervorhebungen einzelner Elementtypen statt. So werden Elementnamen rot, PIs sowie die Delimiter (»<« und »>«) blau, Kommentartexte grau, Datentypen grün und die Daten in schwarz dargestellt.

Beispiel 2 Das folgende Beispiel zeigt verschiedene XML-Datentypen.

```
<?xml version="1.0" encoding="ISO-8859-1" ?>
<!-- Datentypen-Beispiel -->
<TEST xmlns:dt="urn:schemas-microsoft-com:datatypes">
<WERT dt:dt="string">Holger Schwichtenberg</WERT>
<WERT dt:dt="number">28</WERT>
```

```
<WERT dt:dt="date">1972-08-01</WERT>
<WERT dt:dt="time">21:03:15</WERT>
<WERT dt:dt="char">M</WERT>
<WERT dt:dt="boolean">1</WERT>
<WERT dt:dt="DateTime">1972-08-01T21:03:15</WERT>
<WERT dt:dt="fixed.14.4">12345678901234.1234</WERT>
<WERT dt:dt="uri">http://www.HolgerSchwichtenberg.de</WERT>
</TEST>
```

Listing B.3: [CD:/code/einfuehrung/xml/datentypen.xml]

B.8 Darstellung von XML-Dokumenten

Die Darstellung von XML-Dokumenten in einer Baumstruktur ist für einen Menschen unbefriedigend. Es besteht daher der Bedarf, XML mit Layout-Informationen zu verbinden, um zu einer ansprechenden Darstellung zu gelangen. Dazu gibt es zwei Wege:

- Verbindung des Dokuments mit einem Cascading Style Sheet (CSS). CSS wird in Zusammenhang mit XML genauso eingesetzt wie in HTML. **CSS und XSL**

- Transformation des XML-Dokuments in ein HTML-Dokument. Dazu kann die im Folgenden beschriebene Sprache XSL eingesetzt werden. Der Grund für die Transformation nach HTML ist in der Regel der Bedarf, das Dokument in einem Browser darzustellen, der eine direkte Formatierung mit CSS nicht ermöglicht.

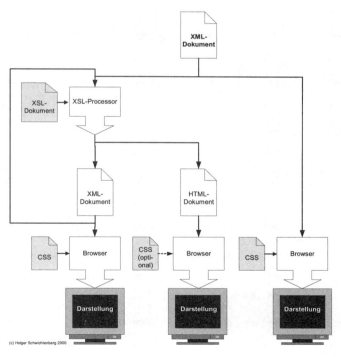

Abbildung B.5: Möglichkeiten für ein XML-Dokument, eine ansprechende Bildschirmdarstellung zu erreichen

Extensible Stylesheet Language for Transformations (XSLT)

XSLT XSLT ist eine XML-basierte Sprache zur Transformation eines XML-Dokuments. Ziel einer solchen Transformation kann ein anderes XML-Dokument oder ein HTML-Dokument sein. Der Grund für die Transformation nach HTML ist die Darstellung für den Menschen. Die Gründe, ein XML-Dokument in ein anderes zu transformieren, liegen darin, dass ein anderes System (oder ein Mensch) eine andere Strukturierung der Daten wünscht. Eine XSL-Transformation wird ausgeführt von einem *XSLT-Processor*. Die Microsoft-Komponente MSXML enthält neben einem XML-Parser auch einen XSLT-Processor.

Bei der Transformation in ein HTML-Dokument muss auch das daraus resultierende HTML den Wohlgeformtheitsregeln von XML entsprechen.

Standard-Darstellung im Internet Explorer

Die Standard-Darstellung in einer Baumstruktur erzeugt der Internet Explorer mit Hilfe einer eingebauten XSL-Datei, die eine HTML-Datei mit CSS-Vorlage sowie einigen Java-Script-Routinen erzeugt. Das Skript ist dabei für das Aufklappen und Kollabieren der Teilbäume zuständig.

Das nachfolgende Listing zeigt für die Datei XMLTEXT.XML das Ergebnis der Transformation einschließlich CSS- und JavaScript-Befehlen.

```
<HTML><HEAD>
<STYLE>BODY{font:x-small 'Verdana';margin-right:1.5em}
.c{cursor:hand}
.b{color:red;font-family:'Courier New';font-weight:bold;text-decoration:none}
.e{margin-left:1em;text-indent:-1em;margin-right:1em}
.k{margin-left:1em;text-indent:-1em;margin-right:1em}
.t{color:#990000}
.xt{color:#990099}
.ns{color:red}
.dt{color:green}
.m{color:blue}
.tx{font-weight:bold}
.db{text-indent:0px;margin-left:1em;margin-top:0px;margin-bottom:0px;padding-
left:.3em;border-left:1px solid #CCCCCC;font:small Courier}
.di{font:small Courier}
.d{color:blue}
.pi{color:blue}
.cb{text-indent:0px;margin-left:1em;margin-top:0px;margin-bottom:0px;padding-
left:.3em;font:small Courier;color:#888888}
.ci{font:small Courier;color:#888888}
PRE{margin:0px;display:inline}</STYLE>
<SCRIPT><!--
function f(e){
if (e.className=="ci"){if (e.children(0).innerText.indexOf("\n")>0) fix(e,"cb");
}
if (e.className=="di"){if (e.children(0).innerText.indexOf("\n")>0) fix(e,"db");
}
e.id="";
```

Darstellung von XML-Dokumenten

```
}
function fix(e,cl){
e.className=cl;
e.style.display="block";
j=e.parentElement.children(0);
j.className="c";
k=j.children(0);
k.style.visibility="visible";
k.href="#";
}
function ch(e){
mark=e.children(0).children(0);
if (mark.innerText=="+"){
mark.innerText="-";
for (var i=1;i<e.children.length;i++)
e.children(i).style.display="block";
}
else if (mark.innerText=="-"){
mark.innerText="+";
for (var i=1;i<e.children.length;i++)
e.children(i).style.display="none";
}}
function ch2(e){
mark=e.children(0).children(0);
contents=e.children(1);
if (mark.innerText=="+"){
mark.innerText="-";
if (contents.className=="db"||contents.className=="cb")
contents.style.display="block";
else contents.style.display="inline";
}
else if (mark.innerText=="-"){
mark.innerText="+";
contents.style.display="none";
}}
function cl(){
e=window.event.srcElement;
if (e.className!="c"){e=e.parentElement;if (e.className!="c"){return;}}
e=e.parentElement;
if (e.className=="e") ch(e);
if (e.className=="k") ch2(e);
}
function ex(){}
function h(){window.status=" ";}
document.onclick=cl;
--></SCRIPT>
</HEAD>
<BODY class="st"><DIV class="e">
<SPAN class="b"> </SPAN>
<SPAN class="m">&lt;?</SPAN><SPAN class="pi">xml version="1.0" encoding="UTF-8" </SPAN><SPAN class="m">?&gt;</SPAN>
</DIV>
```

Kurzeinführung in XML

```
<DIV class="k">
<SPAN><A class="b" onclick="return false" onfocus="h()" STYLE="visibility:hidden
">-</A>
<SPAN class="m">&lt;!--</SPAN></SPAN>
<SPAN id="clean" class="ci"><PRE> Dies ist das Dokument aus Anhang B des Buches
</PRE></SPAN>
<SPAN class="b"> </SPAN>
<SPAN class="m">--&gt;</SPAN>
<SCRIPT>f(clean);</SCRIPT></DIV>
<DIV class="e">
<DIV class="c" STYLE="margin-left:1em;text-indent:-
2em"><A href="#" onclick="return false" onfocus="h()" class="b">-</A>
<SPAN class="m">&lt;</SPAN><SPAN class="t">BUCH</SPAN><SPAN class="ns">
xmlns:dt</SPAN><SPAN class="m">="</SPAN><B class="ns">urn:schemas-microsoft-
com:datatypes</B><SPAN class="m">"</SPAN><SPAN class="m">&gt;</SPAN></DIV>
<DIV><DIV class="e">
<DIV class="c" STYLE="margin-left:1em;text-indent:-
2em"><A href="#" onclick="return false" onfocus="h()" class="b">-</A>
<SPAN class="m">&lt;</SPAN><SPAN class="t">Autor</SPAN><SPAN class="m">&gt;</
SPAN></DIV>
<DIV><DIV class="e"><DIV STYLE="margin-left:1em;text-indent:-2em">
<SPAN class="b"> </SPAN>
<SPAN class="m">&lt;</SPAN><SPAN class="t">Name</SPAN><SPAN class="m">&gt;</
SPAN><SPAN class="tx">Holger Schwichtenberg</SPAN><SPAN class="m">&lt;/</
SPAN><SPAN class="t">Name</SPAN><SPAN class="m">&gt;</SPAN>
</DIV></DIV>
<DIV class="e"><DIV STYLE="margin-left:1em;text-indent:-2em">
<SPAN class="b"> </SPAN>
<SPAN class="m">&lt;</SPAN><SPAN class="t">eMail</SPAN><SPAN class="m">&gt;</
SPAN><SPAN class="tx">hs@windows-scripting.de</SPAN><SPAN class="m">&lt;/</
SPAN><SPAN class="t">eMail</SPAN><SPAN class="m">&gt;</SPAN>
</DIV></DIV>
<DIV class="e"><DIV STYLE="margin-left:1em;text-indent:-2em">
<SPAN class="b"> </SPAN>
<SPAN class="m">&lt;</SPAN><SPAN class="t">WeitereDaten</SPAN>
<SPAN class="m"> /&gt;</SPAN>
</DIV></DIV>
<DIV><SPAN class="b"> </SPAN>
<SPAN class="m">&lt;/</SPAN><SPAN class="t">Autor</SPAN><SPAN class="m">&gt;</
SPAN></DIV>
</DIV></DIV>
<DIV class="e"><DIV STYLE="margin-left:1em;text-indent:-2em">
<SPAN class="b"> </SPAN>
<SPAN class="m">&lt;</SPAN><SPAN class="t">Verlag</SPAN><SPAN class="t"> Ort</
SPAN><SPAN class="m">="</SPAN><B>Muerchen</B><SPAN class="m">"</
SPAN><SPAN class="m">&gt;</SPAN><SPAN class="tx">Addison-Wesley</
SPAN><SPAN class="m">&lt;/</SPAN><SPAN class="t">Verlag</
SPAN><SPAN class="m">&gt;</SPAN>
</DIV></DIV>
<DIV class="e"><DIV STYLE="margin-left:1em;text-indent:-2em">
<SPAN class="b"> </SPAN>
<SPAN class="m">&lt;</SPAN><SPAN class="t">Jahr</SPAN><SPAN class="dt">
```

Darstellung von XML-Dokumenten

```
dt:dt</SPAN><SPAN class="m">=</SPAN><B class="dt">number</B><SPAN class="m">"</SPAN><SPAN class="m">&gt;</SPAN><SPAN class="tx">2000</SPAN><SPAN class="m">&lt;/</SPAN><SPAN class="t">Jahr</SPAN><SPAN class="m">&gt;</SPAN>
</DIV></DIV>
<DIV class="e"><DIV STYLE="margin-left:1em;text-indent:-2em">
<SPAN class="b"> </SPAN>
<SPAN class="m">&lt;</SPAN><SPAN class="t">Seitenanzahl</SPAN><SPAN class="m">&gt;</SPAN><SPAN class="tx">&gt;800 &amp; &lt;900</SPAN><SPAN class="m">&lt;/</SPAN><SPAN class="t">Seitenanzahl</SPAN><SPAN class="m">&gt;</SPAN>
</DIV></DIV>
<DIV><SPAN class="b"> </SPAN>
<SPAN class="m">&lt;/</SPAN><SPAN class="t">BUCH</SPAN><SPAN class="m">&gt;</SPAN></DIV>
</DIV></DIV>
</BODY>
</HTML>
```

Listing B.4: *Jede XML-Datei, für die keine Darstellung via CSS oder XSL-Transformation definiert ist, wird auf diese Weise vom Internet Explorer dargestellt. [xmltest_Standarddarstellung.htm]*

Sobald ein eigenes Style Sheet definiert ist, wird die Standard-XSL-Transformation nicht mehr ausgeführt. Dabei kann man den Browser austricksen, indem man ein Style-Sheet-Tag in das XML-Dokument einbaut, ohne aber wirklich eine CSS-Datei einzubinden. Sobald der Browser das nachfolgende Tag liest, wird die Baumdarstellung nicht mehr aktiviert:

```
<?xml-stylesheet type="text/css"?>
```

Auf der CD ist ein Beispiel unter dem Namen [unterdrueckte_baumdarstellung.xml].

HTML in XML

Innerhalb eines XML-Dokuments können HTML-Tags verwendet werden. Der Browser wird diese unter folgenden Voraussetzungen korrekt formatieren:

1. Die Standard-Baumdarstellung wird unterdrückt, indem ein Stylesheet-Tag (egal ob mit oder ohne Angabe einer Stylesheet-Datei) im Dokument steht.

   ```
   <?xml-stylesheet type="text/css"?>
   ```

2. Es wird ein Namensraum mit dem Präfix »html« definiert. Dabei ist der URI des Namensraums unerheblich. Ebenso ist unerheblich, ob Sie das Namensraumpräfix groß oder klein schreiben.

   ```
   <GemischteSeite xmlns:html="HTTP://www.w3.org/TR/REC-html40">
   ```

3. Für jedes HTML-Tag wird Bezug auf den Namensraum genommen, z.B.

   ```
   <html:B>Fetter Text</html:B>
   ```

Es folgt ein Beispiel.

```xml
<?xml version="1.0" encoding="ISO-8859-1"?>
<?xml-stylesheet type="text/css"?>
<GemischteSeite xmlns:html="HTTP://www.w3.org/TR/REC-html40">

<IRGENDWAS>Unformatiertes XML</IRGENDWAS>

<!-- html-Insel -->
    <html:HR/>
    <html:h1>Jetzt kommt formatiertes html</html:h1>
    <html:U>Unterstrichener Text</html:U>
    <html:BR/>
    <html:B>Fetter Text</html:B>
    <html:BR/>
    <html:I>kursiver Text</html:I>
    <html:P/>
    <html:HR/>
<!-- Ende der html-Insel -->

<BUCH xmlns:dt="urn:schemas-microsoft-com:datatypes">
Das folgende pure XML wird nicht formatiert!
<Autor>
<Name>Holger Schwichtenberg</Name>
<eMail>hs@windows-scripting.de</eMail>
<WeitereDaten/>
</Autor>
</BUCH>

</GemischteSeite>
```

Listing B.5: HTML in XML eingebettet [CD:/code/Anhang/xml/XML_HTML.xml]

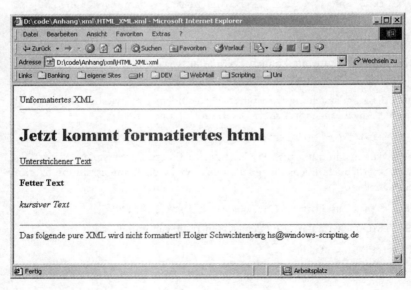

Abbildung B.6: Darstellung der Datei »XML_HTML.xml« im Internet Explorer 5.5

B.9 XML und Scripting

In diesem Buch bekommen Sie es an verschiedenen Stellen mit XML zu tun:

XML-Scripting und XML beim Scripting

- Dateien des Windows Script Hosts (WSH) können XML-strukturiert sein. Dieses Feature gibt es seit WSH Version 2.0 (siehe Kapitel 4).

- Windows Script Components müssen XML-strukturiert sein (siehe Kapitel 6).

- Da jedes HTML-Tag in ein XML-Dokument eingebunden werden kann, können Sie mit dem <SCRIPT>-Tag auch Skripte in XML-Dateien einbauen – das funktioniert genauso wie das in Kapitel 4 beschriebene Dynamic HTML Scripting. Ebenso können Sie aus einer XML-Datei mit Hilfe von XSLT eine HTML-Ausgabe mit Skripten erzeugen.

- In Kapitel 4 finden Sie einen knappen Einstieg in den Scripting Host, der in den XSLT-Processor des MSXML-Parsers integriert ist.

- Im .NET-Framework (Kapitel 7) wird XML im Rahmen des Simple Object Access Protocols (SOAP) und als Datenformat für Konfigurationsdateien verwendet.

Im COM-Komponentenhandbuch finden sich weitere Berührungspunkte mit XML:

- Mit den ActiveX Data Objects kann man Daten in XML-Form persistent machen.

- Das Document Object Model (DOM) für XML wird vorgestellt, mit dem Sie per Programmcode XML-Dokumente erstellen, parsen, transformieren und bearbeiten können.

C Visual Basic-Funktionen

Dieser Anhang listet alle eingebauten Funktionen von Visual Basic auf. Funktionen, die in der zweiten Spalte mit einem *V* markiert sind, sind nur im VB-Vollprodukt in der Version 6.0 sowie in VBA 6.0 verfügbar. Ein *S* bedeutet, dass diese Funktion nur in Visual Basic Script verfügbar ist.

Erläuterung der Kürzel

Diese Auflistung beschränkt sich auf die eingebauten Funktionen. Sprachkonstrukte und Operatoren werden in Kapitel 3 vorgestellt. Detailliertere Informationen zu den Parametern erhalten Sie in der Datei VBSCRIP5.CHM [CD:/weitere Informationen/Sprachen/VBScrip5.chm].

C.1 Numerische Funktionen

Syntax		Beschreibung
Abs(Zahl)		Absolutwert einer Zahl (d.h. ohne Vorzeichen)
Atn(Zahl)		Arkustangens einer Zahl
Cos(Zahl)		Berechnet den Kosinus eines Winkels
Exp(Zahl)		Gibt e (die Basis des natürlichen Logarithmus) potenziert mit einer Zahl zurück
Fix(Zahl)		Gibt den ganzzahligen Anteil einer Zahl zurück. Auch bei negativen Zahlen wird der gebrochene Anteil abgeschnitten.
Int(Zahl)		Gibt den ganzzahligen Anteil einer Zahl zurück. Im Gegensatz zu Fix() rundet Int() bei negativen gebrochenen Zahlen zur nächst kleineren ganzen negativen Zahl ab.
Log(Zahl)		Gibt den natürlichen Logarithmus einer Zahl zurück
Partition(number, start, stop, interval)	V	Gibt einen Wert vom Typ *String* zurück, der anzeigt, an welcher Stelle innerhalb einer berechneten Folge von Bereichen eine Zahl auftritt
Rnd[(Zahl)]		Gibt eine Zufallszahl >= 0 und < 1 zurück.
Round(Ausdruck[, AnzDezimalstellen])		Gibt eine auf die angegebene Anzahl von Dezimalstellen gerundete Zahl zurück
Sgn(Zahl)		Gibt einen Wert zurück, der das Vorzeichen einer Zahl repräsentiert: -1 bedeutet kleiner 0, 0 bedeutet 0, 1 bedeutet größer 0.
Sin(Zahl)		Berechnet den Sinus eines Winkels

Syntax	Beschreibung
Sqr(Zahl)	Quadratwurzel einer Zahl
Tan(Zahl)	Berechnet den Tangens eines Winkels

C.2 Finanzmathematische Funktionen

Syntax		Beschreibung
DDB(cost, salvage, life, period[, factor])	V	Gibt einen Wert vom Typ *Double* zurück, der die Abschreibung eines Vermögenswerts über einen bestimmten Zeitraum mit Hilfe der geometrisch degressiven Abschreibungsmethode oder einer von Ihnen ausgewählten Methode angibt
FV(rate, nper, pmt [, pv[, type]])	V	Gibt einen Wert vom Typ *Double* zurück, der den zukünftigen Wert einer Annuität bei regelmäßigen, konstanten Zahlungsausgängen und einem konstanten Zinssatz angibt
IPmt(rate, per, nper, pv[, fv[, type]])	V	Gibt einen Wert vom Typ *Double* zurück, der die Zinszahlung für einen bestimmten Zeitraum einer Annuität bei regelmäßigen, konstanten Zahlungen und einem konstanten Zinssatz angibt
IRR(values()[, guess])	V	Gibt einen Wert vom Typ *Double* zurück, der den internen Ertragssatz für eine Folge regelmäßiger Cash Flows (Aus- und Einzahlungen) angibt
MIRR(values(), finance_rate, reinvest_rate)	V	Gibt einen Wert vom Typ *Double* zurück, der den modifizierten internen Ertragssatz für eine Folge regelmäßiger Cash Flows (Aus- und Einzahlungen) angibt
NPer(rate, pmt, pv [, fv[, type]])	V	Gibt einen Wert vom Typ *Double* zurück, der die Anzahl der Zeiträume für eine Annuität bei regelmäßigen, konstanten Zahlungen und einem konstanten Zinssatz angibt
NPV(rate, values())	V	Gibt einen Wert vom Typ *Double* zurück, der den Netto-Barwert einer Investition bei regelmäßigen Cash Flows (Aus- und Einzahlungen) und einem Diskontsatz angibt
Pmt(rate, nper, pv [, fv[, type]])	V	Gibt einen Wert vom Typ *Double* zurück, der die Auszahlung für eine Annuität bei regelmäßigen konstanten Zahlungsausgängen und konstantem Zinssatz angibt
PPmt(rate, per, nper, pv[, fv[, type]])	V	Gibt einen Wert vom Typ *Double* zurück, der den Kapitalanteil einer Auszahlung für einen bestimmten Zeitraum einer Annuität bei regelmäßigen konstanten Auszahlungen und einem konstanten Zinssatz angibt

Syntax		Beschreibung
PV(rate, nper, pmt [, fv[, type]])	V	Gibt einen Wert vom Typ *Double* zurück, der den Barwert einer Annuität bei zukünftig regelmäßig und konstant zu leistenden Zahlungsausgängen und einem konstanten Zinssatz angibt.
Rate(nper, pmt, pv [, fv[, type[, guess]]])	V	Gibt einen Wert vom Typ *Double* zurück, der den Zinssatz einer Annuität pro Zeitraum angibt
SLN(cost, salvage, life)	V	Gibt einen Wert vom Typ *Double* zurück, der die arithmetische Abschreibung eines Vermögenswerts über einen bestimmten Zeitraum angibt
SYD(cost, salvage, life, period)	V	Gibt einen Wert vom Typ *Double* zurück, der die Jahresabschreibung eines Vermögenswerts über einen bestimmten Zeitraum angibt

C.3 Formatierungs-Funktionen

Syntax		Beschreibung
Format(Ausdruck[, Format[, firstdayofweek[, firstweekofyear]]])	V	Gibt einen Wert vom Typ *String* zurück, der einen entsprechend den Anweisungen in einem Formatausdruck formatierten Ausdruck enthält
FormatPercent(Ausdruck[,AnzDezimalstellen [,FührendeNull [,KlammernFürNegativeWerte [,Ziffern Gruppieren]]]])		Gibt einen Ausdruck als Prozentangabe (multipliziert mit 100) und mit einem abschließenden Prozentzeichen (»%«) zurück
FormatDateTime (Datum[,Formatname])		Gibt einen Ausdruck im Datums- oder Zeitformat zurück
FormatNumber(Ausdruck[,AnzDezimalstellen [,FührendeNull [,KlammernFürNegativeWerte [,Ziffern Gruppieren]]]])		Gibt einen als Zahl formatierten Ausdruck zurück
FormatCurrency (Ausdruck[,AnzDezimal stellen [,FührendeNull [,KlammernFürNegativeWerte [,ZiffernGruppieren]]]])		Gibt einen Ausdruck als Währungsbetrag zurück, der mit dem in der Systemsteuerung festgelegten Währungssymbol formatiert ist

C.4 String-Funktionen

Syntax	Beschreibung
Asc(Zeichenfolge)	Gibt den Zeichencode zurück, der dem ersten Buchstaben in einer Zeichenfolge entspricht
Chr(Zeichencode)	Gibt das Zeichen mit dem angegebenen ANSI-Zeichencode zurück
InStr([Start,]Zeichenfolge1, Zeichenfolge2[, Vergleich])	Gibt die Position des ersten Auftretens einer Zeichenfolge innerhalb einer anderen Zeichenfolge zurück
InStrRev(Zeichenfolge1, Zeichenfolge2[, Start[, Vergleich]])	Gibt die Position des Vorkommens einer Zeichenfolge in einer anderen Zeichenfolge zurück, wobei vom Ende der Zeichenfolge aus gezählt wird
Join(Liste[, Trennzeichen])	Gibt eine Zeichenfolge zurück, die durch Verbinden mehrerer Teilzeichenfolgen in einem Datenfeld erstellt wurde
LCase(Zeichenfolge)	Gibt eine Zeichenfolge zurück, in der alle Buchstaben in Kleinbuchstaben umgewandelt wurden
UCase(Zeichenfolge)	Gibt eine Zeichenfolge zurück, die in Großbuchstaben umgewandelt wurde
Left(Zeichenfolge, Länge)	Gibt eine bestimmte Anzahl von Zeichen ab dem ersten (linken) Zeichen einer Zeichenfolge zurück
Len(Zeichenfolge | Variablenname)	Gibt die Anzahl der Zeichen in einer Zeichenfolge oder die zum Speichern einer Variablen erforderlichen Bytes zurück
Ltrim(Zeichenfolge)	Gibt eine Kopie einer Zeichenfolge ohne vorangestellte Leerzeichen zurück
Mid(Zeichenfolge, Start[, Länge])	Gibt eine bestimmte Anzahl von Zeichen aus einer Zeichenfolge zurück
Replace(Ausdruck, SuchZF, ErsetzenDurch[, Start[, Anzahl[, Vergleich]]])	Gibt eine Zeichenfolge zurück, in der eine bestimmte Zeichenfolge durch eine andere Zeichenfolge so oft wie angegeben ersetzt wurde
Right(Zeichenfolge, Länge)	Gibt einen Wert vom Typ *String* zurück, der eine bestimmte Anzahl von Zeichen von der rechten Seite (dem Ende) einer Zeichenfolge enthält
Rtrim(Zeichenfolge)	Gibt die Kopie einer Zeichenfolge ohne nachfolgende Leerzeichen zurück
Space(Zahl)	Gibt eine Zeichenfolge mit einer bestimmten Anzahl an Leerzeichen zurück
Split(Ausdruck[, Trennzeichen[, Anzahl[, Vergleich]]])	Gibt ein nullbasiertes eindimensionales Datenfeld zurück, das eine bestimmte Anzahl von Teilzeichenfolgen enthält

Datum/Uhrzeit

Syntax	Beschreibung
`StrComp(Zeichenfolge1, Zeichenfolge2[, Vergleich])`	Gibt einen Wert zurück, der das Ergebnis eines Zeichenfolgenvergleichs angibt
`String(Zahl, Zeichen)`	Gibt eine Zeichenfolge der angegebenen Länge mit einem sich wiederholenden Zeichen zurück
`StrReverse(Zeichenfolge1)`	Gibt eine Zeichenfolge zurück, in der die Reihenfolge der Zeichen der angegebenen Zeichenfolge umgekehrt wurde
`Trim(Zeichenfolge)`	Gibt die Kopie einer Zeichenfolge ohne vorangestellte oder nachfolgende Leerzeichen zurück

C.5 Datum/Uhrzeit

Syntax	Beschreibung
`Date()`	Gibt das aktuelle Systemdatum zurück
`DateAdd(Intervall, Anzahl, Datum)`	Gibt ein Datum, zu dem ein angegebenes Zeitintervall addiert wurde, zurück
`DateDiff(Intervall, Datum1, Datum2 [,Erster Wochentag[, ErsteWocheimJahr]])`	Gibt den Zeitraum zwischen zwei Datumsangaben zurück
`DatePart(Intervall, Datum [,ErsterWochentag[, ErsteWocheimJahr]])`	Gibt den angegebenen Teil eines Datums zurück
`DateSerial(Jahr, Monat, Tag)`	Setzt ein Datum (Datentyp *Date*) aus Einzelangabe für Jahr, Monat und Tag zusammen.
`DateValue(Datum)`	Extrahiert ein Datum (Datentyp *Date*) aus einem String.
`Day(Datum)`	Gibt den Tag des Monats als ganze Zahl im Bereich von 1 bis 31 zurück
`Hour(Uhrzeit)`	Gibt eine ganze Zahl im Bereich von 0 bis 23 zurück, die die Stunde des Tags darstellt
`Minute(Uhrzeit)`	Gibt eine ganze Zahl im Bereich von 0 bis 59 zurück, die die Minute in der Stunde darstellt
`Month(Datum)`	Gibt eine ganze Zahl im Bereich von 1 bis 12 zurück, die den Monat im Jahr darstellt
`MonthName(Monat[, Abkürzung])`	Gibt eine Zeichenfolge für den angegebenen Monat zurück. Abkürzung = *True*|*False*.
`Now()`	Gibt das aktuelle Datum und die aktuelle Zeit aus den Einstellungen für das Systemdatum und die Systemzeit auf Ihrem Computer zurück

Syntax		Beschreibung
Second(Uhrzeit)		Gibt eine ganze Zahl im Bereich von 0 bis 59 zurück, die die Sekunde in der Minute darstellt
SetLocale(lcid)		Legt das globale Gebietsschema fest und gibt das vorherige Gebietsschema zurück
Time		Gibt einen Wert vom Typ Date zurück, der die aktuelle Systemzeit angibt
Timer		Gibt die Anzahl der seit 24:00 Uhr (Mitternacht) vergangenen Sekunden an
TimeSerial(Stunde, Minute, Sekunde)		Setzt eine Uhrzeit (Datentyp *Date*) aus Einzelangaben für Stunde, Minute und Sekunde zusammen.
TimeValue(Uhrzeit)		Extrahiert eine Uhrzeit (Datentyp *Date*) aus einem String.
Weekday(Datum, [ErsterWochentag])		Gibt den Wochentag als ganze Zahl zurück
WeekdayName(Wochentag, Abkürzen, ErsterWochentag)		Gibt eine Zeichenfolge mit dem angegebenen Wochentag zurück
Year(Datum)		Gibt das Jahr als ganze Zahl zurück

C.6 Arrayfunktionen

Syntax		Beschreibung
Array(Argumentliste)		Gibt einen *Variant*-Wert zurück, der ein Datenfeld enthält
UBound(Datenfeldname[, Dimension])		Gibt den größten verfügbaren Index für die angegebene Dimension eines Datenfelds zurück
LBound(Datenfeldname[, Dimension]))		Gibt den kleinsten verfügbaren Index für die angegebene Dimension eines Datenfelds zurück

C.7 Funktionen zur Arbeit mit COM

Syntax		Beschreibung
CreateObject(Servername.Klassenname [, Computer])		Instanziiert eine COM-Klasse auf einem bestimmten Computer und liefert einen Zeiger auf die neu erstellte Instanz
GetAutoServerSettings([progid], [clsid])	V	Gibt Informationen über den Status der ActiveX-Komponentenregistrierung zurück

Syntax		Beschreibung
GetObject([Moniker] [, Klasse])		Aktiviert eine bestehende Instanz einer COM-Klasse auf Basis des übergebenen COM-Monikers oder erstellt eine neue Instanz
GetRef(ProzName)	S	Gibt einen Zeiger auf eine Unterroutine zurück. Dieser Zeiger dient zur Bindung an Ereignisse, insbesondere bei der Arbeit mit dem DOM

C.8 Systemfunktionen und Ein-/Ausgabe

Syntax		Beschreibung
CallByName(object, procname, calltype, [args()])	V	Setzt oder liest eine Objekteigenschaft aus oder führt eine Methode zur Laufzeit aus.
Command	V	Gibt den Argument-Abschnitt der Befehlszeile zurück, die verwendet wird, um Microsoft Visual Basic oder ein ausführbares Programm aufzurufen, das mit Visual Basic entwickelt wurde. Diese Funktion steht nur in der VB-Vollversion zur Verfügung.
CurDir[(Laufwerk)]	V	Gibt einen Wert vom Typ *String* zurück, der den aktuellen Pfad darstellt
Dir[(Pfadname[, Attribute])]	V	Gibt eine Zeichenfolge zurück, die den Namen einer Datei, eines Verzeichnisses oder eines Ordners darstellt, der mit einem bestimmten Suchmuster, einem Dateiattribut oder mit der angegebenen Datenträger- bzw. Laufwerksbezeichnung übereinstimmt
DoEvents( )	V	Übergibt die Steuerung an das Betriebssystem, damit es andere Ereignisse verarbeiten kann
Environ({envstring | number})	V	Gibt die mit einer Betriebssystem-Umgebungsvariablen verbundene Zeichenfolge (String) zurück
EOF(Dateinummer)	V	Gibt einen Wert vom Typ *Integer* zurück, der den *Boolean*-Wert True enthält, wenn das Ende einer Datei, die im Zugriffsmodus Random oder Input geöffnet wurde, erreicht worden ist
FileAttr(filenumber, returntype)	V	Gibt einen Wert vom Typ *Long* zurück, der den Zugriffsmodus für mit der Open-Anweisung geöffnete Dateien darstellt
FileDateTime (Pfadname)	V	Gibt einen Wert vom Typ *Date* zurück, der den Tag und die Uhrzeit der Erstellung bzw. der letzten Änderung der Datei anzeigt
FileLen(Pfadname)	V	Gibt einen Wert vom Typ *Long* zurück, der die Länge einer Datei in Bytes angibt

Syntax		Beschreibung
FreeFile[(Bereichsnummer)]	V	Gibt einen Wert vom Typ *Integer* zurück, der die nächste verfügbare Dateinummer darstellt, die die Open-Anweisung zum Öffnen einer Datei verwenden kann
GetAllSettings(appname, section)	V	Gibt eine Liste von Schlüsseleinstellungen zusammen mit den zugehörigen Werten (die ursprünglich mit SaveSetting erstellt wurden) für den Eintrag einer Anwendung in der Windows-Registry zurück
GetAttr(Pfadname)	V	Gibt einen Wert vom Typ *Integer* zurück, der die Attribute einer Datei, eines Verzeichnisses oder eines Ordners darstellt
GetLocale()	V	Gibt den aktuellen Gebietsschema-ID-Wert zurück
GetSetting(appname, section, key[, default])	V	Gibt einen Wert einer Schlüsseleinstellung aus dem Eintrag einer Anwendung in der Windows-Registry zurück
InputBox(Eingabeaufforderung[, Titel][, Standard][, xpos][, ypos][, Hilfedatei, Kontext])		Zeigt in einem Dialogfeld eine Eingabeaufforderung an, wartet auf eine Texteingabe oder die Auswahl einer Schaltfläche durch den Benutzer und gibt den Inhalt des Textfelds zurück
LoadPicture(Bildname)		Lädt ein Bild in den Speicher und liefert einen Zeiger auf ein Objekt der eingebauten Klasse Picture. Folgende Grafikformate werden akzeptiert: .BMP, .ICO, .RLE, .WMF, .EMF, .GIF und .JPG.
LoadResData(Index, Format)	V	Lädt Daten aus mehreren möglichen Typen von Ressourcedateien (.RES) und gibt ein Byte-Datenfeld zurück
LoadResPicture(Index, Format)	V	Lädt eine Bitmap, ein Symbol oder einen Cursor aus einer Ressourcedatei (.RES)
LoadResString(Index)	V	Lädt eine Zeichenfolge aus einer Ressourcedatei (.RES)
Loc(Dateinummer)	V	Gibt einen Wert vom Typ *Long* zurück, der die aktuelle Schreib-/Leseposition innerhalb einer geöffneten Datei angibt
LOF(Dateinummer)	V	Gibt einen Wert vom Typ *Long* zurück, der die Größe einer mit der Open-Anweisung geöffneten Datei in Bytes angibt
MsgBox(Eingabeaufforderung[, Schaltflächen][, Titel][, Hilfedatei, Kontext])		Zeigt eine Meldung in einem Dialogfeld an, wartet darauf, dass der Benutzer auf eine Schaltfläche klickt, und gibt einen Wert zurück, der anzeigt, auf welche Schaltfläche geklickt wurde
ScriptEngine	S	Gibt eine Zeichenfolge mit der gerade verwendeten Skriptsprache zurück
ScriptEngineBuildVersion	S	Gibt die Build-Versionsnummer des verwendeten Skriptmoduls zurück

Typprüfung und -umwandlung

Syntax		Beschreibung
ScriptEngineMajorVersion	S	Gibt die Haupt-Versionsnummer des verwendeten Skriptmoduls zurück
ScriptEngineMinorVersion	S	Gibt die Neben-Versionsnummer des verwendeten Skriptmoduls zurück
Seek(Dateinummer)	V	Gibt einen Wert vom Typ *Long* zurück, der die aktuelle Schreib-/Leseposition in einer Datei festlegt, die mit der Open-Anweisung geöffnet wurde

C.9 Typprüfung und -umwandlung

Syntax		Beschreibung
CBool(Ausdruck)		Umwandlung des übergebenen Ausdrucks in einen Wert vom Typ *Boolean*
Cbyte(Ausdruck)		Umwandlung des übergebenen Ausdrucks in einen Wert vom Typ *Byte*
CCur(Ausdruck)		Umwandlung des übergebenen Ausdrucks in einen Wert vom Typ *Currency*
CDate(Datum)		Umwandlung des übergebenen Ausdrucks in einen Wert vom Typ *Date*
CDbl(Ausdruck)		Umwandlung des übergebenen Ausdrucks in einen Wert vom Typ *Double*
CInt(Ausdruck)		Umwandlung des übergebenen Ausdrucks in einen Wert vom Typ *Integer*
CLng(Ausdruck)		Umwandlung des übergebenen Ausdrucks in einen Wert vom Typ *Long*
CSng(Ausdruck)		Umwandlung des übergebenen Ausdrucks in einen Wert vom Typ *Single*
CStr(Ausdruck)		Umwandlung des übergebenen Ausdrucks in einen Wert vom Typ *String*
Hex(Zahl)		Gibt eine Zeichenfolge mit der Hexadezimaldarstellung einer Zahl zurück
IsArray(VarName)		Gibt einen *Boolean*-Wert zurück, der angibt, ob es sich bei einer Variablen um ein Datenfeld handelt
IsDate(Ausdruck)		Gibt einen *Boolean*-Wert zurück, der angibt, ob ein Ausdruck in ein Datum konvertiert werden kann
IsEmpty(Ausdruck)		Gibt einen *Boolean*-Wert zurück, der angibt, ob eine Variable initialisiert wurde
IsError(Ausdruck)	V	Gibt einen Wert vom Typ *Boolean* zurück, der angibt, ob ein Ausdruck ein Fehlerwert ist

Syntax		Beschreibung
IsMissing(ArgName)	V	Gibt einen Wert vom Typ *Boolean* zurück, der angibt, ob einer Prozedur ein optionales Argument vom Typ Variant übergeben wurde
IsNull(Ausdruck)		Gibt einen *Boolean*-Wert zurück, der angibt, ob ein Ausdruck ungültige Daten (Null) enthält
IsNumeric(Ausdruck)		Gibt einen *Boolean*-Wert zurück, der angibt, ob ein Ausdruck als Zahl ausgewertet werden kann
IsObject(Ausdruck)		Gibt einen *Boolean*-Wert zurück, der angibt, ob ein Ausdruck auf ein gültiges Automatisierungsobjekt verweist
Oct(Zahl)		Gibt eine Zeichenfolge mit der Oktaldarstellung einer Zahl zurück
Str(Zahl)	V	Gibt einen Wert vom Typ *String* zurück, der eine Zahl darstellt
StrConv(string, conversion, LCID)	V	Gibt einen Wert vom Typ *String* zurück, der wie angegeben umgewandelt wurde
TypeName(VarName)		Gibt eine Zeichenfolge zurück, die den Datentyp einer Variablen in Form einer *String*-Konstante enthält
Val(Zeichenfolge)	V	Gibt die in einer Zeichenfolge enthaltenen Zahlen als einen numerischen Wert eines geeigneten Typs zurück
VarType(VarName)		Gibt eine Zeichenfolge zurück, die den Datentyp einer Variablen in Form einer numerischen Konstante enthält

C.10 Sonstige Funktionen

Syntax		Beschreibung
Eval(Ausdruck)	S	Wertet einen Ausdruck aus und gibt das Ergebnis zurück
Execute(Code)	S	Ausführung des in Form einer Zeichenkette übergebenen Programmcodes
ExecuteGlobal(Code)	S	Ausführung des in Form einer Zeichenkette übergebenen Programmcodes. ExecuteGlobal() führt die übergebenen Befehle im Gegensatz zu Execute() im globalen Namespace aus.
Choose(Index, Auswahl 1[, Auswahl-2, ... [, Auswahl-n]])	V	Wählt einen Wert aus einer Liste von Argumenten aus und gibt ihn zurück
CVErr(Fehlernummer)	V	Gibt einen Wert vom Typ *Error* zurück, der eine vom Benutzer festgelegte Fehlernummer enthält

Sonstige Funktionen

Syntax		Beschreibung
Error[(Fehlernummer)]	V	Gibt die Fehlermeldung zu einer bestimmten Fehlernummer zurück
Filter(Zeichenfolgen, Wert[, Einschließen[, Vergleich]])		Gibt ein nullbasiertes Datenfeld zurück, das anhand bestimmter Filterkriterien einen Teilbereich eines Zeichenfolgendatenfelds enthält
IIf(expr, truepart, falsepart)	V	Gibt einen von zwei Teilen zurück, abhängig von der Auswertung eines Ausdrucks
QBColor(Farbe)	V	Gibt einen Wert vom Typ *Long* zurück, der dem RGB-Farb-Code einer bestimmten Farbnummer entspricht
RGB(Rot, Grün, Blau)		Gibt eine Zahl zurück, die einen RGB-Farbwert darstellt
Switch(Ausdr-1, Wert-1[, Ausdr-2, Wert-2 ... [, Ausdr-n,Wert-n]])	V	Wertet eine Liste von Ausdrücken aus und gibt einen Wert vom Typ *Variant* oder einen Ausdruck zurück, der dem ersten Ausdruck in der Liste zugeordnet ist, der *True* ergibt

D CD-ROM und Website

D.1 Der Inhalt der CD-ROM

Die diesem Buch beiliegende CD enthält folgende Verzeichnisse:

\CODE	Das Verzeichnis enthält alle Programmbeispiele aus dem Buch, geordnet nach Kapiteln und Unterkapiteln.
\INSTALL	Add-ons, Komponenten, Sprachen und Tools für das Windows Scripting (zum Teil als Vollversionen, zum Teil als Demo-Versionen). Dieses Verzeichnis ist nach Kapiteln (in denen das Programm besprochen wurde) und Produktnamen weiter untergliedert. Das \INSTALL-Verzeichnis enthält zum Teil auch .REG-Dateien und Skripte, die im Buch beschriebene Änderungen an der Registry durchführen.
\KONSTANTENLISTEN	Bei der Besprechung einiger Komponenten wird Bezug auf Konstantenlisten genommen, die sich auf Grund ihrer Größe nicht für den Abdruck im Buch geeignet haben. Diese finden Sie als Textdateien in diesem Verzeichnis.
\UMGEBUNG	Dieses Verzeichnis enthält Dateien, die von einigen Skripten als Arbeitsdateien verwendet werden. In den Skripten haben diese Dateien immer den Pfad D:\BUCH. Kopieren Sie die Dateien dieses Verzeichnisses vorzugsweise auch nach D:\BUCH auf Ihre Festplatte. Andernfalls müssen Sie die Pfade in den Skripten anpassen.
\WEBSITE_ZUM_BUCH	Hier finden Sie eine HTML-Datei, die Ihnen sagt, wie Sie sich in den geschützten Leser-Bereich auf der Website zu diesem Buch anmelden können.
\WEITERE_INFORMATIONEN	Dieses Verzeichnis enthält das ActiveX Scripting FAQ von Mark M. Baker, die Microsoft VB-Script-Dokumentation und eine HTML-Seite mit den Internet-Links aus Anhang E.

D.2 Die Website zu diesem Buch

Zu diesem Buch existiert eine eigene Website:

HTTP://WWW.WINDOWS-SCRIPTING.DE

Sie als Leser haben neben den öffentlichen Bereichen auch die Möglichkeit, auf einen geschützten Bereich zuzugreifen, der besondere Informationen enthält:

Weitere Informationen und Unterstützung im WWW

▶ **Downloads:** Die aktuellen Versionen der in diesem Buch abgedruckten Skripte sowie weitere Skripte.

CD-ROM und Website

- **Diskussionsrunde:** Wenn Sie Fragen haben oder eine Meinung zu einem Thema dieses Buchs äußern möchten, dann können Sie hier auf Reaktionen anderer Leser und des Autors hoffen.

- **Leser-Bewertung:** Geben Sie Ihre Noten für dieses Buch und lesen Sie nach, was andere Leser von diesem Buch halten.

- **Bug-Report:** Melden Sie hier Fehler, die Sie in diesem Buch gefunden haben! Hier können Sie auch nachlesen, welche Fehler andere nach Drucklegung gefunden haben.

- **Newsletter:** Alle registrierten Leser erhalten in unregelmäßigen Abständen einen Newsletter.

Der Zugang zur Leser-Webseite ist durch ein Passwort geschützt. Wie Sie zu Ihrem persönlichen Zugang kommen, steht auf der CD im Unterverzeichnis /WEBSITE_ZUM_BUCH in der Datei ANMELDUNG.HTM.

E Hinweise zum Buch

E.1 Sprachliche Konventionen

Die gleiche Sprache zu sprechen, ist in der immer komplizierter werdenden IT-Welt nicht einfach. Hier einige sprachliche Konventionen, die in diesem Buch zur Anwendung kommen:

- Die Verwendung des Begriffs »Windows NT« oder einfach »NT« umfasst auch – sofern nicht anders erwähnt – Windows 2000. Windows 2000 ist nur ein Marketingbegriff; das Betriebssystem heißt intern »Windows NT 5.0«. Dagegen schließt »Windows NT 4.0« (oder kurz »NT4«) das neue Windows 2000 nicht mit ein. **NT**

- Windows 9x steht für Windows 95 und Windows 98. **Windows 9x**

- Microsoft hat die Nachfolgeversion von Windows 2000 mehrfach umbenannt. Die Entwicklung erfolgte unter dem Codenamen *Whistler*. Die Home- und die Professional-Version erschienen 2001 unter dem Namen *Windows XP*. Die Server-Versionen sollten *Windows 2002* heißen. Später erfolgte die Umbenennung in Windows .NET Server. Kurz vor Redaktionsschluss zu diesem Buch war der aktuelle Name *Windows .NET Server 2003*. In diesem Buch wird die Bezeichnung *Windows .NET Server* verwendet. **Windows .NET Server**

- Bezüglich der Visual Basic-Sprachfamilie werden folgende Sprachregelungen angewandt:
    - Visual Basic (oder kurz »VB«) wird als Oberbegriff für die Sprachfamilie verwendet. **VB**
    - Die Bezeichnung *VB-Vollversion* wird für die kompilierungsfähige Programmiersprache im Rahmen von Visual Studio verwendet. VB6 bezeichnet Version 6 des großen VB. **VB6**
    - Wie üblich, wird Visual Basic .NET mit *VB.NET* abgekürzt. **VB.NET**
    - Das Kürzel *VB6/A/.NET* bedeutet: VB6, VBA und VB.NET. Diese Abkürzung ist sinnvoll, um Sätze prägnant zu halten, die für alle drei Versionen gelten. **VB6/A/.NET**
    - Die Ausdrücke *Visual Basic Script*, *VBScript* und *VBS* bezeichnen die Skriptsprache. **VBS**

- Dieses Buch verwendet absichtlich viele englische Fachbegriffe bzw. Anglizismen, da deutsche Übersetzungen oft mehrdeutig bzw. kompliziert sind. Außerdem haben sich die englischen Fachbegriffe unter Experten so sehr etabliert, dass es manchmal nur zu Verwirrung führt, wenn man deutsche Übersetzungen verwendet. **Englische Begriffe**

- Automation und Automatisierung: Die Abgrenzung dieser beiden Begriffe ist bei vielen Autoren unklar. Einerseits verstehen Autoren darunter die Durchführung administrativer Aufgaben durch Programme, andererseits stehen die Begriffe für ein spezielles Verfahren innerhalb des Component Object Models (COM). Dabei sind diese Bedeutungen keineswegs gleichzusetzen. In diesem Buch wird das COM-Verfahren stets Automation, der allgemeine Begriff jedoch Automatisierung genannt. Zwar ist COM-Automation ein Hilfsmittel zur Automatisierung, aber keineswegs das einzige. **Automation versus Automatisierung**

Hinweise zum Buch

- Methodennamen werden stets – unabhängig von der Parameteranzahl – durch ein Klammernpaar »()« kenntlich gemacht und damit von Attributnamen abgegrenzt. Bitte beachten Sie, dass Visual Basic die Verwendung von Klammern nur bei Funktionen und Methoden mit Rückgabewert zulässt.

MINFU
- Auf Basis der Erkenntnis, dass Microsoft regelmäßig Probleme mit der Bezeichnung der eigenen Produkte und Konzepte hat, schuf der amerikanische Autor David S. Platt ein neues Wort: MINFU. Dies ist eine Abkürzung für MIcrosoft Nomenclature Foul-Up [ROL00].

E.2 Hinweise zur Formatierung des Textes

Quellcode sowie die Namen von Klassen, Schnittstellen, Attributen, Methoden und Ereignissen erkennen Sie an der `nicht-proportionalen Schrift`.

In `kursiver proportionaler Schrift` finden Sie Textausgaben von Skripten.

Kursiv gesetzt sind Namen und Werte, sofern der Begriff aus mehreren Wörtern besteht und es zu Missverständnissen kommen könnte, welche Wörter zu dem Begriff gehören. Oft wird ein Begriff nur bei der ersten Verwendung kursiv geschrieben. **Fett** geschrieben sind Wörter, die besonders betont werden sollen.

In KAPITÄLCHEN finden Sie jegliche Form von Ressourcenpfaden, also Dateinamen, Dateipfade, URLs und Moniker sowie alle Namen, die Bildschirmelementen entsprechen (z.B. Registerkarten, Menüeinträge, Schaltflächen).

> Wichtige Hinweise und Einschübe sind durch einen grauen Kasten hinterlegt.

Zusätzlich werden vier Icons verwendet, um Ihre Aufmerksamkeit zu erwecken:

Warnung vor Bugs oder möglichen Schwierigkeiten

Interessante Hintergrundinformationen

Verweis auf die CD

Tipp

E.3 Hinweise zu Querverweisen

Leider sind die Querverweise in diesem Buch nicht immer so, wie man es sich wünschen würde. Statt auf die genaue Kapitelnummer wird oft auf das Oberkapitel oder den Kapitelnamen verwiesen. Der Grund dafür liegt darin, dass der Verlag den Autoren immer noch keine adäquate Möglichkeit bereitstellt, (kapitelübergreifende) Querverweise zu setzen. Außerdem ist die Konsistenz der Querverweise im Laufe des Herstellungsprozesses leider nicht gewährleistet. **Keine genauen Verweise**

In den ersten beiden Auflagen zu diesem Buch hatte sich der Autor sehr viel Mühe mit den Querverweisen gegeben und musste dann leider feststellen, dass diese beim Satz des Buchs völlig durcheinander gekommen waren. In mühevoller Arbeit haben dann die Lektorin und der Autor in der Satzfahne die fehlerhaften Querverweise von Hand verbessert. Sie können sich wahrscheinlich gut vorstellen, dass dies bei einem so umfangreichen Buch nicht nur sehr mühsam ist, sondern dass auch leicht Fehler übersehen werden. **Probleme beim Satz**

Daher hat sich der Autor für die 3. Auflage entschlossen, entweder nur auf Oberkapitelnummern oder auf Kapitelnamen zu verweisen. Soweit möglich, hat er die Verweise auf naheliegende Elemente durch relative Verweise (»siehe nächste Abbildung«, »siehe die folgenden beiden Tabellen«) ersetzt. Das bedeutet für Sie zwar etwas mehr Mühe, das entsprechende Unterkapitel mit Hilfe des Inhaltsverzeichnisses oder des Stichwortverzeichnisses ausfindig zu machen, doch halte ich dies für die bessere Alternative, als Sie mit falschen Querverweisen in die Irre zu führen.

Umso mehr Mühe hat der Autor sich mit dem Stichwortverzeichnis gegeben. Vielen Dank für Ihr Verständnis. **Stichwortverzeichnis**

E.4 Grafische Notation in den Objektdiagrammen

Eine wichtige Leistung dieses Buchs ist es, Ihnen zu den Komponenten grafische Darstellungen der Objektmodelle in Form von Objektdiagrammen an die Hand zu geben, die es ermöglichen, die grundsätzliche Navigation im Objektmodell einer Komponente wesentlich schneller zu erfassen als mit einer textlichen Beschreibung.

Da die Objektmodelle oft sehr umfangreich und die Navigationspfade komplex sind, beschränkt sich die Darstellung in der Regel auf die wichtigsten Klassen und deren Zusammenhänge.

Die Objektmodelle stellen die Containment-Hierarchie der Objekte zur Laufzeit dar, nicht die Vererbungshierarchie der Klassen. Allerdings müssen nicht alle in den Objektmodellen dargestellten Beziehungen zu jedem Zeitpunkt existieren. Die Darstellung ist die abstrakte Darstellung möglicher Beziehungen (vgl. Kapitel 2). Als Notation wurde bewusst nicht die Unified Modelling Language (UML) gewählt, sondern eine eigene Notation, die sich an der üblichen Microsoft-Dokumentation orientiert und in diesem speziellen Fall wesentlich einfacher zu lesen ist als UML. **Objektmodelle**

Abbildung E.1: Grafische Elemente zur Darstellung von Objektdiagrammen

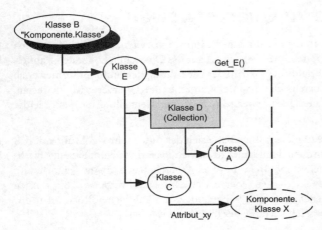

Grundsätzlicher Aufbau

Ein Objektdiagramm ist ein Graph mit Knoten und Kanten. Die Knoten sind Klassen oder elementare Datentypen, die hier als geometrische Formen dargestellt werden. Die Kanten drücken Beziehungen zwischen den Klassen/Datentypen aus; sie sind als Verbindungslinien in Form von Pfeilen dargestellt. Bemerkungen sind als Callouts mit schwarzem Hintergrund dargestellt.

Abbildung E.2: Beispiel für die grafische Darstellung eines Objektmodells in diesem Buch

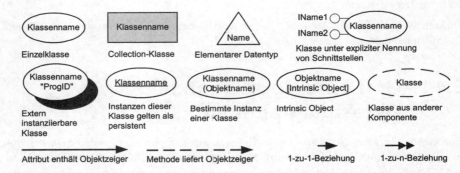

E.4.1 Knoten (geometrische Formen)

In den Objektdiagrammen werden folgende Bausteine als Knoten verwendet:

- Einfache Klassen sind als Ovale dargestellt,
- Objektmengen in Form von Collection-/Container-Klassen sind dagegen in Form von Rechtecken dargestellt.
- Elementare Datentypen (z. B. String, Integer) sind Dreiecke.

Sofern eine Klasse in einem Objektmodell mehrfach eingezeichnet ist, bedeutet dies, dass Instanzen dieser Klasse in verschiedenen Zusammenhängen vorkommen können. Allerdings bedeutet das im Umkehrschluss nicht, dass mehrere Verweise auf ein und den gleichen grafischen Baustein immer ein und die gleiche Instanz repräsentieren.

E.4.2 Zusätze

In den Knoten können folgende Zusätze vorkommen:

▶ Sofern ein Oval, ein Rechteck oder ein abgerundetes Rechteck eine gestrichelte Umrandung haben, bedeutet dies, dass die Klasse bzw. die Schnittstellen nicht in dieser, sondern in einer anderen Komponente definiert ist bzw. sind. Es gibt also eine Verbindung zu einem anderen Objektmodell. Der Name ist dann in der Form *Komponente.Klassenname* bzw. *Klasse::Komponente.Schnittstellenname* angegeben.

▶ Eine mit einem Schatten hinterlegte Klasse ist eine von außen instanziierbare CoClass. **Schatten**
Alle anderen Klassen können nur von anderen Klassen der Komponente erzeugt werden.

▶ Bei Klassen, deren Klassenname unterstrichen ist, ist es möglich, auf einzelne Instanzen **Unterstrei-**
direkt über COM-Moniker zuzugreifen. **chung**

▶ Intrinsic Objects sind mit dem in eckigen Klammern stehenden Zusatz *[Intrinsic Object]* **Eckige**
versehen. **Klammern**

▶ Namen in runden Klammern hinter dem Klassennamen bezeichnen eine einzelne, kon- **Runde**
krete Instanz dieser Klasse (also ein Objekt) mit dem in runden Klammern angegebenen **Klammern**
Namen. Der Name einer Instanz ist in der Regel nur dann angegeben, wenn es nur eine
einzige Instanz dieser Klasse gibt.

▶ Namen in Anführungszeichen sind von dem Klassennamen abweichende ProgIDs, die **Anführungs-**
im HKEY_CLASSES_ROOT registriert sind. **zeichen**

▶ Sofern alle Mitglieder der Klasse über eine Standardschnittstelle mit IDispatch-Unter- **Bullet&Stick**
stützung angeboten werden, sind Schnittstellen nicht explizit eingezeichnet. In einigen
wenigen Fällen, in denen die Mehrfachschnittstellen auch bei der Skriptprogrammierung von Bedeutung sind, sind diese in der üblichen Bullet&Stick-Form an Klassen
angehängt.

▶ Die Objektdiagramme von Verzeichnisdienst-Objektmodellen sind mit zusätzlichen **Icons**
Icons versehen, die nur der Illustration dienen und keine inhaltliche Bedeutung haben.

> In einigen Fällen sind in den Objektdiagrammen Klassen eingezeichnet, obwohl es sich
> auf der Implementierungsebene um Schnittstellen von ein und derselben Klasse handelt.
> Aus der Sicht von Visual Basic und den Skriptsprachen gibt es jedoch keine Schnittstellen, sondern nur Klassen. Da dieses Buch sich aber auf das Rapid Application Development (RAD) konzentriert, mögen die C++-Programmierer es verzeihen, wenn die
> Dokumentation der Objektmodelle an einigen Stellen nicht ihren Bedürfnissen entspricht.

E.4.3 Kanten (Verbindungslinien)

Die Kanten stellen Nutzungsbeziehungen auf Basis von Attributen oder Methoden dar. Die **Kanten**
Kanten sind als gerichtete Pfeile dargestellt, wobei der Pfeil immer bei der Klasse beginnt, in
der das Attribut bzw. die Methode implementiert ist. Die Pfeilspitze weist auf die Klassen,
deren Instanz von dem Attribut oder der Methode als Ergebnis geliefert wird.

Hinweise zum Buch

Attributzugriff versus Methodenzugriff

Die Notation unterscheidet nicht zwischen Assoziationen und Aggregationen, da letztere zum einen sehr selten vorkommen und sich zum anderen von der Nutzung her nicht von den Assoziationen unterscheiden. Verbindungslinien stellen Nutzungsbeziehungen dar. Die Notation unterscheidet allerdings zwischen dem Zugriff über ein Attribut und dem über eine Methode.

Nutzungsbeziehungen auf Basis von Attributen

Die durchgezogenen Pfeile sind Nutzungsbeziehungen auf Basis von Attributen:

- Ein durchgezogener Pfeil von einem Oval zu einem Rechteck bedeutet, dass eine Klasse eine Collection zur Speicherung von Objektmengen enthält. Sofern diese Linie nicht beschriftet ist, ist die Collection über ein Attribut der Klasse erreichbar, das genauso heißt wie die Collection. Heißt das Attribut anders, steht der Attributname als Beschriftung an der Linie.

- Ein durchgezogener Pfeil von einem Rechteck zu einem Oval bedeutet, dass eine Collection/ein Container aus Objekten der Klasse besteht. Hier erfolgt üblicherweise der Zugriff auf die untergeordneten Objekte über das Attribut Item; nur wenn dies nicht zutrifft, ist das Attribut explizit angegeben. Auch in den Fällen, in denen Item als Methode implementiert ist, wird konsistent eine durchgezogene Linie verwendet.

- Ein durchgezogener Pfeil von einem Rechteck zu einem Dreieck bedeutet, dass eine Collection aus Werten eines elementaren Datentyps besteht.

- Ein durchgezogener Pfeil von einer Klasse zu einer anderen Klasse bedeutet, dass eine Instanz der übergeordneten Klasse genau ein Unterobjekt der untergeordneten Klasse erhalten wird. Auch hier erfolgt die Angabe des Attributs nur, wenn dies nicht gleich dem Klassennamen ist.

Von Klassen, die Objektmengen repräsentieren, können Pfeile mit einer doppelten Pfeilspitze ausgehen. Dies bedeutet, dass die Objektmenge n Unterobjekte dieser Klasse enthalten kann (1-zu-n-Beziehung). Eine einfache Pfeilspitze ist die Beschränkung auf eine Instanz (1-zu-1-Beziehung). Sind an dem Pfeil allerdings mehrere Attribut- bzw. Methodennamen genannt, so kann jedes der genannten Attribute eine andere Instanz liefern.

Kann-Beziehungen werden von Muss-Beziehungen in der grafischen Notation nicht unterschieden.

Abbildung E.3: Modellierung der Nutzungsbeziehungen mit verschiedenen Kardinalitäten in COM

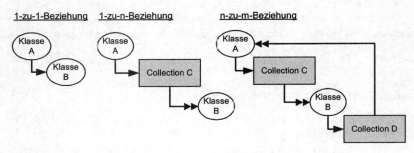

Grafische Notation in den Objektdiagrammen

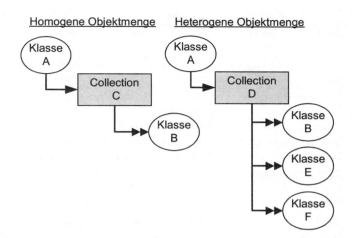

Abbildung E.4: Unterscheidung zwischen homogener und heterogener Collection

Nutzungsbeziehungen auf Basis von Methoden

Gestrichelte Pfeile sind Zugriffspfade auf Basis von Methodenaufrufen. Eine gestrichelte Linie mit der Beschriftung mName() bedeutet, dass ein Aufruf der Methode mName() auf einer Instanz der Ausgangsklasse eine Instanz der Klasse liefert, auf die die Spitze des Pfeils zeigt. Der Methodenname ist aus Gründen der Übersichtlichkeit ohne Parameterliste angegeben. Nicht dargestellt sind Nutzungsbeziehungen auf Basis von Methodenaufrufen, die als Parameter eine Instanz einer bestimmten Klasse erwarten.

Gestrichelte Linien

▶ Eine gestrichelte Linie, die nicht bei einem Objekt beginnt, sondern aus dem leeren Raum kommt, bedeutet, dass der Zugriff über eine in einer Komponente definierte globale Methode erfolgt, die nach Einbindung der Komponente global zur Verfügung steht.

▶ Sofern der Weg von Instanzen einer Klasse zu Instanzen anderer Klassen auf mehreren Wegen beschritten werden kann, sind die Attribut- bzw. Methodennamen durch Kommata getrennt als Beschriftung der Linie angegeben. Im Normalfall beziehen sich alle genannten Attribute bzw. Methoden auf eine andere Instanz der Zielklasse. Sofern es sich um einen Verweis auf ein und dieselbe Instanz handelt, sind die synonymen Attribute und Methoden in Klammern gesetzt.

Weitere Hinweise

Eine sich gabelnde Linie bedeutet, dass das Attribut bzw. die Methode Instanzen verschiedener Klassen zurückliefern kann.

Gabelung

Auf eine vollständige Auflistung aller Attribute, Methoden und Events innerhalb der Grafiken wurde bewusst verzichtet, da diese sonst sehr unübersichtlich geworden wären. Mitglieder sind in Form der Verbindungslinien nur insofern dargestellt, als sie Zeiger auf andere Objekte zurückliefern und damit das Objektmodell bestimmen. Hinweise zu weiteren Attributen, Methoden und Ereignissen finden Sie im Text.

Vollständigkeit

E.5 Komponenten-Schnellinfo

In diesem Buch finden Sie zu jeder besprochenen Komponente ein Schnellinfo. Dies gibt Ihnen die wichtigsten Informationen zu der jeweiligen Komponente auf einen Blick.

Tabelle E.1:
Aufbau eines Komponenten-Schnellinfos

Name und Abkürzung	Hier stehen der Name und die Abkürzung, mit dem bzw. der die Komponente üblicherweise in der Dokumentation und in Fachkreisen bezeichnet wird.
Name der Komponentendatei	Name der DLL oder EXE, die die Komponente implementiert. Sofern die Typbibliothek nicht Teil der Komponente ist, steht ihr Name in Klammern dahinter.
Interner Name der Typbibliothek	Hier steht der Name der Typbibliothek, wie Sie ihn im Microsoft Objektkatalog finden und wie Sie ihn auch zur Instanziierung in der Visual Basic-IDE verwenden.
Helpstring der Typbibliothek	Hier steht der ausführliche Name der Typbibliothek (der in der IDL als »Helpstring« angegeben wird). Dies ist der Name, der in den »Verweise«-Dialogen der Entwicklungsumgebungen erscheint.
Abweichende ProgID	(Optionale Angaben) Normalerweise setzt sich die ProgID aus dem Namen, der als interner Name der Typbibliothek verwendet wird, und dem Klassennamen der jeweiligen instanziierbaren Klasse zusammen. Nur wenn die ProgIDs der (Stamm-)Klassen nicht dem in der Typbibliothek verwendeten Komponenten- bzw. Klassennamen entsprechen, nennt Ihnen dieser Eintrag die abweichenden ProgIDs.
Hersteller	Name des Herstellers
Lizenzierung	z.B. Freeware, Shareware, kostenloses Add-on, kommerzielle Komponente
Besprochene Version	Diese Information sagt Ihnen, welche Version der Komponente in diesem Buch besprochen wird.
NT4	Installationshinweise für NT4
Windows 2000	Installationshinweise für Windows 2000 (sofern abweichend)
Dokumentation	Hier finden Sie den wichtigen Hinweis auf die Dokumentation der Komponente. Bei Microsoft-Komponenten finden Sie in der Regel einen Verweis auf die Microsoft Developer Network (MSDN) Library. Dabei wird einerseits der Weg im MSDN-Inhaltsverzeichnis angegeben und andererseits der URL für die CD-ROM-Fassung der MSDN Library in der Form [MSDN:dateiname.chm::/pfad/datei.htm]. (siehe auch Erläuterungen im Literaturverzeichnis)

 Sofern die Komponente auf der Buch-CD enthalten ist, finden Sie einen entsprechenden Verweis bei den Installationshinweisen.

Hinweise zu den Listings

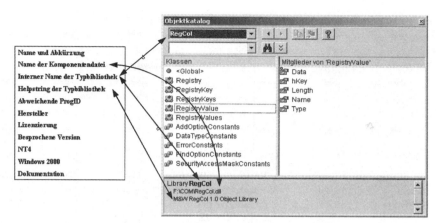

Abbildung E.5: Entsprechung zwischen dem Komponenten-Schnellinfo in diesem Buch und der Anzeige im Microsoft Objektkatalog (VB6)

E.6 Hinweise zu den Listings

E.6.1 Die Code-Beispiele auf der CD-ROM

Alle größeren Listings sind auf der CD-ROM im Verzeichnis \CODE enthalten. In der Regel finden Sie unter dem Listing eine eckige Klammer, die auf den Namen einer WSH-Datei (Extension .VBS) verweist, die das Skript enthält. Der genaue Pfad ist nicht angegeben, sofern er sich aus der Verzeichnisstruktur der CD ergibt, die der Kapitelstruktur des Buches entspricht. Die Kapitelnamen sind auf der CD aber zumeist abgekürzt. Innerhalb eines jeden Unterkapitels gibt es noch einen Ordner /HILFSROUTINEN, der die zu diesem Thema vorgestellten Hilfsroutinen in einer Datei mit dem Namen [KAPITELKURZNAME]_HELPER.VBS enthält. Jedes Skript bindet diese Datei ein, unabhängig davon, welche Hilfsroutinen wirklich für das Skript verwendet werden. Außerdem bindet jedes Skript die Bibliotheken WS_scriptLIB (siehe Kapitel 3) und WS_vbwshLIB (siehe Kapitel 4) ein. Die Bibliotheken sind zum Teil mehrfach auf der CD enthalten (Verzeichnisse _BIBLIOTHEKEN).

Die Beispiele der Kapitel 3 und 5 sind zusätzlich im Rahmen eines Visual Basic-Projekts (.VBP) zusammengefasst, das Sie im Unterverzeichnis _ALLE des jeweiligen Kapitels finden. Das VB-Projekt ist in Module gegliedert, die den Unterkapiteln entsprechen. Einige Skripte, die besondere Features des WSH oder des IE nutzen (z.B. die Ereignisbehandlung) sind nicht im VB-Projekt enthalten. Diese Skripte beginnen mit einem Unterstrich »_«.

E.6.2 Konventionen in den Code-Beispielen

Bei der Erstellung der Code-Beispiele wurden einige Konventionen verwendet, die nachfolgend dokumentiert sind.

Hinweise zum Buch

Variablennamen

Variablennamen — Aus Platzgründen wurde in den Listings in diesem Buch auf lange Variablennamen verzichtet. Die Listings sind in der Regel so kurz, dass dies nicht zu Nachteilen bei der Lesbarkeit führt. Für Laufvariablen wurden einbuchstabige Namen wie a, b, x und y verwendet. Namen für Objektvariablen sind meist Abkürzungen der Klassennamen, wobei das Präfix obj oder o vorangestellt wurde. Sofern der Klassenname nicht eindeutig ist, werden auch o und obj als einzelne Variablen verwendet. Namen für Collections beginnen häufig mit dem Präfix col.

Deklarationen und Typisierung

Deklarationen und Datentypen — In den meisten Listings sind die Variablen mit Dim deklariert, und es ist als Kommentar der Datentyp in der VB-Form (»As xy«) angegeben. Sie können zwar diese Typisierung in VBScript nicht nutzen, jedoch unterstützt der Hinweis auf den Datentyp das Verständnis der Listings. Außerdem haben Sie es so leichter, die Skripte von der Buch-CD in typisierten Umgebungen wie VB6/7 und VBA zu verwenden.

Konstanten

Konstanten — In der Regel werden in den Listings numerische Konstanten verwendet und die zugehörigen symbolischen Konstanten nur in Klammern angegeben. Dies ermöglicht, dass die Skripte auch ohne Einbindung einer Typbibliothek lauffähig sind, zumal noch nicht alle Scripting Hosts die Einbindung von Typbibliotheken erlauben. Variablendeklarationen erfolgen grundsätzlich ohne Typdefinitionen, da dies in VBS nicht unterstützt wird. Oft sind aber die Klassen- bzw. Schnittstellennamen in einem Kommentar angegeben, um Ihnen die Entwicklung in VB6/7/A zu erleichtern.

Ausgaben mit say()

say() — Die Listings in diesem Buch sind weitestgehend Scripting-Host-neutral gehalten. Als Ausgabefunktion wird die Kapselungsroutine say() verwendet. Bitte beachten Sie, dass Sie je nach Scripting Host die passende Implementierung von say() mit in das Skript aufnehmen müssen, da kein Scripting Host die Prozedur von sich aus kennt. Die Implementierungen finden Sie in Kapitel 4.

> Bitte bedenken Sie, dass Bildschirmausgaben in einigen Scripting Hosts gänzlich verboten sind. Sie werden aber in der Regel die hier abgedruckten Skripte auch nicht in einem komplexen Scripting Host wie dem Exchange Event Service testen wollen.

Kommentare

Für die Kommentarzeilen gibt es eine bestimmte Notation, die in der folgenden Tabelle dokumentiert ist.

Tabelle E.2: Kommentarzeichen

Kommentarzeichen	Bedeutung
' ===	Kommentar zu einem eigenständigen Skript
' ####	Kommentar zu einer Hilfsroutine, die von einem eigenständigen Skript oder einer anderen Hilfsroutine aufgerufen wird

Kommentarzeichen	Bedeutung
' ---	Zentraler Kommentar innerhalb einer Routine
' %%%	Beginn einer Liste von Konstantendefinitionen
'	Sonstige Kommentare innerhalb einer Routine

E.6.3 Die Umgebung für dieses Buch

Viele administrative Skripte benötigen Informationen über Ihr Arbeitsumfeld wie zum Beispiel Servernamen und Anmeldeinformationen. Die Skripte in diesem Buch bzw. auf der CD-ROM zu diesem Buch enthalten die konkreten Namen für eine Rechnerinfrastruktur, in der diese Skripte entwickelt und getestet wurden. Für den Test der Skripte haben Sie zwei Möglichkeiten:

Aufbau der Testumgebung

- Nachbau der Testumgebung oder
- Anpassung der Umgebungsinformationen in den Skripten

Die Anpassung der Skripte ist problemlos. Die folgende Beschreibung der Testumgebung hilft Ihnen zu erkennen, welche Angaben in den Skripten Schlüsselwörter sind und welche Eigennamen sind, die Sie ersetzen müssen. Wenn Sie aber sowieso gerade dabei sind, eine Testumgebung aufzubauen, erwägen Sie doch den Nachbau dieser Umgebung.

> Alle Beispiele in diesem Buch wurden intensiv getestet. Dennoch kommen manchmal Rückmeldungen von Lesern, dass ein Skript nicht funktionieren würde.
>
> Meist liegt dies an folgenden Gründen:
>
> - Umgebungsspezifische Daten (z.B. Computernamen) wurden nicht angepasst.
> - Die notwendigen COM-Komponenten wurden nicht installiert.

Bis auf wenige Ausnahmen, in denen deutsche Versionen nicht verfügbar waren, wurde die Software in einer lokalisierten deutschen Version verwendet. Zum Redaktionsschluss lag insbesondere der Windows .NET Server RC1 nicht in einer deutschen Version vor.

Sprachversion

Zwischen der 2. und 3. Auflage hat sich die Testumgebung verändert. Sie finden in diesem Buch sowohl Beispiele mit der alten als auch der neuen Testumgebung.

Testumgebung für die 2. Auflage

Die Testumgebung besteht aus folgenden Systemen:

- Ein Windows NT4 Server mit dem Namen »Sonne«, der Domänencontroller für eine Domäne mit dem Namen »Sonnensystem« ist. In dieser Domäne gibt es drei Benutzer, die immer wieder in den Skripten vorkommen:

  Server

  - der Administrator mit dem Kennwort »ds9«
  - der Benutzer »HS«, der zur Domänen-Administratorengruppe gehört und das Kennwort »egal« hat
  - die Benutzer »Fox Mulder« und »Dana Scully«, die einfache Domänenbenutzer sind

Auf dem Server ist ein Microsoft Exchange Server Version 5.5 mit folgenden Parametern installiert:

- Organisationsname »Universum«
- Sitename »Sonnensystem«

▶ ein Windows 2000 Server mit Namen »Sonne2000«. Auf dem Server ist ein Active Directory installiert mit der Domain »sonnensystem.it-visions.de«.

Auf Sonne2000 sind installiert:

- ein Microsoft SQL Server 7.0. Der Server hat für den Standardadministrator »sa« das Passwort »egal«.
- ein Microsoft Exchange Server 2000
- ein Microsoft Operations Manager 2000 Beta

▶ Ein Windows 2000 Advanced Server mit Namen »Saturn«. Auf dem Server ist ein Active Directory installiert mit der Domain »komw2k.wi-inf.uni-essen.de«.

Auf Saturn sind installiert:

- ein Microsoft Exchange 2000 Server
- ein Microsoft SQL Server 2000. Der Server hat für den Standardadministrator »sa« das Passwort »egal«.

▶ Ein Windows Whistler Server Beta2 mit Namen »Narn«.

Clients
▶ ein Client (Windows 98) mit Namen »Erde«

▶ ein Client (Windows 2000) mit Namen »Mars«. Dort angeschlossen ist ein Drucker mit Namen »HP2100«.

▶ ein Client (Windows 2000) mit Namen »Minbar«

Testumgebung für die 3. Auflage

Die neue Testumgebung besteht aus folgenden Systemen:

Server
▶ ein Windows 2000 Server mit Namen »Sonne2000«. Auf dem Server ist ein Active Directory installiert mit der Domain »sonnensystem.it-visions.de«.

- der Administrator mit dem Kennwort »ds9«
- der Benutzer »HS«, der zur Domänen-Administratorengruppe gehört und das Kennwort »egal« hat
- die Benutzer »Fox Mulder« und »Dana Scully«, die einfache Domänenbenutzer sind

Auf »Sonne2000« sind installiert:

- Internet Information Server 5.0
- Terminal Services (RDP 5.0)
- ein Microsoft SQL Server 2000. Der Server hat für den Standardadministrator »sa« das Passwort »egal«.
- ein Microsoft Exchange Server 2000
- ein Microsoft Operations Manager 2000

Hinweise zu den Listings

- Ein Windows .NET Server RC1 (Build 3663) mit dem Namen »Zentrum«. Der Server ist Domänencontroller für ein anderes Active Directory. Der Domänenname ist »it-objects.local«. In dieser Domäne gibt es drei Benutzer, die immer wieder in den Skripten vorkommen:
  - der Administrator mit dem Kennwort »ds9«
  - der Benutzer »HS«, der zur Domänen-Administratorengruppe gehört und das Kennwort »egal« hat (*CN=Holger Schwichtenberg,OU=Geschaeftsleitung,DC=IT-OBJECTS,DC=local*)
  - die Benutzer »Fox Mulder« und »Dana Scully«, die einfache Domänenbenutzer sind. Sie gehören zur Organisationseinheit *ou=FBI,dc=it-objects,dc=local*.
- Es gibt eine Reihe weiterer normaler Benutzer in verschiedenen Organisationseinheiten.

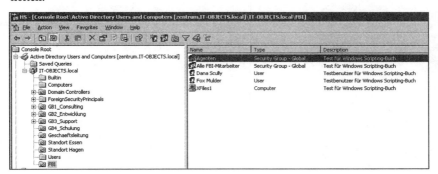

Abbildung E.6: Die Organisationseinheit »ou=FBI,dc=it-objects,dc=local«

Auf dem Server »Zentrum« sind installiert:
- Internet Information Server 6.0
- Terminal Services (RDP 5.2)

- Windows NT4 Server mit dem Namen »Sonne«, der Domänencontroller für eine Domäne mit dem Namen »Sonnensystem« ist. In dieser Domäne gibt es drei Benutzer, die immer wieder in den Skripten vorkommen:
  - der Administrator mit dem Kennwort »ds9«
  - der Benutzer »HS«, der zur Domänen-Administratorengruppe gehört und das Kennwort »egal« hat
  - die Benutzer »Fox Mulder« und »Dana Scully«, die einfache Domänenbenutzer sind

Auf dem Server ist ein Microsoft Exchange Server Version 5.5 mit folgenden Parametern installiert:
- Organisationsname »Universum«
- Sitename »Sonnensystem«

- ein Client (Windows XP) mit Namen »Byfang«. Dort angeschlossen ist ein Drucker mit Namen »HP2100«.
- ein Client (Windows 2000) mit Namen »Werden«

Clients

F Literaturverzeichnis

F.1 Gedruckte Literatur

[AHO96] Aho, A.; Ullman, J.D.: Informatik – Datenstrukturen und Konzepte der Abstraktion. Bonn: International Thomson Publishing, 1996.

[APP99] Appleman, D.: COM/ActiveX-Komponenten mit VB6 entwickeln. München: Markt+Technik, 1999.

[BEH98] Behme, H.; Mintert, S.: XML in der Praxis. Bonn: Addison Wesley Longman, 1998.

[BLA97] Blaschek, G.: Objektorientierte Programmierung. In: Rechenberg, G.; Pomberger, P.: Informatikhandbuch. Wien: Hanser, 1997.

[BÖH96] Böhm, R., et al.: Systementwicklung in der Wirtschaftsinformatik. Zürich: vdf-Verlag, 1996.

[BOX98] Box, D.: COM: Microsofts Technologie für komponentenbasierte Softwareentwicklung. Bonn: Addison Wesley Longman, 1998.

[BÜC97] Büchi, M.; Weck, W.: A Plea for Grey-Box Components. TUCS Technical Report No. 122, 1997.

[CHA96] Chadwick, D.: Understanding X.500 – The Directory. Chapman & Hal, 1996.

[CHA97] Chappell, D.: ActiveX Demistified. In: Byte, September 1997, S. 56-64

[CWO99] o.V.: Visual Basic ist beliebt. In: Computerwoche, Ausgabe vom 27.10.99.

[EDD00] Eddon, G.; Eddon, H.: Inside COM+. Unterschleißheim: MS Press, 2000.

[EIC99] Eicker, S.; Nietsch, M.: Standards zum objektorientierten Paradigma, Wirtschaftsinformatik, Heft 4/99.

[FIS99] Fischbach, R.: Schwierige Abgrenzungen. Von den Job Control Languages bis Perl und Python. In: iX 12/99. S. 60.

[GOO97] Goos, G.; Zimmermann, W.: Programmiersprachen. In: Rechenberg, G.; Pomberger, P.: Informatikhandbuch. Wien: Hanser, 1997.

[GOO98] Goodman, D.: Dynamic HTML. The Definite Reference. Sebastopol: O'Reilly, 1998.

[GRU00] Gruhn, V.; Thiel, A: Komponentenmodelle. München: Addison-Wesley, 2000.

[HAH98] Hahn, S.: ADSI ASP Programmer's Reference. Birmingham: Wrox Press, 1998.

[HOM99] Homer, A. et al.: Professional Active Server Pages 3.0. Birmingham: Wrox Press, 1999.

[KIR98] Kirtland M.: COM+: Eine neue Umgebung für Komponenten. In: Microsoft System Journal 2/1998. S. 24 ff.

[KOF98] Kofler, M.: Visual Basic 6.0. Bonn: Addison Wesley Longman, 1998.

[KRA98] Krause, J.: Active Server Pages. Bonn: Addison Wesley Longman, 1998.

[KRA99] Krause, J.: Microsoft Site Server 3.0. München: Addison Wesley Longman, 1999.

[MIC98] o.V. (Hrsg: Microsoft Corporation): Microsoft Visual Basic 6.0 Komponentenhandbuch. Unterschleißheim: MS Press, 1998.

[MIN97] Mintert, S.: Java Script 1.2. Bonn: Addison Wesley Longman, 1997.

[OES97] Oesterreich, B.: Objektorientierte Softwareentwicklung. München, Wien: R. Oldenburg Verlag, 1997.

[ÖST96] Österle, H.: Integration: Schlüssel zur Informationsgesellschaft, in: Österle, H. et al.: Middleware. Braunschweig: Vieweg, 1996.

[PAR00] Pardi, J.W.: XML in Action. Redmond: MS Press, 2000.

[PET99] Petovic, D.: Microsoft SQL Server 7.0. Bonn: Addison Wesley Longman, 1999.

[PLA99] Platt, D.S.: COM+ verstehen. München: MS Press, 1999.

[QUI94] Quibeldey-Cirkel, K.: Das Objekt-Paradigma in der Informatik. Stuttgart: Teubner, 1994.

[RAS97] Rauh, O.; Stickel, E.: Konzeptuale Datenmodellierung. Stuttgart: Teubner, 1997.

[RED97] Redmond, F.E.: DCOM. Foster City: IDG Books, 1997.

[RIK98] Riehn, L.; Kattner, H.: Microsoft Exchange Server 5.5. Bonn: Addison Wesley Longman, 1998.

[RUM93] Rumbaugh, J.: Objektorientiertes Modellieren und Entwerfen. München, Wien: Carl Hanser, 1993.

[SCH99a] Schwichtenberg, H.: Objekte im Zugriff: ADSI-Programmierung. In: iX 2/99. S. 136.

[SCH99b] Schwichtenberg, H.: Postfächer einrichten: Stapelverarbeitung für Exchange. In: iX 3/99. S. 138.

[SCH99c] Schwichtenberg, H.: Druckkontrolle: Webbasierter Druckmanager. In: iX 7/99. S. 138.

[SCH99d] Schwichtenberg, H.: Daten-Modellierung: Microsofts Data Transformation Service. In: iX 10/99. S. 137.

[SCH99e] Schwichtenberg, H.: Bausteine: COM als Basic für NT-Scripts. In: iX 12/99. S. 66.[SCH00a] Schwichtenberg, H.: Mit MTS zu COM+: Komponentendienste in NT4 und Windows 2000. In: iX 02/00. S. 124.

[SCH00b] Schwichtenberg, H.: Verzeichnisdienste verwalten mit ADSI. In: basicpro 1/00. S. 10.

[SCH00c] Schwichtenberg, H.: Gefährliche Liebesgrüße: Windows Scripting-Viren: Inside LoveLetter. In: iX 6/00. S. 16ff.

[SCH00d] Schwichtenberg, H.: Gezielter Zugriff: Skriptsteuerung des Windows 2000-Verzeichnisdienstes. In: iX 9/00. S. 110 ff.

[SCH00e] Schwichtenberg, H.: Neuester Stand: Neuerungen in VBScript und JScript 5.x. In: iX 10/00, S. 118 ff.

[SCH00f] Schwichtenberg, H.: Microsofts WBEM-Umsetzung: WMI. In: iX 11/00. S. 214 ff.

[SCH00g] Schwichtenberg, H.: Radikale Emanzipation: Visual Basic .NET Preview. In: iX 12/00. S. 120.

[SCH01a] Schwichtenberg, H.: Fingerabdruck: Signierte Skripte im WSH 5.6. In: iX 2/01. S. 108ff.

[SCH01b] Schwichtenberg, H.: Nachrichtenkontrolle: Exchange-2000-Webstore-Programmierung. In: iX 6/01. S. 124ff.

[SCH01c] Schwichtenberg, H: COM-Komponenten-Handbuch, Addison-Wesley, 2001

[SCH02b] Schwichtenberg, H. et al.: Microsoft ASP.NET – Das Entwicklerbuch, Microsoft Press, 2002

[SCH02a] Schwichtenberg, H.; Eller, F: Programmierung mit der .NET-Klassenbibliothek, Addison-Wesley, 2002

[SCH02c] Schwichtenberg, H.: Webforms – Webprogrammierung mit ASP.NET, Addison-Wesley, 2002

[SHW97] Schwarze, J.: Einführung in die Wirtschaftsinformatik. Berlin, Herne: Verlag Neue Wirtschafts-Briefe, 1997.

[SIR99] Sirotin, V.: ActiveX/DCOM-Programmierung mit Visual C++ 6. Bonn: Addison Wesley Longman, 1999

[STA93] Stallings, W.: SNMP, SNMPv2 und CMIP. The Practical Guide to Network-Management Standards. Bonn: Addison Wesley Longman, 1993.

[UNL95] Unland, R.: Objektorientierte Datenbanken – Konzepte und Modelle. Bonn: International Thomson Publishing, 1995.

[WEG89] Wegner, P.: Learning the Language, 1989.

[WEG90] Wegner, P.: Concepts and Paradigms of object-oriented programming. In: ACM OOPS Messenger, Band 1, Nr. 1, S. 7-87, 1990.

[WES99a] Westphal, R.: Typelib-Konstanten auf der Spur. In: basicpro 5/99. S. 48.

[WES99b] Westphal, R.: Set…=Nothing oder nicht? In: basicpro 6/99. S. 21.

[WES99c] Westphal, R.: COM-Interface Casting. In: basicpro 6/99. S. 60.

F.2 Quellen im Internet

Diese Verweise ins Internet finden Sie auf der Buch-CD in Form einer HTML-Datei, in der Sie die Links nur anklicken müssen [CD:/weitere Informationen/links/quellen.htm].

Die beiden Ziffern im Kürzel bezeichnen das Jahr des (ersten) Abrufs (z. B. 01 = 2001). In einer Neuauflage des Buchs wurden die Kürzel nicht geändert, die Links aber sehr wohl überprüft und gegebenenfalls angepasst.

Kürzel	URL	Erläuterung
[ACE00]	HTTP://WWW.DIGT.COM/ACES	Die Firma ACES liefert das im Buch besprochene ACES WinNT Automation Kit.
[ACT00]	HTTP://WWW.ACTIVESTATE.COM	ActiveState ist der Hersteller von PerlScript.
[ADM01]	HTTP://WWW.ADMINSCRIPTS.NET	Skript-Archiv, zum Teil kommerziell
[ADS00]	HTTP://WWW.MICROSOFT.COM/ADSI	Shortcut zur offiziellen Microsoft-ADSI-Site
[ADS02a]	HTTP://MSDN.MICROSOFT.COM/LIBRARY/DEFAULT.ASP?URL=/LIBRARY/EN-US/NETDIR/ADSI/ADSI_ATTRIBUTE_SYNTAX.ASP	Datentypen im Active Directory
[AGR00]	HTTP://WWW.ACTIVEX.ORG	Homepage der Active Group
[ASP00]	HTTP://WWW.ASPTODAY.COM	Alles rund um ASP
[ASP02]	HTTP://WWW.ASPNETDEV.DE	Deutsche Website zu ASP.NET
[ATX00]	HTTP://WWW.OPENGROUP.ORG/COMSOURCE/TECHREF2/TITLE.HTM	ActiveX Core Technology Reference er Open Group
[BAK01a]	HTTP://WWW.DDJ.COM/ARTICLES/2001/0165/0165H/0165H.HTM	Teil 1 des Interviews von Mark Baker mit Andrew Clinick
[BAK01b]	HTTP://WWW.DDJ.COM/ARTICLES/2001/0165/0165J/0165J.HTM	Teil 2 des Interviews von Mark Baker mit Andrew Clinick
[BAN02]	HTTP://WWW.OREILLYNET.COM/PUB/A/DOTNET/2002/07/01/ROTORLINUX.HTML	Shaun Bangay: Rotor Comes to Linux
[BOR00]	HTTP://WWW.BORNCITY.DE	WSH-Bazar von Günther Born
[BOX01]	HTTP://WWW.DEVELOP.COM/DBOX/DOTNET/CLRSCRIPT/	CLRHost von Don Box
[CAW01]	HTTP://WWW2.HURSLEY.IBM.COM/REXX	Homepage des Erfinders von Rexx, Mike F. Cawlishaw, mit Links zu allem, was mit Rexx zu tun hat, auch Object Rexx

Quellen im Internet

Kürzel	URL	Erläuterung
[CDO00]	HTTP://WWW.CDOLIVE.COM	Site zur Exchange- und Outlook-Programmierung
[CHI00]	HTTP://WWW.CHILISOFT.COM	Anbieter eines Active Server Pages-kompatiblen Scripting Hosts »ChiliASP« für andere Webserver (auch Nicht-Windows-Plattformen)
[CLI00]	HTTP://MSDN.MICROSOFT.COM/VOICES/SCRIPTING.ASP	Kolumne von Andrew Clinick, Programmmanager in der Arbeitsgruppe Skripttechnologien bei Microsoft
[CLI01a]	HTTP://MSDN.MICROSOFT.COM/VOICES/SCRIPTING11132000.ASP	Artikel zum WSH 5.6 von Andrew Clinick in seiner »Scripting Clinic"
[CLI01b]	HTTP://MSDN.MICROSOFT.COM/WORKSHOP/LANGUAGES/CLINIC/SCRIPTING07142000.ASP	Andrew Clinick über die Zukunft der Skriptsprachen
[CLI01c]	HTTP://MSDN.MICROSOFT.COM/WORKSHOP/LANGUAGES/CLINIC/SCRIPTING01162001.ASP	Beitrag von Andrew Clinick in der Scripting Clinic über VSA
[CMS00]	HTTP://WWW.COMPONENT SOURCE.COM	Sehr großer kommerzieller Anbieter von Komponenten
[COM00]	HTTP:///WWW.COM-OBJEKTE.DE	Deutsches Komponentenverzeichnis
[COS00]	HTTP://WWW.OPENGROUP.ORG/COMSOURCE/	COMSource: COM-Referenzportierung der Open Group für Solaris und True64UNIX
[CRY01]	HTTP://SUPPORT.MICROSOFT.COM/SUPPORT/KB/ARTICLES/Q247/2/57.ASP	Informationen über die CryptoAPI-Tools
[CUT00]	HTTP://WWW.CUTTER.COM/CONSORTIUM/RESEARCH/2000/CRB001219.HTML	Harmon, P.: What Types of Components are Companies using?
[CWA00]	HTTP://CWASHINGTON.NETREACH.NET	Umfangreiche Scripting-Site von Clarence Washington, viele Komponenten
[DAR00]	HTTP://WWW.WINSCRIPTER.COM	Scripting-Site von Daren Thiel
[DEJ00]	HTTP://WWW.DEJA.COM	Suchservice für (weit) zurückliegende Beiträge in Newsgroups
[DEV00]	HTTP://WWW.4DEVELOPERS.COM	Hersteller von Tools für die COM-Programmierung (u.a. Registry Crawler und COM-Explorer)
[DOB01]	HTTP://WWW.DDJ.COM/TOPICS/ALTLANG/	Dr. Dobb's Scripting-Site
[DOM00]	HTTP://WWW.W3.ORG/DOM/	Informationen zum Document Object Model
[DOT01a]	HTTP://WWW.MICROSOFT.COM/NET	Offizielle .NET-Site von Microsoft
[DOT01b]	HTTP://WWW.GOTDOTNET.COM/	Weitere .NET-Site von Microsoft

Literaturverzeichnis

Kürzel	URL	Erläuterung
[DOT02a]	HTTP://WWW.DOTNETFRAMEWORK.DE	Deutsche Website zum .NET Framework mit einem ausführlichen Glossar
[DOT02b]	HTTP://WWW.DOTNETEXPERTS.COM/ECMA/	Dokumente zu den ECMA-Standards »CLI« und »C#«
[DU00]	HTTP://WWW.DUNDAS.COM	Hersteller des HyperHosts
[DVM00]	HTTP://WWW.DEVELOPMENTOR.COM/SOAP	SOAP-Site der Firma Developmentor
[DVX01a]	HTTP://WWW.DEVX.COM/DOTNET/	DevX .NET Center
[ECM02]	HTTP://WWW.ECMA.CH/ECMA1/MEMENTO/TC39.HTM	ECMA-Homepage zu CLI
[EYE00]	HTTP://WWW.MICROEYE.COM	Micro Eye Inc. ist Hersteller des Script Directors für Exchange.
[GNU02]	HTTP://WWW.DOTGNU.ORG	DOTGNU-Projekt (CLI auf Unix/Linux)
[GRE00]	HTTP://WWW.SWYNK.COM/FRIENDS/GREEN/	DTS-Beispiele von Darren Green
[HAL00]	HTTP://WWW.HALCYONSOFT.COM	Anbieter des Active Server Pages-kompatiblen Scripting Hosts »InstantASP"
[HAS00]	HTTP://HASKELL.CS.YALE.EDU/HASKELLSCRIPT	Site zur Skriptsprache HaskellScript
[IAN00]	HTTP://WSH.GLAZIER.CO.NZ	Bekannte Scripting-Site von Ian Morrish
[IBM00]	HTTP://WWW-1.IBM.COM/SERVERS/ESERVER/ISERIES/CLIENTACCESS/OLEDB/	OLE DB-Provider für DB2/400
[IBM01]	HTTP://WWW-4.IBM.COM/SOFTWARE/AD/OBJ-REXX/	Object REXX Homepage
[ISG00]	HTTP://WWW.ISGSOFT.COM	Hersteller von OLE DB-Providern
[ITS01]	HTTP://WWW.INTOUCHSOFTWARE.COM	Kleine amerikanische Firma, die verschiedene Werkzeuge als Freeware anbietet
[LDA00a]	HTTP://WWW.OPENLDAP.ORG/	kostenlose LDAP-Implementierungen
[LDA00b]	HTTP://WWW.INNOSOFT.COM/LDAPWORLD/	LDAP-Site der Firma Innosoft
[LUA01a]	HTTP://WWW.LUA.ORG	Offizielle Homepage der Sprache LUA
[LUA01b]	HTTP://WWW.TECGRAF.PUC-RIO.BR/LUA/	Informationen zu LUAScript
[MAR00]	HTTP://WWW.MABRY.COM	Anbieter von COM-Komponenten

Quellen im Internet

Kürzel	URL	Erläuterung
[MCC00]	HTTP://MSDN.MICROSOFT.COM/CODE/	MSDN Code Center, Verzeichnis von Beispiel-Code
[MCO00]	HTTP://WWW.MICROSOFT.COM/COM/	Microsoft COM-Site
[MER00]	HTTP://WWW.MERANT.COM	Die Firma Merant ist ein bekannter Anbieter für OLE DB-Provider.
[MER01]	HTTP://WWW.CS.MU.OZ.AU/RESEARCH/MERCURY/	Informationen über die Sprache Mercury
[MKS00]	HTTP://WWW.DATAFOCUS.COM	Perl-Implementierung von MKS
[MMS01]	HTTP://WWW.MICROSOFT.COM/WINDOWS2000/MANAGEMENT/	Microsoft Management Strategy Portal zum Thema Systemmanagement
[MOM01]	HTTP://WWW.MICROSOFT.COM/MOM	Microsoft-Site zum Microsoft Operations Manager
[MON02]	HTTP://WWW.GO-MONO.ORG	Mono-Projekt (CLI auf Unix/Linux)
[MOR02]	HTTP://GROUPS.MSN.COM/WINDOWSSCRIPT	Von Ian Morrish betriebene MSN-Gruppe zu Windows Script
[MSD02]	HTTP://SUPPORT.MICROSOFT.COM/SERVICEDESKS/FILEVERSION/DLLINFO.ASP	Microsoft DLL-Datenbank
[MSL00]	HTTP://MSDN.MICROSOFT.COM/LIBRARY	Kostenlose Online-Fassung der MSDN Library
[MSR01]	HTTP://RESEARCH.MICROSOFT.COM	Homepage von Microsoft Research (MSR)
[MSS00]	HTTP://MSDN.MICROSOFT.COM/SCRIPTING	Microsoft Scripting Website
[MSU00]	HTTP://SUPPORT.MICROSOFT.COM/SUPPORT/ACTIVESCRIPT	Microsoft Support-Site für Active Scripting
[NCL00]	HTTP://WWW.NCOMPASSLABS.COM	Hersteller des VBS-Plug-ins für den Netscape Navigator
[NCO00]	HTTP://NCOMPASSLABS.COM	NCompassLab stellt ein Plug-in her, das Netscape COM-fähig macht.
[NET00]	HTTP://WWW.NETAL.COM	Hersteller des System Script Hosts
[NIQ00]	HTTP://WWW.NETIQ.COM/MANAGEABILITY_PARTNERSHIP/	Informationen zur Partnerschaft zwischen Microsoft und NetIQ
[NIQ01]	HTTP://WWW.NETIQ.COM	Homepage der Firma NetIQ, dem ursprünglichen Hersteller des Microsoft Operations Manager (MOM)
[NTF00]	HTTP://WWW.VBADMINCODE.BTINTERNET.CO.UK/	Der Däne Morten Brun sammelt Automatisierungslösungen.
[OAS00]	HTTP://WWW.ACTIVESCRIPTING.COM/	OpenASP (ASP für Win32-Apache und Win32-WebServer von Netscape)

Literaturverzeichnis

Kürzel	URL	Erläuterung
[ODB00a]	HTTP://WWW.MICROSOFT.COM/DATA	Microsoft-Site zum Thema Universal Data Access
[ODB00b]	HTTP://WWW.OLEDB.COM	OLE DB-Site der Firma Merant
[ODI00]	HTTP://WWW.ODI.COM	Site der Firma Object Design (Hersteller der Datenbank ObjectStore)
[PYT00a]	HTTP://WWW.PYTHON.ORG/WINDOWS	PythonScript
[PYT00b]	HTTP://STARSHIP.PYTHON.NET/CREW/MHAMMOND	Site von Mark Hammond, dem Schöpfer der ActiveX Scripting Version von PythonScript
[ROG00]	HTTP://WWW.MYPEECEE.ORG/ROGSOFT/	Homepage zu Notepad+ (Firma Rogsoft)
[ROL00]	HTTP://WWW.ROLLTHUNDER.COM	Homepage des Buchautors David S. Platt (COM, .NET, XML)
[RUB01a]	HTTP://ACTIVERUBY.FREESERVERS.COM/MAIN.HTML	Homepage zu ActiveScriptRuby, der Active Scripting-fähigen Implementierung der objektorientierten Skriptsprache »Ruby"
[RUB01b]	HTTP://WWW.RUBY-LANG.ORG/EN/	Offizielle Homepage der objektorientierten Skriptsprache »Ruby"
[SEC00]	HTTP://WWW.15SECONDS.COM	Developer-Community, insbesondere zu ASP; viel Beispiel-Code und zahlreiche Komponenten und Tools
[SOA01a]	HTTP://MSDN.MICROSOFT.COM/XML/GENERAL/SOAPSPEC.ASP	SOAP-Spezifikation auf dem Microsoft-Webserver
[SOA01b]	HTTP://WWW.W3.ORG/TR/SOAP/	SOAP-Spezifikation auf dem W3C-Webserver
[TEB00]	HTTP://SNAD.NCSL.NIST.GOV/SNAD-STAFF/TEBBUTT/X5EG/X5EG.HTML	Tebbutt, J. et al.: Guidelines for the Evaluation of X.500 Directory Products (1995)
[TOP00]	HTTP://WWW.TOPTENSOFTWARE.COM/QUICKPROMPTS	TopTenSoftware ist der Hersteller der Komponente QuickPrompts.
[TXP00]	HTTP://WWW.OZEMAIL.COM.AU/~LAUNCH/TEXTPIPE.HTML	Das Text-Transformationswerkzeug TextPipe unterstützt ActiveX Scripting auf Basis des Microsoft Script Control.
[VBA01]	HTTP://MSDN.MICROSOFT.COM/VBA/COMPANIES/COMPANY.ASP	Liste der VBA-Partner und VBA-fähigen Produkte
[VBN00]	HTTP://MSDN.MICROSOFT.COM/VSTUDIO/NEXTGEN/TECHNOLOGY/LANGUAGE.ASP	Vorabinformationen zu VB 7.0
[VSA01a]	HTTP://MSDN.MICROSOFT.COM/VSTUDIO/VSIP/VSA	VSA-Site von Microsoft

Kürzel	URL	Erläuterung
[VSA01b]	HTTP://VSIP.SUMMSOFT.COM/VSA/	VSA-Site von Summit Software
[WAR00]	HTTP://HOME.ATT.NET/~WSHVBS/INDEX.HTM	Scripting-Site von J. Warrington
[WIN01]	HTTP://WWW.WININFO.DE	Website von Dr. Tobias Weltner
[WMA01]	HTTP://WWW.WIN32SCRIPTING.COM/	Scripting-Website des Windows 2000 Magazine mit einer kostenpflichtigen Skript-Bibliothek
[WSO02]	HTTP://WWW.WINSCRIPTINGSOLUTIONS.COM	Kommerzieller Vertrieb von Scripting-Lösungen und -Know-how
[WSS00]	HTTP://WWW.WINDOWS-SCRIPTING.DE	Deutsche Windows Scripting-Site
[XLN00]	HTTP://WWW.XLNOW.CH	Hersteller des OnScript Hosts und des OnScript Editors
[XML01]	HTTP://MSDN.MICROSOFT.COM/XML/DEFAULT.ASP	Microsoft XML Developer Center
[XRP00]	HTTP://WWW.XML-RPC.COM	Site zum Thema XML RPC

F.3 Requests for Comment (RFCs)

[RFC1738] Berners-Lee, T.: Uniform Resource Locators (URL): Dezember 1994.

[RFC1777] Yeong, W.: Howes, T.; Kille, S.: Lightweight Directory Access Protocol: März 1995.

[RFC1778] Yeong, W.: Howes, T.; Kille, S.: The String Representation of Standard Attribute Syntaxes: März 1995.

[RFC1779] Kille, S.: A String Representation of Distinguished Names: März 1995.

[RFC1798] Young, A.: Connection-less Lightweight X.500 Directory Access Protocol: Juni 1995.

[RFC1959] Howes, T.: The LDAP URL Definition: Juni 1996.

[RFC1960] Howes, T.: The String Representation of LDAP Search Filters: Juni 1996.

[RFC1823] Howes, T.; Smith, M.: The LDAP Application Program Interface: August 1995.

[RFC2254] Howes, T.: The String Representation of LDAP Search Filters: Dezember 1997.

[RFC2255] Howes, T.; Smith, M.: The LDAP URL Format: Dezember 1997.

[RFC2256] Wahl, M.: A Summary of the X.500(96) User Schema for use with LDAPv3: Dezember 1997.

F.4 Newsgroups

Scripting

Diskussions-gruppen im Internet

news://microsoft.public.de.german.scripting.wsh
news://microsoft.public.active.directory.irterfaces
news://microsoft.public.inetexplorer.scripting
news://microsoft.public.scripting.debugger
news://microsoft.public.scripting.hosting
news://microsoft.public.scripting.jscript
news://microsoft.public.scripting.remote
news://microsoft.public.scripting.scriptlets
news://microsoft.public.scripting.vbscript
news://microsoft.public.scripting.wsh
news://microsoft.public.scripting.virus.discussion
news://microsoft.public.windows.inetexplorer.ie5.programming.dhtml.scripting

COM-Programmierung allgemein

news://microsoft.public.vb.ole
news://microsoft.public.vb.ole.servers
news://microsoft.public.vb.ole.automation
news://microsoft.public.windna.components
news://microsoft.public.platformsdk.com_ole
news://microsoft.public.platformsdk.complus_mts
news://microsoft.public.platformsdk.component_svcs

DOTNET (Auswahl)

news://microsoft.public.dotnet.general
news://microsoft.public.dotnet.framework
news://microsoft.public.dotnet.languages.vb
news://microsoft.public.de.german.entwickler.dotnet.framework
news://microsoft.public.de.german.entwickler.dotnet.vb

Spezielle Komponenten

news://microsoft.public.adsi.general
news://microsoft.public.wbem
news://microsoft.public.vb.database.ado
news://microsoft.public.data.ado

F.5 Andere Quellenangaben

Verweise auf Knowledge Base-Artikel

Knowledge Base

[Qxxxxx]

Diese Quellenangabe nimmt Bezug auf einen Beitrag aus der Microsoft Knowledge Base mit der Nummer xxxx. Sie finden die Knowledge Base im Internet unter HTTP://SUPPORT.MICROSOFT.COM/DEFAULT.ASPX.

Andere Quellenangaben

Verweise auf die MSDN Library

[MSDN: dateiname.chm::/pfad/datei.htm] **MSDN Library**

Diese Quellenangabe nimmt Bezug auf die CD-ROM-Fassung der Microsoft Developer Network Library (MSDN Library), die in Form von kompilierten HTML-Dateien vorliegt. Auch kompilierte HTML-Dateien verfügen über einen URL. Sie können diesen URL innerhalb des HTML-Hilfe-Werkzeugs mit der Funktion URL aus dem Menü WECHSELN ZU direkt anspringen.

Die Angaben beziehen sich auf die englische Ausgabe der MSDN Library. Die Internet-Fassung der MSDN Library finden Sie unter HTTP://MSDN.MICROSOFT.COM/LIBRARY.

Verweise auf die Buch-CD

[CD:/pfad/] oder [CD:/pfad/datei.extension] **Buch-CD**

Auch Verweise auf Dateien auf der Buch-CD sind im Stil eines Monikers angegeben. Unter vielen Listings sehen Sie allerdings nur die Kurzform ohne Pfadangaben, z.B. [ADSI_WINNT_neuerBenutzer.wsf]. In diesem Fall finden Sie den Programmcode anhand des Kapitelnamens, da das Verzeichnis /CODE auf der CD genauso strukturiert ist wie das Buch.

G Abkürzungsverzeichnis

ABO	Admin Base Objects
ACE	Access Control Entry
ACL	Access Control List
AD	Active Directory
ADB	Active Directory Browser
ADO	ActiveX Data Objects
ADO.NET	ActiveX Data Objects .NET
ADODB	ActiveX Data Objects Database
ADOMD	ActiveX Data Objects Multi Dimensional
ADOX	ActiveX Data Objects Extensions
ADS	Active Directory Service
ADSI	Active Directory Service Interface
ADTG	Advanced Data Tablegram
AKM	Active Knowledge Module
ANSI	American National Standards Institute
API	Application Programming Interface
AppDomain	Application Domain
APPID	Application Identifier
ASCII	American Standard Code for Information Interchange
ASP	Active Server Pages
ASP.NET	Active Server Pages .NET
AssemblyRef	Assembly Reference
ATL	Active Template Library
AUO	Active User Objects
BCL	Base Class Library
BIOS	Basic Input/Output System
BLOB	Binary Large Object
BOF	Begin Of File
C#	Csharp
CAS	Code Access Security
CATID	Category Identifier
CBF	Code Behind Forms
CCM	Change and Configuration Management

CCW	COM Callable Wrapper
CD	Compact Disc
CDO	Collaboration Data Objects
CDOEX	CDO 3.0 for Exchange 2000
CDOEXM	CDO for Exchange Management
CDONTS	CDO for NT Server
CDOSYS	CDO System (CDO 2.0 for Windows 2000)
CDOW2K	CDO 2.0 for Windows 2000
CDOWF	CDO Workflow Objects for Microsoft Exchange
CIM	Common Information Model
CIS	COM Internet Services
CLB	Component Load Balancing
CLI	Common Language Infrastructure
CLR	Common Language Runtime
CLS	Common Language Specification
CLSID	Class Identifier
CMIP	Common Management Information Protocol
CN	Common Name
COM	Component Object Model
COM+	Component Object Model Plus
CORBA	Common Object Request Broker Architecture
CR/LF	Carriage Return / Line Feed
CSV	Comma Separated Value
CTS	Common Type System
DACL	Discretionary Access Control List
DAO	Data Access Object
DAP	Directory Access Protocol
DAV	Distributed Authoring and Versioning
DB	Datenbank / Database
DBMS	Datenbank-Managementsystem
DC	Domain Controller oder Domain Component
DCE	Distributed Computing Environment
DCO	Domino Collaboration Objects
DCOM	Distributed Component Object Model
DFS	Distributed File System
DHCP	Dynamic Host Configuration Protocol
DHTML	Dynamic Hypertext Markup Language

Abkürzungsverzeichnis

DISPID	Dispatch Identifier
DLL	Dynamic Link Library
DML	Data Manipulation Language
DMO	Distributed Management Objects
DMTF	Desktop Management Task Force
DN	Distinguished Name
DNA	Distributed interNet Application Architecture
DNS	Domain Name Service
DOM	Document Object Model
DOS	Disc Operating System
DSN	Data Source Name
DSO	Decision Support Objects
DTC	Design Time Controls oder Distributed Transaction Coordinator
DTD	Document Type Definition
DTS	Data Transformation Service
ECMA	European Computer Manufacturers Association
EJB	Enterprise Java Beans
EOF	End Of File
EOS	End of Stream
ESATE	Exchange Script Agent Test Environment
EXE	Executable (ausführbare Datei)
FCL	.NET Framework Class Library
FMTID	Format Identifier
FQDN	Fully Qualified Distinguished Name
FSMO	Flexible Single Master Operation
FSO	File System Object
FTP	File Transfer Protocol
GAC	Global Assembly Cache
GAL	Global Address List
GC	Garbage Collector oder Global Catalogue
GDI	Graphics Device Interface
GPMC	Group Policy Management Console
GPO	Group Policy Objects
GUI	Graphical User Interface
GUID	Global Unique Identifier
HTA	HTML Application
HTML	Hypertext Markup Language

HTTP	Hypertext Transfer Protocol
HTTPS	HTTP over SSL
ICMP	Internet Control Message Protocol
ID	Identifier
IDE	Integrated Development Environment
IDL	Interface Definition Language
IE	Internet Explorer
IID	Interface Identifier
IIS	Internet Information Server
IL	Intermediation Language
IMDB	In-Memory Database
IO	Input/Output
IP	Internet Protocol
IPC	Interprocess Communication
IPID	Interface Pointer Identifier
IPM	Interpersonal Message
IPX	Internet Packet eXchange
IrdA	Infrared Data Association
IS	Information Store
ISO	International Organization for Standardization
IV	Initialisierungsvektor
J#	Jsharp
JUMP	Java User Migration Path to Microsoft .NET
JVM	Java Virtual Machine
LCID	Locale Country Identifier
LDAP	Lightweight Directory Access Protocol
LIBID	Library Identifier
LPC	Local Procedure Call
LRPC	Lightweight Remote Procedure Call
MAPI	Messaging Application Programming Interface
MDAC	Microsoft Data Access Components
MDAIPP	OLE DB Provider for Internet Publishing
MFA	Multi File Assembly
MIDL	Microsoft Interface Definition Language
MIME	Multipurpose Internet Mail Extensions
MINFU	Microsoft Nomenclature Foul-Up
MIT	Mobile Internet Toolkit

Abkürzungsverzeichnis

MMC		Microsoft Management Console
MMIT		Microsoft Mobile Internet Toolkit
MO		Managed Object
MOF		Managed Object Format
MOM		Microsoft Operations Manager
MS		Microsoft
MSDN		Microsoft Developer Network
MSDTC		Microsoft Distributed Transaction Coordinator
MSIL		Microsoft Intermediation Language
MTS		Microsoft Transaction Server
NDR		Network Data Representation
NDS		Novell Directory Service
NetBIOS		NetETwork Basic Input/Output System
NGWS		Next Generation Windows Service
NLB		Network Load Balancing
NNTP		Network News Transfer Protocol
NT		Windows New Technology
NT4		Windows NT Version 4.0
NTFS		New Technology File System
NTLM		NT LAN-Manager
O		Organisation
OAEP		Optimal Asymmetric Encryption Padding
ODBC		Open Database Connectivity
OLAP		On-Line Analytical Processing
OLE		Object Linking and Embedding
OLE DB		Object Linking and Embedding Database
OM		Operations Management
OMG		Object Management Group
OMT		Object Modelling Technique
OO		Objektorientierung / objektorientiert
OO4O		Oracle Objects for OLE
OpCodes		Operation Codes
ORPC		Object Remote Procedure Call
OSI		Open Systems Interconnection
OU		Organizational Unit
PAB		Personal Addressbook
PC		Personal Computer

Abkürzungsverzeichnis

PDB	Program Database
PDC	Primary Domain Control
PE	Portable Executable
PERL	Practical Extraction and Reporting Language
PGP	Pretty Good Privacy
PHP	Personal Home Page Tools
PICS	Platform for Internet Content Selection
ProgID	Programmatic Identifier
QFE	Quick Fix Engineering
RA	Regulärer Ausdruck
RAD	Rapid Application Development
RAS	Remote Access Service
RCW	Runtime Callable Wrapper
RDN	Relative Distinguished Name
RDO	Remote Data Objects
RDS	Remote Data Service
RFC	Request for Comment
RGB	Rot-Grün-Blau-Farbschema
ROT	Running Objects Table
RPC	Remote Procedure Call
RRAS	Routing and Remote Access Service
RSoP	Resultant Set of Policies
SACL	System Access Control List
SCE	Security Configuration Editor
SCM	Service Control Manager
SD	Security Descriptor
SDDL	Security Descriptor Definition Language
SDK	Software Development Kit
SFA	Single File Assembly
SID	Security Identifier
SMS	Systems Management Server
SMTP	Simple Mail Transfer Protocol
SNA	Strongly Named Assembly
SNMP	Simple Network Management Protocol
SOAP	Simple Object Access Protocol
SP	Service Pack
SPX	Sequenced Packet eXchange

Abkürzungsverzeichnis

SQL	Structured Query Language
SSH	System Scripting Host
SSL	Secure Socket Layer
SSP	Security Support Provider
TCL	Tool Command Language
TCP	Transfer Control Protocol
TDL	Template Definition Language
TOM	Text Object Model
T-SQL	Transaction SQL
TypeLib	Typbibliothek
UCS	Universal Character Set (»Unicode«)
UDA	Universal Data Access
UDDI	Universal Description, Discovery and Integration
UDL	Universal Data Link
UDP	User Datagram Protocol
UMI	Universal Management Interface
UML	Unified Markup Language
UNC	Universal Naming Convention
UPN	Umgekehrt polnische Notation oder User Principal Name
URI	Uniform Resource Identifier
URL	Uniform Resource Locator
URN	Uniform Resource Name
UserID	User Identifier
UTC	Universal Coordinated Time
UTF	UCS Transformation Format
UUID	Universal Unique Identifier
VB	Visual Basic
VB.NET	Visual Basic .NET
VB6	Visual Basic Version 6.0
VB7	Visual Basic Version 7.0
VBA	Visual Basic for Applications
VBS	Visual Basic Script
VBScript	Visual Basic Script
VES	Virtual Execution System
VOS	Virtual Object System
VSA	Visual Studio for Applications
VTBL	Virtual Table

Abkürzungsverzeichnis

W3C	World Wide Web Consortium
W3SVC	Webservice
WBEM	Web Based Enterprise Management
WDM	Win32 Driver Model
WINS	Windows Internet Naming Service
WKGUID	Well Known Global Unique Identifier
WMI	Windows Management Instrumentationationrium(
WML	Wireless Markup Language
WQL	WMI Query Language
WSC	Windows Script Component
WSDL	Web Services Description Language
WSF	Windows Scripting File
WSH	Windows Scripting Host / Windows Script Host
WWW	World Wide Web
WYSIWYG	What You See Is What You Get
XDR	XML-Data Reduced
XML	Extensible Markup Language
XMLDOM	Extensible Markup Language Document Object Model
XMP	Extended Management Packs
XPATH	XML Path Language
XSD	XML Schema Definition
XSL	Extensible Stylesheet Language
XSLT	XSL Transformation

Stichwortverzeichnis

!

.NET 64, 115, 150, 1036–1037
   Admin Tool 958–959
   Client 903–904, 906
   Code Access Security 959
   Compact Framework 771
   Debugger 960
   Disassembler 958, 960
   Framework 29, 103, 846
   Global Assembly Cache 959
   Implementierungsfehler 912
   Initiative 779
   Komponente 902, 906, 909
   Laufzeitumgebung 959
   Namespace 909
   Remoting 959
   SDK 901, 958–960
   Werkzeug 958
.NET Enterprise Server 765, 767, 769
.NET Framework 52, 300, 1036, 1055
   Anwendung 773
   Anwendungstyp 785
   Application Domain 789
   Assembly 790
   Bausteine 790
   Device Software 767, 769
   Framework 765–767, 769, 776, 806, 813
   Framework Class Library 781
   Framework SDK 824
   Garbage Collection 774
   Komponentenmodell 782
   Konfigurationsdatei 809
   Laufzeitumgebung 772–773, 779
   Meta-Daten 773
   Modul 790
   MTS/COM+ 783
   Namespace 799
   Programmiersprache 777
   Remoting 810
   Runtime 779
   Scripting 47, 836, 983
   SDK 783, 799, 809
   Sicherheit 774, 810
   Typ 794
   Typinformationen 808
   Versionierung 799
   versus COM 144, 773
   versus Java 779
   Werkzeuge 782
.sln 926
.vbproj 926
/bin 926

A

Abmelden 633
Abmeldeskript 693
ABO 55
Absturz 41
Access 148, 665
Access Control Entry 475, 478, 549, 568, 576
Access Control List 123, 475, 490, 531, 549, 567–568, 640
AccessMask 568
AcctCrt 55, 548
AceFlags 568
AceType 568
ACL-Komponente 55
Active Data Objects .NET 853
Active Directory 132, 357, 467, 472, 480, 497, 515, 523, 583–584, 781, 875, 975
   Benutzerverwaltung 983, 1016
   Datentyp 521
   Dokumentation 1010
   Fallbeispiel 1014
   Klasse 518
   Namespaces Container 497
   Objektmodell 517
   Rechte 567
   Suche 881
   SystemInfo 561
Active Directory Service Interface 51, 54–55, 138, 463, 471, 473, 562
   .NET 862
   Active Directory-Administration 515
   ADO-Query 492, 525, 548, 551

Stichwortverzeichnis

ADSI-Browser 468, 972–973
ADSI-Edit 975
   Architektur 470
   Bindung 480
   Client 471
   Container 485
   Exchange Server-Administration 540
   Extension 509, 531
   Fallbeispiel 984, 996, 1016
   IIS-Provider 553
   Impersonifizierung 274, 488
   Installation 471
   Instanzenverwaltung 486
   Internet Information Server 553
   Klasse ADSI 664
   LDAP-Provider 484, 515, 540
   Meta-Objektmodell 140, 473, 475
   Namespace Extension 471, 565, 635
   Pfad 480
   Programmierung 480
   Provider 471, 474
   Query 974
   Resource Kit 562
   SchemaBrowser 977
   SDK 472, 562
   Sicherheit 488
   Standardschnittstelle 475
   Werkzeug 972
   WinNT-Provider 499, 516
   WMI-Integration 635
   Zusatzkomponent 562
Active Directory Service Interface siehe ADSI
Active Group 141
Active Knowledge Module 356
Active Script 42, 848
Active Scripting 41, 84, 836
   Interface 752
   versus VBA 47
Active Scripting Host 370, 837
Active Server Pages 126, 291, 676, 761, 851, 913
   .NET 853
   Ausgabe 304
   Bewertung 300
   Einbinden von Skripten 327
   Ereignis 323
   Fallbeispiel 994, 996, 1016
   Fehler 330
   Installation 300
   Intrinsic Object 306
   Kennwortspeicherung 275
   Remote Scripting 704
   say() 230
   Seite 302
   Sicherheitseinstellung 331
   Statisches Objekt 326
   Transaktion 332
   Vergleich 299
Active Template Library 61, 781
Active_Directory_Service_Interface 482
ActiveScriptEventConsumer 602, 659–660
ActiveScriptRuby 44
ActiveX 41, 141, 738
   Dokument 67, 717
   sicheres Steuerelement 281
   Steuerelement 67, 282, 717
   Steuerelement erzeugen 737
ActiveX Data Objects 54, 57, 138, 329, 492–493, 866
   DTS 342
   Extension 54
   Fallbeispiel 984, 987, 991
   Meta-Objektmodell 140
   Multi Dimensional 54
   XML 1055
ActiveX Data Objects.NET siehe ADO.NET
ActiveX Scripting
   Engine 673
   Schnittstelle 673
ActiveX Scripting Host siehe Scripting Host 229
ActiveX Scripting siehe Active Scripting 41
ActiveXObject() 105
ActiveX-Skriptsprache siehe Active Scripting
   Engine 84
ActiveX-Steuerelement 149, 829, 945
   Outlook 398
Add 205
AddHandler 859
AddRef() 95, 774
Admin Base Objects siehe ABO
admin.exe 388, 545
Administrator 39
ADO siehe ActiveX Data Objects 54, 57
ADO.NET 782, 849, 853, 866, 881
ADODB.Connection 866
ADODB.RecordSet 866
ADsError 563
ADsFactory 564

Stichwortverzeichnis

ADSI 51, 54, 850–851
   .NET 866, 870
   Architektur 863
   Bindung 867
   COM 866, 870, 872
   Container 872
   Explorer 974
   Pfad 867
ADSI-Pfad 874
ADsRas 565
ADsSecurity 52, 55, 490, 548, 550, 567, 640, 851
   Klasse 572
ADsSID 573
ADsVersion 562
ADSystemInfo 561
Agent 357, 786
   Exchange Server 383
Agent Manager 357
Aggregation 193
   Definition 1025
AKM siehe Active Knowledge Module
Aktivierungsfehler 109
Aktivierungsort 104
Alarm 365
Alarm-Regel 362, 367
Alert 334
Alert Processing Rules siehe Alarm-Regel
Andrew Clinick 812
Anmeldedialog 290
Anonymer Zugriff 331
Anpassbarkeit 39
Antwort 365
Anwender 39
Anwendung 39, 848
   .NET 785
Anwendungskennung siehe AppID 109
Anwendungskonfigurationsdatei, .NET 810
Anwendungsprotokoll 380
Anwendungstyp 922
API siehe Application Programming Interface 40
APL 778
AppBase 810
AppDomain 849
AppDomain siehe Application Domain
AppID 109, 742, 941, 949
Application 847
Application Center 767
Application Center Test 923
Application Domain 789, 848–849

Application Programming Interface 40, 45, 149, 710, 777, 782
   Aufruf einer API-Funktion 665
   Webserver 299
Application Server 1038
Application-Objekt 320
Application-Variable 321
Arbeitsgruppe 415, 465
Arbeitsplatz 279, 457
Arbeitsverzeichnis 418
Array 169, 521, 801
   Redimensionierung 170
   VB.NET 815
ASCII 447
ASP siehe Active Server Pages 291
ASP+ 300, 846
ASP.NET 300, 761, 785, 810, 835, 846, 852–853
   VS.NET 931
ASPInet 53
ASPng 300, 846
aspx 848
Assembler 958, 960
Assemblierung siehe Assembly
Assembly 64, 115, 142, 782, 790, 828, 838, 929
   Cache Viewer 796
   Configured 811
   EXE 792
   Generation Utility 958, 963
   kompilieren 818, 820, 828
   Konfiguration 811
   Library 792, 902
   Multi-File 792, 908, 926
   Nutzung 799
   Private 115, 795
   Public 115, 795
   Referenz 790, 794, 806, 820, 928
   Shared 115, 795, 823
   Single-File 792, 926
   Typen siehe C#
   verbreiten 806
   VS.NET 901
AssemblyInfo.vb 828
Assoc-NT-Account 550
Assoziation 193
   Definition 1025
   WMI 586, 590
ATL 773
Attribut 134, 800, 803
   Active Directory 515
   Definition 1019

indiziert 801, 887
mehrwertig 479
Notation 1076
Verzeichnisdienst 465–466, 478
XML 1041
Attribut-Wert-Paar 469
Querystring 293
Attributzugriff 196
Aufgabe, DTS 340, 342
Aufgabenliste 828, 925
Aufruf, Methodenaufruf 617
Auftrag, SQL Server 334
Aufzählungstyp 800–801, 805
Ausgabefenster 931
Auswertung, VB.NET 817
Authentifizierung 536, 877
   WMI 886
Authentifizierungsmechanismus 848
AutoExec 729
Automation, Definition 1071
Automation Client 93
Automation Interface Handler 747
Automation Server 93
Automation siehe COM Automation 93
Automatisierbar 41
Automatisierung 405
   Active Directory 54, 515, 567
   Bedarf 39
   Benutzeroberfläche 50
   Benutzerverwaltung 504, 662
   Computerverwaltung 613
   Data Transformation Service 340
   Dateisystem 52, 567, 617
   Datenbank 54
   Definition 1071
   Domänenverwaltung 502
   DOS-Batch 40
   Drucker 415, 514
   Ereignisprotokoll 51, 422, 628
   Exchange Server 383, 540, 567
   Exchange Server 2000 56
   Exchange Server 5.5 55
   Explorer 455
   IIS 302, 553, 670
   Internet Information Server 55
   Komponentenkonfiguration 52
   Komponentenüberblick 50
   Messaging 53
   Microsoft Office 57, 665
   Netzwerk 415

Netzwerkkommunikation 53
NT-Dienst 511, 618
OLAP Server 670
Outlook 396
PGP 671
Rechteverwaltung 567
Registry 51–52, 419, 567
SAP R/3 58
Scheduler 52
Site Server 670
SQL Server 57, 332
Systemmanagement 50
Textdatei 53
Überblick 50
Verzeichnisdienst 54
Windows 40
Windows Installer 401, 670
Autovervollständigen 924
AVR.NET 777

B

Backoffice 43
Backup, Metabase 560
Bag 134, 1028–1029
Banyan Vines 464
BAS-Datei 725
Base Class Library 780
Basisdatentyp 781
Basisverzeichnis 301
Batch siehe DOS-Batch
Baustein, .NET 790
Bedingte Programmausführung 175
Bedingung 815
Benachrichtigung, SQL Server 334, 336
Benennung von Variablen 156
Benutzer 415, 464, 477, 501, 504, 583, 645
   aktueller Benutzer 415
   anlegen 506, 526, 875, 983, 1016
   anlegen (ADSI) 662
   auflisten 506, 525, 645, 1016
   deaktivieren 508, 663
   im Active Directory 518, 522
   Kontoeigenschaften 528
   kopieren 528
   löschen 508, 663, 877
   Name 561
   Passwort ändern 663
   umbenennen 507, 878
   verschieben 528, 878
   Verwaltung 670

Benutzergruppe siehe Gruppe 477
Benutzerkennwort 876
Benutzername, WMI 886
Benutzeroberfläche 50, 781, 819
    VBA 721, 729
    Windows Forms 829
Benutzerrechte 508
Betriebssystem 39, 776
Bezeichner 807
Beziehung
    0/n-zu-0/m 1026
    1-zu-0/1 1026
    1-zu-0/n 1026
    1-zu-1 1026, 1076
    1-zu-m 1026
    1-zu-n 1026–1027, 1076
    Is-part-of 1025
    Kann-Beziehung 1026–1027, 1076
    Muss-Beziehung 1026–1027, 1076
    n-zu-m 134
    n-zu-n 1027
    zwischen Klassen 1025
    zwischen Objekten 1025
Big Endian 469, 494
Binärdatei 853
Binärstandard 59, 81
Binary Large Object 370
Binden
    Definition 1031
    dynamisch 93, 96, 1031
    früh 93, 194, 214
    schnelles Binden bei ADSI 520
    serverlos 481, 519
    spät 93, 96, 194, 214
    statisch 93, 95
    über eine GUID 481, 519
Bindung
    Active Directory 518
    ADSI 480, 867
    ADsSecurity 573
    Exchange Server 544
    IIS 555
    in Meta-Objektmodellen 137
    Managed Object 605
BIOS 583
Bit 814
BizTalk Server 43, 766–767, 923
Blatt siehe Leaf 464
Blatt-Klasse 866

Boolean 157
Boot-Konfiguration 583
Borland 1038
    C++ 666
Botschaftenkonzept siehe Nachricht 1020
Box, Don 811
Browser 851
Browserfenster 455
Browser-Technologie 277
Browserunabhängigkeit 292
Bug 673
Building Blocks 767
Built-In Object siehe Intrinsic Object 126
Bullet-and-Stick 84
Byte 521
    Array 521
Byte (Datentyp) 157
Bytecode 775

C

C Sharp siehe C#
C# 775, 777, 779, 782, 789, 813, 836, 838, 840, 846, 923, 960
    Compiler 960
C++ 59, 81–82, 87, 106, 665–666, 777, 779, 781, 789, 813–814, 1026
cab 682
Cache 479
Caching 848
    ASP 313
Call by Reference 187, 650, 815
Call by Value 187, 815
CallByName() 227
camelCasing 807
CAS, Code Access Security 774
Cascading Style Sheets 277, 1001, 1049
CATID 116
CDATA-Sektion 245, 1043
CD-Laufwerk 858
CDO for Exchange Management 56
CDO Workflow Objects 56
CDONTS 53
CDOSYS 53
CD-ROM zu diesem Buch 1069
Change and Configuration Management 356
Channel Definition Format 1042
Char 814
Check() 225
CheckCreate() 226, 663

ChiliASP 299
CHKDSK 583
CIL 772
CIM siehe Common Information Model
    Klasse 589
CIM Studio 966
CIM_DataFile 628, 639, 642
CIM_LogicalFile 639
Class 191, 800, 814, 817
    VB.NET 814
Class Factory 72, 105
Class Object siehe Class Factory
Class Store 132
Class_Initialize 206
Class_Terminate 206
ClassFactory-Objekt 105
Classic Code 779, 812
CLI 1036
CLI Class Library 772
Client 1020
    Definition 1020, 1036
Client-/Server-Architektur 275
Clinick, Andrew 812
CliReg 939
CLR 773, 779, 781–782, 813
CLR siehe Common Language Runtime
CLS 811, 814
    konform 781
    Sprache 781
CLSID 104, 109, 940, 943
    Definition 76
CMD-Datei 40
COBOL 777–778
CoClass 76, 83
CoCreateInstance() 104
Code
    Abschnitt 924
    Datei 828
    Editor 924
Code Access Security 774, 779, 810
Code behind Forms 721
    Outlook 397
Code Group 788
Codegenerierung 189
COFF siehe Common Object File Format
CoGetInstanceFromFile() 108
Collaboration Data Objects 53, 55, 82, 217, 978
    Event Scripting 387
    Fallbeispiel 991

Version 1.21 55
Version 3.0 56
Werkzeug 977
Collection 85, 134, 204, 436, 475, 486, 1028–1029
    ASP 308
    WSH 411
COM 41, 99, 212, 773, 783, 806, 812, 847, 851, 853, 1027, 1036–1038
    Anwendung 64, 109, 941
    API 813
    ASP 299
    Automation 45, 84, 93, 96, 471
    Client 64, 82
    Dienst 66, 94
    DLL 71, 110, 129, 471, 938
    EXE 110, 705, 938
    Identität 951
    Internet Service 102
    Interoperabilität 781
    Kategorie 115
    Klasse 63, 76, 191, 738, 940, 945
    Komponente 42, 45, 405, 583, 738
    Komponentendatei 78
    Komponenteninstallation 759, 986
    Komponentenüberblick 50, 668
    Laufzeitumgebung 132
    Moniker 480, 867
    Namensdienst 107
    Objekt 216
    Schnittstelle 79, 945
    Scripting 42
    Server 64
    Sicherheit 118, 282, 600, 941, 951–952
    Standardschnittstelle 94
    Statischer Aufruf 93
    UNIX 141
    versus .NET 773, 784
    Werkzeug 936
    WMI 884
COM Callable Wrapper 783
COM+ 52, 129, 705, 773, 781, 849
    Administration Objects 849
    Catalog 130
    Event Service 131
    versus .NET 769, 773, 783
COM+ Services Library 670
COM+-Anwendung 953
COM-DLL 952–953
COM-Explorer 756, 943–944

COM-Kategorie 115
    auflisten 628
    Internet-Sicherheitskonfiguration 281
COM-Komponente
    Erforschung 660
    erzeugen 737, 904
    im Internet Explorer 281, 288
    im SQL Server 339
    im WSH 265
    in ASP 317
Comma Separated Value 664
Command Line Event Consumer 602
Commerce Server 43, 767, 923
Common Dialog Control 668, 1013
Common Gateway Interface 299, 302
Common Information Model 582
Common Intermediate Language 772
Common Language Infrastructure 1036
Common Language Runtime 766, 772, 775, 779, 792, 959
Common Language Runtime siehe CLR
Common Language Specification 766, 775–777, 811
Common Management Information Protocol 582
Common Name 469, 543
Common Object File Format 790
Common Object Request Broker Architecture 66, 299, 1036
Common Type System 777, 800
Compact Framework 771
Compensating Resource Manager 131
Compiler 773, 828, 849, 1031
    VB.NET 819
Compileroption, VB.NET 816
Component 900
Component Load Balancing 132
Component Object Model
    Versionierung 798
    versus .NET 767
Component Object Model siehe COM
Componentware 1036
    Definition 1032
Compound Document 108
Compound File 117
Computer 360, 415, 464, 477, 501, 504, 542, 636
    aktivieren 538
    Computerverwaltung 504
    deaktivieren 538
    Domäne beitreten 634
    im Active Directory 518
    Name 415, 561

Neustart 633
Rolle 632
umbenennen 633
Computer Grouping Rules siehe Computer-Gruppierungsregeln
Computer-Attribute 362
Computer-Gruppierungsregeln 359
Computer-Klasse, WinNT-Provider 474
Computerkonto, anlegen 880
Computername 415
COMSource 141
comTLBrowser 947
COM-Viewer 74, 77, 91, 110, 117, 756, 937, 939
Configured Assembly 811
Connection, DTS 342
Connection Point
Connection Pooling 128
ConnectionOptions 886
Console 819–820, 931
Console Application 819
Console Application siehe Konsolenanwendung
Consolidator 357
Const 162
Container 435, 464, 473, 485, 872
    auflisten 879
    im Active Directory 518
Container-Klasse 866
Containment siehe Nutzungsbeziehung
Containment-Hierarchie 807, 964
    ADSI 466
    Definition 1025
    WMI 586
Cookie 295, 298
    lesen 309
    setzen 314
Cool 789
Coordinated Universal Time 383
CopyHere() 480, 528
CORBA siehe Common Object Request Broker Architecture
Corel 1038
Count 205
Country 468
Crawler 786
CreateObject()
    ADSI 497
    ASP 317
    checkCreate() 226
    CoCreateInstance() 105
    Eingabehilfe 914

Fernaktivierung 705
Internet Explorer 288
Kapselung für GetObject() 564
Syntax 213
versus GetObject() 108
CreationDate 521
Crystal Reports 925
CSCRIPT.EXE 238
Ausgabe 259
CSharp siehe C#
CSVadd() 222, 663
CSV-Datei 664
Fallbeispiel 1015
CurrentDir() 723
CurrentDirectory 418
Cursor, erstellen 925
Custom Marshaller 71
Cutter Consortium 1037

D

Dana Scully 1081–1083
DAS 358
Data Access Server 358
Data Source Name 670
Data Transformation Service 57, 126, 340
Fallbeispiel 1015
Intrinsic Object 352
Paket 341, 344
say() 231
ScriptTask 354
Sicherheitseinstellung 347
Data Warehousing 340
Date (Datentyp) 157
Datei 439, 452, 457, 583, 639, 853, 855
Anzahl ermitteln 640
Eigenschaft 444, 453, 458
kopieren 857
Rechte 567, 583
Verknüpfung 453
verschieben 859
Version 445
Dateiattribut 858
Dateisystem 52, 438, 441, 477, 639, 705, 781, 806, 850, 854
Sicherheit 439
überwachen 858
Dateisystemoperation 445–446
Dateizugriff 850
Datenabfrage 627

Datenaustauschformat 1039
Datenbank 54, 358, 782
semi-strukturiert 493
Visual Studio .NET 899
Datenbankverbindung, Designer 925
Datenquelle 54, 849
Datentransformation 340, 343, 347
per Skript 352
Datentyp 157, 217, 782, 814–815, 849, 1080
Active Directory 521
ADSI 484
CLR 888
VB.NET 814
VB6/VBA 158
VBScript 157
WMI 591, 888
DCOM 99, 212, 787
im Internet 102
Installation 101
Konfiguration 101, 583
Nutzung beim Scripting 704
Nutzung in VB 212
Protokoll 100, 950
versus .SOAP 774
WMI 886
DCOM Connector, SAP 58
DCOMCNFG 102, 110, 118, 123, 937, 941, 949, 952
Vorstellung 949
DCOM-Konfiguration 953
DE.ITVisions 805
Debug.Print 720
Debuggen 828, 925
Debugger 46, 673, 913, 917
.NET 958, 960
Microsoft Script Debugger 934
Visual Basic 936
Visual InterDev 935
Debugging 47, 677, 718, 850
Exchange Event Service 392
MOM 380
Decimal 814
Decision Support Objects 57, 670
Default Property 202
Default Version Policy 799
Deklaration 815
VB.NET 815
Dekomprimierung 639
Delphi 44, 769, 778
Demarshalling 70

DemoHost 1012
Dependency Walker 75, 944
Deployment 806
Deserialisierung 787
Design Time Control 913
Designer 925
    WMI 900
Desktop 583, 647
Desktruktor 801
Device Software 767
DFS siehe Distributed File System
DfsCore Komponente 670
DFÜRemote Access Service 671
DHCP 638, 669
DHCP Objects 53
Dialogbox 152, 418
Dictionary 435
Dienst 373, 501, 583, 781, 851, 1020, 1031
    ADSI 464, 511
    auflisten 628
    Designer 925
    IADsService 477
    IADsServiceOperations 477
    starten/stoppen 512, 618
    überwachen 898
    Überwachung 630
    Visual Studio .NET 899
Directory 854
Directory Access Protocol 467
Directory Application Programming Interface 540
Directory Management Domain 542
Directory Service siehe Verzeichnisdienst 464
Directory System Agent 464
Directory Tree siehe Verzeichnisbaum 464
Directory User Agent 464
DirectoryEntry 864, 866–868, 870, 872–873
DirectoryInfo 854–857
DirectorySearcher 866
Direktfenster 931
Disassembler 958, 960
Disk Quota-Komponente 670
Disk Quotas 584
DispID 97
    Definition 97
Distinguished Name 469, 480, 867, 871
    Exchange Server 544
Distributed COM, versus .NET 785
Distributed COM siehe DCOM

Distributed Component Object Model, Remote Scripting 694
Distributed Computing Environment 65, 100
Distributed File System 583, 670
Distributed InterNet Applications Architecture 127
Distributed Management Objects 57, 335
    Meta-Objektmodell 140
Distributed Transaction Coordinator 357, 1101
DLL 682, 806
    Versionsinformation 439
DLL hell siehe DLL-Hölle
DllCanUnloadNow 72
DLL-Datei 71
DllGetClassObject 72
DLL-Hölle 111, 142, 798
DLLHost 106
    COM+ 130
DllRegisterServer 72
DllUnregisterServer 72
DMO siehe Distributed Management Objects
DN siehe Distinguished Name 466
DNS siehe Domain Name Service
Do...Loop 182
Document Object Model 277, 285, 462, 852
    Fallbeispiel 1001
Document Type Definition 1042
DoEvents 813
Dokument, XML 925
Dokumentation 923
    Active Directory 1010
    deutsch 923
    Visual Studio .NET 923
Dokumentenmanagementsystem 291
DOM 852
DOM siehe Document Object Model
Domain Name Service 54, 357, 581, 670, 850
Domäne 359, 415, 465, 477, 501–502, 506
    Computer aufnehmen 634
    im Active Directory 515
Domänen-Controller 515, 537, 539, 561
Don Box 811
DOS 40, 238, 855
    Muster 859
DOS-Anwendung siehe Konsolenanwendung
DOS-Batch 40, 369, 906
DOS-Fenster 819, 849
DotGnu 772
DOTNET 765, 776
DOTNET siehe .NET

Double 157
Druckauftrag 478, 583, 647
Drucken 994
Drucker 415, 464, 477, 501, 514, 583
    im Active Directory 518
    Status 648
Druckerverbindung 415
Druckerwarteschlange 583
DSH 765, 787, 837–838, 842
    Fallbeispiel 1012
DTS siehe Data Transformation Service 57, 341
DVD-Laufwerk 858
DWORD 650–651
DynaCall 665
Dynamic Data Exchange 93
Dynamic Host Configuration Protocol 357, 1098
Dynamic HTML 275, 277, 913, 934
    Fallbeispiel 1016
    Remote Scripting 704
    Scripting 275
    VS.NET 931
Dynamic Method Invocation 93
Dynamic Object Interface 476
DynamicWrapper 666
DynaWrap 665
DynaZIP 671

E
Early Binding siehe Binden, früh 93
ECMA 44, 772, 789, 807, 1036
ECMAScript 44
Editor 46, 913, 922, 934, 977
    MOM 373
    Visual Studio .NET 924
EditPlus 934
Edit-Resume 925
Eiffel 778, 813
Einfachvererbung 802
Eingabehilfe 97, 715, 914, 916, 921
    VS.NET 932
Einrücken 924
EJB siehe Enterprise Java Beans
Element, XML 1041
E-Mail 53, 369, 989
    EmailEvent 630
E-Mail-Empfänger siehe Empfänger
EmailEvent 630
E-Mail-Verteiler siehe Verteiler
Embedded Visual Basic 150
Empfänger 542, 547–548

Empty 160–161, 814
Encoder 681
Enterprise Architect 923
Enterprise Manager 333
Enterprise Template 923
EntireX 141
Entity Relationship, .NET 790
Entity-Relationship-Diagramm 62
Entwicklungsumgebung 713, 726, 836, 914, 921, 945
    .NET 837
    Scripting Spy 919
    VS.NET 922
Entwicklungswerkzeug 783
    .NET 766
Enum 163
Enumeration siehe Aufzählungstyp
Enumeration siehe Konstantenliste
Environment-Variable siehe Umgebungsvariable
Erde 1082
Ereignis 85, 134, 206, 365, 801, 804, 847, 1020
    Aggregation 625
    Behandlung 847
    Dateisystem 859
    Definition 1020
    Event Scripting 387
    im WSH 266
    in ASP 323
    Internet Explorer 282, 289, 463
    Outlook Forms 399
    VBA 729
    VB-Formular 721
    WMI 601
    WSH-Ereignisbehandlung 723
Ereignisabfrage 629, 897, 899
Ereignisbehandlungsroutine 86, 152
Ereigniskonsument 602, 804
Ereignisprotokoll 51, 356, 364, 583, 593, 602, 627–628, 782, 838, 850
    Benutzer 645
    Designer 925
    LogEvent() 720
    Remote Scripting 698
    Überwachung 630–631
    Visual Studio .NET 899
Ereignisregeln 362, 364
Ereignisskript 977
Err-Objekt 218
Erstellungsdatum 858
Erweiterbarkeit 39
ESConfig-Komponente 55

Eval() 190, 227
eVB 150
Event Agent 126, 670
Event Consumer 969
    permanent 601, 659
    temporär 601, 624
Event Correlation 583, 625
Event Filter 969
Event Processing Rules siehe Ereignisregeln
Event Publisher 86
Event Registration Tool 969
Event Script siehe Ereignisskript 977
Event Scripting
    Debugging 392
    EventDetails 387
    Fallbeispiel 989, 991
    Intrinsic Object 387
    Protokollierung 393
    say() 230, 393
    Script-Objekt 387
    Skriptinstallation 388
Event Scripting Agent 43
Event Service 383–384, 677, 978
    Config-Komponente 390, 978
    Konfiguration 385
    Protokollierung 386
    Sicherheitseinstellung 385
Event siehe Ereignis
Event Sink 86
Event Subscriber 86, 206
Event Viewer 970
EventArgs 860
Event-Publisher 206
EventQuery 897
events.exe 384, 393
EventViewerConsumer 601
EventWatcher 898
Excel 148, 665
Exception 816
    VB.NET 816
Exception Handling 779
Exchange, Ordner 978
Exchange Event Scripting siehe Event Scripting
Exchange Event Service siehe Event Service
Exchange Server 43, 357, 368, 463, 467, 497, 540, 923
    .NET 837
    2000 767
    Empfänger 547
    Event Service 383
    Fallbeispiel 989
    Klasse 542
    Konfiguration 552
    Rechte 567
    Version 2000 56, 480, 540, 593
    Version 2003 516
    Version 5.0 540
    Version 5.5 55, 540
exe 682
Execute() 189
ExecuteGlobal() 221
Execution Engine 781
EXE-Datei 71
Exemplar siehe Instanz 1021
ExistsObject() 225, 481, 663
Explorer siehe Windows-Explorer und Internet Explorer 452
Explorer-Fenster 455
Extended Management Pack 357
Extended WQL 627
Extensible Markup Language siehe XML
Extensible Style Sheet Language 615
    Scripting 401, 1055
Extensible Stylesheet Language 852

F

Fallbeispiel
    Active Directory Documentor 1010
    BulkUserInsert 983
    Character Map Viewer 1016
    DemoHost 1012
    DTS 1015
    Group-Maker 1014
    Hardware-Inventarisierung 1005
    Login-Skript 986
    Multi Server Disk Viewer 1000
    RemoteExec 989
    WebPrinterManager 994
    WebUserManager 1016
Fallunterscheidung 175
FCL 610, 781, 806, 838, 847
FCL siehe Framework Class Library
Fehler
    ASP 330
    Kompilierungsfehler 673
    Laufzeitfehler 674
    Logischer Fehler 674
Fehlerbehandlung 218
Fehlercode 648

Fehlerdiagnose 356
Fehlermeldung, ADSI 528
Fehlersuche, MOM 380
Feld, Outlook 398
Fenster 452
Fenstermanagement 671
Fernaufruf 99, 787
Fernausführung 774, 838
Fernseher 767
Fernstart 695
Fernsteuerbar 41
Fernsteuerung 428
Festplatte 858
Field 803
File 854
File System Objects 52, 435, 438, 446, 453, 705
    Dateisystem 438
File System Objects siehe FSO
File Transfer Protokol 364
File_System_Objects 914
FileInfo 854, 857
Fileservice 477, 511
FileSystemEventArgs 860
FileSystemObject 52, 435, 854
FileSystemWatcher 858–860
Firewall 103, 774
First Use Lazy Registration 783
Flag 529
Flat() 221, 663
Flexible Single Master Operations 515, 539
For Each...Next 181, 205
For...Next 178, 205
Forest 515, 561
Formular
    VB 721
    VBA 729
    VS.NET 830
    Web 294
Formular Designer
    Outlook 397
    VS.NET 833
Formulardesigner
    VB 713
    VBA 729
Forth 778
FORTRAN 777–778
Foundation Services 767
Fox Mulder 1081–1083
Frameset 327, 393
Framework Class Library 772, 813

Framework Class Library siehe FCL
Framework SDK 817, 923
FreeBSD 772
Freigabe 477, 501, 512, 583
    auflisten 644
    Rechte 644
Friendly Class Name 76–78, 940
FrontPage 276, 665
FSharp 778
FSMO, Flexible Single Master Operations 539
FSO 850, 853
FSO siehe File System Object
FTPX 53
Fully Qualified Distinguished Name siehe
    Distinguished Name 466
Funktion 816
    eingebaute 218
    Syntax 186
    Überladen 814
    VB.NET 817
Funktionsbibliothek 232
Funktionsoffset 81

G

GAC siehe Global Assembly Cache
Ganzzahlwert 805
Garbage Collection 100, 774, 779
Garbage Collector 774, 782, 849
GDI+ 853
GET 293
Get() 479
Get_From_Array() 222–223, 664
GetCol() 226, 663
GetColEX() 227
GetEx() 479
GetIDsOfNames() 97
GetInfo() 479
GetInfoEx() 479
GetItem() 227
GetObject() 225
    ADsFactory 564
    ADSI 497
    Aktivierung aus Datei 108
    Internet Explorer 289
    Syntax 215
    versus CreateObject() 108
Getter 801
GetTypeInfo() 97
GetTypeInfoCount() 97
Gleichheitszeichen 166

Global Assembly Cache 796, 810, 821, 823–824, 903, 963
    Utility 958, 963
Global Unique Identifier 64, 111, 798, 805, 871
Global.asa 323
Glue Code 41, 1033
Gopher 364
GoTo 219
Grafikkarte 583
Graph 58
    Objektgraph 807
Graphical User Interface 39, 50, 582, 660, 721
Graphics Device Interface 850
Green-Screen 275
Group 533, 866
Group Policy 581
Group Policy Management Console 54
Group Policy Management Tool 539
Groupware 53, 383
Gruppe 477, 501, 509, 645
    anlegen 510
    im Active Directory 518
Gruppenrichtlinie 539
    erstellen 54, 539
    Skript-Optionen 694
    zuordnen 54, 540
GUI siehe Graphical User Interface 39
GUID siehe Global Unique Identifier
GUIDGEN 65
Gullivers Reisen 469
Gültigkeitsbereich 155

H

Handheld-Computer 767
Hardware 41, 583
    inventarisieren 1005
Hash 273
Haskell 778
HaskellScript 44
Heap 804
HelloWorld 818
Hersteller 788
Herunterfahren 633
Hierarchie
    Containment 807
    Namespace 807
    Objekt 807
    Vererbung 807–808
Hintergrundkompilierung 925
HKEY_CLASSES_ROOT 67
HKEY_CURRENT_USER 651

HKEY_LOCAL_MACHINE 651
Host Integration Server 767, 923
Hotfix 583, 655
HP_Open_View 1000
HS 1081–1083
HTA siehe HTML Application 290
HTML 786, 847, 925
    Editor 922
HTML Application 290
    Fallbeispiel 1001, 1014
HTML siehe Hypertext Markup Language
HTTP 786, 850
HTTP-Log 356
HyperHost 404
Hypertext Markup Language 276, 279, 1039
    Editor 913
Hypertext Transfer Protocol 292, 295, 303, 364
    Header 292
    Request 292
    Response 292
    Verwendung mit SOAP 788
    Zustandslosigkeit 298
Hypertext Transfer Protocol siehe HTTP

I

IActiveScript 125
IActiveScriptParse 125
IActiveScriptSite 126
IADs 474, 477–478, 500, 520, 866, 872
IADsAccessControlEntry 478
IADsAccessControlList 478
IADsClass 478
IADsCollection 477
IADsComputer 477, 520, 866
IADsComputerOperations 477
IADsContainer 474, 477–478, 500, 520, 866
IADsDomain 477
IADsFileservice 477
IADsFileserviceOperations 477
IADsFileShare 477
IADsGroup 477, 520, 866
IADsLocality 477
IADsMembers 477
IADsO 477
IADsOpenDSObject 478
IADsOU 477
IADsPrintJob 478
IADsPrintJobOperations 478
IADsPrintQueue 477
IADsPrintQueueOperations 477

IADsProperty 478
IADsPropertyEntry 478
IADsPropertyList 478
IADsPropertyValue 478
IADsResource 478
IADsSecurityDescriptor 478
IADsService 477
IADsServiceOperations 477
IADsSession 478
IADsSyntax 478
IADsTools 526, 580
IADsUser 477, 520, 866
IBM 44
IClientSecurity 123
Icon, erstellen 925
Identität 120
    WSH-Skript 274
IDispatch 70, 84, 94, 98, 104, 216, 710, 738–739, 773
    Definition 96
    dynamische Erweiterung 667
IDispatchEx 99
IDL siehe Interface Definition Language 1021
IE Tools for Validating XML and Viewing XSLT Output 980
If...Then 175
IHost 259
IID 104
    Definition 80
IIS 781
IIS Admin Objects 55
IIS Resource Kit 54
IIS siehe Internet Information Server 55
IISAdmin-Objekte 553
IL 776
ildasm 809
Image 823
Impersonation siehe Impersonifizierung
Impersonifizierung 121, 332, 489, 867
    ADSI 478, 488
    WMI 600, 886
    WSH 275
    WSH-Skript 274
Implementierung, einer Klasse 1022
Implementierungsfehler, .NET 912
Implementierungsvererbung 814
Implements 208, 742, 814
Imports 799, 821, 910, 930
InArgs() 723

Include() 221
    ASP 327
    WSH 256
Indexer 801, 887
Information Hiding siehe Kapselung
Information Store 56, 384
Informationssystem 291
Inheritance siehe Vererbung 1024
Inherits 814
INI-Datei 662, 667, 671
Inkonsistenzen, VB6/VB.NET 814
In-Memory-Database 132
In-process-Komponente 69
InprocServer32 744, 905
InputBox() 154, 275, 489
    im Scripting Host 231
Install Time Code Generation 777
InstantASP 299
Instanz 1021
Instanziierung 195
    VB.NET 816
Integer 157
Intellisense 919
    WMI 883
Interactive Window-Session 120
Interception 128, 130
Interface 803, 814
    VB.NET 814, 817
interface 800
Interface Casting 84
Interface Casting siehe Schnittstellenwechsel 82
Interface Definition Language 87, 597, 809, 942, 1021
Intermediation 774–775
Intermediation Language 772, 774–775, 777, 782
Intermediation Language Disassembler 809
Internal Object siehe Intrinsic Object 126
Internet 52, 275, 280, 788
    Sicherheitseinstellung 279
Internet Controls 276, 452, 460
Internet Database Connector 299, 302
Internet Engineering Task Force 467
Internet Explorer 467, 564, 676
    Ausgabe ins Dokument 286
    Automatisierung 452, 460
    COM-Ereignis 289
    Cookie-Konfiguration 296
    DOM-Ereignis 282
    Erstes Beispiel 49

Fallbeispiel 1000, 1016
Intrinsic Object 285
say() 230
Sicherheit 270, 788
Sicherheitseinstellung 279
Skriptcode einbinden 277
Statisches Objekt 289
Internet Information Server 43, 55, 291, 300, 357, 472, 553
   5.0 848
   5.1 553
   6.0 848
   Administration 553
   ASP.NET 848
   Automatisierung 302
   Metabase 560, 847
   Resource Kit 553
   Version 6.0 668
   Versionen 300
Internet Information Service 364, 583
Internet Informationen Server, WMI-Provider 553
Internet Security and Acceleration Server 767
Internet Transfer-Komponente 53
Internetdiensteverwaltung 676
Interop.ActiveDs.dll 1012
Interoperabilität 780, 851
   COM und .NET 780, 783, 809
Interpretation 714
Interpreter 42, 673, 778
Intranet 279
Intrinsic Object 126, 711, 847
   ASP 306
   DemoHost 1013
   DTS 352
   Exchange Event Scripting Agent 387
   Internet Explorer 285
   MOM 373
   Outlook Forms 399
   SQL Server 339
   VB6 719
   VBA 729
Inventarisierung 1005
Inventarskript 1005
Invoke() 97
IP
   Adresse 628, 637
   Konfiguration 581, 628
IP Routing 583
IPersist 117
IP-Routing siehe

IRQ 583
IServerSecurity 123
ISO Management Framework 582
ISO/OSI-Referenzmodell 101, 292
ISPSignup 274, 670
ISPSignup-Komponente 54
IStream 117
Item 85, 136
IUnknown 72, 79, 97–98, 710, 773
   Definition 95

J

J# 923
J++ 71, 779
Java 71, 82, 704, 775, 779, 814, 1026, 1038
   Applets 276
   Beans 299, 1036
   Bytecode 775
   Enterprise Beans 1036, 1099
   Migration Path to .NET 779
   Servlets 300
   versus .NET 779
   versus C# 789
Java Application Server 1038
JavaScript 44, 149, 275, 814
JavaScript Server Pages 300
JMAIL 53
Job, SQL Server 334
Job Scripting
   say() 231, 340
   SQL Server 337
   SQL Server Job Agent 332
JScript 44, 126, 275, 704, 960
   Sicherheit 279
   VS.NET 931
JScript.NET 778–779, 782, 838, 846, 923
   Compiler 960
JS-Datei 242
JSharp 778
JSharp .NET 923
JUMP 779
Just-in-Time-Activation 128
Just-in-Time-Compiler 774–775, 778–779
Just-in-Time-Kompilierung 776

K

Kante, Objektdiagramm 1075
Kapselung 191, 1020
Kardinalität 134, 1026, 1076
Keep-Alive 298

Kennwort 876
    ändern 507
    ASP 275
    versteckt 451
    WMI 886
    WSH 275
Kerberos 118, 600
KiXtart32 40
Klasse 81, 134, 800, 807, 814–815, 903, 1023–1024
    .NET 909
    abstrakt 1022
    Active Directory 515, 518
    COM 63, 738
    Definition 1021
    Exchange Server 542
    gruppieren 806
    Klassenereignis 206
    Klassenmodul 193, 713
    Meta-Klasse 136
    Mitglieder 85
    Modul-Klasse 802, 903
    Notation 1074
    Oberklasse 1024, 1031
    Objektmengenverwaltungsklasse 1026
    Script Component 745
    Unterklasse 1024, 1031
    VB.NET 814, 816
    VB6/VBA 193
    VB-Klasse 738
    VBS 191
    versiegelt 823
    Verzeichnisdienst 465–466, 478
    WinNT 500
    WMI 589, 605, 893–894
Klassenbibliothek 780
    VS.NET 901
Klassenhierarchie 1024–1025
    Definition 1025
Klassenmodul 740
Knoten 464
    Objektdiagramm 1074
Knowledge Base 1094
Kodierung 678
    URL 294
Kollektion siehe Collection 1028
Kommandozeilen-Compiler 922
Kommandozeilenparameter 720
Kompatibilität, VB6/VB.NET 813
Kompilierung 673, 715, 725, 777

Komponente 50, 63
    .NET 774, 792, 909, 925
    COM 773, 783
    Definition 1031–1032
    entfernte 69, 851
    Grey-Box 1035
    Installation 774, 1033
    Konfiguration 1033
    lokal 69
    Parametrisierung 1033
    prozessextern 69
    prozessintern 69
    Quellcode 744
    Überblick 668
    Version 774
    White-Box 1035
Komponentenarchitektur 1019
    .NET 782
    Vergleich 1037
Komponentendienste 952–953
Komponentenerforschung 755
    Analyse 759
    Dokumentation 761–762
    Implementierung 762
    Installation 759
    Newsgroup 759
    Suche 755
    Test 762
    Typbibliothek 760
Komponentenkategorie siehe COM-Kategorie
Komponentenklasse 925
Komponentenmodell, .NET 774
Komprimieren 671, 707
Komprimierung 639
Konfiguration 847
Konfigurationsdatei, .NET 809, 1055
Konfigurationsdaten 849
Konsolenanwendung 428, 819, 828, 931
Konsolidator 357
Konstante 801
    benannt 91, 161–162
    definieren 805
    Definition 948
    Eingabehilfe 716
    Gebrauchshinweis 1080
    Konstantenliste 91
    symbolisch 91, 161–162
    vordefiniert 164
Konstantenliste 163, 329

Konstantenliste siehe Aufzählungstyp
Konstruktor 801, 804
    VB.NET 814, 816
    WMI 894
Kontakt, im Active Directory 518
Kontext 128
Kontextmenü 454, 459
Kontoeigenschaft 531
Kontorichtlinie 503
Konvention
    Formatierung 1072
    Icon 1072
    Komponenten-Schnellinfo 1078
    Listing 1079
    Nutzungsbeziehung 1076
    Objektdiagramm 1073
    Sprache 1071
Kopierserver 707
Kühlschrank 767

L

Ländercode 794
LargeInteger 521
Late Binding siehe Binden, spät 93
Laufwerk 439, 441, 617, 705, 888
    Laufwerksbezeichnung 617
Laufzeit 777
Laufzeitumgebung 61, 773, 775, 782, 836
    .NET 779, 958
LDAP over SSL 467
LDAP siehe Lightweight Directory Access
    Protocol 465
LDAP-Query 881
Leaf 464, 473, 485, 872
Leistungsdaten 356, 657
Leistungsdaten-Regel 362, 366
Leistungsindikator 51, 782, 850
    Designer 925
    Visual Studio .NET 899
Library-Assembly 792, 809, 908
Lightweight Directory Access Protocol 55, 465, 540
    Namen 468
    Query-Syntax 494
    Suchanfrage 493, 973
Lightweight RPC 69
Lisp 45
Liste, verkettete 1026
Literal 161, 815
Little Endian 469, 494
Lizenz 75

Lizenzierung, VSA 837
Lizenzkosten 960
Lizenzmodell 837
Local Procedure Call 69
Log File Event Consumer 602
LogicalDisk 894–895
LogicalDiskCollection 894–895
Login-Skript 986
LOGO 778
Lokalisierung 588, 606
Long 157
Lotus Notes 53, 467, 671
Love-Letter-Virus 269, 682
LUA 44
LUAScript 44
Luna 767

M

Mabry 671
Mailbox siehe Postfach 542
Main() 842
Makefile 906–907, 911–912
Makro 728, 917
Makrosprachen 778
Makrovirus 729
Managed Code 779, 812, 863
Managed Module 782, 790
Managed Object 582, 884
Managed Object Format 597, 968, 972
    Compiler 972
Managed Provider 881
Management Extension, Visual Studio .NET 899
Management Pack 356, 368
Management Strategy 356
Management Strongly Typed Class Generation 893
Management Strongly Typed Class Generator 894
ManagementBaseObject 884
ManagementClass 884, 886, 891–893
ManagementEventWatcher 897
ManagementObject 884, 888, 891–892, 895
ManagementObjectCollection 892, 895–896
ManagementObjectSearcher 895–896
ManagementPath 887
ManagementScope 886–887
Manifest 64, 782, 790, 794, 796
MAPI siehe Messaging Application Programming
    Interface 540
Mars 1082–1083
Marshalling 69–70, 787
Maschinensprache 41

Master Property 560
maxpwdage 521
Measuring-Regel 367
Medium 441
Mehrfachschnittstelle 133, 208, 211, 216, 742–743, 1021
Mehrfachvererbung 802, 814
Mehrsprachigkeit 246
Member
    auflisten 925
    Shared 823
Member siehe Mitglied
Mercury 778
Message Queue 357
Message Queue Service 583, 850
Messaging 53, 383
Messaging Application Programming Interface 53, 540
    MAPI-Explorer 978
    MAPI-Profil 978
    Outlook Forms 399
    Werkzeug 977
Meta-Attribut, Assembly 828
Metabase 553
    sichern 560
Metadaten, .NET 809
Meta-Directory 467
Meta-Klasse 136–137, 481
    WMI 607
Meta-Objekt 871, 886
Meta-Objektmodell 884, 893
    ADSI 463, 470, 473
    Definition 136
    WMI 602
Meta-Schnittstelle 474
Methode 134, 801, 803
    Definition 1019
    Getter 801
    Notation 1077
    Setter 801
Methodenaufruf 196
    WMI 888
MFC siehe Microsoft Foundation Classes
mgmtclassgen.exe 893–894
Micro Eye 737
Microsoft 84
Microsoft Access 57
Microsoft Agent 58
Microsoft Application Center 767
Microsoft BizTalk Server 43, 767
Microsoft BizTalk Server siehe BizTalk Server
Microsoft Commerce Server 43, 767

Microsoft Developer Network siehe MSDN
Microsoft Development Environment 922
Microsoft Excel 57, 786
Microsoft Exchange siehe Exchange Server 467
Microsoft Foundation Classes 113
Microsoft FrontPage 58
Microsoft Graph 58
Microsoft Host Integration Server 767
Microsoft Intermediation Language 772, 774–775, 777–778, 782, 836
    Assembler 958, 960
    Disassembler 958, 960
Microsoft Message Queue Service 583
Microsoft Money 786
Microsoft Office 57, 459, 665, 725, 785
Microsoft Operations Manager 43, 356
    .NET 837
    Regeln 359
    Scripting 370
Microsoft Outlook 46, 58, 737
Microsoft Outlook Forms, say() 231
Microsoft Passport 768
Microsoft PowerPoint 57
Microsoft Script Control 752
Microsoft Server Appliance 668, 761
Microsoft SQL Server siehe SQL Server
Microsoft Transaction Server 52, 106, 127, 213, 951
Microsoft Visio 923
Microsoft Word 57
Microsoft.ComServices 849
Microsoft.CSharp 849
Microsoft.JScript 849
Microsoft.VisualBasic 818, 849
Microsoft.VSA 849
Microsoft.Win32 849
Middleware 1036
    Definition 1036
    Webanwendung 292
Minbar 1082
MINFU 98, 115, 603
Mitglied, Definition 1019
MMC 585, 972
Mobile Information Server 767
Mobiltelefon 767
Modellierung 134, 136–137, 144, 1026–1027, 1029–1030
Modul 152, 816
    .NET 790
    VB.NET 816
    Visual Basic 802, 903
MOF siehe Managed Object Format 597

MOM siehe Microsoft Operations Manager
Mondrian 778
Moniker 66, 108, 462, 480, 498, 867
Mono 772
MoveHere() 480
mscorcfg 958–959
mscoree.dll 781
mscorlib 781, 821
mscorlib.dll 781
MSDB 345
MSDEV siehe Visual InterDev
MSDN Library 758, 1095
    Online-Hilfe im Editor 916
MsgBox 818, 820
MsgBox() 153
    im Scripting Host 231
MSHTML 50, 454, 460
MSI 131, 656–657
MSIL 774–775, 846
MSIL siehe Microsoft Intermediation Language
MSMQ 850
MSMQ siehe Microsoft Message Queue Service
MSXML 54, 852
    XSL-Scripting 401
MSXML-Parser 1055
MSXSL.EXE 980
MTS 127, 130, 705
    Katalog 129
    Package 128
MTS Explorer 951
Multi-Document-Interface 107
Multi-File-Assembly 782, 908
Multinationale Unternehmen 428
Multi-Threading 851
MustInherit 822

N

Nachricht 1020
    senden 53
Namensraum 587
Namensraum siehe Namespace
Namensraumhierarchie 807
Namespace 454, 475, 805, 909
    .NET 799
    ADSI 488, 498
    Hierarchie 807
    Verzeichnisdienst 465
    WMI 586–587
    XML 1044

Namespace-ID 867
Native Mode 516
NativeObject 865, 872
NDS 480
Nested Type 802
NET Compact Framework 769
Net Send 336
NetDiagnostics 637
NetIQ 356
NetIQ Operations Manager 356
Netmodule 790, 960
Netscape
    Communicator 467
    Directory Server 467
    Navigator 276
Netware Directory Service 464
Network Data Representation 70
Network Load Balancing siehe
Network OLE siehe Distributed Component Object
    Model 99
Netzlaufwerk 417, 583
Netzmanagement 850
Netzwerkfunktion 781
Netzwerkkarte 53, 583, 628, 638
Netzwerkkommunikation 53
Netzwerkkonfiguration 53, 636
Netzwerkmanagement 356, 581
Netzwerknachricht 581
Netzwerkprotokoll 850
Netzwerkverbindung 415, 583
New 804, 816, 822
    Instanziierung COM-Klasse 214
    Instanziierung VB-Klasse 195
    Vergleich zu CreateObject() 213
Newsgroup 759
Next Generation Windows 769, 846
Nexus 917
NGWS siehe Next Generation Windows
Notation
    Objektmodell 1027
    umgekehrt polnische 494
    ungarische Notation 156
Notepad 818, 932
Notes OLE Library 671
Nothing 198, 203, 814
    SQL Server 338
Notification 334
NotInheritable 823
Novell 463–464, 472

Novell Directory Service 480
NSDPGP 671
NT Event Log Event Consumer 602
NT-Dienst 73
NT-Domäne siehe Domäne
NTFS 52, 331, 593, 639
ntlanmanserver 512
NT-Nachrichtendienst 369
NTRights.EXE 508
Null 161, 814
Nutzer, Definition 1020
Nutzungsbeziehung 1025
    Notation 1076

O

Oberon 778
Object 804
    VB.NET 814
Object (Datentyp) 157, 198
Object Browser siehe Objektkatalog 945
Object Construction String 131
Object Linking and Embedding 93
Object Management Group (OMG) 1037
Object Modelling Technique 1029
Object Pascal 778
Object Pooling 131, 783
Object REXX 44
Object RPC 100
Object Trader 104
Object_(Datentyp) 215
Objekt 191, 1019, 1023, 1033
    ADSI 481
    Definition 1019
    eingebaut 126
    Notation 1075
    Verzeichnisdienst 465
    WMI 605, 888, 895
Objektbasierte Programmierung 191
Objektbeziehung 807
Objektbindung, WMI 886
Objektcontainer 116
Objektdiagramm 1030
    Definition 1029
    Notation 1073
Objektfabrik 1021
Objekthierarchie 807, 1025, 1035
    Definition 1025
    Verzeichnisdienst 466

Objektidentifikation
    ADSI 480, 867
    LDAP 469
    Verzeichnisdienste 466
Objektkatalog 80, 92, 136, 945, 947, 964
Objektkontext 128–130, 213, 306
Objektmenge 85, 134, 204, 849, 1029, 1076
    heterogen 1028
    homogen 1028
Objektmenge siehe auch Collection 1028
Objektmodell 132, 142, 807, 1025
    Active Directory 517
    ADSI 473
    auf Anwendungsebene 1030
    auf Modellierungsebene 137, 1030
    Definition 1025, 1029
    DOM 285
    DTS 345
    Erforschung 762
    Exchange Server 542
    FSO 440
    IIS 554
    Internet Controls 461
    Meta-Objektmodell 136
    Microsoft Office 665
    Notation 1027
    Script Control 753
    Shell Objects 453
    System.Management 884
    VBA-Host 726, 729
    Webbrowser 285
    Windows Scripting 661
    WinNT 499
    WMI 607
    WScript 259
    WSH Runtime 407
    WSHController 696
Objektorientierung 141, 191, 582, 846, 1019
    Definition 1019
    VB.NET 813–814
Objektpersistenz 117
Objektsammlung siehe Collection
Objektvariable 194, 816, 1020
    Definition 1020
Objektvernichtung 203
    SQL Server 338
Objektzeiger 82
OctetString 521

OCX 71
ocx 682
ODBC-Treiber 356
Öffentlicher Ordner 55
    Ereignis 384
Office 57
Office 2000 599, 725, 737
    Developer Edition 730
Office siehe Microsoft Office
ohne 428
OLAP Server 670
OLE DB 492
    DTS 342
    Fallbeispiel 983
OLE DB-Provider 357
OLE/COM Object Viewer siehe COM-Viewer
OLEDB, Provider 866, 881
On Error 218
OnePoint 356, 358, 370
Online Analytical Processing, Automatisierung 670
Open Database Connectivity 658
    Einstellung 583
    ODBCTools 670
Open Group 141, 1089
Open Software Foundation 65, 100
Open Source 772
OpenASP 299
Operation Codes 775
Operations Management 356
Operations Manager siehe Microsoft Operations Manager
Operator 165, 817
    SQL Server 334
OpsPortal 356
Option Explicit 155, 815
Option Pack 300
    NT4.0 127
Option Strict 815–816
Orchestrierung 926
Ordner 706, 853
    anlegen 856
    auflisten 855
    Dateisystem 439, 442, 583, 639
    Eigenschaft 444
    Event Scripting 387
    FSO 460
    komprimieren 639
    kopieren 857

    löschen 856
    Rechte 567
    Shell Objects 452, 457, 460
    umbenennen 639
Organisation
    ADSI-Schnittstelle 477
    im Exchange Server 542
    LDAP 468
Organisationseinheit 477, 536, 1014
    im Active Directory 518, 536
    im Exchange Server 542
Organizational Unit 468, 1014
Originator 796
Outlook 43, 276, 665, 737
    Forms 396
    Sicherheitseinstellung 279
    Skriptinstallation 388–389
Outlook 2000 946, 977
Outlook Express 53, 276, 468
    Sicherheitseinstellung 279
Outlook Forms
    Ereignis 399
    Formulardesigner 397
    Formularereignis 400
    Intrinsic Object 399
    Steuerelementereignis 400
Out-process-Komponente 69
Overloading 814
    VB.NET 814, 817

P

P/Invoke 782
Page 847
Pager 369
Paket, DTS 341
Parameter 184, 187, 189
    MOM 379
    VB.NET 815
Parser 674
Pascal 778, 813
Passport 848
Password 275, 451
Passwort siehe Kennwort
Patch 111, 653, 655, 798
PDC 561
Performance Counter 593
Performance Counter Provider 657
Performance Monitor 583, 593

Performance Processing Rules siehe Leistungsdaten-Regel
PERL 40, 435
Perl 777–778
PerlScript 44
Permission Set 788
Persistenz 117
Personal Web Server 300
Pfad
    ADSI 480, 867
    ASP 319
    LDAP 469
    WMI 605
PHP 300
PHP4 44, 1038
Physical Packaging 71
Ping 583, 637
PInvoke 782
Platform Invocation Service 782
Plattformunabhängigkeit 774, 776–777
Platzhalter 855
Plug&Play 42, 1032
Plug-In 276
Pocket PC 2002 150
Polymorphie siehe Polymorphismus
Polymorphismus 94, 133, 814, 1031
    Definition 1030
Popup 418
Portable Executable 790
POST 293
Postback-Architektur 847
Posteingangsregel 670
Postfach 542
    anlegen 548
    löschen 551
Postfix-Notation 494
Power Management 593
PowerPoint 148, 665
PreJITting 777
Pretty Good Privacy 671
PrimalCode 919
PrimalScript 916, 919
PrimalSENSE 916
Primärer Domänen Controller 360
Principal 119
PrintJob 997
PrintQueue 997
Private 191, 209, 903
Privilege, WMI 600
Privilegie 600

Processing Instruction 1040
    WSH 243
Processing Rules siehe Verarbeitungsregeln
Produktkatalog 291
Profiling 291
ProgID 76–78, 739, 751, 940
    Moniker 66
Programm
    auflisten 654
    deinstallieren 657
    installieren 656
    verwalten 653
Programmierbar 41
Programmierkonzept 775
Programmiersprache
    Active Scripting-fähig 44
    COM-fähig 44
    objektorientiert 814
Project 7 769
Projekt 828, 926
    lokal 926
    VB 712, 738
    Visual Basic 926, 930
    Visual Studio 926
    Web 926
Projektelemente, Visual Studio .NET 927
Projekt-Explorer 713
Projektmappe 926
    erstellen 828
    Visual Studio .NET 928
Projektoption 930
Projekttypen 712, 738
Properties 868, 871, 887, 891
Property 801, 803, 815
Property Cache 484, 872
PropertyCollection 864
Property-Methoden 742
Property-Routine 199, 209
PropertyValueCollection 868, 871
Protected 903
Protokolldatei 356, 364, 381, 602
Protokollierung 838
Prototyping 708, 936
Provider
    ADSI 471–472
    WMI 592
Proxy 70
Proxy Server 357
Prozedur 185, 815

Prozess 583
.NET 789
auflisten 625
beenden 618
Pseudo-Prozess 789
starten 618
vs. Application Domain 789
Prozessortyp 774–775
PScript 44
Public 191, 903
Public Key 796, 806, 823
Put() 479
PutEx() 479
Python 778
PythonScript 44

Q

Qualifier, WMI 590
Quellcodekomponente 744
Quellcodeverwaltung 918
QueryInterface() 79, 83, 95, 106, 115, 216, 941
Querystring 293, 298, 308
Queued Component 131, 783
Quickinfo 716, 914, 916
QuickPrompts 268, 671
Quota-Management 453, 670

R

RAM 836
Rapid Application Development 276, 744
RAS/X 671
Raw-Modus 545
Rechte
Assembly 794
Dateisystem 640, 642
Freigabe 644
Recipient siehe Empfänger 542
RecordSet 496
ReDim 815
Redirect 313
Redistributable 770
Redundanz, VB6/VB.NET 814
Referenz
Assembly 820
zirkulär 774
Referenzzählung 72, 774
Reflection 781–782, 809, 851, 883, 960
Reflection API 853
REGASM 904

RegCol 51–52, 849
RegEdit 757, 936–937
RegEdt32 123, 936
Regelsystem 359
RegExp 218, 851
Region 924
Registrierung 783, 938
Registry 51–52, 72, 75, 78, 83, 92, 360, 362, 419, 472, 565, 583, 593, 649, 774, 781, 849, 915
.NET 809
COM 111, 798, 904
Editor 936, 941
Rechte 567
Registry Crawler 937
Remote Scripting 695
sicheres Steuerelement 281
Suche 937
RegSvr32 75, 938, 988
Regulärer Ausdruck 851
Rekursion 485
Relative Distinguished Name 466, 469, 870, 873
Release() 95, 774
Remote Access Service 565, 671
Remote Administration, Fallbeispiel 989, 994, 1000, 1016
Remote Data Service 102, 707, 851
Remote Debugging 677
Remote Procedure Call 65, 100, 694
Remote Scripting 704
ASP 704
DHTML 704
Web 704
WSH 694
RemoteServerName 104
Remoting 99, 616, 774, 779, 781–782, 787, 838, 851
Remove() 205
RenamedEventArgs 860
Replikation 515, 547, 581, 584
Repository 670
WMI 587, 887, 899
Request 847
Request for Comment 1093
Request-Objekt 308
Resource Description Framework 1042
Resource Kit
ADSI 472, 513, 548, 562
IIS 553, 670
NT4 508
Windows 2000 508, 939

Response 847
Response-Objekt 312
    ASP 304
Ressource 464, 478, 513, 790
Resultant Set of Policies 539
ResultPropertyValueCollection 869
Resume 219
Return 817
REXX 40, 44
Rich-Text 670
Richtlinienergebnissatz 539
Robot 786
Root 464
rootDSE 517
ROT siehe Running Objects Table 212
Rotor 772
Routing and Remote Access Service 357, 1102
Routing Objects 670
RPC siehe Remote Procedure Call 65, 100
RSoP siehe Resultant Set of Policies
Ruby 44
Rückruf 567
Rule-Komponente 55
Running Objects Table 107
    Nutzung in VB 212
    ROT Viewer 954
Runtime
    .NET 779
    Visual Basic 773
Runtime Callable Wrapper 783, 1012
Runtime Host 786

S

s 477
SAMAccountName 528
SAP R/3 58
Saturn 1082
Saved Query 973
say() 223, 230, 723, 1080
    ASP 305
    DTS 340
    Event Scripting 393
    Gebrauchshinweis 1080
    Internet Explorer 286
    Job_Scripting 340
    saycol() 226
    saydebug() 224
    sayerror() 224

sayex() 224
saynb() 230, 286
    Windows Script Host 260
Scheduler siehe Taskscheduler
Schema 871, 1034
    Active Directory 517–518
    Exchange Server 542, 545
    IIS 554
    Modifikation 466
    Verzeichnisdienst 466, 490
    WinNT 501
    WMI 604, 621
    XML 925, 1042
Schemaabfrage 629
Scheme 778
Schleife 178, 815
    Endlosschleife 183
    fußgeprüft 183
    kopfgeprüft 182
    mittengeprüft 183
    VB.NET 816
Schlüssel, löschen 653
Schlüsselattribut 469
    WMI 590
Schnittstelle 81, 83, 800, 803, 807
    Definition 1020
    dual 98
    VB.NET 814, 817
    Wechsel 84
Schnittstellenvererbung 208
Schnittstellenwechsel 82
Scope 155
Screen Scraping 428, 786
SCRENC 679
Script Component Runtime 744
Script Component Wizard 747
Script Control 43, 126
    Fallbeispiel 1012
    versus VSA 836
Script Debugger 393
Script Director 390, 737, 977
Script Encoder 677
Script for .NET 835–837
scriptable 41
Scripting 40
    .NET 835
    .NET Framework 47
    versus VB-Programmierung 709

Scripting Engine 42, 44, 678
  versus .NET 837
Scripting Host 41, 43, 92, 678, 710, 1012
  Überblick 229
  Unterscheidungskriterium 229
  versus .NET 837
Scripting Object Model 913
Scripting Runtime Library 144, 329, 435, 681, 849, 853, 1013
  Fallbeispiel 987, 991, 1001
  Sicherheitskonfiguration 281
Scripting Spy, Professional 3.0 919
Scripting-Architektur 42, 124
Scripting-Spy, Version 2.11 955
Scriptlet 71, 737, 744
  DHTML 277
Scriptor Component 43
SCRIPTPWLib 451
ScriptPWLib 451
ScriptX 671
ScrObj 938
SCRRUN siehe Scripting Runtime Library
scrrun.dll 853
SCT 71, 75, 744
SearchResult 869
SearchResultCollection 866
Secure Socket Layer 467
Security Descriptor 478, 549, 568, 574, 640
Security Identifier 507, 521, 568, 983
Security Service Provider 118, 600
SecurityDescriptor 475
Seitenübergang 847
Selbstbeschreibung 773
SELECT (SQL) 626
Select...Case 176
SelectQuery 895
Sendepuffer, ASP 315
SendKeys 428
Serialisierung 787, 852
Server 847
  Definition 1036
Server Appliance 668, 761
Server Explorer 899
Server Side Includes 299, 302, 327
Server.Transfer() 320
Server-Objekt 317
Server-Side-Programmierung 291
Serverskript Add-in 388
Service Control Manager 104

Serviced Component 783
Session Management siehe State Management
Session-ID, ASP 321
Session-Objekt 320
Session-Variable 321
Set 134, 1028–1029
SetInfo() 479, 617
Setter 801
Shared 903
Shared Member 903
Shared Name 796
Shared Property Manager 128
Shared Source 772
SharePoint Portal Server 767
Shell Extension 796
Shell Objects 135, 452, 460
Short 814
Short-Circuit-Auswertung, VB.NET 817
Sicherheit 568
  Active Directory 567
  ADSI 476, 488
  ADsSecurity 567
  ASP 331
  COM 118, 600
  Cookie 296
  Dateisystem 439, 567, 583, 593
  DCOM 707
  DTS 347
  Exchange 385, 567
  Exchange Event Service 385
  Exchange-Postfach 548, 550
  Freigabe 583
  Internet Explorer 270, 279, 565
  Registry 567
  Script Encoding 677
  Überblick 568
  VB-EXE 711
  WMI 586, 600, 606, 609
  WMI-Pfad 605
  WSH 269
Sicherheitseinstellung, Komponente 851
Sicherheitskonfiguration 781
Sicherheitskonfigurationsdatei 810
Sicherheitsprinzipal 536, 645
Sicherheitsstufe 280
Sicherheitszone 279
Sicherungsdomänen Controller 360
SID siehe Security Identifier 983
Side-by-Side-Execution 111, 798–799

Signatur 115, 184, 817
Simple Mail Transport Protocol 53
   E-Mail-Adresse 551
Simple Network Management 582–583, 593
Simple Object Access Protocol 103, 766, 788, 1055
SimpleIISAdmin 559
Single 157
Single-File-Assembly 782
Site 561
Site Server 52, 357, 467, 670
Sitzung 477–478, 513, 646
Skript 152
   .NET 836
   Verschlüsselung 435
Skripteditor siehe Editor
Skriptkodierung 677
Skriptsprache 40, 84, 104, 778
SmallScript 778
SmallTalk 813–814
SML 778
SMS siehe Systems Management Server
SNA Server 357, 593
Snipplet 917
SNMP Trap 369
SOAP 774, 786, 847
SOAP siehe Simple Object Access Protocol
Software 583
   Features auflisten 655
   verwalten 653
Software Development Kit 770
Software Restriction Policy 237, 270, 692, 788
Softwareanbieter 39
Softwarearchitekturmodell 769
Softwareentwicklung, komponentenbasiert 1032
Softwareprodukt 39
Solaris 141, 1089
Solution siehe Projektmappe
Sonderordner
   FSO 439
   Shell Objects 457
   WSH 431
Sonderzeichen 448
Sonne 1081, 1083
Sonnensystem 1081, 1083
SourceSafe 923
Speicher 782
Speichermangel 776
Spitzname 66

Sprache 428
   .NET 777, 923
   .NET-Sprache 781
   COM 773
   objektorientiert 1020
Sprache siehe Programmiersprache
SQL 494, 600, 626
SQL Server 43, 46, 57, 357–358, 767, 785, 923
   .NET 837
   2000 767
   Agent 332
   Data Transformation Service 332
   Intrinsic Object 339
   Job Scripting 332
SRP 273
SRP siehe Software Restriction Policy
Stack 804
Stammklasse 135, 1029
Standard Generalized Markup Language 1039
Standard Marshalling 70
Standardattribut 816–817
Standardattribut siehe Default Property 202
Standardausgabe 435, 447
Standarddialog 668
Standardeingabe 435, 447
Standardisierung 772
Standardnamespace 626
Standardschnittstelle 80
Standardwert, VB.NET 816
Standort
   Active Directory 581
   Exchange 540
Startmenü 452, 583
State Management 298, 847
   ASP 320
   ASP.NET 847
   deaktivieren 323
static 903
Static Method Invocation 93
StdRegProv 649
Steuerelement 925
STMAdmin 51, 850
   Fallbeispiel 996
Storage 117
Stored Procedure 767, 785
Stream 450
   Structured Storage 117

String 157
   Funktion 1060
Strong Name 796, 929
   Strong Name Utility 963
Strongly Typed Class Generation 893
Strongly Typed Class Generator 894
struct 803
Structure 800, 803
Structured Query Language siehe SQL
Structured Storage 67, 117
Struktur 800, 803–804
Stub 70, 128
Sub 185
Subtyp 158
   VBScript 157
Suche, Active Directory 881
Sun 779, 1036
Support Tools 562, 580
Surrogat-Prozess 73, 106, 705, 953
SWbemLastError 607
SWbemLocator 607
SWbemNamedValueSet 607
SWbemObject 608, 610, 649
SWbemObjectPath 607
SWbemObjectSet 608, 618, 620
SWbemServices 608, 613
SWbemSink 607
SWbRegSvr 939
Synchronized Multimedia Integration Language 1042
SyncLock 816
Syntax, Visual Basic 150
Syntax Coloring 913, 916, 931, 934
Syntaxbeschreibung 478
System 781, 806, 819, 828, 849
System Management Server 234, 593, 1000, 1005
System Script Host 86, 402, 694
System.ADO 853
System.Collections 849
System.Configuration 849
System.Data 828, 849
System.Diagnostics 781, 850, 853
System.DirectoryService 850, 862, 864, 867, 875
System.dll 829
System.Drawing 823, 850
System.EnterpriseServices 849
System.Globalization 850
System.Graphics 853
System.IO 781, 823, 827, 829, 850, 853–854
System.Management 610, 850, 883, 895

System.Messaging 850
System.Net 781, 850
System.Object 807
System.Reflection 781, 851, 853
System.Runtime 781
System.Runtime.InteropServices 851
System.Runtime.Remoting 851
System.Runtime.Serialization 851
System.Security 781, 851
System.ServiceProcess 851, 853
System.Text 851
System.Text.RegularExpressions 851
System.Threading 781, 851
System.Timers 851
System.Web 823, 851, 853
System.Web.UI 852
System.Windows.Forms 813, 852–853
System.WinForms 852
System.Xml 821, 828, 852
System.Xml.dll 829
System.Xml.Serialisation 852
System.Xml.XPath 852
System.Xml.Xsl 852
System32 781
Systemattribut, WMI 592
Systembaustein 925
Systemereignis 849
Systeminformation 356, 781
Systemklassen, WMI 590
Systemkonfigurationsdatei 810
Systemmanagement 50, 581, 850
Systems Management Server 356–357, 582, 627

T

Tag 1039
   HTML 279
TAPI 670
Task, DTS 340
Taskleiste 452
Task-Manager 104
   Skript beenden 239
Taskscheduler 52, 333, 583
   Impersonifizierung 274
TCL 45
TCP/IP 53, 467, 781, 844, 850
TechEd 811
Terminal Server 531, 584
Terminaldienstprofil 531
Terminalserver 357, 509, 531–532

Terminplan, SQL Server 334, 336
Text Object Model 54, 670
Textdatei 53, 435, 447, 449, 853
Texteingabefeld 372
Textkodierung 851
Textpad 934
TextPipe 404
Textstream 447, 681
Thread 851
Threading 781
Threadsteuerung 813
Threshold-Regel 367
Timeout, ASP 320
Titanium 516
TLB-Datei 90
TODO 925
Tools 46
Tooltip 459
Tracing 850
Trader 116
Trading 104
Transaction Server 357
Transaktion 127
   .NET 783
   ASP 332
   COM+ 129
   MTS 127
   Programmierung 129
Transaktionsverwaltung 781
Transformation siehe Datentransformation
Transparenz 1036
Tree 515
Trigger 332
True64UNIX 141
Trustee 568
Try...Catch 816
TSUserEx.dll 509, 531
Typ 800, 806, 1021
   .NET 794
   eingebettet 802
   Namensgebung 806
Typbibliothek 63, 90, 144, 164, 329, 609, 717, 739, 760, 942
   Automatisierung 671
   in .NET 809, 905, 962
   MOM 378
   WSH 256
Type Library siehe Typbibliothek

TypeInfo-Viewer 942
TypeName 158, 172, 198, 215
TypeOf 198, 217
Typhierarchie 807
Typinformation 83, 86, 158, 198, 782
   .NET 808
Typisierung 157, 846
Typkonversion 167
Typkonvertierung 816
TypLib Marshalling 70
Typsignatur 814
Typüberprüfung 198

U

Übersetzungszeit 777
Überwachung 356
   Dateisystem 853, 860
UltraEdit 934
Umgebungsvariable 583
   Webserver 297
UMI siehe Universal Management Interface
Unicode 447, 851
Uniform Resource Identifier, XML 1044
Uniform Resource Locator 66, 146, 462, 469
   ASP 303
   Kodierung 294, 318
   WWW 292
   XML 1044
Universal Coordinated Time 591
Universal Data Access 342, 471
Universal Management Interface 584, 1103
Universal Marshaler 70
Universalklasse siehe Meta-Klasse
Universum 1082–1083
Unix 39–42, 141
Unmanaged Code 779–780
Unmarshaling 787
Unterobjekt 193, 196, 481, 1076
Unterroutine 184, 815
Upgrade-Wizard 813
URL siehe Uniform Resource Locator
User 523, 866
User Control 925
User Experience 767, 769
userAccountControl 529
UserDomain 415
UserName 415
uSNCreated 521

V

Validating XML 980
Validierung 847
Values 871
ValueType 804
Variable 155
    Deklaration 1080
    VB.NET 815
Variablendeklaration 815
Variant 157, 484
    ADSI 484
    VB.NET 814
VB Runtime 61
VB.NET 147, 811, 840, 846
VB6/7/A, Definition 1071
VB7.0 siehe VB.NET
VBA 147–148, 817
    versus VB.NET 811
VBA siehe Visual Basic for Applications 725
VBA-Host 148
vbc.exe 812, 819
VBCCE 737
VB-EXE siehe VB-Anwendung 712
VBInstance 971
VB-Klassen 191
VBS siehe VBScript 725
VBScript 44, 126, 145, 147–148, 725, 812, 817, 931
    in VS.NET 931
    Komponente erzeugen 737
    Sicherheit 279
    Syntax 150
    Versionsermittlung 150
    versus VB.NET 150, 811
VBS-Datei 242
VB-Vollversion, Definition 1071
Vector Markup Language 1042
Vendor Log-In 1038
Verarbeitungsregeln 359, 362
Verbindungspunkt 86, 131
Vererbung 133, 147, 208, 742, 802, 814, 1022
    .NET 774
    Definition 1024
    Implementierungsvererbung 1024
    Schnittstellenvererbung 1024
    visuell 814
Vererbungsbeziehung 807, 1025
Vererbungshierarchie 807–808, 966, 1024
    Definition 1025
    Verzeichnisdienst 466
    WMI 586

Vergleich 198
Vergleichsoperator 166
Verkettung, Objektverkettung 1026
Verknüpfung 457
    Dateisystem 432
    URL 434
Version Policy 799
Versionierung 133, 774
    .NET 799
    Assembly 798
    COM 798
Versionsermittlung 150
    ADSI 562
Versionsnummer 806
    Assembly 797
Verteiler 551
Verteilungsinfrastruktur 1036
Verteilungsplattform siehe Middleware 1036
Vertrauensstellung 581
Verwaltungsklasse 1026
Verwaltungsobjekt 1026–1027
Verweis
    Eigenschaften 929
    Visual Studio .NET 928
Verweise-Dialog 755, 945
Verzeichnis siehe Ordner
Verzeichnisbaum 442–443, 464
Verzeichnisdienst 54, 463, 499, 515, 593, 850, 871, 881
Verzeichnisdienstklasse 871
Verzeichnisfreigabe siehe Freigabe
Verzeichnisobjekt 481, 867, 873
Vielgestaltigkeit siehe Polymorphismus 1030
Viewing XSLT 980
Viewstate 847
Viper 127
Virtual Execution System 779
Virus 269
    Love-Letter 279
    Melissa 279
    VBA-Makrovirus 728
Visio 84, 923
Visual Basic 82, 145, 847
    Anwendung 712
    Beispiel 146
    Control Creation Edition 709, 922
    Definition 1071
    Ein- und Ausgabefunktionen 152
    Einführung 145
    Embedded 150
    Entwicklungsumgebung 708, 977

EXE 709
Formular 721
Funktionsliste 1057
Geschwindigkeit 710
Klasse erzeugen 737
Komponente erzeugen 737
Objektmenge 1027
say() 231
Sprachfamilie 147
Sprachumfang 709
Syntax 150
Upgrade-Wizard 813
Version 6.0 147, 781, 811, 814, 816–817, 820, 847, 925
Version 7.0 147, 811
versus VB.NET 150, 811
Vollversion 708, 725
Visual Basic .NET 150, 765, 777–779, 782, 812–813, 817, 826, 838, 923
   Bewertung 817
   Compiler 812, 819, 960
   Runtime 816
   Sprachkonstrukte 814
   versus C# 789
   versus VB 6.0 812
Visual Basic .NET siehe VB.NET 811
Visual Basic for Applications 43, 145, 661, 725, 786, 836, 914
   Host 725
   Komponente erzeugen 737
   UserForm 722, 729
   versus Scripting 47
   versus VB.NET 150
Visual Basic for Applications siehe VBA
Visual C++ 779, 789, 813
Visual FoxPro 779
Visual Inheritance 814
Visual InterDev 46, 276, 448, 913, 932, 935, 946
Visual J++ 71
Visual SourceSafe 923
Visual Studio 86, 939
Visual Studio .NET 766, 770, 812, 817, 826, 837, 922, 926
   Debugger 675
   Projekttyp 926
   Referenz 928
   WMI 883, 899
Visual Studio Analyzer 923
Visual Studio for Applications 766, 835–836, 849
   Entwicklungsumgebung 836
VisualBasic.dll 816, 829
Vokabular, XML 1042

Vorgehensmodell 755
VSA siehe Visual Studio for Applications
vTable 81, 96–97, 99
   Binding 94, 97
VTBL siehe vTable 81

W
W3Svc 554
Wait() 723
Warenkorbsystem 291
Warnung, SQL Server 334, 336
Warteschlange 514
WBEM 582
WBEM Multi Server Disk Viewer 1000
Web Based Enterprise Management 582
Web Forms 900, 925
Web User Interface 760
web.config 847
Webanwendung 811, 813, 837, 847, 931
   clientseitig 275
   Fallbeispiel 994
   serverseitig 291
Webbrowser 453
WebForms 813
WebPrinterManager 994
Webprogrammierung 276
Web-Projekte 926
WebRequest 823
Webseite 275, 428, 852
Webserver 55, 292, 555, 851
   anlegen 557
   Konfiguration 301
   löschen 559
Webservice 775, 847
Website, zu diesem Buch 1069
Well Known Security Principal 571
Werkzeug 47
   ADSI 972
   CDO/MAPI 977
   COM 936
   Debugger 673
   Editor 913
Wert 815
   Rückgabewert 817
Werteklasse siehe Struktur
Wertzuweisung 197
Whistler 64, 142, 584, 588, 602, 609, 949–950, 953, 1071, 1082
WIN32 648
Win32_Account 640, 646

Win32_AccountSID 645
Win32_ACE 640, 642
Win32_ComponentCategory 628
Win32_Computersystem 603, 613, 616, 632, 634–636
Win32_Desktop 645
Win32_Directory 639, 642–643
Win32_DiskDrive 1006, 1008
Win32_Group 645
Win32_LogicalDisk 603, 621, 888, 892, 894, 970
Win32_LogicalFileSecuritySetting 644
Win32_LogonSession 645
Win32_MappedLogicalDisk 646
Win32_NetworkAdapter 636, 1006, 1008
Win32_NetworkAdapterConfiguration 628, 636–638
Win32_NTDomain 645
Win32_NTLogEvent 628, 630, 645
Win32_OperatingSystem 632–633
Win32_PerfRawData 657
Win32_PingStatus 636–637
Win32_Printer 647
Win32_PrinterDriver 647
Win32_PrinterJob 649
Win32_PrintJob 647
Win32_Process 618, 646
Win32_Product 653–654, 656–657
Win32_ProductSoftwareFeature 654
Win32_QuickFixEngineering 653, 655
Win32_SecurityDescriptor 642
Win32_Service 628, 630
Win32_Share 644, 970
Win32_SID 640, 645
Win32_SoftwareFeature 653–654
Win32_SoundDevice 1006, 1008
Win32_SystemAccount 645–646
Win32_TapeDrive 1006, 1008
Win32_Trustee 640
Win32_UserAccount 645
Win32_VideoController 1006, 1008
Win32_WMISettings 626
Win32-API 782, 813
Win32Provider 655
Windows, Sicherheit 568
Windows .NET Server 39, 54, 64, 142, 451, 509, 517, 532, 584, 588, 602, 609, 625, 668, 767, 771, 949–950, 953, 1071
    ASP.NET 848
Windows 2000 39, 111, 357, 517, 584, 588, 771, 773, 798
    Professional 499
    Server 499

Windows 95 39, 770, 953
Windows 98 39, 584, 770, 953
Windows 9x 39, 101–102, 123, 422, 504, 584, 949, 1071
Windows Application 819
Windows CE 150, 770
Windows CE .NET 771
Windows Driver Model 593
Windows Embedded 770
Windows Forms 813–814, 829, 900, 925
Windows Installer 43, 131, 593, 653, 824
    Automatisierung 670
    Object Model 670
    Scripting 401
Windows Internet Naming Service 357
Windows Management Instrumentation 50–51, 119, 356, 581, 705, 964
    .NET 883
    ADSI-Integration 635
    asynchroner Aufruf 624, 1001
    CIM Studio 966
    Class Explorer 966
    COM-Komponente 602
    Command Line Utility 970
    Data Query 627, 1003
    entfernter Zugriff 616
    Ereignis 601, 604, 969
    Erforschen 964
    Event Query 602, 629
    Event Viewer 970
    Fallbeispiel 1000–1001
    im MOM 364
    Impersonifizierung 274
    Instanz 966–967
    Kernel 584
    Klasse 589, 965–966
    Konfiguration 585
    lokaler Zugriff 612
    Meta-Objektmodell 139
    Namespace 587, 589, 965
    Object Browser 660, 964, 966
    Object Explorer 966
    Objektmodell 607
    ODBC-Treiber 658
    Provider 588, 592, 655
    Provider für Terminal Services 532
    Query Language 364, 586, 600, 602, 968
    Remote Scripting 694
    Repository 601
    Schema 586, 621, 629

Schema-Query 629
Scripting API 602–603
SDK 586
semi-synchroner Aufruf 631
Testprogramm 972
Versionsnummern 584
Werkzeug 586
Werteänderung 617
Windows ME 39, 101–102, 770
Windows NT 39, 357, 463
Windows NT 4.0 357, 517, 771, 875
Windows Script Component 46, 71, 737, 744–745, 938
   XML 1055
Windows Script Host 86, 109, 126, 232, 406, 676, 915–916, 921
   Ausgabe 418, 462
   Ausgabe an Drucker 260
   Bildschirmmaske 268
   Dateiextension 242
   Debugging 240
   Digitale Signatur 682
   Erstes Beispiel 48
   Fallbeispiel 983
   Identität 274
   Impersonifizierung 274–275
   Installation 234
   Intrinsic Object 257
   Kennwortspeicherung 275
   Kommandozeilenoption 240, 250
   Kommentar 246
   Prototyping in VB6 722
   Remote Scripting 694
   say() 230
   Sicherheit 682
   Skript einbinden 255
   Skriptdatei 241
   Skripte im MOM 369–370
   Skriptsprache 241
   Skriptstart 249
   Statisches Objekt 256
   Timeout 241
   Typbibliothek 256
   VB-Beispiele 146
   Version 1.0 242
   Version 2.0 232–233
   vs. DSH 837
   VS.NET 931
   WSF-Datei 242
   XML 242, 1055
   Zugriffsrecht 269

Windows Script siehe Active Scripting 752
Windows Scripting siehe Active Scripting 41
Windows Terminal Services siehe Terminalserver
Windows Whistler siehe Whistler
Windows XP 64, 102, 113, 142, 451, 584, 588, 602, 609, 625, 767, 771, 783, 949–950, 953, 1071
Windows-Anwendung 852, 931
Windows-Desktop 852
Windows-Explorer, Automatisierung 452
WindowsScripting-Komponente 53, 661, 739
Windows-Sicherheit 568
winexe 820
WinForms 829, 832, 853
WinMgmt.exe 585
WinNT 875
WinNTSystemInfo 561
WINS 357
WinSafer 237, 270
WinSock Komponente 53
Wish 232
With 197
Wizard 786
   MOM 375
WMI 850–851
WMI Query Language 626, 883
   Extended WQL 627
WMI siehe Windows Management Instrumentation
WMI_PrintMenge() 620, 627
WMI_PrintObject() 620
WMI_PrintQuery() 627
WMI_Query() 627
WMIC 970
WMI-Pfad 888
Wohlgeformtheit 1041
Word 148, 665
Workflow 670
   DTS 344
World Wide Web Consortium 277, 788, 1039
WQL siehe Windows Management Instrumentation Query Language 600, 626
Wrapper, WMI 893
WriteTo() 225, 663
WS_aspLIB 230
WS_ExAgLIB 230, 393
   Fallbeispiel 991
WS_ieLIB 230
WS_scriptLIB 220, 232
   Fallbeispiel 987, 991
WS_vbwshLIB 230–231, 723
   Fallbeispiel 987

WSC siehe Windows Script Component
WScript 754
WSCRIPT.EXE 238
    Ausgabe 259
WScript-Objekt 257
    Arguments 262
    Attribut 261
    CreateObject() 265
    DisconnectObject() 268
    Echo() 238, 259
    GetObject() 268
    Quit() 262
    Sleep() 262
    StdIn 261
    StdOut 261
WSF-Datei 242, 676, 679, 915–916
WSH Objects siehe WSH Runtime Library
WSH Runtime Library 50–51, 143, 260, 406
    Fallbeispiel 987
WSH siehe Windows Scripting Host 48
WSH.NET 785, 835
WSHController 694
WSHForm 268
wshLiteWeightForm 268
WSHNetwork 415
WSHRemote 696–697
WSHRuntime 850
WSHShell 418
Wurzel siehe Root 464
Wurzelklasse siehe Stammklasse
Wurzelverzeichnis 301, 327
WWW-Dienst 554

X

X.500 464, 467
XCOPY-Deployment 115, 774, 806, 809
XLST-Transformationen 980
XML 679, 766, 782, 786, 788, 852, 1039
    .NET 809
    CDATA-Sektion 1043
    Darstellung 1049
    Datentyp 1044
    Document Type Definition 1042
    DSH 838
    Editor 922
    Formatierung 1049
    Gültigkeit 1041
    Informationsspeicherung 1040
    Kommentar 1040
    Konfigurationsdatei 1010
    leeres Element 1040
    Namespace 1044
    Parser 1041
    Processing Instruction 1040
    Schema 1042
    Scripting 1055
    Strukturdefinition 1041
    Werkzeuge 979
    WSH 242, 915–916, 921
XML Notepad 979
XML Schema Definition 1104
XML-Data Reduced 1099
XmlDocument 821
XML-Editor 979
XmlNode 821
XML-Werkzeuge 979
XMP siehe Extended Management Pack
XPath 852
XSD, erstellen 925
XSD siehe XML Schema Definition
XSL 852
XSL-Processor, XSL-Scripting 401
XSLT-Processor 1055

Z

Zeichen, VB.NET 815
Zeichenkette
    Registry 650–651
    VB.NET 815
Zeichenkettenfunktion 851
Zeiger 194
Zeitplan, DTS 345
Zeitzone 583
Zertifikat 273, 692
Zertifikatssperrliste 692
Zirkuläre Referenz 134
Zuweisungsoperator 166
Zwischenspeicherung 848
Zwischensprache 775
Zyklus
    Objektmodell 807

... aktuelles Fachwissen rund um die Uhr – zum Probelesen, Downloaden oder auch auf Papier.

www.InformIT.de

InformIT.de, Partner von **Addison-Wesley**, ist unsere Antwort auf alle Fragen der IT-Branche.

In Zusammenarbeit mit den Top-Autoren von Addison-Wesley, absoluten Spezialisten ihres Fachgebiets, bieten wir Ihnen ständig hochinteressante, brandaktuelle Informationen und kompetente Lösungen zu nahezu allen IT-Themen.

wenn Sie mehr wissen wollen ...   **www.InformIT.de**

THE SIGN OF EXCELLENCE

COM-Komponenten-Handbuch

Systemprogrammierung und Scripting mit COM-Komponenten

Holger Schwichtenberg

Dieses neue Buch dokumentiert zahlreiche COM-Komponenten (ADO, ADSI, CDO, WMI, DMO, FSO, MOM, u.a.), die den programmgesteuerten Zugriff auf Windows (einschl. 2000, XP sowie .NET) und BackOffice-Anwendungen ermöglichen. Die über 500 Code-Beispiele sind sowohl in VBScript als auch unter VB 6.0 lauffähig. Für Administratoren und Visual Basic-Entwickler gleichermaßen geeignet.

win.tec

842 Seiten, 1 CD-ROM
€ 49,95 [D] / € 51,40 [A]
ISBN 3-8273-1936-6

www.addison-wesley.de

THE SIGN OF EXCELLENCE

Windows-Sicherheit
Sicherheit von Systemen, Daten und Netzwerken unter Windows 2000

Kerstin Eisenkolb, Mehmet Gökhan, Helge Weickardt

Das Thema Datensicherheit ist spätestens seit den großen Hacker- und Virenwellen nicht mehr nur ein Thema für Institutionen mit hohen Sicherheitsbedürfnissen. In diesem Buch erfahren Sie alles Notwendige über die Sicherheitsfunktionen von Windows 2000. Die Autoren zeigen Ihnen, wie Sie diese ohne großen Aufwand auch in Ihrem Netzwerk implementieren können.

win.tec

576 Seiten
€ 49,95 [D] / € 51,40 [A]
ISBN 3-8273-1876-9

www.addison-wesley.de

THE SIGN OF EXCELLENCE

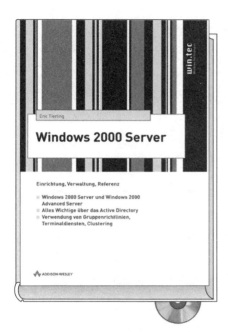

Windows 2000 Server

Einrichtung, Verwaltung, Referenz
(einschl. Advanced Server)

Eric Tierling

Ausführlich widmet sich der als Windows NT- und Netware-Spezialist bekannte Autor dem erfolgreichen Einsatz von Windows 2000 Server im Netz. Die detaillierte Beschreibung der Grundlagen zu TCP/IP, seinen Protokollen und Diensten erleichtert die effiziente Nutzung von Intranet/Internet-Technologien. Dank seiner langjährigen Erfahrung mit Netzen und Verzeichnisdiensten erklärt der Autor die umfassenden Möglichkeiten des Active Directory klar und leicht verständlich. Gruppenrichtlinien, IntelliMirror, Terminal-Services, Datenträgerkontingente, Netware-Connectivity und viele andere Neuerungen von Windows 2000 Server bilden weitere Highlights dieses Buchs.

win.tec

**1200 Seiten, 1 CD-ROM
€ 59,95 [D] / € 61,70 [A]
ISBN 3-8273-1618-9**

www.addison-wesley.de

THE SIGN OF EXCELLENCE

Programmierung mit der .NET-Klassenbibliothek

Zugriff auf das Windows-Betriebssystem mit Visual Basic .NET und C#

Holger Schwichtenberg, Frank Eller

Licht im Dschungel der .NET-Klassenbibliothek: In diesem Buch finden Sie Objektdiagramme, Beispiele und Hintergrundinfos zu den wichtigsten Klassen z.B. für ADO.NET, XML, Serialisierung, IO, Dienste, Performance-Counter, Registry, Active Directory, WMI, Prozesse, Threading, Reflection, GUI, Kryptographie.

Programmer's Choice

966 Seiten, 1 CD-ROM
€ 59,95 [D] / € 61,70 [A]
ISBN 3-8273-1905-6

www.addison-wesley.de

THE SIGN OF EXCELLENCE

Web Forms
Webprogrammierung mit ASP.NET

Holger Schwichtenberg

Ein kompakter Einblick in die ereignisbasierte, objektoriente Web-Server-Programmierung mit den ASP.NET Webforms: Themen wie Webcontrols, Code-Behind-Dateien, Data Binding, State Management, User Controls, Sicherheit, Konfiguration, ASP.NET vs. ASP, Visual Studio.NET, Debugging und Tracing werden praxisorientiert auf den Punkt gebracht.

.NET-Essentials

**160 Seiten
€ 16,95 [D] / € 17,50 [A]
ISBN 3-8273-2010-0**

www.addison-wesley.de